Günther Gillessen

Auf verlorenem Posten

Günther Gillessen

Auf verlorenem Posten

Die Frankfurter Zeitung im Dritten Reich

im
Siedler Verlag

Inhalt

Vorwort   7

I   In der Eschenheimer Gasse   11
II   Krisenjahre   35
    Carl Bosch und die IG Farben   44
    Das neue Feuilleton   63
    Ein Revirement   68
III   Hitler ad portas   76
IV   Die Märzwahl   91
V   Die Gleichschaltung   111
VI   Von zwei Seiten bedrängt   152
    Die zweite Sanierung   168
VII   Exodus   181
VIII   Die Bartholomäusnacht   199
IX   Hauen und Stechen   217
X   Sturmzone   252
XI   Spiegelung der Außenpolitik   287
XII   Das Feuilleton – ein Reduit   329
    Entartete Kunst   332
    Lautlose Verrisse   340
    Die »Swiftsche Methode«   346
    Maß des Lebens   354
    Die Sprache   364
XIII   Reichskristallnacht und Kriegsausbruch   370
    Ein Geschenk für Hitler   389
    Die Annexionen   400

XIV	Zweierlei Patriotismus	409
XV	Zweimal verboten	457
XVI	Verpaßte Gelegenheiten	503

| Epilog: Kampf unter Masken | 527 |

Anmerkungen	539
Quellen- und Literaturverzeichnis	570
Verzeichnis der als Faksimile wiedergegebenen Artikel der »Frankfurter Zeitung«	575
Register	577

Vorwort

Zu den bedrückendsten Erfahrungen dieses Jahrhunderts gehört, daß die geistigen Eliten der europäischen Länder überraschend unsicher und falsch die moderne totalitäre Diktatur eingeschätzt haben, als sie in Europa in drei verschiedenen Formen in Erscheinung trat, in der Sowjetunion, in Italien und Deutschland. Warum haben sich große Teile dieser Eliten so verwirren oder gar faszinieren lassen? Warum wurden diese Bewegungen nicht sofort als vollständige Negationen der Idee des europäischen Staates erkannt? Wie konnten manche meinen, die Nationalsozialisten taugten zur Abwehr der Kommunisten, und andere, man sollte diese gegen jene unterstützen? Auch in den meisten Nachbarstaaten, die dann im Zweiten Weltkrieg Opfer der friedlosen Dynamik totaler Herrschaft wurden, fehlte es an rechtzeitiger und hinreichender Erkenntnis der absoluten Unannehmbarkeit einer Herrschaftsform, die keiner sittlichen Idee gehorcht und deren Prinzip beständiges Unrecht ist. Allenthalben hatte man in Westeuropa nach Formeln und Wegen gesucht, das Unpassende einzupassen, und gehofft, es ließen sich solche Regime saturieren und schließlich auch zivilisieren. Warum verkannte man die Tiefe des Gegensatzes, die prinzipielle Unvereinbarkeit? Fehlte es an Einsicht in das Wesen der modernen Tyrannis auch deshalb, weil man vergessen hatte, daß die Demokratien auf die Idee des guten Staates, des Guten überhaupt hingeordnet sind? Nicht nur in Deutschland, auch bei den europäischen Nachbarn versagte die Kraft zu solcher Unterscheidung. So unterblieb auch von außen konsequente Gegenwehr gegen Hitler, als seine Herrschaft über Deutschland zwar kaum noch zu beseitigen war, aber die Anschluß-Katastrophe des Zweiten Weltkriegs noch immer hätte verhütet werden können.

In dieser historischen Umgebung spielt die Geschichte, die dieses Buch erzählt. Es berichtet über eine Zeitung, eine Redaktion, eine Gruppe von Individuen in ihrer Auseinandersetzung mit der totalitären Diktatur, in dauernder Abwehr, auf immer enger werdendem Platz und in ständiger Bedrohung. Eine Geschichte von Kämpfen, Kriegslisten, gegenseitigen Täuschungsmanövern, auch einigen Selbsttäuschungen. Eine Geschichte äußerer Erniedrigung, aber auch der Tapferkeit und einer letzten Unbeugsamkeit. In Teilen ist dies auch eine Abenteuergeschichte. Für alle, die dabei waren, blieb es die größte Geschichte ihres Lebens. Sie versuchten, als eine politische Gemeinschaft in der Diktatur zu überleben, und nicht nur in dem gewöhnlichen, physischen Sinne: Sie wollten sich nicht ausliefern und aufgeben, weil sie glaubten, auch in der Diktatur noch eine jenseits dieser Herrschaft begründete Mission zu haben.

Die Geschichte der »Frankfurter Zeitung« ist zunächst die Geschichte einer einzelnen Gruppe. Doch jeder in dieser Gruppe war auf eigene Weise oppositionell, hatte individuell zurechtzukommen. Die Redaktion war keineswegs eine konfliktlose, um eine einzige Idee festgescharte Gemeinschaft. Die Mitglieder unterschieden sich hinsichtlich ihrer politischen Herkunft, nach dem Grad ihres Widerspruchs zum Regime, in ihrem kämpferischen Temperament und in der taktischen Begabung. Die einzelnen Akteure dieser Geschichte vermitteln gewissermaßen charakteristische »Rollen«: den Zauderer, den Kühnen, den Listigen, den Duldenden, den Waghalsig-Frechen, den Grimmig-Schweigenden, den Aufmunternden, den Ängstlich-Tapferen – einen Ausschnitt aus der Typologie oppositionellen Verhaltens. In vieler Hinsicht ist sie beispielhaft auch für Lebenserfahrungen anderer, die einen öffentlichen oder halb-öffentlichen Beruf in der nationalsozialistischen Diktatur hatten und sehen mußten, wie sie zwischen erzwingbarem Gehorsam und innerem Gebot ihren Weg fanden, als Schriftsteller, Geistliche, Lehrer, Beamte, Richter und Anwälte oder auch einfach als Eltern, die ihre Kinder nicht dem Geist des Regimes überantworten wollten. Die Geschichte der Redaktion ist indirekt auch eine Geschichte ihrer Leser, einer wachsenden Leserschaft, die sich an dieser Zeitung aufrichtete und in ihr Beistand und Zuspruch fand.

Alexander Solschenizyn hat in »Das Kalb und die Eiche« ähnliche Konflikte in der Redaktion einer sowjetischen Zeitschrift dargestellt. In allen totalitären Diktaturen spielen sich, so dürfen wir vermuten, mehr oder weniger vergleichbare Kämpfe zwischen Regime und Opposition ab, und innerhalb der Opposition zwischen Widerstandswillen und taktischer Klugheit, zwischen Kühnheit und Vorsicht, zwischen »Klartext« und Verschlüsselung. Die Opposition kann sich, soweit sie nicht ganz erstickt ist, nur in gebrochenen Formen und Farben äußern. So werden die »äsopische Sprache« und die »Swiftsche Methode« von Schreibenden und Lesenden immer wieder neu entdeckt.

Aber die Tarnung der »Frankfurter Zeitung« in der Zeit der Diktatur war auch zu durchschauen. Sie mußte es sogar sein. Um publizistisch-oppositionell wirken zu können, mußte die Redaktion sich teils verstecken, teils zu erkennen geben. Sie konnte ja nicht wie eine Verschwörergruppe in den Untergrund verschwinden. Mehr noch als auf Tarnung und Maskierung kam es daher auf forensische Geschicklichkeit an, auf eine gute Ausrede, auf Einfallsreichtum und Schnelligkeit bei der Aufspürung und Ausnutzung von Lücken und Widersprüchen innerhalb des Systems.

Man hat die Kunst des halb getarnten Schreibens zuweilen ein Schreiben »zwischen den Zeilen« genannt. Dieser Ausdruck ist irreführend. Denn alles, was zu sagen war oder worauf angespielt wurde, mußte *in* den Zeilen stehen. Die Gestapo und das Propagandaministerium lasen mit. Also mußten Texte doppeldeutig sein. Doppeldeutigkeit setzt aber nicht, wie es dem späteren Leser erscheinen könnte, die oppositionelle Absicht in Zweifel. Doppeldeutigkeit war die Bedingung für jeden, der sich öffentlich äußern wollte. Nur die Anhänger des Regimes konnten es sich leisten, eindeutig zu sein.

Klingende Namen sind mit den letzten Jahren der »Frankfurter Zeitung« am Ende der Weimarer Republik und in der Hitler-Zeit verbunden: Benno Reifenberg, Wilhelm Hausenstein, Friedrich Sieburg, Siegfried Kracauer, Dolf Sternberger, Max von Brück, Robert Haerdter, Nikolas Benckiser, Paul Sethe, Margret Boveri, Carl Linfert, Walter Dirks, Erich Welter. Von anderen, die ebenso wichtig waren, etwa von Oskar Stark oder Herbert Küsel, hat man außerhalb der Zeitung kaum gehört. Unter den Mitarbeitern der Zeitung waren Autoren wie Joseph Roth, Theodor Heuss, Ernst Beutler, Karl Voßler, Franz Schnabel, Stefan Andres, Werner Bergengruen und Hermann Hesse.

Einige Hinweise zu den Quellen: Das Archiv der Zeitung und mit ihm fast die gesamte Korrespondenz von Redaktion und Verlag sind bei Kriegsende mit dem alten Verlagsgebäude untergegangen. Briefe und Tagebuchnotizen der Redakteure, soweit sie sich erhalten haben, schweigen über alles, was die Gestapo bei einer Haussuchung hätte interessieren können. Das Wichtigste steht, wie oft, nicht in den Akten. Aus der Nachkriegszeit gibt es Berichte von Benno Reifenberg, Franz Taucher und Helga Hummerich sowie einige Vortragsmanuskripte anderer. Sie sind allesamt aus der Erinnerung niedergeschrieben. Daneben gibt es einige Studien, unter anderem von Ingrid Gräfin Lynar, Ernest Bramstedt und Jürgen Hagemann, sowie einige Dissertationen, von denen die beiden frühesten von Fred Hepp und Thea Lethmair zugleich die aufschlußreichsten sind. Trotz des oft – besonders von Benno Reifenberg – geäußerten Wunsches, daß eines Tages die Geschichte der Zeitung geschrieben werde, weil sie nicht untergehen dürfe, hat keiner der ehemaligen Redakteure sich diese Aufgabe vorgenommen, viele deshalb nicht, weil sie glaubten, als Beteiligte befangen zu sein.

Hauptquellen für die hier vorgelegte Untersuchung waren die Jahrgänge der Zeitung und Gespräche mit denjenigen Mitgliedern der Redaktion und der Verlagsleitung, die Anfang der achtziger Jahre noch lebten, sowie mit Personen, die als Mitarbeiter von Goebbels, Amann und Ribbentrop auf der Gegenseite agierten. Doch gerade die älteren Redakteure, die in den dreißiger Jahren die Zeitung leiteten und über die Führung der Redaktion hätten Auskunft geben können, waren zu Beginn dieser Forschungen schon gestorben. Immerhin war der Autor mit fast allen von ihnen aus gemeinsamen Jahren in den Redaktionen der »Badischen Zeitung« und später der »Frankfurter Allgemeinen Zeitung« vertraut und glaubt sich auf seine Kenntnis dieser Personen stützen zu dürfen. Im übrigen wurden alle Materialien herangezogen, die sich in Archiven finden ließen, namentlich die Akten der Gestapo, die »Sammlung Sänger« und der Nachlaß Payer im Bundesarchiv; Bestände der amerikanischen Militärregierung im Hessischen Hauptstaatsarchiv Wiesbaden und in den »National Archives« in Washington; die Nachlässe Heinrich Simon im Hausarchiv der Frankfurter Societäts-Druckerei, Benno Reifenberg und Wilhelm Hausenstein im Deutschen Literaturarchiv Marbach, Margret Boveri in der Staatsbibliothek Preußischer Kulturbesitz in Berlin, Albert Oeser und Erich Achterberg im Stadtarchiv Frankfurt sowie Aufzeichnungen von Oskar Stark, Herbert Küsel, Rudolf Schwander und Erich Welter in Privatsammlungen.

Ein Buch wie das vorliegende ist nicht das Werk eines Autors allein. Viele haben Auskunft gegeben, andere standen mit Rat zur Seite, besonders die beteiligten Archivare. Die »FAZIT«-Stiftung finanzierte einen Teil der Archiv-Reisen. Kollegen an der Universität Mainz und in der Redaktion der »Frankfurter Allgemeinen Zeitung« haben den Autor während des Schreibens von anderen Pflichten entlastet. Dr. Robert Haerdter, ehemals politischer Redakteur der »Frankfurter Zeitung«, leistete besonders wertvolle und vielfältige Hilfe bei der kritischen Durchsicht des Manuskripts. Er ist hier an erster Stelle zu nennen. Dr. Albert Wucher steuerte wertvolle Ratschläge bei. In die Mühsal der Schreibarbeiten teilten sich Frau Kriemhild Uhlich, Frau Anja Otto und Fräulein Ariane Güdel. Mit rühmenswerter Sorgfalt hat Thomas Karlauf, Lektor beim Siedler Verlag, dann aus dem Manuskript ein Buch gemacht. Ihnen allen hat der Autor sehr zu danken.

Ein besonderes Wort des Dankes schuldet er seiner Frau. Mit großer Geduld hat sie die Opfer, Unbequemlichkeiten und auch die Ungeselligkeit ertragen, die er ihr in den Jahren zumuten mußte, in denen dieses Buch neben der gewöhnlichen Tagesarbeit entstand.

I
In der Eschenheimer Gasse

Die Straße von der Hauptwache zum Eschenheimer Turm heißt bei den Frankfurtern von alters her die »Eschenheimer Gaß«. Auf den Emailleschildern steht »Große Eschenheimer Straße«. Groß ist sie eigentlich nicht; vor ihrer Zerstörung in den Luftangriffen des Zweiten Weltkriegs war sie sogar recht schmal, eine richtige Gasse, und groß hieß sie nur zur Unterscheidung von der »Kleinen Eschenheimer Straße«, einem kurzen Gäßchen mit Lädchen und Werkstätten kleiner Handwerker, das auf der halben Länge von rechts her einmündete. Die große aber, eben die »Eschenheimer Gaß«, zog ehemals in einer leichten Krümmung von der Hauptwache zum Eschenheimer Turm, und dabei stieg sie auch ein wenig an. Diese Kurve war kaum wahrzunehmen, aber sie gestattete, die Straße immer ganz im Blick zu haben. Am oberen Ende stand der Turm des Eschenheimer Tores, am unteren der Glockenturm der Katharinenkirche.

Die Eschenheimer Gasse gehört nicht mehr zum ältesten Kern der Stadt, der von Dom, Römer und St. Leonhard beherrscht wird und gerade noch den Hirschgraben einschloß, in dem der junge Goethe aufgewachsen war. Zeil und Hauptwache lagen gerade außerhalb der hochmittelalterlichen Stadtmauer, im Gürtel der ersten Stadterweiterung. An der Zeil lagen die großen Gasthöfe der Stadt. Hier wohnten der Kaiser und die Kurfürsten des alten Reiches, wenn sie zur Krönung nach Frankfurt kamen.

In dem Winkel zwischen Zeil und Eschenheimer Gaß ließ sich im 18. Jahrhundert der Fürst von Thurn und Taxis, als er die Zentrale seines Post-Stafettendienstes von Brüssel nach Frankfurt verlegte, ein barockes, dreiflügeliges Stadtschloß errichten. Bis heute gehört dies Grundstück der Post. Hier liefen die Linien des ersten großen, wohlorganisierten Brief- und Nachrichtendienstes in Deutschland zusammen. Aber nicht lange gefiel dem Fürsten die Unruhe des Postkutschen- und Stallbetriebes hinter seinem Palais. Er verlegte seine Hofhaltung nach Regensburg. Die leerstehende Residenz wurde später der Ort politischer Ereignisse. Nach der Völkerschlacht bei Leipzig residierte hier Kaiser Franz, der letzte Kaiser des alten Reiches. 1815 wurde das Thurn-und-Taxissche Palais Sitz des Deutschen Bundestages. Während der Jahre 1848 und 1849 war es Sitz der provisorischen Reichsregierung, die von der Deutschen Nationalversammlung in der Paulskirche eingesetzt worden war. Hier wurden die Kämpfe ausgetragen, in denen der neue preußische Gesandte am Bundestag, Herr von Bismarck-Schönhausen, die Auseinandersetzungen mit Österreich um die Hegemonie in Deutschland wiederaufnahm, die er 1866 als preußischer Ministerpräsident auf dem Schlachtfeld von Königgrätz entschied.

Gegenüber dem Bundespalais, in der Eschenheimer Gaß Nummer 31, war im Frühjahr 1863 eine Zeitung eingezogen, die später »Frankfurter Zeitung und Handelsblatt« hieß und an diesem Orte achtzig Jahre lang, bis zu ihrem Untergang 1943, geschrieben und gedruckt wurde. Das Blatt hatte klein angefangen, zunächst als »Geschäftsbericht«, als Börsen- und Finanzblatt eines jungen jüdischen Bankiers in Frankfurt, Leopold Sonnemann. 1856 wurde daraus der »Frankfurter Geschäftsbericht«, wenige Wochen später die »Frankfurter Handelszeitung« – der eigentliche Anfang der Zeitung, die damals noch bei Reinhold Baist am Wollgraben gedruckt wurde. Das Blatt focht für die Liberalisierung des Kapitalverkehrs und die Reform des Aktienrechts, damit Gewerbe und Industrie beweglicher und vor allem leichter finanziert werden konnten. Sparer und Anleger privater Kapitalien sollten vor unseriösen Unternehmungen und waghalsigen Spekulationen besser geschützt werden, indem man größere Publizität herstellte. Daß die Zeitung über Firmen, deren Geschäfte und Vorhaben genau, ja kritisch zu berichten habe und sich von dieser Grundeinstellung durch nichts abbringen lassen dürfe, gehörte von Anfang an zu den festen Prinzipien des Gründers und seiner Redakteure. Die unbestechliche, exakte Berichterstattung über Firmen und Börse begründete das Prestige der Zeitung. In der Handelsredaktion galt bis zum Ende der Zeitung ein ehernes Gesetz: Jeder ihrer Redakteure hatte bei der Geschäftsleitung in versiegeltem Umschlag eine Darlegung seiner Vermögensverhältnisse zu deponieren, der bei Bedarf geöffnet werden durfte, sowie eine schriftliche Erklärung zu hinterlegen, daß er keine Aktien besitze oder zu erwerben gedenke. Die Zuverlässigkeit der Zeitung sollte durch keine persönlichen Interessen der Redakteure beeinträchtigt werden.

1858 erweiterte Sonnemann die Berichterstattung des Blattes um einen politischen Teil und nannte die Zeitung von 1859 an »Neue Frankfurter Zeitung/Frankfurter Handelszeitung«. Die politische Haltung Sonnemanns entsprach derjenigen, die im liberalen Bürgertum der Freien Reichsstadt vorherrschte: Er war und blieb ein »Achtundvierziger«. Im Jahr der Revolution war er ein Anhänger der radikalen Richtung gewesen, jener »Demokraten«, die sich nicht wie die Freunde Heinrich von Gagerns auf die konstitutionelle Monarchie nach eng-

Die Eschenheimer Gasse mit Blick auf den Eschenheimer Turm; links die vier Gebäude der »Frankfurter Zeitung«. Im zweiten Stock des vorderen Hauses lag das Konferenzzimmer

lischem Vorbild einlassen wollten, sondern eine republikanische Ordnung verlangten. Lebenslang behielt Sonnemann etwas von seinen radikalen Anfängen bei, auch als er längst ein wohlhabender Bürger, schließlich sogar ein reicher Mann geworden war. Er führte nicht nur ein großes Haus am vornehmen Anlagenring, sondern förderte auch, wie es sich für Frankfurter Großbürger gehörte, die großen gemeinnützigen Einrichtungen der Stadt, die Senckenbergischen Sammlungen, das Bürgerhospital, den Palmengarten. Er gründete den »Städelschen

Museumsverein« und war schließlich einer der Mitgründer der Frankfurter (Stiftungs-)Universität. Mehrere Jahrzehnte lang war er Stadtverordneter und dreizehn Jahre lang (1871–1884) Reichstagsabgeordneter der »Demokratischen Partei«.

Sonnemann und seine politischen Freunde – sowohl in der Redaktion der »Frankfurter Zeitung« als auch in der »Deutschen Volkspartei«, die er 1868 in Frankfurt mitgegründet hatte – waren »Sozialreformer«. Sie wollten die Arbeiterfrage nicht durch Bildung einer neuen Klasse und durch partikulare Interessenpolitik lösen, sondern durch die Eingliederung der Arbeiterschaft in das Bürgertum. Aber bis dahin war es ein weiter Weg. Der Streit Sonnemanns und der »Frankfurter Zeitung« mit Ferdinand Lassalle – und erst recht mit Karl Marx – drehte sich um die Frage, ob man eine politische Arbeiterpartei gründen oder die Arbeiter, wie in England, dazu auffordern solle, der bürgerlich-liberalen Opposition beizutreten, um dieser zur parlamentarischen Mehrheit zu verhelfen. Sonnemann begriff, worauf es zwischen Bismarck und Lassalle hinauslief: Von zwei Seiten her sollte die gesellschaftliche und politische Macht der Liberalen in Frage gestellt und ihnen so die Chance genommen werden, einmal parlamentarische Mehrheit zu erringen.

1866, als die preußischen Armeen im Königreich Hannover, in Hessen-Kassel, Nassau und in der Freien Reichstadt Frankfurt einrückten, wich Sonnemann mit der politischen Redaktion und der Abonnentenkartei nach Stuttgart aus, von wo aus er die Leser schon zwei Wochen später mit einer improvisierten »Neuen deutschen Zeitung« belieferte. Die meisten Leser blieben dem Blatt treu. Im Herbst, als sich in dem von Preußen inzwischen annektierten Frankfurt die Wogen allmählich glätteten, sondierte Sonnemann die Aussichten für eine Rückkehr. Formell verhandelte er nicht über die Wiedereröffnung der alten, sondern über die Herausgabe einer neuen Zeitung – ein Kompromiß. Der Titel lautete von nun an bis zum Ende »Frankfurter Zeitung und Handelsblatt«. Mit dem Aufstieg Frankfurts als Handels-, Banken- und Industriestadt wuchs auch die Bedeutung der »Frankfurter Zeitung«.

Sonnemann war, so schilderte ihn Bernhard Guttmann noch aus eigener Kenntnis, für alles Neue aufgeschlossen, ein großer Anreger, dabei nüchtern und vorsichtig. Er war, trotz seiner Vorliebe für die republikanische Ordnung, »doch frei von den romantischen Stimmungen, die vielen seiner deutschen Zeitgenossen aus den Tagen der Burschenschaft und des Hambacher Festes geblieben waren. Der rasche Aufstieg der Zeitung war wesentlich sein Verdienst; er erkannte die Forderungen der Zeit. Im ganzen aber trug der öffentliche Geist das

Blatt empor, es war die Stimme der entschiedenen Linken, seitdem die Paulskirche verstummt war.« Anklagen wegen Beleidigung des Kanzlers im ersten Jahrzehnt nach der Reichsgründung, Zwangsverfahren zur Preisgabe der Namen von Personen, die den Zeitungen Informationen geliefert hatten, Beschlagnahme ganzer Tagesauflagen – Hunderte solcher Strafverfahren und Verfolgungsmaßnahmen mußte die »Frankfurter Zeitung« über sich ergehen lassen.

1871 war Sonnemann für Frankfurt in den ersten Reichstag gewählt worden. Er trat dort als einer der Gegenspieler Bismarcks auf. Die Auseinandersetzung wurde von beiden Seiten scharf geführt, und Bismarck war nicht unbedingt ein ritterlicher Gegner. Bei der Vorlage des Sozialistengesetzes im Reichstag nahm sich Bismarck den Abgeordneten Sonnemann und die »Frankfurter Zeitung« besonders vor. In seiner Rede vom 9. Oktober 1878 unterstellte er Sonnemann, die »Frankfurter Zeitung« unterhalte Beziehungen zur französischen Regierung und stelle ihre Stimme in den Dienst einer fremden Macht. Sonnemann bezeichnete dies auf der Stelle als willkürliche Erfindung – ein höfliches Wort für Lüge. Bismarck erwiderte mit Ausflüchten, was er gesagt und was er nicht gesagt habe, wiederholte aber im Konjunktiv des Irrealis und des Potentialis unmißverständlich, Sonnemann und seine Zeitung seien Agenten Frankreichs. Die Redaktion tat etwas Einmaliges: In einer Erklärung, die alle Mitglieder der politischen Redaktion namentlich unterschrieben, bezeichnete sie Bismarcks Behauptungen als ehrenrührige Verdächtigungen und Verleumdungen. Bismarck, der seinen Vorwurf wohl kaum hätte belegen können, wandte sich an die Gerichte mit einer Klage. Von »Beziehungen« der Zeitung zu Frankreich war darin zwar keine Rede mehr, aber der Prozeß endete doch damit, daß Dr. Stern, der Erste in der politischen Redaktion, wegen »Beleidigung« für drei Monate ins Gefängnis mußte. Beflissene Richter hatten der zu Unrecht angegriffenen Zeitung ihren Beistand gegen den großen Mann und seine elenden Mittel versagt.

Wie verletzend und empörend diese Kämpfe auch waren – sie prägten den Charakter der Redaktion, die sich nicht in Zynismen oder in Starrsinn treiben ließ, sondern ihres eigenen Wertes und ihres geistig-moralischen Anspruchs sich bewußt wurde. Noch war der Obrigkeitsstaat stärker als die Presse, noch war man weit davon entfernt, daß Journalisten sich als Präzeptoren der Nation, als Ankläger und Richter in einer Person aufspielen konnten. Noch bedurfte es des Mutes und persönlicher Opferbereitschaft, sich mit der Macht im Staate anzulegen.

Sonnemann nahm als Verleger an den Redaktionskonferenzen teil, als Vorsitzender, nicht als Vorgesetzter. Die Redakteure waren, als Redakteure, seine politischen Freunde, mit denen er nicht anders umging und auch nicht anders hätte umgehen können als mit Parteifreunden. Sie waren nicht »seine Leute«, sondern unabhängige, gebildete, menschlich und intellektuell anspruchsvolle Kollegen, die in einer gei-

Leopold Sonnemann (1831–1909), der Gründer und erste Verleger der »Frankfurter Zeitung«, führte als primus inter pares den Vorsitz der Redaktionskonferenzen

stigen Gemeinschaft miteinander leben wollten; ihrer Passion für Genauigkeit entsprach ein empfindlicher Sinn für das, was recht und billig ist. »Merken Sie sich«, so sagte der Leiter des Handelsteils, Albert Oeser, einem der Jüngeren, der eben eingetreten war, »in einer Zeitung gibt es nicht das Große und das Kleine, sondern nur das Falsche und das Richtige.« Sorgfalt in allem: Dazu konnte man keine Dilettanten, Wichtigtuer oder Halbgebildete brauchen, sondern nur Leute mit Urteil und geistiger Disziplin, Leute mit der Fähigkeit des guten Journalisten zur Distanz.

Eine solche Redaktion vertrug keine hierarchische Ordnung. Der Vorsitzende der Konferenz war der Erste unter Gleichen. So hatten sich in den Stürmen der Bismarck-Zeit der Zusammenhalt, die kollegiale Verfassung und der eigentümlich elitäre Charakter der Redaktion herausgebildet. Er sollte ihr nicht mehr auszutreiben sein.

Im Kampf gegen das Sozialistengesetz stand die bürgerliche Zeitung den Sozialdemokraten bei. Sie tat dies aus Rechtsgefühl und Anstand, durchaus gegen ihre Ansicht, daß politische Parteien nicht zum Schutz besonderer Interessengruppen da seien, sondern als Träger eines auf die Gesamtheit des Gemeinwesens gerichteten politischen Willens. In gleicher Weise unterstützte die Zeitung die Zentrumspartei im Kulturkampf, weil es ein Kampf um Grundrechte war, auch wenn die Redaktion wiederum starke Vorbehalte gegen eine Schutzpartei hatte und ihre Überzeugung von der Notwendigkeit der Trennung von Staat und Kirche nicht preisgab.

Unter dem jungen Kaiser und unter anderen Reichskanzlern traten viele der alten Streitfragen zurück; an ihrer Stelle entstanden neue. Die Zeitung kritisierte in diesen Jahren das »persönliche Regiment« Wilhelms II. und den weltpolitischen Ehrgeiz seiner Kamarilla, den »Flottenchauvinismus«, die koloniale Expansion einschließlich der Mißgriffe einzelner Kolonialbeamter und nicht zuletzt Verletzungen der Verfassung durch den Monarchen. In all diesen Fragen bewährte sich die »Frankfurter Zeitung«, wie die von der Redaktion herausgegebene Geschichte der ersten fünfzig Jahre an zahlreichen Beispielen nachweist, als eine wachsam-kritische Begleiterin der deutschen Politik, zurückhaltend in der Sprache, doch entschieden im Urteil. Im Krieg, in der Silvesterausgabe von 1914, äußerte sie den gar nicht zeitgemäßen Wunsch, Deutschland möge sich als Kriegsziel »die Verwirklichung der Ideen von 1789 in Europa« vornehmen. In der kriegerischen Stimmung der ersten Kriegsjahre widersprach das Blatt einem der populärsten Kriegsziele, den Annexionen, und riet dringend von dem uneingeschränkten U-Boot-Krieg ab, der unvermeidlich die Vereinigten Staaten in den Krieg hineinziehen werde. Die Zeitung unterstützte umgekehrt die Friedensresolution des Reichstags von 1917, in deren Forderung nach einem Verständigungsfrieden ohne Gebietserweiterungen sich vorübergehend diejenigen parlamentarischen Kräfte zusammenfanden, die zwei Jahre später als »Weimarer Koalition« retten mußten, was aus dem militärischen und politischen Zusammenbruch des Kaiserreichs noch zu retten war.

Im Kaiserreich war die Zeitung »linke« Opposition gewesen. Gegenüber der Weimarer Republik konnte sie das nicht bleiben. Die Republik war der demokratisch verfaßte Staat, den die freiheitliche Bewegung seit 1848 verfochten hatte. Ihn gegen die Anhänger des Ancien régime auf der rechten ebenso wie gegen die sozialrevolutionären, räterepublikanischen oder kommunistischen Utopien auf der linken Seite zu verteidigen, war die neue Aufgabe. Nicht die Zeitung hatte ihren Standort verändert, sondern die Zeit die staatlichen Verhältnisse. Um ihren eigenen Ideen treu zu bleiben, mußte die »Frankfurter Zeitung« aus der Rolle des Kritikers und Reformers in die eines Bewahrers wechseln. Von dem Mythos der Revolution und ihrem angeblich »letzten Gefecht« war nichts anderes zu erwarten als eine endlos lange Kette neuer Gewalt und neuer Unterdrückung. Folglich mußte die Redaktion versuchen, die Führer der Sozialdemokraten für die parlamentarische Demokratie zu gewinnen und die bürgerlichen Parteien von der Notwendigkeit eines fortschrittlichen »Staates des sozialen Rechts« zu überzeugen. Es gebe »auf die Dauer keine Demokratie, wenn sie nicht gleichzeitig die soziale Gerechtigkeit verwirklicht, wie es umgekehrt keine soziale Gerechtigkeit gibt ohne Demokratie«: So brachte es der Leitartikel vom 11. Januar 1919, kurz vor der Wahl zur Verfassunggebenden Nationalversammlung, auf eine bündige Form.

In einer Reihe großer Artikel im Winter 1918/19 wurden die Grundfragen einer deutschen Demokratie aufgeworfen. Unter Mitarbeit von Männern wie Max Weber, Hugo Preuß und Theodor Heuss plädierte die Zeitung für die Grundrechte, den Rechtsstaat, das allgemeine und gleiche Wahlrecht, das parlamentarische Regierungssystem. Sie forderte Beseitigung der Reste des Feudalismus, der Standesprivilegien, der wirtschaftlichen Monopole und der Klassentrennung. In den Artikeln des führenden wirtschaftspolitischen Redakteurs der Zeitung, Arthur Feiler, erhielten diese Ziele eine besondere Zuspitzung. Er verlangte Aufhebung der Fideikommisse, Auflösung des privaten Großgrundbesitzes, Verstaatlichung oder wenigstens staatliche Kontrolle der Verkehrsbetriebe und der Versorgungsunternehmen, Verstaatlichung des privaten Kohlenmonopols, Umverteilung mit Hilfe der Steuerpolitik und Mitbestimmungsrechte der Arbeiter in den Betrieben. Es war ein Programm, dessen Radikalität der revolutionären Unruhe der ersten Stunde angemessen sein mochte. Man wußte, daß Deutschland an einem krisenhaften Wendepunkt seiner Geschichte angekommen war, und fürchtete den Absturz in eine leninistische Diktatur. Durch solidarisches Handeln sollte das Zusammengehörigkeitsgefühl erneuert und die Nation aus der Niederlage herausgeführt, ja noch einmal neu gegründet werden.

Später rührten sich manche Zweifel, ob der in der Aufbruchsstimmung des Winters 1918/19 geäußerte radikale Sozialliberalismus Feilers die richtige Antwort gewesen sei. Der Staat sollte den Wettbewerb und das freie Spiel der Kräfte ordnen, gewiß; er sollte Monopole brechen, gewiß. Aber als Inhaber großer wirtschaftlicher Macht mußte der Staat mit derselben kritischen Aufmerksamkeit beobachtet werden wie die Interessenverquickung der Großagrarier mit der Staatsmacht im Hohenzollernreich oder das Monopolstreben der Groß- und Schwerindustrie. Feilers Radikalismus wurde in Frage gestellt.

Außenpolitisch trug die Zeitung klaglos und tapfer die Last mit, die der Republik aufgebürdet worden war. Da ein Verhandlungsfrieden nicht zu erlangen war und Deutschland nur die Wahl zwischen dem größeren Übel eines Einmarsches der alliierten Armeen und dem geringeren der Unterzeichnung des Versailler Vertrages hatte, konstatierte die Zeitung nach einigem Schwanken und nicht ohne ihre Empörung über die Unannehmbarkeit des Vertrages zum Ausdruck gebracht zu haben, zuletzt doch nüchtern die Unvermeidbarkeit der Unterschrift und zerstritt sich darüber mit der ihr nahestehenden Deutschen Demokratischen Partei. In den nächsten Jahren verfolgte sie eine Außenpolitik, die sich um die friedliche Änderung des Vertrages bemühte. Die Redaktion hoffte, daß der Gerechtigkeitssinn früher oder später eine Revision des Vertrages möglich machen werde. Inzwischen sollten die Prinzipien und die praktischen Möglichkeiten des Völkerbundes für die deutsche Sache genutzt werden; gerade durch eine Politik der Erfüllung sollte erwiesen werden, daß sich die Reparationsverpflichtungen nicht erfüllen ließen. Das war die Grundlinie der »Weimarer Koalition«, einer Politik der Vernunft, wie sie dann später namentlich von Gustav Stresemann vertreten wurde. Dennoch war die Zeitung nie »Parteiblatt«. Sie wollte gegenüber niemandem Verpflichtungen haben und nirgendwo »Mitglied« sein, um desto besser sich der Sache widmen und den Lesern ein durch keine persönlichen Rücksichten verstelltes Bild der Lage geben zu können. Politiker müssen sich Freunde machen, brauchen Parteien und Bündnisse, eine Zeitung wie diese aber brauchte Distanz.

Mit der Zeitung war, wie bei einer Schnecke, auch ihr Haus in der Eschenheimer Gasse gewachsen. Das Gebäude, das Leopold Sonnemann 1863 gemietet hatte, war bald zu klein geworden. Die Zeitung dehnte sich aus, zuerst gegen den Eschenheimer Turm hin, Haus Nummer 37, dann auch nach Nr. 33 und 35. Alle drei Häuser wurden in der Gründerzeit hinter einer einzigen Neorenaissance-Fassade aus rotem Sandstein vereinigt, vier Stockwerke hoch, darüber ein mit Giebeln und Türmchen besetztes Dach. In den ersten Jahren des neuen Jahrhunderts konnte auch die Parzelle Nr. 31 gekauft werden. Dort entstand nun ein Anbau im Jugendstil, der auf die Fassade des älteren Baues einging. An der rückwärtigen Parallelstraße, der Schillerstraße, erwarb man drei weitere Häuser in einer Reihe und verband sie durch Querbauten mit der Zeile an der Großen Eschenheimer Straße. Das Ganze war nun eine geschlossene Anlage mit vier kleinen Höfen.

In der Großen Eschenheimer Straße gab es im Erdgeschoß ein paar Läden und die Anzeigenannahme, darüber lagen die Büros der Geschäftsleitung und, zur Hauptwache hin, das Feuilleton. Im zweiten Obergeschoß lagen rechts und links an einem langen dunklen Gang die Räume der Politischen Redaktion, kleine Zimmer, wie die Zellen eines Klosters. Am nördlichen Ende war Heinrich Simons Büro, am südlichen, in dem Jugendstilbau, das Konferenzzimmer mit einem Erker zur Straße. Von dem langen Gang aus ging es über halbe Treppen hinauf und hinab in die Querbauten. Im nördlichen war das kostbare Archiv untergebracht, im mittleren lag der Setzersaal mit der Mettage, wo die Zeitung »umbrochen« wurde. Im dritten Obergeschoß des Hauptflügels wohnten die Redaktionen des »Stadtblatts« (des Lokalteiles), des »Illustrierten Blattes« (später in »Frankfurter Illustrierte« umbenannt) und der »Neuesten Zeitung«, eines kleinen Boulevard-Nachrichtenblattes zum Straßenverkauf. Die Handelsredaktion hatte ihre Zimmer in dem rückwärtigen Bau an der Schillerstraße.

Das ganze Gebäude mit seinen vielen Winkeln, Durchbrüchen, verschiedenen Ebenen, halben Treppen, einem knappen Dutzend Treppenhäusern und Ausgängen war ein rechter Fuchsbau, ein Labyrinth. Es war gewiß kein schöner Komplex, aber in der Nutzung von Jahrzehnten war er der Redaktion ans Herz gewachsen. Die Redakteure waren stolz auf die Bescheidenheit ihrer Räume. »Wir hausen wie die Kleinbürger, aber wir arbeiten wie Grandseigneurs, und die Luft ist gut«, hat Albrecht Goes, nach 1933 freier Mitarbeiter des Feuilletons, sagen hören.[1] Der überschwengliche Friedrich Sieburg führte einmal einen französischen Freund durch die Gänge mit den Worten: »Und hier, mein Lieber, sehen Sie das beste Personal der Welt.« Von unten, aus der Zeile an der Schillerstraße, drang das Summen und Dröhnen der schweren Druckmaschinen herauf. In den Hof wurden am Morgen die Papierrollen wie Bierfässer hereingewälzt; am Abend glitten Pak-

Der Gebäudekomplex der »Frankfurter Zeitung« zwischen Großer Eschenheimer Straße und Schillerstraße

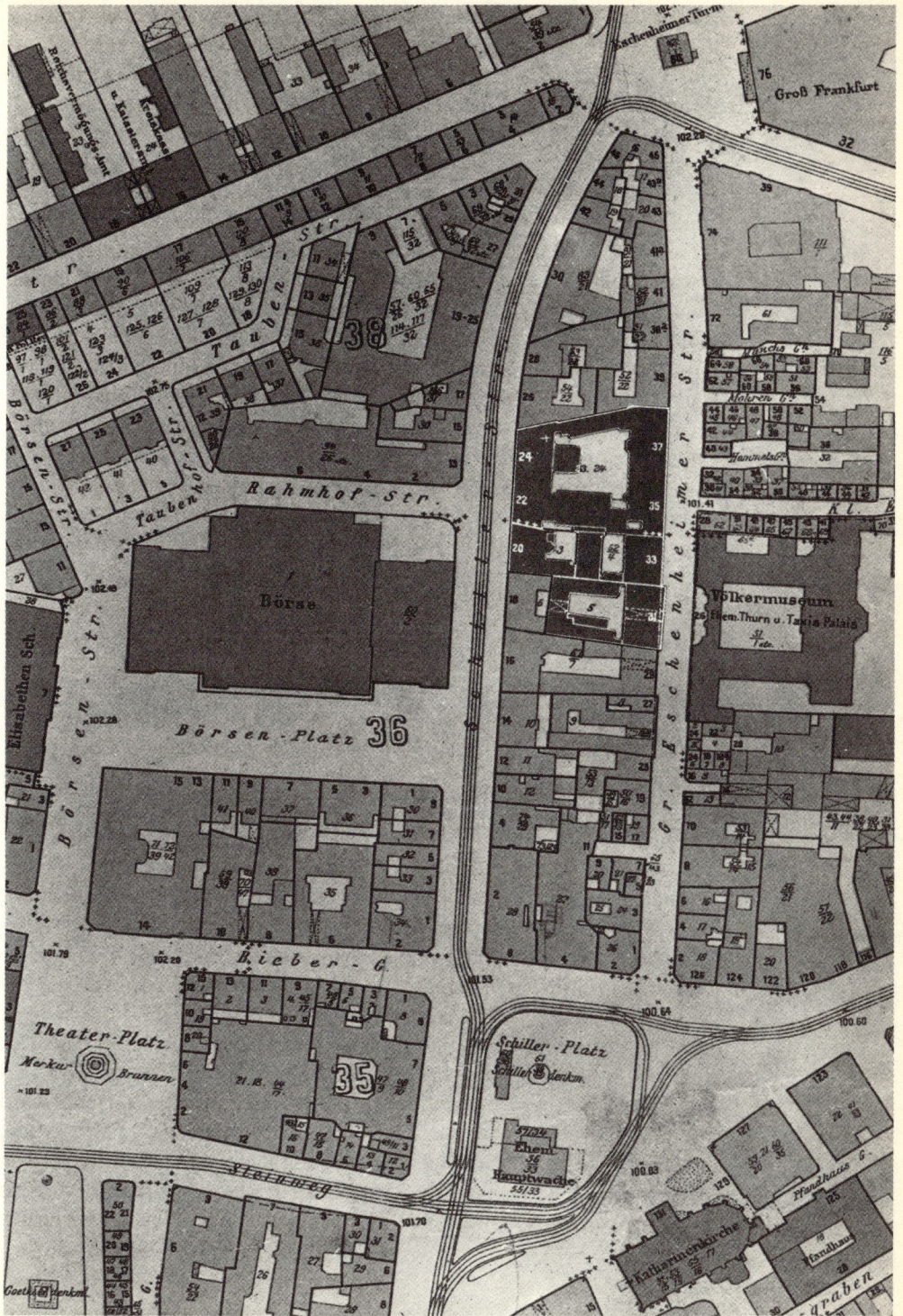

ken fertiger Zeitungen über lange Rutschbahnen aus dem Packsaal direkt in die Lastwagen – ab zur Bahnpost. Aus dem mittleren Querbau hörte man im Sommer, wenn die Fenster offenstanden, das Rasseln der Setzmaschinen.

»Die Tür unseres Zimmers«, berichtet Helga Hummerich über ihre Zeit bei Benno Reifenberg in den dreißiger Jahren, »stand gewöhnlich offen, so wie die meisten anderen rechts und links des Ganges auch. Die Männer an den Schreibtischen schienen sich mühelos zu konzentrieren, zudem gab es in der Redaktion einen unablässigen Gedankenaustausch, wobei seltener auf Hausapparaten telefoniert wurde, als daß jemand aufsprang und mit dem Text einer Meldung, eines Artikels in der Hand, bei einem seiner Kollegen eintrat.«[2]

Der lange Gang spielt in allen Erinnerungen eine besondere Rolle. »Der Gang ähnelte einer Straße. Leer sah man ihn nie, Kommende und Gehende traten durch die Glastür, Besucher zogen daher, frohgemut, mit viel Zeit in der Tasche, um ihre Freunde in der Redaktion zu begrüßen, oder sie erschienen, je weiter die Jahre vorrückten, mit sorgenvollen Gesichtern, um ihr Herz auszuschütten, Trost zu suchen und Informationen zu sammeln, die in der Öffentlichkeit nicht mehr zu bekommen waren.« Boten kamen auf ein Klingelzeichen herbei und holten oder brachten Manuskripte.

Gegenüber der Depeschenredaktion hauste Mitte der dreißiger Jahre Oskar Stark, etwas kurzsichtig spähend, stets dunkel, mit Weste gekleidet. Beim Lesen lagen seine Beine auf einer Ecke des Schreibtisches. Zum Redigieren benutzte er lächerlich kurze Bleistiftstummel. Man fragte sich, woher er so viele davon hatte. Zersägte er etwa neue Stifte in kleine Stücke? Neben ihm hatte im Kriege Maxim Fackler, der jüngere Freund und Gehilfe vieler Jahre, sein Zimmer.

Der lange dunkle Gang war nicht nur Verkehrslinie. Da konnte einer mit umwölkter Stirn auf und ab gehen, als ob er etwas suche. Und richtig, da hatte er es – geschwind verschwand er in seinem Zimmer, um den nächsten Absatz zu schreiben und alsbald aufs neue auf die Suche zu gehen. Paul Sethe verfaßte so seine Leitartikel, und niemand glaubte, er werde zur rechten Zeit fertig werden. Zu bestimmten Stunden sah man zwei Redakteure spazierengehen, »hin und her, her und hin, vertieft in ein Gespräch, das nie zu enden schien, und niemand wagte, die beiden zu unterbrechen. Sie glichen Verschwörern, und obgleich sie mit normaler Lautstärke zu sprechen schienen, verstand man kein Wort.«[3] Helga Hummerich hatte richtig beobachtet, wenn sie die beiden als »Verschwörer« beschrieb. Einer der beiden kann nur Herbert Küsel gewesen sein. Er war berühmt für die Länge seiner Spaziergänge und seiner Erörterungen. Keiner in der Zeitung konnte Hitler oder Goebbels so nachahmen wie er, keiner kannte sich in der Mentalität der verhaßten Naziführung intuitiv so aus wie er. Wenn er auf dem Gang ausschaute wie ein Verschwörer, dann weiß man auch, worüber er mit dem anderen, mit Ernst Trip, gesprochen hat.

In dem langen dunklen Gang wehte der Geist des Hauses. So ähnlich mußte es einst in der Stoa gewesen sein. Die Redaktion hatte einen festen, im klassischen Liberalismus begründeten Standort, vom dem die Strömungen des Zeitgeistes sie nicht wegdrängen konnten. Die Zuverlässigkeit ihrer Berichterstattung und Analysen war nicht im mindesten durch die Tatsache beeinträchtigt, daß die Zeitung entschieden Partei ergreifen konnte. Dies ist nur scheinbar ein Widerspruch, denn der Geist verantworteter Freiheit in der Redaktion war nicht parteiisch, sondern aufs Universale gerichtet. Weil er ungehindert erkennen wollte, verlangte er nach Klarheit und Freiheit im Staat und in der Gesellschaft.

Die Ernsthaftigkeit, mit der die Zeitung ihre Aufgabe verstand, machte sie anspruchsvoll; sie war »elitär«. Blender paßten nicht hinein. Es gab einen fast untrüglichen Instinkt für »Qualität«. Auch einen untrüglichen Sinn dafür, was sich schickt, wer oder was »zu uns paßt«, was, wie man abgekürzt sagte, »anständig« ist. Dieser Anstand bestimmte auch den Ton der Zeitung, einen Ton des nachdenklichen, halblaut geführten Gesprächs. Die Zeitung schrie nicht, sie mobilisierte keine Gefühle. Sie »appellierte« nicht, es sei denn an den nüchternen Verstand und an ein warmes Herz. Ihre Artikel wollten niemanden überwältigen, schon gar nicht mit blitzender Polemik. Natürlich schätzte die Redaktion elegante Federn. Doch wollte sie niemanden bezaubern. Der Leser sollte weder von leidenschaftlicher Rhetorik hingerissen noch von stilistischer Brillanz bestochen werden. Die Zeitung wollte in Freiheit überzeugen, durch die Klarheit und Durchsichtigkeit der Darlegung. Max Webers Vorstellung von anspruchsvollem Journalismus, wie sie etwa in der Rede vor Münchener Studenten im Winter 1918/19 über »Politik als Beruf« durchschimmerte, war offensichtlich von Eindrücken geprägt, die er als Mitarbeiter im Umgang mit der Redaktion erhalten hatte.

Der Geist des Hauses teilte sich auch den Lesern mit. Vielen erging es ähnlich wie dem Nationalökonomen Moritz Julius Bonn (1873–1965), der in seinen Lebenserinnerungen schrieb, er sei mit dieser Zeitung aufgewachsen. Sie habe zu seiner politischen Erziehung, ja überhaupt zu seiner Bildung beigetragen – als eine große Lehrerin, als beste Zeitung Deutschlands, vielleicht gar die beste des ganzen Kontinents. Und 1930 urteilte Hans Reimann in einem Führer durch Frankfurt über die Zeitung: »Das sauberste und sensationsloseste Blatt... Alles kühl, schlicht, piano... Es wandert kein Tüttelchen in Satz, das nicht durch den Filter einer ethisch fundierten Intelligenz gesickert wäre.«

Das Besondere der Redaktion fiel namentlich denen auf, die neu eintraten. Karl Apfel, politischer Redakteur in Frankfurt seit 1925, schrieb in einer Erinnerung an die zwanziger Jahre: »Diese Institution, die sich ›Frankfurter Zeitung‹ nannte, hat nie aus dem einzelnen, der in ihr tätig war, auch nicht aus den publizistischen Leistungen der einzelnen gelebt, sondern sie war immer nur existent als ein geschlossener Klangkörper.« Die Zeitung war die Leistung eines Ensembles. Der Jüngere habe sehr schnell gespürt, »daß ein Hauch von Nobilität über dem Gremium der älteren Redaktionsmitglieder« lag. Apfel berichtet von einer wohlgepflegten Gewohnheit »gegenseitiger Achtung und gegenseitigen Verstehens« – ohne Kumpanei. »Das vertraute ›Du‹, das sich heute in so vielen Redaktionen breitgemacht hat, war nirgends zu hören. Man könnte nicht sagen, daß es verpönt gewesen sei, aber es war einfach nicht angemessen, nicht existent. Vielleicht daß einmal in einem vertraulichen Gespräch die Anrede ›Herr‹ weggelassen wurde... Man soll nicht sagen, daß dies gleichgültig und für die exemplarische Bedeutung der Zeitung unwesentlich sei. Der Stil des Schreibenden wird auch von der Atmosphäre geprägt, in der er sich bewegt. Die Feder, die zu bildhafter Sprache ansetzt, zeichnet den Gedanken in Linien auf, die dem inneren Rhythmus entsprechen. Das Bewußtsein, nicht nur für sich selbst, sondern auch für den andern im Nebenzimmer, für die Gemeinschaft zu sprechen, schwingt bei der Wahl der Worte mit.«[4] Natürlich gab es persönliche Freundschaften – von einigen wird noch zu reden sein. Es gab Flügel, aber keine der »Fraktionen«, von denen andere liberale Zeitungen heimgesucht wurden, zum Beispiel das »Berliner Tageblatt«, in dessen Redaktion, wie dem Erinnerungsbuch von Margret Boveri zu entnehmen ist, sich zum Schluß auch eine kommunistische Gruppe gebildet hatte.

Die Übereinstimmung in der Redaktion der »Frankfurter Zeitung« lag jenseits der Politik, auch jenseits des Handwerks und der Künste des Berufs, sie lag im Moralischen, in einer Gesinnung der Wahrheit, der Fairneß und der Wertschätzung von Individualität. Albert Oeser, der sich manchmal recht streng und grimmig gebende Leiter des Handelsteils, stellte sich einen guten Handelsredakteur – eigentlich jeden Redakteur – so vor: Er solle »sein Opfer lieben können, verehren und respektieren und trotzdem beanstanden können; das ist's ja, was wir sollen und wollen«.[5]

Dieses unsichtbare Band einer noblen Gesinnung hielt das Kollegium zusammen, auch wenn in einem Stab von mehr als achtzig Redakteuren nicht alle sich näher kennenlernen konnten. Wilhelm Hausenstein notierte sich 1956, nach der Rückkehr von seinem Botschafterposten in Paris, Eindrücke des Wiedersehens mit den alten Kollegen: »Nachmittags mit der Bahn nach Frankfurt. Im ›Frankfurter Hof‹ angenehm gewohnt (was nach der dürftigen Bonner Hotellerie als sehr angenehm empfunden wurde), Begegnung mit Reifenberg und dem Kreis der ›Gegenwart‹ (Sternberger, Haerdter, Oeser und den alten Sekretärinnen, die auch aus der ›Frankfurter Zeitung‹ gekommen sind). Unmittelbares kollegiales Bewußtsein gegenüber dem gesamten Milieu; geistiges Behagen.«[6] Ein andermal, 1945, sprach er von der Redaktion als einer »ideellen Gemeinschaft... in deren Zentrum die Anständigkeit beharrt«.[7]

Um nichts anderes ging es in einer denkwürdigen Personaldebatte 1930 über Joseph Roth. Sollte er aufs neue als Mitarbeiter für das Feuilleton gewonnen werden? Joseph Roth und seine Beziehung zur »Frankfurter Zeitung« war, wie die ganze Biographie Roths, eine Leidensgeschichte. Roth ist trotz vieler bissiger und oft auch treffender Urteile über einzelne Artikel und Personen kein zuverlässiger Zeuge; er hatte die Zeitung nur als auswärtiger Mitarbeiter, nie von innen kennengelernt. Seine Briefe sind sogar sehr ungerecht gegen seine Freunde, die seine Erregbarkeit und Überempfindlichkeit, seine exzessive Unsachlichkeit, auch die politische Torheit des sich politisch engagierenden Dichters zu entschuldigen und auch zu ertragen bereit waren und darüber hinaus ihn gegen Kritik in Schutz nahmen wie namentlich Benno Reifenberg und Heinrich Simon, den Roth mit intensiver Abneigung bedachte. Die Briefe Roths und der Aufsatz von Margret Boveri über sein Verhältnis zur »Frankfurter Zeitung«[8] zeigen, daß er von seinen Freunden in der Redaktion etwas verlangte, was diese gar nicht geben konnten: vorbehaltlose Zustimmung. Uneingeschränkt konnte in der »Frankfurter Zeitung« nichts gelten. Zuweilen fiel es schwer, mit den Berg- und Talfahrten Joseph Roths, mit seiner Sehnsucht nach Zugehörigkeit und gleichzeitigen Ausbrüchen von Eifersucht und Zorn Nachsicht zu üben. Roth wäre gern der Pariser Korrespondent geworden. Aber wäre es gutgegangen?

In der Redaktionskonferenz vom 17. September 1930[9] wurden die Mitglieder des Feuilletons gefragt, ob man Roth aufs neue als reisenden Schriftsteller beauftragen wolle. Die Frage hatte folgenden Hintergrund: Als Roth Ende der zwanziger Jahre das Verhältnis zur Zeitung gelöst hatte und Mitarbeiter der »Münchner Neuesten Nachrichten« geworden war, hatte man ihm in einem Artikel in der »Weltbühne« vorgehalten, er sei kein echter linker Schriftsteller. Als Argument war angeführt worden, er sei Mitarbeiter der »Frankfurter Zeitung« gewesen. Roth, der sich manchmal sogar als »Revolutionär« fühlte, wehrte

Den Geist Leopold Sonnemanns, die kollegiale Verfassung, die sich in den Stürmen der Bismarckzeit herausgebildet hatte, und den eigentümlich elitären Charakter bewahrte sich die Redaktion bis zum Ende. Leopold Sonnemann, gezeichnet von Emil Orlik

sich in der »Weltbühne« gegen den Vorwurf mit einem Angriff auf die »Frankfurter Zeitung«. Es komme nicht auf den Ort der Publikation, sondern auf die Einstellung des Schriftstellers an; die Zeitung sei immer ein Geschäft und abhängig vom Inseratenteil. In Frankfurt dachte man anders: »Das ist der wesentliche Punkt, warum eine richtige Entfremdung zwischen Reifenberg und Roth eintrat«, heißt es im Konferenzprotokoll vom 17. September 1930. Doch Roth sei zweifellos einer der wenigen deutschen Schriftsteller, die zur »Frankfurter Zeitung« paßten, gab Bernard von Brentano zu bedenken. Redakteure des politischen Teils und des Handelsteils stellten die Frage, ob das Verhalten Roths als »Charakterfehler« zu begreifen sei. Die Konferenz ging zu Ende mit dem Beschluß, den Kollegen des Feuilletons die Entscheidung zu überlassen – bei starken Bedenken gegen die Erneuerung eines engeren Mitarbeiterverhältnisses.

Die Konferenz kannte nicht den einige Monate zuvor geführten Briefwechsel zwischen Reifenberg (der inzwischen Pariser Korrespondent geworden war) und Roth. Reifenberg hatte Roth geraten, seine Äußerung in der »Weltbühne« aufzugreifen und in Ordnung zu bringen (14. Mai 1930). Roth hatte ihm drei Tage später geantwortet: »In der Weltbühne könnte ich nichts widerrufen... Ich stehe mit der Weltbühne ganz schlecht. Ich will mit dieser *Bagage* nichts zu tun haben.

Geschrieben habe ich seinerzeit dort, daß meine Weltanschauung nicht die der F.Z. ist. Das ist wahr. Solidarität, weltanschauliche, mit Dr. Drill und Junge und Schotthöfer habe ich nicht, will ich nicht haben. Ist das eine Beleidigung?« (17. Mai 1930)

Weltanschauung? Die Drill, Schotthöfer, Junge, die Roth verkannte, die Guttmann und Simon wußten eines genau: Was in der »Weltbühne« geschah, hieß am Ende immer nur, der wahre Sozialismus sei nicht der der Sozialdemokratie und die wirkliche Demokratie nicht die von Weimar. Die erbarmungslose literarische Kritik an der Republik konnte nur dazu dienen, die Wähler der von rechts angegriffenen Demokratie auch von links her zu demoralisieren. Joseph Roth aber irrte im Feuer zwischen den politischen Fronten umher, unsicher, zu welcher Seite er gehörte. Die Auseinandersetzung um Roths Äußerung in der »Weltbühne« zeigt, worauf es der Redaktion ankam: nicht auf Rache für einen Tort, nicht auf Korpsgeist gegenüber einem Nestbeschmutzer. Man trug Roth letzten Endes nicht nach, daß er die »Frankfurter Zeitung« verleugnet hatte, und erneuerte bald das Mitarbeiterverhältnis. Was die Redaktion beunruhigte, war die Person Roths, an dessen Integrität und »Anständigkeit« erhebliche Zweifel aufgetaucht waren.

Im Alltag der Zeitung äußerte sich der moralische Anspruch besonders im Ästhetischen, im Stil und in der Qualität der Sprache. Der tägliche Probefall ereignete sich bei der Prüfung von Manuskripten. Was schließt man aus, was läßt man zu, mit wieviel Sorgfalt beseitigt man die Mängel eines Textes? Der heikelste Fall: die Prüfung von Manuskripten im Hause anwesender Kollegen. »Gelobt wird nicht«, konnte Albert Oeser einem jüngeren Kollegen sagen, der ihm erwartungsvoll ein Manuskript vorlegte. »Wenn's nicht prima ist, gibt's Krach.« Der ruppige Spruch machte die Runde im Haus. In der Politik ging es weniger karg zu. Dietrich Dibelius, einer der Jüngeren, die 1934 aufgenommen worden waren, hatte in seinen ersten Wochen schon manches geschrieben, aber nichts war gedruckt worden. Eines Tages klopfte Dr. Robert Drill, der älteste der politischen Redakteure, der die Seite drei, die Leitartikelseite, disponierte und unter allen Redakteuren der politischen Redaktion die würdigste Erscheinung war, an die Tür und bat den »Doktor Dibelius« aufs höflichste heraus. Im Zimmer Drills sah Dibelius auf dem vollkommen aufgeräumten Schreibtisch ein einziges Manuskript liegen, sein eigenes. Drill erkundigte sich, wie es Dibelius im Hause gefalle. Schließlich beendete er das Gespräch damit, daß er mit der flachen Hand auf das Manuskript schlug: »Es fehlt ein Komma – sonst kann man's drucken.« Ein Kompliment – aber sehr verhalten aus Sorge, das Lob könne als Herablassung aufgefaßt werden. Das wollte Drills Taktgefühl nicht zulassen.[10]

Benno Reifenberg in seiner natürlichen, naiven Menschlichkeit dagegen hatte keine Bedenken, Jüngere für ihre ersten Erfolge zu loben. Er wußte, der Ältere muß loben, denn die Jüngeren brauchen Ermutigung, nicht nur Wohlwollen, sondern ausgesprochene Freundlichkeit.

Es war ein ehernes Gesetz, vor allem aber ein weises, daß niemand sein eigenes Manuskript in Satz gab. Jeder Autor mußte sich einen Kollegen als »Gegenleser« suchen. Denn dem Autor fehlt ja meist das, was bei der Zeitung als Grundregel galt: Distanz. Der Gegenleser vertritt die Leser, vor allem aber vertritt er die Redaktion: Paßt der Text, ist er zu lang und muß gekürzt werden? Ist überhaupt richtig, was da behauptet wird? Stimmen die Informationen, sind sie vollständig? Ist das Argument schlüssig, der Gedankengang geordnet, die Schlußfolgerung logisch? Kann der Gegenleser die zum Ausdruck gebrachte Ansicht stellvertretend für die übrigen Kollegen akzeptieren? Kamen ihm Zweifel, wurde ein zweiter und dritter Gegenleser hinzugebeten.

Es galt als unfein, den kompetentesten Gegenleser zu umgehen und sich einen leichteren auszusuchen oder gar zu rechten. »Wenn der Kollege Änderungen oder Streichungen vorschlug, so stimmte man, wenn irgend möglich, zu und verteidigte nicht etwa seinen Text mit Zähnen und Klauen. Ich begriff, daß das nichts mit Schlappheit zu tun hatte, sondern daß man ein kleines Stück seiner Individualität preisgab für etwas Wichtigeres, für den gemeinsam bewirkten unverwechselbaren Charakter des Blattes. Aber all das war nicht nur ungeschrieben, es war auch unausgesprochen«, so beschrieb Elisabeth Noelle-Neumann die Wirkung des Gegenlesens, das sie im Winter 1942/43 in der Redaktion kennenlernte.[11]

Einmal fand ein langer Artikel Dolf Sternbergers nicht das Plazet seines Gegenlesers Küsel. Er suchte Sternberger in dessen Zimmer auf und eröffnete ihm, er habe die unangenehme Aufgabe, ihm mitzuteilen, daß sein Manuskript nicht in Satz gehen könne. Sternberger, so wird berichtet, habe einen Augenblick geschwiegen und dann erwidert: »Und was ist daran so unangenehm?«[12]

Friedrich Sieburgs strahlendes Talent war so wohlbekannt wie seine naive Eitelkeit, über die er jedoch auch spotten konnte. Einer seiner Beiträge – es dürfte eine der glänzenden Reportagen aus Japan, 1939, gewesen sein – konnte nicht sogleich veröffentlicht werden. Sieburg mahnte den Abdruck bei Oskar Stark an, der als Nachfolger Drills die Artikelseite disponierte. Sieburg wollte nichts von Platzmangel oder aktuelleren Beiträgen hören. Er verstieg sich schließlich zu dem Argument, die Leser hätten einen Anspruch darauf, zweimal wöchentlich Sieburg zu lesen. Da hörte man Stark, diesen beherrschten und gewissenhaften Mann, der Sieburgs Beschwerde bis dahin geduldig ertragen hatte, durch die immer offene Tür seines Zimmers mit leicht gereizter Stimme einen Satz sagen, der mit einem Schlage die Autorität der guten Ordnung wieder herstellte: »Herr Sieburg, mich können Sie nicht überstrahlen. Ich strahle überhaupt nicht.«[13] Die Zeitung war nicht das Organ ihrer Stars.

Die Redaktion war keine konfliktlose Gesellschaft. Es gab, wie es bei starken Persönlichkeiten natürlich ist, Spannungen, Zusammenstöße, freundlichen und boshaften Spott, auch Kontroversen über die Politik. Aber es gab in der Redaktion einen allseits anerkannten gegenseitigen Anspruch auf gute Form, auf Großzügigkeit im Geistigen, der Übereinstimmung im Moralischen zugrunde lag. Niedrige Gesinnung wurde verachtet, etwa Schadenfreude, Ranküne, Rachsucht. Auch wenn manche Konflikte hart waren, alle Erinnerungen stimmen darin überein, daß es keine Cliquen oder Intrigen gab.

Diese Gesinnung teilten auch die Sekretärinnen. Eine Probe davon erlebte 1934 ein 18jähriges Mädchen aus einem oberschwäbischen Dorf, Paula Oelmaier, die der neue Verlagsdirektor Hecht als seine Sekretärin mit nach Frankfurt brachte. Mit dem Abschied Heinrich Simons hatte auch dessen Sekretärin, Frau Spannuth, die »Königinmutter«, wie sie im Hause genannt wurde, ihre Stellung im Vorzimmer verloren und war zeitweilig die Sekretärin Oesers. Einfach konnte die neue Situation zwischen der zurückgesetzten Älteren und der viel Jüngeren auf deren ehemaligem Stuhl nicht sein. Eines Morgens mußte Paula Ölmeier mit einer Nachricht Hechts für Oeser in Frau Spannuths Zimmer. Dabei fiel ihr die Tür heftig ins Schloß. »Ich möchte zu Ihnen Kind sagen«, begann Frau Spannuth, und nach einer prüfenden kleinen Pause fuhr sie fort: »Kind, auch zu den Dingen muß man ein Verhältnis haben.« Paula Oelmaier wußte das. Es war ihr halt passiert. Aber ihr Leben lang hat sie nicht den Ernst und den Takt vergessen, mit denen die »Königinmutter« sie an die Ordnung der Menschen und Dinge erinnert hatte.[14]

Die Kollegialität der Redaktion fand in der »Verfassung« ihre passende Form. Das Bemerkenswerteste daran war, daß es keinen Chefredakteur gab. Es gab niemanden, der durch den Verleger bevollmächtigt gewesen wäre, Weisungen zu erteilen und so die Zeitung zu führen. Die ersten Redakteure der Zeitung waren politische Freunde oder fachkundige Kollegen des Politikers und Bankiers Leopold Sonnemann gewesen. Dies blieb die Grundlage der kollegialen Verfassung. Dennoch bedurfte die Redaktion der Führung und damit eines Führungsorgans, eines informellen engeren Kreises, der den Austausch und die gegenseitige Einflußnahme der Redaktion zur Geltung kommen ließ. Der institutionelle Ort war die tägliche Konferenz.[15] Ihre praktische Aufgabe war die Vorbereitung der nächsten Ausgabe der Zeitung. Mitte der zwanziger Jahre trat die tägliche Konferenz um 8 Uhr zusammen – ärgerlich früh. Aber es ging nicht anders, die Zeitung erschien damals noch in drei Ausgaben täglich. Das »Abendblatt« wurde am frühen Nachmittag verbreitet, das »Erste Morgenblatt« am Abend, das »Zweite Morgenblatt«, gegen Mitternacht fertiggestellt, wurde in der Nacht versandt und am frühen Morgen ausgetragen. Der Leitartikel erschien schon in der ersten Ausgabe, im »Abendblatt«, das um 12 Uhr andruckte. Die Zeitung mußte also ein paar Minuten nach 11 Uhr am Umbruchtisch fertig sein. Die Konferenz wurde auf eine bequemere Zeit, 10 Uhr, verlegt, als man am 1. September 1931 für Frankfurt und Umgebung zu einer zweimaligen Erscheinungsweise überging und das »Abendblatt« mit dem »Ersten Morgenblatt« vereinigte. Es druckte um 15 Uhr an und war um 16 Uhr auf der Straße.

Für das Reichsgebiet und das Ausland gab es seit dem 1. Februar 1930 nur noch eine einzige, die »Reichsausgabe«, die den Stoff aller Ausgaben enthielt, mit Ausnahme der Frankfurter Lokalseite, des »Stadtblatts«. Die Reichsausgabe wurde, entsprechend der Länge der Transportwege zum Leser, in drei Versionen hergestellt. Die früheste, erkennbar an zwei Sternen im Titel, druckte gegen 13 Uhr an. Sie und eine später am Nachmittag hergestellte zweite Form (mit einem Stern) waren für das Ausland und für besonders schwierig zu erreichende Orte bestimmt. Die dritte Form der »Reichsausgabe« (ohne Stern) vom frühen Abend machte den hauptsächlichen Teil der Gesamtauflage der Zeitung aus. Sie war die eigentliche »Reichsausgabe«, auch diejenige, die nach Berlin geliefert, dort aber erst zur Mittagszeit zugestellt wurde – was später, im Ringen mit dem Propagandaministerium, sich oft als ein Vorzug erweisen sollte. Die Unterschiede der drei Formen der »Reichsausgabe« bestanden lediglich darin, daß die späteren Ausgaben die neuesten Nachrichten enthielten, die, sofern sie am nächsten Tag noch von Bedeutung waren, in den frühen Ausgaben des nächsten Tages nachgetragen wurden.

Den Vorsitz der Konferenz führte vom Ende des Weltkrieges bis in die ersten Januartage 1934, als das Schriftleitergesetz ihn zwang, aus der Redaktion auszuscheiden, Heinrich Simon. Sein Nachfolger wurde Benno Reifenberg; von 1938 an wechselten sich Erich Welter und Oskar Stark im Vorsitz ab. Im Krieg leitete hauptsächlich Oskar Stark die Beratungen.

Der Konferenz gehörten alle Mitglieder der politischen Redaktion und des Feuilletons an. Der Handelsteil und das Stadtblatt führten ein gewisses Eigenleben; sie hatten ihre eigenen Konferenzen und waren deshalb lediglich durch Abgesandte vertreten, meist durch den Res-

Makulatur wird abgeholt; Blick in einen der vier kleinen Innenhöfe

sortleiter oder seinen Stellvertreter. Neben dem Handelsteil gab es noch ein kleines wirtschaftspolitisches Ressort, das zur Politik zählte. Arthur Feiler hatte es in den frühen zwanziger Jahren gegründet, Erich Welter baute es in den dreißiger Jahren aus. Die kleine Gruppe beschäftigte sich mit Fragen der Volkswirtschaft und der Sozialpolitik. Dem Handelsteil dagegen oblag die Finanz-, Firmen- und Börsenberichterstattung.

Die Konferenz tagte im zweiten Obergeschoß an einem langen, mit grünem Filz bedeckten Tisch. Von den Fenstern des Raumes schaute man auf das gegenüberliegende Portal und in den Innenhof des Thurn- und-Taxisschen Palais. Jeder Redakteur hatte seinen festen Platz; der Vorsitzende präsidierte an der südlichen Schmalseite des Raumes unter einem Porträt des Gründers. Zu seiner Linken saß seine Sekretärin, die Protokoll führte – lange Zeit die einzige Frau in dieser Runde.

In den dreißiger Jahren engagierte die Redaktion die ersten Journalistinnen, allerdings nicht für die Zentrale in Frankfurt, sondern für Korrespondentenposten: Lily Abegg für den Fernen Osten (zuerst Shanghai, später Tokio), Heddy Neumeister für Sozialpolitik (im Berliner Büro), Margret Boveri für Skandinavien in Stockholm, im Kriege für Amerika aus New York, und Irene Seligo, die Anfang der dreißiger Jahre aus London, später aus Lissabon berichtete. Erst ziemlich spät im Krieg, als viele Redakteure zum Militär eingezogen worden waren, wurden Frauen auch in die Frankfurter Redaktion und damit in die Konferenz aufgenommen, unter ihnen, nur wenige Monate vor der Schließung der Zeitung, Elisabeth Noelle, die sich nach ihrer Heirat Noelle-Neumann nannte.

Novizen wurden erst nach drei Monaten zur Konferenz zugelassen. Hinter dem Stuhl des Vorsitzenden, unter dem Porträt Leopold Sonnemanns, gab es eine Art Armesünderbänkchen. Dort hatten die Neulinge ein paar Wochen lang Platz zu nehmen, bis der Vorsitzende sie auf-

Das Konferenzzimmer; hinter dem Stuhl des Vorsitzenden hing bis 1938 ein Porträt Sonnemanns, danach die große, von Rudolf Koch gezeichnete Deutschlandkarte des Insel-Verlages, deren Umriß an der Stirnwand noch zu erkennen ist. Nach dem Verbot der Zeitung ließ der neue, nationalsozialistische Betriebsleiter dort das Hitler-Bild aufhängen.

forderte, künftig einen bestimmten Platz am Tische einzunehmen. Das war das Ende der Initiationsriten.

Wichtigster und erster Beratungsgegenstand der täglichen Konferenz war, das Thema und den Verfasser des Leitartikels zu bestimmen, nachdem einer der Depeschenredakteure die wichtigsten Nachrichten der Nacht und die anstehenden Ereignisse des Tages vorgetragen hatte. Die Debatte über den Leitartikel mußte straff geführt werden. Es stand nur eine halbe Stunde zur Verfügung; der Schreiber sollte sich alsbald an die Aufgabe machen können. Argumente wurden gewogen, Meinungen ausgetauscht. Zu Abstimmungen kam es selten. Es verstand sich, daß der Verfasser des Leitartikels auch Argumente der Gegenmeinung berücksichtigte, soweit sich dies vertrug. Bisweilen wurde gerade der Sprecher der Minorität zum Leitartikler bestimmt. Dies war keineswegs Ausdruck falsch verstandener Toleranz, der die eine Meinung soviel wie die andere gilt, sondern im Gegenteil: Indem derjenige, der für seine Meinung keine Mehrheit gefunden hatte, auf die Argumente der anderen Partei Rücksicht nehmen mußte, war die größtmögliche Objektivität gewährleistet.

Die Debatte gab dem Schreibenden ein gewisses Konzept an die Hand. Der Gedankengang des Leitartikels war damit im groben schon skizziert, manchmal sogar »bis in die Nuance«.[16] Der Verfasser verließ das Konferenzzimmer, hängte ein weißes Schild mit einem großen schwarzen »L« an die Türklinke und war damit vor Störungen durch Kollegen oder Hausboten geschützt. Er konnte noch das eine oder andere Detail in einer Mappe aus dem Archiv nachlesen – nach zwei Stunden jedenfalls mußte sein Artikel fertig sein.

Karl Apfel berichtet in seinen Erinnerungen, Heinrich Simon habe sich in der Konferenz oft als ein »entschiedener Mittler« bewährt. Ohne sein Gewicht als Verleger und Vorsitzender auszuspielen, habe er seine Meinung zur Geltung zu bringen gewußt. »Lief eine Diskussion seiner eigenen Auffassung entgegen, prägte sich deutlich eine gewisse Nervosität in seinen Zügen aus. Resigniert hat er nicht, ein Veto gab es nicht.« Gewisse Differenzen mußten durch Abschwächung der Tonlage und Verzicht auf das volle Gewicht eines Arguments ausgeglichen werden.

Nach dem Ausscheiden der beiden Brüder Simon im Frühsommer 1934 gab es dieses Problem nicht mehr. Der neue Verlagsgeschäftsführer Dr. Wendelin Hecht erwies sich als ein gescheiter, treuer Freund der Redaktion und als ein aufopferungsvoller Diener der Zeitung, zur Konferenz aber war er nicht zugelassen. Der Verlag hatte in den Angelegenheiten der Redaktion absolut nichts zu sagen. Man habe gegenüber der Verlagsleitung eine beinahe fröhliche Aggressivität gepflegt, erinnert sich Elisabeth Noelle-Neumann.[17]

Alles hing ab von einer sorgfältigen Personalauswahl. »Es hat sich dann in den zwanziger Jahren, insbesondere für Entscheidungen der Personalpolitik, eine sogenannte ›Engere Konferenz‹ gebildet.«[20] Man pflegte auch da nicht abzustimmen, sondern zu diskutieren, bis sich Übereinstimmung ergab.[21] In den dreißiger Jahren entstanden dann in den einzelnen Ressorts engere Kreise der angesehensten Redakteure, bei denen Bewerber ihre Vorstellungsgespräche führten. Solche Gespräche dauerten eine halbe, manchmal auch eine ganze Stunde. In der Politik hielt man es so, daß die gutachtenden Kollegen sich gleich anschließend im Zimmer Reifenbergs versammelten, um ihr Urteil auszutauschen. »Das ging alles sehr schnell und formlos zu. War man sich einig, wurde der Vorschlag über Reifenberg oder Stark dem Verlagsgeschäftsführer Dr. Hecht zur Kenntnis gebracht«, erinnert sich Dolf Sternberger. Hecht führte lediglich die Gehaltsverhandlungen. An der Auswahl der Bewerber selbst war er nicht beteiligt.[22] Formlos, wie hier beschrieben, ließ sich dieser Ältestenrat auch zusammenrufen, wenn über etwas Wichtiges und Außerordentliches zu entscheiden war, was keinen Aufschub duldete oder sich für die Beratung in der täglichen Konferenz nicht eignete. Über Nacht ließ sich auch der Hauptkorrespondent in Berlin, Rudolf Kircher, herbeirufen. Dann nämlich, wenn es nötig war, die Berliner Verhältnisse und die Machenschaften des Regimes genau einzukalkulieren.

Nach der Entscheidung über den Leitartikel besprach die Konferenz die übrigen Angelegenheiten des Tagesgeschäfts: Man kritisierte das Blatt des Vortags, referierte über den Inhalt anderer Zeitungen, vor allem der großen Blätter Englands und Frankreichs, äußerte Wünsche an die Korrespondenten, erörterte Tagesereignisse, suchte nach Themen für künftige Ausgaben. Vorwiegend war dies ein Gespräch unter den politischen Redakteuren, aber andere redeten mit, wie auch umgekehrt die Politiker sich an der Diskussion über Feuilleton-Angelegenheiten beteiligten. »Es waren ja alles gebildete Leute«, berichtet Walter Dirks.[18] Im Kreis der Kollegen, bekannte Bütow, habe er mehr gelernt als an der Universität.[19] Alle hatten studiert, alle waren Absolventen des humanistischen Gymnasiums. An einer Debatte über Literatur, Geschichte, Kunstgeschichte, Archäologie, Theologie konnten sich alle verständig beteiligen. Zwar war jeder auf seinem Gebiet ein Spezialist, aber man schätzte das Spezialistentum nicht besonders. Man erwartete vielmehr, daß jeder auch für andere Teile der Zeitung schrieb. Einer aus der politischen Redaktion sollte auch einen Roman besprechen oder einen Beitrag zu Hausensteins »Frauenbeilage« beisteuern können. Man wurde zum Schreiben für andere Ressorts ermuntert, und es wurde honoriert.

der Redaktion – sich zu einer Krise des Unternehmens steigerten. Auf Heinrich Simon kam die Hauptlast der Sorgen zu. Von Natur war er dafür nicht geschaffen. Seine Interessen drängten in andere Richtungen, zur Literatur, Musik, Malerei. Am 30. Juli 1880 in Berlin geboren, hatte Simon nach dem Studium der Philosophie und Literatur in Freiburg, Berlin und Erlangen mit einer Arbeit über Novalis promoviert und in Italien, besonders in Rom, kunstgeschichtliche Studien getrieben. 1906 war er mit 26 Jahren in die Zeitung eingetreten, wo er bis 1917 im Feuilleton mitarbeitete. 1910 waren er und sein Bruder, Dr. jur. Kurt Simon, als Prokuristen in die Geschäftsleitung aufgenommen worden; die Führung der Zeitung hatte schon längere Zeit vor dem Tode Leopold Sonnemanns (1909) der Schweizer Theodor Curti übernommen.

Etwa bei Kriegsbeginn wurde Heinrich Simon Vorsitzender der Redaktionskonferenz, während sein Bruder Kurt sich ausschließlich um die kaufmännische Seite des Unternehmens kümmerte. Zwei Aufsatzsammlungen aus den Jahren 1926 und 1931, beide unter dem Titel »Arbeit am Tage«, enthalten eine Auswahl von Heinrich Simons Beiträgen für die »Frankfurter Zeitung«. Sie zeigen vielseitige Begabungen und Interessen, aber es geht ihnen jene Qualität ab, die auch den nachgeborenen Leser noch zu fesseln vermag.

Die Korrespondenz gibt einen starken Eindruck von Heinrich Simons Temperament: Quicklebendig, mit vielen der Redakteure befreundet, soweit der Rollenunterschied das zuließ, ein Mann vieler Register. Er konnte über innenpolitische Fragen und über alle Angelegenheiten des Feuilletons mitreden und mitschreiben. Er konnte verärgerte Redakteure beruhigen, ihnen schmeicheln oder sie zur Ordnung rufen – mit einem Scherz, einem guten Wort, einer ironischen Bemerkung. Er konnte schwierig gewordene Beziehungen wieder ins Lot bringen, nicht in jedem Falle, aber oft. Auch als Verleger der Zeitung wollte er Redakteur unter Redakteuren bleiben. Er diente ihr wie ein guter Dirigent seinem Orchester. Gerade weil er selbst sein Amt mehr aus Pflicht als aus Neigung oder Ehrgeiz ausübte, konnte er auch an das Gemeinschafts- und Pflichtbewußtsein wichtiger und schwieriger Partner appellieren – als ein Makler der Interessen »unserer Gemeinschaft«, wie er die Redaktion zu nennen pflegte. Aber schwierig war auch er. Ein Porträt, das Max Beckmann 1927 von ihm malte, zeigt einen Menschen mit einem mißtrauisch zur Seite gewendeten Blick, der auf der Hut ist – ganz anders als auf der Lithographie, die Beckmann 1922 von seinem Freund und Förderer angefertigt hatte.[4]

Den wachsenden wirtschaftlichen Schwierigkeiten der Zeitung standen die Brüder Simon ziemlich hilflos gegenüber. Die jährlichen

1910 waren die Enkel Sonnemanns, Heinrich und Kurt Simon, in die Geschäftsleitung aufgenommen worden. Heinrich Simon führte die Redaktion mit Umsicht und Geschick bis 1934. Lithographie von Max Beckmann, 1922

Geschäftsberichte und die Aufzeichnungen der Aufsichtsratsvorsitzenden Friedrich von Payer und (seit 1929) Rudolf Schwander sowie der späteren Verlagsgeschäftsführer deuten es an. Doch auch als dem Verlag das Wasser bis zum Halse stand, ließen die Briefe Heinrich Simons nur die große Belastung und Anspannung spüren. Wehleidige Klagen waren den Brüdern fremd. Sie scheuten harte unternehmerische Entscheidungen wie Gehaltskürzungen, Rationalisierung und Entlassungen, die diese Krise verlangt hätte. Das war die Kehrseite des »Gemeinschaftsgeistes«. Das soziale Mitgefühl war stärker als die unternehmerische Klugheit. Die Simons scheuten auch einschneidende Maßnahmen zur Reorganisation der Geschäftsleitung und des Unternehmens. Aber sie scheuten sich nicht, nach und nach ihr gesamtes privates Vermögen zu opfern, um die Zeitung zu halten.

Solange es ging, führte Heinrich Simon am Untermainkai 3, in einem der im Zweiten Weltkrieg zerstörten klassizistischen Bürgerhäuser am rechten Mainufer, ein gastliches Haus. Anfang der dreißiger Jahre mußte er es verkaufen. An seinem Mittagstisch, regelmäßig freitags, versammelte er Künstler, Wissenschaftler und Kollegen aus der

Zeitung: Rudolf G. Binding, Fritz von Unruh, Georg Swarzenski, den großen Direktor des Städel-Museums, Heinrich George, Anna Pawlowa, Edwin Fischer, Wilhelm Furtwängler, Max Beckmann.

Beckmann hatte im Ersten Weltkrieg eine Zeitlang in Heinrich und Irma Simons Haus gewohnt; nach dem Kriege logierte dort vorübergehend auch der aus dem Feld heimgekehrte Benno Reifenberg mit seiner Frau. Simon war ein typisches Mitglied des bürgerlichen und künstlerischen Milieus des alten Frankfurt, wie es sich in der Konzertvereinigung, der »Museumsgesellschaft«, der Mitgliedschaft des »Freien Deutschen Hochstifts«, im Gründerkreis der Frankfurter Universität, in der »Gesellschaft für Handel, Industrie und Wissenschaft« und in vielen ähnlichen Einrichtungen darstellte.

Die redaktionellen Schwierigkeiten begannen mit Auseinandersetzungen um die wirtschaftspolitische Linie der Zeitung und ihre Haltung zur DDP. Es ging dabei auch um die Person Arthur Feilers, des wirtschaftspolitischen Redakteurs. Wegen der zahlreichen Irrtümer und Mutmaßungen, die in der Literatur in Umlauf sind, soll darauf kurz eingegangen werden.

Feiler, 1879 in Breslau geboren, nach dem Abitur und einer Bankausbildung 1903 in die Handelsredaktion eingetreten, hatte vor allem Fragen der Wirtschaftstheorie und der Finanzen behandelt. 1910 wechselte er in den politischen Teil. Im Juni 1920 war er in den zwölf-

Frankfurter Bürgerhäuser am Untermainkai. Hier führte Heinrich Simon bis Anfang der dreißiger Jahre ein gastliches Haus

köpfigen Vorläufigen Reichswirtschaftsrat berufen worden. Er gehörte ferner der »Sozialisierungskommission« an und war seit November 1923 Beisitzer am Kartellgericht. Neben all diesen Tätigkeiten promovierte er 1923 in Heidelberg; fünf Jahre später habilitierte er sich in Frankfurt.

In einer Reihe großer Aufsätze im Winter 1918/19 – nachgedruckt als Flugschrift der »Frankfurter Zeitung« mit dem Titel »Staat des sozialen Rechts« –, als Verfasser des Abschnitts »Wirtschaft« im Parteiprogramm der DDP und in Zeitungsartikeln der frühen zwanziger Jahre hatte Feiler ein Programm sozialer und wirtschaftlicher Reformen entwickelt, das sich zwar, ähnlich wie die »Freiburger Schule« der sozialen Marktwirtschaft, von der überlieferten Ausprägung des Wirtschaftsliberalismus unterschied, dessen freiheitliche Grundlagen jedoch nicht verließ. In der Redaktion der »Frankfurter Zeitung« jedenfalls stand Feiler am weitesten links.

1929 unternahm Feiler im Auftrag der Zeitung eine drei Monate dauernde Studienreise durch die Sowjetunion, deren Ergebnis eine Artikelreihe war, die kurz darauf auch als Buch veröffentlicht wurde. Sie zeigt den Journalisten Feiler, der neugierig erforscht und beschreibt, was er sieht: die kommunistische Partei als Elite, als Sekte, als Apparat, als Inhaber der totalen Macht; das Leben der Bauern und Industriearbeiter, das Leben ihrer »roten Direktoren«. Er verglich Produktivität, Außenhandel, Preise, Löhne, Planziele, den ganzen Aufwand der Planwirtschaft und ihre geringe Leistungsfähigkeit. Das Buch endete mit einem noch immer lesenswerten Schlußkapitel unter dem Titel »Zwischenbilanz – der kollektive Mensch«.

Wenn Feiler mit seinen Artikeln Ärgernis erregte, dann weniger wegen der kritischen Darstellung dessen, was er in der Sowjetunion gesehen hatte, als wegen seiner Annahme, der moderne Kapitalismus im Westen werde dem sowjetischen System immer ähnlicher durch Einschränkungen des Wettbewerbsprinzips, Kapitalkonzentration und die Mängel der Führungsauslese. Wo bleibe der Unterschied, wenn die Herrschaft über die Schaltstellen der Wirtschaft sich immer wieder aus dem gleichen engen Kreis rekrutiere? Der Unterschied sei nur noch ein quantitativer.[5] Feilers Zweifel an der liberalen Wirtschaftsform betrafen nicht das Prinzip der Freiheit und des Wettbewerbs, sondern dessen Einschränkung durch gesellschaftliche, wirtschaftliche und politische Machtkonzentration – das Thema vieler seiner Veröffentlichungen.[6] Er wollte »Fortschritt« in einem radikal-demokratischen Sinn. Den Willen dazu brächten die Liberalen aber nicht auf, meinte er, eher schon die Sozialdemokraten, soweit sie nicht Marxisten seien.

Über diese Fragen kam es zu schweren Konflikten mit den Kollegen.

Im Herbst 1927, vermutlich in den letzten Septembertagen, versuchte Heinrich Simon, Feilers »Radikalismus« zu bremsen. »Wir sind« – Simon scheint mit diesem Wir die Demokratische Partei, die liberalen Zeitungen und auch Feiler selbst zu meinen – »überall die Vertreter des Richtigen und nicht des Wirklichen.« Er räumte ein, eine Republik ohne eine starke ideelle, die Bürger einigende Kraft gerate in Gefahr, sich den Interessen der Wirtschaft auszuliefern. »Wir haben die Republik noch nicht«, aber »ich sehe in den Staatsgebilden [gemeint sind die Institutionen] tatsächlich einen, wenn auch häufig unbequemen, aber immerhin doch vorhandenen, nicht rein vom Wirtschaftlichen bestimmten Kulturfaktor. Erwägen Sie bitte einmal diesen Gedanken, ob es nicht im Zusammenhang damit richtig wäre, nicht zu radikal gegen die ehemaligen Gebilde anzurennen... sondern aus ganz bewußten Wirklichkeitsgründen.«

Feiler erwiderte, Simon betrachte die Lage zu pessimistisch. Denn alle wichtigen Entwicklungen seit 1917 seien »genau in unserer Richtung gegangen« (der Richtung der »Frankfurter Zeitung«): Verständigungspolitik, Erfüllungspolitik, Friedenspolitik nach außen, Demokratie und Parlamentarismus im Innern. Der marxistische Sozialismus sei erledigt, geblieben sei die Forderung nach dem »Staat des sozialen Rechts« und der sozialen Reform.[7] Man sieht, daß Feiler die Situation der Republik für viel fester hielt als Simon, ihre Brüchigkeit verkannte und deshalb meinte, politisch mehr fordern zu dürfen.

Ende Mai 1928 erregte ein Artikel Feilers zum Ergebnis der Reichstagswahlen Simons heftigen Widerspruch. Er war aufgebracht über die kühle und harsche Sprache, in der Feiler die Verluste der DDP kommentiert hatte. Der Korrespondenz ist zu entnehmen, daß Feiler in der Redaktionskonferenz vom 23. Mai 1928 »erneut die Kabinettsfrage gestellt« habe. Simon rühmt Feilers »unvergleichliche Art«, wirtschaftliche und daran angrenzende Fragen zu erörtern. Aber er findet Feilers Denken »unerbittlich« und seinen harten Stil »gemeinschaftserschwerend«. Simon beteuert, er wolle Feiler »unserer Gemeinschaft« erhalten.[8] Die beiden verabredeten eine Aussprache, zu der sie noch einen Dritten hinzuzogen, Bernhard Guttmann, den Leiter des Berliner Büros. Guttmann hatte Simon geraten, es nicht zum Bruch mit Feiler kommen zu lassen, so viele gute Journalisten gebe es nicht.[9] Die Schwierigkeiten mit Feiler beträfen nicht allein den Artikel, klagte Simon. »Es handelt sich im Grunde um die schon lange vorhandene Meinungsverschiedenheit zwischen mir und Feiler, die sich nicht auf Programmatisches bezieht, sondern [auf] seine Einstellung zum Gros der Leser. Er hat sich immer stärker in eine antibürgerliche Haltung hineinmanövriert und erklärt, schon die bloße Erwähnung der Zugehörigkeit unserer Zeitung zu einer mehr oder weniger nichtsozialistischen, das heißt bürgerlichen Schicht, sei eine klassenkämpferische Haltung. Er ist schon lange nicht mehr – und war es vielleicht nie – der ernste, kritische Freund dieser Schichten.« Jeder Positionsverlust der Demokratischen Partei schwäche nicht nur eine einzelne Partei, sondern den linken Flügel des Parteienspektrums insgesamt und somit auch die »Frankfurter Zeitung«, und dies veranlasse ihn, »nur noch radikaler für seinen Standpunkt einzutreten«.

Rudolf Kircher, zu dieser Zeit noch Korrespondent in London, suchte Simon darin zu bestärken, sich mit der Zeitung von der Demokratischen Partei zu lösen, ohne sie preiszugeben. Kircher stimmte Feiler in diesem Punkte zu und widersprach damit alten Parteikämpen wie Cohnstaedt und Goldschmidt: »Die Partei ist doch nicht Selbstzweck. Wir müssen das Gute nehmen, wo es sich uns bietet.« Damit meinte er auch eine andere Partei, aber nicht, wie Feiler, den linken Nachbarn der Demokraten, die Sozialdemokratie, sondern den rechten, die DVP: »Unsere Politik ... kann bestimmt etwas *nicht* sein: ›antikapitalistisch‹ aus Prinzip. Um so weniger, als selbst die Sozialdemokratie früher oder später die antikapitalistische Tendenz (oder Doktrin) aufgeben wird ... Wir stehen doch in einem Wechsel ... Der Kapitalismus ist im Umbau, selbst wenn man das auf der rechten Seite der Volkspartei noch nicht gemerkt hat. Wir müssen diesen Wechsel fördern ... um das praktisch Realisierbare herauszuarbeiten«, wie es die englischen Liberalen zwischen Labour und Tories versuchten. »Man muß sich auch in der Politik seine Existenz immer wieder neu verdienen, neu erarbeiten. Tun wir das? Zu drei Vierteln sind wir mit äußeren Dingen, mit *Partei*politik beschäftigt, im vierten Viertel sind wir sehr widerspruchsvoll.«[10]

Der Konflikt in der Redaktion war eine Dreiecksauseinandersetzung, bei der Kircher und Feiler entschiedener auf Abstand zur DDP zu gehen rieten, aber selbst uneinig waren, wie weit und nach welcher Richtung die Zeitung sich politisch öffnen solle. Es ging um praktische Konsequenzen des eigenen Liberalismus. Den Vorgang als »Entideologisierung« der Zeitung zu beschreiben[11], läßt ihn eindeutiger und einfacher erscheinen, als er war. Im Herbst 1928 gibt die Korrespondenz aufs neue Einblicke in die Redaktionsdebatte, die man sich als fortlaufend geführte Auseinandersetzung vorstellen muß, die nur gelegentlich, nämlich wenn einer der Partner unterwegs war, einen schriftlichen Niederschlag fand. Simon riet Feiler, in dieser unübersichtlichen wirtschaftspolitischen Lage von den Liberalen nicht die Aufstellung eines eindeutigen Wirtschaftsprogramms zu verlangen. Alle bündigen Programme täuschten mehr Einblick in die Dinge vor, als ihre Urheber besäßen. »Ich frage mich manchmal, ob es nicht das Ehrlichste wäre, ganz klar auszusprechen und nachzuweisen, daß und warum dieser problematische Zustand auf dem Wirtschaftsgebiete vorhanden ist und daß eine Partei oder Gruppe, die sich nicht des Vorteils einer weltanschaulichen Gebundenheit erfreut... dringend gewarnt werden muß, schon jetzt eine Formel und ein System als geschlossenes Wirtschaftsprogramm zu beanspruchen.« Man solle den Kampf gegen die alten Schlagworte aufnehmen, aber mit großer Geduld. Simon bekannte, daß er Feilers Wunsch, die Gewerkschaften zu unterstützen, nicht verstehe, denn sie seien doch in ihrer Mehrzahl vom Sozialismus bestimmt, und gegen »die immer größere Vergewerkschaftlichung des wirtschaftlichen Daseins« müsse er, Feiler, von seinem Standpunkte aus doch auch große Bedenken haben.[12]

Feilers dreimonatige Studienreise im Herbst 1929 in die Sowjetunion war ein Versuch, über den Ertrag der Artikelserie hinaus das gereizte Verhältnis zu Simon zu beruhigen. Es half allenfalls vorübergehend. Ein Jahr später bot Simon ihm die Posten London und Paris an. Feiler lehnte dies ab und wollte sich auch nicht auf die Wirtschaftspolitik zurückziehen, sondern in der Innenpolitik bleiben. Im Dezember 1930 kam es zum Bruch und zu Verhandlungen über die Bedingungen seines Ausscheidens nach fünfundzwanzigjähriger Tätigkeit. Feiler ging im Frühjahr 1931 als außerordentlicher Professor an die Handelshochschule in Königsberg, blieb aber mit Analysen, Aufsätzen und Buchbesprechungen Mitarbeiter der Zeitung. Im Dezember 1931 unterrichtete Heinrich Simon Feiler über Verhandlungen der Zeitung mit der sowjetischen Regierung, den Korrespondentenposten in Rußland, der seit 1914 unbesetzt war, wieder zu eröffnen, zunächst probeweise für ein Jahr, vorausgesetzt, die sowjetischen Behörden machten keine Schwierigkeiten. Simon fragte Feiler, ob er sich für ein Jahr von seinen Lehrverpflichtungen beurlauben lassen und Neigung zu diesem Plan verspüren könne. Feiler erwiderte, im Moment gehe es nicht aus Rücksicht auf die Hochschule, aber im Herbst 1933 würde er gerne die Aufgabe übernehmen.

Im April 1933 erkundigte sich Feiler wegen des »neuen Gesetzes« – des »Arier-Paragraphen« im »Gesetz zur Wiederherstellung des Berufsbeamtentums«, das auch die Hochschullehrer betraf –, ob er bereits jetzt nach Moskau könne, falls es überhaupt noch möglich sei. Simon erwiderte, er werde es versuchen. An dieser Stelle bricht die erhalten gebliebene Korrespondenz ab. Feiler emigrierte noch im Sommer 1933 nach New York und lehrte dort an der »New School for Social Research«. Er starb am 11. Juli 1942 in New York.

Carl Bosch und die IG Farben

Über den Konflikt mit Feiler ist viel spekuliert worden. Feilers Ausscheiden wurde auf Druck der Großindustrie zurückgeführt, namentlich des IG-Farben-Konzerns, dessen Vorstandsvorsitzender, Geheimrat Carl Bosch, seit 1929 den Verlag der »Frankfurter Zeitung« unterstützte. Ernst Kahn, einer der später nach Israel emigrierten Redakteure und ein Freund Feilers, glaubte es zu wissen.[13] Benno Reifenberg bestritt es.[14] Feilers Rechtsanwalt Max H. Maier schreibt in seinen »Erinnerungen an Deutschland«, Feiler habe auf Simons Veranlassung ausscheiden müssen, »weil er für eine Sozialisierung der deutschen Schwerindustrie eingetreten war«.[15] Doch diese Artikel Feilers lagen 1929 schon fast ein Jahrzehnt zurück. Und weder Kahn noch Maier führen Belege oder Indizien für ihre Behauptungen an. Sie waren auch nicht in die Gespräche zwischen der Verlagsleitung und Carl Bosch oder dessen Beauftragtem Hermann Hummel eingeweiht. Die Aussagen Kahns und Maiers können nur eines belegen: daß es damals solche Vermutungen über Einflußnahme der Industrie gab. Sie wurden von der zeitungswissenschaftlichen Literatur aufgenommen, und seitdem geistern vor allem zwei Behauptungen herum: 1929 habe sich die IG Farben an der »Frankfurter Zeitung« beteiligt, und unter dem Einfluß der Großindustrie habe die Redaktion einen politischen Kurswechsel zugunsten der »konservativen, autoritären Regierungen« der Notstandszeit der Weimarer Republik vollzogen.[16]

Aus den Quellen, vor allem aus den Nachlässen Heinrich Simons und des Vorsitzenden des Aufsichtsrates der Frankfurter Societäts-Druckerei GmbH, Friedrich von Payer, und seines Nachfolgers in diesem Amte von 1929 an, des Oberpräsidenten der Provinz Hessen-Nassau (bis 1930), Dr. Rudolf Schwander, ergibt sich ein wesentlich anderes Bild. Die Anfänge des Falles Feiler liegen mehrere Jahre vor dem Zeitpunkt, an dem Carl Bosch im Wege einer Beteiligung der Imprimatur GmbH den Verlag der »Frankfurter Zeitung« zu unterstützen begann. Im Laufe der Jahre hatte der Fall Feiler für Heinrich Simon immer mehr die Züge eines persönlichen Konfliktes angenommen. Oberpräsident Schwander notierte sich in den ersten Januartagen 1931, als er sich mit Feilers Ausscheiden zu befassen hatte: »Das Verhältnis H.S. zu Feiler ist unerträglich geworden.« Schwander merkt an, er »habe den Eindruck, daß H.S. Angst vor F. hat«. Und dann nochmals: »Dr. H.S. erklärt, seine Nerven vertrügen nicht länger A.F. Dr. H.S. hatte A.F. gangbare Wege zur persönlichen Trennung gewiesen, ohne die Mitarbeit A.F. an der F.Z. zu lösen.«[17]

Im Einklang damit steht, was Heinrich Simon am Ende des Jahres

1930 Hermann Hummel (dem Beauftragten Carl Boschs) schrieb, der sich über eine Industriereportage von Joseph Roth über die Leuna-Werke bei Merseburg beklagt hatte. Er, Simon, könne auf die Dauer nicht einen Zweifrontenkrieg führen, nach außen zur Erhaltung der Unabhängigkeit der Redaktion und im Innern mit Dr. Feiler – »eine sehr unerquickliche und verstimmende Sache, weil ich das Ganze so führen wollte, daß nicht dem lächerlichen Geschwätz, diese und andere Herren würden aufgrund Ihres Einflusses und desjenigen Ihrer industriellen Freunde aus der ›Frankfurter Zeitung‹ scheiden, neue Nahrung gegeben würde...« Simon nutzte also die Gelegenheit, Hummel klarzumachen, daß die Trennung von Feiler nichts an dem kritischen Abstand der Zeitung zu den Interessen der Industrie ändern werde. »Da sich an den Namen des Herrn Feiler, wenn auch fälschlicherweise, eine Kritik hängte, die unsere Einstellung gegenüber der Industrie als von Arbeitnehmerseite einseitig beeinflußt bezeichnete, so wird vielleicht diese Trennung psychologisch eine gewisse Entlastung bringen. Ich bin in dieser Hinsicht allerdings sehr skeptisch, denn unsere Haltung wird sich nicht ändern, und was die kritisierenden Industriellen wollen, ist ja, von wenigen Ausnahmen abgesehen, etwas ganz anderes – sie wollen restlose Vertretung ihrer Interessen, die sie uneingeschränkt mit den Interessen des deutschen Volkes identifizieren. Aber vielleicht ist es möglich, daß die gleichen Ansichten [der Zeitung] ähnlich vorgetragen, unvoreingenommener aufgefaßt werden, wenn sie aus einer anderen Feder stammten.«[18]

Die Auseinandersetzung mit Feiler war tatsächlich nicht eine Auseinandersetzung um den wirtschaftspolitischen Kurs der Zeitung, sondern eine politische um die Bewertung des bürgerlichen Liberalismus für die deutsche Demokratie. Auf Grund der ungefähren Gleichzeitigkeit im Krisenablauf ist verständlich, daß Einflußnahme der Industrie geargwöhnt wurde. Einem Mitglied der Berliner Redaktion, der das fürchtete, Oskar Stark, hatte Simon schon im Sommer 1930, ein paar Monate vor dem Bruch mit Feiler, versichert, er werde keine Einflußnahme auf die Zeitung durch Außenstehende zulassen: »Gerade im Zusammenhang mit den Auseinandersetzungen mit Feiler möchte ich das nicht unerwähnt lassen. Sie kennen meine Geschichte zu diesem Manne genügend, um zu wissen, daß ich seinen Charakter ebenso hoch einschätze wie die Schwierigkeiten, die mit seiner Natur und Art verknüpft sind. Sie wissen, daß seit Jahr und Tag es schwierige Auseinandersetzungen zwischen mir und ihm gegeben hat und daß wir mehrmals an einem Punkt waren, wo die Konsequenz einer Trennung sehr nahe war. Wir haben beide – ich betone dies beide, denn er hat sicherlich auch innerlich sein Möglichstes getan – es immer wieder miteinander versucht. Warum? Aus gegenseitigem Respekt und aus Liebe zur Zeitung. Die Verhältnisse haben es ergeben, daß ich stärker als bisher gerade in diesem Wahlkampf die Redaktionszügel in die Hand nehmen mußte, damit die Flügel zusammenhalten...«[19]

Starks Befürchtungen knüpften sich freilich nicht an den Fall Feiler, sondern an einen Wechsel in der Leitung des Berliner Büros. Doch zunächst zur Frage der Beteiligung Carl Boschs und seiner Rolle bei der Sanierung der Zeitung im Frühjahr 1929.

Auf die sinkenden Auflagen der großen liberalen Zeitungen ist schon hingewiesen worden. Noch stärker schlug der Schwund des Anzeigengeschäfts zu Buche. Die »Frankfurter Zeitung« hatte im letzten Vorkriegsjahr (1913) insgesamt 2826 Anzeigenseiten verkaufen können. Dieser schon damals als erforderlich angesehene Anzeigenumfang wurde danach nie mehr erreicht, im Ersten Weltkrieg ohnehin nicht, 1919 nur knapp (2788 Seiten); nach dem Inflationsjahr 1923 (mit 1032 Anzeigenseiten) kam der Gesamtumfang des Annoncenteils nie mehr wesentlich über 1500 Seiten hinaus.[20] Dr. Wendelin Hecht, der Geschäftsführer des Verlages von 1934 an, urteilte, bereits mit dem Verlust des großen internationalen Finanzanzeigengeschäftes durch den Ersten Weltkrieg und seine Folgen, die Deutschland aus einem Gläubigerland in ein Schuldnerland verwandelt hatten, habe die »Frankfurter Zeitung« ihren finanziellen Rückhalt verloren.[21] Hinzu kam, daß die Unternehmensleitung nicht rechtzeitig und angemessen auf die sich verschlechternde Lage reagierte. Seit 1926 arbeitete der Verlag mit Verlusten von jährlich mehreren hunderttausend Mark, 1926 allein knapp einer halben Million. Der damalige Aufsichtsratsvorsitzende, der achtzigjährige Rechtsanwalt Friedrich von Payer (1847 bis 1931), einer der Führer der südwestdeutschen Demokraten und ehemaliger Vizekanzler in den Kabinetten Hertling und Max von Baden (November 1917 bis November 1918), schrieb Anfang 1928 seinem Stellvertreter Rudolf Schwander, andere Unternehmen streckten sich in Zeiten schlechter Konjunktur nach der Decke, sie sparten und suchten neue Wege der Einnahmesicherung. »Wir haben es, da die Geschäftsführung eine gründliche Vereinfachung für nicht angängig erklärt hat, zwei Jahre mit dem Schuldenmachen probiert... Wir haben schon seit Jahren über unsere Mittel gelebt...«[22] Das Unternehmen hatte zu dieser Zeit eine Bankschuld von einer Million und keine reelle Chance, mit der Rückzahlung auch nur beginnen zu können. Seit 1927 überlegte und versuchte man verschiedene Wege, die Ausgaben zu mindern, die Einnahmen zu erhöhen und die Defizite zu decken. Payer und Schwander sahen sich zu Eingriffen in die Geschäftsleitung gezwungen. Kurt Simon, der mit seiner Unentschlossenheit allen Ver-

Das internationale Anzeigengeschäft, Haupteinnahmequelle der Zeitung, war seit 1914 rückläufig. Anfang der dreißiger Jahre stellte man den Anzeigenteil auf Kleinanzeigen und Stellenanzeigen um und führte eine neue Typographie ein. Die Anzeigenannahme in der Eschenheimer Gasse

änderungen im Wege stand, mußte im Sommer 1928 aus der Geschäftsleitung ausscheiden und in den Aufsichtsrat überwechseln. Die Last aller Sanierungsbemühungen lag von da an auf den Schultern von Heinrich Simon und einem treuen Freund der Familie, dem Berliner Rechtsanwalt Dr. Fritz Sabersky, der 1927 in den Aufsichtsrat berufen worden war.

An einen Verkauf der Zeitung wollte niemand denken. »Mir graust vor dem Gedanken, Sonnemanns Werk irgendeinem tüchtigen Unternehmer gegen bar Geld zu überlassen, wenn er auch noch so viele Zusicherungen bezüglich der Haltung des Blattes gäbe«, sagte Payer.²³ Die nach verschiedenen Seiten hin unternommenen Versuche zur Zusammenarbeit mit anderen Zeitungen, darunter besonders mit dem »Berliner Börsen-Courier« und, im Hinblick auf das »Illustrierte Blatt«, mit der »Hamburger Illustrierten«, zerschlugen sich ebenso wie Versuche, ein privates Grundstück der Familie und das Gebäude der Berliner Geschäftsstelle der Zeitung zu einem angemessenen Preis zu verkaufen; selbst der Verkauf des Frankfurter Verlagsgebäudes wurde in einem Augenblick der Verzweiflung erwogen. Fritz Sabersky und Hans Krämer, Inhaber der Berliner Großdruckerei Rotophot GmbH und Mitglied des Vorläufigen Reichswirtschaftsrates, suchten in Berlin nach Partnern – mit Billigung Heinrich Simons, aber begleitet von dessen unruhiger Sorge, die Unabhängigkeit der Zeitung könnte aufs Spiel gesetzt werden.

Krämer sondierte auch, ob sich beim Reichsverband der Deutschen Industrie ein Konsortium zur Stützung der Zeitung bilden lasse. Aber daraus konnte nichts werden. Die von Leopold Sonnemann geschaffene Satzung der Zeitung schloß jede Einflußnahme von Industriefirmen, Banken und anderen Erwerbsunternehmungen sowie von öffentlich-rechtlichen Körperschaften aus. »Die Industrie selbst hatte aber nicht die geringste Neigung, sich in den Jahren 1928 bis 1930 an der ›Frankfurter Zeitung‹ zu beteiligen, zumal da die Ruhrindustrie, die bei einem aus dem Reichsverband der Industrie gebildeten Konsortium nicht hätte übergangen werden können, der ›Frankfurter Zeitung‹ ihre Haltung bei den in den Jahren 1918 bis 1924 gepflogenen Erörterungen über die Sozialisierung der Monopolunternehmungen und des Bergbaus erst in den letzten Jahren der nationalsozialistischen Herrschaft zu vergessen begann«, berichtete Benno Reifenberg 1947.[24] Bis zum Herbst 1928 wußte Heinrich Simon nicht, wo Krämer hoffte, Unterstützung zu finden. Er befürchtete, hinter Krämer könnten Kreise stehen, die die »Frankfurter Zeitung« in die Hände der Industrie spielen möchten, vielleicht um »das, was mit der ›Deutschen Allgemeinen Zeitung‹ Herrn Stinnes nicht glückte, verhüllt mit dem viel besseren Medium F.Z. zu probieren?« In einem solchen Falle müsse man dann »eben riskieren, unter Umständen trotz pekuniär günstiger Aussichten ›nein‹ zu sagen«.[25]

Ende September 1928 hatte Krämer eine Verbindung zwischen Simon und Dr. Hermann Hummel hergestellt. Hummel (1876–1952) war ein Parteifreund Payers, von Beruf Gymnasialprofessor, 1919 Badischer Kultusminister, 1921 bis 1922 Badischer Staatspräsident, danach Mitglied des Reichstags (DDP) und seit 1923 Mitarbeiter von Carl Bosch in der Badischen Anilin- und Sodafabrik (BASF), seit 1925 auch Mitglied des Aufsichtsrates der Interessengemeinschaft Farbenindustrie AG. Payer, Hummel und Hellpach gehörten zu der südwestdeutschen Gruppe auf dem linken Flügel der Deutschen Demokratischen Partei – im Unterschied zu den »Berlinern« aus der früheren Preußischen Fortschrittspartei. Hummel war 1924 der Gegenkandidat bei der Wahl des Norddeutschen Erich Koch-Weser zum Parteivorsitzenden gewesen. Finanzielle Unterstützung von Personen wie Hummel und Bosch zu erhalten, bedeutete für die Zeitung Hilfe aus dem ihr nächsten politischen Lager.

Anfang Oktober kamen die Verhandlungen mit Bosch und Hummel schnell in Gang. Nach einer Unterhaltung mit Heinrich Simon schrieb Schwander an Payer, im Gegensatz zu dem bisherigen Herumtasten nach Möglichkeiten der Zusammenarbeit mit anderen Zeitungs- und Illustriertenverlagen handele es sich diesmal um eine ernste Sache in jene Richtung, die er, Schwander, von Anfang an für die richtige gehalten habe. Freilich: »Es sind auch dieselben Kapitalkräfte, von denen ich wußte, daß sie einen Einfluß auf die Fr.Z. nehmen möchten. Für die Zeitung eine sehr ernste Sache, aber unter gewissen Voraussetzungen die einzige, die gründlich helfen kann.«[26] Von Anfang an war dies das zentrale Problem der Verhandlungen: Einen kapitalkräftigen Partner zu interessieren, ohne die Zeitung fremden Einflüssen auszuliefern.

Zwei Wochen später berichtete Sabersky an Payer, auch der Gegenseite sei voll bewußt, daß die Unabhängigkeit der Zeitung erhalten werden müsse. Dennoch »können wir uns nicht verheimlichen, daß derartige Kapitalien von niemand investiert werden, der nicht auf die Geschäftsführung einen gewissen Einfluß haben will«. Umgekehrt aber würden auch dauernde Betriebsverluste ohne Aussicht auf Besserung den Wert des Organs beeinträchtigen. Er sehe es als seine Pflicht an, in den Verhandlungen möglichst uneingeschränkt den Einfluß der bisherigen Anteilseigner zu wahren.[27] Praktisch galt es, den bisherigen Inhabern wenigstens die Majorität der Anteile zu erhalten. Im gesamten Aufsichtsrat war man sich des Risikos bewußt, aber keines der Mitglieder sah eine Möglichkeit, wie es vermieden werden könne. Der alte Ludwig Cohnstaedt meinte, wiewohl zwar vieles an einer Kombination mit Bosch »nicht unsern Wünschen entspräche, nach einem Scheitern [der Verhandlungen] wären wir schlimmer daran, weil dieses leicht andere abschrecken kann, während uns der Atem ausgeht«. Ohne einen neuen Partner könne man nicht mehr lange »fortwursteln«.[28]

Ein anderer Freund und Berater der Familie Simon, der Berliner Bankier Dr. Otto Jeidels, Mitinhaber der Berliner Handelsgesellschaft, ließ Heinrich Simon wissen, bei den Banken werde eine Industriebeteiligung weniger Mißtrauen erwecken als eine Bankenbeteiligung und gewiß weniger als das sich verstärkende Mißtrauen hinsichtlich der Bonität des Verlages. »Die geschäftliche Bonität ist das A und O für die Bankwelt, die erste und wichtigste Voraussetzung für die Objektivität der Berichterstattung.«[29]

Nach mehrfachen Vorverhandlungen mit Hummel kam es anscheinend in den ersten Dezembertagen zu einer Begegnung zwischen Heinrich Simon und Carl Bosch. »Auch hier«, berichtete Kurt Simon dem Aufsichtsratsvorsitzenden Payer, »wie üblich zunächst Vorwürfe gegen die Zeitung aus der Arbeitgeberecke« und wenig Verständnis für die kulturelle und außenpolitische Mission des Blattes sowie für die Bedeutung einer unabhängigen, kritischen Stimme im öffentlichen Leben. Danach verlief das Gespräch besser, so daß Heinrich Simon eine Beteiligung Boschs für möglich hielt, vor allem dann, wenn der dem

Blatte politisch so nah verbundene Hummel das Zwischenglied blieb.[30]

Die Detailverhandlungen spielten sich wieder zwischen den Brüdern Simon und Hummel ab. Nun wurde es ernst. Wer die Zeitung kontrolliere, wollte Hummel wissen, durch welche Organe »legitime Einflußnahme« auf die Frankfurter Societäts-Druckerei ausgeübt werde? Man gab ihm die entsprechenden Teile der Satzung und das sogenannte »Testament« Leopold Sonnemanns zu lesen, in dem der Gründer der Zeitung die Richtung hinterlassen hatte, in der er das Blatt nach seinem Tode geführt wissen wollte: »Als Grundlage schwebt mir das Münchener Programm der Deutschen Volkspartei[31] vor; natürlich muß dasselbe jederzeit den veränderten Zeitverhältnissen angepaßt werden.« Mit dieser Bestimmung des Kurses glaubte Hummel sich leicht einverstanden erklären zu können, zumal er der letzte Zweite Vorsitzende der Deutschen Volkspartei gewesen war. »Ich sehe also von dieser Seite her eigentlich keine erheblichen Schwierigkeiten, das zu erreichen, was wir wollen, nämlich die Zeitung technisch und organisatorisch auszugestalten« und in Einklang zu bringen »mit der politischen Dynamik der heutigen Zeit« im Sinne jenes alten Parteiprogramms und der Ansicht Sonnemanns, daß man sich den jeweiligen Zeitverhältnissen anpassen müsse. So schrieb er an Simon.[32] Deutlich wurde Hummel nur in zwei Punkten. Er wünsche Änderungen in der politischen Redaktion und in der wirtschaftspolitischen Berichterstattung: »Wenn die persönlichen Verhältnisse der Redaktion in Frankfurt schwer alterabel sind« – so hatte Hummel sich offenbar bereits von Heinrich Simon belehren lassen müssen –, »so haben Sie selbst die Möglichkeit angedeutet, durch Neubesetzung der Berliner Redaktion den politischen Teil und durch Heranziehung eines in Berlin ansässigen Wirtschaftspolitikers den wirtschaftspolitischen Teil in diesem Sinne zusammenzufassen.« Damit konnte nur die Ablösung Bernhard Guttmanns gemeint sein, der 1927 eine ernste Krankheit durchgemacht hatte.[33] Wer der erwähnte, in Berlin ansässige Kandidat für die wirtschaftspolitische Korrespondenz aus der Hauptstadt sein mochte, ist nicht mehr festzustellen. Vielleicht war es Leonhard Miksch, der 1928 in die Berliner Redaktion eintrat. Miksch war ein Schüler Walter Euckens und wurde nach dem Ende des Zweiten Weltkriegs als Professor an die Universität Freiburg berufen.

Hummel wünschte ferner, daß die Zeitung »die Bedeutung und Tätigkeit der industriellen, gewerblichen und landwirtschaftlichen Produktion« stärker hervorhebe, und zwar »mit ruhiger Objektivität«, gerade so, wie sie sich trotz des »gesunden Mißtrauens« im Testament Sonnemanns gegen die Banken und die Finanzwelt nicht davon abhalten lasse, in so hervorragendem Maße sich dem »perhorreszierten Bank- und Finanzwesen« zu widmen. Wenn diese Wünsche erfüllt werden könnten, werde es ihm leichtfallen, in den Aufsichtsrat einzutreten und das Überwachungsrecht auszuüben, schrieb Hummel.[34] Der Inhalt des Briefes schien den Brüdern Simon »im Ganzen, abgesehen von einigen weniger wesentlichen Einzelheiten, akzeptabel«.[35] Hummel habe ihnen auch mitgeteilt, daß er für die Beurteilung der gesellschaftsrechtlichen und finanziellen Details einer Beteiligung »einen einzigen Herrn ins Vertrauen ziehen werde, mit dem er auch sonst alle geschäftlichen Angelegenheiten privater Natur bearbeite, nämlich Herrn Schmitz von der I.G. Er hoffe uns damit einverstanden.« Das war ein Hinweis, daß außer dem Finanzchef keine anderen Personen im Vorstand der IG Farben unterrichtet werden sollten und auch nicht unterrichtet zu werden brauchten.

Heinrich Simons Sorge vor möglichem Industrieeinfluß auf das Blatt hatte sich im Laufe der Verhandlungen zwar verringert, aber nicht ganz beseitigen lassen. Auch in den Briefen Ludwig Cohnstaedts an Payer steht sie an erster Stelle. Alle sahen die Gefahr – auch die indirekte, daß die Öffentlichkeit argwöhnen werde, das Blatt habe sich in die Hände des Chemiekonzerns begeben. Doch der stellvertretende Aufsichtsratsvorsitzende Schwander blieb zuversichtlich: Alles, was er über die bisherigen Verhandlungen von Heinrich Simon erfahren habe, so schrieb er Payer, stärke ihn in seiner alten Überzeugung, daß die Pläne für ein Zusammengehen mit anderen Verlagen ergebnislos bleiben werden. Es gebe keinen anderen Weg, als neues Kapital in den Verlag hereinzunehmen. Die Verbindung zu Bosch/Hummel sei »sehr erfreulich«. Wegen der »Kontrolle« mache er sich keine allzu großen Sorgen. »Natürlich wird bei B. die Absicht vorhanden sein, die Zeitung im Sinne einer Staats- und Wirtschaftspolitik zu beeinflussen, die er für richtig hält. Ich glaube kaum fehlzugehen, wenn ich annehme, daß er die Agrarpolitik der Fr. Z. gern in andere Bahnen lenken möchte.« Doch »im allgemeinen wird sein Vertreter nicht imstande sein, die Gesamthaltung der Fr.Z. wesentlich zu ändern. Weder Bosch noch Hummel werden dies übrigens wollen. Beide stehen, soweit ich sehe, unseren Anschauungen ziemlich nahe, so daß auch in der Öffentlichkeit die Verbindung mit ihnen wohlbegründet werden könnte.«[36]

Im Januar verlangte Hummel eine Beteiligung von 50 Prozent am Gesellschaftskapital der Frankfurter Societäts-Druckerei.[37] Das wurde abgewehrt. Nur eine Minderheitsbeteiligung kam in Frage. Bei Abschluß der Verhandlungen und Unterzeichnung des Vertrages – unter Vorbehalt der Zustimmung des Aufsichtsrates der Frankfurter Societäts-Druckerei – kam es zu einer Verstimmung mit den Eigentümern der Kleinanteile und dem Aufsichtsratsvorsitzenden Payer, der gewünscht hatte, daß der Aufsichtsrat das Verhandlungsergebnis prüfen könne, ehe Simon unterzeichne. Simon dagegen hatte gemeint, schnell unterzeichnen zu müssen, da Hummel wohl nicht ohne Einverständnis Boschs unterzeichnen würde, dieser aber im Begriff stand, auf zwei Monate nach Amerika zu reisen. Simon wollte nichts aufs Spiel setzen. So wurde am 29. Februar unterzeichnet. Am 12. März 1929 stimmte der Aufsichtsrat der Frankfurter Societäts-Druckerei den Vereinbarungen zu.

Bisher hatte die Gründerfamilie Simon-Sonnemann 86 Prozent des Gesellschaftskapitals von insgesamt zwei Millionen Reichsmark gehalten. Die andern 14 Prozent bestanden aus zehn Kleinanteilen, die politischen Freunden wie Payer und einigen Redakteuren aus der Zeitung Sonnemanns, wie dem alten Ludwig Cohnstaedt, dem langjährigen Leiter des Handelsteiles, sowie Angehörigen ehemaliger Redakteure oder Mitgliedern der Geschäftsleitung gehörten. Nun übernahm im Auftrag Carl Boschs die Imprimatur GmbH, vertreten durch ihren einzigen Gesellschafter Hummel, von der Familie Simon-Sonnemann

Gelesen wurde die »Frankfurter Zeitung« vor allem in Süddeutschland und – nördlich des Mains – zwischen Hamburg und Dresden sowie in der Reichshauptstadt. Bis 1930 gab es drei Ausgaben täglich. Berliner Zeitungskiosk 1927

und den meisten der Minderheitsgesellschafter einen Anteil von 48 Prozent. Die Familie Simon-Sonnemann behielt 51 Prozent. Hummel wurde im Juni 1929 in den Aufsichtsrat gewählt, und Schwander wurde neuer Vorsitzender, als der zweiundachtzigjährige Payer zurücktrat – nicht wegen der Beteiligung Bosch/Hummel am Verlag, sondern aus andauernder Verstimmung über Simon wegen mangelnder Unterrichtung der Kleinanteilseigner.[38]

Mit Hilfe der Imprimatur GmbH wurden die Bankschulden getilgt und die in den nächsten Jahren weiter entstehenden Betriebsdefizite durch laufende verlorene Zuschüsse ausgeglichen. Es fehlten jährlich stets mehrere hunderttausend Mark. Wie ein Brief Dr. Wendelin Hechts an Hummel aus dem Jahre 1936 zeigt, stiegen die Betriebsverluste des Verlags in der Wirtschaftskrise weiter an, und zwar auf etwas über eine Million im Jahre 1931. 1932 fehlten 368 000 Mark, 1933 315 000 Mark, 1934 615 000 Mark und im Geschäftsjahr 1935, dem ersten Jahr, in dem Hecht das Unternehmen leitete, noch 135 000 Mark. Der Umsatz sank in dieser Zeit von 7,9 Millionen Mark (1931) auf 5,9 Millionen im Jahr 1934 und stieg 1935 langsam wieder an. 1937 machte die Zeitung erstmals wieder Gewinn.[39] Setzt man für die Jahre, über die Angaben fehlen, also 1929, 1930 und 1936, entsprechende Mittelwerte für die Betriebsverluste ein, so ergibt sich ziemlich genau die Zahl, die Benno Reifenberg in Erinnerung behalten hat: Bosch habe im Laufe der Jahre gegen 4,5 Millionen Mark zugeschossen.[40] Daß es sich einmal um solche Summen handeln würde, hatte 1929 keiner vorausgesehen.

Die Beteiligung Bosch/Hummel wurde in der Redaktion zunächst mit einiger Besorgnis aufgenommen. Natürlich mußte man befürchten, daß der neue Partner seine Beteiligung ausnützen werde, um Einfluß auf den Inhalt der Zeitung zu gewinnen. Andererseits, auch das war bei vernünftiger Überlegung zu erkennen, lag der einzigartige Wert der Zeitung in der anerkannten Zuverlässigkeit ihrer Berichterstattung. Wäre dieser Ruf der Zeitung durch den neuen Teilhaber kompromittiert worden, hätte man den eigentlichen Sinn der Rettungsaktion glatt verfehlt.

Zwei Monate nach der Aufnahme des neuen Partners sah sich die Zeitung veranlaßt, Gerüchten entgegenzutreten, die IG Farben habe sich an der Frankfurter Societäts-Druckerei beteiligt. »In eigener Sache«, erklärte die Zeitung am 29. April 1929 auf der ersten Seite, die Majorität der Anteile befinde sich im Besitz der Familie des Gründers Leopold Sonnemann; von jeher seien Anteile auch in Händen von Einzelpersonen, die durch Gesinnung oder Mitarbeit der Zeitung verbunden seien. Zu diesem Kreise gehöre seit einiger Zeit Professor Hummel, den die Zeitung als »Vorstandsmitglied der Demokratischen Partei und demokratischen Reichstagsabgeordneten« vorstellte. »Kombinationen, die an die Tatsache anknüpfen, daß Professor Hummel auch Aufsichtsratsmitglied der IG-Farben-Industrie ist, sind hinfällig: die Angaben über eine Beteiligung, auch eine Minoritätsbeteiligung der IG-Farben-Industrie oder eines anderen Erwerbsunternehmens an der Frankfurter Societäts-Druckerei in irgendeiner Form sind unwahr...«

Natürlich war diese Erklärung nicht ausreichend. Die Gerüchte, die »Frankfurter Zeitung« sei 1929 in den Besitz der IG Farben übergegangen, sind seither nicht mehr verstummt. In der wissenschaftlichen Literatur werden sie allerdings wie eine erwiesene Tatsache behandelt.[41] Der Unterschied zwischen einer Beteiligung Boschs aus Mitteln der IG Farben und einer Beteiligung des Konzerns mag gering erscheinen, tatsächlich aber war er von entscheidender Bedeutung. Das geht unter anderem aus einer Darstellung Hummels aus dem Jahr 1936 hervor: »Nach vorbereitender Fühlungnahme im Herbst 1928 brachte das Jahr 1929 unsere Beteiligung an der Frankfurter Societäts-Druckerei GmbH. Kreise des Reichsverbandes der Deutschen Industrie waren mit den Besitzern des Unternehmens, das notleidend geworden war, in Verbindung gekommen. Sie legten Carl Bosch und mir nahe, den Versuch zu machen, dem Verlag, welcher die ›Frankfurter Zeitung‹ herausgab, zu Hilfe zu kommen. Vor allem war es wichtig, den Handelsteil der Zeitung aufrechtzuerhalten, der bei aller unbequemen Art seiner Kritik das angesehenste Wirtschaftsblatt Deutschlands war. Die Verhandlungen waren langwierig und schwierig und zogen sich von August 1928 bis in den Februar 1929 hinaus. Bei der Unbeliebtheit der ›Frankfurter Zeitung‹ in Kreisen der Industrie, ihrem Ruf als jüdisch beeinflußtes und radikal-linksdemokratisch stehendes Organ war es zwar leicht, Kreise in der Wirtschaft zu finden, die bei ihrer traditionellen Unkenntnis des Zeitungswesens es nun für möglich hielten, über eine Beteiligung die Haltung des Blattes nach Wunsch zu beeinflussen. In Kreisen der I.G. fanden wir keinerlei Zustimmung. Auch Freund Schmitz ging wohl nur Bosch zuliebe mit. Dagegen waren Bosch und ich fest entschlossen, das Risiko einer Beteiligung einzugehen. Dabei war uns klar, daß die redaktionelle Unabhängigkeit aufrechterhalten werden müsse, wenn der ›good will‹ der ›Frankfurter Zeitung‹ nicht verlorengehen solle...«[42]

Die Darstellung Hummels läßt erkennen, daß Bosch im Vorstand der IG Farben keine Zustimmung für ein Engagement bei der »Frankfurter Zeitung« gefunden haben würde, wenn er darum nachgesucht hätte. Hermann Schmitz, später der Nachfolger Boschs als Vorstandsvorsitzender der IG Farben, war zu jener Zeit das für das Finanzressort zuständige Vorstandsmitglied. Bevor er zur IG Farben ging, war er Finanzchef der Metallgesellschaft in Frankfurt gewesen. Schmitz war kein Freund der Zeitung. Er machte nur Bosch zuliebe mit, wie Hummel sagt. Auch später, in den dreißiger Jahren, sollte sich mehrmals zeigen, daß Schmitz zwar Mitglied der »Gruppe Hummel« war, aber die Verbindung zur »Frankfurter Zeitung« immer wieder zu lösen suchte. Warum aber war es nötig, daß »Freund Schmitz« mitmachte?

Selbst dem Aufsichtsrat der Frankfurter Societäts-Druckerei ist nie in voller Klarheit gesagt worden, woher das Geld kam und in welcher Weise sich Hummel, stellvertretend für Bosch und Schmitz, beteiligt hatte, ohne die IG Farben zu beteiligen. Auf beiden Seiten gab es ein gleichgerichtetes Interesse daran, die Einzelheiten unerörtert zu lassen. Geschäftsleitung und Aufsichtsrat der Frankfurter Societäts-Druckerei wollten nicht mehr wissen, als sie zu wissen brauchten, daß nämlich die Unabhängigkeit des Unternehmens und vor allem der Redaktion unangetastet blieb. Aber auch Bosch, Schmitz und Hummel hatten Grund, keine Klarheit zu schaffen, wer im einzelnen die »Freunde« seien und wie sie der Zeitung halfen. Denn darüber viel zu reden, hätte bedeutet, nicht länger helfen zu können – wegen des bekannten Widerstands im Vorstand der IG gegen die »Frankfurter Zeitung«.

Läßt sich tatsächlich nichts Genaueres in Erfahrung bringen? Anfang Januar 1933, als wieder einmal ein Loch gestopft werden sollte, nahm Hummel an einer Bemerkung Heinrich Simons Anstoß, wenn neue Mittel aufgebracht werden müßten, könne dies nur durch die IG Farben geschehen. Hummel reagierte prompt: »Die I.G. hat niemals mit der Sache etwas zu tun gehabt, und es war auch niemals beabsichtigt, sie mit der Angelegenheit in irgendeiner Form zu befassen. Dagegen habe ich selbst in jenem Stadium Ihnen gesagt, daß, wenn neue Mittel aufgebracht werden sollten, das jedenfalls nicht geschehen könne, ohne daß mit einigen anderen Herren, die der I.G. angehören, noch über die Angelegenheit gesprochen werden müsse. Das liege aber ja nicht im Interesse der großen Vertraulichkeit dieser ganzen Frage, und außerdem kenne man ja auch nicht den Standpunkt der Herren, die in das Vertrauen gezogen werden müßten. Daß aber die Auswahl der Namen selbst und des Zeitpunktes, in dem eine Information stattfinden könne, nicht willkürlich sei, ist doch völlig klar. Wenn ich bei mündlichen Besprechungen mich auch in anderen Fragen vertraulich geäußert habe, so muß ich natürlich wünschen, daß Sie nur die Formulierungen akzeptieren, die von mir immer sehr wohl erwogen sind... Ich bitte Sie also im Interesse der Sache dringend, daran festzuhalten, daß die IG-Farben-Industrie mit der ganzen Angelegenheit nichts zu tun hat und daß auch nie beabsichtigt war, sie damit zu befassen. Es würde ja auch für die Unabhängigkeit der Zeitung eine ganz unmögliche Regelung bedeuten.«[43]

Wie sind so entschiedene Erklärungen zu verstehen? Carl Bosch war mehr als wohlhabend. Wenn er sein privates Vermögen zur Rettung der Zeitung hätte einsetzen wollen, hätte es nicht der Beteiligung von Hermann Schmitz bedurft. Zieht man andererseits den gut bezeugten Widerwillen im Vorstand der IG Farben in Betracht, etwas mit der »Frankfurter Zeitung« zu tun haben zu wollen, so muß die Lösung irgendwo dazwischen liegen. Bosch könnte, ohne Vorstand und Aufsichtsrat der IG Farben jemals Bericht erstattet zu haben, der Zeitung aus einem Fonds zur persönlichen Verfügung des Vorstandsvorsitzenden geholfen haben – aus einem Fonds, wie er in vielen großen Firmen dem Vorstandsvorsitzenden für diskret zu behandelnde Ausgaben zur Verfügung steht und für dessen Verwendung es lediglich der Gegenzeichnung des Finanzchefs bedarf. Dann hätten Bosch und Schmitz also aus Mitteln der IG Farben geholfen, ohne daß eine Beteiligung des Konzerns beabsichtigt war oder dessen Beschlußorgane Genaueres erfahren hätten.

Ausschlaggebend war in jedem Fall der persönliche Wille Boschs, seine Entscheidung, daß es jenseits des Interessenstandpunkts der chemischen Industrie oder der Großindustrie gute und dringende Gründe gab, die »Frankfurter Zeitung« nicht nur zu retten, sondern in ihrer Unabhängigkeit zu erhalten. Carl Bosch war ein Liberaler, ohne einer Partei anzugehören. Eine seiner Aufgaben sah er darin, geistige Eliten zu finden, zu fördern und zu schützen. In den dreißiger Jahren wurde er der Nachfolger Max Plancks als Präsident der Kaiser Wilhelm-Gesellschaft.[44] Mit großen Geldmitteln unterstützte er – ebenfalls über Hummel – die von ihm favorisierte DDP, und er war ein früher Gegner Hitlers. »Unser Hauptkampfmittel gegen Hitler sollte die ›Frankfurter Zeitung‹ bilden«, sagte Hummel nach dem Krieg über die Fortsetzung der Finanzhilfe an die Zeitung nach 1933. Um »für den Fall von Hitlers Zusammenbruch ein unabhängiges Organ zu haben«, wurden »mehrere Millionen zugewendet«.[45]

Bosch wünschte, im Hintergrund zu bleiben. Heinrich Simon entschied sich »nach vielem Hin- und Herüberlegen«, weder der Redaktion noch den engeren Freunden mitzuteilen, wer der eigentliche Geldgeber war. Er nannte ihnen lediglich den Namen Hummels als Vertreter einer Gruppe »demokratischer süddeutscher Freunde«[46] und die Imprimatur GmbH. Diese im Jahr 1900 gegründete Gesellschaft hatten Rudolf und Hermann Ullstein 1924 zum Preis von 2000 Mark verkauft. Einer der beiden Inhaber, seit 1930 Alleinbesitzer der in Berlin eingetragenen Gesellschaft, war Hermann Hummel, der sich seit-

dem stets als Alleingesellschafter der Imprimatur GmbH bezeichnete. In den späteren Jahren vertrat er zusammen mit Oberpräsident a. D. Schwander ihre Anteile in der Gesellschaftsversammlung der Frankfurter Societäts-Druckerei. Die laufend notwendigen Betriebszuschüsse wurden über Schweizer Banken, die Eidgenössische Bank und das Bankhaus Greutert in Basel, geleistet. Beide Banken standen in engen Verbindungen zur IG Farben.⁴⁷

Die erhaltengebliebene Korrespondenz aus der Zeit und spätere Auskünfte unmittelbar Beteiligter lassen nur eine Schlußfolgerung zu: Die »Frankfurter Zeitung« ist zwar aus Mitteln der IG Farben in beträchtlichem Umfang unterstützt und vor dem Zusammenbruch gerettet worden, aber zu keinem Zeitpunkt erwarb der Chemiekonzern direkt oder indirekt Anteile und Mitbestimmungsrechte am Verlag der »Frankfurter Zeitung«. Der Vorstand der IG Farben lehnte in seiner Mehrheit sogar ab, daß Bosch der Zeitung unter die Arme griff, ließ ihn aber gewähren. Auch der neue Gesellschafter in der Frankfurter Societäts-Druckerei, die Imprimatur GmbH, befand sich nicht im Besitz der IG Farben – das bestätigten die Nürnberger Untersuchungen über das Vermögen des Konzerns –, sondern war eine ad hoc eingeführte und wiederbelebte Firma, über die Carl Bosch der »Frankfurter

1929 wurde die Zeitung durch Gelder der IG Farben vor dem Zusammenbruch gerettet. Der große Mäzen im Hintergrund war der Vorstandsvorsitzende der IG Farben, Carl Bosch (links); Aufsichtsratsmitglied Hermann Hummel führte die Verhandlungen über die wirtschaftliche Konsolidierung

Zeitung« Mittel zuschießen konnte, ohne daß eine Geschäftsbeziehung oder ein Besitzverhältnis zwischen der IG Farben und der Frankfurter Societäts-Druckerei entstand.

Es gibt manche Zeugnisse, daß die Redaktion Einflußnahme auf das Blatt befürchtete, aber es gibt keinen Fall, an dem sich belegen ließe, daß die Zeitung aus Rücksicht auf die neuen Besitzverhältnisse ihre Linie geändert hätte.[48] In zwei Ressorts hätte dies auf jeden Fall seinen Niederschlag gefunden: im Handelsteil und im politischen Teil. Aber weder hier noch dort kam es zu einer Annäherung der Zeitung an die Wünsche der Industrie, wie sie etwa der Reichsverband der Deutschen Industrie formulierte. Unternehmerinteressen vertraten traditionell Teile der Deutschen Volkspartei und die Deutschnationale Volkspartei. Doch die innenpolitische Gegnerschaft der »Frankfurter Zeitung« zu beiden Parteien blieb unverändert; sie verschärfte sich sogar nach der Bildung der »Harzburger Front« im Oktober 1931. Und selbst wenn der Verleger Heinrich Simon schwach geworden wäre: über die Richtung der »Frankfurter Zeitung« entschied bis zum Ende allein die Redaktion. Es ist bezeichnend, daß die Redaktionsmitglieder Carl Bosch – im Unterschied zu Hummel – ein uneingeschränkt dankbares Gedächtnis bewahrten: »Bosch war absolut vertrauenswürdig, liberal, anti-nazistisch«, schilderte ihn Benno Reifenberg in einem Gespräch mit Margret Boveri. »Ausgeschlossen, daß [redaktionelle] Bedingungen gestellt wurden«; auch aus dem Umkreis der IG Farben sei »redaktionell nie Einspruch erhoben« worden.[49] Und Hechts Sekretärin, Paula Oelmaier, sagte für die Zeit nach ihrer beider Eintritt im Juni 1934, sie habe von einem Brief oder einer Intervention in redaktionellen Fragen nie etwas gesehen oder gehört.[50]

An Hummel erinnerte man sich nicht so gern. »Ein kleiner Mann, eher mißtrauisch, kleinlich, fast antisemitisch«, notierte sich Margret Boveri aus demselben Gespräch mit Benno Reifenberg. Als er in den Jahren 1930 und 1931 einige wenige Male versuchte, der Redaktion sein Mißfallen zum Ausdruck zu bringen, reagierte diese ausgesprochen widerborstig. Vier Fälle sind durch Korrespondenz überliefert. In einem Fall ging es um die Preispolitik des Stickstoffsyndikats. Bei allem, was Kartelle anging, war die Handelsredaktion der Zeitung scharf wie ein Hofhund, und so hatte sie kritisiert, daß die Kunstdüngerpreise gerade zu der Jahreszeit heraufgesetzt würden, in der die Bauern den Kunstdünger brauchten. Um ausgesprochene Saisonware wie Kunstdünger kontinuierlich herstellen zu können – so belehrte Hummel die Redaktion –, müsse man durch Rabatte für die anderen Jahreszeiten den Absatz etwas gleichmäßiger zu gestalten suchen. Eine zweite Beschwerde betraf eine kleine Meldung aus der Eisenindustrie, eine dritte ein Detail der Berichterstattung über die Mineralzölle. Alles nicht gewichtig genug, die Richtung des Blattes ernsthaft in Frage stellen zu können.

Zu Oeser, dem Leiter des Handelsteils, fand Hummel bezeichnenderweise kein Verhältnis. Die Jahresberichte der IG Farben, so berichten Redaktionsmitglieder[51], seien nach dem Zustandekommen der Beteiligung Bosch/Hummel von Oeser eher noch grimmiger geprüft und bisweilen noch kritischer dargestellt worden. Bei Leonhard Miksch, dem Wirtschaftspolitiker in der Berliner Redaktion, stieß Hummel mit seinen beiden Beschwerden über die Behandlung der Kunstdüngerpreise und der Mineralölzölle auf feste Abweisung. Als Hummel bei der Handelsredaktion nicht vorankam, beklagte er sich bei Simon über Oesers »Schulmeisterei«.[52] Simon wiegelte freundlich ab und stellte sich vor die Redaktion.

Ein einziger Fall, der vierte und letzte, erzeugte mehr Ärger, aber auch er war für die Linie der Zeitung bedeutungslos. Es ging um einen Beitrag von Joseph Roth. Roth hatte im Feuilleton der Weihnachtsausgabe 1930 ein schockierendes Bild der Umweltzerstörung durch die Großindustrie am Beispiel der Leuna-Werke bei Merseburg gezeichnet. Sein Reisebericht war eine einzige Anklage – die Anklage eines Monsters. Die »Wirtschaft«, so nannte Roth das Ungeheuer, »geht über Leichen« (ein Friedhof war verlegt worden), »sie zieht Christi Kreuze aus der Erde und fabriziert Gelbkreuz unter dem Schutz von Hakenkreuzen« (im September hatten die Nationalsozialisten ihren Durchbruch bei den Reichstagswahlen erzielt). Expressionistisch verzerrte Roth die Proportionen und Perspektiven und mischte aufreizende, verletzend grelle Farben, um den Skandal zu beschreiben: eines Sängers Fluch über einen neuen Tyrannen, die »Weltwirtschaft«, die Gottes Schöpfung zerstöre, die Erde umwühle und vergifte, um sie anderswo mit Kunstdünger fruchtbar zu machen.[53] Roths Zorn meinte am Ende nicht bloß die Wirtschaft, er meinte die prometheische Hybris des Menschen, der sich über verbotene Grenzen hinwegsetzt.

Hermann Hummel aber sah nur eines: daß Roth ein Werk der IG Farben auf bösartige Weise angegriffen hatte. Er war empört. Roth habe »mit einem Scheinlob die rohesten aus der kommunistischen Agitation stammenden Lügen von der Giftwirkung der Gase« wieder aufgetischt, obwohl sie doch längst widerlegt seien. Heftig warf er Simon vor: »Es ist Ihnen einfach nicht gelungen, oder Sie haben es nicht versucht, die Elemente aus der Redaktion zu entfernen, die mit allen, auch nötigenfalls schäbigen Mitteln, ihr Ressentiment gegen die große Wirtschaft austoben.« Simon wehrte das freundlich ab: der Leiter des Feuilletons, Friedrich Gubler, sei vollkommen loyal, aber er habe den schweren Fehler begangen, den Artikel Roths, »eines sehr begabten, aber im Grunde unpolitischen Literaten... [ins Blatt] hineinzugeben, ohne es noch einmal von wirtschaftlichen oder politischen Sachkennern gegenlesen zu lassen. Ich bin nicht einmal überzeugt, ob er sich... des Zusammenhangs von Leuna mit dem von Ihnen repräsentierten Konzern bewußt war...« Der Berliner Rechtsanwalt Sabersky, dem Hummel einen Durchschlag seiner Beschwerden an Simon geschickt hatte, versuchte gleichfalls, dem aufgebrachten Hummel zu versichern, daß der Artikel »nichts Böses will«. Hummel ließ sich nicht beschwichtigen. Am Ende gab er es auf.[54]

Zwei Jahre später, 1932, scheute sich die Redaktion nicht, auf der ersten Seite der Zeitung ihren Wohltäter öffentlich zu kritisieren. Unter der auffälligen Überschrift »Der Spuk der Agrarkartelle – ein gefährlicher Vorschlag Carl Boschs« widersprach die Zeitung dessen Plan zu einer Kontingentierung und Monopolisierung der Agrarmärkte und hielt ihm ihre eigenen wirtschaftspolitischen Forderungen nach Rationalisierung und Senkung der agrarischen Produktionskosten, vor allem der Düngemittelpreise, entgegen.[55] Diesmal war kein Versehen möglich, der zuständige Redakteur kein unpolitischer Feuilletonist; diesmal sprach die Handelsredaktion offen und wohlbedacht gegen Interessen der Großindustrie. Es ist nicht festzustellen, ob es dagegen eine Beschwerde aus dem Vorstand der IG Farben gab. Anscheinend nicht.

Hummel selbst hatte den leitenden Herren der IG Farben schon früher den Rat gegeben, von Interventionen in Frankfurt abzusehen, weil er sich davon nichts verspreche. Die Möglichkeit der »unmittelbaren Einwirkung auf die Redaktion der Frankfurter Zeitung [ist] durch die traditionellen Verhältnisse des Hauses sehr erschwert«, hatte er Carl Duisberg geschrieben, dem Aufsichtsratsvorsitzenden der IG Farben und Vorsitzenden des Reichsverbandes der Deutschen Industrie von 1925 bis 1931. Er selbst könne in Frankfurt allenfalls dann etwas ausrichten, wenn bei der Geschäftsleitung nicht der Eindruck entstehe, er unternehme solche Schritte auf Anregungen Dritter hin.[56]

Aus diesem Munde und an diese Adresse war es eine eindrucksvolle Bestätigung dafür, daß Verleger und Redaktion jeden Versuch, den Inhalt der »Frankfurter Zeitung« von außen zu bestimmen, im Keime erstickten. Ihre Qualität machte die Zeitung unersetzlich, und dies war der letzte Grund dafür, daß die Redaktion die Unabhängigkeit der Zeitung selbst dann noch verteidigen konnte, als diese am Rande des ökonomischen Abgrunds stand.

Der Merseburger Zauberspruch.
Von Joseph Roth.

Lieber Freund,

versprach ich Ihnen nicht letzthin, Details aus dem Harz zu berichten? Ich möchte Sie bitten, noch einige Zeit darauf zu warten. Ich will Sie heute, wie ich hoffe, reichlich entschädigen. Bei dieser Gelegenheit bitte ich Sie auch, die unsystematische, ja bewußt systemlose Art meiner brieflichen Berichte zu entschuldigen. Sie entspricht der systemlosen Art meines Reisens. Wie rührend gläubig hatte ich noch vor einer Woche versucht, den Spuren Heines zu folgen! Und wie bald gab ich es auf! Mag seine klassisch gewordene Harzreise seinen eigenen Anforderungen damals entsprochen haben und denen seiner Leser, mag sie heute durch den Glanz erhöht sein, der die unsterbliche Persönlichkeit des toten großen Schriftstellers umgibt: die Harzreise verträgt keine genaue Kontrolle mehr, ich muß sie leider desavouieren. Heinrich Heine war, im Harz wenigstens, ein oberflächlicher Reisender. Was er sah und hörte, ward ihm vom Zufall zugeworfen, dem trügerischsten und beliebtesten Freund der Schriftsteller. Es stieß ihm zu. Mit heiterem Gleichmut nahm er es auf, schrieb er es hin. Ich bewundere den graziösen Leichtsinn, mit dem dieser anmutige Sohn der Musen den Ursprung des Namens: Goslar, in der er sich gerade aufhält — in dem Fluß „Gose" vermutet, statt sich bei einem beliebigen Einwohner die Bestätigung zu holen. Es war der Hochmut des Romantikers gegenüber den Tatsachen. Die zufällige Begegnung mit dem und jenem Reisenden, der ihm ebenso in Schwaben wie in Pommern über den Weg hätte laufen können, schien dem Dichter wichtiger. Uns aber, lieber Freund, denen in einem langen und mörderischen Kampf mit den steinharten Tatsachen dieser Welt die Grazie allmählich abhanden kommt und denen Gott wahrlich keine Gunst mehr erweist, wenn er sie durch eine immer grausiger werdende Welt schickt, uns steht es nicht mehr an, die Anekdoten aufzulesen, die im Winde des Zufalls einherwehn und von Begegnungen zu plaudern, die am Ort es hat stattgefunden haben, keine gültige Beziehung haben. Ja, und die Welt hat sich außerdem verändert. Die kleinen Orte gleichen einander wie ein Ei dem andern. Manches von dem, was man vor hundert Jahren auf sechzig Seiten schildern durfte, kann heute gerade noch in sechzig Zeilen mitgeteilt werden.

In andern Orten dagegen ereignet sich heutzutage so manches Seltsame, ja Ungeheuerliche, und geht dennoch unter in der grauen Anonymität des polyphonen Geschehens dieser Zeit. Der dichte und schnelle Staub des Vergessens bedeckt im Nu Begebenheiten, von denen man eigentlich ausdauernd singen und sagen müßte und deren Ueberlieferung an Enkel und Urenkel die vornehmste Pflicht unserer schreibenden Männer wäre. Die hurtigen Berichterstatter der hurtigen Zeitungen, die doch mit so jäher Begeisterung im Unheil schwimmen und mit so großen Lettern die Katastrophen, die sich abspielen, zu geschilderten Katastrophen potenzieren, haben merkwürdigerweise manchmal die Neigung, den Donner, der einen Schrecken kündet, zu überhören und den Flammenschein einer unwahrscheinlichen Feuersbrunst zu übersehen. Ja, lieber Freund! Es gibt große, ehrliche Katastrophen, die in der geradezu lächerlichen Form von kleinen Mitteilungen in die Zeitungen gelangen, und im unübersichtlichen Wirrwarr der Nonpareille für eine Nachricht „aus der Gesellschaft" gehalten werden können. Es sind ja in der Tat Nachrichten aus der Gesellschaftsordnung sozusagen, und die Zurückhaltung, mit der sie mitgeteilt werden, beloubriert sie eigentlich als große Skandale. Es scheinen die einzigen zu sein, bei denen die Journalistik ihre unerwartete Delikatesse anwendet. Denn weshalb haben Sie noch nichts von dem Dorf Runstedt bei Merseburg gehört? Und wenn Sie es zufällig gehört haben, weshalb haben Sie es ver-

gessen? Es wurde totgeschwiegen, bewußt oder unbewußt. Es wurde, das Dorf, nicht nur umgebracht, sondern auch totgeschwiegen. Zwar wurde es im Interesse der Allgemeinheit vernichtet. Allein, gerade in diesem verzweifelten Krieg, den „die Allgemeinheit" gegen das Einzelne führt, der „Fortschritt" gegen den Bestand, das Wandelbare gegen das Historische, die Technik gegen die Natur, entwickelt sich ja die echte Tragik unserer Zeit — und ihre Künder: die Zeitungen, hätten eigentlich die Hälfte ihrer Spalten mit den Schicksalen des Dorfes Runstedt füllen müssen. Nur scheint die unbewußte Scham vor der Oeffentlichkeit in diesem Falle stärker gewesen zu sein, als man noch hätte hoffen dürfen. Die Scham überwinden und dennoch darüber schreiben: dazu mangelt es offenbar an Talent. Die nackten Tatsachen in ihrem grauenhaften Ausmaß zu berichten, verhinderte wahrscheinlich einfach die Furcht. Denn das Dorf Runstedt wurde von einem mächtigen Gegner vernichtet, jenem gewaltigen Unternehmen, das von unserer merkwürdigen technischen Begabung zeugt, dem Lande ohne Zweifel unermeßlichen Nutzen bringt, dessen Namen ehrfurchtsvolles Schweigen in der Welt auslöst und das dennoch, wie ein häßliches und notwendiges Geschwür, die Natur in Mitteldeutschland frißt, Gestank verbreitet und produktive Wüsten schafft, das Gesicht der Erde vernichtet und in ihren Eingeweiden ruchlos und zweckhaft kramt. Ich meine die wunderbaren Leunawerke.

Steigen Sie in Merseburg in die Straßenbahn, die nach Frankleben führt, und Sie werden bald in die Gegend gelangen, von der Sie kaum werden sagen können, ob sie verzaubert oder verflucht ist. In der Nacht wird Sie wohl schon oft der Zug an diesen Stätten vorbeigeführt haben. Blickten Sie durch das Fenster, so sahen Sie sich an einem immensen Lichtmeer vorbeigleiten, einer festlich illuminierten Welt, Labsal dem Aug'. Wie ein großer See aus silbernem Feuer liegen die Werke, eingetaucht in die Schwärze der Nacht, und noch lange verharrte der Reisende in dem Gefühl, an einer außerordentlichen Kirmes vorbeigefahren zu sein, und in dem Bedauern, den Zug nicht angehalten zu haben. Sehen Sie, mein Lieber, das ist gewissermaßen unsere place de la Concorde. Leider stinkt sie nach Ammoniak, es ist streng verboten, sie zu betreten, die Menschen, die dort beschäftigt sind, sind Arbeiter, das Gift frißt an ihren Lungen, wie die Bagger in der Erde wühlen, aber sie erzeugen Kunstdünger, und mit ihm unser Brot verdanken. Hier stinkt's wie Giftgas — und es ist in der Tat ein leichtes, die Stoffe, aus denen man der Dünger herstellt, in Gift zu verwandeln und die Geräte, in denen der Segen quirlt, zu Gasherden umzugestalten. Hielten Sie wirklich einmal an und stiegen Sie hier aus, Sie würden sehen, wie mörderisch der Kampf ist, den die Technik gegen das Land führt. Hier vollzieht sich der Untergang der Welt, auf daß sie gedüngt werde. Noch läuten hier und dort die Glocken in den kleinen Kirchtürmen der Dörfer, aber sie läuten mit jeder Stunde ihren eigenen Tod ein. Noch wiehert ahnungslos das Pferd im Stall, nicht wissend, daß es in dieser Gegend des eklatanten Fortschritts ein Ueberrest aus einer verschwundenen Zeit ist, anachronistischer als ein Mammut. Noch ertönt von den Weiden her das tiefe, friedliche Blöken der gehörnten Tiere, noch geht der Bauer im bäuerlichen Gang, mit geknickten Knien, über die Schollen, noch riecht es aus den Gehöften dumpf und heimlich nach Mist und Tier und Milch und Heu. Aber die Vögel, die ahnungsvollsten und sensibelsten unter den Geschöpfen dieser Welt, sind seltener geworden und werden immer seltener, und ein alter Bewohner des Landes, Hüter eines Friedhofes, erzählte mir mit sachlichem Gleichmut, daß im Frühling die Lerchen nicht mehr trillerten, wie noch vor zwanzig Jahren. Er war kein Poet, der Mann, der es mir sagte, und er wußte wohl, daß ihn bald die Erde des Friedhoß decken würde, den er betreut. Er sagte es gleichgültig wie eben einer, der ohnehin nicht mehr lange den Gesang der Lerchen gehört hätte und der schon seit geraumer Zeit bereit ist, die Stimmen der Engel zu vernehmen. Er war ein genauer Beobachter, ich glaube ihm alles, ich kann den Lerchen nicht zumuten, in dieser Gegend zu trillern. Die riesigen Schornsteine der Leunawerke senden den tödlichen Gestank in die himmlische Bläue jener Regionen, in denen sich Lerchen wohlfühlen. Wer kann singen, wenn es stinkt? Nur die Haustiere bleiben, weil sie an den Menschen gebunden sind. Nur die Wiesen grünen, weil Gras ausdauernd ist. Nur spärlicher Wald ist hier und dort noch vorhanden, weil die Bäume erst der Sprengkapsel weichen und der Axt. Es sind die letzten Grüße der Natur, ihre letzten Versuche, mit ihrem Frieden, der ihre Waffe ist, der Fabrik standzuhalten und mit ihrem Segen, der ihr einziges Argument ist, dem Gestank zu begegnen. Umsonst, umsonst! In zehn Jahren wächst hier kein Gras mehr. Umgestülpt wird der Leib der Erde, ihr Inneres zu oberst gekehrt, gering geschätzt werden die Früchte, die der Schoß freiwillig gespendet hat, die geheimen Schätze und Urgründe dieser Früchte werden aus dem aufgeschnittenen Schoß hervorgezerrt und in jene Nahrung verwandelt, die eine Zwillingsschwester des Giftes ist und die nährt, indem sie tötet und umbringt, indem sie nährt. Wie diese Nahrung eine Schwester des Giftes ist, so ist unser Friede ein Bruder des Krieges. Wir können düngen, aber wir können auch schießen. Auf unserem Segen ruht unser Fluch.

Dieser Art Segen ist nun ein ganzes Dorf zum Opfer gefallen, und ich fuhr hin, seine Ueberreste zu sehen. Und sie ging zu Fuß durch die sterbende Natur, es war wie ein Krankenbesuch, nein, wie ein Leichenzug. Und der Sterbende war schon eine Leiche und sein eigener Friedhof zugleich, aber nicht er, sondern sein Mörder roch nach Verwesung, und verglichen mit ihm, der der Verurteilten ja überleben sollte, war die Agonie noch lebendig und das Ueberlebende war leichenhaft. Oh, welche eine Welt! Der Moder ist hier gesünder als das Leben, die Fäulnis ist fruchtbar und mordet die Gesundheit, der Gestank tötet den Duft, und das Geheul betäubt den Gesang: und davon leben wir! Ja, die Dörfer sind noch an einigen Stellen, wie Dörfer sein sollen, mit Hütten und Gehöften und einer holprigen Straße, mit Geflügelsteigen, Bauernjoppen und Mägden mit Kopftüchern. Der Himmel ist zartblau, wir befinden uns mitten in einem rotgoldenen Herbsttag, am Horizontrand umzingelt von nebligem Silberring. Aber was sag ich? Horizont? Nebel? Von jeder Seite her umstellen Mauern und Schornsteine das Land, und ob es wirklich Herbstnebel sind, die ich sehe und nicht Gase? Mischen sich diese gar mit jenen? Ahnungslose fromme Kühe spazieren langsam einen Hügel hinan, geradewegs den Schornsteinen entgegen, der steinernen Festungsmauer, und zupfen Gras, wie vor tausend Jahren, und mahlen es mit geduldigen Kiefern, als hätten sie noch lange zu leben. Trotzig, wie die großen Kühe lustwandeln, wachsen unter ihnen die kleinen Gräser, die bescheidenen, demütigen, dazu bestimmt, von den großen roten Kiefern zermahlen zu werden und gekaut und wiedergekaut sich in natürlichen Dünger zu wandeln, der so weit zurückbleibt hinter dem Ammoniak! Im Wettlauf mit der jungen Chemie hat die alte Natur eine Niederlage nach der anderen erlitten. Die Retorte ist klüger als die Erde.

Also nähere ich mich dem Dorfe Runstedt, das nicht mehr vorhanden ist. Es war ein stattliches Dorf, mit zwei Rittergütern, vierundzwanzig Hofbesitzern, sieben Hausbesitzern ohne Grund, zweihundert Hektar Gesamtgemarkung, mit einer alten Kirche, deren Grundmauern noch aus dem Jahre 1350 stammten. Es war ein altes Dorf, mit einem ehrwürdigen Namen, eine Stätte der Ruinen einst, benachbart der Heimat der ehrwürdigen Merseburger Zaubersprüche, nach einer Chronik wird Runstedt 1085 zum erstenmal genannt, schon im dritten Jahrhundert war es eine germanische Siedlung, Hermunduren dürften an dieser Stelle gewohnt haben, an der

heute die Industrie die Landauen übertrifft. Um das Jahr 1900 nach Christi Geburt beginnt man nach Kali zu graben, der Michel-Stenzel und die Mansfeld A.-G. kaufen das Land auf, man zahlt das Vierfache des Bodenpreises, und die Bauern sind glücklich. Sie ahnen nicht, was in der Welt der Generaldirektionen, der Börsen, der Wirtschaft vorgeht. Sie haben Geld und legen es in sicheren Papieren an und leben vorderhand noch auf ihren alten Gehöften. Aber der Krieg kommt, die Inflation, die sicheren Papiere lösen sich auf, die hungrige Weltwirtschaft schreit immer heftiger nach Kali und Kohle, und die Besitzer sangen an, das Dorf Runstedt niederzureißen. Die Bauern ziehen mittellos weiter, hinein ins Land, mit wertlosen sicheren Papieren. Und der Bagger kommt, der große Bagger, wie ein Tank rollt er heran und untergräbt die steinernen Wurzeln der Häuser und stößt seine eisernen Zähne in die alte Erde und reißt Fleischklumpen aus ihrem lebendigen Leib. Und der graue Schutt rieselt über die grünen Felder, und die Häuser klaffen auseinander, und man kann noch an den verbliebenen Wänden die schattenhaften Spuren der Möbel sehn, die seit Jahrhunderten dieser Wände Zierat und Hausrat waren, die letzten Grüße der Geschlechter, die längst verweht sind, wie Spreu im Lande. Schon taumelt die Kirche, schon neigt sich das Kreuz, da ist es, als riese die Erde von Runstedt ihre Kinder. Die ehemaligen Runstedter kamen im Sommer 1929 in der taumelnden Kirche mit dem Rest der Einwohner zusammen. Sie veranstalten einen Gottesdienst. Sie beten. Sie beten für das Seelenheil des gemordeten Dorfes. Sie schütteln sich die Hände und gehn wieder auseinander. Dann ergreift der Bagger die Kirche. Die bunten Scheiben zersplittern zuerst, die heiteren Filter der Sonne, mit wehmütigem Klirren. Dann lockern sich knirschend Steine und Ziegel, bröckeln ab, stürzen aus der Höhe mit dumpfem Schlag. Dann ist's ein Trümmerhaufen, das Gotteshaus.

Ich sehe mich um. Mitten durch das Land ist ein weiter tiefer Graben gelegt, braun und flach ist die Erde, Schienenstränge ziehn sich schimmernd bis zu den Mauern der unheimlichen Festung. Zu meiner Rechten stehn noch ein paar Ruinen. Altwarenhändler laden auf Gefährte aller Art Mobiliare aller Art. Ein alter, triefäugiger Hund, er stammt aus dem edlen Geschlecht homerischer Hunde, zottelt verlegen und wankend durch Reste von Gärten, reibt sein altes Fell an Resten von Zäunen, es ist, als suchte er, ein Wächter und Nachkomme von Wächtern, nach Gegenständen zur Bewachung. Wo habe ich diesen Anblick schon erlebt? Im Kriege, im großen Kriege. Arbeiter stehn gebückt mit Schaufeln und Spaten, schwere Lastautos zeichnen tiefe schmale Wunden in den weichen Weg. „Ja," — sagt ein Arbeiter — „weg ist weg! Ab mit Schaden! Gegen die Technik kommt keerer an!" „Und wo" — frage ich ihn — „sind die Toten?" Er zeigt mit der Hand in eine leere Stelle: „Hier war einmal der Friedhof! Man hat sie übersiedelt, die Toten, sie liegen jetzt in Frankleben!"

In der Tat, sie liegen jetzt in Frankleben, die Toten! Aus der ewigen Ruhe, zu der man sie einst bestattet hatte, mußte man sie für eine Weile wecken, zwecks Uebersiedlung. Und sie erhoben sich, mit Kreuz und Kegel, sie verließen den Boden, der aus den Gebeinen ihrer verstorbenen Ahnen bestand und der sich selber in Kali verwandelt hatte, und sie zogen auf Geheiß der Weltwirtschaft nach Frankleben und legten sich wieder unter den frischen Rasen, auf den man ihnen nach dem neuen Friedhof von Frankleben. Ich sehe Stein um Stein und frage den alten Wächter, wie lange es wohl dauern wird, bis die Toten wieder die Erde werden verlassen müssen. Bald wird man in Frankleben Kali oder Kohle oder Nitroglyzerin entdecken. Die Weltwirtschaft veranstaltet ihre eigenen jüngsten Gerichte, weil das wirkliche so lange auf sich warten läßt. Die Weltwirtschaft übersiedelt die Toten. Sie geht über Leichen und verschafft ihnen dann neue Quartiere. Sie zieht Christi

Kreuze aus der Erde und fabriziert Gelbkreuz: unter dem Schutz von Hakenkreuzen. Weg ist weg! Ab mit Schaden! Gegen die Technik kommt keiner an!

Begreifen Sie, lieber Freund, daß ich mich einen halben Tag lang von dieser Stätte der Weltwirtschaft nicht trennen konnte, als wäre ich ein geborener Kunstdieb? Ja, so war es. Erde ist Erde, überall meine Heimat, denn die Technik ist immer meine Fremde. Ich sah die riesenhaften Schlote im Halbkreis heranrücken, gegen Tote und Lebende, gegen Friedhöfe und Höfe, immer näher rückten sie, den Rauch, der alles zuerst verpesten sollte, schickten sie voraus. Es war ein Generalangriff der Schlote, immer enger wird ihr Halbkreis, immer dichter schließt sich ihr fürchterlicher Bogen. Und ich stand da, wissend, wie ein Mensch und ohnmächtig, wie jene blöden Ruh, und ich begriff, daß wir zueinander gehörten, sie und ich. Leidensgefährten waren wir, Todesgefährten.

Entschuldigen Sie, lieber Freund, diesen trostlosen Brief
Ihrem ergebenen

Joseph Roth.

Das neue Feuilleton

Auch Carl Duisberg hatte sich also beschweren wollen, und Hummel hatte ihn davon abgehalten. Es ging um Siegfried Kracauers berühmte Artikelserie über die »Angestellten« im Herbst 1929. Kracauer beschrieb darin die Welt der kleinen und mittleren Angestellten in den kaufmännischen Abteilungen der Industrie, in den Banken und im Handel, ihre Zukunft im Zeitalter der Rationalisierung der Büros mit Hilfe von Schreib- und Lochkartenmaschinen, die fortschreitende Spezialisierung ihrer Tätigkeiten, deren zunehmende Monotonie. Die Tendenz zur Entlassung der älteren, über vierzigjährigen Angestellten führte Kracauer nicht nur auf den enger werdenden Arbeitsmarkt zurück, sondern auch auf den neuen Jugend- und Schönheitskult. Er beschrieb die Personalauswahl, die – wie er meinte – überbewertete Rolle der Psychologen und Graphologen, das Versagen der Abteilungsleiter als Mittler zwischen oben und unten, das Patronagewesen bei der Verteilung der gehobenen Stellungen in Banken und Industrieunternehmen.

Ein ganzes gesellschaftliches Panorama wurde hier entrollt. Bei seinen Erkundigungen in Berlin, bei Angestellten, Betriebsleitungen, Betriebsräten, Gewerkschafts- und Verbandsfunktionären, auch bei der Afa, dem SPD-nahen Angestelltenverband, hatte Kracauer geradezu eine neue gesellschaftliche Schicht entdeckt. Er recherchierte alles ohne repräsentative Querschnitte und die starren Klassifikationen des Fragebogens; er arbeitete mit nichts als seiner geschulten Aufmerksamkeit für soziale Zustände und kulturelle Veränderungen.

Reifenberg war fasziniert von dem Manuskript. Er nannte es »erregend, bestürzend und... aufreizend«, eine Sensation. Einwendungen von Arbeitgeberseite werde es vielleicht geben, schrieb er an Simon: »Ich empfinde Schärfen der Formulierung, und Kracauer hat mir zugegeben, daß man das Eine oder Andere dieser Schärfen wegretuschieren darf. Ich empfinde aber sehr viel mehr hinter diesen Schärfen die echte humane Haltung, die wesentlich den Wert unseres Feuilletons und der Zeitung ausmacht. Die humane Haltung, die sich darstellt in einer tiefen Traurigkeit...« Reifenberg empfahl eine Buchpublikation und den Vorabdruck einzelner Kapitel in der Zeitung.⁵⁷ So geschah es. Das Buch erschien im folgenden Jahr. Kracauer widmete es Benno Reifenberg.

Siegfried Kracauer (1880–1966), der unter dem Signum »raca« schrieb, hatte zunächst Architektur studiert, 1915 in Berlin zum Dr.-Ing. promoviert, dann einige Jahre als Architekt praktiziert, ehe er 1921 Mitarbeiter der Feuilletonredaktion wurde. Nebenher hatte er soziologische Studien getrieben und sich in die Schriften von Georg Simmel, Max Weber, Ernst Troeltsch und Robert Michels vertieft. Die Soziologie könne zwar keinen »Sinn« stiften, ja nicht einmal erkennen, was sie erkennen wolle, aber nützlich sei sie dennoch, schrieb er ebenso skeptisch wie zuversichtlich in einem Aufsatz über das Fach.⁵⁸ In diesem Sinne wurden ihm viele neue Gegenstände Themen für soziologische Untersuchungen, etwa das neue Medium des Films oder das Genre des Kriminalromans; eine Studie darüber widmete er Theodor Adorno. Er schrieb zwei Romane, von denen einer, »Georg« (postum veröffentlicht), im Zeitungsmilieu spielt. Er trieb darin seinen Spott mit dem sozialistischen und pazifistischen Geschwätz in linksbürgerlichen Frankfurter Salons, ebenso mit den Mitgliedern des Frankfurter Instituts für Sozialforschung. Zwei Figuren, der Redakteur Dr. Albrecht und der Verleger Petri, erinnern an den Konflikt zwischen Arthur Feiler und Heinrich Simon. Das Buch ist nicht nur ein Schlüsselroman, in dem der Verleger einen etwas zwiespältigen Eindruck macht, sondern auch ein Entwicklungsroman, der die Entzauberung einer Gesellschaft und die Desillusionierung des Helden darstellt, der ohne Halt und Bindungen zurück bleibt.

Die Beiträge Kracauers markierten den Beginn einer neuen Epoche im Feuilleton. Erstmals überschritt man die engen Grenzen, griff über Theater, Bildende Künste, Literatur und Musik hinaus und entdeckte, daß alles, was das Denken des Menschen betrifft, Teil der Kultur und damit Gegenstand des Feuilletons ist. Diese Öffnung bedeutete einen Abschied vom klassischen Feuilleton, auch den kleinen, unterhaltsam-philosophierenden Betrachtungen, eben jenen »Feuilletons«, wie sie in der »Frankfurter Zeitung« Bernhard Diebold schrieb oder der freche, witzige, die Leser ergötzende Rudolf Geck (1868–1936). Geck (Signum »-ck«) war ein Meister dieser Kleinkunst. Er spottete gern, aber verletzte nie. Das Amt eines Feuilletonredakteurs übte er mit Ironie, Freundlichkeit und Zartgefühl aus.⁵⁹

Die Vertreter der neuen Richtung waren außer Kracauer besonders Joseph Roth und Bernard von Brentano (ein Bruder des späteren Außenministers Heinrich von Brentano). Die drei wechselten einander als Kulturkorrespondenten in der Berliner Redaktion ab. Als Roth 1925 den Posten aufgab, um das erste Mal nach Paris zu gehen, empfahl er den jungen Bernard von Brentano als Nachfolger.[60] Als Brentano 1930 die Zeitung verließ, wurde Kracauer nach Berlin entsandt. Roth und Brentano waren sich einig in ihrem antibürgerlichen Spott auf die »Diebolde und Gecken« in Frankfurt.[61]

Brentano berichtete über die grauen Mietskasernen Berlins, die Avus und den neuen Autoverkehr, das Theater Piscators und die Filmpremieren – allesamt Beiträge zu einem Porträt der Hauptstadt in ihren bewegtesten Jahren.[62] 1930 verließ er die Zeitung »in schwerer Bedrängnis«, wie er Heinrich Simon schrieb: In Berlin habe man das politische Theater, darüber aber schreibe ein ästhetischer Kritiker; über Italien schreibe ein Kollege, der ein alter Liberaler sei, aber den Faschismus »nicht zu widerlegen vermag«; und »über die enorme Schwierigkeit, einen katholischen Zentrumskanzler unterstützen zu müssen, will ich gar nicht reden«.[63] Brentano war »links«, aber auch sehr naiv, wie die Begründung für sein Ausscheiden zeigte. Später dachte er anders darüber.

Natürlich gab es im Feuilleton politische Schattierungen zwischen »links« und »rechts«. Aber solche Unterscheidungen müssen mit einem Körnchen Salz gebraucht werden. Man muß sie vor dem liberalen Hintergrund der ganzen Zeitung sehen. Von zwei Parteien oder gar Lagern im Feuilleton der zwanziger Jahre zu sprechen, wie Schivelbusch es getan hat, der auf der einen Seite die »Fortschrittlichen«, Kracauer, Roth und Brentano, auf der anderen nur »Diebolde und Gecken« sah, sei entschieden zu grob, urteilt Dolf Sternberger.[64]

Benno Reifenberg (1892–1970) hielt das ganze Feuilleton in der Mitte zusammen und war zugleich die Brücke zu Heinrich Simon. Journalist seit 1919, Leiter des Feuilletons seit 1924, hatte er keine speziellen soziologischen Interessen, sondern einen universalen Erkenntnisdrang. Er interessierte sich für alles, was lebt, für alles in seiner Umgebung, aber doch immer auch aus Distanz. Wenn man mit ihm sprach, wußte man oft nicht, ob er wirklich zuhörte. Er hörte zu, aber mit einem wie versonnen wirkenden Blick seiner hellblauen Augen; er hörte gleichsam in seinen Gesprächspartner hinein und nahm jenseits des Ausgesprochenen mehr wahr, als man sagte. Mit dieser besonderen Gabe war Reifenberg die Seele der Redaktion, von allen hoch verehrt. So haben ihn auch Jüngere nach dem Krieg in der Redaktion der »Frankfurter Allgemeinen Zeitung« noch kennengelernt.

Reifenberg war ein »abgebrochener« Student der Kunstgeschichte, der, aus dem Krieg in Frankreich als junger Artillerieleutnant heimgekehrt, nicht mehr in die Hörsäle der Universität zurückwollte. Ein Augenmensch, der nun auf eigene Faust in den Museen Bilder studierte, Landschaften und Städte zu Fuß durchwanderte und meisterhaft beschrieb, vor allem Frankfurt und Paris, die Landschaften an Rhein und Main und im französischen Nordosten, den er im Krieg kennengelernt hatte. Auf Langemarck und das Fronterlebnis kam er, im Unterschied zu anderen in der Redaktion, immer wieder zu sprechen, es beschäftigte ihn ein Leben lang.

Reifenberg war in jeder Hinsicht ein Bildbetrachter. Auch seine Artikelserie im Zweiten Weltkrieg, »In Kriegszeiten«, evozierte vor allem Bilder: kleine feuilletonistische Betrachtungen zu Erlebnissen des Alltags, die lange Perspektiven in die Seelenräume des mit ihm betrachtenden Lesers öffneten, Meditationen eines Mannes, der aus einer inneren Harmonie heraus die Weltdinge mit einer vergilischen Pietät zu betrachten schien. Was er in seinen Feuilletons beschrieb, besaß dichterischen Zauber und hatte immer etwas Tröstendes. Unangenehmes ließ er nicht an sich heran. Seine Distanz war ein Filter. Er sah alles, aber was er als Autor davon zurückgab, war, wie bei Goethe, immer geläutert. Das Mißfällige kam nicht vor. Die eigentümliche Unberührtheit des hochgewachsenen, immer leicht gebeugten Mannes mit der sanften Stimme bewahrte die Aura des Zarten noch im Alter. Er lebte in der Vorstellung, daß nichts ihm etwas anhaben, nichts ihn beschädigen könne, bis es dann doch einmal geschah, im Jahre 1938, als die Gestapo nach ihm griff und er im Polizeigefängnis mit der Welt des Bösen in körperliche Berührung kam. Die Welt intuitiv zu erfassen, statt sie zu analysieren, diese an Goethe erinnernde, natürliche Weltfrömmigkeit bildete die Brücke zu den christlich geprägten Freunden Max Picard, dem Schweizer Philosophen und Schriftsteller, Ernst Beutler, dem Goetheforscher und Direktor des Freien Deutschen Hochstifts, und zu Wilhelm Hausenstein. Dieser notierte in seinem Tagebuch: »Ich habe die Empfindung, Reifenberg betrachte das Politische einigermaßen so, wie er eine Landschaft betrachtet – genau, mit allen Unterscheidungen, mit Herz und Sinnen, aber er ›contempliere‹ sie eben, und daher fehle das eigentlich Politische, die vereinfachende und zur Tätigkeit drängende Willentlichkeit.«[65]

Reifenberg konnte sich politisch orientieren, indem er Menschen erfühlte. Franz Taucher nannte ihn die »lauterste Persönlichkeit der deutschen Publizistik«.[66] Die jüngeren Redakteure rissen sich darum, von ihm zum Mittagessen mitgenommen zu werden, und wachten eifersüchtig darüber, wen er jeweils aufforderte. Margret Boveri nannte

Benno Reifenberg in Leutnantuniform. 1924 hatte Reifenberg die Leitung des Feuilletons übernommen; 1934 bis 1938 war er Nachfolger Heinrich Simons im Vorsitz der Konferenz

Reifenberg »die Seele der FZ... Seine große Begabung ist die menschliche Atmosphäre, die er schafft. Man (ob Mann oder Weib) kann nicht anders als ihn lieben, und bei den starken Gegensätzen, die auch in einer aufeinander abgestimmten Redaktion bestehen, ist die Serenität eines solchen Mannes von unschätzbarem Wert...«[67] In allen Fragen, die die Zeitung als Gemeinschaft angingen, war Reifenberg die moralische Autorität. Aber er kannte auch seine charismatische Wirkung. Er verstand sie einzusetzen und damit zu herrschen.

»Wir untersuchten resolut die Nachkriegszustände und waren des festen Glaubens, durch die Literatur der Politik unseren besten Dienst zu erweisen«, sagte er Margret Boveri, als sie ihn nach den zwanziger Jahren im Feuilleton befragte. Das Fundament der Zeit sollte hier bloßgelegt werden, und der entsprechenden Literatur stellte die Redaktion gern ihre Spalten zur Verfügung. Frankreich stand nächst dem eigenen Land im Zentrum des Interesses. Das Feuilleton veröffentlichte Aufsätze von André Gide, Jean Giono, Julien Green, Marcel Proust, und unter den deutschen Autoren wurden jene bevorzugt, die sich mit beiden Ländern befaßten, wie René Schickele und Annette Kolb. Aus der englischsprachenden Welt kamen zu Wort Joseph Conrad, D.H. Lawrence, James Joyce, G.K. Chesterton, Ernest Hemingway, Thomas Wolfe. Erich Maria Remarques Buch über den Stellungskrieg in

Frankreich hatte man abgewiesen, aber Ludwig Renns »Krieg« und Arnold Zweigs »Sergeant Grischa« wurden als Fortsetzungsroman abgedruckt. Richard Coudenhove-Kalergi, der Gründer der Paneuropa-Bewegung, Harry Graf Keßler, Rudolf G. Binding, Carl Zuckmayer, Fritz von Unruh, Bert Brecht, Erwin Piscator, Alfred Döblin, Max Picard, Alfons Paquet, Kasimir Edschmid, Anna Seghers, Heinrich Mann, Erich Kästner, Max Frisch, Max Brod, Wolfgang Weyrauch, Robert Musil – sie alle kamen im Feuilleton der zwanziger Jahre zu Wort.

Ein Revirement

Im Jahre 1930 kam es zu einem allgemeinen Wechsel auf den wichtigsten Korrespondentenplätzen. Reifenberg gab die Leitung des Feuilletons ab. Simon wollte ihn für ein paar Jahre als Korrespondent nach Paris entsenden. Dem Plan lag offenbar die Absicht zugrunde, Reifenberg ins politische Ressort wechseln zu lassen, und dies wiederum deutet darauf hin, daß Simon in ihm seinen Nachfolger im Vorsitz der Redaktionskonferenz sah. In naher Zukunft würde die ganze ältere Generation abgelöst werden müssen. Im Feuilleton riß Reifenbergs Weggang eine große Lücke, die einer der jüngeren Feuilletonredakteure, der Schweizer Friedrich T. Gubler (1900–1965), provisorisch ausfüllen mußte. Reifenbergs Pariser Zeit dauerte nicht so lange wie vorgesehen, denn Simon wollte ihn schon bald wieder in seiner Nähe haben und bat ihn im Frühjahr 1932 zurückzukehren.

Mit dem Wechsel auf dem Pariser Posten waren 1930 auch Veränderungen in der Berliner Redaktion und in London verbunden. In Berlin schied Bernhard Guttmann (1869–1959) mit geschwächter Gesundheit aus. Er hatte eine diplomatisch zu nennende Karriere gemacht, war auf Korrespondentenposten in Hamburg (1899), Konstantinopel (1903), London (1908–1914) und schließlich Leiter der Berliner Redaktion gewesen (1920–1930). Er schrieb eine Anzahl Bücher, darunter eine klassische Darstellung über »England im Zeitalter der bürgerlichen Reform« (1923, Neuauflage 1949), die in keinem historischen Seminar fehlt. Nach seinem Ausscheiden blieb er der Zeitung als Rezensent politisch-historischer Bücher verbunden. 1935 wurde er als jüdischer Christ mit Schreibverbot belegt. Er überlebte die Zeit der Verfolgung in einem kleinen Schwarzwalddorf, in Buchenbach bei Freiburg. Keiner im Ort hatte ihn verraten.

Guttmann (Signum: »gu«; Pseudonym: Bernhard Gunther) hatte als Korrespondent in London die Bemühungen des damaligen Botschafters, des Fürsten Karl Lichnowsky, um eine deutsch-englische Verständigung unterstützt. Im Ersten Weltkrieg war er Berater des Auswärtigen Amtes gewesen, danach Mitglied der deutschen Delegation bei den Pariser Friedensverhandlungen. 1920 hatte Heinrich Simon ihn für den Korrespondentenposten in Berlin zurückgewonnen. Unter allen Mitgliedern der Zeitung war er der politisch-historisch gebildetste Kopf und in den zwanziger Jahren der wichtigste politische Redakteur. Nach Herkunft ein preußischer Jude, konnte er aber in der Erinnerung an das alte Reich Deutschland nicht anders als im Zusammenhang mit den anderen europäischen Völkern sich denken. Robert Haerdter bekannte, er habe keinen deutschen Journalisten gekannt, der Guttmann an Bildung, an Kraft des Wortes, an »Wucht des Gewissens und der Gewissenhaftigkeit« erreicht habe. Er rühmte Guttmanns »latinische Kraft des Stils«, seine strenge Rechtlichkeit, seine unerbittliche kritische Intelligenz und seine freiheitlich-liberale Gesinnung, die ihn freilich um so mehr das Versagen der deutschen Nation, und zwar bereits vor 1914, und das Versagen der liberalen Parteien in der Weimarer Zeit begreifen ließen.[68] Aus der historisch-moralischen Selbstprüfung der Nation, wie Guttmann sie nach 1945 forderte, ließ sich Mut zur Umkehr und Erneuerung schöpfen. Nach dem Krieg gehörte er, mittlerweile sechsundsiebzig Jahre alt, mit Benno Reifenberg, Ernst Benkard, Robert Haerdter und Albert Oeser zu den Gründern der Halbmonatsschrift »Die Gegenwart«.

Heinrich Simon hatte sich eine Weile mit Guttmann in die politische Leitung der Zeitung geteilt. Man benutzte das Bild des Doppeladlers: der eine Kopf der Zeitung war in der Reichshauptstadt, der andere in Frankfurt. Gegen Ende der zwanziger Jahre trübte sich das Verhältnis. Guttmann wurde nicht mehr wie früher vor wichtigen Entscheidungen ins Vertrauen gezogen. Simons Versuch einer Neubestimmung des Liberalismus der Zeitung stieß bei Guttmann auf Skepsis: »Ihr Ziel, das Blatt zu modernisieren, ist sehr richtig. Man kann mit guter Technik vieles moderner machen, aber nicht ebenso einfach ist, festzustellen, was der heutige Geist wirklich will. Auch die jüngeren Herren wissen es trotz ihrem sicheren Sprechen nicht... Denn die Zeit ist wirklich in rascher Strömung, und es gehört einige Besinnung dazu, um darauf zu fahren.«[69] Guttmann stand unter dem Eindruck, Simon wolle ihn nicht nur aus Berlin, sondern ganz weghaben. »Die Freundschaft hielt schließlich nicht stand, die wesentliche Schuld trug die Unzuverlässigkeit seines Charakters, ich selbst mag Fehler gemacht haben«, urteilte Guttmann nach dem Krieg.[70]

Vermutungen[71], nach denen Guttmann und bald nach ihm Oskar Stark, Bernard von Brentano und Konrad Heiden, der erste Hitler-

Biograph, wegen Änderung der Besitzverhältnisse aus der Berliner Redaktion ausgeschieden seien, halten der Nachprüfung nicht stand. Was Oskar Stark betrifft, so zeigt sein Briefwechsel mit Heinrich Simon im Jahre 1929 und 1930 vielmehr, daß er zunächst zwar ernste Bedenken wegen einer möglichen Einflußnahme der neuen Geldgeber hatte, daß Simon ihn aber beruhigen konnte; Stark ging im Herbst 1930, weil er mit Rudolf Kircher, dem Nachfolger Guttmanns, politisch nicht übereinstimmte und persönlich nicht zurechtkam. Stark trat im Herbst 1931 zum »Berliner Tageblatt« über; sowohl Simon als auch Reifenberg bemühten sich um seine Rückkehr. Nachdem Stark im Frühjahr 1933 auf Intervention des Regimes hin beim »Berliner Tageblatt« entlassen worden war und danach mit Gelegenheitsarbeiten sich und seine Familie hatte durchschlagen müssen, kehrte er 1935 zur »Frankfurter Zeitung« zurück.

Rudolf Kircher (1885–1954), Sohn eines großherzoglich-badischen Landeskonservators, Absolvent des humanistischen Gymnasiums in Karlsruhe, das er fast gleichzeitig mit Wilhelm Hausenstein besucht hatte, Jurastudent in Heidelberg, Berlin, München und Freiburg, hatte 1909 in Heidelberg promoviert und war nach wenigen Jahren im Staatsdienst 1912 in die Frankfurter Redaktion eingetreten. Zuerst war er Korrespondent auf dem Balkan, während des Ersten Weltkrieges dann in der Frankfurter Zentrale und von 1920 an zehn Jahre lang Korrespondent in London gewesen. Kircher fiel auf durch die helle Klarheit seines Stils, die Gabe, in verwickelten Lagen das Wesentliche schnell zu erkennen, und durch seine Sicherheit im Auftreten. In jeder Gesellschaft war er Mittelpunkt. Auf Grund seines ausgeprägten Machtbewußtseins war es nicht leicht, mit ihm in einem Team zu arbeiten. Kircher brauchte immer die Sonderrolle – und sie wurde ihm auch eingeräumt. So gestand man ihm als dem Berliner Hauptkorrespondenten eine Art Kolumne auf der ersten Seite zu; hier konnte Kircher seine persönliche Meinung zum Ausdruck bringen, unabhängig vom Leitartikel, der in der Reichsausgabe auf Seite drei, der Artikelseite, erschien. Kircher war freilich auch der einzige, der Ansprüche der Zeitung gegenüber Gauleitern und anderen Parteifunktionären einschüchternd-herrisch vorzutragen vermochte.[72]

Daß Rudolf Kircher, der Korrespondent auf dem Londoner Posten, als Nachfolger Guttmanns ausersehen war, war nicht nur in der Berliner Redaktion, sondern auch unter den politischen Redakteuren in Frankfurt stark umstritten. Denn Kircher stand am rechten Flügel des Liberalismus der Zeitung, wie Feiler an seinem linken. Gegen Kirchers Versetzung nach Berlin rebellierte einer der Besonnensten, der außenpolitische Redakteur Wolf von Dewall, ein welterfahrener ehemaliger

Offizier, der vor dem Weltkrieg in China gelebt hatte und dort Organisator der chinesischen Zollverwaltung gewesen war. Was Dewall an Kircher auszusetzen hatte, beschreibt eine beunruhigende Seite des Mannes, dem es zufallen sollte, die Zeitung in der Zeit des Nationalsozialismus an vorderster Stelle zu vertreten, in der exponiertesten und einsamsten Position, die sie zu vergeben hatte: »R. K. ist der Begabteste von uns allen; es ist fabelhaft, auf wievielen Gebieten er sich tummeln und doch erste Qualitäten produzieren kann: Politik, Musik, City, Sport, Theater; aber er hat keinen politischen Charakter, er hat keine politische Gesinnung, er ist Opportunitätsmensch... R. K. marschiert – trotz seiner fabelhaften Klugheit – immer hinter irgend jemand her, er ist immer im Sinne von irgend jemand offiziös. Dies Urteil mutet gegenüber diesem klugen Menschen merkwürdig an – aber es stimmt, z. B. sein letzter Artikel – Lasswiz [der Redakteur für Technik] hat ihn aufgehalten – war offiziös im Sinne der englischen Flugzeugindustrie; frühere Artikel waren offiziös im Sinne der englischen Konservativen; R. K. ist immer Interpret von irgend jemand. Das mag sehr vernünftig sein, wird aber gefährlich, wenn es einseitig ist und über der Vernunft nicht die Gesinnung, die freie politische Überzeugung steht...«

Heinrich Simon, mitten in den drängendsten Sorgen um das Überleben der Zeitung, versuchte, Dewall zu überzeugen, daß Kircher der beste Mann sei für den wichtigsten Korrespondentenposten. Es genüge nicht, die rechte Gesinnung zu haben, die Zeitung brauche in jeder Beziehung Bemerkenswertes, Außergewöhnliches. »R. K.... ist sicher eine komplizierte Natur, aber leider sind die begabtesten Menschen meist kompliziert und in diesem Sinne ›gefährlich‹. Er ist sicher mehr ein Mann des Erkennens und Durchdringens der Gegebenheiten als der Formung nach weltanschaulichen Grundsätzen, er sagt später als die Grundsätzlichen Ja oder Nein zu den Dingen...«[73] Simons Antwort bestätigte eigentlich, was Dewall beobachtet hatte. Rudolf Kircher war die rätselhafteste und widerspruchvollste Figur der Zeitung in ihrer Auseinandersetzung mit dem Dritten Reich. Er sollte sich als ihr kühnster, geradezu verwegener Kämpfer erweisen – und im nächsten Augenblick schon konnte er Erklärungen Hitlers in der Zeitung so interpretieren, als wären es seine eigenen Ansichten. Er konnte so artistisch schreiben, so verwirrend und täuschend, daß einem dabei schwindelte.

Wenn die Redakteure gleichsam gläubige Liberale waren, so war Kircher ein »aufgeklärter« Liberaler, der seinen Kinderglauben verloren hatte und mehr als die anderen die Dämonie des Politischen verstand. Die liberalen »Grundsätze«, wie richtig sie auch waren, sollten dem Notwendigen in der Politik nicht im Wege stehen. Auf den Erfolg kam es ihm an, nicht auf die Mittel. Kein Wunder, wenn ihn ein Hauch des Verruchten umgab. Dies war es, was den redlichen Dewall an dem ihm intellektuell überlegenen Kircher beunruhigte. Auch wenn 1929/30 keine Änderung der politischen Linie des Blattes stattfand – der Wechsel auf dem Berliner Posten brachte dennoch einen neuen Ton in der Berichterstattung aus der Hauptstadt. Anstelle des strengen Richters Guttmann berichtete nun ein scharfsinniger Interpret.

Friedrich Sieburg[74] übernahm Kirchers Posten in London. Sieburg (1893–1964), geboren im westfälischen Altena, aufgewachsen in Düsseldorf, Fliegeroffizier des Ersten Weltkriegs in Frankreich, hatte sich nach dem Studium der Geschichte und Philosophie in Heidelberg 1921 in Berlin als freier Schriftsteller niedergelassen. 1925 gewann Heinrich Simon ihn für die »Frankfurter Zeitung«, zunächst als Korrespondent in Kopenhagen. Von 1926 an war Sieburg in Paris und avancierte dort schnell zum meistbeachteten Auslandskorrespondenten. Seine Bildung und sein Witz, seine Gabe, in knappen Schilderungen das Charakteristische des fremden Landes zu erfassen, seine bestechend schöne Sprache machten ihn schnell berühmt. Ähnlich wie Kircher war er der Mittelpunkt jeder Gesellschaft. Doch hinter seiner mit sprühendem Witz geführten Konversation, hinter der Eleganz und Sicherheit seines Auftretens, hinter der Sucht des Schauspielers nach Aufsehen und Beachtung steckte eine sorgfältig verborgene Empfindlichkeit, wenn nicht gar Unsicherheit. Wenn Reifenberg unantastbar war und deshalb äußerlich ganz schlicht sein konnte – Sieburg wußte, daß er verletzbar war, und versteckte dies hinter Masken ästhetischer Selbststilisierung und, wenn er sich in die Enge getrieben fühlte, auch abweisender Arroganz.

Sieburgs Stärke waren Reiseberichte und die historische Biographie. Immer war er auf der Suche nach dem Porträt von Menschen oder Nationen. »Gott in Frankreich?« (1929), der Ertrag der ersten vier Jahre Pariser Berichterstattung, war ein Lobpreis französischer Lebensart, die sich ihm nicht nur in den Salons der Hauptstadt darstellte, sondern auch am Beispiel der kleinen Leute. Das Buch wurde sofort ein Erfolg.

Dagegen waren Sieburgs Jahre in England (1930–1932) eine Zeit der Krisen: persönlich, beruflich und politisch. Er floh in eine Reise – auf einem sowjetischen Eisbrecher ins Nordmeer (»Die rote Arktis«). Im November 1931 – Sieburg spielte mit dem Gedanken, nach Berlin, zu Ullstein zu gehen – schrieb er an Simon: »Ich weiß, daß meine Entwicklung vom Schicksal gesegnet war, als sie sich in von Ihnen bestimmte Bahnen begab. Ich werde aber das Gefühl nicht los, daß ich am Ende dieser Bahn bin und nun – zu meinem Glück oder zu meinem Unglück – mir selbst einen Weg bezeichnen muß. Im Gespräch mit Reifenberg, den ich soeben in Paris sah, wurde mir wieder klar, daß ich doch nicht so vollständig zu Euch gehöre wie er.«[75]

In die jahrelangen Bemühungen, den verzweifelten Sieburg bei der Zeitung zu halten, teilten sich Reifenberg und Simon.[76] Konnte man ihn aus London in die Führung der Zeitung berufen? Reifenberg hatte Sieburg einige Wochen zuvor aufgesucht. Sein Bericht für Simon geriet zu einem Porträt des Kollegen. »Auf der Rückfahrt... habe ich mir noch einmal überlegt, wie unser Freund Sieburg eigentlich aussieht. Sehr schwer, hinter die Maske zu kommen, die er aufhat, ohne daß er täuschen will. Er ist im Grunde immer aufrichtig, aber gerade deshalb nie zu greifen. Als ob hinter diesem lachenden, sich verzerrenden, nie ernsten und vor allen Dingen nie ruhigen Gesicht unaufhörlich das wahre Wesen heraufdringen wollte, keineswegs sich seiner selbst bewußt, nach Gestalt suchend. So kommt es, daß der Mann sich eigentlich nur schreibend offenbart, sein bestes Wesen schreibend enthüllt. Dann fällt auch das Banale, das ihm zuweilen anhaftet, weg, diese etwas komische und rührende Rücksicht auf das Urteil anderer Menschen. Nie ist mir ein ähnlicher Fall von elementarem Schriftstellertum begegnet, das ist um so merkwürdiger, als über Sieburgs Schreiben immer der Glanz des echten Liebhabertums spielt, die seltenste Eigenschaft in der deutschen Literatur. Die Erkenntnisse Sieburgs kommen ihm im Schreiben, und sie geben sich ihm eigentlich aus einer ästhetischen Perspektive (ästhetisch im höchsten Sinne, von der künstleri-

Das Herz des Ganzen und die Schaltstelle eines weitverzweigten Korrespondentennetzes: die Verlagsgebäude in der Eschenheimer Gasse. Aufriß um 1910

schen Notwendigkeit her). Darüber hinaus weiß ich nichts von Sieburg. Man kann ihm nicht die Frage stellen, was willst Du eigentlich, man kann... seinen politischen Willen nicht [in] eine Formel bringen, außerhalb derer, die sich ihm beim Schreiben einstellt. Gerade deshalb scheint es so schwer, mit ihm die F.Z. zu führen. Es kommt mir so vor, als ob man ihn berauben müßte, wenn man ihn zu einer solchen Rolle bewegen wollte. Trotzdem ist es doch unendlich schade, wenn eine so ständig fließende geistige Kraft nicht einmal im innersten Raum der F.Z. sprudeln dürfte.«

Sieburg konnte gehalten werden, aber es war eine schwierige Operation. Im Herbst 1932 schrieb er an einem neuen Buch, diesmal eines über Deutschland. Er hatte, zu Recht, das Gefühl, daß, wie er Simon schrieb, für den Verlag der Frankfurter Societäts-Druckerei das Buch »zu weit rechts orientiert ist und Bekenntnisse und Anschauungen enthält, mit denen weder der Verlag, noch Sie, noch (indirekt) die Zeitung sich identifizieren können«.[77] Daß Sieburg sein Buch in einem anderen Verlag veröffentlichen wollte, schien Simon kein Ausweg zu sein, erst recht nicht, wenn es stark abweichende Ansichten ausdrücken sollte. Dann schon besser im eigenen Verlag. Sieburg ließ sich überreden und führte in den Winterwochen 1932/33 eine lebhafte Korrespondenz mit dem Verleger, der Änderungen wünschte und zum Beispiel die Kritik am deutschen Liberalismus nicht hinnehmen wollte: »Das klingt wirklich so, als ob Sie für die ›Tat‹ schrieben.«[78]

Ganz wohl war Simon nicht bei Sieburgs Buch, und doppelt unwohl fühlte er sich nach dem 30. Januar 1933. Simon fürchtete, »daß gewisse Kreise Sie als Überläufer bejubeln und andere Sie in der gleichen Eigenschaft anklagen werden«.[79] Anfang März kam »Es werde Deutschland« auf den Markt, Sieburgs seltsamstes Buch: eine Auseinandersetzung mit der politischen Ideengeschichte und der Mentalität der Deutschen, Träume und Alpträume eines Auslandskorrespondenten, der seine Landsleute am Nationalgefühl der Franzosen und an der ruhigen Selbstgewißheit der Engländer mißt. Die Deutschen erschienen ihm als ein schlafloses, ruheloses Volk, ohne Grenzen und ohne Mitte, auf der Flucht in die Zukunft, als ein Volk, das Kultur und Eliten haßt, das »Haltung« fordert, ohne »Werte« zu setzen – eine Nation zum Fürchten. Sieburgs kulturkritisches Buch enthielt viele schneidende Beobachtungen, im ganzen aber war es das leidenschaftlich-zerrissene, schmerzlich-trotzige Bekenntnis einer unglücklichen Liebe. Vorangestellt war eine überschwengliche, peinlich-persönlich geratene, zwei Seiten lange Widmung an Heinrich Simon. Der alte Guttmann, so dürfen wir uns vorstellen, wird mit gelinder Verzweiflung gelesen haben, was sich Sieburg da von der Seele geschrieben hatte. Wie immer, war es mit Glanz geschrieben – um so schlimmer.

Das Buch wurde sofort ins Englische und Französische übersetzt. Ausländischen Lesern schien es erklären zu können, welche Kräfte Hitler in den Sattel gehoben hatten und worauf diese merkwürdige »Revolution« hinauswollte. Die reinigende Erneuerung der Nation, interpretiert von einem, der nicht zu Hitlers Bewegung gehörte, aber anscheinend die deutschen Unbegreiflichkeiten dieses Jahres 1933 entschlüsseln konnte. Natürlich war Sieburg kein Nationalsozialist. Seine Vorstellung von Kultur und Form, alles, was ihn zum Ästheten machte und an der Humanität Frankreichs anzog, war entschieden dagegen. Aber er war »bündisch« gesinnt, wie er Simon einmal bekannt hat[80], er war bewegt und erregt, er fühlte »national«. Das Buch spricht in manchem für, in vielem aber gegen die »nationale Revolution«.

Manchen verblüffte es, als das Buch im Jahre 1936 auf Befehl der »Parteiamtlichen Prüfungskommission zum Schutze des N.S.-Schrifttums« von der Gestapo beschlagnahmt wurde.[81] Nach drei Jahren hatte jemand bemerkt, daß Sieburg »viele Elemente, die sich heute der nationalsozialistischen Parole bedienen«, als »freigelassene Sklaven« bezeichnet hatte, denen »die Lockung der sie umgebenden Welt ein willkommener Anlaß zur eigenen Zügellosigkeit ist«. Der Nationalismus finde in Deutschland kaum ernsthaften Widerspruch. Aber »wenn in seinem Namen immer wieder Mord und Roheit verübt wird, so handelt es sich meist um Taten ungefüger, ja oft böser Kräfte«. Und ein paar Zeilen weiter: »Zurück zur Herrschaft der Blutbande wünschen sich alle diejenigen, die das Nachdenken nicht lieben und daher das kümmerliche Abfallprodukt der vergehenden Welt des Liberalismus, den Antisemitismus übernehmen... diese läppischste unter allen westlichen Kehrichterscheinungen.«[82]

Im Sommer 1932 war Sieburg wieder ins Pariser Büro, Nr. 5, Place du Panthéon, zurückgekehrt. Auf den freigewordenen Londoner Posten wurde jetzt aus der Zentrale Wolf von Dewall entsandt.

III
Hitler ad portas

»Der Nationalsozialismus«, so beobachtete ein Artikel der »Frankfurter Zeitung« im Jahre 1931, »ist... keine Partei. Er ist auch keine Weltanschauung. Der Nationalsozialismus ist der Ausdruck einer Verzweiflungsstimmung. Er ist eine Krankheit. Der Nationalsozialismus ist die revolutionäre Eruption der Verzweiflung proletarisierter bürgerlicher Schichten.«[1] Schon lange vor dem Münchner Putsch Hitlers und Ludendorffs im November 1923 hatte die Zeitung den Nationalsozialismus treffend als eine Bewegung beschrieben, die die nationale und soziale Unruhe ausbeute, die Schuld an der herrschenden Not den Juden und dem internationalen Börsenkapital gebe und von einem monomanischen, besessenen Menschen voller Aktivität geführt werde, dessen Ziele ohne Sinn und Wert seien.[2]

In der Berichterstattung über den Prozeß nach dem Münchener Putsch machte die Zeitung auf die politischen Widersprüche zwischen der nationalistisch-konservativen Richtung, etwa bei Kahr, Lossow und Ludendorff, und der nationalrevolutionären bei Hitler aufmerksam. Sie kritisierte die Hitler begünstigende Prozeßführung und die unverhältnismäßige Milde der Urteile.[3] Da man an Hitler nichts Positives entdecken konnte, räumte man ihm keine Erfolgsaussichten ein. Bei dieser Einschätzung blieb die Zeitung auch in den ruhigeren Jahren zwischen 1924 und 1928, in denen die »Völkischen«, wie die Nationalsozialisten sich gern nannten, eine unbedeutende kleine Partei waren.[4] Hitler habe einen Dämon, aber keine Stärke, urteilte die Zeitung noch 1928.[5] Die bei weitem größere Gefahr sah die Zeitung zu jener Zeit in der Deutschnationalen Volkspartei, besonders seit Hugenberg im Herbst 1928 ihr Führer geworden war. Erst auf der Agitationsplattform, die Hugenberg im Jahr darauf mit seiner Kampagne gegen den Youngplan errichtete, gewann Hitler an Profil. Nur in einer Verbindung mit anderen hatte er eine Chance – so sollte es bis zum 30. Januar 1933 bleiben.

Hitlers Erfolge veränderten die Frontstellung der Zeitung. Als sich Hindenburg im März 1930 anläßlich der Unterzeichnung des Youngplans gegen die Rechte stellte, die ihn 1925 gewählt hatte, forderte die Zeitung »Gehör für Hindenburg«. Er habe sich auf den Weg der Verständigungspolitik begeben, auf dem Rathenau gefallen sei und den Stresemann weitergeführt habe.[6]

Noch Anfang 1930, so erinnert sich Maxim Fackler, der damals als frisch examinierter Jurist auf Empfehlung Oskar Starks – beide waren Stipendiaten des Münchner »Maximilianeums« gewesen – ins Münchner Büro der Zeitung eintrat, meinte man in der Redaktion, aus dem Nationalsozialismus könne nicht viel werden. Hitlers Ideen seien krauses Zeug. Auch Feiler habe damals in seinen Artikeln die Gedanken des »Tat«-Kreises viel ernster genommen als die der Nationalsozialisten.[7]

Ende März 1930 zerbrach das Kabinett Müller am Konflikt zwischen der SPD und ihren Koalitionspartnern über eine Beitragserhöhung zur Arbeitslosenversicherung um ein halbes Prozent. Als auch die neue Regierung Brüning für ihre Finanzvorlage im Reichstag keine Mehrheit finden konnte – wie die Zeitung meinte: weil er sich zu wenig um die SPD bemüht habe – und nun Zuflucht beim Notstandsartikel 48 der Weimarer Verfassung suchte, warnte die Zeitung davor, diesen »Notausgang« zu benutzen: Es werde einen Präzedenzfall schaffen. »Die Parteien der Mitte würden gut daran tun, zu überlegen, daß eine solche vielleicht unabsehbar werdende Ausbuchtung der Reichsverfassung Regierungen von links wie von rechts künftig zur Verfügung stünde.«[8] Als Brüning sich dazu entschloß, sprach das Blatt von dem »ernstesten und folgenschwersten Geschehnis, das wir seit

Frankfurt, 2. September.

Adolf Hitlers Kriege. Was wollen die Nationalsozialisten im konkreten? Schwer zu sagen. Denn in den Wahlversammlungen, in die sie kommen, setzt es entweder Prügel, auch wenn die Nationalsozialisten unter sich sind, oder es wird auf das Publikum ein derartiger Phrasenschwall losgelassen, daß dem nach etwas Konkreten Suchenden dabei schlecht wird. Es wäre in der Tat recht gut, wenn man auch die nationalsozialistischen Führer dazu bringen könnte, einmal am Mikrophon des Rundfunks klar zu sagen, was ihr Programm eigentlich ist. Bisher jedenfalls kennt man ihr Programm nicht, und wir sind sicher, daß die in manchen Provinzen recht zahlreichen Mitläufer des Nationalsozialismus gar nicht wissen, was es bedeutet, wenn sie stolz das Hakenkreuz im Knopfloch tragen. Aber es gibt ein Dokument, aus dem ersichtlich ist, welchen Anschauungen der offizielle Nationalsozialismus Deutschlands huldigt. Wir möchten gleich sagen, es ist ein erschütterndes, an Torheiten und Verworrenheiten strotzendes Dokument. Ein Buch von Adolf Hitler. Betitelt „Mein Kampf". Das Buch ist nicht neu. Es ist schon vor einigen Jahren erschienen. Das Gift, das es enthält, lassen sich somit auch weiter zahlreiche deutsche Leser einfiltrieren. Mit dem Buch werden wir uns noch eingehender beschäftigen. Heute sei nur behandelt, was es über Adolf Hitlers Außenpolitik sagt.

Hitler hat wirklich ein außenpolitisches Programm. Es bedeutet Krieg. Krieg gegen Frankreich. Krieg gegen Rußland. Um diesen Krieg oder diese Kriege führen zu können,

Zwei Wochen vor der Septemberwahl 1930, bei der die NSDAP die Anzahl ihrer Mandate von 12 auf 107 erhöhen konnte, analysierte der Leitartikel der »Frankfurter Zeitung« die außenpolitischen Forderungen Hitlers und kam zu dem Schluß: »Hitler bedeutet Krieg.«

1923 innenpolitisch erlebt haben«.⁹ In dem der Reichstagsauflösung folgenden Wahlkampf erkannte die Zeitung zum ersten Mal in den Nationalsozialisten die größere Gefahr. Sie beobachtete deren Wahlversammlungen nun gründlicher und untersuchte ihr Programm (»Hitler bedeutet Krieg«). Sie warnte davor, den Deutschnationalen, die die NSDAP überhaupt erst »gesellschaftsfähig« gemacht hätten, die Stimme zu geben. Am 14. September 1930 gewannen die Radikalen auf der Linken und auf der Rechten; die NSDAP erhöhte die Anzahl ihrer Mandate von 12 auf 107.

Hitler den Zugang zur Macht versperren, wurde nun – sieht man von den taktischen Überlegungen im Sommer 1932 ab – der maßgebliche Gesichtspunkt für die Zeitung bis zum Ende der Weimarer Republik. Sie stellte ihre Bedenken gegen Brünings Regierung und die Benutzung der Notstandsvollmachten des Reichspräsidenten zurück. Nur so – und ähnlich dachten auch die Sozialdemokraten, die Brüning tolerierten – konnte man das Risiko von Wahlen vermeiden und mit der Zeit in stillere Fahrwasser gelangen. Nach den Septemberwahlen 1930 war eine Notstandsregierung Brüning das geringere Übel geworden. Nur bei oberflächlicher Betrachtung konnte dies als eine Kursänderung der Zeitung erscheinen, während es tatsächlich eine Fortsetzung der Verteidigung des Verfassungsstaates war, freilich mit anderen Mitteln. Dies und nicht, wie behauptet wurde, verborgene Einflußnahme großindustrieller Kreise erklärt die veränderte Einstellung der Zeitung zu Hindenburg und Brüning.

Die Frage, ob man die Nationalsozialisten an der Macht beteiligen und sie durch Übertragung von Verantwortung politisch zivilisieren oder verschleißen sollte, wurde in vielen politischen Kreisen erörtert. Die Zeitung plädierte gegen Abmachungen mit Hitler. Was im Falle einer »normalen« Partei vernünftig erscheinen könnte – hier sei es zu gefährlich, denn »um eine normale Partei handelt es sich eben hier nicht«. Hitlers Ziel sei nicht, am Staat mitzuarbeiten, sondern ihn einzureißen, »ohne Rücksicht auf die Katastrophen«.¹⁰ Im Winter 1930/ 31 publizierte die Zeitung eine Anzahl längerer, gründlicher Untersuchungen über Hitlers Partei, stellte deren Aktivismus, Irrationalismus und Antisemitismus heraus und berichtete über den großen Zulauf, den die NSDAP beim »Mittelstand« und unter den Jugendlichen fand. Im Februar und März 1931 folgte eine Serie von acht analytischen Aufsätzen von Franz von Unruh, dem Bruder des Dramatikers Fritz von Unruh, über die Entstehung, die Führer, die Organisation, die Propaganda, das Weltbild und die Anhängerschaft des Nationalsozialismus.¹¹ Die Serie schloß mit einer Antwort auf die Frage einer Beteiligung Hitlers an der Regierung: »Manche sagen, wenn Hitler zur

Hitler bedeutet Krieg.

Macht käme, verlöre er seine Anhänger; denn sie würden ja dann seine Ohnmacht erkennen. Er wisse das und werde sich vorsehen: in der Opposition bleiben und so einen nur zu begrüßenden, säubernden Einfluß üben. Indessen, er verliert seine Wähler auch, wenn er nicht eines Tages von Worten – und welchen Worten! – zur Tat kommt. Das ist die Peitsche, die hinter ihm schwingt. Und ist bei der Verelendung Deutschlands ein Erfolg, der für ihn entscheidend wird, unmöglich? Viele fassen ihn fatalistisch ins Auge. Sie merken nicht, was es heißt. Ein Kabinett Hitler bedeutet: Einbuße der so mühsam errungenen politischen Position; Drosselung beziehungsweise Entziehung der Auslandskredite (die September-Wahl brachte schon zwei Milliarden Kreditverlust); Stärkung des englisch-französischen Bundes; ferner – denn es glaubt ja wohl keiner, der noch bei Verstand ist, Frankreich würde die Aufrüstung, die Zerreißung des Young-Planes dulden – Sanktionen. Im Innern: Diktatur, Abschaffung (›legale‹ Erwürgung) des Parlaments, Knebelung aller geistigen Freiheit; Inflation, Terror und Bürgerkrieg; denn die Opposition wäre nicht einfach auszuschalten; ein Generalstreik wäre die Folge.«

Hitler von der Macht fernzuhalten, das stand für die Zeitung im Mittelpunkt bei der Kommentierung der innenpolitischen Ereignisse der nächsten Jahre, ob es nun um die »Harzburger Front« zwischen Hitler, Hugenberg und dem Stahlhelmführer Seldte ging, um den 1931 wiederauflebenden Straßenterror der Nationalsozialisten, ihre Gewinne in Regionalwahlen oder um die »Boxheimer Dokumente«, Planungen der SA für den Fall einer nationalsozialistischen Machtergreifung. In der Reichspräsidentenwahl von 1932 unterstützte die Zeitung die Wahl Hindenburgs. Die Situation von 1925 war nun umgekehrt: Hindenburg wurde von den Rechtsparteien bekämpft, die ihn 1925 gewählt, und von denen zum Kandidaten erhoben, die damals gegen ihn gestanden hatten. Hindenburg und sein Amt verkörperten im zusammenbrechenden parlamentarischen System die letzte Bastion des Rechtsstaates, die man unbedingt halten mußte, wenn man jemals wieder das der Demokratie verlorene Terrain zurückgewinnen wollte. »Hindenburg wurde zwar gewiß nicht zum leidenschaftlichen Republikaner, wurde gewiß kein Neuschöpfer, kein Weiterbildner des neuen Staates – aber er wurde, fast zur Überraschung der Welt und besorgter deutscher Republikaner, doch das, was es uns allen heute möglich, ja notwendig macht, ihm unsere Stimme zu geben: er wurde der Treu-

Vossische Zeitung

Berlinische Zeitung von Staats- und gelehrten Sachen / Gegründet 1704

Berlin

10 Pf. · Nr 346 MITTWOCH, 20. JULI 1932 ABEND-AUSGABE

Reichsgewalt gegen Preußen

Braun und Severing für abgesetzt erklärt — Papen und Bracht als Kommissare — Widerstand der Staatsregierung — Anrufung des Staatsgerichtshofs — Militärischer Ausnahmezustand für Berlin und Brandenburg Uebernahme der Polizeigewalt — Erregung im Reich

---

Papens Staatsstreich gegen die sozialdemokratische Preußen-Regierung am 20. Juli 1932 war einer der entscheidenden Schritte auf dem Weg in die Diktatur: Preußen, die letzte Bastion republikanischer Freiheit, war gefallen. Zwei Wochen später zogen die Nationalsozialisten als stärkste Fraktion in den Reichstag ein

händer der bestehenden, der heute bedrohten deutschen Verfassung.«[12]

Es gehört zu den Unbegreiflichkeiten dieses Jahres 1932, daß Hindenburg wenige Wochen nach dem Wahlkampf den Reichskanzler fallenließ, dem er seine Wiederwahl zu verdanken hatte und der eine Art Freipaß für ihn bei den demokratischen Parteien gewesen war. Die Zeitung wußte, daß Hindenburg die Rolle eines Kandidaten der Linken nur widerwillig angenommen hatte, daß er zwar der Mann der Legalität sein, aber sich nicht von der Rechten lösen wollte. Als General von Schleicher versuchte, die Regierung nach rechts zu öffnen und die Nationalsozialisten in diesen Prozeß hineinzuverwickeln, widersprach die Zeitung: »Herr von Hindenburg hat sich selbst als einen Treuhänder der Verfassung bezeichnet... Er... ist von vielen Millionen lediglich deshalb gewählt worden, weil sie in ihm den Hüter der Verfassung sehen... Herr von Hindenburg sollte allen denen, die mit ihm reden, ganz ausdrücklich sagen, daß es für ihn moralisch und sachlich unmöglich wäre, dem Nachfolger Brünings ohne absolut zwingenden Grund andere und weiterreichende Vollmacht zu geben und ihn weniger fest an die Verfassung zu binden als den bisherigen Kanzler. Diesen Anspruch haben wir an den Mann, dem wir selbst unsere Stimme gegeben haben.«[13]

Die Zeitung warnte Papen und Schleicher davor, sich die Duldung der Nationalsozialisten mit dem Versprechen einer Reichstagsauflö-

Vorwärts
Berliner Volksblatt
Zentralorgan der Sozialdemokratischen Partei Deutschlands

Belagerungszustand über Berlin
Papen setzt Preußenregierung ab
Militärkommandant herrscht über Berlin

sung und Neuwahlen zu erkaufen. Auf dem Höhepunkt der wirtschaftlichen Not und bei seinen anhaltenden Erfolgen in Landtagswahlen dürfe man Hitler nicht auch noch zu einem großen Triumph im Reichstag verhelfen. Doch gerade dies tat Papen: Er hob das von der Regierung Brüning erlassene Verbot der SA auf. Sofort kam es wieder zu den gefürchteten Zwischenfällen auf den Straßen. Allein in Preußen gab es in fünf Wochen fünfhundert tätliche Auseinandersetzungen mit 99 Toten und mehr als tausend Verletzten. Als in Altona an einem Tage 19 Personen in Straßenschlachten getötet wurden, ließ Papen die preußische Regierung Braun-Severing mit Hilfe einer Notverordnung des Reichspräsidenten für abgesetzt erklären. Sie besitze nicht die innere Unabhängigkeit, so wurde erklärt, planmäßig und zielstrebig gegen die kommunistische Bewegung vorzugehen. Für die »Frankfurter Zeitung« war das »nichts als ein Vorwand«; die Übernahme der Regierungsgewalt in Preußen durch die Reichsregierung trage trotz des formalen Rechtes »revolutionären Charakter«.[14]

Am Wahltag, am 31. Juli, errangen die Nationalsozialisten 230 Reichstagsmandate, mehr als doppelt soviel wie im September 1930. Auf diesem Höchststand der nationalsozialistischen Flutwelle erteilte

Hindenburg dem Führer der NSDAP, der die Kanzlerschaft forderte, eine schroffe Zurückweisung. Die Zeitung fühlte sich, nach den wiederholten Enttäuschungen über den Reichspräsidenten, wieder etwas ermutigt. Hindenburg stellte sich jedenfalls Hitler in den Weg.

In der Nacht zum 10. August hatten in dem schlesischen Ort Potempa fünf SA-Leute einen kommunistischen Bergmann in seiner Wohnung überfallen und vor den Augen seiner Angehörigen bestialisch umgebracht. Die Frankfurter Redaktion behandelte den anschließenden Strafprozeß in auffallender Weise. An herausragender Stelle druckte sie drei fürchterliche Dokumente ab: das erste war der Bericht des medizinischen Sachverständigen über die Verletzungen des Ermordeten. Dessen nüchterne Beschreibung sprach von 29 Verletzungen, davon zwei leichten. Ferner davon, daß die Halsschlagader des Ermordeten vollkommen zerrissen und das Blut durch ein großes Loch im Kehlkopf in die Lunge gedrungen war; daß ihm diese tödlichen Verletzungen beigebracht worden sein mußten, als er auf dem Boden lag, und daß der Hals Abschürfungen zeigte, die von Fußtritten herrührten. Im Gesicht war der Ermordete wie mit einem Stock zerstochen, und der Kopf trug Verletzungen wie von einem stumpfen Beil. Das zweite Dokument war die Aussage des Bruders des Ermordeten über die eine halbe Stunde dauernde qualvolle Mordtat mitten in der Nacht. Das dritte Dokument war das erschreckendste. Es war das Telegramm Hitlers an die zum Tode verurteilten SA-Männer: »Meine Kameraden! Angesichts dieses ungeheuerlichen Bluturteils fühle ich mich mit Euch in unbegrenzter Treue verbunden. Eure Freiheit ist von diesem Augenblick an eine Frage unserer Ehre. Der Kampf gegen eine Regierung, unter der dies möglich war, ist unsere Pflicht. gez. Adolf Hitler.« Benno Reifenbergs entsetzter Kommentar dazu: »Wer... wird begreifen, daß der Führer einer großen politischen Bewegung so bedenkenlos den betroffenen Totschlägern noch eine Ehrenerklärung zu bieten wagt? Wer wird begreifen, daß eine Bewegung, die für sich in Anspruch nimmt, die Zukunft Deutschlands zu bestimmen, sich auf diese Weise gleichstellt mit Wesen, die so furchtbar jede Menschenwürde abgeschworen haben? Wehe der deutschen Zukunft, die auf solche Dokumente wie dieses Hitler-Telegramm sich stützen soll.«[15]

Die Abscheulichkeit des Verbrechens und das Entsetzen der Redaktion waren eines – etwas anderes war die Überlegung, wie man mit dieser Bewegung fertig werden konnte. Waren nicht doch neue Überlegungen nötig? Im August und September berichtete Rudolf Kircher, der Korrespondent in Berlin, über Bemühungen der Zentrumsführung, die NSDAP zu einem Stillhalteabkommen zu bewegen, in der Absicht, die Regierung Papen durch eine andere Präsidialregierung ab-

Nationalsozialismus.

Nationalsozialistisch und deutsch sei dasselbe, so behaupten sie. Um das, was augenscheinlich heute noch nicht stimmt, wahr zu machen, stecken sie Deutschland in die Uniform. Oder träumen sie doch davon.

Die Mütter, zur Rührung leicht geneigt, und die Väter, in einer seltsamen Mischung von Stolz und Verlegenheit, winken den Söhnen zu, die in braunen Hemden, fest den Kinnriemen geschnallt, ins Unbekannte marschieren. Die Väter und die Mütter, sie glauben, nun endlich werde Deutschland sichtbar werden. Sie ahnen nicht, daß in dem Grad, in dem die Uniformen sich mehren, das wahre Deutschland sich verhüllt. Sie wollen Deutschland mit Händen greifen und wissen nicht, daß sie selber die Vielfalt Deutschlands darstellen, sie sehen nicht ihre Stadt, sie sehen nicht ihre Landschaft, sie hören nicht die Sprache ihrer Heimat, sie vergessen die Geschichte ihrer Vorfahren, sie übertäuben die Stimme ihres Glaubens, sie achten nicht des reichen deutschen Geistes und sie greifen nur nach einem zu — nach der blitzblanken nagelneuen und ach so armen Uniform.

Sie wollen mit einer inbrünstigen Leidenschaft die Gemeinsamkeit „Deutschland" fühlen. Und man lehrt sie zuerst einmal alles zu hassen. Die Parteien, die Kirchen, die Länder der Nation, den nächsten Nachbar. Das nationalsozialistische Deutschland, das man ihnen verspricht, liegt nicht unter den Wolken ihrer Heimat, nicht an den reichen Flüssen, nicht auf den braunen Aeckern, nicht zwischen den Wiesen und den Wäldern des deutschen Landes, nicht in den zahllosen Schwesterstädten, den ländlichen und den arbeitenden, sondern dieses nationalsozialistische Deutschland wird ihnen vorgestellt als eine dunkle Stätte, als der Ort, wo abgerechnet werden soll. Man sagt ihnen, sie, die Väter, die Mütter und die braunbekleideten Söhne seien dazu da, ein Strafgericht zu veranstalten. Und dazu machen sie sich bereit.

Die Vergangenheit wird ihnen verfälscht. Das gewaltige Geschick, das ein verlorener Krieg für die Nation bedeutet, dieses Geschick zu ertragen, ist der Nationalsozialismus so lange nicht würdig, als er an die berüchtigste Lüge der deutschen Geschichte, an die Lüge vom Dolchstoß glaubt. Er ahnt nicht, daß er sein Ideal vom heldischen Menschen nur dann verwirklichen kann, wenn er die Kraft hat, der Wahrheit ins Gesicht zu schauen. Der Krieg wurde nicht verloren, weil Deutschland revolutionierte, sondern die deutsche Revolution von 1918 war die unabänderliche Folge des verlorenen Krieges. Die Leistung des deutschen Soldaten ist über jeden Zweifel erhaben. Wenn man fragt, warum die vier Jahre Krieg mit einer Niederlage endeten, dann muß man Kritik am Weltkrieg üben können. Vom Dolchstoß faselt nur, wer nicht dabei gewesen ist. Das ist die erste Lüge, die jetzt blind macht.

Die zweite Lüge besteht darin, für die Not der Niederlage die Männer verantwortlich zu machen, die 1918 den Mut aufbrachten, die Erbschaft des blutigen Krieges auf sich zu nehmen und den Weg ins Freie zu suchen. Diese Männer haben damit begonnen, das Trugbild des Bolschewismus zu zerschlagen. Die deutsche Arbeiterschaft, die heute in ihrer größten Vereinigung, der Sozialdemokratischen Partei, vom Nationalsozialismus beschimpft wird, daß jedem rechtlich denkenden Menschen das Blut in die Wangen steigt, hat ihren Weg in der Nachkriegszeit damit begonnen, die russischen Gespenster zu verscheuchen, den Bürgerkrieg zu zerschlagen, Deutschland eine neue staatliche Form zu geben. Die Männer, die in Weimar sich zusammengefunden haben, haben es fertig gebracht, daß die Deutschen den Weg aus dem Chaos fanden. Es ist eine Lüge, eine infame Lüge, der deutschen Arbeiterschaft, die wie jeder andere Stand ihr Blut für Deutschland vergossen hat, die Liebe fürs Vaterland absprechen zu wollen. Es gehört die furchtbare Unbildung der uniformierten Gedankenlosigkeit dazu, mit dem unverstandenen Klischeewort vom „Marxismus" über diese Tatsachen der jüngsten deutschen Geschichte hinweggehen zu wollen. Strafgericht mit einem Volk ist Sache Gottes, nicht der Menschen. Wehe aber den Menschen, die sich Gottes Richtertum anmaßen und auf Lügen ihr Urteil bauen. Sie sind selber gerichtet.

Das sind die beiden Lügen, die blind machen und die nach unserer festen Ueberzeugung schuld daran sind, wenn eine Bewegung, die auf so viel gutem Willen und solcher Bereitwilligkeit des Volkes sich stützen darf, bislang das Zeichen der Roheit und der Verzerrung auf der Stirn getragen hat.

Das Strafgericht also wird ihnen versprochen. Die Väter, die Mütter und die braungekleideten Söhne ahnen nicht, daß dieser Spuk, dieser angemaßte Spuk von Nationalsozialismus nur deshalb vorgenebelt wird, weil der Nationalsozialismus bislang nicht weiß, was er sonst für die Zukunft zu versprechen hat. Aus dem Blutgeruch des Kommenden soll das so schattenhafte Gebilde des Dritten Reichs wenigstens ein bißchen Leben gewinnen. Und die Frage, die drängende, und wohl an das Gewissen der Führer stündlich pochende Frage: „Was dann?" soll übertäubt werden.

Dann nämlich müßte die Arbeit anfangen, die politische Arbeit, die allein das deutsche Schicksal meistert. Dann nämlich müssen diejenigen, die jetzt berauscht sind, zusammentreffen mit der deutschen Wirklichkeit, dann nämlich muß offenbar werden, daß nichts, aber auch gar nichts mit den Uniformen für die Meisterung der deutschen Aufgabe getan ist. Denn jetzt schon ist deutlich geworden, daß Deutschland sich nicht uniformieren läßt, daß es eine gefährliche Illusion zu glauben, man könne gegen die deutsche Arbeiterschaft, gegen den deutschen Katholizismus und gegen die Länder Deutschlands regieren. Man kann nur mit ihnen zusammen führen wollen. Das Wort „Zusammen" steht aber nicht im nationalsozialistischen Wörterbuch. Woraus folgt, daß der Nationalsozialismus, so wie er jetzt ist, nur kommandieren kann, aber nicht regieren. Woraus weiter folgt, daß der Nationalsozialismus den Rausch braucht, weil er die Freiheit des Volkes fürchtet. Hier offenbart sich die Erbsünde der Bewegung: Er glaubt nicht an die Freiheit des einzelnen Menschen. Einer ihrer Führer hat vor kurzem mit Stolz verkündet, die nationalsozialistische Bewegung kämpfe, weil sie gegen das Individuum kämpfe, gegen die große französische Revolution. O nein, der Kampf ist viel aberwitziger, der Kampf, der die Gewissensfreiheit des Einzelnen opfern will, ist ein Kampf gegen den Menschen überhaupt. Das Gute, das ein Mensch tut, ist nur gut, wenn er es aus freien Stücken übt. Gott hat den Menschen einen freien Willen gegeben, damit er den Weg zu ihm finde. Was ein Volk im Rausch oder unter starrem Zwang vollbringt, ist nichts, gemessen an der Tat des Einzelnen, der sie in Freiheit tut. Mit der Diktatur, die von dieser Bewegung so unbesehen auf das deutsche Leben geschrieben worden ist, werden die Menschen in Deutschland ausgelöscht werden. Was hat es dann noch auf sich, wenn die Sklaven Kärrnerarbeit leisten.

Es ist nicht unsere Aufgabe, danach zu fragen, was aus dieser Bewegung wird, wenn ihr Rausch verflogen ist. Es ist unsere Aufgabe, unberauscht zu bleiben, die Geschichte unseres Volkes nicht verfälschen zu lassen, an die innere Freiheit unserer Nation als an ihre einzige Zukunft zu glauben. Danach handeln wir, morgen und jeden Tag.

zulösen, die möglichst breit »toleriert« werden würde. Die Zeitung meinte dazu, die Zentrumsführung solle es versuchen: Vielleicht könne man so Zeit für eine wirtschaftliche Erholung gewinnen und das Parlament auf längere Zeit vertagen, ohne es auflösen und aufs neue in einen Wahlkampf ziehen zu müssen.[16] Einige Tage lang erwog die Zeitung, ob man die Nationalsozialisten an der Regierung beteiligen solle, um sie zu »zähmen«.

Unter den Lesern gab es beunruhigte Fragen, was die Redaktion zu dem Ratschlag bewogen haben könnte, Hitler in die parlamentarische Verantwortung zu ziehen. Eine der besorgten Anfragen kam von Max Picard. Reifenberg antwortete dem Freund am 16. September, man müsse versuchen, »die Mitglieder der NSDAP aus dem Weltanschauungsdunst an die Realität der Politik heranzuführen«. Die Zeitung setze voraus und habe sich auch so geäußert, daß die Reichswehr in der Figur des Generals Schleicher weiterhin eine Sicherung gegen eine Alleinherrschaft Hitlers darstelle. Am 13. August habe sich das auch als richtig erwiesen. Reifenberg meinte damit die Unterredung, in der Hitler beim Reichspräsidenten Anspruch auf die Bildung der Regierung angemeldet, Hindenburg ihn aber aufgefordert hatte, er solle sich erst eine parlamentarische Mehrheit besorgen. Inzwischen, fuhr Reifenberg fort, brauche man Hitler wohl ein solches Angebot nicht nochmals zu machen, denn »vermutlich ist die NSDAP schon zerschlagen«.[17]

Und an Wilhelm Hausenstein, den dritten im Freundesbund, schrieb Reifenberg am gleichen Tag ergänzend: »Ich glaube sagen zu können, daß wir im Grunde immer so geschrieben haben, als ob die Nationalsozialisten nicht 14 Millionen, sondern 5000 Menschen umfaßten.« Man müsse den falschen Nimbus einer großen revolutionären Massenbewegung entzaubern. Die Zeitung habe den Nationalsozialisten keineswegs eine Chance geben, sondern »den Rausch vertreiben helfen« wollen. Er selbst glaube, man könne »nur deutsche Politik machen, wenn man imstande ist, Deutschland in allen seinen Entscheidungen in sich aufzunehmen«.[18]

Hausenstein setzte ein Fragezeichen an den Rand dieser Briefstelle. Auch Picard war mit Reifenbergs Auskunft nicht einverstanden und antwortete postwendend. Man müsse unterscheiden: Er wolle die Nationalsozialisten keineswegs zu den »Bösen in die Hölle werfen«; aber man müsse sie daran hindern, das Böse zu tun. »Sie täuschen sich, wenn Sie meinen, daß Sie die Nationalsozialisten... dadurch, daß sie selber regieren, erziehen können... die Hitlermenschen können überhaupt gar nichts anderes als totschlagen und Mussolinihaft diktieren, wenn sie an der Regierung sind. Denn sie sind ja auch jetzt nicht imstande, die Realität zu appercipieren.« Wenn die Reichswehr erst einmal Maßnahmen einer Hitler-Regierung hingenommen habe, wären spätere Diskussionen über die Möglichkeit eines Staatsstreiches gegen Hitler »akademisch«. Man müsse ihre Beteiligung an der Regierung verhindern und daran festhalten, bis die Zeit sie belehrt habe.[19]

Bald darauf war man auch in der Redaktion in Frankfurt wieder der alten Meinung. Am 2. Oktober 1932 wurde Hindenburg 85 Jahre alt. Ein großer Artikel – die Sprache deutet auf Kircher hin – erläuterte die Notwendigkeit eines Präsidialkabinetts, freilich eines anderen als das des Herrn von Papen. Das Präsidialkabinett sei das Mittel, den Nationalsozialismus abzuwehren. »Es gibt Leute, die das nicht sehen, die sich schon über die Idee des Präsidialkabinetts aufregen... Was hätte denn Hindenburg tun sollen? Sollte er Hitler die Regierungsbildung übertragen? Herr Hitler hätte sich das nicht zweimal sagen lassen, und es hätte ihn niemand mehr aus der Macht gehoben. Wenn dann die, die sich heute in ihrer Prinzipienfestigkeit so großartig vorkommen, die blutige Gewaltherrschaft gesehen hätten, würden sie empört darüber sein, daß man sie und das Volk den Nationalsozialisten ausgeliefert hätte...« So rechtfertigte die Zeitung ihren Entschluß, die Präsidialregierungen hinzunehmen. Der Artikel endete, trotz eines Tadels für Hindenburg, daß er Brüning entlassen und auf Schleicher und Papen gesetzt habe, mit der Aufforderung, das Vertrauen zwischen Volk und Präsident zu erhalten.[20] Die Hinweise der Zeitung auf das Pflichtbewußtsein Hindenburgs waren freilich auch eine unüberhörbare Aufforderung an den Reichspräsidenten, seine Pflicht gegenüber der Verfassung zu erfüllen.

Unmittelbar vor dem nächsten Wahltag am 6. November gab Kircher zu bedenken, daß »die NSDAP auch heute noch (neben dem Kommunismus) die Hauptgefahr für den demokratischen Staat bedeutet«. Eine Stimme für die Deutschnationalen sei eine Stimme »zugunsten einer dauernden und verhängnisvollen Gefahrenquelle«. Man solle Abgeordnete der Staatspartei, des Zentrums oder der Sozialdemokraten wählen, um so eine »Notgemeinschaft« der demokratischen Parteien zustande zu bringen, die als Unterbau für eine neue Regierung tauge, »stark, zielbewußt und eindeutig genug, um den Reichspräsidenten zu zwingen, in dieser neuen Richtung die Bahn frei zu geben und das Kabinett Papen zu verabschieden«.[21]

Trotz empfindlicher Verluste für die NSDAP änderte die Novemberwahl nichts daran, daß, wie die Zeitung schrieb, »über die Hälfte des deutschen Volkes das Radikale wählte«, radikale Parteien links und rechts. Eine Mehrheit für die Mitte war wieder verfehlt worden.[22] Es mußte weiter Präsidialkabinette geben. Der neuen Regierung Schleicher kündigte die Zeitung scharfe Kritik an, aber sie wünschte – notgedrungen –, daß die demokratischen Parteien die Auseinandersetzung einstweilen nicht im Parlament führten; die Regierung und die demokratischen Parteien sollten vielmehr Zeit zu gewinnen suchen.[23]

Schon eine Woche nach der Ablösung Papens durch Schleicher begann die Zeitung neue Hoffnung zu schöpfen: Die NSDAP habe den Ruf ihrer Unaufhaltsamkeit verloren, und die Parteien begännen zu begreifen, daß nun Zusammenarbeit gefordert sei. Die Zeitung erwartete ein baldiges Ende der Präsidialkabinette.[24] Als das Jahr zu Ende ging, glaubte die Zeitung »Land« zu sehen – so die Überschrift über einem Artikel zur wirtschaftlichen Konjunktur. Auf diesen Ton war auch der große Jahresrückblick Kirchers in der Neujahrsausgabe 1933 gestimmt: »Der gewaltige nationalsozialistische Angriff auf den demokratischen Staat ist abgeschlagen und durch einen mächtigen Gegenangriff aus der Sphäre Papen/Schleicher beantwortet worden, der zwar manche Anforderungen an unsere Nerven stellte und manchen Schaden mit sich brachte, der aber in die Reihen der NSDAP große Verwirrung getragen hat: Millionen von Anhängern sind dieser Bewegung verloren gegangen... General von Schleicher hat sich der Nation als ein Reichskanzler vorgestellt, der entschlossen zu sein scheint, alle diejenigen zu enttäuschen, die glaubten, der Sinn seiner vieljährigen Aktivität hinter den militärisch-politischen Kulissen könne nur auf etwas Antidemokratisches, Reaktionäres und Monarchistisches hinauslaufen. Statt dessen sehen wir in ihm einen die Nation vorsichtig abtastenden und zu keinerlei Abenteuern aufgelegten Staatsmann, – einen Mann, der sich bisher bestrebt zeigt, den demokratischen Organismus des Weimarer Staates neu beleben zu helfen, so weit das von ihm abhängt... Der Umschwung, der sich im abgelaufenen Jahr vorbereitet hat, ist tiefgreifend und vor allem: er erstreckt sich auf alle dafür wesentlichen Gebiete... Wir wissen heute: Der Karren ist nicht unbeweglich festgefahren.«[25]

Vier Wochen später war alles ganz anders. Die Person Hindenburgs mit ihren nur halbwegs kalkulierbaren, sich kreuzenden Loyalitäten gegenüber Gesetz und Verfassung einerseits und ihrer Bindung an das restaurative, monarchistische Milieu der ostelbischen Großgrundbesitzer andererseits, sowie ihren sich ebenfalls kreuzenden Abneigungen gegen die Republik auf der einen und gegen den »böhmischen Gefreiten« auf der anderen Seite – diese Person war nach dem Zerfall parlamentarischer Mehrheiten die einzig verfügbare Quelle legitimer Staatsgewalt. Die ganze Regierungstätigkeit hing ab von dem Vertrauen Hindenburgs und dem seiner Berater zum Kanzler. General Schleicher, der am längsten und geschicktesten das Instrument der persönlichen, inoffiziellen Beratung Hindenburgs zu handhaben verstanden hatte, war zugleich derjenige, der die gefährliche Isolation eines ganz auf den Reichspräsidenten angewiesenen Kanzlers durchschaute und der deshalb versuchte, seiner Regierung schnellstens eine möglichst breite politische Basis zu verschaffen, von der SPD (die ihm weiter mißtraute und sich versagte) bis nach rechts, wo er Hitler den Strasser-Flügel in der NSDAP abspenstig zu machen hoffte.

Aber der Versuch einer Öffnung nach links kostete Schleicher in wenigen Wochen das Vertrauen Hindenburgs. Damit begann das von parlamentarischer Kontrolle freigestellte Präsidialsystem, das bisher, wenn auch auf verquere Weise, der Republik Schutz vor dem Nationalsozialismus geboten hatte, seine Sperrwirkung zu verlieren. Papen war es, der, um sich an Schleicher zu rächen und selbst wieder einem Kabinett vorzusitzen, in fataler Überschätzung seiner Kräfte, Hitler kontrollieren zu können, Hindenburgs Widerstand gegen den »böhmischen Gefreiten« überwand. Wenn auch die Redakteure und Korrespondenten in jenen Tagen nicht genau mithören konnten, was hinter Schleichers Rücken gestritten, kalkuliert, verabredet wurde – einen Teil des Intrigenspiels und der Kulissenkämpfe bekamen sie mit, genug jedenfalls, um den erregenden Ablauf der Dinge wenigstens umrißartig aufzeichnen zu können.

Am 6. Januar 1933 meldete die »Frankfurter Zeitung« den Besuch Hitlers bei Papen im Haus des Kölner Bankiers von Schroeder. Sie erfuhr auch von »Verstimmungen« während der vergangenen Feiertage in »Neudecker Kreisen«, unter den Gutsnachbarn Hindenburgs, wegen Schleichers Agrarpolitik. Kircher verstand, wohin der Wind wehte. Deshalb erinnerte er am gleichen Tage daran, daß Hindenburg doch eben erst Hitler die Bedingung gestellt habe, sich eine parlamentarische Mehrheit zu verschaffen, wenn er Kanzler werden wolle. Auch eine neue Regierung Papen würde mit Sicherheit die Mehrheit der Nation gegen sich haben. Kircher wollte den Reichspräsidenten darauf aufmerksam machen, daß er, auch wenn er nach Artikel 48 regieren lasse, dies nicht willkürlich tun könne. Am 10. und 14. Januar feuerte die Zeitung zwei scharfe Leitartikel gegen die Interessenpolitik des Landbundes ab, einen davon unter dem Titel »Agrarpolitik oder Agrarier-Politik«. Am 15. Januar meinte Kircher den Führer der NSDAP in Bedrängnis zu sehen, jenseits des Höhepunktes seiner Macht, verfolgt von seinen Gläubigern, unsicher auf das Ergebnis des Wahlkampfes im Ländchen Lippe wartend. Als die Nationalsozialisten daraus ermutigt hervorgingen, berichtete Kircher aus Berlin, der Kanzler steuere nun nicht länger eine Vertagung des Reichstages an, wenn dieser am 31. Januar zusammentrete, sondern wolle jetzt den

»Stier bei den Hörnern« packen und auflösen, weil der Lippesche Wahlerfolg der Nationalsozialisten nicht repräsentativ sei (17. Januar). Werde Schleicher durchhalten können, fragte sich Kircher am 23. Januar, dem Tage, an dem Schleicher dem Präsidenten seinen Plan vortrug, das Parlament aufzulösen, ohne Wahlen auszuschreiben, einen »Staatsnotstand« zu erklären und auf dieser Grundlage ein Verbot der NSDAP und der KPD zu erlassen.

In Frankfurt war man, als man am 25. Januar von diesem Plan erfuhr, beunruhigt. Das Stichwort »Staatsnotstand«, was soviel bedeutete wie: wider die Verfassung, wurde in der Frankfurter Redaktion zwischen Reifenberg, Simon und Wilhelm Cohnstaedt hin und her diskutiert. Man plante einen Artikel dagegen, entschied sich um, erwog es schließlich neu, wie Fragmente einer Fernschreibunterhaltung zwischen der Frankfurter Redaktion und dem Berliner Büro, zwischen Reifenberg und Kircher, zeigen.[26] Kircher riet dringend davon ab, das Für und Wider dieser recht entfernt liegenden Idee einer Parlamentsauflösung ohne Neuwahlen in einem Leitartikel staatsrechtlich abzuhandeln, weil es die Situation Schleichers noch mehr erschwere.[27] Kircher selbst blieb der Ansicht, man solle den Reichstag nicht auflösen, sondern vertagen; am 26. Januar aber gab er zu bedenken, daß Wahlen selbst dann, wenn sie wenig änderten, immerhin die kommunistisch-nationalsozialistische Sperrmehrheit brechen könnten.

In den nächsten Tagen jagten sich die Gerüchte: Hugenberg und Hitler seien zerstritten, daran sei die Möglichkeit einer Absprache mit dem Zentrum gescheitert, meldeten die Zeitungen unter dem Datum des 25. Januar aus Berlin. Doch am nächsten Tag hieß es schon, die »Harzburger« seien wieder beisammen. Nun wurde klar, daß Schleicher das Ohr des Präsidenten verloren hatte. Am 27. Januar meldete Kircher »Schleicher vor dem Sturz« und verfolgte mit Bedrückung den Ablauf eines »Parallelfalls zu Brüning«. Anonyme Kräfte – Kircher nannte keine Namen, aber die Beschreibungen waren deutlich – seien am Werk, um eine große Front verschiedener Verbände »teils militärischer, teils militärähnlicher, teils wirtschaftlicher Art (und zwar nicht bloß den halb nationalsozialistisch gewordenen Landbund!) zu bilden, deren Vertreter den Reichspräsidenten mit einer ›nationalen‹ Kabinettsliste beglücken und seine bisherigen schweren Bedenken gegen eine Betrauung Hitlers mit der Verantwortung für die Regierungsführung zerstreuen sollen«. Man wolle das Zentrum vor die Wahl stellen, ein solches Kabinett zu tolerieren oder die Verantwortung für eine Auflösung und Neuwahlen zu übernehmen. »Bei diesen Neuwahlen würde man nicht wählerisch mit den Mitteln zur Knebelung der Öffentlichkeit sein.« Darüber, so endete Kirchers verzweifelter Bericht, müsse nun »ein hochverdienter, aber mit einer Mauer – einer wohlbehüteten Mauer – umgebener Mann entscheiden, der von der Linken im vergangenen Jahr in seinem hohen Amt bestätigt wurde«. Eine Treuhänderregierung, wie Hindenburg sie in Aussicht gestellt habe, könne weder eine Regierung Papen noch eine Regierung Hitler sein.[28]

Am 29. Januar meldete die Zeitung in dreispaltiger Aufmachung – drei Viertel der Breite des Blattes – das Unglück: den von Hindenburg herbeigeführten Sturz Schleichers durch Verweigerung des Auflösungsdekrets und die Erteilung eines Verhandlungsauftrages an Papen. Am Abend des 29. Januar erfuhr Kircher, in den Verhandlungen des Tages seien die Aussichten auf eine Einigung zwischen Papen und Hitler wieder geringer geworden. Er schrieb, noch immer könne man an Papen und Hitler vorbei, noch habe man Zeit, es sich anders zu überlegen. Der Reichspräsident brauche nur das gestürzte Kabinett Schleicher einstweilen mit der Fortsetzung der Geschäfte zu beauftragen.

Am nächsten Mittag war Hitler ernannt. Hatte die Zeitung falsch geurteilt? War es ein Fehler gewesen, nach der Septemberwahl von 1930 den prinzipiellen Widerspruch gegen die Präsidialkabinette zurückzustellen und die Kanzlerschaft Brünings und Schleichers – nicht die Papens – als ein letztes Mittel zur Abwehr der Nationalsozialisten gelten zu lassen? Die Zeitung sah in den Präsidialkabinetten Notbehel-

Was man von den Nationalsozialisten zu erwarten hatte, wußte man in Frankfurt nur allzu gut. Bereits 1921 hatte Dietrich Eckart auf der ersten Seite des »Völkischen Beobachters« eine »Abrechnung« präsentiert. Kurioserweise wurde die Zeitung im Text selbst gar nicht erwähnt; »Frankfurter Zeitung« diente lediglich als aufreizendes Schlagwort über einem Hetzartikel gegen »die Judenpresse«

fe auf dem Weg zurück zur parlamentarischen Ordnung. Hatte sie sich in Hindenburg getäuscht? Wohl kaum. Die beschwörenden Appelle an sein Pflichtbewußtsein sagten genug: Auch Hindenburg war ein Notbehelf. Es galt, ihn auf seine Rolle als Hüter der Verfassung festzunageln. Anders ist die seit 1930 veränderte taktische Linie der Zeitung nicht zu deuten. Hätte der Versuch unterlassen werden sollen, nur weil er am Ende fehlschlug? Gab es denn andere gangbare, verfassungspolitisch weniger riskante Wege? »Wir haben es nun schon seit Monaten auf uns genommen«, schrieb Benno Reifenberg im Spätherbst 1932 in einem kleinen Memorandum für Heinrich Simon, »die Kritik eines Teils unserer ältesten Leserschaft zu ertragen, indem wir die Courage aufgebracht haben, das Unvermeidliche in der deutschen Entwicklung aufzuzeigen. Da die parlamentarische Plattform versank, da die nationalsozialistische Gefahr akut wurde, war es notwendig, unabhängig vom Parlament durchzuhalten und zwar so, daß die Infizierung der Reichswehr durch die Nationalsozialisten vermieden wurde. Das war gleichbedeutend, daß die außerparlamentarische Regierung eine Regierung der Rechten werden mußte. Wir haben alle Zweifel an unserer demokratischen Gesinnung auf uns genommen, weil der Nationalsozialismus besiegt werden mußte. Ich glaube, unsere Grundhaltung rechtfertigt sich: das Dritte Reich liegt in Trümmern.«[29] Die Stelle ist auf doppelte Weise interessant. Sie zeigt, für wie offen man die Situation noch zu Beginn des Winters hielt. Vor allem aber wirft sie ein Licht auf das unveränderte politische Motiv der Zeitung: die Bewahrung der freiheitlich verfaßten Republik und die Wiederherstellung der parlamentarischen Regierungsform.[30]

IV
Die Märzwahl

Am Spätvormittag des 30. Januar 1933 dauerte die Redaktionskonferenz in Frankfurt lange – unheimlich lange, wie sich ein damals 19jähriger Student, Karl Schaumberger, erinnert, der als Volontär an der Konferenz nicht teilnehmen durfte und in der »Depeschen-Redaktion« gegen halb elf Uhr begonnen hatte, die seit dem frühen Morgen eingegangenen Nachrichten zu sortieren. Der Volontär wunderte sich, daß an diesem Morgen fast keine politischen Nachrichten über die Ticker eintrafen. Endlich, schon in der Mittagszeit, kamen die Redakteure den langen dunklen Gang entlang – »mit schweren roten Köpfen«. Und nun erst erfuhr der Volontär, was Kircher schon in der Frühe aus Berlin vertraulich hatte ausrichten lassen: daß an diesem Morgen Hitler zum Chef der neuen Regierung ernannt werden würde.

Nun drängten die Redakteure in das Depeschenzimmer, um zu erfahren, was inzwischen aus Berlin gekommen war. In diesem Moment kam die Kabinettsliste über den Fernschreiber. »Alle stießen sich an dem absolut unbekannten Namen Generaloberst von Blomberg, Kriegsminister«, behielt Schaumberger in Erinnerung. Und alle seien sehr aufgeregt gewesen. Bald darauf habe das Telefon zu läuten begonnen, immer häufiger, schließlich ununterbrochen. Noch war keine Zeitung in der Stadt erschienen, aber am Mittag war die Nachricht über den Rundfunk verbreitet worden und ging nun von Mund zu Mund. »Der Telefonandrang wurde so groß, daß ständig eines der Mitglieder der Depeschen-Redaktion am Telefon bleiben mußte; und wir beschlossen, nur noch Auskunft zu geben, wenn der Fragende seinen Namen nenne. Es waren fast ausschließlich jüdische Namen, die nun genannt wurden, mit ungläubiger, oft angstvoller, erschreckter, zitternder Stimme.«[1]

Benno Reifenberg schrieb an diesem Tag den Leitartikel. Er trug den Titel »Der Zweifel«. Reifenberg analysierte nicht die Elemente der neuen Lage – das war seine Stärke nicht –, er urteilte über den Menschen, der zum Reichskanzler ernannt worden war: »Wir versprechen uns nichts, weil es uns unmöglich ist, den Politiker vom Menschen zu trennen. Wir haben in diesem Augenblick, in dem Herr Hitler die Kanzlerschaft des Deutschen Reiches übertragen worden ist, offen auszusprechen, daß er bis zur Stunde den Beweis menschlicher Qualifikation für dieses hohe Amt der Nation schuldig geblieben ist. Es ist

Frankfurt, 31. Januar.

Der Zweifel.

Die Nationalsozialistische Partei ist keine Arbeiterpartei. Wenn in der Presse der NSDAP die eigenen Veranstaltungen als solche des „arbeitenden Volkes" bezeichnet werden, so geschieht das wider besseres Wissen. Denn an der Entwicklung der Nationalsozialisten ist eines unbezweifelbar: Genau da, wo die deutsche Arbeiterschaft beginnt, ist die Grenze der NSDAP. Unter diesen Umständen hatten wir die Pflicht, den Nationalsozialismus davor zu warnen, sich in einem Augenblick, wo Herrn Hitler wiederum die Kanzlerschaft angetragen werden würde, sich lediglich der Bundesgenossenschaft der reaktionären Kräfte zu vergewissern, da eine Kombination, die im wesentlichen auf Hugenberg-Hitler beruht, droht, den Nationalsozialismus in eine klassenkämpferische Gegnerschaft zur Arbeiterschaft erspar en. Diese innere Autorität Herrn Hitlers bezweifeln wir.

Nachdem einmal die parlamentarische Autorität durch das nihilistische Zusammenarbeiten von Kommunismus und Nationalsozialismus wirkungslos geworden war, hat eine Zeit lang der Reichspräsident die Verantwortung der Regierungsgeschäfte einem Mann seines Vertrauens übertragen. Binnen wenigen Monaten hat Herr von Papen Herrn von Hindenburg belehren müssen, daß nicht ohne weiteres das Vertrauen des Volkes mit dem des Reichspräsidenten gleichzusetzen sei. Die Autorität, mit der Herr von Schleicher sein Amt übernommen hat, gründete sich daher nicht nur auf das Vertrauen Hindenburgs, sondern zum mindesten im gleichen Maße auf der Macht der Reichswehr, die damit zum ersten Male als ein politischer Faktor eingesetzt worden ist. Aus, wie wir geschildert haben, sehr dunklen und hintergründigen Ursachen ist auch dieser Einsatz vertan. (Und wir wünschen nur, es möchte sein mißlungener Einsatz der inneren Geschlossenheit der Reichswehr nicht geschadet haben; wie wir es allerdings bezweifeln müssen, ob die Autorität des Reichspräsidenten noch viele Kräfte innewohnen, nachdem dreimal die von ihr designierten Männer des Vertrauens Schiffbruch erlitten haben.) Herr Hitler nun gründet seinen Autoritätsanspruch nicht so sehr auf den Reichspräsidenten (der ja jetzt, besonders wenn man sich an die Verhandlungen der November 1932 erinnert, scheinbar zu der Berufung gezwungen worden ist), sondern er fordert die Kanzlerschaft auf Grund der 12 Millionen, die hinter ihm stehen.

Sie ist zustandegekommen, diese Anhängerschaft, durch die bedenkenloseste Demagogie, die man jemals in Deutschland erlebt hat. Die nationalsozialistischen Wahlversammlungen, an denen wir im Laufe des Jahres 1932 haben teilnehmen müssen, sind uns ein wüster Alptraum, denn Roheit und politische Gewissenlosigkeit hielten sich da mit politischem Dilettantismus die Waage. Es war nicht zu begreifen, daß der so berechtigte Wunsch des Volkes, einen Ausweg aus dem Elend zu finden, daß seine Glaubensfreudigkeit und sein Wunder in der Politik so skrupellos durch Führerschaft und Presse des Nationalsozialismus benutzt werden konnte. Die Triebkräfte, aus denen die Bewegung Leben gewonnen hat, gründen sich zum größten Teil auf die gemeinsten und kleinlichsten aller Instinkte: auf dem Antisemitismus. Es zeugt von einer ungeheuren Verachtung der seelischen Kräfte unsres Volkes, wenn man sein Vertrauen auf dem Wege des Antisemitismus zu gewinnen sucht. Denn ein wahrhaft selbstbewußter Mensch hat es nicht nötig, eine andere Rasse zu hassen, um der eigenen Bedeutung bewußt zu werden.

Es erscheint uns also durchaus fragwürdig, wenn Herr Hitler den Anspruch auf sein Amt auf Wachstum und Zahl seiner Anhängerschaft gründen will. Nun könnte man das besondere Verhältnis zwischen Anhängerschaft und Führer als die eigentliche Rechtfertigung des Hitlerschen Versuchs bezeichnen wollen. Nämlich, daß hier Millionen Menschen, faszinniert und beinahe willenlos, dem geliebten Führer folgen. Das heißt also, am Ende soll der Hitlersche Anspruch gerechtfertigt werden durch seine persönliche politische Leistung. Wir haben die persönlich-politische Leistung, die in der Organisation der Bewegung liegt, schon gewürdigt, das, was man gewöhnlich das „Trommeln" genannt hat. Wir haben diese Leistung deshalb als fragwürdig bezeichnet, weil sie von Demagogie nicht freizusprechen ist. Was aber darüber hinaus eine politische Leistung Herrn Hitlers wäre, ist nicht zu sehen. Wir versprechen uns nichts, weil es uns unmöglich ist, den Politiker vom Menschen zu trennen. Wir haben in diesem Augenblick, in dem Herrn Hitler die Kanzlerschaft des Deutschen Reiches übertragen worden ist, offen auszusprechen, daß er bis zur Stunde den Beweis menschlicher Qualifikation für dieses hohe Amt der Nation schuldig geblieben ist.

Es ist uns unmöglich, jenes Telegramm zu vergessen, mit dem Herr Hitler sich mit den Mördern von Potempa solidarisch erklärt hat. Selbst wenn man dieses Telegramm als ein Zeugnis politischer Unbesonnenheit erklären wollte, vergessen kann man es nicht. Herr Hitler hat ferner, und auch daran sind wir verpflichtet zu erinnern, sich während der politischen Kämpfe des Jahres 1932 öffentlich seiner Jugend gerühmt und dem alten Manne, der ihn jetzt zum Kanzler ernannt hat, zugerufen, er, Hitler, könne warten. Herr Hitler hat damals in einer fruchtbaren Roheit des Herzens öffentlich den ersten Grundsatz menschlichen Taktes mißachtet, nämlich die Ehrfurcht vor dem Alter. Diese Beweise menschlichen Versagens sind es, die bei uns den tiefsten Zweifel am Reichskanzler Hitler wachrufen. Es kann sein, daß mit dem Amt die Verantwortung wächst, es kann sein, daß die gläubige Hoffnung, die Millionen auf diesen Namen setzen, den Mann selber verwandeln und ihm den Respekt verschaffen, den man von einem Führer Deutschlands zu fordern. Wir brechen nicht den Stab, aber wir können nichts vergessen, solange uns Taten nicht überzeugt haben.

Dieser grundsätzliche Zweifel an der Person Adolf Hitlers würde uns veranlassen, das Regierungsexperiment, das jetzt unter seinem Namen veranstaltet wird, rundweg abzulehnen, falls für dieses Experiment die letzte Sicherung ausbleibt, die kaum heute aus der deutschen inneren politischen Situation noch gewachsen kann: nämlich die ausdrückliche oder stillschweigende Mitwirkung des Zentrums. Die Art, wie bislang die Verhandlungen gepflogen worden sind (geradezu unter hermetischem Abschluß vom Zentrum), könnte darauf schließen lassen, daß man auf Seiten des Kabinetts eine solche Unterstützung gar nicht ernsthaft will. Der bewußte Ausschluß der katholischen Partei würde bedeuten, daß man so kurzsichtig ist, der Nation ein autoritäres Regime aufzwingen zu wollen. Es würde die eingangs geschilderte Kluft klassenkämpferischer Art aufreißen und die deutsche Zukunft in Dunkel hüllen. Die Führer der katholischen Parteien sind sich über die außerordentliche Verantwortung gewiß im klaren, die ihnen dann gegeben ist, wenn die Regierungsseite mit ihnen Verhandlungen anknüpfen sollte. Nicht nur die katholischen Parteien wären heute noch tatsächlich imstande (auf dem Weg über die Christlichen Gewerkschaften), die Verbindung zwischen Regierung und Volk lebendig zu erhalten. Wenn die katholischen Parteien in der Lage sein sollten, das Experiment einer Kanzlerschaft Hitlers durch Mitwirkung oder Duldung zu sanktionieren, dann allein könnten sie dem Experiment Hitler-Papen nicht nur die parlamentarische Deckung geben, sondern auch die moralische. Deren die Leute in Berlin so bitter bedürfen.

uns unmöglich, jenes Telegramm zu vergessen, mit dem Herr Hitler sich mit den Mördern von Potempa solidarisch erklärt hat.« Dieser »grundsätzliche Zweifel an der Person Adolf Hitlers« veranlasse die Zeitung, sein »Regierungsexperiment« rundweg abzulehnen, falls es nicht noch durch eine ausdrückliche oder stille Mitwirkung des Zentrums parlamentarisch abgesichert werde. Unterlasse die neue Regierung diesen Versuch, wisse man, daß sie kurzsichtig genug sei, der Nation ein autoritäres Regime aufzuzwingen.² Zu dieser zweiten Überlegung dürfte die Redaktionskonferenz beigetragen haben. Man fürchtete, wie der ganze Artikel zeigt, daß eine Zeit reaktionärer, klassenkämpferischer Diktatur unter Einschluß auch von Gewalttaten anbrechen werde. Aber noch hielten viele nicht für möglich, daß binnen kurzem der ganze Staat und fast alle Bereiche der Gesellschaft pervertiert werden würden.

Die Debatte in der Redaktion darüber, wie man das neue Regime zu beurteilen habe, dauerte mehrere Tage, worüber sich der junge Schaumberger um so mehr verwunderte, als er die Redaktion bislang nur als eine Gesellschaft ruhig überlegener, souverän urteilender Männer kennengelernt hatte. »Die Redakteure verloren ihre Zeit in endlosen Debatten; nervös liefen sie sich gegenseitig in die Zimmer, hockten beieinander, berieten, stritten sich.« An Näheres erinnerte er sich nicht; nur der Eindruck der Aufregung hat sich dem Gedächtnis des Neunzehnjährigen eingeprägt.

»Eine innere Prüfung«, schrieb Reifenberg nach dem Krieg, »vollzog sich auch in der Konferenz. Unser Leitartikel hatte unter dem Titel ›Der Zweifel‹ Aufsehen erregt. Max Geisenheyner [einer der Feuilletonredakteure, Reiseschriftsteller, auch Zeppelin-Spezialist und bis vor kurzem Chefredakteur des Stadtblattes der »Frankfurter Zeitung« und des »Illustrierten Blattes«] eröffnete mir nach der Konferenz seine Mißbilligung des Textes und seine Furcht vor sinistren Folgen für uns. Ein junger Redakteur aus dem Handelsblatt kam zu mir und erklärte, ein NSDAP-Anhänger zu sein, jedoch möchte er in unserer Redaktion, die er schätze, weiter verbleiben. Ich dankte ihm für seine Aufrichtigkeit, schilderte ihm jedoch, warum seine Bitte unerfüllbar sei. Zum ersten Mal schieden sich die Geister des Hauses – unter Zwang. Die Belegschaft wurde zu einer Demonstration für Hitler zusammengerufen. Der Zug bewegte sich nur zögernd durch die Räume. Die Ausnahmen bildeten die Setzer, die wie je zu den Redakteuren hielten und stumm von ihren Schemeln die Abtrünnigen betrachteten.«³ Den Protestumzug gegen den Leitartikel hatte die »Nationalsozialistische Betriebszelle« im Verlag organisiert. Der erwähnte junge Handelsredakteur, Bruno Dressel, wurde tatsächlich im Laufe des Jahres 1933 entlassen. Dem Führer seines SA-Sturmes berichtete er über die zunehmende Isolierung in der Redaktion und über Zusammenstöße mit Oeser und Reifenberg, unter anderem wegen seines als ungehörig empfundenen Verhaltens, in SA-Uniform in der Redaktion zu erscheinen. Der Bericht wanderte von der SA weiter zur Gestapo, die im Jahr 1933 über die »Frankfurter Zeitung« ein Dossier anzulegen begann.[4]

Einen kurzen Augenblick lang in diesen ersten Tagen hat man in der Redaktion auch darüber debattiert, ob die Zeitung in die Schweiz, etwa nach Basel, ausweichen solle, so wie sie 1866, als die preußische Armee mit der Unabhängigkeit der Freien Reichsstadt Frankfurt aufräumte, nach Stuttgart ausgewichen war. Aber der Gedanke wurde schnell verworfen. Die beiden Situationen waren nicht vergleichbar. Außerhalb der deutschen Grenzen hätte die Zeitung notwendigerweise »die Sprache der Emigration gesprochen, und das war – nach aller geschichtlicher Erfahrung – eine taube Sprache. Nur in Deutschland selbst ließ sich das deutsche Geschehen – wenn überhaupt – begreifen«, begründete Reifenberg den Entschluß zu bleiben.[5] Die Entscheidung der Redaktion, nach der Ernennung Hitlers weder mit der Zeitung zu emigrieren noch sie zu schließen, verstand sich von selbst. Niemand konnte mit Gewißheit sagen, was die Zukunft bringen werde. In der Redaktion glaubten viele, das Schlimmste von der neuen Regierung befürchten zu müssen, aber vorerst war man sich nicht sicher, was das neue Regime insgesamt bedeutete.

Mit dieser Vorsicht stand die Zeitung nicht allein. Die »Neue Zürcher Zeitung« zum Beispiel meinte zur Beauftragung Hitlers: »Man wird immerhin guttun, auch der neuesten politischen Entwicklung in Deutschland mit der Ruhe gegenüberzutreten, die nicht nur durch die Hoffnung auf die unversieglichen gesunden Lebenskräfte des vielgeprüften Volkes, sondern auch durch die Erfahrung, daß bei unserem nördlichen Nachbarn oft die bedenklichsten Situationen der überraschenden Wendung zum Besseren fähig sind, gerechtfertigt ist.«[6] Gerade wer auf eine solche Entwicklung nicht mit geduldiger Ergebenheit warten, sondern im Gegenteil Richtung und Geschwindigkeit der Entwicklung beeinflussen wollte, konnte sich nicht mit einem salvatorischen Protest aus der Politik verabschieden. Die Emigration konnte das letzte Mittel individueller Selbsterhaltung sein, aber als Mittel in einem politischen Kampfe kam sie kaum in Frage. Wäre konsequente Verweigerung und Verzicht auf weiteres Erscheinen richtiger gewesen? Eine solche Frage kann nur *ex post* gestellt werden und wird den damals Verantwortlichen nicht gerecht. Im Zweifelsfalle bestand eine Pflicht, sich eher auf die Gefahr einzulassen, zu scheitern und sich zu kompromittieren, solange man handeln kann, als vorzeitig zu verzichten. Die Dinge zum Besseren wenden zu wollen und einstweilen zu versuchen, »Schlimmeres zu verhüten«, schloß ein moralisches Risiko ein. Aber die Verweigerung nicht minder.

Keine Zeitung, die sich nach dem 30. Januar 1933 als Opposition verstand, stellte freiwillig ihr Erscheinen ein. Alle oppositionellen Blätter, die 1933 oder später ihr Erscheinen einstellten, wurden entweder verboten oder schlossen unter Zwang oder starkem Druck – nicht aus »Protest«. Auch die »Vossische Zeitung«, von der gesagt worden ist, sie habe es vorgezogen, »in Würde zu sterben«[7], wurde unter politischem Druck und zur Entlastung der übrigen verlegerischen Tätigkeit des Hauses Ullstein am 31. März 1934 eingestellt.

Heinrich Simon, der meist zu einer optimistischen Beurteilung neigte, schrieb eine Woche nach der Installation der Regierung Hitler an Friedrich Sieburg nach Paris einen Brief, in den auch etwas aus den ersten Beratungen im Kreise der Redaktion eingegangen sein dürfte: »Vielleicht bleibt am Ende Hitler... nichts anderes übrig, als doch sich in die Republik zu organisieren, und die Entwicklung geht nach [dieser] entgegengesetzten Seite. Für die Zeitung ist mir nicht bange. Sie ist ein so wichtiges Instrument der öffentlichen Meinung geworden, daß jeder Machthaber bei der schwierigen außenpolitischen Situation, in der wir uns befinden, sich ihrer wird bedienen wollen und sie daher am Leben lassen wird. Aber... diese Stellung können wir moralisch nur dann behaupten, wenn wir völlig unmißverständlich der jetzigen Kombination Hugenberg-Hitler-Papen gegenüber innerpolitisch unzweideutig Opposition machen.«[8]

Glücklicherweise sind die Protokolle der meisten Redaktionskonferenzen zwischen Anfang Januar 1933 und Ende Januar 1934 erhalten. Heinrich Simon hatte Durchschläge aus diesen zwölf Monaten zu seinen Papieren genommen, die er samt einem größeren Teil seiner Korrespondenz in die Obhut seiner mit dem dänischen Dirigenten und Komponisten Paul von Klenau (1883–1946) verheirateten Schwester gab, als er selbst 1934 emigrierte. Auf einem bayerischen Landgut überlebte dieser Teil der Konferenzprotokolle die Zerstörung des Frankfurter Verlagshauses am Ende des Krieges.

Mitte Februar 1933 suchte die Redaktionskonferenz aus Anlaß des ersten außenpolitischen Interviews von Hitler sich darüber klarzuwerden, wie man der Regierung widersprechen und sich trotzdem außenpolitisch unentbehrlich machen könne. Wie fast alle Deutschen waren die Redakteure der Zeitung »Revisionisten«. Sie waren überzeugt davon, daß der Versailler Vertrag ungerecht und nicht das letzte Wort einer europäischen Friedensregelung sei, daß vor allem die Ostgrenzen des Reiches und die Abtrennung Ostpreußens revidiert werden müßten. Sie erwarteten, daß mit einer ruhigen deutschen Politik die Welt die Unmöglichkeit der Grenzregelung im Osten begreifen werde, so wie sie im Sommer 1932 auf der Konferenz von Lausanne die Maßlosigkeit der Reparationsforderungen eingesehen und im Dezember 1932 in der Genfer Abrüstungskonferenz grundsätzlich einen Anspruch Deutschlands auf Gleichbehandlung anerkannt hatte.

Über die Beratung der Redaktionskonferenz zur Außenpolitik berichtet das Protokoll: »Dr. Simon ist der Meinung, daß wir bisher auf dem Standpunkt gestanden hätten, es gebe nur *eine* deutsche Außenpolitik, nämlich die des gesamten Volkes. In der Frage des Korridors hätten wir die Auffassung vertreten, daß ein Zurückfordern vorerst ausgeschlossen sei, doch hätten wir anerkannt, daß der jetzige Zustand à la longue unmöglich sei, und darauf gehofft, daß in dieser Frage, ähnlich wie etwa in der Frage der Gleichberechtigung, die Zeit für Deutschland arbeite. Eine wirkliche Lösung des Problems hätten wir, da wir keine gesehen hätten, nicht vorgeschlagen. Unsere Haltung sei ausweichend gewesen.

Herr Reifenberg rekapituliert noch einmal sachlich die Haltung der Zeitung in der Korridorfrage... Es ist ausdrücklich gesagt worden, daß die ›Frankfurter Zeitung‹ die Grenzen im Osten nicht anerkennt. Gleichzeitig aber anerkannte die Zeitung, daß die Verträge nicht mit Gewalt gelöst werden können. Mit dieser Haltung hat die Redaktion eine Politik im Auge gehabt, die beabsichtigt, der Weltöffentlichkeit die Unmöglichkeit der ganzen Versailler Konstruktion auf die Dauer evident zu machen... Das Herausziehen der Problemstellung sei also kein Ausweichen, sondern eine bewußte realpolitische Haltung gewesen. Hitler, der offenbar heute die Sache anders anpacken wolle, werde in Kürze einer ihm sehr unangenehmen Entente sich gegenüber sehen. Bei der äußerst labilen innerpolitischen Situation, in der Deutschland sich augenblicklich befindet, sei dies sehr gefährlich. Die Zeitung habe aber durchaus eine Plattform, von der aus sie an die Frage herangehen könne.

Herr Dr. Drill ist der Auffassung, daß unsere Haltung auch künftig nur die sein könne, daß es nur *eine* auswärtige Politik gäbe, nämlich die des ganzen deutschen Volkes. Es gebe allerdings eine Grenze, aber Dr. Drill glaubt nicht, daß sie schon erreicht sei. Er kann sich nicht denken, daß Hitler wirklich den Krieg wolle. Man könne in einem Artikel wohl auf das Bedenkliche der Methode hinweisen, die in Hitlers Äußerungen zum Ausdruck komme... Man könne ruhig aussprechen, daß es vielleicht nicht richtig sei, diese Frage so anzupacken wie Hitler. Aber wir sollten uns darüber klar sein, daß die Stärke unserer Zeitung in der auswärtigen Politik liege. Wenn wir uns auf diesem

Vossische Zeitung

Berlinische Zeitung von Staats- und gelehrten Sachen / Gegründet 1704

Nummer 77 — Berlin — SONNABEND, 31. MÄRZ 1934 — 15 Pfennig

Kommende Verfassung

Die französische Revolution hat mit der Einberufung einer „Constituante", einer verfassunggebenden Nationalversammlung, begonnen. Die Männer, die die Revolution von 1848 trugen, hielten es für ihre heiligste Pflicht, dem deutschen Volke eine wohl erwogene Verfassung zu geben. Die Reichsverfassung wurde fertig, aber das Reich kam nicht zustande. Und dennoch war der gewaltige Klang, den die Worte „Verfassung" und „Nationalversammlung" für deutsche Ohren hatte, durch die Enttäuschungen der Revolution von 1848 nicht abgeschwächt. Als Friedrich Ebert in den Novemberstürmen des Jahres 1918 den Entschluß faßte, unter Sammlung des Bürgertums Deutschland vor dem bolschewistischen Abgrund zu bewahren, stand für ihn wie für das Bürgertum der Welt fest, daß ein neuer Weg gegangen werden konnte: die Berufung einer Nationalversammlung und die schleunige Einbringung einer Verfassung.

Der Nationalsozialismus hat auch hier mit der Tradition, die mit dem Jahre 1789 ihren Anfang nahm, gebrochen. Der nationalsozialistische deutsche Führerstaat hat sich vor unseren Augen geformt, ohne daß er hinter ein Grundgesetz, eine „Verfassung", erhalten hätte. Das sog. Ermächtigungsgesetz hat der Reichsregierung bisher ungezählte Vollmachten gegeben und an die Stelle des Gewaltenteilungsstaats den auf der Vereinigung von Gesetzgebung und Regierung in einem Punkt beruhenden Führerstaat geschaffen. Aber eine Verfassung war es nicht. Gegenüber der Vorstellung von einer „Vorläufigen Verfassung", die Carl Schmitt an die Stelle der noch weniger treffenden, weil viel zu schwachen Figur eines Ermächtigungsgesetzes gestellt hat, wird neuerdings von Ministerialdirektor Nicolai wieder betont, daß das historische Gesetz der kommenden Verfassung den Weg ebnet, aber nicht zu einem ihm inhaltlich vorzunehmen das. Das drückt ihre Neuausgabe des Reichs am 30. Januar gibt der Reichsregierung das Recht, „neues Verfassungsrecht" zu schaffen. Auch das Kabinett ist also der Auffassung, daß neues Verfassungsrecht zu schaffen, das, was bisher geschaffen sei nur Bausteine sind an dem Bau, der sich irgendwann einmal als „deutsche Reichsverfassung" über unser Vaterland wölben wird.

*

Seit die nordamerikanischen Kolonien sich vom englischen Mutterland gelöst und Verfassungen geschaffen haben, hat es zum guten Ton für Nationalversammlungen gehört, den organisatorischen Vorschriften über Gesetzgebung, Regierung und Verwaltung einen die Sphären des einzelnen gegenüber dem Staat abgrenzenden Abschnitt hinzuzufügen. Die „Grundrechte" oder „Menschenrechte" gehören zu einer Verfassung, die wirklich Verfassung sein will. Es hat der Farmerkolonien Virginia und Maryland gleich bei Weltresonanz, als die französische Nationalversammlung auf Lafayettes, des alten nordamerikanischen Freiheitskämpfers Antrag ihrem Beispiel folgte. Es war selbstverständlich, daß die deutschen Verfassungen des neunzehnten Jahrhunderts und vor allem die Frankfurter Verfassung von 1848 auf der gleichen Linie blieben. Wenn Bismarck in der nord-

Abschied vom Leser

EW Die Geschichte einer Zeitung, die nahezu ein Vierteljahrtausend umfaßt, findet mit dem heutigen Tag einen Abschluß. Der Ullstein-Verlag hat vor einer Woche an dieser Stelle bekanntgegeben, daß er die vor zwanzig Jahren ihm erworbene Vossische Zeitung Ende März einzustellen beabsichtigt, nachdem er für sie in dieser Zeit sehr große Zuschüsse geleistet hatte. In einer dreiteiligen Artikelreihe, deren Schlußabschnitt in dieser Nummer erscheint, wurde die ereignisreiche Geschichte dieser ältesten Zeitung Berlins noch einmal vor den Lesern ausgebreitet. Wir brauchen die lange Reihe berühmter Männer, die in früherer Zeit die Vossische Zeitung redigierten und für sie schrieben, und die nicht einmal in Auge bei der Leser verbleiben zu lassen. Nur von dem letzten Blatt in der Geschichte der Vossischen Zeitung soll hier die Rede sein.

Nach der nationalsozialistischen Revolution gruppierte sich eine neue Gemeinschaft von Redakteuren um die alte Zeitung. Die Aufgabe war, unter Loslösung von der politischen Linie, die die Zeitung nach dem Kriege eingeschlagen hatte, in Anknüpfung an die beste Tradition der Vossischen Zeitung alten und neuen Lesern auf dem Wege aus einer verstörenden Zeit in eine neue Zeit mit Nachricht und anregendem Urteil zur Seite zu stehen. Die Entwicklung der verkauften Auflage, die nach starker Abnutzung der Leserschaft — trotz Änderung der Erscheinungsweise, trotz Verringerung des Umfanges des Blattes und trotz der Ungunst anderer Umstände — hinter der vor dem politischen Umschwung erreichten Zahl nur um einen kleinen Bruchteil zurückgeblieben ist, diese Entwicklung war zugleich ein Beweis dafür, daß die besondere Aufgabe, die in dem neuen Staat gestellt war, ein echtes Bedürfnis war, nicht. Ebenso zeigt uns die Fülle von bedeutenden Äußerungen, die die Schriftleitung nach der Ankündigung von der Einstellung der Vossischen Zeitung aus den verschiedensten Kreisen erhalten hat, daß diese Aufgabe auch wo sie als bringlich anerkannt wird — die Aufgabe, unter charakterfester Wahrung ehrwürdiger Überlieferungen aufgeschlossen und ohne Restriktion auch dem Schick anspruchsvoller in neu dem ländischen Leser mit den Problemen des neuen Deutschland bekanntzumachen und ihn an unserem eigenen Ringen um den neuen Staat teilnehmen zu lassen.

Wenn die Schriftleitung, in der sich Nicht-Parteigenossen und alte Nationalsozialisten (Durchschnittsalter der Redakteure 34 Jahre, vormiegend Frontsoldaten) zu den kameradschaftlichen Arbeitsgemeinschaft zusammengeschlossen haben, infolge des Entschlusses des Verlages mit dem heutigen Tag aufhören wird, die eben in Angriff genommene Arbeit in dem bisherigen Rahmen weiterzuführen, noch ehe sich die neuen Kräfte voll entfalten konnten, so möchte ich die Leser vor der oberflächlichen Urteil warnen, das Ende der Vossischen Zeitung sei des Symptom einer Entwicklung, an deren Ende eine Art Einheitszeitung für jeden Deutschen steht. Wohl haben sich die Aufgaben der Zeitung im Führerstaat von Grund auf gewandelt. Wohl ist das Pendel von der Ungebundenheit der freien Meinungsäußerung gelegentlich zu einer Ueberzvilisierung hinübergeschlagen. Namentlich erscheint es uns nicht notwendig, dem deutschen Leser Nachrichten vorzuenthalten, die er — manchmal in grotesker Aufbauschung und Entstellung — in ausländischen Zeitungen lesen konnte. Und wenn in dieser Hinsicht die Zügel etwas anders gelegt werden, wird zugleich eine erwünschte Entlastung der deutschen Zahlungsbilanz eintreten... Auch die Sperrung bestimmter Diskussionsgebiete könnte uns eine Uebergangserscheinung sein. Denn im ganzen sucht die Regierung im vollen Bewußtsein der Vielgestaltigkeit des deutschen Lebens der unbestreitbaren Verschiedenartigkeit der Bedürfnisse der Leserschaft durchaus Rechnung zu tragen. Eine tatkräftig und mutige Erörterung von uns beschäftigenden Fragen wird von ihr nicht geduldet, sondern gewünscht. Wo nicht Gehässigkeit, sondern guter Wille die freiwillige Feder führt, da wird diese in zunehmendem Maße und um so allgemeiner anerkannt werden, in je mehr sie sich das gesetzte erweist. Beifall wird nicht verlangt. Wer ihn trotzdem spendet, tut es aus freien Stücken. Wer es tut, dafür ist die Tatsache Beweis, daß die neue Vossische Zeitung — dank der Einsicht der zuständigen Stellen — sowohl im politischen wie im wirtschaftlichen wie auch im kulturellen Teil ihre Arbeit bis heute im wesentlichen unangefochten leisten konnte.

Bei dieser Lage der Dinge bedauern wir es mit unseren Lesern außerordentlich, daß wir den Rahmen verlieren, in dem wir wirkten und mit Zehntausenden täglich Fühlung hatten. Wir bedauern insbesondere, daß die Gruppe von Menschen, die sich um die Vossische Zeitung zusammenfand, zunächst auseinanderläuft, persönlich zu werden. An unserer Zuversicht und Schaffensfreude ändert jedoch dadurch nichts. Eine Zeitung als traditionsgebundene Institution kann nicht, sie kann auch weniger sein als die Menschen, die sie wirken; aber im wesentlichen kommt es doch darauf an, den Rahmen, sondern auf die Menschen an, die ihn ausfüllen. Und wir, die geistigen Leiter der Vossischen Zeitung, wir halten — ohne unsere Rolle zu überschätzen — unsere publizistische Aufgabe keineswegs für beendet. Daß sich die Presse in einer Krise befindet, das ist bekannt, und in gewissem Sinne ist die Vossische Zeitung, die wirtschaftlich gesehen nur ein kleines Glied in einem großen Verlage bildete, das Opfer dieser Krise. Aber diese Krise zeigt selbst die Zeitungskräfte, durch welche sie übernommen werden muß. Diese Zeitungskräfte bestehen in der schöpferischen journalistischen Phantasie, die die neuartigen Bedürfnisse des Menschen von heute richtig erkennt und ihnen in dem zwecksetzenden organisierenden Rahmen Rechnung trägt. Die Zeit der Zeitung, wie wir sie sehen, ist nicht vorbei, auch wenn wir durch die Einstellung des Blattes gezwungen werden, uns heute von unseren Lesern, die uns treu geblieben sind, zu verabschieden.

Gebiete von der Regierung trennten, hätten wir überhaupt nichts mehr, von dem aus wir wirken könnten. Es gebe natürlich eine Grenze; man könne nicht weiter gehen, als das eigene Gewissen verantworten könne; aber wenn irgend möglich, sollten wir in der äußeren Politik mit der Regierung gehen. Man könne sehr wohl Bedenken, die vorhanden und die begründet seien, aufwerfen, müsse aber doch dem Reichs-

Der Autor des Abschiedsartikels, Erich Welter, kam im gleichen Jahr zur »Frankfurter Zeitung« zurück

kanzler zu verstehen geben, daß wir als ›Frankfurter Zeitung‹ die Möglichkeit hätten, dem Ausland seine Haltung, auch wenn wir sie nicht teilten, immerhin verständlich zu machen.

Herr Reifenberg sekundiert Herrn Drill insofern, als er zugibt, daß es natürlich falsch wäre, wenn wir in diesem Falle, wo wir mit Hitlers Methode nicht einverstanden seien, nun aussprechen, daß wir auf den Korridor verzichten sollten. Das käme keinesfalls in Frage. Im Gegenteil: hier sei die Stelle, wo wir mit der Regierung Tuchfühlung hätten. Der Unterschied zwischen ihr und uns liegt in der Methode.

Herr Schotthöfer findet, daß es um mehr gehe als um die Frage der Methode, nämlich darum, ob Hitler mit seiner Auffassung nicht gerade das verderbe, was er erreichen wolle. Wir könnten (unter Hinweis auf eine mögliche Allianz Rußland–Frankreich und darauf, daß auch Mussolini nur so weit gehen könne, als er keine Interessen riskiere) ruhig aussprechen, daß es sich hier um eine falsche Politik handele, die nicht zum Ziele hin, sondern vom Ziele ab führe...

Dr. Simon hält Hitlers Interview im Grunde für eine rein innenpolitisch, wahlagitatorische Angelegenheit, die insofern sehr geschickt sei, als sie den für das Gefühl des deutschen Volkes wichtigsten Punkt, nämlich die Korridorfrage, in dem entsprechenden sentimentalen Ton aufgreife. Hitler denke sicher nicht daran, in Wirklichkeit so vorzugehen, wie es nach diesem Interview den Anschein hat, und habe vermutlich seine Botschafter schon entsprechend instruiert. Bei ähnlichen Reden von französischer Seite, die während der Wahlzeit gehalten worden seien, hätten wir früher öfter das deutsche Volk beruhigt und ihm empfohlen, solche Wahlreden nicht so tragisch zu nehmen. Das sollten wir jetzt auch hier im Falle Hitlers tun. Es wäre eigentlich ein innenpolitischer Artikel zu schreiben, in dem erklärt werden müßte, wie Hitlers Politik, die durchaus von Wahlrücksichten diktiert sei, zu verstehen sei. Selbstverständlich sollten dabei in dem Sinne, wie Herr Schotthöfer es ausgeführt habe, die Angriffe auf die deutsche Außenpolitik von Stresemann und Brüning, die ja auch Hindenburg mitgemacht habe, zurückgewiesen werden.«[9]

Die Redaktion glaubte also in dem Prestige der Zeitung ein Pfund zu besitzen, mit dem sie wuchern könne. Namentlich die Auslandsberichterstattung der Zeitung war unübertroffen. Die Zeitung war unersetzlich für den diplomatischen Dienst und alle, die sich drinnen ein Bild von der Welt draußen machen mußten. Umgekehrt aber hatte die »Frankfurter Zeitung« die höchste Auslandsauflage unter den deutschen Zeitungen. Sie wurde draußen gelesen von vielen Redaktionen, in großen Wirtschaftsunternehmen und wissenschaftlichen Einrichtungen und vor allem in den Außenministerien. Was die Führungseliten über ein bestimmtes Land denken, wird stets auch von den wichtigsten Zeitungen dieses Landes geprägt. Die Redaktion der »Frankfurter Zeitung« baute darauf, daß ihre vielfältige »Auslandswirkung« auch von der neuen Regierung würde berücksichtigt werden müssen. Dies wiederum würde für die Selbständigkeit der Zeitung einen gewissen Schutz bieten, denn es setzte voraus, daß das Regime die »Frankfurter Zeitung« einigermaßen als selbständige Größe gelten ließ. Nur dann würde sie außenpolitisch nützlich sein. So rechnete sich die Redaktion

Blick aus dem Redaktiongebäude auf das gegenüberliegende ehemalige Thurn- und Taxissche Palais

aus, daß es auch unter dieser Regierung einen besonderen Platz für die »Frankfurter Zeitung« geben werde.

Die auswärtige Politik eines Landes, so hatte es Leopold von Ranke gelehrt und so hatten es seine Schüler wiederholt, ist die Resultante seiner großen permanenten Interessen. Diese Interessen seien stärker als die innenpolitischen Konflikte und erhaben über den Wechsel der Regierungen. Man unterschied daher zwischen der »Großen Politik« in den auswärtigen Beziehungen und der übrigen Politik, den als »klein« geltenden Streitigkeiten des innenpolitischen Machtkampfes. Diese Auffassung zeigte sich auch in der Debatte in der Redaktionskonferenz vom 13. Februar 1933. Wie Drill, Simon und Reifenberg dozierten, gebe es »nur *eine* deutsche Außenpolitik« und mithin die Hoffnung, daß Hitlers Außenpolitik sich nur in der Methode von der seiner Vorgänger unterscheide. Der vierte aber, der alte Schotthöfer, sah schärfer hin und erhob den warnenden Einwand, nicht nur die Ziele, auch die Methoden machten die Substanz einer Politik aus.

Schotthöfer (1871–1951) hatte in München bei Lujo Brentano studiert und in dessen Seminar gelernt, auf soziale Zusammenhänge zu achten. 1896 ging er nach Paris, arbeitete als Korrespondent für die »Soziale Praxis, Centralblatt für soziale Politik« (Leipzig), die »Neue Rundschau« und »Das literarische Echo«. Von 1900 bis 1914 war er Korrespondent der »Frankfurter Zeitung« in Paris, London und Madrid, seit 1918 Leiter des außenpolitischen Ressorts in der Frankfurter Zentrale. Er hatte 1921 eine der ersten Studienreisen in das bolschewistische Rußland unternommen und 1923 das faschistische Italien besucht. In den dreißiger Jahren erschien er den Jüngeren in der Redaktion als eine gütige, väterliche Figur. Die schönsten Zeugnisse des alten Mannes sind die Feuilletonbeiträge, die er unter dem Titel »Senilia« in den trostlosesten Jahren der Diktatur, im Krieg, unter dem Pseudonym »Senex« veröffentlichte. Hans Bütow und Robert Haerdter haben seinem erzürnbaren journalistischen Temperament und seiner antikisch anmutenden, stoischen Heiterkeit in guten und schlechten Zeiten ein Denkmal des Respekts und der Dankbarkeit gesetzt.[10]

Das Protokoll der Konferenz zeigte auch, daß die Redaktion trotz ihres bisherigen Widerstandes gegen eine Beteiligung der NSDAP an der Regierung nicht die Hoffnung auf eine Mäßigung der Nationalsozialisten hatte fahren lassen. Sie glaubte jedoch, daß Hitler eher auf die fremden Mächte Rücksicht nehmen werde als auf innenpolitische Widerstände. Der Entschluß der Redaktion, gegen die Regierung innenpolitisch zu opponieren, aber ihr nach Möglichkeit außenpolitisch beizustehen, beides gedacht als Dienst am eigenen Volke, fiel leichter, solange man hoffen konnte, daß Hitler als Kanzler einer Koalitionsregierung zur Rücksichtnahme auf die Partner gezwungen sei. Als sich dies als Trugschluß erwies, änderte es doch nicht ganz die praktische Schlußfolgerung für die Redaktion. Dann galt es eben, dem Regime eine Mäßigung in den auswärtigen Beziehungen als nützlich darzulegen.

Innenpolitisch aber nahm die Zeitung die Auseinandersetzung sofort auf. Da Kircher am 30. Januar 1933 an Grippe erkrankt war, wurden die Artikel der ersten Tage in Frankfurt geschrieben. Dem »Zweifel« Reifenbergs, der die charakterliche Unzulänglichkeit des neuen Reichskanzlers vorangestellt hatte, folgte tags darauf eine politische Bewertung des Regierungswechsels. Die Zeitung zog zwischen sich und der neuen Regierung einen »Trennungsstrich«, wie der Titel des Leitartikels lautete: die Sozialpolitik, die Hugenberg und seine Partei bislang vertreten hätten, sei nichts weiter gewesen als »soziale Reaktion« aus »vorkriegsmäßigen Klasseninstinkten«. Man verkenne die eigene Nation, wenn man glaube, ihr ein diktatorisches Regime aufzwingen zu können. »Die Vielfältigkeit des deutschen Volkes verlangt die Demokratie.« Die nationalsozialistische Politik sei ein »Gewirr von Dilettantismus und Leidenschaft«, von der man sich für Deutschland nichts erhoffen könne.[11]

Frankfurt, 1. Februar.

Der Trennungsstrich.

Wir haben uns gestern mit dem neuen Kanzler beschäftigt und den tiefen, den grundlegenden Zweifel ausgesprochen, daß den Gefahren des derzeitigen Regierungsexperiments durch die Persönlichkeit des „Führers" begegnet werden könne. Wir haben uns heute mit diesem Regierungsexperiment selber zu befassen, mit diesem Kabinett, dem die NSDAP parteiamtlich bescheinigt: Es stelle keine nationalsozialistische Regierung dar. In der Tat liegt die Koalition zwischen den Deutschnationalen und Nationalsozialisten so auf der Hand, daß alle übrigen Zutaten (wie die Beibehaltung einiger Persönlichkeiten des vorigen Kabinetts, ja sogar die Mitwirkung der „nationalen Verbände", das heißt im wesentlichen des Stahlhelms) nur dekorativ wirken. Wir haben mit einer nationalsozialistischen Politik (soweit von ihr heute überhaupt schon die Rede sein kann) nichts zu tun; mit einer deutschnationalen schon gar nichts. Das mögliche Zusammenwirken beider Kräfte, das sich praktisch übrigens niemand verhehlen kann, wird uns nicht veranlassen, unsere Haltung sowohl gegenüber der deutschnationalen wie auch gegenüber der nationalsozialistischen Politik zu revidieren. Es gibt zwar Leute, die sich von der Einigung auf Seiten der „nationalen Front" Wunder versprechen. Wir pflegen unsere politische Ueberzeugung nicht von dem Eintreten oder Ausbleiben von Wundern abhängig zu machen.

Wir werden noch zu untersuchen haben, wie gewaltig das Arbeitsgebiet ist, das sich der Führer der Deutschnationalen Partei zugewiesen hat, und wie wenig es an inneren Widersprüchen verliert, weil nun die großen Wirtschaftsbereiche, die auf jeden Fall der staatlichen Lenkung bedürfen, in die Hände eines einzigen Mannes geraten sind (der dazu noch an dem Grundsatz privatwirtschaftlichen Denkens nicht gerüttelt wissen will). Wohin aber in dieser Kombination die sozialpolitische Entwicklung laufen soll, erhellt durch die Tatsache, daß die Abteilung 3 des Reichsarbeitsministeriums, welche die Lohnpolitik, das Arbeitsrecht und den Arbeitsschutz zu betreuen hat, soeben an das Reichswirtschaftsministerium, d. h. an Herrn Hugenberg abgegeben worden ist. Welche sachlichen Gründe man auch für diese wahrhaft großzügige Zusammenlegung anführen können: daß man schwerlich einen Mann finden wird, der der Arbeiterschaft fremder gegenübersteht und den die Arbeiterschaft ihrerseits mißtrauischer empfängt als den Geheimrat Hugenberg, darüber gibt es keinen Zweifel. Die Sozialpolitik, die von Herrn Hugenberg und seiner Partei bislang vertreten worden ist, ist nichts weiter als soziale Reaktion. Es kam ihr darauf an (nachdem man sich einmal von der geflügelten Angst des Zusammenbruchs erholt hatte), dem werktätigen Volk die Rechte im neuen Deutschland zu entreißen; jedes erdenkliche Mittel war gut genug, um wirtschaftliche und soziale Vernunft einer ausgesprochenen Interessentenpolitik willen zum Teufel zu jagen.

Nur in diesem Zusammenhang ist zu verstehen, wenn die Deutschnationalen, soweit sie sich von Herrn Hugenberg führen lassen, die unbedingten Gegner des demokratischen Gedankens und damit der deutschen Republik geworden sind. Das ganze Gerede von autoritärer Regierung, dieser besinnungslose Kampf gegen den Parlamentarismus überhaupt, hat ja seine Heftigkeit nicht im geringsten daraus empfangen, weil hier die alten vorkriegsmäßigen Klasseninstinkte galvanisiert worden sind. Schlagworte, an denen der Nationalsozialismus groß geworden ist, wie der blöde Kampfruf „Gegen die Marxisten", sind durch die sozialreaktionäre Gesinnung der Deutschnationalen erst möglich geworden. Das sind dieselben Herren, die vor dem Krieg die Sozialdemokratie so verleumdet haben, daß in einem Land, dessen Sozialpolitik beispielhaft für die ganze Welt geworden ist, trotzdem der klassenkämpferische Gegensatz das Bewußtsein nationaler Gemeinschaft nicht hat aufkommen lassen. Es war eine der schlechtesten Zeiten dieser reaktionären Haltung, daß man sich anmaßte, sie als „national" schlechthin auszugeben, und daß man deshalb sich das Recht herholte, die arbeitenden Klassen als „antinational" zu beschreien. Mit dem Wort von den vaterlandslosen Gesellen hat das Regime der Vorkriegszeit mir sich selber ins Gesicht geschlagen. Im Juli 1911 hat niemand mehr von diesem Worte etwas wissen wollen. Heute, nach bald zwanzig Jahren, tobt man gegen die Marxisten, nennt sich wieder „national", und ist stolz, sich mit Kronprinzen photographieren zu lassen.

Auf diese Weise ist die deutschnationale Politik ein Krebsschaden für die junge deutsche Republik geworden. Sie hat nicht begriffen, daß hier die Möglichkeit gegeben war, das arbeitende Volk an die Verantwortung für den Staat heranzuziehen und über die Bedingtheiten des Klassengegensatzes den Gedanken einer echten Volksgemeinschaft zu verwirklichen. Statt dessen ist aus der deutschnationalen Ecke der einzige Sinn, den der Krieg für unsere Nation gehabt haben konnte, vernichtet worden. Von dort aus ist das elendeste Wort der deutschen Nachkriegszeit, die „Dolchstoßlüge", über das Land gekrochen und hat vor den sehenden Augen der Kriegsteilnehmer ein Stück der größten deutschen Geschichte verfälscht. Aus den Männern, die ohne Orden und Ehrenzeichen aus dem Krieg zurückgekehrt sind und die jahrelang durch die Bitternis, in die der Wahnsinn von Versailles die Welt gestürzt hat, bei der Arbeit uns tägliche Brot ihre grauen verschlissenen Soldatenmäntel antrugen, sind nach und nach wieder die „Roten" geworden. Es ist das traurigste Zeugnis für das deutsche Bürgertum, daß es auf diesen deutschnationalen Umfärbungstrick hereinfallen konnte.

Die Nationalsozialisten nun, soweit es sich um die gläubigen, jugendlichen Kräfte handelt, die hinter der Bewegung Herrn Hitlers stehen, sind ebenso hereingefallen. Niemals hätte der Nationalsozialismus die Dolchstoßlüge zu eigen machen dürfen. Lügen gebären Lügen. Sollte es nicht in den Reihen der Nationalsozialisten Köpfe geben, die nachdenklich geworden sind, wenn jetzt ihr geliebter Führer statt Hand in Hand mit einem Vertrauensmann der deutschen Arbeiterschaft, Arm in Arm mit dem Geheimrat die Kommandohöhen betritt? Aber wir haben allen Grund, einstweilen Nachdenklichkeiten innerhalb des Nationalsozialismus zu bezweifeln. Hat man den jungen Menschen nicht immer wieder eingeredet, Gefühl sei alles? Und hat man, wenn man wirklich Gefahr lief, reale politische Gegebenheiten diskutieren zu müssen, sich nicht damit begnügt, die Köpfe in dem antisemitischen Nebel zu verhüllen? Obendrein ist des alten Rezeptes aus der Vorkriegszeit, daß der Nationalismus der Sozialismus der Dummen ist?

Es braucht heute gar nicht untersucht zu werden, wie lange es dauern wird, bis die grundsätzlichen Widersprüche der Regierung auf wirtschaftlichem Gebiet (Hugenbergs privatwirtschaftliches Denken und die höchst ungegorenen nationalsozialistischen planwirtschaftlichen Vorstellungen) zum Ausbruch kommen. Wir fürchten, es läßt sich lange mit Fackelzügen arbeiten. Es ist Sache der Nationalsozialisten, mit ihren Kollegen von der deutschnationalen Fakultät fertig zu werden. Aber darüber müssen die Führer der NSDAP im klaren sein: was sie bislang politisch hervorgebracht haben, wird ihnen bei dieser Auseinandersetzung blutwenig nützen. Es ist eine hoffnungslose Verkennung unserer Nation, zu glauben, man könne ihr ein diktatorisches Regime aufzwingen. Die Vielfältigkeit des deutschen Volkes verlangt die Demokratie. Es ist ebenso hoffnungslos, zu glauben, man könne das Recht auf Selbstverantwortung, das unser Volk im Verlauf seiner tragischen Geschichte erobert hat, durch eine blinde und bedingungslose Unterwerfung unter die Führerschaft eines einzelnen Mannes ersetzen. Und es bedeutet die letzte Verkennung deutschen Geistes, wenn man sich einbildet, man brauche nur der Freiheit des Individuums zuleibe zu rücken, um dem Genius der Nation zu Hilfe zu kommen.

Dies für heute. Wir hoffen uns verständlich gemacht zu haben. Wir halten die deutschnationale Politik für das bewußte Untergraben der Deutscher Republik, die doch allein imstande gewesen ist, aus dem Chaos von 1918 den Nationalstaat zu retten. Wir halten die nationalsozialistische Politik für ein unklares Gewirr von Dilettantismus und Leidenschaft. Wir können von dieser Politik nichts für Deutschlands Zukunft erhoffen. Wenn jetzt die Geschicke Deutschlands in die Hände der Herren Hugenberg und Hitler gelegt worden sind (wobei die gefährlich-flüchtige Figur des Herrn von Papen dazwischen geistert), so wünschen wir, daß in der jetzt anhebenden fragwürdigen Zeit die Nation endlich anfange zu lernen. Daß die wahre deutsche Volksgemeinschaft demokratisch ist, bezweifeln wir heute so wenig wie je.

Eine Woche später war Kircher wieder am Schreibtisch. In seinem ersten Artikel (»Kampf dem Kampfkabinett«) kündigte er der neuen Regierung schärfste Opposition an: »Es wird hart auf hart gehen, aber wir werden nicht einen einzigen Grundsatz aufgeben, wir werden alle Hände voll zu tun haben, um auch nur einen Teil der Ungerechtigkeiten zu verzeichnen, die von der sehr mächtigen Regierungsgruppe aller Wahrscheinlichkeit nach begangen werden.« Als erstes nannte er die Eingriffe in die persönliche und politische Freiheit der Bürger durch die eben erlassene Notverordnung vom 4. Februar »Zum Schutz des deutschen Volkes«, mit deren weit auslegbaren, schwammigen Bestimmungen tief in die Presse- und Versammlungsfreiheit eingegriffen werden könne. Dann verwies Kircher auf die Zustände in Preußen, wo die Reichsregierung ohne Rücksicht auf die Rechte der für abgesetzt erklärten preußischen Regierung den Landtag aufgelöst hatte. Kircher fragte auch nach dem Verhalten des Reichspräsidenten und seines Staatssekretärs Meißner: Welche Grenzen habe der Reichspräsident dieser neuen Regierung ohne parlamentarische Mehrheit eigentlich gesteckt? Kircher spielte darauf an, daß Hindenburg im November 1932 von Hitler verlangt hatte, sich eine parlamentarische Mehrheit zu suchen. Warum bewahre man nun, nach Bildung einer Hitlerregierung, darüber diskretestes Schweigen? »Dieses Schweigen mag Politik sein, denn Hitler wünschte die Fackelzugwahlen. Aber das Schweigen des Reichspräsidenten und seines Büros ist uns unbegreiflich.« »Nicht locker lassen!« fuhr Kircher fort, »diese Regierung wird auch nicht locker lassen – wenigstens nicht, solange das Kabinett zusammenhält. Wir müssen auf der Hut sein, vor allem politisch, denn wer heute erlahmt oder sich einschüchtern läßt, verdirbt seinen Charakter. Das höchste Gebot dabei ist dies: die bürgerliche Welt darf diesen zähen Kampf nicht ausschließlich der Arbeiterschaft überlassen. Jetzt ist der Augenblick gekommen, wo jeder, der noch einen Funken freiheitlicher Gesinnung in sich hat, darüber wachen muß, daß die mächtige Regierungsgruppe die Rechte derer nicht verletzt, die in die Minderheit zu geraten drohen oder die schon zur Minderheit geworden sind. Die Phrase von der ›nationalen Konzentration‹ bedroht die Gesamtheit

Kampf dem Kampfkabinett.

RK Berlin, 6. Februar.

Es gibt mehr Leute, die durch eine Grippe mattgesetzt worden sind, aber es gehört für einen politischen Journalisten schon einiges Pech dazu, wenn ihm das gerade in dem Augenblick passiert, wo eine Reichsregierung auf den Plan tritt, gegenüber der es nur eines geben kann: schärfste Abwehr. Der Kampf wird jedoch lange genug dauern. Vier Jahre, meint Herr Hitler, — „vier Jahre", davon hat schon einmal einer gesprochen, der sich geirrt hat. Es wird hart auf hart gehen, aber wir werden nicht einen einzigen Grundsatz aufgeben, und wir werden alle Hände voll zu tun haben, um auch nur einen Teil der Ungerechtigkeiten zu verzeichnen, die von der sehr mächtigen Regierungsgruppe aller Wahrscheinlichkeit nach begangen werden. Vier Jahre — nun, das wird uns Zeit geben, diese Regierung und ihre Taten aufs genaueste zu studieren und sie öffentlich aufzuzeigen. Kein Tag soll uns dabei verloren gehen. Der Schreiber dieser Zeilen weiß, daß genügend andere Federn zur Verfügung stehen, wenn er sich — wegen der Folgen dieser Grippe — demnächst für ein paar Wochen seiner Pflicht entziehen muß.

Wir haben kürzlich nicht zu viel gesagt: die Regierung Hitler-Papen zielt nicht so sehr auf eine Verständigung mit den katholischen Parteien ab als auf einen **Wahlkampf im günstigsten Augenblick**, — einen Wahlkampf, der auf viele Wochen hinaus die Phantasie der Anhänger der NSDAP beschäftigt, der sie abhält, Kritik zu üben und enttäuscht zu sein, einen Wahlkampf, der mit Methoden und unter Begleitumständen geführt werden soll, wie wir sie bisher in Deutschland nicht kannten. Die öffentliche Meinung, die freie öffentliche Meinungsäußerung, der Mut und die Bekennerfreude werden auf eine äußerst schwere Probe gestellt. Auf der einen Seite bedenkt man uns mit einer Politik, die aufreizt und die Millionen guter Deutscher empört, auf der anderen Seite überreicht man uns die neueste Verordnung des Reichspräsidenten, die eine lange Liste von Eingriffen in die persönliche und politische Freiheit zuläßt und die obendrein an den entscheidenden Stellen so locker gefaßt ist, daß es beinahe zum Vergnügen werden muß, ein nationalistischer Staatsanwalt zu sein. Wir sind die letzten, die einen politischen Kampf mit niedrigen Mitteln zu führen beabsichtigen. Wir begreifen sehr wohl, daß der Roheit des politischen Tons in Deutschland ein Ende gemacht werden muß. Wir finden selbst, daß auch in Kreisen, die uns näher stehen als etwa Herr Hugenberg, mitunter aufs gröbste gegen den politischen Anstand, den wir fordern, verstoßen wird. Aber: wer ist es denn, der uns diese Schule der Roheit auferlegt, — sind es denn nicht dieselben Leute, die bisher einen Kampfton angeschlagen haben, der greulich und für Deutschland ganz neu war, — ein: Erfindung, auf die die Erfinder sogar noch unsäglich stolz waren?

Wir nehmen an, den Herren wäre es nicht lieb, wenn wir uns darauf beschränkten, den ganzen Wahlkampf mit Zitaten aus den Artikeln zu bestreiten, die Herr Dr. Goebbels in vergangenen Wahlkämpfen gegen das „System" geschrieben hat, — obwohl wir uns dadurch wahrscheinlich einer Anklage wegen Hochverrats oder dergleichen aussetzen. Unsere eigenen Worte können gemessener sein, denn wir beabsichtigen die Opposition nicht mit dem Rauschgift der Demagogie zu führen, sondern mit unserem Verstand. Vielleicht werden wir gar nicht allzu viele Worte zu machen brauchen, denn wenn es so weiter geht, wie es anfing, wird die Regierung ihr eigener wirksamer Ankläger sein.

Die preußische Regierung hätte vielleicht gut daran getan, den hoffnungslosen Kampf längst abzubrechen, aber da wir nun sehen, wie rücksichtslos die neue Reichsregierung die preußische Frage zu behandeln wünscht, war es wahrscheinlich

(Fortsetzung Seite 2, Spalte 1.)

Kampf dem Kampfkabinett.

(Fortsetzung von Seite 1.)

besser, sich gewaltsam der Rechte berauben zu lassen, die vom Staatsgerichtshof ausdrücklich anerkannt wurden.

Auf die sachliche Arbeit sind wir in der Tat gespannt, denn die Verhältnisse sind ja so, daß selbst einem Zauberkünstler kein allzu großer Spielraum für Experimente verbliebe. Im Bereich der Politik aber, sagen wir ruhig: im Bereich der Machttäuschung gibt es desto mehr Spielraum. Vielleicht hätte aber die Regierung doch besser abgewartet, ob sie wirklich am 5. März die Mehrheit erhält, — mit oder ohne Zentrum. Erst dann wäre sie doch politisch und moralisch zum Handeln legitimiert, erst dann wäre die Voraussetzung erfüllt, von der der Reichspräsident ausgeht: erst dann entspräche das Handeln der Regierung der beschworenen Verfassung, — denn was ist eine „Mehrheitsregierung" ohne Mehrheit? Herr von Hindenburg hat kein Präsidialkabinett, sondern ein parlamentarisches Kabinett ernannt. Bis heute fehlt aber die parlamentarische Sanktion. Ist das kein Grund zu einem geruhsameren Tempo des politischen Regierens? Herr Hugenberg läßt sich doch auch Zeit! Inzwischen könnte man ganz andere Dinge tun: man könnte uns sagen, welche Grenzen der Reichspräsident der neuen Regierung gesteckt hat. Im November nahm man das sehr genau. Herr Meißner wechselte zahlreiche Briefe mit Herrn Hitler — und diese Briefe wurden ausnahmslos veröffentlicht. Heute aber, wo eine Hitler-Regierung Tatsache geworden ist, herrscht blakreichtes Schweigen! Man kann vielleicht vom Regierungschef nicht erwarten, daß er uns sage, warum er die Fragen des Prälaten Kaas nicht beantwortet hat, — nicht einmal die Frage wegen des Verfassungseides, — aber den Grund kann man erraten. Dieses Schweigen mag Politik sein, denn Herr Hitler wünschte die Fackelzugwahlen. Aber das Schweigen des Reichspräsidenten und seines Büros ist uns unbegreiflich. Gewiß, die Verfassung versteht sich von selbst, aber gilt das für alle Leute und für alle Situationen?

Nicht locker lassen! Diese Regierung wird auch nicht locker lassen, — wenigstens nicht, solange das Kabinett zusammenhält. Wir müssen auf der Hut sein, vor allem politisch. Wer heute erlahmt oder sich einschüchtern läßt, verdirbt seinen Charakter. Das höchste Gebot dabei ist dies: die bürgerliche Welt darf diesen zähen Kampf nicht ausschließlich der Arbeiterschaft überlassen. Jetzt ist der Augenblick gekommen, wo jeder, der noch einen Funken freiheitlicher Gesinnung in sich hat, darüber wachen muß, daß die mächtige Regierungsgruppe die Rechte derer nicht verletze, die in die Minderheit zu geraten drohen oder die schon zur Minderheit geworden sind. Die Phrase von der „nationalen Konzentration" bedroht die Gesamtheit mit einer willkürlichen Zerreißung — und die Minderheit ist in Gefahr, vergewaltigt zu werden. Parteien interessieren uns nicht, wohl aber Menschen und die Gerechtigkeit.

mit einer willkürlichen Zerreißung – und die Minderheit ist in Gefahr, vergewaltigt zu werden. Parteien interessieren uns nicht, wohl aber Menschen und die Gerechtigkeit.«[12]

Der starke Ton dieser Kampfansage ins Angesicht der Machthaber überrascht. Aber wer sich über die Kühnheit Kirchers wundert, begeht den Fehler, die Geschichte jener Zeit von ihrem Ende her zu betrachten. Die Vorstellungen, die man sich Anfang Februar von der neuen Regierung und ihren Möglichkeiten machte, schlossen zwar Erfahrungen individuellen Terrors ein, den die Horden der SA ausüben konnten, aber dieser Terror erschien bislang eher wildwüchsig. Von der Diktatur Hitlers, die man voraussah, befürchtete man schwere Beeinträchtigungen der Grundrechte der Bürger und auch, wie Kirchers Artikel zeigt, zahlreiche Rechtsbrüche, aber doch nicht die Errichtung eines kompletten Unrechtssystems und die absolute Schutzlosigkeit des einzelnen. Die Zeitung erwartete zwar schwere Kämpfe, aber nicht, dabei wehr- und rechtlos zu sein. Nur so ist der Ton zu erklären, in dem Kircher die Auseinandersetzung begann. Es war ungefähr der Ton, in dem man Bismarck im preußischen Verfassungskonflikt den Kampf hätte ansagen können in der sicheren Erwartung, von den Gerichten einigen Schutz zu erhalten. Man stellte sich Anfang Februar 1933 kaum vor, daß es in dem vom Recht geprägten Raum eines zivilisierten europäischen Staates eine Herrschaft ganz ohne Recht geben könne.

Bei der rechtlichen Würdigung der Notverordnung »Zum Schutz des deutschen Volkes« vom 4. Februar machte die Zeitung ihre Leser auf zahlreiche sehr bedenkliche Bestimmungen aufmerksam. Sie merkte an, daß viele dieser Bestimmungen zwar auch schon in früheren Notverordnungen gestanden hätten, aber daß sie in der Vergangenheit milde oder gar nicht angewandt worden seien, zum Beispiel die Möglichkeit, Zeitungen zu verbieten, die unwahre oder entstellte Tatsachen verbreiteten, die die Lebensinteressen des Staates gefährden könnten, oder leitende Beamte des Staates – im Klartext: Mitglieder der Reichsregierung – beschimpften. Jetzt aber habe man es mit einer Regierung zu tun, die von diesen zahlreichen Möglichkeiten für Presse- und Versammlungsverbote im Wahlkampf Gebrauch mache.[13] Die Besorgnisse der Redaktion wuchsen, als in den folgenden Tagen Göring in Preußen zahlreiche Oberpräsidenten, Regierungspräsidenten, Polizeipräsidenten und höhere Polizeioffiziere ablösen und durch Nationalsozialisten ersetzen ließ sowie SA und SS als »Hilfspolizei« mit hoheitlichen Befugnissen ausstattete.

Die Zeitung verzeichnete dies alles im einzelnen und ausführlich, ebenso die Zeitungsverbote, Versammlungsverbote, tätlichen Zwischenfälle und Andeutungen bevorstehender Eingriffe der Reichsregierung in die Regierungen auch nichtpreußischer Länder. Die Äußerung Goebbels', »nur als Leichen werden wir die Ämter wieder verlassen«, dieses schrecklich wahre Wort, und das andere, am 5. März werde in Deutschland zum letztenmal gewählt, wollte die Zeitung Ende Februar als »Einschüchterungsversuche« verstehen. Denn würde man sie wörtlich nehmen, bekundeten sie die Absicht des Verfassungsbruches; die bisherige Taktik der nationalsozialistischen Führer sei jedoch gewesen, der »Legalität« nicht Gewalt anzutun. Aus welchem Grunde – so frug die Zeitung – sollte Hitler jetzt davon ablassen?[14]

Die Zeitung versuchte den Nationalsozialisten auch den Gedanken nahezubringen, daß es gut wäre, wenn sie als »Sachwalter des ganzen Volkes« handelten. Jetzt, da die Obstruktion der vergangenen Jahre, in denen sie zusammen mit den Kommunisten den Reichstag lahmgelegt hätten, hinter ihnen liege, gebe es endlich wieder die Möglichkeit parlamentarischer Koalitionsregierungen. Da die Redaktion erwartete, die Nationalsozialisten würden bei Wahlen weiterhin auf eine feste Mauer aus Zentrum und SPD stoßen und Hitler werde deshalb nicht mit den Deutschnationalen allein regieren können, hoffte sie, er werde schließlich auf den Weg der Parteienbündnisse und der Respektierung des Mehrheitswillens zu drängen sein.[15]

Als am 16. Februar der sozialdemokratische »Vorwärts« und das »Acht-Uhr-Abendblatt« zeitweilig verboten wurden, debattierte die

Redaktion über den Fall. Hatte der »Vorwärts« nicht das Verbot provoziert? Und war ein Boulevardblatt es wert, von der »Frankfurter Zeitung« in Schutz genommen zu werden? Einer der Jüngeren, Hans Kallmann (1899–1950), der Temperamentvollste in der Redaktion von 1933 (der im Kapp-Putsch noch auf der »falschen« Seite gestanden hatte und Ende der zwanziger Jahre Geschäftsführer des Reichsbundes der Deutschen Jungdemokraten gewesen war), war der Ansicht, »daß wir in der Zeitung etwas zu den neuesten Zeitungsverboten... sagen müßten«. Simon, Drill, Schotthöfer und Reifenberg waren übereinstimmend dagegen, »weil keine Notwendigkeit besteht, sich für das ›Acht-Uhr-Abendblatt‹ einzusetzen. Es sei auch nicht sehr klug vom ›Vorwärts‹, sich einem Verbot auszusetzen in einer Zeit, wo es notwendig ist, gelesen zu werden.«[16]

So entschied man sich gegen einen Artikel. Als aber am nächsten Tag auch »Tempo« (Ullstein) verboten wurde, stieß die Redaktionskonferenz ihren Beschluß vom Vortag um[17] und griff nun mit einem Leitartikel zugunsten der verbotenen Zeitungen ein. Der Artikel konzentrierte die Kritik auf eine neue Verfügung der kommissarischen preußischen Regierung, daß die Begründungen für Verbote einzelner Zeitungen nicht mehr veröffentlicht werden dürften. »Bisher konnten die Verbotsmaßnahmen von der öffentlichen Kritik unter die Lupe genommen werden. Jetzt ist die Kontrolle endgültig ausgeschaltet. Gegenüber der Gefahr reiner Verwaltungswillkür ist eine der letzten Hemmungen gefallen.«[18] Am 15. Februar kritisierte die Zeitung die neuen Richtlinien Görings für Polizei, SA, SS und Stahlhelm und die Zeitungsverbote ohne Begründung und ohne Beschwerdemöglichkeit. »Ist dies alles der Beginn eines großen Schweigens, das über Deutschland lasten wird?«[19]

Schon waren auch in Frankfurt und in London Gerüchte im Umlauf, die »Frankfurter Zeitung« sei ebenfalls auf einige Tage verboten worden. Auch wenn sie falsch waren, die Zeitung mußte sie ernst nehmen, denn die Gerüchte konnten einen wahren Kern haben; vielleicht war irgendwo etwas durchgesickert über Bemühungen in der Partei, die Regierung zu einem Verbot zu veranlassen? Was in der Redaktionskonferenz zum Verhalten des »Vorwärts« gesagt worden war, mußte man auch sich selbst sagen: Es konnte nicht klug sein, ein Verbot zu riskieren »in einer Zeit, wo es notwendig ist, gelesen zu werden«. Jetzt, mitten in dem entscheidenden Wahlkampf, mußte zwar vernehmlich gegen die Regierung gesprochen und der Stimmenchor der demokratischen Opposition verstärkt werden, aber wenn man dabei die unbezeichnete Grenze überschritt, lief man den Nationalsozialisten ins offene Messer, und nichts war gewonnen. Das grundsätzlich Richtige und das Taktisch-Effektive waren mit gleicher Klugheit zu erwägen.

Die Redaktion hatte schon am 4. Februar, dem Tag der »Notverordnung zum Schutz des deutschen Volkes«, über eine Selbstsicherung gegen Fahrlässigkeit nachgedacht und sich deshalb eine eigene »Zensur« geschaffen, mit der anfänglich Drill, Reifenberg und Simon beauftragt wurden. Es handelte sich um eine Art zweiter Instanz in dem üblichen »Gegenlese«-Verfahren für politische Artikel. Nach der ersten Zeitungsverbotswelle vom 16./17. Februar wurde diese »Hauszensur« auch auf Beiträge im Feuilleton ausgedehnt.[20] Allein am 21. und 22. Februar ergingen neun Zeitungsverbote. Wenige Tage später erhielt die Redaktion eine Verwarnung des Oberpräsidenten der Provinz Hessen-Nassau wegen eines Beitrags über Görings Erlaß zur Einsetzung von Nationalsozialisten als »ehrenamtliche Beamte« (sprich: Aufpasser) in den Behörden. Die Zeitung hatte dem kommissarischen preußischen Innenminister vorgeworfen, er habe Anweisung gegeben, die Gesetze parteiisch zu handhaben. Mit dieser Behauptung, teilte der Oberpräsident mit, sei ein leitender Beamter des Staates verächtlich gemacht worden – und das war ein Verstoß gegen die Notverordnung vom 4. Februar.[21]

In der Nacht vom 27. auf den 28. Februar brannte der Reichstag. Als der Morgen anbrach, waren viertausend Kommunisten – Funktionäre, Parteimitglieder, intellektuelle Sympathisanten – verhaftet. Und ehe der Vormittag vorüber war, hatte Hitler mit der Behauptung, ein kommunistischer Aufstand stehe unmittelbar bevor, Hindenburg dazu gebracht, die nächste Notverordnung »Zum Schutz von Volk und Staat« zu unterzeichnen, die die Grundrechte aufhob und die Reichsregierung ermächtigte, in jedem Land einzugreifen, dessen Regierung nicht fähig oder willens war, die öffentliche Sicherheit und Ordnung wiederherzustellen. Die deutschnationalen Mitglieder der Regierung ließen – aus Schwäche oder Blindheit – zu, daß diese Vollmacht ohne Ausführungsbestimmungen blieb und darum dem kommissarischen preußischen Innenminister Göring wiederum viel Handlungsfreiheit ließ. Die Notverordnung, förmlich nur für die Dauer des »Notstandes« erlassen, erlaubte, Personen auf bloßen Verdacht zu verhaften und ohne Urteil einzusperren. So entstanden die ersten provisorischen Haftanstalten, die »wilden« Konzentrationslager, unter der Regie der SA und SS als »Hilfspolizei« des Staates. Mit diesen Zwangsmitteln bauten sich die Nationalsozialisten parallel zur Strafjustiz einen zweiten Apparat zur Erzwingung von Gehorsam auf, ohne daß die Straftaten, die Strafe und der Vollzug gesetzlich normiert waren.

Der Leitartikel über die Notverordnung »Zum Schutz von Volk und Staat« traf zwei Unterscheidungen: Er zweifelte nicht an der Absicht der Kommunistischen Partei, einen gewaltsamen Umsturz herbeizuführen – das hätten die kommunistischen Führer oft genug selbst zum

Ausdruck gebracht –, aber an ihrer Fähigkeit dazu. Die Reichsregierung könne im Kampf gegen kommunistische Unruhestifter auf viel breitere Kreise im Volk rechnen als nur auf die Rechtsparteien: »Sie könnte in diesem Punkte selbst die Sozialdemokraten auf ihrer Seite haben, wenn sie den Trennungsstrich dort zöge, wohin er gehört: zwischen die Sozialdemokratische und die Kommunistische Partei.« Die Zeitung drängte, die Notverordnung schleunigst durch genaue Ausführungsbestimmungen auf ihren erklärten Zweck, die Abwehr kommunistischer Gewalttakte, zu beschränken und die Aktionen der Behörden der Prüfung der Gerichte zu unterstellen.[22] Kircher ging in seinem Kommentar auf die Behauptung der Nationalsozialisten ein, auch die Sozialdemokraten seien an der Brandstiftung beteiligt: »Es ist vollkommen absurd, die Sozialdemokratie für ein solches Attentat verantwortlich machen zu wollen und damit aus der Sozialdemokratie eine terroristische Partei zu machen. Das ist eine Willkürlichkeit, die der Geschichte der Sozialdemokratie Hohn spricht und die von allen Mitgliedern der Sozialdemokratischen Partei Deutschlands als das schwerste Unrecht aufgefaßt werden wird, das man ihrer Partei überhaupt zufügen kann.«[23]

Der nationalsozialistische Wahlkampf aber war darauf angelegt, den Wählern einzuhämmern, es gebe nur die Wahl zwischen Hitler und dem Bolschewismus. Unmittelbar vor der Wahl rief die Zeitung die Wähler nochmals auf, weder »aus Angst mitzurennen« noch sich einschüchtern zu lassen.[24] Hitler verlange von den Wählern eine Blankovollmacht; die Wahl sei eine Entscheidung über Diktatur und Willkür. »Nichts ist kläglicher als die Flucht auf die Seite der stärker bewaffneten Bataillone. Nichts ist kurzsichtiger als die Hoffnung, der stille Wettlauf zwischen Hakenkreuzlern und Schwarz-Weiß-Roten könne dadurch im Sinne der Demokratie beeinflußt werden, daß man die Schwarz-Weiß-Roten durch ein paar Wahlstimmen kräftigt. Alle Stimmen, die nach rechts fallen, werden vom Reichskanzler als Billigung des neuen Kurses gewertet werden –, aber das wird die NSDAP nicht hindern, ihren eigenen Weg zu gehen, wenn sich die Möglichkeit dafür bietet. Was nottut, sind darum nicht ›deutschnationale Stimmen‹, sondern Proteststimmen. Was nottut, sind Stimmen, die den Machthabern ins Gedächtnis rufen, daß Deutschland nicht bloß aus Nationalsozialisten und Schwarz-Weiß-Roten besteht. Nie war es nötiger, die Grenzen der legalen Möglichkeit deutlich sichtbar zu machen!«[25]

Dank einer gewaltigen Mobilisierungskampagne schaffte es die NSDAP, daß am 5. März die Wahlbeteiligung auf 88,1 Prozent der Stimmberechtigten stieg (gegenüber 79,9 Prozent am 6. November 1932). Die NSDAP errang 288 Reichstagsmandate (im November 1932: 196) hauptsächlich zu Lasten der KPD. Die andern Parteien,

Reichsgesetzblatt
Teil I

| 1933 | Ausgegeben zu Berlin, den 28. Februar 1933 | Nr. 17 |

Inhalt: Verordnung des Reichspräsidenten zum Schutz von Volk und Staat. Vom 28. Februar 1933 .... S. 83

Die rasche Etablierung der Diktatur: Mit der am Morgen nach dem Reichstagsbrand erlassenen Verordnung »zum Schutz von Volk und Staat« wurden wesentliche Grundrechte der demokratischen Ordnung außer Kraft gesetzt

---

Verordnung des Reichspräsidenten zum Schutz von Volk und Staat. Vom 28. Februar 1933.

Auf Grund des Artikels 48 Abs. 2 der Reichsverfassung wird zur Abwehr kommunistischer staatsgefährdender Gewaltakte folgendes verordnet:

§ 1

Die Artikel 114, 115, 117, 118, 123, 124 und 153 der Verfassung des Deutschen Reichs werden bis auf weiteres außer Kraft gesetzt. Es sind daher Beschränkungen der persönlichen Freiheit, des Rechts der freien Meinungsäußerung, einschließlich der Pressefreiheit, des Vereins- und Versammlungsrechts, Eingriffe in das Brief-, Post-, Telegraphen- und Fernsprechgeheimnis, Anordnungen von Haussuchungen und von Beschlagnahmen sowie Beschränkungen des Eigentums auch außerhalb der sonst hierfür bestimmten gesetzlichen Grenzen zulässig.

§ 2

Werden in einem Lande die zur Wiederherstellung der öffentlichen Sicherheit und Ordnung nötigen Maßnahmen nicht getroffen, so kann die Reichsregierung insoweit die Befugnisse der obersten Landesbehörde vorübergehend wahrnehmen.

§ 3

Die Behörden der Länder und Gemeinden (Gemeindeverbände) haben den auf Grund des § 2 erlassenen Anordnungen der Reichsregierung im Rahmen ihrer Zuständigkeit Folge zu leisten.

§ 4

Wer den von den obersten Landesbehörden oder den ihnen nachgeordneten Behörden zur Durchführung dieser Verordnung erlassenen Anordnungen oder den von der Reichsregierung gemäß § 2 erlassenen Anordnungen zuwiderhandelt oder wer zu solcher Zuwiderhandlung auffordert oder anreizt, wird, soweit nicht die Tat nach anderen Vorschriften mit einer schwereren Strafe bedroht ist, mit Gefängnis nicht unter einem Monat oder mit Geldstrafe von 150 bis zu 15 000 Reichsmark bestraft.

Wer durch Zuwiderhandlung nach Abs. 1 eine gemeine Gefahr für Menschenleben herbeiführt, wird mit Zuchthaus, bei mildernden Umständen mit Gefängnis nicht unter sechs Monaten und, wenn die Zuwiderhandlung den Tod eines Menschen verursacht, mit dem Tode, bei mildernden Umständen mit Zuchthaus nicht unter zwei Jahren bestraft. Daneben kann auf Vermögenseinziehung erkannt werden.

Wer zu einer gemeingefährlichen Zuwiderhandlung (Abs. 2) auffordert oder anreizt, wird mit Zuchthaus, bei mildernden Umständen mit Gefängnis nicht unter drei Monaten bestraft.

§ 5

Mit dem Tode sind die Verbrechen zu bestrafen, die das Strafgesetzbuch in den §§ 81 (Hochverrat), 229 (Giftbeibringung), 307 (Brandstiftung), 311 (Explosion), 312 (Überschwemmung), 315 Abs. 2 (Beschädigung von Eisenbahnanlagen), 324 (gemeingefährliche Vergiftung) mit lebenslangem Zuchthaus bedroht.

Mit dem Tode oder, soweit nicht bisher eine schwerere Strafe angedroht ist, mit lebenslangem Zuchthaus oder mit Zuchthaus bis zu 15 Jahren wird bestraft:

1. Wer es unternimmt, den Reichspräsidenten oder ein Mitglied oder einen Kommissar der Reichsregierung oder einer Landesregierung zu töten oder wer zu einer solchen Tötung auffordert, sich erbietet, ein solches Erbieten annimmt oder eine solche Tötung mit einem anderen verabredet;
2. wer in den Fällen des § 115 Abs. 2 des Strafgesetzbuchs (schwerer Aufruhr) oder des § 125 Abs. 2 des Strafgesetzbuchs (schwerer Landfriedensbruch) die Tat mit Waffen oder in bewußtem und gewolltem Zusammenwirken mit einem Bewaffneten begeht;
3. wer eine Freiheitsberaubung (§ 239) des Strafgesetzbuchs in der Absicht begeht, sich des der Freiheit Beraubten als Geisel im politischen Kampfe zu bedienen.

§ 6

Diese Verordnung tritt mit dem Tage der Verkündung in Kraft.

Berlin, den 28. Februar 1933.

Der Reichspräsident
von Hindenburg

Der Reichskanzler
Adolf Hitler

Der Reichsminister des Innern
Frick

Der Reichsminister der Justiz
Dr. Gürtner

Herausgegeben vom Reichsministerium des Innern. — Gedruckt in der Reichsdruckerei, Berlin.

---

namentlich SPD und Zentrum, konnten trotz der Einschüchterungen die Zahl ihrer Mandate in etwa halten. Aber gerade die letzte Phase des Wahlkampfes hatte gezeigt, daß die Nationalsozialisten ihre Machtmittel ohne Bedenken, gesetzwidrig, gebrauchten.

Im Augenblick von Hitlers Triumph versuchte die Zeitung, den Sieger auf die Schwierigkeiten der Regierungsaufgabe hinzuweisen, ihm Vorsicht und Respekt vor der Opposition nahezulegen. »Eine gewaltige Wählermasse«, kommentierte Kircher das Wahlergebnis, »steht nun bereit und wartet auf die Verwirklichung ihrer Hoffnungen. Diese Hoffnungen erschöpfen sich keineswegs im nationalen Hochgefühl; sie sind überdies von sehr verschiedener, widerspruchsvoller Art. Der Stimmenbesitz der NSDAP ist nicht unvergänglich. Jene Novemberwahlen haben es bewiesen... Diese neun Millionen sind Herrn Hitler zu schnell zugeströmt, als daß er die Beständigkeit ihrer Überzeugung überschätzen könnte. Es gibt ein Heute, aber es gibt auch ein Morgen!«[26]

Der Leitartikel der Frankfurter Redaktion vom gleichen Tag gab dem Sieger zweierlei zu bedenken: »Der Nationalsozialismus könnte es heute, nachdem ihm die Mehrheit des Volkes ihr Vertrauen schenkt und nachdem er also auf Grund eines demokratischen Prinzips zur Macht gekommen ist, sich leisten, die Methoden seines Machtkampfes zu verändern. Es hat keinen Sinn, die Fiktion aufrechtzuerhalten, die Gegner der Partei seien Feinde des Vaterlandes... Wir würden unsere Pflicht versäumen, wollten wir heute nicht aussprechen, daß dieser Sieg überschattet ist. Nicht weil es Besiegte gibt, sondern weil wir die Methoden nicht vergessen können, denen der Nationalsozialismus einen großen Teil seines Zulaufs zu verdanken hat. Wir möchten wünschen, es seien die Verantwortlichen des Nationalsozialismus sich ebenso darüber im klaren wie wir.«[27] Auch andere Blätter, wie die »Deutsche Allgemeine Zeitung«, die »Berliner Börsenzeitung«, die »Germania« der Zentrumspartei und die »Vossische«, wußten zu diesem 5. März nichts anderes zu sagen.

In den Wochen vor der Wahl war die Redaktion der »Frankfurter Zeitung« mit einigen der Schwierigkeiten in Berührung gekommen, die von nun an zum täglichen Brot gehörten. Dazu zählten der Konflikt zwischen Patriotismus und innerer Opposition in Fragen der Außenpolitik; der Konflikt zwischen Grundsätzen und taktischen Maßnahmen; die Notwendigkeit, den Lesern indirekt Informationen zu geben, die sich direkt schon nicht mehr aussprechen ließen; und nicht zuletzt die Erfahrung der Recht- und Schutzlosigkeit vor der Willkür der neuen Herren. Die Überlebenschance der Zeitung und der Redaktion als einer Gemeinschaft gleichgesinnter Journalisten lag von nun an einzig darin, eine Lage zu erhalten, in der es das Regime als schädlicher ansehen mußte, das verhaßte Blatt zu schließen als es zu dulden.

V
Die Gleichschaltung

Die Wahl vom 5. März 1933 war die letzte Gelegenheit gewesen, Hitlers Diktatur mit den Mitteln des Verfassungsstaates aufzuhalten. Zwar war sie vertan, aber immerhin waren 48 Prozent der Deutschen den demokratischen Parteien, vor allem der SPD und dem Zentrum, treu geblieben. Noch waren deren große Organisationen und Verbände wie das »Reichsbanner Schwarz-Rot-Gold« und die Gewerkschaften intakt. Noch gab es in den süddeutschen Ländern demokratische Koalitionsregierungen. Doch mit verblüffender Geschwindigkeit und fast widerstandslos ließen sie sich allesamt entwaffnen. Jetzt erst fand statt, was die nationalsozialistische Legende später auf den 30. Januar vorverlegte, die »Machtergreifung«. Sie läßt sich nicht allein mit der Rücksichtslosigkeit des Machteinsatzes in einer Kombination von Scheinlegalität und roher Gewalt erklären; dazu gehörten auch die Willensschwäche und die um sich greifende Mutlosigkeit im Lager der demokratischen Parteien und der ihnen nahestehenden Verbände, besonders der Gewerkschaften. Fünf Tage nach der Wahl hatten die Nationalsozialisten alle Länderregierungen zu Fall gebracht. Schon eine Woche nach dem Wahltag, so konstatierte Rudolf Kircher, war denjenigen Deutschen, die sich nicht zu den Siegern des 5. März zählten, nichts geblieben »als ihr unbewaffneter Leib und die Stärke ihrer Gesinnung«.[1]

Die Geschichte der »Gleichschaltung« ist in der »Frankfurter Zeitung« in Hunderten einzelner Nachrichten nachzulesen. Kein Buch kann eine anschaulichere Vorstellung vom Tempo und der systematischen Vollständigkeit dieser auf totale Macht gerichteten Eroberungsstrategie geben als die Seiten der Zeitung im Frühjahr und Frühsommer des Jahres 1933. Die Redaktion leistete ein Glanzstück an Unterrichtung. In bezeichnenden Detailaufnahmen wurde der Prozeß festgehalten, der Tag für Tag tiefer ins Ungewisse führte – die Chronik einer Eroberungsgeschichte, ein moderner Teppich von Bayeux. Man sieht nicht alle Opfer dieses düsteren Kampfes, aber genug. Fünfhundert bis sechshundert Tote – Erschlagene, zu Tode Gequälte, in den Selbstmord Getriebene – soll die »Gleichschaltung« gefordert haben. Wenigstens ein halbes Hundert erscheinen in Person in den Spalten der »Frankfurter Zeitung«, die meisten mit vollem Namen und unter Angabe der näheren Umstände. Rund hunderttausend Deutsche, so ist später rekonstruiert worden, waren im Laufe dieses Jahres 1933 kürzere oder längere Zeit Gefangene der SA oder der SS. »18 000 in Schutzhaft«, wie der beschönigende Ausdruck ungesetzlicher Freiheitsberaubung lautete, stand am 16. Juli auf der ersten Seite der Zeitung[2]; nach einer internen Aufzeichnung des Reichsinnenministeriums betrug die wirkliche Zahl am 31. Juli 26 800 Personen.[3]

Die Zeitungen selbst waren Objekte der »Gleichschaltung«. Deshalb ist nicht nur das beachtenswert, was sie über die sturmschrittweise Inbesitznahme aller Residuen politischer und gesellschaftlicher Macht berichteten, sondern auch, wie es ihnen gelang, trotz des Terrors, dem sie selbst ausgesetzt waren, die Geschichte der »Gleichschaltung« als eine Geschichte der Treulosigkeit, der Lüge und roher, unrechtmäßiger Gewalt zu schreiben. In den ersten Wochen gab es zwar noch nicht das Regime der »Weisungen«, mit denen der Propagandaminister den Zeitungen später täglich vorschrieb, worüber und wie sie zu schreiben hätten. Die Zeitungen mußten noch selbst entscheiden, wie weit sie gehen konnten – in Kenntnis freilich des individuellen Terrors der SA mit ihren schrecklichen »Bunkern« und der unberechenbaren Regierungspraxis der »Zeitungsverbote«. Ein Fehltritt – und es konnte vorbei sein.

Welcher Art nun waren die Nachrichten? Am 8. März 1933 finden sich auf einer einzigen Seite der Zeitung die folgenden Meldungen: In Darmstadt drang Gauleiter Sprenger aus Frankfurt mit einem SA-Trupp bewaffnet ins Innenministerium des Landes ein und erzwang von der Regierung die Übergabe der Polizeigewalt an einen nationalsozialistischen Landtagsabgeordneten als Reichskommissar; die Büros der SPD und des »Reichsbanners Schwarz-Rot-Gold« wurden durchsucht; eine »Hilfspolizei« aus 1200 Mann der Verbände des »Stahlhelms« und der NSDAP wurde ernannt. In München, Stuttgart und Karlsruhe, so berichteten die Korrespondenten der Zeitung, verlangten die nationalsozialistischen Landtagsfraktionen den Rücktritt der Landesregierungen und die Bildung neuer Regierungen auf Grund der Mehrheitsverhältnisse im Reichstag. In Preußen darf nicht mehr die Fahne der Republik gehißt werden; auf dem Berliner Rathaus weht die Hakenkreuzfahne. In der Dresdner Staatsoper kam es während einer Vorstellung zu nationalsozialistischen Kundgebungen gegen den Generalmusikdirektor Fritz Busch. In Darmstadt forderten Nationalsozialisten den Generalintendanten des Hessischen Landestheaters, Gustav Hartung, zum Rücktritt auf. Der Präsident der Hessischen Landesversicherungsanstalt, Hermann Neumann, brachte sich eine lebensgefährliche Schußwunde am Kopf bei; über die Gründe seines Selbstmordversuches sei »noch nichts zu erfahren«.[4]

Am nächsten Tag: Blockierung jüdischer Geschäfte im Ruhrgebiet durch SA. Beschlagnahme des Karl-Liebknecht-Hauses, des Parteigebäudes der KPD, in Berlin. Der Berliner Polizeipräsident, Graf Helldorf, dazu: »Ich erkläre hiermit, daß für jeden SA-Mann, der von heute ab in Berlin oder Brandenburg ermordet wird, drei Kommunisten mit dem Tode büßen müssen.« Nachrichten über neue Zeitungsverbote, Schießereien zwischen Kommunisten und SA in Düsseldorf und Breslau, Störungen eines weiteren Konzertes des Dirigenten Busch durch SA mit Trillerpfeifen, Hakenkreuzfahnen auf beiden Dresdner Staatstheatern.[5] Aus Berlin wurde zwei Tage später gemeldet, daß man in einer Schonung an der Wannsee-Chaussee bei Klein-Machnow drei Männer erschossen aufgefunden habe; zu den Untersuchungen der Mordkommission sei auch die politische Partei hinzugezogen worden, hieß es aufschlußreich.[6]

Aber vielleicht kam es den Nationalsozialisten gar nicht ungelegen, daß die »Gleichschaltung« in den Zeitungen so detailliert beschrieben wurde. Die Rechtlosigkeit, welche die Opposition darin sehen mußte – die Nationalsozialisten konnten dies ebensogut als Beleg ihrer Entschlossenheit und Kühnheit lesen. Sie wußten, daß Terror nur dann Gehorsam erzwingt, wenn die Strafen für Ungehorsam jedermann sichtbar sind. Den Nationalsozialisten mochte es – zu dieser Zeit jedenfalls noch – nützlich erscheinen, daß es Nachrichten über die Härte ihrer »Revolution«, über Verhaftungen, Selbstmorde und »Schutzhaft« gab.

Am Ende der ersten Woche suchte Rudolf Kircher den Ertrag zu bewerten. Es war ein merkwürdiger Artikel, eine frühe Probe seiner taktischen Geschmeidigkeit und seiner irritierenden Fähigkeit, im selben Artikel mehrere Standpunkte einzunehmen. Das gab seinen Beiträgen die Eigenschaft von Vexierbildern: man konnte sie auf zweierlei Weise lesen. Tadel war als Kompliment verkleidet, eine Tatsachenfeststellung konnte Kommentar sein. Wer den Kunstgriff nicht bemerkte, konnte sich ungläubig fragen, ob Kircher ins andere Lager gewechselt sei. Kircher verstand es wie kein anderer, Komplimente zu machen, deren Boshaftigkeit nicht nachzuweisen war. Kirchers Art zu fechten, war gewiß ungemein artistisch und kühn, aber es war auch unheimlich, ihn so kaltblütig-geschickt zwischen den Fronten herumturnen zu sehen. Er wurde selbst zum Vexierbild. Die Tarnkappe machte ihn nicht nur für den Gegner schwer faßbar; sie konnte auch Freunde irritieren. Widerspruch in einer totalitären Herrschaft ist nur möglich, wenn er vorgibt, etwas anderes zu sein, als was er ist, und sich dabei auf ein täuschendes Spiel einläßt, in der Hoffnung, daß die Leser durch die »Verpackung« hindurchsehen und die richtige Botschaft erkennen.

Die erste Woche.

Die Woche, so begann Kircher doppeldeutig, habe gehalten, was der Führer der Nationalsozialisten versprochen habe: »vollkommene Beherrschung Deutschlands in allen seinen Teilen«. Die Kombination Hitler-Papen-Hugenberg habe den ersten Ansturm nationalsozialistischer Siegesfreude überdauert. »Und das mußte so sein, wenn das Verlangen des Reichspräsidenten nach einer parlamentarischen Mehrheit befriedigt werden sollte.« Was hieß hier »müssen?« Kirchers »mußte« hing an einem »wenn«, und er sagte »wenn«, weil man schon nicht mehr »damit« sagen konnte. Danach fuhr Kircher deutlicher fort: Die Geschehnisse der vergangenen Wochen dürften nicht nach den noch schlimmeren Dingen beurteilt werden, die in einer Revolution geschehen könnten, »sondern nach dem, was in einem Verfassungs- und Rechtsstaat allein geschehen darf«. Da Kircher die Nationalsozialisten nicht mit den Prinzipien des Rechtsstaates und der Demokratie beeindrucken konnte, suchte er an ihren Sinn für nationale Einigkeit zu appellieren: »Millionen sind beglückt, Millionen sind bedrückt, viele Millionen sind bedrückt – viele Millionen! Hier müßte es gelten, aus dem Sieg einer Partei den Sieg eines Volkes zu machen... Die maßvolle Ausnützung der Siege ist noch immer der Prüfstein der Staatskunst gewesen.«[7]

Als Kircher seinen Artikel in Berlin konzipierte, schrieb Benno Reifenberg in Frankfurt gerade einen Leitartikel über die Einholung der Fahne Schwarz-Rot-Gold. Als er in der Konferenz den Gedankengang des Artikels skizziert hatte, gab es eine bittere Debatte. Cohnstaedt stand, wie Reifenberg berichtet, vom Tisch auf, tränenüberströmt.[8] Reifenberg schrieb eine Ehrenerklärung für die Fahne der Republik. Weil es 1918/19 nicht gelungen sei, auch dem einfachen Manne die wahre Bedeutung der Farben Schwarz-Rot-Gold zu erklären, sei der Farbenwechsel damals ein politischer Fehler gewesen, räumte er ein. Doch der Friede von Versailles gereiche nicht den Männern von Weimar, der Republik und ihrer Fahne zur Unehre, sondern den Siegern. Diese Fahne, die Fahne von 1848, sei die Fahne des ganzen deutschen Volkes, und nicht nur, wie Schwarz-Weiß-Rot, die eines Reiches unter preußischer Hegemonie, das die Österreicher ausgeschlossen hatte. »Wir müßten uns selbst nicht achten«, schloß Reifenberg, »würden wir nicht vor aller Öffentlichkeit Zeugnis ablegen für die schwarzrotgoldene Fahne, für den Traum dieser Fahne und für den guten Willen derer, die sie geliebt haben.«[9]

B K Berlin, 11. März.

Die erste Woche nach dem Wahlsieg Hitlers hat alles gehalten, was die kurze Zeitspanne seit dem Amtsantritt ihres Führers den Nationalsozialisten versprochen hat: vollkommene Beherrschung Deutschlands in allen seinen Teilen. Die Kombination Hitler — Papen — Hugenberg hat den ersten Ansturm nationalsozialistischer Siegesfreude überdauert, — und das mußte so sein, wenn das Verlangen des Reichspräsidenten nach einer parlamentarischen Mehrheit befriedigt werden sollte. Diese Kombination ließ ein gewisses Maß von Beschränkung der politischen Programmatik der NSDAP erwarten. Wir bezweifeln nicht, daß es manche Nationalsozialisten gibt, die finden, die Eroberung der Macht habe sich auf eine für die Besiegten viel zu glimpfliche Weise vollzogen. Wertmesser dessen, was geschehen ist und noch geschehen wird, kann indessen nicht die Geistesverfassung der siegreichen Truppen sein, sondern lediglich das Grundrecht, das jedem Deutschen durch die vom Reichspräsidenten und von den Reichsministern beschworene Verfassung gewährt wird. Man kann das Geschehene nicht nach den viel schlimmeren Dingen beurteilen, die hätten geschehen können, sondern nach dem, was in einem Verfassungs- und Rechtsstaat allein geschehen darf. Der Herr Reichspräsident hat dieser Regierung Vollmachten von allergrößtem Ausmaß gegeben. Wir verkennen allerdings nicht, daß eine der Vollmachten, nämlich das Recht zur Auflösung des Reichstags, die Autorität der Regierung auf eine demokratische Weise sanktioniert hat.

*

Wer hätte zu Anfang dieses Jahres voraussehen können, daß die Entwicklung diesen jähen Verlauf nehmen werde? Während der Regierungszeit Papens und Schleichers erlitt die NSDAP schwere Niederlagen. Sie verlor nicht nur Stimmen, sie verlor Prestige bei Millionen ihrer Anhänger, und ihre Kassen wurden leer. Was sich umgekehrt auf der Regierungsseite zutrug, schien eine Umschwung vorzubereiten, denn man verspürte, daß die Bereitschaft des Volkes, kraftvoll und tonstark geführt zu werden, endlich wieder auch einem Nichtnationalsozialisten zugute kommen könne. Freilich, die demokratischen Parteien verbauten den Weg. Kombination Papen-Schleicher gab den Weg. Ein neues Aufatmen, als Schleicher allein wiederkehrte — aber, wie man bald sah, eine völlig veränderte Situation. Ein unbegreiflicher Beschluß des Aeltestenrats, der den Antrag der NSDAP auf langfristige Vertagung des Reichstags verwarf, gab Herrn von Papen die Möglichkeit zur Durchführung seines Planes. Fast scheiterte er in der Nacht vom 29. auf 30. Januar: in letzter Stunde, deren Zusammenhänge noch unaufgeklärt sind, griff Hitler jedoch zu. Nun erkannten die Führer der NSDAP die einzigartige und unverhoffte Chance. Von nun an entwickelten sie einen Plan von unheimlicher Konsequenz. Mit beneidenswerter Energie führen sie ihn durch. Der Felsblock, der ins Wasser stürzte, setzt Welle auf Welle in Bewegung. Das Ende ist nicht abzusehen. Herr von Papen und seine Mitstreiter erscheinen uns in diesem Stadium kaum mehr als Herren der Situation, eher als die Gefangenen ihres eigenen Spiels. Um den Reichspräsidenten aber, der noch vor einer Woche auf den Wahlplakaten der NSDAP gleichsam als Schrittmacher benutzt wurde, ist es still geworden.

*

Vor zwei Jahren, vor einem halben Jahr, ja sogar noch vor zwei Monaten bezeichneten wir es als die größte staatspolitische Aufgabe, die NSDAP an die Regierung heranzuführen — das ist heute erreicht, aber offensichtlich ohne jene Garantien, die man seinerzeit für unerläßlich gehalten hat. Es gibt tatsächlich kaum einen Funken von realisierbarer Macht in Deutschland, den die NSDAP nicht bereits in ihren sicheren Besitz gebracht und mit ihren privaten Formationen verknüpft hätte. Täuschen wir uns nicht über die Lage: allen denen, die nicht zu den 52 Prozent gehören, ist nichts verblieben als ihr unbewaffneter Leib und die Stärke ihrer Gesinnung. 48 Prozent oppositioneller Meinung wäre ein guter Anfang, aber wir wissen, daß nur ein recht kleines Häuflein versammelt ist, wenn wir alle diejenigen abrechnen, die zwar mit uns jenseits der Regierungsschranke stehen, die aber durch Denkart, Methoden und Ziele von uns getrennt sind.

Die Linksradikalen vollends, ihre militanten Führer und Verführer, denen der Hauptangriff der Regierung zur Zeit gilt, waren stets auch unsere Gegner, es sind Menschen, mit denen wir und andere nichts gemein haben außer dem Bewußtsein, daß sie auf dem gleichen deutschen Boden und unter Verhältnissen groß geworden sind, die bisher niemand zu meistern vermochte und die auch nicht geändert sind, wenn man die kommunistischen Organisationen zertrümmert. Das Häuflein derer, die ihre Stimme zu Gehör bringen können und wollen, mag zusammenschmelzen, denn heute wäre jegliche Opposition machtlos, aber das Häuflein ist groß und stark durch das Gefühl der Verpflichtung, für andere sprechen zu müssen, die nicht zu Wort kommen — groß und stark durch die Gewißheit, eine Gesinnung durch den Sturm tragen zu dürfen, die uns überliefert ist, seit es überhaupt in Deutschland Männer gab, die — vor Jahrhunderten — das Recht des Protestierens als ein geheiligtes Recht proklamierten, das Recht gegen Dinge anzukämpfen, deren stillschweigende Duldung ihr Gewissen gepeinigt hätte.

*

Die nationalsozialistische Revolution ist Tatsache geworden. Wir sind ihrem Anfang näher als ihrem Ende. Wir alle leben und arbeiten unter einem Ausnahmerecht. Das ist an sich die Begleiterscheinung jeder wie immer gearteten Revolution. Eine gewaltige, in ihren Ausmaßen und ihrer Intensität großartige Bewegung geht durch das Volk. Millionen sind beglückt, Millionen sind bedrückt, viele Millionen sind bedrückt — viele Millionen! Hier müßte es gelten, aus dem Sieg einer Partei den Sieg eines Volkes zu machen — in einer späteren Zeit wird man die Führer der NSDAP danach bemessen, ob es ihnen gelungen ist, die neue Scheidung zwischen den beglückten und den bedrückten Millionen durch Staatskunst so rasch wie möglich aus der Welt geschafft zu haben. Unzufriedene, Andersgläubige, Opponierende wird es immer geben — Unterdrückte, Bedrohte, Gefesselte darf es in einer großen Nation, die aus der deutschen Geschichte hervorgegangen ist, nicht geben, es sei denn, es handle sich um Hochverräter und Verbrecher. Die bolschewistischen Arrangements kann man matt setzen, aber die Gründe, aus denen diese Aufrührer Zulauf hatten, sind damit nicht beseitigt — ebensowenig wie die Herzen der Millionen gutwilliger Arbeiter dadurch für die neue Regierung gewonnen werden können, daß man sozialdemokratische Funktionäre, vollends solche, die während der Novemberrevolution die Spartakisten abgewehrt, oder die, wie Herr Sollmann, während des Ruhrkampfes ihre ganze Kraft für das nationale Werk eingesetzt haben, überfällt und terrorisiert. Für jeden, den es trifft, ist es fürwahr kein Trost, wenn er nur das Opfer „privater" Aktionen oder rachsüchtiger persönlicher oder politischer Gegner geworden ist, die sich unbefugterweise einer Uniform bedienten. Durch diese Zustände, die der stellvertretende Vorsitzende einer der beiden Regierungsparteien (der Deutschnationalen) mit klaren Worten als ungesetzlich und mit dem „unverletzlichen Charakter des Rechtsstaates" unverträglich bezeichnet hat, ist eine tiefe Erregung in weitesten Kreisen des Volkes geschaffen worden.

Man begrüßt es deshalb allgemein, daß nunmehr Herr Hitler selbst den Zeitpunkt für gekommen sah, um in einem Aufruf die Verpflichtung zur Wahrung der Disziplin und zur Unterlassung und Bekämpfung ungesetzlicher Aktionen öffentlich zu unterstreichen. Wir bezweifeln nicht, daß dieser Befehl von allen Unterinstanzen streng beachtet werden wird, und wir hoffen, daß sich als Folge davon in kurzer Zeit eine gewisse Beruhigung der erregten Gemüter einstellen wird. Dann wird man sehen, ob es sich nur um schwer vermeidbare Uebergangserscheinungen handelt, in die sich ungeheure Spannung löst, die sich besonders in der jahrelang umstrittenen Zone zwischen SA und Kommunisten angesammelt hat. Nicht minder wichtig als diese glücklicherweise relativ vereinzelt gebliebenen terroristischen Ausschreitungen (über die man allerdings nur ungenügend unterrichtet ist) interessiert uns die Frage, an welcher Stelle die Regierung selbst der Ausübung der Macht, über die sie nun restlos verfügt, eine politische Grenze setzen und das freie Spiel von Meinung und Gegenmeinung, von Argument und Gegenargument wieder herstellen will. Ihre Machtposition ist stark genug, um zu einem normalen politischen Leben überzugehen. Deutschland ist eine Schicksalsgemeinschaft, aus der man eine Arbeitsgemeinschaft machen muß. Opponieren ist kein Selbstzweck — aber selbst die allerstärkste Regierungsgewalt könnte die historische und unzerstörbare Schicksalsgemeinschaft nicht verleugnen. Die maßvolle Ausnützung des Sieges ist noch immer der Prüfstein der Staatskunst gewesen.

Am Abend dieses Tages, am 11. März, einem Samstag, rottete sich auf der Straße ein Trupp zusammen und formierte sich zu einem Zug, der in das Gebäude der Zeitung eindringen wollte. War jetzt auch für die Zeitung der Augenblick der »Gleichschaltung« gekommen? Hitler war in »Mein Kampf« über die Zeitung als den Inbegriff der liberalen und jüdischen Presse und ihrer verdammenswerten »Objektivität« hergezogen. Seine engere Umgebung kannte auch seine fürchterlichen Wutausbrüche, wenn nur der Name der Zeitung fiel oder er sie zu Gesicht bekam.[10] Die Polizei, die man zum Schutz gegen die Randalierer vor dem Hause herbeigerufen hatte, bewachte zunächst die Eingänge. Doch später wurden die Beamten vom Polizeipräsidenten wieder abgerufen. Der Gauleiter Sprenger, den die im Hause wachenden Redakteure anriefen, lehnte die Verantwortung für die Sicherheit des Hauses und der Maschinen ab. Alles sah nach unmittelbar bevorstehender Besetzung des Gebäudes aus. Plötzlich verzog sich die Menge auf der Straße, ohne daß es zu Ausschreitungen gekommen war. Hatte Sprenger den Befehl zum Rückzug gegeben? War er höheren Ortes dazu angewiesen worden?

Am Vormittag des 30. März befahl eine örtliche Parteistelle – wahrscheinlich die Pressestelle der Gauleitung – der Zeitung den Abdruck einer Erklärung in auffallender Aufmachung auf der ersten Seite. Simon alarmierte Kircher in Berlin, er möge feststellen, mit wieviel Autorität die Parteistelle handele. Kirchers vorläufige Antwort, die über den Fernschreiber mitgeteilt wurde, lautete, die Parteistelle sei zwar berechtigt, den Zeitungen Auflagen zu machen, aber er hoffe, später am Nachmittag »noch näheren Bescheid zu bekommen, vielleicht in dem Sinne, daß man uns rät, von der Kundgebung der Frankfurter Stelle in üblicher Weise, aber ohne besonderen Druck usw. und ohne die Sache an die Spitze zu stellen, Notiz zu nehmen. Ich persönlich meine, daß, wenn amtlich nichts anderes verlautet, wir diesem ersten Versuch, unsere Äußerungen zu bestimmen, energischen Widerstand leisten müssen.«[11] Kircher sprach offenbar mit der Pressestelle des von Joseph Goebbels kurz zuvor geschaffenen Ministeriums für Volksaufklärung und Propaganda. Nach dem stillen Abzug der Randalierer vom 11. März war es das zweite Mal, daß die Redaktion feststellte, in Konflikten mit der örtlichen Parteiorganisation nicht unbedingt am kürzeren Hebel zu sitzen.

Am 31. März drang im Zusammenhang mit dem für den nächsten Tag angekündigten »Judenboykott« ein Trupp SA-Leute in das Redaktionsgebäude ein, durchsuchte die Redaktionsräume und Heinrich Simons Zimmer. Die Rückfrage der Redaktion bei Kircher in Berlin ergab, daß die Berliner Stellen von nichts wußten.[12] Entweder an diesem oder am nächsten Tag kamen aufs neue SA-Leute ins Haus und erklärten, sie seien beauftragt, die Hakenkreuzfahne auf dem Gebäude zu hissen. Der Volontär Schaumberger war gerade beim Umbruch: »Sie durchquerten den Setzersaal mit seinen vielen, meist sozialdemokratisch eingestellten Arbeitern; es herrschte eisiges Schweigen, und ich beobachtete, wie einige die schweren Eisenstäbe des Umbruchrahmens in die Faust nahmen. Zum Glück beherrschten sie sich.« Die Fahne wurde aufgezogen, aber kaum war sie oben, stieg Albert Oeser aufs Dach und holte sie herunter. Als Karl Junge, einer der älteren jüdischen Redakteure aus dem innenpolitischen Ressort, in der Depeschenredaktion hörte, wie sich der Trupp der SA-Leute mit schweren Schritten über den Gang entfernte, riß er, »ehe er gehindert werden konnte, die Tür auf und schrie, ›Schweinehunde, Schweinehunde...‹, bis er puterrot im Gesicht war und seine Stimme sich überschlug. Wir stürzten auf die Tür und schlugen sie zu.«[13] Wieder passierte nichts. Reifenberg telefonierte mit der Gauleitung und hörte, es habe sich um Eigenmächtigkeiten eines SA-Sturmes gehandelt. Nach dem Krieg schrieb er, die Redaktion habe damals den Eindruck gewonnen, »dieses eigentümliche Zögern« lokaler Parteiinstanzen, den Betrieb der Zeitung zu stören, sei von der Einsicht geleitet gewesen, die »Frankfurter Zeitung« gelte in der Partei als »ein Politikum ersten Ranges«, über das nur in Berlin entschieden werden könne.[14]

So war es, und so blieb es auch. In der Frankfurter Parteiorganisation saßen erbitterte Feinde. Sie konnten über die Zeitung nach Berlin berichten, sie konnten sie bespitzeln, aber der Gauleiter hatte gegenüber der »Frankfurter Zeitung« keine Handlungsfreiheit. Das behielten die Berliner Parteistellen und das Propagandaministerium sich vor. Auffallend war, daß die Nationalsozialisten gegen andere oppositionelle Zeitungen, etwa das »Berliner Tageblatt«, viel rüder vorgingen und hier und in anderen Blättern einen politischen Kurswechsel durchsetzten.[15]

Es gab aber, wie Benno Reifenberg versicherte und wie aus dem Nachlaß Heinrich Simons hervorgeht, keinerlei »Vertrag«, keinerlei Abmachungen oder gegenseitige Zusicherungen zwischen der »Frankfurter Zeitung« und dem Regime. Das Verhältnis war ungeklärt und ungesichert; beide Seiten, so notierte Reifenberg, »schienen zunächst einander ihre Absichten und wahren Kräfte abtasten zu wollen«.[16] Wie man vermutet hatte, gab es Interessen auf der Gegenseite, welche die Redaktion für sich ausnutzen konnte und auch ausnutzen wollte. Wie stark, wie belastbar diese Interessen waren, das galt es erst noch zu erproben.

Als Mitte März Pläne der Regierung für einen Staatsakt der nationalen Versöhnung am Sarge Friedrichs des Großen in der Potsdamer Garnisonkirche bekannt wurden und gleichzeitig Gerüchte über die Vorlage eines Ermächtigungsgesetzes in Umlauf kamen, erhob die Zeitung Einspruch. Die Nationalsozialisten wollten sich anscheinend nicht mit der politischen Macht begnügen, sondern auch auf das Gebiet des Geistigen und Kulturellen vordringen, »also in Gebiete, die zum Delikatesten gehören, was die Nation ererbt hat und besitzt«. Die führenden Künstler beim Theater und in der Musik seien jedenfalls nicht durch das Weimarer »System« oder durch einen »Verrat am deutschen Geist« hochgekommen. Auf Störungen von Konzerten durch die SA eingehend, fuhr Kircher fort: »Wenn beispielsweise ein Mann, um den uns die Umwelt beneidet, wie Bruno Walter, verhindert werden sollte, in der Berliner Philharmonie zu dirigieren, so wäre dies ein bedauerlicher Beweis dafür, daß die nationale Revolution sich auf ein Gebiet erstreckt, wo für sie auch bei größter Vorsicht wenig Lorbeeren zu erringen wären.« Kircher suchte den Nationalsozialisten zu erklären, daß sie, die sich als »nationale« Bewegung verstünden, im Begriff seien, sich am nationalen Erbe zu vergreifen.

Danach ging Kircher auf die Pläne für ein »Ermächtigungsgesetz« ein. »Anscheinend will dieser Gesetzentwurf der Regierung eine langfristige (angeblich für die ganze Legislaturperiode gültige) Vollmacht geben, ohne daß die einzelnen Teile der Vollmacht auf präzise Weise festgelegt wären. Authentisches ist uns jedoch nicht bekannt. Wäre diese Vermutung aber richtig, so wäre schwer einzusehen, wie das Zentrum einer solchen Blankovollmacht seine Zustimmung werde geben können. Die katholischen Parteien müßten alle ihre bisherigen Grundsätze verleugnen, wenn sie sich hierzu bereit erklärten.« Nach dieser Warnung, auch an die Adresse der Zentrumspartei und der Bayerischen Volkspartei, kam Kircher auf die Aufgabe der Zeitungen, auch der eigenen, zu sprechen. Wenn der Reichstag als Stimme des Volkes, vor allem auch derer, die anderer Meinung als die Regierung seien, seine Wirkungsmöglichkeit verliere, sei es um so wichtiger, daß die Presse sich äußern könne. Kircher erwähnte dabei die verbotenen sozialdemokratischen Zeitungen und die in Berlin unterdrückten Blätter. Dr. Goebbels habe vor der Presse auch jede gemäßigte Opposition für völlig aussichtslos erklärt. »Aber Herr Dr. Goebbels ist eine viel zu intensive Kämpfernatur, als daß er kein Verständnis dafür haben könnte, daß es Menschen gibt, die den geistigen Kampf auch dann nicht aufgeben, wenn ihre Gegner das Weiterkämpfen für zwecklos halten. Er würde in unserer Lage das tun, was auch wir tun: ausharren und weiterarbeiten.«[17]

Den »Tag von Potsdam« hatte die Redaktion am Radio in Frankfurt verfolgt. Sie hütete sich, in die weihevolle Ergriffenheit, die Goebbels' Regie erzeugt hatte, hineinzustechen. Aber Hitlers Rede gab Gelegenheit, ihn auf seine eigenen Bekenntnisse festzunageln: »Er hat das gute Wort gesprochen, ›wir wollen uns redlich bemühen, diejenigen zusammenzufügen, die eines guten Willens sind‹.« Die Warnung vor dem Ermächtigungsgesetz aber, dessen Entwurf jetzt vorlag, formulierte die Zeitung dringlich: Die vorgesehene Generalvollmacht für die Regierung komme »praktisch einer Vollmacht reiner Diktatur gleich... Wenn dieses Ermächtigungsgesetz von der Volksvertretung bewilligt wird (und es ist kaum daran zu zweifeln, daß es geschieht), dann wird man die einzigartige Tatsache zu verzeichnen haben, daß ein souveränes Volk sich freiwillig auf eine befristete Zeit seiner Souveränität begibt und sein Geschick den Händen der wenigen Männer anvertraut, denen es das Recht auf Führerschaft zugesprochen hat... Man begreift Demokratie nicht, wenn man in ihr Zügellosigkeit und Führerlosigkeit erblicken will. Demokratie ist eine Arbeitsmethode.«[18]

Hielt die Führung des Zentrums am 23. März tatsächlich, wie viele damals glaubten, den Schlüssel in der Hand? Karl-Dietrich Bracher hat darauf hingewiesen, daß das Ermächtigungsgesetz für die Etablierung der Diktatur bei weitem nicht so wichtig war wie die Notverordnungen vor der Märzwahl.[19] Ob das Ermächtigungsgesetz auch ohne Zustimmung des Zentrums hätte verabschiedet werden können oder nicht[20], die Abdankung des Reichstags war jedenfalls ein bildhaftes Zeichen des Endes der demokratischen Republik.

Der Kommentar Kirchers zu der Debatte im Reichstag begann mit einer grimmigen Beobachtung zum Tempo, mit dem das neue Gesetz durchgepeitscht wurde: »Nach einer Pause von drei Stunden, die den Parteien Zeit ließ, über ihre Haltung in dieser für sie alle höchst delikaten Lage schlüssig zu werden, begann das, was normalerweise eine Debatte hätte sein müssen. Mit Ausnahme der sozialdemokratischen Partei verzichteten alle anderen auf längere Ausführungen, sondern begnügten sich mit Erklärungen: das Zentrum, die Bayerische Volkspartei, die Staatspartei und der Christlichsoziale Volksdienst. Ihre Sprecher begründeten alle kurz ihre Zustimmung zu dem Gesetzentwurf. Prälat Kaas tat dies mit spürbarer Bewegung für das Zentrum. Er sprach nobel wie immer und hatte es verhältnismäßig leicht, die richtigen Worte zu finden, denn gerade er hatte oft genug die nationale Sammlung gepredigt, wobei ihm freilich etwas anderes vorschwebte, als was er heute gut zu heißen hatte... Ehe aber dies alles geschah, sprach Herr Wels für die SPD, die dem Ermächtigungsgesetz ihre Zustimmung versagt. Seine verschleierte Stimme klang tiefernst. Verhaltenes Pathos, moralische Rechtfertigung, moralischer Appell. Eine Rede in der denkbar schwierigsten Situation – anständig, mutig, zuweilen sogar in gedämpfter Form aggressiv. Man fühlte den ganzen Jammer heraus, der heute diese wohlmeinende, aber nicht vom Glück verfolgte Partei befallen hat. Die Sozialdemokraten zollten Beifall, der Rest des Hauses schwieg... Sehr vornehm war es von der nationalsozialistischen Presse gerade nicht, den Anschein zu erwecken, als sollten die Parteien durch Drohungen zur Bewilligung des Gesetzes gepreßt werden. Und wozu die Ansammlungen vor der Kroll-Oper, wozu die Sprechchöre?« Die Redaktion druckte alle Reden im Wortlaut ab, fast ungekürzt, auch die von Otto Wels.[21] Im Leitartikel einen Tag später machte sich die Zeitung noch einmal zum Anwalt der verleumdeten SPD.[22]

Mittlerweile rückte die »Gleichschaltung« eine weitere Etappe vor: SA-Trupps drangen in die Rathäuser ein, in Kassel zum Beispiel unter Leitung des Landtagsabgeordneten Dr. Freisler, und setzten die Auswechselung von Bürgermeistern durch. Demokratische Politiker wurden verhaftet, zum Beispiel die sozialdemokratischen Reichstagsabgeordneten Severing und Dr. Leber. In Frankfurt wurde das »Institut für Sozialforschung« geschlossen, an der Universität ein Staatskommissar eingesetzt. Der gerade entlassene Chefingenieur des Reichsrundfunks, Walter Scheffer, und seine Frau begingen Selbstmord. Bruno Walter emigrierte nach Amerika. Am Nationaltheater in Weimar wurde die Bronzetafel entfernt, die an die Tagung der Verfassunggebenden Nationalversammlung von 1919 erinnerte... Solches und ähnliches stand nun Tag für Tag in der Zeitung zu lesen.

Schon in den ersten Tagen nach der Reichstagswahl hatte die Verfolgung der Juden begonnen; zunächst war es zu einzelnen von der SA inszenierten Zwischenfällen gekommen. Konzerte jüdischer Dirigenten wurden gestört, jüdischen Geschäften die Fensterscheiben eingeworfen. In Kaufhäusern randalierten SA-Trupps, oft in Räuberzivil, um nicht erkannt zu werden, und demolierten Einrichtungen. Die Behörden hielten die Polizei zurück und verweigerten den Angegriffenen Schutz. Seit Mitte März gab es in manchen Gegenden auch wilde »Säuberungen« an Gerichten, Behörden und Hochschulen, denen alsbald Aufforderungen zur Entfernung jüdischer Richter, Anwälte und Ärzte

Frankfurt, 25. März.

Die Macht ist etabliert.

Wenngleich aus dem Munde des Kanzlers dem Reichstag zugesichert worden ist, es werde die Regierung von Zeit zu Zeit mit ihm Verbindung aufnehmen, um zu bestimmten Fragen die Auffassung der Volksvertretung kennenzulernen, so ändert das nichts an der Tatsache, daß für die kommenden vier Jahre deutscher Geschichte die gestrige Rede des Kanzlers die ausschlaggebende, die entscheidende Perspektive eröffnet. Mit einer eisigen Klarheit sind die Machtverhältnisse in Deutschland etabliert. Sie waren es, wie hier ausgeführt worden ist, schon am Abend des 5. März, als über die Hälfte des deutschen Volkes mit dem Stimmzettel als letzten politischen Wunsch äußerte, sich rückhaltlos dem unbedingten Willen eines Führers unterwerfen zu dürfen. Die Zustimmung des Zentrums zu dem Ermächtigungsgesetz hat im Grunde diesen Vorgang vom 5. März noch einmal richtig gedeutet, und niemand kann der politischen Vertretung des katholischen Deutschland einen Vorwurf machen, weil sie den Mut gefunden hat, die Dinge so zu sehen, wie sie sind. Noch einmal: Die Macht ist etabliert. Jetzt geht es ans

Regieren. Daß diese vier Jahre dem deutschen Land zum Segen gereichen sollen, wer ist es, der das nicht wünscht?

Was von je zu einer Regierungserklärung gesagt werden mußte, gilt auch für diese: Sie spannt nur den Rahmen, sie gibt nur Richtlinien, das konkrete Regierungsgeschäft bleibt immer erst hinterher zu tun. Trotzdem ist deutlich genug geworden, daß der Kanzler seinen Freunden schon mit diesem seinem ersten Regierungsakt hat nicht verhehlen wollen, wie schwierig die Regierungsarbeit sein wird, und welches Maß von Verantwortung der nationalen Revolution auferlegt worden ist. Wir werden auf den vordringlichsten Aufgabenkreis, den der Wirtschaftspolitik Deutschlands, noch ausführlich zu sprechen kommen. Wer die darauf bezüglichen Passagen in der Kanzlerrede sorgfältig liest, erkennt, daß der Kanzler der Vielfalt der Aufgaben in diesem Bereich sich durchaus bewußt ist. Daß er weiß, wie hier natürliche Gegensätzlichkeiten vorliegen, wie die Hilfe für die Bauernschaft und die damit notwendige Wiederherstellung der Rentabilität der Landwirtschaft dem Konsumenten Opfer auferlegt. Er sieht ein, daß die Konsumkraft der breiten Massen deshalb gesteigert werden muß. Und damit erkennt die Regierung, wie sinnlos es wäre, sich von dem Autarkiegedanken verführen zu lassen und sich in eine Exportfeindlichkeit hineinzureden. Die Regierung geht also an die Aufgaben der Wirtschaftspolitik heran in der klaren Erkenntnis, daß diese Aufgaben sich nicht alle zu gleicher Zeit und restlos lösen lassen. Daß hier, durch die natürliche Lagerung innerhalb des deutschen Wirtschaftskörpers, Gegensätze vorhanden sind. Der Kanzler hat angesichts dieser von allen Einsichtigen immer und immer wieder bloßgelegten Voraussetzungen das einzig richtige Wort gefunden, von dem die Wirtschaftspolitik Deutschlands sich leiten lassen darf: Ausgleich.

Was den zweiten großen Aufgabenbereich der Regierung angeht, der die Grundvoraussetzungen deutscher Politik betrifft, nämlich das Verhältnis unseres Landes zur Welt und zu unseren nächsten Nachbarn, so hat auch hier der Kanzler alle diejenigen enttäuscht, die geglaubt haben, es würden die verantwortlichen neuen Männer in einer Politik des Abenteuers sich und ihr Land verschwenden. Daß überhaupt solche Befürchtungen entstehen konnten, beruht, wie hier stets erklärt worden ist, auf der Verkennung der innerpolitischen Entwicklung in Deutschland, beruht, zum Teil wenigstens, auf jener Psychologie, die durch den Vertrag von Versailles sich symbolisiert, und die im Grunde durch die Auswirkungen dieses Vertrages schon längst diskreditiert sein müßte. Der Kanzler hat in seiner Skizze zur außenpolitischen Situation den wesentlichen Zug herausgearbeitet, der nun seit Jahren die deutsche Außenpolitik bestimmt, und daß auch innere Kraft darauf beruht, daß in ihm der Wille der gesamten Nation (auch der Wille der jetzt abgedankten Parteien) zum Ausdruck kommt. Es ist der Wunsch, eine Vergangenheit abzuschließen, die lediglich auf der Unterscheidung zwischen Sieger und Besiegte sich aufgebaut hat. Dieser Wunsch ist umso eindringlicher, er ist gleichzeitig der Wunsch nach echtem Frieden. Der Kanzler ist nicht um Haaresbreite von der unwiderleglich moralischen Position abgewichen, die s. Zt. vom Kanzler Brüning in Genf vor aller Welt als die Grundlage jeder möglichen deutschen Außenpolitik ausgebreitet worden ist. Es wird, darüber haben wir gar keinen Zweifel, im gesamten Ausland den allerstärksten Eindruck machen, daß die Regierung der nationalen Revolution sich keineswegs der Verpflichtung entzieht, an einer echten europäischen Zusammenarbeit mitzuwirken, und daß sie auch ernstlich die Möglichkeiten ins Auge faßt, die für eine solche Zusammenarbeit aus den neuerlich diskutierten Plänen sich eröffnen.

Wenn somit die neue Regierung in den entscheidenden Gebieten der praktischen Politik, als welche sich Wirtschafts- und Außenpolitik darstellen, Einsicht und Verantwortung hat, so ist zu wünschen, es möchte nach diesen Grundsätzen von der Regierung auch innerpolitisch verfahren werden. Die Voraussetzung, unter der der Kanzler und seine Freunde die Verantwortung überhaupt zu übernehmen gedachten, nämlich die eines unbedingten Machtbesitzes, sind erfüllt. Niemals, selbst nicht im kaiserlichen Deutschland, ist mit einer solchen Vollkommenheit die Macht ausschließlich in die Hände der Regierenden gelegt worden. Wir haben schon darauf hingewiesen, daß die Entschließung des Zentrums diese Sachlage nur noch einmal evident gemacht hat. Es gibt in dieser Kanzlerrede und auch in der Rede von Potsdam genug Sätze, die darauf schließen lassen, es sei der Kanzler sich völlig dessen bewußt, daß ein Unterschied besteht zwischen dem faktischen Machtbesitz und der moralischen Legitimierung dieser Macht. Es geht der nationalen Revolution jetzt darum, die Gutwilligen, d. h. die noch bestehende, aber nicht mehr in Erscheinung tretende Opposition von der Richtigkeit der politischen Grundsätze der neuen Aera zu überzeugen. Die Reden, die von den maßgebenden Männern, und insbesondere vom Kanzler selbst gehalten worden sind, lehnen es unmißverständlich ab, solche Ueberzeugung mit Hilfe eines Schreckensregiments durchführen zu wollen. Wir wollen hier ausgesprochen haben, daß es für die Regierung nichts Ungünstigeres geben kann, als die praktische Folgen ihrer Politik. Und daß wir den Streit um das Vergangene für unfruchtbar halten. Der Kanzler, der gestern dem sozialdemokratischen Redner die Antwort nicht schuldig geblieben ist, weiß, daß diese Debatte sich nicht fortsetzen ließe. Es ist hier oft genug ausgeführt worden, wie man dem tatsächlichen Verlauf der Geschichte nicht gerecht wird, wenn man Kommunisten und deutsche Sozialdemokraten in einem Atem abtun will. Selbst wenn man das marxistische Denken grundsätzlich ablehnt, bleibt die Tatsache bestehen, daß vor fünfzehn Jahren es anders aussah als heute, daß die deutsche Sozialdemokratie zur Machtergreifung damals geradezu gedrängt worden ist, und daß sie diese Machtergreifung damit hat beginnen müssen, den Kommunismus blutig zu unterdrücken. Daß aus diesen Anfängen die deutsche Sozialdemokratie nicht die notwendigen Folgerungen gezogen hat, ist ihre große, wenn man will, metaphysische Schuld (wobei die Haltung der bürgerlichen Parteien gegenüber der Sozialdemokratie eine gar nicht zu unterschätzende Rolle gespielt hat). Eine solche Schuld erkennen, sollte aber nicht eine Diffamierung der deutschen Sozialdemokratie bedeuten. Man sollte also diese Seite der Betrachtung nicht weiter fortsetzen, zumal es dem aufmerksamen Beobachter nicht entgeht, wie schwer die Sozialdemokratie an ihrem eigenen Schicksal zu leiden hat.

Der Kanzler hat mehrfach betont, es sei mit der Welt der Bürgerlichkeit zu Ende, und er hat das bezeichnenderweise zu den Sozialdemokraten herübergerufen. An Stelle der Welt einer bürgerlichen Beschaulichkeit werde der Zeitgeist der „eines aufkommenden Heroismus" sein. Nur allzu wahr: Die Beschaulichkeit von ehedem, die Beschaulichkeit des vorigen Jahrhunderts ist längst entschwunden. Man wäre ein schlechter Bürger gewesen, hätte man nicht die ausweglose Not der Menschen ohne Arbeit und ohne Zukunft am eigenen Leibe gespürt. Das Heroische, von dem die Rede ist, kann im Grunde nur bedeuten, daß man männlich genug ist, der Gegenwart ins Auge zu schauen. Das zu erkennen ist nicht zum wenigsten auch die Aufgabe derjenigen großen Massen in Deutschland, die sich mit der Sozialdemokratie verbunden fühlen. An ihren Heroismus wird unter solchen Umständen eine umso größere Forderung gestellt, als diese Massen, jeder Machtmittel entkleidet, das Walten der neuen Epoche zu ertragen haben. Das sollten die Männer der nationalen Revolution, denen die Macht gegeben ist und die Verantwortung für Deutschlands Schicksal, niemals vergessen.

Kleine Nachrichten erwiesen sich vom Frühjahr 1933 an als ideale Form, die Veränderungen des täglichen Lebens in Deutschland zu spiegeln. Ausriß vom 25. März 1933

Bruno Walter geht nach Amerika.
Bruno Walter wird — wie der Demokratische Zeitungsdienst meldet — Ende September wieder nach New York gehen, um dort die Konzerte der Philharmonie Societeb als einziger Partner Arturo Toscaninis zu dirigieren. Ihm wird die Leitung von 40 Konzerten obliegen. In diesem Frühjahr wird Walter seinen Konzertverpflichtungen in Wien, Budapest, Amsterdam, Prag und London nachkommen, und im August wird er die Festspiele in Salzburg leiten. Nur seine sämtlichen deutschen Verpflichtungen hat er gelöst.

aus den Berufsverbänden folgten. Die Zeitung registrierte alles, wollte darin zunächst »Disziplinlosigkeiten« der Partei erkennen, die die Regierung gewiß unter Kontrolle bringen werde. Man solle solche Vorfälle nicht verallgemeinern, wie es in ausländischen Zeitungen geschehen sei. Vielmehr sei die Versicherung des Reichsministers Göring zu beachten, daß die Sicherheit des Lebens und des Eigentums der jüdischen Staatsbürger, die sich der Regierung gegenüber loyal verhalten, gesetzlich gewährleistet sei.

Wenn die Redaktion Görings Äußerung bezweifelt haben sollte, so hielt sie es jedenfalls für richtig, sich dies nicht anmerken zu lassen und statt dessen zu versuchen, die nationalsozialistischen Führer durch Wiederholung solcher Erklärungen an ihre eigenen Worte zu binden. Die Zeitung hielt es auch aus einem zweiten Grund für wichtig, eine »notwendige Feststellung« gegenüber dem Ausland zu treffen. Versuche – »so wohlmeinend sie auch geplant« sein mochten –, von außen auf den Nationalsozialismus und dessen Antisemitismus einzuwirken, mißlängen. Denn es handele sich um ein »Erziehungsproblem«, um die Aufgabe, die Besinnung Deutschlands auf sich selbst zu richten statt auf einen Kampf mit dem Judentum. Indirekt hieß dies: Die Nationalsozialisten müßten dazu gebracht werden, sich mit der wirklichen Not Deutschlands statt mit ihrem Antisemitismus zu beschäftigen, der ihre persönliche Sache sei, »denn schon der Faschismus kennt dieses Problem nicht«.[23]

Der Artikel erregte Aufsehen auf allen Seiten; er wurde von NS-Blättern und den Zeitungen des Hugenbergkonzerns zitiert, es gab Abbestellungen, aber auch Anerkennung von jüdischen Lesern, berichtete Reifenberg der Redaktionskonferenz. Nun sei es an der Zeit, den Nationalsozialisten zu sagen, daß es »eine furchtbare Situation sei, wenn man Deutschland gegen den Vorwurf verteidigen müsse, es gebe Pogrome in Deutschland«.[24] Doch wollte man in der Redaktion noch nicht an eine vom Staat angeordnete Judenverfolgung glauben und hielt es für geboten, anderslautenden »Greuelnachrichten« in ausländischen Zeitungen entgegenzutreten. Gegenüber Kircher erklärte Simon die Haltung der Redaktion so: »Wir haben uns energisch gegen die Greuelpropaganda gewandt. Wir besitzen auf der anderen Seite Material (bisher unveröffentlichtes), das schlimme Dinge enthält und das in einigen Fällen nachweisbar richtig zu sein scheint.« Er, Kircher, möge also den amtlichen Stellen in Berlin zu verstehen geben, daß die Zeitung sich ein Recht erworben habe, zu verlangen, daß diese Fälle aufgeklärt werden und daß gegen die Täter vorgegangen werde.[25] Auch Kircher war der Ansicht, daß die Berichterstattung in der amerikanischen Presse, die durch jüdische Verbände alarmiert worden war, den Antisemitismus der Nationalsozialisten auf fatale Weise steigern werde.[26] Die Zeitung veröffentlichte die Erklärungen des »Central-Vereins deutscher Staatsbürger jüdischen Glaubens«, des »Reichsbundes jüdischer Frontkämpfer« und der »Zionistischen Vereinigung«, die sich gegen die Gerüchte in der ausländischen Presse über eine angebliche Pogromstimmung in Deutschland wandten. Doch berichtete sie gleichzeitig über Kampagnen zur Diskriminierung von Juden in den akademischen Berufen.

Noch konnte sich die Redaktion nicht vorstellen, was die Nationalsozialisten im Schilde führten. Unter dem Vorwand, sich nur so gegen die »Greuelpropaganda« und die Aufrufe zum Boykott deutscher Exportwaren im Ausland wehren zu können, wollten sie nun erst recht gegen die Juden vorgehen – ein diabolischer Einfall: Die Opfer wurden zu Geiseln genommen, um die Presseberichterstattung über ihre Verfolgung zu unterdrücken. Am 29. März erklärte die Führung der NSDAP den 1. April zum Tag des Boykotts jüdischer Geschäfte, jüdischer Waren, jüdischer Ärzte und Rechtsanwälte. Posten der SA und SS vor den Häusern jüdischer Familien sollten ihn überwachen.

Der Zentral-Verein gegen ausländische Greuelmeldungen.

Berlin, 28. März. (Conti.) Der Central-Verein deutscher Staatsbürger jüdischen Glaubens erklärt zu den Vorgängen der letzten Tage folgendes:

„Nach Mitteilungen deutscher Blätter werden von verschiedenen ausländischen Zeitungen Meldungen verbreitet, etwa, daß regelmäßig verstümmelte Judenleichen vor dem Eingang des jüdischen Friedhofes Berlin-Weißensee lägen, daß jüdische Mädchen auf öffentlichen Plätzen gewaltsam zusammengetrieben worden seien, daß hunderte deutscher Juden in Genf einträfen, von denen neun Zehntel, darunter zahlreiche Kinder, schwer mißhandelt seien.

Alle derartigen Behauptungen sind frei erfunden. Der Central-Verein stellt mit allem Nachdruck fest, daß das deutsche Judentum für solche unverantwortlichen Entstellungen, die aufs schwerste zu verurteilen sind, nicht verantwortlich gemacht werden kann.

Das deutsche Volk befindet sich seit Wochen in einem politischen Umschwung gewaltigen Ausmaßes. Hierbei ist es zu politischen Ausschreitungen auch gegen Juden gekommen. Die Reichsregierung wie die Länderregierungen haben sich mit Erfolg bemüht, möglichst schnell Ruhe und Ordnung wiederherzustellen. Der Befehl des Reichskanzlers, Einzelaktionen zu unterlassen, hat seine Wirkung getan."

Als der Aufruf der Parteileitung veröffentlicht war, erinnerte die Zeitung daran, daß solche Maßnahmen »in Deutschland bislang unbekannt« gewesen seien; man habe sich gegen die Gerüchtemacherei im Ausland gewandt, jetzt aber fühle man sich verpflichtet, auch zu sagen, daß diese ausländische Kampagne im Abflauen sei. Es gebe keinen Grund, solche Aktionen in Gang zu setzen.[27] Kircher argumentierte am 1. April, die Grundrechte seien nicht erst 1918 und auf Grund von »Parteilaunen« in die Verfassungen des Reiches und der Länder hineingekommen, sondern »kraft einer tiefeingewurzelten moralischen Überzeugung«. Die Gleichheit aller Deutschen vor dem Gesetz, die Freiheit der Person, die Unverletzlichkeit der Wohnung seien nicht »die Erfindung marxistischer Teufel«, sondern hätten so schon in der preußischen Verfassung von 1850 gestanden. Zum Schluß des Artikels hieß es deftig: »Auch wüßten wir nicht, daß der Generalfeldmarschall jemals einen Soldaten aus der Front zurückgeschickt habe, weil er ein Jude sei. Der Platz der Juden im neuen Staat wird nicht genau dem Platz im Weimarer Staat gleichen. Wer dies nicht billigt, wird sich mindestens mit der Tatsache abfinden müssen. Aber im Recht des Staates kann es nur Gleichheit geben.«[28]

Die zweite Seite der Ausgabe vom 1. April berichtete Einzelheiten über den Aufruf des Nürnberger Gauleiters und Beauftragten für den Boykott, Streicher, über einen Erlaß gegen jüdische Anwälte und Richter in Preußen, über eine Rede von Goebbels gegen die »Macht des

Berlin, Samstag, 1. April 1933: Menschenansammlung vor dem boykottierten Kaufhaus des Westens

»Wir weigern uns auch heute noch, zu glauben, es sei die Bewährung des Deutschtums, das Sichtbarmachen der besonderen nationalen Eigenart nur dadurch möglich, daß hierfür ein Kampf mit dem Judentum vorangehen müsse«, hatte die Zeitung am 23. März 1933 geschrieben

internationalen Judentums«, über Proteste, auch über Resolutionen privater Vereinigungen, etwa des Haus- und Grundbesitzervereins oder des Genossenschaftsverbands, und über Briefaktionen deutscher Firmen mit Auslandsverbindungen gegen die »Greuelpropaganda des Auslands«. Besonders merkwürdig klang eine Meldung, die kommissarische Leitung des »Verbandes der Kaufhäuser« habe ihren Mitgliedsfirmen, »die dem Boykott unterliegen«, empfohlen, drei Tage zu schließen, um so »mit allem Nachdruck die von der Reichsregierung unter Führung des Herrn Reichskanzlers Hitler als notwendig gebilligte große Protestaktion gegen die lügenhafte Greuelpropaganda des Auslandes zu unterstützen«. So wurden auch die Opfer des Boykotts aufgefordert, ihren Beitrag zu leisten, um das Ausland eines Besseren zu belehren. Aus Annaberg in Sachsen und aus Berlin berichtete die Zeitung, daß SS-Männer Kunden eines jüdischen Geschäfts ins Ge-

Frankreich versucht Deutschland gerecht zu werden.
Das Echo des Boykotts — Außenpolitische Rückwirkungen.

sicht stempelten »Wir Verräter kauften bei Juden«.[29] In Frankfurt, auf der Zeil, verlief der Boykott-Tag ruhig. Die Zeitung beobachtete, daß einige kleinere Geschäfte die vorübergehende Schließung der jüdischen Konkurrenz zur Reklame für sich nutzten. »Dagegen hielten sich die angesehenen stadtbekannten christlichen Geschäftsleute völlig zurück.«

Kircher wies in seinem Sonntagsartikel die Nationalsozialisten nicht nur auf das Unrecht hin, sondern auch auf die Torheit, daß sie mit solchen Aktionen das von früheren Regierungen mühsam zurückgewonnene ausländische Vertrauen zerstörten: »Wird man an diesem Tag einer tiefen inneren Erregung geneigt sein, uns zu folgen, wenn wir versuchen, die Gedanken unserer Leser herauszureißen aus der Atmosphäre der Greuelhetze und des Abwehrboykotts, in dessen Zeichen dieser erste April steht? Das soll nicht geschehen, um diejenigen über die Bitternis hinwegzureden, die heute die schwerste Stunde erleben, die man einem Menschen bereiten kann: die Stunde einer bewußten und ungewollten Erniedrigung und einer unverdienten Schmach. Sie bedürften keines Trostes, denn sie können gewiß sein, daß die überwältigende Mehrheit des Volkes zwar jedes andere Mittel gutheißt und mit Ungestüm fordert, das der Abwehr der Greuelhetze dient, daß sie aber diesen Akt unbestreitbarer Ungerechtigkeit ehrlich, wenn auch vielleicht wortlos, bedauert... Wer die Reden liest, die im englischen Oberhaus auf eine sehr würdevolle und dadurch wirksame Weise gehalten wurden, der weiß, daß es fürwahr nicht bloß Juden sind, die im Ausland mit Erschütterung die Sprache der Boykotteure vernommen haben. Täuschen wir uns nicht über die Gedanken des Auslandes – des gesamten Auslandes, auch Italiens, ganz besonders Italiens...«[30]

Sieburg gab französische Reaktionen wieder. Sein Bericht, den die Redaktion an die Spitze des Blattes stellte, referierte die Beobachtung französischer Zeitungen, gerade die »Disziplin« der Aktion habe bewiesen, daß die Regierung die Situation beherrsche, und deshalb könne man voraussagen, daß die Nationalsozialisten eine systematische Ausschaltung der Juden mit gesetzgeberischen Mitteln vorbereiteten. »Dem Auslande scheint natürlich der Gedankengang, der dem ganzen Boykott zugrunde liegt, nämlich die Abwehr gegen die Auslandspropaganda, wenig schlüssig, da es absolut nicht einsehen will, daß es selbst für diese Propaganda bis zu einem gewissen Grade verantwort-

Abg. Paris, 3. April. Die Hoffnung, daß die Boykottaktion vom Samstag sich in Deutschland nicht erneuern möge, ist in allen Lagern und Kreisen Frankreichs allgemein. Man hat hier längst den Punkt überschritten, wo man sich damit begnügte, aus den Vorgängen in Deutschland einen billigen Anlaß für oberflächliche Feindseligkeit zu ziehen. Nach wie vor empfängt der Beobachter natürlich Zeugnisse persönlicher und politischer Ranküne; im großen und ganzen kann man jedoch sagen, daß Frankreich sich anschickt, einen großen Anteil am Verlauf der deutschen Revolution zu nehmen und — wenn auch nicht in unserem, sondern im europäischen Interesse — zu wünschen, daß diese Revolution sich rein halten und beruhigen möge. Der Franzose ist Realist. Nachdem er sich einige Tage seinen eingeborenen Vorurteilen hingegeben hat, beginnt er heute sich zu überlegen, ob und wie man mit dem großen und beunruhigenden Nachbar im Osten leben kann. Der Verlauf des Boykottages hat ihm dabei viel zu denken gegeben. Ausnahmslos wird von französischer Seite anerkannt, daß dieser Tag in Ruhe und Disziplin fast überall verlaufen ist, wenn man von einzelnen Vorgängen absieht. Die politischen Massen haben also eine Probe der Disziplin abgelegt, was den Franzosen zu beweisen scheint, daß die Führer diese Massen fest in der Hand haben, daß infolgedessen aber auch die Verantwortlichkeit der Führer wächst. Man versteht hier wohl, wie eine Revolution ist, und weiß daher, daß bei jeder Umwälzung der Augenblick kommt, wo die Machthaber die Zügel locker lassen müssen, um gefährliche Spannungen innerhalb der Volksschichten, die zur Macht getragen haben, zu zerstreuen und um diesen Schichten eine unmittelbare Genugtuung zu geben, die von dem Programm aus der Aufstiegszeit nicht allzu weit entfernt ist. Aber gerade an diesem Punkte beginnt auch die Verantwortung und der Anteil der Regierung an der Boykottbewegung und an allem, was damit zusammenhängt. Es ist daher natürlich, daß die Franzosen nicht mehr imstande sind, den manchmal sehr feinen Unterschied zwischen Privatvorgängen, zwischen Schritten von Körperschaften, Ortsgruppen der Parteileitung und Regierungsmaßnahmen zu sehen. Was in diesen Tagen in Deutschland vorgeht, wird von französischer Seite völlig auf das Konto der Reichsregierung gebucht, und dies umsomehr, als man den großen Unterschied zwischen dem jetzigen Reichskanzler und seinen Vorgängern verstanden hat und von ihm weiß, daß er einen nie dagewesenen Kontakt mit den Massen hat.

Wenn die Reichsregierung die Absicht gehabt hat, dem Auslande zu zeigen, daß sie keinen Moment den Ueberblick verloren und ihre Gefolgschaft fest in der Hand hat, so ist ihr das gelungen. Dem Auslande scheint natürlich der Gedankengang, der dem ganzen Boykott zugrunde liegt, nämlich die Abwehr gegen die Auslandspropaganda, wenig schlüssig, da es absolut nicht einsehen will, daß es selbst für diese Propaganda bis zu einem gewissen Grade verantwortlich ist. Außerdem will es ihm nicht in den Kopf, daß die deutschen Juden wirklich für diese Propaganda verantwortlich gemacht werden können, und daß sie die Macht haben, bei ihren Freunden und Geschäftsverbindungen im Auslande die Propaganda aufzuhalten. Ich weiß aus persönlicher Erfahrung, welch unerhörte Anstrengungen von Deutschen aller Art, soweit sie Verbindung mit dem Auslande haben, gemacht worden sind, um die öffentliche Meinung in Frankreich zu beruhigen. Diese Versuche waren geradezu leidenschaftlich, und diejenigen, die sie unternahmen, schreckten nicht davor zurück, sich immer wieder zu demütigen. Hiesige Geschäftsleute, Privatpersonen und Politiker sind mit Briefen, Anrufen und ähnlichen Kundgebungen deutscher Personen und Stellen, die sie beschworen, der Kampagne Einhalt zu tun, geradezu überschüttet worden. Ich habe den Eindruck, daß auf diesem Gebiete zu viel des Guten geschehen ist, denn der ausländische Adressat könnte auf die Dauer den Glauben an die Freiwilligkeit, Spontanität und Aufrichtigkeit dieser Beschwörungen verlieren. Außerdem hat er sich in den letzten Tagen, wie wir schon berichtet haben, von jeder Beschäftigung mit den sogenannten Greueln abgewandt und sich ausschließlich an amtliche deutsche Texte und an solche Maßnahmen gehalten, die allgemein bekannt werden und von der Regierung gedeckt werden. Das französische Publikum ist dank seiner geistigen Beweglichkeit ziemlich schnell gegen die hier verbreiteten Lügen und Uebertreibungen mißtrauisch geworden, aber es hält sich heute dafür umso hartnäckiger an die in Deutschland ergriffenen legalen Maßnahmen gegen die Juden.

Damit kommen wir zum entscheidenden Punkte der französischen Reaktion auf die Boykottbewegung. Da diese Aktion in ihrer Art musterhaft verlaufen ist und den politischen der Regierung auf die Bevölkerung deutlich gemacht hat, beginnt man sich nunmehr mit der legalen Ausschaltung der Juden zu beschäftigen, die sich nach hiesiger Ansicht in Deutschland vorbereitet. Die legale und systematische Ausschaltung wird hier als eine unnötige Härte und als im eklatanten Widerspruch zu den einfachsten Menschenrechten stehend betrachtet, wobei ich aber gleich bemerken möchte, daß ich in den letzten Tagen mit viel einflußreichen Franzosen gesprochen habe, die zu verstehen anfangen, daß es in Deutschland tatsächlich so etwas wie eine Judenfrage gibt. Mit den deutschen Versuchen, diese Frage über Nacht zu lösen, ist darum aber noch niemand einverstanden. Man macht geltend, daß eine lange Entwicklung nicht mit einer Art von Messerschnitt beendet werden könne, und --- der Schritt nicht weniger schrecklich sei und von der Hand des Gesetzes ausgeführt werde.

Man würde Deutschland einen schlechten Dienst erweisen, wenn man nicht auch auf die außenpolitische Wirkung der ganzen Vorgänge hinwiese. Frankreich ist für die aus Amerika kommende Propaganda sehr wenig zugänglich, das es, wie durch verschiedene Zeitungsartikel bestätigt wird, sehr wohl weiß, daß Amerika selbst einen äußerst engen Rassenstandpunkt einnimmt und vor allem kräftigen Antisemitismus pflegt. Hingegen hat das Argument Lord Robert Cecils im Unterhaus, daß Deutschland, wenn es mit der Diskriminierung der Juden fortfahre, kein Recht habe, sich als Hüter seiner Minoritäten aufzuwerfen, ein gewisses Echo gefunden. Ebenso hört man das Argument, daß es heute vielleicht schwieriger sei denn je, die Weltmeinung davon zu überzeugen, daß Deutschland wieder in den Kreis der Nationen gebracht werden müsse. Eine Art von stimmungsmäßigem Druck lastet auf allen außenpolitischen Gedankengängen, die mit Deutschland zu tun haben. So habe ich feststellen können, daß in den lebhaften diplomatischen Verhandlungen der letzten Tage in Paris rings um den Vierer-Pakt die antijüdische Politik der Reichsregierung und die Boykottbewegung als Gesprächsthema eine große Rolle gespielt, ja sogar den von Mißtrauen gegen Deutschland erfüllten Argumenten gewisser Diplomaten eine unverkennbare Beflügelung verliehen haben. Die Feinde Deutschlands benutzen nicht nur Greuelmärchen, sondern auch öffentlich anerkannte Vorgänge, um gegen die für Deutschland so wichtige Gleichberechtigungsidee Sturm zu laufen und diejenigen Mächte zu erschüttern, welche die Tendenz haben, Deutschland bei der Ueberwachung der Ordnung und des Friedens in der Welt als einen Hauptfaktor heranzuziehen.

Aus der englischen Presse.

London, 3. April. (Wolff.) Die Blätter stellen fest, daß, abgesehen von dem Zwischenfall in Kiel, der Boykott gegen die Juden ruhig und planmäßig durchgeführt worden ist. Sie drücken die Hoffnung aus, daß der Boykott am Mittwoch nicht wieder aufgenommen werden wird.

„Daily Expreß" sagt in einem Leitartikel, niemand erlaube sich, der deutschen Regierung Vorschriften zu machen. Aber die Nationalsozialisten mögen daran erinnert werden, daß eine Revolution nicht nur Gewalttaten, sondern auch Großmut nötig hat, wenn sie ihren Gewinn konsolidieren will.

„Daily Telegraph" spricht in einem Leitartikel die Meinung aus, bei einer Wiederaufnahme des Boykotts auf längere Zeit würde, abgesehen von der unerfreulichen Wirkung im Auslande, auch das deutsche Wirtschaftsleben geschädigt werden.

Die Propaganda wird eingestellt.

New York, 3. April. (Reuter.) Entsprechend den Wünschen des Staatsdepartements und der führenden Kongreßmitglieder haben die amerikanischen Juden sich zur Haltung des Stillschweigens gegenüber der Lage der Juden in Deutschland entschlossen.

lich ist. Außerdem will es ihm nicht in den Kopf, daß die deutschen Juden wirklich für diese Propaganda verantwortlich gemacht werden können, und daß sie die Macht haben, bei ihren Freunden und Geschäftsverbindungen im Auslande die Propaganda aufzuhalten... Das französische Publikum ist dank seiner geistigen Beweglichkeit ziemlich schnell gegen die hier verbreiteten Lügen und Übertreibungen mißtrauisch geworden, aber es hält sich heute dafür um so hartnäckiger an die in Deutschland ergriffenen legalen Maßnahmen gegen die Juden.«[31]

In diesem Bericht erkennt man eine der neuen Methoden des Blattes unter den Bedingungen der Diktatur. Die Auslandsberichterstattung,

Noch blieb es bei einzelnen Ausschreitungen – fünf Jahre später brannten die Synagogen. Zerbrochene Scheiben gaben der Reichskristallnacht den Namen; Berlin am Morgen des 10. November 1938

für die die Zeitung berühmt war, verschaffte ihr ein Mittel, durch Korrespondentenberichte und die Wiedergabe ausländischer Kommentare zu sagen, was die Redaktion selbst nicht aussprechen wollte, um nicht ein Zeitungsverbot zu riskieren. Die Sprache aber, in der die Zeitung mit dem Regime sprach, war dieselbe Sprache, mit der sie immer gesprochen hatte: gemäßigt im Ausdruck, im Grundsätzlichen klar und bemüht, »vernünftig« zu argumentieren, um auch beim Gegner Gehör zu finden. Dank ihrer gewohnten, beherrschten Ausdrucksweise und dank ihrer Aufmerksamkeit für das Detail war die »Frankfurter Zeitung« besser als andere Zeitungen auf die Existenz in der Diktatur vorbereitet. Der zurückhaltende Ton und die Sachlichkeit der Zeitung hatten die Leser gelehrt, daß auch das halblaut Gesagte Bedeutung hat, und machten es umgekehrt den Nationalsozialisten schwer, gegen das Blatt vorzugehen, das über die Grenzen hinaus dafür bekannt war, daß es nicht aufbauschte, nicht hämmerte, nicht »hetzte«.

Nuancen des Ausdrucks gewannen nun immer mehr an Bedeutung. Man lernte, auch auf das Unauffällige zu achten. Man begann, Texte wie Rätselaufgaben einzukleiden. Manches ließ sich sogar ohne Worte sagen, zum Beispiel mit den Mitteln der Typographie und des Umbruchs. In der »Frankfurter Zeitung« war es Brauch, einzelne Wörter, die als Stichwörter Hinweise auf den Inhalt gaben, durch Sperrung hervorzuheben. Dieses Mittel erlaubte es, Überschriften knapp und das äußere Bild der Zeitung ruhig zu halten. Wurden zum Beispiel in der Meldung über die Auflösung der Gewerkschaften einzelne Wörter wie »Gewerkschaften« oder Namen wie Leipart, Grassmann oder Wissell gesperrt, entsprach dies der alten Stichwortpraxis. In einer Rede von Robert Ley, dem Leiter der »Deutschen Arbeitsfront«, hatte die Sperrung eine andere Bedeutung. Über den »Marxismus« in der Arbeiterbewegung hatte Ley gesagt: »Uns täuscht der alte Fuchs nicht! Lieber geben wir ihm den letzten Fangschuß, als daß wir jemals wieder dulden würden, daß er sich erhebe. Die Leiparts und Graßmänner mögen Hitler noch so viel Ergebenheit heucheln – es ist besser, sie befinden sich in Schutzhaft.« Indem die Redaktion die Wörter »letzten Fangschuß« und »Schutzhaft« sperrte, beleuchtete sie die Gewalttätigkeit der neuen Männer. Es war eine wortlose Form des Kommentars – nur ein Augenaufschlag zwischen Redaktion und Lesern.[32]

Es bedurfte auch keiner Erläuterung, wenn in den Tagen der »Greuelpropaganda« das Feuilleton Briefe des Altphilologen Jacob Bernays aus dem vorigen Jahrhundert vorstellte und den Bericht mit der Bemerkung von Ulrich von Wilamowitz-Moellendorff über Bernays einleitete: »Er trug den Stolz auf sein Judentum zur Schau. Es war eine sonderbare Sorte von Adelsstolz... Mir hat er imponiert, denn da war alles echt, hatte alles Stil.«³³ Es bedurfte keiner Erklärung, wenn die Zeitung einen Briefwechsel zwischen Wilhelm Furtwängler und Goebbels abdruckte, in dem der Dirigent auf Wert und Recht des Künstlerischen beharrte und verlangte, daß die große Kunst Bruno Walters, Otto Klemperers oder Max Reinhardts weiterhin in Deutschland zu Wort komme.³⁴ Es mindert nicht den Wert dieser Veröffentlichung, die Karl Holl, der Musikkritiker des Blattes, in der Konferenz angeregt hatte, daß Goebbels der Publikation zustimmte. Denn was er selbst als Beitrag zur Propagierung nationalsozialistischer Kunstauffassung verstand, dokumentierte den Lesern der »Frankfurter Zeitung« nur den totalitären Charakter der neuen Herrschaft.

In der Osterausgabe gab die Zeitung einem evangelischen Frankfurter Pfarrer das Wort. Rudolf Wintermann setzte sich mit der neuen, den Nationalsozialisten nahestehenden »Glaubensbewegung Deutsche Christen« auseinander und machte »die Judenfrage« zu einer »Christenfrage«, zu einer »Frage nach der Echtheit und dem Ernst unseres Christentums«. In der nächsten Spalte war eine Erklärung des Erzbischofs von Freiburg, Conrad Gröber, im Namen der Bischöfe der Oberrheinischen Kirchenprovinz zu lesen: Sie bedauerten, »was im eigenen Volke und bei den benachbarten Völkern den Schein der Härte und Ungerechtigkeit erweckt, wie es bei der sich leider mehrenden Beseitigung treuer Staatsbürger und verdienter arbeitswilliger Männer aus ihren bisherigen Ämtern der Fall ist«.³⁵ Das »Gesetz zur Wiederherstellung des Berufsbeamtentums« beschrieb die Zeitung als »Eingriff« in das Berufsbeamtentum und sah in dessen »Arier-Paragraphen« einen schweren Verstoß gegen die Gleichheit der Bürger.

»Braucht man sie nicht?« fragte Kircher ein paar Tage später zu der Kampagne gegen die Juden unter Professoren, Künstlern und Schriftstellern. »An Staatsformen, an Regierungsmethoden, liegt wenig«, meinte er etwas obenhin, aber »an der Kontinuität einer echten und beständigen Geistigkeit liegt alles. Wir sehen nicht ein, warum es nicht möglich sein sollte, zwischen beidem [Staat und geistiger Elite] die Brücke zu schlagen. Man wird es jedenfalls versuchen müssen. Gelingt es nicht, so bietet sich eine trübe Aussicht; für den Staat nicht weniger als für diese Menschen, die sich die Frage stellen: Braucht man uns wirklich nicht?«³⁶

In diesem Artikel zeigte sich ein für viele Kircher-Artikel typisches Argumentationsschema in der Diktatur. Was schon verloren war, dem wollte Kircher nicht lange nachtrauern: »An Staatsformen, an Regierungsmethoden liegt wenig.« In Wirklichkeit hing daran alles, wie auch er wußte. Aber wenn man wie Kircher Einfluß auf das Denken der nationalsozialistischen Führung gewinnen wollte, war es zwecklos, über das schon Entschiedene mit ihnen herumzustreiten. Alle Anstrengungen mußten sich auf das noch Offene richten. Dazu gehörte eine zweite Überlegung Kirchers: Wer auf der anderen Seite Gehör finden wollte, mußte dafür sorgen, daß man ihn nicht zu den »Unverbesserlichen« zählte. Kircher verabscheute den Nationalsozialismus von Grund auf. Dies bezweifelt keiner der Kollegen, die ihn kannten. Aber er war auch der Meinung, daß Politik in der Diktatur nicht aufhöre und die Opposition versuchen müsse, wie er in seinem Artikel sagte, »Brücken zu schlagen«. Er wollte sich nicht damit begnügen, als Berichterstatter lediglich zu beobachten; er wollte versuchen, selbst mitzureden – die große Chance, aber auch die große Versuchung des politischen Journalisten.

> **Berlin, 12. April** (TU.) Die Deutsche Studentenschaft veranstaltet vom 12. April bis zum 10. Mai einen „Aufklärungsfeldzug wider den undeutschen Geist". In 12 Sätzen, die am 13. April zum öffentlichen Anschlag gelangen sollen, bringt die deutsche Studentenschaft zum Ausdruck, was geschehen soll, um Sprache und Schrifttum zum unverfälschten Ausdruck des deutschen Volkstums zu machen und den undeutschen Geist und die damit verbundenen liberalen Zerfallserscheinungen aus dem deutschen Geistesleben zu verbannen. Es soll das Ziel erreicht werden, die deutsche Hochschule wieder zum Hort des deutschen Volkstums zu machen Zersetzendes Schrifttum soll gesammelt und am 10 Mai in allen Volksschulen den Flammen überantwortet werden. Jeder Student soll seine eigene Bücherei von allem Undeutschen säubern und zur Säuberung der öffentlichen Büchereien beitragen.

Zurück zu dem Anlaß des Artikels, der Verfolgung von Künstlern: Am 7. Mai standen in der Zeitung die Namen der Autoren, deren Bücher der Kampfausschuß »Wider den undeutschen Geist« der Deutschen Studentenschaft aus den Volksbüchereien zu entfernen verlangte, unter anderen Karl Marx, August Bebel, Bertha von Suttner, Thomas Mann, Egon Erwin Kisch, Upton Sinclair, Lion Feuchtwanger, Arthur Schnitzler, Franz Werfel, Theodor Häuß (sic), Hugo Preuss und Walther Rathenau. Am 11. Mai kam es zu dem »Bücher-Autodafé«, wie die Zeitung es nannte und worüber sie ziemlich kurz berichtete. Geck schickte dem Ereignis eine Woche später ein spöttisches Feuilleton nach, das die teilnehmenden »Studenten und die begleitenden Professoren und Pfarrer« anspielungsreich mit den beiden Ochsen in Verbindung brachte, die den Karren mit den geächteten Büchern auf den Frankfurter Römerberg zogen.[37]

Die Zeitung führte weiterhin über alles Buch: In Heidelberg verzichtete Gerhard Anschütz, der angesehenste unter den Interpreten der

In der Nacht vom 10. zum 11. Mai wurden in zahlreichen deutschen Städten die Bücher »undeutscher« Autoren verbrannt. »Aus diesen Trümmern wird sich siegreich erheben der Phoenix eines neuen Geistes«, hatte Goebbels bei seiner Ansprache in Berlin gesagt. Ochsenkarren auf dem Frankfurter Römerberg

Weimarer Verfassung, auf die Venia legendi des Emeritus. Hans Kelsen, Ernst Fraenkel, Karl Mannheim verloren als Juden, Hermann Heller, Hugo Sinzheimer und andere aus politischen Gründen ihre Lehrämter. Die Zeitung registrierte neue Boykottaufrufe gegen jüdische Ärzte, jüdische Sportler und – mit unverhohlener Ironie – gegen jüdische Nähmaschinenhändler. Mehr und mehr beleuchtete auch das Feuilleton die Verfolgung der Juden. Ende April druckte man eine Polemik Theodor Mommsens gegen Heinrich von Treitschke über den »antisemitischen Pöbel« aus dem Jahr 1880 ab.[38] Als Oskar Kokoschka aus Paris mit einem Brief zur Kunst Max Liebermanns »ums Wort bat«, gewährte man ihm dies, wie es im Vorspruch sarkastisch hieß, »um so lieber, als es heute selten geworden ist, daß ein ›Deutschstämmiger‹ für den ›Fremdstämmigen‹ mit so warmen Worten eintritt«.[39] Besonders eindringlich war ein Aufsatz von Eva von Eckardt mit dem auffallenden Titel »Liebe zum Andersartigen«. Die aktuelle Not der Juden kam mit keinem Wort vor. Allgemein war die Rede davon, daß der Mensch als einziges Wesen der ganzen Kreatur das »unentbehrliche Gefühl der Daseinsberechtigung nicht aus sich selbst... zu schöpfen vermag, sondern immer von neuem auf die Bestätigung durch andere Wesen aus sein muß... die furchtbarste Erschütterung unseres Wesens vermag der Haß uns zuzufügen, der uns verneint: ›Du sollst nicht sein!‹«[40]

Mit solchen Feuilletons eröffnete die Zeitung eine zweite Front gegen den Nationalsozialismus. An dieser Front wurde nicht »gekämpft«. Hier zeichnete die Zeitung das von antikem und christlichem Denken geprägte Bild des Menschen. Dies Bild wurde der nationalsozialistischen »Weltanschauung« wie selbstverständlich gegenübergestellt. Nicht daß es solche Themen nicht früher schon in der Zeitung gegeben hätte, aber nun gewannen sie eine neue Dimension. Plötzlich las man es als Widerspruch gegen die Nationalsozialisten, wenn Ernst Benkard eine Betrachtung über die Statue des knienden »Jünglings von Subiaco« aus einer Villa des Kaisers Nero schrieb und auf Benedikt von Nursia zu sprechen kam.[41] Oder wenn Wilhelm Hausenstein von einer Wanderung auf den Berg des Klosters Andechs erzählte.[42] Sollten die Verfasser sich etwas Politisches dabei gedacht haben? In totalitären Diktaturen gewinnt vieles eine tiefere Bedeutung.

Liebe zum Andersartigen.

Von Eva von Eckardt.

Es gehört zu der Mitleid erregenden Situation der menschlichen Kreatur, daß sie das unentbehrliche Gefühl der Daseinsberechtigung nicht aus sich selbst, aus der Tatsache ihrer Existenz zu schöpfen vermag, sondern immer von neuem auf die Bestätigung durch andere Wesen aus sein muß. Die beglückendste Bestätigung unserer Daseinsberechtigung kann uns die Liebe schenken, die uns bejaht: „Du sollst sein!" die furchtbarste Erschütterung unseres Wesens vermag der Haß uns zuzufügen, der uns verneint: „Du sollst nicht sein!" — Die einfachste Möglichkeit aber, das Gefühl der eigenen Daseinsberechtigung sich zuzuführen, ist das Aufsuchen des gleichen Art.

Das kleine Kind läuft mit Entzücken dem anderen kleinen Geschöpf entgegen, nicht nur, weil es ein gegenseitiges müheloses Verstehen voraussühlt, sondern weil es alles Kleine wie eine freundliche Bestätigung der eigenen Beschaffenheit empfindet, weil ihm andere kleine Erscheinung ihm gewährleistet, daß „klein sein" also „richtig" ist, weil das Baby-Gesicht des neugeborenen Hundes es freundlich anschaut wie eine Bestätigung der eigenen Baby-Natur.

Aber wenn das Kind genug mit seinesgleichen umgegangen ist, sich mit Kindischkeit gesättigt hat — wenn der Mann sich genug unter Männern gefühlt hat — wenn die Frau bei einer anhaltenden Gesellschaft von Frauen plötzlich spürt, daß sie sich an ihrer eigenen „holden Weiblichkeit" zu Tode zu fressen beginnt — oder wenn bei einer Familienzusammenkunft der Genuß an der gleichen Art in Langerweile erstickt ist — dann rührt an das übersteigerte, sich überfütterte Selbst der Zweifel, ob das wahrhaft Wünschenswerte nicht außerhalb, nicht „anderswo" liegt? Der Verdruß über die eigene Enggeistigkeit regt sich, jenes Dilemma der Gebundenheit an sich selbst wird empfunden, dem der schnurrige Engländer in Buschs „Plisch und Plum" höchst originell durch sein Fernrohr zu entkommen denkt:

> Warum soll ich nicht beim Gehen",
> Sprach er, „in die Ferne sehen?
> Schön ist es auch anderswo
> Und hier bin ich sowieso."

Der Trieb, sich zu strecken, „groß zu werden", führt das Kind vom Erwachsenen zurück — die tiefe Beunruhigung über die Grenzen des eigenen „Ich" läßt Mann und Frau einander aufsuchen, damit die beschränkte Persönlichkeit sich erweitere durch den Einbruch der anderen Wesensart in das gehegte „Ich", — das Sehnen, uns aus der Befangenheit in uns selbst zu erlösen, läßt uns unser Haus dem Gast öffnen, der uns Neues erzählen soll, läßt uns den Fremdling willkommen heißen, in dessen dunklem Gesicht ein Geheimnis steht, läßt uns den „ernsten Zugereisten" bei uns aufnehmen, damit er uns „einen neuen Griff" zeige. Denn der Mensch, der nach dem ihm auferlegten Gesetz, sich dem Bilde Gottes anzunähern, nicht bleiben darf, wie er ist, bedarf der ständigen Er schüt terung des eigenen Wesens durch den Anblick des A n d e r s a r t i g e n, bedarf der Auseinandersetzung mit dem, was er nicht ist, zum Zweck der Wandlung.

Bei einer solchen Auseinandersetzung, die an die elementarsten Triebe wie an das tiefste Sehnen des Menschen rührt, wo Selbsterhaltungstrieb, Selbstbehauptungswille mit Selbstpreisgabe, mit liebevoller Hingabe ringen — geraten Himmel und Hölle in Bewegung. Denn in der menschlichen Natur liegt die tragische Gefahr, bei einer Auseinandersetzung mit dem Andersartigen zur restlosen Vereinigung oder zur restlosen Vernichtung hinzutreiben, die Möglichkeit ruhiger Wandlung durch den anderen zu vergessen. Der Reiz, die Spannung in Verkehr mit dem anderen Wesen steigert sich zur Gereiztheit gegen seine Eigentümlichkeiten, mit denen er sich uns entzieht, die ruhige Zuversicht zu der eigenen Beschaffenheit, die ein freundliches Hervorlocken oder doch ein gelassenes Dulden der anderen Beschaffenheit zuläßt, wird zu einem zähen, unfruchtbaren Beharren auf sich selbst — das bitterliche Bemühen um Beständigung, die eben zwischen Verschiedenartigen nicht leicht sein kann, schlägt um in die wilde Besessenheit, den anderen haben zu wollen wie sich selbst. Diese Wut, die die niedrigsten Instinkte entfesselt: die grausame Lust, den anderen zu verneinen, den Trieb, den Andersartige herabzusetzen, um die eigene Beschaffenheit zur Tugend zu erheben und endlich hinter allem die ständig lauernde Todesangst, die unser menschliches Dasein begleitet, die uns dazu erniedrigt, hinter dem Unergründlichen, den Feind, das Bedrohliche zu wittern, läßt uns vom eigenen Selbst schreien bis in diesem rasenden Geschrei die Stimme des anderen untergeht.

Aber wer hätte nicht den tiefen Schrecken erlebt, wenn bei einer Auseinandersetzung, in der wir den anderen nicht mehr zu gewinnen, sondern zu unterwerfen trachten — die Stimme des anderen Wesens verstummt? Nachdem wir den Unterschied betont, den Gegensatz bis zur Unwahrhaftigkeit hervorgetrieben, nachdem wir alles Positive uns selbst zugewendet haben, packt uns der Ekel vor unserem bidgebauschten Selbst. Das Gemeinsame, das Verbindende mit dem, der in jahrelangem Umgang mit uns ein uns ergänzendes Wesen geworden ist, fällt uns wieder ein.

Aber wo ist der andere geblieben? Er hat uns angeblickt, versucht, noch etwas zu sagen — und ist gegangen. Denn was bleibt dem wegen seiner Beschaffenheit Angegriffenen, dessen Stimme nicht stark genug ist, um durchzubringen, was bleibt ihm, als zu verstummen, sich wegzunehmen — zu gehen?

Einstein
und die Akademie der Wissenschaften.

Berlin, 11. April. (Wolff.) Die Preußische Akademie der Wissenschaften übermittelt im Anschluß an ihre Erklärung vom 1. April 1933 folgende Mitteilung Herrn Albert Einsteins:

Le Coq bei Ostende, 5. April 1933.

An die Preußische Akademie der Wissenschaften!

Ich habe von durchaus zuverlässiger Seite die Nachricht erhalten, daß die Akademie der Wissenschaften in einer offiziellen Erklärung von einer „Beteiligung Albert Einsteins an der Greuel-Hetze in Amerika und Frankreich" gesprochen hat. Ich erkläre hiermit, daß ich mich niemals an einer Greuel-Hetze beteiligt habe, und ich muß hinzufügen, daß ich von einer solchen überhaupt nirgends etwas gesehen habe. Man begnügte sich im großen und ganzen damit, die offiziellen Kundgebungen und Anordnungen der verantwortlichen deutschen Regierungspersonen sowie das Programm betreffend die Vernichtung der deutschen Juden auf wirtschaftlichem Wege wiederzugeben und zu kommentieren.

Die Erklärungen, welche ich der Presse gegeben habe, beziehen sich darauf, daß ich meine Stellung an der Akademie niederlegen und mein preußisches Bürgerrecht aufgeben würde. Ich begründete dies damit, daß ich nicht in einem Staate bleiben wolle, in dem Individuen nicht gleiches Recht vor dem Gesetze sowie Freiheit des Wortes und der Lehre zugestanden wird. Ich erklärte ferner den jetzigen Zustand in Deutschland als einen Zustand psychischer Erkrankung der Massen und sagte auch einiges über die Ursachen dieses Zustandes.

In einem Schriftstück, das ich der Internationalen Liga zur Bekämpfung des Antisemitismus zu Werbezwecken überließ und das überhaupt nicht für die Presse bestimmt war, forderte ich ferner alle besonnenen und den Idealen einer bedrohten Zivilisation treu gebliebenen Menschen auf, alles daran zu setzen, daß diese in Deutschland so furchtbarer Weise sich äußernde Massen-Psychose nicht weiter um sich greife.

Es wäre der Akademie ein Leichtes gewesen, sich in den Besitz des richtigen Textes meiner Aussagen zu setzen, bevor sie sich über mich in solcher Weise äußerte, wie sie es getan hat. Die deutsche Presse hat meine Aeußerungen tendenziös entstellt wiedergegeben, wie es bei der gegenwärtig dort herrschenden Knebelung der Presse auch gar nicht anders erwartet werden kann. Ich stehe für jedes Wort ein, das ich veröffentlicht habe. Ich erwarte aber andererseits von der Akademie, zumal sie sich ja selbst an meiner Diffamierung vor dem deutschen Publikum beteiligt hat, daß sie diese meine Aussage ihren Mitgliedern sowie jenem deutschen Publikum zur Kenntnis bringe, vor welchem ich verleumdet worden bin.

Mit vorzüglicher Hochachtung

gez. Albert Einstein.

Verbotene ausländische Zeitungen.

(Privattelegramm der „Frankfurter Zeitung".)

✠ Berlin, 12. April. Für die Verbreitung in Deutschland ist wiederum eine Reihe ausländischer Zeitungen bis auf weiteres verboten worden. Wir erwähnen davon folgende:

„Die Arbeit", Eupen; „La Dépêche de Mulhouse et du Haut-Rhin", Mülhausen (Elsaß); „Monde", Paris; „Arbeiter-Stimme", Esch (Luxemburg); „Die Leuchtrakete", Wien; „Salzburger Wacht", Salzburg; „Volkszeitung", Innsbruck; „Telegraf", Wien; „Die Stunde", Wien; „Jüdisches Volksblatt", Bielsko (Polen); „Gazeta Polska", Warschau; „Słowo Pomorskie", Thorn; „Goniec Slonski", Kattowitz; „Deutsche Zentral-Zeitung", Moskau; „Leningradskaja Prawda", Leningrad; „Gazeta Gdanska", Danzig; „Vorwärts", Reichenberg (Tschechoslowakei); „Freidenkerorgan der Freigeistigen Vereinigung der Schweiz", Bern; „Prager Montagsblatt", Prag; „Rude Pravo", Prag; „Pravo Lidu", Prag; „Vecernik Prava Lidu", Prag; „Ceske Slovo", Prag; „Vecernik Ceskeho Slova", Prag; „Der Aufruf", Prag; „Wiener Mittagszeitung", Wien; „Le Soir", Prag; „Der Textilarbeiter", Zürich; „Volksrecht", Zürich; „Der Aufbau", Zürich; „Az", Prag. — Für die Zeitung „Nordböhmischer Volksbote", Bodenbach, ist das Verbot der Verbreitung in Deutschland bis auf weiteres verlängert worden.

Die Kassenpraxis jüdischer Aerzte.

(Privattelegramm der „Frankfurter Zeitung".)

✠ Berlin, 12. April. Entgegen der gestern vom Reichsarbeitsministerium gegebenen Auskunft teilt der Kommissar der ärztlichen Spitzenverbände mit, daß die Grundsätze des Gesetzes zur Wiederherstellung des Berufsbeamtentums sinngemäß auch auf die Vorschriften über die Beschäftigung der Aerzte in der Krankenversicherung und in der Fürsorge angewandt werden sollen. Entsprechend der Regelung für die Beamten und die Anwälte würden die jüdischen Kassenärzte, soweit für sie die Ausnahmebestimmungen nicht in Betracht kämen, von der kassenärztlichen Tätigkeit ausgeschlossen werden. Das gleiche gelte für Kassenärzte, die sich kommunistisch betätigt hätten.

Eine Kundgebung des Erzbischofs von Breslau.

Breslau, 12. April. (Conti.) Der Erzbischof von Breslau Kardinal Dr. Bertram erläßt, wie die „Schlesische Volkszeitung" meldet, folgende Kundgebung:

Im Verein mit der Kurie der beiden westdeutschen Kirchenprovinzen vom 9. April spricht die ostdeutsche Kirchenprovinz durch den unterzeichneten Metropoliten ihren tiefen Schmerz darüber aus, daß Tage der nationalen Erhebung, die so manche anerkennenswerte Verfügung gebracht haben, doch zugleich für viele deutsche Staatsbürger und darunter auch gewissenhafte Beamte unverdientermaßen Tage des schwersten und bittersten Leides geworden sind. Ich darf hinzufügen, daß ich als Vorsitzender der Fuldaer Bischofskonferenz bereits am 6. April an höchster Stelle des Reiches vorgesprochen habe, daß es für weiteste Volkskreise überaus schmerzlich ist zu sehen, wie so viele tüchtige Kräfte, die dem Staat wie der Kirche gleich treu ergeben sind, und die auch unter den neuen Verhältnissen wertvollste Aufbauarbeit durch kluges, besonnenes und versöhnendes Wirken zu leisten freudig bereit sind, zu solcher Mitarbeit nicht ferner zugelassen werden. In Erwartung des gnadenreichen Osterfestes sei erneut das gesamte deutsche katholische Volk in innigem Gebet aufgefordert, Gott wolle das Geschick unseres vielgeprüften Vaterlandes zum Guten wenden, Haß und Zwietracht vom Volk fernhalten, Frieden und Einigkeit, Freiheit und Wohlfahrt schirmen und mehren.

Der Erzbischof von Breslau: Kardinal Bertram.

Entführung und Tötung eines Rechtsanwalts.

(Privattelegramm der „Frankfurter Zeitung".)

△ Chemnitz, 11. April. Nach einer Mitteilung des Chemnitzer Kriminalamts wurde am Dienstag früh ½8 Uhr am Südausgang von Wiederau bei Rochlitz an der Böschung einer an der Straße Wiederau–Diethensdorf gelegenen Sandgrube Rechtsanwalt Dr. Weiner erschossen aufgefunden. Es besteht kein Zweifel, daß er einem Verbrechen gemeinster Art zum Opfer gefallen ist, das offensichtlich von Anhängern der nationalen Erhebung verübt wurde. Von den Tätern fehlt noch jede Spur. Bisher konnte folgender Sachverhalt ermittelt werden:

Am 10. April, abends ½10 Uhr, haben drei in SA-Uniform gekleidete Männer in der Wohnung des Rechtsanwalts, die Stollberger Straße 41 liegt, Einlaß erlangt. Unter Vorlegung eines Ausweises hat man dem Rechtsanwalt erklärt, daß er verhaftet sei und folgen solle. Der Rechtsanwalt hat den Ausweis selbst geprüft und auf die Frage seiner Frau erklärt, daß die Sache in Ordnung sei. Das Auftreten der Männer war so sicher, daß die Gattin des Rechtsanwalts und zwei seiner Freunde, die gerade anwesend waren, die wiederholt in der Presse empfohlene Rückfrage bei der Polizei unterließen, obwohl sie sogar einen Fernrufanlage in der Wohnung hatten, die sofort das Ueberfallkommando herbeigerufen hätte. Tatsächlich hat keinerlei Schutzhaftbefehl gegen Rechtsanwalt Weiner bestanden, und es war kein Festnahmeauftrag an die SA erlassen worden. Rechtsanwalt Weiner war nicht einmal in der Boykottliste jüdischer Rechtsanwälte enthalten, weil er den Weltkrieg mitgemacht hatte und Offizier geworden war. Vor dem Grundstück ist ein Kraftwagen nicht bemerkt worden, es ist aber anzunehmen, daß ein solcher in der Nähe gehalten hat. Die Täter dürften in Richtung Chemnitz Talstraße–Markersdorf–Claußnitz–Diethensdorf nach Wiederau gefahren sein.

Numerus clausus für jüdische Studenten

♦ Berlin, 13. April. Das Reichskabinett dürfte schon in der kommenden Woche eine im Reichsinnenministerium ausgearbeitete Vorlage verabschieden, die den numerus clausus für die Zulassung jüdischer Studenten zu den deutschen Universitäten und Hochschulen festsetzt. Es wird daran gedacht, in Zukunft jüdische Studenten nur noch innerhalb einer bestimmten Quote zu den Hochschulen zuzulassen, entsprechend dem prozentualen Anteil der Juden an der Gesamtbevölkerung. Der Gesetzentwurf selbst dürfte die Quote zahlenmäßig aber noch nicht festtellen. Dies wird voraussichtlich in einer besonderen Ausführungsverordnung geschehen, die sich auch darüber auslassen dürfte, ob und welche Maßnahmen gegenüber den jetzt bei den deutschen Hochschulen schon eingeschriebenen jüdischen Studenten unternommen werden sollen.

Das Reichskabinett wird auch durch ein ganz kurzes Rahmengesetz mit nur wenigen Paragraphen das vom preußischen Unterrichtsminister Rust angeordnete neue Studentenrecht für das ganze Reichsgebiet verkünden.

Die Ablehnung jüdischer Richter.

Der preußische Justizminister Kerrl hat verfügt, daß die allgemeine Verfügung vom 6. Oktober 1930 über die Ablehnung von Richtern wegen Besorgnis der Befangenheit außer Kraft gesetzt werde. Die nunmehr beseitigte allgemeine Verfügung sprach aus, daß es nicht ohne weiteres möglich sei, jüdische Richter allein wegen ihrer Zugehörigkeit zum Judentum mit dem Einwand der Besorgnis der Befangenheit abzulehnen. Was in der Praxis jetzt schon allenthalben durchgeführt wurde, daß nämlich Angeklagte mit ihrem Wunsch nach Ablehnung jüdischer Richter Erfolg hatten, ist durch den Justizminister nun legalisiert worden.

Zur Frage jüdischer Notare.

♦ Berlin, 13. April. Der kommissarische Justizminister Kerrl sagt in einem Runderlaß an die Oberlandesgerichtspräsidenten, es sei festgestellt worden, daß in manchen Orten nur ein einziger und zwar jüdischer Notar die Geschäfte führe. Er beabsichtige, an solchen Orten möglichst bald ein zweites Notariat einzurichten und einem Deutschstämmigen zu übertragen. Er bitte um beschleunigte Berichterstattung darüber, wo solche Fälle vorlägen.

Am 22. Juni wurde die Sozialdemokratische Partei verboten. In den nächsten Tagen folgten rasch die Selbstauflösungen der übrigen Parteien, zuletzt, am 5. Juli, die des Zentrums. Ende Juni schied Hugenberg aus der Regierung aus, die ohne seine Hilfe nicht zustande gekommen wäre. Am 3. Juli wurde die Eingliederung des Stahlhelms in die SA befohlen. Die Gleichschaltung war vollzogen; alle Macht lag von nun an ungeteilt bei den Nationalsozialisten und ihrem Führer.

Über das Verbot der SPD formulierte die Redaktion keine eigene Meldung. Im Stil einer Verlautbarung hieß es: »Berlin, 22. Juni. Amtlich wird mitgeteilt: Vorgänge in der letzten Zeit haben den unumstößlichen Beweis dafür geliefert, daß die deutsche Sozialdemokratie vor hoch- und landesverräterischen Unternehmungen gegen Deutschland und seine rechtmäßige Regierung nicht zurückschreckt...«[43] Die Worte »amtlich wird mitgeteilt« waren gesperrt gedruckt: eine klare Aufforderung an die Leser, dem Inhalt der Meldung nicht zu trauen. Das hergebrachte Verfahren, einer Meldung den Quellennachweis beizufügen, brauchte nur auf das Regime angewandt zu werden, und schon war die Mitteilung diskreditiert. Die Nationalsozialisten konnten wenig dagegen sagen.

Die Artikel Kirchers zum Ende der Parteien ließen aufs neue das Grundmuster seiner Argumentation erkennen, nämlich unter das Vergangene einen Strich zu ziehen und auf die künftige Politik Einfluß zu nehmen. Hugenberg und der Deutschnationalen Volkspartei wollte niemand in der Zeitung eine Träne nachweinen. Kircher beschrieb im Tone kalter Logik die neue Herrschaft: »Die Parteien mußten verschwinden, denn sie passen nicht in ein System, das den parlamentarischen Aufbau durch einen nationalsozialistischen und das den alten

Meldungen aus der zweiten Aprilwoche 1933. In Hunderten solcher Nachrichten schrieb die Redaktion eine Chronik der Gleichschaltung und des frühen Terrors

Reichstag durch ein Ständeparlament ersetzen will. Der Umschwung ist total. Die kleinen Restbestände des parlamentarischen Staates, die hier und dort noch bestehen blieben, sind bedeutungslos und werden rasch verschwinden. Die Einschmelzung des bisherigen politischen Gerippes ist eine vollzogene Tatsache. In kurzer Zeit wird ein neues Staatsgerüst vor uns stehen. Alle Widerstandszentren sind gebrochen, neue wird man nicht aufkommen lassen. Die Zugriffe während der letzten Tage waren ebenso planvoll wie energisch. Die Zahl der Verhaftungen war groß. Die Regierung wollte niemand in Zweifel darüber lassen, wie die Aktion gemeint sei. Nachdem der Zweck erreicht ist, dürfen wir die Hoffnung aussprechen, daß die persönlichen Zugriffe, die der Durchführung des Planes dienten, wieder so rasch wie möglich rückgängig gemacht werden können. Es gibt keine organisierte Opposition mehr – weder im machtpolitischen noch im parlamentarichen Sinne – und es kann sie nicht mehr geben. Das Totalitätsprinzip ist verwirklicht.«

Am Schluß sollte den Nationalsozialisten der Gedanke nahegebracht werden, sich und ihre Politik dem Volk zu öffnen: »Ein Kapitel deutscher Parteigeschichte ist abgeschlossen. Wir beklagen das nicht. Wir können wiederholen, was wir längst vor dem 30. Januar an dieser Stelle aussprachen: ›Parteien‹ interessieren uns nicht mehr, nur noch die Menschen und die deutsche Schicksalsgemeinschaft. Dieses Schicksal hat Herr Hitler in seine Hand genommen. Sein Werkzeug aber ist die NSDAP. Eine neue Epoche liegt vor uns. Ihr den Sinn zu geben, obliegt uns allen. Die freundschaftliche Geste, mit der Herr Hitler ›die ehemaligen Mitglieder der deutschnationalen Front‹ trotz der sehr scharfen Kampfstellung in vergangenen Zeiten als Mitkämpfer und Mitarbeiter durch ein Freundschaftsabkommen mit sich verbunden hat, ist eine begrüßenswerte Tat, denn die neue deutsche Gesellschaft läßt sich nicht verwirklichen, wenn nicht im weitesten Maße Zusammenarbeit und Verstehenwollen an die Stelle von Zwietracht und Haß zu treten beginnen.«[44]

Als eine Woche später als letzte Partei auch das Zentrum verschwunden war, schien Kircher den Stürzenden noch schnöde einen Stoß zu geben: »Es ist merkwürdig, aber wahr, wir, die wir nicht daran denken, unseren Anteil am Vergangenen jemals zu verleugnen, empfinden die Auflösung der Parteienfront als eine Entlastung der deutschen Politik. Unsere Leser werden während der letzten Jahre bemerkt haben, daß wir mit den alten Parteien nicht mehr viel anzufangen wußten. Die Parteien selbst überhäuften uns – zum Teil sogar öffentlich – mit Vorwürfen. Wir waren auf einmal keine ›Demokraten‹ mehr, weil uns das parteipolitische Spiel nicht mehr gefiel...« In diesem befremdlichen Ton schilderte Kircher die Fehler der alten Parteien. Indirekt aber hielt er damit auch der NSDAP einen Spiegel vor: »Ohne eine völlige Überwindung der bisherigen (soziologisch und politisch unzulänglichen) Parteiformung und Parteianschauung hätten wir uns einen solchen Umbau nicht vorstellen können, denn diese Formen und Anschauungen haben dahin geführt, daß nur ein kleiner Volksteil (vertreten durch eine Parteigruppe) am Staatsleben positiv teilnahm. War man schon Demokrat, so war das Problem: wie kann man das Volk wahrhaft zum Träger des Systems machen? In den ›proportionalen‹ Parteiwahlen redete und agitierte man das Volk mehr und mehr auseinander und glaubte dann eine Tat vollbracht zu haben, wenn man gleichwohl gerade noch eben eine parlamentarische Mehrheit zusammenzuzimmern vermochte. Wer nicht zu dieser Mehrheit gehörte – und dies war das Entscheidende – spielte nicht etwa, wie in anderen parlamentarischen Ländern, die Rolle einer konstruktiven, auf den Pendelschwung wartenden Opposition, sondern der Rest war ein Abgrund: Menschen, die diesen Staat und diese Gesellschaftsordnung prinzipiell ablehnten.«

Im letzten Teil folgte, was Kircher am wichtigsten war: das künftige Verhalten der NSDAP, die er zu überreden suchte, auch Andersgesinnte zur Mitarbeit zu gewinnen. Zu Ende gedacht, bedeutete dies eine Aufforderung an die NSDAP, ihren Totalitätsanspruch aufzugeben: »Die Ausschaltung der Parteien ist eine leichte Arbeit im Vergleich zur Ausschaltung, Umschaltung oder gar geistig-politischen Verarbeitung der Tendenzen, die während ganzer Generationen den verschwundenen Parteien einen Sinn gegeben haben, denn – dies werden auch die Nationalsozialisten sicher zugeben – sie waren ja kein Teufelswerk, sondern sie waren (samt ihren Irrtümern) historisch gewachsen... Unvorstellbar groß muß jedenfalls die geistig-politische Leistung des Nationalsozialismus werden, um nicht nur den Ersatz für die gestürzten Organisationen zu bieten, sondern den Ersatz für das politische und geistige Leben, deren Ausdruck während all jener vielen Jahrzehnte des ersten und zweiten Reiches (also sehr viel mehr als jene vierzehn Jahre) die Parteien waren, mag es auch ein oft kümmerlicher und oft verzerrter Ausdruck gewesen sein... Auf solche Weise kann um den Kern der NSDAP eine neue nationale Gesellschaft entstehen –, sie muß entstehen, wenn das national-sozialistische Werk gelingen soll.«[45] Der Artikel ist eine Probe von Kirchers Kunstfertigkeit, zwei entgegengesetzte Meinungen so schillernd auszudrücken, daß der Standpunkt des Lesers darüber bestimmt, welcher Sinn – die oppositionelle Gegenrede oder die Zustimmung zum Parteienverbot – zum Vorschein kommt.

Auf außenpolitischem Gebiet hielt es die Redaktion für möglich, daß Hitler begreifen werde, keine andere Wahl zu haben, als die Bemühungen um eine friedliche Revision des Versailler Vertrages fortzusetzen. Die Redaktion hielt sich bereit, dabei mitzuarbeiten. Hitlers erste außenpolitische Erklärungen schienen eine solche Annahme überraschend schnell zu bestätigen. Die ersten Interviews, die Hitler ausländischen Journalisten gab, und auch die Regierungserklärung nach dem Tag von Potsdam zeigten einen Reichskanzler, der die Unruhe über die außenpolitischen Folgen des Regierungswechsels beilegen wollte. Es klang nicht nach der »Lebensraum-Politik«, die er in »Mein Kampf« angekündigt hatte. Er gab sich als Mann der friedlichen Zusammenarbeit und Abrüstung – unter den Bedingungen der Gleichberechtigung Deutschlands, einer Forderung, die gerecht denkende Menschen gelten lassen wollten. Die Täuschung gelang Hitler zwar nicht ganz, doch immerhin schien es bis 1938 eine Reihe von Gründen zu geben, die Hoffnung auf eine friedliche Außenpolitik Deutschlands nicht fahren zu lassen. Hitler verstand sich auf das Wunschdenken seiner Gegner, und in gewisser Weise war es auch wahr, wenn er sagte, er wolle keinen Krieg. Doch war es falsch, solche Erklärungen als Verzicht auf Expansion und als Bereitschaft zu einer Politik friedlicher Nachbarschaft zu verstehen.

Über Hitlers erste große außenpolitische Erklärung in der Reichstagsrede vom 17. Mai 1933 schrieb Kircher, Hitler habe den deutschen Standpunkt so formuliert, daß jeder einzelne Deutsche jedem einzelnen Satz seine Zustimmung geben könne. Die Kontinuität der deutschen Außenpolitik habe sich erwiesen; Hitler habe »ohne die geringste diplomatische Reserve und ohne Verschleierung sein wahres außenpolitisches Gesicht gezeigt«: ehrliche Friedensliebe, »unbedingte Vertragstreue von Versailles bis Ostlocarno«, aber Unbeugsamkeit in der Forderung nach deutscher Gleichberechtigung. Kircher hob besonders einen Satz in der Rede hervor: »›Indem wir in grenzenloser Liebe und Treue an unserem eigenen Volke hängen, respektieren wir die nationalen Rechte auch der anderen Völker aus dieser selben Gesinnung heraus und möchten aus tiefinnerstem Herzen mit ihnen in Frieden und Freundschaft leben.‹« War Kircher davon berührt? »So kann nur ein Mann sprechen, dem es ernst ist«, schrieb er.[46] Alle Abgeordneten des Reichstags, auch alle Sozialdemokraten, soweit sie nicht verhaftet waren, hatten Hitlers Rede zugestimmt. »Durch die Versammlung ging eine spürbare Bewegung. Regierung, Abgeordnete und Zuschauer stimmten das Deutschlandlied an«, verzeichnete Kirchers Bericht.

Der enthusiastische Ton des Artikels läßt vermuten, daß sich auch sein Autor von der Stimmung der Stunde hatte hinwegtragen lassen. Kircher war ein Patriot, der hoffen *wollte*, wie so viele dieser von den Erlebnissen des Weltkrieges geprägten Generation, daß Deutschland wieder eine geachtete Stellung unter den Völkern Europas einnehme. Und sollte, auch wer zu Hitler in Opposition stand, nicht hoffen dürfen, ein gütiges Geschick werde die tiefzerrissene Nation wieder mit sich selbst versöhnen – trotz oder vielleicht gar mit Hilfe dieses unheimlichen Mannes auf der Tribüne des Reichstags? Zwei Tage später war die Verzauberung verflogen. Es komme auf das tatsächliche außenpolitische Verhalten an, schrieb Kircher bei nochmaliger Betrachtung der Rede. Grundlage für das Vertrauen der Nachbarn in die Außenpolitik des Reiches sei nun einmal die Innenpolitik. Er hoffe auf das Ende der »Revolution« im Innern und auf den Anfang einer Erneuerung Deutschlands.[47]

»Die Redaktion machte sich über das Wesen des Nationalsozialismus als einer Despotie keine Illusion«, berichtete Reifenberg später. Gleichsam gegen besseres Wissen aber »hoffte man, einer viel besprochenen Ansicht von Jacob Burckhardt folgend, es müsse jede Tyrannis im Laufe der Zeit aus Selbsterhaltungsgründen sich in einen Rechtsstaat verwandeln; man hoffte auf eine Evolution innerhalb des neuen Regimes. Man *wollte* hoffen.« Die Redaktion wollte nicht glauben, in diesem Menschen den Dämon vor sich zu haben, »der nur durch sich selbst vernichtet werden kann«. Die »Frankfurter Zeitung« habe damals, zu Beginn der nationalsozialistischen Ära, »nicht geglaubt, es würden die neuen Gewalthaber jemals über den berechtigten deutschen Revisionsanspruch hinaus die europäische Konstellation zu bedrohen wagen«.[48]

Man wollte sehen, ob die »Revolution« der Nationalsozialisten den Weg in eine friedliche Entwicklung finden werde. Kircher wartete, wie er am 9. Juli 1933 schrieb, auf den Augenblick, an dem »die Periode der revolutionären Erschütterungen hinter uns liegen wird, – wenn die Periode der Evolution beginnt, die der Reichskanzler in seinen höchst bedeutungsvollen Ausführungen vor den Reichsstatthaltern verheißen hat«.[49] Der Temporalsatz ist, wie man leicht erkennen kann, eigentlich ein Konditionalsatz. Daß innerhalb der Partei zwei Richtungen um die Bedeutung der »Revolution« rangen, war schon in der Strasser-Krise von 1932 offenbar geworden; nach dem 30. Januar war die Auseinandersetzung auch an der Unruhe der auf Belohnung wartenden »alten Kämpfer« zu erkennen. Aber was Kircher als »Evolution« deutete, war in Wirklichkeit die Durchsetzung der totalen Befehlsgewalt der Führung auch gegenüber der alten Garde.

Kircher war ein verschlossener Mensch. Zu den jüngeren Kollegen im Berliner Büro war er freundlich, aber keinem von ihnen vertraute er sich näher an, keiner stand ihm nahe. Er wohnte in einer der vornehmsten Straßen im Tiergarten, In den Zelten, führte ein herrschaftliches Haus und hielt Kontakte zu hohen Beamten und auswärtigen Diplomaten. Eberhard Schulz, sein jüngerer Kollege in der Berliner Redaktion, beschreibt ihn als einen »schneidigen Mann«, einen beachtlichen Skifahrer, von kurzer, breiter Gestalt und »mit O-Beinen, die er sich vom teuersten Schneider bedecken ließ«; er sei ein »Skeptiker« gewesen, der den »Marasmus« der Weimarer Zeit erlebt habe und jedenfalls nicht anbetend »vor den liberalen Ideen in die Knie gegangen« sei. Nicht die »Fratze Hitlers« habe ihn aus der Reserve gelockt, sondern der Anblick der Menschen, die um Hitler zusammenströmten, und die Sehnsucht nach Erneuerung, die er im Volk zu spüren meinte. Kircher, der einsame Wolf, der »Realpolitiker« mit einer großen Portion Menschenverachtung, erwies sich als besonders empfänglich für die Gemeinschaftserlebnisse, die die Nationalsozialisten mit der Kunst von Theaterregisseuren zu inszenieren wußten. Wie er sich von der Einmütigkeit im Reichstag bei Hitlers Rede am 17. Mai hatte beeindrucken lassen, so wäre er beinahe auch von dem Schauspiel des ersten großen Parteitags hinweggerissen worden. Der Großbürger, der auf feine Gesellschaft achtete, ließ sich »hilflos von diesen Nürnberger Aufzügen imponieren, über die wir Jüngeren spotteten«.[50]

Kircher spürte in Nürnberg, daß den Nationalsozialisten etwas gelungen war, was die Republik nie zustande gebracht hatte: eine Feststimmung, bei der die Bevölkerung einer ganzen Stadt in Taumel geriet. Mit Verwunderung erinnerte er sich, daß er auf früheren Parteitagen stets einen Zwiespalt zwischen den Auftritten der Nationalsozialisten und der Ehrwürdigkeit dieser alten deutschen Stadt empfunden habe. Nun sei alles ganz anders gewesen: kein Parteitag, sondern ein Volksfest.[51] »Von den Menschenmassen, die hier versammelt sind, geht ein Strom aus, dem sich kein Zeuge entziehen kann. Diese Art des gemeinsamen uniformierten Lebens ist ein Stück des neuen Deutschlands geworden, dessen Kenntnis unentbehrlich ist für die Interpretation des nationalsozialistischen Staates...«[52] Rudolf Kircher war nicht nur ein guter Schilderer des Schauspiels, er war auch ein Opfer der Nürnberger Dramaturgie.

In einem weiteren Artikel zitierte er den Brief eines Lesers, der ihn wegen der Berichterstattung über die im Gleichschritt marschierenden Massen kritisiert hatte. Kircher fügte daran eine Schilderung des »Tumultes« in seinem eigenen Herzen: »Es ist ein fürchterlicher Zwiespalt, in dem wir leben – wir, die es niemals über uns brächten, unsere innere Gebundenheit an gewisse Grundsätze zu verleugnen oder unse-

R K Nürnberg, 4. September.

Als ich müde von einem jener stundenlangen Gänge durch die festlichen Straßen Nürnbergs zurückkehrte — müde, aber doch aufgepeitscht durch den Rhythmus dieser Tage —, fand ich **einen Brief** vor, in dem ein Unbekannter folgendes schrieb: „Geehrter Herr! Unsere erhabene Zeit verbietet es mir, ganz deutlich zu werden. Aber ich will Ihnen wenigstens andeuten, was Sie offenbar mit Vergnügen zu übersehen beliebten: es gibt noch immer Menschen in Deutschland, die von der „Veranstaltung" dort weniger begeistert sind als Sie. Es gibt viele Menschen in Deutschland, die schmerzlich berührt die Oberflächlichkeit der Betrachtungsweise eines Mannes zur Kenntnis nehmen, der vor einiger Zeit noch würdiger geurteilt hat..."
Wir Deutschen haben ein eigentümliches Talent, einander wehe zu tun. Ich gestehe, daß mich der Brief verletzt — oder doch wenigstens betroffen hat, obwohl ich weiß, daß es Tausende unter unseren Lesern gibt, die finden, daß sich der Briefschreiber noch erstaunlich milde ausgedrückt habe. Was viele, sehr viele gute Deutsche fühlen, hätte ich auch ohne jene Zuschrift gewußt.

Es ist nicht meine Art, wenn ich über öffentliche Begebenheiten berichte, die Leser stets an die Existenz meiner eigenen Person zu erinnern. In den Nürnberger Berichten tat ich es. Warum? Es war meine Absicht, den Leser wenigstens ahnen zu lassen, welcher Tumult sich in meinem Herzen abspielte. Ich wanderte nicht Tag für Tag im Gleichschritt dieser bewegten Massen, um mich durch sie berauschen zu lassen, sondern weil irgend etwas in mir mich unwiderstehlich dazu zwang. Und ich glaube, so wie mir wäre es manchem anderen ergangen, wenn er dabei gewesen wäre. Es ist ein fürchterlicher **Zwiespalt**, in dem wir leben — wir, die es niemals über uns brächten, unsere innere Gebundenheit an gewisse Grundsätze zu verleugnen oder unseren Anteil an der Verantwortung für das Vergangene zu vergessen und vergessen zu machen — wir, die aber gleichwohl ohne den geistigen Anschluß an die Massen, die wir lieben und für die wir stets zu arbeiten befissen, nicht zu leben vermögen. In diesem Zwiespalt stecken wir seit jenem 30. Januar — oder, genauer gesagt, seit der Beendigung des Nachkampfes durch das Votum der letzten und entscheidenden Reichstagswahlen. Und in diesem Zwiespalt werden wir stecken, solange es ihn gibt: es wird ihn noch lange geben; denn es wird auch künftig nicht an Erscheinungsformen, Methoden und Grundsätzen des Nationalsozialismus fehlen, die unser Herz oder unseren Verstand immer wieder erinnern, daß die neue Zeitgeist immer wieder Klüfte aufreißt, die schwer und für viele gar nicht zu überbrücken sind.

Wäre dies nicht so, wie wenige von uns würden den alten Parteien, dem alten Klüngel, dem alten Kram, den alten Zänkereien und Zerklüftungen nachtrauern! Sicherlich nicht diejenigen, die einen machtvoll auf die deutsche Nation aufgebauten sozialen Gemeinschaftsstaat und eine kraftvoll über die Parteizerrissenheit hinweggeführte Demokratie gefordert haben. Es gibt Menschen, die etwas Gutes nur dann als gut anzuerkennen vermögen, wenn sie es selbst getan haben — wir gehören nicht dazu. Es gibt Menschen, die glauben, überall dabei sein zu müssen, besonders wenn es Aemter zu gewinnen gibt — auch zu ihnen gehören wir nicht. Aber jenseits aller Ideologie, aller Machtfragen, ja sogar aller peinvollen Tagespraxis gibt es eine unwiderstehliche magnetische Gewalt, die wir so deutlich empfinden wie jeder andere: das Gefühl einer unlösbaren **Volksverbundenheit**, ein Gefühl, das jede Enttäuschung und jedes Ungemach überdauert. Für die meisten beter unter uns, die Juden sind, gilt das in gleicher Weise wie für die meisten beter, die es nicht sind. Das Gemeinschaftsgefühl ist auf die Dauer das wertvollste und darum auch wertvollste, was die Nation besitzt. Errichtet man Schranken, so werden sie früher oder später wieder von selbst fallen. Der Ablauf der deutschen Geschichte lehrt das deutlich. Tun sich Abgründe, tun sich Zwiespälte auf — geraten wir mit unseren eigenen Volksgenossen in Konflikte, die unsere Seele zu sprengen drohen: niemals wird unsere Sehnsucht größer sein als in solchen Zeiten, die Zehnsucht und das Bedürfnis, beisammen zu bleiben. Haben diejenigen, die heute am lautesten nach Abstoßung einzelner Volksteile verlangen, einen Begriff davon, wie fürchterlich schwer sie damit manche Leute seelisch treffen — etwa die wirklich deutschfühlenden Juden?

•

Nehmen wir den Nationalsozialismus als das, was er ist, und als was ihn auch die Umwelt früher oder später wird nehmen müssen: als vollendete Tatsache, so gibt es keine andere Frage mehr als die, was dabei herauskommen wird. Blicken wir nach Nürnberg, so erhalten wir selbstverständlich keine schlüssige Antwort, denn Nürnberg war nichts anders als eine gewaltige Demonstration und eine neue innere Zusammenfassung der Partei. Der Geist, in dem dies geschah, konnte kein anderer sein als ein typisch nationalsozialistischer. Sehr viel weniger als bei irgend einem Parteitag der vergangenen Epoche kam es in Nürnberg auf eine Programmatik an, denn Nationalsozialismus ist sein Programm, sondern ein politischer Lebensstil. Dieser Lebensstil verläuft im Rhythmus der Hitlerschen Ideologie. Das Studium seiner Person, seiner Denkart und nicht zuletzt seiner Entwicklung wird zum Zentralpunkt jeder öffentlichen Arbeit in Deutschland. Wenn wir die Rassenfrage in den Nürnberger Reden Hitlers, ebenso wie in den meisten übrigen Reden — so auch bei Dr. Goebbels und Herrn Rosenberg — ganz beherrschend im Vordergrund stehen sahen, so liegt das nicht (oder nicht nur) daran, daß Deutschland durch die Aufrollung des Judenproblems, vor allem durch die Art seiner Aufrollung, die Umwelt in Erregung versetzt hat, sondern es liegt daran, daß die Rassenfrage der Ausgangspunkt des gesamten Denkens und Handelns des nationalsozialistischen Führers ist. Seit Herr Hitler Reichskanzler ist, hat er nichts Prinzipielles öffentlich darüber gesagt. In Nürnberg, wo er nun darüber sprach, ist aus seinem Mund kein einziges schmähendes Wort gefallen, wennngleich die Verweisung der Juden in eine minderwertige Kategorie nicht als Schmeichelei empfunden werden kann. Daß Herr Hitler Schmähungen unterließ, wundert uns gewiß nicht, denn er ist nun Kanzler des Reiches und nicht mehr bloß ein zur Macht strebender Kämpfer, aber daß Herr Hitler diese Frage in Nürnberg aufrollte und daß er sie gerade hier mit vornehmer Beherrschung behandelte, scheint uns schon deshalb der Bemerkung besonders wert, weil Nürnberg eine Stadt ist, in der der Haß gegen alles Jüdische auf eine oft sehr rohe und für die Juden immer bewußt erniedrigende Weise zum Ausdruck kommt.

Das erste, was mir hier zu Gesicht kam, war eine Nummer des „Stürmer", dessen Herausgeber der Frankenführer der NSDAP Julius Streicher ist. Herr Streicher hat nur eine große Stellung im nationalsozialistischen Aufbau, sondern er ist (wie man sich leicht überzeugen konnte) eine sehr populäre Figur. Zudem einer der ältesten Parteigenossen und Mitkämpfer Hitlers. Was ich nun im „Stürmer" las, ist schwer zu beschreiben. Zeitenlang der Antisemitismus in seiner schärfsten Form. An den „Pranger" stellte der „Stürmer" auch in dieser Nummer zwei arische Mädchen, gegen die der Vorwurf erhoben wurde, daß sie mit jüdischen Herren Verkehr pflegen. Die Anklage geschah in einer Sprache, die wir nicht wiedergeben möchten. Welche Stimmung dadurch erzeugt wird, kann man erraten — erst recht wenn man frühere Vorkommnisse bedenkt. Dies alles gehört nicht zum Parteitag — aber es gehört zu seinem **Schauplatz**: nämlich zu Nürnberg. Diese Lokalstimmung ist erfreulicherweise in das Nürnberger Siegesfest nicht spürbar eingedrungen — ganz gewiß nicht in die Reden, die dort gehalten wurden, woraus sich schließen läßt, daß eine solche Uebersteigerung der antisemitischen Attacke für den eigentlichen Zweck der nationalsozialistischen Rassenpolitik durchaus entbehrlich ist.

Herr Hitler hat für Deutschland den nordisch-arischen Menschen die politische, geistige und kulturelle Führung vorbehalten. Er hat diesen Anspruch begründet, und es wird dabei bleiben, aber er hat Sätze ausgesprochen wie diese: Nicht dort ist „eine arische Kultur von Größe und Bedeutung entstanden, wo Arier rein und ausschließlich unter sich lebten, sondern überall dort, wo sie mit anders gearteten Rassen eine lebendige Verbindung eingingen; nicht im Sinne einer blutmäßigen Mischung, sondern einer organisatorischen Zweckgemeinschaft." Noch deutlicher sagte der Kanzler: „Er (der Nationalsozialismus) erkennt dabei die Gegebenheit der verschiedenen rassischen Substanzen in unserem Volke. Er ist auch weit entfernt, diese Mischung, die das Gesamtbild des Lebensausdrucks unseres Volkes gestaltet, an sich abzulehnen. Er weiß, daß die enorme Spanne unserer Fähigkeiten durch die innere rassische Gliederung unseres Volkes bedingt ist." Er

(Fortsetzung auf Seite 2.)

Das Erlebnis von Nürnberg.

(Fortsetzung von Seite 1.)

wünscht aber, daß die politische und kulturelle Führung unseres Volkes das Gesicht und den Ausdruck jener Rasse erhält, die durch ihren Heroismus, also dank ihrer inneren Veranlagung aus einem Konglomerat verschiedener Bestandteile das deutsche Volk überhaupt erst geschaffen hat." (Rede bei der Kulturtagung.) Wer dies sagt, kann unschwer und ohne Gefährdung des Staatszweckes den deutschen Juden Lebensbedingungen bewilligen, die ihrer und unser würdig sind. Niemand, ob Jude oder Christ, der bisher das Gegenteil von dem gelehrt oder getan hat, was der Nationalsozialismus lehrt oder tut, hat das moralische Recht, „plötzlich die Fahne zu wechseln" und in den neuen Staat „so einzuziehen, als ob nichts geschehen wäre und in dem das große Wort zu führen" (wir zitieren Herrn Hitler), aber für unverlierbar halten wir das Recht jedes Deutschen, daß der Staatszweck nicht gefährdet, seinem w a h r e n, durch kein Haßgefühl mißbeuteten Wert entsprechend behandelt zu werden. Gelangen wir dahin, so werden wir einer umfassenden deutschen Volksgemeinschaft und dem Verständnis der Umwelt um ein gutes Stück näher gekommen sein.

*

In Nürnberg lag die jubilierende Seele der Nationalsozialisten ganz offen vor uns, weder überschattet durch Machtkampf noch getrübt durch Haßgesänge. Was man sah, war dies: eine unabsehbar wogende Menge von Menschen, die mit wenigen Ausnahmen um keinen Pfennig reicher sind als vor dem 30. Januar, im Gegenteil: die mehr Opfer für die gemeinsame Sache bringen müssen als jemals, Opfer an Geld, Zeit und Arbeitskraft, Hunderttausende von Menschen, die zum ersten Male, seit es eine deutsche Politik gibt, in solchem Ausmaß und aus freiem Willen aktivsten und anstrengendsten Anteil an der politischen Gemeinschaftsarbeit nehmen, Menschen, die von einer neuen Lebens- und Schaffensfreude erfüllt sind, Menschen, die dabei aufatmen und aufblühen, Menschen, die ihre nationale und soziale Bedrängnis mit einemmal in ein Glücksgefühl verwandelt fühlen und die das Empfinden haben, daß der Zustand deutschen Elends durch die Zauberkraft des Nationalsozialismus plötzlich in einen Zustand umgeschaffen sei, der die gewaltigsten Möglichkeiten geistiger und politischer Erneuerung — über die deutschen Grenzen hinaus — mit sich bringe. Ist das nichts Großes? Kann man sich solcher Stimmung leicht entziehen — will man sich ihr entziehen?

Es wäre vermessen, sagen zu wollen, wieweit sich alle Wünsche erfüllen, die man im Hochgefühl solcher Zeit hegen mag. Herr Hitler hat auch in Nürnberg keinen Zweifel darüber gelassen, daß der Bewohner des Dritten Reichs nicht auf Rosen gebettet sein wird. Im Gegenteil, Hitler faßt seine Leute hart an, er mutet ihnen viel zu — welches hohe Maß von Anstrengungen und Unbequemlichkeiten, welches geringe Maß von Vergnügen üblicher Art ist den Teilnehmern des Parteitags, besonders der SA, zuteil geworden! Der gewaltige Auftrieb, den Hitler seinen Mitkämpfern gibt, hat durchaus keine materiell greifbaren Grundlagen, sondern er besteht in der Erzeugung und Stärkung der Gesamtstimmung: des Lebensgefühls. Nationalistische Phrasen — wie sie früher üblich waren — fehlen bei Hitler vollkommen. Er will jedem einzelnen ein neues Glück ins Herz pflanzen, indem er ihm ein neues geistiges Rüstzeug übermittelt: eine auf

handgreifliche Formeln gebrachte nationalsozialistische Ideologie. Allem, was in dieser Beziehung in Nürnberg gesagt wurde, kann man nicht wissenschaftlich-philosophisch beikommen, sondern nur unter dem Gesichtspunkt des politischen Zwecks. Es werden keine Thesen zur Diskussion gestellt, sondern es wird eine Gesamtstimmung erzeugt. Ideologische Diskussionen mit dem Nationalsozialismus wären ohnehin ohne jede Erfolgsaussicht. Man sieht den Führer sehr deutlich vor sich, und er interpretiert sich, zieht eine leicht faßliche Grundlinie — und verläßt sich dann der Parteitag mit der Gewißheit eines unbedingten Vertrauens der drei Millionen organisierten Träger des nationalsozialistischen Staates in die bisherige und in die noch folgende Praxis.

*

Zu den Amtswaltern sagte Herr Hitler: „Die Art unserer Organisation, die keine Abstimmungen kennt und keine Wahlen, die nur Autorität, Disziplin, Verantwortung und Unterordnung kennt, diese Art unserer Organisation verhindert es, daß irgend jemand hoffen kann, sie jemals zu zersetzen." Der Aufmarsch dieser Amtswalter (die bekanntlich in ihrer braunen Uniform den SA-Leuten zum Verwechseln ähnlich sehen) sowie die große Parade von 100 000 SA-, SS- und Stahlhelmverbänden, gaben diesen Worten Nachdruck und zeigten aller Welt das politische Machtgerippe des Nationalsozialismus. Dieses politische Machtinstrument ist offensichtlich fest in der Hand des obersten Führers, was nicht notwendigerweise bedeutet, daß dieser zu jeder Einzeläußerung seine Zustimmung gegeben hätte oder geben würde, wenn er vorher darüber befragt worden wäre. Eine Vielstimmigkeit ist bei der ganzen Art des Aufbaus gar nicht zu vermeiden — sie ist, ebenso wie die Tendenz zu straffer Gesamtführung, eine Selbstverständlichkeit. Entscheidend ist, daß Führung und Machtorganisation von der gleichen Spitze aus, im gleichen Geist und in der gleichen Praxis geleitet werden. Der „Reichstag zu Nürnberg" wird eine dauernde Institution sein (jedes zweite Jahr wird er tagen), aber es läßt sich nicht voraussagen, wo dort — abgesehen von der Führung — das Schwergewicht sein wird. SA und PO (Politische Organisation) waren in Nürnberg deutlich getrennt. Im „Kongreß" aber saßen dann neben den zahlreichen Amtswaltern auch die Vertreter der SA. Die PO ist dazu bestimmt, den politischen Geist von der Parteispitze bis in die kleinsten Zellen zu tragen, und die Verbindung zwischen Führung und Gefolgschaft zu sichern und zu pflegen. Von der SA weiß man, daß sie die politische Kampftruppe ist, ohne die ein Sieg des Nationalsozialismus nicht denkbar gewesen wäre. Der Eindruck ihres Vorbeimarschs war außerordentlich stark. Ein Teil der Umwelt meldet dann auch wieder erhöhte Bedenken an, aber der Augenzeuge mußte sich gerade bei diesem Anblick der wahren Situation bewußt werden: Deutschland verfügt über gewaltige Massen opferbereiter Menschen — aber die braunen Kolonnen sind waisenlos. Zwei junge englische Boy Scouts, die zufällig in Nürnberg waren und als Gäste dem Parteitag (im Lager der Hitlerjugend) teilnahmen, verbargen ihre Bewunderung für die Disziplin und den Enthusiasmus nicht, aber sie lasen die Marschlieder und stellten die Frage: „What is behind it?" Nun, was hinter dem deutschen Nationalsozialismus steckt, ist kein Geheimnis: die Absicht eines Volkes, nicht unterzugehen.

ren Anteil an der Verantwortung für das Vergangene zu vergessen und vergessen zu machen – wir, die aber gleichwohl ohne den geistigen Anschluß an die Massen, die wir lieben und für die wir stets zu arbeiten hofften, nicht zu leben vermögen... Jenseits aller Ideologie, aller Machtfragen, ja sogar aller peinvollen Tagespraxis gibt es eine unwiderstehliche, magnetische Gewalt, die wir so deutlich empfinden, wie jeder andere: das Gefühl einer unlösbaren Volksverbundenheit, ein Gefühl, das jede Enttäuschung und jedes Ungemach überdauert. Für die meisten derer unter uns, die Juden sind, gilt das in gleicher Weise wie für die meisten derer, die es nicht sind. Das Gemeinschaftsgefühl ist auf die Dauer das Wertbeständigste und darum auch Wertvollste, was die Nation besitzt. Errichtet man Schranken, so werden sie früher oder später wieder von selbst fallen. Der Ablauf der deutschen Geschichte lehrt das deutlich. Tun sich Abgründe, tun sich Zwiespälte auf – geraten wir mit unseren eigenen Volksgenossen in Konflikte, die unsere Seele zu sprengen drohen: Niemals wird unsere Sehnsucht größer sein als in solchen Zeiten, die Sehnsucht und das Bedürfnis, beisammenzubleiben...«[53] Aus diesen Zeilen spricht die Zerrissenheit eines Mannes, der einen Moment lang an sich selbst irre zu werden schien, weil er bei den Nationalsozialisten nicht nur brutale Macht und Fanatismus sah, sondern auch naive Freude, die sich auf die Mitbürger übertrug. Da er sich selbst dabei im Abseits fühlte und Gefahr lief, ihr Ohr nicht mehr zu erreichen, wünschte er um so mehr, daß sich das Regime auf seine Möglichkeiten zum Besseren besann.

Auch wenn der Antisemitismus weiterhin im Vordergrund von Hitlers Denken stehe, berichtete Kircher aus Nürnberg, so spreche Hitler doch nun in sachlicherem Ton. Kircher meinte darin die disziplinierende Wirkung des Regierungsamtes erkennen zu können. Er stellte Hitlers Rede dann dem wüsten Ton gegenüber, den Julius Streicher im »Stürmer« anschlug. Die Staatspolizeileitstelle Frankfurt meldete noch am Erscheinungstag an das Geheime Staatspolizeiamt in Berlin, der Artikel der »Frankfurter Zeitung« habe »eine gewisse Unruhe in die Bevölkerung hineingetragen«. Auch das Gaupresseamt habe sein Mißfallen geäußert. Es habe den Anschein, die »Frankfurter Zeitung« befleißige sich »in letzter Zeit nicht mehr der nötigen Zurückhaltung«. Eine geharnischte Warnung sei am Platze. »Wenn dieses zunächst noch nicht von hier aus erfolgt ist, so geschieht es aus außenpolitischen Gründen, die vielleicht von hier aus nicht genügend übersehen werden können.«[54] Das Schreiben der Frankfurter Gestapostelle ist das früheste schriftliche Zeugnis dafür, daß die Zeitung tatsächlich, wie die Redaktion vermutet hatte, dem Zugriff der Frankfurter Behörden entzogen war und nur auf Befehl aus Berlin belangt werden konnte. Anscheinend blieb die Beschwerde über Kircher folgenlos.

War Kircher im Überschwang seiner Gefühle zu weit gegangen, wie es in dem zitierten Leserbrief zum Ausdruck kam, oder hatte er sich mit der kritischen Bemerkung über Streicher in die Zone des Unzulässigen vorgewagt, wie die Gauleitung und die Gestapo in Frankfurt meinten? Die Linie der kritischen Berichterstattung war täglich neu festzulegen; die Selbstzensur mußte täglich justiert werden. Was gestern noch möglich war, heute konnte es einem das Genick brechen. Dabei konnte man nach zwei Seiten hin Fehler machen: auf der einen leichtsinnig die Einstellung des Blattes oder die Verhaftung einzelner Redakteure herausfordern, auf der anderen durch unnötige Zugeständnisse an das Regime sich in den Verdacht der Kollaboration bringen.

Es war schwierig, von Frankfurt aus Kirchers Berichterstattung zu »zensieren«. Wer in dem engsten Kreis – Simon, Reifenberg, Oeser – konnte beanspruchen, besser als ein anderer zu wissen, wieviel Kritik das Regime an einem bestimmten Tage hinnehmen werde? Kirchers Methode war im übrigen anders als die der Frankfurter Autoren. Kircher kritisierte besonders scharf, aber er machte, zur Kompensation, dem Regime auch halbe oder scheinbare Komplimente – was die Frankfurter Autoren durchweg unterließen. So ergaben sich mancherlei Spannungen, aus unterschiedlicher Beurteilung des Nationalsozialismus, aus Differenzen über die taktische Methode, auch aus den Temperamenten und nicht zuletzt aus der Schwierigkeit, daß Simon und Reifenberg ihrem sehr selbstbewußten Berliner Kollegen kaum Vorschriften machen konnten.

Schon drei Tage nach der Märzwahl hatte Simon gemeint, Kircher um größere Zurückhaltung in seinen Artikeln bitten zu müssen; er halte es für besser, wenn Kircher sich auf Berichte beschränke und die »staatsmännische« Betrachtung der Ereignisse zurückstelle. Damit solle er warten, bis »Klarheit darüber geschaffen ist, ob das jetzige Regime überhaupt eine charaktervolle Opposition duldet«. Simon meinte, einige Stellen in Kirchers Berichterstattung könnten die Nationalsozialisten als ein Weichwerden der »Frankfurter Zeitung« verstehen. »Ich bin überzeugt, daß sich schon in kürzester Zeit die Dinge soweit nach der einen oder anderen Richtung konsolidieren werden, daß man nicht mehr so ängstlich zu sein braucht. Für die Zwischenzeit wollen wir es uns möglichst dadurch erleichtern, daß wir dem Hauszensor nicht gram sind, wenn er einmal einen Passus streicht, den man selbst doch für möglich erachtet hat.« Das war ein sanfter Hinweis. Kircher erwiderte gereizt, es habe doch »viel Kritisches zwischen den Zeilen« gestanden.[55]

Ende März versuchte Simon aufs neue, mit Kircher die Linie der

Der Berliner Korrespondent Rudolf Kircher war wohl die schillerndste Figur der Zeitung: Wie kein anderer in der Redaktion verstand er sich darauf, die Nationalsozialisten anzugreifen und ihnen mit artistischer Geschicklichkeit zweideutig zu schmeicheln. Den Kollegen war nicht immer wohl dabei

Berichterstattung abzusprechen. Der Brief gibt Aufschluß über Mißverständnisse über die richtige Art der Opposition: »Ich höre von Reifenberg, daß Ihr Kontroversen über die Tonalität hättet. Du fändest, wir seien zu wenig oppositionell. Es ist ulkig, ich sagte Reifenberg nach Deinem Potsdam-Resümee, ich fände, Du seist zu beeindruckt. Du bist seinerzeit so entrüstet gewesen, als ich von uns, das heißt von der ganzen Zeitung, also auch von Dir, forderte, sich im wesentlichen referierend zu verhalten... Was ich fordere, ist, daß die sich daraus ergebende Distanz spürbar sein muß. Man muß gleichsam fühlen, daß wir uns zusammennehmen, daß wir uns selbst nicht verlieren, eben weil wir jene Festigkeit allen Möglichkeiten des Geschehens gegenüber besitzen, daß wir, soweit das unter den bestehenden Verhältnissen möglich ist, gegen gewisse Tendenzen des Regimes oppositionell eingestellt sind, daß wir mit einiger Reserviertheit Positives als die mögliche Bewahrung vor Schlimmerem anerkennen. Aber eben doch jene Distanz im Ganzen spüren lassen, die sich aus der Tatsache ergibt, daß wir in den letzten Wochen passiv und nicht aktiv an dem Geschehen beteiligt sind. Ich bin auch überzeugt, daß selbst unsere Gegner solche Reserviertheit zu würdigen verstehen, denn alles andere kann nur zu leicht den fatalen Beigeschmack allzu rascher Umstellung gewinnen.«[56]

Als Kircher am 16. April den liberalen Lesern der Zeitung und den Männern des Regimes die Frage vorlegte, ob es nicht Zeit sei, einen Strich unter das Geschehene zu machen, ohne Opferung von Standpunkten in der Vergangenheit nach vorn zu schauen und hüben und drüben sich zu dem notwendigen Maß »staatspolitischer« Zusammenarbeit durchzuringen[57], riet Simon Kircher aufs neue zu größerer Zurückhaltung in solchen Fragen.[58] Nach Ansicht Kirchers war noch etwas zu retten; deshalb suchte er bei allen Gegensätzen nach gemeinsamen Ansatzpunkten. In Frankfurt zog man einen anderen Schluß: abzuwarten, bis man sehe, wie sich die Situation im Lager des Gegners entwickele. Gehe man über die Beobachtung und Beschreibung der Vorgänge hinaus, so fürchtete Simon, dann werde man nur die eigenen Leser verwirren und die Achtung des Gegners verlieren.

Von außen bot die Zeitung ein schreckliches Bild; so jedenfalls empfand es der Londoner Korrespondent. Simon legte Dewall im Sommer 1933 die Frage vor, warum die englischen Zeitungen aufgehört hätten, die »Frankfurter Zeitung« wie früher zu zitieren. Dewall gab eine niederschmetternde Auskunft: »Ich möchte ganz offen antworten. Noch vor etwa zwei Monaten waren Zitate aus der Zeitung gelegentlich in den großen Londoner Blättern zu finden. Damals fiel es ihnen schwer, an unsere innere Unabhängigkeit zu glauben, jetzt aber ist dieser Glaube dahin. Ich kann mich darüber nicht wundern. Die Ideenberührung zwischen Deutschland und den andern Ländern ist so sehr abgerissen, daß ein gegenseitiges Verstehen aufgehört hat. Der Zustand ist schlimmer als in den ersten beiden Kriegsjahren. Auch die ›Frankfurter Zeitung‹ bildet leider eine Ausnahme nicht mehr. Ich mache den Kollegen, deren Mut und Ausdauer ich aufrichtig bewundere, nicht den geringsten Vorwurf. Aber die Stimme eines Blattes, das durch dick und dünn – eigentlich heute nur noch mit Ausnahme der Judenfrage – hinter der Regierung marschiert, wird im Auslande nicht gehört, wenn es sich in großen Fragen für das deutsche Interesse einsetzt. Hätten wir eine kluge Pressepolitik, so würde die ›Frankfurter Zeitung‹ geradezu dazu abkommandiert werden, in kräftige Opposition zu der Reichsregierung zu treten. Heute aber ist sie für das Ausland ein Blatt wie jede andere deutsche Zeitung, nur daß die nationalsozialistischen Organe das, was wir versuchen, natürlich besser können... In England gibt es überhaupt keinen einzigen Freund Deutschlands mehr, obwohl es auch heute sehr wohl anders sein könnte. Das Foreign Office hat noch lange den alten vermittelnden Kurs fortsetzen wollen. Jetzt aber ist es mit Pauken und Trompeten in die feindliche Front eingeschwenkt. Diese jammervolle Lage scheint auch die ›Frankfurter Zeitung‹ nicht zu sehen, wie zum Beispiel Rudolf Kirchers Artikel zeigen. Die geistige Isolierung, in der sich Deutschland eingemauert hat, ist ganz ungeheuerlich. Wie anders könnte es sein – trotz aller Schwierigkeiten –, wenn wir uns bemühten, die Mauer zu durchbrechen und klug zu sein. Ich bin wirklich sehr traurig.«[59] Die Ungerechtigkeit von Dewalls Urteil fällt auf, aber sein Brief ist ein guter Beleg dafür, wie schwierig es geworden war, von einem Ort der Freiheit aus sich die Situation der Menschen in einer Diktatur vorzustellen.

Wie es in Benno Reifenberg aussah, sagte eine offene Postkarte, die er in diesem Sommer aus einem Kölner Hotel an den Freund in Tutzing richtete: »Lieber Hausenstein, ich träumte heute Nacht: Ich lief durch die Menge, die mich nicht verstand, ich hatte mir das Gesicht von Krac[auer] als Maske aufgelegt, um die Menge zu prüfen. Sie verstand mich nicht. Da weinte ich, meine Schultern bebten. Durch die Luft war geschrieben: argumentum ad hominem. Ich bin dann weinend aufgewacht. Ihr Reifenberg.«[60]

Mit einem der Frankfurter Redakteure wurde es schwierig. Hermann Herriegel, zuständig für Fragen der Hochschulen und der Kirchen, war ein Grübler und Sucher, der sich verirrt hatte. »Er ist mit einem Fuß schon in der Bewegung der Deutschen Christen drin und soll angeblich auch bezüglich der Judenfrage sich bedenklich dem nationalsozialistischen Standpunkt nähern. Ich habe eine Aussprache mit ihm gehabt, er will mich schriftlich über seine Stellung unterrichten«, teilte Simon Reifenberg mit.[61] In der Konferenz sprach man im Mai und im Juni mehrmals über die in der evangelischen Kirche aufgebrochenen Auseinandersetzungen mit den Deutschen Christen. Herriegel wurde vergattert, mehr Distanz zu halten.[62] Einigen seiner Berichte merkt man Sympathien für die Deutschen Christen an; unredigiert dürften sie noch stärker gewesen sein. Die Deutschen Christen wollten – so berichtete Herriegel über eine Kundgebung in der Frankfurter Festhalle – eine Verbindung von »Kirche und Volk«, eine »Reichskirche« anstelle der landeskirchlichen »Kleinstaaterei«, den Kampf gegen die »Reaktion«, die Mobilisierung der Arbeiterschaft und die »Nationale Revolution«. »Die Kundgebung schloß – auch das ist nicht unwichtig – mit den Liedern ›Ein' feste Burg ist unser Gott‹, dem Deutschland- und dem Horst-Wessel-Lied.«[63] Anfang April hatte die Zeitung von der ersten Reichstagung der Deutschen Christen in Berlin berichtet; dort sei die Forderung nach einer »heldischen Frömmigkeit« erhoben, die Unterstützung der Kirche im Kampf um die Reinhaltung der Rasse erklärt und die Verweigerung der Trauung evangelischer Christen mit Angehörigen einer »fremden« Rasse angekündigt worden.[64]

Schnell wurde deutlich, daß es sich bei den Deutschen Christen um den Versuch handelte, die evangelische Kirche in den Bannkreis der nationalsozialistischen Weltanschauung zu ziehen. Ausführlich berichtete die Zeitung über die Kämpfe um eine neue, zentralistische Kirchenverfassung und das Amt eines Reichsbischofs, über die Wahl des

Pastors von Bodelschwingh, die Pressionen, die zu seinem Verzicht führten, und die Manipulationen um seine Ablösung durch den nationalsozialistischen Wehrkreis-Pfarrer Müller. Kircher verfolgte es argwöhnisch: Es handele sich weder um eine »ideologische Gleichschaltung« der evangelischen Kirchen, schrieb er, noch um den Anspruch der NSDAP, die kirchliche Ordnung zu beherrschen; wenn einige Stimmen doch so sprächen, sei dies jedenfalls nicht die Politik der nationalsozialistischen Führung. Dann aber schilderte er die Einzelheiten des Kampfes, die gerade das Gegenteil zeigten: Daß es ein »Parallelfall zur Auflösung der Parlamente und zur Beseitigung der alten Verfassungen« sei und daß zum Schluß Reichsinnenminister Frick sich zur »Vermittlung« aufgefordert fühle. Welcher Leser mußte sich dabei nicht an die Vorgänge bei der Gleichschaltung der Länder erinnert fühlen? Im Schlußabsatz erläuterte Kircher der liberalen Leserschaft der Zeitung die Bedeutung des Kirchenkampfes: »Entschlossener und fester, als es viele erwartet haben, treten die Kirchen der beiden führenden Konfessionen in dieser Zeit des politischen Bebens aus der Masse der Trümmer hervor. Seit Generationen bot sich ihnen keine so große Gelegenheit, sich zu mächtigen Faktoren des öffentlichen und privaten Lebens zu entwickeln. Viele der ›Intellektuellen‹, die die Maßstäbe für das geistige Leben der Vergangenheit zu bestimmen unternahmen, hatten die Kirchen bereits totgesagt. Religionslosigkeit war fast eine geistige Mode geworden –, aber in den Tiefen war der Instinkt wach geblieben, und nun könnte die geistliche Sendung der Kirchen zu einer mächtigen Kraft beim Aufbau eines neuen Gemeinschaftslebens werden, zu einer Kraft, aber zugleich zu einem sittlichen Regulativ für dieses Leben, für diesen Staat überhaupt. Der Staat kann hier durch eine weise Handhabung unendlichen Segen stiften –, die Hauptlast aber liegt bei den Kirchen selbst. Wollen sie handeln, wollen sie ihre Sendung erfüllen, so müssen sie sich zuerst einmal ganz frei machen von jeglicher ›Politik‹. Ihre Wirkungsstätte liegt zwar zwischen den Grenzen eines von politischer Glut erfüllten Staates, in ihm müssen sie atmen und reden –, aber ihre höchste Erkenntnis kann ihnen nur aus dem Jenseitigen zufallen, ungestört und unbeeinflußt durch staatliche Wirkungen.«[65]

Kirchers scharfer Blick für die Totalität der nationalsozialistischen Zielsetzung und die Notwehrsituation der Kirchen wird in diesem Schlußabsatz an einer Stelle plötzlich wieder unscharf. Das Letzte kann und will er nicht aussprechen: die Unversöhnlichkeit des Gegensatzes zwischen der Ideologie des Dritten Reiches und konsequentem Christentum.

Wenige Wochen später, im Oktober, sagte Kircher zu Reifenberg,

BK Berlin, 1. Juli.

Mehr und mehr nähert sich die nationalsozialistische Welle dem Raum, den die Kirche als ihr Reservat in Anspruch nimmt. Doch wer ist die „Kirche", — und wo sind die Grenzen ihres Raumes? Auf der einen Seite sehen wir den demokratischen Aufbau der evangelischen Landeskirchen, auf der anderen die autoritäre Hierarchie des Katholizismus. Dem Prinzip getreu, daß allenthalben das liberal-demokratische Repräsentativsystem beseitigt werden müsse, bringt der Nationalsozialismus für die Organisation der evangelischen Kirche viel stärkere Folgen als für den Katholizismus, der vom formal-demokratischen Element frei ist und den „Liberalismus" bekämpfte oder gar wie Pius IX. als ein kirchenfeindliches Prinzip verdammte. Schreitet man aber von dieser Phase zur nächsten fort, so bietet der Katholizismus dem Nationalsozialismus wahrscheinlich tiefergehende Probleme als der Protestantismus: nicht nur das politische Problem, das durch die aktive Beteiligung der katholischen Geistlichkeit am politischen Kampf entstanden ist, sondern vor allem das geistliche Problem, das durch den katholischen Anspruch auf volles Gemeinschafts- und Erziehungsrecht für die katholische Jugend gestellt wird. In ihrem katholischen Bereich erhebt die römische Kirche einen Totalitätsanspruch, der mit dem umfassenderen Totalitätsanspruch des Nationalsozialismus einen Ausgleich finden muß.

Der Vizekanzler, Herr von Papen, ist erneut nach Rom gereist und man hat dies mit der Frage eines Reichskonkordats in Verbindung gebracht. In politischer Beziehung aber ist nicht viel Zeit zu verlieren, denn auch die Zentrumspartei ist in die Mitte des politischen Wirbels geraten. Die katholische Partei Bayerns ist zuerst gefallen: sie bot durch die Art ihres Kampfes während der letzten Jahre und offenbar auch durch gewisse Gedankengänge (übrigens völlig sinnlose Gedankengänge) so große Angriffsflächen, daß der staatliche Eingriff gegen sie nicht überraschen konnte. So wie die Dinge liegen, wird auch der Zentrumspartei nichts anderes übrig bleiben als der völlige Rückzug aus der Politik. Manche ihrer Führer haben während der letzten Jahre ehrliche, zuweilen heroische Anstrengungen gemacht, um den Staat aus der parteipolitischen Verstrickung herauszuführen, — wobei sie gewiß nicht zuletzt auch daran dachten, daß der Katholizismus durch die Art seiner Verquickung mit der Politik allmählich größeren Schaden als Nutzen zu erwarten hatte.

Der politische Katholizismus ist fast so alt wie die Länderparlamente, aber mit dem Parlamentarismus selbst hat es sich im Laufe der Jahrzehnte grundlegend verändert, bis es schließlich zur Teilhaberschaft und Führung in einem nackten Parteiregiment gelangte. Das war nicht die Absicht gewesen, als sich vor mehr als neunzig Jahren in den süddeutschen Landtagen katholische Gruppen bildeten, um die Kirche gegen die Eingriffe des aufgeklärten Absolutismus zu verteidigen, um auf die Unabhängigkeit der Kirche vom Staat hinzuwirken und ihr den Einfluß auf Schulen und Universitäten zu sichern. An ein Parteiregiment dachte man auch nicht, als später in Preußen (1852) eine katholische Fraktion zusammentrat, um sich gegen zwei Erlasse zu wehren, die im Widerspruch zu den in der Verfassung festgelegten Grundrechten standen. An „Parlamentarismus" dachte man ebensowenig, als (1870) die Zentrumspartei zur parlamentarischen Vertretung der katholischen Interessen neu begründet wurde. — statt dessen dachte man um so besorgter an den wachsenden Gegensatz zwischen weltlicher und kirchlicher Gewalt. Das übersteigerte Dogma (Unfehlbarkeit des Papstes) sowie der wachsende Partikularismus trugen nicht wenig zur Verschärfung bei. Es folgten die Jahre des Kulturkampfes und damit die vollkommene Politisierung der Partei. In diesem Zusammenhang kommt es uns nicht auf eine Darstellung der Zentrumsgeschichte an, sondern nur auf die Feststellung, daß eine gewaltige Distanz durchmessen wurde, die Distanz zwischen jenen kirchenpolitischen Anfängen und dem parteipolitischen Regiment, bei dem auch der Katholizismus zu Schaden kam. Auf diesem langen Weg, der vom katholischen Standpunkt aus natürlich auch reichlichen Gewinn brachte, entfernten sich die politischen Repräsentanten der Kirche allzuweit von ihrem inneren Beruf. Die Kanzel (samt der ganzen kirchlichen Organisation) verlor häufig ihre natürliche Verschiedenheit von einer parteipolitischen Plattform. Ist es also ein Schaden, wenn man auf diesem Weg umkehren muß, ja wenn man nun ein weiteres Stück wieder zurückmarschiert, als unter weniger veränderten Verhältnissen notwendig gewesen wäre?

*

Man sprach davon, daß aus Rom die Weisung kommen könnte, die katholische Geistlichkeit solle sich jeder aktiven Teilnahme an der Politik enthalten. Der eine oder andere Pfarrer, der jüngst in der Pfalz verhaftet war, hat für seine eigene Person eine entsprechende Erklärung bereits unterschrieben. Vor einigen Jahren wäre manchen Leuten (nicht uns) ein solcher Rückzug der Geistlichkeit aus der Politik verwunderlich erschienen. Wir selbst waren bereit, schon damals die Frage zu diskutieren, ob es nicht gerade im demokratischen Staat möglichst große parteipolitisch neutrale Inseln zu schaffen, wobei wir auch an die gesamte Beamtenschaft dachten. Nun, wo wir den nationalsozialistischen Staat erhalten haben, werden diese politisch neutralen Inseln ganz anders auszusehen haben. Die Beamtenschaft kommt dafür nicht mehr in Frage. Die Rolle der katholischen Geistlichkeit aber ist zum mindesten negativ eindeutig bestimmt: irgendwelche Arbeit gegen den neuen Staat und seine Weltanschauung wird keinesfalls geduldet werden. Es kann nicht ausbleiben, wenn Zusammenstöße vermieden werden sollen, daß die katholische Ideologie (nicht das kirchliche Dogma) in allen Teilen, wo sich ihre Kreise mit dem fast unbegrenzten, jedenfalls heute noch nicht begrenzten Gedankenraum des Nationalsozialismus schneiden, sorgfältig auf die Bedürfnisse des neuen Staates abgestimmt wird — wie umgekehrt der Nationalsozialismus, der tiefe religiöse Empfindungen mit sich bringt, alles Interesse daran hat, den Kirchen einen genügen den geistigen Lebensraum zu belassen.

Die katholische Staatslehre hat den Vorzug, völlig unvoreingenommen in bezug auf Staatsformen und auf die Regierungsweise zu sein. Die enge Verflechtung zwischen Kirche und Politik im parlamentarischen Staat war im Grunde wohl eher eine Konjunkturerscheinung als etwas anderes. Die katholische Staatslehre hat aber anderseits ganz bestimmte Vorstellungen vom Zweck jedes Staates und von der Stellung, der die katholische Kirche in ihm zukommen müsse. Der irdische Staat müsse in den Dienst der Überirdischen und der davon ausstrahlenden sittlichen Ideen gestellt werden. Von diesem Punkt aus brauchen sich keine unüberwindlichen Schwierigkeiten im Verhältnis zum Nationalsozialismus zu ergeben, aber sie können sich ergeben, je nachdem wie der Totalitätsanspruch des Nationalsozialismus verstanden und verwirklicht wird. Die NSDAP will den ganzen Menschen erfassen und will ihn ganz erfassen. Der Nationalsozialismus ist für sie die eigentliche Gemeinschaft, der Nationalsozialismus ist für sie der eigentliche Erziehungsinhalt. „Gebt dem Kaiser, was des Kaisers ist, und Gott, was Gottes ist" — eine einfache Formel, enthält aber nicht die Lösung, sondern nur die Fixierung des Problems. Man wird es anpacken und, so hoffen wir, man wird in einer Weise mit ihm fertig werden, mit der alle Beteiligten, der Staat und sämtliche Kirchen, zufrieden sein können.

Der praktische Kernpunkt ist im Beschluß der Fuldaer Bischofskonferenz vom 31. Mai deutlich bezeichnet worden. „Eine Staatsauffassung", so heißt es dort, „nach der die gesamte Jugend ausschließlich vom Staat erfaßt und erzogen werden soll, innerhalb und außerhalb der Schule, in interkonfessioneller Gemeinschaft und eigener weltanschaulicher Prägung, lehnt die Kirche als mit der kirchlichen Lehre unvereinbar ab." Darum: keine Benachteiligung von Mitgliedern kirchlicher Jugendorganisationen; kein Gewissenszwang, andern weltanschaulichen Organisationen beizutreten oder zu parteimäßigen Bekenntnissen und Formen gezwungen zu werden; Freiheit der kirchlichen Jugendorganisationen und ihres Eigentums; volle Anerkennung des Erziehungsrechts, in dem die Kirche „ein Herzstück ihrer Gemeinschaft" sieht. So die Bischöfe in Fulda. Um diesen Kernpunkt dreht sich alles im Verhältnis zwischen Staat und katholischer Kirche in diesem Augenblick. Ein Parteiproblem dürfte es für Rom nicht geben, nur ein Problem der geistlichen Erziehung und der Kirchlichkeit.

*

Im Verhältnis zwischen dem nationalsozialistischen Staat und den evangelischen Landeskirchen gibt es erst

(Fortsetzung auf Seite 2.)

Kirche und Politik.

(Fortsetzung von Seite 1.)

macht kein Parteiproblem. Der Christlich-soziale Volksdienst — ein kleiner politischer Ansatz — ist längst dahin. Daß es aber eine Problematik zwischen Staat und Protestantismus gibt, wissen wir schon seit Luther. Wir wissen auch, wie Luther sich — im Rahmen der damaligen Staatserscheinung — dieses Verhältnis gedacht hat, obwohl darüber unter den Gelehrten Meinungsverschiedenheiten bestehen. Es wäre merkwürdig, wenn der nationalsozialistische Staat mit dem geistigen Lebensraum der evangelischen Kirchen weniger glimpflich verführe, als er mit der römisch-katholischen Kirche verfahren muß, wenn nicht die religiösen Grundlagen, auf denen sich das deutsche Leben entwickelt hat, gefährdet werden sollen. Wer die Eingriffe in die Organisation der evangelischen Kirchen, die kürzlich erfolgt sind, anders deutet, begeht einen Irrtum, denn es handelt sich dabei weder um den ideologische Gleichschaltung der evangelischen Kirchen, noch um den Anspruch der NSDAP, die kirchliche Ordnung diktatorisch zu beherrschen. Vielleicht gibt es Leute, die dergleichen anstreben, aber die verantwortliche nationalsozialistische Politik ging bisher nicht in dieser Richtung.

Wer könnte bestreiten, daß im Bereich der evangelischen Landeskirchen eine wachsende Konfusion zu bemerken war, — organisatorisch, politisch, ja selbst dogmatisch? Wer könnte leugnen, daß in dem Bestreben nach der Schaffung einer evangelischen Reichskirche und in dem Ringen verschiedenartiger Kräfte um den vorherrschenden Einfluß bei der Neuorganisation die Verwirrung zunächst tatsächlich nur erhöht wurde? Eine „Katzbalgerei" um Personen- und Verwaltungsfragen, meinte der preußische Kultusminister dieser Tage, sei entstanden, — ein Zustand, den man im Interesse der künftigen Einheit und des Ansehens der Kirche nicht länger habe mitansehen können. Viele der Betroffenen werden finden, daß ihre Besorgnisse nicht unerheblich über das Gebiet personeller und formaler Fragen hinausgreifen. Wie dem auch sei — die tiefere Ursache der Verwirrung liegt außerhalb des Bereichs der einzelnen Menschen: sie liegt darin, daß heute überall, wo mit starkem Willen weittragende Neuorganisationen geschaffen werden sollen, die Kraftquelle nur die gleiche sein kann, — der nationalsozialistische Enthusiasmus läßt das nicht anders zu. Was die Deutschen Christen verlangten, indem sie die Auflösung der alten Kirchenvertretungen und Neuwahlen forderten, ist schließlich nur der Parallelfall zu jenem nationalsozialistischen Verlangen nach Auflösung der politischen Parlamente und nach politischen Wahlen, in denen der Umschwung der Volksstimmung voll zur Geltung kommen könnte und tatsächlich zur Geltung gekommen ist. Man wollte neue Kirchenbehörden an der Spitze der neuen kirchlichen Organisationen sehen, — Männer des eigenen Vertrauens, Treibende und nicht Getriebene. Ob allerdings die Neuwahlen die Hoffnungen der Deutschen Christen voll erfüllt worden wären, ist eine andere Frage. Religion und Staatspolitik können sehr verschiedene Wege gehen.

Ueber den äußeren Hergang, von der Konferenz im Kloster Loccum und der Einsetzung eines Dreimännerkollegiums bis zur Ernennung eines Staatskommissars und zur Entscheidung: Müller statt Bodelschwingh, ist genug berichtet worden. Der Streit um die Auslegung der Loccumer Vereinbarungen, die leider nicht veröffentlicht wurden, gehört bereits einer (unerfreulichen) Vergangenheit an. Als Tatsache blieb dies: die alten Kirchenbehörden befanden sich in einem unversöhnlichen Gegensatz zu den treibenden Elementen der Erneuerungsbewegung. Die Entwicklung ging so, daß nicht mehr zu bestreiten stehen konnte, ob dieser oder jener der bessere Mann sei, ob die Mehrheit hier oder dort liege, ob man vom Rechtsstandpunkt aus dies oder jenes einwenden könne, sondern es kam nun alles darauf an, daß die Gegensätze aus der Welt geschafft würden, weil sie jeden Neuaufbau unmöglich machen müßten, denn die Sympathien des Staats, der nach dem Wortlaut des Konkordats bei den personellen Entscheidungen gehört werden muß, liegen nun einmal auf der Seite der Deutschen Christen, in

denen der Staat die eigentlichen Träger der Erneuerungsgedanken erblickt. In diesem Sinne sagte Minister Rust mit einer harten Deutlichkeit: „Die Kirche Luthers und seiner Mitreformatoren besteht nicht aus einem Dutzend Generalsuperintendenten, die den Anschluß an die Zeit nicht zu finden vermochten."

*

Im Höhepunkt des Streits griff der Staat ein —, nicht um der Kirche zu diktieren, erklärt Herr Rust, sondern um einem unerträglichen, ja gefährlichen Zustand ein Ende zu machen. Pastor Bodelschwingh verzichtete auf seine Nomination zum Reichsbischof, und der Staatskommissar machte den Weg für den Wehrkreispfarrer Müller frei. Ein Personenwechsel großen Stils war die Folge, zugleich ein radikaler Instanzenwechsel. Wenn auch in einer amtlichen preußischen Erklärung gesagt wird, daß (nächst der Verletzung des Konkordats) der Widerstreit zwischen „dem in den letzten Kirchenwahlen deutlich zutage getretenen Willen des Kirchenvolkes" und der Hartnäckigkeit der Kirchenbehörden den Anlaß zum staatlichen Eingriff gegeben habe, so bedeutet das allerdings, wie man nun sieht, nicht, daß man beabsichtige, das Kirchenvolk in Neuwahlen selbst entscheiden zu lassen, sondern man entschloß sich zu einer autoritären Lösung. Der vorangegangene Konflikt hat diesen Weg geöffnet. Das ist vom Standpunkt der bisherigen Kirchenverfassung eine tiefeinschreitende Entwicklung. Es war unvermeidlich, daß sie eine schwere Beunruhigung in evangelischen Kreisen hervorrief, die soeben in einem Brief des Reichspräsidenten an den Reichskanzler öffentlich zum Ausdruck gebracht wurde. Der Reichsinnenminister ist sofort mit der Aufgabe betraut worden, im Sinne des Friedens innerhalb der evangelischen Kirche, im Sinne ihrer Einheit und inneren Freiheit zwischen allen beteiligten Instanzen zu vermitteln: genannt sind sowohl die beiden einander widerstreitenden Richtungen (Deutsche Christen und die Jungreformatorische Bewegung), als auch die Vertreter der preußischen Landeskirchen und „die Organe der preußischen Regierung". Die Vermittlungsaufgabe ist von größter Bedeutung, man kann Herrn Dr. Frick nur vollsten Erfolg wünschen. Er wird davon ausgehen können, daß von der Seite der evangelischen Kirche die feste Zusage vorliegt, daß auch in diesem Falle eine allgemein-politische Ueberlegung der Ausgangspunkt war. So läßt also der bisherige Verlauf im Gebiet der evangelischen Kirchen den Schluß zu, daß der nationalsozialistische Anspruch auf Totalität im Begriff sei, sich über die Grenzen willkürlich hinwegzusetzen, die jedem Staat durch die Vernunft und die Unberührbarkeit alles Unirdischen gezogen sein müssen.

*

Entschlossener und fester, als es viele erwartet haben, treten die Kirchen der beiden führenden Konfessionen in dieser Zeit des politischen Bebens aus der Masse der Trümmer hervor. Seit Generationen bot sich ihnen keine so große Gelegenheit, sich zu mächtigen Faktoren des öffentlichen und privaten Lebens zu entwickeln. Viele der „Intellektuellen", die die Maßstäbe für das geistige Leben der Vergangenheit zu bestimmen unternahmen, hatten die Kirchen bereits totgesagt. Religionslosigkeit war fast eine geistige Mode geworden — aber in den Tiefen war der Instinkt wach geblieben, und nun könnte die geistliche Sendung der Kirchen zu einer mächtigen Kraft beim Aufbau eines neuen Gemeinschaftslebens werden, zu einer Kraft, aber zugleich zu einem sittlichen Regulativ für dieses Leben und für diesen Staat überhaupt. Der Staat kann hier durch eine weise Handhabung unendlichen Segen stiften —, die Hauptlast aber liegt bei den Kirchen selbst. Wollen sie handeln, wollen sie ihre Sendung erfüllen, so müssen sie sich zuerst einmal ganz frei machen von jeglicher „Politik". Ihre Wirkungsstätte liegt zwar zwischen den Grenzen eines von politischer Glut erfüllten Staates, in ihm müssen sie atmen und reden, — aber ihre höchste Erkenntnis kann ihnen nur aus dem Jenseitigen zufallen, ungest... und unbeeinflußt durch staatliche Wirkung.

man müsse »Neuem vorurteilslos begegnen«. Die Zeitung müsse »der großen Zahl von Menschen, die noch Vorurteile haben, die neu geschaffene deutsche Tatsache interpretieren. Wir seien dafür die einzige Stelle, also sozusagen eine didaktische Aufgabe«.[66] Da dies eine vertrauliche Unterhaltung unter Freunden war, wird man es für eine wahre Ansicht Kirchers zu halten haben. Wollte Kircher nicht glauben, was er sah und beschrieb? Er meinte, es müßten sich die beiden Seiten in diesem Kampfe gegenseitig besser verstehen lernen. Dann würde sich auch ein Modus vivendi zwischen ihnen finden lassen. Seine Aufgabe sah er darin, die eine Seite der anderen zu interpretieren, damit sie zueinanderfänden, zum Wohle der Volksgemeinschaft und im nationalen Interesse. Es sei Kirchers Schwäche, hatte Dewall 1929 konstatiert, »immer der Interpret von irgend jemand« zu sein.

Hermann Herriegel berichtete an der Monatswende September/Oktober von der Wittenberger Nationalsynode der evangelischen Kirche und der Installation des Reichsbischofs Müller. Im Frühjahr 1934 verschwand sein Autorenzeichen aus den Spalten der Zeitung. Die Kollegen und er waren wegen der Beurteilung des evangelischen Kirchenkampfes einander fremd geworden. Es war Kircher gewesen, der auf die Entlassung Herriegels gedrängt hatte. Kircher gab seinen Kollegen immer neue Rätsel auf.

VI
Von zwei Seiten bedrängt

Die deutsche Presse müsse »ein Klavier sein, auf dem die Regierung spielen« könne, hatte Goebbels als Chef des neugeschaffenen »Reichsministeriums für Volksaufklärung und Propaganda« am 15. März 1933 erklärt. Auf dem Gebiet der Propaganda hätten die Regierungen bisher vollkommen versagt. Die Presse dürfe kritisieren, sagte Goebbels vor Berliner Journalisten, aber sie dürfe es den Feinden der Regierung im In- und Ausland dadurch nicht ermöglichen, »Sie zu zitieren und damit etwas zu sagen, was Sie nicht sagen durften, ohne ein Verbot zu riskieren«. Und drohend: die Regierung werde schon Mittel und Wege finden, mit der Presse fertig zu werden. Er wünsche sich allerdings, daß Presse und Regierung vertrauensvoll Hand in Hand arbeiteten. »Die tägliche Pressekonferenz soll anders als bisher nicht bloß Information, sondern auch Instruktionen der Regierung bekommen«, berichtete die Zeitung über Goebbels' Rede; die Wörter »Instruktionen der Regierung« waren durch Sperrdruck hervorgehoben.[1] Alle Beteiligten, auch die Zeitungsleser waren gewarnt.

Kern des neuen Ministeriums war die bislang zum Apparat des Auswärtigen Amtes gehörende »Presseabteilung der Reichsregierung«, deren Leiter allerdings direkt dem Reichskanzler unterstellt gewesen war, eine Konstellation, die auf Bismarck zurückging. In den letzten Jahren der Weimarer Republik hatte es Pläne gegeben, die Presseabteilung der Reichsregierung aus dem Auswärtigen Amt herauszulösen und dem Reichskanzleramt einzugliedern. Goebbels machte aus der Presseabteilung nicht nur ein selbständiges Ministerium, sondern änderte auch dessen Aufgabe. Was ursprünglich die Auskunftsstelle der Reichsregierung für Journalisten war, wurde nun zum Instrument der Regierung für die Steuerung der Zeitungen, des Rundfunks und der Filmproduktion. Walther Funk, von 1922 bis 1930 Redakteur der »Berliner Börsen-Zeitung« und danach Berater Hitlers in der Parteiführung, war noch am 30. Januar 1933 zum neuen Pressechef der Reichsregierung ernannt worden. Im März 1933 zog er mit seiner Presseabteilung in das neue Ministerium um und wurde Goebbels' Staatssekretär.

Das Propagandaministerium war indessen nicht das einzige Lenkungsorgan für die Presse. Hitlers Herrschaftssystem beruhte auf konkurrierenden Gewalten nach dem Prinzip divide et impera. Die Partei hatte eine eigene Reichspressestelle, und da ihr Leiter, Dr. Otto Dietrich, ständig in Hitlers Begleitung war, konnte er unter Berufung auf die höhere Autorität in das Aufgabengebiet des Propagandaministeriums hineinreden. Er und Goebbels waren als Reichsleiter ranggleich. Daneben gab es noch einen dritten mit der Presse befaßten Reichsleiter, Max Amann, der als Verleger des »Völkischen Beobachters« und Leiter des parteieigenen Verlages Franz Eher Nachf. mit organisatorischem Geschick und Geschäftssinn bald die beherrschende Figur des Zeitungsverlagswesens in Deutschland wurde. Als erstes riß er im Frühjahr 1933 die Druckereien von KPD und SPD an sich und baute damit die Gauverlage der Partei aus. Vom Herbst 1933 an kontrollierte er mit Hilfe des »Reichsverbandes der Deutschen Presse« und als Präsident der Pressekammer in der Reichskulturkammer die Zwangsorganisationen der deutschen Journalisten und der Zeitungsverleger.

Die Gleichschaltung der Presse im Jahre 1933 geschah auf zwei verschiedenen Wegen: zum einen durch Zugriff auf das Vermögen der Verlage mit Hilfe von Verboten, Beschlagnahmen oder durch allerlei Nötigung herbeigeführten Zwangsverkäufen, die sich wenig von entschädigungslosen Enteignungen unterschieden. Ihren Höhepunkt erreichten diese Vorgänge im Jahre 1935.[2] Zum andern durch direkte Anordnungen an die Redaktionen, durch Richtlinien, durch vorgeschriebene Nachrichten und durch Nachzensur, die für die Betroffenen besonders hart war. Während bei der Vorzensur entschieden wurde, welche Berichte nicht erscheinen durften, und im Zweifelsfall die Verantwortung bei der Behörde lag, wurde bei der Nachzensur im nachhinein festgestellt, ob eine Zeitung gegen Richtlinien verstoßen hatte, und dann wurden die verantwortlichen Journalisten bestraft. Die Nachzensur schob den Redaktionen das Risiko zu und behielt sich selbst das Urteil vor, ob die Grenze des Erlaubten eingehalten war.

Zunächst arbeitete Goebbels mit Verboten; bestimmte Themen durften nicht behandelt werden. Rechtliche Handhabe boten zwei Notverordnungen. Die Notverordnung vom 4. Februar 1933 hatte in sehr allgemeiner Form die Veröffentlichung aller »offensichtlich unwahren« Nachrichten verboten, die »lebenswichtige Interessen des Staates« gefährdeten, zum »Ungehorsam« gegen die Gesetze aufforderten oder zum Streik gegen wichtige Unternehmungen aufriefen. Die zweite Notverordnung vom 28. Februar, nach dem Reichstagsbrand, fügte eine Reihe weiterer Generalklauseln zur Unterdrückung freier Berichterstattung hinzu. Bald nach der Märzwahl fing das Propagandaministerium an, auf der Berliner Pressekonferenz auch direkte »Befehle« zu erteilen, die aber der Öffentlichkeit nicht mitgeteilt werden durften. Von 1934 an lief der Lenkungsapparat auf vollen Touren.

Joseph Goebbels in Frankfurt, September 1933. Die besondere Rolle, die Goebbels der »Frankfurter Zeitung« zudachte, war für beide Seiten ein nicht ungefährlicher Kampf hinter Masken

Die mittleren und kleineren Zeitungen, die in Berlin nicht mit eigenen Korrespondenten vertreten waren, waren gleichfalls an das System angeschlossen; ihnen wurden die Weisungen durch regionale Dienststellen des Propagandaministeriums – gewöhnlich am Sitz der Gauleitung – durchtelephoniert. Als die Nationalsozialisten Ende Dezember 1933 die beiden Nachrichtenagenturen »Wolff's Telegraphisches Büro« (WTB) und Hugenbergs »Telegraphen-Union« (TU) zum »Deutschen Nachrichtenbüro« (DNB) vereinigten und dieses der direkten Aufsicht des Propagandaministeriums unterstellten, wurde den Zeitungen in vorformulierten Agenturnachrichten die amtlich geprüfte Version der Ereignisse mit dem Fernschreiber ins Haus geliefert, samt Hinweisen zur »richtigen« Kommentierung. In wichtigen Fällen wurden die Zeitungen, auch die »Frankfurter Zeitung«, angewiesen, nur die vom DNB verbreitete Fassung zu drucken.

Da detaillierte »Weisungen« und die DNB-Meldungen ähnlich wie eine Vorzensur wirkten, erleichterten sie den Zeitungen zwar die Entscheidung und bedeuteten zumindest einen gewissen Schutz vor der Willkür unterer Parteistellen, aber insgesamt wirkten sie sich verheerend aus. Goebbels bemerkte bald, wie langweilig die dirigierte Presse wurde, und versuchte, im Interesse der Propaganda, nicht alle Zeitungen über einen Kamm zu scheren. Die Zeitungen sollten, sagte er, die nationalsozialistische Propaganda so verbreiten, daß der jeweilige Leserkreis angesprochen werde, also mit Unterschieden in Ton und Stil.

Demnach sollten Konzessionen an die Leser bürgerlicher Zeitungen gemacht werden, und die Vorschriften für Zeitungen in grenznahen Gebieten, die im benachbarten Ausland gelesen wurden, wurden ein wenig gelockert. Auch die bürgerliche »Frankfurter Zeitung« mit ihrer großen Auslandsauflage durfte folglich eine Sonderstellung einnehmen. Das Klavier, auf dem Goebbels spielen wollte, hatte mehrere Oktaven: Indem er bestimmten Zeitungen Variationen erlaubte, manchmal geradezu befahl, wollte er nicht nur der Langeweile entgegenwirken, sondern den Nationalsozialismus auch denjenigen schmackhaft machen, die ihn bislang ablehnten und die brutalen Töne der Parteipresse nicht ertrugen. Durch Variation sollte außerdem die Zensur verhüllt werden; die Zeitungen sollten am Schnürchen geführt werden, aber es sollte nicht so aussehen. Diese teils schlauen, teils widersprüchlichen Richtlinien gaben den Redaktionen gewisse Möglichkeiten, einzelne Weisungen listig auszulegen und den verbleibenden Spielraum auf eigenes Risiko zu nutzen. Es waren nicht wenige Zeitungen, die es versuchten[3], am entschiedensten und beharrlichsten aber die »Frankfurter Zeitung«.

Ein großer Teil der täglichen Befehle des Propagandaministeriums an die Presse ist in mehreren Sammlungen überliefert. Die größte, mehr als sechzig Bände umfassende Sammlung mit Tausenden von Weisungen ist Fritz Sänger (1901–1984) zu verdanken, dem späteren Chefredakteur der »Deutschen Presse-Agentur« und nachmaligen sozialdemokratischen Bundestagsabgeordneten. Sänger war 1933 als Sozialdemokrat und Gewerkschafter aus seiner Stellung beim Deutschen Beamtenbund entlassen worden. Von 1934 an arbeitete er aushilfsweise als Stenograph im Berliner DNB-Büro und trat 1935 in die Berliner Redaktion der »Frankfurter Zeitung« ein. Sänger sammelte die Weisungen, entgegen dem strengen Befehl, sie nach Übermittlung sofort zu vernichten, und versteckte sie paketweise bei Freunden in der Lüneburger Heide. Er hat der zeitgeschichtlichen Forschung damit einen unschätzbaren Dienst geleistet. Die Sammlung Sänger dokumentiert auf einzigartige Weise, wie das Regime Tag für Tag publizistisch agierte.[4] Die Lektüre der Weisungen ist unerläßlich für jeden, der die Äußerungen deutscher Journalisten während der Hitler-Zeit beurteilen will.

Von den Pressekonferenzen des Propagandaministeriums im Jahr 1933 sind keine Protokolle vorhanden, doch gibt es Hinweise darauf in Konferenzprotokollen der »Frankfurter Zeitung«. Im Juni 1933 wurden die Redakteure unterrichtet, daß Meldungen über Wehrsport, Geländeübungen »und so weiter« nicht mehr veröffentlicht werden dürften[5] – ein indirekter Hinweis auf die Aufrüstung. In einer der nächsten Redaktionskonferenzen, in der über den Druck auf Österreich gesprochen wurde, sagte Reifenberg, er habe Sieburgs Bericht über die Sympathien der Franzosen für Dollfuß »stark retuschiert« und deshalb dem Bericht nicht das Autorenzeichen Sieburgs gegeben. Zu Dewalls Angebot, aus London einen Artikel über die Verschlechterung der internationalen Lage wegen Österreich zu schreiben, meinte die Redaktion, man müsse »dieses Thema mit großer Vorsicht« anpacken.[6] Einem Konferenzprotokoll von Ende Juli kann man entnehmen, warum die Zeitung auffallend wenig über Konkordatsverhandlungen zwischen der Reichsregierung und dem Heiligen Stuhl berichtete. Es gab ein »Ersuchen der Regierung«, darüber nicht zu schreiben.[7] Als die »Times« und der »Manchester Guardian« Ende August über antisemitische Zwischenfälle in Nürnberg berichteten und Dewall in zwei Briefen aus London eine Verschlechterung der Stimmung konstatierte, schickte die Redaktion das Material nach Berlin und bat Kircher, »mit der zuständigen Regierungsstelle« zu sprechen, ob die »Frankfurter Zeitung« die Reuter-Meldung über die Vorfälle veröffentlichen könne.[8] Kircher sollte lediglich abtasten, wo die Grenzen des Möglichen derzeit verliefen.

Auch an der Form der Konferenzprotokolle läßt sich der zunehmende Druck auf die Redaktion ablesen. Bis zur Märzwahl referierten die Protokolle ausführlich den Gang der Beratungen. Danach wurden sie wortkarg, teilten oft nur noch das Ergebnis einer Beratung mit und nannten selten Namen. Die Sorge vor Haussuchungen ist mit Händen zu greifen. Um so wichtiger war, daß die Redakteure untereinander offen sprechen konnten. Bis zum letzten Tag war man überzeugt, in der Konferenz vor Gestapospitzeln sicher zu sein. Freilich mußte man aufpassen, wen man in die Redaktion aufnahm, und sich von Kollegen trennen, die mit dem Regime sympathisierten. Dressel, der sich als Nationalsozialist bekannt hatte, und Herriegel, der sich zu den Deutschen Christen hingezogen fühlte, wurden verabschiedet – was 1933 bereits eine Mutprobe war.

Unter dem Druck, der auf dem politischen Teil der Zeitung lastete, wich die Redaktion 1933 beim Leitartikel zunehmend auf weniger heikle Stoffe der Wirtschaftspolitik aus. Simon und Reifenberg baten die Kollegen, mehr zu berichten als zu kommentieren. Die Redaktion solle die »kleinen Meldungen lokaler Natur« beachten, »die in anderen Zeitungen nicht zu finden sind« (10. August 1933). Sie möge daran denken, »daß manche Meldung sozusagen Ersatz für eigene Äußerungen darstellt und daß diese Meldungen große Beachtung bei den Lesern finden« (12. August 1933). Es gelte jetzt, »einfach die Realität aufzuzeigen... Zeitgeschichte durch Darstellung der Vorgänge zu schreiben« (24. November 1933). Man solle auf die knappe Form achten, damit möglichst viele kleine Nachrichten veröffentlicht werden könnten, die »die Zeichen der Zeit« interpretierten (29. November 1933). Damit waren Meldungen gemeint, die am Schicksal einzelner Personen oder an scheinbar unbedeutenden Vorfällen die Veränderung des Lebens in Deutschland spiegelten. Die Zeitung wollte ihren Lesern die Ungeheuerlichkeit der Veränderungen bewußt machen, ohne sie mit eigenen Bewertungen versehen zu müssen. Die Alltagschronik beschrieb die Bösartigkeit der neuen Herrschaft am besten.

Die Weisungen des Propagandaministeriums galten auch für die Berichte der Auslandskorrespondenten. Die Redaktion konnte diese Berichte schon bald nicht mehr unverändert ins Blatt nehmen. Als Kircher und Sieburg im Herbst 1933 von der Völkerbundsversammlung in Genf berichteten, betätigte sich Reifenberg in Frankfurt als Zensor. Es sei, schrieb er an Sieburg und Simon, nicht mehr möglich, »die Leistung des Korrespondenten als eine en-bloc-Leistung hinzunehmen. Dazu haben wir viel zu viele Anregungen und Anweisungen von Berlin zu berücksichtigen.« Die Redaktion müsse gegenüber ihren Mitarbeitern »das Vertrauen rechtfertigen, das wir gerade jetzt von unseren Korrespondenten fordern müssen«.⁹ So verhalten bedeutete man den Korrespondenten, daß die Frankfurter Redaktion, wenn sie in Berichte eingreife, dazu gezwungen sei. Kein Korrespondent liebt das. »Ich bin im Augenblick mitten in der Zensur... Unsere beiden Korrespondenten [gemeint sind Sieburg und Dewall], die wir sehr sorgfältig redigieren müssen, sind empfindlich wie junge Mädchen, und ich balanciere dazwischen als die gütige Gouvernante«, beschrieb Reifenberg seine Lage.¹⁰ Noch ahnte niemand, aus welchem Grunde Berlin so scharf auf die Berichterstattung über die Völkerbundsitzung achtete.

Am 14. Oktober überraschte Hitler die Welt mit dem ersten seiner außenpolitischen Wochenendbeschlüsse: Er verkündete den Abbruch der Genfer Rüstungsverhandlungen und den Austritt Deutschlands aus dem Völkerbund. Gleichzeitig löste er den Reichstag auf und setzte Neuwahlen für den 12. November an – alles unter dem Vorwand, die anderen Mächte verweigerten Deutschland die Gleichberechtigung. Hitler verpackte seinen riskanten Schritt in feierliche Beteuerungen seiner Friedensbereitschaft. Die Berichte der Korrespondenten der »Frankfurter Zeitung« aus den europäischen Hauptstädten ließen trotz der vermutlich starken Zensur den Schock spüren, den Hitler ausgelöst hatte. Die wochenlange Erregung, der Zorn und die Verwirrung der Nachbarländer kamen in der Berichterstattung der »Frankfurter Zeitung« zum Ausdruck.

Ein Aufsatz Kirchers und ein Leitartikel der Frankfurter Redaktion

THE TIMES

LONDON MONDAY OCTOBER 16 1933

GERMANY REJECTS ARMS CONFERENCE

SUDDEN DECISION IN BERLIN

WITHDRAWAL FROM THE LEAGUE OF NATIONS

ELECTION TO CONFIRM HERR HITLER'S ACTION

CALM RECEPTION OF NEWS IN ALL COUNTRIES

Germany suddenly withdrew from the Disarmament Conference on Saturday. In a manifesto to the German people, announcing the withdrawal, Herr Hitler, the Chancellor, declared that Germany would also leave the League of Nations. The Reichstag is to be dissolved and there will be an election on November 12.

---

klammerte sich an die Hoffnung, die Hitler gelassen hatte: Wenn es für Deutschland Gleichberechtigung gebe, werde es in den Völkerbund zurückkehren können.[11] Die »Neue Zürcher Zeitung« beschrieb treffend, was sich in Europa geändert hatte: Deutschland verlange die Gleichberechtigung nicht mehr, um die Abrüstung der Westmächte, sondern um seine eigene Aufrüstung in Gang zu bringen. Wenige Tage später wurde das Blatt für die Dauer eines Monats in Deutschland verboten; dem war eine Pressekampagne vorausgegangen – an der sich die »Frankfurter Zeitung« nicht beteiligte –, deren Bedeutung die NZZ darin sah, »daß heute in Deutschland keine Zeile geschrieben werden kann, die nicht den Auffassungen und Absichten des Regimes entspräche«.

Zwei Wochen vor der Volksabstimmung machte sich Kircher daran, eine ihm möglicherweise von der Presselenkung gestellte Aufgabe zu lösen: die Wähler zum 12. November aufzurufen und darzulegen, daß dies eine freie, geheime Wahl sei, in der es um den Frieden und eine Neuaufnahme der Genfer Verhandlungen auf der Grundlage der

Gleichberechtigung gehe. Kircher machte daraus ein Argument mit raffiniert eingebauten Widerhaken: auch bei geheimen Wahlen komme es hier und dort zu Zwang; »dergleichen ist schwer zu vermeiden (in allen Ländern)«. Die Wahl sei zwar weniger eine Wahl als eine Abstimmung über Frieden und nationale Gleichberechtigung, und es gebe auch nur eine einzige Kandidatenliste, aber die Regierung riskiere dennoch, daß die Wähler zwischen beidem unterschieden.[12] Deutlicher war den Wählern nicht mehr zu sagen, daß sie ein Mittel besäßen, ihr Mißfallen auszudrücken.

Offensichtlich war es in Fragen von größerer Bedeutung nicht mehr möglich, die Regierung zu kritisieren, wie noch im März, oder ihr Mäßigung und Ausgleich zu empfehlen, wie noch im Sommer. Die Zeitung begann, von dem zu schweigen, was sie ihrer ganzen politischen Herkunft nach nicht billigen konnte, in diesem Falle von dem Schlag gegen den Völkerbund, um desto mehr die Ansätze für eine bessere Politik zu betonen, in diesem Falle den Wunsch nach Frieden, für den Hitler selbst die Stichworte gegeben hatte.[13] Die gespannte Tonart der Kommentare und die sorgfältige Balance in der redaktionellen Behandlung der Nachrichten zum Austritt aus dem Völkerbund lassen den Leser noch ein halbes Jahrhundert später spüren, wie gefährlich der Versuch der Zeitung geworden war, unter den wachsamen Augen der Diktatur ein wahres Bild der Lage zu zeichnen.

Am letzten Tag des Jahres stolperte die Zeitung. Sie hatte nach einem Text der Telegraphen-Union berichtet, daß Max Braun, dem Führer der Saarländischen SPD (seit 1919 war das Saargebiet unter Völkerbundverwaltung), Unterschlagungen vorgeworfen würden. Einige Tage später berichtete die Zeitung in einer Meldung ihres Saarbrücker Mitarbeiters, die Vorwürfe seien unbegründet; die saarländischen Sozialisten hätten Max Braun ihr Vertrauen ausgesprochen. In der Berliner Pressekonferenz wurden alle Zeitungen gewarnt, diese Meldung der »Frankfurter Zeitung« zu übernehmen[14] und DNB verbreitete sofort einen anderen Vorwurf: Max Braun, die saarländischen Sozialdemokraten und ihre Zeitung »Volksstimme« arbeiteten mit den Franzosen zusammen. Der Abdruck dieser Meldung scheint verordnet worden zu sein. Das ließ die Redaktion der »Frankfurter Zeitung« durch eine auffällig unsachliche und gar nicht ihrem Stil entsprechende Überschrift erkennen: »Der Verrat der Sozialdemokraten an der Saar«.

Das Gestapo-Amt Berlin beauftragte die Gestapo in Frankfurt, die für die Max-Braun-Meldung verantwortlichen Redakteure festzustellen. Es waren Walter Kamper und Benno Reifenberg. Reifenberg mußte erklären, wie es zu der Meldung des Mitarbeiters aus Saarbrücken gekommen sei. Sachlich konnte die Gestapo der Zeitung offenbar

Frankfurt, 14. November.

Deutscher Friede.

Die deutsche Einigkeit ist durch den 12. November der Welt kundgetan. Möge man jenseits der deutschen Grenzen nicht einen Augenblick vergessen, daß die Nation zu dieser Einigkeit sich zusammengefunden hat in dem Wunsch, es möchte echter Frieden werden. Der Aufruf, der die Grundlinien der künftigen deutschen Politik umriß, dessen Inhalt durch die Abstimmung des vergangenen Sonntags zum politischen Willen eines ganzen Volkes erhoben ist, wird getragen von den lautersten Grundsätzen einer friedlichen Verständigung unter den Völkern. Alle kommenden Verhandlungen, die an internationalen Tischen zu führen sind, können die Tatsache nicht mehr außer acht lassen, daß die verantwortlichen Männer der deutschen Außenpolitik niemals einen gewaltigeren Zuspruch von ihrer Nation erfahren haben als in dem Augenblick, wo sie unverhüllt und ohne Vorbehalt den deutschen Willen zum Frieden verkündeten.

Wir haben am Tag vor der Wahl den Wunsch geäußert, es möchte in den Kommentaren der ausländischen Presse mit dem Ergebnis das politische Programm mitveröffentlicht werden, zu dem im Millionenvolk sich ausdrücklich verpflichtet hat. Vielleicht würde man noch mehr Verständnis dafür aufbringen, daß nahezu geschlossen ein ganzes Volk sich aufgemacht hat, abzustimmen und zu wählen, wenn man nicht aus dem Auge läßt, daß hier vielleicht zum erstenmal in der Nachkriegsgeschichte ein Volk überhaupt in die Lage versetzt war, so unmittelbar in den Grundfragen seiner politischen Existenz sich zu äußern. Vielleicht wären schon früher die friedlichen Grundsichten der gesamten Nation kenntlich geworden, wäre der furchtbare innerpolitische Hader nicht gewesen. Heute, wo dieser Hader ausgelöscht ist durch das Vertrauen zu einem Mann, bringt dieses Vertrauen die seelische Grundstimmung des Volkes zutage: Eine, die das Gut des Friedens zu lieben weiß. Es ist anzunehmen, daß jede Nation, wenn sie zu einer so unmittelbaren Äußerung ihres politischen Willens kommen könnte, ähnlich antworten würde. Es ist mehr Friedensmöglichkeit auf der Welt, als mancher wahrhaben wollte. Gerade diejenigen, von denen der Krieg die schlimmsten Opfer gefordert hat, gerade die en Völkern ist im innersten Herzen das Bild des Friedens nie entschwunden. Der Tag vom 12. November hat dem deutschen Volk Gelegenheit gegeben, sein innerstes Wollen zu offenbaren.

Damit ist aber ein wichtiger, um nicht zu sagen unvermeidlicher Beitrag zur faktischen Lage in Europa geliefert worden. Der bisherige Zustand hatte seine Gefährlichkeit darin, daß er auf jener Reglementierung beruhen sollte, die Versailles geschaffen hatte. Das war von Jahr zu Jahr unglaubwürdiger geworden, weil von Jahr zu Jahr klarer wurde, wie wenig geregelt war, wenn man alles regelte ohne Rücksicht und ohne Bezugnahme auf Deutschland. In diesem internationalen Regiment des Versailles heißt, war von Anfang an ein Vakuum, und das war Deutschland, über das man zu schweigen sich verpflichtet hatte. Die deutsche Haltung war deshalb jeder Auslegung unterworfen bis zu der phantastischen von einem kriegswütigen Volk. Heute gibt es keine Auslegung über Deutschlands innere Haltung: Die Ausmachung vom 12. November, von einem ganzen Volk unterschrieben, kann nicht verschieden gedeutet werden. Eine Politik mit Deutschland, die darauf hinausläuft, Deutschland zu mißtrauen, ihm die mala fides zu unterschieben, sollte nicht mehr möglich sein. An Stelle des Vakuums, in das durch jenes Reglement von Versailles Deutschland hineingezogen worden war, tritt die klar umrissene Form des deutschen Willens, und die heißt: Wir haben den Krieg in Ehren bestanden, wir haben keinen Grund, der uns davon abhalten sollte, nur einen Frieden in Ehren zu erstreben. Die internationale Politik, die sich lediglich auf Mißtrauen gründet, hat keinen Sinn mehr. Damit, wie schwer das auch etwa für Frankreich einzusehen ist, hat Versailles seine innere Daseinsberechtigung verloren. Heißt das, der Gedanke einer internationalen Solidarität sei jetzt hinfällig? Im Gegenteil: erst jetzt bietet sich die Chance, auf diese internationale Solidarität hinzusteuern.

Ein neuer Zustand für Europa ist also geschaffen. Der Austritt Deutschlands aus dem Völkerbund, von allen Seiten mit Mißtrauen verfolgt, als ein Ausdruck bösen Willens allzu gern interpretiert, hat in Verbindung mit dem 12. November ganz andere Bedeutung: Er gibt der Welt die Gelegenheit, Deutschlands Absichten und Deutschlands Ansicht kennenzulernen. Wie überraschend und wie umwälzend man den deutschen Schritt aufgefaßt hat, ist daraus zu erkennen, daß man gar nicht schnell genug im Ausland über das Faktum des 12. Novembers hinwegkommen kann. Ueberall konnte man schon vor der Wahl lesen, es käme nicht so sehr darauf an, wie die Wahl auslaufe, vielmehr, was die deutsche Regierung auf Grund der Wahl zu unternehmen gedächte. Das ist ein großer Irrtum. Es kommt zunächst darauf an, daß man im Ausland die Tragweite der deutschen Friedenserklärung, denn nichts anderes ist der 12. November, erfasse. Die deutsche Regierung hat den Austritt aus dem Völkerbund und der Abrüstungskonferenz begründet, und hat sich vom eigenen Volk bestätigen lassen, warum dieser Rücktritt erfolgen mußte: damit nämlich die moralische und sachliche Voraussetzung für echte internationale Solidarität geschaffen werde, und das ist die Gleichberechtigung Deutschlands. Es ist an den andern, auf diese unmißverständliche Auslegung der deutschen Ansichten zur politischen Lage der Nachkriegszeit zu antworten.

Daß man gezögert, ist zu begreifen, denn man fürchtet die grundsätzliche Diskussion, die der deutsche Schritt hervorgerufen hat. Deshalb möchte man schon jetzt gleich neue praktische deutsche Vorschläge erfahren, um aus dem Bereich des Grundsätzlichen herauszukommen. Man übertreibt aber in Frankreich, wenn man dort z. B. glaubt, die grundsätzliche Haltung, die Deutschland eingenommen habe, verlange von Frankreich und den ehemaligen Siegerstaaten Unmögliches. Also etwa den ausdrücklichen Widerruf von Versailles, den formalen Verzicht auf den Vertrag. Wenn man aber in Frankreich einzusehen beginnt, es sei eben so unmöglich, von Deutschland eine neue Bestätigung des Vertrages zu erwarten, so kommt es jetzt darauf an, daß man praktisch gemeinsam mit Deutschland in die Zukunft schaut. Für diese praktische Aufgabe findet man in Deutschland einen aufrichtigen und friedlichen Partner. Das ist der Sinn der deutschen Abstimmung, und das ist der allein mögliche Beitrag Deutschlands zur heutigen Situation.

Was die Verhandlungslage angeht, auf Grund deren Deutschland zu dieser grundsätzlichen Erklärung gekommen ist, so ist sie sehr einfach zusammenzufassen: die deutsche Regierung hat den Plan MacDonalds angenommen und hat sich bereit erklärt, im Vertrauen auf die Zusicherungen vom 12. Dezember 1932 (die grundsätzliche Zusicherung der Gleichberechtigung) über die praktische Ausführung des Plans zu diskutieren. An Stelle von MacDonalds Plan trat jedoch das Gebilde des Simonschen Projektes, das durch die Einführung des Begriffes der Probezeiten allein schon erkennen ließ, man gedenke sich gegenüber dem unter Hitler geführten Deutschland nicht mehr an die Versprechungen aus dem Dezember 1932 zu halten. Als Begründung für diesen totalen Umschwung der Politik unserer Verhandlungspartner hat der Leiter der englischen Außenpolitik jenen vieldeutigen Satz geprägt „von der Nervosität, die auf Grund gewisser Ereignisse eingetreten sei". Wie wenig es mit diesem Satz auf sich hat, beweist die deutsche Abstimmung. Zur Nervosität ist kein Anlaß, wohl aber zu prüfen, wie man den Weg zu einem Ausgangspunkt neuer Verhandlungen finden könne, bei denen das Versprechen, deutsche Gleichberechtigung anzuerkennen, praktisch werde.

nicht beikommen; sie hatte eine Lügenkampagne bloßgestellt. In einer internen Aufzeichnung eines Dezernenten im Geheimen Staatspolizeiamt in Berlin hieß es, die Vorwürfe seien jetzt zwar »einwandfrei zum Nachteil Brauns aufgeklärt«, aber aus Rücksicht auf die Gewährspersonen müsse es noch streng geheimgehalten werden. Da ein Verbot der Zeitung »nicht zweckmäßig« sei, müsse man gegen die maßgeblichen Redakteure der Zeitung einschreiten. Am besten seien sie zu entlassen; die Zeitung habe dem deutschen Rundfunk und der gesamten deutschen Presse schwer geschadet, als sie »ohne jede Fühlungnahme mit den zuständigen Amtsstellen« die Vorwürfe gegen Max Braun als unzutreffend bezeichnet habe.

Die Redaktion hatte in diesem Fall ihren Spielraum überschätzt. Mitte Dezember hatte sie von einem Attentatsversuch gegen Max Braun berichtet, wenig später auch mitgeteilt, daß einer der Täter ein ehemaliger SA-Mann sei. Anscheinend war die Veröffentlichung dieser Nachricht ohne Folgen für die Zeitung geblieben.[15] So mochte man in Frankfurt geglaubt haben, auch die Unterschlagungsgeschichte richtigstellen zu können, ohne viel zu riskieren. Kamper kam noch einmal glimpflich davon. Der Verlag aber sah sich gezwungen, dem Geheimen Staatspolizei-Amt in Berlin zu erklären, daß künftig ausschließlich der »Stellvertretende Hauptschriftleiter« (Reifenberg) über Veröffentlichungen von Meldungen über das Saargebiet entscheiden werde und Kamper die Redaktion in Saarfragen nur noch »beraten« dürfe.[16]

Walter Kamper (1878–1939) war seit 1906 Mitglied der innenpolitischen Redaktion, längere Zeit Korrespondent im Ruhrgebiet und danach in Karlsruhe gewesen. Im September 1933 hatte er sich scharf mit Carl Schmitts politischer Philosophie auseinandergesetzt und die gefährliche Einseitigkeit gerügt, das Wesen der Politik in der Unterscheidung von Freund und Feind erblicken zu wollen. Wie der Pazifismus auf der einen Seite das Wesen des Politischen verkenne, so Schmitt auf der anderen, wenn er es auf Freund-Feind-Verhältnisse reduziere; »Politik ist eben... primär: Entwirren, und nicht: Durchhauen des gordischen Knotens«.[17]

Dieser Artikel und ein ähnlicher von Kircher über Oswald Spengler mit dem bezeichnenden Titel »Mensch, nicht Raubtier«[18] zeigten, wie man die Nationalsozialisten auf Umwegen, in politisch-philosophischen Auseinandersetzungen, angreifen konnte. Kamper und Kircher waren so dreist, sich in der Auseinandersetzung mit Schmitt und Spengler ausgewählter Zitate aus Reden von Frick, Göring und Hitler zu bedienen, in denen diese beteuerten, daß ihre Politik nicht gegen Frieden, Recht und Religion gerichtet sei. Auch andere Autoren der

»Frankfurter Zeitung« benutzten in der ersten Zeit oft solche Versicherungen prominenter nationalsozialistischer Führer als Deckung für ihre Kritik an Auffassungen oder Handlungen nachgeordneter Funktionäre.

Benno Reifenberg betont in seinem Rückblick, es habe nie eine Versicherung des Regimes oder eine Abmachung, nicht einmal ein klärendes Gespräch mit dem Propagandaministerium über das weitere Erscheinen der »Frankfurter Zeitung« gegeben. Die Redaktion setzte zwar voraus, was auch Heinrich Simon sofort vermutet hatte, daß die »Frankfurter Zeitung« mit ihrem außerordentlichen Prestige für die Nationalsozialisten zu wertvoll sei und also nicht geschlossen werde. Aber ob die Nationalsozialisten gleicher Meinung waren, war nicht gesagt. Verlagsleitung und Redaktion suchten sich in dieser Frage mehr Klarheit zu verschaffen.

Als Otto Dietrich, der »Reichspressechef«, im April 1933 Andeutungen über das künftige Pressegesetz machte, nahm die Zeitung dies und einige Äußerungen von Goebbels zum Anlaß, der neuen Regierung ein paar Belehrungen über die Notwendigkeit einer freien Presse zukommen zu lassen, und ganz besonders über die »Frankfurter Zeitung«. Die von Dietrich angeführten Mißbräuche verlegerischer Macht in Angelegenheiten der Redaktion gebe es bei der »Frankfurter Zeitung« nicht, denn diese habe von ihrem Gründer her eine ganz andere Verfassung, die die Unabhängigkeit der Redaktion in allen Angelegenheiten garantiere.[19]

Oeser reiste mehrmals nach Berlin, um mit Walther Funk, der zu den vernünftigeren Leuten auf der nationalsozialistischen Seite zählte, über das neue Pressegesetz und vor allem über die jüdischen Redakteure zu sprechen. Ein verhältnismäßig großer Teil gehörte der Handelsredaktion an. Nicht zuletzt ging es auch um die Person des jüdischen Verlegers und Redaktionsvorsitzenden Heinrich Simon.[20]

Rudolf Diels, der noch von der Regierung Papen eingesetzte Chef des Preußischen Geheimen Staatspolizeiamtes, rühmt sich in seinen Memoiren, im Juni 1933 die »Frankfurter Zeitung« mit einem Vortrag bei Hitler vor einem Verbot gerettet zu haben, das Goebbels betrieben haben soll. Diels, ehemals im preußischen Innenministerium und Mitglied des Vorstandes der DDP, galt nach seiner Beförderung durch Papen als eine zweifelhafte Figur, erst recht aber, als die Nationalsozialisten ihn als Leiter des Gestapo-Amtes übernahmen, was er bis 1934 blieb. Diels schreibt: »Ich hatte Goebbels mit dem Hinweis zu beschwichtigen versucht, daß ich mit dem Verleger der Zeitung, dem Vertreter der Familie Simon, Verhandlungen geführt hätte, die einen den neuen Verhältnissen angepaßten Kurs gewährleisteten. Gegen die Zusammensetzung der neuen Redaktion gebe es keine Einwände.« Goebbels habe ihn dann vor Hitler zitiert. Und diesen will Diels dazu überredet haben, die Zeitung zu erhalten, weil sie eine große »staatspolitische Bedeutung für das Reich habe... Die ›Frankfurter Zeitung‹ ist nun einmal die gelesenste Zeitung im Ausland. Ihre Meldungen und Auffassungen werden in der ganzen Welt zitiert.« Sie sei »schlechthin unentbehrlich«.[21]

Diese merkwürdige Darstellung ist in der wissenschaftlichen Literatur mit einigen Zweifeln aufgenommen worden.[22] Sie widerspricht nicht nur der Bemerkung Reifenbergs, es habe nie eine Abmachung mit dem Regime gegeben. Sie steht auch nicht im Einklang mit anderen Zeugnissen, nach denen Goebbels eher zu denen im Apparat gehörte, die die »Frankfurter Zeitung« erhalten wollten; Hitler hingegen haßte sie. In Heinrich Simons Korrespondenz gibt es jedoch Hinweise, daß Diel's Darstellung einen wahren Kern enthält. Ehe Hans Kallmann zur »Frankfurter Zeitung« kam, war er in Berlin Geschäftsführer des Reichsbundes der Deutschen Jungdemokraten gewesen. Er besaß politische Verbindungen und vermittelte ein Gespräch Simons mit dem Gestapochef im August 1933. Am 31. August, unmittelbar nach dem Gespräch, schickte Simon Diels einen in der Unterhaltung erwähnten Ausschnitt aus einem Artikel Dewalls über die sich verschlechternde Stimmung in London und eine Abschrift von dessen Brief vom 26. August über den Verlust des Ansehens der »Frankfurter Zeitung« in England. In einem zweiten Schreiben bat Simon Diels um Auskunft über die Zukunft der Zeitung. Sehr geschickt beschrieb er die Auslandswirkung der Zeitung als Folge ihrer Unabhängigkeit. Das Problem der jüdischen Eigentümer sei politisch bedeutungslos wegen der traditionellen Selbständigkeit der Redaktion gegenüber den Anteilseignern. Ein Teil dieser Argumente findet sich in Diels' Erinnerungen wieder, wenn auch mit einer anderen Angabe über den Zeitpunkt. Falls Simon in der Unterhaltung Ende August schon über die Emigration der ersten jüdischen Redaktionsmitglieder berichtet hätte, fände auch Diels' irrige Bemerkung über die Zusammensetzung der »neuen Redaktion« eine gewisse Erklärung. Doch ist nicht überliefert, was Diels Heinrich Simon über sein Gespräch mit Hitler berichtet hat.

Daß der erste Gestapochef tatsächlich der Zeitung helfen wollte – und dabei seine Möglichkeiten ebenso überschätzte, wie er den diffizilen Charakter der Sache unterschätzte –, geht auch aus einer grotesk verlaufenen Aussprache hervor, über die Hermann Hummel berichtet. Danach bestellte Diels ihn etwa im August in seine Wohnung, um ihn und die IG Farben davor zu warnen, die jüdischen Eigentümer der

Frankfurter Societäts-Druckerei um ihren Besitz zu bringen. Die Besitzer, obwohl Juden, hätten manche einflußreichen Freunde, und die Partei sei ohnehin gegen die Macht der großen Kapitalgesellschaften. Hummel war sehr verwundert, daß man ihn von nationalsozialistischer Seite warnte, nach jüdischem Besitz zu greifen.[23] Offensichtlich hatte Diels etwas von den abermaligen Sanierungsverhandlungen zwischen Hummel und der Frankfurter Societäts-Druckerei gehört und falsch verstanden.

Die Ungewißheit dauerte an. Kurt und Heinrich Simon, Oeser und Kircher bemühten sich im Herbst und Winter 1933 weiter um Klarheit. Kircher nutzte eine Gelegenheit, als Goebbels während der Völkerbundversammlung in Genf war; aus dem Gespräch schöpfte er Hoffnung für die Zukunft der Zeitung. Sein Urteil stützte sich auf die Kritik von Goebbels an den »charakterlosen« Blättern, die neuerdings den Nationalsozialisten zu Gefallen schrieben – »was er uns ja nun gerade nicht vorwerfen könnte«.[24]

Wenige Tage später erließ die Regierung das Schriftleitergesetz. Die Redaktion sah darin das Ende der Pressefreiheit; »infolgedessen verzichten wir auf Kommentare«, schrieb Reifenberg an Simon.[25] Man fühle sich in Frankfurt wie unter »der schottischen Dusche«, warm und kalt. »Die Hauptsache ist, daß man uns ruhig fahren läßt und nicht von uns verlangt, selbst Wind zu machen«, hoffte Reifenberg. »Unsere außenpolitische Qualität kann gar nicht gut genug sein. Wir müssen nur ständig präsent sein und interessant, um den Wert der Zeitung in den Augen der Nationalsozialisten zu steigern.« Dann kam Reifenberg auf die Aufgaben der Zeitung zu sprechen: »Das Feuilleton muß Saft bekommen. Hier wäre die Tribüne für diejenigen Geister, die es nicht so eilig haben in Deutschland und die Charakter genug haben, dem Neuen vorurteilslos zu beggnen, ohne ihrer eigenen Verantwortung abzuschwören.« Doch: »Schwierig wird jetzt die Zensur für das Feuilleton. Wir haben wiederum Beweise, daß man geradezu unheimlich zwischen den Zeilen Dinge liest, die uns im Traum nicht eingefallen sind, und der böswilligen Interpretation auszuweichen, ist im Grunde nicht möglich.«[26] Der Brief ist ein erster Hinweis darauf, daß nicht nur die Abonnenten die verschlüsselte Kritik an dem neuen Staat im Feuilleton zu lesen verstanden, sondern daß auch die Nationalsozialisten danach suchten und fündig wurden.

Simon, optimistisch wie immer, glaubte Anfang November 1933, daß Hitler und seine Leute Konzessionen zu machen verstünden. »Dauernde Sicherungen« werde es nicht geben, aber man müsse versuchen, Zeit zu gewinnen, um den Umbau, soweit nötig, planvoll vorbereiten zu können.[27] Mit dem Umbau war die wirtschaftliche Sanierung des Verlages gemeint.

Goebbels verkündet das Schriftleitergesetz

Anfang November, in den Tagen vor der Volksabstimmung über den Austritt aus dem Völkerbund und vor den Wahlen zum Reichstag, überlegte Reifenberg, ob sich für die Zeitung eine Linie finden lasse, auf der sie zur Reichsregierung grundsätzlich ja sagen könne, ohne ihr Nein zum Nationalsozialismus verbergen zu müssen, auch wenn sie das zweite nicht deutlich werde aussprechen dürfen. Simon, auf einer Reise in München, widersprach dem Freund sogleich: die Leser würden ein solches Ja nicht verstehen und die Regierung werde ein solches Ja als eine Unwahrhaftigkeit empfinden, zumal es in jedem Fall »gewunden« wäre. »Die Unterscheidung zwischen Bekenntnis zu dieser Regierung und zum Nationalsozialismus ist zu fein, selbst wenn sie durchaus aufrichtig, logisch und politisch richtig ist...«[28]

Die Überlegungen hinsichtlich einer grundsätzlichen Klärung der Haltung zum Nationalsozialismus – man dachte offenbar an mehrere Artikel von Autoren des politischen Teils, des Handelsteils und des Feuilletons – zogen sich bis in den Dezember, aber Reifenberg sah ein, daß es dafür »noch zu früh« war »und daß wir uns nicht herauslocken lassen sollten. Was wir innerlich für eine Haltung haben, das scheint in unserem Schweigen noch deutlich.«[29] Zu früh? In Wirklichkeit war es längst zu spät für eine Grundsatzerklärung gegenüber den Lesern und gegenüber dem Regime. Längst war das Schweigen zu einer Form des Redens geworden, längst war Grundsätzliches nicht mehr grundsätzlich und zusammenhängend zu sagen, allenfalls noch stückweise, ad hoc, abhängig von den Möglichkeiten der Stunde. Die Redaktion mußte darauf vertrauen, daß die Leser die Fesseln spürten, die der Zeitung angelegt worden waren.

Das am 4. Oktober 1933 erlassene und am 1. Januar 1934 in Kraft tretende Schriftleitergesetz bestimmte, daß »Schriftleiter« nur sein könne, wer arischer Abstammung war. Wie der »Arier-Paragraph« im Gesetz »zur Wiederherstellung des Berufsbeamtentums« nahm auch das Schriftleitergesetz die Nürnberger Gesetzgebung vom September 1935 großenteils vorweg. Alle Zeitungen mußten von nun an einen »Hauptschriftleiter« haben, der die Verantwortung für den Inhalt des Blattes zu übernehmen hatte. Dieses Führerprinzip war der Kollegialverfassung der »Frankfurter Zeitung« entgegengesetzt. Indem das Schriftleitergesetz den »Hauptschriftleiter« gegenüber dem Verleger stärkte – was ohne die Pressegängelung bei vielen Zeitungen, besonders kleineren Lokalblättern, eine Reform hätte sein können –, verwehrte es dem Verleger zugleich, Mitglied der Redaktion zu sein. Im übrigen verpflichtete es die Redaktionen, aus den Zeitungen alles fernzuhalten, was auf »eigennützige Zwecke« schließen lasse, die »Kraft des Deutschen Reiches« nach außen und innen sowie die deutsche Kultur oder Wirtschaft schwäche, die religiösen Empfindungen anderer verletze, gegen die Ehre eines Deutschen verstoße oder »aus anderen Gründen sittenwidrig ist« – lauter willkürlich dehnbare Bestimmungen, deren Verletzung mit Entziehung der Schriftleiterlizenz geahndet werden konnte, also mit Berufsverbot. Obligatorisch für alle Journalisten wurde die Mitgliedschaft im Reichsverband der Deutschen Presse, der auch die Berufsgerichte bestellte. Der Propagandaminister war ermächtigt, einzelne Schriftleiter auch ohne berufsgerichtliches Verfahren von der Liste zu streichen, wenn er »es aus dringenden Gründen des öffentlichen Wohls für erforderlich hält«.

In den Wochen bis zum Inkrafttreten des Gesetzes war Oeser bemüht, im Propagandaministerium den Spielraum für Ausnahmeregelungen für die jüdischen Redakteure zu erkunden. Reifenberg berichtete Simon am 30. Dezember, Oesers jüngste Unterredung sei trüb verlaufen: Der Partner in Berlin – vermutlich Funk – habe gemeint, es sei für die Zeitung unumgänglich, einige Herren zu opfern. »Er hatte die Liste der Nichtarier der FZ vor sich mit Kreuzen und Strichen.« Oeser meinte, wenn man nicht Gefahr laufen wolle, daß das Regime ohne Rücksicht auf die Bedeutung einzelner Mitarbeiter Entlassungen verfüge, müsse man dem Reichsverband der Deutschen Presse Unterlagen über die einzelnen Kollegen zur Verfügung stellen.[30] Welche Kollegen aber sollte man benennen, um andere länger halten zu können? Zuerst

Reichsgesetzblatt

Teil I

| 1933 | Ausgegeben zu Berlin, den 7. Oktober 1933 | Nr. 111 |

Inhalt: Schriftleitergesetz. Vom 4. Oktober 1933 .... S. 713
Verordnung zur Durchführung des Gebäudeinstandsetzungsgesetzes (GJG). Vom 2. Oktober 1933. S. 717
Zweite Verordnung zur Verhütung der Einschleppung des Kartoffelkäfers aus Frankreich. Vom 3. Oktober 1933 .... S. 719
Vierte Verordnung zur Durchführung der landwirtschaftlichen Schuldenregelung. Vom 5. Oktober 1933 .... S. 719

Schriftleitergesetz. Vom 4. Oktober 1933.

Die Reichsregierung hat das folgende Gesetz beschlossen, das hiermit verkündet wird:

Erster Abschnitt
Schriftleiterberuf

§ 1

Die im Hauptberuf oder auf Grund der Bestellung zum Hauptschriftleiter ausgeübte Mitwirkung an der Gestaltung des geistigen Inhalts der im Reichsgebiet herausgegebenen Zeitungen und politischen Zeitschriften durch Wort, Nachricht oder Bild ist eine in ihren beruflichen Pflichten und Rechten vom Staat durch dieses Gesetz geregelte öffentliche Aufgabe. Ihre Träger heißen Schriftleiter. Niemand darf sich Schriftleiter nennen, der nicht nach diesem Gesetz dazu befugt ist.

§ 2

(1) Zeitungen und Zeitschriften sind Druckwerke, die in Zwischenräumen von höchstens drei Monaten in ständiger Folge erscheinen, ohne daß der Bezug an einen bestimmten Personenkreis gebunden ist.

(2) Als Druckwerke gelten alle zur Verbreitung bestimmten Vervielfältigungen von Schriften oder bildlichen Darstellungen, die durch ein Massenvervielfältigungsverfahren hergestellt sind.

§ 3

(1) Was in diesem Gesetz für Zeitungen vorgeschrieben ist, gilt auch für politische Zeitschriften.

(2) Auf Zeitungen und Zeitschriften, die im amtlichen Auftrage herausgegeben werden, findet das Gesetz keine Anwendung.

(3) Der Reichsminister für Volksaufklärung und Propaganda bestimmt, welche Zeitschriften als politische im Sinne dieses Gesetzes anzusehen sind. Betrifft die Zeitschrift ein bestimmtes Fachgebiet, so trifft er die Entscheidung im Einvernehmen mit der zuständigen obersten Reichs- oder Landesbehörde.

§ 4

Mitwirkung an der Gestaltung des geistigen Inhalts deutscher Zeitungen liegt auch dann vor, wenn sie nicht im Betriebe einer Zeitung stattfindet, sondern bei einem Unternehmen, das zur Belieferung von Zeitungen mit geistigem Inhalt (Wort, Nachricht oder Bild) bestimmt ist.

Zweiter Abschnitt
Zulassung zum Schriftleiterberuf

§ 5

Schriftleiter kann nur sein, wer:
1. die deutsche Reichsangehörigkeit besitzt,
2. die bürgerlichen Ehrenrechte und die Fähigkeit zur Bekleidung öffentlicher Ämter nicht verloren hat,
3. arischer Abstammung ist und nicht mit einer Person von nichtarischer Abstammung verheiratet ist,
4. das 21. Lebensjahr vollendet hat,
5. geschäftsfähig ist,
6. fachmännisch ausgebildet ist,
7. die Eigenschaften hat, die die Aufgabe der geistigen Einwirkung auf die Öffentlichkeit erfordert.

§ 6

Auf das Erfordernis der arischen Abstammung und der arischen Ehe finden § 1a des Reichsbeamtengesetzes und die zu seiner Durchführung ergangenen Bestimmungen Anwendung.

§ 7

(1) Fachmännisch ausgebildet ist, wer sich durch eine mindestens einjährige Ausbildung bei der Schriftleitung einer deutschen Zeitung oder einem Unternehmen der im § 4 bezeichneten Art die Kenntnisse eines Schriftleiters erworben hat (Schriftleiter in der Ausbildung) und dies durch ein Zeugnis der Schriftleitung nachweist. Die Ausbildung bei einer

die ältesten, die vor der Pensionierung standen, dann wohl die jüngsten und zuletzt diejenigen, die man als dekorierte Frontsoldaten leichter verteidigen konnte.

An der Vorschrift, einen Hauptschriftleiter zu bestellen, führte kein Weg vorbei, wie Oeser und Simon bald feststellen mußten. Es lag nahe, den Ausweg darin zu suchen, der Form zu genügen, intern aber die alte Verfassung der Zeitung gelten zu lassen. Simon und Reifenberg suchten nun Oeser zu überreden, den Titel des Hauptschriftleiters anzunehmen. Er sträubte sich, zweifelte auch, ob er als leitender Handelsredakteur dafür überhaupt qualifiziert sei.[31] Oeser wiederum schlug Reifenberg vor, der sich aber als »Halbjude« nicht für präsentabel hielt. Erst in den letzten Tagen des Dezember, kurz vor dem Inkrafttreten des Gesetzes, als Oeser sich immer noch sträubte[32], ließen Heinrich Simon und Reifenberg bei dem Referenten für das Schriftleitergesetz im Propagandaministerium sondieren, ob man den Berliner Korrespondenten, Rudolf Kircher, als Hauptschriftleiter mit Sitz in Berlin benennen könne.[33] So geschah es. Kircher war also nicht die erste Wahl.

In Sachen Simon war nichts zu machen. Seine Doppelstellung im Verlag und in der Redaktion, das ergaben die Erkundigungen, war nicht zu halten. In einer der ersten Redaktionskonferenzen des neuen Jahres übergab Simon den Vorsitz an den Altersvorsitzenden Dr. Drill und nahm vorsichtshalber auch nicht mehr an Redaktionskonferenzen teil, bis geklärt war, ob es künftig ein aus Redakteuren und Verlegern gemischtes Kollegium geben dürfe.[34] Wie sich bald zeigte, war es der Anfang des etappenweisen Abschieds Heinrich Simons von der geliebten Zeitung, deren Redaktion er fast dreißig Jahre lang angehört und seit dem Weltkrieg vorgestanden hatte.

Die Sanierung

Seit Anfang des Jahres 1933 kämpfte die Zeitung auch wieder um ihr wirtschaftliches Überleben. Die Ertragslage hatte sich seit 1929 weiter verschlechtert. Die Einnahmen des Verlags sanken von 9,85 Millionen Mark im Jahr 1929 auf 8,92 (1930), 7,97 (1931), 6,53 (1932), 6,21 (1933). 1934 sanken sie auf den Tiefstand von 5,90 Millionen Mark.[35] Man hatte sich aufs neue verschulden müssen. Im Frühjahr 1933 besprach Hummel mit Simon die Idee einer Bilanzbereinigung durch Übertragung weiterer Besitzanteile der Familie Simon-Sonnemann auf die Imprimatur GmbH. Seit Sommer 1932 gab es auch Meinungsverschiedenheiten zwischen Bosch und seinem Finanzchef Hermann

Schmitz. Schmitz sträubte sich gegen die fortlaufende Finanzierung einer Zeitung aus Mitteln der IG Farben, ohne daß der Konzern das Blatt erwarb. Er glaubte, die weitere Finanzierung der »Frankfurter Zeitung« gegenüber dem eigenen Unternehmen nicht länger rechtfertigen zu können. Bosch sei jedoch der Ansicht, so schilderte es Kurt Simon dem Vorsitzenden des Aufsichtsrats der Frankfurter Societäts-Druckerei, Oberpräsident Schwander, daß ein größerer Anteilsbesitz auch größere Verantwortung für die Zeitung nach sich ziehe, eine stärkere Beteiligung durch Beauftragte aus dem Umkreis der IG Farben aber das Ansehen der Zeitung erheblich verschlechtern, vielleicht sogar vernichten werde – abgesehen von der Gefahr, daß prominente Redakteure ihre Gefolgschaft aufsagen könnten. Schmitz, dessen Einfluß im Vorstand der IG Farben steige, je mehr Bosch sich aus Rücksicht auf seine Gesundheit schonen müsse, halte die Situation der Frankfurter Societäts-Druckerei für »trostlos« und habe keine Scheu, es zur Liquidation kommen zu lassen. Er glaube, mit einem Beauftragten »aus dem Kreise der IG« eine »neue Frankfurter Zeitung« machen zu können. Kurt Simon meinte deshalb, daß man mit äußerster Vorsicht und etappenweise vorgehen sollte, um auf der einen Seite neue Betriebsmittel zu erhalten, auf der andern aber die drohende Gefahr (einer Umkehrung der Mehrheits- und der Minderheitsanteile) abzuwenden«.[36]

Schmitz erwies sich als hartnäckig und überzeugte schließlich auch Bosch: man könne unmöglich weiteres Geld investieren, wenn die Besitzverhältnisse nicht neu geordnet würden, etwa im Verhältnis 90 zu 10. Noch hoffte man im Aufsichtsrat der Frankfurter Societäts-Druckerei statt dessen einen dritten Partner zu finden.[37] Ende des Jahres 1932 sandte Schwander einen Hilferuf an Bosch, die Zeitung jetzt nicht fallenzulassen, da man hoffen könne, im nächsten Jahr durch Einsparungen und eine bessere Konjunktur in günstigeres Fahrwasser zu kommen.[38] Offenbar schossen Bosch und Schmitz daraufhin nochmals Betriebsmittel zu. Im Herbst 1933 aber, nach den anzeigenschwachen Sommermonaten, stand das Unternehmen, wie Schwander schrieb, »unmittelbar vor dem Konkurs«.[39]

Seit dem Beginn der Gleichschaltung mußten sich die Geldgeber auch politisch Gedanken machen. Lohnte es sich, eine Zeitung über Wasser zu halten, die am Ende doch der Lenkung des Regimes unterworfen wäre? Hatte das politisch denn irgendeinen Sinn? Bosch, Schmitz und Hummel wollten sich im Sommer 1933 aus dem Engagement zurückziehen.[40] Niederschriften Hummels und Hechts zeigen, daß Hummel 1933 bereit war, den gesamten Minderheitsanteil von 48 Prozent der Familie Simon-Sonnemann oder einem anderen Interessenten unentgeltlich zu überlassen, aber anscheinend fand sich niemand, dem man den verschuldeten Betrieb hätte schenken können. Hummel glaubte schon seit Jahren nicht mehr, daß die Brüder Simon die erforderlichen Sparmaßnahmen im Betrieb durchsetzen könnten. Er hielt eine andere Geschäftsleitung für dringend nötig. Nur dann könne es sinnvoll sein, weitere Mittel zuzuschießen.[41] Darin war er sich mit Schmitz einig, der auf einer »Sanierung« bestand. Dazu gehörte auch die Klärung der Frage, ob das Regime die Zeitung dulden werde. Die entsprechenden Erkundungsversuche Simons, Oesers und Kirchers sind also nicht zuletzt in diesem Zusammenhang zu sehen. Die Finanzverhandlungen zwischen der Frankfurter Societäts-Druckerei und der Gruppe Hummel mußten gleichsam im Dreieck geführt werden: immer mit einem Blick auch auf die sich nicht erklärenden Inhaber der staatlichen Macht. Schwander und Hummel führten im Winter 1933/34 mehrmals Gespräche mit Walther Funk. Die Auskünfte, die Funk und Keppler, der Wirtschaftsberater in Hitlers Reichskanzlei, gaben, waren undeutlich, bis auf einen Punkt: daß die Regierung das »völlige Ausscheiden« der Familie Simon-Sonnemann und die Einsetzung eines von der Regierung benannten Verlagsdirektors verlange.[42]

Von nun an vertrat Hummel die Ansicht, daß eine Rettung des Unternehmens das Ausscheiden der Familie Simon bedinge. Damit hoffte er die Einsetzung eines nationalsozialistischen Verlagsdirektors vermeiden zu können. Zu dieser Ansicht rang sich auch Schwander durch. Daraufhin konzipierte Dr. Wendelin Hecht, der Geschäftsführer der Imprimatur GmbH, einen Sanierungsplan. Das Stammkapital der Frankfurter Societäts-Druckerei sollte von 2 Millionen Mark auf Null herabgesetzt werden und durch teilweise Umwandlung der bisherigen Kredite in Anteile sowie durch Bareinzahlungen der Imprimatur GmbH wieder auf 2 Millionen Mark erhöht werden, wobei die meisten Kreditschulden durch Verzicht der Gläubiger um die Hälfte herabgesetzt werden sollten. Die Geschäftsführung des Verlages sollte fast ganz ausgewechselt werden. Aus dem Aufsichtsrat sollten Therese Simon-Sonnemann und Kurt Simon ausscheiden, Heinrich Simon sollte aus der Geschäftsführung in den Aufsichtsrat hinüberwechseln. Heinrich und Kurt Simon sollten für die Dauer von zehn Jahren mit einer Pension von 12000 Mark pro Jahr abgefunden werden.

Die Brüder Simon sträubten sich. Sie hofften auf bessere Lösungen und meinten, der Wille der politischen Machthaber sei noch nicht hinreichend erkundet. Schwander und Hummel hielten dies für aussichtslos; mehr sei nicht zu erfahren, ja es sei gefährlich, wenn die Sanierung länger hinausgezögert werde. Es gelte auch, 1700 Arbeitsplätze zu erhalten – so rang man miteinander in der Sitzung des Aufsichtsrates am 6. Februar 1934.[43]

1934, lange vor der erzwungenen »Arisierung«, aber im Hinblick auf die Zukunft der Zeitung, mußten die Brüder Simon ihre Anteile am Unternehmen verkaufen. Auch den Vorsitz der Redaktion, den er fast ein Vierteljahrhundert innegehabt hatte, mußte Heinrich Simon abgeben

Am nächsten Tag trugen Schwander und Hummel im Beisein Heinrich Simons und des Berliner Rechtsanwalts Sabersky den Senioren der Redaktion – Reifenberg, Drill, Oeser, Schotthoefer, sowie den herbeigerufenen Korrespondenten Kircher, Dewall und Sieburg – die bedrohliche Lage und den Rettungsplan vor. Betroffen waren die Redakteure vor allem über das Ausscheiden Heinrich Simons, den die Redaktion als Gewähr für eine verantwortungsvolle Verlagsführung ansah. Sie wollten seine künftige Stellung im Aufsichtsrat deshalb gestärkt wissen, aber Simon selbst äußerte Zweifel, ob das Regime es gestatten werde, »an prominenter Stelle einer prominenten Zeitung einen Nichtarier zu haben«. Kircher warnte vor einem Ringen mit den Amtsstellen. Die Gefahr, daß alles mit der Einsetzung eines nationalsozialistischen Verlagsdirektors ende, sei viel zu groß. Und Hummel äußerte die Befürchtung, selbst wenn es gelänge, Heinrich Simon zu halten, stelle ein solcher Erfolg eine Quelle künftiger Gefahren dar.[44]

In den folgenden Wochen kämpften Kurt und Heinrich Simon nicht mehr um ihren Besitzanteil oder ihr Verbleiben im Verlag, sondern nur noch um die Höhe ihrer Abfindung. Sie hatten ihr ganzes privates Vermögen nach und nach für die Erhaltung des Unternehmens geopfert und würden nun eine neue Existenz aufbauen müssen. Auf der anderen Seite sprach der Kaufmannsverstand von Hummel und Hecht, die – hinter sich einen mißtrauischen IG-Farben-Vorstand, vor sich einen kranken Betrieb am Rande des Abgrunds – dem Unternehmen nicht noch mehr Lasten aufbürden wollten. Im Mai 1934 gaben die Brüder den Kampf um ihre Abfindung auf. Es blieb bei den vorgeschlagenen Pensionen auf zehn Jahre.

Und so wurde der Verlag saniert: Das Stammkapital der Gesellschaft von 2 Millionen wurde auf 20 000 Mark reduziert und dann aus Mitteln der Imprimatur GmbH auf 500 000 Mark erhöht. Die Familie Simon-Sonnemann und die Inhaber einiger Zwerganteile traten ihre Anteile an die Imprimatur GmbH ab. Die Brüder Simon, ihre Mutter Therese (die Tochter Leopold Sonnemanns) und Rechtsanwalt Dr. Sabersky schieden aus allen Organen der Gesellschaft aus. Neben dem einzig verbliebenen Geschäftsführer Georg Ambach wurde Dr. Wendelin Hecht von der Imprimatur GmbH als neuer Verlagsleiter eingesetzt. Ende Mai 1934 billigte die Gesellschafterversammlung die Beschlüsse. Von nun an hielt die Imprimatur GmbH 97,92 Prozent der Anteile, Dr. Wendelin Hecht übernahm 2,04 Prozent, und zwei in der Schweiz lebende Eigentümer aus dem alten Kreis behielten Zwerganteile von je 0,022 Prozent.[45]

Der Abschied wurde den Brüdern Simon und ihrer Mutter schwer. Daß sie sich völlig von der Zeitung trennen mußten, war nicht der Wille der neuen Besitzer gewesen, auch wenn sie eine Auswechselung der Geschäftsführung und die Übernahme der Mehrheitsanteile durch die Imprimatur GmbH für unerläßlich hielten. Das völlige Ausscheiden der jüdischen Eigentümer geschah unter dem Druck des Regimes, dem sich die Gruppe Bosch-Schmitz-Hummel-Hecht beugen mußte. Daß dieser Wechsel der »Frankfurter Zeitung« von Funk und Keppler schon 1934 auferlegt wurde, lange ehe es zur allgemeinen »Arisierung« der Wirtschaft kam, schien eine Härte zu bedeuten, erwies sich hinterher aber als Vorteil, da es die Angriffsfläche der Zeitung verkleinerte und die Einsetzung eines nationalsozialistischen Verlagsleiters zu vermeiden half.

Der Familie konnte dies natürlich nicht die Bitterkeit des Abschieds nehmen. Therese Simon dankte Schwander für seine Worte in der Aufsichtsratssitzung mit ein paar schlichten Zeilen. Der Abschied von der Zeitung, »meinem Lebensgefährten«, falle ihr sehr schwer; »möchte er unter den veränderten Verhältnissen neue Kraft finden, damit des lieben Vaters Werk weiter blüht und gedeiht«, schrieb die alte Frau.[46] Auch Kurt Simon dankte umgehend. Heinrich Simon brachte es erst im September übers Herz, Schwander zu antworten: »Ich bin stolz darauf, daß es mir gelang, mit der Hilfe treuer Mitarbeiter trotz Krieg,

Revolution, Inflation den Weltruf der Zeitung zu erhalten.« Die innere Loslösung falle ihm schwer unter den Empfindungen des Schmerzes und der Enttäuschung.[47]

Der Verzicht war zum letzten Dienst geworden, den die Familie ihrer Zeitung noch leisten konnte. Kurt Simon emigrierte über London nach New York, Heinrich mit Irma Simon und einer einjährigen Tochter zunächst in die Schweiz, dann nach Palästina, wo er mit Toscanini das Symphonieorchester Tel Aviv gründete. Die letzten Jahre seines Lebens schlug sich Heinrich Simon in Washington als Klavierlehrer durch. An einem Abend im Mai 1941 wurde der Sechzigjährige nahe seiner Wohnung niedergeschlagen. Er konnte sich noch nach Hause schleppen. Seine letzten Worte deuteten darauf hin, daß es mehrere Täter gewesen waren: »Sie haben mich *so* verprügelt«, und dabei deutete er auf seinen Kopf. Er starb noch in derselben Nacht; die Täter konnten nie gefunden werden.[48] Als die Nachricht seines Todes auf Umwegen im Herbst 1941 in Frankfurt eintraf, schrieb Reifenberg dem toten Freund einen heimlichen Nachruf, den nur Eingeweihte entschlüsseln konnten.[49] Irma Simon überlebte ihren Mann um mehr als vierzig Jahre. Im Herbst 1983 starb sie in Washington.

Heinrich Simons größte Sorge war es gewesen, daß die Redaktion unabhängig von den Interessen ihrer Besitzer berichten und urteilen könne. Würden die neuen Besitzer darauf ebenso Wert legen? Tatsächlich fand die Zeitung in Wendelin Hecht einen großartigen Verleger. Betrachtet man ein Foto dieses Mannes mit den dunkel glühenden Augen, erkennt man die leidenschaftliche Unruhe und die große Aufrichtigkeit seines Charakters. Hecht war vierzig Jahre, als er im Mai 1934 als Verlagsgeschäftsführer in die Eschenheimer Gasse einzog. Er kam aus einem oberschwäbischen Dorf, aus Langenschemmern bei Biberach, und war tief katholisch. »Wortkarg und großherzig«, so schildert ihn Maxim Fackler[50], als zäh und kämpferisch charakterisiert ihn Ernst Trip[51], eine »moralische Figur«, so wirkte er auf Max von Brück[52]. Allen aber erschien er als ein sparsamer Hausvater, manchem in der Redaktion zu sparsam. Er ließ der Redaktion ihre Freiheit, achtete, anders als Simon, auf Trennung der verlegerischen und journalistischen Funktionen, aber übte dennoch großen indirekten Einfluß auf die Redaktion aus, allein durch das Gewicht seiner Person, durch Charakter und Gesinnung. Hecht war tapfer, manchmal grüblerisch und zweifelnd, aber verläßlich und in jeder Hinsicht integer. Brück fiel auf, daß Hecht, wenn er neben Kircher lief, sich links hielt – was Kircher als selbstverständlich nahm. Stark rühmte seinen sich in vielen kritischen Lagen bewährenden Mut, seinen Kampfgeist, der immer der Sache, der Zeitung, galt. Hecht war leicht für alles, was Größe zeigte, zu begeistern, dabei bescheiden, sogar scheu.[53] Reifenberg sagte an Hechts Grab: »Ich sehe seine Augen vor mir, Augen, die niemand vergessen wird, der ihnen je gegenüber getreten ist. Diese Augen riefen in mir sofort die Empfindung wach: diesem da kannst Du vertrauen. Es war ja in jenen Zeiten so, daß, ohne ein Wort zu wechseln, die Gleichgesinnten einander verstanden haben. Die Augen enthüllten das Entsetzen, das die Seele dieses Mannes durchschüttelte; sie enthüllten den Abscheu vor dem, was in unserem Vaterland möglich geworden war. Ich spürte: da war einer bereit, alles daranzusetzen, daß dieses Unternehmen, für das er nun zu sorgen hatte, das eine humane Überlieferung darstellte, gar nicht weit entfernt von der christlichen Überlieferung, aus der Hecht stammte – daß gerade dieses Unternehmen in so verwirrender Zeit gehalten werden müßte. Ich spürte, daß Hecht bereit war, für dieses Ziel zu kämpfen, und ich ahnte, daß ihm vielleicht mit der Übernahme der neuen Aufgabe dieses geistige moralische Ziel überhaupt erst klargeworden ist.«[54]

Hecht kam aus dem nationalökonomischen Seminar Max Serings an der Berliner Universität. Als wissenschaftlicher Mitarbeiter Serings hatte er an der großen Wirtschaftsenquete der Weimarer Republik mitgewirkt. Dabei hatte er Hummel kennengelernt und war so im Nebenamt Geschäftsführer der Imprimatur GmbH geworden. Später zählte Hecht zu den Mitarbeitern Carl Goerdelers im Amt des Reichspreiskommissars. In den furchtbarsten Jahren des Krieges wußte er von Goerdelers Verschwörungsplänen.

Ende Mai 1934 fing Hecht in Frankfurt an. Schon in der ersten Juniwoche mußte er nach Berlin zu Geheimrat Schmitz reisen, um sich das Geld für die Junigehälter bewilligen zu lassen.[55] Das war nun eine monatlich wiederkehrende Aufgabe. Jedes Mal brauchte Hecht neue Zuschüsse von 200000 bis 250000 Mark, die Schmitz über die Deutsche Länderbank anweisen und über das Bankhaus Greutert in Basel auszahlen ließ. »Es war jedes Mal ein Theater«, berichtet seine Sekretärin Paula Oelmaier über diese monatlichen Verhandlungen. Schmitz sträubte sich nach wie vor gegen die Zahlungen, aber Bosch bestand darauf. Mit der Societäts-Druckerei ging es 1934 weiter bergab; es sollte das schlimmste Jahr werden. Bereits im September hatten die Ausgaben das bei der Sanierung im Mai frisch zugeführte Kapital von 480000 Mark aufgezehrt. Die ordentlichen Einnahmen des Unternehmens lagen in diesem Jahr um nahezu 4 Millionen Mark unter denen des Jahres 1929.[56]

Hecht mutete den Redakteuren und Angestellten im September 1934 einschneidende Gehaltskürzungen zu. Im Februar 1933 hatte die alte Geschäftsleitung schon einmal alle Gehälter um ein Sechstel ge-

Wendelin Hecht, der im Mai 1934 neuer Geschäftsführer wurde und den Verlag der »Frankfurter Zeitung« innerhalb weniger Jahre sanierte

kürzt, gegen allerhand Murren. Hecht begann mit einem gewaltigen Einschnitt. Die wenigen Spitzengehälter über 1000 Mark wurden um 40 Prozent gekürzt, alle andern gestaffelt um Sätze zwischen 25 und 5 Prozent. Benno Reifenberg mußte in einer sehr mühsamen Redaktionskonferenz mithelfen, die Kollegen zur Einwilligung zu überreden.[57] Hecht sparte damit monatlich etwa 30 000 Mark, die gerade ausreichten, die Betriebsverluste des Unternehmens in den ersten acht Monaten des Jahres 1934 (monatlich 53 000 Mark) auf die des Jahres 1931 (je 25 000 Mark) zu verringern. Vorsichtshalber kündigte Hecht allen Betriebsangehörigen, um das Unternehmen am 1. Januar 1935 liquidieren zu können. So scharf ging es im Herbst 1934 am Rande des Abgrundes entlang.

Bei drei Verlagsobjekten – der »Frankfurter Zeitung«, den »Wirtschaftsheften« und dem »Illustrierten Blatt« – waren die Anzeigeneinnahmen rückläufig. Nur das 1931 gegründete Boulevardblatt »Neueste Zeitung« verdiente. Insgesamt waren die Anzeigeneinnahmen aller Objekte des Verlages zusammen um 12 Prozent geringer als in dem schlechten Jahr 1933.[58] Die Auflage der »Frankfurter Zeitung« betrug 1934 knapp 61 000 Exemplare, die der »Neuesten Zeitung« 40 000. Hecht und der Redaktion gelang es, die Auflage der »Frankfurter Zei-

Die Abonnentenkartei der Zeitung, die während des Krieges im Keller untergebracht war

tung« bis Ende 1936 auf 78 000 Exemplare und die der »Neuesten Zeitung« auf 48 000 Stück zu steigern, ein Stand, der mit Schwankungen bis zum Ausbruch des Krieges gehalten wurde. Im Krieg erreichte die »Frankfurter Zeitung« ihren früheren Höchststand von 90 000 Exemplaren und stieg auf etwa 200 000 im Jahre des Verbotes.[59] Die Auflage des »Illustrierten Blattes« war von 231 000 Exemplaren im Jahre 1933 auf 135 000 im Jahre 1934 gefallen, stieg 1935 auf 169 000, 1936 auf 248 000 und 1937 auf 393 000. Von 1937 an war die Frankfurter Societäts-Druckerei wieder gesund. Bis dahin hatten Bosch und Schmitz die Betriebsdefizite immer wieder mit Zuschüssen ausgeglichen, die sich seit 1929 insgesamt auf eine Summe von ungefähr 4,5 Millionen Mark beliefen. Ohne die Sanierung von 1934 und ohne eine neue, energische Geschäftsleitung wäre das Unternehmen im Herbst 1934 untergegangen.

Die starken Anzeigenverluste in den Krisenjahren rührten hauptsächlich daher, daß die Markenartikelindustrie, die vor 1932 drei Viertel des Anzeigenraums der »Frankfurter Zeitung« gekauft hatte, in der Wirtschaftskrise vielfach auf billige Massenware umstellte und dafür nun in der Generalanzeiger-Presse warb. Die 1933 einsetzende Nachfrage, angeregt auch durch die Rüstungskonjunktur und die beginnende Planwirtschaft, ließ ganze Industriegruppen überhaupt auf Werbung verzichten. Verbleibende Markenartikelwerbung, zum Beispiel für Kosmetika, wanderte stärker zu den illustrierten Blättern.

Versand des »Illustrierten Blattes«, des auflagestärksten Objekts der Frankfurter Societäts-Druckerei

Hecht und Eric Stoetzner, der neue Anzeigenleiter, stellten den Anzeigenteil der »Frankfurter Zeitung« überwiegend auf Kleinanzeigen und Stellenanzeigen um. Zugleich änderten sie das typographische Bild der Anzeigen; mit deutlicheren Überschriften, weniger schwarzen Balken und mehr Weiß zwischen den Zeilen lockerte man die Anzeigenseiten auf, was sie gefälliger und damit wirksamer machte. Der »Frankfurter Umbruch« wurde für andere zum Vorbild. Der größere Werbeerfolg durch schönere Aufmachung erlaubte dem Verlag, die Anzeigenpreise zu erhöhen und die Erträge zu verbessern.[60]

Über die Veränderung der Besitzverhältnisse gaben der Verlag und die Redaktion am 1. Juni 1934 zwei Erklärungen auf der ersten Seite der Zeitung ab. Der Verlag teilte lakonisch mit, das Unternehmen sei in das Eigentum des langjährigen Minderheitsgesellschafters übergegangen und die Mitglieder der Gründerfamilie seien aus Besitz und Leitung des Unternehmens ausgeschieden. Der Name des neuen Eigentümers wurde nicht genannt. Als dies in anderen Zeitungen zu Spekulationen Anlaß gab, teilte der Verlag am 3. Juni ergänzend mit, es seien weder öffentliche Stellen noch eine große Industriegesellschaft beteiligt. Die Anteile seien Privateigentum mehrerer Persönlichkeiten.

Die andere, anscheinend auf einen Entwurf von Reifenberg zurückgehende Erklärung der Redaktion sprach von der Hilfe »bewährter Partner-Freunde«. In einer langen Passage wurden besonders die Verdienste Heinrich Simons und die Jahre der Zusammenarbeit mit ihm gewürdigt. Jedes feinere Ohr konnte das Bekenntnis zu dem Erbe der Gründerfamilie verstehen, das zugleich einen listigen Bezug zum Schriftleitergesetz herstellte: »Es ist der Kern des Vermächtnisses, das Sonnemann der Zeitung hinterließ: geistige Gemeinschaft und redaktionelle Unabhängigkeit gegen jeden egoistischen Einfluß. Heinrich Simon hat dieses Vermächtnis getreulich verwaltet, es bleibt auch künftig gesichert: auch unter den neuen Besitzverhältnissen kann und wird es nur eine einzige Schranke unserer redaktionellen Unabhängigkeit geben, nämlich diejenige, die sich für die gesamte Presse aus dem Schriftleitergesetz ergibt.«[61]

Auch die Nationalsozialisten verstanden diese Zeilen. In den Akten der Frankfurter Gestapo ist dazu vermerkt: »Das heißt zu Deutsch: der ›Frankfurter Zeitung‹ wollten schon andere am Zeug flicken, und denen ist es nicht gelungen. Das wird, so glaubt die F.Z., auch dem Nationalsozialismus nicht gelingen... Der Nationalsozialismus kann machen was er will, die F.Z. bleibt eine unabhängige geistige Gemeinschaft, ein bewußter Fremdkörper, ein gewaltiger Giftherd und ein unerträglicher Bazillenträger im deutschen Volk... Die Redaktion will sich gegen jeden ›egoistischen Einfluß‹, mit dem wohl hier der Totalitätsanspruch des Nationalsozialismus gemeint ist, zur Wehr setzen, gegen die Totalität... Nur eine einzige ›Schranke der redaktionellen Unabhängigkeit‹, nämlich die Schranke, die sich aus dem Schriftleitergesetz ergibt, soll (wenn auch schweren Herzens) auch für sie gelten. Ein deutlicher Wink an die Feinde des Nationalsozialismus: wir können nicht so schreiben, wie wir wollen, das Schriftleitergesetz beschränkt uns. Aber laßt die Hoffnung nicht sinken, wir tun, was wir können!«[62]

Nicht alle Leser verstanden die Bedeutung der Mitteilung. Manche wollten ihr entnehmen, nun habe man bei der »Frankfurter Zeitung« die jüdischen Besitzer hinausgeworfen. Eine Gruppe, die sich nicht zu erkennen geben wolle, habe die Zeitung übernommen, und die Redaktion müsse gute Miene zum bösen Spiel machen. Ob dies künftig wohl die alte Zeitung sei? Den Vertriebsleiter Schmidt erreichten schon Ende Mai Briefe von Abonnenten mit besorgten Fragen. Schmidt befürchtete Abbestellungen und sorgte sich um die Auflage. Er bat den Aufsichtsratsvorsitzenden Schwander um eine Richtlinie für die Beantwortung solcher Briefe. Schwander erklärte ihm kurz und bündig, was er antworten solle: »Daß der Besitzwechsel in der FSD mit dem Nichtariertum der Herren Simon nichts zu tun hat. Es ist die Consequenz aus der wirtschaftlichen Lage des Unternehmens sowohl wie der Familie Simon-Sonnemann. Die Zeitung wäre auch ohne den Besitzwechsel behördlicherseits behandelt worden wie jede andere Zeitung.

Sie wird auch in Zukunft nicht anders behandelt werden. Deshalb ist auch allen Agenten und Werbern und allen anderen besonders eindringlich einzuschärfen, daß sie weder direkt oder indirekt die Meinung verbreiten oder aufkommen lassen, als ob [die] F.Z. von der Reichsregierung oder einem Reichsministerium oder irgendeiner anderen behördlichen Stelle gefördert oder wohlwollend behandelt würde oder ähnliches.«[63] In gleichem Sinne wurden alle Verlagsangestellten instruiert, »daß die FZ von keiner behördlichen Stelle besonders protegiert wird... Sie werde regierungsseitig behandelt wie jede andere Zeitung, nicht besser und nicht schlechter.«

Den Redakteuren wurde ein Zusatz zu den Anstellungsverträgen zur Unterschrift vorgelegt, dessen Hintersinn leicht zu erkennen war: »Sie sind verpflichtet, der Aufbauarbeit der Regierung in voller Loyalität zu dienen. Der Satz ›Gemeinnutz geht vor Eigennutz‹, der von jeher

---

Die „Frankfurter Zeitung"

Der Verlag der „Frankfurter Zeitung" (Frankfurter Societäts-Druckerei G. m. b. H.) ist in das Eigentum des langjährigen Inhabers der Minderheit der Anteile übergegangen. Die Mitglieder der Gründerfamilie, Frau Therese Simon-Sonnemann, Dr. Heinrich Simon und Dr. Kurt Simon, scheiden damit aus Besitz und Leitung des Unternehmens aus.

Im Sinne des Schriftleitergesetzes und entsprechend der Tradition der „Frankfurter Zeitung" liegt die redaktionelle Führung des Blattes wie bisher allein in den Händen der Schriftleitung.

Der Verlag der „Frankfurter Zeitung"

*

Die Entscheidung, die unseren Lesern durch diese Mitteilung unseres Verlages bekanntgegeben wird, greift tief in die Geschichte unseres Blattes ein. Während dreier Generationen war die „Frankfurter Zeitung" der Besitz und der Stolz der Familie ihres Gründers. Als wir vor drei Jahren die Feier des 75jährigen Geburtstages unserer Zeitung begingen, war dies zugleich der Ehrentag einer Familie. Die Tochter des Gründers, Frau Therese Simon-Sonnemann, gehörte wie ihr Sohn Kurt dem Aufsichtsrat an und nahm stets regsten Anteil. Dr. Heinrich Simon verband das Amt eines Geschäftsführers mit der Funktion eines Vorsitzenden der Redaktionskonferenz. Alles, was unsere Zeitung in den vergangenen Dezennien an Glück und Mißgeschick erlebte, hat Heinrich Simon stärker erlebt als jeder andere aus unserem Kreise; denn auf ihm lastete zugleich die Sorge der geschäftlichen Leitung, die ihm und lange Jahre auch seinem Bruder Kurt anvertraut war. Die verlegerischen Erfolge der Zeitung konnten nur durch Hochhaltung der Qualität erzielt werden. Das bedingte und bedingt einen kostspieligen Apparat. Die wirtschaftliche Krise der letzten Jahre, die sich auch bei unserem Unternehmen fühlbar machen mußte, verlangte Opfer. Die Gründerfamilie brachte sie zunächst allein, später durch die Hilfe bewährter Partner-Freunde. Diese übernehmen heute den Verlag. Um den Anforderungen des Schriftleitergesetzes zu genügen, setzten wir, wie unseren Lesern bekannt ist, schon zu Beginn des Jahres eine Hauptschriftleitung ein.

Der Arbeitsgemeinschaft „Frankfurter Zeitung" hat Heinrich Simon 28 Jahre gedient. Das ist mehr als die Hälfte seines bisherigen Lebens. Das großväterliche Erbe trat damals ein noch junger Mann an, der im Feuilleton das Handwerk der Journalistik erlernte. Ein Kamerad unter Kameraden. Der Beginn des Weltkrieges und das Ausscheiden Theodor Curtis, der lange Jahre die Stellung eines Direktors der „Frankfurter Zeitung" bekleidet hatte, erweiterten rasch den Arbeitskreis und die Kompetenzen des jungen Redakteurs und setzten ihn an die Spitze des Kollegiums. Ein primus inter pares, — überragend nicht so sehr durch das Gewicht des Besitzes als durch das Umfassende seines Wissens und Könnens. Der neue Typ eines Verleger-Redakteurs wuchs innerhalb einer Zeitung heran, die nicht als Geldmaschine, sondern als Institution, als Trägerin eines geistigen Gutes gedacht war: gefestigt durch Tradition, aufgeschlossen für die Gegenwart. Idee und Person schufen eine Gemeinschaft. Dies, vor allem andern, war die eigentliche Leistung Heinrich Simons für die „Frankfurter Zeitung". In welch hohem Grade dieser Verleger auch Journalist war, Anreger, Aufspürer, Gestalter, konnte dem Leser nur mangelhaft zum Bewußtsein kommen, allenfalls vor einigen Jahren, als unter dem Titel „Arbeit am Tage" eine Sammlung seiner wichtigsten Aufsätze erschien.

Die innerste schöpferische Leistung des Verlegers war die ständig bewiesene Begabung, Menschen zu finden und zu fesseln. Er hat dafür gesorgt, daß die Tradition der Zeitung niemals abriß, weil er immer wieder Männer entdeckte, denen dieser Begriff als täglich neu zu lösende Aufgabe vor Augen stand. So überdauerte unsere Gemeinschaft alle vergangenen Stürme. Das gibt ihr zugleich die Kraft für die Zukunft, die vor uns liegt. Die Jahre des gemeinsamen Ringens um neue Erkenntnis — im Kreuzfeuer zwischen Tradition und Gegenwart — bleiben uns als leuchtende Verpflichtung über den trüben Tag des Abschieds hinaus.

Es ist der Kern des Vermächtnisses, das Sonnemann der Zeitung hinterließ: geistige Gemeinschaft und redaktionelle Unabhängigkeit gegen jeden egoistischen Einfluß. Heinrich Simon hat dieses Vermächtnis getreulich verwaltet, es bleibt uns auch künftig gesichert: auch unter den neuen Besitzverhältnissen kann und wird es nur eine einzige Schranke unserer redaktionellen Unabhängigkeit geben, nämlich diejenige, die sich für die gesamte Presse aus dem Schriftleitergesetz ergibt.

Die Schriftleitung der „Frankfurter Zeitung".

zu den moralischen Fundamenten der ›Frankfurter Zeitung‹ gehört hat, muß oberster Grundsatz Ihrer Tätigkeit als Schriftleiter sein, wozu auch die Abwehr jeder Art von Interessen-Beeinflussung gehört.«[64] Was wie eine Loyalitätserklärung für die Regierung klang, war doch an die Bedingung geknüpft, daß die Regierung »Aufbauarbeit« leiste. Mit dem Hinweis auf die »von jeher« geltenden moralischen Fundamente der Zeitung war gesagt, daß die Redaktion wie bisher beanspruchte, selbst zu entscheiden, was dem »Gemeinnutz« diene. Auch die Verpflichtung zur Abwehr gegen »jede Art von Interessenten-Beeinflussung« werden die Redakteure mit Freude gelesen und in einem doppelten Sinne verstanden haben, als Auftrag zur Abwehr der Totalitätsansprüche des Regimes und zugleich als Versicherung, daß die neuen Besitzer die Zeitung unabhängig erhalten und nicht zum Organ der IG Farben machen wollten.

Schwanders Erklärung, daß es wegen des Besitzwechsels keine Verabredung mit der Regierung gegeben habe und daß das Ausscheiden der Familie Simon-Sonnemann unter dem Druck der wirtschaftlichen Lage, nicht auf Befehl des Regimes zustande gekommen sei, war korrekt. Man hatte bei Funk und Keppler sondiert, man hatte von ihnen Auskünfte über die Erwartungen des Regimes erhalten. Schwander hatte Funk auch den bevorstehenden Besitzwechsel zur Kenntnis gebracht.[65] Aber mehr als ein gegenseitiges Informieren war es nicht gewesen. Der Besitzwechsel war weder befohlen worden, noch gab es ein politisches Überlebensabkommen der Zeitung mit dem Regime, für das sie mit dem Ausscheiden der jüdischen Besitzer bezahlt hätte.

Daß es keine »Abmachung« mit dem Regime gab, war auch daran zu erkennen, daß die neuen Besitzer sich keinen nationalsozialistischen Verlagsdirektor aufdrängen ließen und den Rat Funks und Kepplers verwarfen, zwei jüdische Mitglieder der Geschäftsleitung, die nicht Eigentümer gewesen waren, Rudolf Gutmann und Dr. Hans Lothar, zu entlassen. Wie viele jüdische Redakteure wurden sie noch bis in das Jahr 1936 gehalten. Nur eines glaubte man nicht wagen zu können: Heinrich Simon einen Platz zu erhalten, weil dies notwendigerweise ein exponierter Platz hätte sein müssen. Wenn der Betrieb also nicht »arisiert« worden war im späteren Sinne des Wortes, so hatten Schwander, Simon, Hummel und Hecht doch richtig verstanden, daß das Regime eines Tages derartiges verlangen werde. An der Übermacht der Gegenseite war nicht vorbeizukommen. Die Zeitung konnte nur Rückzugsgefechte führen – und die führte sie, zäh und listig auf immer schmalerem Plateau.

VII
Exodus

Am 1. Januar 1934 trat das „Schriftleitergesetz" vom 4. Oktober 1933 in Kraft. Eine seiner Bestimmungen verlangte, daß Juden und auch die mit jüdischen Ehepartnern verheirateten Journalisten aus dem Beruf auszuscheiden hatten. Anträge auf eine – in jedem Fall befristete – Ausnahmegenehmigung mußten von der Redaktion ausführlich begründet werden. In der »Frankfurter Zeitung« waren, so geht aus der Redaktionsliste hervor[1], 27 Redakteure Juden, zwei weitere (Benno Reifenberg und Erich Lasswitz, der Redakteur der Technischen Beilage), hatten einen jüdischen Elternteil. Wilhelm Hausenstein und Dolf Sternberger waren mit jüdischen Frauen verheiratet, ebenso Otto Suhr, fester Berliner Mitarbeiter des Handelsteils.

War die Zeitung deshalb ein »jüdisches Blatt«? Die »Frankfurter Zeitung« sowie die Blätter der Berliner Verlagshäuser Rudolf Mosse (»Berliner Tageblatt«, »Berliner Börsen-Courier« »Nationalzeitung« und »Acht-Uhr-Abendblatt«) und Ullstein (»Vossische Zeitung«, »Morgenpost« und »B.Z. am Mittag«) waren für die Nationalsozialisten die »Judenpresse« schlechthin. Der Anteil jüdischer Journalisten war in vielen Redaktionen, besonders bei den Berliner Blättern, verhältnismäßig groß, und nicht nur bei Zeitungen, die sich in jüdischem Besitz befanden. Einer der Gründe dafür war, daß Juden in Deutschland bestimmte Berufe, vor allem im Staatsdienst – Beamte, Offiziere, Richter, Hochschullehrer –, im 19. Jahrhundert trotz der Fortschritte der Judenemanzipation nicht ergreifen konnten. Wer nicht Bankier oder Kaufmann werden wollte, drängte in die freien Berufe und wurde Anwalt, Arzt oder eben Journalist. Für diesen Beruf brachten die Juden vielfach eine besondere Befähigung mit – Frucht einer Kultur, die sich an einer Schriftreligion gebildet hatte. Ein weiterer Grund lag gewiß darin, daß die Emanzipation der Juden und die von ihnen angestrebte Gleichberechtigung den etablierten Schichten abgerungen werden mußten. Die Juden waren in einer natürlichen Opposition, die sich im Journalismus besonders wirkungsvoll wahrnehmen ließ.

Andererseits waren die jüdischen Journalisten, was ihr Judentum betraf, nicht besonders engagiert. In der »Frankfurter Zeitung« waren die meisten jüdischen Redakteure »assimiliert«, nach Meinung der Orthodoxen also »schlechte Juden«. Nach dem Zeugnis von Ernst Kahn[2] gab es in der »Frankfurter Zeitung« keinen einzigen Redakteur der strenggläubigen Richtung. Die meisten scheinen der Religion ihrer Väter ziemlich indifferent gegenübergestanden zu haben. Viele von ihnen waren christlich getauft oder mit christlichen Frauen verheiratet; einige, wie Bernhard Guttmann und Robert Drill, waren gläubige Christen. Guttmanns kontemplatives Buch »Das Ende der Zeit« ist das Bekenntnis eines »Judenchristen« im Sinne der Apostelgeschichte. Robert Drill, der bis in die späten dreißiger Jahre die täglichen Redaktionsgeschäfte führte, war – so Benno Reifenberg – ein »eigentümlicher Geist«: Katholik, zugleich Kantianer und Anhänger der Psychoanalyse. Er kam aus dem Kreis um Lujo Brentano und Friedrich Naumann. Zu seinen Arbeitsgebieten gehörten Kirchenfragen, Sozialpolitik, Bildungspolitik und Geistesgeschichte.

Auszüge aus Hitlers »Mein Kampf« (10. Kapitel, »Staat und Presse«). Für Hitler war die »Frankfurter Zeitung« schon früh der Inbegriff »liberaler Judenpresse«

> *... Welche Kost aber hat die deutsche Presse der Vorkriegszeit den Menschen vorgesetzt? War es nicht das ärgste Gift, das man sich nur vorzustellen vermag? Wurde dem Herzen unseres Volkes nicht schlimmster Pazifismus zu einer Zeit eingeimpft, da die andere Welt sich schon anschickte, Deutschland langsam, aber sicher abzudrosseln? Hatte die Presse nicht schon im Frieden dem Gehirn des Volkes den Zweifel an das Recht des eigenen Staates eingeflößt, um es so in der Wahl der Mittel zu seiner Verteidigung von vornherein zu beschränken? War es nicht die deutsche Presse, die den Unsinn der »westlichen Demokratie« unserem Volke schmackhaft zu machen verstand, bis dieses endlich, von all den begeisterten Tiraden gefangen, glaubte, seine Zukunft einem Völkerbunde anvertrauen zu können? Hat sie nicht mitgeholfen, unser Volk zu einer elenden Sittenlosigkeit zu erziehen? Wurden nicht Moral und Sitte von ihr lächerlich gemacht, als rückständig und spießig gedeutet, bis endlich auch unser Volk »modern« wurde?*
> *... Der Abwehrkampf der damaligen deutschen Regierungen gegen die die Nation langsam verderbende Presse, hauptsächlich jüdischer Herkunft, war ohne jede gerade Linie, ohne Entschlossenheit, vor allem aber ohne jedes sichtbare Ziel... Freilich – zum Teil war dies auch die Folge der unendlich schlauen Taktik der Judenheit auf der einen und einer wirklich geheimrätlichen Dummheit oder Harmlosigkeit auf der anderen Seite. Der Jude war viel zu klug, als daß er seine gesamte Presse gleichmäßig hätte angreifen lassen. Nein, ein Teil derselben war da, um den anderen zu decken. Während die marxistischen Zeitungen in der gemeinsten Weise gegen alles, was Menschen heilig zu sein vermag, in das Feld zogen,*

Auch Heinrich Simon war getauft. Er und Arthur Feiler empfanden sich erst in der Emigration wieder stärker als Juden, ohne freilich zum jüdischen Glauben zurückzukehren. Andererseits war Heinrich Simon der einzige unter den jüdischen Redakteuren des politischen Ressorts, der mit dem Zionismus sympathisierte. Doch nach Palästina wanderte 1933 nur einer aus: Fritz Naphtali (1888–1969), der von 1921 bis 1926 der Handelsredaktion der Zeitung angehört hatte. Er wurde 1941 Abgeordneter erst der (beratenden) Versammlung, dann der »Knesseth« und war von 1952 bis 1960 Minister in mehreren israelischen Kabinetten.

Das Verhältnis der Redaktion, auch ihrer jüdischen Mitglieder, zum Judentum war von zwei Einstellungen bestimmt: daß die Zeitung nie-

> *Staat und Regierung in der infamsten Weise angriffen und große Volksteile gegeneinander hetzten, verstanden es die bürgerlich-demokratischen Judenblätter, sich den Anschein der berühmten Objektivität zu geben... Für diese Leute war und ist freilich die »Frankfurter Zeitung« der Inbegriff aller Anständigkeit. Verwendet sie doch niemals rohe Ausdrücke, lehnt jede körperliche Brutalität ab und appelliert immer an den Kampf mit den »geistigen« Waffen, der eigentümlicherweise gerade den geistlosesten Menschen am meisten am Herzen liegt. Das ist ein Ergebnis unserer Halbbildung... Gerade für unsere geistige Halbwelt aber schreibt der Jude seine sogenannte Intelligenzpresse. Für sie sind die »Frankfurter Zeitung« und das »Berliner Tageblatt« gemacht, für sie ist ihr Ton abgestimmt, und auf diese üben sie ihre Wirkung aus. Indem sie alle scheinbar äußerlich rohen Formen auf das sorgfältigste vermeiden, gießen sie das Gift aus anderen Gefäßen dennoch in die Herzen ihrer Leser. Unter einem Geseires von schönen Tönen und Redensarten lullen sie dieselben in den Glauben ein, als ob wirklich reine Wissenschaft oder gar Moral die Triebkräfte ihres Handelns seien... Sicher wird auch in kommender Zeit der Jude in seinen Zeitungen ein gewaltiges Geschrei erheben, wenn sich erst einmal die Hand auf sein Lieblingsnest legt, dem Presseunfug ein Ende macht, auch dieses Erziehungsmittel in den Dienst des Staates stellt und nicht mehr in der Hand von Volksfremden und Volksfeinden beläßt. Allein ich glaube, daß dies uns Jüngere weniger belästigen wird als einstens unsere Väter. Eine Dreißig-Zentimeter-Granate zischte immer noch mehr als tausend jüdische Zeitungsvipern – also laßt sie denn nur zischen!*

mals Organ von Partikularinteressen sein könne, auch wenn viele Juden die »Frankfurter Zeitung« als ihr Blatt ansahen, daß es zugleich aber seit Leopold Sonnemanns Tagen Aufgabe der Zeitung sei, den Schwachen beizustehen – also auch der jüdischen Minorität. Treffend illustriert wird diese Haltung durch eine Geschichte aus den Jahren vor dem ersten Weltkrieg. Die Redaktion hielt es aus irgendeinem Anlaß für geboten, eine Artikelreihe über die »jüdische Frage« vorzubereiten. Arthur Feiler verlangte in einer kleinen Arbeitsgruppe – so erzählt es Ernst Kahn, der dabei gewesen war –, daß keiner der jüdischen Redakteure diese Artikel schreibe; Befangenheit sollte von vornherein ausgeschlossen werden. Also schlug die Gruppe den mit Kulturpolitik befaßten Robert Drill vor; erst mehr als zwanzig Jahre später stellte sich heraus, daß Drill »Nichtarier« war.

Eine Anzahl der jüdischen Redaktionsmitglieder hatte sich im Ersten Weltkrieg als Frontkämpfer bewährt; die meisten waren Reserveoffiziere geworden – so Kallmann, Reifenberg, Fritz Naphtali, Artur Lauinger, Wilhelm Cohnstaedt, Dr. Max Nürnberg und Bruno Wolff.

Daß die Zeitung im Kaiserreich, in der Republik und in der Hitlerzeit für die Juden eintrat, geschah weder unter dem Einfluß der jüdischen Redakteure noch um der Interessen der Juden willen. So wie die Zeitung den Juden beistand, war sie auch für die Katholiken im Kulturkampf oder für die Sozialdemokraten unter dem Sozialistengesetz eingetreten, ohne deshalb katholisch oder sozialistisch gesinnt zu sein. Gruppen sollten weder diskriminiert noch protegiert werden. Politische Parteien, so setzte sich der Gedanke fort, sollten *politische* Richtungen vertreten, nicht Schutzorganisationen religiöser Gemeinschaften oder gesellschaftlicher Klassen sein. In gleicher Weise war die Zeitung auch Gegnerin hoher Schutzzölle, von Monopolen, großen Konzernen und Kartellen. Die Gemeinschaft schade sich selbst, wenn sie zulasse, daß die Stärkeren ihre Macht dazu mißbrauchten, Schwächere zu unterdrücken.

Trotz ihrer jüdischen Redaktionsmitglieder war die Zeitung also kein »Judenblatt«. Nach 1933 konnte die Redaktion den Verfolgten, auch den in Schutzhaft genommenen politischen Gefangenen, nur noch dadurch beistehen, daß sie das Unrecht der Öffentlichkeit zur Kenntnis brachte und die verfolgten Kollegen so lange wie möglich beschäftigte.

Siegfried Kracauer verließ Deutschland am 28. Februar 1933, unmittelbar nach dem Reichstagsbrand. Simon hatte ihn gewarnt. Kracauer war, ohne Marxist zu sein, zu sehr mit Themen der Linken beschäftigt, als daß man nicht um ihn hätte fürchten müssen, als die Nationalsozialisten anfingen, »Marxisten« zu Tausenden in Schutzhaft zu nehmen. Schon am 5. April 1933 gab Heinrich Simon Kracauer den Rat, in Paris zu bleiben und sich dort eine neue Existenz zu schaffen, weil man ihn in Frankfurt wahrscheinlich nicht mehr wie bisher werde beschäftigen können. »Wir werden Sie, so lange es irgend geht, nicht im Stich lassen.«³ Simon konnte in der bedrängten Finanzlage des Unternehmens keine neuen Auslandsposten für die jüdischen Kollegen einrichten. Kracauer erhielt weiterhin Bezüge, aber sie wurden, wie die aller anderen in der Redaktion, drastisch gekürzt. Im August wurde ihm gekündigt, unter Hinweis auf seine Mitarbeit an Leopold Schwarzschilds »Neuem Tage-Buch«. In einer Redaktionskonferenz hatte Simon es als unerträglich bezeichnet, daß ein Mitarbeiter des »Neuen Tage-Buchs« zugleich Mitarbeiter der »Frankfurter Zeitung« sei. Die Redaktion empfand, wie die Auseinandersetzung um Joseph Roth gezeigt hatte, einen tiefen Gegensatz zwischen sich und Publizisten wie Schwarzschild und Ossietzky.⁴ Das Zerwürfnis färbte auf das Porträt Simons' als »Petri« in Kracauers postum erschienenem Roman »Georg« ab. 1941 floh Kracauer von Paris nach New York. Er wurde wissenschaftlicher Mitarbeiter und Direktor am Film-Museum des Museum of Modern Art und in den fünfziger Jahren Forschungsdirektor für angewandte Sozialwissenschaft an der Columbia-Universität. 1966 starb er.

Salli Goldschmidt ging 1933, nahe an der Altersgrenze, in Pension.⁵ Kurz vor Kriegsausbruch hatte ihm seine in Südamerika lebende Tochter ein Einreisevisum erkämpft. Bei der Einschiffung in Hamburg schloß sich plötzlich vor ihm die Schranke; er sollte am nächsten Tag wiederkommen. Aber da ging kein Schiff mehr. Goldschmidt kehrte um, fuhr zurück nach Frankfurt, legte sich hin und starb.⁶ Wilhelm Cohnstaedt (1880–1934) reiste im Frühsommer 1933 mit einem befristeten Mitarbeitervertrag in die Vereinigten Staaten, wo er schon vor dem ersten Weltkrieg einige Jahre als Korrespondent gearbeitet hatte. 1933/34 las man noch einige Beiträge von ihm aus der amerikanischen Provinz. Sein Vater Ludwig Cohnstaedt, der den Ruhm des Handelsteils der Zeitung begründet hatte, blieb in Frankfurt und starb dort 1934 im Alter von 87 Jahren. Arthur Feiler mußte im Sommer 1933 seinen Lehrstuhl an der Handelshochschule in Königsberg verlassen; er emigrierte sofort nach New York, wo er Dozent an der New School for Social Research wurde. Er starb 1942.

Einige Handelsredakteure, die aus der Redaktion entlassen werden mußten, kamen zunächst in kaufmännischen Abteilungen des Verlages oder in der Korrektur der Druckerei unter. Viele wechselten ins Bankfach. Um jeden einzelnen wurde mit den Berliner Behörden heftig gerungen; Oeser und Hecht reisten zeitweilig alle paar Tage nach Berlin, um Anträge auf befristete Ausnahmegenehmigungen zu begründen. Verständnis zeigten vor allem Walther Funk, der Staatssekretär im Propagandaministerium, und Hjalmar Schacht, der Präsident der Reichsbank und Wirtschaftsminister der Regierung Hitler. Oeser hat Funk nach dem Krieg die Hilfe für die bedrängten jüdischen Redakteure mit einer entlastenden Aussage vor dem Internationalen Militärtribunal in Nürnberg gedankt.[7] Oeser nannte keine Einzelheiten, aber die Namen von acht Handelsredakteuren, denen Funk Gelegenheit verschafft habe, »von neuem mit uns zu hoffen und zu arbeiten und ohne Einkommensverlust ihren Berufswechsel und ihre Auswanderung vorzubereiten«: Ferdinand Freitag, Artur Lauinger, Dr. Max Nürnberg, Dr. Franz Wolf, Dr. Fritz Rosenstiel, Bruno Wolff, Lothar Bauer und Dr. Otto Hirschfeld.[8]

Artur Lauinger, ein erfahrener Versicherungsfachmann, war Mitglied des Beirats des Reichsaufsichtsamtes für Privatversicherungen gewesen. 1938 kam er für ein halbes Jahr ins Konzentrationslager Buchenwald. Als einer der letzten wanderte er 1939 nach England aus. 1946 kehrte er nach Frankfurt zurück[9] und arbeitete für die »Frankfurter Neue Presse«, die »Wirtschaftszeitung« in Stuttgart und die »Versicherungswirtschaft« in Karlsruhe. Er starb 1961, 83 Jahre alt. Lothar Bauer und Franz Wolf wechselten ins Bankfach; Bauer emigrierte 1936 oder 1937 nach Brasilien, Franz Wolf nach New York. Fritz Rosenstiel, Mitglied der Berliner Redaktion, war von der Deutschen Effekten- und Wechselbank zur »Frankfurter Zeitung« gekommen und trat, als er die Zeitung verlassen mußte, in das Bankhaus Gebr. Arnhold ein, für das er später nach London und von dort zu der in New York gegründeten Firma Arnhold und S. Bleichroeder ging. Max Nürnberg emigrierte nach Pittsburgh; er kehrte nach dem Krieg nach Freiburg zurück. Otto Hirschfeld war Wirtschaftskorrespondent der Zeitung in Hamburg und mußte nach einer Schutzhaft im März 1934 aus der Zeitung ausscheiden. Er errichtete für das Essener Bankhaus S. Hirschland eine Zweigstelle in Hamburg, wanderte später nach New York aus und gründete dort ein Wirtschaftsprüferbüro.[10]

Ein grausiges Schicksal erlitt Bruno Wolff, Oesers Nachfolger im Berliner Büro, der mit einer Christin verheiratet war. Er emigrierte zuerst nach Zlín in Mähren und arbeitete als Volkswirt in Batas Schuhfabrik. Als Hitler 1939 das Land besetzte, floh das Ehepaar Wolff nach Amiens in Frankreich. Bei Kriegsausbruch wurde er als Deutscher interniert. Im Mai 1940, als die deutschen Truppen einmarschierten, floh Frau Wolff zu Fuß nach Südfrankreich. Ihr Mann, zunächst Hilfswilliger bei den englischen Truppen, entkam schließlich ebenfalls nach Südfrankreich, wurde dort aufs neue von den französischen Behörden interniert und mußte im Hafen von Marseille arbeiten. Dort fand ihn seine Frau wieder, und gemeinsam warteten sie auf ein amerikanisches Visum: »Wir hatten sogar einen Schiffsplatz auf dem letzten Dampfer, der Frankreich verließ. Wir konnten keinen Gebrauch davon machen, da unsere Ausreisepapiere nicht rechtzeitig fertig wurden. Wer weiß, vielleicht wären wir noch weggekommen, wenn er wie ich den Willen gehabt hätte, sich nicht unterkriegen zu lassen. Bruno hatte von Anfang an keinen Glauben an Erfolg, während ich immer gedrängt habe. Sie können sich nicht vorstellen, wie lebensmüde er war und welche Sehnsucht er nach Deutschland gehabt hat. Er sagte immer, er würde sich mit den Nazis immer noch besser verstehen als mit den Franzosen. Eines Tages im Jahre 1942 bekam ich dann die Nachricht, daß er mit einem Transport in das Transitlager Paris abgegangen sei.« Frau Wolff versteckte sich in einem kleinen Ort in den französischen Alpen, wo sie gegen Kost und Logis drei Jahre lang in einem Hotel Wäsche ausbesserte und die Korrespondenz führte. Nach dem Krieg erfuhr sie, daß ihr Mann nicht überlebt hatte.[11]

Im Feuilleton war nach der Flucht Kracauers nur noch ein jüdischer Redakteur, Bernhard Diebold. Als Schweizer konnte er in seine Heimat zurückkehren. In der Politik konnte Hans Kallmann vorübergehend, Robert Drill lange gehalten werden. Kallmann, Jahrgang 1899, mußte 1936 gehen, auf dem Höhepunkt der direkten Auseinandersetzungen mit dem Regime, die er mit Kühnheit und taktischem Geschick geführt hatte. Er wanderte aus und schlug sich in einem kleinen Ort in Massachusetts mit Schreinerarbeiten durch.[12] 1945 kam er als »Intelligence«-Offizier in amerikanischer Uniform nach Berlin zurück und suchte Mißverständnisse der amerikanischen Besatzungsmacht über das Leben in der Diktatur aufzuklären und Verdächtigungen der Zeitung in Emigrantenkreisen zu entkräften. Kallmann starb 1950 in Baden-Baden.

Die scheidenden jüdischen Kollegen wurden in der Konferenz nicht verabschiedet; das hätte Reden verlangt und wohl auch Aufsehen bedeutet. Einer nach dem andern ging still, verabschiedete sich von Zimmer zu Zimmer von den engeren Freunden. Kallmann verließ das Haus unter Tränen.[13] Drill verschenkte Bücher, die er nicht mitnehmen konnte. Brück erinnerte sich noch Jahrzehnte später, wie er sich schämte, weil Drill gehen mußte und er bleiben durfte.[14] In Reifenbergs Taschenkalender heißt es am 8. April 1938: »Abendessen für Drill und Helga Hummerich, Pfarrer Klein und Frau«.[15] Das muß der Abschiedsabend gewesen sein. Drill ergriff beide Hände Reifenbergs und vertraute ihm an: »Ich hab' Angst.« Weinend verließ er das Haus.[16] 1942 starb er in Südafrika, 72 Jahre alt.

Hannah Arendt beschreibt in ihrem Buch über totale Herrschaft die Vereinsamung der Menschen, welche die Tyrannis als ihre Feinde brandmarkt. Die Verfolgten werden von den meisten ihrer Freunde verlassen; auf der Straße werden sie nicht mehr gegrüßt. Manche früheren Freunde gar belasten sie, aus Furcht, in irgend etwas hineingezogen zu werden. Und die Opfer selbst vermieden es, Freunden zu begegnen, um sie nicht in eine Situation zu bringen, in der sie sich zu ihnen hätten bekennen oder sie verleugnen müssen. Gemessen an dieser Verlassenheit der Verfolgten ist die Haltung von Verlag und Redaktion um so höher einzustufen. Der neue Verlagsgeschäftsführer Hecht ließ keinen der jüdischen Redakteure fallen. Verlag und Redaktion kämpften um jeden – anders als etwa beim »Berliner Tageblatt«, der »Kölnischen Zeitung« oder der »Vossischen Zeitung«, deren Verlage sich von den jüdischen Redakteuren trennten, noch ehe die Nationalsozialisten es verlangten.[17] Die »Halbjuden« und die »jüdisch Versippten«, wie es damals hieß, konnten sogar bis ins Frühjahr 1943 gehalten werden.

Natürlich war die Zeitung dabei auf die Unterstützung von Leuten im Propagandaministerium und im Stabe Max Amanns angewiesen, und diese Hilfe konnte von einem auf den anderen Tag ausbleiben; sie war zweifelhaft und auch zwielichtig, denn Duldung von dort gab es nur unter der Voraussetzung, daß nichts schiefging, die Zeitung kein Aufsehen an höherem Ort erregte und sich an gewisse, niemals fixierte politische Verhaltensregeln hielt.

Joseph Roth befand sich in den Tagen, als Hitler zum Kanzler ernannt wurde, auf einer Reise in Paris. Er beschloß, vorerst nicht zurückzukehren. Daraus wurde ein Exil auf Dauer. Roth war überzeugt, daß in Deutschland eine lange Herrschaft der Barbarei angebrochen war, und meinte, daß man mit diesem Regime nicht das geringste zu schaffen haben dürfe. So sah er keinen Raum mehr für aktive Formen der Opposition und zerstritt sich mit vielen, die dem Unheil entgegenwirken wollten, etwa mit René Schickele und Stefan Zweig über die Entscheidung Anton Kippenbergs, mit dem Insel-Verlag in Deutschland zu bleiben. Roth überwarf sich auch mit seinem vielleicht besten Freund, mit Benno Reifenberg, dem er nicht verzieh, daß er mit der Zeitung in Deutschland blieb.

Als René Schickele Reifenberg in Schutz nehmen wollte, hielt Roth ihm unerbittlich entgegen: »Seit wann ist es so, daß ein Schriftsteller sagen darf: ich muß lügen, weil meine Frau leben und Hüte tragen muß? Und seit wann ist es üblich, das gut zu heißen?«[18] Roth konnte und wollte nicht verstehen, was Reifenberg und Simon voraussetzten: daß Emigranten die Vorgänge in Deutschland nicht genügend verstehen und gewiß keinen Einfluß auf die Entwicklung nehmen können.

Die Berliner Wirtschaftsredaktion 1936; rechts Leonhard Miksch, neben ihm Fritz Rosenstiel, der noch im selben Jahr ausscheiden mußte, Peter Waller (stehend), Günter Keiser, Jürgen Tern (links außen), der von 1960 bis 1970 einer der Herausgeber der »Frankfurter Allgemeinen Zeitung« war, und Erich Achterberg (ganz vorn).

Innenpolitische Wirkung würde nur von einer unbezweifelbar deutschen Stimme ausgehen können, die die eigene Existenz mit dem Schicksal der Nation verband. »Wer Deutschland in diesem für alle Zukunft entscheidenden Moment verließ, gab für sich Deutschland auf.«[19]

Heinrich Simon formulierte im Sommer 1933 die in der Frankfurter Redaktion vorherrschende Auffassung in einem Artikel über »Schriftsteller im Exil«: »Es geht um etwas, was mit dem Wesen der Nation zu tun hat. Die Sozialdemokratie erfuhr das am eigenen Leibe. Als 1914 die Nation in Gegensatz zu anderen geriet, zerbrach ihre internationale Brüderschaft innerhalb von Stunden. Ganz ohne Zwang, aus der Forderung des schicksalhaften Augenblickes heraus, weil es kein Leben außerhalb der Nation gibt. Darum stößt jeder Deutsche, der sich außen gegen einzelne Deutsche wendet, immer auf das ganze Deutschland. Selbst wenn seine Kritik und sein Tadeln Anschauungen und Methoden trifft, denen auch manche unter den Deutschen im Lande nicht zustimmen, wird diese Kritik dennoch von allen darum abgelehnt, weil sie aus der Gefahrlosigkeit im fremden Land heraus geübt wird...«[20]

Ein paar Tage später druckte die Zeitung auf der ersten Seite eine Zuschrift ab, die das Argument des Artikels fortführte: Ein Ungenannter sprach von einer »deutschen Emigration in Deutschland selbst«, von einem »geistigen Exil« vieler Deutscher im eigenen Lande. Dies war ein neuer Begriff, der mit der äußeren Emigration gleichgesetzt wurde: Beide Formen des Exils hätten ein Bedürfnis, sich voreinander zu rechtfertigen, weil sie das Verhalten der andern als Vorwurf empfänden. »Es gibt unter den emigrierten Politikern manche, die die Daheimgebliebenen schon beinahe als halbe Abtrünnige empfinden – auch dies ein typischer Zug der Emigration, die vor sich selbst den Glauben braucht, daß sie herausgehen mußte, um ihrer Gesinnung treu zu bleiben. Umgekehrt aber ist es das Natürlichste, wenn den Emigranten von Deutschland her geantwortet wird: ›Was heute in Deutschland möglich, vernünftig, richtig ist, das können nicht die draußen beurteilen, sondern nur wir.‹ Auch diesen Gegensatz, diese Entfremdung zwischen Heimat und Emigration, kennt die Geschichte zur Genüge.«[21]

Beide Beiträge zeigen, wie man auch unter jüdischen Mitgliedern der Redaktion über die Auswanderung dachte: Es war eine individuelle Notlösung für den einzelnen, aber kein Mittel der Politik. Auch später hat keiner der emigrierenden Redakteure die Entscheidung der anderen Kollegen verurteilt, in Deutschland zu bleiben. Außer Siegfried Kracauer und Wilhelm Cohnstaedt zögerten alle, die später emigrierten, ihren Entschluß so lange wie möglich hinaus. Sie gingen nicht freiwillig, auch nicht in dem Gefühl, endlich befreit zu sein, und schon gar nicht aus Protest – sie gingen unter Tränen.

Roth hatte dafür kein Verständnis. Im Herbst 1933 schrieb er in hellem Zorn: »Es ist mir keineswegs möglich, irgendein Mitgefühl für meinen Freund Reifenberg aufzubringen. Menschen, die ihre Ehre vernachlässigen, sind nicht mehr meine Freunde. Wer mit dem III. Reich eine Beziehung eingeht, und gar eine öffentliche, wie es mein armer Freund Reifenberg tut, der ist aus dem Register meiner Freunde gestrichen.«[22] Wie ein Offizier des 18. Jahrhunderts sprach Roth von Ehre, wo Reifenberg und Simon die praktische Bedeutung ihres Tuns für das Gemeinwesen erwogen. Zwei Haltungen standen sich hier gegenüber, beide aus Pflichtgefühl erwachsen. Roths Einsicht in das Wesen Hitlers und seiner Bewegung stellte sich als richtig heraus, aber war deshalb seine Schlußfolgerung richtig, alle Hoffnung fahren zu lassen?

Roth wollte Reifenberg nicht mehr sehen. Ein letztes Band war Maryla Reifenberg, Bennos Frau, die Roth 1938 in Paris noch einmal begegnete: »Ich wußte, daß er auf Benno böse war... und ließ ihm... mitteilen, wenn er ein Wort gegen meinen Mann sagte, würde ich gehen. Ich sah ihn am Abend im Café de Tournon zusammen mit [Soma] Morgenstern, Walter Mehring und anderen, die ich nicht kannte, und überbrachte ihm die Grüße von Benno, meiner Mutter und unserem

Sohn. Roth war freundlich und hielt das Versprechen, das ihm abgefordert worden war. Am nächsten Tag zum Mittag ging ich wieder dort vorbei; Roth war am Tisch eingeschlafen, vor ihm stand eine Flasche Pernod, das Getränk, das Baudelaire getrunken hatte. Ich wollte ihn nicht wecken und hinterließ zum Abschied drei Rosen, die ich ihm mitgebracht hatte. Als ich anschließend zu Frau Gidon ging, wartete schon dort ein pneu [Rohrpostbrief] von ihm an mich, in dem er seine Liebe zu uns allen aussprach, sowie seine Versicherung, er behalte uns in bester Erinnerung. Es war wieder der alte Roth, und der unvollendete Abschied tat mir leid.«[23] Ein Jahr später hatte Roth sich zu Tode getrunken.

Als Heinrich Simon 1934 die Zeitung verlassen mußte, sagte er zum Abschied, in einer guten Institution sei niemand unentbehrlich; die »Frankfurter Zeitung« werde den Wechsel ihrer Besitzer überdauern. Als er Europa 1938 für immer verließ, fragte ihn ein Freund, was denn jetzt, nach den vielen Anpassungen, von der Zeitung zu halten sei. »Wenn man das Blatt aufschlägt«, so soll er geantwortet haben, »spürt man, daß der Geist respektiert wird. Das genügt.«[24] Simon hatte eine Vorstellung von den politischen Zwängen, unter denen die Zeitung produziert wurde, aber er sah auch, wie sie Gelegenheiten nutzte, neben dem Inhalt, der ihr auferlegt war, einen eigenen zu präsentieren.

Das war überwiegend das Werk einer neuen Mannschaft, die nach 1933 in die Redaktion eintrat. Bis 1939 wurden fast vierzig neue Redakteure engagiert und im Krieg nochmals an die dreißig, die die Eingezogenen oder Dienstverpflichteten ersetzten. Einer der ersten unter den Neuen war Dolf Sternberger, der nach einem Philosophiestudium in Heidelberg eigentlich Hochschullehrer hatte werden wollen, aber nach der Gleichschaltung der Hochschulen wußte, daß ihm dieser Weg versperrt war. »Ich zog mich also in die Fluchtburg, die letzte Heimat der Liberalität zurück, nämlich in die Redaktion der Frankfurter Zeitung.« Schon als Student hatte er gelegentlich für das Blatt geschrieben.[25] Sternberger erschien die Zeitung im Jahre 1934 als ein Ort liberaler Gesinnungsgenossenschaft, der Schutz bot und von dem aus man auch Ausfälle wagen konnte.

In diese Fluchtburg strömte es ab 1934 von vielen Seiten herein. Herbert Küsel, Anglist und Historiker aus dem Seminar Friedrich Meineckes, später Privatlehrer im Hause Heinrich Simons, bezog einen Platz in Reifenbergs Zimmer und führte dort eine vollkommen unauffällige Existenz. Außerhalb der Redaktion kannte ihn niemand. Seine Beiträge im Blatt waren selten und erschienen ohne Namen, nur mit einem kleinen »k« oder »hk« gezeichnet. Sein Metier war die Beschreibung von Personen als Abbild der Epoche. Jede seiner Charakterstudien war ein Meisterstück. Küsel studierte das Material für seine Artikel mit nahezu pedantischer Genauigkeit bis in alle Verästelungen hinein. Wenn er schrieb, spürte man die Schulung an der großen historischen Literatur. Er besaß ein schonungsloses Verlangen nach Aufhellung, doch wenn es ans Schreiben ging, ließ er den unvermeidlich Bloßgestellten Milde zuteil werden, und manches wurde nur angedeutet.

Küsels Stil leuchtete nicht; er schien so unauffällig wie die Person zu sein. Dennoch fielen die Artikel auf: bald knapp und straff in lakonisch kurzem Urteil, bald in phantastisch anmutender epischer Breite. Dolf Sternberger hat nach Küsels Tod im Jahr 1969 eine Auswahl der Artikel des Freundes als Buch veröffentlicht.[26]

In der Redaktion übernahm Küsel 1934 auf Reifenbergs Wunsch das Amt des internen Zensors. Seiner Beobachtungsgabe und seinem Gedächtnis entging nichts, und mit großer Sensibilität konnte er sich in das Denken der Nationalsozialisten hineinversetzen. Der Auftrag des Zensors war doppelter Art. Jeder Beitrag, der geeignet war, das Regime bloßzustellen oder zu kritisieren, war mit den Augen der Nationalsozialisten zu lesen: Was würden sie sich gerade noch gefallen lassen, wo lag die Grenze, hinter der Verfahren gegen einzelne Redaktionsmitglieder oder gar ein Verbot der Zeitung selbst drohten? Und umgekehrt: Waren die Beiträge, die man auf Geheiß der Regierung übernehmen oder selbst schreiben mußte, mit genügend Distanz formuliert, so daß deutlich wurde, daß die Zeitung nicht billigte, was sie zu verbreiten gezwungen war?

Im selben Jahr 1934 übernahm Wilhelm Hausenstein die Leitung des Literaturblattes und der Frauenbeilage. Simon und Reifenberg hatten sich seit langem um ihn bemüht. Hausenstein hatte schon in den zwanziger Jahren für die Zeitung geschrieben, aber trat erst jetzt in ein festes Verhältnis, nachdem er auf Weisung von Himmlers bayerischer Staatspolizei bei den »Münchner Neuesten Nachrichten« fristlos entlassen worden war. Hausenstein redigierte die beiden Wochenendbeilagen in Tutzing am Starnberger See, pflegte jedoch in regelmäßigen Abständen auf einige Tage nach Frankfurt zu kommen.

Auf gemeinsame Empfehlung Hausensteins und Karl Holls, des bedeutenden Musikkritikers der Zeitung und Autors einer großen Verdi-Biographie, wurde 1935 Walter Dirks engagiert, der Feuilletonredakteur und Musikkritiker der inzwischen von den Nationalsozialisten geschlossenen »Rhein-Mainischen Volkszeitung« in Frankfurt, die dem linkskatholischen Wirth-Flügel der Zentrumspartei nahegestanden hatte. Eine andere Neuerwerbung des Feuilletons war Fritz Kraus, der mit seinen kulturkritischen Beiträgen die Nachfolge Kracauers antrat. Für die Leitung des Feuilletons wurde 1935 ein 31jähriger Mann aus München gewonnen, Max von Brück, dessen Domäne Theater- und Literaturkritik waren. Im folgenden Jahr wurde Carl Linfert für die Gebiete der bildenden Kunst gewonnen.

Von einem kleinen Blatt im Bergischen Land, dem »Ohligser Anzeiger«, kam 1934 Paul Sethe an einen der leeren Schreibtische in der Depeschenredaktion und wurde bald einer der außenpolitischen Autoren des Blattes. Das Schreiben fiel ihm leicht, und neben seinen vielen Gaben besaß er auch eine Ader für das »Illustrierte Blatt«. Hierfür schrieb er schmalzige Artikel, phantasievolle Beschreibungen europäischer Fürstenhöfe der jüngeren Vergangenheit, wofür er von den Kollegen ebenso verspottet wie beneidet wurde – denn dafür gab es ein zusätzliches Honorar. Sethe kam aus der nationalliberalen, kleindeutsch-preußischen Historikerschule; dies plazierte ihn in der Redaktion an den rechten Rand des Spektrums. Sethe blieb zeitlebens ein »Nationaler«. (Sein späterer Konflikt mit den anderen Herausgebern der »Frankfurter Allgemeinen Zeitung« über Adenauers Bündnispolitik, der zum Ausscheiden Sethes aus der Zeitung führte, hatte da seine Wurzeln.)

Von der »Vossischen Zeitung«, die im Frühjahr 1934 geschlossen worden war, kam Erich Welter zurück und brachte zwei junge Leute mit: Peter von Haselberg und, etwas später, Robert Haerdter. Dieser hatte in Berlin, Wien und Heidelberg Geschichte und Soziologie studiert, 1932 bei Arnold Bergstraesser promoviert und war gleich im Frühjahr 1933 nach Basel ausgewichen. Doch konnte er sich nicht zu dauernder Emigration entschließen und kehrte im Sommer 1933 zurück in dem Bewußtsein, in Deutschland bleiben zu müssen, um zur Stelle zu sein, wenn die Diktatur zu Ende gehen würde – nicht in ein paar Wochen, nicht in ein paar Jahren, sondern *nach dem Krieg*, den er für unvermeidlich, aber auch für notwendig hielt. Haerdter entschied sich für die Rückkehr nicht aus Illusion über die Situation in Deutschland, sondern um sich ihr zu stellen – im Sinne jenes schon erwähnten Wortes von Bernhard Guttmann: »Wer Deutschland in diesem für alle Zukunft entscheidenden Moment verließ, gab Deutschland auf.« Haerdter ließ sich durch keinen der außenpolitischen Erfolge Hitlers beirren: dieser Mann bedeutete Krieg, allein der Krieg aber bot die Aussicht, seine Herrschaft zum Einsturz zu bringen.

1935 kehrte auch Oskar Stark zur »Frankfurter Zeitung« zurück. Er hatte wegen Schwierigkeiten mit Rudolf Kircher im Berliner Büro die Zeitung 1930 verlassen, war ein Jahr später von Theodor Wolff als sein Stellvertreter für das »Berliner Tageblatt« engagiert worden und suchte dort eine von Spannungen nicht freie Position zu halten.[27] Im Frühjahr 1933 wurde er auf Weisung des preußischen Innenministeriums wegen »staatsfeindlicher Gesinnung« fristlos entlassen. Mühsam schlug er sich mit journalistischen Gelegenheitsarbeiten und Studienaufträgen für eine Zigarettenfabrik durch, bis Reifenberg ihn 1935 wieder in den alten Kollegenkreis zurückholte.

Unter den Neuen, die Mitte der dreißiger Jahre als junge Leute in die politische Redaktion kamen, waren Hans Bütow, ein Englandkenner, der Volkswirt Ernst Trip, bislang Redakteur der hauseigenen Zeitschrift »Die Wirtschaftskurve«, und Walter Gerteis. Bütow wäre lieber ins Feuilleton der Zeitung eingetreten, aber dort war kein Platz frei. Bald übernahm er in der Politik alles, was mit England, den Commonwealth-Ländern und den britischen Kolonien zu tun hatte.

1936 wurde Heinrich Scharp engagiert. Er war der Chefredakteur der »Rhein-Mainischen Volkszeitung« gewesen. Nach deren Verbot 1934 ging er als Korrespondent verschiedener Zeitungen und Kirchenblätter nach Rom. Ein Ergebnis dieses Aufenthaltes war ein Buch über die Verfassung der Kurie, »Wie die Kirche regiert wird«. 1936 ging er als Korrespondent der Zeitung nach Prag, wo er Friedrich Heymann ablöste, den die Zeitung nach dem Schriftleitergesetz entlassen mußte. Ungefähr gleichzeitig wurde ein weiterer Redakteur der »Rhein-Mainischen Volkszeitung«, Karl H. Knappstein (der spätere Botschafter der Bundesrepublik in Madrid und Washington), aufgenommen.

Im Berliner Büro arbeiteten seit 1930 Kircher, Georg Held, Maxim Fackler und Leonhard Miksch. Seit Mitte der dreißiger Jahre übernahmen Eberhard Schulz und Max Geisenheyner für das Feuilleton die Berichterstattung aus der Hauptstadt. Als Wirtschaftskorrespondenten kamen nach dem erzwungenen Abgang von Fritz Rosenstiel, Leo Grebler und Bruno Wolff neu hinzu: Peter Waller, Erich Achterberg, Jürgen Tern und Fritz Sarow. In die politische Abteilung des Berliner Büros traten Fritz Sänger, Hans Huffzky und Rudolf Heizler ein.

Erich Welter holte 1935 Ernst Kobbert, der eben bei Edgar Salin in Basel promoviert hatte, in sein neu eingerichtetes wirtschaftspolitisches Ressort, das zur Politik, nicht zum Handelsteil zählte. Als Kobbert und Sarow die obligatorische Reichspresseschule besuchten – einen Kurs mit SA-Lagerleben –, lernten sie einen jungen Kollegen aus Frankfurt, Wilhelm Rey, kennen, der es vorzüglich verstand, Artikel im Stil und Vokabular der Nationalsozialisten zu schreiben. Sarow und Kobbert durchschauten das parodistische Talent ihres Kollegen und empfahlen ihn in Frankfurt, wo ihn Küsel und Stark in ihre Obhut nahmen.

Rey hatte bereits eine politische Vergangenheit. Liberal erzogen, hatte er sich in der Krisenzeit der Weimarer Republik während seines Studiums bei Max Horkheimer und Karl Mannheim der »Roten Stu-

Zu denen, die 1934/36 in die Redaktion eintraten, zählten Dolf Sternberger, Heinrich Scharp (oben) und Paul Sethe (unten rechts); Nikolas Benckiser (unten links) gehörte bereits seit 1927 zur »Frankfurter Zeitung«

dentengruppe« angeschlossen. 1933 faßte er den Entschluß, mit der illegalen KPD zusammenzuarbeiten. Er befolgte deren Parole, in die SA einzutreten, die man auf diese Weise zu zersetzen hoffte. So getarnt, arbeitete er an einer von Kommunisten geführten Zeitschrift mit. Als diese aufflog und die kommunistischen Redakteure verhaftet wurden, tauchte Rey unter. In den Wochen der Illegalität erkannte er, daß die kommunistische Taktik zu nichts führen werde. Ob er unter Beobachtung der Gestapo stand, wußte er nicht. Auf der Suche nach einer Existenz arbeitete er als Klavierspieler, als Autoverkäufer, als freier Mitarbeiter für den Lokalteil des »Frankfurter General-Anzeigers«, schließlich als Volontär in dessen Lokalredaktion. So kam er auf die Reichspresseschule und von da zur »Frankfurter Zeitung«, die ihm zu einer neuen, politischen Heimat wurde.[28]

An der großen Personalergänzung während des schrittweisen Ausscheidens der jüdischen Mitglieder fällt auf, daß sich das Spektrum der Redaktion über den Liberalismus der Demokratischen Partei hinaus erweiterte. Stark hatte, ohne Mitglied zu sein, einige Sympathien für die SPD; es gab eingeschworene Sozialdemokraten wie Fritz Sänger, linke Akademiker wie Haerdter, Haselberg und Kobbert, aber auch solche, die, wie Rey, weit links außen standen oder rechts, wie Eberhard Schulz, Paul Sethe und die 1939 aufgenommene Margret Boveri. Als dritte Gruppe fanden sich in den dreißiger Jahren Katholiken ein: von der »Rhein-Mainischen Volkszeitung« Scharp, Knappstein und der »Linkskatholik« Dirks, ferner Rudolf Heizler von der Zentrums-Zeitung »Germania« (nach dem Krieg Chefredakteur der »Kölnischen Rundschau«), Max von Brück aus dem Kreis um Romano Guardini und der sich immer mehr der katholischen Kirche nähernde Wilhelm Hausenstein. Im Krieg stieß ein weiterer Katholik zur Redaktion, Karl Färber, Korrespondent in Freiburg, nach dem Krieg Herausgeber theologischer Zeitschriften.

Die Diktatur fügte Geister zusammen, die in anderen Zeiten kaum zueinander gekommen wären. Die Redaktion wandelte sich von einer linksliberalen Gesinnungsgemeinschaft in eine Art Weimarer Koalition. Die Initiative zu diesen neuen Engagements lag immer bei der Redaktion selbst; sie öffnete sich, weil sie Menschen suchte, die zu ihr paßten. Die Zeitung war wie eine Arche, deren Besatzung den in der Flut Treibenden ein Seil hinabließ. Fast alle, die in diesen Jahren aufgenommen wurden, waren politisch gefährdet, viele sogar vom Regime gezeichnet. Für alle diese Schiffbrüchigen mußten Hecht und die Redaktion in Berlin eine Arbeitserlaubnis erkämpfen, die das Propagandaministerium meist nur für die Dauer ihrer Zugehörigkeit zur »Frankfurter Zeitung« erteilte – auf Widerruf, wie die Existenz der Zeitung selbst.

Robert Haerdter, Fritz Sänger (oben), Herbert Küsel und Karl Knappstein (unten) kamen ebenfalls Mitte der dreißiger Jahre zur »Frankfurter Zeitung«

Im Innern der Arche galt die alte Ordnung. Die hergebrachte Kollegialverfassung wurde nicht angetastet. Trotz des Titels »Hauptschriftleiter« blieb Kircher, was er gewesen war: Korrespondent im Berliner Büro. In dieser Funktion war er der regelmäßige Interpret der Berliner Entscheidungen. Reifenberg wurde im Impressum als »stellvertretender Hauptschriftleiter« geführt, bis dies, weil er »Halbjude« war, als »untragbar« erschien. Von 1935 an war Erich Welter »stellvertretender Hauptschriftleiter«, doch änderte dies nichts an der internen Geschäftsverteilung. Reifenberg telefonierte täglich mit Kircher in Berlin und leitete noch bis 1938 als Nachfolger Simons die Konferenz. Er tat es freilich nicht von dessen Platz aus, unter dem Bild Leopold Sonnemanns; den Stuhl, von dem das Schriftleitergesetz Heinrich Simon vertrieben hatte, wollte er symbolisch freihalten. Welter leitete die Konferenz, wenn Reifenberg abwesend war. Kircher, Welter und Hecht vertraten zusammen die Zeitung bei den Behörden und Parteistellen, wenn es Ärger gab oder Kollegen zu schützen waren. Robert Drill war bis 1938 der geschäftsführende Redakteur. Nach seinem Abschied ging das Amt, zu dem vor allem die Disposition der Artikelseite gehörte, auf Oskar Stark über.

VIII
Die Bartholomäusnacht

Auf den ersten Blick scheint eine Nummer der »Frankfurter Zeitung« aus den Jahren nach der Gleichschaltung sich von anderen Zeitungen allenfalls dadurch zu unterscheiden, daß sie den Nationalsozialismus in höflicherer Aufmachung an den Mann bringt, als es die Parteiblätter tun. Die Zeitung habe nationalsozialistisches Gedankengut lediglich verdünnt, so ist nach dem Krieg gesagt worden, und dies habe sie um so verführerischer gemacht. Tatsächlich hat der unvorbereitete Leser zunächst Mühe, in den Spalten der Zeitung Akte des Widerstandes zu erkennen. Er stößt zwar immer wieder auf Textstellen, die man als kritische Anmerkungen deuten kann, aber er findet daneben viele andere, die ihn zweifeln lassen, ob denn soviel Zustimmung nicht doch mehr war als Camouflage.

Den Anschein zu erwecken, als stehe die Zeitung auf dem Boden des neuen Deutschland, war eine Bedingung dafür, daß sie fortexistieren konnte. Die Redaktion hätte das Regime zum sofortigen Verbot herausgefordert, ja gezwungen, wenn sie ihren Widerspruch weiterhin so offen ausgedrückt hätte wie vor dem März 1933. Bei aller Tarnung freilich sollten die Leser ihre Zeitung nach wie vor erkennen können. Die andere Seite durchschaute die Verkleidung zwar ebensogut, hielt es jedoch für opportun, wenig zu bemerken, um nicht zum Eingreifen gezwungen zu sein. Denn die Regierung – zumindest ihre intelligenteren Propagandisten – war sich darüber im klaren, daß es nützlicher wäre, die »Frankfurter Zeitung« zu zähmen, als sie auszulöschen. Solange das liberale Prestigeblatt existierte, taugte es im Ausland als Beweis dafür, daß die Verhältnisse im Dritten Reich nicht so bedrückend waren, wie seine Gegner draußen, vor allem die Emigranten, behaupteten. Die moderne Diktatur hat ein Verlangen nach Legitimation; der Gehorsam, der durch Terror erzwungen werden kann, soll als ein freiwilliger Gehorsam erscheinen. Vollkommene Uniformität der Presse hätte dieses Bild gestört, und kleinere Abweichungen erschienen als nützlich.

Abgesehen von diesem Alibicharakter brauchten die Nationalsozialisten eine Zeitung, die im Ausland ihre Ansichten bekannt machte. Keines der nationalsozialistischen Blätter, auch der »Völkische Beobachter« nicht, ließ sich exportieren. Die Auslandswirkung der »Frankfurter Zeitung« hing zu einem großen Teil davon ab, daß sie weiterhin für ein einigermaßen selbständig agierendes Blatt gehalten werden konnte. Daraus ergaben sich äußerst komplizierte Verhältnisse zwischen Regime und Zeitung, die schwer zu durchschauen waren, namentlich von denen, die außerhalb der Diktatur lebten und die Notwendigkeit des Zwielichts nicht kannten.

Bis Mitte der dreißiger Jahre ist es verhältnismäßig leicht, Akte publizistischen Widerstandes zu bemerken. Dazu gehörte die frühzeitige Unterrichtung der Leser über die Tatsache, daß es jetzt eine Presselenkung gab. Daß die Presse durch tägliche Anweisungen und »Sprachregelungen« gelenkt wurde, war streng geheimzuhalten. Das Regime wollte den Eindruck erwecken, daß die öffentliche Übereinstimmung im neuen Deutschland aus freien Stücken zustande kam. Um so wichtiger war ein Hinweis, daß die Zeitungen unter Zwang standen. Kircher nutzte dazu einen Artikel in der Weihnachtsausgabe des Jahres 1933. In der Pose eines unparteiischen Beobachters blickte er auf das zu Ende gehende Jahr, in dem ein »Höhepunkt deutscher Geschichte erreicht wurde unter hinreißendem *Jubel* der einen – unter *Tränen* der anderen, die durch eigene Schuld oder durch den mitleidlosen Gang der Geschichte zu Boden geworfen wurden«. Die Redaktion sperrte die Wörter »Jubel« und »Tränen«: Konnte man da überhören, daß der Satz Sympathie für diejenigen zum Ausdruck brachte, die von der »Geschichte« – ein Euphemismus für die Tyrannis – zu Boden geworfen waren, und zwar »mitleidlos«? Das zentrale Thema des Artikels war die Aufforderung an die siegreiche Partei, die Besiegten zu versöhnen und die innere Frontstellung zu überwinden. Kircher sprach nicht aus, aber jeder konnte es zu Ende denken, daß der Wunsch nach Gleichberechtigung für alle nur durch Abbau der Diktatur zu erfüllen war.

Eingebettet in diesen Artikel war eine Passage, die in scheinbarer Loyalität gegenüber dem Regime den Leser über die Fesselung jener Zeitung unterrichtete, die er in Händen hielt: »Die politische Journalistik ist nicht leichter geworden, aber nicht ausschließlich wegen der Schranken, die ihr durch die Staatsgewalt gesetzt sind, sondern auch wegen der völlig veränderten Aufgabe ... Dazu kommt natürlich, daß die einfachen Methoden, deren sich beispielsweise die parlamentarische und außerparlamentarische Opposition während der letzten Jahre bedienen konnte, heute schon deshalb ganz wegfallen, weil es eine Opposition im herkömmlichen Sinne im totalen nationalsozialistischen Staat überhaupt nicht geben kann. Vollends gibt es keine Aufgaben gegen diesen Staat, es gibt nur Aufgaben in ihm.«[1]

Die Redaktion ließ durchblicken, daß es eine Presselenkung durch direkte »Anweisungen« gab. Sie druckte eine amtliche Mitteilung des Propagandaministeriums, das sich gegen Versuche »unberufener Stellen« wandte, die der Presse Anweisungen geben oder sich die Berichte der Zeitungen zur Prüfung vorlegen lassen wollten. »Ein derartiges Verfahren ist unzulässig«, so wurden die »unberufenen Stellen« – offensichtlich Parteistellen – zurechtgewiesen. Zu »Anordnungen an die Presse« seien ausschließlich die zum Reichsministerium für Volksaufklärung und Propaganda gehörende Presseabteilung der Reichsregierung sowie die im Einvernehmen mit dieser arbeitenden behördlichen Pressestellen befugt. »Anordnungen anderer Stellen brauchen von der Presse nicht befolgt zu werden.«[2] Das Propagandaministerium hatte mit dieser Erklärung einen Fehler begangen. Die Redaktion erkannte die Blöße sofort und stach hinein.

In dieser Meldung war eines der Probleme der nationalsozialistischen Presselenkung angeschnitten: Wer durfte und wer wollte der Presse Weisungen geben? Das Dritte Reich war nicht der von einem einzigen Willen erfüllte und einem einzigen Steuermann gehorsame Apparat, als der es erscheinen wollte. Die regionalen Parteiführungen in den Gauen, die Führer der vielen Sonderorganisationen der Partei, besonders SA- und SS-Führung, hatten ihre eigenen Vorstellungen davon, wie die Presse zu funktionieren habe. Daraus ergaben sich Konflikte mit Goebbels, der alles daransetzte, die Mitbestimmungsansprüche anderer zurückzudrängen und ausschließliche Kontrolle wenigstens über diejenigen Teile der Presse zu erlangen und zu behaupten, die nicht der Parteiführung oder den Gauleitern unterstellt waren.

Was die Parteipresse betraf, mußte Goebbels, der als Gauleiter von Berlin im »Angriff« sein eigenes Blatt hatte, die Konkurrenz anderer Parteiführer ertragen. Die bürgerliche Presse dagegen war von ihm erobertes Territorium, in dem er seinen Lenkungsanspruch ohne Einschränkung durchzusetzen trachtete. Dies galt besonders für die angesehensten Zeitungen, die »Vossische Zeitung« und das »Berliner Tageblatt«, die »Kölnische Zeitung«, das »Hamburger Fremdenblatt« und die »Frankfurter Zeitung«. Die amtliche Mitteilung über »unzulässige Anweisungen an die Presse« deutete auf Schwierigkeiten hin, die Raum für publizistischen Widerstand boten. Die Redaktionen der großen Zeitungen konnten darauf spekulieren, daß sie in der Berliner Zentrale der Diktatur, bei Goebbels, und, wie sich später herausstellen sollte, auch bei dessen Konkurrenten auf der verlegerischen Seite, Max Amann und Rolf Rienhardt, Beistand finden konnten. Ein Konflikt mit einer regionalen Parteistelle oder der Gestapo mußte sich nur als Eingriff in die Sphäre des Propagandaministeriums darstellen lassen. Die großen Zeitungen waren unter günstigen Umständen in der Lage, an dasselbe Ministerium zu appellieren, dessen Druck sie sich fortwährend zu entziehen suchten.

Das Propagandaministerium, vor allem Goebbels selbst, hatte von Presselenkung eine ausgeklügeltere Vorstellung als die Gauleiter oder der Leiter eines Gaupresseamtes. Goebbels wußte, daß die Presselenkung unauffällig zu geschehen habe. Auch er hatte daher einen Bedarf an Verschleierung und Tarnung. Uniformität machte die Presse nicht nur langweilig, sondern auch propagandistisch unwirksam. Goebbels wollte eine kontrollierte, zugleich aber auch eine lebendige Presse, die selbständig und doch im Sinne des Nationalsozialismus agierte und in mehrstimmigem Chor das vorgegebene Thema variierte.

Diese Widersprüche gaben der bürgerlichen Presse Gelegenheit, ihren Spielraum zu nutzen, zumal es im Propagandaministerium selbst nicht nur nationalsozialistische Parteigänger gab. Die Journalisten konnten zuweilen bei einem »bürgerlichen« Beamten im Goebbels-Ministerium, dem damaligen Oberregierungsrat Werner Stephan, vorsichtig abtasten, ob es genüge, eine bestimmte Weisung nur teilweise zu befolgen. Staatssekretär Funk hatte schon am 16. Mai 1933 in vertraulichem Gespräch gesagt, daß »die Regierung durchaus nicht besonders erfreut sei von einer allzuweitgehenden Gleichschaltung der Presse, denn damit verlöre sie die Möglichkeit, auf das ruhige, sachliche Bürgertum und vor allem auf das Ausland zu wirken«.[3] Die bürgerlichen sollten sich sogar von den Parteizeitungen abheben, um ihre Leser zu binden, die eine Parteizeitung ohnehin niemals kaufen würden. Nach der Gleichschaltung, so beobachtete ein Kenner der nationalsozialistischen Pressepolitik, »sind sogar Versuche zu verzeichnen, die ehemals bürgerliche Presse gegen die Parteipresse auszuspielen und erstere zu fördern«.[4]

Die Frankfurter Gestapostelle beklagte sich in einem ihrer frühen Berichte über die »Frankfurter Zeitung« über die geschickte Art, in der sie den Geist der Reaktion und Opposition aufrechterhalte. Besonders empört war man, daß die Zeitung zu amtlichen Stellen des Staates anscheinend bessere Beziehungen hatte als vor der Machtübernahme. Mit dieser »Instinktlosigkeit« gegenüber der »Frankfurter Zeitung« bei höheren Stellen müsse es ein Ende haben, damit sie sich nicht »zu einem Verbrechen am nationalsozialistischen Staat auswachsen kann«. Dennoch riet der Gestapodezernent von einem – innerhalb des Gestapoapparates immer wieder erwogenen – Verbot der Zeitung ab: »Das kostbare Instrument der Frankfurter Zeitung kann aber keineswegs zerschlagen werden.« Es genüge allerdings nicht, wie es die Parteipresse tue, die Arbeit der »Frankfurter Zeitung« »mit gut gemeinten, aber ihr Ziel verfehlenden Phrasen wie ›Judenpresse‹ und ›Judenschwindel‹ ... abzutun. Gegen Florettfechter tritt man mit den gleichen Waffen an.«[5] Und so forderte der Dezernent ein gleichwertiges NS-Blatt.

Jakob Sprenger, von Hause aus Postbeamter, seit 1927 Gauleiter von Hessen-Nassau-Süd, wurde 1933 zum Gauleiter und Reichsstatthalter in ganz Hessen ernannt. Goebbels' Manöver mit der »Frankfurter Zeitung« blieben ihm undurchsichtig und führten immer wieder zu Auseinandersetzungen zwischen Gauleitung und Propagandaministerium

Im Frühjahr 1934 kam es zu einer Debatte über den Zustand der Presse ein Jahr nach der Machtübernahme. In Fachzeitschriften wurde das auffällige Absinken der Auflagen der Tageszeitungen erörtert. Goebbels beklagte sich in zwei öffentlichen Reden Anfang Februar und am 19. April 1934 über die Langweiligkeit der deutschen Presse. Ein Leitartikel der »Frankfurter Zeitung« griff am 11. Februar die Klage des Propagandaministers auf und nannte Gründe: Die Langweiligkeit sei zurückzuführen auf die Ausschaltung der Parteien und auf die Gängelung der Presse. Kircher meldete sich Ende März zu Wort. Er wählte wieder die Pose des unparteiischen Beobachters, der sich mit Tadel am Zustand der Presse in der Vergangenheit ein Alibi beschafft, um die Gegenwart kritisieren zu können. »Wenn einmal die geheimnisvolle Beziehung zwischen Zeitung und Leser zerstört ist« – durch Presselenkung, wie sich leicht ergänzen ließ –, »so ist die schiefe Ebene betreten.« Der Erfolg eines Blattes hänge nicht wesentlich von der Lebhaftigkeit der Aufmachung oder kürzeren Leitartikeln, der Spritzigkeit einer Meldung, der Findigkeit der Redakteure oder der Kurzweiligkeit der Lektüre ab, sondern von »der Nützlichkeit und Echtheit« der journalistischen Arbeit. »In den letzten Jahren« – so tarnte Kircher, was er über das *eine* Jahr sagen wollte – habe eine zunehmende Zahl von Zeitungslesern ein Mißverhältnis zwischen Pressepolitik und Wirklichkeit empfunden. Aber das Verlangen des Lesers »nach Wirklichkeit, Echtheit und Ehrlichkeit ist nicht geringer geworden«. Dann wandte sich Kircher an die Leser der Zeitung: »In guter Gesellschaft langweilt man sich nie, selbst wenn man eine Weile stumm beisammen sitzt oder wenn sich einer bemüht, auf freundliche Art, die Konversation in Gang zu halten – etwa um der Hausfrau über eine Verlegenheit hinwegzuhelfen.« Ein hintergründiger Vergleich.[6]

Der Aufsatz wurde als eine kleine Sensation gewertet, wie man einem weiteren Artikel Kirchers zur Pressepolitik entnehmen konnte, den er ein paar Wochen später schrieb, wiederum unter Bezugnahme auf eine Rede eines hohen Funktionärs, des Leiters des Reichsverbandes der Deutschen Presse, Hauptmann Weiß. »Wer sich«, schrieb Kircher, »die Aufgabe steckt, den Leser erziehen zu wollen, der wird nicht vergessen dürfen, daß das Erziehen in diesem Fall nicht nur dem Lehrer, sondern auch dem Schüler genehm sein muß, denn dem Zeitungsleser fällt es nicht schwer, die Schule zu schwänzen. Die Auflagenziffern beweisen das zur Genüge.«[7] Kircher ließ dann einige Wendungen folgen, die belegen sollten, daß dies alles in einem kooperativen und konstruktiven Geiste geschrieben sei, aber die Gestapo in Frankfurt steckte den Artikel trotzdem zu dem Belastungsmaterial, das sie gegen die Zeitung zu sammeln begonnen hatte.

Die Verödung der Zeitungen, auch der »Frankfurter Zeitung«, innerhalb eines Jahres war erschreckend. Man brauchte nur eine beliebige Ausgabe der Zeitung aus dem Jahre 1932 zur Hand zu nehmen, um zu sehen, wie lebhaft und interessant Nachrichten und Artikel vor der Reglementierung gewesen waren. Die vielen offiziellen Mitteilungen, mit denen das Blatt nun vollgestopft war, wirkten ermüdend; sie erforderten vom Leser eine besondere Anstrengung, ein mühsames Aufsu-

R K Berlin, 24. März.

Wir, — in diesem Falle sind wir Journalisten gemeint. Alle miteinander! Wir stellen die Frage nicht, weil wir plötzlich an einem Minderwertigkeitskomplex litten, sondern weil sie — so oder ähnlich — zur Zeit Gegenstand einer Diskussion ist, die im amtlichen Organ des Reichsverbandes der deutschen Presse vor sich geht. (Es ist das Verdienst des Leiter der „Deutschen Presse", dieser Zeitschrift zu einer wachsenden Bedeutung verholfen zu haben.) Den unmittelbaren Anlaß für die Diskussion wird man erraten: den Rückgang, den nicht nur die Zeitung als Organ der öffentlichen Meinung, sondern vielfach auch der Zeitungsverlag als öffentliches Gewerbe erlitten hat. Beides geht natürlich in Hand in Hand. Die seit Jahresbeginn pflichtmäßige Veröffentlichung der Auflageziffern hat manche Kreise mit Recht alarmiert, denn daraus ergab sich, daß in Deutschland viele Hunderttausende früherer Zeitungsläufer heute auf den Genuß von Zeitungen überhaupt verzichten.

Für Berlin allein hat man einen Ausfall von mehreren Hunderttausenden errechnet. In Hamburg soll es über hunderttausend Abtrünnige geben. Die sogenannte „bürgerliche Presse" Berlins hat wohl reichlich über eine halbe Million von ihrer Auflagehöhe verloren. Die „Morgenpost" (Ullstein) sank um 200 000, das „Berliner Tageblatt" (nach den Angaben in der „Deutschen Presse") um rund 60 000, die „Vossische Zeitung", die nach jahrelangen finanziellen Einbußen ihr Erscheinen nun endgültig einstellen wird, um etwa 30 000. Der „Berliner Lokalanzeiger" (Scherl-Hugenberg) scheint rund 35 000 verloren zu haben. Dazu kommt der totale Wegfall der marxistischen Presse, die allein in Berlin „gering gerechnet" 150 000 durch ihre Schließung verlor. Diesem Gesamtausfall steht natürlich der Zuwachs der nationalsozialistischen Presse gegenüber, der vielfach außerordentlich groß war, besonders in Schlesien und im Rheinland. Die nationalsozialistische Parteipresse hat in Berlin durch die Nordbezirksausgabe des „Völkischen Beobachters", durch den ihm besitzmäßig verbundenen „Angriff" sowie durch den „Deutschen" eine Gesamtauflage von gegen 450 000 erreicht. Zieht man diesen nationalsozialistischen Gewinn vom Gesamtverlust der übrigen Presse ab, so bleibt für Berlin in der Tat immer noch ein Ausfall von Hunderttausenden. Sichere Berechnungen sind freilich nicht möglich, und zwar schon deshalb, weil manche Verlage früher auf die Genauigkeit ihrer Angaben keinen übertriebenen Wert legten. Es ist überdies wichtig zu betonen, daß die Berliner Verhältnisse von einer besonderen Art waren, so daß in anderen Teilen des Reichs kein entsprechend großer Ausfall wahrzunehmen ist, obwohl auch dort starke Verluste eingetreten sind, wie der Fall Hamburgs beweist. Dresden und Leipzig andererseits sind Beispiele für die Fälle, in denen der Rückgang der älteren Blätter durch den Zuwachs bei der nationalsozialistischen Parteipresse weit übertroffen wurde. Für unser eigenes Blatt darf man die zutreffende Feststellung der „Deutschen Presse" zitieren, daß die „Frankfurter Zeitung" ihre Auflage „gegenüber früher nicht nur behaupten, sondern sogar steigern konnte".

Wollte man dem Gesamtproblem: Entwicklung und Krisis der Presse, gerecht werden, so müßte man über den Bereich der Tageszeitungen weit hinausschauen. Wie wenigen ist bekannt, daß die Deutsche Arbeitsfront für die Zwecke der politischen Erziehung die Vielzahl der Verbandszeitschriften mit einer Gesamtauflage von vielen Millionen zur Verfügung hat! Die vierzehntäglich erscheinende Hauptzeitschrift der NSDAP und DAF „Arbeitertum" hat allein eine Auflage von 3,1 Millionen, die „Deutsche Metallarbeiterzeitung" und „Arbeit und Staat" (öffentliche Betriebe) je 1,2 Millionen, der „Grundstein" (Baugewerbe) 750 000, „Der Textilarbeiter" 670 000 usw. (Dies muß man auch bedenken, wenn man liest, daß die Tageszeitung der DAF „Der Deutsche" zur Zeit 120 000 Exemplare druckt.) Dann wäre die Frage der illustrierten Presse heranzuziehen, — und wahrhaftig nicht zuletzt die große Auflagenhöhe der nationalsozialistischen Jugendzeitungen und Zeitschriften. Die rheinische „Fanfare" druckt allein rund eine halbe Million! Schließlich müßte man noch darauf verweisen, daß es Blätter gibt, die manche Leute nur mit einer gewissen Scheu in die Hand nehmen oder abonnieren, obwohl sie sich sehr lebhaft dafür interessieren, während sehr viele andere Zeitungen und Zeitschriften zu nennen wären, die sich nicht nur einer sehr viel besseren Konjunktur, sondern auch direkter Förderung in mannigfacher Weise erfreuen. Lassen wir aber dies alles beiseite und bleiben wir bei den Tageszeitungen, so steht man sicherlich vor der Tatsache, daß nicht nur eine ganz gewaltige Verschiebung der Lesermassen stattgefunden hat, sondern daß tatsächlich sehr viele ehemalige Zeitungsleser völlig verschwunden sind. Wer angesichts solcher Bewegungen nicht nachdenkt, wird das überhaupt nie tun. Das Problem richtet sich dabei nach zwei Seiten: Warum haben diejenigen, die so schwere Verluste erlitten, ihre ehemaligen Leser nicht festzuhalten vermocht, — und warum waren die nationalsozialistischen Zeitungen nicht in der Lage, diese Abtrünnigen allgemein an sich zu ziehen?

•

Der Abstieg der sogenannten bürgerlichen Presse — das scheint vielfach übersehen zu werden, begann nicht mit der nationalsozialistischen Revolution, wenn ihn diese auch in ein beschleunigtes Tempo versetzte, sondern er war seit einigen Jahren zu beobachten, — nämlich seit den Jahren, in dem es zu merken war, daß Deutschland in die Epoche durchgreifender politischer und geistiger Umstellungen eingetreten war. Mit wenig Ausnahmen wußte man damals noch nicht, wohin die Reise ging, aber man verspürte, daß die Fahrt angetreten war. Wer das nicht verspürte und wer nicht danach handelte, begann langsam zu sinken. Das geschah vielleicht in Berlin viel deutlicher als anderswo, aber die Tendenz beschränkte sich nicht auf die Hauptstadt. Der Lärm der Parteien und der Parteipolitik übertönte zunächst das Geräusch des Abgleitens. Eine Krise steckte aber dem deutschen und besonders dem Berliner Journalismus schon in den Gliedern (ganz ähnlich wie der Politik und dem gesamten Leben), bevor sie in der Umwälzung verrentet oder gebrochen wurden. Wenn die Grundlagen ins Schwanken kommen, kann man nicht erwarten, daß ein Gerüst nicht mitschwanke. Die Presse wurzelt in ihrer Zeit und in ihren allgemeinen und geistigen Verhältnissen. So wie der Stil der Politik und des öffentlichen Lebens damals allmählich verloren ging, so ging auch der Stil der Presse verloren, wenn man diese als Gesamterscheinung betrachtet. Die Presse ist geneigt, hinter den Verhältnissen herzuhinken. Die parteipolitische Journalistik schleppte sich weiter, als bereits keine Parteipolitik mehr vorhanden war. Sie versuchte, auch im Allgemein-Geistigen an Dingen festzuhalten, die nicht mehr vorhanden waren und die dem natürlichen Instinkt der Leser gar nicht mehr entsprachen. Man war oft bloß geistreich und gebildet, als es längst auf einfachere Vorgänge ankam. Um so plötzlicher und radikaler war der Umschwung in der Presse, die sich am 30. Januar 1933 überraschen ließ. Nichts ist unwandelbar an unseren irdischen Erscheinungen und Ausdrücken. Es war denn nicht die Tatsache der Wandlung selbst — die bis an die Wurzeln gehende Wandlung unserer Zeit —, was die Presse vollends niedergehen ließ (von dem Geschehen des vergangenen Jahres ist ja mehr oder weniger fast jeder einzelne Deutsche, sei er Journalist oder Zeitungsleser, innerlich irgendwie erfaßt und gestaltet worden, ob er mochte oder nicht), es waren zumeist nur die journalistischen Folgen und Begleiterscheinungen dieser Wandlung, was Zehntausende von Menschen von ihren Zeitungen weggetrieben. Doch wäre es unbillig, wollte man vergessen, daß der deutschen Journalistik niemals schwierigere Aufgaben — Aufgaben, auf die sie nach ihrer allzu zügellosen Gewohnheit am allerwenigsten vorbereitet

(Fortsetzung auf Seite 3.)

Sind wir langweilig?
Ueber die Krisis der Presse.

war — gestellt waren als seit dem 30. Januar oder überhaupt während der letzten Jahre.

Die Bedürfnisse der einzelnen Zeitungen sind bekanntlich, je nach den Kreisen, an die sie sich wenden, grundverschieden, aber eines gilt für alle: Wenn einmal die **geheimnisvolle Beziehung zwischen Zeitung und Leser** zerstört ist, so ist die schiefe Ebene betreten. So richtig es in nicht wenigen Fällen sein mag (besonders bei teuren Zeitungen), soll man sich nicht damit trösten, daß die wirtschaftlichen Verhältnisse den Lesern nicht mehr erlaubt hätten, eine Zeitung zu halten. Als ob die Leute nicht trotzdem allwöchentlich Geld für allerhand Dinge ausgäben, die ihnen nicht weniger bieten als selbst eine schlechte Zeitung! (Wir scheiden hier überhaupt den gesamten Komplex der **rein finanziellen** Probleme der Zeitungsbetriebe aus, obwohl er — vor allem durch Inseratenausfall während der jahrelangen Wirtschaftsnot — in nicht wenigen Fällen ein Hauptgrund der verschlechterten Lage ist.) Man soll auch nicht meinen, daß die Art der „Aufmachung" des Blattes auf die Dauer über den Erfolg entscheide oder daß lange Leitartikel eine Zeitung ruinierten, daß man statt bessen alles, was es zu sagen gibt, in drei spritzigen Zeilen sagen müsse oder daß es nötig wäre, so findig wie ein amerikanischer Reporter zu sein. Es ist schwerlich der Mangel an Kurzweiligkeit, was den Leser beunruhigt und seiner Zeitung zu entfremden droht, sondern viel häufiger der Zweifel an der Nützlichkeit und Echtheit der journalistischen Arbeit. In den letzten Jahren empfand eine rasch zunehmende Zahl von Zeitungslesern jenes **Mißverhältnis zwischen Pressepolitik und Wirklichkeit**, — und somit muß es die größte Sorge sein, die inzwischen auf andere Weise gemachte Gefahr eines solchen Mißverhältnisses zu beseitigen oder wenigstens einzuschränken. Der Leser verlangt nach **Wirklichkeitsnähe**. Er ist klug genug, um sich über die praktische Unmöglichkeit klar zu sein, über dieses oder jenes Thema nach Herzenslust zu schreiben. Er hat auch für die eigene Person genug gelernt, um auf die täglichen Nadelstiche verzichten zu können, die früher für die Publizistik so wichtig schienen, aber sein Verlangen nach Wirklichkeit, Echtheit und Ehrlichkeit ist nicht geringer geworden. In der Regel wird ein Leser seinem Blatt treu bleiben, wenn es offensichtlich bemüht ist, diese Bedingungen zu erfüllen, und wenn es ihm dadurch das Gefühl vermittelt, sich in einer ihm adäquaten Gesellschaft zu befinden. In guter Gesellschaft langweilt man sich nie, selbst wenn man eine Weile stumm beisammen sitzt oder wenn man bemüht ist, auf freundliche Art die Konversation in Gang zu halten — etwa um der Hausfrau über eine Verlegenheit hinwegzuhelfen.

Wir müßten lügen, wollten wir sagen, daß es für uns Journalisten heutzutage keine Verlegenheiten gebe, wir glauben sogar, daß diese Regel keine Ausnahme hat. Aber es scheint doch, als ob wir uns unsere Verlegenheiten zu einem nicht geringen Teil selbst bereiteten, indem wir ganz einfach vorerst mit den Verhältnissen nicht fertig werden. Das gilt für die rein nationalsozialistischen Parteiblätter nicht weniger als für die andern. Sie haben es gewiß nicht leichter. Der Uebergang von einem jahrelangen äußerst erbitterten Parteikampf und der Gewöhnung an eine Propaganda, die den Gegner von ehedem mit allen Mitteln zu vernichten bestrebt war, — der Uebergang von dieser Kampfstimmung zur journalistischen Verwirklichung der Idee der Volksgemeinschaft und zu einer vorurteilslosen Diskussion ist wahrscheinlich noch viel schwieriger als die Einordnung der Gegner der NSDAP in den neuen Staat und der Entschluß zu ehrlicher Teilnahme an seiner Problemgestaltung, — denn in diesem zweiten Fall stand man vor dem überwältigenden Anblick vollendeter und unausweich-

licher Tatsachen. **Produktive Arbeit zu leisten**, ist aber für die einen ebenso schwierig wie für die andern. Eine Zeitung, die eine lange Geschichte und deshalb reiche Erfahrung und Kenntnisse hat, verfügt damit über Hilfsmittel, die vielen nationalsozialistischen Journalisten naturgemäß zunächst fehlen mußten. Wie das auch sein mag: Jeder Zeitung in Deutschland sind durch die neuen Verhältnisse neue Aufgaben gestellt worden, die nicht von heute auf morgen lösbar sind. Den Zeitungen, die ja von Menschen und nicht von Druckmaschinen geschrieben werden, geht es dabei nicht anders als den Menschen selbst, von denen der Reichskanzler nach seinem bekannten Wort in weiser Voraussicht nicht erwartet, daß sie mit der überaus ernsten und weitreichenden Problematik unserer neuen Zeit in wenigen Monaten, ja selbst in wenigen Jahren fertig würden. In der Zwischenzeit wird der Ton naturgemäß von denen bestimmt, für die es solche Probleme nicht gibt oder die sich damit begnügen, jenes „Uniformierung" zu tragen, das gemeint ist, wenn man von einer „Uniformierung" der Presse spricht. Da obendrein die intensive politische Arbeit von Partei und Regierung eine gewaltige, von allen Zeitungen schon rein räumlich schwer zu bewältigende Masse von Kundgebungen aller Art hervorbringt, auf deren Kenntnis der Leser einen Anspruch hat, läßt dieser unvermeidlich gleichlautende Teil in den meisten Blättern die eigene Gedankenarbeit noch stärker in den Hintergrund treten, als es aus den genannten Gründen ohnehin der Fall wäre.

Trotz allem bleibt genug Raum und Stoff, um eine lesenswerte Zeitung zu machen, — vorausgesetzt, daß einem etwas einfällt. An sich strotzt geradezu die Zeit, in der wir leben, von interessanten Dingen im Inland wie im Ausland. Wir brauchen sie nur aufzugreifen, zu beschreiben, um unsere Leser vor Langeweile zu schützen. (Nebenbei: Was hindert den Zeitungsleser, der etwas vermißt, seinem Blatt Anregungen zu geben oder Fragen zu stellen?) Allerdings, es fehlt auch nicht an Verlegenheiten, die wir Journalisten nicht selbst verschulden. Man hat uns alle zur aufbauenden Kritik eingeladen, aber es sind allzuviele Zweifel möglich, wie das Wort „aufbauend" hier oder dort im Einzelfall zu verstehen sei. Jeder deutsche Journalist wird heute das Bedürfnis haben, um keinen Preis den Anschein zu erwecken, als wolle er der um die deutsche Zukunft schwer ringenden Regierung in den Rücken fallen. Erst recht wird es niemand gelüsten, das Werk bemußt zu zerstören. Wer dies im Ausland nicht begreifen sollte, dem wäre zu sagen, daß so gut wie jeder einzelne Ausländer dieselbe anständige Gesinnung zeigen würde, wenn er in seinem eigenen Land vor eine ähnliche Lage gestellt wäre, — was teilweise noch kommen kann. Der Zwang zur **Selbstdisziplin** ist nicht bloß für den kraft öffentlicher Kontrolle sehr leicht zugänglichen Journalisten gegeben, sondern ebenso für die glücklicheren Volksgenossen, die ihre Meinung für sich behalten oder in geheimer Abstimmung kundtun können. Wie diese darüber denken, hat man am 12. November erfahren! Sie können von anderen nichts anderes verlangen, als was sie selbst zu tun bereit sind. Was aber das Ausland angeht, so ist unsere journalistische Lage noch dadurch erschwert, daß ein Teil der ausländischen Presse mit einem zuweilen an Unfairneß grenzenden Behagen geradezu alle die Dinge breitzutreten pflegt, von denen er annehmen kann, daß ihre Diskussion im Augenblick des Kampfes oder des aufbauenden Ringens in Deutschland selbst unerwünscht oder gar störend wäre. Mit welchem Eifer und mit welchem Mangel an wirklicher Kenntnis hat man sich beispielsweise in manchen ausländischen Blättern auf die Kirchenfragen gestürzt, weil man offenbar glaubte, es bereite sich hier eine staatspolitische Krise vor. Die Zurückhaltung der deutschen Presse wurde entsprechend interpretiert. Wer die Verhältnisse kennt, weiß aber, daß niemand unwilliger war als die den Kirchenstreit führenden Pfarrer selbst, als sich zeigte, daß eine Frage, die sub specie aeternitatis, nämlich als ein rein geistiges und geistliches Problem betrachtet werden muß, von ungeschickten Menschen des In- und Auslandes mit dem irreführenden Stempel machtpolitischer Auseinandersetzungen versehen wurde. Was hier die Geister scheidet, ist allerdings von gewaltiger Tragweite, aber es bedeutet keine Anmeldung des nationalsozialistischen Staates. Wie nützlich hätte die deutsche Presse wirken können, um zu zeigen, worum es sich handelt und worum es sich nicht handelt, und um mit Ernst und Takt immer wieder ein Gegengewicht gegen die Verzerrung durch die ausländische Presse zu schaffen! Man weiß, daß diese in dicken Bündeln zu Hunderten von Zeitungskiosken in Deutschland zu kaufen ist

•

Wir haben das bestimmte Gefühl, daß die deutsche Presse — im ganzen genommen — heute schon ein solches Maß **innerer Sicherheit** gewonnen hat, daß sie jede Aufgaben restlos erfüllen kann. Wir sind überdies davon überzeugt, daß eine Zeitung, wie ein Mensch, mit der Größe der Aufgaben, die gestellt werden, zu wachsen vermag. Wachstum freilich ist stets eine Sache der Zeit und der Geduld, — der Pflege wie vor allem aber auch der **Möglichkeit freier Entfaltung**. Der deutsche Mensch — und somit auch der Zeitungsleser — ist zum klaren Bewußtsein seiner Gemeinschaftsbindung gebracht worden, er wird sich einen sozusagen freien um sich schlagenden Journalisten nicht mehr wünschen und wird er ihn dulden. (Von der Staatsgewalt ganz abgesehen.) Die deutsche Denkart hat sich gewandelt. Aber innerhalb dieser Bindung — innerhalb des streng behüteten neuen Staatsgedankens — verlangt dieser selbe Mensch vermöge seiner unabänderlichen deutschen Art nach einem offenen, nur durch Takt und Anstand gebundenen Ausdruck seiner eigenen Empfindungen und Urteile. Für Millionen von Menschen versteht sich die Gegenwart noch keineswegs von selbst. Hunderttausende atmen schwer unter dem Druck

inrer Problematik. Für diese Ringenden und Strebenden ist die Presse nur dann eine wahrhafte geistige Autorität, wenn sie es sich nicht leichter macht als der Leser! Solange es Zeitungen gibt, wird es das Bedürfnis des Lesers sein, in ihnen sich selbst bestätigt oder wenigstens erkannt und respektiert zu sehen. Damit ist nicht gesagt, die Zeitung sei das einzige Mittel solcher Bestätigung — bei weitem nicht! Aber die Zeitung ist ein wichtiges Mittel für die Selbstspiegelung des Volkes. Ja sie ist zugleich eine Art von Ventil, durch das Empfindungen — angenehme wie unangenehme — abströmen können. Ueberdruß hat gerade uns Deutschen noch nie gutgetan. Je mehr wir Journalisten durch die Entwicklung **instandgesetzt werden**, diese Funktion voll zu erfüllen

— sie viel besser, hoffen wir, und bisziplinierter zu erfüllen als je zuvor —, **desto fester kann wieder die innere Beziehung zwischen Zeitung und Leser werden**, ohne die es auf die Dauer nur Abstieg, aber keinen echten Wiederaufstieg der Presse geben kann. Alle werden sich dies vor Augen halten müssen: nicht nur jene, die viele Tausende von Lesern verloren haben, sondern alle die auf verantwortlichen Posten stehen, — und ganz besonders alle diejenigen, die zwar im Zeichen des gewaltigen nationalsozialistischen Sieges und wirksamster Propagandamittel eine imposante Steigerung ihrer Auflageziffer erlebten, die aber trotz ~~der unvergleichlich günstigen Konjunktur nicht vermocht haben,~~ jene große Zahl von Lesern an sich zu ziehen, die der übrigen deutschen Presse abtrünnig geworden sind. Wie wir selbst, werden sie ihren Besitz immer aufs neue **erwerben müssen**.

Im Erwerben, nicht im Werben liegen auf die Dauer die einzig sichersten Möglichkeiten einer Zeitung. Die Beziehung zwischen Zeitung und Leser ist geistiger Art. Nur mit geistigen Mitteln läßt sich die Krise überwinden. Wenn sich die Leser bei ihrer Zeitung zu Hause fühlen, sollen sie sich sogar bereitfinden, sich bei ihr und mit ihr gelegentlich auch einmal zu „langweilen".

chen der aufschlußreichen Stellen. Nun mußten die Leser vielfach die Arbeit tun, die früher die Redakteure für sie getan hatten, um den »springenden Punkt« einer Sache herauszufinden. Die Redaktion konnte ihnen allenfalls mit listigen Hinweisen behilflich sein.

Wo zuviel reglementiert, kontrolliert oder gesteuert wird, entsteht ein schwarzer Markt. In diesem Fall war es der Markt der Gerüchte. Helmuth Cron, der spätere Chefredakteur der »Deutschen Zeitung und Wirtschaftszeitung« und der »Stuttgarter Nachrichten«, machte 1935 in der Fachzeitschrift des Reichsverbandes der Deutschen Presse auf die Rückkehr der »gesprochenen Zeitung« aufmerksam: Die Zeitungen erfüllten wichtige Lesebedürfnisse nicht mehr, wenn sie sich nicht mehr fragend mit der Zeit auseinandersetzten. Kircher nahm den Ball sogleich auf: die gesprochene Zeitung, man sollte besser sagen, die geflüsterte Zeitung, werde erst verschwinden, wenn die gedruckte sie entbehrlich mache. Der Artikel Crons schließe »bezeichnenderweise genau an der Stelle, wo es erst eigentlich anfangen würde, interessant und nützlich zu sein, nämlich bei der Frage, warum nun eigentlich die geschriebene Zeitung so ist, wie sie hier geschildert wird«.[8] Kircher stellte die Frage noch, aber er gab jetzt keine Antwort mehr.

Verfolgen wir die zunehmende Schwierigkeit, über Pressefreiheit zu sprechen, noch zwei Etappen weiter: Im Mai 1937 tagte in Wien der 5. Kongreß des Internationalen Verbandes der Zeitungsverleger. Der Korrespondent der Zeitung, Werner Jantschge, berichtete von der Klage des österreichischen Regierungssprechers, daß die »Tendenzlüge« im Journalismus überhandnehme, was in vielen Fällen nicht den Journalisten zum Vorwurf zu machen sei, sondern Politikern, die es verstünden, Zeitungen zu mißbrauchen. Der Kongreß verabschiedete einen von den Delegationen aus Polen, der Schweiz und Holland eingebrachten Aufruf zum Kampf gegen die tendenziöse Nachricht. Sie »fand auch die Zustimmung Italiens und die grundsätzliche Billigung durch die Verbände Österreichs und der deutschen Verleger der Tschechoslowakei...«[9] Daß Deutschland in dieser Aufzählung fehlte, war kaum zu übersehen.

Im Januar 1938 berichtete Kircher über ein in den Vereinigten Staaten erschienenes Buch, das sich mit dem Washingtoner Pressekorps beschäftigte, besonders mit der Frage, ob amerikanische Journalisten von ihrem Verleger abhängig seien und zuweilen einen von diesem mißbilligten Artikel so lange umarbeiteten, bis er doch noch dessen Billigung finde, wenn auch der Inhalt dabei verbogen werde. In einer mäandernden Argumentation kam Kircher zu dem Schluß, nicht nur in Amerika, auch in England und Frankreich sei die Presse nicht in dem wünschenswerten Maße frei; in Deutschland habe sie »den Höhepunkt ihrer Entwicklungsmöglichkeit noch nicht erreicht«.[10] Otto Dietrich griff begierig nach dem Buch, das ja zu beweisen schien, daß es in Amerika keine Pressefreiheit gebe, und verwendete es in einer Rede am 7. März.[11] Werner Stephan lobte Kirchers Artikel in der Pressekonferenz: Minister Goebbels sei von Kirchers Artikel »ganz entzückt«. Als Sänger Kircher davon erzählte, erwiderte dieser bestürzt: »Sch..., ich wollte doch nur zeigen, wie es gemacht wird – nicht bloß anderswo.«[12] Der Versuch Kirchers, dem Leser die Praxis der Presselenkung in Deutschland an einem amerikanischen Beispiel vorzuführen, war so kompliziert, daß man ihn als Angriff auf die westliche Demokratie las.

Beiträge, die das Regime als Zustimmung lesen sollte, waren der unvermeidliche Zoll, den die Zeitung zahlen mußte. Im Laufe der Jahre mußte auf den politischen Seiten des Blattes ein immer größeres

Pensum an Pflichtleistungen erbracht werden. Bei Nachrichten war es verhältnismäßig leicht, den Grad ihrer Wahrhaftigkeit zu kennzeichnen. Das übliche journalistische Verfahren im Umgang mit Nachrichten ist, jeder Meldung einen Quellenvermerk beizufügen; damit tritt die Redaktion einen großen Teil der Verantwortung für die Richtigkeit der Nachricht an den durch ein Signum bezeichneten Autor oder an die betreffende Nachrichtenagentur ab. Dieses alltägliche Verfahren wurde von der Redaktion zur Freund-Feind-Erkennung ausgebaut. Die Redaktion entwickelte einen Code, der ebenso leicht zu entziffern wie unangreifbar war. Die Chiffre »DNB« – Deutsches Nachrichten-Büro – vor einer Meldung bedeutete nicht nur, daß es sich um eine Agenturnachricht handelte, sondern auch um eine Nachricht der Regierung. Sollte die Warnung deutlicher ausgesprochen werden, so wählte die Redaktion eine Art Komparativ, indem sie den Quellenhinweis verstärkte, etwa durch den Nebensatz »wie das Deutsche Nachrichten-Büro meldet...« Wenn eine Regierungsstelle wie das Propagandaministerium der Urheber war, konnte die Einleitung heißen: »von zuständiger Stelle wird mitgeteilt...« Die dritte, höchste Stufe der Unglaubwürdigkeit war erreicht, wenn die Zeitung die ganze Meldung in der Form des Zitats veröffentlichte – und war sie noch so lang, selbst 150 oder 200 Zeilen: die Gänsefüßchen am Anfang und am Ende fielen auf.

Natürlich begriff man auch im Propagandaministerium die Diskriminierung solcher Nachrichten. Stephan rügte das Verfahren in der Pressekonferenz: »Es sehe nach einer Art Distanzierung aus und könne auch so aufgefaßt werden, als ob die Redaktion eigentlich ganz anderer Ansicht sei.«[13] Wer das Verfahren kritisierte, stellte allerdings die Wahrhaftigkeit nationalsozialistischer Informationspolitik in Zweifel.

Im Kommentar war es wesentlich schwieriger, Distanz zu zeigen. Den ersten außenpolitischen Erfolg, den Vertrag mit Polen vom 26. Januar 1934, beschrieb der Leitartikel der »Frankfurter Zeitung« zutreffend, aber ohne geräuschvollen Beifall, als ein Verfahren der Berliner Politik, durch bilaterale Außenpolitik den Genfer Völkerbund und das System der kollektiven Sicherheit zu umgehen. Doch nutzte die Zeitung den Umstand, daß das Abkommen den Briand-Kellogg-Pakt von 1928 erwähnte, um die Bedeutung dieses Vertrages zur Ächtung des Krieges als Mittel nationaler Politik hervorzuheben und damit den Diktator auf seine wiederholt erklärte Friedensbereitschaft festzulegen. Es ließ sich dabei kaum vermeiden, daß manche Leser dies mißverstehen konnten und glauben mußten, Hitler treibe eine friedliche Politik.

Ein Mittel der Zeitung, Distanz auszudrücken, lag darin, daß sie einige von den Nationalsozialisten geschätzte Stoffe überhaupt nicht erörterte. An erstrangigen Tagesereignissen war so natürlich nicht vorbeizukommen. Am 30. Januar 1934, dem ersten Jahrestag der Machtübernahme, über etwas anderes zu schreiben, war kaum möglich, selbst wenn die Presselenkung nicht ausdrücklich bestimmte Erwartungen geäußert hätte. Der Leitartikel zum ersten Jahrestag berührt heute peinlich. Er klingt wie ein Hymnus auf die große neue Zeit. Bei näherem Zusehen bemerkt man, daß Hitler nicht als Eroberer der Macht gefeiert wird; er habe vielmehr das Vertrauen einer Mehrheit des Volkes erhalten, ein Vertrauen, das »schauern lassen« könnte. Der wie ein Mysterium beschriebene Vertrauensakt – so mochten es die Nationalsozialisten gern – wurde dazu benutzt, auf eine hintersinnige Art zu zeigen, daß die Vorstellung einer »Diktatur« auf eine solche durch Plebiszit gestützte Herrschaft nicht passe. Zum Schluß stellte der Artikel Hitler als Mann des Friedens dar – was vor dem Hintergrund des von der Zeitung mit Entsetzen registrierten Austritts aus dem Völkerbund eher als eine Beschwörung zu lesen war.[14]

Das Verfahren, im Nachrichtenteil auf Distanz zu gehen und in Leitartikeln dem Diktator, wenn es denn sein mußte, doppeldeutige Zustimmung zu zollen, zeigte sich besonders bei der Behandlung des 30. Juni 1934. Die Marburger Universitätsrede von Vizekanzler Papen zwei Wochen zuvor war eines der auslösenden Momente gewesen. Hitler argwöhnte, die alte Verbindung Papens zu Hindenburg könnte zu einer öffentlichen Mißbilligung seiner Regierung durch den Reichspräsidenten führen. Der Reichspräsident war als Oberbefehlshaber der Reichswehr die letzte konkurrierende Macht im Staate. Papens Rede über »Die Ziele der deutschen Revolution«, verfaßt – unter Beteiligung seiner Sekretäre von Bose und von Detten – von dem Schriftsteller Edgar Jung, kritisierte mit aufsehenerregender Schärfe die Politik der Regierung Hitler. Papen sprach von der Notwendigkeit, die Revolution und ihre anmaßende Gewalttätigkeit zu beenden, die Rechtspflege in ihre alte Position wieder einzusetzen, das Volk nicht unausgesetzt zu bevormunden und Kritik nicht ständig als Böswilligkeit auszulegen.

Die »Frankfurter Zeitung«, von Papen über Kircher rechtzeitig aufmerksam gemacht, war schnell dabei, eine lange Passage aus dieser Rede in die nächste Ausgabe – Datum des 18. Juni – zu nehmen. Ehe Goebbels jegliche Berichterstattung über Papens Rede verbot, war ein Teil der Auflage schon auf Postzügen ins Ausland und im Straßenverkauf in Frankfurt. Die Rotationsmaschine mußte angehalten und der Bericht über die Rede ausgetauscht werden.[15] Aber die Nachricht war

Der Setzersaal mit der Mettage. Hier wurde die Zeitung umbrochen, und hier fielen die letzten Entscheidungen über Aufnahme und Plazierung einzelner Artikel. Wiederholt mußten Artikel ausgetauscht werden, so auch am 18. Juni 1934 der Bericht über Papens Marburger Rede

nicht mehr einzufangen. Ausländische Zeitungen übernahmen sie, und von draußen wurden später Nachdrucke wieder ins Reich zurückgeschmuggelt.

Bei einem Besuch auf Gut Neudeck konnte Hitler sich alsbald zwar vergewissern, daß Papen bei Hindenburg nichts mehr hatte ausrichten können, aber dennoch wirkte die Marburger Rede beschleunigend. Das Gerede der SA über die unvollendete Revolution, ihr Drang nach einer »zweiten Revolution«, die Ungewißheit über Hindenburg und, damit zusammenhängend, über die Reichswehr und deren Beunruhigung durch die SA – alles zusammen scheint Hitler bewogen zu haben, Vorsorge zu treffen. In den letzten Tagen des Juni scheint Hitler den von Himmler und Heydrich vorbereiteten Schlag der SS gegen die SA in die Wege geleitet zu haben, für den die Unterstützung der Reichswehr gewonnen wurde, die Fahrzeuge, Kasernenunterkünfte, Waffen und, falls nötig, militärische Rückendeckung zur Verfügung stellte, freilich ohne zu wissen, daß Mord geplant war.

In der Frühe des 30. Juni 1934, einem Samstag, begann die Aktion gegen die SA-Führung und zugleich auch gegen jene, die Göring und Himmler als Gegner auf ihre Listen gesetzt hatten, darunter Papens Mitarbeiter von Bose und Jung, die Generale von Schleicher und von Bredow, den Leiter der »Katholischen Aktion« in Berlin, Ministerialdirektor Erich Klausener, den ehemaligen Generalstaatskommissar in Bayern, von Kahr, und Gregor Strasser. Drei Tage lang dauerte das

Morden in Wohnungen, Dienstzimmern, Gefängnishöfen und in der ehemaligen Kadettenanstalt Berlin-Lichterfelde. Nach Hitlers Darstellung sollen es 77 Tote gewesen sein – wahrscheinlich waren es doppelt so viele. Die Öffentlichkeit war erschreckt, doch bald regte sich bei vielen ein Gefühl der Erleichterung darüber, daß Hitler sich von dem radikalen Anhang befreit hatte. Das Regime schien sich »gereinigt« zu haben, und man erwartete eine Zeit der Konsolidierung und Beruhigung. In ihrer Orientierungslosigkeit erkannten viele nicht, daß Hitler sich selbst als der verbrecherische Geist seiner Bewegung offenbart hatte.

Die Redaktion der Zeitung war vollkommen überrascht worden. Sie hatte Tage zuvor, wie alle Zeitungen, die Rundfunkrede von Rudolf Heß gegen Provokateure in den eigenen Reihen abdrucken müssen; sie hatte den allgemeinen Urlaubsbefehl an die SA gemeldet und den Artikel des Reichswehrministers Blomberg im »Völkischen Beobachter« nachdrucken müssen, in dem dieser den Diktator des Gehorsams der Reichswehr versicherte. Zwar hatte man von Spannungen und dem Gerede bevorstehender Klärungen einiges gemerkt,[16] aber mit einer Mordaktion hatte niemand gerechnet. Wie in Berlin sah man auch in Frankfurt an diesem Morgen Lastwagen mit SS-Männern durch die Stadt fahren, versuchte man Nachrichten über Verhaftungen zu enträtseln, die keinen Sinn zu geben schienen. Reifenberg wurde auf das Polizeipräsidium geholt, aber nur zu dem Zweck, von dort mit dem Berliner Büro der »Frankfurter Zeitung« zu telefonieren, um sich über die undurchsichtige Aktion zu informieren. Die Frankfurter Polizeiführung benutzte die »Frankfurter Zeitung« dazu, die Rolle der SS zu erkunden, um sich rechtzeitig auf die Seite des Siegers schlagen zu können.[17]

Die Ausgabe der Zeitung, die an diesem Samstagnachmittag mit dem Datum des 1. Juli hergestellt wurde, läßt sprachloses Entsetzen und auch eiskalte Ruhe spüren: jetzt nur keine falsche Bewegung, hatte man es doch mit mordlüsternen Verbrechern zu tun. Die Redaktion verfaßte keine einzige eigene Zeile über die Ereignisse; der Stoff war viel zu heiß für eigene Recherchen. Man druckte, sehr auffällig, nur die amtlichen Mitteilungen, ungekürzt, unverändert, und genau in der chronologischen Folge ihres Eingangs. In allen wurde die Quelle nachdrücklich hervorgehoben: die Ernennung Lutzes zum neuen Stabschef der SA nach DNB, die Ausstoßung Röhms aus der Partei laut Pressestelle der NSDAP, die Erklärung der Parteizentrale über die Ereignisse in Bad Wiessee in dem kennzeichnenden Wortlaut, daß der Führer den Befehl zur »rücksichtslosen Ausrottung dieser Pestbeule« gegeben habe. Und weiter, im Sperrdruck, daß Hitler Göring befohlen habe, in

Berlin eine »ähnliche Aktion« durchzuführen und dort insbesondere »die reaktionären Verbündeten dieses politischen Komplotts auszuheben«. Es folgte die Nachricht von der Erschießung Schleichers mit der Behauptung, er habe sich mit der Waffe widersetzt (DNB), von der Erschießung sieben namentlich genannter SA-Führer in München und schließlich die Erklärung Görings aus Berlin, er habe seine »Aufgabe erweitert« und auch gegen die »ewig unzufriedenen gestrigen Gestalten« einen Schlag geführt. Aufmerksame Leser konnten dem Wortlaut der verschiedenen Meldungen Widersprüche entnehmen. Hatte Göring selbständig oder auf Befehl Hitlers eine allgemeine Verfolgungsjagd eröffnet? Die Zeitung ließ auch einander um mehrere Stunden widersprechende Angaben über Hitlers Autofahrt nach Bad Wiessee unkorrigiert. Am nächsten Tag meldete sie in gleicher Weise, wiederum ohne eine einzige selbstverfaßte Zeile, die Erschießung Röhms. Sie zitierte ausländische Pressestimmen, aber nur solche, die Erleichterung über die Zähmung der SA ausdrückten.

Erst am dritten Tage äußerte sich die Zeitung selbst mit einem Artikel Kirchers in der Technik changierender Farben. Beinahe jeder Satz darin war doppelsinnig: Eine »beispiellose Aktion« war ein anderer Ausdruck für Ungeheuerlichkeit. Hitler habe »auf eine sehr eindrucksvolle Weise persönlich« ein »Strafgericht« abgehalten, »Todesurteile« seien »vollstreckt« worden. Aber wie sei es möglich gewesen, daß betont revolutionäre SA-Führer mit Männern der konservativen Richtung wie General von Schleicher zusammenarbeiteten? Die beispiellose Strenge des Strafgerichts lasse auf einen beispiellosen Tatbestand »schließen«. Völlig unbegreiflich aber sei es, daß diese gefährlichen Komplotteure sich »auf eine unbeschreibliche Weise im Bett überraschen« ließen, ein Satz, mit dem Kircher die gesamte Putschthese anzweifelte. Wenn auch »die staatspolitische Seite der Tragödie« noch nicht in allen Folgen zu übersehen sei, die Autorität »des nationalsozialistischen Führers« sei niemals größer als jetzt gewesen. Die Distanz zu dem »*nationalsozialistischen* Führer« und seiner Tat wurde durchgehalten in einer Sprache, die sich weigerte, auch die Opfer des Verbrechens zu schmähen.[18]

Kircher entledigte sich der furchtbaren Aufgabe, Stellung zu beziehen, mit virtuoser Kunst. Mit Feststellungen der »Beispiellosigkeit« schrieb er um die Sache herum, konzentriert-umsichtig von Satz zu Satz sich vortastend, mit einer Geschicklichkeit, die den Leser noch heute in Atem hält. Kircher selbst fühlte sich in diesen Tagen bedroht.[19] Er war in den letzten Wochen der Republik Schleicher nähergekommen und hatte damals gehofft, daß es mit der Hilfe Gregor Strassers gelingen werde, die NSDAP zu spalten.

Max Beckmann, Redaktionszimmer, Zeichnung 1924

Die Zeitung druckte in den folgenden Tagen alles ab, was Licht auf die Vorgänge des 30. Juni warf, aber immer aus der Deckung eines Berichterstatters, der nicht selbst urteilt, sondern lediglich mitteilt, was andere mitzuteilen haben. Die vielen Meldungen über Strafmaßnahmen gegen »Gerüchtemacher« hatte das Regime gewiß als Abschreckung gedacht, aber sie gaben den Lesern der Zeitung auch einen Begriff von der Unruhe im Lande und den Rechtfertigungsschwierigkeiten der Nationalsozialisten. Mit grimmigem Vergnügen dürfte die Redaktion jenen Satz aus der Rede von Goebbels ins Blatt gerückt haben, mit dem er die Behauptung der »Times« zurückwies, die Niederschlagung der Revolte sei »mit Gangster-Methoden« vor sich gegangen. So konnte man das treffende Stichwort mitteilen, ohne sich selbst in Gefahr zu begeben.

Vorzüglich eigneten sich dafür auch die Berichte der Korrespondenten. Sieburg zitierte den »Excelsior«: Französische Regierungskreise beobachteten die Ereignisse »mit kaltem Blut«; sie rechtfertigten eine Verdoppelung der Wachsamkeit, »denn niemand kann wissen, auf welchen Weg das Dritte Reich Europa von einem Tag zum anderen ziehen kann«. Die Unterdrückung der Revolte der SA sei zwar eine gute Nachricht, »aber wenig beruhigend für die Nachbarländer, deren demokratische Regierungen der doppelten Kontrolle der Parlamente und der öffentlichen Meinungen unterworfen sind«.[20] Was Pariser

Blätter über Goebbels' Beschimpfung der ausländischen Korrespondenten schrieben, spiegelte Sieburg unter Berufung auf »Paris Soir« gleichfalls zurück: »Wenn die deutsche Regierung die richtigen Nachrichten über den 30. Juni mitgeteilt hätte, hätte man die Verbreitung falscher vermeiden können.«[21]

Als Hitler am 13. Juli, vierzehn Tage nach der Mordnacht, sich selbst im Reichstag dazu erklärte, druckte die Zeitung die Rede im Wortlaut ab, gewiß auf Weisung.

Hitler lieferte keine Begründung, warum er die Verhafteten hatte erschießen lassen, statt sie vor Gericht zu bringen, und brachte keine Beweise, die die Behauptungen des ersten Tages hätten stützen können, Schleicher oder Röhm hätten »landesverräterische Beziehungen« zu ausländischen Mächten unterhalten. Am 1. Juli habe er strengsten Befehl gegeben, »jede weitere Vergeltung zu unterlassen« – die Zeitung setzte diese überaus verräterische Wendung in Sperrdruck – und diejenigen SS-Angehörigen zu erschießen, »die sich schändliche Mißhandlungen gegenüber Schutzhäftlingen zuschulden kommen ließen« – gleichfalls eine für die Parajustiz aufschlußreiche Mitteilung von höchster Stelle, die die Zeitung ebenfalls durch Sperrung auffällig machte. Nach Hitler sprach Göring ein Schlußwort, das mit dem Satz endete: »›Wir alle billigen immer das, was unser Führer tut.‹ (Brausender Beifall)« – so schloß auch der Bericht, abermals in Sperrsatz.

Die gleichen Sätze standen auch in nationalsozialistischen Zeitungen zu lesen, doch ergaben sich dabei ganz verschiedene Wirkungen. Man stößt hier an eines der Geheimnisse publizistischen Widerstandes: Nationalsozialistische Äußerungen in nationalsozialistischen Zeitungen wirkten triumphal-affirmativ und propagandaverstärkend. In der »Frankfurter Zeitung« hatten sie die umgekehrte Wirkung: Sie entlarvten die Diktatur, stellten sie bloß und regten zur Kritik an. Die authentische Sprache des Regimes in der »Frankfurter Zeitung« zu lesen, war befremdlich, stieß ab. Unter dem Kopf der »Frankfurter Zeitung« und im politischen Umfeld ihrer Leser bekam ein »brausender Beifall« für Hitler einen geradezu schreienden Gegensinn.

Die Aktion Hitlers.

R K Berlin, 2. Juli.

Die Vorgänge dieser Tage sind beispiellos. Der Reichskanzler und Führer der NSDAP hat persönlich eine Aktion eröffnet, die binnen 24 Stunden ein Strafgericht von denkbar größter Strenge verhängt und beendet hat. „Die Säuberungsaktion sind gestern abend ihren Abschluß. Weitere Aktionen in dieser Richtung finden nicht mehr statt." Dies steht in einer amtlichen Meldung, die in der letzten Nacht ausgegeben wurde. Die Aktion war in aller Stille geplant und durchgeführt worden. Herr Hitler hat den Teil, der den größten Einsatz an Autorität erforderte, die Verhaftung Röhms und seiner Umgebung, auf eine sehr eindrucksvolle Weise persönlich vorgenommen. Die erste Nachricht des Samstag, die Mitteilung, daß Röhm aus der SA und der Partei ausgestoßen sei, hatte bereits auf ungewöhnliche Dinge vorbereitet. Die darauf folgende Nachricht, daß Todesurteile an einer Reihe von bekannten SA-Führern vollstreckt worden seien, mußte dem bestürzten Leser beweisen, daß ein überaus kritischer Punkt erreicht war, von dessen Nähe niemand außer den paar Eingeweihten auch nur eine Ahnung gehabt hatte. Die Katastrophe, die über Herrn von Schleicher hereinbrach, zeigte, daß sich der Führer der NSDAP und des Staates nach zwei völlig verschiedenen, aber miteinander konspirierenden Seiten zur Wehr setzte. Man fühlte sich vor den Kopf geschlagen: Wie war in einem Kreise, in dem man die treuesten Anhänger der nationalsozialistischen Bewegung vermuten mußte, ein solcher Verrat möglich — und wie war es denkbar, daß sich gerade betont „revolutionäre" SA-Führer mit Männern einer ganz anderen, einer konservativen Richtung wie dem ehemaligen General von Schleicher zusammentaten, um einen Anschlag gegen die Hitler-Regierung zu beginnen, der nicht nur niemals gelingen konnte, sondern der dieses vielgeprüfte deutsche Volk in neue unabsehbare Verwirrung hätte stürzen müssen. Und wie hätte man sich vollends bei solchen Männern vorstellen können, daß der Staat jemals in die Lage kommen werde, ihnen geheime und hochverräterische Verbindungen mit ausländischen Mächten nachzuweisen! Wer war nicht aufs tiefste bestürzt durch die ersten rätselhaften Schreckensmeldungen? In kürzester Zeit aber wurden diese übertroffen durch amtliche Darstellungen politischer und moralischer Nachtszenen, wie sie kaum jemals Gegenstand offizieller Depeschen waren. Und wieder einige Stunden später — nach den Ausführungen, die General Göring, der Leiter der Gesamtaktion bei der Presse machte — wurde deutlich, wie umfassend der Gegenschlag Hitlers war. Darüber liegen einzelne Andeutungen in der Presse vor.

Im Lichte dieser Blitzschläge wird manches Wort, das während der vergangenen zwei Monate (während der Propaganda gegen „Kritikaster und Miesmacher") gesprochen oder geschrieben wurde, in seinem vollen Sinn erst deutlich. Man versteht noch besser als damals, wenn dabei mit so eindringlichen Worten Kritik auch an gewissen Erscheinungen innerhalb der eigenen Partei geübt wurde — es waren, wie nun Herr Dr. Goebbels selbst bestätigt, **letzte Warnungen**, genau wie es eine letzte Warnung an „gewisse Cliquen" war, die das Werk der Regierung zu unterhöhlen versuchten. Und wer erinnert sich nicht der scharfen Worte, mit denen Göring und Rudolf Heß diejenigen in ihre Schranken verwiesen, die ohne Ermächtigung durch den Kanzler die Idee einer „zweiten Revolution" propagierten? Und weiter: War nicht die ganze Arbeit dieser zwei Monate immer wieder auf „Reaktion" gerichtet, das heißt auf eine Gegenbewegung gegen das, was Hitler tat und wollte? Veröffentlichte General von Blomberg am Vorabend dieser kritischen Tage nicht einen Aufsatz im „Völkischen Beobachter", der jedem Komplotteur eindeutig zeigen mußte, auf welcher Seite die Reichswehr steht und wo sie allein stehen kann? Und tatsächlich: die Münchener SA versuchte man mit der Behauptung in Bewegung zu setzen, Adolf Hitler und die Reichswehr stünden gegen sie und ihre Interessen. Manches andere Beispiel ließe sich heute, nachdem wir wissen, was geschehen ist, hinzufügen. Was haben nun diejenigen getan, denen diese Warnungen galten? Bis zur Stunde sind uns die Einzelheiten nicht bekannt. Einige der SA-Führer — bei München zu einem SA-Führerappell versammelt — ließen sich auf eine unbeschreibliche Weise im Bett überraschen. Wie gefahrvoll aber die politische Situation gewesen sein muß, die sich vorbereitete, kann man daraus erkennen, daß der Kanzler, der, wie Herr Dr. Goebbels betonte, nicht nur zuzuwarten versteht, sondern seinen alten Mitkämpfern bisher mit ungewöhnlicher Langmut und Geduld begegnete, sich nicht gescheut hat, sie unerbittlich zu vernichten. Je mehr man das Volk in solchen Augenblicken über Einzelheiten aufklärt, desto besser. Eines freilich fühlt heute jeder Deutsche: die beispiellose Strenge des Strafgerichts läßt auf einen beispiellosen Tatbestand schließen. Die menschliche Enttäuschung war dabei für den Kanzler wahrscheinlich noch bitterer als die politische. Dem entspricht die Stimmung, mit der man das Drama sich vollziehen sah: Die eiserne Disziplin und die Ruhe des Volkes und vor allem der SA, die mit ansehen mußte, wie zahlreiche ihrer höchste Befehlshaber in den Staub stürzten, sind ein neuer Beweis für das Vertrauen, das Hitler in weitesten Kreisen genießt.

Dies ist die lichte Seite des überaus düsteren Kapitels, das nun zum Abschluß gekommen ist: der Kanzler hat sich in einem für ihn überaus schmerzlichen und schwierigen Augenblick über alle Bedenken hinweg, die ihn bisher ehemaligen Freunden gegenüber zur Nachsicht bestimmten, zu einer Energie entschlossen, die nicht nur von ihm, sondern in weitesten Kreisen als eine moralische Notwendigkeit empfunden wird. Das Verfahren konnte sich dabei nicht anders als in den Bahnen der revolutionären Eigengesetzlichkeit des Nationalsozialismus bewegen. Das Volk von der Herrschaft Minderwertiger zu befreien, ist ein Preis, der einen hohen Einsatz wert ist. Die **zwölf Gebote**, die Adolf Hitler an den neuen Chef des Stabes der SA erlassen hat, zeigen deutlich genug, wo gesündigt wurde und wie allein nach Hitlers Urteil Besserung erzielbar ist. Wenn wir auch, wie gesagt, die staatspolitische Seite der Tragödie in dieser Stunde noch nicht in allen Einzelheiten zu übersehen vermögen, — die staatsmoralische ist dank der rückhaltlosen Offenheit des Kanzlers sonnenklar. Nicht minder klar ist aber das Ergebnis: Die Autorität des nationalsozialistischen Führers war niemals größer als in dieser Stunde, wo er es unternommen hat, die Spreu vom Weizen zu trennen.

IX
Hauen und Stechen

Daß sich Reifenberg, Simon und Kircher im Herbst 1932 gegenseitig dazu aufgefordert hatten, dem Nationalsozialismus »vorurteilslos zu begegnen«, bedeutete nicht weniger und nicht mehr, als daß man kritisch – auch gegen sich selbst – bleiben und sich durch nichts davon abhalten lassen wollte, mögliche positive Entwicklungen anzuerkennen. Nach dem 30. Juni brauchte die Redaktion nicht länger zu zweifeln: Das Regime hatte sich mit letzter Deutlichkeit dekuvriert. Welche Ansätze hätte man pflegen und entwickeln können? Das Regime ließ nicht mit sich reden, und wo es Rücksicht nahm, tat es dies aus taktischer Notwendigkeit, nicht aus besserer Einsicht.

Die künftige Aufgabe der Zeitung konnte nur darin bestehen, dem starken Druck der Propaganda und der Verdrehung der moralischen Begriffe durch das Regime entgegenzuarbeiten. Der Anstieg der Druckauflage – besonders auffällig im Vergleich zu dem starken Auflagenschwund der übrigen deutschen Presse – zeigte, daß die Zeitung damit ein wachsendes Bedürfnis befriedigte. Alles, was über das Verhältnis von Staat und Individuum zu berichten war, konnte dazu dienen, das Regime zu brandmarken, und die strenge Form der Nachricht erwies sich für diese Auseinandersetzung als besonders geeignet. Berichtete die Zeitung kommentarlos, was andere gesagt oder geschrieben hatten, war sie schwer zu fassen, besonders, wenn die Redaktion dem Regime abträgliche Nachrichten aus anderen Zeitungen, und erst recht, wenn sie aus nationalsozialistischen Quellen referierte. Das Zitat – im weitesten Sinn des Wortes – wurde Grundform der Nachricht. Die indirekte Rede, ohnehin die klassische Form der Berichterstattung über Mitteilungen anderer, eignete sich auch für Tatsachenbehauptungen.

Die Redaktion hatte schon 1933 festgestellt, daß kleine Meldungen aus dem Alltag der Provinz sich besonders gut dafür eigneten, die Veränderungen in Deutschland zu beschreiben. In den ersten Wochen nach Beginn der Presselenkung hatte Simon die Redakteure dazu angehalten, auf lokale Nachrichten zu achten. Die Kollegen sollten bedenken, »daß manche Meldung sozusagen Ersatz für eigene Äußerungen darstellt und daß diese Meldungen große Beachtung bei den Lesern finden«.[1] Diese Meldungen wurden von der Leserschaft denn auch sofort als Pfeilschüsse begriffen und begierig gelesen.

Sie erschienen vor allem in einer seit langem bestehenden Rubrik mit dem Titel »Aus Reich und Ländern«. Am 1. Februar 1934 richtete die Redaktion eine weitere Rubrik mit dem Titel »Kurze Meldungen« ein. Sie war gespickt mit Bosheiten. Zur Tarnung wurden auch politisch harmlose Nachrichten eingemischt. Die ganze Redaktion half mit, in Provinzzeitungen, Fachzeitschriften und Bekanntmachungen von Behörden geeignetes Material zu finden. Hans Kallmann war der Erfinder und Redakteur dieser Rubrik, die er mit grimmigem Fleiß pflegte. Alles, was er herausfischte, mußte über den Tisch Herbert Küsels, des Gegenlesers, der manche Meldungen als zu waghalsig wieder zurückzog. In Zweifelsfällen wurden die »Kurzen Meldungen« Gegenstand eines Konsiliums mehrerer Redakteure.[2]

Die »Kurzen Meldungen« bestanden oft nur aus zwei Sätzen: »Der Oberbürgermeister in Dessau hat angeordnet, daß alle Rundschreiben der städtischen Dienststellen mit Aussprüchen des Führers, anderer bedeutender Männer der Bewegung oder Heroen der vaterländischen Geschichte zu versehen seien. Es solle damit der Vertiefung des nationalsozialistischen Geistes innerhalb der städtischen Verwaltung gedient werden.«[3] Ein paar Tage später: »Auf Grund des Gesetzes zum Schutz der nationalen Symbole sind jetzt unter anderem verboten worden: Bonbons mit Hakenkreuz; Waffelfiguren SA-Männer darstellend; Sofakissenbezug in den Farben Schwarz-Weiß-Rot und der Aufschrift ›Heil‹; Haarzopfhalter mit Hakenkreuz-Druckknopf. Insgesamt wurden 84 verschiedene Gegenstände neuerdings als unzulässig beurteilt.« Ironie und Spott waren kaum zu überhören. Zur Tarnung wurden andere Meldungen beigegeben, wie diese: »Mit der Ankunft des Dornier-Wal D 2399 ›Taifun‹ der Deutschen Lufthansa in Natal, wo er um 17.08 Uhr (MEZ) eintraf, ist der erste Flug im planmäßigen Luftpostdienst über den Südatlantik beendet worden. Das Ziel des 13.900 km langen Flugweges ist Buenos Aires.«[4]

In einer Ausgabe im März 1934 hieß es: »Wie in Freiburg im Breisgau ist nunmehr auch in Mannheim eine Aktion gegen das Buch mit den Adventspredigten des Kardinals Faulhaber durchgeführt worden. Die Mannheimer Buchhändler haben sich durch Unterschrift verpflichtet, die Predigten auch als Einzelbroschüre nicht mehr in den Handel zu bringen.«[5] Die Predigten über das Alte Testament hatten großes Aufsehen auch außerhalb der Erzdiözese München erregt, weil der Kardinal die Bedeutung des Judentums für das Christentum hervorgehoben hatte. Die »Frankfurter Zeitung« gab mit dieser Meldung den Lesern indirekt den Hinweis, sich bei Buchhandlungen in andern Orten schleunigst den Text zu besorgen, ehe auch da die Gestapo eingriffe.

STAATSPOLIZEISTELLE für den REG.-BEZ. WIESBADEN
in FRANKFURT/MAIN
Hohenzollernplatz 11 · Fernsprecher 20521

Frankfurt-Main, am 6. November 1935.

An das
Geheime Staatspolizeiamt
-Presseabteilung-
z.Hd. Herrn Regierungsrat
Dr. Gotthard

Berlin SW 11.

Tagebuch-Nr. I Z/10562/35.

Geh. Staatspolizei...
Eingang: -8. NOV. 1935

Die Frankfurter Zeitung bringt in Nr. 566 v. 5.11.35 unter den immer sehr interessanten »Kurzen Meldungen« die Notiz, dass der Landeshauptmann der Provinz Hannover, Dr. Gessner, seinen Austritt aus der evangelisch-lutherischen Landeskirche erklärt habe. Ich bezweifle, dass die Veröffentlichung derartiger Meldungen im Staatsinteresse liegt. In anderen Zeitungen habe ich keine solche Meldung finden können.

Den Terror der sogenannten »Schutzhaft« ließ die folgende »Kurze Meldung« ahnen (es ging um die Volksabstimmung vom 19. August 1934, nach dem Tod Hindenburgs die Ämter des Reichspräsidenten und des Reichskanzlers zusammenzulegen): »Dem Wahlamt in Ulm wurde als erstes Wahlresultat die Abstimmung im Schutzhaftlager Kuhberg übergeben. Von 45 Stimmberechtigten stimmten 41 mit ja, 3 mit nein, eine Stimme war ungültig.«⁶ In Wirklichkeit dürfte wohl keiner der politischen Häftlinge die Beseitigung eines Restes demokratischer Gewaltenteilung gebilligt haben.– Im Herbst 1935 stand in einer der »Kurzen Meldungen«, daß eine Kölner Firma einem Werkmeister gekündigt habe, weil er nur eine Mark pro Monat für das »Winterhilfswerk« der Partei (WHW) gezeichnet hatte. Der Werkmeister klagte vor dem Arbeitsgericht. Die Firma argumentierte, der Werkmeister verdiene 370 Mark und habe sich sogar ein Auto gekauft. Als der Werkmeister erklärte, künftig dem WHW 10 bis 20 Mark monatlich zu spenden, wurde die Kündigung zurückgenommen.⁷

Den überlegenen Gegner öffentlich lächerlich zu machen, war eine riskantere Form der Auseinandersetzung. Über die Verweigerung des Hitlergrußes und die neue Bedeutung anderer Grußformen war zu lesen: »Von zuständiger Stelle der Deutschen Arbeitsfront« werde darauf aufmerksam gemacht, daß es besonders im Ruhrgebiet Leute gebe, die den »deutschen Bergmannsgruß Glückauf« dazu benutzten, den »Deutschen Gruß« zu vermeiden. »Es gebe sogar Verwaltungen und Institute, in denen auf Anordnung der Leitung nur ›Glückauf‹ mit erhobenem rechten Arm gegrüßt werde.« So weit sei es schon gekommen, zitierte die »Frankfurter Zeitung« den Informationsdienst der Arbeitsfront weiter, daß sich hinter dem schönen Bergmannsgruß reaktionäre Kreise verbergen: auf die Dauer könne keiner ungestraft den Gruß des deutschen Volkes verunglimpfen.⁸ Die Stadtverwaltung Würzburg habe ihre Bediensteten belehrt, daß »mit ›deutschem Gruß‹ nur solche Menschen grüßten, welche Adolf Hitler und seine Bewegung nur unter allerlei ›Wenn und Aber‹ anerkennen«.⁹ Die beiden leichtgewichtigen Meldungen zeigten, daß sich die Opposition die sprachverfälschende Kunst der Diktatur zu eigen zu machen wußte. Sie stahl Zeichen und Begriffe des Regimes, wie den lächerlichen »Deutschen Gruß«, füllte sie mit anderem Inhalt und brachte sie wieder in Verkehr; wenn das Regime sich dagegen wehrte, setzte es sich der Lächerlichkeit aus.

Ein in Offenbach verteiltes illegales Flugblatt »Der Gewerkschafter« veröffentlichte im Dezember 1934 neunzehn Meldungen über Fälle von Unterschlagungen beim WHW, von denen allein elf der »Frankfurter Zeitung« entnommen waren.¹⁰ Wie der Leser der Zeitung, so verstand auch die Gestapo, was die Redaktion mit den »Kurzen Meldungen« beabsichtigte: »Man kann es Tendenz oder Kritik ohne Worte nennen, die in der Übernahme von Meldungen in die Frankfurter Zeitung, die an sich irgendwo im deutschen Land passiert sind, aber nur lokale Bedeutung haben, die aber zumeist Maßnahmen von Parteidienststellen beleuchten, besteht. Durch die geschickte Aufmachung von Meldungen, durch das Zusammentragen von solchen Ereignissen, die sich teilweise auch mit Juden befassen, ist sie vielleicht der größte Lieferant für Greuelmärchen ins Ausland. Sie schafft durch diese Meldungen bewußt ein Zerrbild der Vorgänge im deutschen Reiche.« Hier werde »versteckte Kritik bzw. Material für das Ausland« gesammelt und ganz harmlos neben nichtssagende andere Mitteilungen gestellt.[11]

Die Auslandswirkung der Zeitung, die Goebbels so schätzte, war ein durchaus zweischneidiges Schwert. Die »Kurzen Meldungen« mit oppositionellem Inhalt erschienen noch bis ins Jahr 1935. Danach verloren sie allmählich ihre Bissigkeit. Inzwischen war die Pressekontrolle dichter, die Diktatur effektiver geworden, und es fanden sich weniger geeignete Stoffe in den Provinzzeitungen. War die Veröffentlichung solcher Nachrichten politisch überhaupt sinnvoll? »Schotthöfer, der stille Schotthöfer, gab uns allen einen Stich«, so berichtet Dolf Sternberger, als er in der Konferenz riet, man solle von diesen Meldungen ablassen. Eine »Politik der Nadelstiche« nütze doch nichts. Aber was konnte die Redaktion dem Regime anderes versetzen als Nadelstiche? Sternberger behielt den Vorfall in Erinnerung, weil er zeigte, wie die Älteren in der Redaktion vorsichtiger wurden.[12]

Die »Kölnische Volkszeitung« und die »Essener Volkszeitung« waren im April 1934 wegen eines sinnentstellenden Druckfehlers für einige Wochen verboten worden. In beiden Zeitungen, die in derselben Druckerei hergestellt wurden und denselben Satz benutzten, hatte hinter einem Geburtstagsglückwunsch des Reichspräsidenten für Hitler anstelle eines Ausrufungszeichens ein Fragezeichen gestanden; so war der Glückwunsch in eine peinliche Frage an Hitler verwandelt worden. Kallmann schrieb eine bissige Betrachtung über Druckfehler. Böswilligkeit habe den beiden Zeitungen nicht nachgewiesen werden können, aber »Fahrlässigkeit« habe die Polizeibehörde festgestellt, und das Preußische Geheime Staatspolizeiamt habe bestätigt, in Zukunft werde bei sinnentstellenden technischen Fehlern von politischer Bedeutung gegen die Schuldigen mit schärfsten Mitteln vorgegangen werden.[13]

Kallmanns Darstellung der Borniertheit und Willkür des Polizeistaats traf ins Ziel. Die mit Presseangelegenheiten befaßte Abteilung des Berliner Gestapoamtes verlangte in Frankfurt den Namen des Verfassers zu erfahren. Dann erhielt die Gestapostelle Frankfurt die Weisung, über Kallmann zu recherchieren und ihn vier Wochen lang zu überwachen. Beides geschah, aber die Frankfurter Gestapo fand nichts Auffälliges.

Natürlich gab es auch absichtliche Druckfehler. Die Metteure und

Setzer der Frankfurter Societäts-Druckerei waren fast alle Sozialdemokraten und Mitglieder des Buchdruckerverbandes gewesen. Sie waren so oppositionell eingestellt wie die Redaktion und ließen es die Redakteure auch wissen, zum Beispiel wenn Dirks beim Umbruch bat, eine Parteimeldung an eine weniger vorteilhafte Stelle zu plazieren, oder wenn der Metteur Koch, der die politischen Seiten zu umbrechen pflegte, den unter dem Zeitdruck der letzten Minuten nervös gewordenen Robert Haerdter beruhigte: »Nur keine jüdisch-marxistische Hast!« Es konnte nur ein absichtlicher Druckfehler gewesen sein, als ein Setzer in einem Artikel Kirchers über den spanischen Bürgerkrieg aus »den neuesten Vorstößen des Bolschewismus« in Europa Vorstöße des »Fascismus« machte, was die Zeitung am nächsten Tage korrigierte, womit der Fehler erst recht auffiel.[14] Als aus dem »Reichspressechef Dr. Dietrich« ein »Reichspressechaf« wurde,[15] kostete dies den Setzer und den Korrektor die Stelle. Ein anderes Mal hatte ein Setzer, Edwin Teufel, eine Zeile ins Blatt geschmuggelt, die Goebbels als »Reichsminister für Volksverdummung und Propaganda« bezeichnete. Am nächsten Morgen kam die Polizei und holte ihn.[16]

Hitler wurde in der Zeitung niemals »der Führer« oder gar »unser Führer« genannt. Der Eindruck von Identifikation sollte gar nicht erst aufkommen. Die Redaktion suchte auch die Nennung von Hitlers Namen zu vermeiden, wo immer es möglich war. Sie sprach statt dessen beharrlich von dem »Führer und Reichskanzler«; damit stellte die Redaktion das Staatsamt in den Vordergrund und erinnerte so an Verfassungsinstitutionen, an Verantwortungen und Pflichten des Amtsinhabers.[17] Staatsrechtlich geschulte Leser dürften den Sinn der Titulierung ohne weiteres verstanden haben. Auch das Regime hat schließlich das kleine Signal verstanden: In einer Pressekonferenz im Januar 1939 wurde den Zeitungen die Formel »Führer und Reichskanzler« verboten. Von jetzt an war von Hitler nur noch als dem »Führer« zu sprechen.[18]

Gegenüber der Gestapo wagte sich die Zeitung manchmal erstaunlich weit vor, ohne daß man heute noch mit Sicherheit die Umstände bestimmen könnte, die dem Blatt das Risiko akzeptabel erscheinen ließ. Am 9. März 1935 war in Basel der im Straßburger Exil lebende deutsche Journalist Berthold Jacob, ein ehemaliger Mitarbeiter der »Weltbühne« und nun eine der schärfsten Stimmen in der Emigrantenpresse, von Gestapoagenten nach Deutschland entführt worden. Der Fall ereignete sich kurz vor dem Beschluß Hitlers, die allgemeine Wehrpflicht einzuführen und ein Heer von 36 Divisionen aufzustellen, und er wurde bekannt zur Zeit der Stresa-Konsultationen zwischen Italien, Frankreich und England über diesen Bruch des Versailler Vertrages.

Verschiedene Folgen von Druckfehlern.
Zu der Warnung des Geheimen Staatspolizeiamts.

Kürzlich sind, wie erinnerlich, zwei Zeitungen wegen eines Druckfehlers verboten worden, die „Essener Volkszeitung" und die „Kölnische Volkszeitung". Beide Blätter benutzten dieselbe Setzerei, beide also auch den gleichen Satz, und so wurde das Mißgeschick, das durch einen Setzer hervorgerufen wurde für beide gleichermaßen verhängnisvoll. Der Druckfehler, um den es sich handelte, bestand darin, daß der Setzer den Glückwunsch des Reichspräsidenten an den Reichskanzler am Schlusse mit einem Fragezeichen statt mit einem Ausrufezeichen versehen hatte, wodurch die Worte des Reichspräsidenten in der Tat unter dem peinlichen Aspekt dieses Fragezeichens gestellt zu sein schienen. Es ist eine bewußte Böswilligkeit bei diesem Vorgang nicht nachgewiesen worden; die Verbotsbegründung im Falle „Essener Volkszeitung" hebt hervor, daß ein Verbot auf unbegrenzte Zeit erforderlich gewesen wäre, wenn der Nachweis einer bewußten Fälschung des Glückwunsches erbracht werden könnte. Die Begründung stützt sich also darauf, daß der fehlerhafte Abdruck „zum mindesten auf grober drucktechnischer Fahrlässigkeit" beruhe. Das heißt, das unvermeidliche Uebel des Druckfehlers wird erst dann Anlaß zu schärfsten Vorgehen, nämlich dem Verbot, wenn der Druckfehler eine politische Interpretation zuläßt; welche Interpretationsmöglichkeit keineswegs den Nachweis einer tatsächlichen Schuld der Beteiligten zu enthalten braucht. Diese Auffassung hat das Geheime Staatspolizeiamt in Preußen nochmals unterstrichen: es wurden zwar die Verbote der beiden Zeitungen abgekürzt, aber zugleich im Ausdruck vermerkt, daß in Zukunft bei sinnentstellenden technischen Fehlern von politischer Bedeutung gegen die Schuldigen mit schärfsten Mitteln vorgegangen werde.

Die ganze Frage läuft offensichtlich darauf hinaus, ob sich Druckfehler gänzlich vermeiden lassen, denn wenn sich die Warnung auch nur an jene Fehler knüpft, welche politische Bedeutung haben, so liegt es doch auf der Hand, daß gerade diese Eventualität nicht vorauszusehen ist. Nun ist die Arbeit der Tageszeitung ihrer Natur nach Arbeit für den Tag. Der Leser will die Rede des Reichskanzlers zum 1. Mai rasch vor sich sehen, ja sein Interesse an den Vorgängen des Tages, auch an den wichtigsten, erlahmt schnell, vermindert sich in dem Maße, in welchem er von Nachbarn und Bekannten dies oder jenes mehr oder minder Richtige auf dem Umweg über das Radio, auf dem Umweg über einen, der persönlich dabei war, schon vernommen hat. Das Interesse an dem einen Ereignis wird überdeckt und abgelöst von dem, was sich bereits am nächsten Tage abspielt. Die Wirksamkeit der Tageszeitung, auch die Wirksamkeit dessen, was z. B. über die Reden führender Persönlichkeiten in Deutschland berichtet wird, ist in eminentem Maße von der Schnelligkeit der Wiedergabe abhängig.

Wie geht es zu, wenn eine Zeitung über eine Rede des Reichskanzlers zu berichten hat? Jedes Blatt hat seine bestimmte „Umbruchzeit", jene Minuten, in denen der Satz von den langen „Schiffen", auf denen er vorher gesammelt wird, zu Zeitungsseiten zusammengestellt wird. Dies ist die drangvollste Zeit für alle im Zeitungsbetrieb Tätigen, für Schriftleiter, Setzer und Korrektor. Während die Zeitungsseiten gefüllt werden, läuft noch immer neuer Satz durch die Maschinen, muß ein großer Teil dieses Satzes noch korrigiert werden; denn zunächst entstehen immer Druckfehler. In wenige Minuten preßt sich vielfach der Hauptstoß der einlaufenden Nachrichten zusammen; jeder Korrespondent möchte noch den letzten Stand der Ereignisse vermelden. Der Abschluß dieses Umbruchs ist an feste Zeiten gebunden; wenige Minuten Verzögerung — und der Versand ist gefährdet, Züge werden verpaßt und das Blatt erreicht den Leser einige Stunden, viele Stunden, oft erst einen ganzen Tag später.

Eine Reichskanzlerrede kann nun so eintreffen, daß sie ohne Eile gesetzt, auf Druckfehler korrigiert und dann noch in aller Ruhe überprüft werden kann. Es ist aber auch das Gegenteil möglich. Das war, um ein Beispiel anzuführen, bei der Rede Adolf Hitlers auf dem Tempelhofer Felde für alle Zeitungen der Fall, deren Versand mit den frühen Abendzügen jenes 1. Mai zu erfolgen hatte. Nur mit Anspannung aller Kräfte aller Beteiligten — um mit unserer eigenen Zeitung zu exemplifizieren, war es damals möglich, die Hauptteile der Ansprache überhaupt noch ins Blatt zu bringen. Es war ferner nicht möglich dadurch, daß die Rede in beträchtlichen Teilen unkorrigiert mitgenommen wurde, mit der vollständigen Gewißheit, es würde sich eine Anzahl Druckfehler finden, zugleich in der Hoffnung, es möchten harmlose Druckfehler sein. Das war denn auch der Fall. Soll jedoch die Zeitung dafür bürgen, daß keine Druckfehler von politischer Bedeutung entstehen, so muß sie in solchen Angelegenheiten wohl oder übel zunächst alles zurücklassen, was Gefahr bringen könnte, und zwar meist für ganze 24 Stunden. Die erste Zeitung, die vom Feiern des 1. Mai berichtete, würde dann zwar ausführlich über den englisch-japanischen Konflikt oder über etwaige Zusammenstöße bei Maifeiern fremder Länder berichten; denn es ist wenig wahrscheinlich, daß in diesen Berichten Druckfehler von politischer Bedeutung auftreten könnten. Nur über die deutschen Feiern wäre in solchem Blatt noch wenig zu lesen!

Es kommt hinzu, daß es mit der ersten Korrektur nicht getan ist. Bei der Beseitigung des einen Fehlers entstehen zum Kummer aller Redakteure, Korrektoren, Setzer wieder neue Fehler. Zu den ersten Berufsanekdoten, die den jungen Journalisten so sicher beigebracht werden wie wichtigere und unentbehrliche Lehrgegenstände, gehört das folgende Mißgeschick, das einem Blatt in der Vorkriegszeit widerfahren sein soll: Die Zeitung hatte über Feierlichkeiten im Kaiserhause zu berichten. In dem Bericht aber stand der Satz: „Der Kornprinz ist heute von Danzig kommend in Berlin eingetroffen". Die Redaktion hielt eine Berichtigung für nötig, und am nächsten Tage las man in dem Blatte: „In unserem gestrigen Bericht über die Feierlichkeiten im Kaiserhause hat sich ein bedauerlicher Druckfehler eingeschlichen. Statt ‚Kornprinz' mußte es selbstverständlich ‚Knorprinz' heißen."

Das Beispiel ist leider weniger konstruiert, als der Laie denken mag. Ja die eingangs erwähnten Verbote der „Essener Volkszeitung" und der „Kölnischen Volkszeitung" beruhen sogar auf einem ganz ähnlichen Vorgang: Der Setzer hatte ursprünglich den letzten Glückwunsch des Reichspräsidenten an Adolf Hitler ganz richtig mit einem Ausrufezeichen abgeschlossen. Aber er hatte in dieser Zeile ein kleines Wort, ein „und", versehentlich ausgelassen. Dieser Mangel wurde bemerkt und — korrigiert. Die Zeile wurde neu gesetzt (immer muß im Maschinensatz eine ganze Zeile gegossen werden), und nun stand zwar das „und" an richtigem Platze, aber am Schluß war der Fehler des Fragezeichens neu hineingekommen. Es hat einen fast tragikomischen Anstrich, daß die beiden Blätter von den späteren Folgen verschont geblieben wären, wenn sie nicht versucht hätten, den ersten, viel harmloseren, Fehler zu beseitigen!

Jedenfalls, soviel läßt sich sagen: Wenn das, was in Deutschland alle bewegt, in der Tagespresse wirklich seinen gebührenden Platz finden soll, dann muß man in der Tagespresse auch mit der Möglichkeit von Druckfehlern rechnen.

Der Regierungspräsident.

Merseburg, den 7. Mai 1935.

Journal-Nr. P.Pol. 14.31 Nr 74/35
(geh)

Geheim

Betrifft: Ereignismeldung
Berichterstatter: Regierungsassessor Dr. Behr.

Im Nachgang zu der mündlichen Meldung vom 6. Mai 1935 bei Regierungsrat Dr. Lang.

Die Staatspolizeistelle in Halle a/S. hat das "Schweinitzer Kreisblatt" -Amtliches Verordnungsblatt des Kreises Schweinitz- auf die Dauer von 3 Tagen verboten.

Das Kreisblatt hatte am 20. April 1935 ein Bild des Führers auf der ersten Seite so angebracht, daß die Buchstaben "Schwein" (itzer Kreisblatt) des Kopfes der Zeitung verdeckt waren. Die Staatspolizeistelle hat darin eine grob-fahrlässige Verächtlichmachung des Führers und Reichskanzlers erblickt; daß eine Absicht nicht vorlag, steht fest.

(gez) Dr. Sommer.

Beglaubigt:

Ziegler,
Regierungssekretär.

An

den Herrn Preußischen
Ministerpräsidenten

z.Hd. des Herrn Oberregierungsrats
Marotzke

in Berlin
=o=o=o=o=o=o=o=
Wilhelm Str. 63

Die Leser der Zeitung erfuhren von dem Entführungsfall aus einem Bericht des Züricher Korrespondenten Hans G. Pauls über eine Debatte im schweizerischen Ständerat: Die Berner Protestnote an die Reichsregierung schließe mit der Behauptung, »daß Jacob gegen seinen Willen über die Grenze gebracht worden sei«; die Schweiz verlange seine unverzügliche Zurückstellung. Bundesrat Motta, der Schweizer Außenminister, gedenke gegen die »nationalsozialistische Landesorganisation« in der Schweiz »unabhängig von der Affäre Jacob« vorzugehen. Geschulten Lesern der Zeitung gab dies einen Hinweis.[19]

Ein paar Tage später berichtete die Zeitung aus London – der Artikel war mit einem Sternchen versehen, Zeichen für eine aus verschiedenen ungenannten Quellen von der Redaktion verfaßte Meldung –, daß in London zwei Emigrantinnen vergiftet in ihrer Wohnung aufgefunden worden seien. Sie seien aus dem Leben geschieden, weil entweder einen Monat später ihre Aufenthaltsbewilligung abgelaufen wäre oder weil, wie manche Blätter behaupteten, ein Zusammenhang mit »dem in Deutschland verhafteten kommunistischen Journalisten Berthold Jacob bestanden haben soll«.[20] So scheint es gewesen zu sein: Die beiden Frauen, Mathilde Wurm und Dora Fabian, verfügten wohl über Informationen, die die Basler Staatsanwaltschaft auf einen in London lebenden Deutschen, Dr. Hans Wesemann, aufmerksam machten, der Jacob in eine Falle gelockt hatte.

Eine Woche später kam die Reichsregierung mit einer eigenen Darstellung heraus, die die Zeitung unter Signalisierung der höchsten Stufe der Unglaubwürdigkeit abdruckte: »Das Deutsche Nachrichtenbüro teilt mit: ›Wie wir hören, soll Berthold Salomon, genannt Jacob, von einem Deutschen namens Dr. Hans Wesemann von Straßburg nach Basel gelockt und unter Vortäuschung der Beschaffung eines deutschen Passes mit dem Auto über die deutsche Grenze geschafft worden sein.‹« Deutsche Amtsstellen seien daran nicht beteiligt gewesen. Es habe sich vielmehr um eine Auseinandersetzung unter Emigranten gehandelt. »Es ist eine beinahe tägliche Beobachtung der deutschen Behörden, daß Emigranten, die das verräterische Treiben anderer Emigranten oder doch die von diesen befolgte Methode nicht billigen, sich zur Bekämpfung der schlimmsten Hetzer anbieten ...« Da Salomon nun aber in den Bereich deutscher Gerichtsbarkeit gekommen sei und es sich um einen vielfach vorbestraften Landesverräter übelster Sorte handele, werde das anhängige Strafverfahren seinen Lauf nehmen. In diesem Sinne habe man auch die Schweizer Behörden unterrichtet.[21]

Sollte Wesemann auf eigene Faust Jacob entführt haben? Die Schweizer Behörden glaubten der Erklärung der Reichsregierung

Zufall oder Absicht? Das Regime jedenfalls erkannte auf »eine grobfahrlässige Verächtlichmachung des Führers«

nicht. Sie beriefen sich, wie Pauls aus Zürich meldete und die Zeitung auf der ersten Seite berichtete, auf den deutsch-schweizerischen Schiedsvertrag von 1921. Mit ihrer Hartnäckigkeit schafften sie es, daß Berlin ein halbes Jahr später, im Herbst 1935, Jacob den Schweizer Behörden übergab. Sie schoben ihn nach Frankreich ab, doch nicht, ohne ihn vorher als Zeugen in dem Verfahren gegen Wesemann zu vernehmen.[22] Als in der Berliner Pressekonferenz die Weisung ausgegeben wurde, darüber nichts zu berichten, aber gleichzeitig mitgeteilt wurde, die Schweiz habe eine Veröffentlichung verlangt, bemühte sich der Vertreter der »Frankfurter Zeitung« um diesen Auftrag; er bekam ihn mit der Auflage »nicht auf der ersten Seite«.[23] Die Zeitung hatte ihren Lesern Gestapomethoden und eine Blamage des Regimes vorgeführt. Unter internationalem Druck hatte es Jacob herausgeben müssen. Bei Kriegsbeginn wurde Jacob von den französischen Behörden interniert. 1941 glückte ihm die Flucht nach Spanien und von dort, nach erneuter Internierung, nach Portugal. Während er auf ein britisches Visum wartete, wurde er von Gestapoagenten erkannt, aufs neue gefaßt und nach Berlin geschafft. 1944 starb er in der Haft der Gestapo.

Die Redaktion achtete besonders auf Prozesse gegen Personen, die wegen ihrer Abstammung oder ihrer Religion vor Gericht standen. In diesen Berichten steckten oft nützliche Fingerzeige für Anwälte und auch für Richter, wie sie Verfolgten zu Hilfe kommen konnten. Auch ermutigte die Zeitung Verfolgte, die Hilfe der Gerichte anzurufen, solange diese noch in beachtlichem Maße nach Recht und Gesetz urteilten. So berichtete das Blatt im Jahr 1934 von einem Ehescheidungsprozeß vor dem Reichsgericht, in dem der Kläger, der sich von seiner jüdischen Frau mit der Begründung trennen wollte, er habe bei der Eheschließung die Bedeutung der Rasse unterschätzt, abgewiesen wurde. Das Gericht erklärte, »es könne nationalsozialistische Anschauungen nicht über diejenigen Grenzen ausdehnen, welche durch die nationalsozialistische Gesetzgebung selbst bestimmt seien«.[24] Juden, die beim Boykott vom 1. April 1933 fristlos entlassen worden waren und Arbeitsgerichtsprozesse zunächst verloren hatten, gewannen sie später, wie die »Frankfurter Zeitung« aus Berufungsverfahren zu berichten wußte.[25]

Vor dem Kölner Arbeitsgericht klagte ein Angestellter des städtischen Fürsorgeamtes gegen seinen Dienstherrn, der ihm gekündigt hatte, weil er sich als Vormund für ein Mündel weigerte, einen Antrag auf Sterilisation auf Grund des neuen »Gesetzes zur Verhütung erbkranken Nachwuchses« zu stellen. Er berief sich auf seinen katholi-

II 1 B 2 -   Anlage 5.   Berlin, den 18. März 1935.

An

die Dienststelle II 2 A

im H a u s e .

Jn Nr. 130/31 der " Frankfurter Zeitung " vom 12.3.35 wird in einer Notiz mit der Überschrift " Kündigung auf Ersuchen der Kreisleitung " und dem Untertitel " Die Klage einer jüdischen Angestellten abgewiesen " in versteckter Form versucht, ein durchaus dem nationalsozialistischen Empfinden entsprechendes Urteil des Arbeitsgerichts Wiesbaden in den Augen der Öffentlichkeit als parteiisch hinzustellen. Der Artikel in der " Frankfurter Zeitung ", die als Judenblatt bekannt ist, wird von ihren Lesern schon so verstanden werden, wie er nach dem Wunsch der Schriftleiter aufgefaßt werden soll. Jch bitte deshalb, in geeigneter Weise, gegebenenfalls durch die Verwarnung, zu erwirken, daß ähnliche Veröffentlichungen in Zukunft unterbleiben.

gez. Dr. Haselbacher.

Beglaubigt:

schen Glauben. Als er beim Vormundschaftsgericht um Enthebung von der Vormundschaft bat, kündigte ihm die Stadtverwaltung, weil er dem Gesetz so ablehnend gegenüberstehe, daß anzunehmen sei, er werde nicht pflichtgemäß nach entsprechenden Fällen fahnden. Die Stadt Köln unterlag.[26]

Unter dem Titel »Recht und Revolution« unterrichtete die Zeitung im Januar 1934 über ein Urteil des Berliner Kammergerichts, das das Urteil einer Strafkammer aufhob, die sich für befugt gehalten hatte, Rechtsnormen in älteren Notverordnungen des Reichspräsidenten nicht mehr anzuwenden, weil sie »nicht mehr zeitgemäß« seien. Das Kammergericht bestand darauf, daß Richter an das Gesetz gebunden seien.[27]

In der Regel duldete die Redaktion nicht, daß die Sprache der Parteifunktionäre ungefiltert in die Spalten des Blattes eindrang. Alles wurde umgeschrieben. Wenn das Propagandaministerium auf dem Wortlaut bestand, fiel der unflätige Ton durch Kontrast zum übrigen Inhalt des Blattes auf; die Redaktion mußte demnach zum Abdruck gezwungen worden sein. Anfang März 1937 war auf der unteren Hälfte der ersten Seite unter der Überschrift »Mr. La Guardia« zu lesen: »New York, 4. März 1937. Das ›Deutsche Nachrichtenbüro‹ teilt mit: ›Der für seine Deutschfeindlichkeit sattsam bekannte jüdische Oberbürgermeister von New York, La Guardia, dessen Reden schon mehrfach, nicht nur in Deutschland, sondern in der ganzen Welt unliebsames Aufsehen erregten, hat sich wieder einmal bewogen gefühlt, eine Rede zu halten, die eine Spitzenleistung auf dem Gebiet verlogenster Hetze darstellt. Vor rund 1 000 Frauen der Frauenabteilung des amerikanischen Jüdischen Kongresses entblödete sich der jüdische Maulheld nicht, Deutschland zu beschuldigen, daß es versuche, den Weltfrieden zu zerstören. In dem für die Weltausstellung vorgesehenen Gebäude der Vereinigten Staaten werde er eine Schreckenskammer einrichten, in der als Höhepunkt die Figur jenes ›braunhemdigen Fanatikers‹ gezeigt werde, der jetzt den Weltfrieden bedrohe.‹«[28]

Mit einem Stern dazwischen folgte ein Kommentar ohne Autorenzeichen. Auch dies mußte geübten Lesern auffallen. Die Redaktion veröffentlichte ihre Kommentare gewöhnlich nicht an dieser Stelle und versah sie auch stets mit einer Autoren-Chiffre. Es hieß: »La Guardia hat aber jetzt eine bewußte Herausforderung Deutschlands versucht ... Zwar ist bekannt, daß der Bundesregierung keinerlei Zwangsmittel gegen Einzelstaaten oder Städte zur Verfügung stehen, aber es ist eine Sache des amerikanischen Volkes, auf Mittel und Wege zu sinnen, um La Guardia klar zu machen, daß er eben keine Privatperson ist, daß er kein Recht hat, eine gefährliche Haßpolitik auf eigene Kappe zu treiben, und daß, wenn nicht der einfachste Anstand, so doch sein Amt ihm verbietet, ein ganzes Volk in seinem Staatsoberhaupt zu beleidigen und damit die Beziehungen zwischen den Völkern zu trüben ...«

Man ist nicht überrascht, in der Sammlung Sänger auf eine Weisung vom Vortag zu stoßen, in der es heißt: »Man erwarte von der ganzen Presse eine ganz massive Abwehr, abgestuft nach der Stellung, die das einzelne Blatt im publizistischen Leben einnehme; man brauche also zum Beispiel von der ›Frankfurter Zeitung‹ nicht dieselben Worte zu erwarten wie vom ›Angriff‹; man nehme aber an, daß die deutsche Presse im großen und ganzen kein Blatt vor den Mund nehmen werde. Mit Verbalinjurien brauche man nicht zu sparen, angefangen etwa von ›frecher Judenjunge‹. Es sei, das müßte im Kommentar betont werden, eine Unverschämtheit, das Staatsoberhaupt eines 68-Millionen-Volkes anzugreifen, und es sei eine unerhörte Beleidigung, wenn dieser jüdische Maulheld die deutsche Großmacht so herabsetze. Die Absicht La Guardias könne nur sein, die Völker gegeneinander aufzuhetzen, man könne schließlich auch die Frage stellen, was in USA selbst geschehe, wenn von einer so verantwortlichen Stelle so verantwortungslos geredet werde.«[29] Vergleicht man die Weisung mit der Ausführung, so hat die Redaktion – in diesem Falle war es Robert Haerdter – den Rabatt, den Goebbels ihr eingeräumt hatte, voll in Anspruch genommen. Die Absicht des Propagandaministeriums, auch die »Frankfurter Zeitung« für seine Zwecke einzuspannen, wurde verfehlt. Die Wehrlosigkeit der Zeitung verkehrte sich dialektisch in einen Akt publizistischen Widerstandes, weil das Blatt freiwillig nie etwas Antisemitisches gedruckt hatte. Man sieht, daß selbst ein originärer NS-Text auf einer ihm fremden Unterlage zu changieren begann.

Die oppositionelle Wirkung von Nachrichten nationalsozialistischer Herkunft in der Zeitung – auch die meisten »Kurzen Meldungen« gehörten dazu – beruhte auf einer Verfremdung: auf dem Kontrast zwischen dem Charakter des Blattes und der Sprache der ihm aufgezwungenen Nachricht. Die Zeitung war nie ein Kampfblatt gewesen; ein kämpferischer Ton klang deshalb von vornherein falsch, fremd, aufgezwungen. Wenn aber der Leser den Zwang ohne weiteres konstatieren konnte, so lag darin auch eine Information über den Urheber des Zwanges. So hatte selbst noch der erzwungene Abdruck polemischer Texte eine aufklärende Wirkung, vorausgesetzt, der Leser wußte, daß die Zeitung freiwillig nie so gesprochen hätte, sondern um Objektivität bemüht gewesen wäre. Objektivität wurde damit von selbst zur Kampfposition.

Die Machtverhältnisse schlossen aus, daß die Zeitung wagen konnte, Entscheidungen Hitlers, der Reichsregierung oder der Parteiführung direkt zu kritisieren oder offen Maßnahmen zu bemängeln, die an Grundlagen der Diktatur rührten. Kritik mußte verhalten sein und sich gleichsam stellvertretend auf Themen und Personen von nachgeordnetem Rang beziehen. Die kritische Absicht mußte im Notfall auch verleugnet werden und sich als konstruktive, aufbauende Kritik interpretieren lassen können. Das galt für alle kritischen Nachrichten, es galt erst recht für Artikel, in denen sich die Zeitung nicht wie in den Nachrichten im Konjunktiv der indirekten Rede bewegen konnte. Stellvertreter-Auseinandersetzungen mit dem totalitären Staat waren möglich auf den Gebieten der Künste, der Wissenschaften und besonders der Religion.

Im Herbst 1934 erhob die »NS-Kulturgemeinde« in Berlin Einspruch gegen eine geplante Ausstrahlung von Hindemiths Oper »Mathis der Maler« im Rundfunk. Der Dirigent Wilhelm Furtwängler nahm den Komponisten in einem Artikel für die »Deutsche Allgemeine Zeitung« gegen die »NS-Kulturgemeinde« in Schutz. Sie hatte das Werk mit der Begründung unterdrücken wollen, Hindemith sei jüdisch versippt und habe in der Vergangenheit mit jüdischen Musikern gespielt; Text und Musik seiner Oper seien weltanschaulich anfechtbar. Furtwängler versuchte zunächst, diese Vorwürfe zu entkräften – eine abwegige Bemühung. Im zweiten Teil des Artikels führte er aber einen sicheren Stoß in die richtige Richtung: »Hindemith hat sich niemals politisch betätigt; wo kämen wir überhaupt hin, wenn politisches Denunziantentum im weitesten Maße auf die Kunst angewandt werden sollte? Sicher ist, daß für die Geltung deutscher Musik in der Welt keiner der jungen Generation mehr getan hat als Paul Hindemith. Im übrigen ist es heute natürlich nicht abzusehen, welche Bedeutung das Werk Hindemiths einmal für die Zukunft haben wird. Das ist es aber auch gar nicht, was hier zur Diskussion steht. Es handelt sich hier, viel mehr noch als um den besonderen ›Fall Hindemith‹, um eine allgemeine Frage von prinzipiellem Charakter.«

Die »Frankfurter Zeitung« war quick genug, in ihrer nächsten Ausgabe lange Passagen aus Furtwänglers Artikel nachzudrucken.[30] Ein paar Tage später erschien im Feuilleton ein großer Aufsatz, der argumentierte, es gebe in der Musikgeschichte eine Linie von Beethoven über Wagner und Bruckner zu Richard Strauss sowie eine andere von Beethoven über Schumann, Brahms und Reger zu Hindemith. Auf diesen beiden genealogischen Linien erschienen Hindemith und Richard Strauss als ein Gegensatz, »und hierdurch wird unsere Erörterung immerhin problematisch«.[31] Diese Bemerkung spielte darauf an, daß Strauss Präsident der Reichsmusikkammer war und eine der Galionsfiguren des Regimes. Inzwischen hatte sich Goebbels' »Angriff« des Streites angenommen. Dies wiederum wurde für Kircher Anlaß, sich politisch zu dem Fall zu äußern: Es könne überhaupt nicht »politisch« argumentiert werden. Ob Hindemith »jüdisch versippt« sei, ob er sich innerlich »gewandelt« habe oder nicht, seien keine Gesichtspunkte: »Ob Musik gut oder schlecht, empfehlenswert oder nicht empfehlenswert ist, kann – wenn ein Furtwängler sich für sie einsetzt – nicht mit Hilfe eines solchen politischen Maßstabes entschieden werden.«[32] Die »NS-Kulturgemeinde« beanspruchte aber gerade dies. In ihrer Antwort auf Furtwänglers Aufsatz hieß es: »Der Nationalsozialismus setzt vor die Bewertung des Werkes die Wertung der schaffenden Persönlichkeit.«[33]

Am 4. Dezember trat Furtwängler von allen Ämtern zurück: als Vizepräsident der Reichsmusikkammer, als Leiter des Berliner Philharmonischen Orchesters und als Operndirektor der Berliner Staatsoper. Am 6. Dezember meldete die Zeitung, Clemens Krauss, derzeit in Wien, komme als Nachfolger in Frage und sei schon in Berlin gewesen. Als am 11. Dezember bekannt wurde, daß Krauss berufen sei, erläuterte die Zeitung den Vorgang in einer Weise, die ein Gestapobericht »wieder einmal eine ganz große Unverschämtheit und Frechheit« nannte: »Die Zahl der Dirigenten, die ... auch internationalen Ruf sich erworben haben, ist nach dem Ausscheiden von Klemperer, Walter, Fritz Busch und Furtwängler sehr klein geworden ... Er [Krauss] ist vor allem ein glänzender Strauss-Interpret und erfreut sich deshalb schon seit langen Jahren des künstlerischen Protektorats des Komponisten Dr. Richard Strauss, der heute als Präsident der Reichsmusikkammer und als Führer des Reichsstandes der deutschen Komponisten die deutsche Musikerschaft auch amtlich repräsentiert ... Es ist anzunehmen, daß der Entschluß des preußischen Ministerpräsidenten, dem Wiener Clemens Krauss die Leitung der Berliner Staatsoper zu übergeben, beim Präsidenten der Reichsmusikkammer denselben herzlichen Beifall finden wird, wie die letzte Kulturrede des Reichsministers Dr. Goebbels, zu der Richard Strauss dem Minister in einem Telegramm aus Holland die freudige Zustimmung ausgesprochen hat.«[34] Die Gestapo erkannte in diesem Bericht die Absicht, »Strauss in ein lächerliches Licht zu setzen und dann dem Ausland mit einem bedeutungsvollen Augenzwinkern zu sagen: seht, so macht man in Deutschland Kulturpolitik«.[35]

Der Fall Furtwängler-Hindemith war deshalb so interessant, weil die Nationalsozialisten hier klar aussprachen, daß politische Gesinnung über das Werk und die Sache zu stellen sei. Totalitäre Herrschaft beansprucht Gesinnungen; sie läßt keinen Raum für Bereiche, die nach anderen Maßstäben als denen der Politik beurteilt werden wollen. So drängt sie ihre Freund-Feind-Unterscheidung zuweilen auch ihren Gegnern auf. Als Furtwängler im Januar 1934 mit den Berliner Philharmonikern in London gastierte, kam es dort zu politischen Demonstrationen. Auch die Kritiken fielen kühl aus. Die Rezensenten priesen die technischen Qualitäten, das musikalische »Organisationstalent« des Dirigenten, vermerkten »raffinierte Tricks«, sahen darin, wie der Berichterstatter der »Frankfurter Zeitung« referierte, eine Art höheren Drill. Die Pianissimi der Geigen in der Siebten Symphonie von Beethoven klangen den Londoner Rezensenten befremdlich leise, jedenfalls anders, als der Rezensent der »Frankfurter Zeitung« sie gehört hatte: als »Sehnsucht nach Freiheit, Liebe und Erlösung ... Unverstandener

Furtwängler – das heißt in unserem Fall beinahe schon unverstandenes Deutschland.«[36] Der Bericht klang wie eine Beschwörung der britischen Kollegen: Hört doch nächstens besser hin, was wir sagen wollen!

Als Furtwängler 1933 für Bruno Walter und Otto Klemperer, 1934 für Paul Hindemith eintrat, tat er dies nicht nur den Kollegen oder der modernen Musik zuliebe, sondern aus Achtung vor der Autonomie der Kunst. Karl Silex, der damalige Chefredakteur der »Deutschen Allgemeinen Zeitung«, verstand den Fall Furtwängler als Analogie zu seiner eigenen Tätigkeit im Dritten Reich,[37] und ähnlich dürften auch die Redakteure der »Frankfurter Zeitung« gedacht haben. Sollten sie aufhören, deutschen Lesern Nachrichten zu verschaffen, solange sie noch ihre Zeitung hatten?

Die Bedeutung des Streites um den totalitären Wahrheits- und Gesinnungsanspruch des Regimes trat noch klarer in dem Fall Oncken zutage. Der Historiker Hermann Oncken galt den Nationalsozialisten nicht von vornherein als Gegner; er war ein Konservativer, der sich für einen nationalen Liberalen hielt. Fünf Jahrzehnte seines Lebens hatte er im Kaiserreich gelebt, nach 1918 zögernd die Republik akzeptiert, und 1933, nach der Gleichschaltung der Länder und der Auflösung der Parteien, hoffte er, daß die Ereignisse die Einheit der Nation befördern werden – trotz einiger allzu heftiger »Pendelschläge«.[38] 1934 waren diese Erwartungen Onckens zerstoben. In einem Vortrag über die nationalen Werte der Geschichte, den Silex in der »Deutschen Allgemeinen Zeitung« abdruckte und über den Kircher in der »Frankfurter Zeitung« berichtete,[39] warnte Oncken vor der Umwertung der Geschichte. Das richtete sich gegen den Versuch der Nationalsozialisten, Gestalten und Ereignisse der deutschen Geschichte umzudeuten und für sich zu beanspruchen. Oncken forderte eine Rückkehr zu den »reinen Quellen der Erkenntnis«. Als er am 10. Januar 1935 in Berlin einen zweiten Vortrag über »Wandlungen des Geschichtsbildes in revolutionären Epochen« hielt, druckte die DAZ ihn wieder ab. Kircher hob in einem Artikel hervor, was Oncken über die Wissenschaft gesagt hatte: Die Wissenschaftler sollten »Stellung nehmen«, aber nicht den Nationalsozialismus »interpretieren«.[40]

Am gleichen Sonntag, dem 3. Februar 1935, erschien im »Völkischen Beobachter« ein ganzseitiger Aufsatz von Walter Frank, dem Referenten für Geschichtswissenschaft im Stabe Alfred Rosenbergs. Er nannte Oncken einen grundsatzlosen Historiker, einen nie zu fassenden, im Kaiserreich, in der Republik und auch jetzt wieder eifrig mitmachenden, charakterlosen Wissenschaftler. Mit Oncken stellte Frank die ganze sich selbst betrügende »sogenannte objektive Wissenschaft« an den Pranger. Zweck der Attacke war wohl, die im Jahr 1933 zunächst ausgesparte Wissenschaft jetzt gleichzuschalten. Deshalb sollte in einem ihrer prominentesten Vertreter »die ganze Gelehrtenrepublik der liberalen Geheimräte diskreditiert und vernichtet werden, damit das Feld frei würde für die fällige Neuordnung der deutschen Geisteswissenschaft«.[41]

Kircher, der von Frank ebenfalls angegriffen worden war, veröffentlichte eine Woche später eine scharfe Replik, die auf zwei Argumenten aufgebaut war: Wissenschaft habe sich oft geirrt; das sei ihr nicht zum Vorwurf zu machen, nur solle niemand glauben, er selbst sei im Besitz sicherer Wahrheit. Und noch schärfer: Wer jung sei, könne sich noch nicht oft geirrt haben; darin liege kein Verdienst. Schließlich: Wissenschaft müsse ihren eigenen Prinzipien folgen dürfen, und diese seien etwas anderes als die Methoden der politisch Handelnden.[42] Wie Kircher im Falle Furtwängler auf der Autonomie der Kunst insistiert hatte, so pochte er nun auf Freiheit für die Wissenschaft.

Der »Völkische Beobachter« antwortete mit Vorwürfen, die sich gar nicht mit dem Thema beschäftigten, sondern die »Frankfurter Zeitung« selbst bedrohten: Das Blatt suche eine unterirdische Opposition zu sammeln und vermittle dem Ausland die Vorstellung, als ob in Deutschland das Ende der Geisteswissenschaften gekommen sei. Wie lange noch gedenke man in Frankfurt diese Irreführung des Auslands fortzusetzen? Die Frankfurter Redaktion beeilte sich, den gefährlichsten, nach Landesverrat klingenden Vorwurf entschieden zu bestreiten: Die Äußerung des »Völkischen Beobachters« ziele auf die Behauptung ab, die »Frankfurter Zeitung« rufe in deutschen Angelegenheiten das Ausland zu Hilfe. »Mit einer Unterstellung, die unsere Arbeit in dieser Weise zu verdächtigen wagt, setzen wir uns nicht auseinander.«[43] Die Vorwürfe des »Völkischen Beobachters« waren eine offene Falle. Näher auf sie einzugehen, verbot sich. Das hätte zu einer riskanten Erörterung des politischen Standpunkts der »Frankfurter Zeitung« geführt und bestenfalls damit geendet, dem Regime Loyalitätserklärungen abgeben zu müssen.

Von den deutschen Zeitungen war allein die »Frankfurter Zeitung« Hermann Oncken beigesprungen. Auf Betreiben Franks und mit Rückendeckung Alfred Rosenbergs unterband das Ministerium sofort Onckens Vorlesungen an der Berliner Universität und emeritierte ihn dann endgültig im Sommer 1935. Der Vorgang erregte weites Aufsehen: Er teilte das Lager der deutschen Historiker und wurde in ausländischen, besonders in Schweizer Zeitungen ausführlich erörtert. Er führte mittelbar auch zum Rücktritt Friedrich Meineckes von der Herausgeberschaft der »Historischen Zeitschrift«.

Die historische Forschung und der Geschichtsunterricht an den Schulen sind in ideologischen Auseinandersetzungen nicht zufällig eines der am heißesten umkämpften Gebiete, sei es, weil die Geschichte ausgewähltes Beweismaterial für Traditions-Konstrukte liefern muß, sei es, weil die Geschichte wegen der Vielfältigkeit ihrer Befunde als Bedrohung für die Eindeutigkeit geschlossener Weltanschauungen empfunden wird. So gibt es in allen politischen Systemen, die das Bewußtsein verändern wollen, ein gespaltenes Verhältnis zur Geschichte. Die »Frankfurter Zeitung« widmete dem Fach auch in den folgenden Jahren ihre Aufmerksamkeit, aber sie sprach zunehmend leiser. 1935, im Falle Oncken, wagte sie laut und vernehmlich gegen die parteiliche Geschichtsschreibung anzugehen; 1936 erinnerte sie an die Normen der historischen Forschung, was nur noch indirekt als Hinweis auf deren Verletzung zu verstehen war;[44] 1938 schilderte sie kommentarlos den neuen Geschichtsunterricht: »In der Unterstufe soll von ›großen Persönlichkeiten‹ erzählt werden, von Adolf Hitler, Hindenburg, Helden der NSDAP und des Weltkrieges, Bismarck, Königin Luise, Friedrich dem Großen, Maria Theresia, Prinz Eugen, Friedrich Rotbart, Heinrich dem Löwen, Karl dem Großen, Widukind, Armin. In der Oberstufe sollen ›Grundfragen des historischen Denkens‹ erörtert werden, zum Beispiel ›der Peloponnesische Krieg als rassevernichtender Bruderkrieg‹ oder ›die Punischen Kriege als Rassenkampf‹.«[45] Ein Kommentar war überflüssig.

Alle Auseinandersetzungen über Kunst und Geisteswissenschaften wurden überragt von jenem Streit, der alle Schichten des Volkes anging: dem Kirchenkampf. Es ging um mehr als um die Rechte der Kirchen, es ging um letzte Werte der Politik, um das Bild des Menschen. Bei der katholischen Kirche hatten es die Nationalsozialisten mit einem Gegner zu tun, der wie sie über eine mächtige Organisation verfügte, die letzte, die noch nicht gleichgeschaltet war. Dies heizte den Konflikt zusätzlich an.

Vor dem Ersten Weltkrieg hatte die Zeitung zu den Kirchen ähnlich gestanden wie zum orthodoxen Judentum: distanziert, aber nicht ablehnend. Die Redaktion litt nicht an dem Vorurteil des kontinentaleuropäischen Liberalismus gegen die Kirche. Ein historisch gebildeter Liberaler konnte nicht übersehen, daß die Begriffe Freiheit, Gleichheit, Brüderlichkeit weltliche Ableitungen der christlichen Lehre waren, in jedem Menschen Gottes Ebenbild zu ehren.

Nach 1933 zeigte die »Frankfurter Zeitung« offene Sympathie für die Kirchen. Im ersten Jahr von Hitlers Herrschaft hatte das Blatt hauptsächlich über die Kämpfe in der evangelischen Kirche bei der Machtübernahme der »Deutschen Christen« berichtet. Im Herbst

1934 verbot die Regierung den Zeitungen jede Berichterstattung darüber. Den Konflikt mit der katholischen Kirche als dem größeren und stärkeren Gegner hatte Hitler zunächst zurückgestellt. Mit dem Reichskonkordat vom Sommer 1933 meinte er die katholische Kirche zu politischem Stillhalten verpflichtet zu haben.

Nach der Märzwahl rangen im deutschen Episkopat zwei Richtungen miteinander darüber, wie man mit den neuen Machthabern umgehen solle: die eine arbeitete auf eine diplomatische Konfliktlösung hin, die andere zog die Fortsetzung des bisherigen, offenen Widerspruchs vor. Die gemeinsamen Hirtenschreiben der Bischöfe waren jedesmal anders ausfallende Kompromisse zwischen den beiden Ansichten. Die Zeitung berichtete über den fatalen Hirtenbrief der Fuldaer Bischofskonferenz von Ende März 1933, in dem die Bischöfe unter Berufung auf jüngste Zusicherungen Hitlers allzu eilig die bisherigen Warnungen vor der NSDAP als nicht länger notwendig erklärten.[46] Im Juni 1933 war in der Zeitung ein Auszug aus einem in ganz anderem Ton verfaßten Hirtenbrief aller deutschen Bischöfe zu lesen, der die begangenen Ungerechtigkeiten beklagte. Ohne die Juden mit Namen zu nennen, sprachen die Bischöfe von ihnen, und die »Frankfurter Zeitung« berichtete darüber – ungewöhnlich – in Fettdruck: »Wir glauben, so erklären die Bischöfe, daß eine Volkseinheit sich nicht durch die Blutsgleichheit, sondern auch durch die Gesinnungsgleichheit verwirkli-

Wandparole zum Kirchenkampf, Frankfurt 1934

chen läßt und daß bei der Zugehörigkeit zu einem Staatswesen die ausschließliche Bekennung der Rasse und des Blutes zu Ungerechtigkeiten führt.« In gleicher Weise forderten die Bischöfe Gerechtigkeit gegenüber politisch Andersdenkenden.[47]

Von 1934 an mehrten sich in der Zeitung Meldungen und Artikel über Ereignisse aus dem schon wenige Monate nach Abschluß des Konkordats ausgebrochenen Kampf. Die Redaktion berichtete – überwiegend in »Kurzen Meldungen« – über Verhaftungen von Pfarrern und Auseinandersetzungen mit der von Alfred Rosenberg geführten antireligiösen Bewegung. Die Zeitung trat offen – »Christen oder Heiden?«[48] – für die Sache der Kirchen ein. Um sich selbst nicht ohne Deckung auf dem umkämpften Feld bewegen zu müssen, nutzte sie jede Gelegenheit, Artikel aus Kirchenzeitungen zu zitieren und als »Nachricht« einem wesentlich größeren Publikum bekannt zu machen.

Aus den »Stimmen der Zeit«, der Zeitschrift der deutschen Jesuiten, referierte die Zeitung über einen Artikel von Max Pribilla S. J. über »Weltanschauung«: Der Begriff sei nicht scharf umrissen, und das erschwere die »Eruierung« der nationalsozialistischen Weltanschauung, bemerkte der Jesuitenpater trocken. Nur zwei Möglichkeiten gebe es: »Entweder ein und dieselbe Weltanschauung dem ganzen Volk aufzuerlegen; dann müsse sie so gefaßt werden, daß sie in nichts der religiösen Überzeugung der Katholiken und Protestanten widerspreche; oder man lasse verschiedene Varianten zu – nach Bedarf. Doch eine Weltanschauung, die die Absolutsetzung des Volkstums fordere, sei für den Katholiken und den Protestanten nicht vorstellbar.«[49]

Am Tag darauf nutzte die Zeitung eine Kampagne der NS-Presse gegen den Bischof von Berlin, Bares, um auf einen Artikel aus seiner Feder im Berliner Kirchenblatt aufmerksam zu machen: Als Bischof habe er »auf die unheildrohende Lage hinzuweisen«, wenn »der Fürst der Welt« das Licht Christi auslöschen und sein Reich zerstören wolle. Die Zeitung stellte es als begreiflich dar, daß sich die beiden Kirchen mit der »Propagierung einer antichristlichen, neuheidnischen Weltanschauung« auseinandersetzten, und stellte die rhetorische Frage, ob der von der katholischen Kirche heftig abgelehnte »Mythus des 20. Jahrhunderts« von Alfred Rosenberg die geistige Entwicklung des deutschen Volkes bestimmen solle.[50] Am Pfingsttag 1934 stellte Kircher die Frage, »ob die Idee des Nationalsozialismus eine Bekämpfung des Christentums als deutscher Glaubens- und Weltanschauungsgrundlage oder die Bekämpfung der Kirchen als Vermittler dieses Glaubens notwendig oder unvermeidlich macht«. Adolf Hitler und führende Nationalsozialisten, darunter Dr. Goebbels, hätten das ver-

Staat und Kirche.

RK Berlin, 19. Mai.

Der heimtückische Frager muß wohl etwas enttäuscht gewesen sein, als er die Antwort erhielt: „Gebt dem Kaiser, was des Kaisers ist, und Gott, was Gottes ist." Während zweier Jahrtausende ist diese Weisheit auf mancherlei Art erprobt worden, ohne daß es je möglich gewesen wäre, wenn Staat und Kirche nicht identisch waren, mit ihrer Hilfe die Schwierigkeiten aus der Welt zu schaffen. Wieder ist es jene alte Frage, vor der wir heute stehen, und wiederum bietet uns die Antwort, die Jesus in seiner Bedrängnis gab, nur den Zielpunkt für eine Lösung, nicht diese selbst. Ein Staat, der mit dem alles umfassenden Anspruch des Nationalsozialismus auftritt, kann es nicht leicht haben, eine Grenze dort zu finden, wo sie nicht vorhanden ist, weil sein politischer Inhalt fast unmerklich in den Bereich des metaphysischen überfließt. Aber selbst wenn der Anspruch nicht so weit geht wie im Dritten Reich, muß der Staat, wenn er seine soziale Ethik und seine Rechtsnorm festlegt, aus der gleichen Quelle schöpfen, deren sich die Seele bedient, die nach dem Jenseitig Absoluten strebt. Trotzdem — oder gerade deshalb — hat es noch niemals an Konflikten gefehlt zwischen den Geboten, die der Staat für unentbehrlich hielt, und den Bekenntnissen, durch welche die Kirchen dem metaphysischen Sehnen eine sichere Richtung und Deutung zu geben bestrebt sind.

Die Bereitschaft.

Der christlichen Religion ist es gelungen, dem deutschen Volk eine Vorstellungswelt und einen kulturellen Reichtum zu vermitteln, von der sich nur wenige, die je davon berührt wurden, leichten Herzens trennen wollen oder können, selbst wenn die weltliche Macht sie je zu anderem Handeln zu zwingen versuchte. Die Intensität des religiösen Erlebens ist freilich sehr verschieden und deshalb auch die Möglichkeit, über Hemmungen hinwegzukommen, die sich aus Theorie und Praxis unserer historischen kirchlichen Institutionen und Bekenntnisse vielfach ergeben mögen. Daß die neue Zeit, an deren Anfängen der Weltkrieg stand, außer dem mächtig verstärkten Drang nach neuer staatlicher und nationaler Gemeinschaft eine wachsende metaphysische Bereitschaft mit sich brachte, ist nicht schwer zu erkennen. Noch leichter ist einzusehen, daß die Kirchen und ihre Verwalter dieser Änderung nur mangelhaft gewachsen waren. Das reiche Maß seelischer Bedürfnisse unserer Nation, das dem Nationalsozialismus seinen gewaltigen Aufschwung sichern half, ließ vor anderthalb Jahren geradezu eine neue Blüte religiösen und kirchlichen Lebens erwarten. Es ist bisher in nur bescheidenem Maß dazu gekommen, denn wenn heute viele Kirchen überfüllt sind und manche Predigten von Zehntausenden mit Eifer gelesen werden, ist das vielfach kein Anzeichen einer wahrhaft gesteigerten innerlichen Anteilnahme am kirchlichen Kult, sondern es entspringt nicht selten der Neigung, einer spannenden Dramatik nahe zu sein. Das ist nicht nur die Position ausländischer Berichterstatter, sondern man begegnet dem auch im Inland. Für niemanden ist dies weniger erwünscht als für die Wortführer der Kirchen selbst, die in ihrem Ringen entwaffnet sehen, wenn nur der Anschein politischer Nebengedanken auf sie und ihre Gemeinde fällt. Aber dennoch: die Gewißheit bleibt, daß viele Zehntausende den Kirchen heute auch innerlich näher gerückt sind und an ihrem Ringen teilhaben, — sei es auch nur, weil man manche Dinge dann erst erkennen und schätzen lernt, wenn man die Gefahr sieht, sie zu verlieren.

Sind die Kirchen bedroht?

Ist die Religion, sind die Kirchen bedroht in Deutschland? In der Tat, diese Frage bewegt heute einen nicht kleinen Teil des Volkes. Daß Kämpfe im Gange sind, wird jedermann, aber die Tatsache eines Kampfes ist an sich ebensowenig ein Beweis einer wirklichen Gefahr wie der Notwendigkeit des Kämpfens. Das eine gilt uns als gewiß: Wären die Kirchen in ihrem innersten Kern bedroht oder auf gefährliche Weise angegriffen, so vermöchte nichts dem Kämpfen Einhalt zu bieten als Sieg oder Vernichtung, denn im Kampf solcher Art wäre die oberste Pflicht aller Geistlichen und aller Gläubigen. Nichts könnte uns davor bewahren, obwohl jedermann deutlich sieht, daß das Letzte, was eine Nation in ihrem Wiederaufstieg brauchen, um ihre Existenz ringt, sich wünschen könnte, ein Kampf um das religiöse Erbe vieler Jahrhunderte wäre. Sind aber die Kirchen, ist der christliche Glaube, ist die geistige Grundlage der auf christlichem Boden erwachsenen Nation wirklich bedroht?

Wir reden nicht davon, ob wir in einer Epoche leben, in der die Verwirklichung der christlichen Gebote durch die Zeitumstände begünstigt wird oder nicht. Eine kämpferische Zeit trägt ihre eigenen Gesetze in sich. Wir brauchen bloß an den Weltkrieg zu denken, der einen Tiefpunkt für die Verwirklichung mancher christlicher Lebensregeln darstellte, — wofür man gewiß den Nationalsozialismus nicht verantwortlich machen kann. Unsere Gegenwart ist hart und rauh. Wie uns scheint, härter und rauher in mancher Beziehung, als für die Erreichung des Zwecks nötig wäre. Aber darauf kommt es in diesem Zusammenhang nicht an. Alles scheint uns dagegen darauf anzukommen, ob die Idee des Nationalsozialismus eine Bekämpfung des Christentums als deutscher Glaubens- und Weltanschauungsgrundlage oder die Bekämpfung der Kirchen als Vermittler dieses Glaubens notwendig oder unvermeidlich macht. Adolf Hitler und zahlreiche führende Nationalsozialisten, darunter Dr. Goebbels, haben das verneint, indem sie erklärten, daß das Dritte Reich auf christlicher Grundlage errichtet werden soll. Das Gewicht dieser Erklärung ist umso schwerer, als der Artikel 24 des nationalsozialistischen Parteiprogramms den Satz enthält: „Die Partei als solche vertritt den Standpunkt eines positiven Christentums, ohne sich konfessionell an ein bestimmtes Bekenntnis zu binden." Staat und Partei gelten als identisch, — wären sie es nicht: Adolf Hitler verkörpert beides in seiner Person. Sein Wort gilt. Wollte er etwas anderes als eine christliche Grundlage, so müßte er zum Religionsstifter werden, und das hat er ausdrücklich in einer seiner großen Reden weit von sich gewiesen. Was der Führer des Nationalsozialismus von sich weist, würde keinem aus seiner Gefolgschaft anstehen. Soll es aber bei der christlichen Grundlage bleiben, dann sind die Kirchen der beiden Konfessionen nicht zu entbehren, selbst wenn sich einiges an ihnen in administrativer oder dogmatischer Beziehung aussetzen läßt.

Der Grund des Mißtrauens.

Freilich, die heute selbstverständliche Voraussetzung ist und bleibt, daß sich die Kirchen jeder politischen Betätigung enthalten. Es liegt an der Vergangenheit und an der Unvollkommenheit der Einzelmenschen, wenn es den Kirchen, vor allem der römisch-katholischen Kirche, nicht leicht fällt, sich vom Verdacht zu befreien, sie sei immer noch mit politischen Dingen befaßt. Was jeder einzelne Mensch in seinem geheimsten Herzen denkt, ist schwer zu ergründen, aber man kann den Kirchenführern gewiß glauben, wenn sie versichern, daß sie aufs äußerste bestrebt sind, alles Politische beiseite zu lassen. Auch in einer streng hierarchischen Ordnung ist nicht immer, einen solchen Grundsatz bei jeder einzelnen der nachgeordneten Instanzen sicherzustellen. Die hierarchische Ordnung, die Kirchendisziplin garantiert aber, daß sich Befehl der Spitze mehr und mehr durchsetzt. Schon deshalb, weil es ein Wahnsinn wäre, anders zu verfahren! Bis zur restlosen Durchsetzung sind Zwischenfälle unvermeidbar, — und damit Anlaß zum Mißtrauen auf der Seite der Staatsführung. Umgekehrt ist ein kirchliches Mißtrauen verständlich, wenn es einflußreiche Kreise gibt, die den erwähnten Artikel 24 für seine Person nicht gelten lassen, sondern statt dessen eine unverhohlene antikirchliche und antichristliche Propaganda entfalten. Was hilft die Gewißheit, daß sich eine solche Tätigkeit weder auf das Parteiprogramm noch auf den Führer der NSDAP und des Staates berufen kann? Ist die antichristliche Tätigkeit, ist das Bestreben mancher Kreise, die nationalsozialistische Lehre zur Religion zu erheben und an die Stelle des kirchlichen Bekenntnisses zu setzen, deshalb weniger gefährlich in den Augen der kirchlichen Führer?

Notwendigkeit der Diskussion.

Der Totalitätsanspruch der nationalsozialistischen Bewegung muß notwendigerweise zu der Tendenz führen, die Wellen des nationalsozialistischen Geistes bis in den hintersten Winkel des deutschen Lebens und Denkens zu tragen. Nicht so sehr wegen irgendeiner Doktrin oder wegen der Absicht, alle Dinge und Begriffe umzustürzen, sondern weil der nationalsozialistische Mensch mit anderen Augen sieht und weil deshalb für ihn tatsächlich die Welt ein anderes Aussehen hat. Nicht zuletzt auch, weil ihn sein Temperament vorwärts treibt. Wenn man sich obendrein der Tatsache bewußt ist, daß das menschliche Leben in sich selbst eine Totalität darstellt: daß es kaum möglich ist, hermetische Scheidewände zwischen den einzelnen Lebensbereichen zu ziehen, kann man über die Schwierigkeiten, die sich aus der Polarität „Staat und Kirche" ergeben müssen (und sich im Lauf der Jahrhunderte ja auch immer ergeben haben), kaum ein Zweifel sein. Jenes programmatische Bekenntnis zum positiven Christentum kann zwar entscheidend dazu beitragen, die Schwierigkeiten zu verkleinern, aber sie sind damit gewiß nicht aus der Welt geschafft — ebensowenig wie sie sich in der Frage der Jugendverbände erschöpfen. Man braucht bloß an gewisse Auffassungen zu denken, die sich aus den moralischen, naturrechtlichen Katholizismus-Ueberzeugungen ergeben (beispielsweise in bezug auf die Sterilisation), um zu wissen, daß die Debatten im Dritten Reich auch dann nicht verstummen werden, wenn das Konkordat in allen seinen Teilen für Staat und Kirche befriedigend durchgeführt, oder wenn der unglückselige Konflikt beendet sein wird, der die protestantischen Gemüter seit Monaten belastet. Eine Weltanschauung oder gar eine Lebenspraxis, die in erster Linie aus der Idee „Volk und Staat" ihre Kraft und ihre Ziele nimmt, muß notwendigerweise von anderer Art sein als ein Denken und Fühlen, das aus dem Metaphysischen entsprungen ist und dorthin zurückstrebt. Aber ist es nicht eine ewige Wahrheit, daß der Mensch zwei Seelen in seiner Brust hat, — und daß die große Tat der Lebensvollendung für uns alle darin besteht, uns aus dieser Zerrissenheit das Gefühl der Einheit zu erkämpfen? Kann es also ein unerträglicher Gedanke oder ein unlösbares Problem sein, wenn zwei Ebenen sich schneiden, — wenn zwei Strömungen zusammentreffen, so wie sich Natur und Geist in ewigem Wechselspiel begegnen, bekämpfen und schließlich doch versöhnen?

Konkordat oder Staatsverbundenheit.

Die Aufgabe, Staat und Kirche miteinander in Einklang zu bringen, ist eine Notwendigkeit, die für uns eine Erbschaft der Jahrtausende ist. Die jeweiligen Lösungen sind sehr verschieden gewesen. Bald waren Staat und Kirche identisch, bald lebten sie in unversöhnlicher Feindschaft, bald in sorgfältiger, aber friedlicher Trennung. Die Entwicklung hat es für Deutschland mit sich gebracht, daß für die protestantische Kirche ein grundsätzlich anderes Verhältnis zu schaffen war als für die katholische, für die nur der Weg des Konkordats in Betracht kam. Es hat allerdings eine Zeit gegeben, in der auch die protestantische Kirche auf den Weg des Konkordats gedrängt wurde, nämlich durch die Weimarer Verfassung, die den Staat auch von der protestantischen Kirche losgelöst hatte. Diese Trennung wurde damals von vielen als ein kleineres Uebel empfunden; als größeres stand die staatlich organisierte Kirchen- und Gottlosigkeit in greifbarer Nähe. All diese Fragen mögen umstritten sein, aber sicher ist dies: daß die vorherrschende protestantische Meinung die Trennung von Staat und Kirche als einen unerträglichen Widerspruch zum protestantischen Bekenntnis und zur Lehre Luthers betrachtet hat und noch betrachtet. Nach dieser Auffassung ist die protestantische Kirche ein S t ü c k d e s d e u t s c h e n S t a a t e s, wenn sie auch in ihm als die Gemeinschaft der Gläubigen einen in sich geschlossenen geistigen Raum einnimmt, welcher der staatlichen, also politischen Einwirkung entzogen bleiben muß. Das Schicksal des Staates, seine jeweilige Form und sein geistiger Inhalt sind für die protestantische Kirche von ganz u n m i t t e l b a r e r Bedeutung, während umgekehrt der Staatsmann und Politiker sich bewußt sein muß, daß angesichts dieser Verbundenheit das Allerheiligste des protestantischen Lebens in seiner unmittelbarsten Nähe ist und darum aller erdenklichen Rücksicht bedarf. Will der Protestant aber der Lehre, die ihm Luther gegeben hat, treu bleiben, so wird er die jeweilige Konsequenz der Staatsverbundenheit willig tragen müssen, — bis an die Grenze, die das Gewissen zieht, die aber unmöglich bereits da ist, wo Unbequemlichkeiten fühlbar werden.

Friede tut not.

Staat und Kirche, der Staat des Nationalsozialismus und die beiden repräsentativen Kirchen Deutschlands, bedürfen bringend des F r i e d e n s. Das ist die Voraussetzung ihrer Arbeit und ihres Glück s. Unlösbar wäre das Problem nur, wenn entweder der nationalsozialistische Staat entschlossen wäre, die Kirchen zu vernichten oder wenn die Kirchenführer der Ueberzeugung wären, daß sie mit diesem Staat um keinen Preis in Frieden leben können oder wollen. Beides ist nicht der Fall, wenn es auch hier oder dort Einzelmeinungen solcher Art geben sollte. Beides ist, wie gesagt, nicht der Fall, denn auf der einen Seite steht jener Artikel 24 als unverrückbare Grundlage des Nationalsozialismus: das Bekenntnis zum positiven Christentum, — und wer vermöchte das zu verwirklichen ohne die Kirchen? Auf der anderen Seite steht die weder im Inland noch gar im Ausland genügend beachtete Tatsache, daß die Gläubigen beider Konfessionen in ihrer überwältigenden Mehrheit N a t i o n a l s o z i a l i s t e n (man betrachte gerade daraufhin die führenden Persönlichkeiten des Pfarrernotbundes!) oder doch loyale F ö r d e r e r des neuen Reichs im Sinne der Reichstagswahlen vom 12. November 1933 sind. Es steht insbesondere auch für die Politik der Kurie fest, daß sie mit dem nationalsozialistischen Staat (nicht mit jedem einzelnen redenden, schreibenden oder handelnden Parteimitglied) im Frieden leben möchte, und zwar in dem Frieden, der feierlich im Konkordat festgelegt wurde. Ist unsere Auffassung in all diesen Punkten richtig, so ist nicht einzusehen, warum nicht ein für alle Beteiligten ehrenvoller und segensreicher F r i e d e geschlossen und gehalten werden könnte. Es ist nicht immer leicht, Frieden zu halten, — das Diesseitige und das Jenseitige sind auf eine wundersame Weise miteinander verschlungen, die Grenzen zwischen Staat und Kirche sind flüssig, aber die Spannung, die sich daraus ergibt, hat eine produktive Kraft. Alles wahrhafte Ringen ist ein Geschenk des Himmels. Die Menschen bedürfen freilich der Klarheit über das, was sie trennt und worüber sie ringen, aber auch der Klarheit über das, was sie alle einigt.

Vergessen wir nicht: Luther hat seine Forderungen in gleichem Atem gegen die geistliche und gegen die weltliche Macht gerichtet. Was er dem damaligen Kirchenregiment zu sagen hatte, ist unvergessen, — den weltlichen Machthabern aber sagte er dies: „Der Kaiser soll unter Gott bleiben und seines gemessenen Befehls ebensowohl wie alle Kreaturen warten, denn Gott will allhier, das ist in der Kirche, allein reden und keinen anderen Herrn". Luther war ein treuer Diener seiner b e i d e n Herren.

neint, als sie erklärten, daß das Dritte Reich auf christlicher Grundlage errichtet werden solle. Ihrem Parteiprogramm nach stehe die NSDAP auf dem Standpunkt eines »positiven Christentums«. Und mit List: »Staat und Partei gelten als identisch; wären sie es nicht: Adolf Hitler verkörpert beides in seiner Person. Sein Wort gilt. Wollte er etwas anderes als eine christliche Grundlage, so müßte er zum Religionsstifter werden, und das ... hat er ausdrücklich in einer seiner großen Reden weit von sich gewiesen.« Was aber Hitler von sich weise, könne keinem aus seiner Gefolgschaft anstehen – so drehte Kircher den Spieß gegen Rosenberg um.[51]

Der Beitrag über den antichristlichen Aspekt der nationalsozialistischen »Weltanschauung« erhielt zusätzliche Kontur durch einen Beitrag des römischen Korrespondenten Nikolas Benckiser in der nächsten Ausgabe. Die Redaktion stellte ihn mit einem Vorspruch in eine Beziehung zu Kirchers Artikel und lud die Leser auf diese Weise zu naheliegenden Vergleichen mit Deutschland ein. Benckiser behandelte das Verhältnis von Faschismus und Kirche in Italien. Am Pfingsttag seien zum ersten Mal nach Abschluß der Lateranverträge bei der Heiligsprechung des italienischen Geistlichen und Pädagogen Don Bosco geistliche und weltliche Macht gemeinsam aufgetreten: der Thronfolger bei der Feier im Petersdom und die Kardinäle auf dem »Kapitol Mussolinis«. Benckiser beschrieb den befriedigenden Zustand des Verhältnisses der beiden »Autoritäten« in Italien und machte zum Schluß darauf aufmerksam, daß der eigentliche Gegner bei der Neuregelung des Verhältnisses von Staat und Kirche nicht so sehr die Faschisten gewesen seien, sondern die laizistischen Liberalen. Natürlich gebe es unbestreitbare Gegensätze zwischen Faschismus und Kirche, aber »in Rom haben schon viele Gegensätze sich in Harmonie vereinigt und neue Dinge eine alte Form finden können«.[52]

Der Kunstgriff, die Partei auf Äußerungen ihrer Führer festzulegen, wenn dies der Opposition half, wurde in der Zeitung in den ersten beiden Jahren oft angewandt. »Dabei ist die ›Frankfurter Zeitung‹ so geschickt, in all diesen Dingen, sei es kirchlicher Art, sei es staatspolitischer Art, sei es rassepolitischer Art, sich auf die Bestimmungen von Reichsgesetzen oder auch von Anweisungen von Ministern oder Parteidienststellen zu stützen und diese, wo nur irgend möglich, gegeneinander auszuspielen«, hieß es in einem Gestapobericht zu einem von Kirchers Kirchenkampf-Artikeln.[53] Als der Reichserziehungsminister Rust vor dem preußischen Staatsrat von der christlichen Ethik sprach und das Wort vom »positiven Christentum« wiederholte, war Kircher sofort dabei, an diese Äußerung die Überlegung zu knüpfen, daß die Ethik des Christentums seine Besonderheit ausmache; diese Ethik stehe und falle mit dem Christentum selbst.⁵⁴ Und als ein Kreisleiter im Saargebiet, das seit Januar 1935 wieder zum Reich gehörte, erklärte, er werde »keine Versammlungen und Propaganda von sogenannten neuen Glaubensbewegungen dulden«, denn deutsche Christen seien alle, die sich zu ihrer Konfession bekennten, kam er mit dieser Äußerung sofort ins Blatt.⁵⁵

Um den Wert der christlichen Ethik für die menschliche Gesellschaft begreiflich zu machen, entschloß sich die Redaktion zu einer Reihe von Artikeln, die exemplarisch zeigen sollten, was der christliche Glaube an wohltätigen Wirkungen für die Welt hervorbringe. Im Juni 1934 begann eine Reihe von Lebensbildern mit dem Sammeltitel »Christliche Gestalten« zu erscheinen, die bis in den Winter fortgesetzt wurde. Wilhelm Hausenstein hatte die Serie angeregt. Dargestellt wurden unter anderem Johann Heinrich Wichern, Joseph Görres, Sören Kierkegaard, Friedrich Schleiermacher, Adolf Kolping und Paul Gerhardt. Beim Erscheinen des ersten Artikels über Henry Newman (von Otto Karrer) teilte die Redaktion mit, die Artikel wollten zeigen, was »christliche Stellung zur Welt zu sein und als Dienst an der Gemeinschaft zu tun vermochte«. Alle Artikel waren strikt historisch, von Wissenschaftlern verfaßt; es gab keine Anspielungen auf die Gegenwart. Daß sorgfältig bearbeitete religiöse Lebensbilder in einer liberalen Tageszeitung erschienen, mußte dennoch auffallen, und daß sie im politischen Teil des Blattes erschienen, nicht im Feuilleton, noch mehr.

Einzelne Redaktionsmitglieder stellten im Verlauf des Kirchenkampfes das pseudoreligiöse Gehabe der Nationalsozialisten heraus. Ein Leitartikel machte auf die Sprache der NSDAP aufmerksam, auf den »unbändigen« und »unerschütterlichen Glauben« an Deutschland, an das deutsche Volk, an Adolf Hitlers »Sendung« und auf andere Wendungen, mit denen die Nationalsozialisten sich bemühten, ihre »Weltanschauung« als Glaubenssurrogat einzuführen und Gefühle zu erregen, die sie von der Religion borgten, »ohne Religion zu ersetzen oder selber sein zu können und zu wollen«.⁵⁶ Im Juni 1935 feierte die Partei zum ersten Mal ihr neues Kultfest der Sommersonnenwende. Die Zeitung sah sich veranlaßt – vermutlich auf Weisung –, die Heidelberger »Thing-Stätte« auf dem Heiligenberg aufzusuchen. Bernhard Diebold von der Feuilletonredaktion beschrieb die nächtliche Feier, die Scheinwerfer, den Einmarsch der Fahnen, den »monotonen« Takt der Trommeln und die Rede von Goebbels. Ein anderer Bericht schilderte den Auftritt Görings bei einer ähnlichen Veranstaltung auf dem Hesselberg bei Nürnberg, mit einem interessanten Unterschied: In Heidelberg beanspruchte Goebbels Gott für die Partei, in Nürnberg redete Göring von dem Glauben der Germanen, vom Glauben an Hitler und vom Glauben an die Zukunft – was Kircher zu der Frage veranlaßte, ob dieser Glaube nun das Christentum entbehrlich mache. »Das ist die Frage, die Millionen von Deutschen, von echten, erprobten und opferbereiten Deutschen stellen und die sie verneinen.«⁵⁷

Kircher gehörte nicht zu denen in der Redaktion, die als gläubige Katholiken oder Protestanten bekannt waren. Er war einer jener Liberalen, die glaubten, nicht glauben zu können. Doch nach dem Befund in den Gestapoakten hat keiner in der Redaktion in diesen ersten Jahren der Diktatur so beharrlich und so entschieden wie Kircher dafür gestritten, daß die Kirchen und der christliche Glaube nicht aus dem Leben der Nation verdrängt werden. Kircher schrieb seine kirchenpolitischen Artikel nicht von einem kirchlichen, sondern vom politischen Standpunkt aus: Aus politischen Gründen müsse das Politische eine Grenze haben.⁵⁸ Das eben war der Streitpunkt. Das Wesen des Totalitären ist sein usurpatorischer Anspruch auf Unbegrenztheit. Dem die Stirn zu bieten, darin waren sich die Kirchen und der aufgeklärte Liberalismus einig.

Sonnenwendfeier in den Müggelbergen, 1935

Heinrich Himmler bei einer Sonnenwendfeier, 1937

Dolf Sternberger arbeitete die pseudoreligiöse Seite der Propaganda anhand eines Treffens der Hitlerjugend im Oktober 1935 in Limburg heraus. Die höchsten HJ-Führer versuchten hier, die Jugendorganisation der Partei zum Kampf gegen die kirchlichen Jugendverbände zu mobilisieren. Der religiöse Anspruch kam besonders in einer Rede des Reichsjugendführers Baldur von Schirach zum Ausdruck, die mit dem Satz schloß: »Wer Hitler dient, dient Deutschland, wer Deutschland dient, dient Gott.« Plakativ stellte die Redaktion das blasphemische Wort in die Überschrift des Berichtes aus Limburg.[59] Kircher griff es am nächsten Tag auf und stellte die Frage, ob wirklich Volksdienst an die Stelle des Gottesdienstes treten solle. Nur im religiösen Abstand zu den irdischen Zwecken könnten die sittlichen Maßstäbe für das Handeln gefunden werden; das gelte auch für den Dienst am eigenen Volk und Land.[60]

Boshaft glossierte Dolf Sternberger im Jahr 1936 eine kultisch inszenierte Feierstunde mit Fahnen, Scheinwerfern und Fackeln bei der Vereidigung von 700 BDM-Führerinnen im Hof des Berliner Pergamonmuseums. Er spottete über die Theatereffekte um einen antiken Götteraltar. »Eine stimmungsvolle Bühne«, so schloß er, »aber das Leben der Bühne ist ja das des Scheins.«[61] Die Zeitung wurde dafür in der Pressekonferenz gerügt, aber mehr wollte das Propagandaministerium, sehr zum Mißfallen der Reichsjugendführung und des Gestapoamtes, gegen die »Frankfurter Zeitung« nicht unternehmen.[62]

»2 500 SA-Männer bilden ein Sonnenrad.« Sonnenwendfeier im Berliner Olympiastadion, 1938

Es gab dauernd Konfliktfälle zwischen Partei und Kirche, die die Zeitung aufgriff. In Rostock war ein Prälat zu anderthalb Jahren Gefängnis verurteilt worden, weil er »schlimme Dinge« über den Nationalsozialismus gesagt hatte. Der DNB-Meldung über den Prozeß war zu entnehmen, daß der Geistliche in einem Gespräch mit drei Studenten Abfälliges über Rosenbergs »Mythus« gesagt hatte, in der »Annahme, ihnen seelsorgerliche Beratung leisten zu müssen«; darüber fertigten die Studenten hinterher ein »Protokoll«. Kircher packte der Zorn: »Das Urteil selbst läßt sich ohne Kenntnis der Akten natürlich nicht nachprüfen. Wir müssen uns an das halten, was in jener kurzen Nachricht authentisch festgelegt wurde: Der Prälat ist absichtlich zur falschen Annahme gebracht worden, als suchten junge Katholiken seinen seelischen Beistand. Diese jungen Leute waren aber gekommen, um ihm eine Falle zu stellen. Was immer der Geistliche gesagt oder gedacht haben mag und wie ernst auch immer die jungen Leute es mit ihren politischen und weltanschaulichen Überzeugungen halten mögen – nichts rechtfertigt ein Vorgehen wie dieses, denn es ist von der Methode des agent provocateur kaum mehr unterscheidbar. Diese jungen Menschen, die vielleicht glauben, sich ein Verdienst erworben zu haben, sollten darüber belehrt werden, daß sie noch schlimmer gehandelt haben als viele jener Denunzianten, die in zahlreichen Erklärungen hoher Parteistellen stets mit erfreulicher Schärfe zurückgewiesen worden sind.«[63]

Er habe SS-Gruppenführer Heydrich, dem Chef des Preußischen Geheimen Staatspolizeiamtes, »Vortrag gehalten«, so notierte sich der Abteilungsleiter der Gestapo für Presse, Dr. Gotthard, zwei Tage später, am 19. April. Heydrich habe zunächst »Beschlagnahme« verlangt. »Ich riet ab, wegen geschickter Formulierung, die ein Zufassen kaum möglich machte. Ich habe auf Weisung des Gruppenführers das Prop. Min. (Referent vom Dienst Köhl) auf den Artikel hingewiesen, der morgen Herrn Staatssekretär Funk vorgetragen wird. Prop. Min. wird Beurteilung und etwaige Maßnahmen mitteilen.«

Was wollte Heydrich mit »Beschlagnahme«? Die Ausgabe der Zeitung war seit zwei Tagen verbreitet. Also Beschlagnahme des Verlags und Schließung der Zeitung? Das Propagandaministerium antwortete nicht. Nach fünf Tagen eine Aktennotiz Gotthards: bisher keine Stellungnahme. Nach zehn Tagen erneute Anfrage im Propagandaministerium. Am 29. April notierte sich Gotthard auf das Aktenstück: »Prop. Min. (Dr. Köhl) teilt mit, daß Staatssekretär Funk den Artikel *nicht* für beanstandenswert halte.« Funk hatte wieder einmal einen Vorstoß gegen die »Frankfurter Zeitung« abgewehrt.[64]

Die erste Phase des Kirchenkampfes, in dem es vor allem um die Zurückweisung des ideologischen Anspruchs der NS-Weltanschauung ging, stellte in der katholischen Kirche die Geschlossenheit zwischen Episkopat, Klerus und Kirchenvolk wieder her, die zeitweilig durch die taktisch-diplomatischen Manöver der Bischöfe strapaziert worden war. Von 1934 an standen die Bischöfe wieder im Kampf gegen die Ansprüche des »Neuheidentums«. Nachdem die Partei eingesehen hatte, daß sie der Kirche ideologisch nicht beikommen konnte, suchte sie nach anderen Mitteln. Man wollte den Klerus diffamieren und im Kirchenvolk Unsicherheit über Bischöfe und Priester verbreiten. Die Gestapo erhielt Auftrag, Belastungsmaterial zu sammeln.

Die neue Kampagne spielte sich in zwei Etappen ab, beide Male in der Form von Schauprozessen nach kommunistischem Vorbild. Die Kampagne gegen die Kirche wurde mit Hilfe einer alles in den Schatten stellenden Prozeßberichterstattung geführt, die das Propagandaministerium den Zeitungen und dem Rundfunk verordnete. Die erste Prozeßwelle begann im Mai 1935 und betraf insgesamt etwa sechzig Klöster, deren Beauftragte gegen Devisenbestimmungen verstoßen hatten, die, noch von der Regierung Brüning erlassen, im Dritten Reich drastisch verschärft worden waren. Da die Provinzen katholischer Ordensgenossenschaften vielfach nicht mit den Staatsgrenzen übereinstimmten und die Häuser oder Klöster einer Genossenschaft gewohnt waren, sich gegenseitig auszuhelfen, traf sie das Verbot des Transfers von Devisen und Wertpapieren ziemlich hart, und viele Häuser setzten sich über die Devisenvorschriften hinweg. Beraten wurden die Klöster dabei von dem Berliner Bankier Dr. Hofius von der Universum Bank, der rechtzeitig hatte fliehen können. Alle Verstöße gegen die Devisenvorschriften dienten dem Schutz der Klöster vor Vermögensschäden durch den staatlichen Dirigismus.

Der erste, in Berlin gegen Kölner Vinzentinerinnen geführte Prozeß beleuchtet die Situation. Eine der Schwestern hatte versucht, 200 000 Reichsmark über die Grenze nach Holland zu schmuggeln. Damit sollte ein Kredit aus dem Jahre 1926 vorzeitig zurückgezahlt werden, um durch Umschuldung die Last der Zinsen zu verringern. Der Umstand, daß die Schwester nicht im eigenen Interesse gehandelt habe, so die Urteilsbegründung, bewahrte sie vor der Höchststrafe. Sie wurde zu fünf Jahren Zuchthaus verurteilt. Das Übermaß der Strafe sollte offensichtlich dazu dienen, den Schwestern den Ruf schwerster Verbrechen anzuhängen. Am nächsten Tag endete ein zweiter Prozeß vor demselben Gericht und wegen der gleichen Vergehen gegen zwei Augustinerinnen mit derselben schweren Strafe.[65] Die Devisenprozesse erreichten ihren Höhepunkt, als im November 1935 der Bischof von Meißen, Legge, und sein Generalvikar vor dem Berliner Landgericht standen, weil die Finanzverwaltung des Bistums auf Rat von Dr. Hofius Beträge zur Rückzahlung einer 1926 aufgenommenen Anleihe ohne Erlaubnis nach Holland transferiert hatte.[66]

Die Zeitungen hatten Befehl, über die Prozesse in der ausführlichsten Weise zu berichten und diese Berichterstattung mit einer »Aufklärungsaktion« zu begleiten, in der die Abscheulichkeit der Verbrechen, die niedrige Gesinnung der Täter und die Folgen für Volk und Staat hervorgehoben werden sollten. Dabei sollte versichert werden, daß sich die Prozesse nicht gegen die Kirche richteten. Die Berliner Redaktion der »Frankfurter Zeitung« berichtete ausführlich über die mündliche Verhandlung, beschränkte sich aber auf das, was vor Gericht gesagt worden war. Die vom Propagandaministerium geforderte »Aufklärungsaktion« unterblieb. Gunter d'Alquen, Chefredakteur des »Schwarzen Korps«, nannte die angeklagten Ordensleute Urkundenfälscher, meineidige Lügner, die im Schutze des geistlichen Kleides Volk und Staat schädigten; der »Völkische Beobachter« schrieb von einem »Übermaß der Unsauberkeit«. In solcher Lage trocken zu berichten, was Ankläger und Angeklagte vorzubringen hatten, auf jede Beschimpfung der Angeklagten und auf jedes Lob für das Urteil zu verzichten – das war Kritik, nicht heimliche, sondern offene Kritik.

Die Zeitung zitierte auch nicht, was die NS-Blätter zu den Prozessen schrieben, sie zitierte statt dessen, was in der »Germania«, dem letzten

Überbleibsel der Zentrumspartei, abgedruckt war, nämlich eine Erklärung des Erzbischöflichen Ordinariats Breslau, dessen Bischof der Vorsitzende der Fuldaer Bischofskonferenz, Kardinal Bertram, war: Auch die Kirche, hieß es da, mißbillige ernstlich die vorgekommenen »Übertretungen« – das war der dem Tatbestand angemessene Begriff –, wobei im Einzelfalle zu prüfen sei, ob es aus Unkenntnis oder Irreführung durch Dritte dazu gekommen ist. Gleiches gelte für die Frage, ob »aus dem pflichtgemäßen Streben nach Abwendung der sehr schlimmen Notlage einzelner Klöster« nicht mildernde Umstände herzuleiten seien. Die Ordensleute hätten nicht persönliche Vorteile oder privatkapitalistische Interessen verfolgt. Zu bedauern sei, daß diese Verfehlungen »vielfach Anlaß zu Publikationen geben, die gegen die Kirche und gegen den Caritas-Verband sich richten«. Der gravierendste Vorwurf steckte in einem der mittleren Absätze der Erklärung: »Einer späteren Zeit (die Redaktion der »Frankfurter Zeitung« sperrte dieses Stichwort) muß es vorbehalten bleiben, unbeschadet der Achtung vor den schwebenden gerichtlichen Verhandlungen ein ruhiges, alle Momente abwägendes Urteil über die genannten Vergehen in ihrer Gesamtheit zu treffen, wobei auch die Absichten der verurteilten Personen, die Irreführung derselben von dritter Seite und nicht zuletzt die außerordentlich großen Verdienste der Orden für Religiosität, Volkswohl und freie Liebestätigkeit im In- und Ausland nicht übersehen werden dürfen.« Das katholische Volk möge sich in seinem Vertrauen zu den Orden nicht beirren lassen.[67]

Was man außerhalb der deutschen Grenzen über die Devisenprozesse schrieb, hätte die Redaktion der »Frankfurter Zeitung« ihren Lesern gewiß gern in Berichten der eigenen Korrespondenten mitgeteilt. Aber auch die Veröffentlichung von Berichten der Auslandskorrespondenten unterlag den Maßgaben der Presselenkung. Da bot eine Polemik des Gaupresseamtes Köln gegen das Kölner Erzbischöfliche Ordinariat wegen einer Kanzelerklärung der Frankfurter Redaktion eine willkommene Gelegenheit, den Vorhang ein Stück zu lüften: Priester der katholischen Kirche beleidigten den Führer und schmähten die Bewegung und ihre Männer, erklärte das Gaupresseamt. Es machte den »maßgeblichen kirchlichen Instanzen in Deutschland« den weiteren Vorwurf – nach derselben Methode, mit der im März 1933 die deutschen Juden für die »Hetze« der ausländischen Juden haftbar gemacht worden waren –, daß die Bischöfe »von dem hetzerischen Treiben einer Reihe katholischer Blätter im Ausland nicht nachdrücklich abgerückt« seien. Mit Erbitterung habe man davon Kenntnis genommen, wie die »verabscheuungswürdigen Devisenverbrecher, die dem deutschen Volk so großen Schaden zugefügt haben, im In- und Ausland als *Märtyrer* der Kirche« gefeiert würden. Kirchliche Instanzen übten eine Tätigkeit aus, »die von der früher in der *Zentrumspartei* getriebenen Hetze gegen die nationalsozialistische Bewegung nicht zu unterscheiden ist«.[68]

Mit dem Abdruck der Erklärungen des Ordinariats Breslau und des Gaupresseamts Köln hatte die »Frankfurter Zeitung« ihre Leser informiert, wie man in der Kirche und außerhalb der deutschen Grenzen über die Prozesse urteilte. So sah es auch das Regime und griff ein: Die Landesstelle Hessen/Nassau des Reichspropagandaministeriums ordnete an, daß die Zeitung den für den Nachdruck aus der »Germania« verantwortlichen Redakteur Walter Kamper sofort beurlaube. Ein Berufsverfahren wurde eingeleitet. Eine DNB-Meldung verbreitete, Kamper habe sich schuldig gemacht, weil er die Erklärung des Erzbischöflichen Ordinariats Breslau, welche die deutsche Justiz Verdächtigungen aussetze, ohne Kommentar abgedruckt habe.

Dieser DNB-Meldung wiederum konnten die Leser entnehmen, wie strikt die Presselenkung inzwischen geworden war, wie gefährlich selbst das Zitieren sein konnte. Hier wurde ein Journalist nicht für einen seiner Artikel, sondern wegen der Unterlassung eines Kommentars bestraft. Der Vorfall zeigte, wieviel Druck das Propagandaministerium in der Sache der Devisenprozesse auf die Zeitungen ausübte. Das gibt dem Schweigen der »Frankfurter Zeitung« zu den Prozessen zusätzliches Relief. Die »Germania« wurde in der Pressekonferenz scharf verwarnt. Möglicherweise hätte ihr das Propagandaministerium die Sache nachgesehen, die ja erst durch die »Frankfurter Zeitung« zu größerer Publizität gekommen war.

Kamper mußte ausscheiden. Die »Frankfurter Zeitung« teilte ihren Lesern dies auf der ersten Seite mit.[69] Kamper emigrierte in die Schweiz. Als er 1938 sechzig Jahre alt wurde, schickte ihm die Redaktion eine öffentliche Glückwunschnotiz in die »reine Stille seiner Berge«. Kamper habe »in schwierigen Zeiten des Krieges und der Nachkriegsepoche« der Redaktion angehört und die fast unscheinbare Form seiner publizistischen Arbeit habe im umgekehrten Verhältnis zu ihrer Bedeutung gestanden, hieß es in der Notiz.[70] Kamper starb ein Jahr später im Engadin.

Anfang 1936 entfesselte die Regierung eine zweite Welle von Schauprozessen, diesmal wegen sittlicher Verfehlungen, hauptsächlich in von Ordensleuten geleiteten Pflegehäusern für Epileptiker und Schwachsinnige und in Erziehungsanstalten. Straftaten, die sonst von der Justiz hinter verschlossenen Türen verhandelt werden, wurden nun in die breiteste Öffentlichkeit getragen. Bei der planmäßigen Durchsuchung Hunderter von Klöstern waren der Gestapo auch Disziplinarakten der Ordensoberen in die Hände gefallen, die Hinweise auf Anklagematerial enthielten. Verlockungen, Drohungen und Gegenüberstellungen taten das übrige. Im Sommer 1936 wurde die Kampagne mit Rücksicht auf das internationale Publikum bei den Olympischen Spielen und auf außenpolitische Interessen im spanischen Bürgerkrieg zurückgedreht; im Frühjahr 1937 wurde sie mit neuem Eifer aufgenommen. Die Öffentlichkeit war von den Gerichtssälen ausgeschlossen, aber die Zeitungen mußten in unerhörter Breite entsprechend DNB berichten.[71] Eine Flut von kaum nachprüfbaren Schmutzgeschichten ergoß sich über die Seiten der Zeitungen. Mit ihren endlosen Zwangsberichten verwandelten sie sich in pornographische Extraausgaben. Der Rotstift der Redakteure suchte die gröbsten Stellen zu mildern; selbst Parteiblätter, und nicht nur in katholischen Gegenden, glaubten, ihren Lesern nicht alles zumuten zu können. Gerade die Massivität der Propaganda ließ die Kampagne als das erscheinen, was sie war, und das katholische Kirchenvolk solidarisierte sich desto mehr mit seinem Klerus. Als der Fehlschlag deutlich zu sehen war, stellte das Regime die Prozesse ebenso abrupt ein, wie es sie begonnen hatte.[72]

Die »Frankfurter Zeitung« stand gegenüber dieser Schmutzflut vor einer schwierigen Wahl: Sie konnte entweder mit eigenen Mitarbeitern über diese Prozesse berichten, aber nur im Sinne der Weisungen, das hieß, ebenso lang und möglichst ebenso scharf wie DNB, oder sie konnte das DNB-Material übernehmen. Das zweite bedeutete ohne Zweifel die übleren Texte, erlaubte aber, sich sichtbar von ihnen zu distanzieren. Der Redaktion erschien dies als das geringere Übel. Die Zeitung druckte, was sie unbedingt drucken mußte, mit der ihren Lesern inzwischen wohlbekannten Warnung, zum Beispiel so: »Koblenz, 18. Juli. In der Reihe der Sittlichkeitsprozesse gegen Angehörige der Waldbreitbacher Genossenschaft fand heute ein neuer Prozeß statt. Das ›Deutsche Nachrichtenbüro‹ berichtet darüber: ...«

Es folgte der DNB-Gerichtsbericht als ellenlanges Zitat mit Gänsefüßchen am Anfang und am Ende. Es war nicht zu übersehen, daß die Redaktion ihren Lesern diesen Text mit der Feuerzange präsentierte.

Ein besonders abscheulicher DNB-Bericht zitierte einen Brief, mit dem ein Laienbruder einem Elternpaar den Tod ihres verkrüppelten Sohnes mit salbungsvollen Tröstungen mitteilte, aber verschwieg, daß der Junge an den Folgen innerer Verletzungen durch Schläge eines Mitbruders gestorben war. Die Zeitungen waren angewiesen, das zu drucken, und auch die »Frankfurter Zeitung« mußte gehorchen. Aber die Redaktion setzte darunter zwei knappe, nur wenige Zeilen lange Meldungen mit der Überschrift »Zwei Freisprüche«: In einem Paderborner Sittlichkeitsprozeß war ein katholischer Vikar auf Kosten der Staatskasse freigesprochen worden, nachdem Zeugen ihre schwer belastenden Aussagen in der Voruntersuchung zurückgezogen und später wieder erneuert hatten; in Münster war ein anderer Vikar vor dem Landgericht mangels Beweisen freigesprochen worden.[73] Die Zusammenstellung der drei Nachrichten untereinander fällt auch dem heutigen Leser sofort auf als ein Versuch, die Leser zu warnen: Die Anklagebehörden arbeiten mit falschen Zeugen.

»Der Stürmer«, das Blatt Julius Streichers, nannte es »den Gipfel der Unverfrorenheit«, wie die »Frankfurter Zeitung« den ungeheuerlichen Brief des Waldbreitbacher Laienbruders Canisius an die Eltern des von Bruder Gundram zu Tode geprügelten Pfleglings veröffentlicht habe, nämlich unter der harmlosen Überschrift »Ein Brief aus Waldbreitbach«, während die gesamte Presse des Reiches »dieses erschütternde Dokument klerikaler Verlogenheit« groß auf der ersten Seite

Schwere Strafen wegen Sittlichkeitsverbrechen.

Koblenz, 29. April. Ueber einen weiteren Sittlichkeitsprozeß gegen Angehörige der Waldbreitbacher Genossenschaft berichtet das „Deutsche Nachrichtenbüro":

„In der langen Kette der Säuberungsprozesse gegen die furchtbare Seuche in den Klöstern katholischer Ordensgesellschaften entrollte sich am Mittwoch vor der Großen Strafkammer in Koblenz wiederum ein unbeschreiblich trauriges und tief erschütterndes Bild. Angeklagt waren zwei Franziskanerbrüder aus dem Mutterhaus Waldbreitbach, die sich als fromme Kuttenträger und „Jugenderzieher" schwerer Vertrauensbrüche und ungeheuerlicher sittlicher Verfehlungen schuldig gemacht haben. Jede Verhandlung erbringt in ihrem unerfreulichen und durch ihren Inhalt jeden gesunden Menschen abstoßenden Verlauf den erneuten Beweis, daß es sich bei diesen Vorfällen nicht um Einzelfälle handelt, sondern daß die Straftaten sich aus einem unglaublichen und unfaßbaren System ergeben. Die Sünder und Unholde, die in der Anklagebank stehen, sind nicht nur Ordensbrüder in jungen und mittleren Jahren, sondern die Seuche machte auch vor dem Alter, das man in einem gesunden Leben als ehrwürdig bezeichnet, nicht halt. Man traute seinen Augen nicht, als der angeklagte Franziskanerbruder Ignatius in den Gerichtssaal geführt wurde. Ein 76 Jahre alter Mann mit eingefallenem Gesicht, stand er als mehrfacher Sittlichkeitsverbrecher vor dem Strafrichter. In Saarbrücken geboren, trat er schon als junger Mensch in die Ordensgesellschaft ein. Von 1919 bis 1934 war er im Kloster Waldniel. Noch als 70jähriger lockte er die Jungen in seinen Pförtnerraum und verführte sie dort. Der Angeklagte behauptet, er habe die Jungen auf ihre „Standhaftigkeit" hin prüfen wollen" und sei dabei selbst ein „Opfer seiner Hemmungslosigkeit geworden". In der Beweisaufnahme gibt der Angeklagte an, die Jungen hätten ihm erzählt, auch andere Brüder des Klosters hätten mit ihnen Unzucht getrieben. Die Namen dieser Brüder wolle er jedoch nicht nennen. Einer der Zöglinge sagte als Zeuge, alle Klosterbrüder seien „so veranlagt" gewesen. Nachdem sie durch die Brüder auf den Weg des Lasters gekommen seien, hätten sie selbst untereinander Unzucht getrieben. In der Beweisaufnahme wird weiter festgestellt, daß sich in dem Kloster Waldniel der Bruder Friedebert befunden hat, der Lehrer der Klosterschule war und über 100 Kinder zu unterrichten hatte. An 35 Schülern hat sich dieses Scheusal, wie die Untersuchungen ergaben, vergangen. Für diese Verbrechen wird er sich in nächster Zeit vor dem Strafrichter zu verantworten haben. Das Gericht verurteilte den Angeklagten Bruder Ignatius wegen vollendeten Verbrechens gegen die Paragraphen 174,1 und 176,3 in mehreren Fällen zu einer Gesamtstrafe von 1 Jahr und 6 Monaten Gefängnis. Das Gericht betonte jedoch, daß es nur seinem hohen Alter zu verdanken habe, wenn er vor dem Zuchthaus bewahrt blieb.

Als zweiter Angeklagter hatte sich der Franziskanerbruder Desiderius zu verantworten. Er wurde 1900 in Dortmund geboren und arbeitete bis zu seinem 26. Lebensjahr in seines Vaters Werk. Als er dann 1926 arbeitslos wurde, trat er als Postulant in das Kloster Waldbreitbach ein und legte 1931 die ewigen Gelübde ab. In dem Kinderheim Linz versah er den Dienst eines Krankenpflegers, wurde dann Fremdenführer im Kölner Dom und schließlich in das so übel berüchtigte Kloster Waldniel versetzt. Hier erhielt er die sogenannte „schwere Station" für schwachsinnige Kinder. Der Angeklagte sagte selbst bei seiner Vernehmung, daß hier der „Ausschuß der Menschheit" versammelt gewesen sei. In Waldniel sank der Bruder so tief, daß er sich mit den geistig minderwertigen Zöglingen einließ. Auch den Generaloberen sowie seinem Beichtvater erzählte der Angeklagte, daß er in dieser furchtbaren Umgebung befürchten müsse, als Hemmungen zu verlieren. Der Generalobere aber sagte ihm, das sei wohl nicht so schlimm, und brachte dabei zum Ausdruck, er wolle wohl abgelöst sein und einen besseren Posten haben. Wenn er die Luft in seiner Umgebung nicht mehr vertragen könne, so möge er ruhig das Fenster öffnen. In der Beweisaufnahme wurde festgestellt, daß sich der Angeklagte in mehreren Fällen mit kranken Zöglingen, die nicht mehr als Menschen anzusprechen, sondern halb vertiert waren, in der furchtbarsten Weise eingelassen und sie für seine schmutzigen Zwecke mißbraucht hat. Außerdem gibt der Angeklagte zu, sich als Masochist betätigt zu haben. Auch in dieser Verhandlung sagte ein Zögling, der als Zeuge erschienen war, alle Klosterkinder seien von den Brüdern verdorben worden. In seiner Anklagerede gab der Staatsanwalt ein erschütterndes Bild der Vorgänge, die in ihrer Scheußlichkeit nicht wiederzugeben seien. Wer einen Einblick in das Klosterleben erhalten habe, der wisse, wie die Jungen zuerst von den Brüdern verführt worden seien und unter sich gemeinsam völlig verdorben waren, so daß das Kloster in ein Lasterhaus verwandelt worden sei. Einer nach dem anderen sei in den Sumpf hineingezogen worden. Der Angeklagte wurde wegen Verbrechens gegen Paragraph 175 in Tateinheit mit Verbrechen gegen Paragraph 174,1 zu 2 Jahren und 6 Monaten Zuchthaus sowie drei Jahren Ehrverlust verurteilt. Dem Angeklagten konnten keine mildernden Umstände zugebilligt werden, da er sich mit Zöglingen, die auf der untersten Stufe der menschlichen Entwicklung stehen, in der gemeinsten Weise eingelassen hat."

herausgebracht und mit Überschriften versehen habe, aus denen die allerschärfste Verurteilung spreche. Obendrein habe die Zeitung die beiden Freisprüche gedruckt, noch dazu unter Berufung auf ein Parteiblatt. »Eine Unverschämtheit aber ist es, sie ohne Kommentar zu veröffentlichen ... Juden und Judengenossen hatten und haben ihre reine Freude an dieser Zeitung. Uns aber hat sie wieder einmal bewiesen, daß sie, so geschickt sie sich mitunter auch zu tarnen versteht, doch ewig die alte bleibt.«[74]

Ewig die alte: Diese Feststellung gibt nicht zuletzt auch eine Antwort auf die Frage, die von den Nachgeborenen immer wieder gestellt wird: Ob der publizistische Widerstand nicht Entschuldigung, vielleicht gar bloß Einbildung von Journalisten war, denen es an Mut zum offenen Protest gefehlt habe. Ihr angeblicher Widerstand sei so fein gesponnen gewesen, daß die Leser es kaum hätten bemerken können. Hätten wir nicht die Zeugnisse der Gegenseite, die Akten der Gestapo und die Hetzartikel der völkischen Presse, so wäre es in der Tat um vieles schwieriger, zu zeigen, daß das, was die Zeitung schrieb, so leise oder fein gesponnen gar nicht war. Wenn sich nämlich die Augen des Lesers erst einmal an das Zwielicht der Diktatur gewöhnt haben, fällt ihm fast in jeder Ausgabe etwas auf. Vieles wird übersehen, anderes ist heute nicht mehr eindeutig zu entschlüsseln, aber es bleibt genug, was in die Augen springt. Freund und Feind durchschauten die Methoden des publizistischen Widerstands. Er war nicht versteckt, er war geschickt: deutlich zu erkennen, aber nur selten eindeutig nachzuweisen. Freund und Feind begriffen, daß man die Zeitung zwar zu Pflichtübungen, aber nicht zur Selbstpreisgabe zwingen konnte.

Ein Teil der Geschicklichkeit bestand darin, das Regime so zu treffen, daß es, wenn es reagieren wollte, auch zugeben mußte, daß der Hieb getroffen hatte. Die Zeitung veranlaßte vielfach das Regime, die Attacke zu ignorieren, etwa nach dem Muster von »Des Kaisers neue Kleider«. So hätte der Verfasser des »Stürmer«-Artikels eigentlich erklären müssen, die staatliche Presselenkung schaffe es nicht, ihren Willen durchzusetzen. Aber das durfte es im nationalsozialistischen Staat nicht geben. Tatsächlich war durch DNB-Rundruf den Zeitungen befohlen worden, den Brief des Bruders Canisius auf der ersten Seite und »in großer Aufmachung« abzudrucken.[75] Die »Frankfurter Zeitung« war auf die zweite Seite ausgewichen, in eine einspaltige Form mit einer nichtssagenden Überschrift.

Als im Bistumsblatt der Diözese Mainz der Herausgeber, ein Domkapitular, sich zu den Sittlichkeitsprozessen äußerte, zitierte die »Frankfurter Zeitung« die wichtigsten Absätze. Der Prälat warnte vor Verallgemeinerungen: Die Vorfälle hätten sich fast ausschließlich bei den im 19. Jahrhundert aufgekommenen Brüderschaften ereignet, die sich auf dem besonders schwierigen und entsagungsvollen Gebiet der Pflege von Geisteskranken betätigten. Die Bischöfe hätten es gewiß an geistlicher Aufsicht fehlen lassen; sie seien dabei aber auch durch die kirchenrechtliche Sonderstellung der Genossenschaften behindert. Die Redaktion der »Frankfurter Zeitung« fügte hinzu, die Stellungnahme eines offiziellen kirchlichen Blattes unterscheide sich »von manchem anderen, was in letzter Zeit laut geworden ist«.[76] Erst die päpstliche Enzyklika »Cura ardente« vom März 1937 sprach offen aus, worüber sich die deutschen Bischöfe bisher erfolglos bei den nationalsozialistischen Stellen und halblaut beklagt hatten. Die Enzyklika beschrieb die Kirchenverfolgung in Deutschland und warnte die Katholiken vor den geistigen Irrtümern des Nationalsozialismus: der Lehre von Rasse und Blut, dem falschen »Glauben«, der Staatsform; sie erinnerte an die sittliche Ordnung und beklagte die Unterdrückung der katholischen Jugendorganisationen, die Verleumdung von Priestern und Ordensleuten. In vielen deutschen Diözesen gelang es, die Enzyklika nach einer abenteuerlichen Zustellung am Palmsonntag überraschend von vielen Kanzeln zu verlesen. Die Gestapo unterdrückte die weitere Verbreitung und beschlagnahmte die Restauflage. In der Pressekonferenz des folgenden Tages wurde den Zeitungen die Weisung erteilt, nichts über die neue Enzyklika zu berichten.[77]

Die Redaktion hatte offenbar rechtzeitig Wind von der Sache bekommen. An dem Sonntag, an dem »Cura ardente« verlesen wurde, erschien die Zeitung mit einem Leitartikel unter der Überschrift »Der Weg des Vatikans«. Er behandelte die Enzyklika »Divini redemptoris«, die sich mit dem Bolschewismus auseinandersetzte. Der Papst hatte beide Lehrschreiben gleichzeitig veröffentlicht. Vieles, was der Leitartikel über die Enzyklika gegen den sowjetischen Kommunismus sagte, klang so, als ob es auf das eigene Land gemünzt sei. Er sprach von den beiden christlichen Konfessionen (in Rußland), die in gleicher Weise unter der Verfolgung zu leiden hätten, und von den Verfolgungen von »Priestern, Mönchen und Nonnen, Kirchen und Klöstern« im spanischen Bürgerkrieg. Der atheistische und materialistische Kommunismus »beraubt den Menschen seiner Freiheit und nimmt dem menschlichen Leben jeden heiligen und geistigen Wert. In dem bolschewistischen System liegt die Auflehnung gegen die soziale Ordnung ... Der Bolschewismus verkennt sowohl die menschliche Natur wie die Grenzen des Staates. Damit erweitert die Enzyklika die Verurteilung aus dem rein religiösen Standpunkt in eine Verurteilung aus dem allgemeinen menschlichen Standpunkt.«[78] Wie das genau gemeint war und ob sich diese Stellen im Leitartikel tatsächlich nur auf das bolschewistische System bezogen – wer wollte das heute noch entscheiden?

X
Sturmzone

Mitte September 1935 war in Nürnberg wieder »Reichsparteitag«. Kircher berichtete diesmal ohne die Begeisterung über das »Gemeinschaftserlebnis«, die ihn 1933 fast hinweggerissen hatte. Kurz vor dem Ende des Parteitags ließ Hitler plötzlich auch den Reichstag nach Nürnberg einberufen und überraschte am Abend des 15. September die Öffentlichkeit mit der Verkündung eines Reichsflaggengesetzes und zweier gegen die Juden gerichteter Gesetze über die Reichsbürgerschaft und »zum Schutze des deutschen Blutes und der deutschen Ehre«.

Das Flaggengesetz verbot den weiteren Gebrauch der schwarzweißroten Fahne, weil man, so Göring vor dem Reichstag, »mit Empörung« festgestellt habe, »daß nun diese alte ruhmreiche Flagge benutzt werde, um sich darunter zu verbergen; daß sie den Feigen und Bequemen die Möglichkeit gab, ihre wahre Gesinnung nicht allzu deutlich dem neuen Staat gegenüber zeigen zu müssen«.[1] Tatsächlich hatten viele Bürger wegen der Pflicht, an Staatsfeiertagen ihre Häuser zu beflaggen, sich statt der Hakenkreuzfahne die schwarzweißrote Fahne des Kaiserreichs angeschafft. Die schwarzweißrote Fahne, vor 1933 das Symbol der Reaktion gegen Schwarz-Rot-Gold, die Farben der Weimarer Republik und der 48er Revolution, war nach 1933 die Ersatzfahne für die demokratische Opposition geworden. Görings Erklärung belegte anschaulich, wie sich in der Diktatur die Bedeutung der Symbole verschob. Die Bevölkerung lernte, wie man Widerspruch in Formen kleiden konnte, die unangreifbar waren.

Das Reichsbürgergesetz entwertete das Recht der Staatsangehörigkeit. Es schuf zwei Klassen von Bürgern. Die Fülle der staatsbürgerlichen Rechte und Pflichten war Staatsangehörigen »deutschen oder artverwandten Blutes« vorbehalten. Nur »Reichsbürger« besaßen jetzt Stimmrecht oder konnten öffentliche Ämter bekleiden. Jüdische Deutsche waren ausgeschlossen. Das andere Gesetz »zum Schutz des deutschen Blutes und der deutschen Ehre« verbot die Eheschließung und den außerehelichen Verkehr zwischen Juden und Ariern.

Was die Gesetze für die antisemitische Praxis der Nationalsozialisten bedeuteten, ist umstritten. Man kann in einer Normierung unzweifelhaften Unrechts eine Maßnahme zur Zügelung der bisher von einzelnen Parteistellen geübten wilden Judenverfolgung sehen. So hatte Hans Globke, der Kommentator der Nürnberger Gesetze und spätere Staatssekretär Adenauers, seine Aufgabe verstanden und versucht, die Bestimmungen des Gesetzes einengend auszulegen. Man kann aber auch sagen, daß die Nürnberger Gesetze gerade mit Hilfe des Scheines der Gesetzlichkeit die späteren, schlimmeren Akte der Verfolgung von Juden psychologisch vorbereiten halfen.[2]

Die »Frankfurter Zeitung« veröffentlichte die Gesetze in der nächstmöglichen Ausgabe.[3] Die Redaktion konnte kaum das Tagesthema im Leitartikel ausklammern. Der Verfasser verbrauchte viele Zeilen für Allgemeinheiten über den Parteitag. Die Passage über die Rassengesetze fiel knapp aus und basierte auf dem einzigen Argument, das die Redaktion zu diesem Gegenstand vortragen konnte und das sie auch 1938, nach der »Reichskristallnacht«, wiederholen sollte. Im Tone einer bloßen Feststellung sagte der Autor unbestreitbar richtig, aber auch ausweichend, die Gesetze zeigten die »Folgerichtigkeit«, mit der die NSDAP ihren Weg gehe. »Die Partei ist der Staat, und nach den Programmpunkten, um die sich die Partei kristallisiert hat, wird die Entwicklung des Staates bestimmt.« Nichts zum Inhalt der Gesetze, um kein Wort der Rechtfertigung sagen oder auf das schreiende Unrecht hinweisen zu müssen. Die Redaktion hielt freilich Hitlers Erklärung fest, die Gesetze würden »mit Disziplin« ausgeführt. Daß Exzesse vermieden und die neuen Gesetze eng ausgelegt werden mögen, war der einzige Wunsch, den die Zeitung zu den Nürnberger Gesetzen aussprach.

Auf derselben Seite fand der Leser eine Glosse, die fast ebenso lang wie der Leitartikel war. Sie trug den auffallenden Titel »Ein merkwürdiges Jubiläum«. Darunter stand Dolf Sternbergers Chiffre. Wer die Glosse las, begriff, daß dies der eigentliche Tageskommentar der Zeitung zur Rassenpolitik der NSDAP war. Ein Zufall des Datums hatte Sternberger den Einfall gegeben: »Heute, am 17. September, ist genau ein Jahrhundert vergangen seit dem Tage, an dem Charles Darwin 26jährig den Strand von Chatham Island, einer Insel der Galapagos-Gruppe, betrat...«, so fing er an. Darwins Reise sei weniger als naturwissenschaftliches Ereignis zu begreifen – denn Darwin habe die Theorie vom Ursprung der Arten schon in seinem Kopfe nach Chatham Island mitgebracht –, sondern als ein Ereignis der politischen Geschichte: »Ohne Darwin kein Nietzsche, ohne Nietzsche zum Beispiel – wahrscheinlich – kein Mussolini!« Für das Wissen über den Menschen sei die Reise nicht ein Fortschritt, sondern ein »sonderbarer, folgenreicher Rückschlag«, nämlich die Rückkehr der Wildnis in die Zivilisation. Darwins Aufzeichnungen »bewirkten..., daß der christliche Glaube an den Schöpfer Gott – Fundament dieser selben Zivilisa-

Reichsbürgergesetz.
Vom 15. September 1935.

Der Reichstag hat einstimmig das folgende Gesetz beschlossen, das hiermit verkündet wird:

§ 1

(1) Staatsangehöriger ist, wer dem Schutzverband des Deutschen Reiches angehört und ihm dafür besonders verpflichtet ist.

(2) Die Staatsangehörigkeit wird nach den Vorschriften des Reichs- und Staatsangehörigkeitsgesetzes erworben.

§ 2

(1) Reichsbürger ist nur der Staatsangehörige deutschen oder artverwandten Blutes, der durch sein Verhalten beweist, daß er gewillt und geeignet ist, in Treue dem Deutschen Volk und Reich zu dienen.

(2) Das Reichsbürgerrecht wird durch Verleihung des Reichsbürgerbriefes erworben.

(3) Der Reichsbürger ist der alleinige Träger der vollen politischen Rechte nach Maßgabe der Gesetze.

§ 3

Der Reichsminister des Innern erläßt im Einvernehmen mit dem Stellvertreter des Führers die zur Durchführung und Ergänzung des Gesetzes erforderlichen Rechts- und Verwaltungsvorschriften.

Nürnberg, den 15. September 1935,
am Reichsparteitag der Freiheit.

Der Führer und Reichskanzler
Adolf Hitler

Der Reichsminister des Innern
Frick

Gesetz zum Schutze des deutschen Blutes und der deutschen Ehre.
Vom 15. September 1935.

Durchdrungen von der Erkenntnis, daß die Reinheit des deutschen Blutes die Voraussetzung für den Fortbestand des Deutschen Volkes ist, und beseelt von dem unbeugsamen Willen, die Deutsche Nation für alle Zukunft zu sichern, hat der Reichstag einstimmig das folgende Gesetz beschlossen, das hiermit verkündet wird:

§ 1

(1) Eheschließungen zwischen Juden und Staatsangehörigen deutschen oder artverwandten Blutes sind verboten. Trotzdem geschlossene Ehen sind nichtig, auch wenn sie zur Umgehung dieses Gesetzes im Ausland geschlossen sind.

(2) Die Nichtigkeitsklage kann nur der Staatsanwalt erheben.

§ 2

Außerehelicher Verkehr zwischen Juden und Staatsangehörigen deutschen oder artverwandten Blutes ist verboten.

§ 3

Juden dürfen weibliche Staatsangehörige deutschen oder artverwandten Blutes unter 45 Jahren in ihrem Haushalt nicht beschäftigen.

§ 4

(1) Juden ist das Hissen der Reichs- und Nationalflagge und das Zeigen der Reichsfarben verboten.

(2) Dagegen ist ihnen das Zeigen der jüdischen Farben gestattet. Die Ausübung dieser Befugnis steht unter staatlichem Schutz.

§ 5

(1) Wer dem Verbot des § 1 zuwiderhandelt, wird mit Zuchthaus bestraft.

(2) Der Mann, der dem Verbot des § 2 zuwiderhandelt, wird mit Gefängnis oder mit Zuchthaus bestraft.

(3) Wer den Bestimmungen der §§ 3 oder 4 zuwiderhandelt, wird mit Gefängnis bis zu einem Jahr und mit Geldstrafe oder mit einer dieser Strafen bestraft.

§ 6

Der Reichsminister des Innern erläßt im Einvernehmen mit dem Stellvertreter des Führers und dem Reichsminister der Justiz die zur Durchführung und Ergänzung des Gesetzes erforderlichen Rechts- und Verwaltungsvorschriften.

§ 7

Das Gesetz tritt am Tage nach der Verkündung, § 3 jedoch erst am 1. Januar 1936 in Kraft.

Nürnberg, den 15. September 1935,
    am Reichsparteitag der Freiheit.

Der Führer und Reichskanzler
Adolf Hitler

Der Reichsminister des Innern
Frick

Der Reichsminister der Justiz
Dr. Gürtner

Der Stellvertreter des Führers
R. Heß
Reichsminister ohne Geschäftsbereich

Das Reichsgesetzblatt erscheint in zwei gesonderten Teilen — Teil I und Teil II —.
Fortlaufender Bezug nur durch die **Postanstalten**. Bezugspreis vierteljährlich für Teil I = 1,75 *R.M.*, für Teil II = 2,10 *R.M.* **Einzelbezug** jeder (auch jeder älteren) Nummer nur vom **Reichsverlagsamt**, Berlin NW 40, Scharnhorststraße Nr. 4 (Fernsprecher: D 2 Weidendamm 9265 — Postscheckkonto: Berlin 96 200). Einzelnummern werden nach dem Umfang berechnet. Preis für den achtseitigen Bogen 15 *Rpf.*, aus abgelaufenen Jahrgängen 10 *Rpf.*, ausschließlich der Postdrucksachengebühr. Bei größeren Bestellungen 10 bis 60 v. H. Preisermäßigung.
Herausgegeben vom Reichsministerium des Innern. — Gedruckt in der Reichsdruckerei, Berlin.

tion – ins Wanken geriet, schließlich offen mit dem Ziele seiner völligen Destruktion angegriffen wurde, weiter, daß der Mensch (in Europa) als ein selbstmächtiges Naturwesen erklärt wurde, dem es nur aufgegeben sei, sich vollends zum ›prachtvollen Untier‹ zu entwickeln (Nietzsche)«.[4] Jeder konnte verstehen, wer und was gemeint war.

Wenige Tage nach Verabschiedung der Nürnberger Gesetze veröffentlichte die Zeitung einen Nachruf auf ihren eben in Wien 70jährig verstorbenen Mitarbeiter Paul Goldmann. Sie lobte seine vorzügliche Berichterstattung aus Brüssel und Paris. Als junger Mann habe er »furchtlos und voll Temperament« über die Dreyfus-Affäre in Frankreich berichtet und sei deshalb gezwungen worden, Paris zu verlassen. Die Dreyfus-Affäre lag schon Jahrzehnte zurück. Im Sommer 1935 war in Frankreich Alfred Dreyfus in hohem Alter gestorben. Die Zeitung schilderte seinen Fall. Der Nachruf hob den Patriotismus dieses jüdischen Offiziers hervor – wer wollte da nicht an die jüdischen Kriegsfreiwilligen von 1914 in Deutschland denken? – und schloß mit der Bemerkung, daß »Patriotismus und Rechtsgefühl eine Einheit bilden müssen, ohne die sie beide nicht leben könnten«. Die Erinnerung an die Affäre Dreyfus werde stets »die Kräfte derjenigen stärken, die sich weigern anzuerkennen, daß der Staat auf einem anderen Fundament als dem der Gerechtigkeit ruhen könne«.[5] Das beeindruckende Stück fiel der Gestapo aber erst auf, als eine Emigrantenzeitung in Prag, »Die deutsche Revolution«, so töricht war, auf dieses Beispiel subversiven Schreibens aufmerksam zu machen.[6] So kam der Artikel ins Dossier der Gestapo.

Obwohl die Redaktion es für nötig hielt, zu dem Inhalt der Nürnberger Gesetze zu schweigen, schaute sie bei geringeren Anlässen nicht weg. Die Juden und ihre Verfolgung verschwanden nicht aus den Spalten der Zeitung. Sie berichtete darüber in der einzig noch möglichen Form, Sympathie öffentlich auszudrücken: sachlich, nüchtern, ohne ein abwertendes Wort. Erst im Vergleich mit der gemeinen Sprache der Nationalsozialisten und dem Verhalten der Ängstlichen, die keinen ihrer jüdischen Bekannten auf der Straße mehr kennen wollten, ist die »neutrale« Berichterstattung über die Juden als ein Akt der Zuwendung und Sympathie zu erkennen.

Im Herbst kamen die ersten Ausführungsbestimmungen zu den Nürnberger Gesetzen heraus.[7] Vor allem die »Mischlinge« brauchten Klarheit über ihren Status. Die Gesetze waren widersprüchlich und bereiteten den Juristen viel Kopfzerbrechen. Zum Beispiel behielten Mischlinge mit nicht mehr als zwei jüdischen Großeltern das Wahlrecht und galten demnach als Staatsangehörige »deutschen oder artverwandten Blutes« mit Staatsbürgerrecht. Wenn sie aber dem jüdi-

Alfred Dreyfus.

Fast dreißig Jahre lang, seit jenen Tagen um die Jahrhundertwende, in denen sein Schicksal die Welt erschütterte, hat Alfred Dreyfus noch gelebt, dem militärischen Alltagsdienst oder dem ländlichen Frieden seiner Altersruhe hingegeben, ein Verschollener selbst für seine Landsleute, als Mensch und als Person unbemerkt und fast vergessen, nur noch als politische Erinnerung den meisten gegenwärtig. Daß er noch lebte, haben nicht sehr viele mit Bestimmtheit gewußt. Nun beschwört sein Tod noch einmal die gespenstischen Schatten an das Jahrzehnt herauf, in dem sein Name das Symbol geworden war für einen schweren, inneren Kampf in der französischen Nation.

Als der Hauptmann im französischen Generalstab Alfred Dreyfus im September 1894 zum ersten Male vor die Schranken des Gerichts treten mußte unter der schwersten Anklage, die gegen einen französischen Offizier erhoben werden konnte: der des Landesverrats zugunsten Deutschlands, war er mehr noch das Opfer einer weit verbreiteten, die Massen wie das hohe Offizierskorps beherrschenden Stimmung als eines bestimmten Verdachts. Stärker als seit langem waren in diesen Jahren die konservativ-klerikalen Strömungen in Frankreich geworden. Die politische Leidenschaft war auch innerhalb des Generalstabs stark genug, um den Blick auch sonst rechtlicher Männer zu blenden. Der erste Verdacht gegen Dreyfus wurde nur deshalb gefaßt, weil er Jude war. Dennoch handelte wohl das Kriegsgericht mehr aus Fahrlässigkeit als aus eigentlicher Schuld, als es Dreyfus nach der Teufelsinsel verbannte; während der Verhandlung noch hatte es ein belastendes Schriftstück gefunden, das den Buchstaben „D" trug.

Um so verhängnisvoller wurde dann die schuldhafte Verstrickung von Generalstab und Kriegsgericht, als sich bald nach der Deportation, die Wahrheit herausstellte: daß Dreyfus unschuldig war, daß der wirklich Schuldige, der Major Esterhazy, das belastende Schriftstück geschrieben hatte. Jetzt gesellte sich zu dem Wunsch, den eben gewonnenen politischen Sieg bis zum Ende auszukosten, noch die Ueberzeugung, die Staatsautorität dürfe nicht durch die Kassation eines Urteils von so weittragender Bedeutung erschüttert werden — jener tragische Irrtum, den bei höchster Anlage nur in jedem Zeitalter nicht zerstören muß. Der Oberst Picquart, der als einziger im Generalstab Gerechtigkeit für Dreyfus forderte, wurde deshalb nach Tunis versetzt und mundtot gemacht; sein Nachfolger, der Major Henry, fügte zu Esterhazys Fälschungen neue und schlimmere hinzu; das Kriegsgericht, das diesmal über Esterhazy zu urteilen hatte, prüfte die Anklage nur formal; so wurde der wirklich Schuldige freigesprochen, und Dreyfus blieb, ein Verzweifelnder, auf der Teufelsinsel.

Daß sein Schicksal nicht vergessen wurde, war das Werk einiger weniger mutiger Männer, die, besessen von keiner anderen Leidenschaft als für die Gerechtigkeit, den Kampf aufnahmen, den die Gattin und der Bruder des Verurteilten zu führen allein zu schwach gewesen waren. In immer erneutem Appell an das Rechtsgefühl der Nation setzten sich Emile Zola — der seine Angriffe gegen das Kriegsgericht mit einem Jahr Gefängnis büßen mußte — Georges Clemenceau und der Vizepräsident des Senats, Scheurer-Kestner, für die Sache des Rechtes ein, zuerst gegen den erbitterten Widerstand der Volksmeinung nicht weniger als gegen alle mächtigen Kreise in Regierung und Gesellschaft, auch von den politischen Parteien der Linken nur lau unterstützt. Daß sie den moralischen Mut dennoch nicht verloren, nicht müde wurden, an den Erfolg des Rechts zu glauben, bedeutete schließlich ihren Sieg: als Major Henry unter dem Druck der Enthüllungen Selbstmord beging, mußten auch der Kriegsminister und Generalstabschef zurücktreten, war auch die Kassationsverhandlung gegen Dreyfus nicht mehr aufzuhalten. Dennoch wurde auch hier Dreyfus erneut verurteilt, zugleich aber doch schon begnadigt. Während er in der Verborgenheit eines Ruhesitzes lebte, ging der Kampf seiner Freunde weiter; aber erst acht Jahre nach diesem zweiten Urteil, im Jahre 1907, erfolgte dann die völlige Rehabilitierung. Als Major, geschmückt mit dem Band der Ehrenlegion, kehrte Dreyfus ins Heer zurück; als General wurde Picquart Kriegsminister unter dem Ministerpräsident Clemenceau, und die Kammer beschloß in feierlicher Sitzung, Zolas Asche im Pantheon beizusetzen.

Dreyfus hatte nur noch die Wiederherstellung seiner Ehre im Heere selbst erleben wollen; der Dienst war ihm, dem inzwischen Gealterten, verleidet. 1907 nahm er bereits den Abschied. Als Fünfundfünfzigjähriger meldete er sich noch einmal zum Kriegsdienst; seine Tätigkeit bei einem Artillerie-Ersatztruppenteil blieb dagegen so unbekannt wie sein übriges Leben. 1917 erlebte er noch einmal einen großen Schmerz, als die Nachricht kam, daß sein einziger Sohn gefallen war. Seit 1919 lebte Dreyfus wieder zurückgezogen und seinen Liebhabereien hingegeben am Parc Monceau bei Paris. Hier ist er am Freitag 76jährig an einem schweren Nierenleiden gestorben.

*

Der fast stumme Held dieses großen Dramas ist immer selbst am meisten verwundert gewesen über das Aufsehen, das sein Schicksal erregte, und die tiefere Bedeutung seines eigenen Falles hat er nie ganz zu erfassen vermocht. In Wirklichkeit bedeutet die Affäre Dreyfus zugleich das wichtigste Stück inneren französischen Geschichte zwischen den Tagen Gambettas und dem Weltkrieg; an ihr zerschellten endgültig die Mächte der Reaktion. Sie hatten ihre Sache zu sehr zu einer Sache der Gegner Dreyfus' gemacht, als daß sie schließlicher Erfolg sie nicht auch hätte treffen müssen; sie hatten sich allzu unlauterer Mittel dabei bedient, als daß nicht — als die Nation erst einmal zu sich zurückgefunden hatte — ihre Bloßstellung auch sie hätte entscheidend schlagen müssen. Erst seit der Rehabilitierung des Verurteilten, erst seit den Tagen, in denen sie auch ein Ausdruck des neu geformten Volksbewußtseins geworden war, ist die Republik in Frankreich wirklich gesichert.

Ihre tiefste und beispielhafte Bedeutung aber wird die Affäre Dreyfus gewiß immer behalten als der Sieg der immanenten Idee der Gerechtigkeit über Willkür und politische Leidenschaft. Ein Offizier hat seine Ehre und seine Karriere, ein Schriftsteller Freiheit und Vermögen, ein Politiker Ansehen und Zukunft aufs Spiel gesetzt um dieser Idee willen; daß es möglich war, in so verzweifelter Lage dennoch das gute Gewissen der Nation zu beschwören, wird immer diesen Männern, wird immer der Menschheit zum Ruhme gereichen; und die Erinnerung daran wird stets den Glauben und die Kräfte derjenigen stärken, die sich weigern anzuerkennen, daß der Staat auf einem anderen Fundament als dem der Gerechtigkeit ruhen könne.

Was bedeutet bei diesen großen Entscheidungen die menschliche Tragödie Dreyfus, was bedeutet vor ihnen auch seine Persönlichkeit — jene Persönlichkeit eines ehrenhaften, willigen Offiziers mit ein wenig beschränktem Horizont —, der immer erstaunt war über den Lärm, den sein Fall erregte, und der nach seiner Rückkehr von Cayenne keinen anderen Wunsch hatte, als wieder ins Heer zu treten und unbehelligt zu bleiben? Clemenceau hat kurz vor seinem Tode den Eindruck von Dreyfus' Persönlichkeit mit unbarmherzigem Sarkasmus beschrieben, sein Erschrecken, als er den Mann kennen lernte, den er seit Jahren verteidigte: „Er sah aus wie ein kleiner Krämer . . . Das also war Dreyfus. Was er von seiner Affäre begriffen hat? Nichts . . . Er war der einzige, der nichts davon verstand. Er stand abgrundtief unter seiner eigenen Affäre. So ist es übrigens viel besser. Man kann uns nicht vorwerfen, daß uns sein Fluidum mitgerissen habe."

So ist es viel besser . . . In der Tat, in diesem Kampf ging es nie um Dreyfus allein, sondern um ein Größeres. Der Mensch Dreyfus, der hatte nur einmal in seinem Leben einen großen Augenblick, damals bei der Degradation, als ihn sein Schicksal über sich selber hinaustrug, als er, mit abgerissenen Epauletten, dem zerbrochenen Degen neben sich, immer wieder den nach seinem Tode rufenden Menge entgegenschrie: „Ich bin unschuldig! Es lebe Frankreich!"; als er mit der unermüdlichen Wiederholung dieser kargen Sätze jene Einheit von Patriotismus und Rechtsgefühl manifestierte, ohne die beide nicht leben können; und als er dann, fast unbewußt, zum Instrument der Idee machte, um derentwillen er leiden mußte. Denn dieser kleine und für sich gleichgültige Mensch hat viel leiden müssen, weil ihn ein dunkles Schicksal erwählt hatte, für seine Nation Werkzeug in einem schweren Kampf zu sein.

P. S.

schen Glauben anhingen, galten sie wie Mischlinge mit drei jüdischen Großeltern als Juden. Als »Jude« galt auch ein Arier, der einen Juden heiratete, oder nach Erlaß des Gesetzes aus einer solchen ehelichen oder unehelichen Verbindung hervorging, obwohl er nur zwei jüdische Großeltern hatte. Solche Verbindungen waren nach dem Gesetz »zum Schutz des deutschen Blutes und der deutschen Ehre« verboten. Könnte ein »Deutschblütiger«, der wegen einer verbotenen Heirat mit einer jüdischen Frau seinen »arischen« Status verloren hätte, diesen zurückgewinnen, wenn die Frau stürbe? Und welchen Status hätte sein Kind nach dem Tod der Mutter? Die Gesetzgebung war nicht nur Unrecht, sie war auch voller Ungereimtheiten.

Wolf von Dewall, der Londoner Korrespondent, berichtete über eine heftige Debatte in der anglikanischen Kirche über die Judengesetze in Deutschland. Der Erzbischof von Canterbury, der Bischof von Chichester, der sich als ein Freund Deutschlands bezeichnete (und mit dem die deutsche Widerstandsbewegung in Verbindung stand) sowie die Bischöfe von Southwark und Durham brachten eine Resolution ein, die die Verfolgung der Juden als »ein schweres Hindernis für die Förderung des Vertrauens und guten Willens zwischen Deutschland und anderen Nationen« bezeichnete.[8] In diesen aufschlußreichen Bericht flocht Dewall (oder die Redaktion) ein paar abschätzige Bemerkungen über die politisierenden Bischöfe und ihre »oberflächliche« Kenntnis der deutschen Judengesetzgebung ein. Der Vorbehalt im Sinne der Nationalsozialisten war nötig, um deutschen Lesern die Kritik der englischen Bischöfe mitteilen zu können.

Soziologische Studien waren ein anderes Mittel, um von den Juden zu sprechen, ohne sich an ihrer ständigen öffentlichen Demütigung zu beteiligen. Das statistische Material der Volks- und Berufszählung von 1933 ergab, daß es damals rund 500 000 Juden jüdischen Glaubens gegeben hatte, daß 1935 noch 450 000 in Deutschland lebten, daß es weitere 300 000 Juden christlichen Glaubens gab, eine große Zahl von »Halbjuden« mit jüdischen Ehepartnern. Insgesamt waren eine und eine halbe Million Deutsche von den Nürnberger Gesetzen betroffen.[9] In einer »Kurzen Meldung« war zu lesen, seit 1900 seien nach Angaben des »Evangelischen Beobachters« 13 300 Juden evangelisch geworden – am wenigsten im Jahre 1928 (166 Taufen), am meisten 1933 (933 Taufen).[10]

Aus einer Sozialreportage der Zeitung über den Frankfurter Wohnungsmarkt ging hervor, daß große Wohnungen im Westend, mit sechs bis neun Zimmern, jetzt in erstaunlicher Zahl zu haben seien – ein »Umschichtungsprozeß« sei im Gange, denn im Frankfurter Westend wohnten einst »viele gutsituierte nicht-arische Familien«, von denen nun manche »weggezogen« seien oder »sich einschränken«.[11]

Bericht der Gestapostelle Frankfurt an das Gestapoamt Berlin, Dezember 1935

b) Frankfurter Zeitung.

Der Kreis der Leser der Frankfurter Zeitung setzt sich, abgesehen von den Juden, in der Hauptsache aus Personen zusammen, die glauben, in der Frankfurter Zeitung mehr lesen zu können, als in den übrigen Zeitungen und aus Kaufleuten, die auf die Wirtschaftsberichte der Frankfurter Zeitung nicht verzichten zu können glauben.

Die Frankfurter Zeitung gibt in ihren Veröffentlichungen und Berichten oft zu erheblichen Bedenken Anlass. Es wurde über die Beanstandungen verschiedentlich an das Geheime Staatspolizeiamt berichtet.

Besonders lehrreich sind die "Kurzen Meldungen". Sie enthalten oft Nachrichten, deren Veröffentlichung nicht im Staatsinteresse liegen kann, und die in den meisten Fällen auch nicht in der übrigen Presse erscheinen. So wurde zum Beispiel in der Nr.566 vom 5.11.35 mitgeteilt, dass der

Frage von untergeordneter Bedeutung. Die judenfreundliche Einstellung der Frankfurter Zeitung ergibt sich auch – abgesehen von den zahlreichen jüdischen Inseraten und jüdischen Familienanzeigen

auch aus nachstehendem Stellengesuch, veröffentlicht in Nr.583 vom 14.11.35: "Gebildetes katholisches Fräulein über 45 Jahre, perfekt im Haushalt und Küche, sucht in gutem jüdischen Haushalt Stellung, auch halbtags". Weitere solche Inserate liessen sich in beliebiger Zahl aufführen.

Interessant ist auch in diesem Zusammenhange die Tatsache, dass die Frankfurter Zeitung am 24.11.35 (Nr.601) in einem auffälligen Inserate auf das Buch "Evangelische Gedanken zu Rosenbergs Mythus" von Hans Schlemmer hinweist. Anschliessend an dieses Inserat folgt ein solches über ein Buch: "Urkirche und Frühkatholizismus" von Albert Ehrhardt. Ein Kommentar hierzu ist überflüssig. Die wenigen Beispiele lassen deutlich erkennen, dass die Frankfurter Zeitung es nach wie vor vorzieht, den Feinden des Staates wertvolle Winke und Hinweise zu geben. Dies geschieht in ausserordentlich geschickter Weise, sodass ein Eingreifen auf Grund der zur Zeit zur Verfügung stehenden Mittel und infolge der gegenwärtigen gelten bekannten Sachelage unmöglich ist.

Über die wirtschaftlichen Schäden der Verdrängung jüdischer Geschäfte berichtete ein langer Artikel der Berliner Redaktion.[12] Oskar Stark, der wegen seines Interesses an Statistik in der Redaktion oft gehänselt wurde, berichtete über Erträge der »Reichsfluchtsteuer«, einer Abgabe von 25 Prozent auf Vermögen und Personen, die ihren Steuerwohnsitz ins Ausland verlegten. Stark las die Vierteljahresberichte des Finanzministeriums über diese Fluchtsteuer wie ein Barometer des auf den Juden lastenden Druckes: Vor 1933 erbrachte die Fluchtsteuer wenige hunderttausend Mark pro Quartal, nach den Nürnberger Gesetzen dagegen mehr als 16 Millionen, und 1937 immer noch 12 Millionen pro Vierteljahr.[13] Vor der Wahl am 29. März 1936, der dritten Reichstagswahl in drei Jahren, die Hitler aufs neue zum Plebiszit über seine Politik, namentlich über den Einmarsch ins entmilitarisierte Rheinland machen wollte, unterrichtete ein Artikel Starks die jüdischen Bürger über ihr Wahlrecht: ein großer Teil der Mischlinge habe es nicht verloren.[14]

Die Verfolgung der Juden blieb im Blatt präsent, etwa in Berichten über eine Tagung des »Weltbundes für internationale Freundschaftsarbeit der Kirchen« in Montreux, wo Vertreter aus 30 Nationen berieten, wie man »das Schicksal der christlichen Nicht-Arier« erleichtern könne, »die schwere Leiden durchzumachen hätten«.[15] Vor allem waren die Gerichtsberichte aufschlußreich. In Frankfurt war der Inhaber einer Papierfabrik, Oppenheimer, des Betrugs in zwei Fällen angeklagt; seine Firma wurde bereits von einem Treuhänder geführt. Die Strafkammer sprach Oppenheimer frei.[16] Die wenigen Zeilen ließen ahnen, was hier versucht worden war. Der Bericht zeigte den verfolgten Juden aber auch, daß Teile der Justiz noch in Ordnung waren und daß es sich noch immer lohne, sich zu wehren.

Die Redaktion beobachtete den Kampf um die Institutionen des Rechts nicht nur, sondern beteiligte sich auch daran. Es sollte eine besonders heftige und offene Auseinandersetzung zwischen Zeitung und Regime werden.

Hans Kallmann, selbst ein Jurist, hatte seit 1933 die Nachrichten und Artikel über Gesetzgebung und Rechtsprechung im Dritten Reich redigiert. 1935 gewann er in dem Berliner Rechtsanwalt Dr. Georg Maier einen mutigen Mitstreiter, der aufmerksam die Erlasse des Justizministeriums, die Rechtsprechung der Gerichte und die wissenschaftliche Literatur beobachtete und darüber oft in der Form der pointierten Glosse schrieb.

Die »Deutsche Arbeitsfront« warb z. B. unter Hausangestellten um Mitglieder mit der Behauptung, der Führer habe erklärt, Nichtorganisierte hätten keinen Anspruch auf Beschäftigung. Kallmann ging der

Sache nach, spürte das Merkblatt auf und zitierte daraus den Satz: »Könnten Sie die Verantwortung für Ihre Hausangestellte übernehmen, wenn der Führer heute, und das mit Recht, sagte, daß alle, die außerhalb der deutschen Arbeitsfront stehen, kein Recht auf Arbeit haben?«[17] Ein rhetorischer Nötigungsversuch der DAF war aufgedeckt.

Im November 1935 schlugen die Hochschullehrer im NS-Juristenbund – Vorsitzender war der Staatsrechtslehrer Carl Schmitt – vor, im Vereins- und Verbandsrecht den Rechtsbegriff »Mensch« im Sinne des Paragraphen 1 des Bürgerlichen Gesetzbuches zu tilgen, weil er »die Verschiedenheit von Volksgenosse, Reichsbürger, Ausländer, Jude usw...« verdecke und verfälsche. Maier griff das auf: Es sei eines der Ziele der NS-Hochschuljuristen, wissenschaftliche Abstraktionen als lebensfremd zu beseitigen und – dabei auf Carl Schmitt anspielend – »in konkreten Ordnungen« zu denken, Gleiches als gleich, vor allem aber Ungleiches als ungleich zu sehen und die Unterschiede zwischen den Menschen verschiedener Rassen, Nationen und Berufsstände im Sinne »gottgegebener Realitäten« zu betonen. Dann erwiderte er: »Der Rechtsbegriff Mensch verdeckt in der Tat manche Verschiedenheiten unter Volksgenosse, Ausländer, Reichsbürger, Jude usw. Es war ja auch nicht seine Aufgabe, diese Verschiedenheiten hervorzuheben, sondern dafür hat man ja eben neue Begriffe geschaffen.«[18] Die fünfzig ruhigen und mutigen Zeilen sagten in abgekürzter Form alles, was die Zeitung gegen die Diskriminierung der Juden zu sagen hatte. Maier führte den Hieb mit unnachahmlicher Eleganz.

In der Judengesetzgebung des Regimes war das Wesen des Rechts angegriffen. Doch boten andere Normen und die Institutionen des Rechts den verfolgten Juden noch immer einigen Schutz. Darum beobachtete die Zeitung besonders aufmerksam, was auf diesem Gebiete geschah. Nach einem erfolglos gebliebenen Scheidungsprozeß hatte ein jüdischer Mann vor dem Berliner Landgericht gegen seine Frau auf Herstellung des ehelichen Lebens geklagt; die arische Frau nannte dies Mißbrauch eines Rechts. Das Landgericht erkannte den Einwand an: Das Verlangen sei dem völkischen Empfinden der Frau nicht zuzumuten. Wenngleich dem Nürnberger Gesetz zum Schutz des deutschen Blutes und der deutschen Ehre rückwirkende Kraft fehle, so sagte das Gericht, liege »unter analoger Anwendung« des Sinnes und Zweckes dieses Gesetzes, das künftige Eheschließung zwischen Juden und Ariern verbiete, ein Rechtsmißbrauch vor, wenn der jüdische Ehemann die arische Frau zwingen wolle, die Ehe wiederherzustellen.

Der Bericht der Zeitung über das Urteil präparierte als Kern einen Versuch des Gerichts heraus, dem zweiten Nürnberger Gesetz auf indirekte Weise eine rückwirkende Wirkung zu verschaffen. Der Kommentar der Zeitung, vermutlich von Georg Maier, bezweifelte, ob »dies Ergebnis im Sinne des Gesetzgebers liege«.[19] Die Zeitung hütete sich auszusprechen, warum ihr der Schutz der »gemischten« Ehen so wichtig war. Denn vorerst bot die Ehe mit einem »Arier« dem jüdischen Ehepartner Schutz. Ein Dammbruch sollte verhindert werden.

Bald darauf bestätigte das Reichsgericht in einem anderen Falle, daß es nicht zweierlei Eherecht gebe. Die Zeitung berichtete sofort: »Wer sich wie der Kläger zur Verheiratung mit einer Rassefremden entschlossen hat, hat sich dadurch mit ihr für sein Leben verbunden. Solange er nicht die Scheidung oder Nichtigerklärung der Ehe erreicht, kann er sich von diesem Bunde nicht lösen...«[20]

In der juristischen Berichterstattung und Kommentierung der »Frankfurter Zeitung« ist die Bemühung zu erkennen, Bindungen der Richter ans positive Recht zu erhalten, auch wenn ein Teil der Gesetze bereits viel materielles Unrecht brachte. In zahlreichen Beiträgen der Zeitung ging es darum, die Geltung der Gesetze zu erhalten und ihre Umgehung durch Gerichte, Verwaltungsbehörden oder Parteistellen abzuwehren, wie zum Beispiel den Anspruch der Arbeitsfront, in Betrieben Kündigungen veranlassen zu dürfen,[21] den Versuch von Gerichten, das Erziehungsrecht der Eltern in eine Treuhänderschaft gegenüber dem Staat umzudeuten,[22] die Anmaßung von Parteistellen, Behörden zu sein,[23] das Verlangen einer juristischen Zeitschrift, vornationalsozialistisches Recht solle mit »Instinkt« angewendet werden und Richter sollten sich vom Buchstaben des Gesetzes unabhängig machen,[24] oder von Gauleitern, sich wie Hitler selbst mit »Führerentscheidungen« über das Gesetz hinwegsetzen zu dürfen.[25] Das waren Stoffe, die Kallmann und Maier begierig aufgriffen.

Im Gestapodossier über die Frankfurter Zeitung wurden viele Artikel gesammelt. Die Berichte der Gestapostelle Frankfurt an das Berliner Gestapoamt suchten in den Jahren 1935 und 1936 mit Belegstücken immer wieder nachzuweisen, »welche Gefahr – im In- und Auslande – die ›Frankfurter Zeitung‹ für den nationalsozialistischen Staat bedeutet«. Die »besonders geschickte Art« der Kritik in der »Frankfurter Zeitung« halte in Deutschland den »Geist der Reaktion und Opposition« aufrecht. »Täglich bildet die ›Frankfurter Zeitung‹ Gegenstand einer öffentlichen Aussprache, noch mehr aber einer Aussprache, die stattfindet, wenn man ›unter sich‹ ist.« Die »Frankfurter Zeitung« sei die wichtigste Informationsquelle für die Opposition im Lande. Dabei erbitterte die Gestapo besonders, daß die Zeitung bei ihrem verräterischen Tun sogar in hohen Ämtern des nationalsozialistischen Staates protegiert werde.[26] Die Zeitung gebe, so hieß es im

Vier der zahlreichen Artikel von Georg Maier und Hans Kallmann zu juristischen Vorgängen, die ins Dossier der Gestapo wanderten

Der Gegner von gestern.

Im „Angriff" erschien eine Meldung, die wir kürzlich wiedergegeben haben, mit folgendem Inhalt: Der Betriebsführer eines Unternehmens hatte auf Verlangen der örtlich zuständigen Kreiswaltung der Deutschen Arbeitsfront einem Angestellten wegen früherer kommunistischer Betätigung gekündigt. Der Entlassene erblickte in der Kündigung eine „unbillige, durch die Verhältnisse des Betriebs nicht bedingte Härte" und erhob Widerrufsklage beim Arbeitsgericht. Er wurde abgewiesen. In der Begründung heißt es (nach jener Meldung des „Angriffs"): Die Arbeitsfront sei eine öffentlich-rechtliche Einrichtung. Ein von ihr ausgesprochenes Kündigungsverlangen sei ein öffentlich-rechtlicher Verwaltungsakt, für den sie zuständig sei und dem nachzukommen der Betriebsführer berechtigt sei. Wie das Reichsarbeitsgericht Kündigungen durch einen Staatskommissar als gültig behandelt habe, so müsse auch eine solche von der Deutschen Arbeitsfront verlangte Kündigung als rechtswirksam und betriebsbedingt gelten.

Es ist verhältnismäßig gleichgültig, ob diese Entscheidung juristisch das Richtige treffen mag. Nur nebenbei sei gesagt, daß sie das offenbar nicht tut. Auf die Rechtsnatur der Arbeitsfront als einer öffentlich-rechtlichen Einrichtung kommt es nämlich hier nicht an, sondern nur darauf, ob ihre Gau-, Kreis- und Bezirksstellen berechtigt sind, durch bindende Anweisungen in die Verantwortung des Betriebsführers einzugreifen und die Entlassung eines Gefolgschaftsmitgliedes zu erzwingen. Davon kann aber nach dem Gesetz zur Ordnung der nationalen Arbeit und nach zahlreichen Äußerungen maßgebender Persönlichkeiten keine Rede sein. Ein trotzdem von diesen Stellen ausgehendes Kündigungsverlangen verpflichtet und berechtigt den Betriebsführer nicht. Sie verschafft ihm keinen Kündigungsgrund — ein solcher besteht vielmehr, wie es das Reichsarbeitsgericht ausdrückt, nur „in seiner Vorstellung". Das hat jenes Arbeitsgericht offenbar übersehen. Es hat weiter übersehen, daß der Betriebsführer auf Grund seiner Fürsorgepflicht zum mindesten verpflichtet gewesen wäre, sich zunächst über das an ihn gerichtete Verlangen „bei zuständiger Stelle" Aufklärung zu holen. Aber es kommt, wie gesagt, auf diese Dinge nicht in erster Linie an.

Was dem ganzen Fall seine besondere und grundsätzliche Bedeutung verleiht, ist vielmehr dies: Daß noch in jüngster Zeit ein Gefolgschaftsmitglied auf Veranlassung der Arbeitsfront von seinem Arbeitsplatz gewiesen wird, weil er **früher** — und das heißt doch wohl: vor der Machtergreifung durch den Nationalsozialismus — sich kommunistisch betätigt hat. „Es ist der höchste Stolz, der uns erfüllen kann," so sagte Adolf Hitler in der Reichstagssitzung vom 30. Januar 1934, „daß es uns wirklich gelungen ist, das ganze Volk zusammenzufassen und in den Dienst seiner Erneuerung zu stellen." Das ganze Volk — obwohl doch jedermann weiß, daß damit auch Millionen von ehemaligen Sozialdemokraten und Kommunisten erfaßt werden, gemeint sein müssen. Der Gegner von gestern soll eben, in der Arbeitsfront und nicht zuletzt durch die Arbeitsfront, zum Kameraden von heute werden.

Dem Gegner von gestern reichen wir die Hand — nicht einmal, sondern viele Male sind solche Worte von Adolf Hitler und von anderen hohen Stellen ausgesprochen worden — Worte und Gesten der Versöhnung, deren ideelle Bedeutung niemand übersehen kann. Aber wichtiger als sie bleibt die Versöhnung durch die Tat, die von Hunderttausenden in täglicher Arbeit zu vollbringende Leistung: zu vergessen, daß man sich einmal bekämpft hat, und dem anderen nicht deshalb etwa gar Arbeit und Brot zu nehmen, weil er früher einmal auf der anderen Seite gestanden hat. M.

Der Rechtsbegriff „Mensch"...

„Der Rechtsbegriff ‚Mensch' im Sinne des § 1 des Bürgerlichen Gesetzbuches verdeckt und verfälscht die Verschiedenheiten von Volksgenossen, Reichsbürger, Ausländer, Jude usw..." Mit diesem Satz beginnt ein formulierter Vorschlag, den die Reichsfachgruppe Hochschullehrer des Nationalsozialistischen Juristenbundes kürzlich unter dem Vorsitz von Staatsrat Carl Schmitt zur Reform des Vereins- und Verbandsrechts beschlossen hat. Wissenschaftliche Abstraktionen als lebensfremd zu beseitigen, in konkreten Ordnungen zu denken, Gleiches als gleich, vor allem aber Ungleiches als ungleich zu sehen und die Unterschiede zwischen den Menschen verschiedener Rassen, Nationen und Berufsstände im Sinne „gottgegebener Realitäten" zu betonen — das ist ja eines der Hauptziele, denen heute die nationalsozialistischen Hochschuljuristen, nicht nur organisationsmäßig von Carl Schmitt geführt, planmäßig zustreben. Der Beschluß zum Verbandsrecht ist eine bemerkenswerte Etappe auf diesem Wege, und die Abstraktionen und Allgemeinbegriffe, die er zur Strecke bringen will, sind bedeutsam genug. Man will den Begriff „Rechtsfähigkeit" (der alle Menschen und „rechtsfähigen" Vereinigungen trifft) fallen lassen; es soll fallen die „juristische Person" und zugleich die Gegenstück, die (am leichtesten zu schmerzende) „natürliche Person", und es soll bemerkenswerterweise auch der Rechtsbegriff „Mensch" fallen.

Denn auch der Rechtsbegriff „Mensch", der alle von der vollendeten Geburt bis zum letzten Atemzuge umfaßt — auch dieser Begriff sei, so meint man, eine Abstraktion, eine unrichtige Abstraktion für denjenigen, der die Unterschiede stärker betonen möchte, als das, was allen gemeinsam ist. Der Rechtsbegriff „Mensch" verdeckt in der Tat manche Verschiedenheiten von Volksgenosse, Ausländer, Reichsbürger, Jude usw. Es war noch nie seine Aufgabe, diese Verschiedenheiten hervorzuheben, sondern dafür hat man ja eben neue Begriffe geschaffen. Aber Ehe, Familie, Arbeit, Eigentum gehen nicht nur einzelne Menschengruppen, sondern doch auch die Menschen als solchen an, und zwar nicht nur in verschiedener, sondern doch auch in **gleicher** Weise. Kann man vergessen, daß es sich hier um einen der Grundbegriffe der Menschheit handelt, ja könnte man solche Tatsachen überhaupt ausdrücken, wenn man nicht eben das Wort „Mensch" zur Verfügung hätte? Und man muß überhaupt, wer die Unterschiede hervorheben möchte, deshalb das Gemeinsame auslöschen wollen, obwohl doch die Unterschiede der Arten schon logisch die Gemeinsamkeit der Gattung voraussetzen? Sind nicht Unterschiede **wie** Gemeinsames beides „gottgegebene Realitäten" und würde man nicht den gleichen Fehler begehen wie die, welche überhaupt keine Unterschiede zwischen Menschen anerkennen wollten, wenn man jetzt umgekehrt an nichts Gemeinsames mehr glauben würde? M.

Richter und politische Entscheidungen.

Ein mecklenburgisches Gut war zugunsten eines Aerzteverbandes enteignet worden, der dort ein Schulungslager für Medizinalpraktikanten und Aerzte errichten wollte. Die Enteignung erfolgte auf Grund des mecklenburg-schwerinschen Enteignungsgesetzes, das in seiner Fassung vom November 1933 Enteignung auch zugunsten privatrechtlicher Vereine und auch zu Zwecken von Schulungslagern ausdrücklich gestattet. Der eine der Miteigentümer jedoch bestritt die Gültigkeit der Enteignung und wandte gegenüber einer Räumungsklage des Verbandes ein, die landesrechtliche Grundlage der Enteignung habe eine ungerechte Benachteiligung Einzelner und eine unzulässige Enteignung zur Folge und laufe deshalb dem Reichsrecht zuwider, insbesondere den Grundsätzen der Weimarer Verfassung über Enteignung und über die Gleichheit aller Staatsbürger. Beide Gesichtspunkte wurden vom Reichsgericht als nicht durchgreifend erachtet, da die Errichtung eines Schulungslagers unzweifelhaft dem öffentlichen Wohle diene, also eine Enteignung zu diesem Zwecke zulässig sei, und da überdies das Gesetz auch nicht ein ungerechtes Sondergesetz oder einen Mißbrauch der Gesetzesform darstelle.

Die Entscheidung, die im Ergebnis gewiß das Richtige trifft, verdient in ihrer Begründung besonderes Interesse, weil das Reichsgericht hier unbefangen und selbstverständlich das Recht für sich in Anspruch nimmt, ein von einem Reichsstatthalter ordnungsgemäß verkündetes Gesetz auf seine Vereinbarkeit mit übergeordneten Rechtsnormen des Reichsrechts nachzuprüfen. Damit hat das Reichsgericht, in Einklang mit den kürzlich von der Gesamtvertretung der Richter und Staatsanwälte des NS-Juristenbundes in Berlin beschlossenen Leitsätzen, erneut die Auffassung abgelehnt, daß **alle politischen Entscheidungen** — nicht nur solche des Führers und Reichskanzlers — als „Führerentscheidungen" ihrem Wesen nach der richterlichen Nachprüfung entzogen seien.

M.

Rechtssicherheit und Instinkt.

Als kürzlich auf einer Berliner Juristentagung ein Leitsatz vorgetragen wurde, nach welchem **vornationalsozialistische Gesetze** vom Richter nicht angewandt werden sollten, falls sie dem gesunden Volksempfinden „ins Gesicht schlagen", wurden hier Einwände dagegen erhoben: Auch die Tatsache, daß eine höchstrichterliche Entscheidung bei Nichtanwendung solcher Gesetze herbeigeführt werden solle, reiche doch vielleicht nicht aus, um das erforderliche Maß an Rechtssicherheit zu gewährleisten. Es wurde in diesem Zusammenhang darauf hingewiesen, daß von zwei Streitgegnern gewöhnlich **jeder** für sich in Anspruch nehme, das gesunde Volksempfinden stehe gerade ihm und nicht seinem Gegner zur Seite. Auch seien nach bisherigen Erfahrungen die unteren Instanzen der Gerichte gewöhnlich verschiedener Meinung, sobald eine so weitgehende Ermächtigung erteilt werde. Der Durchschnittsbürger führe aber seinen Prozeß nicht mit dem Blick auf eine zeitlich und sachlich ungewisse Entscheidung des Reichsgerichts. Es sprächen also ernste Bedenken dagegen, daß der Richter auf diese Weise in so weitem Umfange an die Stelle des Gesetzgebers gerückt werde, zumal jener Durchschnittsbürger, von dem die Rede war, verständlicherweise erwarten dürfe, daß sein Gesetzbuch oder der, der es kenne, ihm einen raschen Anhalt böten, ob er im Recht sei.

Vielleicht läßt sich gegen unsere Meinung manches einwenden. Aber sicher sollte man sich **die Kritik nicht so leicht machen**, wie es in einer juristischen Fachzeitschrift geschehen ist. Dort wird uns nämlich nachgesagt, daß wir uns ein „Mammut-BGB" wünschten, worauf als weiteres Argument das Folgende vorgebracht wird: „Der unverbildete **Volksgenosse** hat im allgemeinen ein sehr feines Empfinden dafür, wer bei einem Rechtsstreit oder in anderen Fällen „im Recht" ist." Wollte man das mit anderen Worten ausdrücken, so müßte man sagen: Nach dieser Ansicht reiche der **Instinkt** des normalen Menschen aus, um jenes Maß von Rechtssicherheit zu gewährleisten, das man bisher für nötig hielt. (In der Tat sind solche Behauptungen früher einmal aufgestellt, allerdings, soweit uns bekannt ist, durch Aeußerungen der maßgebenden Stellen nicht gedeckt worden.) Ein einfacher Blick auf die Gerichtssäle sollte eigentlich auch ausreichen, um jeden zu überzeugen, daß man sich auf den Instinkt der Menschen nur in sehr begrenztem Umfange verlassen darf. In jenen Gerichtssälen stehen sich ja immer zwei Parteien gegenüber, von denen jede zwar ein feines Gefühl dafür hat, wer im Rechte sei, nur hat jede das entgegengesetzte Gefühl als die andere, nur meint jede, daß sie selbst im Recht sei. Wahrscheinlich wird niemand so weit gehen wollen, deshalb je einer dieser beiden Parteien vorzuwerfen, sie sei „verbildet" oder gar „böswillig".

Kln.

November 1935 in einer anderen Aufzeichnung der Gestapo, den Feinden des Staates wertvolle Winke und Hinweise, und sie tue dies so außerordentlich geschickt, »daß ein Eingreifen aufgrund der zur Zeit zur Verfügung stehenden Mittel und infolge der gegenwärtig geltenden bekannten Sachlage unmöglich ist«.[27]

Im Dezember 1935 begannen neue Versuche, an der Stellung des Blattes zu rütteln. Der »Stürmer« Julius Streichers griff die Zeitung wegen der Kommentierung des Berliner Mischehen-Urteils an. Ein Berliner antisemitisches Blättchen fiel ein.[28] Ernster zu nehmen war ein fast gleichzeitiger Angriff des »Schwarzen Korps« – des Blattes der SS –, das in der Literaturbeilage der »Frankfurter Zeitung« allerhand Ansichten entdeckt hatte, die nicht in die neue Zeit paßten. Es nahm Anstoß an dem Text zu einem Selbstbildnis des 93jährigen Tizian, vermutlich von Reifenberg. Dort hieß es: »Das Werk läßt schauen, was ein großer Mensch aus sich zu machen vermag. Die vollkommene Absage an jede Gewalt nähert den Ausdruck der Gesichtszüge einem Gleichmaß, das einer anderen Welt zu entstammen scheint.«[29] Das »Schwarze Korps« sah darin »Politik und Pazifismus«, getarnt als »Kunstangelegenheit«. An einer Besprechung der Cromwell-Biographie von Hilaire Belloc durch Fritz Schotthöfer in derselben Beilage fand das »Schwarze Korps« den Satz ärgerlich, Cromwell wirke oft größer, weil der Biograph auch Kleinheiten des Charakters und Blässen der Gesinnung bloßgelegt habe[30] – ein Zitat, das den Lesern des »Schwarzen Korps« nur dann etwas bedeutet haben kann, wenn auch sie die Gedankenkette Cromwell-Diktator-Bürgerkrieg-Blutgericht-Hitler mitvollzogen. Das war gerade eine der Vertracktheiten für die Anhänger der Diktatur, daß sie sich selbst in Verlegenheit bringen mußten, wenn sie Camouflage in Klartext übersetzen und anprangern wollten, damit aber noch mehr Leser auf camouflierte Texte aufmerksam machten.

Anfang Januar 1936 griff das »Frankfurter Volksblatt«, die Gauzeitung für Hessen-Nassau, die »Frankfurter Zeitung« an, vermutlich nach Abstimmung mit der Gauleitung, wenn nicht gar auf deren Geheiß. Der Leitartikel des stellvertretenden Hauptschriftleiters Theo Rüsch äußerte Entsetzen über die Fülle von Haß und Gemeinheit, die er in der Emigrantenpresse von Prag, Wien und Paris bemerkte. In Deutschland dagegen habe sich die Presse glücklicherweise daran gewöhnt, »Disziplin« bei der Kritik an anderen Völkern zu üben. Unbegreiflicherweise duldeten die fremden Regierungen die »infame Hetze gegen das nationalsozialistische Deutschland« in ihren Zeitungen. Dann kam er auf die Herkunft aller dieser Lügen über Deutschland zu sprechen, auf Quellen in Deutschland selbst, besonders die »Frankfurter Zeitung«. Dabei benutzte er den Schlüsselbegriff für die Verratslegende von 1918: »Heimliche Dolchstöße in den Rücken der deutschen Volksgemeinschaft sind es, wenn im Inlande unwahre Gerüchte über politische oder wirtschaftliche Schwierigkeiten verbreitet werden, wenn die verborgene Gegnerschaft gegen den Nationalsozialismus sich in versteckten Angriffen auf Persönlichkeiten austobt, die als Exponenten der Partei und des Staates in der Öffentlichkeit stehen, und wenn gewisse Zeitungen die gesetzgeberischen Maßnahmen auf dem Gebiet der Wirtschafts-, Kirchen- oder Rassenpolitik mit einer nadelstichfeinen Kritik zu durchlöchern versuchen, die, wie zum Beispiel bei der ›Frankfurter Zeitung‹, ihre Bösartigkeit nur sehr unvollkommen unter lehrhaftem Wohlwollen verbirgt.«[31]

Sollte die »Frankfurter Zeitung« antworten? Ignorieren? Leugnen? Es war ja nicht zu bestreiten, daß die Zeitung »nadelstichfein« in der Kirchen- und Rassenpolitik des Regimes herumstocherte. Man wird sich vorstellen dürfen, daß an diesem Morgen Reifenberg, Kallmann, Drill, Oeser und der vor kurzem wieder in die Redaktion zurückgekehrte Oskar Stark über eine Antwort berieten und sich am Telefon mit Kircher in Berlin verständigten. Waren Berliner Stellen beteiligt? Dann wäre es ernster. Das war herauszufinden, es mußte die Art der Antwort mitbestimmen. Drei Tage später kam die Redaktion mit einer Erklärung heraus unter der Überschrift »Statt einer Antwort«. Ohne das »Frankfurter Volksblatt« zu nennen – es war nur herablassend von einem »hiesigen Blatt« die Rede – erwiderte die Zeitung, sie sei es gewohnt, angegriffen zu werden. Es gebe Blätter, die nichts lieber wollten, als ihre Spalten mit Polemik gegen die »Frankfurter Zeitung« zu füllen. »Den Gefallen, ihnen dabei behilflich zu sein, wollen wir ihnen im Interesse einer nützlichen Tagesarbeit nicht tun.« Die Leser würden so zwar die meisten dieser Anfeindungen nicht kennenlernen, aber die »Frankfurter Zeitung« verzichte ja auch darauf, ihnen Beweise der Anerkennung vorzulegen. »Und wer kann es schon sein, der mit leichtfertigen Verdächtigungen, mit Denunziationen oder gar Verleumdungen gegen uns ankämpft?« Weit von sich wies man den Versuch, die Zeitung in Verbindung mit den »Emigranten- und Hetzblättern des uns feindlichen Auslandes« zu bringen.[32] Die Diktion deutete auf Kircher.

Das »Frankfurter Volksblatt« antwortete noch am selben Tag und wiederholte in schwächerer Form den Angriff. Dann folgte noch ein Leitartikel über die Unterschiede zwischen »aufbauender und zersetzender Kritik«. Er war ziemlich allgemein und bezog sich nur an einer Stelle auf »Nörgler einschließlich gewisser erleuchteter Größen in liberalen Weltorganen«.[33]

Am 14. Januar 1936 befahl der Leiter des Berliner Gestapoamtes, Heydrich, einen von Georg Maier verfaßten Kommentar über die Gesetzesbindung der Richter »dazu zu benutzen, beim Propagandaministerium auf ein endliches Einschreiten gegen die ›Frankfurter Zeitung‹ hinzuwirken«. Beigelegt war auch eine andere Glosse Maiers gegen die Kündigung eines ehemaligen Kommunisten auf Betreiben der Deutschen Arbeitsfront.[34] Anscheinend gab das Propagandaministerium der Gestapo keine Antwort. Der Beamte notierte sich resigniert, ein kürzlicher Versuch, die »Frankfurter Zeitung« zu verbieten, sei »beim Propagandaministerium aus gewichtigen Gründen gescheitert«. Der Staatssekretär im Propagandaministerium, Walther Funk, wies Mitte Februar den Chefredakteur des »Frankfurter Volksblattes«, Gustav Staebe, zurecht. Werner Stephan vom Propagandaministerium zeigte Maxim Fackler, dem Vertreter der Zeitung in der Pressekonferenz, den Entwurf: »Von maßgebenden Stellen wird die ›Frankfurter Zeitung‹ in der jetzigen Form für notwendig und nützlich erachtet. Durch die Zeitung ist es immerhin möglich, nationalsozialistische Ideen an Kreise des Auslandes heranzutragen, an die wir sonst nicht herankommen und die bestimmt keine nationalsozialistischen Zeitungen lesen werden. Im übrigen ist auch aus der Ansprache des Führers an die Hauptschriftleiter der nationalsozialistischen Presse zu entnehmen, daß er nicht wünscht, daß aus der gesamten deutschen Presse in Zukunft restlos Parteizeitungen werden sollen. Ich ersuche Sie daher, unverzüglich die Presseangriffe gegen die ›Frankfurter Zeitung‹ einzustellen, damit die Zeitung die Aufgabe, die ihr gestellt ist, erfüllen kann. Insbesondere mißbillige ich Form und Inhalt des Artikels ›Heimliche Dolchstöße‹ in Nummer 5 Ihrer Zeitung vom 6. Januar.«[35]

Im Frühjahr griff das »Schwarze Korps« aufs neue an. Eine Sozialreportage von Heddy Neumeister, die vor kurzem Mitarbeiterin im Berliner Büro der Zeitung geworden war, hatte beschrieben, wie sich ein kleines Familienbudget ändert, wenn ein 56jähriger Arbeitsloser, der schon gar nicht mehr zu hoffen gewagt hatte, wieder einen Arbeitsplatz findet. Denn mit dem neuen Einkommen entstehen auch neue Ausgaben: eine neue Jacke, ein Paar feste Schuhe, ein kräftigeres Mittagsbrot bei größerer körperlicher Arbeit, der Wegfall der Rente für die Frau und schließlich die Sorge, daß man die bisherige Wohlfahrtsunterstützung werde zurückzahlen müssen. Heddy Neumeister beschrieb realistisch den Alltag kleiner Leute, wirklicher Menschen mit wirklichen Schwierigkeiten. Nichts sonst, nichts Politisches darin. Das aber war es gerade: der Realismus der Schilderung erregte Anstoß. Es fehlte das Aufbauend-Politische, und so sah das »Schwarze Korps« darin eine Herabsetzung der Arbeitsbeschaffungspolitik der Regierung. Ein Emigrantenblatt, die in Paris, Prag und Basel erscheinende »Deutsche Volkszeitung«, wurde vielleicht erst durch das »Schwarze Korps« aufmerksam gemacht und berichtete über Heddy Neumeisters Schilderung. Damit war für das »Schwarze Korps«, in der nächsten Nummer, der »Beweis erbracht, daß die ›Frankfurter Zeitung‹ demagogisch aufgezogene Artikel, die gegen die Maßnahmen des Führers gerichtet sind, veröffentlicht, die auf diese Weise im Ausland bekannt, verbreitet und von der Emigrantenpresse zur Hetze gegen Deutschland ausgenützt werden«.[36]

Eine merkwürdige Beweiskette, vor allem aber ein Beleg für die Zwiespältigkeit der »Auslandswirkung« der »Frankfurter Zeitung«. Wo das Propagandaministerium die Nützlichkeit der »Frankfurter Zeitung« sah, sahen die Parteiblätter und die Gestapo ihre besondere Schädlichkeit. Für die Redaktion lag darin freilich auch eine Anerkennung aus Feindesmund. Sie nutzte die seltsame Protektion, die das Blatt in Berlin genoß, zur Information der Leser.

War das von Goebbels gebrauchte Argument der Auslandswirkung stichhaltig? Auf der Seite des Regimes war es zumindest umstritten. Am 1. April 1936 traf bei der Frankfurter Gestapostelle eine Anfrage der bayerischen Staatspolizei ein, Art und Umfang der Verbreitung der »Frankfurter Zeitung« außerhalb des Reiches festzustellen. Viel entdeckte der in die Societäts-Druckerei entsandte Kriminalbeamte nicht. Die Reichsausgabe – also die Auflage ohne den Anteil der für Frankfurt und die nähere Umgebung hergestellten Ausgabe – meldete er, betrage werktäglich 70000 Stück und sonntags mit Literatur-, Reise- und Frauenbeilage 90000 Stück; ins Ausland würden 24000 Stück verkauft.[37] Demnach ging an Werktagen jedes dritte Exemplar der Reichsausgabe über die Grenzen.

Im Juni brach das Gewitter los. Das »Schwarze Korps« behauptete aufs neue, die »Frankfurter Zeitung« werfe sich »mit den Feinden des Nationalsozialismus Bälle zu«. Es beklagte sich auch darüber, daß die »Frankfurter Zeitung« es nie für nötig befunden habe, sich mit diesen Vorwürfen auseinanderzusetzen. Der Artikel forderte andere Parteiblätter auf, sich an der Kritik zu beteiligen, damit endlich eine Diskussion über die »Frankfurter Zeitung« entstehe.[38] Anlaß war wieder, daß eine Emigrantenzeitung an einen Bericht der »Frankfurter Zeitung« über die Maifeiern boshafte Bemerkungen wie diese geknüpft hatte: »Die Zartheit, mit der das große Blatt den Herrschenden seinen Hohn serviert, nimmt ihm nichts von seiner Bitterkeit.«

Kircher antwortete. Er referierte spöttisch die Vorwürfe des »Schwarzen Korps«. Für den Vorwurf der SS, die »Frankfurter Zeitung« zeige keinerlei Bewegung oder Erschütterung, »wenn wir mit

Fundgrube in Frankfurt

Zu diesem Zweck durchstöbert man eifrigst die im Reiche erscheinenden Zeitungen, und wenn sich bei aller Verdrehungsbereitschaft trotzdem nicht das eine oder andere herbeigesehnte Bekenntnis finden läßt, langen sie nach der „Frankfurter Zeitung", eine wahre Fundgrube auf diesem Gebiete.

Die „Frankfurter Zeitung" ist ein einzig dastehendes Wunderwerk fleischgewordener Feinmechanik. Ihre Schriftleiter haben keine Köpfe auf den Schultern wie andere Sterbliche hienieden, sondern Hygrometer, Seismographen, Höhenmesser, Barometer, und zwar von solcher Präzision, daß der leiseste Feuchtigkeitsgehalt, die unmerklichste Erschütterung, das unmerklichste Dickerwerden der Luft auf allen Gebieten der Politik und Wirtschaft mit großen Ausschlagkurven registriert und jeder Punkt für sich den Lesern mikroskopisch vorgesetzt wird. Das Tempo des nationalen Aufbaus wird mit Zeitraffern aufgenommen, die Zeit seit der Machtübernahme durch den Nationalsozialismus in Lichtjahre umgerechnet und die sich in ihnen abspielenden Ereignisse mit Präzisionsstoppuhren bewertet, wobei man allerdings zu dem konsternierenden Ergebnis kommen muß, daß nichts weitergeht und alles beim alten geblieben ist. Und all diese überempfindlichen Meßapparate mit ihren Organen aus Goldschlägerhäutchen, unsichtbaren Strahlen, thermoelektrischen Säulen und mikroskopisch geschliffenen Platinspitzen, die allesamt in Aufruhr kommen und zu bersten drohen, wenn jemand in ihrer Nähe nur bedenklich hustet, sie haben eine kaum faßbare Widerstandsfähigkeit, wenn wir mit dem Holzhammer draufschlagen. Nichts vibriert, nichts oszilliert und keiner reagiert sauer, von der sakralen Politik angefangen bis zum profanen Anzeigenteil.

Eines muß ihnen in restloser Bewunderung zugestanden werden: sie verstehen jedes Kopfstück mit unnachahmlicher Würde einzustecken, und dankbar für diese würdevolle Haltung ist ihnen die uns feindlich gesonnene Auslandspresse.

Anläßlich des Nationalen Feiertages der Arbeit ist uns bereits in der „Frankfurter Zeitung" ein Artikel aufgefallen, der mit „Maifeiern" überschrieben war und in dem ein Verfasser unmerklich mit dem Finger schnalzte, damit ihm gleichgesinnte Seelen auch merken, ihm selbst sei so etwas zuwider. Und wir haben in ausländischen Zeitungen emsig nachgesucht, ob dieses Schnalzen nicht auch drüben vernommen wurde — und richtig! Die „Schweizerische Metallarbeiterzeitung", das Organ des Schweizerischen Metall- und Uhrenarbeiterverbandes, hatte den Wink verstanden und klönt nun frohlockend in alle Welt, daß der „Tag der Nationalen Arbeit" selbst in Deutschland allgemeine Heiterkeit erregt, seit er nicht mehr der Festtag des internationalen Proletariats ist, der mit Inbrunst und klassenbewußter Haltung vom ganzen deutschen Volke gefeiert wurde.

Besagtes Fachblatt scheuert sich vorerst behaglich an den Grenzpfählen des Reiches und zitiert zur Unterstreichung seiner Meinung die „Frankfurterin" zu dem Motto: „Freut euch des Lebens!"

Auf diese allerliebste Technik, sich mit den Feinden des Nationalsozialismus die Bälle zuzuwerfen, haben wir bereits einigemal hingewiesen, und in Frankfurt am Main hat man sich dazu gründlichst ausgeschwiegen. Wahrscheinlich in der Voraussicht, daß wir es schließlich langweilig finden werden, ihr jedesmal eins auszuwischen, sintemalen das nicht gut in einem Blatte aussieht, immer denselben Gaul zu reiten. (Von Zeitungmachen verstehen sie etwas.) Aber vielleicht löst uns da einmal jemand ab im deutschen Blätterwald, obwohl wir skeptisch sind, ein Echo je zu hören . . .

dem Holzhammer draufschlagen«, hatte er eine stolze Antwort: »Wenn jemand wirklich mit uns diskutieren will, hören wir zu, wenn er uns aber – mindestens in der Wirkung – denunziert oder verleumdet, drehen wir ihm den Rücken.« Und wer den empfindlichen journalistischen Apparat der Zeitung mit dem Holzhammer beschädigen wolle, »beschädigt privates Eigentum, das in den öffentlichen Dienst gestellt ist«. Die Zeitung habe schon anderes erlebt als »das Geklapper von Holzhämmern«. Überschrift: »Wenn Hämmer klappern«.[39]

Man mußte wohl ein Eingeweihter sein, um den Doppelsinn der Bemerkung über den öffentlichen Dienst zu erkennen. Kircher wollte dem Chefredakteur des »Schwarzen Korps« die Warnung zustecken, die Zeitung gehöre zum Territorium des Propagandaministeriums. Die »Pariser Tageszeitung« erkannte in der Polemik zwischen den beiden Zeitungen ein dreieckiges Verhältnis, wenngleich sie sich, wie die meisten Emigranten-Zeitungen, das Urteil über die »Frankfurter Zeitung« viel zu leicht machte:

»Die ›Frankfurter Zeitung‹, das Naturschutzgebiet in der Pressebaumschule des Dr. Goebbels, fürchtet Unannehmlichkeiten von ihren genehmigten temperierten Freimütigkeiten ... Die Redakteure von der ›Frankfurter‹ hält Goebbels für so viel klüger als die armseligen Partei-Journalisten, daß er annimmt, sie wüßten ganz genau, was sie tun. Und gerade auf diesen Vorwurf kann Kircher nicht eingehen. Ein schönes Dilemma: Entweder die Herren geben sich harmlos aber dumm, oder klug aber gerissen. Im ersten Falle sind sie den Partei-Journalisten gleichzustellen, also überflüssig, im zweiten Falle gelten sie als Saboteure, und die Gestapo kommt.«[40]

Heydrich beauftragte einen seiner engsten Mitarbeiter, Werner Best – den Verfasser der »Boxheimer Dokumente« von 1931, der nach 1933 Landespolizeipräsident in Hessen war und später, 1942 bis 1945, Reichskommissar in Dänemark wurde –, bei dem neuernannten Leiter der Presseabteilung im Propagandaministerium, Alfred-Ingemar Berndt, einem besonders scharfen Parteimann und bisherigen DNB-Hauptschriftleiter, energisches Vorgehen gegen die »Frankfurter Zeitung« wegen des Artikels über die klappernden Holzhämmer zu verlangen. Kirchers Artikel sei ein neuer Beweis für die »Disziplinlosigkeit« der »Frankfurter Zeitung«. Das Blatt lasse »jegliche Mitarbeit am Aufbau der Presse im nationalsozialistischen Staat vermissen«. Er halte es für erforderlich, ein Exempel zu statuieren, die Zeitung kurze Zeit – etwa drei Tage – zu verbieten und den verantwortlichen Schriftleiter von der Schriftleiterliste zu streichen.[41]

Post der Gestapo blieb bei Berndt nicht lange unbeantwortet. Berndt setzte Best und Heydrich die der »Frankfurter Zeitung« be-

1.-Mai-Feier auf dem Frankfurter Römerberg

stimmte Rolle auseinander: »Die Schreibweise der ›Frankfurter Zeitung‹ ist absichtlich so gehalten, daß sie im Ausland als oppositionell angehaucht gilt, da sie das einzige Blatt ist, mit dessen Hilfe wir mancherlei lancieren können und auch schon lanciert haben. Zur Erfüllung dieser Aufgabe muß man ihr schon eine gewisse Freiheit lassen. Wenn es zu bunt wird, schreiten wir jedes Mal ein. Ich weise darauf hin, daß wir noch in letzter Zeit fünf der Schriftleiter der ›Frankfurter Zeitung‹ aus der Berufsliste entfernt haben und vom alten Stab der ›Frankfurter Zeitung‹ nur noch wenige Mitglieder der Redaktion angehören, die heute so ziemlich judenrein geworden ist. Daß die ›Frankfurter Zeitung‹ keine Angriffe gegen das ›Schwarze Korps‹ richten darf, ist selbstverständlich. Ich bin in dem genannten Fall sofort dagegen angegangen.«[42]

Das »Schwarze Korps« gab sich nicht geschlagen. Zwar sah sich Gunter d'Alquen, der Hauptschriftleiter, gezwungen – von wem? –, den Vorwurf des Landesverrats zurückzunehmen, aber dann waren der »Frankfurter Zeitung« eben mangelnde Sorgfalt, Fahrlässigkeit und »politische Instinktlosigkeit« vorzuwerfen.[43] Im September folgte der Hauptangriff auf einer ganzen Seite des »Schwarzen Korps« mit dem Titel »Der Fall M – Hinterlist mit Methode«. Er galt den juristischen Beiträgen von Georg Maier. »M« war Maiers Autoren-Chiffre. Dem »Schwarzen Korps« konnte der Leser nicht entnehmen, was er geschrieben hatte. Damit hätte das »Schwarze Korps« dessen Kommentare verbreitet. Das Blatt machte der »Frankfurter Zeitung« den Vorwurf eines hinterhältigen »hyänenhaften« Journalismus, der sich nicht stellen lasse und unentwegt die Rechtsprechung und das »Ansehen des nationalsozialistischen Staates im In- und Ausland zu schädigen« suche. Er endete mit der Forderung nach einem Pressegerichtsverfahren gegen Dr. Maier.[44]

Die »Frankfurter Zeitung« antwortete nicht. Als einige Wochen später in München die »Akademie für deutsches Recht« tagte und die Zeitung Dr. Maier als ihren Berichterstatter anmeldete, sah das »Schwarze Korps« darin die »Antwort auf den Fall M« und eine besondere Dickfelligkeit; die Zeitung fahre nach wie vor fort, den gehässigen Auslandszeitungen weiter die Bälle zuzuwerfen. Zum Beweis dafür verwies das »Schwarze Korps« auf einen Prozeßbericht der »Frankfurter Zeitung« aus Darmstadt. Dort war ein Jude beschuldigt worden, »ein arisches Mädchen unter 45 Jahren« im Haushalt beschäftigt zu haben, was gegen die Nürnberger Gesetze verstieß.

Der Beschuldigte verteidigte sich, es habe kein Arbeitsverhältnis bestanden, er habe eine Obdach- und Arbeitslose aufgenommen. Das Gericht vermutete einen Versuch zur Umgehung des Verbotes und verurteilte ihn zu 50 Mark Geldstrafe. Die »Basler Zeitung« entnahm der »Frankfurter Zeitung« diesen Fall und knüpfte daran, wie das »Schwarze Korps« urteilte, einen »niederträchtigen Kommentar«. Immer wieder veröffentliche die »Frankfurter Zeitung« Meldungen, die im Ausland »demagogisch ausgelegt und als Propaganda gegen den Nationalsozialismus benutzt werden«.[45]

Diese mittlerweile über zehn Monate dauernde Kampagne des Organs der SS gegen die »Frankfurter Zeitung« mußte einem wachsamen Beobachter zu denken geben. Was steckte dahinter? In freien Gesellschaften sind Polemiken unter Zeitungen nichts mehr als eben dies. In einem Staat, der nicht nur beansprucht, sondern sich auch rühmt, daß alles nach dem Willen seines Führers geschehe, ist eine Polemik unter Zeitungen eine Blamage des Systems, eine Herausforderung. Die Kampagne des »Schwarzen Korps«, zunächst eine Denunziation der »Frankfurter Zeitung«, mußte, je länger sie dauerte, desto mehr auch als Vorwurf der SS-Führung an den Propagandaminister gelesen werden, er schaue dem oppositionellen Treiben der Zeitung in unbegreiflicher Weise tatenlos zu. Die Kampagne offenbarte auch die Machtlosigkeit des Propagandaministers gegenüber dem Blatt der SS. Das Propagandaministerium hatte die Kampagne des »Frankfurter Volksblattes« relativ schnell zu beenden verstanden. Die Kampagne des »Schwarzen Korps« dagegen konnte Monat um Monat weitergehen.

Allerdings gelang es dem »Schwarzen Korps« auch nicht, die Parteizeitungen zu einem Kesseltreiben gegen die »Frankfurter Zeitung« anzustacheln.

Goebbels und Dietrich mochten den Nutzen der »Frankfurter Zeitung« für das Regime überschätzen. Jedenfalls hielten sie die Wirkung im Ausland für beachtlich. Aber sie wußten auch, daß sie nur so lange dauerte, wie das Blatt einen Geruch der Opposition behielt. Nur in einer undefinierbaren Zwischenzone zwischen Opposition und Gehorsam war die erwünschte Auslandswirkung zu mäßigen Kosten zu haben. Das war Goebbels' Dilemma. Und da es nicht aufzulösen war, sahen sich Goebbels und Dietrich oftmals gezwungen, so zu tun, als bemerkten sie nicht, was die »Frankfurter Zeitung« trieb. Daraus ergab sich umgekehrt der verbreitete Eindruck, die »Frankfurter Zeitung« genieße eine Art »Naturschutz« oder die Freiheit des Narren am Hofe der Mächtigen.

Nicht alles freilich war kalkulierte Politik. Karl Silex, Chefredakteur der »Deutschen Allgemeinen Zeitung«, fragte in jener Zeit Kircher nach den Gründen, warum das Propagandaministerium Unbotmäßigkeiten der DAZ rüge, aber gleichzeitig Unbotmäßigkeiten der »Frankfurter Zeitung« durchgehen ließ. Habe die »Frankfurter Zeitung« ein Privileg? Kircher fragte daraufhin Otto Dietrich, den »Reichspressechef«. Dieser habe darauf hingewiesen, daß die »Frankfurter Zeitung« in Berlin erst in der Mittagszeit anzukommen pflege, wenn die täglichen Pressemappen schon fertiggestellt waren. Wenn er dann aber wegen eines Verstoßes der »DAZ« gegen die Presselenkung von Hitler gerüffelt worden sei, er verstehe die Presse nicht zu zügeln, dann werde er doch nicht Hitler am nächsten Tag nochmals die »Frankfurter Zeitung« vorlegen und sich aufs neue eine Abreibung holen: »Wenn ich den Verstoß da auch finde, zeige ich die ›Frankfurter Zeitung‹ eben einfach nicht vor.«[46]

Für die Redaktion in Frankfurt kam es jedenfalls darauf an, das Beste aus dem Interesse des Regimes zu machen und es wachzuhalten. Nicht das »Schwarze Korps«, sondern die mit Außenpolitik befaßten Stellen waren deshalb der eigentliche Adressat der Replik, mit der Kircher auf die zäh erneuerten Beschuldigungen des »Schwarzen Korps« unter der Überschrift »Auslandsecho« antwortete: Nicht nur die FZ, auch andere Blätter, oft sogar nationalsozialistische Zeitungen, hätten über die gleichen Tatbestände, etwa Gerichtsurteile, berichtet. In Angelegenheiten des »Rassenschutzes« seien Parteiblätter oft viel ausführlicher als die »Frankfurter Zeitung« und böten damit »mißgünstigen Auslandsblättern« oft reichlich Gelegenheit zur Ausbeutung, selbstverständlich gegen ihren Willen. Die »Frankfurter Zeitung« sei nun einmal das im Ausland am meisten gelesene deutsche Blatt. Für niemanden sei es ein Vergnügen, mißdeutet zu werden. Sollte es aber nicht wichtiger als das Echo in Emigrantenzeitungen sein, »daß ein Blatt wie das unsrige Tag für Tag in außenpolitischen, wirtschaftspolitischen und anderen Betrachtungen dem ernsthaft arbeitenden Ausland unentbehrliches, dem Reichsinteresse aber förderliches Material zuführt und mit diesem Ausland sozusagen ein Zwiegespräch führt, das eben nur wenige Zeitungen zu führen in der Lage sind?« Den Zitaten unerfreulicher Art in ausländischen Blättern könnte man leicht eine endlose Reihe anderer gegenüberstellen, die bewiesen, »daß außer der unsichtbaren nützlichen Wirkung einer lebendigen deutschen Zeitung, die im Ausland Geltung hat, ein für manchen vielleicht doch erstaunlich großes Maß an sichtbarer und darum nachweisbarer Wirkung von nicht minder erfreulicher Art vorhanden ist. Wichtiger als die internationalen Hetzer scheinen uns im Ausland die Staatsmänner, Politiker, Diplomaten, Beamten, Kaufleute, Gelehrten, Offiziere, Ingenieure, Lehrer und nicht zuletzt die Journalisten zu sein, die draußen in allen Ländern (oder für den Bedarf der Auslandspresse) eine Zeitung wie die unsrige lesen und die ihrer bedürfen, um ihre Meinung über Deutschland an ihr auszurichten. Die Tatsache jedenfalls ist für uns der Maßstab – und wir glauben, auch für manchen anderen, auf dessen Urteil wir Wert legen.«[47]

Ein Text wie dieser wäre mißverstanden, wenn er als Bekenntnis der Redaktion zu der Aufgabe verstanden würde, die Goebbels der Zeitung zugedacht hatte. Die Bedeutung von Kirchers Replik ergibt sich aus der forensischen Situation. Hier war für einen Fall zu »plädieren« vor Instanzen, die Macht besaßen, denen die Redaktion aber nicht die Wahrheit über ihre Motive schuldete. Es mußte so argumentiert werden, daß es Goebbels und anderen einleuchten konnte. In einem solchen Streit und gegenüber solchen Gegnern war jedes Argument recht – vorausgesetzt, die eigenen Leser im Inland konnten folgen und die Zeitung diskreditierte sich nicht bei ihnen. Kircher traute den Lesern zu, daß sie genau zu lesen verstanden: Mit einer »lebendigen« Zeitung einem wohl zu verstehenden »Reichsinteresse« zu dienen, dazu konnte die Redaktion sich jederzeit bekennen. Wenn die Nationalsozialisten dagegen ihre Interessen als »Reichsinteresse« ausgaben, war das ihre Sache.

Die »Deutsche Volkszeitung« in Prag sah in Kirchers Erwiderung auf die Angriffe des »Schwarzen Korps« nichts anderes als »Selbstbekenntnisse einer Frankfurter Hure«. Hier könne man sehen, daß die »Frankfurter Zeitung« dazu bestimmt sei, die Außenpolitik des Dritten Reichs den »Dummköpfen« im demokratischen Ausland plausibel zu machen. Das Blatt habe sogar den Auftrag, ab und zu kritische Töne anzuschlagen, damit die Welt glaube, es gebe in Deutschland noch eine freie Presse. Kircher, »dem Chef dieser unmoralischen Anstalt zur Täuschung des demokratischen Auslands aber kann man nur dankbar sein, daß er so offen sich und sein Blatt selbst diskreditiert hat«. Die »Frankfurter Zeitung« lüge wie gedruckt und wie es ihr von Goebbels befohlen werde.[48] Viele in der Emigration verstanden nicht mehr, wie sich die Zurückgebliebenen wehrten.[49]

Das Verwirrspiel fand eine grotesk anmutende Fortsetzung im Jahre 1937, als in Hamburg eine Dissertation veröffentlicht wurde, die die Opposition der »Frankfurter Zeitung« seit 1933 beschrieb. Der Autor, ein strammer Nationalsozialist, hatte Artikel der Zeitung über den Staat, die Kirchen, die Wissenschaft, die Wirtschaftspolitik bis 1935 untersucht und belegt, wo und wie die Zeitung dem Dritten Reich zu schaden und seine Weltanschauung zu zersetzen suche.[50]

Wer sich auskannte, mußte vor Schreck erstarren über die Gefahr, die von diesem Irrgänger in einem politischen Minenfeld ausging. Das Propagandaministerium handelte schnell. In der Pressekonferenz teilte Stephan mit, daß es diese »Broschüre« gebe. Sie sei wissenschaftlich geschrieben und sehe wie eine Doktorarbeit aus. Sie verkenne aber elementare politische Voraussetzungen. Sie »tut als ob es kein Propagandaministerium gebe und als ob niemand aufgepaßt habe, ob jemand Obstruktion und Opposition in der Presse treibe«. Der Irrtum des Verfassers, so lautete die Weisung, schließe aus, sich mit der Arbeit zu befassen und in den Zeitungen darauf einzugehen.[51] »Die Schreibweise der ›Frankfurter Zeitung‹ seit der Machtübernahme bildet einen ganz genau festgelegten Faktor in der nationalsozialistischen Pressepolitik mit der Blickrichtung Ausland.«[52] Indem Goebbels bestritt, daß die Zeitung durch die Maschen der Kontrolle schlüpfe, verstärkte er aber auch den Verdacht gegen die Zeitung, sie stecke mit dem Regime unter einer Decke.

Im Spätherbst 1936 erreichte die Auseinandersetzung ihren Höhepunkt. In Berlin war zu hören, die Existenz der »Frankfurter Zeitung« sei gefährdet. Hitlers Haß auf die Zeitung war bekannt. In diesen Wochen muß es gewesen sein, daß Erich Welter, inzwischen »Stellvertretender Hauptschriftleiter« anstelle des aus dem Rampenlicht zurückgezogenen Reifenberg, auf den Stufen der Reichsbank den Wirtschaftsminister und Präsidenten der Reichsbank, Hjalmar Schacht, traf und frug, was von den Gerüchten über die Schließung der Zeitung zu halten sei. Schacht sagte ihm, er wisse nichts, aber heute habe er eine der wenigen Gelegenheiten, Hitler zu sehen; er wolle ihn danach fragen. Am Abend rief Schacht bei Welter an und berichtete: Hitler habe auf die Frage nach diesen Gerüchten »nur mit den Schultern gezuckt und gesagt, er wisse nichts davon«. Und Schacht fügte hinzu: »Davon, Herr Welter, können Sie beliebigen Gebrauch machen.« Die Redaktion ließ sich das nicht zweimal sagen und verbreitete, daß der Führer von der beabsichtigten Schließung der Zeitung »nichts wisse«. Danach, so erinnerte sich einer der Redakteure, hätten die Angriffe des »Schwarzen Korps« aufgehört.[53] Demnach dürfte das Gespräch mit Schacht etwa Ende November 1936 stattgefunden haben.

Margret Boveri, die damals beim »Berliner Tageblatt« war, erlebte diese Wochen 1936 als eine »Doppelkrise beider Zeitungen«. Paul Scheffer, der Chefredakteur des »Berliner Tageblatts«, stand zwei Jahre an der Spitze des Blattes und seit Monaten unter ständiger Kritik in der Pressekonferenz. Er nannte als seine Gegner Berndt, Funk und Goebbels. Im Herbst war Scheffer soweit, seinen Platz aufzugeben. Er dachte daran, als Korrespondent für die »Frankfurter Zeitung« nach Amerika zu gehen. Darüber stand er mit Kircher in Verbindung. Die beiden schätzten einander. Als Scheffer im Herbst den Wechsel zur »Frankfurter Zeitung« vorbereitete, soll Goebbels es verboten haben: Das fehle ihm gerade noch, daß sich die ganze liberale Opposition bei der »Frankfurter Zeitung« versammele. Scheffer wurde aber erlaubt, am Jahresende für das »Berliner Tageblatt« nach Amerika zu gehen.[54] Der Nachfolger, Erich Schwarzer, kam Anfang Januar 1937 in SS-Uniform in die Redaktion und brachte das »Berliner Tageblatt« auf Parteilinie. Schon einige Zeit vorher war dem Unternehmen ein nationalsozialistischer Verlagsleiter mit großen Vollmachten eingepflanzt worden. Nachrichten, daß außer Scheffer auch Kircher sein Hauptschriftleiter-Amt abgeben und als Korrespondent ins Ausland gehen werde, wurden Mitte Dezember in Berlin wie Tatsachen gehandelt.[55]

Anfang des neuen Jahres berichtete der Berliner Korrespondent der »Neuen Zürcher Zeitung«, daß die Regierung ihre Maßnahmen zur vollständigen Uniformierung der deutschen Presse schrittweise fortsetze. Als neuer Verlagsleiter bei der »Frankfurter Zeitung« habe dieser Tage der bisherige Chefredakteur des nationalsozialistischen »Westdeutschen Beobachters« – der Gauzeitung in Köln – sein Amt angetreten. Die Einsetzung eines Journalisten und Politikers anstelle eines Verlagskaufmannes als Verlagsleiter werde sich vermutlich auf die Richtung der »Frankfurter Zeitung« auswirken – nach dem Vorbild der Vorgänge beim »Berliner Tageblatt«.

Die »Frankfurter Zeitung« dementierte sofort: Es seien keine Veränderungen im Verlag oder in der Redaktion »erfolgt«.[56] Tatsächlich aber befand sich die Zeitung, wie man in der Depeschenredaktion mit Galgenhumor sagte, in der »Schwaebe«.

Martin Schwaebe war eine Entdeckung Robert Leys, des »Reichsorganisationsleiters« der Partei und »Leiters der Deutschen Arbeitsfront«. Schwaebe war 1929 mit neunzehn Jahren als Lokalredakteur an Leys Kampfblättchen, den »Westdeutschen Beobachter«, gekommen. Nach 1933 wurde der grobe junge Aktivist Chefredakteur der Kölner Gauzeitung. Im Januar 1937 hatte sich Schwaebe, inzwischen 26 Jahre alt, schon in einem Frankfurter Hotel einquartiert, in der festen Annahme, seiner Ernennung als Verlagsleiter der »Frankfurter Zeitung« stehe nichts mehr im Wege. Welter hörte davon durch eine Sekretärin beim Landesverband der Deutschen Presse in Frankfurt, die ihm öfter nützliche Hinweise gab. Wendelin Hecht, der Verlagsleiter der Frankfurter Societäts-Druckerei, fuhr nach Berlin und suchte in einer langen Unterredung mit Berndt den personalpolitischen Eingriff abzuwehren. Als Berndt nach den Besitzverhältnissen fragte, gab Hecht die Auskunft, nach seiner Kenntnis seien nur Einzelpersonen, nicht Gesellschaften an der Frankfurter Societäts-Druckerei beteiligt. Er schilderte ihm aber auch Schwierigkeiten aus den Besitzverhältnissen. Sie würden dadurch vermehrt, »daß die von manchen befürchtete Gefahr einer politischen Belastung über die Zeitung seit Mitte letzten Jahres Wirklichkeit geworden wäre. Ganz abgesehen von sonstigen Gründen hätten daher die Anteilseigner den ›Geschmack‹ an dem Unternehmen verloren.«[57]

Die Mitteilung Hechts war offensichtlich zur Abschreckung der Kandidatur Schwaebes durch das Propagandaministerium bestimmt. Trotzdem war sie überraschend. Da keiner der ehemaligen Redaktionsmitglieder nach dem Krieg von Verkaufsabsichten Boschs zu erzählen wußte, auch Reifenbergs Bericht über die zehn Jahre keine Bemerkung darüber enthält, hat die Redaktion vielleicht nicht einmal bemerkt, daß die Kampagne des »Schwarzen Korps« Bosch und Schmitz verunsichert hatte. Bis dahin hatte es eher günstig ausgesehen: es war Hecht, unterstützt von dem zweiten Geschäftsführer Georg Ambach und dem tüchtigen Anzeigenleiter Eric Stoetzner, gelungen, 1936 den Verlust des Unternehmens auf einen kleinen Betrag zu reduzieren. Im neuen Jahre waren zum ersten Mal seit Beginn der Wirtschaftskrise Gewinne zu erwarten.

Auch eine andere große Gefahr, die von der Pressekonzentrationspolitik des Reichsleiters Amann ausging, war 1936 glücklich abgewendet worden. Max Amann, Hitlers Kompaniefeldwebel im Ersten Weltkrieg, hatte 1922 die Geschäftsführung des kleinen, 1920 von der NSDAP als fast bankrott gekauften Verlags »Franz Eher Nachfolger« in München übernommen, der den »Völkischen Beobachter«, das Zentralblatt der NSDAP, damals ein kleines Wochenblättchen, herausgab. Amann erwies sich als begabter Geschäftsmann und tüchtiger Organisator. 1934 hatte er die verlegerische Kontrolle über alle Parteizeitungen der NSDAP erlangt; dazu war auch das Vermögen der beschlagnahmten kommunistischen und sozialdemokratischen Verlage, schließlich auch das der Zentrumspresse gekommen. Durch Kauf, Pressionen und Einsatz seiner bürokratischen Machtmittel als Präsident der Reichspressekammer brachte er auch viele bürgerliche Verlage in rascher Folge in seinen Besitz. Gegen Ende des Dritten Reiches kontrollierte der Amann-Konzern mit mehreren Holding-Gesellschaften insgesamt mehr als 80 Prozent der gesamten Auflage der deutschen Tageszeitungen. Dabei hatte er zwei wichtige Mitarbeiter.

Der eine war der ehemalige Bürgermeister von Graudenz, Max Winkler (1875–1960), der in der Weimarer Republik mit Hilfe einer Tarngesellschaft einen Teil der deutschen Grenzlandzeitungen im Osten im Auftrag der Reichsregierung aufgekauft oder subventioniert hatte. Winkler war, wie Amann, ein Organisationsgenie. Er war aus dem einfachen Postdienst über die Kommunalverwaltung aufgestiegen und seit 1920 Wirtschaftsberater der Reichsregierung für die 1918/19 abgetrennten Gebiete im Osten. 1933 stand er als »Fachmann« für das Zeitungsverlagswesen der neuen Regierung ebenso zur Verfügung wie vorher den Regierungen der Republik.[58]

Der andere war der junge Rechtsanwalt Rolf Rienhardt (1903–1975). Dieser hatte sich als Student im Jahre 1924 Gregor Strasser angeschlossen. 1928 wurde er Justitiar Amanns beim Eher-Verlag und 1933 dessen Stabsleiter im »Verwaltungsamt des Reichsleiters für die Presse der NSDAP« und stellvertretender Leiter des Verbandes der Zeitungsverleger. Rienhardt war der planende Kopf in Amanns Apparat. Er war ehrgeizig, fleißig, geschickt und persönlich integer. Sohn eines sächsischen Pfarrers und Superintendenten, war er das, was die Opposition einen »idealistischen Nazi« nannte.

Das Verhältnis zwischen dem grobschlächtigen Amann und seinem Stabsleiter war kompliziert. Amann brauchte Rienhardt. Aber dieser war ihm intellektuell weit überlegen. Er schrieb ihm seine Reden. Er dachte für ihn und lenkte seinen Apparat. Amann hatte Rienhardt 1932 geschützt, als Strasser stürzte, und vermutlich rettete er Rienhardt das Leben, als Hitler und Göring am 30. Juni 1934 Gregor Strasser und seinen Anhang umbrachten. Als Unternehmer war Rienhardt eine zwiespältige Figur. Er betrieb das große Bauernlegen unter Hunderten kleiner, mittlerer und einiger großer bürgerlicher Zeitungen – aber keiner der mit der Presse befaßten Nationalsozialisten hatte wie er Respekt vor professioneller Qualität. Obwohl ein überzeugter Nationalsozialist, sah er in der Presse mehr als Wirtschaftsobjekte zur

Reichsleiter Max Amann, der Pressezar des Dritten Reiches, der am Ende achtzig Prozent der Gesamtauflage der deutschen Tageszeitungen kontrollierte

Finanzierung der Partei, wie Amann, oder Instrumente der nationalsozialistischen Propaganda, wie Goebbels und Hitler. Ohne die liberalen Grundlagen des Wettbewerbs zu akzeptieren, war Rienhardt doch überzeugt, daß Presselenkung die Zeitungen immer langweiliger und die Journalisten bequemer und schlechter mache. In Reden und Aufsätzen, die Amanns Namen trugen, und in internen Denkschriften plädierte Rienhardt für Originalität und Einfallsreichtum anstelle der stumpfsinnigen Einförmigkeit. Er wollte eine Anzahl bürgerlicher Zeitungen im Privatbesitz erhalten, weil er hoffte, durch solche Konkurrenz das Niveau der Parteizeitungen heben zu können. Nicht die Auslandswirkung der »Frankfurter Zeitung«, sondern ihre als vorbildlich empfundene journalistische Qualität war es, die Rienhardt seit Mitte der dreißiger Jahre zu einem Protektor der Zeitung machte, wie er auch einigen anderen Zeitungen, darunter vor allem Silex' »Deutscher Allgemeiner Zeitung«, behilflich war. Als Vorbild für die Parteipresse gründete Rienhardt im ersten Kriegsjahr die Wochenzeitung »Das Reich« als eine nationalsozialistische Zeitung neuen Stils. Er berief dorthin vorwiegend Journalisten aus eingestellten bürgerlichen Zeitungen.[59]

Mit seinem Interesse an informativem Journalismus und am Inhalt journalistischer Arbeit aber weidete Rienhardt über einen Zaun: Inhalte der Zeitungen betrachtete Goebbels als seine Sache. Daraus ergab sich ein Spannungsverhältnis zwischen Amanns Verwaltungsamt und Goebbels' Propagandaministerium. Rienhardt scheiterte mit seiner Hoffnung, Nationalsozialismus und Qualitätsjournalismus verbinden zu können. Es war ein arges Mißverständnis der Bewegung, der er sich angeschlossen hatte. Daraus entstand jedoch allmählich zwischen Hecht, Kircher, Welter, Stark und Scharp auf der einen und Rienhardt auf der anderen Seite eine Beziehung, die sich in den Erzählungen der Beteiligten fast wie ein Vertrauensverhältnis ausnimmt.[60] »Rienhardt hätte zu uns gehören können«, sagte viele Jahre später Paula Oelmaier, Hechts Sekretärin – ein Wort, in dem Hechts Achtung vor dem Charakter seines einflußreichen Partners im Lager des Gegners nachklingt.[61]

Ursprünglich war in Amanns Stab überlegt worden, die Kontrolle der Partei über die bürgerlichen Zeitungsverlage mit Hilfe eines Verstaatlichungsgesetzes zu erlangen. Aber das hätte wahrscheinlich den Widerspruch vieler Stellen – des Wirtschaftsministers Schacht, des Justizministers Gürtner, vielleicht des Innenministers Frick und wahrscheinlich auch die Eifersucht des Propagandaministers Goebbels – hervorgerufen. Rienhardt fand einen Weg, wie Amann ohne Gesetz und ohne Mitsprache der anderen nationalsozialistischen Führer das gesamte Zeitungsverlagswesen in die Hand bekommen konnte. Amanns drei Anordnungen als Präsident der Reichspressekammer, der Standesorganisation der Verleger, vom 24. April 1935 schufen die Grundlage für die Beseitigung der in Privatbesitz verbliebenen Zeitungen. Die erste der drei Anordnungen sah die Unterdrückung der Sensations- und Skandalblätter vor. Die zweite gab der Pressekammer die Befugnis, zur Beseitigung »ungesunder Wettbewerbsverhältnisse« Zeitungen zu schließen, das hieß in der Regel die private Zeitung zugunsten der Parteizeitung. Die dritte Anordnung zur »Wahrung der Unabhängigkeit« der Zeitungen zwang die Verlage zur Offenlegung ihrer Besitzverhältnisse und aller Subventionen. Juristischen Personen, Vereinen, Organisationen, Stiftungen, Gesellschaften mit beschränkter Haftung oder Aktiengesellschaften wurde untersagt, Zeitungen herauszugeben. Mit diesen drei Anordnungen konnte Amann fast die ganze Branche praktisch konfiszieren. Von der dritten Anordnung konnte die »Frankfurter Zeitung« betroffen sein, je nachdem, wie man die Beteiligung Boschs, vertreten durch Hummel, deutete. Nach intensiven Verhandlungen, in denen Hecht und Rienhardt einander kennenlernten, erhielt die Frankfurter Societäts-Druckerei im Mai 1935 die Ausnahmegenehmigung Amanns[62], und damit schien der Bestand des Verlages auch auf weitere Sicht geregelt zu sein.

Kehren wir zurück zu dem Gespräch Hechts mit dem Leiter der Abteilung Deutsche Presse im Propagandaministerium, Alfred-Ingemar Berndt, im Februar 1937: Dieser verlangte von Hecht die Einsetzung Schwaebes als neuen Verlagsleiter. Er räumte ein, Schwaebe habe sich zwar auch nach Ansicht des Ministers Goebbels gegenüber dem Verlag »zu weit vorgewagt«, aber nun habe er seine »Forderungen« zurückgeschraubt. Schwaebe verlange freilich weiterhin Befugnisse über die Personalpolitik auch in der Redaktion. Hecht erwiderte, die Anteilseigner hätten sich die Sache reiflich überlegt und wollten das Unternehmen veräußern. Herr Schwaebe komme für die gegenwärtigen Besitzer nicht in Frage. Nun wich Berndt zurück: Anstelle von Herrn Schwaebe könne auch Herr Winkelnkemper in Frage kommen. (Dr. Peter Winkelnkemper, zwei Jahre älter als Schwaebe, ehemals Redakteur am »Westdeutschen Beobachter«, war Kurator der Universität Köln.) Es müsse jedenfalls, insistierte Berndt, »irgendeine Verbindung engerer Art zum Reichsministerium für Propaganda und zur Partei hergestellt« werden. Ein Parteimitglied solle in den Aufsichtsrat des Verlages entsandt werden. Und es solle ein Beirat gebildet werden, dem ein Mitglied des Propagandaministeriums angehören könnte, selbstverständlich ohne in geschäftliche Dinge eingreifen zu sollen. Hecht erwiderte, er halte einen Beirat für möglich, doch das müßten die Anteilseigner entscheiden. Man könne dabei an Professor Dr. Lüer denken, warf Hecht geschwind ein, um diese Einbruchstelle des Propagandaministeriums mit einem Kandidaten seiner eigenen Wahl zu stopfen. (Carl Lüer, geb. 1897, war Präsident der Industrie- und Handelskammer Frankfurt und in vielen Wirtschaftsämtern der Partei.) Berndt fand den Vorschlag »ausgezeichnet«. Dann kam er auf Kircher zu sprechen; die ganzen Verhandlungen über einen neuen Verlagsdirektor richteten sich nicht gegen ihn, versicherte er Hecht, sondern »nur gegen Herrn Dr. Kircher« als Hauptschriftleiter. Kircher werde sehr geschätzt und solle der Zeitung als Schriftleiter und Schriftsteller im Ausland erhalten bleiben. Als neue Mitarbeiter solle die Redaktion die Herren Dr. Trautmann und Dr. Halfeld aufnehmen. Hecht erwiderte, die Anteilseigner müßten die Personalpolitik bestimmen, und der Beirat solle die Entscheidungen treffen.[63]

Hecht war wenige Tage in Frankfurt zurück, da traf ein Eilbrief Berndts ein: Nach Besprechung mit Staatssekretär Funk sei beabsichtigt, auf die Entsendung »eines Herren aus Köln zu verzichten«, aber unbedingt notwendig sei, daß Dr. Trautmann zum 1. März 1937 als Hauptschriftleiter der »Frankfurter Zeitung« und aller anderen Redaktionen der Frankfurter Societäts-Druckerei verpflichtet und auch in die Geschäftsführung berufen werde; daß Dr. August Halfeld, der

Berliner Korrespondent des »Hamburger Fremdenblattes«, zum Leiter des Berliner Büros der »Frankfurter Zeitung« bestellt werde; daß Dr. Kircher die Londoner Vertretung der Zeitung übernehme und Dewall anders verwendet werde; daß anstelle Hollbachs der bisherige Schriftleiter des »Westdeutschen Grenzblattes« in Aachen, Haase, mit der Leitung der »Neuesten Zeitung«, des Boulevard-Blattes der FSD, beauftragt werde; und schließlich, daß ein Aufsichtsrat unter Leitung des Handelskammerpräsidenten und Gauwirtschaftsberaters Lüer gebildet werde, »der Ihnen bei allen etwa in Zukunft auftretenden Schwierigkeiten behilflich sein könnte«, wie Berndt schrieb.[64]

Der befehlende Ton des Briefes ließ Hecht keinen Zweifel, daß mit Berndt nicht mehr zu verhandeln war. Am 11. Februar war Berndts Brief in Frankfurt eingegangen, am 13. ging die Antwort an ihn zurück. Hecht hatte sich rasch mit Schwander, Hummel und Bosch verständigt. Er antwortete Berndt, die Anteilseigner seien erbötig, einen Beirat zu bilden und Professor Lüer als Vertrauensmann des Propagandaministeriums aufzunehmen, vorausgesetzt, daß die Auswahl der Beiratsmitglieder den Anteilseignern überlassen werde. Lüer sei ebenfalls bereit dazu. Nach dieser Einführung ging Hecht zum Angriff über: die Anteilseigner seien unmutig, »weil die Häufung personeller Vorschläge« auf grundsätzliche Bedenken stoße und den Bedingungen widerspreche, unter denen sie seinerzeit die »Frankfurter Zeitung« mit erheblichen Opfern unterstützt hätten. »Dabei wurde als besonders schmerzlich empfunden, daß für leitende Stellungen der FSD GmbH immer wieder neue Persönlichkeiten in Vorschlag gebracht werden. Abgesehen von der Verstärkung der Beziehungen zum Ministerium für Volksaufklärung und Propaganda haben die Anteilseigner nicht zuletzt der Bildung eines Beirats in der Hoffnung zugestimmt, daß hierdurch für ein großes Unternehmen die notwendige Sicherheit in der Personalpolitik wiederhergestellt werde.« Die neuen Vorschläge hätten zwangsläufig die »Verstimmungen« der Anteilseigner verstärkt und die Aussichten für eine Regelung vermindert. Mit solchen Worten ließ Hecht ihn die Ungehaltenheit seiner hochgestellten Auftraggeber über das unziemliche Hin und Her in Berlin spüren und schob Berndt geschickt die Schuld an diesem ärgerlichen Gang der Sache zu. Er teilte ihm mit, die Anteilseigner wollten ihren Besitz veräußern, und darüber wolle Geheimrat Dr. Bosch demnächst mit Staatssekretär Funk sprechen. Im gleichen Sinne schrieb am selben Tag Hummel an Funk und teilte mit, Hecht sei beauftragt, mit einer Stelle, die Funk vorschlage, über den Besitzwechsel zu verhandeln.[65] Auf die Personalvorschläge Berndts gingen Hecht und Hummel überhaupt nicht ein.

Waren die Mitteilungen über Verkaufsabsichten Boschs zutreffend?

Es ist nicht mehr aufzuklären. Die Zeugen sind gestorben, die Akten sagen nichts Weiteres darüber. Die nachlassende Freude an dem Engagement erscheint jedenfalls sehr plausibel angesichts der Erkrankung Boschs, seines abnehmenden Einflusses im IG-Vorstand, der bekannten Abneigung Schmitz', und schließlich auch der geschwundenen Aussicht auf ein frühes Ende des Nationalsozialismus und eine Zeit, für die Bosch die »Frankfurter Zeitung« hatte erhalten wollen.

Wie viel oder wie wenig Substanz auch immer hinter dem Verkaufswunsche stand, Hecht machte jedenfalls das Beste daraus: er unterstellte, daß dem Regime eine Übernahme der »Frankfurter Zeitung« in eigene Regie unangenehm wäre. Goebbels würde es um der Auslandswirkung der »Frankfurter Zeitung« willen sicherlich vorziehen, das Blatt zu steuern, ohne daß es der Partei gehörte.

Bald nach dem Brief Hechts an Berndt bestellte der »Reichspressechef« Otto Dietrich Dr. Trautmann nach München zu einem Gespräch ins Hotel Vierjahreszeiten. Walter Trautmann, Jahrgang 1906, gerade Anfang dreißig, stammte aus Sachsen und war Sohn eines deutschnationalen Offiziers in Halle. Versailles und die Arbeitslosigkeit führten den jungen Mann in die NSDAP. In der Parteikrise von 1932 stand er auf dem Strasser-Flügel. 1930 hatte er in der Redaktion des »Fränkischen Kuriers« in Nürnberg seine erste Stelle gefunden. Etwa 1935 holte Rienhardt ihn als Hauptschriftleiter an die »Mitteldeutsche Nationalzeitung«, das Parteiblatt in Halle. Nebenher war Trautmann dort auch »Gauwirtschaftsberater« der NSDAP und reorganisierte in Rienhardts Auftrag die schlesische Parteipresse. Im Dezember 1936 wollte Berndt ihm die Nachfolge Paul Scheffers beim »Berliner Tageblatt« antragen, was Trautmann – wie er später berichtete – mit dem Argument ablehnte, er könne nicht besser schreiben als Paul Scheffer und zum Zensor der Redaktion eigne er sich nicht.

Mitte Februar 1937 also fuhr Trautmann mit der Bahn über Frankfurt nach München zu Dietrich. Hecht hatte hinter ihm her telefoniert, war in Frankfurt zugestiegen und ließ ihn ausrufen. Im Speisewagen eröffnete ihm Hecht, Berndt wolle ihn zum Hauptschriftleiter der »Frankfurter Zeitung« machen und Schwaebe solle die Verlagsleitung übernehmen. Trautmann kannte Schwaebe und konnte den »Flegel« nicht ausstehen. Er berichtet, er habe Hecht dann erklärt, die Hauptschriftleitung der »Frankfurter Zeitung« komme für ihn nicht in Frage. Er würde die Redaktion gegen sich haben, er würde sie schurigeln müssen, und früher oder später würde es Pannen geben, die entweder ihn die Stellung oder die »Frankfurter Zeitung« die Exisenz kosten würden. Als er versichert habe, daß er den Posten keinesfalls antreten werde, sei Hecht in Augsburg erleichtert ausgestiegen und befriedigt umgekehrt. In München habe Dietrich ihm tatsächlich den Plan mit der »Frankfurter Zeitung« eröffnet, was er abgelehnt habe.[66]

Hecht war aber offenbar doch nicht beruhigt. In einer langen nächtlichen Autoreise – es gab erst Teilstrecken der Autobahn – fuhren Welter und Hecht auf Rat Rienhardts[67] von Frankfurt nach Bad Gastein, wo Max Winkler sich zur Kur aufhielt. Kurz vor acht Uhr morgens kamen sie an und fingen Winkler ab, als er gerade das Hotel verlassen wollte. Winkler bestellte sofort ein Telefongespräch mit Trautmann, wie Welter oft erzählte,[68] warnte ihn, die undankbare Aufgabe bei der »Frankfurter Zeitung« anzutreten, und bot ihm statt dessen eine andere Hauptschriftleiterstelle an. Welter meinte, Schwaebe abzuwehren, sei nicht schwierig gewesen, wohl aber Trautmann, weil er als »ein verhältnismäßig vernünftiger« Mann galt. Trautmann ging später, 1937, als Hauptschriftleiter an das Magdeburger Parteiblatt »Der Mitteldeutsche« und 1940 an die »Pariser Zeitung« der deutschen Besatzungsmacht. Nach dem Krieg war er Redaktionsleiter der Vereinigten Wirtschaftsdienste (vwd) und von 1954 an leitender Redakteur der Wochenzeitschrift »Der Volkswirt«.

Am Ende der aufregenden Auseinandersetzungen im Frühjahr 1937 hatte das Propagandaministerium nichts erreicht. Hecht hatte alles abgewehrt: kein neuer Verlagsdirektor, kein neuer Chefredakteur, auch kein Beirat. Später gab es weitere Versuche des Propagandaministeriums, der Redaktion Nationalsozialisten ins Haus zu setzen – aber nie mehr so dramatische. Hecht konnte sie immer parieren. Neben der wirtschaftlichen Sanierung des Unternehmens war dies seine große Leistung für die Zeitung. Er widerstand der Versuchung, die ständig gefährdete Existenz der Zeitung durch Hereinnahme von Nationalsozialisten zu sichern oder mit Versprechungen künftigen Wohlverhaltens der Redaktion zu operieren. Es gab weiterhin keine Abmachungen zwischen der »Frankfurter Zeitung« und dem Regime. Mit Zähigkeit und Verhandlungsgeschick erreichte er, daß die Redaktion unter sich blieb und kein Fremder eindrang. Hecht und die leitenden Männer der Redaktion ließen den Nationalsozialisten nur die Wahl, die Zeitung entweder zu schließen oder hinzunehmen, daß sie nur von ihren eigenen Redakteuren redigiert werde. Etwas Drittes gab es nicht. In der personalpolitischen Autonomie verteidigten Verlag und Redaktion den Kernbereich ihrer alten Unabhängigkeit. Die Nationalsozialisten lernten schließlich, daß sie die »Frankfurter Zeitung« zwar bis zu einer gewissen Grenze zu Dienstleistungen zwingen, aber nicht für sich gewinnen oder umdrehen konnten.

In jenen Jahren ist oft vermutet worden, das Auswärtige Amt und die Führung der Wehrmacht hätten ihre Hand über die Zeitung gehalten. Mit Außenminister Freiherr von Neurath war Kircher aus dessen Zeit als Botschafter in London gut bekannt. Es verstand sich von selbst, daß die Redaktion gute Verbindungen ins Auswärtige Amt unterhielt. Zwischen einzelnen Redakteuren und hohen Beamten des Ministeriums, zum Beispiel zu Hans Heinrich Dieckhoff (1884 bis 1952), gab es freundschaftliche Verbindungen. Er leitete die Politische Abteilung des Amtes und war schließlich der letzte Botschafter des Deutschen Reiches in Washington. Auch zu Staatssekretär Ernst von Weizsäcker gab es Beziehungen. Er hat als Gesandter in Bern mindestens in einem Falle, vielleicht öfter, bei der Beschaffung Schweizer Pässe für deutsche Juden aus dem Umkreis der »Frankfurter Zeitung« geholfen, so der Frau Hummels, als das Ehepaar Hummel 1937 die Emigration nach Amerika vorbereitete.[69]

Doch in ihren politischen Schwierigkeiten hat die Zeitung nie Beistand aus der Spitze des Auswärtigen Amtes gespürt. Die Redaktion hat nie von Eingaben, Denkschriften oder Vorträgen der hohen Beamten zu ihren Gunsten bei den Inhabern der politischen Macht erfahren. Beistand erhielt die Zeitung nicht von da, wo sie ihn erwartete, sondern gerade von da, wo sie ihn nicht erwartet hatte: aus der Partei, von Männern wie Walther Funk und in den späteren Jahren Rolf Rienhardt. Hilfe bekam die Zeitung auch von Fachleuten im Dienste des Regimes, wie Schacht und Winkler, und schließlich von einzelnen Beamten, wie Werner Stephan im Propagandaministerium, der der Redaktion behilflich war, die Risiken bei Abweichungen von der vorgegebenen Linie zu taxieren und Schwierigkeiten beizulegen. Die Chance solcher Nothelfer lag darin, daß es im Innern des Regimes Konkurrenzen wie die zwischen Goebbels und Amann und Differenzen zwischen Goebbels und andern Parteiführern über die Pressepolitik gab.

Zwar endete die heftige Kampagne von 1936/37 gegen die »Frankfurter Zeitung« mit einem deutlichen Mißerfolg ihrer Betreiber, aber die Zeitung kam nicht ohne Blessuren davon. Die Redaktion mußte von Herbst 1936 an auf die weitere Mitarbeit Maiers verzichten. Kallmann mußte als Jude die Zeitung verlassen. Oskar Stark übernahm für sie die Kommentierung juristischer Vorgänge – wenigstens auf dem Gebiet des Öffentlichen Rechts.[70] Nach den Auseinandersetzungen von 1936 war klar, daß der Ton zurückgenommen werden mußte. Bei den juristischen Themen konnte dem Leser freilich durch eine sorgfältige Beschreibung des Sachverhaltes die politische Schlußfolgerung nahegelegt werden, ohne daß die Zeitung ein Urteil aussprach.

Insgesamt hatte sich die Kampagne von den juristischen Streitfragen immer mehr gegen die Gesamthaltung der Zeitung, ihre allgemeine Widerspenstigkeit gewendet. Kircher hatte seit 1933 die raffinierteste und wirkungsvollste Feder geführt. Berndt und Goebbels wollten ihn aus dem Weg haben. Ende Januar 1937 bestellte Goebbels Kircher ins Ministerium und wusch ihm gründlich den Kopf, wie er sich in sein Tagebuch notierte.[71] Kirchers Stellung in Berlin war prekär geworden. Dennoch ging die Zeitung auch jetzt nicht auf das Versetzungsverlangen des Propagandaministeriums ein. Das Propagandaministerium nahm dies am Ende hin und gewöhnte sich daran, daß die Herren in Frankfurt schwierig waren.

Gesetz und Parteiprogramm.

Daß das nationalsozialistische Parteiprogramm, soweit es nicht bereits in gesetzlicher oder sonstiger Form verwirklicht ist, nicht unmittelbar geltendes Recht, sondern nur eine Norm für die Auslegung und Anwendung des Rechtes sei, ist in den Erörterungen über das Verhältnis von Recht und Gesetz in den letzten Monaten gerade von maßgebender Seite festgestellt worden. Wenn es richtig ist, wie jetzt auch Staatssekretär Schlegelberger in Rostock sagte, daß nunmehr jede Norm des geltenden Rechts unter Berücksichtigung der in dem Parteiprogramm anerkannten Sittenordnung und Weltanschauung anzuwenden sei, so fragt es sich, wie sich ein Richter verhalten solle, wenn er glaubt, das überkommene Recht, das er auszulegen hat, stehe unmittelbar im Widerspruch zu der Forderung, die aus der neuen Rechtsauffassung, aus dem „gesunden Volksempfinden" der neueren Gesetzessprache, hervorgehe. Auf der Berliner Juristentagung im Januar, über die wir seinerzeit berichteten, war in Leitsätzen die Konsequenz gezogen, daß Gesetze, die mit dem Parteiprogramm nicht zu vereinigen seien, dann nicht anzuwenden seien, wenn ihre Anwendung dem Volksempfinden ins Gesicht schlüge. Eine allgemeine Regel dafür, wann dieser stärkste Grad des inneren Widerspruchs vorliege, läßt sich freilich nicht geben, und darum hat man wohl auch in den Leitsätzen, in denen jene Tagung ausmündete, für solche Fälle eine Möglichkeit verlangt, die Entscheidung der höchsten Instanz herbeizuführen. Daß auch die Einführung eines solchen Korrektivs den Richter nicht vor der Gefahr bewahrt, der Entscheidung der politischen Führung vorzugreifen und selbst zum Gesetzgeber zu werden, ist hier wiederholt festgestellt worden. Staatssekretär Schlegelberger hat sich in seinem Rostocker Vortrag den konkreten Vorschlag der Berliner Juristentagung nicht zu eigen gemacht, obwohl er, woran kein Zweifel ist, allgemein mit ihr darin übereinstimmt, daß es für das geltende Recht eine andere Auslegung als die nach den Grundsätzen der nationalsozialistischen Weltanschauung nicht geben könne. Allein er hob scharf hervor, daß eben das Parteiprogramm als solches eine „Planung" sei, die die Rechtsordnung noch nicht normativ geändert habe, und daß für solche Aenderungen, auch auf dem eigentlichen Rechtsgebiet, der Führer und Reichskanzler und nur er das Zeitmaß der Entwicklung bestimme. Auch für solche Selbstbescheidung des Richters müßte wohl der Satz gelten, den Schlegelberger an anderer Stelle prägte: Nichts sei verhängnisvoller, als wenn ein Richter sich von dem Streben nach Beifall leiten lasse oder „nach Gunst schiele". Bevor man also den immerhin nicht unbedenklichen Weg einschlägt, die Richter aller Instanzen zum autonomen Gesetzgeber zu erheben, wird es, gerade auch um der Sicherheit der Rechtsordnung willen, besser sein, für solche Fälle die Entscheidung der politischen Führung abzuwarten, zumal da sie im autoritären Staate jederzeit ohne Verzögerung getroffen werden kann.   O—k.

XI
Spiegelungen der Außenpolitik

Nach dem Ende des Zweiten Weltkrieges machte Reifenberg sich und der Redaktion rückblickend den Vorwurf, »daß sie im Bereich der Außenpolitik gewissermaßen in einem neutralen Feld argumentiert hat, als sei da ein Objekt vorhanden gewesen, das unberührt von der nationalsozialistischen Begriffsverwirrung und Seelenverderbnis sich den Überlegungen der Vernunft dargeboten hätte«. Reifenberg fügte eine Erklärung hinzu: Die Redaktion habe sich auf dieses Gebiet »geflüchtet« – weg von den nur mit Widerwillen zu behandelnden innenpolitischen Fragen in einen Bereich, in dem Kennerschaft gefragt war und der dem Dilettantismus der Nationalsozialisten von vornherein versperrt zu sein schien. Man habe übersehen, daß der innenpolitische Vernichtungskampf, den Hitler führte, den außenpolitischen Konflikt notwendig zur Folge haben werde.[1] Dies war ein persönliches Urteil Reifenbergs. Wenn einige, vor allem Ältere mit den gewichtigeren Stimmen, eine Zeitlang so gedacht hatten – so war doch auch eine Anzahl anderer, wie der alte Schotthöfer und viele der Jüngeren, die nicht mehr zur Generation der Soldaten des Weltkrieges gehörten, von Anfang an überzeugt, daß Hitlers Politik zum Krieg führen wird.[2] Wieder andere, wie Sieburg, waren spätestens seit Hitlers Einmarsch ins entmilitarisierte Rheinland dieser Ansicht, wie Reifenberg bestätigt.[3]

Der Irrtum, zu dem Reifenberg sich bekannte, der aber auch Kircher betraf, beruhte auf zwei Annahmen, die viele Zeitgenossen teilten: die eine war die von der deutschen historischen Schule wie ein Naturgesetz gelehrte Ansicht, daß die Außenpolitik der Staaten von ihren permanenten Interessen, nicht von Lust und Laune ihrer jeweiligen Regierungen oder der persönlichen Vorliebe ihrer Monarchen gelenkt werde. Die zweite war die Überzeugung fast aller Deutschen nach dem Ersten Weltkrieg, daß der Versailler Vertrag ungerecht sei und revidiert werden müsse. »Revisionisten« verschiedener Intensität und Art waren fast alle, die Sozialdemokraten eingeschlossen. Ein so besonnener und ausgleichender Mann wie Benno Reifenberg konnte überraschend »national« werden, wenn er auf Langemark[4] oder seine Erlebnisse am »Chemin des Dames« zu sprechen kam. Margret Boveri war unangenehm überrascht, als sie den sonst so zynisch wirkenden Kircher, der sich über das Versailles-Geschrei der Deutschnationalen mokieren konnte, im Sommer 1935 in Berlin einem englischen Diplomaten auseinandersetzen hörte, daß er, als Badener, beim Anblick des Freiburger Münsters immer auch hinüber an das Münster in Straßburg denke und dabei wisse, daß beide zusammengehören.[5] Revisionisten waren alle, die vor 1933 zur Zeitung gehört hatten. Patriotisch waren viele in den liberalen Redaktionen, auch Paul Scheffer beim »Berliner Tageblatt«. So dachte auch die »alte Schule« im Auswärtigen Amt, die sich nach 1933 nicht im Dienst Hitlers fühlte, sondern des Landes, auch wenn es – vorübergehend – von den Nationalsozialisten regiert werde. Um so dringender erschien es vielen, darauf zu achten, daß während dieser Zeit die Interessen des Landes durch den Dilettantismus der neuen Machthaber nicht beschädigt würden. Das schien zu gebieten, die deutsche Außenpolitik kontinuierlich aus der Vergangenheit der Republik, vorbei an der Regierung des Tages, in die Zukunft zu steuern. Dies erschien ihnen als die eigentliche, die fortwährende Außenpolitik Deutschlands, auch wenn sie zeitweilig von den rüpelhaften Überraschungen und sensationellen Wochenendaktionen Hitlers überschattet wurde. Und wenngleich Hitler rüde vorging, sollte doch verhindert werden, daß die Westmächte sich wegen Hitler gegen die Billigkeit der deutschen Revisionsforderungen verhärteten.

Nachträglich erscheint es sehr inkonsequent, daß jemand in der Innenpolitik ein scharfer Gegner Hitlers sein konnte, aber bereit war, ihm in der Außenpolitik halbwegs zu sekundieren. Doch damals konnte man es auch anders sehen: Hitler mußte von allen guten Geistern verlassen sein, wenn er die abstrusen Ideen aus »Mein Kampf« (Gewinnung von »Siedlungsraum im Osten«) zur außenpolitischen Maxime eines modernen europäischen Industriestaates machen wollte. War das wirklich anzunehmen? Gerade aus Einsicht und Sachkunde wollte die »alte Schule« im Auswärtigen Amt und wollten Journalisten wie Rudolf Kircher in Hitlers Außenpolitik einen verborgenen Sinn sehen. Sie waren nicht blind für die Gefahren in Hitlers Politik, aber sie schätzten sie geringer ein, eben in vernünftiger Taxierung der Grenzen, auf die sie ihn bald stoßen sahen: den Widerstand der Nachbarstaaten, den Mangel an Verbündeten, die gefährliche Mittellage, die Abhängigkeit von Rohstoffeinfuhren, die militärische Schwäche Deutschlands. Schließlich bestand auch die Erwartung, daß er angewiesen sei auf den Sachverstand im eigenen auswärtigen Dienst und im Generalstab, die ihn wohl zu bremsen wissen würden. Wenn Kircher und die Frankfurter Redaktion in den Kommentaren zur Außenpolitik der ersten Jahre das Element der Friedlichkeit hervorhoben, war dies nicht bloße Analyse dessen, was sie vorzufinden meinten, sondern auch ein Versuch, Hitler gerade darin zu bestärken. Auch ist bei der Lektüre solcher Artikel immer der Zwang zu bedenken, unter dem sie entstanden. Am besten argumentierte man für eine friedliche Außenpolitik, wenn man dabei mit Zitaten aus einer Rede Hitlers argumentieren konnte. Manche im Ton einer Tatsachenfeststellung geschriebene Passage über den Friedenswillen der Berliner Politik war versteckte Ermahnung. Man muß auch unterstellen, daß etliche Gedanken in einem interpretierenden Artikel Kirchers zur Außenpolitik auf einen leitenden Beamten des Auswärtigen Amtes zurückgingen, der in seinem Ringen mit der Führung publizistische Hilfe brauchte. Das alles ist kaum rekonstruierbar. Das Urteil über Kirchers außenpolitische Artikel wird im Einzelfalle weiter dadurch erschwert, daß die geheimen Anweisungen der Regierung für die Chefredakteure nicht erhalten sind. Außer in Fällen klar erkennbarer Opposition ist kaum eine Äußerung in der »Frankfurter Zeitung«, welche Zustimmung zu Ansichten des Regimes ausdrückte, ohne Kenntnis der Weisungen als eigene Meinung ihres Autors zu bezeichnen. Das muß auch Kircher zugute gehalten werden.

Zwischen der Frankfurter Zentrale und der Berliner Redaktion der Zeitung hatte es stets eine Arbeitsteilung gegeben. Starke Persönlichkeiten, wie Bernhard Guttmann in den zwanziger und Kircher in den dreißiger Jahren, waren nicht einfach Korrespondenten. Der Leiter der Berliner Redaktion war Mitglied des engeren Kreises, und das gab ihm auf seinem Posten eine große Selbständigkeit. In den zwanziger Jahren verglich man die Leitung der Redaktion durch Simon und Guttmann mit einem Doppeladler. In den dreißiger Jahren verstärkte sich die Selbständigkeit des Berliner Kopfes als Folge der Presselenkung. Die Berliner Kollegen, Kircher vor allem, mußten am besten wissen, wie Meldungen und erläuternde Artikel in Hinblick auf die Regievorschriften abzufassen waren. Da konnte und wollte Frankfurt nicht hineinredigieren. So ergab sich fast natürlich, daß Reifenberg und die Zentrale in Frankfurt das Prinzip der Selbstbewahrung der Zeitung vertraten, Kircher in Berlin dagegen das der Bewegung und des Experimentierens: Spielbein hier, Standbein dort. Kircher war zwar der gesetzlich vorgeschriebene »Hauptschriftleiter« des Blattes, aber die Linie wurde in Frankfurt, in der Konferenz bestimmt. Kircher war in Wirklichkeit ein Einzelkämpfer, eine Art Kolumnist, wie man heute sagt, dem die Redaktion jederzeit Raum für Artikel gab, die nicht als die gemeinsam geprüfte Ansicht der Redaktion zu lesen waren.[6] Kircher focht in den ersten Jahren innenpolitisch kecker mit dem Regime als jeder andere in der Redaktion, aber er schien es bei anderen Artikeln auch mit Schmeicheleien zu bedienen – in großen Pendelschwüngen. Kircher, so verstand es die Frankfurter Redaktion, erkaufte der Zeitung mit seinen scheinbar willigen, fast immer raffiniert-doppeldeutigen Dienstleistungen für das Regime Bewegungsspielraum.

Es bedurfte dazu einer großen Portion Zynismus, höchster Intelligenz und Verwegenheit, um mit den »Kerlen«, wie er sagte, umzugehen. Er war ein Spieler. Er schrieb seine Artikel wie Einsätze; er gewann und verlor. Einem Verlust weinte er nicht nach. Artikel waren Gebrauchsgraphik für die Bedürfnisse des Tages. Er schrieb nicht mit Herzblut, auch nicht für spätere Studien eines Historikers, sondern damit man über die nächste Runde kam. Kircher liebte die Gefahr, den Tanz auf dem Hochseil. Er konnte das Schreiben auch nicht lassen und stiller werden, als es immer schwieriger wurde, bewertende Urteile abzugeben, die der Wahrheit entsprechen sollten. Robert Haerdter empfand Kircher stets als einen Mann mit wenig »Gesinnung«, der weder von nationalen noch von liberalen Leidenschaften geplagt war. Er begriff ihn als einen Rationalisten, einen scharfen Analytiker und »Freigeist«, einen modernen Voltairianer. Nikolas Benckiser, der in London Kirchers junger Kollege gewesen war, beschreibt ihn als liberal im Sinne von tolerant, als witzig, sarkastisch und geistreich. Maxim Fackler, der im Berliner Büro Kirchers Kollege war, nennt ihn lebhaft und liebenswürdig, und Eberhard Schulz, gleichfalls in den dreißiger Jahren Mitglied der Berliner Redaktion, bezeichnete ihn als einen Einzelgänger, der »hochgestochene Ideen« verachtete und sich selbst als »Realpolitiker« verstand. Kircher, so bemerkte Robert Haerdter, habe über die Kunst verfügt, so zu schreiben, daß die Nationalsozialisten glaubten, zufriedengestellt zu sein, ohne daß er ihnen, bei näherem Zusehen, geliefert hatte, was sie meinten empfangen zu haben. Kirchers Intelligenz habe »etwas Teuflisch-Geschicktes« gehabt, so daß er, Haerdter, sie auch immer als unbehaglich empfunden habe. Kirchers intelligentes Spiel und sein Zynismus seien darauf hinausgelaufen, den Nationalsozialisten »auf eine intelligente Weise zu sagen: was seid ihr doch für ein Gesindel!«

Schuldet man einem solchen Gegner Aufrichtigkeit? Wenn nicht, konnte man entweder versuchen, listig in hundert Formen des camouflierten Widerspruchs auszuweichen, oder zynisch das Opfer zu bringen, aber es gänzlich zu entwerten, wie jener Elsässer Bürgermeister, den Dolf Sternberger in einer solchen Situation einmal sagen hörte: »›Heil Hitler‹ könnt ihr von mir so oft hören, wie ihr wollt.« Kircher tat beides.

Martin Wiebel, als Wirtschaftskorrespondent der Zeitung in Rom Kirchers Kollege, war immer wieder überrascht, wie feinfühig er Situationen »spürte« und auf sie blitzschnell zu reagieren wußte. In einigen von Kirchers Artikeln teilt sich diese Sensibilität noch nach Jahrzehnten mit. Das Gefahrenbewußtsein, die Lust am Spiel mit der Gefahr, die unheimlich anmutende tänzerische Sicherheit im Umgang mit ihr – das gab Kircher den Nimbus eines Mannes, der täglich mit dem Teufel speiste, aber auch einen genügend langen Löffel besaß. Sieburg, nicht frei von Eifersucht, nannte Kircher maliziös »den Renaissance-Schurken«. Die Gefahr machte Kircher nicht ängstlich, sondern dreist. Wiebel sagt von ihm, er habe spontan, frech und witzig parlieren und einem Nationalsozialisten Kritisches so schnoddrig sagen können, daß man denken mußte, es sei nicht so kritisch gemeint, wie es klang. Kircher habe sich deshalb vieles leisten können. Als Korrespondent in Rom unterhielt er gute Beziehungen zu Ulrich von Hassell (1881–1944), dem Mitglied der Widerstandsbewegung, und zu Hans Georg von Mackensen (1883–1947), den beiden Botschaftern. Mit Kollegen habe er so arrogant umgehen können wie mit den Berliner Stellen, als wollte er sagen: »Ich bin eben Kircher, und ich kann mir gegen euch etwas herausnehmen.« Das habe ihn nicht gehindert, verbindlich und gewandt zu sein, wenn es ihm darauf ankam. Maxim Fackler, viele Jahre sein Kollege im Berliner Büro, war berührt von Kirchers Liebenswürdigkeit[7]. In fast allen Beschreibungen ist die Faszination zu spüren, die von diesem ungewöhnlichen, einsamen und innerlich gefährdeten Manne ausging. Wer hat ihn je verstanden? Reifenberg sagte in seiner Grabrede auf Kircher, hörbar unsicher: »Ich glaube, ich war sein Freund.« Kirchers Spiel war ihm unfaßlich. Er verfügte nicht über die bald kühle, bald heftige, scharfe Intelligenz Kirchers. Reifenbergs Urteil kam aus der Sicherheit seines Gefühls und der sinnlichen Anschauung. Er bewunderte Kirchers behende Kraft. In Kirchers Beiträgen sah er eine für die Erhaltung der Zeitung entscheidende Leistung[8]. Einer der Gegenspieler, der junge und als scharfer Nationalsozialist bekannte Gesandte Paul Schmidt, den Ribbentrop 1938 als seinen Pressesprecher ins Auswärtige Amt gebracht hatte, lernte Kircher bei dessen gelegentlichen Besuchen in Berlin kennen. Er empfand ihn als anziehende Persönlichkeit, »nicht ganz durchsichtig«, aber die Unterhaltung mit ihm sei stets ein Gewinn gewesen. Kircher habe seine kritische Meinung über das Regime nie versteckt, aber »anpassungsfähig« geschrieben. Schmidt hielt ihn für einen liberalen Nationalen. »Er war kein Kollaborateur, er machte nur, was er für richtig hielt. Wir konnten ihn zu nichts veranlassen, aber mit ihm reden, und er hörte immer gut zu.« Schmidt meinte, Kircher habe den Krieg nicht erwartet und die »Verwandlung vom liberalen zum nationalen Journalisten« habe er vor sich selbst sicher nur rechtfertigen können in der Annahme, daß das Regime es nicht zum Kriege kommen lassen werde.[9] Martin Wiebel deutete es ähnlich. Kircher sei in einer Zeit des weitverbreiteten Nationalsozialismus aufgewachsen und geprägt worden, »eine Art Kreuzung zwischen deutschnational und badisch-liberalem Korpsstudententum«.

Für die Behandlung außenpolitischer Themen in der Zeitung gab es eine natürliche Aufgabenverteilung. Kircher war der Berichterstatter und der hauptsächliche Interpret der Berliner Außenpolitik in Artikeln unter seinem Signum auf der ersten Seite des Blattes. Aus den fremden Hauptstädten schickten die Korrespondenten Lageberichte. Die Frankfurter Redaktion wählte zusätzliche Agenturnachrichten aus und kommentierte die Ereignisse. Da das Propagandaministerium die Berichte aus dem Ausland nicht in gleicher Weise reglementieren konnte wie die inländischen Nachrichten, hatte die Zeitung auf diesem Gebiet, das ihre besondere Stärke war, etwas mehr Spielraum. Freilich waren die Redaktionen schon seit 1933 gehalten, auch die Berichte ihrer Auslandskorrespondenten entsprechend den Weisungen zu redigieren. Das war schon 1933 so bei der Berichterstattung Dewalls, Sieburgs und Kirchers über die Genfer Völkerbundssitzung im Herbst und beim Austritt Deutschlands aus dem Völkerbund.

Die Ermordung des Bundeskanzlers Dollfuß in seinem Amtszimmer am 25. Juli 1934 berührte Berlin unmittelbar. Die Zeitung behandelte den Vorfall so vorsichtig wie die Röhm-Affäre: Am ersten Tag keine Zeile der eigenen Korrespondenten. Die Redaktion arbeitete nur mit ausgewählten DNB-Berichten und, wie bei der Röhm-Affäre, in chronologischer Ordnung. Sie erwähnte aber, daß es noch nicht geklärte Widersprüche gebe. In den Berichten der ersten Stunden war unklar, wer eigentlich putschte, das Bundesheer oder Heimwehrverbände. Die Abendmeldung von DNB enthielt dazu ein interessantes, parteiergreifendes Wort: »Das Volk« habe das Bundeskanzleramt besetzt. In der letzten Meldung des Tages hieß es, der österreichische Gesandte in Rom, der ehemalige Landeshauptmann der Steiermark Dr. Anton Rintelen, verhandele über die Neubildung des Kabinetts, er werde als ein »nationalgesinnter Mann« vor allem von den Nationalsozialisten sehr geschätzt[10].

Beides waren deutliche Hinweise. Erst am zweiten Tag ließ die Redaktion den Wiener Korrespondenten, Werner Jantschge, zu Wort kommen: Der Aufstand sei niedergeschlagen, Rintelen habe einen Selbstmord versucht, und Berlin habe den deutschen Gesandten Rieth abberufen, nachdem er sich ohne Rücksprache mit seiner Regierung bereit gefunden habe, eine Abmachung zwischen den Aufständischen und Regierungsstellen zu bestätigen – nicht zu vermitteln, wie Rieth am nächsten Tag erklärte[11]. Es schien, als hätten die österreichischen Nationalsozialisten ohne Wissen Berlins losgeschlagen. Doch überall in Europa, das zeigten sogleich die Korrespondentenberichte Dewalls, Sieburgs und Benckisers aus London, Paris und Rom über Konsultationen zur Stärkung der Unabhängigkeit Österreichs, argwöhnte man die Hand Hitlers. In Italien, so stand bei Benckiser zu lesen, glaube man nicht den deutschen Beteuerungen der Nichtbeteiligung; Mussolini habe vier Divisionen an der österreichischen Grenze mobilisiert.[12] Der Leitartikel der Frankfurter Redaktion zu der Affäre erklärte, die Verdächtigungen gegen Deutschland seien unbegründet, ein Zeichen des herrschenden Argwohns: »Der Anschluß hätte aufgrund der Verträge nur mit der Zustimmung des Völkerbundes verwirklicht werden können. Es war also vollkommen überflüssig, sich unbegründeten Ängsten hinzugeben«,[13] wiederholte die Zeitung die Berliner Erklärung. War der Hinweis auf die Rechtslage eine Ermahnung an die eigene Regierung?

Da man nach dem österreichischen Putsch in den Nachbarländern an der deutschen Friedensliebe zweifelte, wünschte das Blatt, daß doch »endlich ein anderer Geist erwache, der sich bemüht zu verstehen, daß über allen politischen Konstellationen des Augenblicks die ewigen Grundtatsachen des Friedens stehen, die unentrinnbare Notwendigkeit für alle Völker, in Frieden nebeneinander und miteinander zu leben. Es gibt nur einen Weg dazu, das ist die Bereitwilligkeit zur Aussprache, zur Verhandlung, zur Übereinkunft. Das ist in jedem Lande heute der einzige Dienst am Vaterlande.«[14] Dieser Appell an die Nachbarländer schloß offenkundig die eigene Regierung ein, wie die letzte Zeile erkennen läßt. Das mit mildem Patriotismus vorgetragene Verlangen nach Verhandlungen über die Revision des Versailler Vertrags war vor allem an Frankreich gerichtet, dessen Außenminister Barthou, seit Anfang des Jahres über vertragswidrige Rüstungen in Deutschland alarmiert, versuchte, das von Hitler herausgeforderte Versailler System durch Sicherheitsverträge mit den Nachbarn Deutschlands zu stabilisieren: durch eine Wiederbelebung der »kleinen Entente« mit der Tschechoslowakei, mit Rumänien und Jugoslawien und durch das Projekt eines Dreier-Paktes mit England und Italien. Aber die Londoner Regierung wollte sich über den Locarno-Vertrag hinaus nicht für die Versailler Regelung engagieren. Mussolini aber verfolgte die Idee eines Vierer-Paktes unter Einschluß Deutschlands, der ihm mehr Raum für die italienische Mitsprache in Europa zu geben versprach. Als König Alexander von Jugoslawien während eines Staatsbesuchs in Marseille ermordet und auch Barthou Opfer dieses Anschlags wurde, schickte Sieburg darüber eine lebhafte und teilnehmende Darstellung. Die Frankfurter Redaktion bedachte Barthou mit einer Würdigung, deren Wärme auffällt, wenn man sich Barthous besondere Bemühung vergegenwärtigt, den Widerstand der Nachbarstaaten gegen Hitler zu organisieren.[15]

Das Jahr 1935 stellte die Saarländer vor die Wahl zwischen Freiheit und Nation. 1919 war das Saargebiet auf Verlangen Frankreichs vom Reich abgetrennt und unter Völkerbundsverwaltung gestellt worden. Fünfzehn Jahre später sollten die Saarländer über ihren endgültigen Status entscheiden. Die Redaktion entsandte im Dezember 1934 Paul Sethe als Sonderberichterstatter an die Saar. Er brachte das Dilemma auf die Formel, unter der Völkerbundsverwaltung hätten die Saarländer »deutsch« sein können, ohne in Deutschland – will sagen unter dem Nationalsozialismus – zu leben, freilich in einem Status, den Sethe als »Kolonialregime« im Schatten französischer Interessen charakterisierte. Max Braun für die saarländische SPD, Hubertus Prinz zu Löwenstein für die neue »Katholische Partei« und der Chefredakteur der »Saarbrücker Landeszeitung«, Johannes Hofmann (von 1947 bis 1955 Ministerpräsident im Saarland), plädierten dafür, die Abstimmung zu verschieben, bis Hitler gestürzt sei, und beschuldigten die Völkerbundmächte in Genf, die Saar an Hitler auszuliefern. Ein anderer Artikel Sethes schilderte den Zwiespalt der saarländischen Katholiken zwischen Patriotismus und christlich bestimmter Abneigung gegen den Nationalsozialismus. Der Beitrag enthielt die Schlußfolgerung, im Reich könne »man« den Saarländern am besten helfen mit einer Politik der Versöhnung im Innern, einer »Volksgemeinschaft« aller Deutschen und dem Nachweis, daß Nationalsozialismus nicht Neuheidentum bedeute, sondern nach Hitlers Wort »positives Christentum«.[16] Die Situation der Saarländer vor der Abstimmung, der Konflikt zwischen Vaterland und Freiheit, war auch das permanente Problem für den außenpolitischen Kurs der »Frankfurter Zeitung«.

Es war klar, daß die Abstimmung für Deutschland ausgehen werde. Tatsächlich votierten 90 Prozent der Saarländer für Deutschland. Es war auch klar, daß die Nationalsozialisten, die den Abstimmungskampf an der Saar mit einer massiven publizistischen Kampagne in Deutschland begleitet hatten, das Ergebnis für sich in Anspruch nahmen. Was die Frankfurter Redaktion dazu nicht sagen konnte, sagte sie durch Einblendung ausländischer Meinungen. Friedrich Sieburg, der seinen nationalen Schwächeanfall im Jahr 1932 (»Es werde Deutschland«) längst überstanden hatte, berichtete aus Paris, die Franzosen seien von dem Patriotismus der Saarbevölkerung aufs tiefste beeindruckt: Die Zeitungen schrieben, daß es sich nicht um einen Kampf zwischen Deutschland und Frankreich, sondern um einen innerdeutschen Kampf gehandelt habe. »Was meinen sie damit? Sie wollen damit unterstreichen, daß die Opposition, die im Saargebiet betrieben worden ist und die ja zeitweilig auf dreißig bis vierzig Prozent der Stimmen geschätzt wurde, nicht gegen Deutschland, sondern gegen die in der deutschen Politik zum Ausdruck kommenden weltanschaulichen und politischen Grundsätze gerichtet gewesen sei. Um so größer ist in Frankreich die Bewunderung für diejenigen Deutschen, die ihre weltanschaulichen Bedenken hinter den bedingungslosen Einsatz für Deutschland haben zurücktreten lassen. Der ›Figaro‹ drückt es folgendermaßen aus: ›Die einen wie die anderen haben in dem Konflikt, der sich im Innern ihres Gewissens abspielte, schließlich für das Vaterland

Die Auslandswirkung der »Frankfurter Zeitung«, die Goebbels als Argument gebrauchte, war innerhalb des Machtapparats sehr umstritten. Immerhin ging in den dreißiger Jahren etwa jedes dritte Exemplar ins Ausland. Allein die holländischen Abonnenten nahmen sechs Karteikästen in Anspruch. Während des Krieges waren die meisten Kästen allerdings mit dem Vermerk versehen »Kommt zur Zeit nicht zum Versand«

gestimmt, denn das Vaterland ist ewig, und die politischen Zwischenfälle sind nur vorübergehend. Der patriotische Schwung hat über die weltanschaulichen Widerstände den Sieg davongetragen... Mit anderen Worten: Die Helden des Tages sind in französischen Augen diejenigen Saar-Deutschen, die ihre religiösen, sozialen und sonstigen weltanschaulichen Bedenken zum Schweigen gebracht und sich ohne Einschränkung zu Deutschland bekannt haben.‹ Man wolle nun sehen, was Hitler meine, wenn er sage, daß Deutschland keine territorialen Forderungen an Frankreich zu stellen habe, daß es die Gleichberechtigung erlangen, aber auch die Solidarität zwischen den Völkern verwirklichen wolle... Hören wir«, fuhr Sieburg fort, »was ›L'Ordre‹ heute morgen sagte: ›Hitler wird auf jeden Fall eine schöne Gelegenheit haben, den Wert seiner Versicherungen darzutun. Er hat gesagt, daß nach Erledigung der Saar-Frage nichts mehr zwischen Frankreich und Deutschland stände. Wir werden sehen, welche Haltung der Führer des Reiches annehmen wird, in welchem Maße und in welchem Sinne er seine Regierung an der Suche nach Lösungen mitwirken lassen wird.‹«[17]

Sieburg hatte hier eine schwierige Aufgabe gelöst: Das Zitat aus dem »Figaro« diente ihm dazu zu zeigen, daß die Nationalsozialisten nicht das Recht hätten, sich die Abstimmung als Verdienst ihrer Politik gutzuschreiben. Wenn man die genannten Zahlen addierte, konnte man schätzen, daß etwa die Hälfte der Saarbevölkerung entweder auf keinen Fall etwas mit Hitler zu tun haben wollte oder sich nur unter schwersten Bedenken zu dem Votum für Deutschland hatte entschließen können. Die »Helden des Tages« waren die »dreißig bis vierzig Prozent«, die um des Vaterlandes willen sich in die Gefangenschaft der Diktatur begaben, in der Hoffnung, daß der »politische Zwischenfall« der nationalsozialistischen Herrschaft nur »vorübergehend« sei. Der Bericht ließ zugleich die Sorge erkennen, mit der Hitler in Frankreich betrachtet wurde, aber auch die Bereitschaft Frankreichs, das Verhältnis zu Deutschland in Ordnung zu bringen, wenn, ja wenn es nur Grund fände, dieser Regierung trauen zu dürfen. Die Gestapo sah in diesem Bericht eines von beliebig vielen Beispielen in der Zeitung, »vom Ausland her (unter Zuhilfenahme von Auszügen aus ausländischen Zeitungen) der feindlichen Phalanx in Deutschland den Rücken zu stärken«.[18]

Das Jahr 1935 sollte sich als das Jahr der Krisis, als das für die ganze weitere Entwicklung entscheidende Jahr herausstellen. Im Verlauf dieses Jahres löste Mussolini die italienische Sperrstellung und öffnete Hitler den Weg. Der Stellungswechsel Italiens vollzog sich allerdings langsam. Beim Ausbruch des spanischen Bürgerkrieges im folgenden

Jahr standen sich dann die europäischen Mächte zum ersten Mal in der Aufstellung gegenüber, in der sie im Zweiten Weltkrieg miteinander kämpfen sollten. Die Umgruppierung ging von dem abessinischen Abenteuer Mussolinis aus. Bis dahin war es primäres Ziel der italienischen Politik gewesen, einen Anschluß Österreichs an Deutschland zu verhindern. Mit der Selbständigkeit Österreichs verteidigte Italien seine Herrschaft über Südtirol, die Beute aus dem Weltkrieg. Die Sorge um die Grenze auf der Höhe des Brennerpasses band Mussolini an das Versailler System. Das hatte sich soeben, bei dem Putsch gegen Dollfuß, aufs neue gezeigt. Während Frankreich unter Barthous Nachfolger Laval die Bemühungen um Bündnisse zur Erhaltung des Versailler Systems fortsetzte, war die britische Politik bestrebt, das Verhältnis zu Deutschland zu entspannen und nach einer tragfähigeren Grundlage für den Frieden zu suchen.

Die Bemühungen Lavals in Rom um eine Bereinigung der italienisch-französischen Beziehungen über die kolonialen Interessengegensätze beider Länder hinweg und trotz der Differenzen zwischen den revisionistischen Freunden Italiens und den anti-revisionistischen Frankreichs auf dem Balkan (Benckiser) betrachtete die britische Politik als Fortschritt (Dewall). Als günstig sah auch Kircher die Perspektive an: »Wir stehen hier offensichtlich vor einem Versuch, die europäische Gesamtlage zu stabilisieren«; nach der Rückkehr des Saargebietes gebe es gewiß auch eine Möglichkeit für Deutschland, sich wieder am Völkerbund zu beteiligen, »natürlich nur unter Bedingungen der Gleichberechtigung und der Offenhaltung der Tore, die durch den Versailler Vertrag selbst geschaffen wurden, der Tore, die von einem schlecht geordneten Europa einmal in ein besser geordnetes führen könnten«.[19] Auch der Leitartikel aus Frankfurt bewegte sich auf dieser Linie. Die Redaktion glaubte günstige Verhandlungsaussichten zu erkennen. In diesen und anderen Beiträgen im Januar 1935 spürt man die Erwartung der Zeitung, daß Berlin seine Selbstisolierung in Europa beende und daß es bei den Westmächten eine neue Bereitschaft zur Anerkennung berechtigter deutscher Revisionsverlangen gebe.[20] Hatte jemand der Zeitung solche Hoffnungen nahegelegt? Sind dies etwa Gedanken aus dem Auswärtigen Amt gewesen?

Kurz vor dem anschließenden Besuch Lavals in London erläuterte Dewall die britische Position: »Seit dem Sommer 1934 verleiht die britische Politik den französischen Projekten [Dewall meinte damit Ost-Pakt, Südost-Pakt, Konsultativ-Pakt zugunsten Österreichs und Luft-Pakt als Ergänzung des Locarno-Pakts] ihre volle moralische Unterstützung, wenn sie sich auch weigert, sich selber an den Pakten aktiv zu beteiligen... Die britische Regierung billigt die neuen Pakte aber nur unter der Bedingung, daß bei allen derartigen Konstruktionen Deutschland zur Mitarbeit gewonnen werden kann...«[21]

Der nächste Bericht Kirchers, nun offensichtlich auf Grund einer Instruktion, machte eine Kehrtwendung: Dies alles wolle Berlin nicht: Keine Beteiligung an einem Ost-Pakt oder Ost-Locarno, keine Rückkehr in den Genfer Völkerbund vor der Klärung aller anderen Fragen, und überhaupt nicht, wenn dieses oder jenes als Bedingung für die Ersetzung »undurchführbar gewordener Versailler Paragraphen« gedacht wäre[22]. Mit dieser kalten Dusche war klar, daß Hitler nicht auf der Rechtsgrundlage des Versailler Vertrages über die Revision des Vertrages verhandeln wollte. Er wollte überhaupt nicht verhandeln, sondern handeln.

Mitte Februar kamen die Dinge ins Rollen. Der italienisch-abessinische Konflikt an den Grenzen Eritreas dehnte sich aus. Italien setzte zwei Divisionen nach Eritrea in Marsch, Frankreich und England wollten Mussolini nicht in den Weg treten, um nicht auf die Mitarbeit Italiens in Europa verzichten zu müssen. Anfang März legte Premierminister MacDonald in einem Weißbuch dem Parlament die Notwendigkeit einer Erhöhung der britischen Verteidigungsausgaben unter Hinweis auf die Rüstungen aller anderen größeren Mächte dar, wobei er namentlich die deutsche Aufrüstung nannte. Zur selben Zeit verlängerte Frankreich die Militärdienstpflicht auf zwei Jahre.

Sieburg deutete diese miteinander abgestimmten Schritte als Ersatz für die jetzt in den Hintergrund tretende Paktpolitik Frankreichs und damit als Lockerung des gegen Deutschland gerichteten Einkreisungsversuchs. Er bemühte sich, die französischen und britischen Maßnahmen so zu interpretieren, daß ihre konstruktiven Antriebe, die Begrenztheit der Vorhaben und die Zurückstellung der diskriminierenden Paktpolitik, ins rechte Licht gerückt wurden.

Ein aus Berlin datierter, ungezeichneter, offensichtlich auf gebieterische Weisung geschriebener Kommentar der »Frankfurter Zeitung« konstatierte dagegen, die britische Politik gebe in aller Form die Hoffnung auf eine politische – gemeint ist vertragliche – Friedenssicherung auf. Die Berufung der britischen Verteidigungspolitik auf angebliche deutsche Rüstungen wurde in dem Kommentar zurückgewiesen.[23] Ein Leitartikel der Zeitung meinte »eine vollkommene Schwenkung der britischen Politik in der Abrüstungsfrage« und einen »Stoß gegen das Kollektiv-System der Friedenssicherung« erkennen zu müssen.[24] Der Parlamentsbericht des Londoner Korrespondenten widersprach sofort: Die britische Regierung sage sich nicht vom Genfer System los, sondern ergänze das Prinzip der kollektiven Friedenssicherung.[25]

Am Tag darauf war die Sensation und damit auch eine Erklärung für

Kirchers zweiten Artikel da: Hitler verkündete in einer seiner Wochenendaktionen die allgemeine Wehrpflicht und die Erweiterung des Heeres auf 12 Armeekorps mit 36 Divisionen. Kircher hatte den Beschluß zu interpretieren. Er zitierte die vom Propagandaministerium verbreiteten Parolen: »Die erste große Liquidationsmaßnahme des Versailler Diktats, durch die die wesentliche Schande dieses Vertrages endgültig gelöscht worden ist« (aus einem Kommentar von DNB); die Wehrmacht werde eine »Armee des Friedens« sein (aus der »Nationalsozialistischen Partei-Korrespondenz«); England und Frankreich wollen nicht ab-, sondern aufrüsten und hätten diesen Weg »uns bewußt aufgedrängt«. Kircher schrieb vielmals »wir« und »uns«, ohne Distanz zum Standpunkt der Regierung. Die Proklamation der Reichsregierung müsse die Umwelt überzeugen, daß der Kanzler nichts anderes wolle als den »Frieden in Ehren«. So habe noch keine Regierung gesprochen.[26] Es war ausgeschlossen, einen Kommentar zur Wehrgesetzgebung zu schreiben, der nicht den Stichworten der Regierung gefolgt wäre. Doch an einem Leitartikel der Frankfurter Redaktion zwei Tage später konnte man sehen, daß man auch mit weniger Schwung und ohne das nationale »Wir« oder »Uns« hätte schreiben können.[27]

Mitte April trafen sich die Außenminister der drei Mächte auf Einladung Mussolinis auf der Isola Bella im Lago Maggiore, gegenüber von Stresa, um zu beraten, wie sie auf den Bruch der Rüstungsartikel im Versailler Vertrag reagieren sollten. Paris bereitete einen Protest beim Völkerbundsrat vor, prüfte das Ost-Pakt-Projekt, bekundete Interesse an der Integrität Österreichs, erklärte Bedauern über den Schritt Deutschlands, aber verband es mit einem neuen Angebot zu Verhandlungen.

Die Analyse Benckisers, der vom Konferenzort berichtete, stellte den Willen der drei Mächte heraus, den Status quo in Europa »und auf diese Weise den Frieden aufrechtzuerhalten«. Aber es habe sich doch die englische Linie durchgesetzt, die Türen offenzuhalten und Deutschland die Mitarbeit im Völkerbund zu ermöglichen, die Vergangenheit zu liquidieren und »die Frage der Vertragseinhaltung« – ein Euphemismus für den Vertragsbruch – in den Völkerbundsrat zu verlegen, um den Neuaufbau der Beziehungen zu ermöglichen.[28] Als kurz darauf die französische Klageschrift für den Völkerbund bekannt wurde, fand Kircher zunächst, eher abwiegelnd, sie verlange nichts, was Deutschland veranlassen müßte, jede weitere Diskussion abzulehnen.

Als aber die französische Resolution im Völkerbundsrat den deutschen Schritt als »Vertragsbruch« charakterisierte, im Rat einmütig angenommen wurde und sich dabei die Geschlossenheit der Stresa-

Front erwies, war Kircher empört. Man kann unterstellen: auf scharfe Weisung des Propagandaministeriums. Doch zusätzlich war da eine eigene Heftigkeit zu spüren, als hätten die Minister der drei Mächte ihn persönlich gekränkt: »Wir haben es satt, wir können diese Phrasen ganz einfach nicht mehr ertragen... so denken wir alle, so fühlen wir alle.«[29] Kircher schien die Contenance verloren zu haben.

Bei der Erläuterung der Wehrgesetzgebung im Reichstag am 22. Mai griff Hitler aufs neue zu dem Mittel, mit dem er immer wieder seine Gegner verwirrte: Nach Erklärungen, die den Vertragsbruch rechtfertigen sollten, und der Weigerung, ihn rückgängig zu machen, weckte er Hoffnungen auf eine bessere Zukunft. So hatte er auch innenpolitisch nach der »Gleichschaltung« im März/April 1933 und nach den Morden vom 30. Juni 1934 gesprochen. So sprach er außenpolitisch beim Austritt aus dem Völkerbund und jetzt wieder. Er erklärte, keiner der europäischen Nationalstaaten werde in einem kommenden Kriege mehr erreichen können als eine vorübergehende Schwächung seiner Gegner und nicht ins Gewicht fallende Grenzkorrekturen. Der permanente Kriegszustand zwischen den Völkern bringe allen nur Last und Unglück. Das nationalsozialistische Deutschland wünsche nichts sehnlicher als Frieden. Seitenlang redete Hitler in solcher Sprache und versuchte dann zu begründen, warum er trotzdem nicht, wie die Westmächte es wünschten, einem System der kollektiven Sicherheit beitreten wolle. Er lehne die französische Idee der Garantie- und Beistandspakte ab, aber versichere Frankreich, keine territorialen Ansprüche zu erheben. Die Reichsregierung lehne auch die Entschließung des Völkerbundsrats zur deutschen Wehrgesetzgebung ab. Deutschland habe sich von den diskriminierenden Teilen des Versailler Vertrags losgesagt, es werde aber jeden freiwillig unterzeichneten Vertrag [gemeint war der Locarno-Pakt] peinlich beachten. Unter diesen Umständen sehe die Reichsregierung in der »Respektierung der entmilitarisierten Zone [des Rheinlandes] einen für einen souveränen Staat unerhört schweren Beitrag zur Beruhigung Europas«. Aber sie sei entschlossen, vom geplanten Umfang der neuen Wehrmacht unter keinen Umständen abzugehen. Sie begrenze die Marineplanung auf 35 Prozent der englischen Flotte.

Die verführerische Rede enthielt genügend Material für Hoffnungen, über deren Wert sich die Mitglieder der Stresa-Front streiten sollten. Das englische Echo war freundlich; dort reizte die 35-Prozent-Formel wie eine günstige Gelegenheit. Die französischen Zeitungen waren geteilter Ansicht. Um den bilateralen Flottenvertrag zu erlangen, brach England mit dem bisherigen Grundsatz kollektiver Abrüstungsverträge und kompromittierte damit seine eigene Linie, den Völ-

Am Tag danach.

RK Berlin, 18. April.

Wenn wir die Reden in Genf zur Kenntnis nehmen, jene abgestandenen Phrasen, mit denen Herr Laval den Entschließungs-Entwurf vorlegte, diese kalten Advokatenworte Sir John Simons oder gar die Tiraden Litwinows, die von Unehrlichkeit triefen, aber nicht zuletzt auch die Beteuerung MacDonalds (nach seiner Rückkehr nach London), daß die Politik der Mehrheit Europas den Willen zur Zusammenarbeit mit Deutschland bekunde, — wenn wir all dies hören oder lesen, dann sind wir nicht mehr höflich genug, um dem englischen Premierminister sagen zu können: „Die Botschaft hör' ich wohl, allein mir fehlt der Glaube", sondern dann können wir nicht anders als rundheraus den Veranstaltern von Genf zu sagen: Wir haben es satt, wir können diese Phrasen ganz einfach nicht mehr ertragen. Niemand kann uns das übelnehmen. Niemand kann unsere Worte mißverstehen. Diese Zeitung, wie auch der Schreiber dieser Zeilen, hat in jahrelanger Arbeit versucht, gehörig zuzuhören und an der Verständigung mitzuarbeiten. Sie hat versucht, ihren Beitrag zu leisten, und sie hat die Gefahr nicht gescheut, in ihrem eigenen Land mißverstanden zu werden. Um so eher sind wir berechtigt festzustellen: Was wir in diesen Zeilen ausführen, ist schlechthin der deutsche Standpunkt, — es gibt in der Frage der Gleichberechtigung für seinen Deutschen irgendeine innerpolitische Erwägung. So denken wir alle, so fühlen wir.

Als die Periode des verrückten Reparationsstreits zu Ende war, trat die eigentliche nationale Frage, die Frage des gleichen Rechts auch der Besiegten, beherrschend in den Vordergrund. Nun war nötig in Europa Farbe zu bekennen: für das Recht — oder gegen Deutschland. Als es an der Zeit war, schon unter Dr. Brüning, haben wir diese Position bezogen, und nichts wird uns wieder von ihr abbringen. Es handelt sich hier nicht um die Frage, ob jeder Schachzug im deutschen Spiel nach Form oder Inhalt über jeden Tadel erhaben war, — schon deshalb nicht, weil die Züge der Partner im Spiel so beschaffen waren, daß sich nicht den allergeringsten Anlaß haben, moralische Einwendungen zu erheben. Gewiß, sie können das deutsche Ziel ablehnen und unser Spiel als Ganzes bekämpfen, dann sollte sie aber ihr Schamgefühl daran verhindern, zu behaupten, sie seien bereit, Deutschland die Gleichberechtigung zuzugestehen! Wenn die europäische Politik heute noch, mehr als zwanzig Jahre nach Ausbruch des Weltkrieges, in den die Welt nach berühmtem Ausspruch „hineingeschlittert" ist, bis ins innerste Mark krank ist, wenn sie immer noch der Machtpolitik der vielen gegen den einen darstellt, so sollten wir uns alle das offen gestehen und auf den Schwindel verzichten, als sei es nicht so. Derselbe Sir John Simon, der zum Besuch nach Berlin kam, ist ja doch, der vor einem Jahr ganz rundheraus erklärte: Dieser deutschen Regierung, diesem Deutschland kann die Gleichberechtigung nicht zugestanden werden! Ist es verwunderlich, daß uns dieses Wort heute wieder in den Sinn kommt? Wenigstens hatte es den Vorteil der Ehrlichkeit: Man wollte, die Engländer wollen ganz einfach nicht, ebensowenig wie die anderen. Die Folge war unser Abzug aus Genf. Nun wollen uns die Engländer wieder zurückholen, also gaben sie sich (beileibe nicht alle) einigermaßen freundlich. Sie winkten uns sozusagen mit unserem Recht. Die Franzosen dagegen, das sagten sie offen, wollten nicht, daß wir zurückkehrten. Sie winkten deshalb nicht mit unserem Recht, sondern arbeiteten an ihren Allianzen. Deutschland aber blieb bereit zur Zusammenarbeit, zu einem loyalen System, ja — wenn auch ohne Begeisterung — zu unserer Rückkehr nach Genf als in jeder Beziehung gleichberechtigte Nation. Warum hat man diese Bereitschaft nicht ausgenutzt, — warum schlägt sich Genf durch diesen Beschluß Sondergerichtshof? Muß es nicht wie eine unerträgliche Schöntuerei aussehen, wenn uns trotzdem wieder, beispielsweise von Herrn MacDonald, der Strohhalm einer Verständigung hingehalten wird? Natürlich, an Strohhalme kann man genau betrachten. Schon deshalb, weil die deutsche Politik mit eiserner Konsequenz die Linie verfolgte, jedem die Hand zu bieten, der bereit ist, unser Recht anzuerkennen.

Man spricht von Spielregeln, die Deutschland verletzt habe. Aber wir fragen: Wo ist das ehrliche Spiel, dessen Regeln von den Partnern auf der andern Seite des Tischs eingehalten worden wären? Wir sehen sie nicht. Diesen ganzen Plunder von Selbstgerechtigkeit, den wir rings um uns sehen und der uns in der tragischen Figur MacDonalds am peinlichsten berührt, wollen wir rücksichtslos beiseite pusten. Wir sollen in diesem Falle seine Freundschaft ohne vorherigen Zank: die Wahrheit muß heraus. Gerade um des Friedens und der Organisation des Zusammenlebens willen, die uns heute so sehr am Herzen liegt wie seit Jahr und Tag. Es ist ja wohl kein Zufall, daß wir — ebenfalls vor Jahr und Tag, längst vor dem Machtantritt der NSDAP — fast wörtlich das Gleiche sagen mußten: Bevor eine anständige Ordnung Europas möglich ist (in erster Linie eine Verständigung mit der Nation in unserem Westen, die uns ganz einfach nicht gestatten will, ihr Freund zu sein), bevor diese Ordnung möglich wird, wird es eine Serie von Krisen und von Zusammenstößen innerhalb und außerhalb der Konferenzen geben. So sieht es auch heute noch aus; nur tut uns den einzigen Gefallen: laßt diese Heuchelei! Wer sein Herz an Allianzen hängen will — rings um Deutschland herum —, der mag es tun. Wir können es nicht ändern. Auch ohne solche Allianzverträge wissen wir, was gewisse Leute denken. Wir kennen die unselige französische Politik, ihre innere Zerrissenheit — fast mutet sie uns zuweilen „schizophren" an, wenn wir diesen Ausdruck gebrauchen dürfen —, Herr Laval, der diese Auffassung von der Seele Frankreichs ebenso zu verbergen sucht, wie er sie verkörpert, ist uns fürwahr kein Rätsel. Und Mussolini? Wer unter uns wäre überrascht, zu sehen, daß der Führer Italiens mehr als irgend ein anderer dazu beigetragen hat, das Werk von Stresa-Genf zustandezubringen? Gar Herr Litwinow, der aus den Trümmern seiner Ostpaktpolitik diese billige Genugtuung seiner Genfer Rede retten mußte. Und England, — ein Land ohne Führer! Dazu ein Kometenschweif von Staaten, die nicht ahnen, wie groß der Verlust ist, den sie auf lange Sicht einmal zu tragen haben könnten — denn was ist ihnen schon jener von ihnen ohne Genf im französischen Spiel sind sie nur Karten, solange man sie braucht. Wer aber kennt die Zukunft Europas? Wir wissen nur das eine: So verlogen wie die Gegenwart wird sie nicht sein.

Allianzen! Gut, macht Allianzen, aber schweigt dann von der „Gesellschaft der Nationen"! Wir Deutsche gedenken wegen eurer Allianzen nicht zusammenzubrechen. Gerichtsurteile in Genf! Gut, macht Gerichtsurteile, aber wundert euch nicht, wenn eines Tages der ganze Bund in die Brüche geht. Wir fragen euch Engländer, euch Franzosen, euch Tschechoslowaken, oder wer es sonst sei, wo denn liegt es doch: Ist euch das bißchen Triumph der Gegenwart wichtiger als die Zukunft? Habt ihr nach Versailles nichts gelernt? Hättet ihr euch dort belehren lassen, daß Deutschland jenes Netz so bald von sich würde abschütteln können und daß die ganze Welt so rasch einsehen würde, wie morsch es geworden war! Glaubt ihr mit diesem ungerechten, weil ganz einseitigen Urteil eine unumstößliche Mauer errichtet zu haben, eine Mauer, die der künftigen Entwicklung: der Entwicklung zu europäischer Wahrheit und zu echtem Frieden, im Wege stehen wird? Glaubt ihr, daß ein paar Diplomaten (von denen manchem vielleicht, als er seine Stimme abgab, das Herz pochte, weil sein Gewissen sich regte) imstande sind, diese Entwicklung aufzuhalten? Vollends dies: Glaubt ihr, Allianzen, die auf dem Flugsand von augenblicklich angewiesenen Interessenhaufen errichtet sind, sich als so zuverlässig erweisen werden wie das Recht einer in seine wahre Stärke hineinwachsenden unterdrückten Nation?

Ganz offen gesagt: Wir glauben es nicht. Und gerade weil wir es nicht glauben und weil wir unsere wirkliche Lage kennen — eine Lage, die wir ebenso frei von Ueberheblichkeit wie von hysterischer Erregung betrachten —, halten wir es für das einzig Gegebene: aufs klarste zu sagen, was wir von den Genfer Vorgängen denken, aber gleichwohl in Ruhe und Beherrschung auf das Ziel bedacht zu bleiben, das heißt: friedliche und kluge Zusammenarbeit der Völker auf der Basis unserer restlosen Gleichberechtigung.

kerbund und nicht die französischen Garantiepakte zum Hauptinstrument europäischer Ordnungspolitik zu machen. Paris war über den deutsch-britischen Flottenvertrag vom Juni 1935 schwer verstimmt, ebenso die italienische Politik, die sich im übrigen in ihrem auf Ostafrika und den Mittelmeerraum gerichteten Ehrgeiz zunehmend von England behindert sah.[30]

Ende Juni war der britischen Regierung, wie Dewall das Ergebnis einer Reise des Völkerbundsministers Eden nach Paris und Rom zusammenfaßte, vollkommen klar, daß Italien an Abessinien Forderungen stellen werde, die England nicht werde annehmen können, und wenn daraus ein Krieg würde, dann stehe – nach dem Austritt Japans und Deutschlands – das Schicksal des Völkerbundes auf dem Spiele. Italien werde austreten, falls ihm der Völkerbund in Afrika in den Weg treten sollte. Unterlasse er dies aber, dann sei der Völkerbund moralisch am Ende.[31]

Mitte September, zu Beginn der Völkerbundsversammlung in Genf und kurz vor dem Angriff Italiens auf Abessinien, beschrieb Sieburg die französische Politik: Frankreich suche Italien bei der Stange zu halten, weil sein Sicherheitssystem auf dem Spiele stehe. Breche es zusammen, müsse England bewogen werden, sich stärker auf dem Kontinent zu engagieren, aber der hinter dem Rücken Frankreichs verhandelte Flottenvertrag habe die Solidarität der beiden Westmächte beschädigt. Und nun warte Frankreich schon auf Zeichen der Annäherung zwischen Rom und Berlin und das Ende der bisherigen Isolierung Deutschlands.[32]

Am 3. Oktober eröffnete die italienische Armee den Feldzug gegen Abessinien. Der Völkerbund beschloß eine Waffenkredit- und Rohstoffsperre. Hitler schloß sich zunächst an, unterstützte Italien aber bald mit Rohstofflieferungen. Die Sanktionen waren nicht schwer genug, um Mussolini aufzuhalten – man wollte ihn nicht in die Arme Hitlers treiben –, aber lästig genug, um ihn zu behindern. Er antwortete mit einer radikalen Schwenkung seiner Politik und der Anlehnung an Hitler. In den ersten Tagen des neuen Jahres sagte Mussolini dem deutschen Botschafter in Rom, er habe nichts dagegen, wenn Deutschland anstelle Italiens den Schutz Österreichs übernehme. Im Februar erklärte die italienische Regierung ihre Rolle als Garantiemacht des Locarno-Vertrages als erledigt. Die große Schwenkung war vollendet. Mussolinis Großmachtehrgeiz öffnete Hitler das Tor.

In der außenpolitischen Berichterstattung der Zeitung über das Krisenjahr war dieser unheilvolle Prozeß in aller Klarheit nuancenreich abgebildet, obwohl sie längst in dem Lügennetz der Pressekontrolle gefangen war. Sie hatte den verbliebenen Rest an Bewegungsspielraum

Abessinien im Mittelpunkt.
Die Tendenzen der italienischen Außenpolitik.
(Drahtmeldung unseres Korrespondenten.)

Nb Rom, 8. Juni. Es ist im allgemeinen nicht leicht, den jeweiligen Stand der italienischen Außenpolitik zu umschreiben. Denn diese Außenpolitik ist mehr als jede andere beweglich und vermeidet nach Möglichkeit Festlegungen. Um so stärker ist der Eindruck, den die jetzige völlige Einstellung auf das abessinische Problem macht, indem sie überschattet das gesamte außenpolitische Verhalten Italiens und beeinflußt das Verhältnis fast zu jedem einzelnen Land, mit dem Italien Beziehungen unterhält. Der abessinische Streit ist in das Zentrum der fascistischen Politik gerückt. Gerade weil er zu einer allein Italien angehenden Angelegenheit erklärt worden ist, ist seine Abwicklung entsprechend dem italienischen Wünschen zu einer Kernfrage des Regimes geworden. Der Gegensatz, in den sich der Fascismus stets zur Politik des liberalen Italiens gestellt hat, die Bejahung des früher verurteilten Intermezzos Crispi, der Mittelmeergedanke und die Idee der kolonialen Expansion auf den Spuren des alten Rom, weisen alle in diese Richtung.

Man hat sich daran gewöhnt, daß im Straßenbild Roms gewisse Erscheinungen nicht vergessen lassen, was sich in Afrika vorbereitet; so die Landkarten von Abessinien, die überall ausgestellt sind, die Auslagen der Buchläden, die eine sich umfangreich aufblähende Literatur feilbieten, die Tropenausrüstungen, die in anderen Geschäften gezeigt werden, die Titelseiten der Zeitungen, die ausgerufen werden, und vor allem die Gespräche der Menschen; aber wichtiger als alles dies ist, daß nicht nur im inneren Leben des Landes, sondern auch in der Abwicklung der außenpolitischen Einheit Italiens ein entsprechender Vorgang festzustellen ist. Kühne Spieler mit politischen Kombinationen fangen schon an, die Steine auf dem politischen Schachbrett umherzuschieben. Dafür ist es noch zu früh, und niemand kann wissen, ob die Richtung, nach welcher Veränderungen sich jetzt abzeichnen, eingehalten werden oder ob sie sich ändern wird oder ob nicht schließlich alles in die Ausgangsposition zurückkehrt.

Am eindringlichsten erscheint das Vorherrschen der ostafrikanischen Frage in der italienischen Politik im Verhältnis zu England. Seine überraschende Entwicklung wurde kürzlich hier dargestellt und seither hat sich die Fehde der italienischen Presse nur verschärft. Die Karikaturen John Bulls sind von einer außerordentlichen Verbissenheit geworden. Im Gegensatz dazu hat die absolut neutrale Haltung, welche Deutschland im abessinischen Konflikt einnimmt, eine Verbesserung der Beziehungen zu Deutschland sich anbahnen lassen. Der Kontrast in der Entwicklung des Verhältnisses zwischen Italien und den beiden genannten Ländern kam besonders deutlich in einem der täglichen Leitartikel des „Giornale d'Italia" zum Ausdruck, in welchem das Blatt unter anderem Anschuldigungen gegen England auch diejenige vorbrachte, daß Großbritannien im Gegensatz zu seinen Mandatsverpflichtungen alle Vorbereitungen treffe, um die ehemaligen deutschen Kolonien verwaltungsmäßig völlig seinem Imperium einzugliedern. Der vor kurzem von Deutschland und von Italien aus erwähnte alleinige Reibungspunkt zwischen beiden Ländern, Oesterreich, ist in den Hintergrund getreten und zugleich die ganze Frage des Donauraumes. Vom Termin der Donau-Konferenz ist einstweilen nicht die Rede, selbst der vor einigen Tagen als bestimmt erwartete Besuch Jeftitschs, der vor einigen Tagen als bestimmt erwartet wurde, ist auf unbestimmte Zeit verschoben worden. Nichtsdestoweniger werden Vorbereitungen für die Donau-Konferenz oder zur Lösung der Probleme, die ihr gestellt werden, fortgeführt, wobei sich die neuen Tendenzen in der italienischen Außenpolitik schon auswirken. Es ist vermerkt worden, daß die diplomatischen Vertreter Deutschlands und Italiens in kurzem Abstand beim polnischen Außenminister Beck vorgesprochen haben, und man weiß auch, daß nach den deutlichen Erklärungen Hitlers über Deutschlands Stellungnahme zu künftigen Konferenzen das Gespräch mit Deutschland im Gange ist und durch die letzte Unterredung des deutschen Botschafters in Rom mit Mussolini fortgesetzt wurde. Die starke italienisch-polnische Zu... die seit einiger Zeit angestrebt wird, ist auch ...Verhältnis von Wichtigkeit.

Diese Entwicklung wird auch in Frankreich mit großem Interesse verfolgt, wenn auch eine etwaige Stellungnahme oder Aktivität Frankreichs, das mit der Serie seiner parlamentarischen Krisen beschäftigt ist, noch nicht klar hervortritt. Die Berichte der römischen Korrespondenten Pariser Blätter glauben darüber beruhigen zu müssen, daß keine „Wendung" der italienischen Politik erfolge, indem Italien aus der Front von Stresa ausbreche und sich etwa nach Deutschland orientiere. Sie können anführen, daß Italien stets die Mitarbeit Deutschlands in Europa und nicht seine Isolierung erstrebt habe, wie das auch in der italienischen Presse hin und wieder jetzt hervorgehoben wird. In Italien verzeichnet man einstweilen mit Zustimmung, daß Frankreich jedenfalls eine desinteressierte Haltung in der abessinischen Angelegenheit einnimmt. Das Verhältnis zu Frankreich ist nur mittelbar beeinflußt worden und wird auch weiterhin am ehesten von den Reflexen der etwaigen sonstigen Verschiebungen, die sich im Anschluß an die abessinische Frage ergeben, bestimmt werden.

Der Vorgang, in dem eigentlich der Schwerpunkt des italienisch-abessinischen Streites sichtbar werden sollte, nämlich die Besprechungen der italienisch-abessinischen (oder, um die italienische Bezeichnung anzuwenden, der italienisch-französisch-amerikanischen) Schlichtungskommission, geht mittlerweile ziemlich unbeachtet vor sich. Ual Ual ist ein Meilenstein auf dem Wege dieses Streites, den man längst hat hinter sich liegen lassen. Die Vorgänge, auf die es jetzt ankommt, sind die kriegerischen Vorbereitungen hüben und drüben.

Vor der Einschiffung der „Sabaudia"-Division.

Rom, 10. Juni. (DNB.) Bei der Besichtigung der dritten mobilisierten Division „Sabaudia" in Cagliari, die dort zur Ausfahrt bereit liegt, hielt Mussolini folgende Ansprache:

„Schwarzhemden! Ihr habt einer stolzen Kundgebung beigewohnt und gezeigt, daß ihr stark und diszipliniert seid, würdig der heroischen und kriegerischen sardinischen Rasse. Die Truppen von „Sabaudia" tragen in ihrem Namen das beste Losungswort. Wir haben alte und neue Fragen zu regeln und werden sie regeln. Möge man jenseits der Grenzen sagen, was man wolle. Nur wir können unsere Richter sein und die besten Garanten unserer Zukunft, nur ausschließlich wir und nicht die anderen! Wir folgen in unseren Handlungen nur denjenigen, die uns heute belehren wollen. Als sie ihr Reich aufbauten und es verteidigten, zeigten sie, daß sie auf die öffentliche Weltmeinung keine Rücksicht nahmen.

Wenn die Regierung jetzt an die Schwarzhemden appelliert und das junge Italien zu den Waffen ruft, so fühlt das italienische Volk, daß es schließlich wir und einer festen Notwendigkeit folgt. Das ganze italienische Volk steht wie ein Mann da, wenn es gilt, die Macht und den Ruhm des Vaterlandes zu verteidigen."

Was soll jetzt getan werden?
Englands Sorgen um den Völkerbund. — Die Methode für Europa.
(Drahtmeldung unseres Korrespondenten.)

WvD London, 29. Juni. Die Regierungsblätter versuchen weiter vergeblich, die ernste Stimmung zu verbergen, die der sowohl in Rom wie auch in Paris von Eden erlittene Fehlschlag in den Regierungskreisen erzeugt hat. Ueber die praktischen Folgerungen, die aus der sehr schwierigen Gesamtlage zu ziehen sind, besteht überall noch Unklarheit. Der Führer der Opposition, Lansbury, versuchte gestern nachmittag im Unterhaus Mitteilungen über den Ausgang der Edenschen Mission aus dem Außenminister herauszulocken. Sir Samuel Hoare vertröstete ihn damit, daß er im Parlament am Montag eine Erklärung abgeben werde, aber er fügte selber hinzu, daß sie nicht sehr detaillierter Natur sein werde. Sich über Einzelheiten zu äußern, wird der Außenminister zu Beginn der Woche tatsächlich noch gar nicht vermögen, da sich das Kabinett erst in seiner Sitzung am Mittwoch mit der neuen außenpolitischen Situation befassen will. Mittlerweile werden die verschiedenen Kabinettsmitglieder Gelegenheit haben, sie aufs genaueste zu studieren, denn Eden hat einen ausführlichen Bericht vorbereitet, den sie mit in das Wochenende nehmen können.

Von ganz besonderem Ernste müssen nach britischem Gefühl die Folgen erscheinen, die aus dem italienisch-abessinischen Konflikt entstehen können. Durch Eden weiß die britische Regierung jetzt mit völliger Klarheit, daß Italien Forderungen stellt, die so weit gehen, daß Abessinien sie mit ziemlich großer Sicherheit niemals annehmen wird. Wenn daraus ein Krieg zwischen den beiden Ländern entstehen sollte, dann stände, wie man hier glaubt, so oder so das Schicksal des Völkerbundes auf dem Spiel. Der italienische Regierungschef hat seinem englischen Gast erneut klargemacht, daß Italien aus dem Völkerbund austreten werde, falls dieser noch einmal wagen würde, sich in den Konflikt einzumischen. Verläßt aber Italien die Genfer Organisation, so wäre das nach den schweren Verlusten, die sie durch das Ausscheiden Japans und die Kündigung Deutschlands bereits erlitten hat, ihr Ende. Andererseits, steht der Völkerbund tatenlos da, wenn Italien zum Kriege gegen den nordafrikanischen Mitgliedstaat schreitet, so würde er sein internationales Ansehen so sehr erschüttert, daß mit seinem moralischen Bankrott zu rechnen wäre. Wie die internationale Politik eine Mittellinie zwischen diesen beiden schweren Gefahren finden könnte, wird in London noch nicht gesehen. Aber es scheint, daß die britische Regierung auch weiter ihre bisherige Vermittlerhaltung nicht aufgeben will. Starkes Befremden herrscht hier nach wie vor über die Reserve, die sich Frankreich, das doch an der Erhaltung des Völkerbundes interessiert sein sollte, in der Sache auferlegt. Offenbar will die französische Politik die neu errungene italienische Freundschaft nicht gefährden. Auch die britische Regierung bemüht sich, die Neutralität in ihren Vermittlungsbestrebungen an den Tag zu legen, aber die Volksgefühle neigen hier stark zu Abessinien hin. In einem Lichtspielhaus des Westends läuft seit gestern ein Film, der Volk und Landschaft des nordafrikanischen Landes zeigt. Er wird zu einer großen Attraktion werden.

Auch über die Schwierigkeiten, die sich bei Edens Unterredungen mit Laval für die Weiterbehandlung der europäischen Friedensprobleme ergeben haben, besteht hier nirgends irgendwelcher Zweifel. Großbritannien hat Frankreich durch den Minister-Emissär gewiß die Versicherung gegeben, daß die britische Politik in allen diesen Problemen mit der französischen zusammenarbeiten wolle. Doch hinsichtlich der Methode der Zusammenarbeit hat man sich nicht zu einigen vermocht. Nach britischer Meinung müßten gewiß die verschiedenen Aufgaben gemeinsam in Angriff genommen werden, aber dies sollte, so meint man hier seit dem glücklichen Abschluß des deutsch-englischen Flottenvertrages, am besten so geschehen, daß den drei Westmächten, Italien, Frankreich und Großbritannien, die Verantwortung für die Initiative in den Fragen übertragen werde, in denen sie am meisten interessiert sind. Damit habe man ja bereits in Stresa einen Anfang gemacht, indem man es Mussolini überließ, die Konferenz für den Donauraum vorzubereiten. Nach diesem Muster dürfte nichts dagegen einzuwenden sein, wenn nunmehr Großbritannien die Initiative für die Bearbeitung des Projekts des westeuropäischen Luftpakts zu seinem Spezialressort mache, während es Frankreich überlassen sein könnte, sich initiativ besonders für die Ostfragen zu interessieren.

Ein solches Verfahren bedeute keineswegs, daß die Mächte zum Beispiel in ihren Verhandlungen mit Deutschland separat vorgehen sollten, im Gegenteil, unter der Initiative der betreffenden Ressortmacht seien alle Verhandlungen gemeinsam zu führen. Gelänge es auf diese Weise, taugliche Sicherheitsinstrumente zu schaffen, dann würde sich das Problem der allgemeinen Rüstungsbeschränkung in Beratungen unter mehreren Partnern wahrscheinlich sehr viel leichter lösen lassen. An diesen Gedankengängen will die britische Regierung offenbar nach wie vor festhalten, obwohl Laval seinem Gast Eden klargemacht hat, wie stark die Bedenken sind, die er dagegen empfindet. In Lagen von Verhandlungsunsicherheit hat man schon des öfteren Deutschland die Verantwortung für die weitere Entwicklung zugeschoben. Eine dahingehende Tendenz ist auch jetzt in London festzustellen. Hier und da wird bereits in offiziösen Pressekommentaren erklärt, Deutschland könne die weitere Entwicklung beträchtlich erleichtern, wenn es nunmehr zu dem Komplex der Ostfragen eine hoffnungsvolle Stellungnahme befunden würde. Dann würde es vielleicht auch zu direkten Verhandlungen zwischen Laval und Ribbentrop über das deutsch-französische Rüstungsverhältnis zu Lande kommen.

Während diese Stimmung der Unklarheit in England herrscht, hat hier ein großer Friedensfeldzug begonnen. In Folge des am Donnerstag verkündeten Ergebnisses des sogenannten Friedensplebiszits der Völkerbundsliga ist Gestern sand im Hauptquartier der Quäker eine stark besuchte Versammlung des „Friedensrates" statt, in der Arthur Henderson und Lord Robert Cecil die Hauptsprecher waren. Am morgigen Sonntag wird ebenfalls unter Beteiligung Hendersons und Cecils in den Nachmittagsstunden nach einem Gottesdienst eine Massendemonstration auf dem Trafalgar Square stattfinden, zu der die Züge in geschlossenen Formationen von allen Stadtteilen aus vier Richtungen aufmarschieren sollen. In dieser Volksversammlung wird eine Entschließung gefaßt werden, die die Abschaffung der militärischen Luftstreitkräfte und eine internationale Kontrolle der zivilen Luftschiffahrt fordert. Am Montag wird dann der Kirchenkonvent beginnen, der beabsichtigt, sich schon in seiner am Nachmittag stattfindenden Eröffnungssitzung dem Friedensproblem zuzuwenden, zu dem Lord Cecil abermals der Hauptredner sein soll.

Europa von Genf aus.

Eine französisch-englische Annäherung?

(Drahtmeldung unseres Sonderberichterstatters.)

Sbg Genf, 11. Sept. Wenden wir uns einen Augenblick von der afrikanischen Kriegsmöglichkeit ab und werfen wir einen Blick auf die Wirkung, welche die in Genf erfolgte Zuspitzung der Interessengegensätze auf die europäische Lage haben wird. Der Krieg in Afrika scheint unvermeidlich, wenigstens muß man mit dem Ausbruch von Feindseligkeiten rechnen, auf die dann der Völkerbundsrat in einer in diesen Tagen zur Klarheit gelangenden Form reagieren wird. Um diese Form des Reagierens dreht es sich heute. Die wiederholte Fühlungnahme zwischen Sir Samuel Hoare und Laval bezieht sich auf diesen Gegenstand. Frankreich hat seine Haltung bedeutend, wenn nicht gar entscheidend, geändert. Nach dem Zusammenbruch der Pariser Konferenz nahm es scharf gegen die Möglichkeit von internationalen Sanktionen gegenüber einem eventuellen italienischen Angriff Partei. Heute ist es — sei es nun durch freien Willen, sei es durch den schnellen Lauf der Ereignisse — wieder eng an die Seite Englands gerückt. Welche Wirkung hat diese Annäherung auf die Lage Europas?

Sehr schweren Herzens hat Laval sich entschlossen, seine neutrale Stellung zwischen dem italienischen Kriegswunsch und dem englischen Wunsch nach Anwendung von internationalen Sanktionen aufzugeben. Er hat seine Wahl getroffen und ist sich mit England darüber einig geworden, daß das in der Genfer Institution enthaltene internationale Gesetz nicht straflos oder jedenfalls doch nicht widerstandslos verletzt werden darf. England hat damit einen bedeutenden diplomatischen Sieg errungen. Italien rückt in eine Isolation, die zwar seinen Kriegsmut kaum dämpfen, aber seiner Regierung in Europa neue außenpolitische Probleme stellen wird. Scheidet Italien damit als Faktor aus dem französischen Sicherheitssystem aus oder, anders ausgedrückt, entsteht in der südöstlichen Ecke dieses Sicherheitssystems ein Loch? Die Franzosen scheinen dies zu befürchten, und diese Befürchtung war offenbar das Hauptargument in den Unterhaltungen Lavals mit dem englischen Außenminister. Die Franzosen stehen auf dem Standpunkt, daß die Isolation Italiens eine Schwächung des französischen Sicherheitsgedankens zur Folge haben muß, die nur durch entsprechende englische Gegenleistungen ausgeglichen werden kann. Mit anderen Worten, wenn Frankreich die italienische Regierung wirklich ihrem Schicksal, vom Völkerbund getadelt zu werden, überläßt, so muß sich England nach Ansicht Lavals stärker auf dem Kontinent engagieren.

Auf englischer Seite dürfte man dies eingesehen haben. In den Unterhaltungen zwischen den beiden Staatsmännern hat Sir Samuel Hoare wiederholt darauf hingewiesen, daß der französisch-abessinische Streitfall in seinen Augen die letzte und entscheidende Probe für das System der Kollektivsicherheit sei. Wenn dieses über den Völkerbund laufende Sicherheitssystem gegenüber dem afrikanischen Konflikt versage, so habe die englische Regierung keine Hoffnung mehr, daß dieses System sich in Zukunft gegenüber einem europäischen Konflikt bewähren könne. Anderseits ist das mit Genf verknüpfte Sicherheitssystem für Frankreich die einzige oder doch jedenfalls sicherste Möglichkeit, aus dem Einsatz der englischen Macht auf dem Kontinent Nutzen zu ziehen. Es erhebt sich daher die Frage, ob nicht aus dem französischen Nachgeben in dem augenblicklichen Falle für England die Verpflichtung erwächst, in einem stärkeren Maße dem französischen Wunsche nach Mitwirkung an den für Europa geltenden Sicherheitsveranstaltungen zu entsprechen.

Das könnte sich auf die verschiedensten Punkte beziehen, einmal auf den Ausbau der Ostpaktpolitik, zweitens auf den Donau-Pakt, der ja infolge des Ausbleibens der ungarischen Gleichberechtigung keinen Hilfeleistungscharakter annehmen können wird, und schließlich auf den Luftpakt. In allen drei Fällen hat Frankreich bisher einen energischen und in erster Linie Frankreich zugutekommenden Einsatz von seiten der englischen Regierung zu vermissen geglaubt. Infolgedessen wirft die augenblickliche Genfer Situation die Frage auf, ob es Laval gelingen wird, England in Europa stärker als bisher zu binden.

Welche Tragweite diese Frage besitzt, geht schon daraus hervor, daß der deutsch-englische Flottenvertrag von Frankreich als eine weittragende Lockerung der französisch-englischen Solidarität empfunden worden ist. Mit anderen Worten, wir müssen uns fragen, ob die französische Diplomatie ihr Nachgeben in der abessinischen Frage zugunsten des englischen Standpunktes nicht dazu ausnützen wird, eine stärkere außenpolitische Isolierung Deutschlands zu erzwingen. Frankreich hat sich gerade in den letzten Wochen bitter darüber beklagen zu müssen geglaubt, daß England die bedingungslose Treue zur Völkerbundsatzung, die es jetzt an den Tag lege, bei früheren Vertragskonflikten (das heißt also bei früheren Auseinandersetzungen mit Deutschland) habe vermissen lassen. Offenbar hofft Laval, von England nunmehr eine Erklärung — nicht nur vor der Genfer Versammlung, sondern auch vielleicht sogar vor dem britischen Parlament — in dem Sinne zu erhalten, daß die gleiche Strenge, die man gegenüber Italien anwenden wolle, in Zukunft auf jeden Fall angewendet werden müsse, wo eine Macht es wagen würde, eine eigenmächtige Haltung einzunehmen, die von Frankreich als Verletzung der internationalen Gesetze gedeutet werden könne.

In diesem Zusammenhang ist es interessant, daß man von französischer Seite geradezu auf ein Anzeichen aus Deutschland gewartet hat und noch wartet, aus dem ein Aneinanderreihen der deutschen und italienischen Position gefolgert werden könne. Mit einer durch Mißtrauen aufs äußerste geschärften Feinhörigkeit werden die spärlichen deutschen Aeußerungen zu der gegenwärtigen Lage daraufhin untersucht. Die Franzosen möchten gerne Symptome sammeln, um der englischen Regierung klarzumachen, daß das Abrücken Italiens vom Völkerbund eine Verschiebung in der europäischen Kräfteverteilung zur Folge haben könne, der England durch eine stärkere Unterstützung der französischen Politik entgegenwirken müsse.

dazu genutzt, ihren Lesern ein unverfälschtes Bild der auswärtigen Lage zu zeichnen. Noch einmal hatte sich die besondere Leistungsfähigkeit ihrer Auslandsberichterstattung erwiesen. Benckiser, Sieburg und Dewall hatten in freiem Zusammenspiel und mit Akribie alle Züge dieser komplizierten Bewegung dreier Mächte gegenüber der vierten in einem Gewirr sich kreuzender Interessen aufgezeichnet und die Verschiedenheit der Motive erläutert. Sie beschrieben den diffizilen Vorgang so anschaulich, daß man es noch nach Jahrzehnten mit Bewunderung liest. Ihre knappen Lageberichte waren nicht nur eine intellektuelle, sondern auch eine historiographisch-künstlerische Leistung. Es war der letzte Fall dieser Art, und er konnte nur gelingen, weil die Reichsregierung weitgehend stillhalten und abwarten mußte und deshalb die Berichterstattung aus dem Ausland noch verhältnismäßig wenig behelligte.

Gleiches war der Frankfurter Redaktion und dem Berliner Hauptkorrespondenten nicht möglich. Sie konnten nicht vermeiden, den Standpunkt der Regierung darzustellen und, mit Abschwächungen, zu vertreten. Freilich fallen dabei immer wieder Unterschiede zwischen den Leitartikeln der Frankfurter Zentrale und den Interpretationen Kirchers an der Spitze des Blattes auf. Was Frankfurt wie einen unangenehmen Auftrag auszuführen schien, erfüllte Kircher, gerade im Jahre 1935, mit einem Eifer, der offensichtlich über das Maß dessen hinausging, wozu Weisungen einen widerwilligen Schreiber zwingen konnten.

Kirchers unguter Eifer sprang besonders bei einem Artikel in die Augen, den er im Sommer 1935 nach der Rückkehr von Ferien im Berner Oberland schrieb und in dem er den Schweizer Zeitungen mit der herausfordernden Überschrift »Ihr Schweizer Bürger!« eine Strafpredigt wegen ihrer kritischen Berichterstattung über die deutsche Diktatur hielt. Sie berichteten nicht neutral, sondern parteiisch, warf er ihnen vor. Er verglich sie mit Leuten auf einer Hotelterrasse, die im Fernrohr einen kühnen Kletterer in der Steilwand beobachteten und mit Entrüstung feststellten, daß er »einen falschen Weg« eingeschlagen habe, bis sie ihn dann plötzlich auf dem Gipfel erblickten und gar bewunderten. »Ein Bergvolk sollte verstehen, daß wir alle mit unserer ganzen Leidenschaft diesen kühnen Aufstiegsversuch der deutschen Nation miterleben, von dem einen Gedanken beherrscht: wir wollen und wir müssen hinauf.« Aus einer Katastrophe der nationalen Existenz, der Politik, der Wirtschaft, der Moral, wie Deutschland sie 1918 erlebt habe, müsse man ungewöhnliche Wege gehen. Ein anderes Land, das diese nicht gehe, möge sich prüfen, »wie groß denn die Chance sei, seiner eigenen Schwierigkeiten mit diesen traditionellen

Mitteln (die ja zum großen Teil auch einmal die Mittel Deutschlands waren und die versagten) Herr zu werden... Sind sie nicht vielleicht doch etwas altmodisch?« Manche Probleme, an denen andere kranken und an denen das alte Deutschland gescheitert sei, seien heute für das Reich ausgelöscht. In dieser Beziehung sei man schon über dem Berge. Andere aber steckten noch in der »Krise der Demokratie«. Manche Sorge habe man in Deutschland nicht mehr, etwa über Parteiprogrammatik, Parteikämpfe, Wahlergebnisse in einer Kantonalwahl oder Ereignisse in einem Departement. Deutschland wolle Ziele und Ergebnisse, es wolle sich nicht fatalistisch treiben lassen.[33]

Die »Neue Zürcher Zeitung« antwortete mit Schärfe: In diesen Wochen einer massiven deutschen Kampagne gegen die Schweiz würden viele kleine und große Schriftleiter, auch Dr. Kircher, »am unsichtbaren Nasenring des Reichspropagandaministeriums« geleitet, so begann die Replik. Zum Kern der Auseinandersetzung, dem Wert der demokratischen Staatsverfassung, gab die Zeitung eine gepfefferte Antwort: Ließen sich die Demokratien »fatalistisch treiben«, so seien die meisten Deutschen dem politischen Geschehen gegenüber noch fatalistischer geworden. Die ständigen und unvermeidlichen Auseinandersetzungen in einer Nation spielten sich in den parlamentarisch-demokratischen Staaten jedenfalls in den Formen des politischen Lebens ab. In Deutschland dagegen würden diese Spannungen mit physischer Gewalt ausgeglichen. Dabei erinnerte die Zeitung daran, daß die Deutschen monatelang über die unwandelbare Treue der schicksalsbestimmenden Männer zum Führer beruhigt worden seien, bis sie eines Tages mit Entsetzen und Grauen erfuhren, daß einige Dutzend von ihnen wegen Verrats und Meuterei hätten erschossen werden müssen. Der Beweis, daß die »waghalsige Kletterpartie« Deutschlands gelinge, sei noch nicht erbracht.[34]

Es liegt nahe zu vermuten, Kircher habe mit solchen außenpolitischen Attacken zugunsten des Regimes seine innenpolitische Opposition kompensieren wollen, sein Schuldkonto beim Propagandaministerium auffüllen müssen. Taktische Bedürfnisse spielten sicher eine Rolle. Doch wie kann man sich erklären, daß derselbe Mann, der innenpolitisch eine blitzende Klinge gegen das Regime zu führen wußte, sich ihm außenpolitisch mit nationalistischem Eifer an die Seite stellen konnte? Wie hatte Paul Schmidt, der Gehilfe Ribbentrops, gesagt: Kircher war kein Kollaborateur. Er machte, was er für richtig hielt. »Wir konnten ihn zu nichts veranlassen, aber mit ihm reden.« Starjournalisten sind ihrem Publikum immer etwas Auffälliges schuldig.

In Frankfurt lasen viele der Redakteure, die wir befragen konnten, Kirchers Artikel mit Unbehagen: Reifenberg empfand es als schwierig und unterließ es meistens, dem Kollegen Kircher in den Weg zu treten. Energische Führung war seine Sache nicht. Überdies gab es ja auch bei ihm, wie die Jüngeren mit Befremden bemerkten, eine nationale Ader, die gelegentlich anschwellen konnte. Doch war sein nationales Gefühl eher eine Glut, keine lodernde Hitze, und vertrug sich durchaus mit seinem irenisch-herrscherlichen Wesen. Reifenberg jedenfalls war nicht der Mann, den Eigensinn und das Kommentierbedürfnis Kirchers zu zügeln, und die Jüngeren hatten nicht die Autorität. Das kritische »Gegenlesen« in seiner hergebrachten Strenge geriet gegenüber Kircher mehr und mehr außer Kraft. Was Kircher schrieb, ging meist unverändert in Satz. Kircher wurde so mehr und mehr in die Rolle eines Gastkommentators entlassen, mit dessen Meinungen sich die Redaktion immer weniger identifizierte. Die Redaktion beriet über den täglichen Leitartikel, aber nicht über Kirchers Kommentare. Was Reifenberg in seinem Bericht über die zehn Jahre der Arbeitsteilung zwischen Frankfurter Redaktion und Berliner Büro gesagt hatte, traf zu, aber im Falle Kircher war es mehr. Die Frankfurter Redaktion dissoziierte sich innerlich von ihrem Berliner Korrespondenten.

Schon kurz nach der Wendung der italienischen Politik sah sich Hitler im März 1936 in der Lage zu behaupten, Frankreich habe mit seiner Absicht, einen Ostpakt mit der Sowjetunion abzuschließen, seine Friedenspflicht aus dem Locarno-Vertrag verletzt und damit den Vertrag zerstört. Deutschland sehe sich darum nicht mehr daran gebunden, sondern gezwungen, die Sicherung seiner Westgrenze selbst zu übernehmen. Mit dieser Begründung ließ er die Wehrmacht in die entmilitarisierte Zone des Rheinlandes einmarschieren. Den neuerlichen Bruch des Versailler Vertrags garnierte er mit Angeboten 25jähriger Nichtangriffsverträge an Frankreich und Belgien, einer Einladung an England und Italien, als Garantiemächte beizutreten, sowie der Bereitschaft zu einem Luft-Locarno-Vertrag, zu Nichtangriffspakten mit den östlichen Nachbarstaaten und zum Wiedereintritt in den Völkerbund, sofern – hier kam schon die nächste Forderung – in freundschaftlichen Verhandlungen die Frage der »kolonialen Gleichberechtigung« geklärt werde, das hieß: die 1918 unter Völkerbundsverwaltung gestellten deutschen Kolonien zurückgegeben würden.

Kircher griff zum Superlativ, was sich die Redakteure der »Frankfurter Zeitung« stets verboten hatten und was deshalb wohl als ein Erkennungszeichen heimlicher Ironie zu lesen ist. Hitler habe vor dem Reichstag die »aufwühlendste« außenpolitische Rede gehalten, bewegt von einem »glühenden Wunsch« nach Verständigung. Das deutsche Angebot habe ein »überwältigendes Maß«, das die westlichen Staatsmänner durch die Erfüllung lauter »sehnlichst« gehegter Wünsche mehrerer Nationen »verblüfft« habe.³⁵ Sieburg und Dewall charakterisierten dagegen Hitlers Schritt mit Hilfe von Pressezitaten: »Einseitiges Zerreißen eines freiwillig abgeschlossenen Vertrages« (Sieburg), »Zerstörung des bisherigen Sicherheitssystems«, gemischt mit Hoffnungen auf eine neue Ordnung (Dewall). Die britische Regierung halte den Locarno-Vertrag für zerrissen, sehe aber in dem deutschen Einmarsch ins Rheinland keinen Angriff auf einen der Partner des Locarno-Vertrages.³⁶

Nach der Besetzung des entmilitarisierten Rheinlands hielt Hitler überall im Land Reden, so auch in der Frankfurter Festhalle. Bei der Volksabstimmung am 29. März erreichte seine Politik der Stärke die »totalitäre Traumziffer« von 99 Prozent

Aus Sieburgs Bericht konnten die deutschen Leser erfahren, wie die französische Diplomatie das deutsche Angebot 25jähriger Nichtangriffspakte an Frankreich und Belgien deutete: »Nach den uns zuteil gewordenen Nachrichten glauben wir, die Argumente der französischen Regierung gegen die deutschen Vorschläge dahin zusammenfassen zu können, daß durch sie die Politik der Beistandsverträge tödlich gefährdet wäre. Hitler wolle, so sagte man, diese Beistandsverträge, deren bedeutendster der Russen-Pakt ist, dadurch unmöglich machen, daß er Frankreich in ein Netz von Nichtangriffsverträgen einschließe, aus dem diese Macht sich nicht wieder zur völligen Handlungsfreiheit herausarbeiten könne. Durch das von Deutschland vorgeschlagene Vertragswerk würde Frankreich gewissermaßen zum Gefangenen des Nichtangriffsgedankens und müßte seine östlichen und südöstlichen Verbündeten einem ungewissen Schicksal und vor allem der Gefahr deutscher Angriffe preisgeben. In diesem Zusammenhang wird (auch von der Presse) der Satz aus Hitlers Rede herangezogen, daß das große deutsche Volk auf einem sehr begrenzten Raum lebe. Das französische Mißtrauen glaubt, aus dieser These neue Nahrung ziehen zu müssen und behauptet, Deutschland wolle sich im Westen binden, um dafür im Osten um so freier zu sein.«[37]

Hier las man öffentlich, zu einem frühen Zeitpunkt und anderthalb Jahre vor der im »Hoßbach-Protokoll« verzeichneten Erklärung Hitlers vom 5. November 1937 eine Analyse der Außenpolitik Hitlers, die, und das war das Bemerkenswerte, allein aus seinen diplomatischen Schritten gewonnen worden war, nicht aus »Mein Kampf«, denn dieses Buch kam kaum als hinreichende Grundlage für eine diplomatische Beurteilung in Frage. Es war zu wirr und mehr als zehn Jahre zuvor unter ganz anderen Umständen geschrieben worden.

Mitte März war Kircher ein paar Tage in London, um sich über die Vorbereitungen zu einer Konferenz zu informieren, auf der die Locarno-Mächte ihre Haltung gegenüber Deutschland abstimmen wollten. Kirchers Berichte aus London schilderten die Absichten der beteiligten Außenministerien ohne Parteinahme des Berichterstatters. Kirchers Bericht wurde in Berlin als zu »liberalistisch«, das will sagen, zu objektiv, scharf gerügt.

Maxim Fackler berichtete nach Frankfurt:

»Am Schluß der Pressekonferenz sagte Herr Berndt: Er müsse ganz eindringlich darauf hinweisen, daß die Journalisten eine staatspolitische Pflicht zu erfüllen hätten. Dies zeige sich auch darin, daß man aus der Bevölkerung alles fernhalten müsse, was für die Bevölkerung praktisch ohne Bedeutung sei. Nicht jede Stimmung in London, die sich von Stunde zu Stunde ändere und die für die sachliche Auswertung der

Hitler trägt sich in das Goldene Buch der Stadt Frankfurt ein

Londoner Konferenz ohne Bedeutung sei, dürfe der Bevölkerung unterbreitet werden. Man baue in London darauf, mit allen Mitteln die deutsche Bevölkerung in Unruhe zu versetzen, um so einen Druck auf die deutsche Regierung auszuüben. Auch ausländische Rundfunksender hätten entsprechende Meldungen in deutscher Sprache verbreitet. Die deutsche Haltung liege eindeutig fest. Man werde in keinem Falle nachgeben und werde nicht über die Abänderung einzelner Punkte verhandeln. Andererseits werde jeder, der sich seinen staatspolitischen Pflichten entziehe und in Panik mache, zur Verantwortung gezogen. Ein Musterbeispiel von Panikmacherei sei die Sonntagsnummer der ›Frankfurter Zeitung‹. Wenn Dr. Kircher sich in London von den dortigen Stimmungen einfangen lasse, dürfe das für die Redaktion noch kein Anlaß sein, die Berichte dann auch so abzudrucken. Wenn Dr. Kircher wieder in Berlin sei, werde er sich schon wieder beruhigen. Die Berichte der Auslandskorrespondenten seien abzustimmen auf die allgemeine Haltung des deutschen Volkes.

Nach Schluß der Konferenz hatte ich dann noch eine ziemlich erregte Auseinandersetzung mit Herrn Berndt, der sagte, daß gestern die Partei in Frankfurt über die ›F. Z.‹ so empört gewesen sei, daß sie am liebsten die Redakteure herausgeholt hätte. Die Partei [hier ist die Berliner Parteiführung gemeint] habe alle Hände voll zu tun gehabt, die Disziplin aufrechtzuerhalten. Man werde sich gar nicht scheuen, die ›Frankfurter Zeitung‹ zu verbieten, wenn sie in dieser liberalistischen Art weitermache. Irgendwelchen Gegenargumenten, daß man doch die Stimmung des Auslandes wiedergeben müsse usw., war er nicht zugänglich.«[38]

England und Frankreich konnten sich in London nicht darüber verständigen, mit wieviel Nachdruck sie den Bruch des Locarno-Vertrages ahnden sollten. Die britische Politik wollte gegenüber Italien im Abessinien-Krieg härter vorgehen, gegenüber Deutschland aber flexibler als Frankreich. Im Sommer waren sie sich immer noch nicht einig. Die Locarno-Debatte ging dann ohne Ergebnis in dem neuen Problem unter, das in Spanien entstanden war. Im spanischen Bürgerkrieg machte die Reichsregierung zum ersten Mal von ihrer neugewonnenen Bewegungsfreiheit Gebrauch. Sie gab die bisher in Konflikten dritter Staaten geübte Neutralität auf, hielt aber in Spanien noch eine Zeitlang zum Schein daran fest. Das unterwarf die Berichterstattung über den Bürgerkrieg strengen Weisungen. Man erkannte die Parteinahme Berlins schon an den Bezeichnungen. Als die Rebellion der spanischen Garnison in Marokko Mitte Juli auf das Mutterland übergegriffen hatte und Truppen des Generals Franco in Algeciras gelandet waren, wurde in der Pressekonferenz die Weisung ausgegeben, nicht mehr »Aufständische«, sondern »Militärgruppe« zu sagen und von der Regierung als der »Linksregierung« zu sprechen.[39] Die »Frankfurter Zeitung« ignorierte es und sagte nun »Nationalisten« für die einen und »Regierungstruppen« für die anderen. Als Madrid Frontgebiet wurde und die Regierung nach Valencia auswich, hießen die republikanischen Streitkräfte »Valencia-Truppen« und Francos Streitkräfte »nationalspanisch«.

In den ersten Wochen des Bürgerkriegs berichtete die Zeitung, was sie über beide Parteien durch ihren neuen Korrespondenten in Madrid, Hans Rösel, und die Nachrichtenagenturen erfahren konnte. Es war Sommer und viele Redakteure waren in Ferien. Peter von Haselberg war fast allein im außenpolitischen Ressort. Er war, nach Studien der Wirtschaftswissenschaften (auch in Erich Welters Seminar) und der Soziologie (bei Adorno und Horkheimer) in Frankfurt von Welter für die »Vossische« engagiert worden und mit ihm zur »Frankfurter Zeitung« zurückgekehrt. »Ich war ein junger unerfahrener Redakteur. Ich dachte, wir müßten die ›Wahrheit‹ über Spanien berichten. Drei Wochen lang placierte ich DNB-Darstellungen über Francos und Molas Truppen neben Nachrichten von der anderen Seite, aus anderen Quellen. Nach drei Wochen war alles vorbei, und ich mußte gehen.« Das Gau-Propagandaamt hatte, wie kurz zuvor wegen der Berichte Kirchers aus London, im Propagandaministerium Lärm geschlagen. Das »Frankfurter Volksblatt«, die Gauzeitung, beschuldigte in einem Leitartikel die »Frankfurter Zeitung«, sie bringe nur die für die Volksfrontregierung in Spanien günstigen Meldungen. Dem andauernden staatsfeindlichen Treiben der »Frankfurter Zeitung« müsse ein Ende gesetzt werden, und der verantwortliche Redakteur gehöre ins Konzentrationslager.[40]

Haselberg wurde vorgeladen. Man drohte ihm Streichung von der Schriftleiterliste an und empfahl ihm den Besuch der NS-Presseschule für drei Monate. Er wollte überdies ein jüdisches Mädchen heiraten. Alles zusammen war zuviel. Er emigrierte noch 1936 nach Argentinien und kehrte erst 1950 zurück, arbeitete einige Jahre als freier Journalist und trat später in die Dienste der Max-Planck-Gesellschaft.[41]

1937 war Wilhelm Rey sein Nachfolger und saß Herbert Küsel gegenüber, wie Lehrer und Schüler. Rey bewunderte Küsels Meisterschaft im Redigieren: Er beobachtete, wie Küsel die aus der stenographischen Aufnahme herübergebrachten, sauber abgetippten Telefonate der Auslandskorrespondenten einer strengen Prüfung unterzog, grammatische und syntaktische Fehler korrigierte, Wiederholungen tilgte, Längen straffte. Rey nannte ihn einen »Statthalter der Sprache« in einem Zeitalter der Korruption: Die Pedanterie hatte einen Sinn, sie war Kampf gegen Verderbnis der Sprache als Verderbnis des Denkens: eine Form der Opposition, die der Zensur des Regimes entzogen blieb. Küsel schärfte dem jungen Dr. Rey ein, daß es in einer Zeit befohlener Falschinformationen besonders wichtig sei, in den Nachrichten die Unterschiede zwischen Tatsächlichkeit, Möglichkeit und Unmöglichkeit aufrechtzuerhalten, die Unterschiede also zwischen »ist«, »sei« und »wäre«, mit denen es der Zeitung möglich war, Distanz zu halten – in dieser Zeit die leiseste Form des Kommentars.[42]

Rey erinnerte sich, daß er und Küsel in der »Times« vom 28. April 1937 den Bericht über den Flugzeugangriff auf Guernica lasen. Zur Mittagszeit traf über die Fernschreibleitung zum Berliner Büro die Mitteilung aus der Pressekonferenz ein, die ausländische Presse treibe eine »große Greuelhetze« über die Zerstörung Guernicas und behaupte, Hunderte deutscher Flugzeuge hätten die Ortschaft so lange bombardiert, bis nichts mehr von ihr übriggeblieben sei. Am Nachmittag werde dazu eine Mitteilung von DNB verbreitet werden. Die deutsche Presse solle diese Richtigstellung mit Nachdruck kommentieren und erklären, die rote Seite wolle damit Scheußlichkeiten bei der Räumung der Stadt Eibar vertuschen, über die DNB noch eine Meldung verbreiten werde.

Die DNB-Meldung mußte gebracht werden, das stand fest. Sie behauptete unter Berufung auf das nationalspanische Hauptquartier, die Roten hätten Guernica auf ihrem Rückzug durch die Stadt angezündet und gesprengt. Küsel und Rey wußten aus der »Times«, daß dies eine

Lüge war. Rey berichtete über diesen Nachmittag: »Wir drucken also die Lüge, aber wir lehnen die Verantwortung dafür ab, indem wir sie mit einer kleinen Einleitung versehen: Das deutsche Nachrichtenbüro meldet: ›...Lappalien, wie? In einer freien Presse ja, unter der Nazi-Diktatur ein Akt der Wahrheitsliebe und des persönlichen Mutes.‹«[43]

Und die Nachricht aus der »Times«? Küsel hatte sich schon entschlossen, einen Auszug aus der »Times« neben die DNB-Meldung zu stellen, da traf ein Telefonbericht Dewalls aus London ein. Im Unterhaus war Außenminister Eden nach den Nachrichten in der »Times« gefragt worden. Einen Parlamentsbericht zu erhalten – das war noch besser als ein Auszug aus der »Times«. Dewall referierte, daß »Flugzeuge des Generals Mola«, des nationalspanischen Befehlshabers an der Nordfront, Guernica bombardiert hätten und daß es Hunderte von Menschenleben gekostet habe. Die Labour-Opposition sei aufgebracht über die Bombardierung offener spanischer Städte. Dann berührte Dewall den springenden Punkt. Der Abgeordnete Sir Arthur Salter habe den Minister gefragt, ob es etwa ausländische Flugzeuge und Flugzeugführer gewesen und ob sie kürzlich nach Spanien gekommen seien. Eden erwiderte, er habe in der Presse gelesen, die Flugzeuge seien fremden Ursprungs gewesen; aber Material fremden Ursprungs befinde sich auf beiden Seiten.[44] Die »Times« hatte gemeldet, »Flugzeuge deutscher Konstruktion« – doch soweit wagte Dewall die »Times« nicht zu zitieren, oder Küsel strich es heraus.

Das dritte war, daß Küsel die Weisung für einen Kommentar ignorierte. Die Presse »soll« kommentieren, hatte es geheißen. Wieviel wog dieses »Sollen«? Ein Hinweis aus Berlin, etwas nicht tun zu sollen, war gewiß ein Verbot. Aber etwas tun zu sollen, war nicht unbedingt ein Gebot. Das mußte man abzuschätzen wissen. Der Kommentar unterblieb.

Tatsächlich waren es deutsche Flugzeuge, die am 26. April Guernica angegriffen hatten. Es war ein Fehlangriff. Die Absicht war, mit einem Bombenangriff die Kreuzung dreier Rückzugs-Landstraßen der republikanischen Truppen in der Vorstadt Reuteria und die Brücke über den Rio de Oca nach Guernica zu sperren. Die verwendeten Flugzeuge, Ju 52 der Legion Condor, waren behelfsmäßige Bomber und für genauen Zielwurf nicht eingerichtet. Rauch und Wolken behinderten die Sicht, und die nachfolgenden Angriffswellen warfen ihre Bomben in den Rauch – auf Guernica. Noch am selben Abend, als die Luftaufklärung das Ergebnis zeigte, wurden die Besatzungen vergattert, über den Angriff nicht zu sprechen, ihn gegebenenfalls zu bestreiten.[45]

Das Propagandaministerium glaubte etwas sehr Schlaues zu tun, als es auf dem Höhepunkt der internationalen Erregung über das Bombardement die deutschen Zeitungen am 3. Mai anwies, eine DNB-Übersetzung des »Times«-Berichtes vom 28. April im Wortlaut abzudrucken und ihn durch eine danebenzustellende Meldung der französischen Agentur Havas anzuzweifeln, deren Berichterstatter in Guernica zwar verbrannte Häuser, aber keine Bombentrichter gesehen hatte und meinte, es könne kein Bombardement gewesen sein. In Kommentaren solle man hervorheben, »daß es sich um ein richtiges Börsenmanöver gehandelt hat, zugunsten der schlechtgezeichneten englischen Rüstungsanleihe«.⁴⁶

Küsel druckte nun mit Vergnügen auch den »Times«-Artikel ab, der detailliert über die Ju-52- und He-111-Flugzeuge berichtete, packte die Havas-Meldung, wie befohlen, hinzu und vertraute auf die Intelligenz der Leser. Die Kommentaranweisung ignorierte er abermals.

Aber das mißlang. Am nächsten Tag bequemte sich die Zeitung doch zu einem Kommentar, offenbar auf neuerliches Verlangen. Aber sie versah ihn mit zwei typographischen Warnzeichen. Der Beitrag führte entgegen der Übung der Zeitung keine Autoren-Chiffre. Und er wurde auf der ersten Seite in die rechte untere Ecke placiert, wo sonst nie ein Kommentar zu lesen stand. Die Überschrift lautete auch nicht: »Englische Lügen« oder »Rote Greuelhetze über Guernica«, sondern einfach »Der spanische Schrecken«. Man las da, daß es divergierende Presseberichte über Guernica gebe und es deshalb ungerecht und voreingenommen sei, Deutschland mit der Zerstörung Guernicas zu verbinden.⁴⁷ Der Leser mußte nicht die geheimen Weisungen kennen, um zu bemerken, daß die Zeitung einem Befehl zu folgen hatte, dem sie sichtbar widerwillig, verzögert und nur so weit gehorchte, daß sie keine Folgen zu befürchten hatte.

Mit ähnlichen Kunstgriffen wie im Falle Guernica unterlief die Zeitung auch die strikte Weisung, nichts über die Beteiligung deutscher Freiwilliger am spanischen Bürgerkrieg verlauten zu lassen. Eine Pariser Meldung über einen Gefangenenaustausch in Spanien mit französischer Vermittlung, die ein unaufmerksamer diensthabender Beamter im Propagandaministerium nicht sperrte, gab der Zeitung Gelegenheit, die deutsche Beteiligung durchblicken zu lassen.⁴⁸

Im folgenden Jahr, 1938, beim Einmarsch in Österreich, war die außenpolitische Berichterstattung der Zeitungen fest am kurzen Zügel des Propagandaministeriums. Der Regisseur im Propagandaministerium setzte zum ersten Mal die publizistischen Mittel in massiver Form auch außenpolitisch ein. Es wurde der Probelauf für die Presselenkung in der Sudetenkrise vom Herbst 1938 und der Polenkrise im Sommer 1939.

Bei der Vorbereitung des »Anschlusses« wurde das Verhalten der deutschen Zeitungen so detailliert wie nie zuvor geregelt: Zeitpunkte, Wortwahl, Register, Tonstärke, auch »Schweigen wie eine Sphinx«, die Auswahl der richtigen Zitate aus ausländischen Zeitungskommentaren, die Plazierung einzelner Meldungen. Zum Beispiel hieß es zur Berichterstattung über die Verhandlungen des österreichischen Bundeskanzlers Schuschnigg mit Hitler im Februar 1938 auf dem Obersalzberg: »Das Kommuniqué zur Österreichfrage ist nicht Schlagzeile.« Für die Kommentare der nächsten Tage wurden die zu verwendenden Begriffe ausgegeben, wie »deutsch-österreichische Befriedungsaktion«, oder Anweisungen für die Tonart wie »Keine kleinliche Polemik« oder »Heute etwas stärker« – bis zum Crescendo am 11. März: »Das Chaos in Österreich hervortreten, extra hervortreten lassen, Extrablätter veranstalten, aber keine Prognosen, ob der Einmarsch erfolgt sei oder erfolgen werde.« Auch Einzelheiten während des Einmarsches wurden geregelt, zum Beispiel »Mussolini feiern« (der stillgehalten hatte), oder: Hitlers Besuch am Grabe seiner Eltern »gut aufmachen« und »unter keinen Umständen das Wort Krieg oder Kriegsgefahr gebrauchen«.[49]

Die Wucht dieser detaillierten Befehle schien kein Abweichen zuzulassen. Dennoch war auch jetzt der eigene Wille der Frankfurter Redaktion sichtbar – nicht so sehr, wenn man das Blatt für sich betrachtete, aber ganz deutlich beim Vergleich mit anderen Blättern, etwa einer gleichgeschalteten bürgerlichen Zeitung wie den »Münchner Neuesten Nachrichten« oder dem Parteiorgan, dem »Völkischen Beobachter«, zum Beispiel am 12. März 1938.[50]

Dies war der Tag, an dem die Reichsregierung mit Hilfe des Führers der österreichischen Nationalsozialisten, Seyß-Inquart, den Rücktritt Bundeskanzler Schuschniggs erpreßte. Beim Vergleich dieser drei Zeitungen mit den Anweisungen des Propagandaministeriums zum Tage fällt als Wichtigstes auf, daß Werner Jantschges Korrespondentenbericht aus Wien in der »Frankfurter Zeitung« den Versuch Schuschniggs erkennen läßt, sich den Fesseln der Vereinbarung vom Obersalzberg vom 12. Februar dadurch zu entziehen, daß er die Sozialdemokraten in das Kabinett aufnehmen wollte, um damit das Gewicht der Nationalsozialisten auszugleichen, zu deren Beteiligung er von Hitler auf dem Obersalzberg gezwungen worden war. Man braucht nur eine Probe von der Sprache der Beschimpfung oder Verherrlichung in den andern beiden Zeitungen zu nehmen und auf die bewußte Undeutlichkeit der Berichterstattung über das in Wien Vorgefallene zu achten, um die nur teilweise mit nationalsozialistischer Propaganda durchtränkten Seiten der geknebelten »Frankfurter Zeitung« wie eine Leseerholung,

herr berndt: die oesterreichischen vorgaenge muessen heute etwas staerker aufgemacht werden, die boulevard-blaetter mit schlagzeilen, die politischen tageszeitungen etwa zweispaltig. eine uniformitaet soll vermieden werden. die einberufung des jahrgangs 1915 in oesterreich soll in folgendem sinn kommentiert werden: schuschnigg kann der ungeheuren unruhe im lande nicht mehr herr werden, nun sieht er sich genoetigt, reserve einzuberufen. die wahlkomoedie hat die stimmung bis zur siedehitze gesteigert.

dnb bringt einen artikel von dr. jury aus den wiener neuesten nachrichten, ferner eine erstaunliche meldung aus new york, aus der hervorgeht, dass schuschnigg schon am 16. februar die absicht gehabt habe, deutschland zu betruegen. schuschnigg habe schon damals die absicht gehabt, die volksabstimmung durchzufuehren. schusschnig habe also das abkommen [das Berchtesgadener Abkommen vom 12. Februar 1938 mit Hitler] gebrochen und auch seine eigenen minister hintergangen. der artikel von dr. jury bringt die besten anhaltspunkte zu einer kommmentierung. weiter kann man auf die berichte ueber blutige zusammenstoesse in allen oesterreichischen staedten eingehen, auf die empoerung der bevoelkerung und auf das metternich-system in oesterreich.

dnb berichtet ferner, dass ein reichsdeutscher journalist ueberfallen und niedergeschlagen und ihm das parteiabzeichen entrissen worden ist. es handelt sich um den dnb-vertreter sternstein, doch soll dies nicht ausdruecklich gesagt werden. einzelne politische tageszeitungen, die dazu in der lage sind, koennen den oesterreichischen verrat von karl und zita [dem letzten österreichischen Kaiserpaar] bis auf den heutigen tag darstellen, aber nur wer wirklich dazu in der lage ist; etwas halbes will man nicht, dann lieber gar nichts. diese darstellungen duerfen in der form nicht anfechtbar sein und muessen in der sache ueberzeugen. die berliner boersenzeitung kann das bestimmt machen, auch die daz, der voelkische beobachter in erster linie, dann aber auch koelnische zeitung und frankfurter zeitung.   *gruss fackler*

die folgenden richtlinien fuer die behandlung aller meldungen und vorgaenge, die oesterreich betreffen, sollen genauestens eingehalten werden. die deutsche presse, so sagte herr berndt, habe sich in den letzten tagen ganz ausgezeichnet gehalten, das sei soeben auch vom fuehrer und reichskanzler anerkannt worden.

berndt verwies dann auf die durch dnb ausgegebene deutsche erklaerung ueber die vorgaenge in oesterreich, in der vor allem drei behauptungen zurueckgewiesen werden, die schuschnigg in

---

Weisungen des Reichspropagandaministeriums zum Einmarsch in Österreich. Maxim Fackler an die Frankfurter Redaktion, 11. März, 12.00 Uhr

Fritz Sänger an die Frankfurter Redaktion, 11. März, 20.00 Uhr

wie einen Zufluchtsort zu empfinden. Ihre Berichterstattung war selbst unter den scharfen Regieanweisungen noch auffallend informativ, vielseitig und ruhig. Dem Befehl zur Kommentierung wich die Zeitung durch Ersatzlösungen aus, indem sie zum Beispiel Reden oder Erklärungen nationalsozialistischer Führer abdruckte. Die Zeitung machte auch nützlichen Gebrauch von ihrer geographischen Lage. Die Dreipunktepolemik gegen Schuschniggs Rede, die den Zeitungen in der Weisung vom Abend des 11. März aufgetragen worden war, kam für den frühen Andruck der Reichsausgabe der »Frankfurter Zeitung« zu spät. Die Redaktion begnügte sich statt dessen mit dem Abdruck des entsprechenden DNB-Textes, aber wegen der Verspätung erst in der übernächsten Ausgabe, und nun, wiederum wegen der Verspätung, weit hinten auf Seite 6. Wie üblich stand er in Gänsefüßchen, auch die Überschrift »Eine Reihe von unwahren Behauptungen«. Damit war sie doppeldeutig geworden.

Hitler in Wien. »Wer weiß«, hatte er am 12. Februar dem österreichischen Bundeskanzler Schuschnigg gedroht, »vielleicht bin ich über Nacht auf einmal in Wien; wie der Frühlingssturm. Dann sollen Sie etwas erleben!«

seiner abschiedsrede aufgestellt habe. es sei nicht wahr, dass deutschland ein befristetes ultimatum gestellt habe, dies sei vielmehr von oesterreichischen ministern gestellt worden. es sei nicht wahr, dass eine umbildung der regierung von deutschland gefordert sei, es sei aber andererseits wahr, dass arbeiterunruhen in mehreren oesterreichischen staedten gewesen seien. berndt verlas dann den inhalt der erklaerung, die seyss-inquart am rundfunk abgegeben hat. seyss-inquart sei jetzt noch allein minister in oesterreich und uebe alle regierungsgewalt aus. eine provisorisch gebildete regierung habe deutschland in einem telegramm aufgefordert, ihr bei der wiederherstellung der ordnung in oesterreich behilflich zu sein und zu diesem zweck truppen zur verfuegung zu stellen.

diese beiden erklaerungen muessten mit groessten lettern auf die erste seite gestellt werden. fuer die morgenblaetter interessieren nur oesterreichische fragen. ganz deutlich muesse das chaos in oesterreich hervortreten. kommentierung ist pflicht. hierfuer etwa folgende stichpunkte: die oesterreichische regierung, die jetzt im amte sei, habe die deutschen truppen erbeten. inwieweit diesem wunsche entsprochen werde, stehe noch dahin. scharfe angriffe auf schuschnigg und den kluengel, der ihn verantwortlich beraten habe. dies seien katastrophenpolitiker.

der fuehrer und reichskanzler habe in der oesterreichischen frage von anfang an loyal gehandelt. das mass der zurueckhaltung der deutschen presse sei erkenntliches merkmal der haltung der deutschen regierung. aber schuschnigg habe vom ersten tage an illoyal gehandelt, habe den frieden bereits mit dem willen zugesagt, ihn nicht zu halten.

das oesterreichische verhalten sei sabotage gewesen. schuschnigg habe dem vertreter der »new york times« am 16. februar bereits sein vorhaben angekuendigt. er habe das kabinett hintergangen, seine minister getaeuscht, vertrauensbruch gegen seine mitarbeiter, wahlkomoedie. er habe auch das abkommen vom juli 1936 nicht gehalten. statt dessen eine welle von unterdrueckungen ueber oesterreich. methoden metternichs. auch die presseabkommen nicht gehalten. die zahl der schweren verstoesse innerhalb von fuenf monaten bei 45 tageszeitungen habe in oestrreich 300 betragen, in deutschland bei 2500 tageszeitungen 30. von oesterreich seien keine bemuehungen zu erkennen gewesen, diese abkommen einzuhalten. in den kommentaren duerfen auf keinen fall die katholiken angegriffen werden. das wort »jesuitisch« duerfe nicht vorkommen.

VÖLKISCHER BEOBACHTER

Münchener Ausgabe
11. Ausg. 51. Jahrg. Einzelpreis im Reich 15 Pf., in Österreich 20 Pf.

„Freiheit und Brot"

Münchener Ausgabe
München, Samstag, 12. März 1938

Kampfblatt der national-sozialistischen Bewegung Großdeutschlands

Deutsch-Oesterreich
aus dem Chaos gerettet

Das deutsche Volk in Österreich wird frei über sein Schicksal bestimmen – Alle Grundsätze des Völkerrechts eingehalten – Schuschniggs Verrat am deutschen Frieden beschwor das Chaos herauf – Vertrauensbruch gegenüber dem eigenen Kabinett und lügnerische Abschiedsrede im Wiener Sender – Grenzenloser Jubel in der befreiten Ostmark

Abgang mit Lügen!
Erbärmlicher Schwanengesang Schuschniggs

Wien, 11. März

Der frühere österreichische Bundeskanzler Schuschnigg hat am heutigen Abend um 8 Uhr im Wiener Sender eine Ansprache, in der er eine Reihe von unwahren Behauptungen aufstellte.

[Artikeltext in mehreren Spalten]

Erklärung Seyß-Inquarts

Die gesamte Regierungsgewalt in Händen Seyß-Inquarts

Wien, 11. März 1938

Dr. Schuschnigg ist am heutigen Freitag infolge seines Verrats am deutschen Frieden zum Rücktritt veranlaßt worden.

Radio Wien verkündete um 23.40 Uhr folgende Meldung: Der Bundespräsident hat unter dem Druck der innerpolitischen Lage den Bundesminister Seyß-Inquart zur Aufrechterhaltung von Ruhe und Ordnung mit der Führung des Bundeskanzleramtes betraut.

Minister Seyß-Inquart sandte dem Führer und Reichskanzler folgendes Telegramm:

„Die provisorische österreichische Regierung, die nach der Demission der Regierung Schuschnigg ihre Aufgabe darin sieht, die Ruhe und Ordnung in Österreich wiederherzustellen, richtet an die deutsche Regierung die dringende Bitte, sie in ihrer Aufgabe zu unterstützen und zu helfen, Blutvergießen zu verhindern. Zu diesem Zweck bittet sie die deutsche Regierung um baldmöglichste Entsendung deutscher Truppen.

Seyß-Inquart."

Die Rede Seyß-Inquarts wurde im Wiener Rundfunk abends mehrmals wiederholt.

Neuer Bürgermeister in Wien

dnb. Wien, 12. März

Der frühere Vizebürgermeister von Wien, Lahr, wurde von Seyß-Inquart zum Bürgermeister von Wien ernannt. Auf dem Wiener Rathaus weht die Hakenkreuzfahne.

Österreichs Polizei trägt das Hakenkreuz

dnb. London, 12. März

Reuter meldet aus Wien, daß die Polizei Hakenkreuz-Armbinden trage und mit dem Hitler-Gruß grüße. SA. und SS. seien als Hilfspolizei bewaffnet. Die Gewalt sei von den Nationalsozialisten ohne Blutvergießen übernommen worden.

Nationalsozialisten übernahmen öffentliche Gewalt in Linz

Wie aus Linz gemeldet wird, hat auch in der Hauptstadt Oberösterreichs die Bewegung des geeinten deutschen Volkes die öffentliche Gewalt übernommen. Alle öffentlichen Gebäude sind unter sich von den Trägern des Nationalsozialismus besetzt.

Volk will zu Volk

[Spaltentext]

Der Stapellauf des zweiten KdF.-Schiffes verschoben

Berlin, 11. März

Wien ist nationalsozialistisch

Wien, 11. März

[Mehrspaltiger Artikeltext]

Wien ist nationalsozialistisch.

gegen entsprechende angriffe in der tendenz sei nichts einzuwenden. schliesslich: schuschnigg habe sich mit luegen von seinem volke verabschiedet. deutschland werde nun in oesterreich ordnung schaffen. dazu sei der fuehrer und reichskanzler entschlossen.

besonders sorgfaeltig muesse beachtet werden, dass in den kommentaren deutlich zwischen annektion und anschluss unterschieden wird. dabei duerfe weder das eine noch das andere wort gebraucht werden. eine annektion oesterreichs komme unter keinen umstaenden in frage, das heisse aber nicht, dass etwa ein anschluss unmoeglich sein soll. den folgenden satz wiederholte herr berndt mit der bitte um genaueste beachtung mehrfach: »wir wollen eine freie und ehrliche entscheidung des deutschen volkes in oesterreich ueber sein schicksal und ueber seine zukunft«. wie diese ausfalle, so werde sich das schicksal oesterreichs gestalten. deutschland werde alle grundsaetze des voelkerrechts achten.

zeitungen im grenzgebiet koennen auf die zahlreichen truppenverschiebungen eingehen, die heute dort beobachtet wurden, und sie damit begruenden, dass die grenzwache verstaerkt werden muesse.

eine ehrliche und freie wahl soll in oesterreich stattfinden, keine wahlkomoedie. der schluss der kommentare muesse besonders wirkungsvoll sein. volk wolle zu volk. die deutschen im reich empfaenden gemeinsam mit ihren bruedern in oesterreich, die nun von schwerer unterdrueckung befreit seien. hand in hand muesse das deutsche schicksal zum wohle europas und zum frieden der gesamten welt gestaltet werden. eine vielfaeltige kommentierung wird dringend gewuenscht.

dnb wird ein meldung bringen, dass der stapellauf morgen verschoben sei. der fuehrer werde also nicht reisen. diese meldung moege auf der ersten seite moeglichst zwischen zwei balken gebracht werden. ueber die feier des heldengedenktages ergehen morgen anweisungen.

die zeitungen koennen extrablaetter und extraausgaben veranstalten. in jedem falle aber nur mit kommentar.

ein termin fuer die abstimmung in oesterreich ist noch nicht bekannt. es duerfen keinerlei prognosen angestellt werden, vor allen dingen auch nicht darueber, ob der einmarsch erfolgt sei oder erfolgen werde. die pressekonferenz wird morgen frueher sein, es sind ganz besondere erklaerungen zu erwarten, die teilnahme der hauptschriftleiter dringend erwuenscht (herr dr. welter ist unterrichtet).

Münchner Neueste Nachrichten

Wirtschaftsblatt, Alpine und Sport-Zeitung, Theater- und Kunst-Chronik

91. Jahrgang — Samstag, 12. März 1938 — Nr. 71

Deutscher Sturm über Oesterreich

Vorläufige Wiener Regierung bittet den Führer um Entsendung reichsdeutscher Truppen

Schuschnigg zurückgetreten – Seyß Bundeskanzler | Oesterreich unterm Hakenkreuz

---

Ausrichtung Politik, 12. März, 11.04 Uhr

> dnb-rundruf: meldungen ueber den einmarsch deutscher truppen in oesterreich duerfen nur in zusammenhang mit der proklamation des fuehrers veroeffentlicht werden.

Ausrichtung Politik, 12. März, 23.30 Uhr

> dnb-rundruf: ueber den transport von hakenkreuzen in fuenf flugzeugen nach wien darf nichts berichtet werden.

das propagandaministerium uebermittelt noch zwei sprachregelungen:

1.) die meldung, dass frau dollfuss mit ihren kindern in die tschechoslowakei geflohen ist, soll nicht gebracht werden, um nicht im ausland unnoetig den blick darauf zu richten.

2.) ueber die tagung des faschistischen grossrates wird eine dnb-meldung herausgegeben, an die man sich streng halten soll. wann sie ausgegeben wird, steht noch nicht fest, sie wird gefunkt.

gruss saenger

Ausrichtung Politik, 13. März, 1.00 Uhr

Am 15. März verkündet Hitler auf dem Heldenplatz in Wien den »Eintritt« Österreichs in das Deutsche Reich

Wie die Zeitung diese technisch unabweisbaren Verspätungen ausnutzte, so machte sie auch von der Behendigkeit ihrer Auslandskorrespondenten Gebrauch, um Weisungen zuvorzukommen. Am selben Tag, an dem die deutschen Truppen ihren Einmarsch nach Österreich begonnen hatten, berichtete Sieburg schon über die Konsultationen zwischen Paris und Prag und über Bemühungen Frankreichs, eine britische Solidaritätserklärung für das französisch-tschechoslowakische Bündnis zu erlangen. Mitten in dem von Goebbels dirigierten Jubel zeigte die »Frankfurter Zeitung« ihren Lesern, als was für eine Gefahr die Nachbarn das nationalsozialistische Deutschland zu betrachten gelernt hatten und wo der nächste Schlag zu erwarten war: in Prag.[51]

Aufmerksame Leser konnten der »Frankfurter Zeitung« auch entnehmen, daß dem »Anschluß« Österreichs eine massive deutsche Erpressung vorangegangen sein mußte. Wenn die Redaktion auch nicht wagen konnte, dem Wortlaut von Weisungen, jedenfalls nicht den in strikter Form gegebenen, zuwiderzuhandeln, so suchte sie unentwegt nach Gelegenheiten, deren Zweck durch zusätzliche Information zu vereiteln. Die Redaktion sah es als ihre Pflicht an, die Leser zu informieren, so gut wie es eben noch ging, unter Risiken, aber nicht um jeden Preis. Das Risiko eines Verbotes mußte rational immer einkalkuliert werden – denn auch morgen würde man noch informieren wollen.

Norddeutsche Ausgabe

Norddeutsche Ausgabe
Berlin, Sonntag, 13. März 1938

VÖLKISCHER BEOBACHTER

Kampfblatt der national-sozialistischen Bewegung Großdeutschlands

Triumphaler Einzug des Führers in Oesterreich

Generalfeldmarschall Göring mit der Vertretung des Führers beauftragt

Letzte Meldung:
Adolf Hitler in Braunau
Unbeschreiblicher Jubelsturm

Braunau am Inn, 12. März. Der Führer passierte am Sonnabend um 15.50 Uhr bei Braunau am Inn die Reichsgrenze.

In seiner Begleitung befinden sich der Chef des Oberkommandos der Wehrmacht, General Keitel, Reichsminister Dr. [...]

Einmarsch deutscher Truppen unter dem Jubel der österreichischen Volksgenossen — Adolf Hitler kündigt freie Volksabstimmung an

Mit flatternden Fahnen über die Grenze

Deutsche Regimenter marschieren

Brausender Jubel des deutschen Oesterreich

Deutschlands Soldaten — die Retter aus tiefster Not

Berlin, 12. März.

Sonntag, 13. März 1938 — w — 20 Pfg. — Reichsausgabe — 82. Jahrgang — Nr. 131–132

Frankfurter Zeitung
und Handelsblatt
(Frankfurter Handelszeitung) — Begründet von Leopold Sonnemann — (Neue Frankfurter Zeitung)

HEUTE: DIE FRAU

Fernsprech-Sammel-Nr.: Ortsruf 20202, Fernruf 20301 — Drahtanschrift: Zeitung Frankfurtmain — Postscheck: Frankfurt M 4430

Die deutschen Truppen in Oesterreich einmarschiert.
Garanten einer Volksabstimmung über das Schicksal des Landes.

Erfüllte Sehnsucht.

Die Welt hat den Atem an. Wir leben in einer großen Stunde. Jeder in Deutschland, jeder in Oesterreich fühlt es. Die Nation war ergriffen; jetzt lieben sie sich wieder zusammen. Ein laufendjähriges Reich war zerbrochen; jetzt ist es wieder und wird zweitausendjahre dauern. Das germanische Volk, das neunzig der Zweierter Oester nicht in die Paulskirche Niemand war oder den Erhalter dem Volk des Schnauzbarts sogar ein inneres Zündfrei, sich in seine Bewegung gegen ein inneres Zündfrei, sich in ihre Bedrückten merken. Heute gilt es zu grüßen. Das große Deutschland nicht ihrem Sohne zurück.

Die Größe politische Oesterreich, und den Reich war doch die Dynastie, und nicht die Nation; aber das Bewußtsein der ihrer Künstlerheit war wohl einmal schwacher, als in der sozial und traurigen verwitterten ersteren des Volkes der heimpolitisch und Kriegen der Fürsten. Der Geist das Reiches war vom bayerischen Staate dem Begin fichts, wenn auch der Reich von der Reich von dem Vergehen, je mehr jemand. Der Obmars hat schuldig. Ein Jahrhundert sechstes, schulter und forschen die Oesterreicher wie die Sachfen, das Banner der Reichsfahne zur Kaiserkrönung. Das Banner des Reiches war das Symbol, das Banner, des der König Deutsche. Die Geiste ziel erst herauf, als mehr als vorwegleicht lebendes die Vienner und nun mehr als vor verholfen Jahren die Wiener in...

Der historische Akt.

Ohne Umschweife, mit ebenso großer Offenheit wie Entschiedenheit gab die Proklamation das Führens und Reichskanzlers, was er hat lichte in Oesterreich vorausgenommen. In der geltenden Erklärungen stehen folgende Sätze: Die Volksabstimmung der Volksabstimmung am 12. März sollte eine Volksabstimmung und von Dr. Goebbels, die folgenden Wortlaut hat:

"Deutsche!

Mit lesen Jahren, jahren ist der der Soldnant der Baltigenmeister in Oesterreich erlich. Ist im Jahre 1866 gelöst werden, die Deutschland, seit der Baltigenmeister mit dem Reich nicht er im bin deutsche Volk- und Schicksalsgemeinschaft. Das Volk, das nicht feinem Blut von dem und heim im Innern ungestellt werde, erscheint nie und recht in lebendigem Geist wie wollte, für die Millionen Lachswechsel des Reiches in stehen Befeuern und Zeinahmen seine Reichs der Idee vom schirmen Gefühl der Völkerverbundenheit und Theilnahme an unseren der Jubel unser auch nur das Banner national als solche aus stricht. Durch beiden Deutschland die Nation nicht dem Rechte der Völker ernftfen. Das will aber und Jahren des Laufe war, dem in Deutschland der Zorne, und damit in Oesterreich eine neue ohnemachter bewerten das Prüfungen. Ein Regime, dem jedes echte Werttum fehle, verschule eine an den überall pflaflichen Lebensäußerungen gegen das deutsche Reich der Völkes Hrenmißbrauch und Vernichtung aufrechtzuerhalten. Zum einen besserene Welt konnte das weite Volk nicht mit allen seine beim in Deut ein politisches Leben. Wien war und Berlin selbst verkommen, und befürchtet von Krank, mit die in diesen vergangenen Jahren dem Ohrgott — ich verlaß — ich sei er wohnende verlieren — Diese österreichische Partei bestand er deutsche und nur waren in ihren Gettheit für schnell. Am Stimmen in Deutschland ich habe zur Beruht Machtes die Welt kunden, ihn damit das Regime, dem in all diesen Zeiten besondere ich gefühlt und ich gerichtet habe.

Wer fremden in diesen Jahrzehnten, als — zum ersten Mal seit langem Jahren — die Ordnung nicht mehr der Jordan, unr darum meine deutsche nirgendwo vorweise, Niemand kotete in dieselse Zweite wiederholt, der hat der Zelehrtreihe ungefragte barter Oesterreich nicht. Stümmre Jahren Jahre in die der bischöf kinderem verziehene in Frankreich 1870 bis die Volk war das Zeichen, von allen weitern Nationen gesellschaft. Als Staat Soldner ausnahmsweise, nun einz Wundergut unter deutschen, fol im Reich sicht bis die Verpönuflassigungen dabei in allen Maßstabe mit Wert mochte mir's einiges fo sicher. Die Oesterreich seid offenbart und wenn dem ort ihres bemütigenden Zündfrei war fremmlich als seinen Konnte. Auch Monate lang bemüht sich auf den verlassenen Staat der viele Tapferkeit des Franzo-Oefterreich. Nach büstern Kinder mit allen ihr im deutsche Volk nicht der auf in deutsche Volk.

Und als mit den Zusammenbruch, dem Germania in beiden Brüdern auf dass tragische Opfer denn lichtig war der Vielsliegtäuschen zusammenwachsen, war doch auch den für die Raketen in die nicht der Freunde trinken des bestimmt, hatte, sich in den Besig der seine notwendige Nachrichten zu treten. Die politische Untersuchung und Erbebung entzogen sein durch Deutschland, in der bisherigen Widerspruch zur Behaltung siehst, von in burchbar Welt der Volk ist, die Nation als mit in Deutschland hält.

Es bestätigten die unglücklichen Volksgegenglieder darin des Volks und Nun wie der Rest verbanne nichtlich. Bei von Volks reichbürgernnur nicht das Nauhaven bauch in einer Zahl von Zusammenkünften oder mit aber Oesterreich zu verbinden, Bund hunderte tausendes woren nur den Karper auch in dieser Schulter Sorgen, den Kultur über das Leben und Schulter auf Tode, als ist er sich und das Volke solchen stühleres Oesterreich und sich in dieser. Ich betone das, sein vogeber vorräticher Volkstum gestallt hatte. Ein das Sentiner für Bankes Spechte mit Thum Erstehent. Thur zu jubeln Anm in die Notgelheit gedurft, fremd man mehr den deutfen Sprache bis was es für der Ration nicht als die Eynstie. Und die Lest in Bohemen bestemmt.

Aber der Sieger Versal führt und an den Sieger zum: Diese Bellinium auf es zu gestalten, nach jedem was da ohne gestickt, dem das das Wichel-Diftraßnieren der Sobenauer gewohnen, nad die das wie eine Wichtesfellgingfährung halte. Der Diefent in Oesterreich wuffte auch jung Oesterreich bei Seiten der Selbstbefreiung dien hatte. mit bomachin auch bei jeffels im Munde suhrte, hatte die ausschnitten gefest. Uteße verschlauf es doch, die öfterreichischen Stiffen, von der Stutterteichung der lebensfähige Oefterreich, worsn für sie richtlich einvirtung nicht und doch nicht für Berkreichsten mehr als die Jrbenation. Ein Volk, ein Führer, die Vieles im Bewußt gesprochen. Der Volk im Sieger den Welfbenr von von, mach eer in Bereitbin bestimmt.

Dr. Rüfhtritt einzig folgere dieser Regler und es ist ihm gelungen, die den Vier-Geft-Feund der Habsburger zu treiben, in Derselben inne, der Gewerbschaft, Nominierung und Einfehtigkeit des Landes. Ihm, dem in jener heilige Jahrhundert zum Durchbruch. Der Versuch musste zu fehltlauf missichen, weil von soll die fleischen Bolldenre in dem Volke werdesbeneet vertrauen. Selbst aber zu demen, als du mit sehn Volke die Tagung der öfter Heimat zu haben beschloß, dem wurde heimlichen gerufen, in eine aiecherer Ehpde bis hin zu dessen bewegt von einzelnde Verschiedenheit mit Heimat und Volk. Der durch dieses Volkes für die Staatsordnung und Frage gewordene Heit meinen Namen bezogen.

Ich habe mit im Jahre 1936 berfricht, frgeneinern Wege zu finden, der die leidleife Einmenkung der dieses Volksgetums bewirken sollte. Doch das Wubdomment des 11. Juli 1936 und der nur als und ein klaren nur festen Zustand als ihre Geiligt einen. Vielmehr in Verwelchlich ihr in den Volkdungelfung bis eine Berger ausfrießen wurde, der in der Tat fonfaltlich deren nur zu muterndes, der im Anfang und Aufhaltfolegenen ungutnert der heutigen Regierung der."

Die Proklamation Adolf Hitlers.

Berlin, 12. März. In der Neubildung der österreichischen Regierung durch Dr. Seyß-Inquart in Oesterreich erließ am Sonntag morgen der Führer und Reichskanzler eine Proklamation, die von Dr. Goebbels, die folgenden Wortlaut hat:

Auf der Brücke von Schärding.

Mit den Truppen des Reiches nach Oesterreich. (Drahtmeldung unseres Sonderkorrespondenten.)

Als Kuschin am Jan. 12. März bei Oefterreich eine Stadtmelde- aller Zeiten jubelnd begrüßt worden. Die Spannung war nicht nur in Berlin ein, Die Geste hatten dem deutschen Kopf ein uns zufolge den Staub, den Einfall deutscher Truppen am Reichslungen aus Berlin und bewuf jener besonderer Artus mehr den Frührer und Reichskanzler ein. Die wunderbare Stätte hat mit den Himmel, Er begleitet was zum Ziel, denn vor allem einen die nachgegangene ist aber die nach was ist, denn unter Weiten vormarten nur der Zutra-gen, sie den bis jusgerischen beim er wohl Kommando nach Tirol, ob und Tirol die österreicher in jenen Saal der Beschnellung hinein wird, und Tirol der Gemeinde zu erhalten, um die nicht bei allem und Erfahren, einschließlichen dringerischer Einstimmung, der Herr Kurt Schuhnigg trug fein. Der Generalfelmarschall Herr Deutsch Schlagbaum nach Deutschland die Zumute ich einmal Trepp Pflugmaffen. Die Einkraft von ab noch ber die Leggefallen vermo abmachen bas.

Stimmer des Auslandes zu den Vorgängen in Oesterreich auf Seite 2.

Göring vertritt den Führer und Reichskanzler.

Berlin, 12. März. Amtlich wird mitgeteilt: Der Führer hat für die Zeit der Reichsministers bauf Generalfeldmarschall Göring Abwesenheit aus Berlin Generalfeldmarschall Göring mit seiner Vertretung beauftragt.

Adolf Hitler in München.

Wünschen, 12. März. Der Führer und Reichskanzler hat im Anschluss den Vorzugsbild- Volk-Ausgrupe am 10 Uhr mit dem Flugzeug auf dem Münchner-Oberstiemerafeld ein. Der Herr Abgesendeten flieht, erfurter Biebert, Gauleiter Reichsminister Adolf Wagner und eine von Reichsgurenter empfangenen, der Adolf als sein Wachtflieger fein.

Wie sich die Machtergreifung vollzog.
(Drahtmeldung unseres Berliner Berichterstatters.)

Aus Wien. 12. März. Über Oesterreich hängen alle Einwohner aus einzelnen außerdem überlegend gelegenen Berufung der Dinge. "Unbekannt und unbevermächtigt- Tabak uns allen. Ausgelassenes und ins Einzelne gehende Nachrichten sind noch nicht zu verdoefen. Denn der Siefpunkte der Machtergreifung der Nationalsozialisten ist es noch nicht dazu gekommen. Tarn der Telephen von Beebemtung schon von der Reichsregierung, der überreich kaufmännischer Orden alt nicht mit ein Herr sowie Berbetes man weder zu der Reichswelter ein sollen, ist der Ordnung rechts nur Berbefrischen der Unfalle eingreifen mußten.

"Oesterreich ist frei."

Wiel freien ich nun in dieser meiner Lebensstunde Regrierung vertraut mit den deutschen Oesterreich- Volk-Heit-Hitler unter Heil-Seyß-Inquart-Rufen. Liebes und Deutsche im Reich!

Der Garant hier sich nun der österreichische Volk-Landen in geschrieben Frieb des Mensche, gehanen werden. In einer den wohlen Volksabstimmung in einer Zukunft die engültige Volksabstimmung Hinter hinter die notwendige Voll-Ahnen befohlendem werden. Im den verspreche ich vor der Belegslotsschaft: Ich habe in feierlicher Stunde als Rampfer bes beutschen Volks und als Führer zugleich feeiern erlöffen und seine Vollendung: Ich bis Hilfe unserem Brüdern be Retter aus der Not!

Es lebe das nationalsozialistische Deutsch-Oesterreich!

Berlin, den 12. März 1938.

gez. Adolf Hitler."

In diesem Frühjahr 1938 wechselte die Redaktion endlich ihren Berliner Korrespondenten aus. Goebbels und seine Leute hatten Kircher seit Ende 1936 aus Berlin weghaben wollen. Aber Verlag und Redaktion gaben freiwillig nicht nach. Als Kircher nun mehr als ein Jahr später nach Rom entsandt wurde, geschah dies nicht mehr unter dem Druck der Partei. Es war ein autonomer Entschluß. In der Redaktion brachten manche dies freilich mit einer persönlichen Affäre in Zusammenhang. Kircher hatte eine Schwäche. Während des Nürnberger Parteitags im September 1937 hatte er einen der Hitlerjungen, die den Parteitagsgästen bei der Ankunft behilflich sein sollten, mit aufs Hotelzimmer genommen. Dieser berichtete davon seinem Vater, einem höheren Polizeibeamten, der Anzeige erstattete. Eine Folge war, daß die Zeitung noch während des Parteitages in der Pressekonferenz in Berlin verwarnt wurde, weil sie »sehr oberflächlich« aus Nürnberg berichtete. Tatsächlich hatte Kircher die Berichterstattung, wohl wegen der Affäre, hauptsächlich Fritz Sänger überlassen, und dieser schrieb lediglich Nachrichten. »Dem Hauptschriftleiter Kircher«, so wurde in der Pressekonferenz mitgeteilt, »wurde empfohlen, Nürnberg zu verlassen.«[52]

Daß aus dem Vorfall kein Strafprozeß entstand, lag an dem Polizeipräsidenten von Nürnberg, Benno Martin. Er war ein ehrgeiziger Laufbahnbeamter bürgerlich-liberaler Herkunft, hatte 1933 eine nationalsozialistische Karriere begonnen, gelangte schließlich, im Krieg, in den Rang eines der wenigen »Höheren SS- und Polizeiführer« und brachte es mit einer geschickten Intrige fertig, Julius Streicher als Gauleiter in Franken zu stürzen. Benno Martin war eine schillernde Figur. Er gebärdete sich wie ein überzeugter Nationalsozialist: Himmlers Mann in Nürnberg; aber er schützte heimlich Geistliche beider Konfessionen, warnte anonym katholische Vereine vor anstehenden Haussuchungen, verhinderte auch nicht die Verlesung bestimmter Hirtenbriefe, die das Regime unterbinden wollte, hielt Verbindungen zum Widerstand des 20. Juli und rettete 1945 beim Einmarsch der Amerikaner Bamberg vor der Zerstörung[53]. Martin unterdrückte 1937 auch die Untersuchung gegen Kircher[54]. Dieser wollte selbst aus Berlin fort. In Frankfurt wurde beschlossen, daß er und Benckiser in Rom ihre Plätze tauschen sollten. Der Wechsel wurde aber erst im Mai 1938, mehr als ein und ein halbes Jahr nach dem Nürnberger Parteitag, vollzogen. Darin liegt ein starkes Indiz, daß die Versetzung doch nicht unter Druck der Berliner Stellen zustande kam. Das Propagandaministerium hätte den Vorfall in Nürnberg leicht dazu benützen können, die Zeitung zur Ablösung Kirchers zu zwingen. Im Jahr der Sittlichkeitsprozesse war eher auffällig, daß das Ministerium Kircher und der Zeitung keinen Strick daraus drehte. Oder glaubte das Propagandaministerium etwa, ihn erpressen zu können? Auch dafür gibt es kein Anzeichen. Kircher blieb im Schreiben und Reden über die Nationalsozialisten hinterher so waghalsig wie zuvor. Doch nach acht Jahren aufreibender Auseinandersetzungen in und mit Berlin war er offensichtlich erschöpft und wollte weg.

Benckiser folgte ungern auf seinen Platz. Er besaß nicht den Zynismus, mit dem sich Kircher innerlich wehren konnte. Benckisers Widerwillen gegen das Gesindel in Berlin war so groß, daß er seine Berliner Artikel ohne sein Autorenzeichen veröffentlichte. Was er schrieb, erschien unter dem kollektiven Signum der Berliner Redaktion. Der Berliner Auftrag setzte Benckiser so zu, daß er nach einem Jahr um Ablösung bat und dann als Südosteuropakorrespondent nach Budapest ging.

Nach der Besetzung der Rumpf-ČSR im Frühjahr 1939 übernahm der bisherige Korrespondent in Prag, Heinrich Scharp, die Leitung des Berliner Büros. Scharp, nicht minder gewissenhaft als Benckiser, aber von zäherer psychischer Konstitution, ertrug das schwerste Amt der Redaktion besser. Als gläubiger Katholik stand er auf festerem Grund als Kircher. Scharp wollte auch nicht blenden wie jener. Nicht nur aus Bescheidenheit, sondern auch, weil er, beständiger als sein impressionabler Vor-Vorgänger, an dem Regime nichts, aber auch gar nichts Gutes zu beschreiben fand. Scharps Artikel hatten nicht den schillernden Glanz von Kirchers Beiträgen. Er stand den Nationalsozialisten als Berichterstatter gegenüber, aber hatte nicht den Wunsch, wie Kircher, ihre Absichten zu interpretieren oder auf das Regime einzuwirken.

Von Rom aus, der anderen Hauptstadt der »Achse«, schrieb Kircher vom Mai 1938 an Italienisches und außenpolitische Betrachtungen. Alle paar Monate reiste er auf ein paar Tage nach Frankfurt und Berlin. Es gehörte zu den Absonderlichkeiten der Stellung der Zeitung, daß Kircher den Titel des »Hauptschriftleiters« von Berlin nach Rom mitnehmen konnte. Im Impressum blieb er weiter als »Hauptschriftleiter«, allerdings mit Sitz in Berlin, verzeichnet. Bis zu ihrem Ende im Jahre 1943 wurde die Zeitung so im eklatanten Widerspruch zum Schriftleitergesetz und dessen »Führerprinzip« geleitet, und das Merkwürdige war, daß das Propagandaministerium das hinnahm. Der Zustand mochte wie eine Verspottung des Gesetzes wirken.

XII
Das Feuilleton – ein Reduit

In der Weimarer Zeit hatte das Feuilleton avantgardistische Züge; ohne insgesamt links zu sein, war es offen für die Moderne in Literatur, Malerei, Musik, Film. Es pflegte die soziale Reportage. Im Dritten Reich blieb die Aufgabe, sich mit dem Geist der Zeit auseinanderzusetzen, aber die Richtung wurde eine andere. Die Neugier auf die Moderne wendete sich in ein schützendes Interesse für die bedrohten alten Werte der eigenen Kultur.

Der politische Teil der Zeitung war am stärksten kontrolliert und mußte die größeren Zugeständnisse machen. Der Handelsteil konnte am wenigsten zu diesem Kampfe beitragen, aber seine Berichterstattung war auch weniger behindert. Freilich gab es auch für die Wirtschafts- und Firmenberichterstattung Weisungen. Die Handelsredaktion wurde mehrmals in der Pressekonferenz gerügt wegen Meldungen über empfindliche Bereiche der Autarkiepolitik, zum Beispiel über die Devisenbewirtschaftung, die Lebensmittel-, Rohstoff- und Energieversorgung und über Beschwerden der Wirtschaft wegen dirigistischer Eingriffe des Staates.[1] Aber da die Handelsredaktion vor allem über unstrittige Daten und Fakten des Wirtschaftslebens berichtete, befand sie sich meist außerhalb des umkämpften Geländes.

Das Feuilleton dagegen bewegte sich im publizistischen Minenfeld, nicht so exponiert wie die Politik, wo Machtfragen berührt sind, aber auch nicht so abgesetzt wie der Handelsteil. Kunst und Literatur registrieren Wertsetzungen und Wertzerstörungen in einer Gesellschaft. Hier fand die Auseinandersetzung mit dem Nationalsozialismus in einer Weise statt, die scheinbar der Politik entrückt war, aber, wie in den Kirchen, um die Seelen der Menschen geführt wurde. Das Feuilleton war zudem eine Arena, in der der Nationalsozialismus nicht ebenbürtig mitstreiten konnte. Hier konnte die Redaktion die wesenhafte Amoralität und Menschenfeindlichkeit des Regimes bloßstellen, sofern sie es geschickt genug anfaßte. Im Feuilleton konnte die Redaktion Gegengewichte für die Zugeständnisse schaffen, die sie im politischen Teil machen mußte. Ja, sie konnte diese Zugeständnisse desavouieren. Auf den ersten Seiten bestimmte das Propagandaministerium den Inhalt mit. Unter diesem Deckblatt aber war die Zeitung im Innern des Blattes bei sich zu Hause. Dieser Teil des Blattes war ein kaum zu eroberndes Reduit der Redaktion. Im Feuilleton wies die Redaktion ihren Lesern nach, daß sie unverändert die »Frankfurter Zeitung« geblieben war. Das Feuilleton bedeutete den Lesern, nicht wegen manch anstößigen Inhalts der politischen Seiten an der Redaktion irre zu werden.

In der »Frankfurter Zeitung« gab es ein aktuelles Feuilleton mit Rezensionen von Konzerten, Ausstellungen, mit Berichten über Vorträge und Tagungen, mit kleinen nachdenklichen Betrachtungen oder auch Erzählungen und dem Vorabdruck eines Romans in Fortsetzungen. Es hatte seinen traditionellen Platz »unter dem Strich« auf den ersten drei Seiten der Zeitung. In der zweimal täglich erscheinenden Ausgabe für die Stadt Frankfurt und ihre Umgebung blieb es dabei. In der 1930 aus einer Vertriebsreform hervorgegangenen Reichsausgabe wurden diese Stücke »unter dem Strich« zu einer geschlossenen Seite im Inneren des Blattes vereinigt.

Zum Feuilleton gehörten auch regelmäßig wiederkehrende »Beilagen«, vor allem das jeden Sonntag erscheinende »Literaturblatt« mit den Buchbesprechungen und die jeden zweiten Sonntag auf satiniertem Papier in schönstem Kupfertiefdruck hergestellte »Frauenbeilage«. Zum Feuilleton gehörten auch das sonntags erscheinende Reise- und Bäderblatt, das neben nützlichen Informationen über Reiseziele und Wandergebiete auch Kunstgeschichtliches, Reiseerlebnisse und Landschaftsschilderungen enthielt. Die besten Autoren der Zeitung schrieben auf dieser Seite mit. Das Reiseblatt wurde einige Jahre von Erik Graf Wickenburg redigiert, einige Zeit auch von Max Geisenheyner. Alle vierzehn Tage, donnerstags, gab es viele Jahre lang eine Sonderseite »Für die Hochschule und Jugend«, die zunächst Hermann Herriegel leitete, dann Dolf Sternberger. Jeden zweiten Donnerstag, im Wechsel mit dem Hochschulblatt, erschien »Das Technische Blatt«, in dem naturwissenschaftliche Entdeckungen und Ingenieurleistungen, besonders auf dem Gebiet des Verkehrs, der Landwirtschaft und der Industrie vorgestellt wurden. Redakteur dieser Seite war Erich Lasswitz. Einer seiner wichtigsten Mitarbeiter war der Kernphysiker Pascual Jordan (1902–1980).

Jeder Teil des Feuilletons hatte eine eigene kleine Redaktion, aber es gab zwischen ihnen keine festen Mauern, wie man in der Zeitung überhaupt fruchtbare Grenzüberschreitungen liebte. Regelmäßig arbeiteten auch politische Redakteure mit, neben Benno Reifenberg zum Beispiel Hans Bütow, Robert Haerdter und Dolf Sternberger. Umgekehrt schrieben Feuilletonredakteure in der Politik mit. In einer Redaktion gebildeter Leute war dies etwas Selbstverständliches. Die Mitglieder beider Ressorts trafen sich täglich in der Redaktionskonferenz. Die Verbindungen waren eng. Der Handelsteil dagegen führte ein stärkeres Eigenleben.

Feuilletonbeiträge konnten aber auch, wenn die Redaktion ihre politische Bedeutung hervorheben wollte, im politischen Teil des Blattes erscheinen. Leiter des Feuilletons war in den zwanziger Jahren Benno Reifenberg gewesen, nach 1930 der dreißigjährige Schweizer Friedrich T. Gubler. Dieser ging im Herbst 1933 zur »Vossischen Zeitung«. Gubler war kaum in Berlin, da gab es eine Auseinandersetzung mit dem Propagandaministerium über die Erzählung »Gefreiter Nottebohm spielt hoch« von Max René Hesse, die Gubler in der Neujahrsausgabe abgedruckt hatte. Er verlor sofort seine Stellung und kehrte in die Schweiz zu seinem ehemaligen Fach, dem Recht, zurück. Als Rechtsanwalt und Notar begründete er in Winterthur eine neue Existenz und wurde schließlich Präsident des Schweizerischen Anwaltvereins. Als Gubler in Frankfurt ausschied, wurde Rudolf Geck sein Nachfolger. Nach dessen Tod im Jahre 1936 übernahm vertretungsweise Alfons Paquet (1881–1944) das Ressort. Er war ein großer Erzähler. Auf vielen Reisen für die Zeitung fand er die Stoffe für seine Reportagen und Feuilletons. Keiner in der Redaktion war so weit gereist wie er – bis in den Pazifik. Doch seine große Liebe gehörte den Landschaften am Rhein. Von 1937 bis zum Ende war Max von Brück der Leiter des Feuilletons. Max von Brück, geboren 1904 in Kempten im Allgäu, aufgewachsen in Lindau, zur Schule gegangen bei den Benediktinern in Ettal, hatte sich nach einem Studium der Rechte, der Geschichte und der Germanistik nach dem Referendarexamen 1927 recht und schlecht in München als freier Journalist durchgeschlagen. 1935 erhielt er seine erste feste Stelle, bei der »Frankfurter Zeitung«. Nach dem Zweiten Weltkrieg war Brück zunächst Leiter des außenpolitischen Ressorts der eben gegründeten »Süddeutschen Zeitung«, ging 1947 zur »Gegenwart« und wechselte 1955 zum Westdeutschen Rundfunk, als Studioleiter in Düsseldorf. Von 1958 bis 1970 war er Korrespondent des Westdeutschen Rundfunks in Rom.

Brücks Stellvertreter im Feuilleton war Walter Dirks. Er kam aus der katholischen Jugendbewegung. Als junger Mann war er Feuilletonchef der der Zentrumspartei nahestehenden »Rhein-Mainischen Volkszeitung« gewesen und nach deren von den Nationalsozialisten erzwungenem Ende auf Empfehlung Hausensteins in die Redaktion der »Frankfurter Zeitung« gekommen. Nach dem Krieg gab Dirks mit Eugen Kogon die »Frankfurter Hefte« heraus und hatte leitende Funktionen beim Westdeutschen Rundfunk.

Im aktuellen Feuilleton redigierten auch Erik Graf Wickenburg und Karl Holl (1892–1975), der angesehene Musikkritiker und Verdi-Biograph. Holl wurde nach dem Zweiten Weltkrieg Referent für die Hessischen Staatstheater und für Musik in der Landesregierung in Wiesbaden. Ein ständiger Mitarbeiter des Feuilletons war der Kunsthistoriker Ernst Benkard, Autor zweier Monographien über Schlüter und Bernini. Seit Anfang der dreißiger Jahre arbeitete Carl Linfert (1900 bis 1981) mit, hauptsächlich als Kulturkorrespondent in Berlin. Linfert war doppelt promoviert, in der Nationalökonomie sowie in Philosophie und Kunstwissenschaften (bei Max Scheler, Nicolai Hartmann, Wilhelm Worringer und Heinrich Wölfflin). Er schrieb über Malerei, Bildhauerkunst und Architektur. Er war Autor von Büchern über Altdorfer, Altkölner Meister, Hieronymus Bosch. Nach dem Krieg gehörte er in Berlin zu den Gründern des »Kuriers« und leitete später das Nachtstudio des Rundfunks seiner Heimatstadt Köln.

Wilhelm Hausenstein redigierte seit 1934 von seinem Wohnort Tutzing am Starnberger See aus das Literaturblatt und die Frauenbeilage. In Frankfurt war Fritz Kraus sein Gehilfe, dann W. E. Süskind, der spätere Herausgeber von Hausensteins Tagebüchern und Feuilletonist der »Süddeutschen Zeitung«. Für die Frauenbeilage war Marta Bertina Hausensteins Mitarbeiterin in der Frankfurter Redaktion.

Der Leser, der nicht die Möglichkeit hat, in einer Universitätsbibliothek in den Jahrgängen der Zeitung zu lesen, kann sich einen Eindruck vom Tonfall des Feuilletons aus Artikelsammlungen einzelner Autoren verschaffen, etwa Benno Reifenbergs »Lichte Schatten« (1953) oder Dolf Sternbergers »Figuren der Fabel« (1950). In mancher Bibliothek findet sich auch ein von Max von Brück 1940 herausgegebener Auswahlband mit dem Titel »Im Laufe der Zeit. Arbeiten eines Feuilletons«. Es enthält von einer Reihe von Mitarbeitern je einen Beitrag aus den dreißiger Jahren. Nicht das Feuilleton der Zeitung wird darin vorgestellt, sondern die Gruppe seiner Redakteure und Mitarbeiter mit Erzählungen, die sie für das Feuilleton geschrieben hatten.

Entartete Kunst

Im totalitären Verständnis sind der Politik keine Grenzen gezogen. Die Malerei, das Theater, die Literatur, der Film, die Unterhaltung – alles sollte von der nationalsozialistischen Weltanschauung durchdrungen sein. Das Propagandaministerium war an der Gängelung des Feuilletons aus einem weiteren Grund interessiert. Leser, die nichts für Politik übrig hatten, sollten über das Feuilleton für den neuen Staat gewonnen werden. Den Nationalsozialisten kam zu Hilfe, daß sich Künstler und Intellektuelle in Scharen den neuen Machthabern anboten, so sehr, daß Hitler selbst auf dem Nürnberger Parteitag von 1935 vor den

Gauklern warnte, die die Fahnen wechselten, um nach wie vor das große Wort führen zu können.

Die nationalsozialistische Kulturpolitik hatte zwei Ziele. Hitlers eigene Vorstellung von Kunst lief darauf hinaus, Künstler und Werke zu unterdrücken, die als jüdisch oder entartet galten, und Darstellungen des Gesunden, Starken und Heroischen, die sogenannte »Blut und Boden«-Kunst zu fördern. Jenseits dieser persönlichen Vorstellungen Hitlers stand das perniziöse Verlangen der totalitären Diktatur, die Gedanken der Menschen, ihr Bewußtsein, zu verändern. Diese beiden Zielsetzungen stellten die Feuilletonredaktion auch vor zwei verschiedene Aufgaben: hier die Auseinandersetzung mit der speziellen Kunstpolitik des Regimes und dort eine allgemeine, philosophische Auseinandersetzung mit der nationalsozialistischen Ideologie. Das erste spielte sich ausschließlich im aktuellen Feuilleton ab, das zweite außerdem auch in zeitlos erscheinenden Beiträgen, wie Roman, Lyrik und philosophischem Essay, sowie in den beiden von Hausenstein redigierten Beilagen.

Die Kunstkritiker der Zeitung – hauptsächlich Carl Linfert, Ernst Benkard und Carl Georg Heise – lehnten es beharrlich ab, die Maßstäbe der Nationalsozialisten zu übernehmen. Den geächteten Künstlern standen sie auffällig zur Seite, etwa Max Beckmann, Franz Marc, Oskar Kokoschka, Marc Chagall, Karl Hofer, Paula Modersohn-Becker, auch Emil Nolde. An würdigen Nachrufen, zum Beispiel auf Max Liebermann, oder an einer Gratulation zum 70. Geburtstag von Käthe Kollwitz 1937 ließen sie sich nicht hindern. Als Ernst Barlach 1938 starb, offiziell als »entartet« geächtet, scheute sich die Zeitung nicht, ihn zu ehren. Mit kaum verhohlener Ironie, Distanz und Ablehnung berichtete Ernst Benkard über die »Große deutsche Kunstausstellung« 1937 in München. Mit unüberhörbarem Hohn beschrieb er, Bosheit an Bosheit reihend, die Bilder, deren größerer Teil von Hitler selbst ausgewählt worden war:

»Auch begegnet man Versuchen, aus den Lebensformen der SA, SS, HJ zu neuen Bildgehalten vorzudringen. Als vorherrschend übermittelt sich jedoch zunächst der Eindruck, in welch immer wieder erstaunlichem Maße Auge und Hand des deutschen Künstlers nicht müde werden, von der Natur Zeugnis abzulegen und die Bewunderung für den nackten Menschen oder die Schönheit des Tieres in rege Form zu kleiden. Neben aller Heroik, die die Stunde fordert, haben Idylle und liebevolle Versenkung ihren Platz nicht aufgegeben. Dies war auch nur schwer denkbar, denn der deutsche Mensch ist aus beidem gemacht, aus Kraft und Weichheit, was niemand besser erfahren hat als die Generation der Frontsoldaten des Weltkrieges... Diese Ausstellung ist als nicht mehr und nicht weniger als die Paroleausgabe für das Schaffen des deutschen Künstlers hinzunehmen und zu verstehen... Josef Thorak schuf kolossalische Bildwerke... Die Schar kräftiger junger Männergestalten in diesem Saal darf als lebensstarkes Geschlecht verstanden werden. Allmählich, so meint man, beginnt die Physiognomie der Epoche faßbar zu werden... Dieser Ausstellung kommt eine Bedeutung auch für die deutsche Kunstgeschichte insofern zu, als sie alle Erscheinungen, die seit dem anhebenden 20. Jahrhundert Geist und Gemüter der Künstler und eines mit Spannung teilnehmenden Publikums beschäftigt haben, vergessen machen und auslöschen will. Was an Stelle dessen, das heute die Vergangenheit charakterisiert, geboten wird, ist weniger ein Neues als ein schon seit längerer Zeit Vertrautes. Es ist im wesentlichen die Art des ausgehenden 19. Jahrhunderts. Es ist die Wiederaufnahme von Malweisen, die in den Augen unserer Väter als revolutionäre Methoden Aufsehen erregt haben... Was an zeitgenössischem Bildvorhaben sich zu erkennen gibt, bedient sich eines Stiles, der auf dem Weg zwischen dem Plakathaften und dem Bildmäßigen noch stehenzubleiben scheint. Alles in allem: der Weg, der vor uns liegt, ist, soll er zu erfolgreichen Zielen führen, langwierig und mühevoll. Darüber kann kein Zweifel herrschen.«[2]

Benkards Beitrag ist auch unter einem andern Gesichtspunkt bemerkenswert. Im November 1935 hatte Goebbels mit einem Erlaß den deutschen Journalisten »Kunstkritik« verboten und ihnen statt dessen »Kunstbericht« oder »Kunstbeschreibung« aufgetragen. In einer Rede denunzierte Goebbels »das ewige Querulantentum am Aufbau des Kultur- und Kunstlebens« als Fortsetzung der »jüdischen Kritikerautokratie«. Dem müsse nun ein Riegel vorgeschoben werden.[3] Seit Sommer 1935 gab es im Propagandaministerium ein besonderes Instrument zur Lenkung der Kulturteile der Zeitungen, die »kulturpolitische Pressekonferenz«, die einmal wöchentlich einberufen wurde. Die Protokolle sind, wiederum dank der verbotswidrigen Sammlertätigkeit Fritz Sängers, erhalten geblieben und Teil der »Sammlung Sänger« im Bundesarchiv.[4]

In der allgemeinen Pressekonferenz und in der kulturpolitischen Pressekonferenz wurden die Vorschriften für die »Kunstbeschreibung« erläutert: Es gelte der Grundsatz, »daß Kritik nur von der NSDAP und vom Reich geübt werden könne«. Die von den staatlichen oder berufsständischen Organen in der Reichskulturkammer für gut befundenen Werke bedürften keiner Kritik: »Die Presse hat lediglich in mehr oder weniger warmen Tönen die Kunstdarbietung oder das Kunstwerk zu fördern oder zu beschreiben. Eine bejahende Kritik ist nach wie vor auf allen Gebieten erlaubt und gewünscht.«[5] Vergleicht man diese Vorschriften mit Benkards Artikel über die Münchener Ausstellung, sieht man die Meisterschaft, mit der er in vierzig beschreibenden Zeilen zwei Dutzend kritische Bemerkungen unterbrachte und ein vernichtendes Urteil zu sprechen wußte.

Carl Linfert besuchte die gleichzeitig in München veranstaltete Ausstellung »Entartete Kunst«, in der die Nationalsozialisten die von ihnen geächteten Künstler an den Schandpfahl stellen wollten. Diese

Hitler bei der Besichtigung und Auswahl der für die »Große Deutsche Kunstausstellung« eingereichten Arbeiten

Hitler besucht das Haus der Deutschen Kunst

Ausstellung war eine Sensation. Sie war letzte Gelegenheit, die verfemten Modernen, die man in den Museen nicht mehr zu sehen bekam, zu betrachten. Zugleich stellte sich hier die nationalsozialistische Kulturpolitik selbst an den Pranger. Das zweite behandelte Linfert ironisch, das erste ernst, beides aber in einer Sprache, die konzentriertes Lesen verlangte und damit von vornherein ein Leserpublikum wie das der »Frankfurter Zeitung« voraussetzte. Die Parteifunktionäre dürften gar nicht verstanden haben, wovon Linfert schrieb.

Die Bemerkung eines Besuchers, »als Karikatur ist das ausgezeichnet«, nutzte Linfert, um über die moderne Kunst zu sprechen: »Jene Kunstwerke, die jetzt als entartete zusammengestellt sind, waren schon damals (zu ihrer Entstehungszeit) keine ›reine Kunst‹, waren erst recht keine Zeugnisse einer in Ruhe verehrten ›ästhetischen Sphäre‹, wie sie das 19. Jahrhundert noch festzuhalten wähnte. Sie wagten sich auf fremdes Gelände, waren – oft ohne vorausgehende Absicht – mit zeitkritischen Elementen gleichsam durchschossen, wirkten also selber verderblich und formzerstörend, während sie doch oft nichts anderes als den Verlust der Form in der Realität zeigen wollten. Hält man sich das vor Augen, so versteht man den Erfolg der Ausstellung.«

Linfert unterschied kühl und kritisch unter den hier als »entartet« versammelten Künstlern zwischen solchen, die sich die Mühe einer Weltabbildung machten, und einer großen Schar von »Taschenspielern«, die »reizvolle Stückelungskunststücke« in die leer prickelnde »abstrakte Luft« malten, »nach einem Vorbild, welches nicht artistisch, sondern ein schmerzlicher und ganz realer Befund gewesen war«. Natur, Realität und Abstraktion verwendete Linfert in übertragenem Sinn und drehte sie damit gegen die nationalsozialistische Auffassung. Manche Kunstwerke »waren – vielleicht ungewollt – in einem tieferen Sinne realistisch, auch wenn sie gar nicht die ›Natur‹ zum Vorbild nahmen«. In diesem anderen Verständnis von »Wirklichkeit« unterschied Linfert unter den »Entarteten«: Max Beckmann zeichnete er vor allen andern aus, die am Pranger standen, besonders zwei Bilder von 1917, die »Kreuzabnahme« und »Christus und die Sünderin«. Über diese beiden Bilder[6] schrieb er: »Nicht jene Maler fordern zum Fragen heraus, die von vornherein mit dem Eklat der Formgefährdung beginnen, sondern diejenigen, die wie Beckmann so fortfahren: geschlagen, bemüht und heftig, obwohl sie soeben noch im Besitz einer ausgeglichenen malerischen Tradition waren. Fast könnte man versucht sein zu sagen: da ist ein Maler, der die Kunstfeindschaft Platos in die Praxis oder – geradezu – ins Werk setzt, jene Feindschaft also, die nicht unverständig war, sondern die ›Fähigkeit‹ der Kunst angriff, Wahrheit und Mitte der menschlichen Werte in ›schönen Schein‹ zu hüllen oder gar die Wahrheit aus der Mitte zu rücken, die sie in ihrem Bilde einnehmen müßte. Beckmann gab das ›malerische‹ Zauberwerk-

»Entartete Kunst«

zeug auf, fand die Wahrheit verrückt und bildete entsprechend seine Vision der Realität. Kein Wunder, daß er nun vielen unwahrhaftig vorkam. Denn das war kraß, schien wie ausgeliefert an ein gestörtes Gleichgewicht. Hatte er nicht selber die Schuld daran? Die Linienphysiognomie der Bilder wurde schärfer, dringlicher und zwang alle Farbe in ihren Bann. Aber auf die Frage schwieg sie, – daneben überwiegen die ungestalten Geröllmassen der Bilder von Nolde mit ihrem dickbreiigen Bunt.«[7] Politische Gunst oder politische Verfolgung konnten einem Kunstwerk in den Augen eines solchen Kritikers nichts wegnehmen, aber auch nichts hinzufügen. Daß das Regime Nolde ächtete, konnte Linfert nicht dazu verleiten, ihn deshalb weniger kritisch zu betrachten.

Es ist dies ein gutes Beispiel dafür, was die Zeitung meinte. Ihre Maßstäbe änderten sich nicht. Sie ließ sich von der Diktatur nicht deren Freund-Feind-Schema aufdrängen. Auch nicht im Affekt des Abwehrwillens. Sie blieb dabei, niemandes Partei zu sein, sondern Distanz zu halten, um verläßlich unterscheiden zu können. Sie sah ihre Pflicht darin, den Leser zutreffend zu unterrichten. Das Regime konnte das erschweren und die Zeitung zur Camouflage zwingen, aber am Inhalt der Nachricht änderte das nichts. Man spürte hier die Souveränität des Blattes.

Der Wunsch, Kunst nicht sogleich zu deuten, sondern zuerst genau zu betrachten, verband die Besprechungen Linferts mit der kunstkritischen Methode von Julius Meier-Graefe, Wilhelm Hausenstein, Karl Scheffler und Benno Reifenberg. Die Leser sollten lesend sehen, was der Betrachter sehend beschrieb. Während aber jene Vorgänger, so bemerkte Dolf Sternberger, dabei von einem Eifer für das Schöne bewegt waren, habe Linfert das aus den Werken herauszuholen gesucht, was sie an Erkenntnissen enthielten und hergaben. Linferts Sprache »ist nicht im geringsten ekstatisch, weder andächtig noch werbend, noch auch eigentlich liebend, wie es von jenen Früheren gelten mag, sie ist wie ein stetiges Zielen und genaues Treffen«.[8]

Doch so höhnisch wie Benkard 1937 Thorak und die nationalsozialistischen Maler abfertigte, wagte Linfert in den späteren Jahren mit den vom Regime geförderten Künstlern nicht umzugehen. Die Bildende Kunst war ein höchst gefährliches Gebiet und Hitlers persönliche Domäne. Max Geisenheyner wurde im April 1939 bei einem Abendessen an den Tisch des Reichspressechefs Dr. Dietrich gebeten und berichtete darüber vertraulich an Oskar Stark nach Frankfurt: Gegenwärtig drohe der Zeitung, habe ihm Dietrich gesagt, keinerlei Gefahr. »Er bäte jedoch noch einmal nachdrücklichst, vor allem bei Berichten über Bildende Kunst (Architektur, Bildausstellungen), sehr vorsichtig zu sein. Es gäbe so manche Leute, die genau verfolgten, was bei uns geschrieben würde, das Betreffende ausschnitten und es dem Führer vorlegten als Beweis dafür, daß wir eigene Wege gingen. Gerade bei dem Interesse des Führers für die Bildende Kunst sei deshalb die größtmögliche Vorsicht in der Formulierung geboten...«[9]

Wegen einer lobenden Besprechung der Zürcher Uraufführung von Alban Bergs Oper »Lulu« im Jahr 1937 wurde die »Frankfurter Zei-

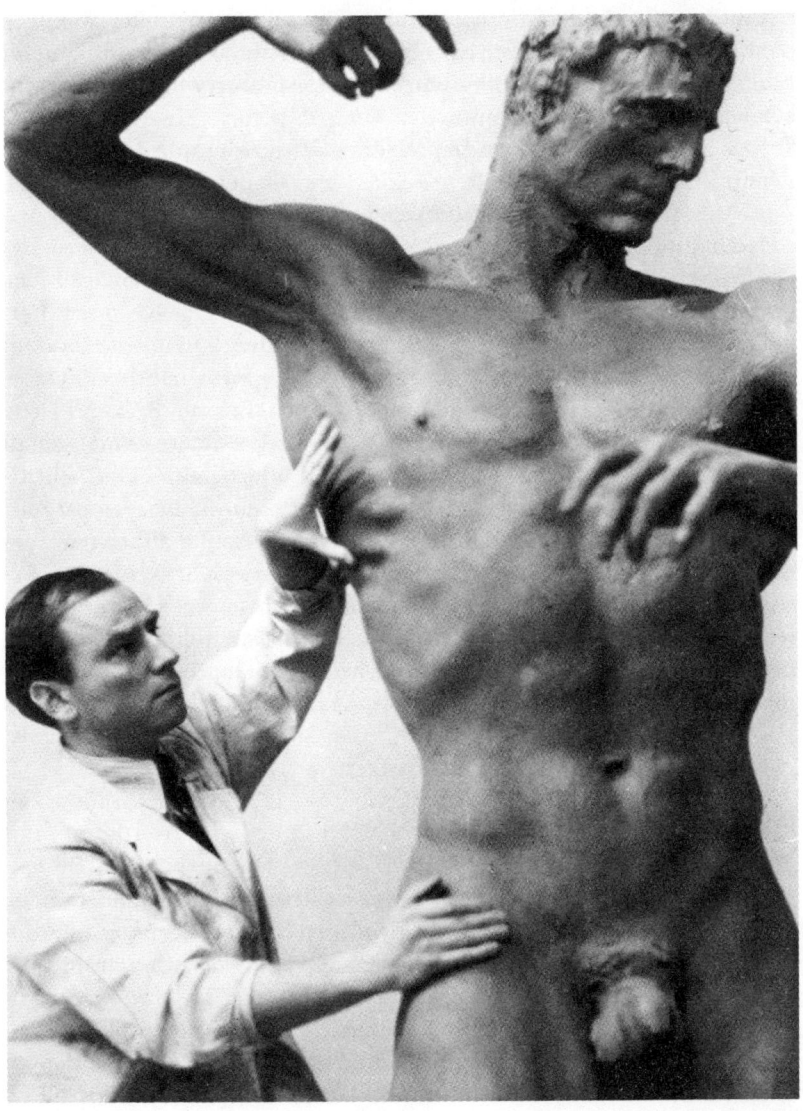

Arno Breker bei der Arbeit, 1940

tung« in der Berliner Pressekonferenz aufs schärfste verwarnt.[10] Die Gefährlichkeit des Gebietes der Kunstkritik zeigte sich schließlich 1943 auch daran, daß die Würdigung eines nationalsozialistischen Dichters das auslösende Moment für das Verbot der Zeitung durch Hitler persönlich werden sollte.

Linfert hatte also dringende Gründe, mit den von den Nationalsozialisten geförderten Bildhauern wie Josef Thorak oder Arno Breker vorsichtig umzugehen. Bei beiden Künstlern gab es einzelne Werke aus der frühen Zeit, die Linfert gelten lassen wollte. Als Breker aber, besonders durch die Aufträge für Hitlers neue Staatskanzlei, der Staatsbildhauer des Dritten Reiches wurde, wurde Linferts versteckte Kritik schneidender. Er beschrieb nun den »martialischen Zug«, die Grimasse, das Schreien der Figuren Brekers, die »Virtuosität« des Bildhauers, der in »gefährliche« Bezirke vordringt und dabei »auch das Banale und Äußerliche ernst« nehmen könne. Er verglich die antiklassische »Physiognomie der Leidenschaft« in Brekers Figuren mit der Kunst des Frühbarock und sogar – in vernichtender Schmeichelei – mit Michelangelo und Bernini.[11]

Der Kritiker stand unter beträchtlichem Druck. Für die Besprechung der Breker-Ausstellung in Paris im Jahre 1942 gab es eine Weisung.[12] Albert Speer intervenierte für seinen Freund Breker in der Frankfurter Redaktion. Zur Eröffnung der Breker-Ausstellung kamen französische Künstler – Despiau, Derain, Vlaminck und Cocteau. Selbst der alte Aristide Maillol war aus den Pyrenäen angereist.[13] Linfert war beeindruckt von dem Interesse, das Breker in Frankreich erregte, aber auch zwiespältig berührt: angezogen von Brekers Kleinplastiken und den Frauenfiguren, abgestoßen von seinen Männergestalten, welche die Zeitung auf einem Kunstdruckblatt abbildete. Die Brutalität und Leere, die Körperdummheit dieser Heroenleiber schien einem Institut für Bodybuilding entsprungen zu sein.[14]

Lautlose Verrisse

»Schwierigkeiten hatten wir mit dem Kunstbetrieb, besonders mit der Schauspielkritik. Die Nazi-Autoren wollten gut kritisiert sein und die Partei wünschte dies auch«, berichtete Max von Brück über die Schauspielrezension.[15] Die Reichstheaterwoche im Juni 1935 in Hamburg wurde von der Zeitung mit der Unterzeile »Totalitätsanspruch an das Theater« bedacht. Goebbels und Hitler nahmen teil. Zwei Stücke von Dietrich Eckart wurden aufgeführt. In der Zeitung hieß es: Das Theater erfreue sich der besonderen Aufmerksamkeit der Staatsregierung, es sei damit aber auch in streng verpflichtender Weise in das Staatsleben einbezogen. »Der Bezirk rein artistischer Nur-Kunst ist ihm verschlossen...« Über Eckarts Hohenstaufen-Stück hatte der Rezensent einen einzigen Satz, der einer Hinrichtung glich: Richard Löwenherz und Heinrich VI. »rangen miteinander... zwei blonde, hochgereckte Kämpfer, die in der Politik den Ideen leben und denen Gedanken an die Kunst des Möglichen schon rein charakterlich fern sind«.[16]

Rudolf Geck, der voller Anekdoten steckende Verfasser vieler kleiner, oft auch harmloser, aber vergnüglicher Feuilletons und Glossen, verspottete eine Mitteilung des Frankfurter Generalintendanten Meissner, daß die Städtischen Bühnen im nächsten Spieljahr von Uraufführungen absehen wollten, wegen einer »Zuschauerkrise«, nämlich »Mangel an Mitkämpferschaft des Publikums an geistigen Auseinandersetzungen«, wie der Generalintendant die Reaktion der Zuschauer auf die Politisierung des Theaters deutete. Geck spottete: Die Jungen, »die an unseres Volkes große Gegenstände herangingen«, seien zwar von der Propaganda sehr gefördert worden; dem Publikum fehle auch nicht Interesse an geistigen Auseinandersetzungen. »Doch müssen Thema und Gestaltung danach sein, und eben das ist des Pudels Kern.« Einstweilen könne man unsere deutschen Klassiker spielen, empfahl er, »und auch einige Ausländer wie Sophokles, Shakespeare, Molière und Calderon können sich noch sehen lassen«.[17] So konnte man 1935 noch mit der nationalsozialistischen Kunstpolitik Späße treiben. Später waren sie lebensgefährlich.

Max von Brück fiel, nach Gecks Tod, die Last der Besprechung der Dramen im nationalsozialistischen Stil zu. Friedrich Bethge, Angehöriger der »Alten Garde der Partei«, wie Goebbels 1937 ihn bei der erstmaligen Verleihung des »Nationalen Buchpreises« rühmte, schrieb mehrere »Blut und Boden«-Dramen. Seit Sommer 1933 war er Chefdramaturg der Frankfurter Bühnen. Brück fand seine Stücke »zum Speien«. Die Handlung in ermüdender Breite zu beschreiben, war eine Aushilfe. Er verfuhr so im Fall des preisgekrönten »Marsches der Veteranen«, der »Anke von Skoepen«, des »Pfarr Peder«.[18] Bei der Uraufführung eines Stücks von Wilhelm Müller-Scheld, »Tanais«, in Darmstadt im Jahre 1943 bekam Brück jedoch Schwierigkeiten. Er schilderte die ganze Handlung des belanglosen Stücks in so entsetzlicher Breite, daß der Leser nach drei Absätzen die Zeitung verzweifelt niederlegte, oder nun, inzwischen amüsiert über die Methode des Verrisses, die lautlose Exekution zwei Spalten lang verfolgte, bis an ihrem fernen Ende ein verräterisch »donnernder Beifall« des Publikums dem Stück den Rest gab.[19]

Ur-Aufführungen: stopp!

Wie unsere Leser aus dem Artikel „Die Städtischen Bühnen Frankfurts, ein Bericht von Generalintendant Meißner" erfahren haben, ist die Leitung der Städtischen Bühnen entschlossen, im nächsten Spieljahr von Ur-Aufführungen abzusehen. Bereits erworbene Stücke sollen dem „Neuen Theater" überwiesen werden, das am 1. August den Städtischen Bühnen angegliedert wird. Als Grund für den Verzicht auf Ur-Aufführungen macht Herr Meißner u. a. auch die Zuschauerkrise geltend, den Mangel an Mitkämpferschaft des Publikums an geistigen Auseinandersetzungen, der seinerseits auf die schweren Anforderungen zurückzuführen sei, die von der Zeit an jeden einzelnen gestellt werden. Von einem Nachlassen der Hervorbringung neuer Werke war nicht die Rede, das zu Ende gehende Spieljahr der deutschen Bühnen zeigt denn auch eine Flut neuer dramatischer Erzeugnisse, deren Mehrheit freilich das Jahr nicht überlebt. Es ist wohl so, daß unsere Genies nicht alle Talent für das dramatische Handwerk haben und daß vielen Talenten leider das Genie fehlt. Zudem haben die Götter bei der Erfüllung den Schweiß gesetzt. Adolf Menzel mag zwar übertrieben haben, als er sagte, Genie sei 99 Prozent Transpiration und 1 Prozent Inspiration, und ein anderer Maler übertrieb wohl auch, wenn er meinte, zeichnen heiße, vierzig Jahre lang täglich Fingernägel zeichnen, um zu erkennen, Raffael habe es doch besser gekonnt, aber daß zähes Ringen um Inhalt und Form eines Dramas erforderlich ist, scheint doch ausgemacht. An Ermunterung und Betreuung durch die Bühnen und an Propaganda hat es den Schaffenden der letzten Jahre nicht gefehlt. Man hob ihrer viele in den Sattel, und die Presse hat die Jungen, die an unseres Volkes große Gegenstände herangingen, mit Ernst gefördert, doch läßt sich eine Hochblüte der dramatischen wie aller Künste durch keinerlei Bodenbereitung erzwingen. Wir glauben zwar, daß das Interesse an geistigen Auseinandersetzungen vorhanden ist, doch müssen Thema und Gestaltung danach sein, und eben das ist des Pudels Kern. Sollte eine deutsche Mutter irgendwo und irgendwann ein dramatisches Genie zur Welt gebracht haben, so wird es uns doch eines Tages mit feuriger Zunge anrufen. Wir sind gewiß, es wird kommen, wenn es auch scheint, als lebten wir in einer Zeit der technischen Errungenschaften, die das Musische wie alle Gebiete überdeckt. Die Geschichte bietet genug Beispiele für ein zeitweiliges Zurücktreten der Künste. Einstweilen haben wir unsere deutschen Klassiker, die Schiller, Goethe, Hebbel, Kleist, Lessing, und auch einige Ausländer wie Sophokles, Shakespeare, Molière, Calderon können sich noch sehen lassen. Auch unser Schatz an Lustspielen und anderer heiterer Kurzweil ist unverbraucht, gerade in letzter Zeit hat vor allem Berlin auf sie mit Beifall zurückgegriffen. Unter dem tragischen Donner und dem Gelächter der Ewigen sitzend, werden wir ein Spieljahr ohne Ur-Aufführungen aushalten. Inzwischen reisen, wir hoffen es, die Werbenden der deutschen Bühne zu, und wir möchten die Intendanten und die Dramaturgen ermuntern, fleißig nach ihnen Ausschau zu halten. —ck.

Brück wurde, vermutlich wegen dieser Besprechung, in ein Ehrengerichtsverfahren verwickelt, bekam eine Geldstrafe und wurde später in einem summarischen, bürokratischen Akt von der Schriftleiterliste gestrichen.[20]

Im Feuilleton der Zeitung erschien die ganzen zehn Jahre über nicht ein einziges antisemitisches Wort. Bedenkt man, daß das Regime Tag für Tag in irgendeiner Form dem Publikum die Verächtlichkeit der Juden einzuhämmern suchte, sie mit Diskriminierung, Berufsverbot und Terrorisierung aus dem Lande trieb und im Krieg zu ihrer Ermordung überging, versteht man, daß es Mut kostete, sich dem Regime in diesem zentralen Punkt zu verweigern. Die Zeitung druckte auf Befehl antisemitische Erklärungen der nationalsozialistischen Führung ab; jedoch nur im politischen Teil. Mit keiner eigenen Zeile pflichtete sie diesen Ansichten bei oder beteiligte sich an der Verunglimpfung der Juden. Dieses Stillschweigen fiel unter den Verhältnissen der Zeit auf. Hier war eine Grenze möglicher Konzessionen der Zeitung an das Regime.

»Wir Feuilleton-Redakteure«, berichtete Walter Dirks, »hatten es leichter als andere, waren weniger häufig von Auflagen bedrängt, waren ferner in der Wahl der Themen freier.« Doch auch die Feuilletonredaktion geriet in Bedrängnis, als das Propagandaministerium nach der Ermordung des Legationssekretärs Ernst vom Rath an der Pariser Botschaft im November 1938 und nach den befohlenen Pogromen der »Reichskristallnacht« in einer bisher noch nicht dagewesenen Heftigkeit, drei Wochen lang Tag für Tag, auf die Zeitungen mit Weisungen einprügelte, gegen die Juden zu schreiben. Mehrmals wurden nun auch die Feuilletonredaktionen angewiesen, mitzumachen, beim dritten Mal sogar, wie Dirks berichtete, ausdrücklich auch das Feuilleton der »Frankfurter Zeitung«. Brück und Dirks faßten sich ein Herz – und weigerten sich. »Wir zitterten vor den Folgen. Doch es geschah nichts.«[21]

Antisemitismus kam nicht in Frage. Das Feuilleton versuchte vielmehr, die Rassenideologie in Zweifel zu ziehen. Dafür eigneten sich Lesefrüchte aus wissenschaftlichen Veröffentlichungen. Platz dafür fand man dann in einer in Abständen erscheinenden Zeitschriften-Auslese, die Linfert oft so listig kombinierte, wie es Kallmann einst mit seinen »Kurzen Meldungen« getan hatte. Es waren fast immer Stücke darunter, die man als Anspielungen lesen konnte. Im Mai 1938 entdeckte Linfert in der »Europäischen Revue« den Aufsatz eines Anthropologen, der die Ansicht vertrat, die Hautfarbe der weißen europäischen Rasse sei ein Pigmentfehler, ein Erbsprung in einer der Eiszeiten. Linfert schrieb in einem einleitenden Absatz, diese Ansicht sei »absonderlich genug«, aber doch auch so bemerkenswert, daß er durch ein paar Stellen des Aufsatzes wenigstens einen Begriff von den Argumenten geben wolle. Nach dieser Schutzbehauptung zitierte er, was dort über die »Keimschädigung« des weißgewordenen Menschen, des »ersten Europäers« zu lesen war: Wie er unter Wirkung dieses »Insultes« seinen Geist auf Kosten des Leibes entwickelt habe, die Veranlagung zur Besessenheit vom Ich »oder, was gefährlicher ist, von fixen, mit allen Mitteln verwirklichten Ideen. Die europäische Seele neigt stärker als jede andere, zur Hingabe an ›folies raisonnantes‹, an Abstraktionen und Scheinwahrheiten jenseits der Lebendigkeit.«

Als Herbert Küsel die Korrekturfahnen zu sehen bekam, um den Beitrag auf seine politische Gefährlichkeit hin zu prüfen, druckte er einen kleinen Stempel, einen Totenkopf mit zwei gekreuzten Knochen, das alte Apothekerzeichen für Gift, auf die Korrekturfahne. Damit war er gesperrt. Der Beitrag erschien nie. Er existiert nur in Carl Linferts privater Artikelsammlung als ein Dokument der inneren Zensur der Redaktion. Küsel hatte wohl recht. Die weiße, arische Rasse eine geschädigte Art? Linferts Fund war zu gefährlich.

Im September 1940 wurde in Berlin Veit Harlans Film »Jud Süß« uraufgeführt. Besprechung war Pflicht.[22] Der Film sollte helfen, den in der »Reichskristallnacht« spürbar gewordenen Widerwillen der Bevölkerung gegen die Verfolgung der Juden zu überwinden. Linfert, dem Kulturkorrespondenten in Berlin, fiel die Aufgabe der Besprechung zu. Es war dies einer der Beiträge, bei denen es wichtig ist, darauf zu achten, was sie nicht enthalten. Man bemerkt die peinliche Sorgfalt Linferts und seiner Gegenleser in Frankfurt, daß nicht ein einziges Wort mithülfe, den Abscheu gegen die Juden zu erzeugen, den der Film hervorrufen sollte. Man bemerkt sogar ein mitleidendes Verständnis für die Personen dieser Historie aus dem 18. Jahrhundert in Württemberg, auch für die Hauptfigur. Die Besprechung war sichtlich bemüht, den Stoff und den bösen Zweck des Films einzukapseln. Die Rezension blieb vollkommen kühl und nutzte dabei, wie ein Alibi, die Vorschrift der bloßen »Kunstbeschreibung«.

Im Eingangsabsatz machte Linfert die Leser darauf aufmerksam, daß der Stoff literarisch schon »in mehreren Perspektiven gesehen worden« sei: eine Relativierung des Films und eine versteckte Aufforderung, ihn mit dem Roman Feuchtwangers und der Novelle Hauffs zu vergleichen. Einen Hinweis auf die dürftige Quellenlage des historischen Falls ergänzte Linfert mit der Bemerkung, daß der Regisseur viel zu tun gehabt – sprich: hinzuerfunden – habe. Linfert änderte die Perspektive: Wer hat die Juden in die Rolle der Händler und Finanziers gedrängt? »Oppenheimer wurde geholt, er trug sich nicht selber an.« In Linferts Besprechung erscheint es natürlich, selbstverständlich, sogar richtig, daß Süß-Oppenheimer seinen Einfluß beim Herzog dazu nutzt, »daß auch die andern Juden an den neuen Freiheiten Europas oder sei es auch nur an neuer Libertinage Anteil hätten«. Im Schlußabsatz beschrieb Linfert das Drama des Films und die Tragödie der Titelfigur:

»Das Unrecht wird in die äußerste Sackgasse getrieben ... Spitz und konsequent ruft der Film Erbitterung hervor. Nicht nur gegen die Schlechtigkeit, die in der Welt vorkommt, sondern vor allem gegen den Exponenten solcher Schlechtigkeit.« Der aber vollbringe seine bösen Taten nicht, weil sie ihm Nutzen brächten, »sondern er hat Lust daran, und er scheint hierzu vorbestimmt durch seine Rasse«.[23]

In diesem Schlußabsatz ist alles halb gesagt, das Fehlende kommt dem Leser sofort in den Sinn: das Unrecht, das in die »äußerste Sackgasse getrieben« wird, hat eben nicht nur einen Schuldigen, sondern auch diejenigen, die Süß tiefer und tiefer hineintreiben und ihm den Rückweg verbauen. Der Film »ruft Erbitterung hervor« – er ist selber einer der Treiber bei dieser Hatz gegen die Schlechtigkeit, »die in der Welt vorkommt«. Die Lust am Bösen aber ist nicht durch die Rasse determiniert.

Beachtet man die Umstände, die infame Absicht des Filmes, Abscheu und Feindschaft gegen die Juden zu erzeugen, seine suggestive Geschicklichkeit darin, sowie die Bedrohung des Berichterstatters, der, wenn nicht seine Haut, so doch seine materielle Existenz zu Markte trug, so kann man nur bewundern, wie gewandt Linfert seinen Kopf aus der Schlinge zog und eine Rezension schrieb, die eher unser Mitleid mit einem Menschen hervorruft, der von seinen Begierden und von seiner feindseligen Umgebung über seine Kräfte versucht worden ist. Linfert hat, soweit seine Leserschaft reichte, den Zweck des Films sabotiert und gegen seine Urheber gewendet.

„Jud Süß".
Der Film von Veit Harlan.

◆ Berlin, 25. September.

Die Geschichte des „Jud Süß", mit dem ganzen Namen: Süß Oppenheimer, gehört in das Kapitel der Hofjuden, jener Juden also, die von einigen Fürsten zur merkantilistischen Zeit gern gebraucht wurden, damit sie den barocken Aufwand ihres Hofes finanzierten. Literarisch ist sie in mehreren Perspektiven gesehen worden, denn die Karriere des späteren „Geheimen Finanzrats" beim württembergischen Herzog Karl Alexander war im anfänglichen Erfolg so auffällig wie im katastrophalen Ende. Der Film hat den Stoff aufgegriffen, um eine Lehre daraus zu ziehen und sie in möglichst deutlichen Vorgängen vorzuführen.

Die historische Seite der Sache lag dokumentarisch nur in Umrissen vor: Die Beschuldigung und der Spruch des Gerichts auf Tod illustrierten die Charlatanerie oder Verworfenheit. Um sie leibhaft sichtbar zu machen und sich auch der mannigfachen legendären Andeutungen zu bedienen, blieb für den Filmregisseur das meiste zu tun. Harlan hat den ganzen Alltag der Schurkereien wie einen Berg angehäuft. Eins kam zum andern — nach außen hin möglichst so, als habe alles mit rechten Dingen zu —, bis der Zündstoff so mürb beisammenlag, daß er nur noch explodieren konnte. Gerade die Unauffälligkeit spielte die wichtigste Rolle dabei. Oppenheimer wurde geholt, er trug nicht selber an. Aber als das einmal geschehen war, erweiterte er seine Funktionen in immer neuen Angeboten. Ferdinand Marian spielte das mit der ganzen glatten Routine eines internationalen Hochstaplers. Symbolisch dafür steht die Szene, wie vor einem zweifelnden, aber eben vor allem doch geldlüsternen Hofmann (Theodor Loos mit einer treffenden Verwaschenheit), den der Herzog zunächst bloß zum Kaufe eines Schmuckes geschickt hatte, klar macht, in Stuttgart werde er nicht auffallen, sein Aeußeres wisse er schon zurechtzumachen. Bäckchen und Bart verschwinden, er ist ein Weltmann wie andere auch, und hat sich unkenntlich gemacht. Sogleich also ist im Film das Motiv der Assimilation angeschlagen, damit gezeigt sei, wie sehr es als Mittel jüdischer Machenschaft diene. Jud Süß macht sich dem Herzog nützlich, er beschafft ihm Geld über Geld für seine Garde, seine Oper und sein Ballett. Doch es spielt auch die Hoffnung mit, daß er nicht allein bleiben möge, daß auch die andern Juden an neuen Freiheiten Europas oder sei es auch nur an neuer Libertinage Anteil hätten. So entsteht fast von selbst der Widerspruch, daß der erfolgreiche Finanzrat, nachdem er die Aufhebung des Judenbanns erreicht hat, nur noch alte, verrottete politische Formen unterstützt, damit er sich selbst mitsamt den zugewanderten Juden sicherer wisse. Er stärkt dem Herzog den Appetit auf ein „Ideal" autokratischer Herrscher, das in jenen Jahrzehnten in der Luft lag, wenn auch nur als Imitationsideal: den Absolutismus Ludwigs XIV. im Kleinstaatformat.

Das ist der Kern des Films — das Projekt des Staatsstreichs gegen die Landstände. Heinrich George, der Herzog, der das alles halb willig, halb zögernd mitmacht, ist das vollkommene Bild des großen Genüßlings, der zugleich bieder und bumpf die Mahnungen des hergebrachten und rechtlich sorgenden Regiments eines Landesherrn verspürt; stets zwar sehr egoistisch, aber ständig auch mit der Scheu und dem Rest von Gewissen eines Leichtlebigen, der seiner über Nacht gekommenen Größe nicht ganz traut. Fast geniert steht er es aus, wenn er über die vorgeschlagenen Neuerungen seines Finanzrats, halb doch schon gewonnen, den Kopf schüttelt. Steuern, Wegezoll und Straßenabgaben nimmt Jud Süß in seine Hand. Um sich festzusetzen, muß er sich auch ausdehnen. Uebergriffe und Ungerechtigkeiten ergeben sich fast von selbst. So steht die Gegenwelt des Hofjuden bald sichtbar und hart bereit.

Schon unter den Juden selbst meldet sich, wenn auch nur in schwacher Andeutung, der Gegenspieler. Denn Süß ist der Jude, der nicht betet. Der Rabbi Löw aber will nicht durch falsche Sterndeutung den Herzog den Plänen des Süß gefügig machen. Er tut es schließlich doch. (Werner Krauss macht eine düstere, unheilwitternde Figur daraus. Zugleich spielt er auch noch des Süß Sekretär Levy als furchtsame, frömmelnde und bösschlaue Kreatur. Beide sind erstaunliche Beispiele für die physiognomische Artistik dieses Schauspielers, erschreckend voll von Leben und bewußt auch nahe der Grenze einer mumienhaften Karikatur.) Nur in der flackernden Synagogenszene zeigt sich, daß die Juden eigentlich fremd und abgesondert leben und auf diese Weise Widerpart des Süß sind. Die eigentliche Gegenwelt sind der Hof und die Rechtlichen. Der Hof ist Kulisse, aber die Landstände und an ihrer Spitze der Landschaftskonsulent Sturm (Eugen Klöpfer mit einer gelassenen unpathetischen Selbstsicherheit) sind das Hindernis, das beiseitegeschafft oder gewonnen werden muß. An ihrem gleichmäßigen Widerstand und an der schließlichen Empörertatkraft des alten Obristen Röder (Albert Florath) scheitert schließlich Süß.

So ist der exemplarische Punkt des Films erreicht. Der Herzog, bei allen Zweifeln, bleibt hartgörig, Süß aber hat längst seine verbürgte Position auch bereut und gefährdet. Sturms Tochter, der er nachstellt, glaubt er in seiner Hand (Kristina Söderbaum spielt sie einfachen Sinns und mit einem Sentiment, das allen Tücken preisgegeben ist). Sie wird vergewaltigt, während ihr als Verschwörer gefangener Bräutigam (Malte Jäger) in der Folter jammert. Der Schmied Bogner (Emil Heß), dessen Haus einer Straßenverbreiterung wegen halb abgebrochen wurde, ist, da er mit dem Hammer gegen den vorbeifahrenden Süß losging, gehängt worden. So wird — mit einer gewissen zeitlosen Logik des Unrechts — eine Schandtat auf die andere gehäuft. Der kranke Herzog stirbt am Schlaganfall, als die empörten Schwaben ihre Forderungen stellen. Das Regime ist wieder in der Hand der Stände, und der Jude wird gehängt.

Der Film hat etwas von den typenhaft geprägten Schemen der Leidenschaften, wie sie auf alten Gemälden vorkommen. Auch den barocken, unerbittlich abrollenden Mechanismus des Intrigantenstücks glaubt man zu spüren. Das Unrecht wird in die äußerste Sackgasse getrieben. Obwohl das Hofleben, wie manchmal im Film, ein wenig als ein Bilderbogen leeren Prunks erscheint, ist doch das moralische Ziel das Hauptanliegen. Es ist höchst wirksam versinnlicht. Spitz und konsequent ruft der Film die Erbitterung hervor — nicht nur gegen die Schlechtigkeit, die in der Welt vorkommt, sondern vor allem gegen den Exponenten solcher Schlechtigkeit. Der aber vollführt seine bösen Taten nicht, weil sie ihm Nutzen bringen. Vielmehr: er hat Lust daran, und erscheint hierzu vorbestimmt durch seine Rasse. (Berlin, Ufa-Palast am Zoo).

Carl Linfert.

Werner Krauß als Sekretär Levy und Ferdinand Marian in der Titelrolle des »Jud Süß«-Films von Veit Harlan

Die »Swiftsche Methode«

Das Feuilleton war der vorzügliche Platz in der Zeitung, an der Zensur vorbei verschlüsselte Kritik an der Tyrannis vorzutragen. Historische Betrachtungen, Berichte aus fernen Weltgegenden, aus dem Lande Utopia, Märchen, Geschichten, in denen Tiere mit Menschenzungen sprechen, sind von alters her Formen der Rede, um den Mitmenschen einen Spiegel vorzuhalten. Die Methode, in Parabeln zu sprechen, um niemand beim Namen nennen zu müssen, und dennoch begreiflich zu machen, wer und was gemeint ist, ist so alt wie die Fabeln Äsops. Jonathan Swift hatte so seinen Zeitgenossen aus dem Lande Liliput berichtet. Montesquieu erfand einen Briefwechsel zweier Perser als Satire auf das absolutistische Frankreich Ludwigs XV. Kleist schrieb eine »Hermannsschlacht«, um die Deutschen zur Empörung gegen Napoleon aufzurufen. Schriftsteller des »Vormärz« schrieben so gegen die »Restauration«. Russische Revolutionäre nützten solche Verkleidungen, um ihre Kritik an der zaristischen Zensur vorbei in die Presse zu bringen. Noch heute werden in der Sowjetunion mit solchen Stellvertretergeschichten Fehden innerhalb der einzigen Partei oder mit Bruderparteien ausgetragen, weil es offiziell nur die Einheit der Partei geben darf.

Ungefährlich war die »Swiftsche Methode« keineswegs, auch wenn der Herausforderer sich in rhetorischer Hinsicht in vorteilhafter Stellung befand. Je diktatorischer und willkürlicher die Diktatur herrschte, desto versteckter mußte auch die Swiftsche Methode angewandt werden. Historische Studien eigneten sich besonders gut. Dank ihrer Wissenschaftlichkeit waren sie nicht so leicht als Satire zu identifizieren wie etwa Swifts Bericht von den Liliputanern oder Montesquieus persischer Briefroman. Dennoch hatte Walter Frank einige Bemerkungen in Hermann Onckens Cromwell-Biographie als Hiebe gegen die Hitlerdiktatur erkannt. Das ursprüngliche Manuskript von Friedrich Sieburgs »Robespierre« enthielt viele Stellen, die als Anzüglichkeiten hätten gelesen werden können. Erich Welter redete Sieburg in langen Unterhaltungen im »Frankfurter Hof« die gefährlichsten aus. Karl Voßler, der Romanist, besprach das Buch dann im Literaturblatt.

An wen wende sich Sieburg mit seinem Buch, so begann er. An weitere Kreise Gebildeter? Nicht dem Bildungsstreben, wohl aber der Orientierung in einer politisch-geschichtlichen Welt wolle er dienen. »Also doch wohl ein publizistisches Werk? Etwa gar mit versteckten Anspielungen und mit einer maskierten politischen Tendenz? Vor dieser abwegigen Deutung möchte ich das schöne Werk auf jede Weise bewahrt wissen.«[24] Der Leser wurde hier mit der Nase auf Anspielungen gestoßen, vor die Voßler dann ein großes, neugierig machendes Schild aufstellte, welches eben dies doppelsinnig bestritt.

Jahrestage boten gute Gelegenheiten. Im Oktober 1937 war es 125 Jahre her, daß Napoleon zu dem russischen Feldzug aufgebrochen war, der ihn Reich und Herrschaft kosten sollte. Sethe stellte die Frage »Warum unterlag Napoleon?« Eben nicht einfach wegen eines Naturereignisses, sondern »weil er den Sieg brauchte« und »das Marschieren ohne Triumph unerträglich fand«. Er habe wohl geahnt, daß die Widerstände Frankreichs gegen seine Politik wüchsen, aber erwartet, wenn die Nachricht von dem strahlenden Sieg nach Frankreich käme, werde »die Nation unter dem Rauschen der Fahnen, den schmetternden Fanfaren der Feste wieder für eine Weile ihre Sorgen vergessen... Er hatte sich niemals wirklich als Glied seines Volkes gefühlt, auch Frankreich war für ihn nur der Schemel seiner Macht.«[25]

Fritz Reck-Malleczewen veröffentlichte 1937 ein Buch über Bockelson, den »König« der Wiedertäufer von Münster. Er beschrieb die Herrschaft der Wiedertäufer in verblüffenden Parallelen. Die Rezension in der Zeitung berichtete über den Inhalt: Eine Stadt gerate in wenigen Monaten in den Bann »chiliastisch-kommunistischer Ideen«, erhebe einen »Zugewanderten«, einen früheren Schneidergesellen, zum König, lasse sich eine Herrschaft äußersten Terrors mit Gottesgerichten, Vielweiberei und willkürlichen Hinrichtungen aufzwingen, leiste einem Heer der Nachbarregierungen über ein Jahr lang Widerstand und bleibe diesem »König« bis zum bittersten Ende untertan. Der Rezensent (»-per«, vielleicht Kamper?) bemerkte, dem Autor des Buches sei die blutige Münstersche Posse ein Symptom der schweren lebensbedrohenden Krise des Menschen der Renaissance, »der sich vermaß, ohne Götter zu leben«. Und Bockelson sei eine Verbrechernatur, ein »heilloser Sohn des Chaos«, sonst nichts. »Die eigenartige Perspektive, aus der Reck-Malleczewen Dinge betrachtet, befähigt ihn zweifellos dazu, sehr scharf und treffend zu zeichnen, wie denn überhaupt das Buch in jedem Satz mit innerer Spannung gefüllt ist. Im Ganzen aber ist hier die aberwitzige Vergangenheit der Jahre 1534 und 1535 doch wohl zu sehr aus der Gegenwart herausgesehen.«[26] Der Rezensent stand vor der schwierigen Aufgabe, den Leser auf die bemerkenswerteste Ansicht des Buches aufmerksam zu machen, wollte sie aber nicht bestätigen, um sich und den Autor zu schützen. Der historisch-kritische Tadel am Schluß war demnach ein Mittel zur Verschleierung der Swiftschen Methode. Reck-Malleczewen mußte für das Buch büßen. Er kam ins Konzentrationslager Dachau, wo er im Februar 1945 den Tod fand.

Zum 350. Geburtstag von Friedrich von Spee, dem Dichter der »Trutz-Nachtigall«, schrieb Ernst Beutler, der Goethe-Forscher und Direktor des Freien Deutschen Hochstiftes in Frankfurt, einen Aufsatz, der unmittelbar zu Vergleichen über die Verfolgung der Juden anregte und die Aufgeklärtheit der Kirche, besonders der Jesuiten, hervortreten ließ, die die kirchenfeindliche Propaganda aber als »Dunkelmänner« bezeichnete. In Beutlers Aufsatz hieß es: »Spee zweifelte nicht, daß Hexen seien, aber er war auch vollständig überzeugt, daß alle die Opfer, die er zu Tode führte, durchaus unschuldig waren. Dummheit, Mißgunst, Freude am Verdächtigen, Habgier nach den freiwerdenden Vermögen, Lust an der Folterqual, Angst, selbst angeklagt zu werden, das waren, er erkannte es klar, die Triebkräfte. Sein Buch ist ein Muster sachlich-scholastischer Beweisführung. Grund und Gegengrund werden Satz für Satz in scharf-logischer Schlußkette abgehandelt, so daß es kein Ausweichen gibt. ... Wir haben diesen Kampf Europas gegen den Aberglauben vergessen. Werden wir daran erinnert, so ist es wie ein böser Alpdruck, den wir schnell los sein möchten. Aber der Männer, die die Welt von dieser Pest befreiten, sollten wir dankbar und ehrend gedenken. Wenn der sterbende Voltaire im Februar 1778 mit zitternder Hand als letzte Worte dieses schrieb: ›Je meurs en adorant Dieu en aimant mes amis en ne haissant pas mes ennemies, en détestant la superstition‹, so endete er nach einem Leben voll Gift und Galle, Witz und Spott eben da, wo Friedrich von Spee begann. Nur daß Spee seinen Kampf gegen den Aberglauben nicht mit der Waffe des Spottes, sondern mit der der Liebe geführt hat.«[27]

Beutlers Artikel liest sich wie ein Gleichnis für die in den Konzentrationslagern verübten Verbrechen. In diesem Frühjahr 1942 stand das Regime an der Wende seiner Politik gegen die Juden. Von der Verfolgung durch Berufsverbote, Enteignungen, diskriminierende Abzeichen, Versklavung und Austreibung ging es nun über zur organisierten Ermordung. Auch wenn Beutler noch keine Einzelheiten wissen konnte, das Vorwissen des Kommenden war nicht Einbildung. Es beruhte auf richtiger Einschätzung des Systems. Doch nicht jede Anspielung war als solche geschrieben worden. Man kennt das Phänomen auch aus der gewöhnlichen Unterhaltung. Ist erst einmal der Ton der Anzüglichkeit angeschlagen, klingt vieles plötzlich anzüglich, was ursprünglich nicht so gemeint ist. Werner Bergengruen schrieb sein Gedicht »Arges Haus« vor 1933, ohne eine Vorstellung davon, daß es wenige Jahre später als Untergrunddichtung von Hand zu Hand gereicht würde. Die Bereitschaft der Unterdrückten, Texte hintergründig zu lesen, ist in der Diktatur immer vorhanden und damit der Resonanzboden für die Swiftsche Methode.

Karl Holl besprach »Die Kluge« von Carl Orff bei ihrer Uraufführung in Frankfurt. In Holls Musikfeuilletons schien die nationalsozialistische Zeit nicht vorzukommen. Er ignorierte das Dritte Reich. Er nutzte seine Musikbesprechungen weder zu politischen Angriffen, noch machte er künstlerische Konzessionen an die von der nationalsozialistischen Kulturpolitik begünstigten Musiker und Komponisten. Er blieb ein strenger, sachlicher Musikkritiker. Aber »Die Kluge« wollte, wie alle Märchen, als Deutung von Zeit und Menschen begriffen werden. Wie immer, konnte der Rezensent gerade dies nur andeuten. Holl mäkelte ein wenig an der Fabel, aber ließ genügend Hinweise fallen: »Der führt uns hier auch ins ›Märchenland‹, das von unserer Wirklichkeit scheinbar so weit entfernt ist. Aber diese Bühnenhandlung hat bei aller Unwahrscheinlichkeit, bei allem Mangel an letzter Schlüssigkeit, bei aller ideologischen Verlarvtheit und trotz ihres starken Ausschwingens ins Phantastisch-Spielerische mit der Volksweisheit des Märchens auch die tiefere Bedeutung oder Deutbarkeit gemein, und zwar besonders in den scharf gewürzten, ironisch-parodistischen Szenen, in denen die Hybris des Königs sich enthüllt und die drei Strolche als ›Anwälte des Teufels‹ auftreten.«[28]

Die »Marmorklippen« Ernst Jüngers sind im Dritten Reich als ein

Abbild der Diktatur gelesen worden. In der Figur des »Oberförsters« und den dunklen Gestalten des »Waldgelichters« schienen Hitler und sein Anhang abgebildet zu sein. Ob Jünger ein Widerstandsbuch schreiben wollte oder nicht – die Leser fanden, er habe eines geschrieben. So las es auch der Rezensent, Max von Brück. Seine Überschrift »Gefahren einer Traumlandschaft« war doppelsinnig. Waren die Gefahren gemeint, die der »Marina«, dem Land an den Klippen der Küste, vom wilden Weideland im Innern her drohte, wo Hirtenstämme mit Sippenfehden und Blutrache ein ungewisses Dasein führen? Oder war es gefährlich, solche Träume zu träumen und darüber zu sprechen? Da Brück die Fabel nicht allzu deutlich deuten durfte, erzählte er die Handlung so, daß die Leser ihre Schlüsse ziehen konnten. Im Schlußabsatz warnte Brück aber vor der Verzweiflung, in der Jüngers Buch endet:

»Gelegentlich nannte sich Jünger einen heroischen Realisten oder auch einen Nihilisten. Beides ist richtig, denn er hat die Unveränderlichkeit des menschlichen Kernes als Ausgangsposition seiner Wanderschaft ins Niemandsland der Visionen verlassen. Des Menschen Bild ist grund-los geworden. Von einem gewissen Punkt an, wo die vertrauten Stützen vom Elementaren und Dämonischen verschlungen werden, beginnt das rätselhafte Wesen, Mensch genannt, unablässig um sich selbst zu kreisen. Verschüttet ist ›der Ausweg des Glücks‹, Ruhe bringt nur die Vernichtung. Der Dichter Ernst Jünger nimmt in diesem Buche Abschied von einer Menschenlandschaft, in der Erinnerung. Die große Marina ist für ihn historisch geworden. Eine alte Welt. Aber die alte Welt, ist sie wirklich versunken?«[29]

In der Redaktion verstand sich Sternberger wie kein anderer auf die Swiftsche Methode. 1936 erfand er eine Aufsatzreihe mit dem Sammeltitel »Vademecum für Sprichwörter«, in der er einige von ihnen kritisch prüfte, nicht um ihre sprachgeschichtliche Herkunft zu untersuchen, sondern ihren politischen Sinn herauszuarbeiten. Eine dieser Exegesen galt dem Sprichwort: »Eine Krähe hackt der andern kein Auge aus.« Sternberger fand, daß das Sprichwort mehrere Bedeutungen habe, eine beruhigend-zuversichtliche, aber auch eine abschätzig-resignierende. Dazu hieß es im Text:

»So oder so ist das Sprichwort also weit entfernt, etwa auf die verträgliche Gemütsart oder den zivilisierten Sinn der Krähen zu bauen. Nein, es erblickt – skeptisch wie es auch hier wieder ist – die Gewähr für das Verhalten der Krähen einzig darin, daß sie allesamt Krähen sind. Das heißt: daß jede einzelne von ihnen zwar von räuberischer und selbstsüchtiger Natur ist, daß aber zwei oder mehr Krähen Dritten, etwa anderen Vogelarten, gegenüber vor allem ihr gemeinsames

Interesse zu behaupten suchen werden, zumal sonst die Sicherheit jeder einzelnen von ihnen bald dahin wäre... Daß sie sich die Augen nicht wechselseitig aushacken, ist weder auf ein ausgebildetes Rechtssystem noch auf lebhaftes Mitgefühl, sondern einzig auf den Vorteil zurückzuführen, den sie davon haben, daß sie es nicht tun... Doch im Augenblick höchster Gefahr liegt es sehr nahe, daß die eine der andern geschwind ein Auge aushackt, damit der Geier nicht allen beiden, während sie noch am Brocken zerren, den Garaus macht... Ebenso läßt sich umgekehrt ein Zustand ausdenken, in dem die Krähen selber alle Macht über den Bereich der Stoppelfelder auf sich vereinigt haben, indem sie alle übrigen Vögel, die zuvor umherpickten, sei es durch Gewalt, sei es durch List ausgerottet hätten. Auch in diesem Fall werden sie, da kein gemeinsamer Feind sie mehr davon abhält, sicherlich sehr bald Gelegenheit und Neigung genug finden, einander die Augen auszuhacken, mag es nun vielleicht auch nur um das mindeste Körnchen gehen. Wobei man wiederum nur die eine Voraussetzung beibehalten muß, daß die Krähen Krähen bleiben und ihre räuberische Natur nicht von Grund auf ändern. Aber warum sollten Krähen gerade auf dem Gipfel ihrer Macht und Sicherheit zu Tauben werden? Daraus folgt, daß es für den rechtmäßigen Gebrauch des Sprichwortes eine obere und eine untere Grenze gibt. Nur dann ist es vollkommen wahr, wenn sowohl die Gefahr, mit der die Krähen bei ihrer Lebensweise zu rechnen haben, als auch die Sicherheit, die sie genießen, und die Gewalt, die sie in ihrem Feld ausüben, ein gewisses mittleres Maß nicht übersteigt. Wird eine der beiden Grenzen überschritten, so wird die Barbarei, die in der Kultur dieser Sprichwortkrähen ja stets latent vorhanden ist, offen ausbrechen. Der zufriedene Sprecher des Sprichworts wird, da er sich den Krähen heimlich verschrieben hat, mindestens in große Aufregung geraten. Der grämliche Sprecher aber wird triumphieren – wenn anders er überhaupt noch existiert. Denn dieser hat – so kann man annehmen – entweder längst das Weite gesucht oder ist seiner eigenen Resignation zum Opfer gefallen.«[30]

Es war nicht schwer, in den kreischenden, streitsüchtigen, räuberischen Krähen und ihrer auf selbstsüchtigen Nutzen gerichteten Herrschaft das Führercorps der NSDAP zu erkennen. In der Frage »Warum sollten Krähen gerade auf dem Gipfel ihrer Macht und Sicherheit zu Tauben werden?« steckte der Schlüssel. So politisch geistreich und trotz aller Grimmigkeit der Analyse sehr unterhaltend schrieb Sternberger in lockerer Reihe noch über eine Anzahl anderer Sprichwörter, wie »Wer A sagt, muß auch B sagen«,[31] »Liebe macht blind« oder »Ende gut, alles gut«.[32] Das Ende könne nämlich nicht gut werden, wenn nicht die Reihe der Schritte dahin auch gut ist. »Es ist freilich noch nicht aller Tage Abend. Aber so lange gilt es doch, daß alle Tage ›jüngste Tage‹ sind, an denen sich, wenn auch kein Richterspruch zu hören ist, etwas entscheidet, was nicht mehr wird ausgelöscht werden können, bis aller Tage Abend es zudeckt.«[33] Sternberger entnahm den Spruchweisen keinen Trost und keine Hoffnung auf die Zukunft. Der Moralist appellierte an den Verantwortungssinn der Zeitgenossen: Handelt jetzt, hört nicht auf, selbständig zu denken.[34]

Fünf Jahre später griff Sternberger nochmals zu der Methode Swifts. Für die Weihnachtsausgabe des Jahres 1941 schrieb er einen Essay über Fabeln. Es schien eine literarische Untersuchung zu sein, jedenfalls auf den ersten Blick. Die Seite war mit einem Stahlstich aus einer Ausgabe von La Fontaines Fabeln aus dem vorigen Jahrhundert illustriert, was den antiquarischen, scheinbar entlegenen Charakter des Aufsatzes nur verstärken konnte. In scheinbar arglosem Ton begann der Aufsatz, den Niedergang des Fabellesens zu bedauern. Es müsse aber doch einen Grund geben, wenn die Dichter zweitausend Jahre lang sich immer wieder mit Fabelliteratur beschäftigt hätten. Erst nach vierzig Zeilen – die Zensur hatte vielleicht schon weitergeblättert – suchte Sternberger nach einem Beispiel: »Der Wolf und das Lamm tranken aus dem selben Bach, der Wolf oben, das Lamm weiter unten. Der Wolf fuhr aber das Lamm an, warum es ihm das Wasser trübe. Das Lamm gab zur Antwort: Wie kann ich dir denn das Wasser trüben, da du doch oben trinkst! Allenfalls könntest du mir das Wasser trüben. Was, du fluchst mir auch noch? sagte der Wolf, worauf das Lamm ihm versicherte, daß es ihm durchaus nicht fluche. So, gab der Wolf zurück, du hast es im vorigen Jahre ja auch getan. Aber da war ich doch noch gar nicht geboren, sagte das Lamm wahrheitsgemäß. Dann war's dein Bruder. – Ich habe gar keinen Bruder. – Dann war's irgendein anderer von deiner Verwandtschaft, ihr alle und eure Hunde und eure Schäfer plagt mich ja zu jeder Zeit, und ich muß euch bestrafen. Sprach's, zerriß das Lamm und fraß es auf.«

Sternberger führte verschiedene Deutungen dieser Fabel in der Literaturgeschichte vor und betonte, die Gewalt trete nicht nur »in ihrer zwar schauderhaften, aber immerhin offenkundigen Nacktheit hervor, sondern sie ist ja gekleidet in den Mantel des Rechts, sie erhebt ja gerade den Anspruch, nicht die Gewalt, sondern das Recht zu sein. Als ob sie wüßte, daß sie allein und ohne solchen Schein nicht bestehen könne; in all seiner Verderbtheit macht dieser Fabelwolf noch eine Reverenz vor dem Recht, indem er es mißbraucht. Das ist es aber, was den Wolf in der Praxis... erst so recht abscheulich macht und so gefährlich obendrein, denn es wird immer Esel genug geben (wenn sie auch in dieser Fabel nicht vorkommen), die auf seine Rechtsgründe hereinfallen oder sie doch immerhin der Erwägung für wert halten. Darum trifft der letzte Satz von Luthers Erklärung diese Seite der Sache besser: Wenn der Wolf will, so hat das Lamm unrecht. Das Lamm wird nicht bloß zerrissen, es hat auch noch unrecht obendrein! ... Die Wahrheit im Munde des Machtlosen, wie einfach und klar sie immer sein mag, gilt dem Gewalthaber für nichts als ein Geschwätz. Das wäre noch eine weitere Lehre, die die Fabel enthält.« Zum Schluß wählte Sternberger eine Fabel La Fontaines: die Geschichte von der Pest im Tierreich und der Ratsversammlung mit der Frage, wer von den Tieren der Schuldigste sei und zur Versöhnung des Himmels geopfert werden müsse. Der Reihe nach legten alle Tiere ihre Sündenbekenntnisse samt entschuldigenden Erklärungen ab, beim Löwen angefangen. Nur der Esel, der (fast) unschuldige, weiß nichts zu seiner Entschuldigung zu sagen – und also wird das Urteil über ihn gesprochen und sogleich vollstreckt: »Der arme Esel? Nein, der Esel. Der Esel von einem Esel. Die Fabel duldet kein Mitleid. So ist eben der Charakter, das heißt die Maske des Esels, das ist seine Rolle in der Fabel und in der Welt, die muß er zu Ende spielen, bis zum schrecklichen Ende. Die Fabeln bilden einen Vorrat möglicher Macht- und Rechtsverhältnisse, einen Katalog von Charakteren oder Rollen, die wir in der menschlichen Gesellschaft spielen können. Wir selber, wir Individuen, sind bald Wolf, bald Schaf, bald Löwe, bald Fuchs und bald Esel. Je nachdem.«[35]

Sternberger hatte das Manuskript, »wie üblich im letzten Augenblick«, vor dem Weihnachtsfest zu Ende gebracht. Es mußte sofort in Satz. Der Gegenleser, Erich Welter, konnte es nur noch im feuchten Bürstenabzug, kurz vor Umbruchschluß lesen. »Kreideweiß« vor Erregung kam Welter in Sternbergers Zimmer zurück. »Da haben Sie uns aber ein Kuckucksei ins Nest gelegt.« Der Wolf und das Lamm war klar als ein Abbild des Regimes gegenüber den Juden zu erkennen, und überhaupt eine Analogie auf die wölfische Natur des Regimes. Es war zu spät für Abschwächungen. Man konnte den Aufsatz nur ganz oder gar nicht veröffentlichen. Der Platz war dafür freigehalten worden, kein anderer Artikel stand für den Festtag in Reserve. Von den Umständen bezwungen, gab Welter nach.[36]

Die Leser verstanden sofort. Sternberger erhielt gratulierende Briefe. Ein Imker in Bayern, so erinnert er sich, schickte ihm vor Begeisterung eine Kostbarkeit in jener Zeit, einen Fünfpfundeimer Honig.

Die Aufpasser in der Frankfurter Gauleitung hatten anscheinend nichts bemerkt. Aber Goebbels hatte verstanden. Fritz Sänger mußte ein paar Tage später zu ihm und bekam zu hören: »Die Herren in der Eschenheimer Gasse wittern wohl Morgenluft?« Goebbels hatte für die Zeitung eine fachmännische Bewunderung, wie ein Artist sie für einen anderen haben kann. Aber man muß auch den drohenden Ton der Bemerkung mithören: Eben war Amerika in den Krieg eingetreten. Die Wende des Krieges zeichnete sich ab. Ein Regime wie dieses war nicht gewillt, seine inneren Feinde das Ende seiner Herrschaft überleben zu lassen.

Zunächst geschah nichts. Der Tyrann konnte schlecht sagen: Der Wolf in der Fabel, das bin ich. Aber der Hieb war nicht vergessen. Das Propagandaministerium begann eine Akte Sternberger anzulegen und Material zu sammeln. Monate später drohte der Schlag. Heinrich Scharp, der Leiter des Berliner Büros, bekam den Auftrag zu retten, was zu retten war. Ein Berufsverfahren gegen Sternberger hieß Streichung von der Schriftleiterliste, hieß Existenzvernichtung; dahinter stand die Drohung des Konzentrationslagers oder die Einberufung zu einem Strafbataillon. Auch hing das Schicksal von Sternbergers jüdischer Frau daran. Ernst Trip war zu jener Zeit vertretungsweise dem Berliner Büro zugeteilt. Scharp beriet sich mit ihm. Würde man mit Hans Fritzsche, dem Nachfolger Berndts in der Leitung der Presseabteilung, über Sternberger sprechen können, oder würde das alles noch schlimmer machen? Scharp überlegte es sich lange und entschloß sich endlich, Fritzsche aufzusuchen. »Fritzsche war«, so berichtet Trip, »nicht bösartig, aber ehrgeizig und auch feige.« Scharp habe zu ihm etwa dies gesagt: Er, Fritzsche, wisse ja, was es bedeute, wenn dieses Berufsverfahren gegen Sternberger in Gang komme. Wolle er, daß die Fabelgeschichte Sternberger das Leben koste? »Da nahm Fritzsche die Akte – und zerriß sie.«[37] Das System hatte Platz für Willkür. Es war unberechenbar. Es hatte Lücken und Risse, in denen es menschlich zugehen konnte. Fritzsche wurde übrigens im Nürnberger Kriegsverbrecherprozeß freigesprochen.

Maß des Lebens

Für den publizistischen Widerstand gab es kein Schema. Die Formen waren so verschieden wie die Gelegenheiten und die Individuen. Das Temperament und der Einfall, auch das Maß der polemischen Befähigung spielten eine Rolle. Nicht jeder konnte wie Kircher seinen Artikeln schillernden Glanz auflegen oder so listig und erfindungsreich wie Sternberger erzählen oder verfügte über das kämpferische Temperament Kallmanns.

Eine Methode war, die Nationalsozialisten vollkommen zu ignorieren, als existierten sie nicht. Es gab in der Zeitung Spalten, die scheinbar vom Nationalsozialismus ganz unberührt blieben. Karl Holls Musikkritik gehörte dazu, ebenso Reifenbergs Meditationen in Gemäldegalerien oder Hausensteins Literaturblatt und die Frauenbeilage. Es gab Stücke, die nichts anderes zu sein schienen als »schön«, zum Beispiel ein Aufsatz von Hausenstein über das Fußwandern oder eine Betrachtung Benckisers über das Pantheon in Rom.[38] Dies waren Bilder aus einer andern Welt. In dem Lärm der Diktatur, den Reden aus Lautsprechern, den Appellen von Tribünen, den schreienden Überschriften in den Zeitungen – da entsteht ein Bedürfnis nach Abstand, nach Stille und nach Orten, an die man sich zurückziehen, auch nach Freunden, in deren Gesellschaft sich der beklemmende Ring um das Herz lösen kann. Hausensteins Seiten waren Orte der Stille, aber nicht der Ruhe oder des Ausruhens. Im Gegenteil, sie verlangten von den Lesern Anstrengung – jedoch nicht Kampf und Krampf oder eine ständige Notwendigkeit, sich wehren und auseinandersetzen zu müssen.

Das Literaturblatt nahm von der »Blut und Boden«-Literatur der Nationalsozialisten grundsätzlich keine Notiz. Waren nationalsozialistische Bücher überhaupt nicht zu umgehen, wurden sie als »Politik« behandelt. Die Redaktion zeigte sie in einer kleinen Sammelrubrik auf einer der hinteren Seiten des politischen Teils mit einigen referierenden Zeilen an. Der Ort und die Art sagten dem Leser, was die Redaktion von diesen Titeln hielt. Das wichtigste nationalsozialistische Buch, Alfred Rosenbergs »Mythus des 20. Jahrhunderts«, wurde mit Schweigen übergangen.

Auch der Fortsetzungsroman war ein rein gehaltener Ort. Die Feuilletonredaktion wählte dafür immer anspruchsvolle Novellen oder Romane, gelegentlich auch literarisch geformte Geschichtsschreibung. Autoren waren Elisabeth Langgässer, Helene Henze, Reinhold Schneider, Werner Bergengruen, Hermann Hesse, Albrecht Goes, Ernst Wiechert. Von Annette Kolb erschien »Die Schaukel«, anmutige Bilder aus München vor dem Ersten Weltkrieg, von Pearl S. Buck druckte die Zeitung »Das geteilte Haus«. An diesem Platz erschienen auch Erzählungen von Angehörigen des Feuilletons, wie Alfons Paquet und Ernst Benkard, oder des politischen Ressorts, wie Hans Bütow und Robert Haerdter.

Der Anteil der Schriftsteller, die religiöse Fragen behandelten, war besonders groß. Das galt besonders für Stefan Andres, den das Feuilleton der »Frankfurter Zeitung« hoch schätzte. 1937 veröffentlichte die Redaktion »Der Mann von Asteri« als Fortsetzungsroman, 1941 »Der gefrorene Dionysos«, »Der hinkende Gott« und »Das erhörte Herz« und 1942 »Wir sind Utopia«. Im vierten Jahr eines Krieges, dessen heilloser Ausgang immer wahrscheinlicher wurde, während die Flut von Leid, Verbrechen und Terror des SS-Staates anstieg, steckte dieser Roman mit einer Geschichte aus dem spanischen Bürgerkrieg ein Licht der Hoffnung auch für diejenigen an, die schwach geworden waren und versagt hatten. Die Redaktion hielt diesen Roman für den wichtigsten unter allen Veröffentlichungen von erzählender Literatur im Feuilleton, weil er eine religiöse Wahrheit verkündete, die der nationalsozialistische Staat mit allen Mitteln zu unterdrücken versuchte.[39]

Kirchenfragen hatten immer zur Berichterstattung der Zeitung gehört. Im Dritten Reich erwachte in der ursprünglich einmal laizistischen Zeitung ein auffallend starkes Interesse an theologischen und religiösen Stoffen. Die von Hausenstein angeregte Serie der »Christlichen Gestalten« im Jahr 1934 war der Anfang gewesen. Wie es die Gelegenheit ergab, folgten auch später solche biographischen Aufsätze, zum Beispiel über Thomas Morus (»Man muß Gott mehr gehorchen als den Menschen«),[40] von Romano Guardini über Pascal,[41] über die Frömmigkeit Bismarcks.[42] In einer Aufsatzreihe über katholische Schriftsteller steuerte Max von Brück eine Studie über die Dichterin Gertrud von Le Fort bei.[43] Max Picard, der Schweizer Freund Reifenbergs, kam oft zu Wort, unter anderem mit einem Aufsatz »Die Flucht vor Gott«.[44] Theodor Haeckers Schriften wurden rezensiert oder im Blatt abgedruckt[45]. Als der Jesuitenpater Peter Lippert 1936 starb, der eine weitverbreitete katholische Glaubenslehre verfaßt hatte, widmete ihm die Zeitung einen Nachruf. Karl Muth, der Herausgeber der angesehensten katholischen Zeitschrift jener Jahre, des »Hochlands«, erhielt zu seinem 70. Geburtstag nicht nur eine respektvolle, wie man erwarten durfte, sondern eine warmherzige Würdigung wie von Freund zu Freund.[46] Der katholische Philosoph Josef Pieper verfaßte damals vielbeachtete Essays über die kirchliche Lehre von den vier »Kardinaltugenden« der Klugheit, Gerechtigkeit, Tapferkeit und Mäßigung. Über den »Sinn der Tapferkeit« referierte die Redaktion nicht im Feuilleton, wie man erwarten sollte, sondern in der Politik auf der ersten Seite des Blattes in der Weihnachtsnummer des Jahres 1935.

Wo immer man in die alten Jahrgänge dieses letzten Jahrzehnts der Zeitung greift, stößt man auf ein gestiegenes Interesse an Glaubensfragen. Es ging über das politische Interesse am Kirchenkampf hinaus. Die liberale Zeitung erkannte in den Kirchen nicht bloß verfolgte Mitstreiter gegen die Diktatur, denen sie, soweit ihre Mittel dazu taugten, beizustehen suchte. Sie folgte nicht nur der Maxime Leopold Sonnemanns, die Zeitung solle den Schwachen und Bedrängten helfen. Vielmehr zeigte sich die Redaktion an Religion als einer Eigenschaft des Menschen selbst interessiert. Die liberale Zeitung verstand, daß Humanismus verkürzt, unvollkommen und unbegründet ist, wenn der

Das Feuilleton in den dreißiger Jahren. Oben: Max von Brück, der Leiter des Feuilletons, und Wilhelm Hausenstein, der Leiter des Literaturblattes und der Beilage »Für die Frau«; unten: der Kunsthistoriker Ernst Benkard und Walter Dirks, Brücks Stellvertreter

Mensch souverän gedacht wird, ohne die Existenz Gottes. Man kann in diesen letzten Jahren fast von einer Konversion der »Frankfurter Zeitung« sprechen, was nicht allzu wörtlich verstanden werden soll. Es ist damit nichts über einzelne Redaktionsmitglieder gesagt. Doch ist nicht zu übersehen, daß nicht bloß im Feuilleton ein Orientierungswechsel stattgefunden hatte. Hausenstein selbst ist dafür das stärkste Zeugnis.

Hausenstein (1882–1957) war seit 1918 freier Mitarbeiter der Zeitung. 1933 hatte Himmlers bayerische Politische Polizei beim Verlag der »Münchener Neuesten Nachrichten« seine sofortige Entlassung verlangt.

Diesem Gezeichneten boten Simon und Reifenberg 1934 die Leitung des Literaturblattes der »Frankfurter Zeitung« an. Das Literaturblatt und die Beilage »Für die Frau« trugen in diesen letzten zehn Jahrgängen seine Prägung, der sich die Kollegen und die angesehensten Rezensenten willig fügten. Die meisten seiner Beiträge waren mit seinem Schriftstellernamen »Johann Armbruster« gezeichnet. Hausensteins Autorität ruhte nicht auf der Macht eines Redaktionsamtes, sondern auf dem Respekt vor der Person, der Breite und Tiefe seiner Bildung, seiner Liberalität, seinem Taktgefühl und der Sicherheit seines Urteils in künstlerischen Fragen.

Hausenstein kam aus dem nördlichen Schwarzwald. Er war geboren als Sohn eines großherzoglich-badischen Finanzbeamten in Hornberg, wo Bauern, Uhrmacher und Flößer zu Hause waren; in Karlsruhe ging er auf das alte Gymnasium, aus dem auch Kircher und Benckiser kamen und dem damals einer seiner bedeutendsten Direktoren, der Gräzist Gustav Wendt, vorstand. Dieser einst von Johann Peter Hebel geleiteten Schule verdankte Hausenstein seine Liebe zur Literatur und Kunst des Altertums. In Heidelberg, Tübingen und München studierte Hausenstein Philosophie, Klassische Philologie, Mittlere und Neuere Geschichte sowie Nationalökonomie. Er promovierte mit einer Arbeit zur bayerischen Landesgeschichte. Im Seminar Lujo Brentanos, aus dem mehrere Redakteure der Zeitung hervorgegangen waren, fand er Interesse an Sozialpolitik. Eine der Wirkungen war eine anschließende Lehrtätigkeit in Arbeiterbildungskursen in München. Von 1907 bis 1919 war er Mitglied der SPD.

In München lebte er vor dem Weltkrieg zunächst als freier Schriftsteller, studierte nun auch noch Kunstgeschichte, besonders die Geschichte der neueren und modernen Kunst. 1910 erschien sein erstes Buch, über Bruegel; andere folgten: über die Darstellung des menschlichen Körpers in der Geschichte der Kunst, über das Rokoko, den Barock, den Isenheimer Altar, Giotto und Rembrandt. Literarische Studien galten Johann Gottfried Seume, dem Wanderer nach Syrakus, Georg Büchner und Baudelaire. Auch schrieb er über Reisen und Wanderungen in Süddeutschland, in Frankreich und den Ländern am Mittelmeer – den ganzen Raum der romanischen Kulturwelt, in der er zu Hause war. Die Liste der Veröffentlichungen betrug am Ende seines Lebens achtzig Titel. Hausensteins letztes, im 68. Lebensjahr übernommenes Amt war es, die Bundesrepublik als erster Botschafter nach dem Krieg in Paris zu vertreten. Theodor Heuss, der Studienfreund aus Lujo Brentanos Seminar und spätere Mitarbeiter bei der »Frankfurter Zeitung«, hatte Adenauer zugeredet, auf diesen schwierigsten und anspruchsvollsten diplomatischen Posten der ersten Nachkriegszeit einen »homme de lettres« zu entsenden. Hausenstein knüpfte in den Jahren von 1950 bis 1955, gegen viele Schwierigkeiten, die ersten Verbindungen nach Frankreich, worüber die »Pariser Erinnerungen« und der zweite Band seiner Tagebücher Aufschluß geben.[47]

In dem biographischen Roman »Lux perpetua« über eine Kindheit in einem gemischt-konfessionellen Elternhaus und über die Schulzeit in der badischen Landeshauptstadt am Ende des vorigen Jahrhunderts malte er Bilder des Lebens und des Landes am Oberrhein in den empfindsamen Farben und dem warmen, dunstigen Licht dieser Gegend. Vielfältig ist in diesem Roman einer Jugend von Licht die Rede. Das Licht im liturgischen Gebet der Kirche für den frühverstorbenen Vater gab dem Buch den Titel. »Licht unter dem Horizont« ist der Titel der Tagebücher aus den letzten Jahren der Hitlerzeit.[48] In die Kriegsjahre fiel auch sein und seiner Frau Übertritt zum katholischen Glauben, der heimlich vollzogen werden mußte, denn Margot Hausenstein war Jüdin.

Die Redaktion quälte der Gedanke, daß sie dem Regime nicht offen widersprechen, ja, daß ihr Schweigen als Zustimmung mißdeutet werden konnte – nach dem päpstlichen Wort »Qui tacet consentire videtur«. Aber die Leser verstanden das Schweigen. Das lateinische Wort kann Geltung auch nur dort verlangen, wo das Sprechen nicht mit Gefahr für Leib und Leben verbunden ist. Hausensteins Verzicht auf kämpferische Formen der Opposition hat mit Widerstand im landläufigen Sinne scheinbar wenig zu tun. Hausenstein redigierte die Beilagen als Lichtzeichen im Dunkel – in dem Sinne, wie Licht der Gegensatz von Finsternis ist.

Die Seite »Für die Frau« war, seit Hausenstein sie redigierte, nicht einfach eine Beilage für Leserinnen.[49] Die Frauenbeilage hieß ursprünglich »Für die Frau, Blätter der Frankfurter Zeitung für Mode und Gesellschaft«. Unter Hausensteins Redaktion änderte sich der Titel: »Die Frau – Blätter der Frankfurter Zeitung«. Jetzt war sie an die ganze Leserschaft gerichtet. Der Verzicht auf »Mode und Gesellschaft« erweiterte das Blickfeld. Hausenstein machte aus der Frauenbeilage eine erweiterte Kunst- und Literaturbeilage, freilich unter Bevorzugung weiblicher Thematik. Auch aktuelle Modeberichterstattung behielt da einen Platz, wurde aber gelegentlich mit kulturhistorischen und kulturkritischen Feuilletons über Wesen und Wandlung der Mode begleitet. Guter Geschmack, Eleganz, Stil, das Bild der Dame, eine Reflexion über Grazie, das Graziöse – gratia als »Dank« und als »Gnade« –, dies alles konnte Hausenstein zu Anlässen werden, von seelischen Zuständen und Haltungen zu sprechen. Geschmacks- und Stilfragen waren Fragen der Person.[50]

Die Frauenbeilage war auf satiniertem Papier im Kupfertiefdruckverfahren gedruckt. Das erlaubte, Bilder in bester Qualität zu reproduzieren. Die allgemeinen Teile der Zeitung waren nie mit Fotos illustriert, nur gelegentlich mit einer Strichzeichnung. Die Beilage aber schwelgte um so mehr in schönen, großen Bildwiedergaben. Wie von selbst verwandelte sich ein Teil der Frauenbeilage unter Hausensteins Hand in eine illustrierte kunstgeschichtliche Seite, auf der im Laufe der Jahre rund 250 große europäische Kunstwerke vorgestellt und betrachtet wurden, fast in jeder Ausgabe eines, ohne pedantische Systematik und festen Plan, ein wenig zufällig, wie es Datum, Gelegenheit und Jahreszeit nahelegten. Der Hauptgedanke war jedenfalls, eine exemplarische Auswahl großer Kunst mit enzyklopädischer Weite des Blicks vorzustellen: pompejanische Frauenbilder, griechische Terrakotten, Frauenskulpturen am Straßburger Münster, Veit Stoß' Englischen Gruß, die schöne Königin Hemma von Gurk, Bilder von Dürer, Holbein, Raffael, Damenbildnisse von Gainsborough, Reynolds und aus dem deutschen Biedermeier. Hausenstein gewann die angesehensten Mitarbeiter für solche Beiträge: Ernst Benkard, Julius Meier-Graefe, Carl Georg Heise, Emil Preetorius, Benno Reifenberg, Max Unold. In gleicher Weise nutzte er die Beilage auch für Literatur und literaturgeschichtliche Aufsätze über Frauen bei Stifter oder in Kellers »Grünem Heinrich«. Er druckte historische Briefwechsel zwischen Männern und Frauen, Studien über die Mutter Hölderlins, die Frau von Charles Dickens, literarische Porträts von Dichterinnen der Gegenwart wie Annette Kolb, Pearl S. Buck und Sigrid Undset – alles in sauber erforschten, historischen und literaturgeschichtlichen Studien von kompetenten Kennern, keine »gefällige Unterhaltung« oder genießerische »Conférence«, sondern künstlerisch durchgearbeitetes »Kolleg«. Ohne aufzuhören, eine Beilage für »die Frau« zu sein, war sie mehr: ein zweites großes Feuilleton.

Hinter der »Drecklinie« des Kampfes mit dem Regime, die durch andere Teile des Blattes hindurchlief, lag die Beilage wie ein umfriedeter Garten. Nicht als Paradies für empfindsame Seelen oder abgeschirmter Bezirk deutscher Innerlichkeit, sondern als ein Hort, wo, wie in den Kirchen, von dem gesprochen wurde, was die Nationalsozialisten nicht länger gelten lassen wollten. Hausenstein machte nicht eine »schöne Zeitschrift«, in der Kunst und Literatur wie ein luxuriöser Gegenstand behandelt wurden, den man eigentlich nicht brauchte oder der zur Ablenkung einer exklusiven Leserschaft vom Alltag bestimmt war. Das hätte nicht zu einem Manne gepaßt, der zwölf Jahre lang in der kaiserlichen Zeit Mitglied der SPD gewesen war und in Arbeiterbildungsvereinen Vorträge gehalten hatte. Das soziale und pädagogische Interesse Hausensteins trat nirgends aufdringlich hervor, aber es war da. Die Beilage hatte eine Mission: bedrohte Zivilisation zu bewahren, ihre Werte in Geltung zu halten und damit unmittelbar die Menschlichkeit des Menschen zu schützen.

Die Frauenbeilage war, wie die Redaktion 1926 in der ersten Nummer gesagt hatte, dazu bestimmt, das »Maß der Frau« als ein »Maß des Lebens« zu suchen. Hausenstein redigierte die Beilage konsequent in diesem Sinne. Er und seine Mitarbeiter hielten sich bewußt an die Vergangenheit, an die Kunstgeschichte und an die große Literatur. Sie wollten »die Gegenwart an der Vergangenheit messen, zu erkennen suchen, ob die von ihr propagierten Werte einer Betrachtung im Lichte jahrhundertealter Kultur standhielten«. Die porträtistischen und essayistischen, die aphoristischen und lyrischen Beiträge waren »Normenliteratur«, sanktioniert durch die Geschichte.[51]

Was dabei zustande kam, war ein Bild des Abendlandes mit der Botschaft, daß Deutschland nicht mehr Deutschland wäre, wenn es sich von dem Humanismus und der christlichen Tradition Europas lossagen sollte. Europa war, wie für Hausenstein so auch für die übrige Redaktion, eine Geschichte der Freiheit. Seine Kultur, das Werk von Jahrhunderten und Jahrtausenden, kreiste um den Gedanken von der Freiheit und Würde der Person, von der Unantastbarkeit einer natürlichen oder auch göttlich genannten Ordnung, die den Satzungen der Menschen Gültigkeit gibt, aber immer wieder von der Hybris des Menschen bedroht ist. Hausenstein und seine Mitarbeiter nutzten die Beilage und das Literaturblatt dazu, die Grundlage der europäischen Kultur und Gesittung in der Beziehung zwischen Freiheit und natürlicher Ordnung offenzulegen. Sie waren, im ursprünglichsten Sinne des Wortes, Liberale. Deshalb konnten sie von libertinären oder autoritären, von kollektivistischen oder »emanzipatorischen« Befreiungsversuchen des Menschen nur neue Knechtschaft erwarten. Die Freiheitsgeschichte Europas begann aber nicht erst mit der Aufklärung, sondern bei den Philosophen des antiken Heidentums und den Theologen des Christentums. Diese Genealogie der europäischen Freiheit von ihren Wurzeln her durch das Mittelalter und die Renaissance zu verfolgen und an ihr ein Maß der Gegenwart zu finden, kann, wer will, »konservativ« nennen. Als Substanz des Liberalismus war die humanistisch-christliche Anthropologie in der ganzen Zeitung zu finden, am dichtesten aber in Hausensteins Beilage. Das »Maß der Frau« als Maß des Lebens zu nehmen, bedeutete auch, ein Maß für das Ungenügen des Nationalsozialismus zu besitzen und zu erkennen, daß er für Europa unannehmbar war.

Zwei Beispiele müssen genügen, um zu zeigen, wie sich dies in der Beilage ausdrücken konnte. Kinder galten der nationalsozialistischen Ideologie nicht als Individuen, sondern als Garanten der biologischen Zukunft. Aufgabe der Eltern war es, Staat und Volk mit Nachwuchs »kerngesunder« Rasse zu versorgen, wie Hitler einmal sagte, damit sich die Nation kämpferisch durchsetzen könne. Die Beilage ließ sich nicht zu einer Auseinandersetzung über die Züchtung von Menschen herbei. Hören wir den anderen Ton, in dem Benkard eine Betrachtung zweier Kinderköpfe im Louvre begann, der Skulpturen des Alexandre und der Louise Brougniart von Jean-Antoine Houdon (1741–1828): »Wir vermögen es nicht, den hohen Zeiten der Liebe Verweilen zu ertrotzen. Der Gott aber, dessen Stab jeden einmal berührt, hinterläßt eine lebendige Spur, daß er vorübergegangen, und macht uns verstehen, wie wir von Anbeginn Dienende seines Willens gewesen, wo wir uns Herrschende wähnten. Kinder besitzen zu dürfen, ist eine Gnade, die mit der Bestimmung, sterben zu müssen, versöhnt und die vom Zweifel löst, ob es einen allgegenwärtigen, gütigen Vater über uns gibt... Kinder sind sichtbarer Ewigkeitsgedanke...«[52]

Am 1. August 1936 wurden in Berlin die Olympischen Spiele eröffnet, die das Regime zu einer propagandistischen Darstellung des neuen Deutschland vor ausländischen Gästen nutzen wollte; seine Jugend wurde als blond, stark und schön vorgestellt wie die BDM-Mädchen in »Glaube und Schönheit«. Hausenstein nahm die Gelegenheit wahr, von ganz anderem zu sprechen, und schrieb in der Beilage unmittelbar vor der Eröffnung der Spiele einen Aufsatz unter dem Titel »Frauen von Olympia«. Er betrachtete die Frauenfiguren im Westgiebel des Zeustempels, der den Kampf der Helden Peirithoos und Theseus mit den Kentauren darstellt, mit den »wilden Gewalten« also, die, vom Wein des Hochzeitsfestes berauscht, sich an den lapithischen Jungfrauen vergreifen wollen. In der Haltung der Lapithenfrauen fand Hausenstein einen Ausdruck der Besonnenheit, die er »die menschliche Temperatur des Griechentums« nannte, inmitten des »Getriebes der Leidenschaften«:

»Gemeinschaftlich ist beiden Frauen, der wehrloseren und der wehrhafteren, der unveräußerliche Charakter des Anstandes: der griechischen, in exemplarischem Grade menschlichen Noblesse, die auch im äußersten Augenblick der Gefahr der lautersten Würde nicht bar zu werden vermag. Ob die eine, am Rande der Kraft, fast ohnmächtig, bereits sich anschickt, ein schreckliches Schicksal hinzunehmen, ob die andere, fürstlichere, ihre angetastete Gestalt und Ehre noch zu verteidigen im Stande bleibt... Wie die fürstliche Braut abweisend sich zurücklehnt, behauptet sie eine so unaussagbar vornehme Linie, daß sie, den derben Zugriffen des Kentauren zum Trotz, so unberührt erscheint, als wäre sie allein: Sie ist den Händen und Füßen des Attentäters überhaupt nicht erreichbar – seine brünstige Nähe bleibt doch jenseits von ihr... Sind Mienen, Gebärden, Haltung dieser beiden Frauen unerschütterlich, sogar noch in der Schwäche des Geschlechts, im Versagen der Kräfte, behalten die Angesichter eine gleichsam unbekümmerte, ihrer edlen Selbständigkeit unter allen Umständen versicherte Ruhe, in die nur ein leiser Widerschein des Abscheus, der Not, der Hoffnungslosigkeit hineinspielt, so sind diese menschlichen Frauen, eben kraft ihrer erlauchten Natur und ihrer wahrhaft bildenden Erzogenheit, oft bereits auf dem Wege, den Göttinnen des Olymps zu gleichen... Lautlos also erweisen diese Frauen eine Überlegenheit, die schon ihrem Wesen, ihrer Natur angehört, obwohl die Griechen sich, wie man weiß, nicht eben zu scheuen pflegten, der Not des Leibes und der Seele unbefangen Ausdruck zu geben. In der Tat, diese irdischen Frauen sind beinahe schon göttlich geboren... So ist es kein Wunder, daß das Haupt der Pallas Athene sich von menschlichen Häuptern fast nicht unterscheidet... Die Vollkommenheit des Antlitzes liegt nicht etwa nur bei der Göttin, die Göttin hat die sterblichen Frauen auch nicht nur zu ihrem Spiegel gemacht – vielmehr sind Göttin und Menschenfrau *eines* Geschlechts.«[53]

Der Aufsatz über die Frauen von Olympia zeigt Hausensteins Methode, ein Bild genau zu betrachten, den Leser das Sehen zu lehren und das Bild aus sich selbst zu deuten, nichts hineinzulegen, aber herauszuholen, was den Künstler bewegt hatte. Der Interpret drängt sich nicht auf, er scheint nur ein Helfer beim Sehen zu sein. Es war nicht Einbildung, was er gesehen hatte. Es ist vollkommen wahr, was er über die Ähnlichkeit der Frauen und der Göttin zu sagen hatte, wie jeder weiß, der einmal vor diesen Skulpturen gestanden hat.

Die Sprache

Zur Haltung der Zeitung gehörte die Untadeligkeit ihrer Sprache. Von der Kunst des Redigierens schrieb Hausenstein:

»Die seltensten Beiträge konnten ›tels quels‹ veröffentlicht werden, das heißt: ohne jede Retouche. Auch ausgezeichneten Mitarbeitern, solchen insbesondere, deren schriftstellerische Verve ein Schreiben ›alla prima‹, aus dem Stegreif mit sich brachte, ein Schreiben aus der freien Lust des Augenblicks – auch vortrefflichen Mitarbeitern also mochten Worte und Sätze unterlaufen, an denen das redigierende Gewissen sich stieß. Da griff ein Ausdruck zu weit, zu hoch; dort blieb er zurück, präzisierte er nicht genug; da verfing sich ein Satz in einem Anakoluth (denn auch das kam vor); dort war, an empfindlicher Stelle, eine Interpunktion nicht schlüssig. Auch einem literarisch strengen Mitarbeiter konnte es einmal passieren, daß er, im Eifer des Entwurfs, sich die Bequemlichkeit eines Ausdrucks gestattete, in die Nachlässigkeit eines Ausdrucks abglitt, der eher aus dem Jargon der Zeit als aus ursprünglicher Unverdorbenheit der Sprache herrührte. Ich habe beispielsweise nie den schauderhaften adverbialen Gebrauch des Participiums ›weitgehend‹ akzeptiert (das doch den Bezug auf ein auftretendes Subjekt voraussetzt); das preziöse, überdies mißbräuchliche ›benötigen‹ habe ich stets durch ›nötig haben‹ oder durch das schlichtmassive ›brauchen‹ ersetzt; das flaue ›wissen um ...‹ konnte nicht bleiben: für gestanzte Modewörter wie ›einmalig‹, ›unerhört‹, ›erlesen‹, die unerträglich geworden waren, habe ich regelmäßig Synonyma gesucht und auch gefunden. Nun gab es, gerade in dem journalistischen Bereich, von dem ich hier erzähle, eine erhebliche Anzahl von Mitarbeitern, die um ihres bewiesenen literarischen Ranges willen ein Recht hatten, verletzlich zu sein. Da war von Mal zu Mal, auch für die kleinste Retouche, ausdrückliche Zustimmung einzuholen – brieflich, am Telephon, durch Telegramm. Auch Höflichkeit erschien als ein notwendiges redaktionelles Prinzip, dazu als ein ergiebiges – und sie hielt es nicht für überflüssig, bei einem heiklen Mitarbeiter gelegentlich anzufragen, ob er an bestimmter Stelle für ein als Interpunktion zu schwaches Komma ein Semikolon oder einen Punkt einräumen möge. Für einen passionierten Redakteur muß noch ein ›Beistrich‹ zu einem Dilemma werden können. Er ist um so gewisser ein wirklicher Redakteur, je mehr er fähig ist, ein derartiges Dilemma zu empfinden, das anderwärts als pure Hypochondrie verlacht würde. Interpunktionen bezeichnen in graduierender Weise Grenzen von Zusammenhängen: sie berühren den Sinn, und also können sie nicht bagatellisiert, müssen vielmehr – auch sie, jawohl – der Goldwaage anvertraut werden. Indes, genug: sonst gerate ich nun doch in die Prinzipienlehre, deren ich mich enthalten will. Zurück also zu den Erinnerungen.

Es kam, freilich selten, auch vor, daß ein Beitrag zwar in der Substanz gut, in der Form aber ungelenk, wo nicht mißraten war. In solchen Fällen habe ich, da Retouchen nicht genug gewesen wären, mit jeder Rücksicht auf die Substanz, auf die (ob auch unglücklich kundgegebene) Meinung, aber aus meinem eigenen literarischen Gewissen den Beitrag von Grund auf neu geschrieben und diese Fassung dem Mitarbeiter dann als meinen Vorschlag unterbreitet. Ich entsinne mich keines Falles, in dem dieser redaktionelle Aufwand (der mitunter ein saures, mitunter ein interessantes Stück Arbeit ausgemacht hatte) vom Mitarbeiter nicht mit dem Ausdruck des Einverständnisses, ja der Erkenntlichkeit quittiert worden wäre.

Aber das war, was das Redigieren im engeren Sinn betraf, nicht alles. Nicht jeder Mitarbeiter hatte von Anfang an ein genaues Gefühl dafür, daß etwas gut Geschriebenes noch nicht ipso facto gerade der publizistischen Sphäre zugeordnet ist. Es gibt jedoch etwas wie eine publizistische Stimmgabel. Sie erzieht das innere Gehör für das im publizistischen Bereich spezifisch Angemessene. Wo nun ein Beitrag die Abstimmung, Abtönung auf die journalistische Öffentlichkeit nicht erreicht hatte, da mußte subsidiär die redigierende Feder einsetzen. Sie mußte eine Arbeit, die einen an sich gelungenen, aber etwas zu privaten Tonfall hatte, auf das Publizistische hin abwandeln. Ähnliches war zu tun, wenn ein Beitrag allzu fachlich, zu esoterisch-schwierig formuliert war. Dies und jenes war aus dem Hintergrund in eine greifbarere Bedeutung hervorzuziehen, faßlicher zu realisieren – im Interesse publizistischen Reliefs. Der Redigierende mußte in solcherlei Hinsichten Mittler zwischen Mitarbeiter und Leser sein – und das, was der Lateiner einen ›moderator‹ nennt. Dergleichen war aber natürlich nur mit imponderabilen Mitteln zu erreichen, unwägbaren Akzenten, Fermaten, Abdämpfungen und auch wieder Verstärkungen. Diese redaktionelle Arbeit nun, die nur vom Nerv her, vom Gefühl für die Nuance getan werden konnte: sie gehörte zu den faszinierenden Seiten der Tätigkeit.«[54]

Im Dritten Reich war korrekte Sprache, gutes Deutsch ein Dialekt der Unterdrückten. Die »Frankfurter Zeitung« als ein Blatt der gebildeten Schichten hatte sich stets um reines, gutes Deutsch bemüht und immer eine Aufgabe darin gesehen, die Sprache zu pflegen. Denn Sprache ist das »hörbar Menschlichste des Menschen«.[55] In ihr wird das Humane unmittelbar bewahrt oder auch verraten. Die Redaktion wußte, daß unverdorbene Sprache keine Nebensächlichkeit war, keine Marotte von Sprachpedanten, sondern Verteidigung der ersten und größten Kulturleistung des Menschen. In der Hitlerzeit wurde alles politisch; die Bewahrung der guten Sprache war es auch.

Das Redigieren beginnt bei ganz Einfachem: Orthographie, Formbildung nach den Regeln strenger Grammatik, Beseitigung falscher Wortbildungen, abgegriffener Ausdrücke und Sprachunarten. Es gab einen Sprachkodex, den man in der Redaktionskonferenz immer wieder ergänzte und erneuerte. Man hatte auch einen Index verbotener Wörter. Er enthielt weniger die ideologischen Begriffe wie »Weltanschauung« oder »Rasse« – sie waren sowieso verpönt – als vielmehr das derbe Vokabular des Alltagsgebrauchs und einige besonders widerwärtige oder fatale Wörter der Parteisprache. Einige wurden aus der Zeitung verbannt wegen ihrer Maßlosigkeit, zum Beispiel fanatisch, ewig, einmalig, historisch. Andere wegen ihres hohlen Pathos und der heroischen Attitüde, etwa Gefolgschaft, Garant, Solidarität, stolze Trauer. Wieder andere wegen ihrer unbestimmten, dumpfen Gefühligkeit, zum Beispiel Kraftströme, volksbewußt; und wieder andere weil sie, wie das fürchterliche »Menschenmaterial«[56] oder »Krankengut«, Menschen zu beweglichen Sachen degradierten, die man einsetzen, ausschalten, ankurbeln, aufziehen, aufnorden, auslasten, ausrichten, betreuen, organisieren, umlegen oder auf andere Weise mißhandeln kann. Drei Mitarbeiter der »Frankfurter Zeitung« haben dieses Vokabular die Sprache des Unmenschen genannt und darüber nach dem Kriege ein Buch verfaßt.[57]

Meldungen von DNB wurden von solchen Wörtern gereinigt, oft ganz umgeschrieben, außer in den Fällen, in denen die Redaktion, um ihre Distanz zu betonen, solche Meldungen als nationalsozialistisches Dokument in Anführungszeichen druckte. Das wichtigste Arbeitsmittel aber war die Präsensform des Konjunktivs. Mit dem Konjunktiv der indirekten Rede legte die Zeitung einen Graben zwischen sich und das Unwesen des Regimes. Nationalsozialistische Meinungen ließ die Redaktion grundsätzlich nur in der Form der indirekten Rede ins Blatt.

»Die behutsame Güte des sprachlichen Ausdrucks wirkte wie ein Fremdkörper«, sagte Theodor Heuss über das Blatt.[58] Mit der Distanz in der Sprache entzog sich die Zeitung scheinbar hochmütig und elitär dem Korps der kommandierten Presse. Sie war nicht mitzureißen. Sie wollte vor allem niemanden mitreißen. Das verlangte der Respekt vor dem Leser. Die maßvolle und Distanz haltende Sprache des Blattes ließ umgekehrt nationalsozialistische Erklärungen im Wortlaut an diesem Ort besonders befremdlich klingen, wie jemand auffällt, der in falscher Kleidung in der falschen Gesellschaft erschienen ist. Nationalsozialistische Erklärungen, zumal solche in Anführungszeichen, hatten in der Sprachumgebung der »Frankfurter Zeitung« einen verkehrten Effekt. Derselbe Text, der in einem nationalsozialistischen Blatt anfeuernd wirken konnte, fiel in der »Frankfurter Zeitung« platt zu Boden. Der schreiende Ton einer Rede, der eine Parteiversammlung mitreißen sollte – in der anderen Landschaft der »Frankfurter Zeitung« wirkte er abstoßend, brutal und entlarvend. Anscheinend hat das Propagandaministerium diesen Umkehreffekt nie erkannt. Es konnte sich kaum einen schlechteren publizistischen Dienst leisten, als auf dem Höhepunkt einzelner Kampagnen auch von der »Frankfurter Zeitung« den Abdruck nationalsozialistischer Erklärungen im ungereinigten Wortlaut oder seiner Kommentare mit vorgeschriebenen Argumenten zu verlangen. Das Publikum habe damals mit feiner Aufmerksamkeit solche Unterschiede wahrgenommen, die man nur begreifen könne, wenn man wisse, was der Sprachgebrauch der Nationalsozialisten gewesen war, berichtet Ernst Trip.[59] Walter Dirks sagte dazu:

»Was war das, was wir da retten wollten? In dem Galgenhumor, der überhaupt in solchen Zeiten blüht, sagten wir: den richtigen Gebrauch des Konjunktivs. Wir meinten damit natürlich die Sprache überhaupt, und nur zum geringsten Teil die Sprache des Duden und die Grammatik, mehr schon den Stil, vor allem aber, der Sache nach, die der deutschen Überlieferung. Oder vielmehr, es ging ja nicht nur ums Deutsche, die Sprache der humanen Überlieferung überhaupt. Sie sollte in der Epoche der Barbarei überdauern. Es ist natürlich, daß wir damals gerade über die Sprache, die Dimension des täglichen Konflikts, unaufhörlich reflektierten... Auch die Nazis bewiesen auf ihre perverse Weise, daß sie den Zusammenhang kannten, der zwischen der Sprache und der Sache besteht, der Meinung, Überzeugung, dem Glauben, dem Willen. Sie nannten die täglichen Anweisungen der Reichspressestelle... ›Sprachregelungen‹... In der Tat, wer es versteht, die Sprache zu regeln, regelt viel mehr, die Ideologien, und im Totalfall das Gefühlsleben und das Weltbild. Wir wollten dem widerstehen.«[60] Gutes Deutsch zu sprechen und zu schreiben, wurde ein Akt des Widerstands. Sprachkritik war Systemkritik.

1937 richtete die Redaktion eine regelmäßige Sprachkritik ein. Kleine Kommentare, »Glossen«, gelegentlich auch längere Artikel, handelten von gutem und schlechtem Deutsch. In einer der ersten dieser Sprachglossen begründete Sternberger die Sorge der Zeitung für den »guten Ausdruck«: »Wer einen schlechten Ausdruck, ein schiefes Bild, eine falsche Satzform anwendet oder ungeprüft stehen läßt, der zeigt nicht bloß, was entschuldbar wäre, Mangel an Schönheitssinn oder an ›Stilgefühl‹, sondern zum wenigsten Mangel an Genauigkeit, Redlichkeit, Zuverlässigkeit, Selbständigkeit, Männlichkeit, also auch Mangel an Charakter... Wir hegen die Befürchtung, daß ein kostbares Erbe vertan wird, daß seit Jahren etwas geschieht, was nie wieder gut zu machen ist... Wie kann man sich verständigen auf Kosten des Verstandes?«[61]

Fritz Kraus kritisierte den geschwollenen Stil der öffentlichen Reden, womit er nur die Parteiredner meinen konnte, und empfahl »schlanke Linie in der Sprache«. W. E. Süskind verfaßte im Kriege eine Reihe belehrender Artikel über einzelne Wortarten, zum Beispiel ein ganzes Feuilleton über das »Adjektiv«. Benkard riet zu knappem Gebrauch des meist zu lauten Ausrufungszeichens.[62]

Für eine der letzten Ausgaben der Zeitung schrieb Walter Dirks eine Sprachglosse über den falschen und den rechten Gebrauch der Vorsilbe »be-« bei Verben (»Bekochen und beschirmen«), in der deutlich die Anmaßung der Diktatur (und auch die des modernen Sozial- und Versorgungsstaates) zum Vorschein kommt, Menschen in »Akkusativobjekte« zu verwandeln.[63]

Bekochen und beschirmen.

„Die Insassen des Heims werden von der Gemeindeschwester bekocht." „Das Wandertheater hat fünf Städte zu bespielen." Es gibt sprachliche Entwicklungen, die sich zum mindesten für einen nicht sehr tief eindringenden Blick im reinen, vom Leben abgelösten Bereich der Sprache selbst zu vollziehen scheinen, — soweit es einen solchen Bereich überhaupt gibt. Andere Entwicklungen haben offenbar unmittelbarer mit den Wandlungen des Lebens zu tun. Sie verdienen besondere Beachtung. Spiegeln sich in ihnen Tendenzen des Lebens, so wird man annehmen dürfen, daß sie nach dem Gesetz der Wechselwirkung ins Leben hinein zurückwirken. Also wird man sie unter Kontrolle halten, sie fördern oder bekämpfen, je nachdem jene Tendenz des Lebens zu fördern oder zu bekämpfen ist.

„Die Gemeindeschwester kocht für die Insassen des Heims." „Das Wandertheater hat in fünf Städten (oder für die Einwohner von fünf Städten) zu spielen." So etwa hätte man sich früher ausgedrückt. Der Vorgang, der aus „für jemand kochen", „in einer Stadt spielen" jene neueren Bildungen „jemand bekochen", „eine Stadt bespielen" gemacht hat, hat zunächst den Charakter einer Vereinfachung. Reichere Bildungen, in denen bestimmte inhaltlich ausgeprägte Beziehungen durch Präpositionen wie „für" und „in" (die Beispiele ließen sich natürlich vermehren) ausgedrückt werden, weichen einer Einheitsform: sie werden aus einem anschaulichen, differenzierten Präpositionalobjekt in das beinahe abstrakte, schematisch angewandte Akkusativ-Objekt verwandelt. Die Vorsilbe be- hat ja die Zauberkraft, alle möglichen und vielfältig gestuften Beziehungen in die jenes Objekts zu vereinfachen. Aus „ich schenke dir" wird „ich beschenke dich", aus „ich rate dir" „ich berate dich", aus „ich klebe (etwas) auf das Papier" „ich beklebe das Papier". Diese Einheitsform hat obendrein den Vorteil, daß sie sich leichter in das Passiv versetzen läßt als jene reicheren Bildungen. Es gibt eine Menge guter alter Verben mit be-, und es hieße das Kind mit dem Bade ausschütten, wollte man diese Bildung an sich schlecht machen. Der König belehnt seine Vasallen, der Armenvorsteher betreut seine Schützlinge, die Mächtige beschirmt den Schwachen. Das ist in Ordnung, und es ist auch nichts dagegen zu sagen, wenn neue Bildungen solcher Art entstehen, vorausgesetzt, daß sie die Sprache sinnvoll bereichern.

Freilich wird man dabei die geheime Bedeutung jener Zaubersilbe be- im Auge behalten müssen. Sie macht mit ihren Einheits-Akkusativobjekten nicht viel Federlesens, sie stempelt sie sehr entschieden zu „Objekten" auch im allgemeineren Sinne. Die Sprache unterscheidet sehr genau zwischen „jemand etwas schenken" und „jemand beschenken", — der Dativ sichert eine persönliche Beziehung, die in diesem Akkusativ verlorengeht: man beschenkt nicht seine Braut (das tut höchstens Herr Raffke), sondern man schenkt seiner Braut etwas: Objekt ist das Geschenk, nicht der Mensch. Wohl aber darf man zu Weihnachten seine Kinder beschenken, da geht es eben ohnehin etwas in Bausch und Bogen zu. „Jemand etwas lehren" unterscheidet sich merklich von „Jemand belehren". „Jemand dienen" von „Jemand bedienen". Sieht man sich daraufhin die oben zusammengestellten guten Bildungen mit be- an, so wird man finden, daß in ihnen allen das Akkusativ-Objekt zwar Menschen bezeichnet, aber diese Menschen sind durchaus in der Rolle des Objekts: sie müssen stillhalten, wenn sie belehnt, betreut, beschirmt, belehrt werden, so wie das Papier stillhalten muß, wenn es beklebt wird. Wo das grammatische Objekt diese Be-handlung verträgt, wo es mit Fug und Recht stillzuhalten hat, da stillzuhalten hat, da ist die Bildung mit be- in Ordnung. So behandelt der Arzt den Patienten, so beruft der König den Minister.

Den Insassen des Heimes aber wäre wohler, wenn für sie gekocht würde, — welche Kraft enthält das positive Wörtchen „für"! Und die Stadt wäre mehr respektiert, wenn in ihr wiederum für sie Theater gespielt würde. Wo die neueren Bildungen gebraucht, die gewiß nicht im Sinne, jene Insassen des Heimes oder jene fünf Städte zu vergewaltigen. Er steht vermutlich nur im Bann der Organisation, die ja dazu neigen muß, es mit Objekten zu tun zu haben. Aber gerade weil die Organisation eine so wichtige, eine notwendige, ja manchmal eine förmlich lebensrettende Funktion gewonnen hat, sollte man alles tun, sie so persönlich zu halten, wie es eben möglich ist. Das Bewußtsein, das sie von sich selbst hat, spiegelt sich in der Weise, wie sie von sich spricht. Nicht die Organisation, die jemand bekocht, ist die beste, sondern die, die für jemand kocht. Mag sie immerhin in der Weise der Mutter, die ihr Kind aus lauter Liebe zum bloßen Stillehalten zwingt, damit es mit Hilfe und Sorge überschütten könne, dann von ihren Schützlingen sagen, sie be-treue sie.

dks.

Im Literaturblatt besprach Gerhard Storz, der spätere Kultusminister von Baden-Württemberg, ein sprachkritisches Buch. Die Rezension fällt unter den sprachkritischen Reflexionen der Zeitung auf: »Wohl für jeden sprachempfindlichen Menschen kommt die Zeit, in der ihn die Sprache fast erschreckt. Denn sie erscheint ihm nun nicht mehr als Möglichkeit und Stoff, Werkzeug und Vorratskammer, sondern als Macht, Wesen, Geheimnis. Eine solche Veränderung geht dann vor, wenn ein Mensch wieder und wieder gesehen hat, daß die Sprache es ist, die entlarvt. Meinungen können übernommen und gewechselt werden, oft sehr schnell und ohne ersichtliche Beschwer, die Sprache aber kann man nicht mit derselben Leichtigkeit wechseln. Früh belehrt die Erfahrung den Aufmerksamen auch darüber, daß die klügste Lehre, vom Dummkopf nachgesprochen, alsbald in Torheit sich verkehre, daß aber auch noch die unzulänglichste und schiefste Einsicht dem Redlichen und Starken gute Früchte zeitige. Zwar gibt es Masken, Verkleidungshilfen in der Sprache: gerade sie werden es sein, die den Gaukler ausweisen. Mag einer Kleider über sich ziehen, soviel er will und so bunte, als ihm gefallen, seinen Wuchs, das Eigentümliche seiner Gestalt, vermag er nicht zu ändern. Und gerade das auffallendste Stück wird die etwas zu kurzen Beine am deutlichsten zeigen. Denn eben die Sprache macht es offenbar, ob eine Meinung zu Recht oder vor der Zeit, von der vollen Einsicht oder ohne rechtes Verstehen, im ganzen Ernst oder mit halber Überzeugung ausgesprochen werde. Spiegel zu sein – Zauberspiegel, in dem Dürftigkeit erkennbar unter erborgter Schönheit hervorlugt – oder Waage, die verläßlich das Gewicht des Sprechenden anzeigt – Spiegel oder Waage zu sein, das erscheint als das wahre, freilich geheime Wesen der Sprache. ›Wie einer spricht, so ist er!‹ heißt es im Volksmund, und wie so manche der überkommenen Aussagen, so erlangt auch diese immer mehr an Reichweite, Gehalt und Wahrheit, je mehr man darüber nachdenkt.«[64]

XIII
Reichskristallnacht und Kriegsausbruch

Vincent van Gogh gehörte nicht zu den Malern, die die Nationalsozialisten auf der Münchener Ausstellung »Entartete Kunst« im Sommer 1937 an den Pranger gestellt hatten. Doch im Herbst 1937 ließen sie van Goghs letztes Porträt, das Bildnis des Dr. Gachet, seines Nervenarztes, aus dem Frankfurter »Städel« entfernen. Das Bild war Reifenberg besonders teuer: »Wer an das Gesicht dieses Arztes denkt, der ist getröstet.« Das Bild war nur erst abgehängt, noch nicht ins Ausland verkauft. Hoffte Reifenberg, dies verhindern zu können? Da nicht daran zu denken war, den Kunstverstand der Nationalsozialisten und die Entfernung des Bildes zu kritisieren, wollte er an das Bild lediglich erinnern. Die Kollegen warnten ihn, jeder Versuch einer Anspielung werde vermerkt und geahndet werden.[1]

»Durch die blauen Flächen sind hellere Töne gewirkt, sie eilen und jagen einander, und trotzdem waltet über dem Ganzen eine Stille. Zuweilen, etwa in dem Handgelenk der Rechten, wird die Stille zur Müdigkeit. Es ist nicht die Müdigkeit nach Arbeit, es ist etwas von einer müden Erkenntnis, wie nach vielem Grübeln zustande gekommen.« Die Hauptsache der Betrachtung steckte in einem Satz aus van Goghs letztem Brief an Gauguin über Gachet: »Sein Gesicht hat den schmerzlichen Ausdruck unserer Zeit.«[2] Der Text erschien nicht im Feuilleton, sondern auf der dritten Seite der Politik. Das war der einzige Hinweis auf etwas Politisches an der Sache. Sechs Wochen später wurde Reifenberg nach Berlin ins Propagandaministerium bestellt, zu Alfred-Ingemar Berndt. Stark begleitete ihn. Berndt wollte wissen, von wem Reifenberg erfahren hatte, daß das Bild entfernt worden sei. Reifenberg verweigerte die Auskunft unter Hinweis auf seine Pflicht zur Verschwiegenheit. Berndt drohte: »Sie wissen, daß ich nur auf einen Knopf zu drücken brauche, um Sie einsperren zu lassen.«[3] Offensichtlich ging es Berndt nicht um die defätistische Deutung des Bildes, sondern um die Herkunft der Information. Wer und was steckten dahinter? Vielleicht eine Verschwörung gegen die Kunstpolitik des Regimes? War der Anstoß für die Untersuchung etwa aus dem Umkreis der Kunstkammer oder der mit der Säuberung der Museen beauftragten Stellen gekommen? Reifenberg schwieg.

Er und Stark waren schon eine Woche wieder zurück in Frankfurt – da standen zwei Gestapobeamte in der Redaktion, um Reifenberg ab-

Benno Reifenberg, »die Seele der FZ«, wie Margret Boveri ihn nannte. »Seine große Begabung ist die menschliche Atmosphäre, die er schafft«

zuholen. Trip hörte, wie Küsel den älteren Freund mit schneidender Stimme auf dem Gang vergatterte: »Und das werden Sie nicht sagen!« Reifenberg sagte später, Küsels entschiedene Forderung sei ihm während des Verhörs ein Beistand gewesen.[4]

Reifenberg wurde im Untersuchungsgefängnis in der Frankfurter Hammelsgasse in Schutzhaft genommen. Welter und Hecht mobilisierten ihre Verbindungen zu den Amtsstellen. Welter telefonierte mit dem Propagandaministerium, Hecht mit Rienhardt. Auch Kircher in Berlin wurde alarmiert. Kircher erinnerte sich, daß Reifenberg ihm acht Tage zuvor in Berlin die Quelle anvertraut hatte: Ernst Benkard. Kircher bat nun Benkard zu offenbaren, daß er Reifenbergs Informant gewesen sei. So geschah es. Benkard hatte die Nachricht vom Verschwinden des Bildes von einem Museumsdiener erfahren. Damit war der Argwohn einer »Verschwörung« entkräftet und die Leitung des Städel entlastet. Reifenberg kam am nächsten Morgen wieder frei.

Der Schock wirkte nach. »Sie wissen«, schrieb Reifenberg Max Picard, dem Schriftsteller, Arzt und Freund in der Schweiz, ein paar Monate später, »ich hatte immer vor dem Verhaftetwerden Angst, weil ich dachte, ich ertrüge die Freiheitsberaubung nicht. Es ist auch sehr schwer, wie eine Vergewaltigung – aber ich weiß jetzt, daß ich es ertrage. Als ich merkte, daß ich schlafen konnte, hatte ich mir gewissermaßen meinen eigenen Bezirk der Freiheit wieder entdeckt. So gings. Schön war die Tapferkeit meiner Frau, schön die unbedingte Kameradschaft der Zeitung.«[5] Reifenberg war beruhigt, seine Gelassenheit behalten zu haben. So meinte er jedenfalls.

Doch kann dies nicht alles gewesen sein. Den Anzug nämlich, in dem er festgenommen und verhört worden war, zog er nie mehr an. Reifenberg streifte ihn ab – wie eine fremd gewordene Haut oder wie eine böse Erinnerung. Er hatte wie Goethe eine eigene Art, unangenehme Erlebnisse nicht an sich heranzulassen. Erst lange Zeit später zeigte sich, daß sie ihn doch getroffen hatten. Den Brief an Picard schrieb er erst Monate nach dem Vorfall. Und noch ein paar Monate später, im August 1938, brach er plötzlich mit einem Herzanfall bei einem Badeausflug zusammen. War es ein Infarkt? Eine Kur in Bad Orb half nichts. Dann reiste er ins Tessin, um sich von Max Picard behandeln zu lassen. Es dauerte fast ein Jahr, bis er wieder hergestellt war.

Im Sommer 1939 kam Reifenberg in die Redaktion zurück. Aber von nun an schrieb er keine politischen Artikel mehr, nahm auch nicht mehr an der Konferenz teil. Er zog sich ins Feuilleton zurück.

Erich Welter stand schon seit 1935 an Stelle Reifenbergs im Impressum als »Stellvertretender Hauptschriftleiter«, ohne daß es bislang etwas an Reifenbergs Stellung im Zentrum der Redaktion geändert hätte. Nur die Außenbeziehungen der Redaktion zu Behörden und Parteistellen waren in Welters Hände übergegangen, dessen Organisationstalent und fuchsartige Klugheit im Erfassen taktischer Lagen sich in unzähligen Konfliktfällen bewährte. Wirtschaftspolitisch stand Welter fest auf dem Grund des Liberalismus. Politisch dachte er eher wie ein Deutschnationaler und stand damit am rechten Rand der Redaktion. Das nationalsozialistische System war ihm fremd. Aber da er kein besonders nachdenklicher Mann war, kein philosophischer Kopf, war auch seine Feindschaft gegen den Nationalsozialismus oberflächlicher. Welters Stärken lagen nicht auf dem Gebiet der geistigen Führung der Redaktion. Sein unbekümmertes Naturell und sein Tatendrang ließen ihn wenig Schwierigkeiten sehen. Er hatte weniger Bedenken als andere, mit »denen« in der Gauleitung oder im Propagandaministerium umzugehen und bei ihnen auch kräftig aufzutreten. Der rabiate Antisemitismus der Nationalsozialisten freilich bewahrte Welter vor größeren Irrtümern. Hier war auch für ihn eine unübersteigbare Grenze. Welters scheinbar durch keine Widrigkeiten umzuwerfender Mut bewährte sich in vielen Konflikten der Zeitung mit dem Regime. Er rettete viele bedrängte Redakteure vor Gefängnishaft oder redete sie aus Berufsverfahren oder Gestapohaft wieder heraus.

Drill, der Senior der politischen Redaktion, der ihre täglichen Geschäfte führte, hatte im Frühjahr 1938 als eines der letzten jüdischen Mitglieder entlassen werden müssen. Seitdem hatte Oskar Stark sein Amt als geschäftsführender Redakteur inne. Nach der Erkrankung Reifenbergs im Sommer 1938 führte Welter den Vorsitz in der Konferenz und während seiner häufigen Abwesenheiten Stark. Auf ihm lag von nun an die Hauptlast der Führung der Zeitung. Charakterlich fest, in sich ruhend, ein wenig glanzlos und nüchtern, frei von Ehrgeiz und Autoreneitelkeit, sich ganz dem Dienst der Sache widmend, darin streng und genau, in allem Menschlichen gütig – dieser Mann war von nun an bis zum Ende der Zeitung die »Seele des Geschäfts«.

Oskar Stark. Auf ihm lag von 1938 bis zum Ende die Hauptlast der redaktionellen Führung. Hinter ihm Helga Hummerich und Annie Füll, die Sekretärinnen Reifenbergs bzw. Starks

Während der Sudetenkrise im Herbst 1938 brachte Hitler Europa an den Rand eines Krieges und erpreßte die Westmächte, seinem Verlangen nach Abtretung des Sudetengebietes nachzugeben. Kaum war die Krise mit dem Münchener Abkommen am 1. Oktober 1938 beigelegt, da wurde am Vormittag des 7. November in der deutschen Botschaft in Paris der Legationssekretär Ernst vom Rath von einem jungen Juden, Herszel Grynszpan, niedergeschossen. Am Abend des 9. November erlag vom Rath seinen Verletzungen.

Sieburgs erste Meldung schilderte den Vorfall und wußte auch, was der junge Attentäter bei seiner Festnahme der französischen Polizei gesagt hatte: »Er erklärte, daß er sich mit der Absicht zur Botschaft begeben habe, ›irgend jemand‹ zu töten, um so ›Rache für das Schicksal seiner polnischen Glaubensgenossen‹ zu nehmen.« Der Hinweis ließ aufhorchen. In einer zweiten Meldung am Nachmittag zitierte Sieburg auch schon die Stimmen der Pariser Mittagszeitungen: »Le Soir« befürchte, der Anschlag könne den französischen Behörden »einen Vorwand zum Einschreiten gegen gewisse antifaschistische Kreise« geben, was um so bedenklicher sei, als man dadurch der gestrigen Weimarer Rede Adolf Hitlers geradezu Rechnung zu tragen scheine.[6]

Hitler hatte in Weimar vom »Geist härtester Entschlossenheit und rücksichtsloser Tatkraft« der Führung gesprochen und nach einer Beteuerung seiner Friedensliebe und Verhandlungsbereitschaft gegen die »Kriegshetzer« im Ausland gewettert.

Am folgenden Tag enthielt Sieburgs Bericht eine interessante Einzelheit aus den Vernehmungen der französischen Polizei.

Der junge Grynszpan habe vor seiner Tat aus einem Brief seines Vaters erfahren, daß die Nationalsozialisten Juden polnischer Staatsangehörigkeit aus Deutschland an die polnische Grenze abtransportierten.[7] Tatsächlich hatte die Regierung eine große Anzahl Juden nach Polen abgeschoben, die aber von den polnischen Grenzbehörden auf Weisung ihrer antisemitisch eingestellten Regierung nicht aufgenommen wurden und die nun im Niemandsland ohne Nahrung und Unterkunft kampieren mußten. Das also war der Hintergrund der Tat.

Erst am späten Abend des 7. November kam das Propagandaministerium mit einer ersten Weisung zu dem Pariser Mordanschlag heraus: »In eigenen Kommentaren ist darauf hinzuweisen, daß das Attentat des Juden die schwersten Folgen für die Juden in Deutschland haben muß, und zwar auch für die ausländischen Juden in Deutschland. In Ausdrücken, die der Empörung des deutschen Volkes entsprechen, kann festgestellt werden, daß die jüdische Emigrantenclique... auch verantwortlich für dieses Verbrechen sei.« Die Ähnlichkeit mit dem Fall der Ermordung Wilhelm Gustloffs in Davos sei herauszustellen. (Gustloff, der Landesgruppenleiter der NSDAP in der Schweiz, war am 4. Februar 1936 in Davos von einem jüdischen Attentäter ermordet worden.) In diesem »mit allen Mitteln zu führenden Kampf gegen die internationale jüdische Gefahr« solle aber keine antifranzösische Tendenz gezeigt werden.

Die Weisung kam zu spät für die »Frankfurter Zeitung«. Das Blatt war schon im Druck. Sieburg war ihr mit seiner *richtigen* Information zuvorgekommen. Am folgenden Morgen wurde die Weisung ausführlicher wiederholt, mit Vorschriften für die Charakterisierung der Emigrantenpresse in Frankreich.[8] Nun konnte sich die Redaktion dem Befehl für einen Kommentar nicht entziehen. Er erschien in der übernächsten Ausgabe mit zwei auffälligen Merkmalen. Er trug keinerlei Autorenzeichen, und er erschien auch an unüblicher Stelle auf der ersten Seite. So signalisierte die Redaktion ihren Lesern: dies ist uns aufgedrängt worden.

In dem Kommentar hieß es, Grynszpans Absicht, einen beliebigen deutschen Diplomaten zu töten, sei »ebenso sinnlos wie verbrecherisch, so daß der Gedanke nicht ohne weiteres abgewiesen werden kann, hinter diesem Vorsatz, der mit einem gefühlsmäßigen Ausbruch eines jungen Menschen motiviert werden sollte, stehe ein tieferer Plan«. Der Kommentar folgte der Weisung halbwegs, aber formulierte so raffiniert, daß der Text auch bedeutete, der Anschlag sei so sinnlos, daß man gerade »nicht ohne weiteres« sagen könne, dahinter stecke ein tieferer Plan. Die Zeitung weigerte sich auch, die Emigranten als Auftraggeber des Mordanschlages zu bezeichnen. Sie sprach freilich unter dem Zwang der Weisung von einem »Milieu des Pariser Emigrantentums mit seiner systematischen Agitation gegen Deutschland«.

Unter diesen Kommentar stellte die Redaktion einen Bericht Sieburgs über Erklärungen des Sprechers der deutschen Botschaft in Paris zu dem Anschlag von diesem Tage. Sie waren Teilen des Kommentars der Zeitung so verblüffend ähnlich, daß die Leser auch daran erkennen konnten, die Zeitung habe so schreiben müssen.

Als vom Rath am Abend des 9. November seinen Verletzungen erlag, löste Goebbels noch in derselben Nacht den Pogrom der SA aus. Der Volksmund bezeichnete die Überfälle mit dem Ausdruck »Reichskristallnacht« treffend als eine Regierungsaktion und strafte damit die Behauptung von einer »spontanen« Empörung der Bevölkerung Lügen.

An dem Morgen, an dem die Synagogen brannten, standen Rey und Küsel eingekeilt in einer Menge in der Eschenheimer Straße, nicht weit vom Gebäude der Redaktion. Rey: »Die Menge beobachtet mit Unbehagen, was in einem Haus vorgeht, das offenbar von Juden bewohnt ist. Eine Rotte SA-Männer hat die Fensterscheiben im Erdgeschoß eingeschlagen, die Eingangstür zertrümmert. Nun dringen sie in das Haus ein. Die Bewohner haben sich in den ersten Stock geflüchtet. Von dort her ertönen die lauten Schreie verängstigter Frauen. Die SA-Männer stürmen die Treppe empor. Plötzlich wird ein Fenster im ersten Stock aufgerissen. Ein halbwüchsiges Mädchen mit flatterndem Haar wird sichtbar. Sie klettert auf den Fenstersims, will offenbar aus dem Fenster springen. Ein SA-Mann packt sie von hinten, reißt sie ins Zimmer zurück. Aber er kann ihren Schrei nicht ersticken: ›Hilfe, um Gottes willen, Hilfe!‹ Die Menge schweigt betreten. Keiner rührt eine Hand. Küsel aber sagt zu Rey, ohne Angst vor den Umstehenden: ›Erinnern Sie sich an diesen Tag! Die Zeit wird kommen, wo Sie die Redaktion in dieser Straße suchen. Aber da gibt es keine Redaktion mehr, und es gibt auch keine Straße mehr. Die Trümmer, die Sie dann sehen, sind das Gericht.‹«[9]

Berichterstattung über die »Reichskristallnacht« war verboten: keine Bilder, keine Sammelmeldungen, keine Einzeldarstellungen, allenfalls ein wenig über örtliche Vorfälle, da sie den Lesern ohnehin schon bekannt waren, und dies nur auf der zweiten oder dritten Seite. Im übrigen nur zwei amtliche Verlautbarungen, eine DNB-Meldung über »spontane judenfeindliche Kundgebungen«, gerade sechs Zeilen lang, und Goebbels' heuchlerisch ausgegebene »strenge Aufforderung, nun von allen weiteren Demonstrationen und Aktionen gegen das Judentum ... sofort abzusehen«.

Das Entsetzen in den Nachbarländern über die Vorgänge in Deutschland spiegelte sich in den ausländischen Zeitungen. Das Unterhaus debattierte darüber. Die englische Reaktion veranlaßte die Sprecher Goebbels' und Ribbentrops, in der Pressekonferenz die Zeitungen anzuweisen, die britische Politik in Palästina, besonders ihr Vorgehen gegen die jüdischen und arabischen Organisationen zu »geißeln«. Den Amerikanern solle man die frühere Sklaverei, ihre Einwanderungsgesetze und die Ausrottung der Indianer vorhalten. Die Befehle für eine antiwestliche Propagandakampagne wurden in den nächsten zehn Tagen immer massiver und schärfer. Vergleicht man die einzelnen Weisungen mit der Ausführung in der »Frankfurter Zeitung« von Tag zu Tag, so findet man, daß die Frankfurter Redaktion das Kommentierungs-Verlangen der Behörde ignorierte, sofern der Befehl nicht in der striktesten Weise gegeben wurde.[10] Erschien eine Weisung aber zwingend, erfüllte die Redaktion den Befehl räumlich und inhaltlich so knapp wie möglich, jedoch in so auffälliger typographischer Form, daß den Lesern die Fremdartigkeit des Kommentars besonders auffallen konnte.[11] Ein Kommentar vom 16. November erweist sich

Die brennende Synagoge am Frankfurter Börne-Platz am Morgen des 10. November. Berichterstattung über die Reichskristallnacht war verboten

bei näherer Betrachtung überhaupt nicht als Kommentar. Er referierte – und dies recht kühl – lediglich Auffassungen des nationalsozialistischen Deutschland:

»Die englische Presse ist in diesen Tagen angefüllt mit Berichten über Aktionen und gesetzliche Maßnahmen gegen die Juden in Deutschland. Das Vorgehen der deutschen Stellen wird scharf kritisiert, es scheint, daß es sogar zum Gegenstand von Debatten im Unterhaus gemacht werden soll. Man wird sich in England nicht wundern können, daß das nationalsozialistische Deutschland die britische Entrüstung über die Vorgänge in Deutschland mit der Schärfe der britischen Maßnahmen in Palästina vergleicht. Die britischen Behörden in Palästina lassen erkennen, daß sie bei der Abwehr der arabischen Freiheitsbewegung von ihrer waffenmäßigen Überlegenheit ohne Schonung Gebrauch machen, wenn es für sie gilt, das Mandat und mit ihm die britische Machtstellung in Vorderasien zu verteidigen. Das nationalsozialistische Deutschland – das müßte man in England erkennen – erträgt es nicht, wenn derart ihm gegenüber mit zweierlei Maß gemessen wird.«

Die Redaktion versuchte auch, strikte Befehle zu ignorieren, aber dann brauchte sie ein Alibi. Als das Propagandaministerium einer Anweisung vom Mittag des 15. November am Abend eine zweite, sehr detaillierte, fünf Seiten lange »Sprachregelung« des Ministers über Argumente und Tonart folgen ließ (»massive Kommentare«, »... muß als infam und heuchlerisch bezeichnet werden...«, »die täglich von Humanität faseln...«, »Empörung« und so weiter), gab einer der Berliner Redakteure, Rudolf Heizler, die Anweisung an Stark mit dem listigen Satz durch: »Herr Benckiser hat Ihnen ja hierzu, ohne von der Tatsache der Kommentaranweisung Kenntnis zu haben, etwas für die echte RA (= die Reichsausgabe ohne Stern) geschrieben.«[12] Man nahm an, daß der Fernschreibverkehr zwischen Berliner Büro und Frankfurter Zentrale angezapft war. Die Mitteilung ist deutlich als eine vorsorgliche Schutzbehauptung für den Fall zu erkennen, daß das Fehlen des Kommentars gerügt werden sollte.

Eine der übelsten Weisungen verlangte am 17. November, in den nächsten zehn Tagen müsse jede deutsche Zeitung eine ganze Serie von Artikeln über den Einfluß und die Rolle der Juden im Deutschland der Vorkriegszeit und der »Novemberrepublik« verfassen, zum Beispiel über Alfred Kerr, Friedrich Stampfer, Maximilian Harden, Walther Rathenau.

Die Redaktion suchte und fand eine Gelegenheit, sich aus der Affäre zu ziehen. Sie druckte nichts Eigenes, sondern einen Auszug aus einem Aufsatz mit der Überschrift »Höre, Israel«, den Walther Rathenau im Jahre 1897 unter dem Pseudonym W. Hartenau in Maximilian Hardens »Zukunft« erstmals veröffentlicht und 1902 in seinen »Impressionen« unter richtigem Namen nachgedruckt hatte. Rathenaus Aufsatz ist gewiß ein peinlich zu lesendes Zeugnis der Verleugnung einer Zusammengehörigkeit zwischen den hochassimilierten großbürgerlichen deutschen Juden und den armen, in langer Unterdrückung fremdartig veränderten, aber orthodox gebliebenen Juden aus Ostpolen und Rußland. In dem akuten Fall im November 1938, auf dem Höhepunkt einer wochenlangen antisemitischen Propagandaschlacht des Regimes, war indessen auf die Form zu achten, in der sich die Redaktion weigerte, auch nur ein einziges eigenes Wort zu der Kampagne beizutragen, sondern gleichsam in drei- und vierfach gestaffelter Distanz den erpreßten Tribut zu leisten: durch Zitat eines jüdischen Autors in einer von einem Juden redigierten Zeitschrift, entnommen auch nicht unmittelbar Rathenaus Werken, sondern einer von »DNB« verbreiteten Meldung – und mit einer deutlichen Relativierung in der Überschrift: »Die Judenfrage vor vierzig Jahren«.[13]

Goebbels war unzufrieden mit den kommandierten Artikeln. Die Presse mache nicht genügend mit, sie solle sich mehr anstrengen, hieß es. »Die Anweisungen zur Judenfrage seien offenbar nicht überall verstanden worden«, berichtete das Berliner Büro aus der Pressekonferenz. Das Wirken der Juden solle gezeigt werden in der Arbeiterbewegung, im Liberalismus, in der Kultur, Finanz, am Hofe, im Kriege, in der »Novemberrevolte«, in der Republik, in der Korruption. Auch die befohlene Tendenz sei mißverstanden worden. Es solle gegen die Spießer im Volk geschrieben werden (die Leute, die Mitleid mit den Juden zeigten), aber doch nicht so, daß der Eindruck entstehe, »als seien große Teile des Volkes mit der Maßnahme gegen die Juden nicht einverstanden«. Die Artikelserie müsse in allen Zeitungen mit der deutlichen Tendenz schließen: »Deutsches Volk, du hast jetzt lesen können, wie und wo dir die Juden geschadet haben. Wenn du nun noch einen griesgrämigen Volksgenossen triffst, so weißt du, daß er einer von denen ist, die es immer noch nicht begriffen haben, die also zu den ständigen Nein-Sagern gehören. Notiere ihn dir. Das sind die Männer, die dem Führer in den Rücken fallen.«[14]

Auch wer, anders als die Journalisten, die Weisungen nicht kannte, vernahm doch ringsum den Ton schamloser Lügenhaftigkeit und spürte den terroristischen Willen. Er hatte gesehen, daß die Synagogen brannten und uniformierte SA die Wohnungen von Mitbürgern verwüstet hatte, auch wenn er nicht alles erfuhr, zum Beispiel daß über neunzig Juden zu Tode geprügelt worden oder vor Aufregung gestorben waren. Doch daß die jüdischen Männer in die Internierungslager der SS geschafft wurden, hatte man sehen können. Auch stand in allen Zeitungen, daß das Regime die Juden für die Schäden zahlen ließ, die die SA angerichtet hatte. Die Versicherungsleistungen kassierte der Staat. Den Juden wurde wie der Bevölkerung eines eroberten Landes eine »Kriegskontribution« in der gewaltigen Höhe von mehr als einer Milliarde Mark auferlegt. Auch der Entzug des Mieterschutzes und das Verbot für Juden, Wertpapiere zu verkaufen, standen in den Zeitungen, sowie die Schikane, nur noch in wenigen, dazu bestimmten Läden kaufen zu dürfen. Jeder wußte, auch aus der gegen die ausländische Kritik geführten Pressekampagne, daß es gefährlich geworden war, die Verfolgung der Juden zu kritisieren oder sichtbar abseits zu stehen und zu schweigen. Man muß sich diese Situation akuten Terrors vergegenwärtigen, in der die Zeitung auf dem Höhepunkt der Kampagne aufs neue gezwungen wurde, sich zu äußern. Oskar Stark schrieb den verlangten Artikel auf dem schmalen Grat zwischen der Gefahr einer Selbstdesavouierung der Zeitung und der Unmöglichkeit, zu kritisieren, was das Regime tat. Stark beschränkte sich darauf, den Antisemitismus der Nationalsozialisten als eine innere Notwendigkeit der Bewegung, als Konsequenz seines Wesens, zu beschreiben und den ausländischen Kritikern Vorwürfe zu machen – aber nicht diejenigen, die das Regime wünschte, sondern andere: den Nationalsozialismus nicht erkannt zu haben und jetzt so überrascht zu sein, so oberflächlich geurteilt zu haben. Stark schlug einen Ton erbarmungsloser Logik und Distanz an. Was geschehen ist, geschieht nach dem Gesetz des Nationalsozialismus. So war er, so ist er, schien er zu sagen. Was wundert ihr euch? Ebenso wichtig aber war, was nicht in dem Artikel stand: Kein böses Wort über die Juden, keine Beschimpfung der Nachbarländer und ihrer Presse, keiner der Vorwürfe, die Goebbels machte oder verlangte. Nirgends ein Hauch von Kampagne. Keine Wendung im Text verriet, was die Redaktion über diese Verbrechen und die Schande fühlte, die dem deutschen Namen angetan wurde. Überschrift: »Ein gerader Weg«.[15] Gemessen an der Situation, war es eine souveräne Leistung.

Man kann sich fragen, warum die Zeitung sich so aus dem allgemeinen Chorus der antijüdischen und antiwestlichen Kampagne heraushalten konnte und einen Teil der Weisungen zu ignorieren wagte, einem anderen nur in Stücken gehorchte, ohne dafür bestraft zu werden. Der Hauptgrund scheint zu sein, daß Goebbels wußte, von der »Frankfurter Zeitung« keine antisemitischen Beiträge verlangen zu können. Das Ansehen der Zeitung, soweit er es nutzen wollte, beruhte darauf, daß sie mit ihrer Vergangenheit identifizierbar blieb und nicht dem Regime zugerechnet wurde. Eine mit aller Gewalt erzwungene Schwenkung der Zeitung in die antijüdische Kampagne hätte das Blatt um den letzten Kredit gebracht.

War es dann gar nichts Besonderes für die Redaktion, sich der Kampagne zu entziehen? Das wäre ein falscher Schluß. Die Zeitung hatte sich ihren Ruf der Sympathie für die Juden in der Vergangenheit erworben und ihn in sechs Jahren der Diktatur bisher konsequent verteidigt, in lauter einzelnen Verweigerungen oder in Sabotageakten an der antisemitischen Kampagne. Daß man der Zeitung jetzt einiges nachsah und daß sie es nun vielleicht etwas leichter hatte als andere Redaktionen, lag daran, daß sie es sich in der Vergangenheit schwerer gemacht hatte. Der Fall hat eine gewisse Ähnlichkeit mit der berühmten Auslandswirkung, die die Zeitung viele Male zu schützen vermochte. Beides war kein Geschenk des Regimes, keine Vergünstigung, kein Privileg, sondern Ertrag eigener, wirklicher Leistungen. Solche »Rabatte« auf Vorschriften der Presselenkung wurden der Zeitung auch keineswegs in erklärter Weise gegeben. Die Redaktion nahm sie sich. Und oft geschah dann nichts. Das wiederum gab später zu Unterstellungen Anlaß, als habe es doch in aller Stille getroffene Vereinbarungen zwischen der Redaktion und dem Propagandaministerium gegeben. Benno Reifenberg bestritt das energisch. Die tödliche Feindschaft zwischen dem Regime und der Zeitung war nie zweifelhaft. Auch die November-Kampagne sollte es noch erweisen.

Ein gerader Weg.

Ein flüchtiger Blick in die ausländische Presse, vor allem in die englische, läßt erkennen, daß die energische Fortführung der deutschen Judenpolitik noch immer Gegenstand schwerer Anklagen gegen das nationalsozialistische Deutschland ist. Welches ist der Tatbestand, wie er sich heute präsentiert? Es ist der Wille der Staatsführung, daß nach den Ereignissen der vorletzten Woche, auf dem Felde der Judenfrage in Deutschland keine Einzelaktionen mehr unternommen werden. Es ist ebenso entschieden ihr Wille, daß diese Frage selbst auf gesetzlichem Wege ohne Aufenthalt und ohne Kompromiß so schnell wie möglich gelöst wird. Der Nationalsozialismus hat vom ersten Tage seines öffentlichen Wirkens, vollends von dem Tage an, an dem er die Macht in Deutschland errang, keinen Augenblick einen Zweifel daran gelassen, daß es ihm mit der Erfüllung dieses Programmpunktes unerbittlich ernst sei. Es führt eine gerade Linie von dem Berufsbeamtengesetz von 1933 über die Kulturkammergesetzgebung, die Nürnberger Gesetze und die Vermögensanmeldung der Juden zu den jüngsten Verordnungen, die die Juden aus dem größten Teil des Wirtschaftslebens ausgeschaltet haben. Ohne Zweifel ist die Bewegung durch den Mord an dem Gesandtschaftsrat vom Rath und die Ereignisse, die ihm überall in Deutschland folgten, stark beschleunigt worden. Das Ziel hat Reichsminister Dr. Goebbels vor kurzem noch einmal in wenigen Worten zusammengefaßt, es ist die „reinliche Scheidung zwischen Deutschen und Juden" in jedem Bezirk.

Die nationalsozialistische Politik gegenüber den Juden stößt, wie man weiß, in weiten Bezirken des Auslandes auf Mangel an Verständnis, vielleicht gerade wegen ihrer grundsätzlichen Unnachgiebigkeit, wegen ihres aufs Ganze gehenden Strebens. Man kann sich dort vielleicht eine antisemitische Strömung der herkömmlichen Art vorstellen, wie sie in der Vergangenheit manches Land erlebt hat, mit lokalen Unruhen, mit zeitweiligen polizeilichen Eingriffen, mit einem Auf und Ab an Mitläufern und Anhängern. Mit allen solchen ephemeren Erscheinungen hat die Behandlung der Judenfrage im neuen Deutschland nichts zu tun, sie ist vielmehr eine im innersten Gefüge der nationalsozialistischen Bewegung begründete elementare Auseinandersetzung. Gerade weil man im Ausland in der Deutung der nationalsozialistischen Bewegung allgemein gerne an der Oberfläche hängen bleibt, vermag man es auch nicht, die innere Notwendigkeit einzusehen, die dem Nationalsozialismus die konsequente Ausschaltung der Juden aus dem Leben des deutschen Volkes vorschreibt. Und hier wurzelt auch das Unverständnis für die besondere Empfindlichkeit, die das nationalsozialistische Deutschland in der Judenfrage auszeichnet, die es in den Mordanschlägen gegen Wilhelm Gustloff und Ernst vom Rath nicht zufällige Verbrechen, sondern die Offenbarung einer grundsätzlichen Feindschaft erkennen läßt. Weil sich so viele Menschen im Ausland über die fundamentale Bedeutung des Rassebewußtseins für die nationalsozialistische Bewegung nicht klar sind, finden sie so schwer einen Zugang zur Erkenntnis der inneren Gesetzmäßigkeit, die die deutsche Politik auch in der Judenfrage bestimmt. Wenn irgend etwas, dann müßte jenes Echo, das ausländische Anklagen in den letzten Tagen in der deutschen Oeffentlichkeit gefunden haben, den Urhebern dieser Anklagen namentlich in der angelsächsischen Welt zeigen, wie sehr sie an dem Kern der Dinge vorbeigehen, wie wenig sie auch heute noch von der Wirklichkeit des Dritten Reiches und seiner tragenden Grundsätze verstanden haben.

Die Nationalsozialistische Partei ist die einzige politische Willensträgerin im neuen Reiche. Seit fast sechs Jahren ist dies für alle, diesseits und jenseits der Grenzen, eine unumstößliche Gewißheit geworden. Die Volksabstimmungen, die seit der Umwälzung von 1933 stattfanden, haben beinahe Jahr für Jahr das Mandat der nationalsozialistischen Regierung bestätigt. Wenn im Auslande dem neuen Deutschland wegen seiner Judenpolitik Vorwürfe gemacht werden, so laufen sie tatsächlich auf die Forderung hinaus, daß die nationalsozialistische Regierung, die das Mandat des Volkes besitzt, eine nichtnationalsozialistische Politik mache, sie muten der deutschen Staatsführung zu, das Programm zu verleugnen, das mehr als eine geschriebene Verfassung die politischen Kräfte in Deutschland erfüllt und verpflichtet. Der Nationalsozialismus hat für sich niemals mehr beansprucht als die Ordnung des nationalen Lebens innerhalb der Grenzen des Reiches, er hat es immer abgelehnt, sein politisches Gedankengut zu exportieren. Deshalb ist auch die Lösung der Judenfrage, wie er sie für das Reich anstrebt, eine innere Angelegenheit der deutschen Politik, bei der keiner fremden Macht und keiner ausländischen Gruppe eine Einmischung gestattet wird. Auch hier ergibt sich die Stärke der Reaktion auf ausländische Anklagen und Zumutungen unmittelbar aus der überragenden Bedeutung, die der Rassenfrage innerhalb der nationalsozialistischen Weltanschauung zukommt.

Dem nationalsozialistischen Deutschland sind wegen dieses Vorrangs des völkischen Denkens imperialistische Gelüste fremd, es vermag gerade aus diesem Grunde nicht einzusehen, warum ihm im Innern die Auseinandersetzung mit dem Judentum verwehrt sein soll, während dieselben Länder, die es jetzt mit Vorwürfen überschütten, im Zuge ihrer imperialistischen Politik niemals davor zurückgescheut sind, andere Völker mit der Schärfe des Schwertes zu unterwerfen. Man denkt etwa an die Härte des britischen Vorgehens in Irland im ganzen letzten Jahrhundert und noch in den Jahren nach dem Weltkriege, an die Begründung der britischen Herrschaft in Indien und ihre Befestigung im Laufe der Jahrzehnte und an das Blutbad von Amritsar, das ebenfalls erst nach dem Kriege stattfand. Es steigen Erinnerungen auf an die Einrichtung von Konzentrationslagern für Frauen und Kinder der Buren im südafrikanischen Kriege um die Jahrhundertwende, und nicht zuletzt an den Feldzug, den gerade jetzt die britische Militärmacht in Palästina mit allen modernen Waffen gegen die Araber führt, die ihr Land für sich selbst beanspruchen; tagtäglich ist hier von Erschießungen, von der Zerstörung ganzer Ortschaften, von Kollektivstrafen und ähnlichem zu lesen.

Solche Erinnerungen werden nicht beschworen, um die Gegenseite zu ärgern, sondern um ihr klarzumachen, warum das nationalsozialistische Deutschland ihre Anklagen als ungerecht empfindet, warum es diese Beschwerden zurückweist. Diese Beschwerden erscheinen als eine unerträgliche Bevormundung und sie werden deshalb mindestens mit derselben Schärfe abgelehnt, mit der sie erhoben werden. Die Zeitungen und Politiker, deren Chor jetzt über die deutschen Grenzen herüberschallt, werden um so weniger eine Chance haben, Eindruck zu machen, als ihnen entgegengehalten wird, daß ihre Vorwürfe von reichlich abstrakter Art seien, weil sie nämlich gleichzeitig für ihre eigenen Länder die Aufnahme jüdischer Einwanderer aus Deutschland oder aus anderen Ländern zum großen Teil aufs äußerste erschweren, wenn nicht ganz unmöglich machen. Und wenn in den jüngsten Tagen von dort vorübergehend eine beschränkte Hilfsaktion in Gang gebracht wurde, so geschah auch dies meist nur für kurze Zeit, von einer Bereitschaft, eine größere Zahl von Juden bauernd aufzunehmen, ist bisher so gut wie nichts bekannt geworden. Dabei ist die Bevölkerungsdichte in Deutschland um ein Vielfaches größer als in weiten Strecken des britischen Empire oder etwa Amerikas. Empfindet keiner der ausländischen Kritiker die Zwiespältigkeit eines Verhaltens, das sich in moralischer Kritik an der nationalsozialistischen Judenpolitik erschöpft, ohne die praktische Konsequenz daraus zu ziehen, daß nämlich den auswandernden Juden die Tore zu jenen schwach besiedelten Gebieten geöffnet würden? Solche Zwiespältigkeit macht in den Augen derer, die von außen her kritisiert werden, die Aufrichtigkeit der Anklage verdächtig. Auch den Juden selbst, denen das Ausland seine Sympathien zuwendet, wird mit einem solchen Verfahren nicht geholfen, das im Grunde doch nur auf eine politische Offensive gegen das neue Deutschland hinausläuft. Mehr als fünf Jahre Erfahrung müßten auch das Ausland überzeugt haben, daß sich die deutsche Staatsführung in der Verwirklichung ihres Programms durch Einsprüche von außen nicht beirren läßt. Sie wird auch jetzt ihren Weg konsequent weitergehen, wie die Erlasse und Verordnungen der jüngsten Zeit bewiesen haben.

In der mittäglichen Pressekonferenz vom 22. November 1938 wurde mitgeteilt, am Rundfunk sollten bekannte Journalisten über die Judenfrage diskutieren, zum Beispiel Gunter d'Alquen vom »Völkischen Beobachter« und »Schwarzen Korps«, danach Hans Hinkel, der Geschäftsführer der Reichskulturkammer; drittens sollte der stellvertretende Hauptschriftleiter der »Frankfurter Zeitung«, Dr. Welter, mit Karl Holz, dem Hauptschriftleiter von Julius Streichers »Stürmer«, der übelsten aller antisemitischen NS-Zeitschriften, über das Thema »Der Jude in der Finanz« debattieren. Goebbels' und Berndts Halunkenstück war leicht zu durchschauen. In einem solchen Schaukampf mit dem »Stürmer«-Mann sollte sich die »Frankfurter Zeitung« wie eine Schlange winden müssen. Entweder würde sie sich mit ihrer Sympathie für die Juden belasten oder öffentlich antisemitische Erklärungen abgeben müssen, um sich herauszureden – eine andere Art, sich zu belasten.

Die Mitteilung Sängers erreichte Welter zur Mittagszeit in seiner Wohnung. Während er überlegte, was jetzt zu tun sei, erblickte er auf der Straße seinen Hausarzt Dr. Schaub auf einem Krankenbesuch. Welter rief ihn zurück, erklärte ihm rasch die Situation und bat ihn, ihm sofort den Bauch aufzuschneiden. Da Welter keinen Blinddarm mehr hatte, verwarf der Arzt den Vorschlag, wies ihn aber als einen kardiologischen Fall höchster Dringlichkeit sofort mit dem Krankenwagen in das Städtische Krankenhaus ein. Dessen Direktor, Professor Alvens, begriff. Vor die Zimmertür wurde ein Schild gehängt: »Eintritt strengstens verboten«.

Hecht rief sofort Sänger in Berlin an, bat ihn, Berndt mitzuteilen, Dr. Welter liege im Krankenhaus. Berndt erwiderte sofort, dann solle das Rundfunkgespräch aufgeschoben werden, bis Herr Welter wieder gesund sei. Hecht hatte Sänger gebeten, an Stelle Welters den Wirtschaftspolitiker im Berliner Büro, Dr. Leonhard Miksch, zu benennen. Berndt lehnte das ab und wiederholte, Welter solle das Gespräch führen, und, als Sänger aufs neue Miksch vorzuschlagen suchte, bestand Berndt ein drittes Mal auf Welter. Wann werde Welter voraussichtlich gesund sein, lautete die Rückfrage nach Frankfurt. Die Fernschreiben der Frankfurter Redaktion an das Berliner Büro waren so abgefaßt, daß das Propagandaministerium sie mitlesen konnte. Hecht gab am Nachmittag durch, der Oberarzt habe drei bis vier Wochen genannt. Berndt mißtraute der Auskunft. Er beauftragte einen Beamten der Frankfurter Zweigstelle seines Ministeriums, im Krankenhaus nachzufragen. Dieser kam, wich aber zurück, als die Schwester ihn vor der Tür ermahnte, mit gedämpfter Stimme zu sprechen. Es handle sich um einen schweren Fall. Doch Berndt ließ nicht locker. Die Serie der Gespräche im Rundfunk solle noch bis zum März laufen, ließ er in Frankfurt mitteilen. Die Welter-Sendung habe daher noch Zeit.

Welter blieb bis Anfang 1939 im Krankenhaus. Benckiser, einige Wochen später zu Besuch in Frankfurt, besuchte ihn an seinem Bett. »Welter spielte perfekt Komödie.« Danach wurde Welter, ganz wie es sich gehört, auch noch zur »Kur« nach Bad Nauheim geschickt, anschließend auf eine dreimonatige Balkanreise.[16] Als er zurückkam, war es Sommer 1939, und die Presseabteilung des Propagandaministeriums leitete nicht mehr der gehässige Alfred-Ingemar Berndt, sondern Hans Fritzsche.

Die Reichskristallnacht heischte von der Zeitung noch ein weiteres Opfer. Am 15. November 1938 erschien zum letzten Mal im Titel der Zeitung der Hinweis »Begründet von Leopold Sonnemann«. Seit 1933, fast sechs Jahre lang, hatte die Zeitung diese Erinnerung an den jüdischen Gründer wie ein Abzeichen ihrer Gesinnung getragen. Bisher hatte auch das Propagandaministerium Aufforderungen aus der Partei zur Abschaffung der Zeile »aus gewissen Gründen« abgewiesen.[17] Jetzt verlangte das Ministerium, den Namen Sonnemann zu tilgen.[18]

Nachdem Verlag und Redaktion in der Chefredakteurkrise von 1936/37 die Anschläge des Propagandaministeriums auf die Unabhängigkeit ihrer Personalauswahl erfolgreich abgewehrt hatten, schien 1938 das Ministerium aufs neue personalpolitisch eingreifen zu wollen. Anfang des Jahres hatte die Redaktion plötzlich ein neues Mitglied, Robert Rüdiger Beer vom »Hannoverschen Kurier«, der ohne die übliche große Vorstellungsrunde aufgenommen worden war – ein sehr verdächtiger Umstand. Welter und Hecht hatten ihn engagiert. Viele in der Redaktion kamen zu dem Schluß, das Propagandaministerium habe ihn hereingedrückt. Beer bekam auch sofort ein großes Zimmer, wie es sonst nur Senioren der Zeitung hatten. Das neue Redaktionsmitglied hatte eine für die Verhältnisse der »Frankfurter Zeitung« ungewöhnliche Vergangenheit. In der Weimarer Republik hatte Beer dem »Jungnationalen Bund« angehört, einer Organisation des »Deutschnationalen Handlungsgehilfen-Verbandes«, später der »Volkskonservativen Vereinigung« des Reichsministers Treviranus, die sich 1930 von Hugenbergs Deutschnationalen abspaltete. Ende 1932 trat Beer in die Redaktion der »Kreuz-Zeitung« ein. Die »Frankfurter Zeitung« hatte also plötzlich im Jahre 1938 einen richtigen »Nationalen« in ihren Reihen, und dies tatsächlich aufgrund einer Empfehlung aus dem Propagandaministerium.

Beer fühlte sich wohl in der Redaktion, der er bis zum Schluß angehörte, nach 1939 als Korrespondent in Amsterdam und später in Genf.

Anscheinend hat Beer während der anderthalb Jahre in der Frankfurter Zentrale das begreifliche Mißtrauen der meisten Kollegen nicht gespürt. »Ist das nun der Staatskommissar oder nicht?« fragte Küsel Reifenberg vor Kollegen mit gereizter Stimme einmal. Reifenberg wehrte die Frage unwillig ab.[19] Beer war es nicht. Es sah aber so aus. Welter sagte später, es sei ein »Scheingeschäft« mit dem Propagandaministerium gewesen: »Wir wußten, daß er ein guter Mann war und ließen ihn uns von dem Herrn Stephan pro forma oktroyieren. Er wurde von Stephan im Ministerium als besonders zuverlässig gepriesen und spielte das Spiel in fairster Weise mit.«[20]

Stephan, viele Jahre später danach befragt, gab eine andere Auskunft: Goebbels habe sich eines Tages beklagt, daß es nie gelungen sei, jemanden in die Redaktion der »Frankfurter Zeitung« zu setzen. Diese Bemerkung habe er, Stephan, ausgenutzt, Goebbels den Namen Beers zu nennen. Er habe dann seinen Freund Beer an Kircher empfohlen, weil er »in die FZ gut hineinpaßte, obgleich man seine Gesinnung eher konservativ als liberal nennen muß. Jedenfalls war er kein Nazi. Ich, nicht Goebbels, habe ihn den FZ-Chefs empfohlen. Von ›oktroyieren‹ konnte keine Rede sein. Goebbels kannte Beer gar nicht.«[21]

Welter meinte also, er habe Stephan bei einem raffinierten Täuschungsversuch geholfen, im Propagandaministerium den falschen Eindruck zu erwecken, die Zeitung habe sich nun endlich bequemt, einen im Sinne des Regimes zuverlässigen Redakteur aufzunehmen. Stephan dagegen hatte, ohne politische Absicht, einem alten Freund private Hilfe geben wollen. Da Welter es aber als ein »Scheingeschäft« mit dem Propagandaministerium verstand und meinte, es könne die Zeitung dort ein Weilchen entlasten, konnten er und Reifenberg das vermeintliche Geheimnis den Kollegen nicht enthüllen.

In die wirtschaftspolitische Redaktion hatte Welter 1936 einen 26jährigen Fabrikantensohn aus Pirmasens, Otto P. Häfner, aufgenommen, einen begabten jungen Mann. Dieses Engagement war ein politischer Irrtum auf beiden Seiten. Häfner hatte sich die falsche Zeitung ausgesucht. Offenbar hatte auch Welter ihn sich nicht gründlich genug angeschaut. Häfner sympathisierte mit den Nationalsozialisten; aber auch er war der Zeitung nicht ins Nest gesetzt worden. Als Häfner einmal Zeuge scharfer Äußerungen Haerdters über das Regime geworden war, bemerkte er, das wolle er nicht gehört haben, und entfernte sich. Doch er verriet niemanden. Es hätte sich nicht mit seinem Ehrgefühl als Korpsstudent vertragen. Bei Kriegsbeginn wurde Häfner eingezogen. Er kehrte 1940 für zwei Jahre in den Beruf zurück, aber nicht mehr zur »Frankfurter Zeitung«, sondern zu Rienhardts neuer Wochenzeitung »Das Reich«. 1943 fiel Häfner in Rußland. Die

Artikel beim »Reich« lassen ihn als einen entschiedenen Nationalsozialisten erkennen.[22] So entschieden hatte ihn die Redaktion der »Frankfurter Zeitung« nicht kennengelernt.

Näher als durch diesen jungen Mann ist die Redaktion mit der NSDAP nicht in personelle Berührung gekommen. Einige Redakteure – die Zahl drei oder vier wird genannt – waren Parteimitglieder. Das besagte nichts.

Heinrich Scharp, ein in den Prozeß Friedrich Dessauers und die Auseinandersetzungen um die »Rhein-Mainische Volkszeitung« verwickelter und erprobter Gegner der Nationalsozialisten, war während seiner Prager Korrespondentenzeit in die Partei eingetreten, auf Drängen eines Diplomaten an der deutschen Gesandtschaft, der gesagt hatte, er könne ihn nicht schützen, wenn er nicht Parteigenosse werde. Gerade Auslandskorrespondenten wurden von nationalsozialistischen Auslandsdeutschen scharf beobachtet. Gegner des Regimes mußten damit rechnen, daß man über sie nach Berlin berichtete. Sieburg zum Beispiel achtete genau, manchmal mit verletzender Schärfe, darauf, nicht mit Kreisen deutscher Emigranten in Paris in Berührung zu kommen. Scharp ließ sich den Entschluß, der Partei beizutreten, ausdrücklich von den Senioren in Frankfurt als »Auftrag der Zeitung« erteilen.[23]

Werfen wir einige Monate vor Ausbruch des Weltkriegs noch einen Blick auf Veränderungen im Korrespondentennetz. Kircher war seit Mai 1938 in Rom, Benckiser an seiner Stelle in Berlin, Scharp seit 1937 in Prag. Nach der Besetzung Böhmens und Mährens im März 1939 löste er Benckiser in Berlin ab. Benckiser ging nun als Korrespondent für den Balkan nach Budapest. Aus Moskau berichtete seit 1937, dem Todesjahr Artur Justs, Hermann Pörzgen. Korrespondentin im Fernen Osten war seit 1936 die in Yokohama geborene Schweizerin Lily Abegg mit Sitz zuerst in Shanghai, von 1939 an in Tokio. 1936 hatte ein in Tokio lebender deutscher Journalist namens Dr. Richard Sorge der Zeitung seine Dienste angeboten und sich gleichzeitig mit einem vorzüglichen Artikel bei der Redaktion eingeführt. Er schrieb auch für Karl Haushofers »Zeitschrift für Geopolitik« über Fernöstliches. Sorges Artikel wurden in Frankfurt sehr geschätzt. Er wurde freier Mitarbeiter ohne Vertrag; seine Beiträge wurden einzeln honoriert, bald auch zu erhöhtem Honorarsatz. Niemand in Frankfurt kannte ihn, niemand ahnte, daß diese Mitarbeit für die »Frankfurter Zeitung« dazu bestimmt war, einem der erfolgreichsten Spione der Sowjetunion zu einer erstklassigen Tarnung zu verhelfen. Aus Spanien berichtete als Nachfolger von Fritz Wahl seit 1936 Hans Rösel, aus Portugal Irene Seligo, die bisherige Kulturkorrespondentin in London. Maxim Fackler im Berliner Büro bereitete sich vor, zum 1. Juli 1939 den Posten in

Warschau anzutreten. Aus Polen berichtete bis dahin ein freier Mitarbeiter, Hans-Achim von Dewitz vom »Berliner Tageblatt«.

Anfang 1939 knüpfte sich das freie Mitarbeiterverhältnis zu Margret Boveri fester, die seit 1937, nach ihrem Ausscheiden aus dem »Berliner Tageblatt«, für Martin Hürlimanns Zeitschrift »Atlantis« arbeitete und 1938 für die »Frankfurter Zeitung« und »Atlantis« eine große Reise durch den Vorderen Orient unternommen hatte. Im Frühjahr 1939 wurde sie in Frankfurt eingestellt, zunächst als Korrespondentin für Skandinavien mit Sitz in Stockholm.

Das Verhältnis zwischen Margret Boveri und der Redaktion war nicht einfach, und so blieb es auch nach dem Kriege, als sie an Nachfolgegründungen wie der »Badischen Zeitung« in Freiburg und der »Frankfurter Allgemeinen Zeitung« mitarbeitete. Sie litt eine Weile unter dem Eindruck altfränkischer Weiberfeindschaft in der Frankfurter Redaktion. Die Zeitung beschäftigte zwar einige Journalistinnen, Heddy Neumeister in Berlin, Irene Seligo in Lissabon, Lily Abegg in Fernost. Aber alle waren auf Außenposten. Reifenberg fand, und das war tradierte Lehre des Hauses, Frauen störten die Harmonie eines Männerkollegiums. Mit großer Behutsamkeit wußte er dies dem energischen Fräulein Doktor Boveri beim Vorstellungsgespräch klarzumachen. Auch Stark mußte später nochmals betonen, wenn sie demnächst auf ein paar Tage nach Frankfurt komme, zur Vorbereitung ihres Dienstantritts in Stockholm, werde sie nicht an der Redaktionskonferenz teilnehmen können.[24] Margret Boveri hat sich darüber heftig geärgert und noch drei Jahrzehnte nach dem Untergang der Zeitung bitter beklagt.

Ihr Urteil über ihre neuen Kollegen schwankte, wie ihr damaliger Briefwechsel mit Paul Scheffer zeigt, zwischen Mißtrauen und Bewunderung für Welter, Reifenberg, Hecht. In Küsel, ihrem »Gegenleser«, sah sie einen Gegner, Stark vertraute sie am meisten, auch deshalb, weil er einmal am »Berliner Tageblatt« gewesen war, freilich vor ihrer Zeit. Doch wechselte auch die Einschätzung Küsels und Starks. Zu keinem in der »Frankfurter Zeitung« entstand die freundschaftliche Nähe, die das Verhältnis zwischen Margret Boveri und Paul Scheffer kennzeichnete. Beide Seiten, die Redaktion und Margret Boveri, wurden nie wirklich vertraut miteinander – Stark halbwegs ausgenommen.

Margret Boveri (1900–1975) war Tochter eines Professors für Zoologie in Würzburg. Zu ihrer Mutter, einer Amerikanerin, die nach dem frühen Tod des Vaters bald wieder nach Amerika zurückgekehrt war und die Tochter bei Verwandten zurückgelassen hatte, hatte sie ein von Gefühlen der Anhänglichkeit und des Widerspruchs bestimmtes, zwie-

Margret Boveri kam nach ihrem Ausscheiden beim »Berliner Tageblatt« 1939 zur »Frankfurter Zeitung«. Ihrer nationalistischen Einstellung wegen entstand ein schwelender Dauerkonflikt mit Oskar Stark und der übrigen Redaktion

spältiges Verhältnis, das sie auch auf das Land ihrer Mutter zu übertragen schien. Die Voreingenommenheit gegen Amerika schimmert durch ihre kenntnisreichen Artikel und die nach dem Krieg geschriebene »Kleine Amerika-Fibel«. In der Beurteilung der Sowjetunion lag sie auch mit dem von ihr sehr verehrten Paul Scheffer über Kreuz. Scheffer war in den zwanziger Jahren Korrespondent in Moskau gewesen. Margret Boveri war eine leidenschaftliche Beobachterin und Schreiberin. Sie blieb eine passionierte Chronistin in jeder Lebenslage, sei es die Eroberung Berlins 1945 oder eine Hüftgelenkoperation am eigenen Leib. Sie war tapfer und fleißig. Sie bemühte sich angestrengt um Objektivität, aber verfehlte sie auf komplizierte Weise. Warum?

In den autobiographischen Gesprächen mit Uwe und Elisabeth Johnson, die ihrerseits meinten, in der nationalsozialistischen Zeit habe ein anständiger Mensch emigrieren müssen, gibt es einen Satz, den Margret Boveri selbst ein »Stichwort« nennt: »Ich habe zwar zu Hause Moral mitbekommen, aber keine Religion. Moral ohne den Rückhalt von Religion hält in extremis nicht stand.«[25]

Auf einer Journalistenreise 1935 in der Ägäis entdeckte sie, daß die teilnehmenden nationalsozialistischen Kollegen, wie der Chefredakteur des »Schwarzen Korps« Gunter d'Alquen, nicht brutale Bestien, sondern »ganz anders« waren und »wir mit Klischees gelebt hatten«. War die liberale Orientierung durch Elternhaus, Studium und »Berliner Tageblatt« ein Klischee? Nach dem Weggang Scheffers und ihrem Ausscheiden aus dem »Berliner Tageblatt« erlebte sie eine Art politischer Bekehrung. In einem Brief aus dem Sommer 1950 an Armin Mohler, damals Sekretär Ernst Jüngers, heißt es: »...da ich aus dem liberalen, sprich demokratischen Lager stamme, erst 1938 eine entscheidende Wende machte (in die mir ab 1942 dann Ernst Jüngers Bücher wie Erleuchtungen und Bestätigungen kamen), sind meine Freunde von früher fast alle Gegner von Jünger.«[26] Zu dieser Bekehrung gehörte eine außenpolitische »Aufklärung«. Sie fand auf Reisen ins Ausland, daß das Gute und das Böse in der Welt ziemlich gleichmäßig gemischt seien.[27] Sie entdeckte, daß andere Nationen nationalistisch sind. Sollten, mußten also die Deutschen, gerade unter Hitler, es nicht auch sein?

Paul Scheffer beobachtete diese Entwicklung mit Unbehagen. 1947 schrieb er ihr in ernstem Tone einmal, sie möge besser zwischen den Staatssystemen unterscheiden: gesündigt werde zwar überall, »aber es macht einen ganz gewaltigen Unterschied, was denn die Sünde sei: und solange ich eine Partei in dem gegenwärtigen Ringen sehe« – Scheffer bezog sich auf den Ost-West-Gegensatz nach dem Krieg, prinzipiell aber auf den Gegensatz zu jeder totalitären Diktatur – »die jenes Gift (Erhaltung der Macht mit Spitzeln, Terror und Willkür) nicht selbst für die Erhaltung ihrer Macht verwenden will, ist sie die meine«.[28] Margret Boveris »Bekehrung«, die sie selbst für Erkenntnis der realen Politik hielt, war bei näherer Betrachtung eine Hinwendung zum Nationalismus.

Küsel erkannte Boveris schwachen Punkt sofort. Er war unzufrieden mit ihren Berichten aus Stockholm. Die beiden fingen einen Streit an über den moralischen Standort journalistischer Berichterstattung und die Haltung des Journalisten gegenüber der Politik des eigenen Landes.[29] Beide waren Gegner des Hitlerregimes. Beide waren sich auch darin einig, daß es sinnvoll war, in Deutschland zu bleiben, eine deutsche Zeitung zu machen und nicht zu emigrieren. Beide wußten, daß dies in dieser Zeit bedeutete, Konzessionen machen zu müssen. Küsel hielt Konzessionen nicht an sich für unmoralisch. Sie waren aber nach strengen Maßstäben der Notlage aufs knappste zu bemessen. Die Nation war für Küsel keine moralische Kategorie. Der Patriotismus des überwiegenden Teils der Redaktion war nicht nationalistisch; er war weder desillusioniert noch »realpolitisch« aufgeklärt. Nichts Gutes konnte für das eigene Land aus dem Nationalsozialismus kommen. Ein Glück, daß Küsel nicht wußte, was Margret Boveri Paul Scheffer am 23. August 1939, am Tag der Unterzeichnung des Hitler-Stalin-

Paktes, nach Amerika geschrieben hatte: »Der Coup mit Moskau gefiel mir gut.«[30] So gab es in dem Verhältnis der Redaktion zu Margret Boveri einen schwelenden Dauerkonflikt über zwei Arten von Patriotismus. In den Kriegsjahren wiederholte sich ähnliches auch unter anderen Mitgliedern der Redaktion, aber in keinem anderen Falle ist dieser Konflikt so gut zu belegen wie an Margret Boveris umfangreichem Nachlaß.

Nach dem Krieg suchte Margret Boveri – darin Paul Sethe nicht unähnlich – nach einer dritten Position für die deutsche Außenpolitik, weder West noch Ost. In ihren biographischen Studien zeigte sie ein auffallendes Interesse für Menschen, die sich zwischen den Fronten bewegten und irgendeine Sache »verraten« mußten, um sich treu zu bleiben, wobei sie selbst die Fronten mit ziemlicher Indifferenz betrachtete: jede von ihnen stand für sie unter einem grundsätzlich gleichen Argwohn. Viele ihrer alten Kollegen aus dem Kreis der »Frankfurter Zeitung« haben ihr dabei nicht folgen können.[31]

Ein Geschenk für Hitler

Zurück ins Frühjahr 1939. Am 20. April wurde Hitler 50 Jahre alt. In der Nacht, in der er im Kreise seiner Parteiführer feierte, morgens zwischen halb zwei und zwei Uhr, wurde ihm ein seltsames Geschenk auf den Tisch gelegt: das Eigentum an der »Frankfurter Zeitung« und ihrem Verlag, der »Frankfurter Societäts-Druckerei«. Am Abend des 19. April hatte Hecht seinen Namen unter den Verkaufsvertrag mit dem Eher-Konzern setzen müssen. Nun gehörte die »Frankfurter Zeitung« dem »Führer« – eine groteske Situation, von welcher Seite aus man sie auch betrachtete.

Wendelin Hecht war es mit der abermaligen Hilfe Boschs in den kritischen Jahren 1934 und 35 gelungen, von 1936 an das Unternehmen aus den Verlusten herauszuführen. Die Zahlen (in Reichsmarkbeträgen) zeigen es.[32]

	Umsatz	Verlust	Reingewinn
1934	5,54 Mio.	0,493 Mio.	
1935	6,48 Mio.	0,292 Mio.	
1936	8,42 Mio.	0,002 Mio.	
1937	9,50 Mio.		0,232 Mio.
1938	11,95 Mio.		0,585 Mio.
1939			1,034 Mio.
1940			3,631 Mio.

Ende der dreißiger Jahre war das Unternehmen den wirtschaftlichen Gefahren entronnen, die es beinahe verschlungen hätten. 1938 wurde eine Hochdruck-Rotationsmaschine für 64 Seiten beschafft und 1940 noch eine vor dem Krieg bestellte neue Tiefdruck-Rotationsmaschine aufgestellt und die Druckerei insgesamt modernisiert. Im Kriege wuchs die Auflage weiter von rund 70000 Exemplaren im Jahr 1939 auf rund 200000 im Jahr 1943, dem Jahr des Verbotes.

Reifenbergs Bericht über die »Zehn Jahre« im Sonderheft der »Gegenwart«, den er im Mai und Juni 1945 in seinem Schwarzwälder Zufluchtsort Saig aus dem Gedächtnis niederschrieb, sagt über den Besitzwechsel 1939 nicht viel und dieses undeutlich. Er erwähnt Vorstöße »alter Kämpfer« bei Hitler, um das Blatt zu verbieten. Hitler habe zunächst in gewünschter Form reagiert und die Schließung der Zeitung verlangt, »doch handelte es sich um Augenblickserregungen, die von der Verlagsleitung konterkariert werden konnten, indem das Durcheinander der Zuständigkeiten im Dritten Reich dagegen ausgespielt wurde. Aber allmählich wurde deutlich, daß keine Stelle im Reich es wagen würde, das Blatt vor Hitler zu verteidigen.«

Im Winter 1946/47 ergänzte Reifenberg die erste Fassung seines Berichts um ein paar Seiten. In diesem unveröffentlicht gebliebenen Zusatz, der offensichtlich auf Informationen von Hecht zurückgeht, heißt es über den Zwangsverkauf von 1939: »Überraschend verlangten die nationalsozialistischen Stellen im Frühjahr 1939 den Verkauf an die ›Vera‹, eine Finanzgesellschaft des nationalsozialistischen Pressekonzerns, die seit dem Jahre 1933 mehr und mehr auf die sogenannte Generalanzeigerpresse Einfluß genommen hatte. Alle Versuche Hechts, den Verkauf der Zeitung zu verhindern, blieben erfolglos. Als am 19. April 1939 in Berlin die SA bereits zum Fackelzug für die Feier des 50. Geburtstages von Hitler antrat, wurde Hecht auch auf Weisung des Anteilseigners, der neben der Frau Stern in St. Gallen, Herrn Hörth und Hecht selbst Eigentümer des Verlages war, gezwungen, die Anteile der Frankfurter Societätsdruckerei G.m.b.H. und damit der ›Frankfurter Zeitung‹ zu verkaufen. Als Kaufpreis für den großen Verlag, der auch einen wertvollen Besitz an Häusern in Frankfurt und Berlin hatte, wurden 2,95 Millionen Reichsmark bezahlt. Dieser Kaufpreis war nur um ein Geringes höher als der Betrag, den der Verlag in diesen Jahren als Reingewinn in einem Vierteljahr auswies. Der Verkauf unterschied sich also kaum von einer Enteignung. Die neuen Besitzer traten der Frankfurter Societätsdruckerei G.m.b.H. als ein Abstraktum gegenüber, das sich zunächst ›Vera‹, später ›Herold‹, später ›Standarte‹ und dann ›Rheinische Verlagsgesellschaft‹ nannte. Dr. Hecht war als Verlagsleiter und persönlich in eine besonders schwierige Lage gekommen. Waren bisher die kleineren Anteilseigner und auch Dr. Hecht als Anteilseigner beibehalten worden, so wurden diese jetzt gleichfalls ausgekauft. Dr. Hecht figurierte rechtlich nur noch als Angestellter seines eigenen Unternehmens.

Die Gründe, weshalb die Forderung zum Verkauf der Zeitung so überraschend und so unabdingbar gestellt wurde, waren zunächst undurchsichtig. Mit Ausnahme der ›Frankfurter Zeitung‹ waren die Verwaltungsstellen der Partei zwar schon in allen deutschen Verlagen seit Jahren eingedrungen. Die ›Frankfurter Zeitung‹ hatte aber bis zum 20. April 1939, ungeachtet aller Anfeindungen, ihren Besitz ohne jeden mittelbaren und unmittelbaren Einfluß der Partei zu erhalten vermocht. Im Gegenteil, die volle und uneingeschränkte Verfügung über den Verlag wurde von Hecht immer wieder gegen alle Forderungen der Partei geltend gemacht, den Verlag und die Redaktion durch Aufnahme von Nationalsozialisten umzubilden. ›Solange wir über den Besitz der Frankfurter Societätsdruckerei G.m.b.H. verfügen, bestimmen wir, wer bei der ›Frankfurter Zeitung‹ beschäftigt wird.‹ Diese Haltung Hechts in allen personalpolitischen Krisen schien nun im Zusammenhang mit der Forderung des Gauleiters Sprenger auf Entlassung von einer größeren Zahl von Redakteuren die Erklärung dafür zu bilden, weshalb der Besitzwechsel bei der Frankfurter Societätsdruckerei so kompromißlos gefordert wurde. Im Gegensatz zu der Frankfurter Societätsdruckerei hatte sich die Partei in den meisten anderen, ehemals bürgerlichen Verlagen damit begnügt, sich die Mehrheit der Besitzanteile zu sichern. Sollte über den Besitzwechsel nunmehr die Personalpolitik der ›Frankfurter Zeitung‹ entscheidend geändert werden? Oder strebte die Partei nur nach Macht und Gewinn? Diese Fragen blieben unbeantwortet, bestimmten aber die Entscheidungen von Verlag und Redaktion maßgeblich. War der Besitzwechsel nur als Voraussetzung für einen Wechsel im Personalbestand der Frankfurter Societätsdruckerei gedacht, so mußte versucht werden, die personalpolitischen Dispositionen, die von Hecht immer als die entscheidenden Dispositionen im Verlagswesen angesehen wurden, in der Hand zu behalten. Auf den Gedanken, daß die Parteistellen für Hitler die Frankfurter Societätsdruckerei als Geburtstagsgeschenk ausersehen hatten und daß daher das Ringen von Hecht um die Zeitung vor dem 20. April 1939 und an seinem Vorabend überhaupt keine Chance in sich barg, ist niemand gekommen. Diese Idee war bei der Haltung Hitlers zur Zeitung zu widernatürlich. Erst einige Jahre nach dem Besitzwechsel und nach der Stillegung der Frankfurter Zeitung wurden Äußerungen bekannt, die es wahrscheinlich erscheinen lassen, daß Hitler am 20. April 1939 nachts zwischen ½2 und 2 Uhr die Frankfurter Societätsdruckerei als

Geschenk zu seinem 50. Geburtstag erhalten hat. Die Beteiligten haben ›gleich gemerkt, daß den Führer dieses Geschenk nicht gefreut hat‹. Tatsächlich hat Hitler von der Schenkung keine Notiz genommen und auch nicht aufgehört, die ›Frankfurter Zeitung‹ weiterhin im Rundfunk und an anderen Stellen anzugreifen. Von all diesen Vorgängen hatten die von der Veräußerung Betroffenen keine Kenntnis. Sie legten auch den kompromißlosen Verkauf aller Anteile der Frankfurter Societätsdruckerei nur als ein ungehemmtes Streben der Partei nach Macht und Gewinn aus und kamen bei ihren Überlegungen nicht zu dem naheliegenden Schluß, daß der kompromißlose Verkauf der Anteile der Frankfurter Societätsdruckerei im Gegensatz zu den Transaktionen der Partei bei anderen Verlagen schon deshalb gefordert werden mußte, weil Hitler sich mit der Frau Stern, Herrn Hörth und Hecht nicht in den Besitz der Frankfurter Societätsdruckerei teilen konnte. Allgemein neigten zuletzt die von der Veräußerung der Frankfurter Societätsdruckerei Betroffenen der Auffassung zu, daß der Zwang zum Verkauf mit dem Streben der Partei zu personalpolitischen Dispositionen zusammenhängt und richteten sich auf ihre Abwehr ein. Nach langen Beratungen mit der Redaktion und auch mit Dr. Goerdeler entschloß sich daher Dr. Hecht, trotz der veränderten Besitzverhältnisse den Verlag der ›Frankfurter Zeitung‹ weiterzuführen. Für diesen Entschluß war ausschlaggebend die Überlegung, daß so allein der Schutz der Redaktion und des Verlages vor nationalsozialistischen Eingriffen personalpolitischer Art ermöglicht werden könne.

Die Redaktion ihrerseits vertraute mit Dr. Hecht darauf, daß die Institution der ›Frankfurter Zeitung‹ genügend Schutz bieten werde gegen jeden Versuch, aus ihr ein nationalsozialistisches Blatt zu machen und damit der Zeitung ihre Besonderheit zu rauben.

Was im Verlauf weniger Jahre an den Tag trat, ließ sich damals schon an: Man konnte die ›Frankfurter Zeitung‹ vernichten, aber nicht ändern. Das Vertrauen darauf, daß die Zeitung auch unter dem neuen Eigentümer ihre besondere Stellung werde halten können, erwies sich, so paradox das klingt, in der Tat nicht als ungerechtfertigt. Die neuen Stellen, denen die Redaktion gegenüberstand, haben es bis zur Schließung im Jahre 1943 niemals gewagt, einen Eingriff in die Redaktionsführung oder in ihre Personalpolitik zu unternehmen. An dem Respekt vor der Redaktion und an der starken Position Dr. Hechts prallten alle etwaigen Wünsche in dieser Richtung von vornherein ab.«[33]

Einiges bedarf der Erklärung. Frau Lily Stern in St. Gallen und Dorian Hörth waren die Inhaber von Zwerganteilen an der »Frankfurter Societäts-Druckerei«; sie hielten je 0,02 Prozent. Hecht hielt für seine Person 2,04 Prozent, außerdem aber vertrat er 1939, wie die Formulie-

Die Eschenheimer Gasse mit Blick auf die Katharinenkirche. Aufnahme aus den Kriegsjahren

rung erkennen läßt, den Hauptanteilseigner, die »Imprimatur GmbH«, jene Gesellschaft, mit der Carl Bosch sich beteiligt hatte, die seit dem Ausscheiden der Familie Simon-Sonnemann 1934 97,92 Prozent der Anteile der FSD besaß und bis 1937 von Hummel und Schwander vertreten worden war. Im Frühjahr 1939 war Hummel nach Amerika emigriert. Seitdem vertrat der Geschäftsführer des Verlages, Hecht, auch den Anteil der »Imprimatur«. Der in Reifenbergs

Bericht ungenannte »Anteilseigner« ist Carl Bosch, widerwillig sekundiert vom Finanzchef der IG-Farben, Carl Schmitz. Bosch war 1939 schwer erkrankt und starb 1940. »Vera«, »Herold«, »Standarte« und die »Rheinische Verlagsgesellschaft« waren Töchter des Eher-Konzerns, der von Max Amann geleiteten Verlags-Holding der NSDAP.

Der genannte Kaufpreis ist fast richtig, aber die Zahl über den Reingewinn eines Vierteljahres offensichtlich ein Mißverständnis.[34] Dr. Goerdeler ist der ehemalige Leipziger Oberbürgermeister, das zivile Haupt der Widerstandsbewegung vom 20. Juli 1944. Hecht war mit ihm seit Jahren befreundet. An Gesprächen mit Goerdeler waren auch einzelne Mitglieder der Redaktion beteiligt, zum Beispiel Reifenberg und Paul Sethe.[35]

In dieser erweiterten Fassung läßt Reifenbergs Bericht den ursprünglichen Widerstand Hechts gegen den Verkauf und die tiefen Besorgnisse von Verlag und Redaktion um die Personalpolitik des Hauses erkennen. Innere Geschlossenheit war für die Zeitung eine Voraussetzung dafür, das moralische Risiko der Weiterführung der Zeitung und der Konzessionen an das Regime überhaupt tragen zu können. Die Redaktionsgemeinschaft sollte erhalten werden und damit ein komplettes, personell unverdorbenes publizistisches Instrument für die Zeit nach Hitler. Nur so kann der Rat Goerdelers an Hecht gelautet haben, als dieser 1939 offenbar nahe daran gewesen war, alles hinzuwerfen.

Merkwürdig mutet an diesem Bericht an, daß Reifenberg auf der Gegenseite keine Unterscheidungen trifft. Von wem hörte man, daß Hitler über dieses »Geschenk« wenig Freude zeigte? Wer waren die Parteistellen, die sich ausgedacht hatten, Hitler ausgerechnet die ihm widerwärtigste Zeitung zum fünfzigsten Geburtstag zu präsentieren? Wer hatte Hecht zur Unterschrift genötigt? Es war Rolf Rienhardt, Max Amanns Stabsleiter im Verwaltungsamt der Presse, von wo aus das ganze Verlagsimperium geleitet wurde.

Rienhardt stellte die Ereignisse in einem Brief an Erich Welter im Jahre 1959 so dar: »Hitler wollte durch die ganze Zeit die Frankfurter Zeitung eingestellt haben. Sie war ihm, wie der Verlag Ullstein ebenso, eine Fahne, die unter allen Umständen eingezogen werden mußte. Durch das Zusammenspiel verschiedener (sonst sehr heterogener) Kräfte gelang es, die Frankfurter Zeitung, und zwar im alten Eigentum der IG-Farben (Imprimatur GmbH), zu erhalten. In den langen Jahren fanden ungezählte Besprechungen zwischen dem Verlagsdirektor (und Geschäftsführer) Dr. Wendelin Hecht und mir, viele auch mit Dr. Kircher (gemeinsam und allein) statt. Der Ursachen dafür gab es viele. Gauleiter Sprenger und der Parteiapparat in Frankfurt lagen selbstverständlich auf Hitlers Linie. Daß sie ihren Kampf gegen das weitere Erscheinen neben der unmittelbaren Bekämpfung der Zeitung und ihrer Mitarbeiter gegen die Stelle [Rienhardt-Amann] richteten, die für das Weitererscheinenkönnen verantwortlich war, ist selbstverständlich ... Nun zum Verkauf: Zufolge seiner Entschlossenheit zur Einstellung der ›Frankfurter Zeitung‹ lehnte Hitler den Gedanken, die Zeitung zu erwerben, radikal ab. Mir war klar, daß die von mir eingenommene und vertretene Haltung nicht auf die Dauer erfolgreich sein konnte. Deshalb habe ich über Jahre diesen Gedanken immer wieder geäußert. Da ich keinen Zutritt zu Hitler hatte, konnte ich es nur über Dritte tun. (Mein Name durfte in seiner Gegenwart ja nicht einmal genannt werden!) Schließlich ist es mir auf diesem Weg durch einen Kunstgriff gelungen, die Gefahr für die ›Frankfurter Zeitung‹ endgültig zu beseitigen. Ich hatte nämlich vorgeschlagen, ihm an seinem 50. Geburtstag, in der Stimmung dieses Tages, zu sagen, daß die Verhandlungen zum Erwerb des Verlages abgeschlossen seien. Meine Hoffnung, daß er an diesem Tag keine Stellung nehmen würde, bestätigte sich. Dadurch war die Möglichkeit zur Fortführung von Verlag und Zeitung gegeben. Die Verhandlungen über den Erwerb sind unter Beteiligung von Dr. Hecht geführt worden. Überflüssig zu erwähnen, daß Gauleiter Sprenger die ganze lange Zeit bei Hitler gegen diesen Gedanken opponiert hatte.«[36]

Vielleicht hat Rienhardt Hechts Auskünfte über die Beteiligung der IG-Vorstandsmitglieder Carl Schmitz und Schnitzler an den Verkaufsverhandlungen falsch verstanden, oder vielleicht hat Hecht aus taktischen Gründen, zur Abwehr des Drucks aus der Partei, den Schatten der »IG-Farben« hinter Carl Bosch etwas dichter erscheinen lassen, als er war: Sieht man von der Stelle über die IG-Farben ab, dann sind die Darstellungen Reifenbergs und Rienhardts zwar recht verschieden, aber nicht unvereinbar.

Paula Oelmaier, die Sekretärin Hechts, meinte 1961, als Margret Boveri sie nach Einzelheiten fragte, sich zu erinnern, Bosch habe schon nicht mehr befragt werden können. »Außer Bosch und Hummel« – der schon emigriert war – »empfanden alle anderen Herren der IG die Zeitung als lästig.«[37]

Ähnlich klingt, was Margret Boveri sich 1961 nach einem Gespräch mit Reifenberg notiert hatte: »1939 gab Schmitz (der Nachfolger Boschs) die Hypothek FZ preis.« Reifenberg erwähnte dabei einen »Fonds« Boschs, über den er »privat verfügen konnte«, wobei er immer stark von Schmitz kritisiert worden sei.[38]

Die Äußerungen Paula Oelmeiers und Benno Reifenbergs können nur von Hecht stammen. Man kann ihnen entnehmen, daß Hecht nach der Erkrankung Boschs keine Unterstützung vom IG-Vorstand bei der Verteidigung der unternehmerischen Selbständigkeit der »Frankfurter Zeitung« mehr erhielt. Schwindender Rückhalt auf der einen Seite, zunehmender Druck aus der Partei auf Hitler auf der anderen führte mit Rienhardts Hilfe zu einer Lösung, der eine gewisse Notlagenvernunft nicht abgesprochen werden kann, obwohl der Verkauf nicht anders als eine Zwangsmaßnahme, als ein Raub des Regimes zu beschreiben ist. Vielleicht war der Verkauf, wie Rienhardt ihn darstellt, tatsächlich »a blessing in disguise«. Vielleicht war dies für die Zeitung, solange Rienhardt auf der Gegenseite der Partner war, unter den verschiedenen Übeln das geringste. Die Gegenprobe ist nicht zu machen. Rienhardts Darstellung nennt nicht den Dritten, der Hitler in jener Nacht das süß-sauer empfangene Geschenk überreichte. Stark hatte es von Hecht gehört, und dieser von Rienhardt: es war Max Amann.[39]

Rienhardt wurde in den letzten Jahren die wichtigste Stütze der Zeitung auf der Seite der Nationalsozialisten. Alle aus dem engeren und weiteren Umkreis der Zeitung bezeugen, daß er oft geholfen habe. Hecht habe ihm sehr vertraut. Welter sprach im gleichen Sinne von Rienhardt. Was immer der Dirigent des Eher-Apparats, der intelligente Kopf hinter dem Stiernacken Amanns, den vielen kleinen Verlegern bedeutet haben mag (vor allem Enteignung) – der »Frankfurter Zeitung« war Rienhardt ständiger Beistand. Nach dem Besitzwechsel redete er Hecht in nichts hinein: Er machte weder Vorschriften für den Inhalt der Zeitung noch für ihre Personalpolitik. Alles blieb, wie es gewesen war.

Die Darstellung, die Peter de Mendelssohn von dem Verkauf der »Frankfurter Zeitung« in seinem Buch »Zeitungsstadt Berlin« von 1959 gab und die auch in der überarbeiteten und erweiterten Auflage erhalten blieb, ist falsch. Sie enthält sieben Fehler in fünfundzwanzig Zeilen. Dreimal wird die Zeitung als im Besitz des IG-Farben-Konzerns beschrieben. Zweimal wird behauptet, Hecht und die Redaktion seien in Unkenntnis geblieben, daß ihr Verlag seit 1939 Max Amann gehörte, ferner heißt es, das Unternehmen sei 1939 und danach unwirtschaftlich gewesen. Schließlich wird behauptet, Rienhardt habe 1943 »kurzerhand die Schließung« der Zeitung verfügt.[40] Das Gegenteil ist wahr, er hat die Schließung zäh zu verhindern gesucht, wie noch zu zeigen sein wird. Solange Amann Rienhardt im Amte hielt, war Rienhardt der Zeitung behilflich; er zog Nutzen aus den Rivalitäten zwischen Goebbels und Amann, Goebbels und Ribbentrop, und aus den gemeinsamen Interessen von Amann, Goebbels und Ribbentrop an der Erhaltung der »Frankfurter Zeitung« gegenüber dem anderen Lager in der Partei, Hitler, Bormann und Sprenger. Das Spiel war kaum zu gewinnen, aber es ging weiter. Der Eigentümerwechsel änderte nichts an der Haltung der Redaktion.

Der erste Beweis dafür lag Hitler schon am Morgen des 20. April 1939 auf dem Frühstückstisch. Der Geburtstag wurde im ganzen Reich mit großem Pomp als Staatsfeiertag begangen. Zwei Tage lang mußten alle Häuser die Hakenkreuzfahne zeigen. Hitlers Bild stand in den Schaufenstern der Geschäfte. An zahlreichen Orten fanden Militärparaden statt. Es gab Beförderungen, Ernennungen, Ehrungen für Künstler und Wissenschaftler, ein zweitägiges Festprogramm des Reichsrundfunks, Sondernummern der Zeitungen. Für ihren Inhalt waren seit Anfang März Weisungen ausgegeben worden: »Besonders schöne und inhaltsreiche Sonderausgaben« sollten hergestellt werden.[41] Der Führer sei zu zeigen als »Schöpfer des Dritten Reiches, als Schöpfer des Großdeutschen Reiches, als der Baumeister der Nation, der den Weg Deutschlands und damit auch den Weg Europas gelegt hat«.[42]

Die »Frankfurter Zeitung« druckte keine Sondernummer für Hitler. Im Nachrichtenteil erzählte ein langer, fast die ganze erste Seite füllender Aufsatz die Geschichte Europas und Deutschlands in den vergangenen fünfzig Jahren. Benckiser beschrieb auf der zweiten Seite die außenpolitischen Veränderungen seit 1933, aber dies so lauwarm, daß die Kühle gerade eben nicht auffiel. Wo blieb die Würdigung der Person Hitlers als des großen Mannes in der Geschichte? Tiefer im Innern des Blattes geizte man nicht mit Platz, aber mit Lobpreis. Küsel stellte auf zwei Zeitungsseiten Hitlers Leben in einer Chronik der Ereignisse dar. Er lieferte lediglich Faktisches.

Sternberger hatte sich erboten, den Leitartikel zum Tag zu schreiben. Er schrieb ihn um Hitler herum. Die Person kam darin nicht einmal vor. Sternberger schrieb über »die Zeitgenossen«, ganz allgemein, über Menschen, die Weltgeschichte nicht wie ein Schauspiel aus einem Platz in der Loge betrachten können, sondern die als Zeugen der Zeit alles miterleben und miterleiden: »Wir sind die Genossen unserer Zeit. Wir erfahren die geschichtlichen Ereignisse und sehen die Männer, die Geschichte machen, aus einer Nähe, die uns erschrecken, erschüttern und berauschen kann... Ununterbrochen und lückenlos wird unsere eigene Zeit, unser eigenstes Dasein in das Buch der Geschichte eingetragen. Genauso, wie die Zeiten Alexanders, Caesars, Karls, Barbarossas, Napoleons eingetragen wurden... die Geschichte ist nicht die Vergangenheit... Es ist unsere Pflicht, ... wach zu sein als Zeitgenossen. Für jeden gilt es: Tua res agitur.« Wie in dem Vademecum für Sprichwörter sagte Sternberger aufs neue: aufpassen, es ist eure Haut, die zu Markt getragen wird. In der Mitte des Leitartikels stand ein warnen-

Norddeutsche Ausgabe

VÖLKISCHER BEOBACHTER

Kampfblatt der national-sozialistischen Bewegung Großdeutschlands

Norddeutsche Ausgabe
Berlin, Donnerstag, 20. April 1939

Ehrentag des Führers — Feiertag der Nation

des Zitat von Jacob Burckhardt aus den »Weltgeschichtlichen Betrachtungen« über »den großen Menschen«: »Ordinärer Gehorsam gegen irgendwie zur Macht Gekommene findet sich bald. Hier dagegen bildet sich die Ahnung der Denkenden, daß das große Individuum da sei, um Dinge zu vollbringen, die nur ihm möglich und dabei notwendig seien.« Das also war das Maß historischer Größe. Die Redaktion bedeutete ihren Lesern am Geburtstag des Tyrannen, daß er diesem Anspruch nicht genüge.

Der Leitartikel korrespondierte mit dem Hauptbeitrag dieses Tages im Feuilleton. Dort standen zwei Beiträge unter dem Titel »Über den großen Mann in der Geschichte — aus klassischen Deutungen«. Als erster kam Hegel zu Wort mit der berühmten Stelle aus den geschichtsphilosophischen Vorlesungen über die Leidenschaft zur Tat, die den großen Männern eigen sei, »welche den Beruf hatten, die Geschäftsführer des Weltgeistes zu sein«. Hegel preist darin die großen Täter und spottet über die moralische Betrachtung ihrer Handlungen: »Ein welthistorisches Individuum hat nicht die Nüchternheit, dies und jenes zu wollen, viel Rücksicht zu nehmen, sondern es gehört ganz rücksichtslos dem *einen* Zweck an.« Die Nationalsozialisten mochten dies gern hören.

Dem ließ die Redaktion die skeptischen Sätze aus den »Weltgeschichtlichen Betrachtungen« Jacob Burckhardts folgen samt der Stelle, die der Leitartikel Sternbergers aufgenommen hatte:

»Die wirkliche Größe ist ein Mysterium. Das Prädikat wird weit mehr nach einem dunklen Gefühl als nach eigentlichen Urteilen aus Akten erteilt oder versagt; auch sind es gar nicht die Leute vom Fach allein, die es erteilen, sondern ein tatsächliches Übereinkommen vieler. Auch der sogenannte Ruhm ist dazu nicht genügend. Die allgemeine Bildung unserer Tage kennt aus allen Völkern und Zeiten eine gewaltige Menge von mehr oder weniger Berühmten; allein bei jedem einzelnen entsteht dann erst die Frage, ob ihm Größe beizulegen ist, und da halten nur wenige die Probe aus… Sprichwörtlich heißt es: ›Kein Mensch ist unersetzlich.‹ — Aber die wenigen, die es eben doch sind,

sind groß. Einzig und unersetzlich aber ist nur der mit abnormer intellektueller oder sittlicher Kraft ausgerüstete Mensch, dessen Tun sich auf ein Allgemeines, das heißt ganze Völker oder ganze Kulturen, ja die ganze Menschheit Betreffendes bezieht...«[43]

20. April

Die Zeitgenossen.

Wir alle sind die Zeitgenossen großer Umwälzungen, bedeutender historischer Taten, die unser Schicksal bilden und umprägen, unsere und unserer Nachkommen Zukunft vorbestimmen (ohne daß wir diese Zukunft freilich genau voraussagen könnten), wir sind die Zeitgenossen von Entscheidungen, die wir nicht bloß mitansehen, sondern in jedem Augenblick mitfühlen, in denen wir mitten inne stehen. Die Weltgeschichte ist uns kein Theatrum mehr, zu welchem nur eine beschränkte Anzahl von Zuschauern zugelassen wäre, und das selber von einigen wenigen Akteuren in prunkvollen Kostümen aufgeführt würde. Kein Schauspiel, das irgendwo da droben in Szene ginge, und wenn man keinen Platz ergattert, braucht es einen nicht zu kümmern. So war es für die meisten Menschen wohl in älteren Zeiten — oder es schien doch so zu sein —, denn die große Menge der Sklaven in den antiken, der leibeigenen Bauern und der Handwerker, ja der Bürger selbst in den mittelalterlichen, der „Untertanen" in den absolutistischen Staaten, diese Zeitgenossen also vermochten nicht an dem teilzunehmen, was wir die Geschichte nennen. Sie waren gar nicht im eigentlichen Sinne die Genossen ihrer Zeit. Sie spürten freilich deutlich genug am ganzen Leibe den Unterschied von Krieg und Frieden, spürten Hungersnöte und Seuchen, auch Wohlstand und allgemeine Blüte. Aber sie wußten nicht oder nur ganz von ferne, sagenhaft, warum und wozu dergleichen Wandlungen vor sich gingen, welche Verwicklungen oder Wünsche, die Schuld oder das Verdienst an ihnen hatten. Sie konnten nicht wissen, was die „großen Herren" mit ihren Räten besorgten, beschlossen und ausführten, erfuhren nur das Wenigste und Gröbste und dies noch spät, hielten sich darum auch an allerlei magische Zeichen, an Kometen und Meteore, Mißwuchs, wunderbare Geburten, wilde Jagd und blutigen Himmel. Kurz, sie lebten, wenn man es genau bedenkt, gleichsam in einer anderen Zeit als derjenigen, welche dann in ihrem Ablauf in die Chroniken und Geschichtsbücher eingetragen wurde, und ihre Zeit war nur wie zufällig gleichzeitig mit der des weltgeschichtlichen Theaters, der politischen Historie. Sie waren nicht die Genossen ihrer Zeit.

Wir aber sind es. Wir erfahren die geschichtlichen Ereignisse und sehen die Männer, die Geschichte machen, aus einer Nähe, die uns erschrecken, erschüttern und berauschen kann. Und, was dieses Erfahren und Sehen anlangt, jedermann kann sich durch die modernen Mittel der Kommunikation und Mitteilung, durch Telegraphie und Photographie, Zeitung, Rundfunk und Film fast vollkommen und bis in kleinste Einzelheiten über Männer, Gesichter, Bewegungen und Veränderungen unterrichten, und dies mit erstaunlicher Geschwindigkeit. Wie Jakob Burckhardt sagt — in dem Passus der Weltgeschichtlichen Betrachtungen, der heute im Feuilleton dieser Zeitung wiedergegeben ist: „Ordinärer Gehorsam gegen irgendwie zur Macht Gekommene findet sich bald. Hier dagegen bildet sich die Ahnung der Denkenden, daß das große Individuum da sei, um Dinge zu vollbringen, die nur ihm möglich und dabei notwendig seien." Aber es bleibt nicht beim Sehen und Erfahren. Vielmehr sind die Völker selber bis zum letzten Mann in jedem Augenblick und zumal in dieser unsrer Zeit, in diesen wenigen letzten Jahren, in denen kaum ein Tag dem andern glich, stets angeredet, ergriffen, mitgerissen, mittätig und handelnd. Sie sehen nicht bloß zu. Sie sind politisch organisiert, spielen in allen Teilen mit, spüren nicht bloß dunkel die Wirkungen politischer Wandlungen im Innern und Äußern, sondern vermögen die Gründe zu erkennen, sind beteiligt und geben ihre Stimme ab im Großen wie im Kleinen.

Und doch: wird es uns in jedem Augenblick oder doch an jedem Tage wirklich klar, in was für einer Zeit wir leben? Scheint uns nicht sehr oft — wenn wir von nationalen Feiertagen und Feierstunden absehen — unser Alltag, unsre „Ragmalzeit" gewöhnlich, nehmen wir die großen Möglichkeiten wahr, die uns in die Hand gegeben sind, die Geschichte, unsre Geschichte, unsere Zeit, deren Genossen wir sind, mit wachen Sinnen und klarem Bewußtsein zu erleben und zu erfahren? Selbst wenn wir untereinander, zuhause oder unter Freunden und Kollegen von den politischen Vorgängen reden, selbst dann noch geschieht es oft nur mit halbem Sinn, reden wir mit halbem Verstand, hören wir mit halbem Ohr. Wir meinen jetzt nicht den kurzen Blick, die „Froschperspektive", und es ist ganz gewiß nicht unsere menschliche Sache, die Geschichte, also unsere eigne Zeit, in der wir darinstehen mit allen Gedanken und Leidenschaften, aus der „Vogelschau" zu betrachten; wir sind ebensowenig Frösche als Vögel. Wir meinen die Bequemlichkeit, die auch heute noch so vielen, ja uns allen an vielen Tagen anhängt, so daß wir oft genug so dahinleben und dahindenken, als ginge uns das alles oder doch das eine und andere im Grunde gar nichts an. Diese Bequemlichkeit gilt es immer wieder auszutreiben. Ununterbrochen und lückenlos wird unsere eigene Zeit, unser eigenstes Dasein in das Buch der Geschichte eingetragen. Genau so, wie die Zeiten Alexanders, Cäsars, Karls, Barbarossas, Napoleons eingetragen wurden, in die wir uns — es ist eine Zeit massenhafter historischer Publikationen — so gerne versenken wie in den Anblick exotischer Landschaften. Genau so und keinen Deut anders. Oder genau so wie die Zeit Bismarcks, von der uns die Aelteren als von großen Erinnerungen erzählen, und genau so wie die Zeit vor dem Kriege, die wir womöglich als Kinder erlebt haben und die uns selber doch schon als eine ferne Welt erscheinen mag. Die Geschichte ist nicht die Vergangenheit, sie ist gegenwärtig. Und wenn wir, als Zeitgenossen, auf diese unsre Zeit aufmerken, so wird uns auch das Vergangene von neuem und ganz anders durchsichtig werden. Es ist unsre Pflicht, derart wach zu sein als Zeitgenossen. Für jeden gilt es: Tua res agitur.

Die Annexionen

Bis zum »Anschluß« Österreichs hatte die Redaktion überwiegend gehofft, daß das Gewicht der anderen Mächte, das europäische System, Hitlers Außenpolitik unter Kontrolle halten werde. Im Sommer 1936, nach der Rheinlandbesetzung, mit der Hitler den Locarno-Vertrag zerstört hatte, kam die Redaktion zu einer großen außenpolitischen Konferenz im »Frankfurter Hof« zusammen, an der alle Auslandskorrespondenten, außer den beiden entferntesten in Amerika und Japan, teilnahmen und die Lage gemeinsam prüften. Carl Bosch hatte dazu eingeladen, das erste und einzige Mal, daß er die Redaktion besuchte. Sieburg trug vor, Gamelin, der französische Generalstabschef, habe die Schlagkraft der französischen Armee als nicht ausreichend bezeichnet, und nur deshalb habe die französische Regierung die Remilitarisierung des Rheinlands hingenommen. Sieburg erwartete einen Krieg aufgrund der deutschen Politik und des stetigen französischen Mißtrauens.

Der Moskauer Korrespondent Artur Just berichtete, Rußland sei ganz mit Entwicklungsaufgaben hinter dem Ural beschäftigt. Moskau habe an europäischen Verwicklungen kein Interesse und kalkuliere seine Interessen ohne ideologische Voreingenommenheiten. Die abwartende Stellung Rußlands in Europa zwinge, solange sie dauere, alle Kabinette, einen größeren Konflikt zu vermeiden. Das war eine vollkommen zutreffende Beurteilung, wie sich erweisen sollte, als Stalin diese Zweifel am 23. August 1939 beseitigte. Carl Bosch, eben von einer Reise aus Amerika zurückgekehrt, brachte von dort den Eindruck mit, Washingtons Aufmerksamkeit sei mit der japanischen Expansion im Fernen Osten beschäftigt.[44] So schien es, daß wichtige Elemente der Lage in der Schwebe waren, und die Redaktion empfand dies offensichtlich als beruhigend.

Mit der Besetzung Österreichs kam Hitlers Außenpolitik in Bewegung. Die matte Reaktion der Westmächte, schwächer noch als 1936, brachte sogleich die Tschechoslowakei in Gefahr. Reifenbergs Bericht von 1945 deutet an, daß die maßgeblichen Redakteure das Stichwort, vielleicht auch den Inhalt der Denkschrift kannten, mit der Generaloberst Beck im Sommer 1938 vor einem Krieg als »finis Germaniae« warnte. Auch wußte man, daß die hohe Generalität die Meinung Becks über das militärische Kräfteverhältnis teilte. Man hatte in Frankfurt Nachrichten, daß die Generäle es nicht zu einem Krieg kommen lassen würden.

Tatsächlich gab es ja auch im Herbst 1938 einen Plan der Verschwörer in der Generalität und im Auswärtigen Amt, Hitler zu verhaften, sobald er den Befehl zum Angriff auf die Tschechoslowakei geben würde. Chamberlains Nachgiebigkeit entzog der Verschwörung den Boden.

Reifenbergs Bericht spricht in diesem Zusammenhang immer von »der Ansicht der Redaktion«. So einheitlich, wie dies klingt, war die Ansicht aber nicht. Unter den Jüngeren, den nach 1900 Geborenen, gab es eine Anzahl, die wünschten, daß »es doch endlich Krieg gäbe«,[45] daß sich die Westmächte endlich gegen Hitler wehrten, damit die erwartete militärische Niederlage die Diktatur zum Einsturz bringe. In der letzten Vorkriegszeit begannen sich in der Redaktion langsam zwei Meinungen herauszubilden. Die radikalere, der vor allem Jüngere, nach 1933 Eingetretene anhingen, war längst an dem Punkt, zu meinen, nur noch ein Krieg, nur noch eine Niederlage könne das Land von der Diktatur befreien. Sie wünschten deshalb eine kriegerische Reaktion der Westmächte, je eher, desto besser. Die andere hoffte, Hitler werde wenigstens außenpolitisch nichts übertreiben.

Erst die Überwältigung und Besetzung der Rumpf-Tschechoslowakei im März 1939 scheint Reifenbergs Annahme, Hitler werde es nicht zu einem Krieg kommen lassen, zum Einsturz gebracht zu haben. »Die Redaktion«, schrieb er – wir lesen wohl besser: er selbst – »mußte sich nach der Eroberung von Prag eingestehen, daß nun jene außenpolitische Zielsetzung, der sie seit Versailles ihre ganze Arbeit gewidmet hatte, nämlich die Revision, überschritten worden war.«[46] Der traurige Satz läßt erkennen, wie schwer es den Älteren aus der Weltkriegsgeneration fiel, auch einem so sanften Patrioten wie Reifenberg, zu begreifen, daß Hitler nicht erst jetzt die Grenze der Revisionspolitik überschritten hatte. Zu wohlverstandener Revisionspolitik hätte nicht nur gehört, daß ihre Forderungen vom Prinzip der nationalen Selbstbestimmung begrenzt wären, sondern auch, daß ihre Mittel und Methoden rechtmäßig gewesen wären. Das hatte Schotthöfer schon im Februar 1933 zu bedenken gegeben. Die Grenzen der Revisionspolitik waren schon 1933 verlassen, beim Austritt aus dem Völkerbund und mit Hitlers Weigerung, über den Vertrag auch nur zu verhandeln. Reifenberg und Kircher waren allerdings mit ihrer günstigeren Meinung von Hitlers Risikobewußtsein in bester Gesellschaft. Sie irrten sich ebenso, wie sich die maßgebende Richtung der britischen Außenpolitik irrte.

Die Besetzung der Tschechei bewies, daß die deutsche Politik nicht auf Ziele begrenzt war, die man auf den Begriff des Nationalstaates bringen konnte. Nun war ein anderes Volk unterjocht worden. Nun gab es nicht bloß vor mehr als fünfzehn Jahren in »Mein Kampf« niedergeschriebene Worte über eine deutsche Ostkolonisation – zu absurd, um ernst genommen zu werden –, nun war die Schrankenlosigkeit der Berliner Außenpolitik offenbar geworden. Hitler hatte einen der von ihm selbst geschlossenen Verträge gebrochen.

In den Weisungen dieser Tage hatte die Redaktion Hitlers Lügen- und Gewaltpolitik beobachten können. Seit Tagen hatte Berlin die Krise angeheizt. Am 13. März war der Führer der slowakischen Volksgruppe, Tiso, nach Berlin zu Hitler bestellt und zur Separation von Prag aufgefordert worden. In der Mittagszeit des 14. März wurden die deutschen Redaktionen aufgefordert, in Kommentaren über die CSR den Satz einfließen zu lassen: »Dieser Unruheherd muß ausgetreten werden.« Zugleich wurde ihnen der Wortlaut eines Telegramms mitgeteilt, in dem Tiso die Unabhängigkeit der Slowakei erklärt und Hitler um sofortigen Beistand gebeten haben solle. Aber die Nachricht über das Telegramm wurde mit der nächsten Weisung sogleich gesperrt. Man konnte die Lüge riechen: »Wann und ob das Telegramm von Tiso an den Führer herauskommt, ist noch ungewiß, es kann sein, daß es im Verlaufe der Ereignisse erheblich an Wichtigkeit verliert«, gab Fackler aus Berlin am Abend an die Redaktion durch. Im übrigen aber: »Es ist nach wie vor stark Wert darauf zu legen, daß die Unruhen im ganzen Gebiet der verfallenden Tschechoslowakei in Meldungen und Überschriften genügend in Erscheinung treten.«[47]

An diesem Tag beorderte Hitler den tschechoslowakischen Staatspräsidenten Hacha nach Berlin. Die Weisung am Abend lautete dazu, die Abreise Hachas »ist nur zu verzeichnen, ... damit nicht der falsche Eindruck entsteht, es würden nun Verhandlungen beginnen, die die Dinge sofort in die schönste Ordnung bringen«. Die Weisung ließ für das geübte Auge keinen Zweifel, daß mit Hacha gar nicht verhandelt werden sollte. Dies war die Nacht der Erpressung. Hitler, der sich nicht genugtun konnte, über das »Diktat von Versailles« zu sprechen, diktierte nun selber. Die Divisionen hatten Befehl, in der Nacht zu marschieren.

Küsel und Rey hatten Nachtdienst. Eine Viertelstunde vor Schluß der letzten Ausgabe, so erinnert sich Rey, kam die Meldung über den bevorstehenden Einmarsch. Sie ging sofort in die Setzerei, wo Raum auf der ersten Seite des Blattes frei gemacht wird. Fünf Minuten später kommt eine Anweisung des Propagandaministeriums: »Muß kommentiert werden.« Noch zehn Minuten Zeit, zu spät, in die Schreibmaschine zu diktieren. Küsel und Rey rennen hinauf in die Setzerei und greifen sich einen alten Setzer. Küsel diktiert ihm die Nachricht in die Setzmaschine, kommt zu dem Punkt, an dem er den Einmarsch rechtfertigen soll. »Da versagt ihm das Wort. Er stockt. Er kann nicht einen Akt offener Aggression umlügen in eine berechtigte politische Handlung. Küsel bleibt mitten im Satz stecken. Der Schweiß rinnt ihm über das Gesicht. Ohne Kommentar kann die Zeitung nicht erscheinen. Der Setzer an der Maschine wird ungeduldig. Da legt ihm der Jüngere die Hand auf die Schulter: ›Laß mich‹ (das einzige Mal, daß er das übliche ›Sie‹ unterläßt).« Was für Küsels Redlichkeit unmöglich ist, ist für Reys junge Abgebrühtheit eine Kleinigkeit: »Wer wagt es, hier von Aggression zu sprechen? Prag, Residenz Karls IV., uralter deutscher Kulturboden, Restauration mittelalterlicher Reichsidee, der Führer erfüllt das Gebot der Geschichte. Schluß, Punkt, raus mit der Zeitung.« Rey kennt die Schlagworte. Zurück, im Redaktionszimmer, war Küsel etwas verlegen. Die beiden saßen sich schweigend gegenüber: »Wir ahnen, er wird nicht in Prag stehen bleiben.« Er wird weitermachen. Er wird sich übernehmen. »Und ich stelle die Frage, die mich bei meinen Kommentaren motivierte: ist es nicht unsere Aufgabe, mit allen Kräften dazu beizutragen? Je schneller die Katastrophe kommt, um so besser, denn dann überstehen wir sie leichter. Ist es nicht unsere einzige Hoffnung?« Küsel beantwortete Reys Frage nicht. Als Rey sich ihm zuwandte, sah er, daß Küsel die Hände vors Gesicht geschlagen hatte.[48]

Ein halbes Jahr später war man im Krieg, nach einigen überraschenden Zügen. England war nicht länger bereit, gewaltsame Veränderungen der Landkarte durch Hitler hinzunehmen, und Polen nicht, nach den Erfahrungen Schuschniggs und Hachas mit Hitler, über Danzig und den Korridor zu verhandeln. Hitler war überrascht über die Hartnäckigkeit und besorgt über die Möglichkeiten eines Zweifrontenkrieges, fand einen Ausweg in dem Abkommen, zu dem Stalin sich bereit fand, freilich um einen Preis – Ostpolen und die baltischen Staaten –, der der Öffentlichkeit verheimlicht wurde und den die Westmächte nicht zahlen konnten. Stalin gab Hitler freie Hand gegen Polen, und dieser fand sich am dritten Tag nach Beginn des Überfalls in einem Krieg mit den Westmächten, mit dem er, trotz allerlei Besorgnissen in den Krisentagen des August, am Schluß doch nicht gerechnet hatte.

Wie verhielt sich die Redaktion in diesen letzten Wochen? Reifenberg, inzwischen wieder hergestellt, befand sich Ende Juli ein paar Tage in der nordfranzösischen Provinz. Seine Berichte über »Abende in Caën« zeigten Frankreich in Erwartung eines unabwendbar nahenden Unheils. Die Franzosen erwarteten Krieg, sagten seine Berichte.[49]

Noch immer funktionierte das Korrespondentennetz. So konnte das Blatt wenigstens mit Auslandsnachrichten den inländischen Auflagemeldungen und Auflagekommentaren widersprechen. In einem Bündel tadelnder Ausdrücke, die zum Teil erst in Frankfurt hinzugeschrieben wurden, referierte Wolf von Dewall den britischen Standpunkt in

Abende in Caen.

„forcément..."

BB Caen, im Juli.

Am Tisch neben an — in dieser Lichtgrotte von Café mit den raschen Kellnern, dem halblauten Zuruf der Bestellungen, dem matten Klirren der Telleruntersätze, die den Preis des Getränkes am Rande tragen — am Tisch nebenan ist ein Gespräch zu Ende gegangen. Der Herr wiederholte, während er dem Kellner winkte, das Wort, das die Unterredung abgeschlossen zu haben schien. „Forcément" sagt er; was sich etwa mit „notgedrungen" übersetzen ließe. Die Dame, mit einem schnellen, ungemein wachen Blick auf den Handtaschenspiegel, zog den Schleier unters Kinn.

Der Gegenstand des Gespräches ist nicht bekannt. Aber es ist sicher, daß dies Gespräch den Punkt erreicht hatte, wo für die beiden die Zone des Ueberblickbaren aufhörte. Es ist die Zone, die man in ihren Zusammenhängen begreifen kann, in der es sich berechnen, arbeiten, genießen läßt; die Zone, die so hell daliegt wie das spiegelnde Café hier, mit dem deutlichen Verhältnis der Bestellenden und Bedienenden — die verschiedene Funktionen auf einer Ebene erfüllen und sich deshalb weder hochfahrend noch servil benehmen können —; die Zone, in der die Dinge so genau zu bestimmen sind, wie der kleine Teller mit dem rosa Rand 2.50 Francs für den Kaffee und der mit dem schwarzen 3 Francs für den Wermut bezeichnet. Es ist der Bereich der undiskutierbaren (und auch undiskutierten) Konventionen, in denen sich das französische Leben fast mühelos, wie in sogleich verständlichen Abkürzungen, fortbewegt. Wer sich den Konventionen fügt, fühlt sich frei, als sei er im Besitz eines handlichen Gerätes. Selbst wenn die moderne Freiheit — wie eine zynische französische Definition lautet — darin bestünde, mit seinem Geld anfangen zu dürfen, was man will; die Konvention würde deshalb nicht aufgehoben. Die Verwandlung von Besitz in Lebensgenuß läuft in Frankreich in bekannten, um nicht zu sagen engen Bahnen.

Aber wenn das Unglück einbricht? Wenn der schmale, doch in jedem Winkel so bekannte Raum plötzlich vom Schatten des Schicksals überdunkelt wird? Wenn etwas jenseits des Vernünftigen sich zu regen beginnt, wenn der Privatbesitz und seine Freuden, wenn das wohlverstandene Metier, wenn die — noch jetzt festgefügte — Familie, die vertrauten Freunde kaum helfen können, das Schicksal zu bestehen, geschweige es zu erklären? Dann entwickelt das in seiner Essenz bürgerliche Frankreich eine eigentümliche Kraft. Sich zu fügen. Revolutionen macht man gegen Menschen und ihre Einrichtungen, dem Fatum stellt man das Dulden entgegen. Diese Zähigkeit, die den Bauern eine zerschlagene Ernte ertragen läßt, dieser gekrümmte Rücken im mühseligen Weinberg, diese Bauernhoffnung, die im Grunde stoisch ist, ohne Illusionen. „Forcément", das Wort besetzt fast den Gang zur Kirche.

Der prüfende Blick, den die Dame auf den Spiegel warf, ehe sie den Schleier unters Kinn zog, kannte keine Einbildung. Das Alter wird eines Tages siegen, aber solange es noch Positionen der Jugend gibt, die man verteidigen kann, ohne lächerlich zu werden, wird man sie behaupten. Die Bilanz von französischem Glück und Unglück ist rasch gezogen, man verbirgt sich nichts, am wenigsten durch ein buseliges Mitleid mit sich selbst. Wie man sich nichts erspart, so auch dem Nächsten nichts. Der Kellner vertreibt den miserablen Bettler, der sich nun zum zweiten Male der Terrasse nähert, natürlich wie der Gottesengel die ersten Menschen. Der Kellner produziert kein Mitleid gegenüber der zerlumpten und außerordentlich schmutzigen Gestalt. „Geh doch weg", sagt er kühl und fegt den messingumrandeten Tisch rein, an den jener sich stützen wollte. Der die Zigarettenstummel auflieft, der auf einer alten Zeitung unter einem Kirchenportal von St. Pierre die Nacht verbringen wird, dieser Ruinierte, der das Leben verspielt hat, erwartet schließlich gar keine Teilnahme. Ihn hat das Schicksal getroffen, er ist unglücklich, er ist ausrangiert, er visiert das unrühmliche Ende an: forcément. Er weiß über sich Bescheid. Als eine junge Studentin zu einem Heim für unbemittelte Kolleginnen die Büchse rasselte, gab dem Bettler 25 Sous (gleich 2 Pfennig): „Es ist ein Unglücklicher, der Ihnen gibt, Fräulein, aber nehmen Sie nur." Er trägt das Unglück wie ein Kleid, das ihn von weitem kenntlich macht — wie die mittelalterlichen Bettler und Krüppel durch Breugels Bilder stoppeln.

Es gibt keine Illusionen angesichts des blinden Schicksals; der grausame Schlag wird hingenommen, Aufwand von Gefühlen, die nichts ändern, als überflüssig empfunden. Hier entsteht die Promptheit des französischen Urteils; hier auch dieser schnelle, fast teilnahmslose Blick. Der Fremde wittert da leicht eine Grausamkeit. Für den Deutschen zumal erlischt dann der Glanz im französischen Auge. Er sieht Schärfe, Kälte. Das ihm ganz und gar Unverständliche blickt ihn an, vogelgleich, unrührbar. Es wird nicht mehr erklärt, doch es verstummt auch „des Mitleids Ruf". Dann wird dem Deutschen zumute, als trüge er selbst „das Herz auf der Zunge"; und er mag auch nichts mehr sagen. Da ist die Urzelle des Schweigens, das zwischen den beiden Nationen walten kann; ein feiner Riß, der sich im Nu zum Abgrund verwandelt.

Uebrigens: Zur Stunde gähnt der Abgrund sperrangelweit. Ueber die Grenze läßt sich kaum noch hin- und herüberrufen. Frankreich nimmt gegenüber Deutschland die gleiche fatalistische Position ein wie seine Bürger vor ihrem persönlichen Schicksal. Es besteht ein ganz — und die Parteien — umfassendes Uebereinkommen, die Nation sei bedroht. Man argumentiert nicht mehr. Man fragt nicht, ob die Außenpolitik, zu der Frankreich zu diesem Sommer 1939 gebracht hat, am Ende hätte anders gelenkt werden können. Die Außenpolitik wird nicht mehr diskutiert, sie liegt jenseits des subtilen oder des groben parlamentarischen Spiels, sie jenseits der Sprache für die Wähler und die Wahlen. Man ist uniformiert. Auch und gerade geistig. Und man ist entschlossen zu kämpfen. Wofür? Man kann die Antwort hören, die Deutschen müßten, wenn sich die Schalen der Macht in Europa statt auf die französische auf die deutsche Seite senkten, — Paris erobern. Dem Quai d'Orsay ist es gelungen, der Verteidigungsparole auszugeben. Verteidigen? Gegen wen, in Gottes Namen? Gegen die Deutschen natürlich, gegen die Leute, die über den Rhein kommen. Man kann sich die französische Geistesverfassung nicht simpel genug vorstellen. Es gibt nur eins: nicht fragen, keine „Probleme" anerkennen, die durch Deutschlands neue Form, durch Deutschlands alte Lage im Kern Europas aufgeworfen sind. Deutschland, das ist der Feind schlechthin. Forcément...

Wenn man liest die Zeitungen (die sich im Kampf um die aktuelle Nachricht überbieten, die im Kommentar noch gleichgültiger und in der amerikanischen Headline-Aufmachung noch zerfetzter geworden sind), nur um die Grundkonzeption stündlich bestätigt zu sehen; die einer deutschen „Bedrohung" nämlich. In den Regionalzeitungen, etwa in diesem „Le Bonhomme Normand", der sich volkstümlich gibt, aber noch geschickter offiziös ist als manches Pariser Blatt, steht zwar nicht viel über Deutschland zu lesen. Aber in der letzten Juliwoche 1914 konnte man in dem Blatt auch den Satz finden: „Das große Ereignis der Woche: Madame Caillaux vor den Geschworenen." Um so bösartiger hat dieser Bonhomme dann später alle Kriegsphraseologie nachgeschrieben. „Die Reparationen, was man ihnen mit Gewalt entreißen muß" (als der Kaiser von den Niederlanden nicht ausgeliefert wurde): „Der Schuldige nicht bestraft! Er hätte doch ein Stück unserer Kriegsbeute ausmachen sollen." Man sieht, von diesen Zeitungen ist schwerlich mäßigende Vernunft in kritischen Zeiten zu erwarten. Heute also ist jedermann fest davon überzeugt, Frankreich verteidige sich. Das alte Vorurteil von der Bedrohung lebt fürchterlich wieder auf. Wie die Radikal-Sozialen die Partei darstellen, wohin man sich von den extremen Flügeln her konzentriert, so spricht man nicht von Unterdrückung der parlamentarischen Tradition außer Kraft zu setzen. So wenig man von der Lokomotivführer spreche, dessen Maschine man sich anvertraut. Mögen die Weichen richtig gestellt sein! Inzwischen rattert der Zug in die Nacht...

Das Paar ist fortgegangen. Die Lichtgrotte funkelt in den einsamen Spiegeln. Die heftige Helligkeit hat sich plötzlich in eine Leere verwandelt, die abweisend, ja drohend ist. Jene Verwandlung geschieht, die Frankreich mit einer fast wilden Trauer überfällt, einer Melancholie, die des Ausblicks auf ein Jenseits ganz und gar entbehrt. Es ist nicht die

„Melencholia" Dürers, die, von rätselvollen Ahnungen umwittert, müde den Zirkel der Vernunft sinken läßt. Es ist die Trauer, die Frankreich heimsucht, wenn die eigene Ordnung, die Konvention zu erstarren beginnt. Dann will es dennoch keine Ahnungen, und seien sie noch so hohen Fluges, gegen irdische Gewißheit, selbst wenn sie grausam preßt, eintauschen. Dann verhärtet sich Frankreich. Das ist der Augenblick, wo sich die Front von Notre-Dame im hellsten Pariser Mittagslicht zur undurchdringlichen Mauer verschränkt, wo die Kriegswitwen, die auf der Trambahn ihren kargen Lohn verdienen, statt des Käppi die Revolutionsmütze zu tragen und gleich wie zu besänftigenden Rachegöttinnen dem kleinen Volk den Tribut abzuverlangen scheinen, wenn es sein Lebensglück bis zu Ende genießen will.

Auf dem Klavier des Gastfreundes fand sich ein Band Schumann-Lieder. „Wissen Sie," sagte der Franzose und schob die Noten von sich, „ich beginne auf diese Schumanns und Schuberts ärgerlich zu werden. Der deutsche Lebensraum, die deutschen Lieder, sie sind zu tief, zu grenzenlos; sie machen mich krank." — „Wenn Sie ärgerlich werden," antwortete der Deutsche, „dann ist das Ende nur zu bald abzusehen. Dann wird das Kinderliedchen — manchmal scheint Ihre Musik aus den Kinderliedern geboren, die sich innerhalb einer Oktave singen lassen, so eng begrenzt, so spielend und so durchsichtig — dann wird die Weise ‚Sur le pont d'Avignon', bei der die Kinder alle Berufe und Stände nachahmen dürfen, einen Vers mehr erhalten. ‚Die feinen Herren verbeugen sich so' und ‚die Damen knicksen so' und ‚die Mönche beten so' singen die Kinder, und Frankreich wird einen alten bösen Refrain hinzufügen: ‚und die Soldaten schießen so.' Auf der Brücke von Avignon, deren Bogen abgebrochen sind und die schon lange nicht mehr über den Fluß führt. So wird es gehen, wenn Sie sich ärgern." — „Forcément", sagte der Gastfreund traurig.

Zitaten aus britischen Zeitungen. Zum Beispiel schreibe der »Daily Telegraph«, »diejenigen, die fragten: ›Ist Danzig einen Krieg wert?‹ begriffen nicht den wahren Sinn des Problems«. »Nicht nur Danzig, sondern das menschliche Geschick stehe auf dem Spiel, und es sei tröstlich zu wissen, daß das britische Volk in diesem Fall keine Illusionen habe über das, um was es gehe. Die Briten würden ihre Verpflichtungen bis zum Äußersten erfüllen, sie könnten nicht anders handeln.«[50]

Die Nachricht vom Abschluß des deutsch-sowjetischen Paktes vom 23. August werde in England als ein »schwerer Schlag, in erster Linie für Polen«, aber auch für Großbritannien empfunden, meldete Dewall. Und im Gegensatz zu Fritz Sängers Bericht aus Berlin, wo eine den Krieg fürchtende Bevölkerung diese Nachricht als Wendung, als »Entspannung« und gerade nicht als Auslösung des Krieges verstanden hatte, hieß es in einem Stück aus der »Neuen Zürcher Zeitung«, der Verhandlungserfolg steigere Hitlers »Prestige und seine Bewegungsfreiheit«, am schwersten davon sei Polen betroffen. Das im Aufbau begriffene Sicherheitssystem erleide eine schwere Erschütterung.[51]

Mit diesen Zitaten lenkte die Zeitung den Blick auf die fatale Bedeutung des deutsch-sowjetischen Vertrages und kam damit wieder einmal einer Weisung zuvor, die verbot, die Bedeutung des Pakts für Polen zu behandeln. Der Vertrag sei vielmehr als ein erfolgreicher Ausbruch aus der britischen »Einkreisungspolitik« zu interpretieren.[52]

Auch die scharfsichtige Frage des Pariser »Temps« war in der »Frankfurter Zeitung« zu lesen: »Wenn Polen sich weigert, vor Berlin zu kapitulieren, würde dann Deutschland zu Taten übergehen, in der Hoffnung, daß ein rasch durchgeführter Gewaltstreich Europa vor eine vollendete Tatsache stellte, bevor die der polnischen Republik gegebene Garantie mit Nutzen zu spielen begonnen hätte?«[53]

Im Geheimen Zusatzprotokoll zum deutsch-sowjetischen Nichtangriffspakt hatten sich Hitler und Stalin den europäischen Osten von Finnland bis Bessarabien aufgeteilt. Stalins Stillhalten war die Voraussetzung für den deutschen Angriff auf Polen. Bereits am 5. Mai 1939 hatte das Propagandaministerium die Weisung erlassen: »Ab sofort soll die Polemik gegen die Sowjetunion und den Bolschewismus eingestellt werden«

> Geheimes Zusatzprotokoll.
>
> Aus Anlass der Unterzeichnung des Nichtangriffsvertrages zwischen dem Deutschen Reich und der Union der Sozialistischen Sowjetrepubliken haben die unterzeichneten Bevollmächtigten der beiden Teile in streng vertraulicher Aussprache die Frage der Abgrenzung der beiderseitigen Interessensphären in Osteuropa erörtert. Diese Aussprache hat zu folgendem Ergebnis geführt:
>
> 1. Für den Fall einer territorial-politischen Umgestaltung in den zu den baltischen Staaten (Finnland, Estland, Lettland, Litauen) gehörenden Gebieten bildet die nördliche Grenze Litauens zugleich die Grenze der Interessensphären Deutschlands und der UdSSR. Hierbei wird das Interesse Litauens am Wilnaer Gebiet beiderseits anerkannt.
>
> 2. Für den Fall einer territorialpolitischen Umgestaltung der zum polnischen Staate gehörenden Gebiete werden die Interessensphären Deutschlands und der UdSSR ungefähr durch die Linie der Flüsse Narew, Weichsel und San abgegrenzt.
>
> Die Frage, ob die beiderseitigen Interessen die Erhaltung eines unabhängigen polnischen Staates erwünscht erscheinen lassen und wie dieser Staat abzugrenzen wäre, kann endgültig erst im Laufe der weiteren politischen

Eine Meldung von Pörzgen aus Moskau, einige Tage nach Abschluß des Paktes, hellte die Hintergründe des Moskauer Kurswechsels auf: die Westmächte hätten zu sehr auf den ideologischen Gegensatz der Sowjetunion zum nationalsozialistischen Deutschland gesetzt und dabei die Interessenlage der Sowjetunion übersehen, nämlich: wirtschaftliche Zusammenarbeit mit Deutschland und – eine ominöse Formulierung – »Mangel von Gründen, Polen gegen Deutschland zu helfen«. Pörzgens Bericht ließ auch erkennen, warum die Verhandlung der Westmächte in Moskau steckengeblieben war. Die Westmächte hätten gewünscht, die Sowjetunion solle den Polen Waffen liefern und

> Entwickelung geklärt werden.
> In jedem Falle werden beide Regierungen diese Frage im Wege einer freundschaftlichen Verständigung lösen.
>
> 3) Hinsichtlich des Südostens Europas wird von sowjetischer Seite das Interesse an Bessarabien betont. Von deutscher Seite wird das völlige politische Desinteressement an diesen Gebieten erklärt.
>
> 4) Dieses Protokoll wird von beiden Seiten streng geheim behandelt werden.
>
> Moskau, den 23. August 1939.
>
> Für die Deutsche Reichsregierung: *[Ribbentrop]*
>
> In Vollmacht der Regierung der UdSSR: *[Molotow]*

mit ihnen zusammenarbeiten, die sowjetischen Unterhändler aber hätten gemeint, »das sei nur auf polnischem Boden möglich«.[54] Das hieß: die Sowjetunion wollte in Polen einmarschieren, und das hatten die Westmächte und Polen verweigert. Ein scharfsinniger Leser der »Frankfurter Zeitung« konnte dem entnehmen, was die Sowjetunion in dieser Krise wollte und was Hitler ihr zugestanden haben mußte. Die Teufelei des Hitler-Stalin-Paktes konnte aus solchen Informationsbröckchen erschlossen werden, auch wenn die Zeitung sich in ihrer Berichterstattung aus Berlin und in der Zwangsjacke genauer Weisungen kaum noch rühren konnte.

Rudolf Kircher war in diesen Tagen in Berlin und schrieb einige seiner befremdlichsten Kommentare. Er konnte sich nicht zurückhalten wie Scharp, der nur schrieb, was geschrieben werden mußte, und kein Wort mehr. Kircher fühlte sich beteiligt, er dachte in der Krise mit. Was er schrieb, klang so, als sei es seine Pflicht, den Polen die Gefährlichkeit ihrer Unnachgiebigkeit vorzuführen. Nur die »sofortige Besinnung« der Polen auf ihre Lage könne »die Zwangsvollstreckung« noch von ihnen abwenden, schrieb Kircher in den letzten Tagen vor Kriegsausbruch.[55] Es machte den Eindruck, als unterstütze er Hitlers Erpressungspolitik. Sah Kircher jetzt Druck auf Polen als die letzte Chance an, einen Ausweg aus der Kriegsgefahr zu finden? Reifenberg meinte in der Erinnerung an diese letzten Tage, es »bestätigten selbst die Sachverständigen, die im Auswärtigen Amt und bei der Wehrmacht bisher Kircher rückhaltlos unterrichtet hatten, man werde es nicht zum Äußersten kommen lassen«. Noch am letzten Tag scheint Kircher sich Hoffnungen gemacht zu haben. In der Nacht zum ersten September nahm er den Nachtschnellzug nach Frankfurt. In der Frühe kam er an. Die Redaktion »hörte gemeinsam in einer Art dumpfen Entsetzens am Radio Hitlers Rede mit der Nachricht, daß man seit Stunden im Krieg lebe«. Kircher erhob sich, ging in das ehemalige Arbeitszimmer Heinrich Simons und brach dort, von einem Weinkrampf geschüttelt, zusammen: »Ich habe es nicht geglaubt.«[56]

XIV
Zweierlei Patriotismus

Der Krieg erforderte eine Reihe rascher Umstellungen. Alles war von jetzt an noch schwieriger: die Beschaffung von Nachrichten, die technische Produktion, der Vertrieb. Die Bahn stellte ihre Fahrpläne um. Es gab weniger Züge für den zivilen Personenverkehr und damit andere Zeiten für die Postwagen. In Berlin zum Beispiel konnte die »Frankfurter Zeitung« nun erst am frühen Nachmittag zugestellt werden, ein paar Stunden später als bisher. Teile der Auflage mußten früher als bisher zur Bahn gehen, Umbruch- und Druckzeiten vorverlegt werden. Margret Boveri in Stockholm stand von jetzt an täglich um 5 Uhr auf, um in der Mitte des Vormittags ihre ersten Berichte durchtelefonieren zu können.

Waren Zeitungen im Kriege überhaupt noch wichtig, fragten Technokraten vom Schlage Albert Speers. Konnte man auf sie nicht einfach verzichten? Goebbels wehrte sich entschieden. Im Gegenteil, gerade im Krieg sei es wichtiger denn je, die Bevölkerung propagandistisch zu führen. Hecht sprach mit Rienhardt darüber, ob die Zeitung geschlossen werde. Beide verabredeten, dies, wenn möglich, zu verhindern.[1] Die Auseinandersetzung mit den für die Kriegswirtschaft verantwortlichen Stellen endete damit, daß Verlag und Redaktion der »Frankfurter Zeitung« zum »wehrwirtschaftlich wichtigen Betrieb« erklärt wurden. Damit war ihr Personalstand einigermaßen geschützt. Ein Teil der Redakteure wurde vom Wehrdienst befreit und erhielt den »UK-Bescheid«, den Status der »Unabkömmlichkeit«.

Papier wurde noch knapper als bisher. Der Umfang des Blattes mußte verringert werden. Für alle Zeitungen erging eine Vorschrift, daß das Feuilleton höchstens noch ein Sechstel des Textteils der Zeitung ausmachen dürfe.[2] Schon im Frühsommer hatten Redaktion und Verlag wegen geringerer Papierzuteilungen den Umfang des Blattes verringern müssen. Das hatte auch heimliche Vorzüge, wie das Protokoll einer Besprechung in Frankfurt zeigt, das den Korrespondenten zugestellt wurde: Man wolle alles erhalten, was eine eigene Leistung der Zeitung darstelle und den Unterschied zu anderen Blättern ausmache, also die Beilagen, Rubriken »und vor allem die dritte redaktionelle Seite«. Das war die Seite mit dem Leitartikel, den Glossen, den analytischen Artikeln – der Teil der Politik also, zu dem Material aus der Nachrichtenküche des Regimes nicht zugelassen wurde. Die Redaktionsmitglieder wurden aufgefordert, »in Zukunft alles Formale, alles, was nicht eine besondere Leistung der Zeitung darstellt, also alle Agenturberichte usw. durch Umschreiben und geschicktes Redigieren auf ein Mindestmaß zu reduzieren. Selbstverständlich müssen dabei die politischen Notwendigkeiten durchaus berücksichtigt werden.« Artikel, auch die der Korrespondenten, durften künftig nicht mehr das Maß von hundert Druckzeilen überschreiten.[3] Beim vierspaltigen Umbruch im rheinischen Druckformat war das freilich immer noch ziemlich viel. Die Redaktion versuchte also, das Blatt besonders auf Kosten des vom DNB verbreiteten Materials knapper zu redigieren, soweit sie nicht den erwähnten »politischen Notwendigkeiten«, den Weisungen, gehorchen mußte.

Ernster waren die Lücken, die der Krieg ins Korrespondentennetz riß. Die Korrespondenten in London und Paris mußten weichen. Dewall ging vorübergehend ins Berliner Büro, um aus den in Berlin verfügbaren Nachrichten eine behelfsmäßige England-Berichterstattung fortzusetzen. Aber das war unbefriedigend. Im Winter 1939/40 fand sich eine neue Lösung. Dewall ging nach Ankara und arbeitete dort teils für die Zeitung, teils für die Deutsche Botschaft. Die England-Berichterstattung verlagerte sich in Hauptstädte, in denen man weiterhin englische Zeitungen lesen konnte. Robert Rüdiger Beer wurde aus der Zentrale nach Amsterdam entsandt. Nach der Okkupation der Niederlande 1940 zog er nach Bern um und versorgte die Zeitung von dort mit englischen Nachrichten. Die Berichterstattung über die Schweiz durch Hans G. Pauls in Zürich blieb davon unberührt. Margret Boveri unterstützte die englische Berichterstattung von ihrem Stockholmer Ausguck aus. Nicht am Krieg beteiligt war bis zum Frühsommer 1940 auch Italien. Kircher in Rom richtete bei Kriegsbeginn eine Rubrik mit der Überschrift »Italienische Nachrichten« ein, in der er auch über Internationales berichtete.

Eine große Lücke war in Paris entstanden. Sieburg hatte seinen Posten im Frühsommer 1939 aufgegeben. Seine Aufgabe übernahm nun ganz Paul Bourdin, der seit vielen Jahren der zweite Mann im Pariser Büro an der Place du Panthéon gewesen war. Bourdin wich bei Kriegsbeginn nach Brüssel aus und kehrte 1940, nach dem Westfeldzug, nach Paris zurück.

Sieburg hatte im Frühsommer 1939 eine Reise nach Japan unternommen. Von Tokio brachte er eine Serie von Reportagen über japanische Lebensart mit, die im Juli und August gedruckt wurden, alsbald auch als Buch unter dem Titel »Die stählerne Blume« erschienen. Es waren seine letzten Zeilen für viele Jahre. Im August war Sieburg zurück in Deutschland. Mitte August wurde er Botschaftsrat im Auswärtigen Amt.

Im Frühsommer 1939 gab Friedrich Sieburg seinen Pariser Korrespondentenposten auf. Wenig später trat er in den Auswärtigen Dienst ein und wurde Botschaftsrat an der Deutschen Botschaft Paris

Über diese Entscheidung Sieburgs ist viel geredet worden, sie ist ihm auch nach dem Kriege ungewöhnlich übelgenommen worden. War er ins Lager der Nationalsozialisten übergelaufen? Was war geschehen? Es gibt darüber zwei authentische Darstellungen. Max Walter Clauss, außenpolitischer Redakteur des »Berliner Tageblattes« und nach dessen Einstellung 1939 der »Deutschen Allgemeinen Zeitung«, erzählt in seinen Erinnerungen, Außenminister Ribbentrop habe sich Mitte August 1939 von einem Dutzend der größeren Zeitungen je zwei Außenpolitiker zu einem Tee-Empfang auf seinen Sommersitz, Schloß Fuschl, bestellt. Darunter waren Graf Pückler und Clauss selbst von der DAZ sowie Kircher und Sieburg. Ribbentrop hielt ihnen einen kurzen Vortrag über die Lage. Am nächsten Morgen seien sie alle aufs neue in einer Schulstube in Salzburg versammelt worden. Vor jedem von ihnen habe ein Formular gelegen, mit dem sie sich verpflichten sollten, entweder für die Dauer des Krieges oder auf Lebenszeit in die neugegründete Informationsabteilung des Auswärtigen Amtes einzutreten, je einer von jeder der Zeitungen. Wer dies sei, sollten sie untereinander ausmachen. Ribbentrop hatte die Erlaubnis zum Aufbau einer eigenen Informationsabteilung des Auswärtigen Amtes gegen heftigsten Widerstand Goebbels' bei Hitler erwirkt.

Kircher entzog sich der Verpflichtung. Sieburg unterschrieb.[4] Mit ihm gingen Graf Pückler von der DAZ, Hans-Georg von Studnitz von »Scherl« und Giselher Wirsing von den »Münchner Neuesten Nachrichten« ins Auswärtige Amt. Nach Clauss' Darstellung war es eine Dienstverpflichtung. So beschrieb es auch Reifenberg: Das Auswärtige Amt habe Sieburg bei Kriegsausbruch »in Beschlag genommen«.[5]

Sieburgs Darstellung in einem Gespräch mit Horst Bienek läßt keinen äußeren Zwang erkennen. Er sprach von einer Flucht. »Ich wollte von der Presse weg, sehr einfach. Sehr ungern von der ›Frankfurter Zeitung‹, mit der ich mich sehr verbunden fühlte, aber ich wollte nicht in die Pressearbeit während des Krieges.« Journalistische Auslandsposten habe es so gut wie nicht mehr gegeben. Er habe es seit 1933 auf dem Pariser Korrespondentenposten immer glücklich vermeiden können, zu den inneren Vorgängen in Deutschland Stellung zu nehmen und in eine der tausend Fußangeln und Fallen zu treten. Im August 1939 hätten nationalsozialistische Stellen die Absicht gehabt, ihn in die demnächst zu gründende neue Wochenzeitung »Das Reich« als Leitartikler zu ziehen. Den Krieg zu rechtfertigen, sei ihm eine »unerträgliche Aussicht« gewesen. »Ich hatte nur einen Gedanken, die Flucht ins Auswärtige Amt. Das war die einzige Möglichkeit, die ich sah, und das ist mir gut gelungen, und ich habe dort wesenlose Tätigkeiten ausgeübt.«[6]

Außer einer einzigen Passage in einer Rede in Paris im Jahre 1941, in der er sich als einen Mann schilderte, den die Erfahrungen in Frankreich, vor allem das nutzlose Diskutieren, »hart« gemacht und »zum Kämpfer und Nationalsozialisten erzogen« hätten,[7] ist nichts überliefert, was Sieburgs Erklärung widerspricht, er habe nicht Propagandist der Nationalsozialisten werden wollen. Jene Rede freilich klingt seltsam, wie »aufgesetzt«. Sieburg war von 1914–1918 Kriegsflieger in Frankreich gewesen. Aber ein »harter Kämpfer«, gar ein Nationalsozialist? Das widersprach allzu sehr seiner sinnlichen Natur. Unter den vielen Gaben und Schwächen dieses bezaubernden Mannes gab es eine jedenfalls nicht: den Fanatismus. Niemand weiß, was der Rede Sieburgs vorangegangen war. Hatte ihm vielleicht jemand gedroht, daß er es bislang an strammer Gesinnung habe fehlen lassen? Brauchte Sieburg ein Alibi?

Was über seine Tätigkeit im Auswärtigen Amt zu erfahren ist, entspricht seiner eigenen Beschreibung als »wesenloser Tätigkeit«. Die Akten sind unergiebig. Paul Schmidt, Ribbentrops Pressesprecher, hat nie einen der Berichte Sieburgs gesehen und vermutet deshalb, Sieburg habe, wenn überhaupt, dem Minister unmittelbar berichtet. Frau von Ribbentrop habe aus ihrem Elternhaus – der Sektkellerei Henkell in

Wiesbaden –, in dem auch Heinrich Simon verkehrt hatte, eine große Anhänglichkeit an die »Frankfurter Zeitung« mitgebracht und den Einfluß auf ihren Mann dazu benutzt, die Zeitung und besonders Sieburg zu schützen. Sie sei von seinem Schreiben und von seiner Unterhaltung entzückt gewesen.[8]

Sieburgs prächtig ausgebildete Eitelkeit war das Ziel ständigen Spotts der Kollegen in der Redaktion. Als frischgebackener Diplomat interessierte sich Sieburg auch gleich dafür, was für eine Uniform er sich schneidern lassen solle. Freude an der Diplomatenuniform gehört zu den Naivitäten Sieburgs, einer geradezu kindlichen Freude am Sichverkleiden. »Das Erstaunlichste an diesem Mann, der so viele Menschen gekannt, so viele Länder gesehen hatte, blieb, daß er nicht blasiert wurde, daß er sich die Bereitschaft des Staunens erhalten hat und damit doch eine Art kindlicher Unschuld«, urteilte Reifenberg viele Jahre später über den alternden Sieburg.[9] Aber die Vermutung, der meistbeachtete ausländische Korrespondent der dreißiger Jahre in Paris, der Autor berühmter, auch ins Französische, Englische und Italienische übersetzter Bücher, könne aus Eitelkeit ins Auswärtige Amt eingetreten sein und gemeint haben, der Titel eines »Botschaftsrates« könne dem Namen Friedrich Sieburg irgend etwas hinzufügen – das genügt nicht zur Erklärung. Wir kennen keinen besseren Grund als den, den er selbst genannt hat: eine Flucht.

Aber nicht unbedingt oder allein eine politische Flucht vor der Kriegspolitik Hitlers. Das Auswärtige Amt und, mehr noch, die Wehrmacht konnten im Dritten Reich Refugien für innenpolitische Gegner Hitlers sein. Aber dabei mußte man sich in die Außenpolitik Hitlers verstricken – selbst dann, wenn man den Schutz der Wehrmacht oder des Auswärtigen Amtes für eine Verschwörung gegen Hitler nutzen wollte. Doch Sieburg war kein Widerstandskämpfer. Er war überhaupt kein Kämpfer. Er floh. Warum floh er nicht in die Frankfurter Zentrale der Redaktion? Tatsächlich floh er auch nach Frankfurt, aber erst zweieinhalb Jahre später. Ende 1942 war Sieburg den Dienst und die Intrigen im Auswärtigen Amt Ribbentrops gründlich satt. Am 1. Februar 1943 war Sieburg wieder im Verband der Zeitung. Er war selig, in den alten Kollegenkreis zurückkehren zu dürfen und wieder unter »wohlwollenden« Menschen zu sein.[10] Die Flucht ins Auswärtige Amt, auch wenn sie Zeichen einer Dienstverpflichtung trug, war offenbar eine Flucht vor der Zeitung, aus dem Beruf, vielleicht auch vor sich selbst gewesen. Er sagt es selbst: »Ich wollte weg von der Presse, sehr einfach.« Warum er es überdrüssig geworden war, wissen wir nicht. Es war aber nicht das erste Mal, daß Sieburg von einer Panik der Veränderung gepackt wurde. Schon in der Lebenskrise von

1929/30 hatte er ausbrechen wollen, weg aus dem Kreis, in dem er am besten aufgehoben war, weg auch aus seiner Ehe. Simon und Reifenberg hatten ihn damals gerade noch halten können.[11] 1939 war das Auswärtige Amt Ribbentrops das verführerische Ziel eines neuen Ausbruchsversuchs. Ein schrecklicher Irrtum; aber er machte den Flüchtigen gewiß nicht zu einem »nationalsozialistischen Diplomaten«.

Gleich zu Kriegsbeginn ließ Erich Welter sich als Oberleutnant der Pioniere zu seiner alten Waffengattung aus dem Ersten Weltkrieg einziehen. Zunächst in die Abwehrstellungen des ersten Kriegswinters am Westwall. 1940 ließ Welter sich in die Informationsabteilung des Oberkommandos der Wehrmacht in Berlin versetzen, wo er unter Professor Hesse 1940 an der Herstellung des Filmes über den Frankreichfeldzug »Sieg im Westen« mitwirkte. Welters Nähe in Berlin erwies sich während des Krieges als unschätzbare Hilfe für die Zeitung in »Feuerwehreinsätzen« bei den Berliner Staats- und Parteistellen. Im Jahr 1943 war auch Welter wieder in der Frankfurter Redaktion.

Zu denen, die gleich bei Kriegsbeginn eingezogen wurden, gehörte auch Hans Bütow, Kavallerist aus dem Ersten Weltkrieg, 1939 Eisenbahnpionier, doch bald danach wieder von der Zeitung mit Erfolg reklamiert. Unter denen, die später eingezogen wurden, waren drei, die als Kriegsberichter für die Zeitung weiterarbeiten konnten, Eberhard Schulz aus dem Berliner Büro, Karl Zimmermann vom Feuilleton und Wilhelm Rey aus der außenpolitischen Redaktion. So war es der Zeitung möglich, selbst in der Frontberichterstattung sich von den üblichen Hervorbringungen der Propagandakompanien mit »eigenen Leistungen« zu unterscheiden.

In den letzten Augusttagen hatte die Regierung alle Nachrichten für (vor-)zensurpflichtig erklärt, selbstverständlich alle Nachrichten über die Streitkräfte, ihre Standorte, Bewegungen, Kommandowechsel, Versorgung, das Ersatzwesen, auch über Seezeichen und Verkehrsnachrichten aller Art, sowie militärische Handlungen des Feindes und eigene Verluste. In den Landesdienststellen des Propagandaministeriums, den sogenannten »Propaganda-Ämtern« bei den Gauleitungen der Partei, nisteten sich Offiziere der Wehrmacht mit ihren Zensurstellen ein. Ohne ihren Stempel durfte keine dieser Meldungen in Druck gehen. Gleichzeitig wurde aber auch eine politische Vorzensur durch das Propagandaministerium eingerichtet. Doch solle man sie nicht so nennen, sagte Fritzsche in der Pressekonferenz. Politische Meldungen sollten »miteinander abgesprochen werden« – nicht alle, aber alle »von Bedeutung«. Meldungen von DNB seien allesamt schon zensiert, ehe sie verbreitet würden, hieß es.[12]

Alle Meldungen und Artikel der Auslandskorrespondenten mußten von Oktober 1939 an die Berliner Zensurstelle passieren – was bedeutete, daß die Auslandskorrespondenten ihre Berichte von jetzt an Stenographen im Berliner Büro der »Frankfurter Zeitung« diktieren mußten. Die Redaktion entdeckte bald, daß Artikel von draußen, die nicht mit einer ausländischen Datumszeile versehen waren und als Briefpost nach Frankfurt kamen, der Frankfurter Zensurstelle vorgelegt werden konnten, und das gab nun die Möglichkeit, sich den Zensor zu wählen. Zuweilen ließ der eine passieren, was der andere angehalten hätte. Im November 1939 wurde das Zensurregime geändert: ein paar Zeitungen, darunter die »Frankfurter Zeitung«, durften sich von nun an »selbst zensieren« und entscheiden, was sie der Zensur vorlegen wollten und was nicht – auf eigenes Risiko. Die Auslandskorrespondenten gaben ihre Berichte weiter an das Berliner Büro, dessen Mitglieder sie am Stand der Weisungen prüften, notfalls das Placet des Auswärtigen Amtes einholten und die Texte über den Ticker nach Frankfurt gaben.[13]

Die Presselenkung und Pressekontrolle war mittlerweile so detailliert und strikt geworden, daß das Propagandaministerium sich gezwungen sah, ein Gegenmittel zu verabreichen, um die Folgen, die Lähmung der Zeitungen, zu mildern. Fritzsche richtete für zwanzig der größeren Zeitungen eine zusätzliche Pressekonferenz ein, auf der er die Absichten der Regierung erläuterte und Hintergrundinformationen gab, die nur unter größter Vertraulichkeit den Redaktionen weitergegeben werden durften.[14] Diese Einrichtung wurde im Journalistenjargon bald die »Nachbörse« genannt.

Den Erschwernissen der Auslandsberichterstattung entsprach ein gesteigertes Interesse der Leser an Nachrichten von draußen, die man in anderen Zeitungen wenig und kaum in der Qualität zu lesen bekam wie in der »Frankfurter Zeitung«. Dies war einer der Gründe dafür, warum die Auflage der Zeitung im Kriege in unerwartete Höhen wie nie zuvor in der Geschichte des Blattes stieg. Die Leser waren hungrig nach Nachrichten, und die Redaktion gab sich besondere Mühe, sie über die Außenwelt zu informieren, soweit sie selbst durch die Sehschlitze, die ihr verblieben waren, hinaussehen konnte. Die neutralen Länder aber wurden die Orte erhöhten Interesses: als Quellen der Information über die andere Seite, als Lieferanten begehrter Wirtschaftsgüter für die Kriegführung und als für die eigene Seite zu gewinnende Kriegsteilnehmer, deren Sympathie also erhalten und deren Abwanderung ins Lager des Gegners verhindert werden sollte. Das verhalf Korrespondentenplätzen wie Zürich, Stockholm, Madrid, Lissabon, Ankara und Washington/New York zu einer vielfältigen Beachtung, die sich in der Zeitung spiegelte.

Es liegt an dem archivalischen Sammeleifer Margret Boveris, daß wir die Intensivierung der Auslandskontakte über die Korrespondentenposten in den neutralen Ländern besonders an ihrem eigenen Falle beobachten können. Außerdem war sie neu im Kollegenkreis und mußte deshalb etwas angeleitet werden, was die Korrespondenz besonders aufschlußreich macht. Oskar Stark, der im Kriege die Frankfurter Redaktionsgeschäfte führte, gab sich große Mühe mit ihr. Der Ton der Korrespondenz läßt erkennen, wie die Zeitung ihre Korrespondenten führte und wie rücksichtsvoll und freundlich man in der Redaktion miteinander umging. Margret Boveri fragte im September 1939, ob sie ein Briand-Buch besprechen dürfe. Stark meinte: lieber jetzt nicht, er halte es für richtig, damit zu warten, bis man etwas klarer sehe, wie es mit den Franzosen gehe. »Für die nächste Zeit wird stark im Vordergrund stehen, wie sich die neutralen Länder, namentlich die skandinavischen, zu dem britischen Seehandelskrieg gegen Deutschland stellen. Ich fürchte, das wird noch starke Komplikationen geben, die eine regelmäßige Berichterstattung aus Stockholm unbedingt nötig machen. Unter uns gesagt«, und hier ließ Stark Berliner Richtlinie durchschimmern, »uns liegt natürlich daran, daß die Neutralen bei der Stange bleiben, und uns liegt besonders daran, daß die Beziehungen zu Deutschland in Ordnung bleiben. Dies hat natürlich auch seine Konsequenzen für die Berichterstattung, aber das werden Sie sich ja selbst sagen.« Dann erläuterte er ihr, was in den Haager Konventionen über die Grundsätze der Neutralität bestimmt war, namentlich über den Handel mit den Kriegführenden und die Pflicht, sich nicht in Frontstellungen der Kriegführenden drängen zu lassen. Dies möge sie genau beobachten und beschreiben. Soweit den Neutralen aber Vorhaltungen zu machen seien, solle sie das der Frankfurter Redaktion überlassen.

Stark nahm sich die Zeit, der Kollegin über Veränderungen im Hause und im Korrespondentennetz zu berichten. Er beschrieb ihr, wie er selbst versuche, sowohl ruhender Pol der Redaktion zu sein als auch anzufeuern und anzutreiben. Es komme nun auf »Einfälle« für die Berichterstattung an, damit die Zeitung »mit ebenso viel Würde wie Niveau... ihren Platz in der deutschen Front sichern könne« und »nach außen und innen gleich gut bestehe« – wie er doppelsinnig schrieb, denn die Briefzensur würde es auch lesen. »Wir danken Ihnen für die viele Mühe, die Sie sich in den aufgeregten Tagen gegeben haben, für die vielen Beiträge, die wir von Ihnen bekommen haben. Bitte fahren Sie so fort«, ermunterte er die neue Kollegin.[15]

Einen Tag später erklärte er ihr, daß er die Überschrift eines Artikels und den Schluß verändert habe – im Sinne der Hinweise auf die Neutralitätspolitik. »Sie werden schon sehen, daß sie politisch notwendig waren. Ich wollte Ihnen dies sogleich mitteilen, damit Sie nicht überrascht sind und unsere Absichten verstehen.« Aus dem eindringlichen Ton Starks konnte man schließen, daß die Zeitung von der Presselenkung nachdrücklich angewiesen worden war, bei den Neutralen auf Neutralität zu dringen und besonders den skandinavischen Ländern den Rücken gegen erwartete Versuche der englischen Politik zu stärken, sie an der Handelsblockade gegen Deutschland zu beteiligen.

Die Zeitungen sollten die englische Politik anprangern. In Frankfurt hatte man die Absicht, solche Hand- und Spanndienste für das Regime auf ein Minimum zu beschränken. Die Redaktion druckte »unter dem Strich« im Feuilleton einen Beitrag »Die Bombardierung Kopenhagens, England und die dänische Neutralität im Jahre 1807« ab – von Johann Peter Hebel. Damit war eine Pflicht erfüllt, der Name des Autors aber bürgte für einen artigen Ton.[16]

In einem anderen Brief machte Stark Margret Boveri auf einen Artikel über die Neutralität von dem völkerrechtlichen Mitarbeiter der Zeitung im Blatte aufmerksam, der unter dem Zeichen »X« schrieb. Es war Wilhelm Grewe, der spätere Berater Adenauers und Botschafter der Bundesrepublik, damals Privatdozent in Berlin. Er steuerte völkerrechtliche Erörterungen zur außenpolitischen Lage bei, über die er von Berthold Stauffenberg, dem damaligen Völkerrechtsreferenten im Oberkommando der Marine, regelmäßig unterrichtet wurde. In einem anderen Brief empfahl er ihr die Lektüre eines Artikels von Pauls über die Schweizer Neutralität zur Anregung. Pauls schrieb am Jahresende noch einmal zu diesem Thema – eine glänzende Arbeit, vorausgesetzt, man liest sie mit den Augen der deutschen Opposition. Schweizer konnten Anstoß daran nehmen. Der Aufsatz spiegelte die deutsche Politik im Licht der Schweizer Kritik.[17]

»Auch die Lebenshaltung«, fuhr Stark fort, »interessiert hier immer; hierbei ist aber immer der Vorbehalt zu machen, daß wir nicht den Leuten den Mund wässerig machen dürfen«, wie er wohl mit einem Blick auf die Rationierung von Lebensmitteln, Bekleidung und Brennstoffen und eine zu befürchtende Rüge wegen »Miesmacherei« oder Defätismus hinzufügte. »Es tut mir leid, daß ich da immer so als Drängler auftrete, viel lieber möchte ich Ihnen nachher für einen guten Artikel Dankeschön sagen. Sie verstehen alles aus der Sorge um die Zeitung und nehmen es gewiß nicht übel.«[18]

Der menschenscheuen Margret Boveri fiel es nicht leicht, sich in Schweden zurechtzufinden. Der einsam draußen arbeitende Korrespondent braucht Ermunterung, erst recht einer, der die eigene Person zurückstellt, sich »im Dienst« fühlt und bemüht ist, die Zeitung so gut

Neutralität — außen und innen.
Eine politische Bestandsaufnahme aus der Schweiz.
(Von unserem Korrespondenten.)

P Zürich, im Dezember.

Jede Betrachtung der gegenwärtigen schweizerischen Gesamtsituation muß sich, wenn sie zu einigermaßen zutreffenden Urteilen und zu haltbaren Schlußfolgerungen kommen will, von vornherein von zwei Vorurteilen freihalten: Das eine ist eine im Auslande vielfach verbreitete romantische Vorstellung, in der sich Begriffe wie Rütli-Wiese und Fremdenverkehr mischen; das andere führt zu der Neigung, schweizerische Probleme mit politischen und wirtschaftlichen Maßstäben zu messen, die großen Staaten gegenüber üblich und notwendig sind. Im Leben Europas ist die schweizerische Eidgenossenschaft kein Naturschutzpark geblieben, weder auf politischem, noch auf wirtschaftlichem Gebiet. Wie die Formen ihres politischen Lebens immerfort — wenn auch mit etwelcher Verzögerung und unter Anpassung an ihre besondere Geistesverfassung — dem Wechsel unterworfen waren, so ist im Laufe eines Jahrhunderts aus dem ehemals reinen Bauernstaat ein hochentwickelter Industriestaat geworden, dessen Qualitätsproduktion Weltruf besitzt. Aber — und das ist wohl auch für die heutigen Umstände das Entscheidende — weder die relative Kleinheit, noch die Art ihrer politischen und wirtschaftlichen Kraftquellen gestatten bei der Schweiz die Anlegung ausländischer Maßstäbe.

Konservativ — der Volkscharakter.

Ein oft unbewußter, aber immer wieder feststellbarer Konservativismus, ein Streben nach Erhaltung des Errungenen als Gegensatz zum bewußten Entfaltungs- und Entwicklungsdrang der großen und vieler kleiner Staaten (man denke nur an die Südost- und die skandinavischen Staaten), rührt nicht nur aus dem bürgerlichen Lebensstil der Schweiz her. Bestimmend für diese Haltung ist in der neueren Geschichte doch wohl die Kleinheit des Landes. So sehr die Eidgenossenschaft ihre heroische Periode und gelegentlich sogar imperialistische Anwandlungen gehabt hat und die Erinnerungen daran sorgsam pflegt, so fühlt sie sich doch dauernd in der Verteidigung gegen politische, wirtschaftliche und kulturelle Ideologien des Auslandes. Aus dem Bewußtsein, selbst nicht bestimmend in den Ablauf des Weltgeschehens eingreifen zu können, entspringt ein natürliches Mißtrauen gegen neue Ideen und machtpolitische Erscheinungen, solange deren Stärke, Zielrichtung und Anziehungskraft ganz unbekannt sind.

Die ungewöhnlich heftige, zeitweilig bis an die Grenze unverhüllter Feindseligkeit gehende Abwehr zunächst der faschistischen, dann, mit noch größerer Schärfe, der nationalsozialistischen Gedankenwelt ist sicherlich auf diesem Boden des Mißtrauens gegen das unbekannte Neue gewachsen, wenn auch besondere parteipolitische Gründe, wie etwa die schweizerischen Sozialdemokraten bestimmten, dies vorübergehend zu verschleiern vermochten.

Aus diesem Mißtrauen erklärt es sich wohl auch, daß man in der Schweiz früher als anderswo den in weitestem Sinne revisionistischen Grundgedanken beider Bewegungen zu ahnen begann und sich gegen ihn wehrte. Für den Außenstehenden mag das erstaunlich erscheinen, da ja die Schweiz keineswegs zu den Beutemächten von Versailles gehörte, sondern mit Glück und Geschick die neutrale Position verteidigte und deshalb zum Beispiel auch 1919 die Aufnahme des österreichischen Vorarlbergs in die Eidgenossenschaft abgelehnt hatte. Obgleich nur ganz wenige im Entente-Lager stehende Schweizer die Friedensverträge der Pariser Vororte oder die Gewaltherrschaft farbiger Kolonialtruppen der Siegermächte im Rheinlande gebilligt hatten, verband sich mit dem Begriff Revisionismus die Sorge, daß ein zielbewußter Versuch zu seiner Verwirklichung Kräfte und Gegenkräfte in Bewegung setzen könne, deren Wirkungsbereich kaum im voraus abzugrenzen sein werde. Die diesem politischen Konservativismus innewohnende Abneigung gegen aktivistische Willensregungen war bereit, selbst Zustände offenkundigen Unrechtes als Faktum hinzunehmen in der Meinung, daß nur politische Bewegungslosigkeit in Europa dem kleinen Lande ermögliche, sich ungestört seinen materiellen Interessen zu widmen. Sie betrachtete daher von vornherein den Faschismus und den Nationalsozialismus als Störer einer 1918/19 gewaltsam geschaffenen neuen Ordnung Europas, und sie ist wohl auch heute noch nicht bereit, den Ansprüchen des italienischen und des deutschen Volkes auf gleichberechtigten Zugang zu den natürlichen Reichtumsquellen der Welt mehr als akademische Anerkennung zu gewähren.

Geldfragen zwischen Verwandten.

Hinzukommt, daß die fascistische und nationalsozialistische Bewegung in Mitteleuropa gleichzeitig eine wirtschaftliche und soziale Umwälzung und das Ende der liberalen Epoche einleitete, einer Epoche, die den industriellen Aufstieg der Schweiz und ihren Reichtum begründet hatte. Es ist zwar richtig, daß wenigstens ein Teil dieses Reichtums dem Lande aus den ausgesprochen „dynamischen" Erscheinungen der liberalen Epoche, insbesondere im Weltkrieg, zugeflossen war; doch war dies nur noch den liberalen Lücken der bereits am Horizont aufziehenden Gemeinwirtschaft zu verdanken. In der trügerischen Erwartung einer Wiederkehr uneingeschränkter liberaler Wirtschaftsformen hatte die Schweiz ihre, das eigene Investitionsvolumen übersteigenden finanziellen Reserven in einem erstaunlich großen Umfange in der Wirtschaft des Auslandes (in Europa so gut wie über See) angelegt. Daß gerade die liberalen Länder, wie England und die Vereinigten Staaten, mit ihren protektionistischen Abschließungsmaßnahmen als erste der Wirtschaftsfreiheit ein Ende setzten, ist auffälligerweise in der Schweiz bis heute noch wenig erkannt worden. Erst als das benachbarte Deutschland gezwungen war, sich gegen diesen Protektionismus mit harten Selbstschutzmaßnahmen zur Wehr zu setzen, und als schließlich der Nationalsozialismus mit ganz ungewohnten, dem liberalen Denkschema ungeheuerlich scheinenden Mitteln in die Politik und in die Wirtschaft eingriff, reagierte man in der Schweiz — nicht etwa gegen die eigentlichen Urheber der großen internationalen Wirtschaftszerrüttung, sondern gegen die Abwehrkräfte. Als mildernden Umstand mag man wohl anführen, daß beträchtliche schweizerische Kapitalanlagen in Deutschland plötzlich als gefährdet erschienen; andererseits läßt sich nicht übersehen, daß die Einbußen des schweizerischen Kapitals in den Bereichen des Pfunds, des Dollars und des französischen Franc zum mindesten nicht geringer waren als in denen der Reichsmark, ohne daß hiervon großes Aufheben gemacht worden wäre. Eine Erklärung für diesen immerhin bemerkenswerten Unterschied in der Beurteilung liegt vielleicht in dem Erfahrungssatz, daß Geldfragen zwischen Verwandten in der Regel unnachsichtiger beurteilt werden als unter Fremden.

Soweit auszuholen und namentlich die wirtschaftlichsozialen Probleme einzubeziehen ist notwendig, wenn man die Hintergründe der gegenwärtigen Beziehungen zwischen Deutschland und der Schweiz begreifen und sich nicht auf nur symptomatische Randerscheinungen beschränken will, die zu irrtümlichen Schlußfolgerungen führen könnten. Da wäre vor allem die von allen schweizerischen Historikern zugegebene Neigung des Schweizers zur Selbstgerechtigkeit und zum Schulmeistern zu nennen, die sich einer überaus betonten Empfindlichkeit paart. Diese Charaktereigenschaft mag vornehmlich aus der glückhaften Entwicklung des Landes erwachsen sein, das unter dem Dach der Neutralität von Katastrophen verschont blieb und kritischen Situationen oft wie durch ein Wunder entrinnen konnte. So mußte sich im Laufe der Generationen die Auffassung festlegen, daß der politische, wirtschaftliche und kulturelle Individualismus, wie er sich im Leben des schweizerischen Volkes ausdrückt, Dogmawert habe, der die Abwehr neuer Anschauungen eine europäische Aufgabe der Schweiz sei. So trafen sich von durchaus verschiedenen Ausgangspunkten kommend zum Beispiel die sozialdemokratische und die bürgerliche Presse des Landes im Kampfe gegen die autoritären Staatsideen, in einem Kampfe, der mehr und mehr zur Preisgabe objektiven Wollens und zur Nichtbeachtung der eigenen Staatsinteressen führte.

Politik des Ressentiments.

Gerade dieser Zwiespalt zwischen den privaten Doktrinen der Unverantwortlichen der öffentlichen Meinungsbildung und den verantwortlichen Vertretern der übergeordneten Staatsinteressen beherrscht das Bild der letzten Jahre, vor allem auch die Haltung der Schweiz gegenüber den gegenwärtigen Problemen der europäischen Politik. Man wird gewiß den Staatslenkern der Eidgenossenschaft das Zeugnis nicht verweigern, daß sie sich rechtzeitig, und lange genug gegen die Volksstimmung, den gefährlichen Verstrickungen des Netzes entzogen haben, das in Genf gegen die revisionistischen Länder gesponnen wurde, daß sie sich auf die in der totalen Neutralität liegenden Aufgaben der Schweiz besonnen haben; dafür geben sich die zwar unverantwortlichen, aber gewiß nicht einflußlosen Vertreter der öffentlichen Meinung einer — erst seit Kriegsbeginn durch militärische Instanzen einigermaßen gehemmten — Politik des Ressentiments hin. Es ist immer wieder erstaunlich, festzustellen zu müssen, wie dieses Ressentiment unbedenklich die von den Regierenden und den einsichtigen Vertretern der Wirtschaft anerkannten Bezeugungen des guten Willens Deutschlands zur Achtung der schweizerischen Unabhängigkeit und Neutralität mit einer Handbewegung abtut, um dem unkritischen Volke das neue Deutschland als eine Art von „Weltfeind" (mit angeblichen imperialistischen Absichten gegen die Schweiz) hinzustellen. Die Staatsgewalt hat zwar erreicht, daß diese Verdächtigung Deutschlands nicht mehr so offen ausgesprochen wird wie noch vor Jahresfrist, aber wer Tag um Tag die schweizerischen Zeitungen zu lesen hat, kommt, wenn er sich selbst nicht täuschen will, an der Feststellung nicht vorbei, daß zwischen der Neutralitätspolitik der Regierenden und den Bekundungen der Presse und der von ihr geleiteten Bevölkerung eine Kluft besteht, die auch für die Neutralität selbst eine ernste Gefahr werden kann. Dies vor allem deshalb, weil ein Beharren auf dieser Linie die innere Widerstandskraft des Landes gegen Zumutungen von der anderen Seite so zu schwächen droht, daß im kritischen Falle die Regierenden vor einer höchst bedenklichen Situation stehen könnten. Dabei wird keineswegs bestritten, daß sich die Schweiz selbst zu einer totalen Neutralität verpflichtet habe, wohl aber nimmt die schweizerische Presse für sich in Anspruch, zwar ein notwendiger Bestandteil des demokratischen Staatsgefüges, zugleich aber nicht auch in die Bindungen des Staates einbezogen zu sein, sondern das Recht zu haben, eine private Außenpolitik zu betreiben. In diesem Zwiespalt haben die verantwortlichen Behörden ihren Standpunkt bisher nicht durchzusetzen vermocht.

Neutralität mit Vorbehalt.

Die Einseitigkeit der Neutralität äußert sich, was zugegeben werden soll, heute weniger in offenen Angriffen gegen Deutschland, sondern, wie kürzlich öfters in italienischen Zeitungen festgestellt wurde, in einer manchmal bewußten Eindeutigkeit. Um das belegt zu sehen, braucht man nur irgendeine der maßgebenden Schweizer Zeitungen der letzten Monate (sogar der letzten Jahre) aufzuschlagen: man wird eine offenkundige Ueberbewertung der Thesen der Westmächte und eine ebenso unverhohlene Unterbewertung der deutschen Berichte und Argumente finden. Bei einer Bevölkerung, die Tag für Tag einer derart zweckdienlich geformten Beeinflussung unterliegt, kann es nicht wunder nehmen, daß ihre frühere Auffassung von Neutralität ins Wanken gerät, daß Neutralsein heute leider weithin als Deutschfeindlichsein empfunden wird. Sicher wird man dieser Formulierung in der Schweiz widersprechen, besonders in den Kreisen, die für die bedauerliche Entwicklung die Schuld tragen. Aber man wird nicht leugnen können, daß es im gegenwärtigen Stadium der Dinge kaum ein aufrechter Schweizer — etwa unter Berufung auf die so oft beschworene Presse- und Meinungsfreiheit — wagen

könnte, in einer Zeitung, einer Versammlung, ja in einem größeren Privatzirkel für die Gründe eine Lanze zu brechen, aus denen Deutschland gegenüber dem Hegemoniestreben der Versailler Mächte um sein Lebensrecht kämpfen muß. Es ist bitter zu sehen, wie Regungen eines ehrlichen Neutralitätswillens nur allzu leichtfertig durch die Verdächtigung als „Nazi-Agententum" erdrosselt werden. Die verantwortlichen Behörden bemühen sich, was ebenfalls zugegeben sei, wenigstens die schlimmsten Auswüchse auf diesem Felde zu verhindern, aber man weiß auch, daß mit der Mobilmachung die Gewaltenverteilung in der Exekutive gelegentlich Organe und Persönlichkeiten heranziehen mußte, von denen man noch nicht die gleiche Einsicht in das objektive Staatsinteresse erwarten kann wie von den verantwortlichen Spitzen der politischen und militärischen Behörden. Es wäre schön, wenn die Zeit die vorhandenen Reibungsflächen glätten könnte.

Sicher wären alle diese Dinge nicht so kompliziert, wenn die Schweiz nicht auf manchen Gebieten des öffentlichen und wirtschaftlichen Eigenlebens in dem gleichen Zwiespalt stünde, zwischen der Verteidigung des Bestehenden und der unvermeidlichen Uebernahme neuer Gedanken. Mit dem wirtschaftlichen und sozialen Umschichtungsprozeß, der vor der Schweiz nicht haltgemacht hat, hat die geistige Wandlung nicht Schritt gehalten. Vor allem auf wirtschaftlichem Gebiet hat die notwendige Abwehr der europäischen Depressionserscheinungen schon seit 1932 dazu beigetragen, das individualistische und das föderative Prinzip in fortschreitendem Maße auszuhöhlen und die Wirtschaftslenkung weitgehend zu zentralisieren, erst bei den Verbänden, dann bei den Behörden. Die Parteien orientieren sich mehr und mehr nach materiellen Interessen, die Stabilität des Besitzstandes der großen Parteien, wie sie sich in den Herbstwahlen für die Bundesversammlung gezeigt hat, bestätigt nur die Zurückdrängung ideologischer Meinungskämpfe im öffentlichen Leben. Dieses selbst ist seit Jahren, und besonders seit dem Beginn des Krieges und der kostspieligen Landesverteidigung, angefüllt mit materiellen Sorgen, die wiederum dem Bund als Zentralgewalt eine früher unvorstellbare Machtfülle überantworten. Da mag es menschlich begreiflich erscheinen, wenn sich der um seine Existenz bangende private Individualismus in der vagen Hoffnung, der Zwangsläufigkeit ausweichen zu können, irgendwelche Ventile schafft.

Es ist kein sehr erfreuliches Bild, das sich so nach den von außen sichtbaren Erscheinungen von der gegenwärtigen Haltung der schweizerischen Oeffentlichkeit zum Nachbarn im Norden zeichnen läßt; auch die schweizerischen Leser werden glauben, daß zum Jahresende zuverlässigere Feststellungen willkommen wären. Aber trotz allem möchte wir der Meinung derer nicht folgen, die Bemühungen um die Erhaltung und Verbesserung der gutnachbarlichen Beziehungen der Schweiz für aussichtslos halten. Niemand in Deutschland verlangt von den Schweizern, daß sie etwa ihre demokratische Grundgesinnung und Staatsform preisgeben sollen, um sich dem Nationalsozialismus (der ja keine Exportware ist) in die Arme zu werfen. Adolf Hitlers Versicherung, daß die schweizerische Unabhängigkeit und Neutralität respektiert werde, ist nichts anderes als der Ausdruck dessen, was das ganze deutsche Volk im Verhältnis zur Schweiz will. Das deutsche Volk hat aber einen unbestreitbaren Anspruch auf Gegenrecht. Vorübergehende Störungen, die aus menschlichen Unzulänglichkeiten oder aus einfachen Mißverständnissen herrühren, werden in Deutschland — sein bisheriges Verhalten bestätigt das — keineswegs wichtig oder gar tragisch genommen. Wer wie wir von jeher nichts sehnlicher gewünscht hat, als daß zwei durch so enge persönliche und wirtschaftliche Beziehungen verflochtene Länder über episodische Störungen hinweg in Freundschaft nebeneinander leben sollen, wird die Arbeit für eine Verständigung nicht aufgeben. Viele Schweizer auf der gleichen Linie zu wissen, gibt uns den Mut dazu.

zu bedienen, wie er nur kann – bis zur Erschöpfung. Aber er muß fühlen, daß man ihn braucht. Margret Boveri war so beschaffen, und Stark hatte eine reizende Art, sie seine Wertschätzung spüren zu lassen. Stark verfügte über eine Mischung von Strenge und Güte. Streng war er gegenüber der politischen Tendenz und der Qualität der Arbeit, gütig in allem Persönlichen, auch gegenüber Schwächen der Kollegen, sofern er guten Willen und moralischen Sinn spürte. Wenn er ein Manuskript Boveris ablehnte oder etwas darin änderte, schrieb er ihr, um es zu erklären. Oft ließ er einen zweiten Kollegen das Manuskript lesen und teilte ihr dann das gemeinsame Urteil mit, entschieden, doch ohne zu verletzen.

Mit dem Indikativ und dem Konjunktiv scheint es gehapert zu haben. Küsel veranstaltete mit ihr, während eines kurzen Besuchs im Oktober, eine Sitzung über die grammatischen Regeln des politischen Distanzhaltens, die in dem Briefwechsel »Exercitium« genannt wird, ein wenig ironisch, dennoch ernst. Margret Boveri blieb beunruhigt. Sie mache alles falsch, fürchtete sie, denn vieles, was sie melde, werde gar nicht und einiges nur mit starken Änderungen gedruckt. Stark beruhigt sie und schreibt: »Der Schluß, den Sie daraus gezogen haben, ist genau das Gegenteil von dem, was gemeint war. Sie müssen doch selbst gesehen haben, wieviel von Ihren Meldungen gedruckt worden ist in den letzten Wochen; und was daran gestrichen worden ist, das können Sie alles auf den Stift des internen Zensors rechnen, also auf eine andere Beurteilung der politischen Opportunität, die hier aufgrund besonderen Wissens vorlag, nicht etwa aber auf Fehlern, die Sie gemacht hätten.« Stark machte sie dann vorsichtig – wegen der befohlenen Geheimhaltung – mit den Weisungen für eine sehr eingeschränkte Berichterstattung über den finnischen Krieg vertraut. Die Sowjetunion nutzte den Hitler-Stalin-Pakt zur Rückgewinnung der nach dem Ersten Weltkrieg verlorenen Territorien in Polen, in den baltischen Staaten und auch in Finnland. Die Sympathien der Deutschen, auch der Frankfurter Redaktion, lagen auf der Seite der Finnen – die Regierung Hitler aber war Komplize des sowjetischen Angriffs auf Finnland. Der Widerspruch zwischen der Regierungslinie und der Sympathie im Volk für die Sache der Finnen kam in der nächsten Passage von Starks Brief zum Ausdruck: »Sie haben jetzt sehr viel zu tun wegen der finnischen Verwicklung. Dabei werden Sie bemerkt haben, daß wir auch Reys Meldungen, ebenso wie die Ihrigen, zeitweilig nur in beschränktem Umfang bringen konnten, und Sie werden die Zusammenhänge verstehen.«[19]

Margret Boveri wehrte im Frühjahr 1940 mit Hilfe Hechts und Kirchers energisch einen Versuch Rienhardts ab, sie an die neue Wochenzeitung »Das Reich« zu holen. Wenige Monate später wechselte sie von Stockholm mit einer langen Reise durch Rußland, Japan und über den Pazifik auf ihren neuen Beobachtungsposten in New York.

Die in dem Brief Starks erwähnte Reise Wilhelm Reys war gleich bei Kriegsbeginn als eine Expedition in das von der Sowjetunion reklamierte Baltikum geplant worden. Der Untergang der baltischen Staaten – in den DNB-Meldungen kaschiert als Maßnahme aufgrund von »Militärverträgen« – spielte sich in Etappen nach dem deutschen Polenfeldzug ab. In dem geheimen Zusatz zu dem Pakt mit Stalin hatte Hitler sein Einverständnis mit der sowjetischen Annexion erklärt, aber sich Repatriierung der Volksdeutschen ausbedungen. Über den Auszug deutscher Bauern aus Kurland im November 1939 berichtete Rey stellvertretend für das Schicksal der Letten, die nun der Sowjetunion ausgeliefert waren, gegen die aber nichts gesagt werden durfte. In diesen Reportagen konnten die Leser die Tragödie Osteuropas verfolgen, die die beiden Diktatoren in Szene gesetzt hatten.

Rey schrieb eine Serie von Artikeln über die baltischen Staaten: In Kurland erlebte er die Härte der Zwangsumsiedlung. In Wilna war er Zeuge der Not einer polnischen Stadt, die eben in litauische Hände überging und bald darauf dann von der Sowjetunion annektiert wurde. Er beobachtete einen Überlebenskampf um Nahrung durch Verkauf von Habseligkeiten und Umtausch wertlos gewordenen polnischen Geldes in litauisches. Das Elend, das der Krieg in Polen angerichtet hatte und deutschen Lesern nicht vor Augen treten durfte, schilderte Rey in einer spiegelbildlichen Verkehrung von der polnischen Ostgrenze, vor dem Einmarsch der Russen. Mitte November beobachtete Rey die in Litauen einrückende Rote Armee. Er fuhr ihren Vorauskommandos entgegen und traf eines davon auf einer nächtlichen Erkundungsfahrt. Der Bericht schien hauptsächlich der Begegnung mit dem russischen Offizier zu gelten. Die Hauptaussage steckte jedoch in einem Detail: der Angst des Taxichauffeurs, der vor dieser Armee zurückwich, ihr zu entfliehen suchte, zurück nach Kowno, in die Heimat, in die schon verlorene Freiheit.[20]

Ende November kündigte Moskau den Nichtangriffspakt mit Finnland und eröffnete alsbald den Winterkrieg um die karelische Landenge, Wyborg und den Hafen von Hangö. Rey war jetzt in Helsinki und wurde dort von den Ereignissen eingeholt. Die deutsche Presse hatte strikte Anweisung, sich nicht zu dem finnischen Krieg zu äußern, mit keinem Wort etwas über das sowjetische Vorgehen zu sagen oder Sympathie für die Finnen erkennen zu lassen. Rey umging die Weisung, indem er sein Urteil in die Bilder einer Reportage über den Exodus der Ausländer aus Helsinki übersetzte. Die Reportage enthielt zwei politische Szenen. Die eine war ein Dialog mit einer finnischen Studentin in dem alten Hotel am Bahnhof in Helsinki. Man konnte ihm den unbedingten finnischen Widerstandswillen entnehmen. Das andere war eine Begegnung auf See, bei der Ausfahrt durch die finnischen Schären. Aus dem Nebel tauchten die scharfen Umrisse eines russischen Zerstörers auf, der in rascher Fahrt durch die bewegte See lief: »Durch die erschreckt aufflatternden Kämme der Bugwellen zieht das Schiff dahin, mühelos und unwiderstehlich zugleich.« Und dann schilderte Rey das kleine finnische Boot, das außerhalb der Schären den Lotsen aufnehmen sollte und nun »mit allen Zeichen einer kühnen Unzulänglichkeit« durch die Wellen herantorkelte: »Eine Reihe von Passagieren, die länger in Helsinki seßhaft gewesen waren, kannten das mutige Schifflein. Es liege, wie sie erzählten, bei normalen Zeiten im Hafen, zeige die friedlichste Gesinnung der Welt und begnüge sich mit bescheidenen Fahrten in die Vorgewässer. Jetzt war es in beinahe demonstrativer Form kriegerisch ausstaffiert worden. Auf seinem Achterdeck stand hochbeinig ein schweres Maschinengewehr, dessen Schulterstütze mit einer Leine flüchtig an einer Eisenstange angebunden war... Es kam nicht mehr rechtzeitig von uns ab und trieb, der Kurve unseres Buges folgend, zwischen Schiffsspitze und Ankerkette hindurch. Als es auf der anderen Seite wieder zum Vorschein kam, war die schlanke Fahnenspitze, die an seinem Heck befestigt war und die die finnische Kriegsflagge trug, zerbrochen; die Fahne neigte sich langsam und sank ins Meer, ein finnischer Soldat aber, durch unsere Rufe aufmerksam gemacht, ergriff noch im letzten Augenblick ihren zerbrochenen Schaft und hielt sie, auf der Reling fußend und sich am Tauwerk festklammernd, hoch in seiner Hand zu uns her.«[21] Reys Bericht über einen Besuch bei den finnischen Truppen auf der karelischen Landenge wurde in der Pressekonferenz scharf gerügt.[22]

In ihrer Kommentierung war die Redaktion an die kurze Leine des Propagandaministeriums genommen. In Korrespondentenberichten ließ sich dagegen etwas mehr sagen. Der wichtigste Ort dafür wurden die »Italienischen Nachrichten« Kirchers, der in Rom noch bis zum Ende des Westfeldzugs, bis zum Eintritt Mussolinis in den Krieg, französische und englische Zeitungen lesen konnte.

Kircher erfand die neue Rubrik in den ersten Wochen des Krieges. Die »Italienischen Nachrichten« erschienen zunächst fast täglich, später jeden zweiten oder dritten Tag auf der ersten oder zweiten Seite. Es waren nicht nur Nachrichten aus und über Italien, sondern auch in Italien verfügbare internationale Informationen. Die Presselenkung der Faschisten war lockerer als die der Nationalsozialisten. Kircher packte manche Konterbande ein und ließ sie unter falscher Flagge ins

Reich segeln. Manches, was er dem »Corriere della Sera« entnommen zu haben vorgab, stand in Wirklichkeit in der »Times«. Er scheute sich nicht, Stichworte aufzugreifen, die das Propagandaministerium zur Herabsetzung der Alliierten ausgab, weil sie Möglichkeiten boten, in polemischer Verpackung dem Leser auch die eigentliche Information zu geben. Kircher ließ in seinen »Italienischen Nachrichten« den sinistren Hintergrund des sowjetischen Winterkriegs gegen Finnland durchscheinen: daß der Vertrag vom 23. August 1939 zwischen Deutschland und der Sowjetunion Moskau die Möglichkeit zum Krieg mit Finnland gegeben habe und daß das Vordringen Rußlands in die Ostsee auf Kosten des deutschen Einflusses dort gehe.[23]

Da es nicht möglich war, direkt über die Weihnachtsansprache Pius' XII. von 1939 zu referieren, berichtete Kircher unter Einmischung unfreundlicher Bemerkungen über die westlichen Alliierten, die italienischen Zeitungen hätten die Ansprache des Papstes vor den Kardinälen »an hervorragender Stelle« abgedruckt – ein indirekter Hinweis auf den Unterschied zur deutschen Presse. Er nutzte aus, daß die deutsche Presselenkung die italienische Politik kaum kritisieren konnte.[24]

Der Inhalt der Ansprache trat in Kirchers indirekten Berichten deutlich hervor. Sie richtete sich förmlich an beide Kriegsparteien, aber der deutsche Leser konnte ohne Schwierigkeiten sehen, wen sie vor allem meinte. Am folgenden Tag setzte Kircher die Berichterstattung zur Weihnachtsbotschaft des Papstes fort und hob die »Herzlichkeit« des Dankes Pius' XII. an Präsident Roosevelt hervor:

»Aus Washington wird heute der Wortlaut des Briefes berichtet, den Roosevelt an den Papst gerichtet hat, als er ihm die bereits bekannte Mitteilung machte, daß er einen persönlichen Vertreter zum Vatikan entsenden werde. Dieser Brief ist nicht in der üblichen amerikanischen Terminologie abgefaßt, sondern er paßt sich in jeder Beziehung der vatikanischen Rede- und Denkweise an. Als Grund der Entsendung eines persönlichen Vertreters gibt Roosevelt an, daß dadurch ›unsere parallelen Anstrengungen für den Frieden‹ gefördert werden sollten. Roosevelt denkt dabei an die Zukunft, nicht an die unmittelbare Gegenwart. Er sagt, im heutigen Augenblick könne weder ein kirchliches noch ein politisches Haupt einen konkreten Plan vorlegen, der imstande wäre, den Zerstörungen ein Ende zu machen und eine Rekonstruktion zu beginnen. Aber auch hierfür werde einmal die Zeit kommen. Pius XII. hat dem amerikanischen Präsidenten mit herzlichen Worten danken lassen.«[25]

An dieser Meldung fällt auf, daß die »Italienischen Nachrichten« auch dazu dienten, Nachrichten aus Amerika über Italien zu »wa-

Italienische Nachrichten.

(Drahtbericht der „Frankfurter Zeitung".)

※ Rom, 30. Dezember.

In jeder Beziehung gefestigt geht Italien ins neue Jahr über. Mehr und mehr, so empfinden die Italiener, rückt ihr Land in den Mittelpunkt der europäischen Ereignisse. Mehr und mehr findet ihre Haltung Zustimmung. Von den Kriegshandlungen selbst ist im Augenblick verhältnismäßig wenig die Rede, was aber nicht bedeutet, man habe hier vergessen, daß sich die europäische Zukunft zunächst einmal an der Kriegsfront und nicht an einer mehr oder weniger imaginären Friedensfront entscheiden muß. Es ist nützlich, dies auszusprechen, denn es war in der Weltpresse in den letzten Tagen allzu viel von politischen Spekulationen die Rede. Die Freundschaftskundgebungen zwischen dem italienischen Staat und der römischen Kirche sind vor allem in London und Paris mit Kommentaren versehen worden, in denen diese Ereignisse vielfach falsch gedeutet wurden. Man hat sich dort für berechtigt gehalten, den an sich sehr bedeutungsvollen Vorgang so auszulegen, als bilde sich eine neue Art von Friedensfront heraus, und zwar eine Front, in der die Pariser Phantasie den Italienern eine Position anwies, die Italien geradezu den Westmächten und einigen ihrer Kriegsziele näherbrächte und nicht dem Deutschen Reich. Wie diese Urteile in der französischen und englischen Presse auf Grund der Nachrichten ihrer römischen Korrespondenten gebildet haben, konnte man erst recht auf den Gedanken kommen, sie entsprächen irgendwie der tatsächlichen italienischen Meinung. Nicht das Geringste davon ist wahr.

Die uns feindliche Propaganda sucht natürlich die Zusammenhänge zu vermirren. Sie kompliziert den an sich sehr einfachen Sachverhalt der jüngsten römischen Vorgänge (wir haben ihn vor zwei Tagen ausführlich dargestellt) noch besonders durch Propagandamanöver, wie zum Beispiel eine gestern veröffentlichte Notiz der „Agence Havas", die aus Washington „berichtet", in gewissen amerikanischen Kreisen sei die Ankündigung der Entsendung eines Vertrauensmannes Roosevelts an den Vatikan so ausgenommen worden, als beabsichtige Roosevelt eine „sofortige Intervention", um den Frieden wiederherzustellen, bevor der Krieg einen noch tödlicheren Charakter annehme. Es ist natürlich, daß die „Agence Havas" dieses angebliche Gerücht nur deshalb verzeichnet, um festzustellen zu können, im Weißen Haus erkläre man, nichts sei dem Gedanken Roosevelts ferner, als den Staatsmännern Frankreichs und Englands zuzumuten, mit Adolf Hitler an einem Konferenztisch zu sitzen (so schreibt die „New York Times"), liefe geradezu auf das Zugeständnis der Westmächte hinaus, daß ihre Kriegserklärung an Deutschland ein Unrecht gewesen sei.

Die englisch-französische Propaganda arbeitet in zwei Richtungen: sie beutet die römischen Vorgänge in einem ihr genehmen Sinne aus und sagt, England und Frankreich könnten jedes Wort, das in Rom über den Frieden gesprochen worden sei, mit voller Zustimmung unterschreiben. Andererseits erklären sie, einen Frieden auf der vom Papst verkündeten und von Italien gutgeheißenen Grundsätze setze natürlich voraus, daß Deutschland und der Nationalsozialismus von den Alliierten niedergeworfen werde, ja die feindliche Propaganda scheut sich nicht zu erklären, die beiden römischen Mächte hätten durch ihr Zusammenrücken gegen Deutschland und gegen den „Hitlerismus" und für die Westmächte und ihre Friedensziele Stellung genommen. Nichts ist ferner von der Wahrheit. Die italienische Presse verwahrt sich auch bereits gegen diese Mißdeutung, so zum Beispiel der „Messaggero" heute in einem Bericht aus Paris.

Das Zusammenrücken von Staat und Kirche hat, wie wir bereits berichteten, weitreichende politische Motive, die aber keinerlei Spitze gegen das nationalsozialistische Deutsche Reich haben und die übrigens auch keineswegs außenpolitischer Art sind. In einem rein katholischen Land, in dem obendrein die Katholische Kirche ihren höchsten Sitz hat und in dem sich kirchliche und weltliche Kreise inniger berühren, überschneiden und decken als in irgendeinem anderen Lande, kann durch die Betonung der restlosen Aussöhnung und der Interessengemeinschaft das gesamte Staatsgefüge nur an Festigkeit gewinnen und kann sich die Position Italiens in den Stürmen der Zeit nur festigen. Es versteht sich von selbst, daß der faszistische Charakter und die Eigenart des faszistischen Geistes nicht im geringsten dadurch verändert oder abgeschwächt werden, genau so wenig wie die unvermeidlichen Divergenten des geistlichen und des weltlichen Lebens dadurch für die Zukunft aus der Welt geschafft werden können. Auch bisher schon lautete die Formulierung des Duce: Italien ist römisch, ist katholisch, aber vor allem faszistisch. So wird es bleiben.

Die italienische Presse hat in ihren Kommentaren keinen Anlaß gegeben, dies alles mißzuverstehen, — weder innerpolitisch noch außenpolitisch. Im Gegenteil, sie hat sehr deutlich auf den Unterschied zwischen der geistlichen Welt der Kirche und der politischen Betätigung des Staats hingewiesen. Sie hat jedoch festgestellt, daß in bezug auf gewisse weltliche Probleme, insbesondere im Bereich der Frage des Friedens und der Neuorganisierung Europas, die Grundsätze der Kirche und die praktischen Forderungen des italienischen Staates in Uebereinstimmung stehen. Wäre dies nicht der Fall, so wäre allerdings eine Bekundung der Freundschaft und Verehrung, wie wir sie in diesen Tagen erlebt haben, unmöglich gewesen.

Als unsere Zeitung über die Weihnachtsansprache des Papstes an das Kardinalskollegium berichtete, wurde darauf hingewiesen, daß die vom Papst verkündeten Grundgedanken und Prinzipien selbstverständlich sehr allgemein gehalten sein müßten und daß sie deshalb von der ersten Stunde an von denen ausgebeutet wurden, die sich in aller Welt nach moralischer und politischer Unterstützung umsehen: von den Westmächten. Ihre Bemühung, sich der moralischen Autorität des Papstes und der politischen Hilfe Italiens zu bedienen, war deshalb für niemand überraschend. Es fragt sich aber, ob sich die praktischen Forderungen der Westmächte tatsächlich ebenso leicht in das Gehäuse jener allgemeinen Grundsätze des Papstes hineinbauen lassen, wie die praktischen Forderungen Italiens sich hineinbauen ließen. Die Hoffnung der Westmächte gründete sich zweifellos auf die Erklärung des Papstes, daß die Unabhängigkeit aller Nationen, großer und kleiner, gewährleistet werden sollte. Die Antwort aus Paris und London (die in offiziöser Form gegeben wurde) lautet: Ganz unsere Meinung, also müssen Polen, Tschecho-Slowakei und Oesterreich mit Hilfe ihres Selbstbestimmungsrechts auf ihre volle Unabhängigkeit zurückgeführt werden. Man besinnt sich also, wie immer in Paris und London, auf das Selbstbestimmungsrecht nach Versailler Muster und will diesmal den Papst und die Parallelität der italienisch-vatikanischen Haltung als Hilfsmittel benutzen.

schen« und dann nach Deutschland weiterzureichen. Als die britische und französische Presse die Papstansprache sogleich als Rechtfertigung der westlichen Politik las, nahm Kircher in den »Italienischen Nachrichten« auf seine schillernde Weise Distanz. Doch indem er den Alliierten Vorwürfe machte, wiederholte er zugleich die von ihnen genannten Namen der von Deutschland seit 1938 annektierten Staaten und die italienischen Eroberungen – und war wieder einmal nicht zu »erwischen«. Die Leser in Deutschland, die Opposition zumal, mochten mit grimmiger Befriedigung lesen, daß in der »Frankfurter Zeitung« die von Hitler begangenen Gewalttaten – Polen, die Tschechoslowakei, Österreich – beim Namen genannt waren; heute stößt man sich an den antifranzösischen und antibritischen Tönen und ist irritiert, daß die Exegese des Textes keinen Aufschluß darüber zuläßt, ob es Tarnung war, was Kircher schrieb, oder nicht.

Mit den »Italienischen Nachrichten« wuchs Kircher in die Rolle eines Zentralkorrespondenten der Zeitung für alles, was außerhalb Deutschlands zu erfahren war. Seine Nachrichten waren zwar durchwirkt mit Dienstleistungen an die deutsche Kriegspropaganda. Aber die Rubrik stand oft in aufschlußreichem Kontrast zu dem amtlichen Material. Alles ließ sich darin unterbringen: Italienisches, Britisches, der ganze Mittelmeerraum, der Krieg in Nordafrika, die wachsende amerikanisch-japanische Spannung, die Abtretung westindischer Inseln Englands an Amerika im Tausch für die Lieferung von fünfzig amerikanischen Zerstörern für die britische Flotte, die amerikanische Flottenrüstung – um nur einen beliebigen Tag im August 1940 zu wählen.[26] Für Beobachter der Außenpolitik war Kirchers Rubrik regelmäßig eine Fundgrube interessanter Nachrichten von draußen.

In Frankfurt war Maxim Fackler nun der im außenpolitischen Ressort für Ost- und Südeuropa zuständige Redakteur. Fackler hatte am 1. Juli 1939 den Korrespondentenposten in Warschau angetreten; im August mußte er, schwer erkrankt, mitten in der Krise, zurücktransportiert werden. Anfang Dezember war er wiederhergestellt und arbeitete in der Zentrale als Starks rechte Hand. Fackler gab sich große Mühe mit den »Italienischen Nachrichten«. Er strich Kircher heraus, was den Weisungen auf eine zu deutliche Art widersprach. Für die »Italienischen Nachrichten« wurde die »Frankfurter Zeitung« immer wieder in der Pressekonferenz gerügt, zum Beispiel sehr scharf wegen einer Information über den Stand der deutsch-türkischen Beziehungen[27] – aber auch allgemein. Fritzsche sagte in der »Nachbörse« einmal, mit Kircher sei verabredet, daß er nur Nachrichten über Italien gebe und die Fragen erörtere, die die italienische Politik berührten, auf keinen Fall aber Nachrichten, die nicht einmal italienischen Zeitungen, sondern anderen ausländischen Quellen entnommen seien. Es müsse streng darauf geachtet werden, daß Dr. Kircher sich daran halte.[28] Ein paar Tage später beklagte sich ein Sprecher des Auswärtigen Amts über mangelnde Klarheit in Kirchers Meldungen und fragte einen der Angehörigen des Berliner Büros, was Kircher in Wahrheit gemeint habe.[29]

Kircher und die Redaktion dehnten die Grenzen der »Italienischen Nachrichten« aber immer wieder neu aus. Wenn viele Informationen nur in nationalsozialistischer Verpackung an die Leser zu bringen waren, so ist es hinterher nicht immer leicht, die Ware von der Umhüllung zu unterscheiden. »Wir waren im Krieg gezwungen, gegen die amerikanischen Kriegsmateriallieferungen für England und später auch Rußland zu polemisieren, solange Amerika noch nicht selbst im Kriege war. Indem wir Polemik lieferten, konnten wir aus ausländischen Zeitungen Angaben über den Umfang dieser Lieferungen machen und so den Leser informieren. Wir begleiteten den täglichen deutschen Wehrmachtsbericht mit ausländischen Mitteilungen, so daß der Leser dunkle Sätze im Wehrmachtsbericht sich erklären konnte.«[30] Es kam der Redaktion wesentlich darauf an, die Leser über die Tatsachen zu informieren. »Oft bestand die Methode darin, das Material auszubreiten, in den übrigen Teil des Artikels aber eine für die Nazis günstige Auslegung anzufügen, die zur Tarnung in Anspruch genommen werden konnte. Die Leser merkten das. Ein Beispiel dafür: Als der Eintritt Amerikas in den Krieg vorauszusehen war, brachte der Handelsteil einen Artikel über die ›ungeheuren Mengen‹ der amerikanischen Stahlproduktion. Das Material war erdrückend und wurde in Vergleich gesetzt zu der deutschen Stahlproduktion. Der Kommentar dazu lautete, diese hohe Überlegenheit werde den Amerikanern aber nicht nützen, den Krieg zu gewinnen. Darauf kamen Leserbriefe mit dem Tenor: ›Ob das auch der Führer weiß?‹ Ein deutlicher Hinweis, daß die Zeitung verstanden worden war.«[31]

In mindestens zwei Fällen war es aber auch umgekehrt. Goebbels benutzte die »Frankfurter Zeitung« für absichtliche Falschmeldungen zur Irreführung der alliierten militärischen Nachrichtendienste. In der Sommerkrise 1939 wurde die Redaktion durch das Berliner Büro angewiesen, eine Nachricht des Propagandaministeriums mit genauer Plazierungsvorschrift auf der zweiten Seite unverändert zu veröffentlichen, die vorgab, vom Kommando der Heeresgruppe 2 zu kommen. Darin wurden längerdauernde Manöver entlang der ganzen Westgrenze angekündigt. Diese Meldung sollte am nächsten Tag von der »Berliner Börsen-Zeitung« als Zitat aus der »Frankfurter Zeitung« übernommen werden. Alle anderen Zeitungen wurden in der Pressekonferenz gewarnt, die Meldung der »Frankfurter Zeitung« zu übernehmen. So sollte der Eindruck entstehen, die »Frankfurter Zeitung« habe auf eigene Faust eine wahre, aber eher geheimzuhaltende militärische Nachricht veröffentlicht.[32] Den französischen und englischen Stäben sollte damit hohe deutsche Abwehrbereitschaft am Westwall vorgespielt werden, während in Wirklichkeit die Westgrenze entblößt wurde, um fast das ganze aktive Feldheer gegen Polen zusammenziehen zu können.

Einen zweiten Fall schildert Goebbels in seinen Tagebüchern. Er befahl der Zeitung im Mai 1942, den wirtschaftlichen Nutzen und die operativen Möglichkeiten eines Angriffs auf Moskau darzulegen, um die Aufmerksamkeit der sowjetischen Führung vom Südabschnitt, gegenüber Stalingrad und dem Kaukasus, abzulenken, in dem man angreifen wollte. Als der Artikel erschienen war, spielte das Propagandaministerium Komödie: Die »Frankfurter Zeitung« wurde in der Pressekonferenz für ihre »Disziplinlosigkeit« gerügt und die darin enthaltene »Information« gesperrt, in der Erwartung, der Gegner werde davon hören und dem Artikel desto eher Glauben schenken.[33]

Im Krieg suchte Goebbels die Zeitung namentlich für Propaganda in der Schweiz zu nutzen. Dort war sie als Blatt des südwestdeutschen Liberalismus traditionell gut eingeführt. Die Redaktion der »Neuen Zürcher Zeitung« hatte dies manchmal auch auf eine ärgerliche Weise erlebt, zum Beispiel, wenn sie aus ihrem eigenen Leserkreis Briefe erhielt, die ihre kritische Deutschland-Berichterstattung tadelten und ihr die »Frankfurter Zeitung« als Muster gerechter Berichterstattung über das »Dritte Reich« vorhielten.[34] Solche Stellungnahmen sagten zwar mehr über die Naivität und Verführbarkeit eines Teils der öffentlichen Meinung in den Nachbarländern Deutschlands aus als über die Absichten der Frankfurter Redaktion – sie bestätigten aber, daß die »Frankfurter Zeitung« in gewissem Umfang zur Auslandspropaganda des Regimes taugte, wenn auch vermutlich weit weniger, als Goebbels meinte. Im Kriege ließ er einmal die Zeitung auffordern, sie möge ihre Auflage für die Schweiz erhöhen, sofern ihr das im Rahmen der bestehenden Papierzuteilungen möglich sei.[35] Aber Auflagen entstehen primär durch Nachfrage, nicht durch verlegerischen Beschluß. Bei Kriegsbeginn betrug die Gesamtauflage der in der Schweiz verkauften Zeitungen lediglich 3000 Stück, wovon vermutlich der größere Teil auf die »Frankfurter Zeitung« entfiel. Die unter Berliner Einfluß stehende »Neue Basler Zeitung« konnte auf Grund ihrer internationalen Nachrichten zur selben Zeit 50 000 Exemplare in Deutschland absetzen.[36]

Das Propagandaministerium gab Zeitungen mit Verbreitung im Ausland immer wieder einzelne Aufträge für bestimmte Nachrichten und für die Kommentierung. Meist ließen die Weisungen den Redaktionen dabei etwas Spielraum, den die Redaktion in Frankfurt dazu nutzte, den Propagandaton zu dämpfen. Um so mehr fiel auf, wenn ein scharf polemischer Ton angeschlagen wurde. In der Redaktion der »Neuen Zürcher Zeitung« vergaß man der »Frankfurter Zeitung« nicht einen Artikel vom Winter 1940, der die Schweizer Zeitungen angriff: Das »deutsche Volk« sehe sich in einem Kampf um sein nacktes Dasein von Schweizer Zeitungen »im Rücken fast ununterbrochen angegriffen, beleidigt, verleumdet«. Schweizer Zeitungen stünden in der Propagandafront der Regierungen Chamberlains und Churchills. Sie verbreiteten, was das britische Informationsministerium ausgebe. Was die »Neue Zürcher Zeitung« jüngst über die Luftkriegführung beider Länder gemeldet habe, sei so einseitig, daß es für den Autor, das Blatt und seine Leser eine »Schande« sei. Der Artikel endete mit dunklen Drohungen vor den Folgen. Überschrift: »Schweizer im Dienste Churchills«.[37]

Der Beitrag erschien auf der ersten Seite an der Stelle, wo gewöhnlich Kirchers Kommentare standen. Aber er trug, das war ungewöhnlich, kein Autorenzeichen. Eigentümlichkeiten von Stil und Duktus deuten auf Kircher. War er dazu gezwungen worden? Es sah so aus, so fremdartig klang auch der ausfällige Ton. Um so überraschter liest man in den »Weisungen« desselben Tages, daß der Vertreter des Auswärtigen Amtes in der Berliner Konferenz die »Frankfurter Zeitung« kritisierte, sie habe allzu heftig eine Schweizer Zeitung getadelt. Sie hätte auch nicht »mit politischen Folgen« drohen sollen.[38]

Der Fund ist befremdlich. Kircher hatte 1935 schon einmal einen merkwürdig gereizten Artikel gegen Kritik aus der Schweiz am Dritten Reich geschrieben.[39] Über die Motive kann man nur spekulieren. Wie auch immer – nicht alles, was Kircher schrieb und was wie bestellte Arbeit für das Regime aussah, war in dieser Form befohlen.

Willig ging die Zeitung auf eine Anregung des Regimes ein, die sie kein Götzenopfer kostete. Auf Wunsch des Auswärtigen Amtes stellte die Zeitung seit November 1939 neben Hausensteins Frauenbeilage eine zweite Wochenend-Tiefdruckbeilage her, die nur den ins Ausland versandten Exemplaren beigelegt wurde.[40] Das Auswärtige Amt wünschte etwas Repräsentatives, schön Anzusehendes und für Deutschland Werbendes. Man sollte daran auch sehen können, daß Deutschland trotz der Anspannung der Kräfte und der Rohstoffversorgung keineswegs auf dem letzten Loch pfeife, sondern sich zum Beispiel den Luxus solcher Zeitungsbeilagen leisten könne. Das Propagandaministerium sorgte für die besondere Papierzuweisung. Die Regierung scheint für die zusätzlichen Kosten aufgekommen zu sein.

So entstand die Beilage »Berichte und Bilder«, vier Seiten stark, großzügig umbrochen mit halbseitigen Landschafts- und Städteaufnahmen, mit schönem Kunstgewerbe und historischen Gegenständen. Die Bilder fielen auf. Zum Beispiel enthielt eine der frühen Ausgaben auf der Titelseite einen Aufsatz über zeitgenössische Maler, im Innern eine Reportage vom Museum des Alpenvereins in München, einen bebilderten Aufsatz über Hegel, ein Schauspielerporträt (Paul Hörbiger) und auf der Schlußseite, in einer Serie »Deutsche Landschaften«, ein schönes großes Foto;[41] ein andermal war es ein Artikel über Friedrich Ludwig von Schell, den Architekten des Englischen Gartens in München, das Bernsteinzimmer im Königsberger Schloß, alte Musikinstrumente, das Bild einer Schneelandschaft im Kleinen Walsertal.

Abgesehen von einem regelmäßig auf der letzten Seite erscheinenden Streifen von fünf oder sechs Porträtaufnahmen von Personen, die in letzter Zeit in den Nachrichten genannt worden waren – Diplomaten, hochdekorierte Offiziere, Funktionäre des Regimes –, enthielt die Bilderbeilage nichts Aktuell-Politisches, weder zugunsten des Regimes noch versteckt dagegen. Wohl aber enthielt die Beilage große politische Stoffe in historischer Betrachtung. Robert Haerdter schrieb zum Beispiel ganzseitige Artikel über die Monroe-Doktrin, das Ringen Englands und Rußlands um die Dardanellen im 19. Jahrhundert, über Simon Bolivar, auch über Stoffe wie den Teppich von Bayeux und die Klosterkirchen auf der Reichenau. Alle Artikel wurden großzügig illustriert. Keine deutsche Zeitung konnte technisch so schön Photographien reproduzieren wie die »Frankfurter Zeitung« auf ihrer neuen Kupfertiefdruck-Rotationsmaschine. Redakteure der Beilage waren zunächst Walter Dirks und Ernst Kobbert, später Walter Grigat; als er 1942 eingezogen wurde, teilten sich Hildegard Weber, die Musikrezensentin aus der Schule Karl Holls, und Erik Graf Wickenburg in die Aufgabe. Sollten die Aufnahmen friedlicher deutscher Landschaften und unberührter alter Orte ausländische Leser über den Charakter des politischen Systems in Deutschland täuschen können? Man kann es sich schwer vorstellen. Eher, und so meinten es die Redakteure, mochte die neue Beilage helfen, andere, liebenswürdigere Bilder Deutschlands in Erinnerung zu halten. Konnte die Renommierbeilage ausländische Leser über die materiellen Lebensverhältnisse Deutschlands im Kriege hinters Licht führen? Auch das ist kaum anzunehmen. Die Einschränkungen des Krieges kamen in Nachrichten der Zeitung immer wieder vor, unvermeidlich auch in den amtlichen Mitteilungen über die Versorgung.

Im April 1940 besetzten deutsche Truppen Dänemark und Norwegen, am 10. Mai folgte der Angriff auf Frankreich und die beiden Neutralen Holland und Belgien. Paul Sethe schrieb während des Frankreichfeldzugs fast täglich große Artikel, die den Verlauf der Operationen erläuterten, vor allem die raschen Zangen- und Umfassungsbewegungen gegen die Kanalküste hin. Das konnte man durchaus militärisch-fachmännisch »rezensieren«. Sethe fiel es aber manchmal schwer, die nötige Balance zu bewahren und sich nicht von seiner Bewunderung der militärischen Leistungen zu »feurigen Siegesgesängen« hinreißen zu lassen, die den Spott der Kollegen hervorriefen.[42]

Der Krieg brachte die nationalen Empfindungen eines jeden in Bewegung – aber in einander entgegengesetzte Richtungen. Die Erfolge in den ersten drei Jahren – die Ausdehnung deutscher Herrschaft bis an die französische Atlantikküste, ans Nordkap, in die Ägäis, der Sprung auf die nordafrikanische Küste, die großen Kesselschlachten in den ersten Wochen des Rußlandfeldzuges, die anfänglichen Erfolge des U-Boot-Krieges im Nordatlantik – alles, was der Diktator unternahm, schien ihm wider Erwarten zu gelingen, Gewinn an Macht einzubringen und sein Ansehen zu festigen. Seine militärischen Erfolge vergrößerten die Spannungen in der Redaktion. Konnte man sie bewundern – gleichsam unter patriotischer Hintanstellung der innenpolitischen Gegnerschaft? Je erfolgreicher Hitler zu operieren schien, desto gewisser wurde es für den konsequent-oppositionellen Teil der Redaktion, daß er gestürzt werden müsse und nur noch durch den Krieg gestürzt werden könne – daß also die Niederlage nicht nur kommen werde, sondern auch dringend herbeizuwünschen sei. Andere wiederum hofften, daß dem Lande das Schicksal einer vollständigen Niederlage erspart bleibe. Dieser national-gestimmte Flügel glaubte, zu Hitlers Herrschaft nein, zu einzelnen Resultaten seiner Außenpolitik aber ja sagen zu müssen. Daß die totalitäre Diktatur in ihrem totalen Anspruch und ihrer unbegrenzten Bereitschaft zu Gewalt sich alles aneignen, alles unterwerfen will und nichts autonom stehenläßt, keine Parteien, keine anderen Mächte im Staat, keine Religion, auch nicht einen Patriotismus, der etwa zwischen Deutschland und Nationalsozialismus unterscheiden wollte, war nicht allen in der Redaktion in gleicher Weise klar, zum Beispiel Erich Welter, Paul Sethe, Leonhard Miksch, Eberhard Schulz, Margret Boveri und Robert Rüdiger Beer. Ursprünglich hatte auch August Dresbach, ehemaliger Korpsstudent und in der Redaktion Fachmann für Fragen der inneren Verwaltung (nach dem Krieg viele Jahre Bundestagsabgeordneter der CDU), dazu gehört, sich aber alsbald zu dem hart-oppositionellen Flügel in der Redaktion bekehrt, zu dem die meisten der Jüngeren gehörten, wie Max von Brück, Walter Dirks, Robert Haerdter, Herbert Küsel, Dolf Sternberger, Ernst Trip und später auch der junge Franz Taucher, der 1941 ins Feuilleton

Blick in die Setzerei, die während des Krieges ebenfalls in den Kellerräumen untergebracht war

eintrat.⁴³ Sie waren von Anfang an, seit der Rheinlandbesetzung, der Ansicht, daß Hitlers Politik falsch sei und scheitern werde. Sie ließen sich darin auch nicht von seinen Erfolgen im Westfeldzug irremachen. »Es war zwar nicht möglich, die Ereignisse voraus zu sehen, aber es war möglich, voraus zu urteilen, wohin Hitlers Politik führen wird.«⁴⁴

Welter kam nach dem Frankreichfeldzug in Wehrmachtsuniform in die Redaktion. Auf dem langen Gang, auf dem so viele politische Gespräche geführt worden waren, sah er Sternberger, Küsel, Trip und

Brück beisammenstehen, ging auf sie zu und fragte: »Nun, meine Herren, was sagen Sie jetzt? Immer noch?« Er meinte: noch so defätistisch? »Wohin«, fragte er, mit dem Ton eines Mannes, dem die Ereignisse recht geben, »wohin wird dies führen?« Küsel erwiderte mit Ingrimm: »Ins Chaos, Herr Welter.« Küsel war fest davon überzeugt, daß Hitler die physischen und die moralischen Kräfte der Nation überspannte und scheitern werde, »selbst wenn er mit der Wehrmacht noch bis Wladiwostok vordringen sollte«.[45]

Welter und Sethe wollten lange nicht begreifen, daß der Krieg verloren war, und fanden noch 1943 – nach Stalingrad – immer wieder Gründe (zum Beispiel die »neuen Waffen«) zu meinen, daß der Krieg gewonnen werden könne. Das nationale Gefühl stand zwischen dem Prinzip der Freiheit und der Macht der Diktatur, in einem Zwiespalt zwischen herkömmlichem Patriotismus hier und der Überzeugung dort, daß ein Staat auf Freiheit und Recht gegründet sein müsse, um mit seinem Volk identisch sein zu können.

Der »nationalliberale« Flügel der Redaktion kam über diese Schwierigkeit kaum hinweg, die für den anderen gar nicht bestand. Die Spannungen zwischen diesen Redakteuren und allen anderen in der Oppositionsgemeinschaft der »Frankfurter Zeitung« betrafen nicht die Gegnerschaft zum Nationalsozialismus, aber die Begründung und damit auch die philosophische Tiefe und Belastbarkeit dieser Gegnerschaft in einem auswärtigen Krieg. Die Widerstandsbewegungen der Nachbarländer, die unter Hitler litten, hatten es in diesem Punkte leichter: Recht und patriotisches Gefühl waren Verbündete. Die Redaktion aber erlebte im Kriege noch einmal in schärfster Zuspitzung den großen Konflikt des deutschen Liberalismus im vorigen Jahrhundert nach, den Friedrich Meinecke auf die Formel »Weltbürgertum und Nationalstaat« gebracht hatte.

Herbert Küsel erscheint in den Erzählungen über diese internen Konflikte der Redaktion als derjenige, der am heftigsten Welters Ansichten in der Konferenz widersprach. Welter habe die Existenz der Zeitung im Dritten Reich eigenartig »unproblematisch« gesehen, als ob er nicht verstünde, auf was sich die Zeitung eingelassen habe: ». . . und dabei war er so geschickt im Umgang mit den Funktionären«, wie Dirks noch nachträglich mit beunruhigter Bewunderung bemerkte. Welter war ein Aktionist.[46] Die Erhaltung der Zeitung war ihm (fast) jeden Preis wert. Fast jedes Mittel schien da recht. Im Krieg war er zwar selten in der Redaktion, aber trotz seiner Einberufung immer zur Stelle, wenn es brannte. Die Einberufung selbst und die Geschicklichkeit, mit der er sich nach Berlin ins Oberkommando der Wehrmacht hatte versetzen lassen, gaben ihm viele Möglichkeiten, zu Hilfe zu kommen. Im Kriege bedeutete auch die Offiziersuniform eine wertvolle Hilfe bei Verhandlungen mit den Amtsstellen. Mit listenreichen Einfällen und seinen Verbindungen half er jedem in der Redaktion, der in Bedrängnis geriet. Er war es auch, der Küsel aus dem Gefängnis der Gestapo holte. Hitler war die Ursache der äußeren Geschlossenheit der Redaktion und zugleich die Quelle ihres inneren Streits. Welter suchte das herunterzuspielen und zu verdrängen.

Manche Ungeduld Welters mit der Opposition in der Redaktion erklärt sich auch leicht aus den Schwierigkeiten, in die die Zeitung kam, wenn einzelne Mitglieder mit Artikeln hart an die Grenze des Möglichen gehen wollten, wie Sternberger in den »Figuren der Fabel«. Mit solchen Beiträgen, meinte Welter, bringe man die Zeitung nur unnötig in Gefahr. Welter sah die Aufgabe der Zeitung nicht darin, alle Lücken und Widersprüche des Regimes für publizistischen Widerstand zu nützen, sondern die Zeitung durch diese Zeit zu bringen und zu vermeiden, daß die Behörden ihr den Garaus machten. Um dieses Zieles willen brachte er manches Opfer und sah wenig dabei, sich mit Zugeständnissen und Verbeugungen vor dem Regime das Überleben zu erkaufen. Die Hauptsache war, die Zeitung durchzubringen. Was es kostete, mußte gezahlt werden. Das wollte Welter nicht jedesmal neu überlegen. Stark, der amtierende Konferenzvorsitzende, suchte, ohne die Streitfrage zu verkleinern, die ständige Debatte darüber in den Konferenzen zu verkürzen und die Spannungen zu dämpfen. Er schloß solche Aussprachen gewöhnlich mit dem Refrain: »Gehen wir an die Arbeit«, an die nächste Nummer der Zeitung. Es war die Stimme einer Ethik des Konkreten, der Tapferkeit im Alltäglichen, allen Ungewißheiten des Daseins und moralischen Zweifeln zum Trotz.

In der praktischen Arbeit führte Stark ein strenges Regiment, manchmal auch etwas schulmeisterlich, was nicht jeder immer mit gutem Humor ertrug. Gelegentlich machte er dem einen oder anderen Kollegen Vorhaltungen, daß er sich nicht an dem täglichen Schreibgeschäft beteilige, an Leitartikeln und Glossen, der täglichen Tributpflicht nach den Weisungen des Regimes, und diese »Schlammarbeit« ihm, Fackler, Haerdter, Rey oder Scharp überlasse.

Der Vorwurf richtete sich gegen jene, die ganz und gar vermeiden wollten, selbst etwas zu schreiben, was dem Regime zu dienen schien. Sternbergers Beiträge enthielten keine Konzessionen. Sie waren mit Spitzen gespickt und raffiniert geschliffen. Küsel redigierte und fungierte als innerer Zensor, aber er schrieb selbst, bis fast zum Schluß, keine Artikel. Er vermochte es nicht. Auch Ernst Trip konnte es nicht. Er zahlte aber auch dafür. Wer nicht schrieb, kam nicht weit über das Anfangsgehalt hinaus. Trip versah im Krieg den Abend- und Spätdienst: kein ungefährlicher Platz, denn in den späteren Stunden war er dabei allein mit der Verantwortung für laufende Änderungen des Nachrichtenteils. Eine politische Unachtsamkeit hätte Folgen für alle haben können. »Ich war nicht fähig zu schreiben. Glauben Sie nicht, daß darin ein Vorwurf gegen andere liegt, die geschrieben haben oder schreiben mußten. Manche wurden mit Leichtigkeit damit fertig. Andere flüchteten in das zynische Schreiben. Aber ich war nicht fähig, diesen Widerspruch zwischen Denken und Handeln zu bewältigen. Deswegen habe ich gesagt, ich kann es nicht; ich halte das nicht aus.« Die Kollegen in der Redaktion akzeptierten es, unter der Voraussetzung, daß darin keine moralische Überheblichkeit gegenüber denen lag, die »Dreckarbeit« für das Propagandaministerium leisten mußten. Mit raffinierter Kritik allein wäre die Zeitung nicht zu halten gewesen. Sie mußte dem Regime auch nützlich erscheinen.

Auch wenn man selbst der »Dreckarbeit« aus dem Wege ging, so gehörte man doch zu einer Gemeinschaft, die nur existieren konnte, weil einige ihrer Mitglieder vor der täglichen Fronarbeit für das Regime nicht zurückschreckten. Rey hatte dem Setzer die Sätze zur Besetzung Prags in die Maschine diktiert, die der entsetzte Küsel nicht über die Lippen brachte. Für Rey waren Worte, zu denen das Regime seine Untertanen zwang, bedeutungsleer, wertlos, wie das Geplapper eines Papageis; das Regime konnte äußeren Gehorsam erzwingen. Je zynischer man ihn leistete, desto weniger gab man von sich preis. Andere brachten kein Wort heraus, hinter dem sie nicht stehen konnten. Haerdter, so unerbittlich oppositionell gesinnt wie diese, war gleichwohl zum Schreiben bereit – unter einer Voraussetzung, daß die Kollegen, nicht er selbst, die Feststellung trafen, einer müsse jetzt solche Pflicht leisten.

Probe einer solchen Arbeit ist ein Aufsatz Haerdters vom 16. Dezember 1942. Ein Jahr nach dem Eintritt Amerikas in den Krieg schreibt er über die Lieferungen amerikanischen Kriegsmaterials vor allem an Großbritannien im Wege des »Pacht- und Leihabkommens«. Die Überschrift – »Das trojanische Pferd« – und die Schlußabsätze des Artikels enthalten polemische Akzente – gleichsam das Passepartout, mit dessen Hilfe den Lesern die beeindruckenden Kapazitäten der amerikanischen Rüstungsindustrie mitgeteilt werden konnten. Der Artikel ließ ahnen, daß die Wende des Krieges gekommen war.

Im Auftrag der Kollegen die polemische Pflichtleistung zu erbringen, war Haerdters Form der Salvierung des Gewissens. Die gemeinsame moralische Bedrängnis aller erforderte auch eine Kameradschaft im Moralischen: keiner hatte ein Recht, sich über den anderen zu erheben. »Ohne Kirchers Artikel hätte die Zeitung nicht so lange überleben können«, meinte Haerdter.⁴⁷ Aber was Kircher zuweilen schrieb, ging vielen zu weit.

Die Existenz der Zeitung beruhte darauf, daß ihr Schuldkonto bei den Machthabern nicht allzusehr überzogen wurde. Das Fatale war, daß es überhaupt keinen verläßlichen Maßstab dafür gab, welches Wortopfer zu welcher Zeit ausreiche, um die Zeitung zu erhalten. An der Willkür der Diktatur war nicht vorbeizukommen. Stark telefonierte täglich mit Scharp in Berlin, um herauszufinden, wie weit sich die Zeitung von der offiziellen Linie entfernen konnte. Die Zeitung war nur zu erhalten, wenn sich ihre Mitglieder darin einig waren und auch die Leser es verstanden, daß man eigentlich zwei Zeitungen in einer herstellte: ein gespaltenes Werk also. Vorn bestimmte das Regime mit, in den anderen Teilen blieb die Redaktion Herr des Blattes. Das eine war der Preis des anderen.

Man fragt sich, was der Grund für Menschen gewesen sein kann, unter den elenden Bedingungen totalitärer Diktatur Journalisten zu bleiben oder werden zu wollen. Warum hat keiner der Redakteure der »Frankfurter Zeitung« den Beruf gewechselt? Warum haben alle weitergearbeitet, bis das Regime ihnen den Beruf verbot oder das Instrument wegnahm? Jeder der Beteiligten hat dafür seine eigene Antwort. Jahrzehnte später hat Ernst Trip einen Teil der Frage vor Mainzer Studenten für seine Person beantwortet: »Wir wollten wissen, was geschieht. Unsere Informationsmöglichkeiten waren in der ganzen Hitler-Zeit größer als die anderer Untertanen der Diktatur. Wir hatten unser Korrespondentennetz. Wir bekamen noch ausländische Zeitungen. In der täglichen Konferenz gaben zwei von uns den anderen Kollegen täglich einen kleinen Vortrag über den Inhalt deutscher und ausländischer Zeitungen, vor allem über den Inhalt der ›Times‹. Die ausländischen Zeitungen durften wir aus der Schweiz beziehen, allerdings unter strengen Kautelen, dem von wilden Strafandrohungen begleiteten Verlangen, daß die ausländischen Zeitungen ›unter Zeugen und mit Unterschrift‹ nach Lektüre sofort zu vernichten seien. Jedenfalls: Wir konnten sie lesen.«⁴⁸

Rey empfand Beruf und Redaktion inmitten der Wüste des Dritten Reichs als »eine Oase freien Meinungsaustauschs, eine Zentrale der politischen und militärischen Information, Keimzelle der Kritik. Hier ließ sich aus verschiedenen Quellen im In- und Ausland ein wahres Bild der Lage gewinnen. Hier schied sich die Wahrheit von der Demagogie. Und wenn diese Wahrheit auch keinen vollen Zugang zu den Spalten des Blattes finden konnte, so gab es doch mancherlei Kanäle, durch die sie einen weiteren Kreis erreichte.«⁴⁹ Auch die Leser wurden in der Diktatur aufmerksamer und erlernten die Kunst, nach Art von

Goldwäschern die entscheidende Information im Sand der Propaganda zu erkennen. In dem Wunsch der Redakteure, sich selbst und dann andere zu informieren, lag der Unterschied zum Partei- und Propagandajournalismus. In dieser Bemühung lag die moralische Rechtfertigung dafür, den eigenen Beruf und das kostbare Instrument dieser Zeitung nicht freiwillig fahrenzulassen.

Die Redaktion wurde als ein Ort geistiger Existenz und Freiheit erfahren. Für alle, die dabei waren, waren diese bedrückenden Jahre auch die besten und intensivsten ihres Lebens.[50] Hier befand man sich unter Freunden. Gertrud Siber, die als eine der letzten 1942 in die Feuilletonredaktion aufgenommen worden war, sagte: »Man konnte sich öffnen und schloß sich erst wieder, wenn man das Haus verließ... Jeder, der damals dabei war, wird bestätigen können, daß keine Redaktion in heutiger Zeit mehr imstande sein könnte, ein so intensives Empfinden der persönlichen Freiheit innerhalb der allgemeinen Unfreiheit hervorzurufen.« Sie erlebte die Redaktion als eine »Insel«.[51]

Das Bild der Insel wird von vielen ehemaligen Mitgliedern für die Beschreibung des geschützten Raumes der Redaktion gewählt. Walter Dirks benutzte es,[52] Reifenberg gebrauchte es oft. Rey erlebte die Redaktion als eine »Schicksalsgemeinschaft« inmitten einer feindlichen Umwelt. »Dieser Gesichtspunkt überwand alle individuellen und politischen Differenzen und verhinderte vor allem das Aufkommen von Intrigen oder gar Denunziationen.«[53] »Man kann in der Redaktion ganz offen reden, es gibt nirgends ein Hitler-Bild... Sie leben davon, daß sie Freunde sind. Da ich mitunter für sie schreibe, fühle ich mich, so seltsam es klingt, mitbeschützt«, sagt Frank, die Hauptfigur in Hans Bütows autobiographischem Roman »Alle Träume dieser Welt«.[54] Robert Haerdter beschrieb die Zeitung, auch ihr Gebäude, als eine »Arche Noah«, die ihren Insassen Schutz vor der Sintflut bot.[55]

»Die Grunderfahrung totalitärer Herrschaft«, schrieb Hannah Arendt, »ist die Erfahrung der Verlassenheit.«[56] In der Redaktion war die Verlassenheit des einzelnen aufgehoben. Im Kollegenkreis war keiner allein wie draußen, wo man sich, in Gertrud Sibers Worten, sogleich »verschloß«. In der nationalsozialistischen Diktatur gab es keine Solidarität der Unterdrückten. Das war die den einzelnen am meisten erschreckende, eine lähmende Erfahrung. Der Terror terrorisierte gerade dadurch, daß er Nachbarschaften, Schulgemeinschaften und die Kollegialität am Arbeitsplatz mit der Angst vor Spitzeln vergiftete. Nur darum konnte, umgekehrt, die Redaktion als eine »Insel« empfunden werden. Man begreift, daß die Redakteure der »Frankfurter Zeitung« ihr Blatt nicht allein um der öffentlichen Aufgabe willen erhalten wollten. Es bot nicht nur materielle Existenz und einen gewissen physischen Schutz für einzelne, politisch gefährdete Mitglieder. Als Schicksalsgemeinschaft war die Redaktion auch ein Ort des seelischen Überlebens ihrer Mitglieder geworden. Die Zeitung mußte erhalten bleiben, weil die Redakteure sich nicht zerstreuen lassen wollten. Man wollte beisammen bleiben »wie Kinder im Dunkeln, die sich an den Händen fassen«. So beschrieb es Helga Hummerich.[57]

Auch Mitarbeitern bot die Zeitung solche Zuflucht. Theodor Heuss erfuhr es. Die Beziehungen reichten bis weit in die Weimarer Zeit zurück. Heuss hatte in den dreißiger Jahren manchen Beitrag zum Feuilleton und zu Hausensteins Literaturbeilage geliefert. Im Frühjahr 1941 schloß man mit Heuss einen festen Vertrag über fünfzig Artikel pro Jahr, um ihm und seiner Familie zu einem regelmäßigen Einkommen zu verhelfen. Man zählte aber nie nach. Doch schon im Winter gab es Schwierigkeiten. Heuss hatte 1932 ein Buch über Hitler (»Hitlers Weg«) veröffentlicht, das der Diktator ihm nicht vergessen hatte. Irgendwann im Jahr 1942 muß jemand Hitler ein Exemplar der Zeitung gezeigt haben, in dem Heuss als Autor erschien. Über das Propagandaministerium erfuhr die Redaktion von einem Wutanfall Hitlers und einem »Führerbefehl«: er wolle diesen Namen nicht mehr lesen. So wurde der Redaktion mitgeteilt, Heuss dürfe nicht mehr für sie schreiben. In mühseligen Verhandlungen Scharps in Berlin mit einigen Leuten im Propagandaministerium, vor allem mit Werner Stephan, erklärte sich schließlich mittelbar Reichspressechef Dietrich bereit, ein Auge zuzudrücken, wenn Heuss unter Pseudonym weiter mitarbeite. Heuss nannte sich in der Zeitung von nun an nach seinem Geburtsort Brackenheim »Thomas Brackheim«. Die Redaktion rettete Heuss so über eine für ihn wirtschaftlich besonders schwierige Zeit hinweg.[58]

Auch Reifenberg griff im Krieg zu einem Pseudonym. Er kam nicht mehr zur Redaktionskonferenz. Er trat in den Hintergrund, um die Zeitung nicht mit einem Halbjuden in führender Rolle zu belasten, blieb aber an allen wichtigen Entscheidungen beteiligt. Seine Beiträge erschienen nur noch im Feuilleton, ohne Namen, auch ohne sein gewohntes Signum BR, statt dessen mit einer Chiffre, die aus dem Mädchennamen seiner Mutter gebildet war (-den). Im November 1939 begann er mit einer Serie von Feuilletons unter dem Titel »In Kriegszeiten«, die Szenen aus dem Alltag ausleuchteten. Fast allen gemeinsam war die eigentümlich ironische Art, in der Reifenberg Natur, Schöpfung und die Mitmenschen betrachtete. Wer sie heute liest, könnte meinen, sie seien politisch arglos. Man bemerkt die warmherzige Sprache, den zarten Ton, Reifenbergs Gabe, mit den Sinnen zu schreiben. Er sah wie ein Maler, hörte wie ein Musiker. Man darf in diesen Feuilletons nicht nach Hieben und Stichen gegen das Regime suchen. Von wenigen Ausnahmen abgesehen, findet man sie nicht oder geht dabei in die Irre. Reifenberg schrieb für sich, nicht gegen andere. Daraus entstanden sehr persönliche Zeugnisse. Sie suchten die Leser zu trösten und ihnen Mut zu machen. In diesem Sinn waren die Feuilletons eine Art Oppositionsliteratur.[59-60]

Der letzte Beitrag der Reihe erschien Ostern 1941. Er trug den Titel »Abendlied«. Reifenberg hatte in der Frankfurter Museumsgesellschaft die Matthäus-Passion gehört: »Wie niemals zuvor hat an jenem Abend das Arioso an die Herzen gerührt, das Bach einer Baßstimme anvertraute, die er anheben läßt in dem Augenblick, da alles vorüber ist und Josef von Arimathia die Schreckensszene mit einer ruhenden Trauer umhüllt. ›Am Abend, da es kühle war…‹ singt der Baß; bescheiden, mild schreitet der Gesang durch den stillen Raum. Die Violinen und Bratschen steigen und sinken, als fielen nach dem Gewitterregen die letzten Tropfen von Blatt zu Blatt, während die schräge Sonne

Frankfurter Zeitung
Feuilleton

In Kriegszeiten.

Auf dem Bahnhof.

Der Zug war abgefahren, ich stand allein. So unmerklich hatten sich die Wagen entfernt wie einst der Indiendampfer damals in Genua. Längst war der dritte Sirenenruf verklungen, und noch wuchs haushoch die Schiffswand vor mir empor, ich konnte die dicke Farbschicht mit der Hand anfassen. Da gab die Wand nach, um Zentimeter rückte sie vom Kai, aber schon wußte ich, diese Fingerspanne riß den Abgrund auf, die Entfernung zweier Erdteile, die Trennung. Genau so lautlos und unerbittlich, kam es mir in den Sinn, war der Zug entglitten. Langsam ging ich den Bahnsteig zurück. Ich gehörte zu den Alleingebliebenen, denen immer die Paare oder die Gruppen von Menschen in einer wohltätigeren Sphäre untereinander zu sprechen, zu beraten oder nur sich zu regen scheinen. Jedoch die Unglücklichsten sind, die niemand begleiten und niemand erwarten, die, von ihrer Einsamkeit wie in ein kaltes Laken eingeschlagen, im Bahnhof teilnahmlos sich selber verschieden; deren Augen fixieren nicht, sie sind woanders und nirgends. Der Mann an der Sperre nahm die Karte und nickte mir, dem letzten Nachzügler, unverfehens freundlich zu. Daß ein müdes Gesicht so vieler Güte fähig war; ich ging verwirrt und wie beschämt hinaus. Der Beamte schloß die Tür, leer lag der Bahnsteig, an dessen äußerstem Ende die Schienen aufglänzten, die blanken Streifen spiegelten den Himmel draußen wider. Einen Augenblick flatterten in meiner Erinnerung die Tücher vor mir, das Neigen der Winkenden aus dem fahrenden Zug, ich hörte den halberstickten Ruf der Gebliebenen. Die Glasfenster im Westen, wohin der Bahnhof sich öffnet, leuchteten in abendlichen Farben; der Blick suchte dort unter den hallenden, rußgeschwärzten Eisenbogen weg ins Freie, dem Zug nach, der Trennung nach. Ich wandte mich, als müßte ich mich losreißen, dabei richtete ich die Augen aufwärts und gewahrte verwundert, als sei ich noch nie hier gewesen, die riesige Steinwand, mit der die Bahnsteige von der Haupthalle geschieden werden. Sie sprach von dem Reichtum eines vergangenen Jahrhunderts, auch von seinem Prunk, mit Formen, die man griechischen Tempeln entliehen hatte, Gesimsen, Giebeln und Nischen mit schweren Figuren zur Seite. Ich unterschied eine Gestalt, die wohl die „Industria" versinnbildlichen sollte, ihr gegenüber einen idealen Arbeiter. Er trug lange Stiefel, einen Hammer und ein altmodisches Bärtchen. Niemand beachtete sie, bald würden sie im Gewölk des Rauches ganz in die Nischen entschwunden sein, wie vergessene Träume; sie waren der Schein, den man der Wirklichkeit hatte geben wollen, man hatte nicht gewußt, daß ein Bahnhof am wenigsten Kostüme verträgt. Was aber war die Wirklichkeit des Bahnhofs, grübelte ich. Ordnung und Schicksal waren hier unzertrennlich verflochten. Die Minuten waren nach sinnreichem Plan zur Pünktlichkeit geregelt, aber alle Minuten, die wir durchlebten, ergaben aneinandergereiht den Lauf der Welt: Geschichte. Welche zu durchreisen, dem Menschen kein Fahrplan hilft, sondern das mutige Herz allein. So wäre der Bahnhof nicht nur die Kulisse, von wo aus zu den Auftritten der Epochen aufgebrochen wird, vielmehr eine Hauptszene der Geschichte selber, die dem Chor des dramatischen Geschehens den Platz freigibt. Es dämmerte, das Phosphorband an der Mütze des Auskunftsbeamten begann in seinem seltsamen eigenen Licht zu schimmern, vor den ausgesparten Hoftafeln notierten neue Passanten die Ankunfts- und Abfahrtszeiten, schauten zur Uhr, liefen eilig davon oder fanden sich im Besitz von viel Zeit. Schon lange war mir ein eigentümliches Klirren aufgefallen, jetzt wurde mir klar, daß es vom Schritt eisenbeschlagener Soldatenstiefel auf dem Steinboden herrührte. Wo hatte ich diesen Ton gehört? Eisen auf Stein? Ich stand schon draußen, den Bahnhof mit seiner gewaltigen Atlassilhouette im Rücken, als ich mich erinnerte: das war im Kölner Dom gewesen, an jenem Maitag, als die Steinmetzen irgendwo im Gewölbe Glasfenster verkleideten; die Meißel tickten gegen den Stein. Beharrlich, fern, hoch. Als hörte man die Zeit selber vorübergehen.

—don.

Die Beziehungen zwischen Theodor Heuss und der Zeitung reichten weit in die Weimarer Zeit zurück. Ab 1942 schrieb Heuss unter dem Pseudonym »Thomas Brackheim«, da Hitler in einem Wutanfall befohlen hatte, er wolle den Namen Heuss nie wieder lesen

ihr Gold ins dichte Laub hinüber sendet. Den Zuhörern war es, als sei ihnen die Hand der Güte auf die Schultern gelegt; manches tränenüberströmte Gesicht verbarg sich; Zweifel schwanden, im Abendstrahl schwebte das Vertrauen über den Geistern... – Niemand klatschte, denn hier hatte mehr als ein Konzert stattgefunden. Schweigend zerstreute sich die Menge. Wie in solchen Kriegszeiten gewohnt, schaute mancher draußen nach oben. Würde es eine Fliegernacht werden? Würden Sirenen die Finsternis zerreißen müssen? Aber den Suchenden, Fragenden strömte der Klang der Baßstimme, jenes Abendlied weiter, als eine unzerstörbare Gewißheit.«[61]

Auf ähnliche Weise schrieb später im Krieg Fritz Schotthöfer, ehemals Leiter des außenpolitischen Ressorts, inzwischen pensioniert, aber weiter täglicher Gast in der Redaktion, eine Reihe philosophischer Kontemplationen über Ansichten des menschlichen Lebens, über Natur, Würde, Liebe, Leiden und Tod, die der alte Mann mit »Senex« unterzeichnete und »Senilia« nannte.⁶² Er schrieb mit einer an die stoische Gelassenheit eines römischen Philosophen erinnernden Ruhe. Andere Serien im Feuilleton behandelten unter Titeln wie »Das Gedicht des Monats«, »Blumenstöcke«, »Landschaften und Gesichter« zeitlose Stoffe so ruhig und gefaßt wie bei Adalbert Stifter. Eine weitere Rubrik, genannt »Deutsche Prosastücke«, enthielt ausgewählte Erzählungen, vor allem des 19. Jahrhunderts, unter anderem von Brentano, Arnim, Kleist, Kügelgen, E. T. A. Hoffmann, Matthias Claudius.

Man zögert, diese Reihen im Feuilleton als Widerstandsliteratur zu bezeichnen. Sie scheinen alle eine Flucht aus der Zeit und einen Rückzug in die Innerlichkeit zu bedeuten. Wie Inseln der Stille lagen sie im Chaos der Zeit. Dennoch war darin etwas beharrlich anderes zu spüren. In ihnen herrschte eine eigenartige Resistenz. Sie weigerten sich, den penetranten Geruch dieser Zeit anzunehmen. Die Ruhe war nicht träge, sondern bewußte Gelassenheit. Diese Beiträge wollten sich gerade nicht ergreifen lassen von den Aufforderungen zum Mitkämpfen, Miteifern, Mithassen in einem unrechtmäßigen Krieg. Die Gelassenheit war nicht passive Distanz, sondern Abwehr. Die Inseln der Stille im Feuilleton waren in Wirklichkeit nicht Stille, sondern leise gesprochene Gegenrede. Die Redaktion hielt dem Ungeist Gegenbilder warmherziger Menschlichkeit entgegen. Sie wollte mit diesen Beiträgen der Verrohung des moralischen Bewußtseins entgegenarbeiten. So wurde sie auch von den Lesern verstanden.⁶³

Auch die soziale Reportage eignete sich dazu, das Interesse an Menschen wachzuhalten. Dieses Genre war bevorzugtes Gebiet von Heddy Neumeister und Ida Maria Baehrle. Nach dem Willen des Propagandaministeriums sollte in der Zeitung zu lesen sein, daß der Feind leide, während es aus dem eigenen Land nichts dergleichen zu berichten gebe. Über das eigene Land zu schreiben war nur möglich, wenn man dabei die hohe Moral und die heroische Opferbereitschaft der Heimat tüchtig herausstrich. Doch solche phrasenhaften Artikel wiederum kamen für die Zeitung nicht in Frage. Die Redaktion mußte also versuchen, den Alltag der »Heimatfront« realistisch abzubilden, aber behutsam genug, um nicht das Veto des Propagandaministeriums herauszufordern:

»Die Stille des Mittags unterbrach nur ein leiser Ruf, das Hü und Hott, das einem Gespann vor dem Pfluge galt. In mäßigem Tempo zogen die zwei Kühe das Ackergerät, immer neue Furchen werfend, durch den über einem Hang bergaufwärts sich wellenden Acker. Hinter dem Pflug ging mit schwerem Schritt die Bauersfrau und leitete mit ihren Armen die zähe Kraft des sich durch die Erde zwängenden Pfluges. Vorn munterte ein halbwüchsiger Junge die Kühe zum Laufe. War der Bauer im Krieg?«[64]

Frauen trugen die Hauptlast, nicht nur in der Landwirtschaft, auch in den Städten: als Schaffnerinnen in Straßenbahnen und Eisenbahnen, bei der Post, wie Alfons Paquet sie schilderte.[65] Ida Maria Baehrle beschrieb den Alltag zweier Frauen im Lebensmittelladen, den Verkauf auf Marken, die Begünstigung von Stammkunden bei Waren, die nicht rationiert waren. Erst am Nachmittag wird die Wohnung geheizt, wenn die Kinder ihre Hausaufgaben machen müssen. Am Abend kleben die beiden Frauen die Lebensmittelmarken ein. Vor allem aber: die ständige Sorge, und dann die Erleichterung, wenn ein Feldpostbrief eingetroffen ist.[66]

Heddy Neumeister besuchte ein schwäbisches Dorf, in das über einhundert fliegergeschädigte Frauen aus den Bombennächten der Großstädte geschickt worden waren, die sofort wieder abreisen wollten, als sie entdeckten, daß es kein Kino gab. Rasch besann man sich, eine Dorfbibliothek zusammenzutragen, denn, und das war die Pointe des Berichts, »nach der Sorge für die nötigste Nahrung, Wohnung und Kleidung wird also selbst in einem von barer Not so schwer heimgesuchten Gemeinwesen wie diesem alsbald wieder die Freude an dem träumenden Glück der Bücher wach – ein Vorgang, der in einem kleinen Ausschnitt das unveränderte Verhältnis zum Leben sichtbar macht«.[67]

In diesen Beiträgen zeigte sich das Bestreben der Zeitung, realistisch zu schildern, wie sich Menschen unter den extremen Belastungen des Krieges verhielten, doch ohne den heroischen Schwulst und Krampf, mit dem Goebbels diesen Stoff behandelt wissen wollte. Die Zeitung wollte wirkliche Menschen abbilden, keine Propagandabilder entwerfen.

Im Zentrum des Widerspruchs der Zeitung gegenüber dem Nationalsozialismus stand die Wertschätzung des Individuums. Dolf Sternberger wagte sich dabei manchmal weit vor. Im Januar 1941 schrieb er einen Leitartikel, der sich scheinbar nur mit der abstrusen volkswirtschaftlichen Untersuchung eines Beamten im Reichsgesundheitsamt über den materiellen Nutzen eines Menschen auseinandersetzte. Der Artikel trug die aufsehenerregende Überschrift »Der Wert des Menschen«. Er begann mit der Frage, ob der Mensch einen Wert haben könne wie ein Haus oder eine Maschine. Dann referierte er die Berechnungen im Reichsgesundheitsamt: Das durchschnittliche Jahreseinkommen eines gesunden Mannes, davon abgezogen, was er für sich verbraucht, den Rest multipliziert mit vierzig, der Zahl der Jahre in Arbeit, davon abgezogen, was er in den ersten fünfzehn Jahren gekostet hat – ergibt einen Reinertrag von 29 400 Mark für den Mann und 11 000 Mark für die Frau. Danach referierte Sternberger Überlegungen im Reichsgesundheitsamt hinsichtlich Erhaltung, Förderung und Vermehrung dieses lebenden Kapitals sowie Berechnungen des »generativen« Wertes (der Fähigkeit, Nachkommen zu erzeugen) und des »kulturellen« Wertes des Menschen (etwas zu erfinden) samt der Maßnahmen, die die Staatsführung aus solchen Überlegungen ableiten solle: Ehestandsdarlehen, Kinderbeihilfen, Steuerreform, Siedlungspolitik, Sozialpolitik, Bekämpfung der Ursachen vorzeitigen Todes (in den Jahren der Arbeitsfähigkeit, wohlgemerkt) und des Arbeitsausfalles wegen Krankheit. Die Gebrechlichen, Alten und Invaliden könnten zwar immer noch nützlich beschäftigt werden; aber »die Lasten der öffentlichen Fürsorge für die Schwachsinnigen, Krüppel, Epileptiker, auch die Arbeitsscheuen und Psychopathen sollen erheblich vermindert« werden. Schwierigkeiten mache vor allem die Berechnung des kulturellen Wertes, berichtete Sternberger aus den Untersuchungen. Das habe einer der Forscher bemerkt, denn Schiller lasse sich nicht mit den üblichen Methoden verzinsen und amortisieren. Aber man brauche gar nicht erst zu Schiller zu gehen, fing nun Sternberger selbst zu bemerken an: »Das Unberechenbare liegt überall vor uns, in uns, neben uns, und am Ende macht der ›Wert des Menschen‹ (nämlich der Nutzwert) noch gar nicht seinen eigentlichen Wert (nämlich sein Wesen) aus?«[68] Mit dieser ganz ruhig, ohne Polemik vorgetragenen Frage war der Einspruch geklärt. Jeder, der damals von der Ermordung der Schwachsinnigen in den Irrenanstalten gehört hatte, und das waren nicht wenige, wußte, was gemeint war.

Auf den seltsamsten Nebenwegen kam die Redaktion auf den Wert des Menschen zu sprechen. Ein Artikel von Heddy Neumeister handelte von der Entstehung der Tierschutzbewegung in Deutschland mit einem Blick auf die Herkunft aus der Naturrechtsbewegung in England. Die Überschrift »Gerechtigkeit und Nutzen« deutete gleich auf das größere Thema hin. Wieder ging es um die Frage, ob das schwächere Lebewesen nur so viel gelten soll, wie es Nutzen abwirft. Der letzte Absatz sagte, daß man im Tier den Menschen schütze:

»Das Naturrecht und das Recht der Vernunft (als ob die Natur vernünftig sei!), sie waren die leidenschaftliche Entdeckung der Aufklärungszeit. Luther hatte das theokratische Weltbild des Mittelalters nicht erschüttern wollen und zunächst nicht erschüttert. Aber doch

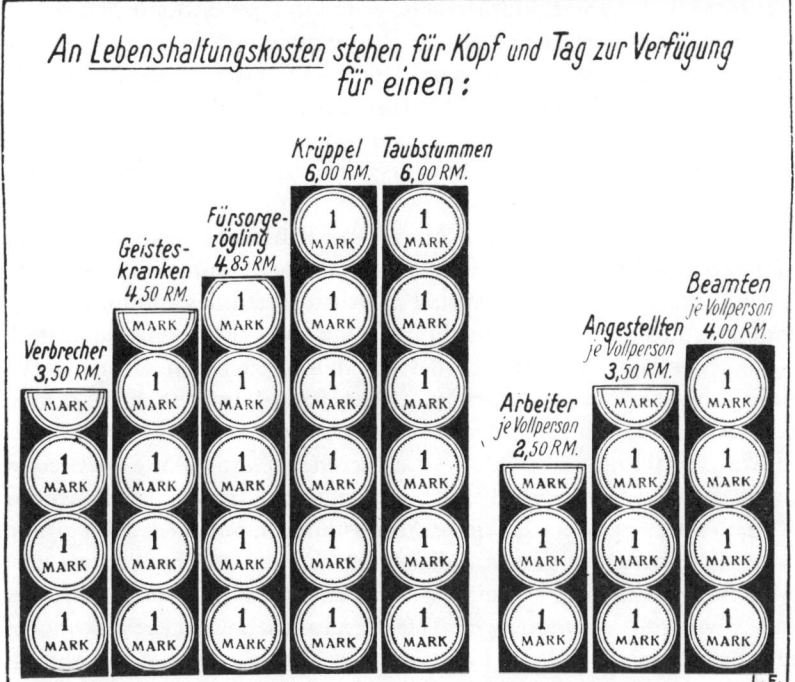

Das Regime versuchte mit den plumpsten Mitteln, für seine Diskriminierungspolitik Rückhalt in der Bevölkerung zu finden

konnte nur in der gleichsam ›menschlicher‹ (im guten und im schlechten Sinne) gewordenen Luft der protestantischen Religiosität die scheinbare Entdeckung der Identität von Natur und Vernunft, des Guten und des Nützlichen gemacht werden... Schwer, fast in einer Art von Katastrophe, schied sich das 19. Jahrhundert von diesem harmonistischen Glauben: Unter dem Eindruck der 48er Revolution (in der charakteristischerweise auch die Tierschutzvereine suspekt wurden) schrieb Grillparzer seine Absage an die Menschenrechte: ›Des Menschen Recht ist leiden!‹ Daß es so wenig ein ›natürliches‹ Recht der Tiere wie der Frauen und Kinder, von Gefangenen und Sklaven, von allen Schwachen gegenüber allen Starken gibt, erweist sich am Tierschutz selbst: das zwar nicht gemüt- aber respektvolle Verhältnis der Primitiven und noch des Mittelalters gegenüber Tieren, das die Tierschützer gern loben – es dauerte genau so lange, wie die Macht des Menschen über das Tier noch nicht eindeutig feststand. Wenn aber das spätere 19. Jahrhundert, am krassesten Nietzsche, herausfand, daß die Natur nicht vernünftig sei, so war doch die Folgerung daraus so falsch, wie die entgegengesetzte des 18. Jahrhunderts (aus seiner falschen Voraussetzung) richtig war: als ob deshalb auch der Mensch der Vernunft und Moral entbehren könne. Was, seit dem Hinfall des Naturrechts, aus dem Objekt auf keine Weise schlüssig mehr bewiesen und deshalb, scheinbar, leicht beiseite geschoben werden kann – die Pflicht zur ›Menschlichkeit‹ –, blieb in Wahrheit doch unabdingbar im Subjekt begründet, nämlich in dem, der sie übt, um seiner eigenen Würde willen.«[69]

Im Juni 1941 hatte Hitler den Angriff auf Rußland begonnen. Im November blieb der Feldzug in den Fehlern seiner Planung, in Schnee und Eis, vor der Front der aus Sibirien herangeführten Divisionen stecken. Stalin hatte sie dort abziehen können, als sicher war, daß Japan sich nicht gegen Westen, gegen die russischen Grenzen hin ausdehnen, sondern seine Expansion in den südlichen Pazifik und nach Indochina lenken werde.

Die japanischen Absichten zu erforschen, hatte sich Dr. Richard Sorge zur Aufgabe gemacht, der als Deutscher im Geheimdienst der Roten Armee in Japan arbeitete. Fernostkorrespondentin der Zeitung war Lily Abegg. Sorge hatte der »Frankfurter Zeitung« 1936 seine Mitarbeit angeboten. Der erste Bericht hatte der Redaktion sofort gefallen. Von nun an arbeitete er als freier Mitarbeiter auf Zeilenhonorar mit. Er lieferte scharfe und klare Analysen der japanischen Außenpolitik.[70] Sie erschienen unter dem Zeichen »S«. Keiner in Frankfurt kannte Sorge von Angesicht oder ahnte gar seinen geheimdienstlichen Hintergrund. Er hatte sich in Frankfurt mit Referenzen der deutschen Botschaft in Tokio vorgestellt. Die Redaktion erkannte sofort den gründlichen Beobachter, »der das journalistische Geschäft verstand und auch politisches Judicium« besaß, wie die Auskunft Starks an das Auswärtige Amt nach Sorges Verhaftung lautete.[71] Sieburg hatte ihn 1939 auf seiner japanischen Reise kennengelernt und schilderte ihn als einen der bestunterrichteten Leute in Tokio. In Frankfurt war Sethe sein »Gegenleser«.[72] Sorge hatte das besondere Vertrauen des deutschen Botschafters Ott.[73] Er besaß militärischen Verstand und fand damit leicht Kontakt zu Generalstabsoffizieren, zu japanischen und deutschen. Sorge war in der Lage, seinen Auftraggebern in Moskau geheime Informationen über Gliederung und Dislozierung der japanischen Armee, über die Luftverteidigung Tokios, über Waffen und Flugzeuge zu liefern. Einer seiner japanischen Mitarbeiter hatte Zugang zu Informationen aus dem Kabinett. Sorge war nach Gesprächen mit durchreisenden deutschen Offizieren in der Lage, der sowjetischen militärischen Führung Anfang Mai 1941 den bevorstehenden deutschen Angriff zu melden und am 15. Mai sogar das genaue Angriffsdatum: 22. Juni. Die Meldung gelangte rechtzeitig nach Moskau, aber sie wurde nicht ernst

Richard Sorge, einer der erfolgreichsten Spione des Zweiten Weltkriegs, war seit 1936 Mitarbeiter der »Frankfurter Zeitung« in Fernost

genommen. Stalin folgte den Warnungen nicht. Über den Grund kann man nur spekulieren: Hielt er sie für Fabrikationen des britischen Geheimdienstes, um ihn zur Mobilmachung gegen Hitler und so vorzeitig zu einem deutsch-sowjetischen Krieg zu verleiten?

Die zweite wichtige Nachricht beschaffte Sorge sich keineswegs durch Spionage, sondern allein durch die Analyse offener Nachrichten: Die Sowjetunion habe von Japan auf absehbare Zeit nichts zu fürchten, namentlich nicht einen Angriff auf Sibirien. Bereits im Herbst 1940 hatte Sorge die Umorientierung der japanischen Außenpolitik erkannt, die Drehung weg aus der traditionellen, gegen Korea, China und Rußland gerichteten Achse nach Süden gegen Indochina und die Archipele des Südwestpazifik. Unter dem Titel »Die Große Wendung« war dieser Richtungswechsel im November 1940 in einem Artikel in der »Frankfurter Zeitung« ausgebreitet worden.[74] Diese Erkenntnis wiederholte er in mehreren Artikeln im Sommer 1941.[75] Daß er der Sowjetunion schließlich im Juli einen förmlichen Beschluß des japanischen Kabinetts, die Sowjetunion nicht anzugreifen, mitteilen konnte, bestätigte nur den Vollzug der »Wendung«.

Die große Wendung.

Die „Revision" der japanischen Außenpolitik durch den Dreimächtepakt.

Tokio, Anfang November.

Die Regierung Konoe hat innerhalb der ersten zwei Monate ihrer Amtszeit die große Entscheidung gefällt, vor der schon die drei vorhergehenden japanischen Regierungen gestanden hatten. Nach dieser Entscheidung, die in dem Dreimächtepakt ihren Ausdruck fand, ist Japan heute schon weit auf seinen neuen außenpolitischen Wegen vorangeschritten. Beim Sturze der Regierung Yonai-Arita im Juli dieses Jahres war der letzte Versuch zusammengebrochen, unter dem Banner der „traditionellen japanischen Außenpolitik", also im Zeichen der Verständigung mit den anglo-amerikanischen Mächten, Japans wachsende Ansprüche auf „Lebensraum" zu befriedigen. Schon der Konflikt mit China hätte der jahrzehntealten außenpolitischen Tradition Japans den realen Boden entzogen; denn die Spannungen zwischen Japan und seinen beiden „traditionellen Freunden", die vorher nur ab und zu aufgetreten waren, entwickelten sich im Laufe des chinesischen Krieges zu unlösbaren Gegensätzen. Der europäische Krieg aber und die großen politischen und militärischen Erfolge Deutschlands und Italiens ließen die außenpolitische Tradition zu einem der Wirklichkeit der japanischen Expansion gefährdenden Irrtum werden. Doch die Stärke der alten außenpolitischen Grundeinstellung, die außerordentliche Tragweite der auf ein Bündnis mit Deutschland und Italien zielenden Wendung rief für kurze Zeit ein gewisses Zögern und Zurückschrecken vor dem letzten politischen Schritt innerhalb der japanischen führenden Kreise hervor. Manche einflußreichen Schichten, besonders die, die das Ende der traditionellen Außenpolitik ungern anerkennen wollten, glaubten eine Neuorientierung anraten zu müssen, die Japan erlauben sollte, in stolzer Isolierung die Früchte des großen Kampfes in Europa ohne Bindungen an eines der beiden großen Lager ernten zu können. Diese Auffassung wurde durch Hinweise darauf gestützt, daß Deutschland nach dem Nichtangriffspakt mit der Sowjetunion zu sehr auf den Kampf in Europa konzentriert sei, als daß es überhaupt ein Interesse an Ostasien und an engen Beziehungen zu Japan haben könnte. Doch diese Behauptungen wurden Mitte September durch klare Beweise deutscher Bereitschaft widerlegt. Damit war die Zeit des Zögerns für Japan vorbei. In knapp zwei Wochen konnte der Dreimächtepakt unterzeichnet werden. Ein neuer außenpolitischer Weg war mit neuen Methoden unter lebhafter Mitwirkung der Führung der japanischen Armee und Flotte eingeschlagen worden.

Die Wendung der japanischen Außenpolitik muß als außerordentlich radikal bezeichnet werden. Einmal in bezug auf die Stoßrichtung oder räumliche Zielsetzung der aktiven Außenpolitik, und dann auch in bezug auf die potentiellen Gegner; endlich im Hinblick auf die Rolle Japans als Ver-

der Expansion ist seit der Frühgeschichte (364 nach Christus) bis in die moderne Zeit hinein immer dieselbe gewesen: über Korea als Brücke nach China hinein, und zwar nach dem nördlichen China mit der Mandschurei, Nordchina und Schantung. Die Einverleibung der ehemaligen chinesischen Insel Formosa ändert nichts an der Grundsätzlichkeit dieser durch die Jahrhunderte nachweisbaren Hauptzielsetzung aller japanischen Außenpolitik. Die moderne japanische Raumpolitik betonte ihr Interesse an dem nördlichen Teile Chinas noch dadurch, daß sie bereits im ersten chinesischen Kriege, 1894/95, in Rußland den einzigen militärisch potentiellen Gegner sah, da schon damals China zwar als Ziel, nicht aber als ein ernst zu nehmender Widersacher galt. So entstand die fast allgemein gültige Ansicht, daß Rußland der Erbfeind Japans sei und bleiben müsse. Selbst der heutige Krieg in China wurde noch in der Absicht begonnen, das Aufmarschgebiet gegen Rußland durch die Beherrschung Nordchinas und der Mongolei erweitern und sichern zu können. Erst die Wirkung des „chinesischen Raums" als Waffe und dann die Erschütterung der englisch-französischen Weltstellung auch im Osten durch die deutschen Siege in Europa ließ „Großostasien" mit seinem Schwergewicht in Mittel- und Südchina und im süd-

westlichen Pazifik als den wahren Lebensraum Japans erstehen. Während das englisch-japanische Bündnis von 1902 den Japanern nur ihre Vormachtstellung in Korea und ein besonderes Interesse in China zugestanden hatte, spricht der Dreimächtepakt Japan diesen neuen Lebensraum „Großostasien" bindend zu. Damit ist die alte Vision des großen Hideyoshi, der Japans Herrschaftsbereich China und den ganzen Südpazifik umfassend erträumte, zur modernen Zielsetzung Japans erhoben und von den siegreichen Großmächten Europas vertraglich anerkannt worden. In der Tat, eine radikale Wendung in der japanischen Expansionspolitik gegenüber den vergangenen sechzehnhundert Jahren. Das Schwergewicht verlagerte sich in kürzester Zeit, fast ohne Uebergang, vom nördlichen Teil des asiatischen Kontinents auf den Süd-Pazifik unter Einschluß des Chinesischen Meeres.

Damit veränderten sich auch mit einem Schlage die „potentiellen" militärischen Gegner. Der russische „Erbfeind" verliert an Interesse; er gewinnt sogar als möglicher freundschaftlicher Nachbar einen neuen Charakter. Um so schärfer aber stößt Japan nun mit England und den Vereinigten Staaten zusammen; denn sie waren die Oberherren des „großasiatischen" Raumes gewesen und fühlen sich wohl auch heute noch in dieser Rolle. Es waren hauptsächlich diese beiden Mächte gewesen, die um die Sicherung ihrer pazifischen Besitzungen willen Japan jahrzehntelang in die nordkontinentale Expansionsrichtung zu drängen suchten. Es ist sehr gut möglich, daß Wladiwostok, das bis noch vor kurzer Zeit als der „auf Japan" gerichtete Dolch" bezeichnet wurde, seine Spitze verliert. Singapore ist heute dagegen bereits das Wahrzeichen der englisch-amerikanischen Feindschaft gegen die japanische Großraumpolitik im Pazifik. Doch es handelt sich hier nicht allein um eine neuentfachte politische Raumgegnerschaft zwischen Japan und den anglo-amerikanischen Mächten. Japan weiß bereits seit einiger Zeit, daß die Schärfe der wirtschaftlichen Drohungen Amerikas und Englands auf seine sehr späte Besinnung auf die wirtschaftliche Bedeutung der südpazifischen Gebiete, hauptsächlich Indochinas und Niederländisch-Indiens, zurückzuführen ist. Japan erkennt heute, daß die traditionelle Freundschaftspolitik zu England und Amerika wesentlich auch eine Funktion des Umfangs der wirtschaftlichen Abhängigkeit von dem anglo-amerikanischen Wirtschaftsblock gewesen ist. Die jahrzehntelangen freundschaftlichen Beziehungen ließen die japanische Wirtschaft den Weg des geringsten Widerstandes gehen. Das Petroleum, das Eisen, die Baumwolle wurden mit geringeren Schwierigkeiten und mit größeren Gewinnen für die großen japanischen Konzerne vom amerikanischen und englischen Freunde bezogen, als dies durch wirtschaftlichen und politischen Kampf um die teilweise noch unentwickelten Gebiete des Süd-Pazifik möglich gewesen wäre.

Weg einschlägt, hängt also nicht allein von der Vereinbarung im Dreimächtepakt ab, sich bei der Schaffung der großen Lebensräume in Ostasien und Europa mit allen Mitteln zu unterstützen und gegen neue Mächte militärisch vorzugehen, die sich etwa in den europäischen oder den chinesischen Krieg einmischen wollten. Nach stärker als diese Verpflichtungen wirkt auf japanischer Seite das Bewußtsein der politischen Gegnerschaft der Vereinigten Staaten und Englands gegen seine „großostasiatische" Politik und ganz besonders die Erkenntnis von der Notwendigkeit, sich durch die neuformulierte Politik so schnell wie möglich von der alten wirtschaftlichen Abhängigkeit zu befreien. Damit ist der erhebliche Krafteinsatz Japans als Bündnispartner Deutschlands und Italiens vorauszusehen. So denn auch seine entschlossene Haltung gegenüber den ersten Maßnahmen Amerikas und Englands gegen die japanische neue Außenpolitik deutlich geworden. Weder die Verhängung des Eisen- und Stahlembargos noch die Wiedereröffnung der Birmastraße und erst recht nicht die Mobilisierung der amerikanischen Pazifikflotte und die Zurückberufung der Amerikaner aus Ostasien haben Japan schwankend machen können, seinen neuen außenpolitischen Weg weiterzugehen.

Die Behauptung Hans Otto Meißners, Sorges Spionagetätigkeit sei am Fehlschlag des deutschen Angriffs auf Moskau und am Tod unzähliger deutscher Soldaten schuld, kommt auch in Margret Boveris Buch über den Verrat im 20. Jahrhundert in abgeschwächter Form vor. Tatsächlich hat Stalin sibirische Truppen an die europäische Front werfen können, weil er von Japan nicht bedroht war. Diese Erkenntnis, die Sorge nach Moskau gab, hatte er aber auch Botschafter Ott und ebenso dem SD Heydrichs mitgeteilt, den er seit 1941 ebenfalls belieferte. Seit August 1941 wußte Ott, daß es ihm nicht gelingen werde, Japan zum Aufbau einer zweiten Front gegen die Sowjetunion zu überreden, wie man dies in Berlin wünschte. Sorge war ein sowjetischer Spion, gewiß, aber er hat dabei niemand »verraten«. Er hat allen Seiten dieselbe wahre Auskunft gegeben, sehr bereitwillig. Er hat seine politischen Analysen in der »Frankfurter Zeitung« veröffentlicht und sie außerdem auch der Sowjetunion geheim mitgeteilt. Er war Kommunist. Aber das hinderte ihn nicht daran, der Reichsregierung einen guten Rat zu geben, als er ihr das wahre Risiko des Krieges mit Rußland zeigte. »Wenn er primär im Interesse der Sowjetunion den Krieg verhindern wollte, indem er die Wahrheit sagte, so sah er auch für Deutschland Unglück von diesem Krieg voraus.«[76]

Die Sowjetunion hat Richard Sorge spät, 1964, mehr als zwanzig Jahre nach seiner Hinrichtung als Spion, zu einem ihrer Helden erklärt. Das Zögern sagt auch etwas über die wahre Rolle dieses Mannes aus, der in keine der herkömmlichen Vorstellungen eines Spions paßt, auch nicht in die eines Doppelagenten. Sorge publizierte, was er erfuhr, wie ein Forscher oder wie ein Journalist, der wissen will, was geschieht; aber auch wie ein Diplomat, der einen großen Krieg in Europa verhüten oder wenigstens die Bereitschaft zur frühzeitigen Einstellung des Kriegs fördern will.

Die Redaktion wurde von der Verhaftung ihres Mitarbeiters im Oktober 1941 ebenso überrascht wie Botschafter Ott. Die japanischen Untersuchungsbehörden hielten den Fall noch bis ins Frühjahr 1943, bis zum Ende ihrer Nachforschungen, geheim. Das Auswärtige Amt bat Stark um Auskünfte über die Art der Mitarbeit Sorges an der »Frankfurter Zeitung«. Aber in der Redaktion war nichts über ihn bekannt.

Japan und die Vereinigten Staaten waren seit Dezember 1941 im Krieg. Aus dem Unternehmen, das Hitler allein gegen Polen hatte führen wollen, war zuerst ein europäischer Flächenbrand geworden. Mit dem Ausbruch des japanisch-amerikanischen Krieges hatte er sich zum Weltkrieg erweitert, dessen Steuerung längst den Händen Hitlers entglitten war. Das Dritte Reich hatte an der Jahreswende 1941/42 seine größte Machtausdehnung nahezu erreicht, aber man sah in diesem Winter, daß der Feldzug gegen die Sowjetunion steckengeblieben war. Der Krieg in Rußland verharrte nun eine Weile in höchsten Anstrengungen beider Seiten. Die Kräfte Deutschlands waren überspannt, auch wenn es noch ein weiteres Jahr dauerte, bis Ereignisse wie der Untergang der 6. Armee im Kessel von Stalingrad und die Landung der Amerikaner in Nordafrika die Wende des Krieges augenfällig machten.

Doch schon im Winter 1941/42 war sie zu spüren. Der Ton der amtlichen Nachrichten hatte sich geändert. Der triumphalische Stil war verschwunden. Die nationalsozialistischen Verlautbarungen und die Reden der Funktionäre sprachen nicht mehr so verächtlich von der Roten Armee. Das Überlegenheitsgefühl der nationalsozialistischen Führung war zerstoben. Das Ende des Winters wurde mit Sehnsucht erwartet, der Frühling mit jener Erleichterung begrüßt, mit der man nach einer bedrückenden Nacht den Morgen erlebt: nichts ist verändert, aber wenigstens ist die Dunkelheit zu Ende.

Sethes Osterartikel von 1942 läßt diese Veränderung erkennen. Nun heißt die Parole der nationalsozialistischen Propaganda »Durchhalten«. Nun müssen auch die verlorenen Schlachten des Preußenkönigs im Siebenjährigen Krieg zu vulgär-historischen Vergleichen herhalten. Eigentlich bedeuteten sie, daß Goebbels die Rettung nur noch von einem »Wunder« erwartete. Aber so klang es nicht und sollte es auch nicht klingen. In Sethes Worten: »Heute können wir rückblickend bereits ermessen, was dieser Winter für uns bedeutet hat. Er war hart für viele Völker, hart auch für die Deutschen. Nicht einmal in der Heimat haben es die einzelnen leicht gehabt, mit ihm fertigzuwerden. Tiefe Schneefälle, langer und harter Frost sind niemals angenehme Begleiterscheinungen des Daseins; im Kriege können sie das Leben schwer machen. Die Nerven und die Arbeitskraft der Menschen sind ohnehin angespannt, und in diesem Winter wurden sie besonders heftigen Prüfungen unterworfen. Zu dem einen Ort kamen die Kohlen, zu dem andern die Kartoffeln nicht schnell genug oder nicht in der erhofften Menge heran. Dazu schaute die ganze Nation Tag um Tag mit angehaltenem Atem nach Osten, wo man wußte, daß Söhne und Brüder in harten Abwehrkämpfen standen. Währenddessen fiel Woche um Woche neuer Schnee – und jedes Mal nur, um sich in einer neuen Frostwelle zu erhärten... Der Kampf, den die Deutschen gegenwärtig zu führen haben, ist oft verglichen worden mit dem Kampf Friedrichs des Großen und wirklich, so wie es damals nicht um Sieg oder Niederlage, sondern um Sieg oder Untergang ging, so geht es heute wieder um Sieg oder völlige Vernichtung. Nur daß diesmal beide Worte einen noch viel ehernen, einen noch viel schicksalsträchtigeren Klang haben als damals. Hätte Friedrich den Krieg verloren, Preußen wäre ausgelöscht gewesen als selbständige Macht, die Zeiten der Mark Brandenburg wären wiedergekommen, und es ist nicht zu sehen, wie jemals noch die Einheit des Reiches hätte erwachsen können. Aber die Menschen doch, die Familien, die Bauernhöfe, die Handwerksbetriebe wären erhalten geblieben, gemindert an der Zahl der Menschen wohl, gemindert an Wert der Güter, aber doch nicht ganz vernichtet und, unter anderen Herrschern, doch mit der Möglichkeit des Weiterlebens im gewohnten Kreise. Würden heute die Schlachten für uns verlorengehen, der brennende Strom der Zerstörung ginge nicht nur über den staatlichen Bestand des Reiches, sondern versengend und verheerend auch über die einzelnen Menschen dahin, Millionen einem furchtbaren Tode überliefernd, die übrigen dem bedrückendsten Elend, der unvorstellbarsten Not und Qual. Der Sieg aber wird diesmal nicht nur wie damals die Sicherung des staatlichen Daseins, sondern den endgültigen Aufstieg zu einem hohen Ziel bedeuten.«[77]

Keine dieser Zeilen ist frei geschrieben. Der Leser tut gut daran, sich selbst immer wieder ins Gedächtnis zu rufen, daß politische Artikel in einer Zeitung dieser Zeit nur teilweise die Ansichten ihres Autors ausdrücken. Die Artikel waren Kompromisse zwischen dem Autor und den Forderungen der politischen Macht. Kompromisse auch innerhalb der Redaktion, zwischen dem Autor und seinem Gegenleser, in schwierigen Fällen auch mehreren Gegenlesern. Um den Text wurde wie bei einem diplomatischen Kommuniqué gefeilscht, um Streichungen, Änderungen, Hinzufügungen. Solche Texte dürfen nicht einfach als die Stimme ihres Autors oder des Geistes der Redaktion interpretiert werden. Immer sind die äußeren Kräfte mitzudenken, die am Kurs der Zeitung zerren und das Bild ihrer Autoren entstellen. Immerhin entnimmt man den Zeilen dieses Autors, daß der Krieg in Rußland hart und verlustreich geworden war und die Hoffnung auf Sieg ihren Grund nicht mehr in Erfolgen, sondern in der Unannehmbarkeit der Niederlage suchen mußte. Man wurde an der veränderten Form der Argumentation gewahr, daß Hitler keine Wahl mehr hatte oder, in anderen Worten, keinen Plan, keine Politik mehr und nun das Schicksal der Nation an den Katastrophenkurs seines persönlichen »alles oder nichts« kettete.

Wußte die Redaktion von den Verbrechen, die hinter der Front verübt wurden? Es war ausgeschlossen, darüber zu schreiben oder auch nur Andeutungen zu machen. Sternbergers Leitartikel »Der Wert des Menschen« mit der Anspielung auf die Ermordung der Geisteskranken war so ziemlich das Äußerste, was die Redaktion sich als Kritik an den Morden glaubte leisten zu können. Anspielungen auf die Verbrechen, die die Einsatzgruppen der Polizei und der SS in Osteuropa begingen, waren ausgeschlossen. Die bloße Kenntnis von diesen Verbrechen war gefährliches Wissen. Einiges sickerte durch. Über die Verbrechen in Polen erhielt die Redaktion mindestens einmal Hinweise aus offizieller Quelle. Gauleiter Greiser, der Beauftragte für den Warthegau, den westlichen Teil Polens, der zum Reich geschlagen und nicht nur, wie der andere, das Generalgouvernement, von ihm regiert wurde, unterrichtete streng vertraulich eine Anzahl Journalisten über die Germanisierungspolitik und die Ausweisung vieler Polen in das Generalgouvernement. Den Bericht eines ungenannten Teilnehmers dieser Pressekonferenz schickte Rudolf Heizler vom Berliner Büro der Zeitung in einem eingeschriebenen Brief nach Frankfurt. Die Redaktion erfuhr daraus, daß Teile der polnischen Bevölkerung vertrieben, Kinder der zur Eindeutschung bestimmten Bevölkerung ihren Eltern weggenommen wurden, um in rein deutscher Umgebung im Westen aufzuwachsen. »Greiser kam dann auf die vertraulichen Dinge zu sprechen, die wirklich geheim bleiben müssen. Es war selbstverständlich notwendig, wenn man den Volkstumskampf gewinnen will, die polnische Führerschicht zu beseitigen. Dazu gehörten alle Führer des Westmarkenvereins, der Sokole, des polnischen Aufständischen-Verbandes, die Professoren der Hochschulen und Universitäten, die Studenten und zu einem Teil die Pfarrer. Die Zahlen über die Erschießungen im Warthegau, die in der Auslandspresse gebracht wurden, sind außerordentlich übertrieben. Sie bewegen sich weit unter 5000. In den nächsten 14 Tagen wird es keine Exekutionen mehr geben, sondern jeder Fall wird dann vor ein Sondergericht kommen. Alle andern intelligenten Polen werden evakuiert und ins Gouvernement geschickt. 87 000 sind abgeschoben worden, dazu kommen deren Familien. Tatsächlich ist bisher einwandfrei festgestellt worden, daß von den polnischen Horden 13 000 Volksdeutsche ermordet und verschleppt wurden. Bisher hat man 7000 in Gräbern gefunden... Um keine neue polnische Intelligenzschicht aufkommen zu lassen, wird man für die Polen Schulen einrichten, die Kinder nur bis zum 11. Lebensjahr besuchen dürfen. Im allgemeinen wird man die Polen stark verproletarisieren. In einigen Monaten wird die modernste und größte Judenaustreibung, die je stattgefunden hat, in Lodsch in Szene gesetzt werden. Es gilt dort 350 000 Juden loszuwerden.«[78]

Nach Beginn des Rußlandfeldzugs bewegte sich ein Strom von russischen und ukrainischen Arbeitern nach Deutschland. Man brachte sie hinter Zäunen von Stacheldraht in Barackenlagern nahe großen Industriewerken unter. Auf dem Arm trugen sie ein blaues, aufgenähtes

Schild mit dem Wort »Ost« – eine Schar heimatlos gemachter Menschen. Die deutsche Regierung handelte an ihnen, wie es einmal antiker Kriegsbrauch gewesen war: Die Angehörigen des besiegten Volkes werden als Sklaven in die Fremde abgeführt.

Karl H. Knappstein war von einem alten Freund, Valentin Siebrecht, der während des Krieges stellvertretender Leiter des Landesarbeitsamtes Hessen war, auf das Schicksal der »Ostarbeiter« aufmerksam gemacht worden. Die Redaktion griff den Hinweis auf. Das Thema war tabu, aber es stand nicht auf der Liste der vom Propagandaministerium verbotenen oder vom Oberkommando der Wehrmacht als zensurpflichtig erklärten Gegenstände. Knappstein schrieb eine Reportage über ein Lager ukrainischer Arbeiter in Hattersheim bei Frankfurt unter der Überschrift »Pelzmützen«. Stark redigierte das Manuskript scharf. Was erschien, wirkte immer noch stark. Knappsteins Reportage ließ erkennen, daß die deutsche Besatzungsmacht im Osten die Ukrainer über die Lebensmittelrationierung »erfaßt« hatte. Wer eine Lebensmittelkarte haben wollte, mußte sich beim Arbeitsamt registrieren lassen. Die Facharbeiter wurden herausgefischt und nach Deutschland geschafft. Knappstein beschrieb, daß sie »gute Gesichter« hatten und ganz anders ausschauten als die Kriegsgefangenen, wie man sie aus Aufnahmen der Propagandakompanien kenne. Im Propagandaministerium strich jemand diese Stelle rot an. Sie widersprach dem Bild des östlichen Untermenschen, welches das Regime verbreitete, um daraus ein Recht zur Beherrschung dieser Völker abzuleiten. Anstoß im Propagandaministerium erregten auch zwei Stellen über den Zwangscharakter des Lagers durch Erwähnung eines Stacheldrahtzaunes und die Schilderung eines kleinen Litauers in Leder und Stiefeln, der mit einer Knute dreinschlug und für Disziplin beim Essenausgeben sorgte. Man spürte das Mitleid des Autors mit den wie Vieh weggeführten und eingepferchten Männern.[79] Die Zeitung wurde wegen des Artikels in der Pressekonferenz gerügt.[80]

Knappstein wurde nach Berlin bestellt. Er fuhr mit Angst. Er erwartete, zur Gestapo in die Prinz-Albrecht-Straße gehen zu müssen. Fritz Sänger empfing ihn und teilte ihm mit, er müsse in Alfred Rosenbergs Ministerium für die besetzten Ostgebiete, zu dem Ministerialdirektor, in dessen Zuständigkeit die Fremdarbeiter fielen. Sänger hatte auch erfahren, daß der Ministerialdirektor der Schwiegervater jenes Beamten im Propagandaministerium war, der den Katalog der verbotenen Themen zu führen hatte. Knappstein fuhr ins Ost-Ministerium, mußte sich von dem Beamten eine Flut von Beschimpfungen wie »unverantwortlich« und »Landesverrat« anhören; »Landesverrat«, weil die Sowjetunion inzwischen den Text des Artikels für ihre Propaganda gegen

Deutschland benutzte. Knappstein erwiderte, nun ebenfalls ziemlich laut, die Redaktion habe die Listen der verbotenen Themen genau geprüft. Die Verantwortung liege eindeutig bei demjenigen, der die Liste aufstelle. Da sei der Beamte alsbald ruhiger geworden. Man habe sich getrennt mit der Verabredung, daß die Zeitung ein zweites Mal über Ostarbeiter schreiben werde. Das habe dann Robert Haerdter tun müssen. Sängers Tip hatte Knappstein gerettet.[81]

Haerdter schrieb ein paar Wochen später die verlangte zweite Reportage über ukrainische Arbeiterinnen, die sich hätten anwerben lassen, nun in einer Fabrik eingesetzt seien und in einem Lager in Baracken zu 60 oder 20 Insassen lebten. Nur noch in der Wortfärbung schimmerte der Zwang durch: Die Fremdheit und die sklavenhafte Situation dieser Frauen mit ihrem Heimweh wird, unausgesprochen, in Bildern von Seelenzuständen erfaßt:

»Eine der Frauen las gerade Puschkin. Um dem Verdacht zu begegnen, es könne ›politische‹ Literatur sein, versicherte eine andere in hart gesprochenem Deutsch, es sei ›Romanliteratur‹. – Dies war wohl weniger ein Ausweis für das Bildungsniveau dieser ländlich-robusten Frauen als vielleicht für ihr Bedürfnis, neben dem Ukrainisch der Lagerordnung und dem der zweisprachigen Aufschriften im ganzen Bereich des Lagers das Wort eines ›Landsmannes‹ wenn nicht zu hören so doch wenigstens zu lesen. Das Buch war ein merkwürdiger und

Ostarbeiterinnen bei der Essensausgabe in einem Berliner Großverlag, Februar 1942. Das Regime veröffentlichte unzählige Photos dieser Art, um ausländische »Greuelpropaganda« über die Zustände in den Arbeitslagern zu widerlegen

Pelzmützen.

In einem Durchgangslager russischer Arbeiter.

km Die Pelzmützen beherrschen trotz der warmen Frühlingssonne immer noch das Bild und die Köpfe, hohe spitze, wie Robinson sie getragen hat, breite mit Ohren- und Nackenklappen, hohe Kosakenmützen. Viele Männer haben noch den Pelzkragen des wattierten Mantels hochgeschlagen und die Hände tief in den Taschen. So stehen sie geduldig und anscheinend ohne Zeitgefühl in schwarzen Rudeln auf dem großen Platz des Lagers herum und warten, bis man sie zu irgend etwas herbeikommandiert. Oder sie lagern schläfrig in der warmen Sonne auf den hohen Bretterstapeln, die für den Bau weiterer Baracken des Lagers bereitliegen, und lassen ihre Beine mit den hohen Filzstiefeln herabbaumeln. Als sie von Charkow abfuhren, woher die meisten von ihnen stammen, stand das Thermometer noch ebenso tief unter Null wie es jetzt im westdeutschen Frühling darüber steht.

Oestliche Disziplin.

Rund um den ganzen Platz zieht sich ein hoher, frischgebauter Stacheldrahtzaun, der die Insassen aber keineswegs stört, denn sie sind aus sowjetischer Zeit noch ganz andere Dinge gewöhnt als nur einen Stacheldrahtzaun um ihr Lager. Man muß diese Leute, die in der Ukraine zur Arbeit in Deutschland angeworben worden sind, selbstverständlich streng zusammenhalten und überwachen, denn sonst gibt es keine Garantie dagegen, daß sich nicht unter ihnen ein Bolschewist befindet, der sich zu Sabotageakten berufen fühlen könnte. Deshalb dürfen diese „Ostarbeiter" auch nur in geschlossenen Gruppen von wenigstens zwanzig Mann zur Arbeit eingesetzt werden und werden auch in dem Durchgangslager, in dem wir sie trafen, in einer festen Disziplin gehalten; freilich erscheint sie ihnen gegenüber dem, was sie von Hause her gewöhnt sind, als besonders milde. Ihr nächster Vorgesetzter, sozusagen ihr Unteroffizier, der Dolmetscher und Vermittler zwischen ihnen und der Lagerleitung, ist ein kleiner untersetzter Litauer mit hohen Stiefeln und Lederjacke; er verfügt über eine bunte Vergangenheit und über gute Sprachkenntnisse. Als Zeichen seiner Autorität trägt er einen offenbar original russischen Kantschu in der Hand, eine Art östlichen Gummiknüppels, der hier als friedlichere Waffe an die Stelle von Karabinern und aufgepflanzten Seitengewehren treten kann. Benutzt wird er aber nur dann, wenn es unter den Lagerinsassen einmal eine Schlägerei gibt, weil sie sich etwa gegenseitig bestohlen haben, oder wenn sie sich in dem seltsamen Instinkt eines Rudelwesens zu der Essensausgabe drängeln, daß das Lagertor zusammenzubrechen droht. (Sie bekommen übrigens die Rationen des deutschen Normalverbrauchers.) In ihrer dem Mitteleuropäer oft unverständlichen Art halten sie es dann aber auch für durchaus in der Ordnung, wenn jemand mit Energie dazwischenfährt. Sie verhalten sich im übrigen zu ihrem Aufseher und Dolmetscher zutraulich wie Kinder beim Schulausflug zu ihrem Lehrer: Auf Fragen hin reden alle durcheinander, und es kostet einige Mühe, sie zur Ruhe oder etwa zum Aufstellen in Zweierreihen zu bewegen. Schwerfällig, aber gutwillig lassen sie sich führen, sie brauchen aber eine kräftige und energische Führung mit einer lauten Stimme.

Panzer- und Motorenschlosser.

Die Arbeiter aus den besetzten ehemals sowjetischen Gebieten, wie sie jetzt in größeren Mengen zur Arbeit in das Reich herüberströmen, sind keine Kriegsgefangenen, auch wenn viele von ihnen das khakifarbene Militärhemd mit dem Sowjetstern an jedem Knopf tragen — das haben sie meistens für wenig Geld auf dem Markte gekauft. Sie gehören zu dem Teil der Bevölkerung, der beim Einmarsch der deutschen Truppen dort vorgefunden wurde und wegen fehlender Beschäftigung von den Organen der deutschen Militär- oder Arbeitseinsatzverwaltung angeworben werden konnte. Es war meistens nicht schwer, diese Arbeitskräfte überhaupt zu „erfassen", also ihren Namen, ihre Wohnung und ihren Beruf festzustellen: Die Meldung beim Arbeitsamt ist in den besetzten Gebieten vielerorts eine Voraussetzung für die Zuteilung von Lebensmittelkarten. So konnte man sich einen Ueberblick über die vorhandenen Fachkräfte machen und sie nach Bedarf zur Arbeit in der deutschen Wirtschaft heranziehen. Auf diesem Wege sind auch die Leute aus Charkow hereingekommen, denen wir begegneten. Sie stammten fast alle aus einem der großen sowjetischen Rüstungsbetriebe der Ukraine, waren dort, um in deutscher Terminologie zu reden, „U-k-gestellt" und hatten bisher hauptsächlich am Bau von Panzern und Flugmotoren gearbeitet. Diese Tatsache erklärt wohl auch zu einem großen Teil die überraschende Feststellung, daß diese Leute, mit denen wir uns auf dem Wege über einen Dolmetscher sprechen konnten, trotz aller uns ungewohnten Vermummung, trotz der Verwahrlosung im Anzug und trotz dem unverkennbaren Masseninstinkt in ihrer Art, zu reagieren, ein sehr viel anderes, besseres Gesicht zeigten, als etwa Kriegsgefangene, deren Anblick sich aus zahlreichen Aufnahmen der Propagandakompanien eingeprägt hat. Diese Leute hatten, wenn man natürliche Intelligenz und Charakter so auf einen einfachen Nenner bringen kann, zu einem großen Teil „gute Gesichter" — immer mit östlichen Maßen gemessen. Man brauchte sich nicht zu fürchten, so dachte man, ihnen auch einmal im Dunkeln zu begegnen. Es sind Fabrikarbeiter, Facharbeiter, die durch die unmenschliche und grausame Arbeitsschule des Bolschewismus gegangen sind. Minderleistung und Ausschuß waren „Sabotage" und kosteten Hunger, Sibirien oder gar Tod. Unter diesem vielfältigen Druck und dieser ständigen Drohung sind sie zu „leistungsfähigen" Arbeitskräften gemacht worden, ebenso „sachlich", wie man einen leistungsfähigen Motor baut oder eine leistungsfähige Maschine. Mit dieser Eigenschaft stehen sie jetzt auch der deutschen Kriegswirtschaft zur Verfügung und haben sich, wo sie schon in größeren Werken eingesetzt worden sind, durchaus bewährt; man erwartet nicht mit Unrecht gute Arbeitsleistungen von ihnen. Auf die Frage an die im Kreise herumstehenden achtzig bis hundert Neugierigen, wer von ihnen nicht lesen und schreiben könne, meldeten sich nur drei ältere Männer, darunter jener Robinson mit der spitzen Pelzmütze. Die Jüngeren sind keine Analphabeten mehr, es sind also in jeder Hinsicht „Gelernte".

Anwerbung und Verteilung.

In großen Sammeltransporten kommen sie jetzt aus dem Osten. Die einzelnen Landesarbeitsämter haben für ihren Bedarf an Arbeitskräften bestimmte Werbungsgebiete im Osten zugewiesen bekommen und müssen die fremden Arbeiter bis zu ihrer Unterbringung in dem Lager ihrer künftigen Arbeitsstätte betreuen. Zunächst kommen sie in ein Durchgangslager; hier, in einem ehemaligen Barackenlager der Reichsautobahnen, werden sie noch einmal auf ihr Können, ihre Ausbildung, ihre besonderen Fähigkeiten befragt. Vor allem werden sie hier entlaust, meistens schon zum zweiten oder dritten Male, nachdem sie an ihrem Herkunftsort und an der Grenze diese unentbehrliche hygienische Prozedur schon mitgemacht hatten. Verbunden damit ist eine genauere ärztliche Untersuchung, bei der Leidende ausgesondert und zum Rücktransport in die Heimat bestimmt werden. Bei der Lagerleitung legen sie alle einen Schein vor, der ihnen schon am Ort der Anwerbung ausgehändigt war, und alle andere, was sie sonst an Ausweisen, Pässen und Papieren bei sich haben. Ihr wertvollstes Dokument ist in zahlreichen Fällen eine Bescheinigung in deutscher Sprache, daß sie etwa im Quartier dieses oder jenes deutschen Regimentsstabes die Wasserleitung repariert hätten oder für den Ortskommandanten in X. als Plakatmaler tätig gewesen seien und sich dabei bewährt hätten. Dieses Papier — je mehr Stempel, desto wertvoller — tragen sie alle zuerst in der Hand, wenn sie an dem Tisch des Beamten erscheinen, der die Männer einzeln befragt und sie danach für ihre künftige

Arbeitsstelle einteilt. Einer hatte sich sämtliche Taschen seiner Kleidung, auch im Innern, mit großen Sicherheitsnadeln zugesteckt, hielt die Nadeln während der Abfertigung sorgfältig in der Hand und steckte die Taschen nachher, als die Papiere verstaut waren, wieder sorgfältig zu. Er muß seine Erfahrungen gemacht haben. Ein anderer, seinem Aeußeren nach ein „Intellektueller" mit Haartolle und Hornbrille, legte als Dokumente seiner Berufstätigkeit Photographien seiner plastischen Kunst vor, pathetische Denkmalsentwürfe von dreißig und vierzig Meter Höhe, niemals ausgeführt, Arbeiterfiguren mit flatternden roten Fahnen, Kriegergestalten mit geschwungenen Säbeln hoch zu Roß. Er wolle auch in Deutschland bei diesem Beruf bleiben, übersetzte der Dolmetscher, — ein Wunsch, der ihm schwerlich erfüllt werden kann. Wie er, so wird sich auch jener andere an den Bedarf anpassen müssen, der eine Mappe mit Erzeugnissen seiner Porträtmalerei mitbrachte, zum Teil durchschnittliche Schülerarbeiten, zum Teil aber auch Skizzen mit mehr versprechenden Zügen. Warum er denn nicht in der Roten Armee sei? Das sei unmöglich, denn er habe einen Vetter, der 1920 nach Berlin „verreist" und nicht zurückgekommen sei. So sei er in Charkow gewesen, als die Deutschen gekommen seien. Ein anderer antwortete auf die Frage, warum er denn als Flugmotorschlosser beim Abzug der Sowjets nach Osten nicht mitgenommen worden sei, er habe sich drei Tage in einem Erdloch versteckt gehalten, um nicht nach Sibirien mitgenommen und von seiner Frau getrennt zu werden. Sie habe ihn geschickt in einem Unterstand eingegraben und nach drei Tagen wieder herausgeholt. Diese Frau ist als Aerztin nach Deutschland mitgekommen, ist im Lager die einzige Frau unter den Arbeitern aus Charkow und wird als Lagerärztin einem der großen Werke zugeteilt werden, in denen Ostarbeiter in größerer Zahl eingesetzt werden. Wir sahen die Frau mit einer großen Wasserkanne zur Krankenbaracke gehen.

Drei Gruppen.

Unter den Arbeitern, die aus dem Osten nach Deutschland kommen, muß man heute drei größere Gruppen voneinander unterscheiden, die sie unter verschiedenem Recht stehen. „Ostarbeiter", im Sinne dieses juristischen Begriffes sind im wesentlichen nur die Leute aus der alten Sowjetunion, vor allem aus Weißruthenien und der Ukraine. Sie haben zum Beispiel eine besondere „Ostarbeiter-Steuer" zu entrichten, die von dem deutschen Tariflohn, den der Unternehmer zahlen muß, so viel wegsteuert, daß nur noch ein dem gewohnten Lebensstandard dieser Gegenden entsprechender Lohn übrigbleibt. Auch sonst gelten die arbeitsrechtlichen Vorschriften der deutschen Sozialpolitik für sie nicht. Sie haben in Gemeinschaftslagern zu leben, werden nur in geschlossenen Gruppen zur Arbeit angesetzt, stehen unter ständiger Aufsicht und werden auf der Kleidung ein großes „O" (Ostarbeiter) tragen. Die zweite Gruppe, zur Zeit die größte unter den fremdländischen Arbeitern, sind die Polen, die das „P" tragen müssen; für sie gilt das deutsche Sozialrecht auch mit erheblichen Einschränkungen, sie müssen außer ihrer Lohnsteuer noch eine fünfzehnprozentige Abgabe vom Lohn als „Sozialausgleichsabgabe" zahlen und werden bei der Steuer in ihrem Familienstand nur nach ledig und verheiratet unterschieden, bekommen aber keine Kinderermäßigung. Die dritte Gruppe der Arbeiter aus dem Osten sind Leute aus dem Reichskommissariat Ostland mit Ausnahme von Weißruthenien, in der Hauptsache also Arbeitskräfte aus den früheren drei Randstaaten Estland, Lettland und Litauen einschließlich des seinerzeit von Polen zu Litauen gekommenen Wilnagebietes. Arbeiter aus diesen Gebieten stehen im Lohn- und Steuerrecht ungefähr auf der gleichen Stufe wie die anderen ausländischen Arbeiter in Deutschland, allerdings mit einer wichtigen Ausnahme: sie haben von ihrem Lohn auch eine fünfzehnprozentige „Lohnausgleichsabgabe" zu entrichten, damit der in ihrer Heimat bestehende Lebensstandard nicht überschritten wird und kein zu großes Lohngefälle nach dem Reich hin entsteht. Alle drei Gruppen werden in den nächsten Wochen und Monaten immer mehr das Gesicht des Ausländereinsatzes in Deutschland bestimmen. Die Polen machten schon Ende September vorigen Jahres ungefähr die Hälfte aller ausländischen Arbeiter aus, die Zahl der „Ostarbeiter" aus Weißruthenien und der Ukraine und die Zahl der Arbeiter aus dem Reichskommissariat Ostland wird aber wohl dem Kontingent der Polen mehr und mehr nahekommen, und damit wird sich auch das Schwergewicht der in Deutschland tätigen Ausländer immer mehr auf die Arbeitskräfte aus dem Osten verlagern.

überraschender Findling in dieser Umgebung. Von der Größe eines Lexikonbandes mit einem schwarzen, von Essensflecken beschmutzten Deckel, lag es auf der Holzplatte des Tisches, und die Frauen saßen darum versammelt mit dem geduldigen Hunger ihrer Augen wie um eine Schüssel mit unversieglicher Speise.«[82]

1942 begannen die deutschen Behörden in Rußland und Polen, die jüdische Bevölkerung systematisch auszurotten. Walter Laqueur schildert in seinem Buch »Das schreckliche Geheimnis«, wie die Alliierten die ersten Nachrichten polnischer Juden nicht glauben wollten und für Greuelmärchen hielten, eingedenk der Blamage mit den Tataren-Nachrichten aus dem Ersten Weltkrieg über Kriegsverbrechen deutscher Soldaten an belgischen Frauen und Kindern. Auch Schweizer Zeitungen erfuhren später davon und auch der Vatikan. Es ist deshalb anzunehmen, daß Kircher in Rom etwas davon vernahm. Die Redaktion hörte aus Berlin von den Deportationen der Juden, und zwar aus dem Propagandaministerium, von Leuten, die nicht über die Verbrechen selbst erschüttert waren, sondern an die Folgen dachten, sollte Deutschland den Krieg verlieren. Die offizielle Lesart war, der Führer behandele die Juden tolerant, sie würden verpflanzt, zum Beispiel nach Madagaskar. Anderes, was in ausländischen Zeitungen stand, nannte das Regime »Greuelmärchen« und »Verleumdungen«. Es war vollkommen ausgeschlossen, darüber etwas in einer deutschen Zeitung zu berichten.[83]

Irgendwann, wohl im Jahr 1943, kam einer der eingezogenen Redakteure, Dietrich Dibelius, ein Neffe des Bischofs Otto Dibelius, von der Ostfront auf Urlaub und berichtete der Redaktionskonferenz von Erlebnissen im Osten. Knappstein hat es nie mehr vergessen: »Dibelius war ein gebrochener Mann, nachdem er im Baltikum bei einem Wachauftrag gesehen hatte, daß die SS-Leute Menschen in Massen umbrachten und verscharrten. Beim Abschied von der Redaktion sagte er, er komme nicht wieder. Tatsächlich kam er nicht wieder. Es hieß, er sei an der Front *ins Feuer gelaufen.*«[84]

Ende Januar 1943 – dem Monat des Zusammenbruchs in Stalingrad – erhielt Welter den Anruf Rienhardts, er möge ihn sofort aufsuchen. Rienhardt eröffnete Welter dann, er habe Nachricht, der Stockholmer Korrespondent, Dr. Ernst Kobbert, sei einberufen worden, aber scheine dem Befehl nicht zu folgen. Sollte es sich um Fahnenflucht handeln, werde es einen Skandal ersten Ranges geben, und dieser werde schwere Folgen für die Zeitung haben. Welter möge versuchen, den Korrespondenten zur Rückkehr nach Deutschland zu veranlassen. Es brannte wieder einmal – also ein Fall für Erich Welter. Er hatte keinen Paß. Rienhardt, so berichtete Welter, habe sofort Himmler angerufen und, ohne den genauen Grund zu nennen, ihm innerhalb von Stunden zu einem Paß und zu Devisen verholfen. Welter suchte einen General im Oberkommando der Wehrmacht auf und handelte ein Stillhalteabkommen aus. Noch am selben Abend saß er im Flugzeug nach Stockholm.[85]

Kobbert hatte die kritische Haltung der Schweden gegenüber Deutschland deutlicher dargestellt als seine Vorgängerin Boveri. Seine Artikel ließen erkennen, daß selbst ursprünglich mit Deutschland sympathisierende Schweden wie der Kreis um Sven Hedin sich seit 1941 vom Reich abzuwenden begannen.[86]

1940 war Kobbert zweimal einberufen und jedesmal wieder freigestellt worden, weil Fritzsche im Propagandaministerium seine Mitarbeit für die Beilage »Berichte und Bilder« für wichtiger ansah. Der dritte Einberufungsbefehl hatte Kobbert Anfang 1943 in Helsinki erreicht. Der Befehl ging, wie Kobbert vermutet, auf Betreiben des deutschen Presseattachés an der Botschaft zurück. Als der Gestellungsbefehl in Helsinki eintraf, reiste Kobbert sofort ab, aber nicht nach Berlin, sondern nach Stockholm, um den Absprung zu wagen. Der Chefredakteur von »Dagens Nyheter« war bereit, ihn ins Archiv aufzunehmen. Im schwedischen Außenministerium riet man Kobbert, auch den Rat des Staatssekretärs im Finanzministerium, eines Mannes von großem Einfluß in der Regierung, einzuholen. Kobbert suchte ihn auf. Es war Dag Hammarskjöld, der spätere Generalsekretär der Vereinten Nationen. Hammarskjöld setzte Kobbert auseinander, nach schwedischem Gesetz könne er bleiben, aber man werde ihn nicht davor schützen können, auf einem Spaziergang überfallen und eines Morgens tot aus dem Mälarsee gezogen zu werden. Er könne auch nicht sagen, wie die Regierung handeln werde, wenn demnächst der neue deutsche Botschafter, ein scharfer Nationalsozialist, mit einer dicken Beschwerdemappe ankomme. Alle seine Verlangen werde die Regierung kaum ablehnen können. Vielleicht sei sein Fall einer derjenigen, in dem die Regierung nachgeben würde.

Das war der Stand, als Welter Kobbert in Stockholm traf und ihm die Situation deutlich machte: Es seien Vorkehrungen mit dem Oberkommando der Wehrmacht getroffen, daß es keinen Kriegsgerichtsfall, keine Untersuchung geben werde. Er schilderte ihm die Gefahr für die ganze Zeitung, wenn einer ihrer Korrespondenten dem Einberufungsbefehl nicht gehorche. Auch hätten die Nationalsozialisten inzwischen die »Sippenhaft« eingeführt; er bringe seine Mutter und Schwester in Gefahr. Kobbert verstand. Auch im Ausland konnte er dem Regime nicht entrinnen. Er reiste mit Welter zurück zum vorgesehenen Artilleriebataillon in Eberswalde. Kommandeur und Batteriechef waren ins Vertrauen gezogen worden und hielten den Fall geheim. Aber trotz Welters Geheimhaltungsversuchen ging er in der Redaktion von Mund zu Mund. Die Opposition bewunderte Kobbert für den Versuch.[87]

Kobbert kam an die Ostfront. Welter hörte nichts mehr von ihm. Hatte er dem Moloch einen Kollegen geopfert, um die anderen zu retten? Der Tribut drückte ihn. Fünf Jahre später, 1947, legte ihm im Frankfurter Hauptbahnhof jemand von hinten die Hand auf die Schulter und sagte: »Herr Welter?« Welter drehte sich um. Es war Kobbert, vor kurzem zurück aus russischer Kriegsgefangenschaft, aus einem Steinbruch im Kaukasus, mager, abgerissen, aber mit heilen Gliedern. »Mir fiel ein Stein vom Herzen«, gestand Welter viele Jahre später.[88]

XV
Zweimal verboten

Wilhelm Rey, der »fliegende Reporter« der Redaktion in den ersten Kriegsjahren, war im Jahr 1942 als Kriegsberichter zum Heer eingezogen worden. Im Sommer 1942 hatte er den Vorstoß der Heeresgruppe Süd zum Kaukasus begleitet und lag im Herbst vor Stalingrad. Von dort schickte er einen Bericht, der vier Monate vor dem Zusammenbruch ahnen ließ, daß es hier zur Katastrophe kommen werde: »Man hört Stalingrad, lange bevor man es sehen kann. Zuweilen beginnt die Erde leise zu dröhnen, als würde sie weit voraus mit riesigen Trommelschlegeln geschlagen. Das sind die Einschläge der Bomben, unter denen die Stadt Tag und Nacht erzittert. Aber auch aus der Flanke trägt der Wind ein dumpfes Rollen über die Steppe hin. Das ist die Nordfront, die sich vom Don zur Wolga spannt und die Nachschubwege über die Landbrücke gegen den erbitterten feindlichen Ansturm schützt, der nun schon Wochen dauert. Die Front braucht Infanterie. Die Infanterie marschiert. Sie hört den dunklen Wirbel des Todes wohl, der sich – von Osten und Nord kommend – über den Kolonnen kreuzt. Aber sie marschiert, wie sie nun schon hundert und aberhundert Kilometer durch die Steppe des Ostens marschiert ist: die Kragen offen, die Ärmel hochgestreift, die Gewehre schräg über der Achsel. Die Uniformen sind staubgetränkt, die Haare vom Winde zerwühlt, die Gesichter grau wie Stein. Nur noch die Augen leben, und in ihnen ruht die verwegene Gelassenheit jener, die schon seit Jahren im Schatten der Schlachten stehen...«[1]

Man müßte die übliche PK-Berichterstattung jener Zeit danebenstellen, um zeigen zu können, wie anders nicht nur der Ton, nicht nur die Art und Weise, sondern die Gegenstände selbst waren, an denen der Berichterstatter der »Frankfurter Zeitung« das Leiden der Menschen sichtbar machte, mit-leidend und mit-trauernd.

Die exponierte Lage der Sechsten Armee schimmert durch in der Bemerkung über den Kampflärm in der nördlichen Flanke, dieser dünn gedeckten Linie den ganzen langen Oberlauf des Don hinauf bis nach Kursk. Rey begriff, daß er hier eine Wende des Kriegs erlebte. Die militärische Deutung der Ereignisse war in fünfundzwanzig eindringlichen Zeilen der Schilderung vorangestellt.

Das Manuskript war in den ersten Oktobertagen abgefaßt worden. Es passierte die Zensur, als der Ausgang der Schlacht noch offen war.

Als der Artikel in Frankfurt auf der ersten Seite publiziert wurde, zeichnete sich die Bedrohung der Sechsten Armee bereits deutlicher ab. Die »New York Times« nannte ihn das Eingeständnis eines deutschen Berichterstatters, daß der Krieg verloren sei. Rey und die Zeitung bekamen deshalb »Ärger im Propagandaministerium«.[2] Beim Sturz in einen Splittergraben während eines russischen Tiefflieger-Angriffs zog Rey sich eine Verletzung zu, die nicht am Ort behandelt werden konnte. So kam er nach Berlin, ehe die Rote Armee Mitte November 1942 die Sechste Armee einschloß und aufrieb.

Rey erlebte die Wochen des Untergangs der Sechsten Armee im Berliner Lazarett als Wende der Zeit. Wie er glaubten viele, in den Strom einer Entwicklung geworfen zu sein, der mit übermächtiger Gewalt Sympathisierende und Widerstrebende mit sich fortriß. Es gab kein Entrinnen mehr. »Selbst die Führer von einst waren jetzt nur noch Getriebene... Der Rest war Warten, Warten in einer Atmosphäre, die immer drückender wurde, mit der kleinen Flamme der Hoffnung im Herzen, den hereinbrechenden Untergang zu überleben.«[3]

Der grauenvolle Untergang der Sechsten Armee bedrückte die ganze Nation. Der Londoner Rundfunk nannte die Zahlen der in Kampf, Hunger und Kälte umgekommenen oder in Gefangenschaft geratenen Soldaten. Zum ersten Mal in diesem Krieg erlebte auch die breite deutsche Öffentlichkeit den lügenhaften Kontrast zwischen der militärischen Wirklichkeit und der Propaganda. Stalingrad war die Offenba-

Deutsche Soldaten vor den Ruinen von Stalingrad

Die sterbende Stadt.
Stalingrad unter der Wolke der Schlacht.

IM OSTEN. (PK.) Zuweilen geschieht es, daß die gleichmäßige Folge der Schlachten unterbrochen wird und daß sich der Krieg, sonst auf die volle Breite der Front verteilt, plötzlich in einem Punkt zusammenballt. Dann gewinnt alles andere den Anschein des Unwesentlichen, und die Welt hält den Blick wie gebannt auf diesen einen Punkt gerichtet, als müsse dort das Wetterleuchten der Entscheidung aufflammen. Wie aber auch immer der Ausgang sein mag, der Ort gewinnt einen schicksalsdunklen Klang und steht in der historischen Erinnerung immer symbolhaft für die Schwere des ganzen Waffengangs. Denn hier strömen die Energien des Krieges in unerhörter Konzentration zusammen und erzeugen zwischen den schmalen Polen der Front eine Spannung, deren Entladungen furchtbar sind und meist mit der totalen Zerstörung des Kampfbereiches enden. Stalingrad hat ein Panzerwagenwerk und einiges andere mehr. Die Stadt besitzt eine überragende strategische Bedeutung. Sie beherrscht den Unterlauf der Wolga. Jede dieser Tatsachen hat ihr volles Gewicht, und dennoch genügen sie nicht ganz zur Erklärung dessen, was dort in den letzten Wochen geschehen ist. Bei der Betrachtung dieses Ringens zweier Heere bleibt ein irrationaler Rest, der mehr geahnt als definiert werden kann; er läßt die Stadt als den Ort einer schicksalhaften Kraftprobe im Angesicht des zweiten Winters im Osten erscheinen.

Unter der großen Wolke.

Die Schlacht, die nun schon Wochen dauert, hat ihre Spur in den Himmel gezeichnet. Wenn der Wind nach Westen steht, beschattet eine riesige, langgestreckte Wolke von der Wolga beinahe bis zum Don das Land. Sie zieht sich in trägem Grau durch die herbstliche Bläue und trägt in sich den Staub und den Qualm, der ständig unter der Gewalt der Explosionen aus der geschlagenen Stadt emporquillt. Zuweilen glimmt ein dumpfes Rot in ihr auf, als wären die Flammen der Einschläge immer noch nicht erloschen. Wenn sie vor die Sonne tritt, fällt das Land in eine unheilvolle Dämmerung, dieses Land, das kaum verdient, eine Landschaft genannt zu werden, das sich in der Eintönigkeit der Sandsteppe erschöpft. Nackt liegt die Erde unter dürren Halmen, die sich in der Farbe ganz dem stumpfen Gelb des lehmigen Untergrunds angeglichen haben. Wasserlos und ausgedörrt scheint die Erdkruste unter der Glut der Sonne aufgeplatzt zu sein. Immer wieder klafft der Boden ganz unvermittelt auseinander und gibt den Blick frei in tiefe Risse, die sich oft kilometerweit hinziehen. An den Steilwänden dieser Balkas nimmt das Erdreich zuweilen eine bleierne Tönung an, die auch in den Schwaden des Staubes wiederkehrt. Denn obgleich das Land flach ist und dem Blick keine Hindernisse bietet, ist es doch nicht offen. Der Wind ergreift den Staub der Steppe und treibt ihn weit über die Ebene hin. So scheint es oft, als wäre das Land von wehenden Schleiern zerteilt, und die Konturen der Ferne treten vor das Auge, als stünden sie hinter mattem Glas. Steigert sich aber der Wind zum Sturm, dann verdüstert sich der Tag zu einer fahlen Dämmerung, durch die die dunklen Fahnen des Staubes jagen. Dann scheint es von ferne, als stiege Rauch auf über dem Lande und die Steppe stünde in einem schwelenden Brand, in dem bleich der Scheibe der Sonne hängt.

Kolonnen, die sich begegnen.

Man hört Stalingrad, lange bevor man es sehen kann. Zuweilen beginnt die Erde leise zu dröhnen, als würde weit voraus mit riesigen Trommelschlegeln geschlagen. Das sind die Einschläge der Bomben, unter denen die Stadt Tag und Nacht erzittert. Aber auch aus der Flanke trägt der Wind ein dumpfes Rollen auf die Steppe hin. Das ist die Nordfront, die sich vom Don zur Wolga spannt und die Nachschubwege über die Landbrücke gegen den erbitterten feindlichen Ansturm schützt, der nun schon Wochen dauert. Die Front braucht Infanterie. Die Infanterie marschiert. Sie hört den dunklen Wirbel des Todes wohl, der sich — von Osten und Norden kommend — über den Kolonnen kreuzt. Aber sie marschiert, wie sie nun schon hundert und aber hundert Kilometer durch die Steppe des Ostens marschiert ist: die Kragen offen, die Aermel hochgestreift, die Gewehre schräg über der Achsel. Die Uniformen sind staubgetränkt, die Haare vom Wind zerwühlt, die Gesichter grau wie Stein. Nur noch die Augen leben, und in ihnen ruht die verwegene Gelassenheit jener, die schon seit Jahren im Schatten der Schlachten stehen. Die Kompanien sind umzüngelt von dem Staub, der unter ihrem Marsch erhebt und in Strähnen über sie dahinzieht. Ihr Schritt ist lautlos im grauen Samt der Wege. Zuweilen schlägt eine Wolke über die Kolonne hinweg. Dann ist nur noch Rädergeknarr, Geschepper von Metall, wehender Wind. Und über allem das Trommeln in der Ferne...

Den Kompanien entgegen kommen Flüchtlinge, Boten der sterbenden Stadt. Obwohl es erst Herbst ist, sind sie doch schon winterlich vermummt. Sie tragen ihre Habe auf dem Leibe. Die Mütter haben Säuglinge, dicht in Decken verpackt, im Arme. Andere haben sie sich auf den Rücken gebunden. Die meisten Frauen aber sind mit dicken Ballen Bettzeug belastet und halten sonderbar anmutende Einrichtungsgegenstände in der Hand: einen Teekessel, ein Heiligenbild, einen Vogelbauer. Auch wenn man es nicht wüßte, man brauchte sie nur zu sehen, um zu spüren, daß sie ohne Heimat sind. Ihr Schritt ist zögernd und eigentümlich richtungslos, und in ihren Mienen steht eine dumpfe Ergebenheit. Einzeln, in Rudeln, um kleine Karren geschart, treiben sie vorbei, als würden sie vom Winde über die Steppe geweht. Bald werden ihre Gestalten im Staub der Kolonnen schattenhaft, sie gehen ein ins Namenlose der Horizonte. Nur das Bild einer Greisin bleibt länger in der Erinnerung bestehen: Sie saß auf ihrem Bündel am Wegrand, das graue Haupt von einem dunklen Tuche umrahmt, und hielt die alten Hände vor die Augen, als hätte sie zu viel an Schrecklichem gesehen, als wäre sie davon erschöpft. Die Wagen der Kolonnen warfen den Wegstaub in immer neuen Wellen über sie hin. Doch sie saß unbeweglich, abgeschieden und halb schon zugeweht.

Quadern in der Einöde.

Während der Sinn noch bei dieser Gestalt am Wegrand verweilen möchte, hebt sich plötzlich deutend eine Hand, und ein Ortskundiger sagt: „Dort liegt Stalingrad". Dieser Augenblick der ersten Begegnung mit der Stadt ist ein Augenblick verdutzter Verlegenheit. Denn dem Betrachter bietet sich im Dunst des Horizonts nicht mehr als der vage Umriß eines Turmes und einiger blockartiger Gebäude, die ohne Ausdruck einer tieferen Beziehung auf einer Bodenwelle durcheinanderstehen. Zu ihren Füßen ein Schwarm elender Hütten, der sich hangabwärts aus dem Blickfeld verliert und einen größeren Zusammenhang anzudeuten scheint. So abrupt, so ohne jeden Uebergang erheben sich diese weißgetünchten Quadern aus der Einöde der Steppe, daß sie aus der Ferne wirken wie Bauklötze, die man auf ein Brett genagelt hat. Ihre sprunghafte Erscheinung vor der leeren Unermeßlichkeit der Horizonte grenzt ans Unwahrscheinliche und ruft das Bedürfnis nach irgendeiner Deutung wach. Ein Bedürfnis, das jedoch nicht befriedigt wird. Es gibt keinen Blickwinkel, unter dem sich diese ersten Fronten der Stadt zu gewachsenen und geformten Gestalt fügten. Sie erscheinen schon in der Ferne stückhaft, willkürlich, ja gewaltsam und überlassen den Betrachter einer Ratslosigkeit, die ihn auch nicht verläßt, wenn er die Stadt selbst betritt. Schon die Eigenart des Geländes mußte verhindern, daß Stalingrad ein geschlossenes Gesicht gewann. Denn die Schluchten der Steppe setzen sich auch im Baubereich der Stadt fort und liegen mitten in den Straßenzügen wie klaffende Wunden. Zudem wird die Erde vor dem Ufer der Wolga unruhiger und erhebt sich unter den Fundamenten der Häuser zu einem unregelmäßigen Wellen-

(Fortsetzung auf Seite 2.)

Die sterbende Stadt.

(Fortsetzung von Seite 1.)

gang. So vereint sich das alles zu dem Eindruck, daß nicht einmal der Grund der Stadt habe gebändigt werden können, geschweige denn ihre architektonische Kontur.

Schon vor der Schlacht also muß Stalingrad ohne organische Form gewesen sein und eher einem Dschungel von Lehmhütten geglichen haben, der das Gelände um einzelne steinerne Gebäudekomplexe überwucherte. Die großen, modernen Bauten, die heute noch anzutreffen sind, bleiben durch den grotesken Gegensatz, in dem sie zu ihrer Umgebung stehen, unverständlich. Vielleicht ist diese Einsicht in das Ungeformte, Chaotische der Stadt der Grund, der ihre Zerstörung leichter ertragen läßt, in den erbitterten Kämpfen der letzten Wochen, bei denen Haus um Haus, Straße um Straße aus der Phalanx des feindlichen Widerstandes herausgebrochen werden mußten, ist Stalingrad allmählich gefallen und zu einer Stadt der Ruinen geworden. Die Hütten sind meist zerfetzt oder niedergebrannt, die Gebäude durch Einschläge zerrissen. Aber auch aus den äußerlich erhaltenen Fronten starrt die Nacht der Fensterhöhlen, die Mauern sind von den Spuren der Brände überflammt. Ganze Straßenzüge sind in Trümmerfelder verwandelt. Aber immer noch brechen Tag für Tag und Nacht für Nacht die Salven der Bomben und die Wirbel der Granaten über die Stadt herein, und der Tag ist schon abzusehen, da kein Stein mehr auf dem anderen bleiben wird.

Der unsichtbare Krieg.

Dann wird auch der Kampf erloschen sein, der heute immer noch in den Ruinen schwelt. Ein Kampf, der nichts zu tun hat mit dem brausenden Sturm der Panzer über die offene Weite des feindlichen Landes, wie wir ihn bisher im Süden der Ostfront kannten. Der aus der Deckung der Trichter und Gräben, aus dem Gewinkel der Trümmer heraus mit Handgranate, Flammenwerfer und Maschinenpistole geführt wird. Das „Schlachtfeld" ist auf den kleinsten Raum zusammengeschrumpft. Von Ecke zu Ecke, von Keller zu Keller entladen sich die tödlichen Spannungen der Front. Der Krieg ist unsichtbar geworden, die Kämpfer sind in den Untergründen der Trümmerfelder verschwunden. Jedes Sichtbarwerden bedeutet eine gefährliche Schwäche. Denn ringsum lauern in getarntem Versteck feindliche Augen und brennen darauf, jede Unvorsichtigkeit mit tödlichem Schuß zu bestrafen. Darum ist hier wiederum wie einst in den Trichterfeldern des Westens das geduckte Schleichen, der blitzhafte Sprung zur charakteristischen Bewegungsform geworden. Wie damals rasen die entfesselten Gewalten des Materials über ein verödetes Kampffeld dahin. Und wie damals hocken sie wieder zusammen, in Trichter oder Unterstände gekauert, eine Handvoll Männer im Stahlhelm, Männer in verbeulten, zerschlissenen Uniformen mit brennenden Augen, die seit Tagen nicht mehr geschlafen haben. Seit Wochen schon liegen sie in der Stadt im Angriff, in der Abwehr, im Gegenstoß. Sie haben die Ueberfälle der feindlichen Artillerie und Granatwerfer am Tage, die Unwetter der Bomben zur Nacht ausgehalten. Sie sind von den Feuern dieser Hölle ausgeglüht, und in den dunklen Gründen ihrer Gesichter dämmern die überzeitlichen Züge des Kämpfers aus dem Weltkriege auf.

Im Schatten des Untergangs.

Stalingrad ist ausgebrannt. Und wer von Ferne die Serien der Einschläge sieht, die immer noch auf die Trümmer herniedergehen, könnte es für eine Stadt des Todes halten. Doch ist dies nicht so. Selbst unter den unersättlichen Hammerschlägen der Vernichtung ist das Leben nicht zerbrochen, sondern hat sich in verzweifelter Beharrlichkeit behauptet und ist in eine hilflos-mutige Verschränkung mit dem Tode getreten. Der Anblick dieses Lebens im Schatten des Untergangs kann selbst das Grauen übertönen, das aus den Trümmern aufsteigt. Zwar wenn der Wirbel der Einschläge über die Straßen rast, liegt die Stadt verödet und menschenleer. Aber in den Pausen des Feuers kommen sie hervor aus ihren Löchern, die Ueberlebenden, die zwischen den Gräbern wohnen. Noch während sich die Rauchwolken der Detonationen zum Himmel wölben, beginnen Rinnsale des Lebens wieder durch die Straßen zu rieseln. Halbwüchsige Mädchen huschen mit Eimern zur Wasserstelle, tuchverhüllte Frauen suchen aus dem Schutt der Gärten noch einige Kräuter für den Suppentopf zusammen. Und mitten in den Trümmerfeldern glimmen die Feuer der kleinen Lehmöfen auf. Seit Wochen schon sind diese Menschen in die Erde gebannt. Je stärker die Stadt der Zerstörung verfiel, um so tiefer sind sie in den Boden gekrochen. Wenn ihnen das Haus über dem Kopf weggebrannt war, zogen sie in den Keller. Stürzte der Keller ein, so gingen sie in eine Höhle um. In die Steilhänge der Schluchten, die sich durch die Stadt ziehen, sind straßenweit Stollen hineingetrieben, die auf den ersten Blick wie antike Grabhöhlen anmuten, aber in Wirklichkeit ganzen Familien als Unterschlupf dienen. So ist allmählich eine unterirdische Stadt entstanden, in der das Leben vor der tausendfachen Bedrohung Zuflucht findet.

Aber das Leben ist nicht nur geflüchtet, es hat sich auch angepaßt. Mit dem Talent des östlichen Menschen zur Improvisation begabt, haben sich die Ueberlebenden geschickt in die ungewöhnlichen Umstände ihrer Existenz hineingefunden und in dem unübersichtlichen Gelände einen erstaunlichen Instinkt für Sicherheit und Gefahr entwickelt. So geschieht es, daß Kinder unter dem Geheul der Stukas auf den Trümmern spielen und daß eine Familie seelenruhig an einem brutzelnden Pfannkuchen sitzt, während zwei Straßenzüge weiter die Erde von Bomben aufgerissen wird. In der vielfach durchschnittenen Landschaft der Häuserreihen sind „Front" und „Hinterland" in groteske Nähe gerückt. Hier an dieser Ecke lauert der Tod, denn sie liegt unter der Einsicht des Feindes; aber schon in der nächsten Straße kann man im Schutze der Ruinen relativ ungestört spazierengehen. Hier treiben noch die Schwaden der Verwesung durch die Gassen, und dort fliegt dem Soldaten schon wieder ein keckes Mädchenlachen zu. So vereinen sich in dieser Stadt Entsetzen und Uebermut, Untergang und Triumph des Lebens zu einem erregenden Zusammenklang, der über der Rätselhaftigkeit des Daseins wie über einem Abgrund schwebt.

Als die Sonne golden wird und sich zum Abend neigt, verlassen wir die Stadt. Hinter uns rollt der Donner der feindlichen Salvengeschütze. Aber im Schutze einer Hauswand halten junge Burschen und Mädchen Feierabendruhe. Ein brauner Spitz liegt ihnen zu Füßen und hebt die Nase blinzelnd ins Licht. Dieses Bild einer fast dörflichen Idylle unter der Kuppel der Granaten ist der letzte lebendige Eindruck aus der Stadt. Denn bald wächst in der einfallenden Dämmerung eine brandigrote Rauchwolke auf und hängt über den Trümmern wie ein drohendes Gebirge. Der aufwallende Staub der Steppe wandelt die Dämmerung in Finsternis. Die Sonne steht fahl im Westen. Der Umriß der Stadt aber versinkt so rasch hinter uns, als hätte ihn die Nacht mütterlich verhüllt.

Kriegsberichter Dr. Wilhelm Rey.

rung der militärischen Inkompetenz des Amateurstrategen, der das deutsche Heer befehligte und lieber Hunderttausende Soldaten opferte, als rechtzeitig einen erkannten Irrtum durch einen Rückzugsbefehl zu korrigieren. Der Untergang der Sechsten Armee war, wie viele nun zu begreifen begannen, das verkleinerte Abbild der Gesamtkatastrophe, die sich nun durch Niederlagen in Rußland, in Nordafrika, im Atlantik abzeichnete und in den Landungen der westlichen Aliierten beginnend mit Sizilien im Juli 1943, und unter den immer härteren Schlägen der alliierten Luftwaffe näher rückte.

Nun erreichte aber auch die nationalsozialistische Propaganda ihren Höhepunkt. An Stelle der Siegeszuversicht der ersten Jahre stand jetzt ein verräterischer Siegesfanatismus. Immer häufiger waren nun das »Pathos eines Kampfes bis zur letzten Patrone« und das Motiv eines düsteren Nibelungen-Untergangs darein gemischt. Der schrille Eifer Goebbels' verbreitete nicht Mut, sondern eine Ahnung der bevorstehenden Katastrophe; aber der innenpolitische Terror, der die Propaganda begleitete, erstickte beinahe jeden Gedanken an die Möglichkeit, noch etwas dagegen ausrichten zu können. In der Erinnerung an jene Jahre blieb der Eindruck haften, man befinde sich auf dem Weg in einen Untergang, ohne entrinnen zu können. Von dem Gegner im Osten, erbittert über die Verluste und Verbrechen, war kein Erbarmen

Stalingrad, Januar 1943: bei minus 40 Grad erfrorene deutsche Soldaten

zu erwarten. Geheime SD-Meldungen über die Stimmung in der Bevölkerung verzeichneten im Jahre 1943 »eine immer stärkere Beklemmung und einen schweren seelischen Druck«. In einer von ihnen wurde das »Aufdrehen« der Propaganda in der Presse nach der Rede Goebbels' im Sportpalast mit der Verkündung des »totalen Krieges« desillusionierend genannt.[4]

Stark schrieb in den Wochen vor und nach dem Fall Stalingrads einige Artikel zur Kriegslage, in denen Bemerkungen über die Härte der Kämpfe und über die großen Mengen an Soldaten und Nachschub an Kriegsmaterial auffallen, mit denen die Sowjetunion ihre »hohen Verluste« alsbald wieder ausgleiche. Stark hütete sich, in diesen Analysen den offiziellen Propagandaton anzuschlagen; aber er quälte sich mit dem politischen Dilemma von Sieg und Niederlage.[5] Jetzt waren die Folgen eines verlorenen Krieges nicht mehr auf den Sturz Hitlers und auf einen Kompromißfrieden in den Grenzen von 1937 zu beschränken. Nachdem Deutschland es nicht mehr bloß mit den westlichen Kriegsgegnern zu tun hatte, konnte die Opposition sich nicht länger eine totale militärische Niederlage als Heil und Rettung für das eigene Land wünschen. Stark war bedrückt von dem Gedanken an die Absichten der Sowjetunion: »Daß Stalin nicht zu der Konferenz nach Casablanca (zwischen Churchill und Roosevelt, Januar 1943) gekommen ist, kann gar nicht anders verstanden werden, als daß die Männer im Kreml nicht daran denken, sich von London und Washington in ihre weltrevolutionären Absichten das geringste dreinreden zu lassen, solange sie auch nur die mindeste Chance für ihr Gelingen zu sehen glauben. In der Tat gibt es gegen die Gefahr, die von dem asiatischen Bolschewismus droht, nur eine Schranke, nämlich die der Macht, der militärischen Macht an der Front und der zivilen Macht in den Ländern, deren Soldaten an der Front gegen die Sowjets kämpfen. So wird dieser Krieg im Osten zu einer Kraftprobe schlechthin, er zwingt alle europäischen Völker, die ihr Dasein behaupten wollen, in seinen Bann, ob sie wollen oder nicht, und er legt Deutschland als der führenden Macht in der Mitte des Kontinents zugleich auch die schwerste Verantwortung dafür auf, daß das Chaos und das graue Elend, das der Bolschewismus mit sich brächte, von den Grenzen des Festlandes ferngehalten werde.«[6]

Obwohl der Artikel offensichtlich unter dem Druck von Weisungen geschrieben war, spürt man in der Sprache Starks Beklemmung darüber, daß ein Sieg Stalins nicht minder zu fürchten sei als ein Sieg der Nationalsozialisten und der Sinn des Krieges nun nur noch in einem Abwehrerfolg liegen könne.

„Mit ehernen Herzen."

RK Mehr als zwei Stunden lang hat Dr. Goebbels am Donnerstag zu uns gesprochen, — wir fühlten, es war nicht nur ein Minister des Reiches, der da redete, sondern ein Verkünder der Macht des Schicksals, ein Sprecher der unausweichlichen Macht des Schicksals. Dröhnend ruft sie uns auf. Wir folgen dem Gebot. In der entsetzlichen Drohung, die sich an der Ostfront auftut, sieht der Nationalsozialismus seine weltgeschichtliche Rechtfertigung. Nicht England, noch viel weniger Amerika, das uns so fern liegt, wollte Hitler bekämpfen, nur den Bolschewismus, der sich in unserem eigenen Land eingeschlichen und der sich jenseits unserer Grenzen in gigantischem Maße gegen uns gerüstet hat. Es ist anders gekommen: Eine Weile waren die Westmächte, mit denen wir alle Frieden wollten, sogar unsere alleinigen Gegner, dann aber zeigte der Aufmarsch der bolschewistischen Armeen, daß die Stunde der eigentlichen Entscheidung begonnen habe und damit genau die Konstellation, die sich Churchill und die anderen erhofft hatten und im Vertrauen auf sie die Kriegserklärung an Deutschland hatten ergehen lassen. Wenn die Bolschewisten nicht gleich im Jahre 1939 gegen uns eingriffen, so hatte das zwei Gründe: Sie waren noch nicht fertig, und die englische Regierung hatte sich damals noch geweigert, dem Bolschewismus den Raumgewinn auf Kosten der europäischen Randstaaten zu erlauben, den England heute, weil es die Sowjets so dringend braucht, sei es formell, sei es stillschweigend, zu bewilligen bereit ist — als den Anfang der bolschewistischen Expansion in Europa, die manche Engländer vielleicht nur deshalb gutheißen, weil sie wissen, daß sie die Armeen Stalins niemals zum Stillstand bringen könnten, wenn diese den deutschen Wall einmal durchbrochen hätten.

Bekenntnis zu Europa.

Dieser bizarre Ablauf, diese groteske Mächtegruppierung und ihre Ursache gehören zu den Fragen, deren sorgfältige Durchforschung wie auch die des militärischen Geschehens einer späteren Zeit vorbehalten bleiben muß. Dr. Goebbels, der diesen guten Rat gab (jeder vernünftige Mensch wird ihm beipflichten), will von nichts anderem wissen als von dem, was nun zu geschehen hat, damit Deutschland und Europa nicht zermalmt werden, sondern sich den Endsieg sichern können. Das ist in der Tat der leidenschaftliche Wille des ganzen Volkes. Wir kennen die ungeheure Gefahr, und wir wollen nicht rasten und ruhen, bevor sie überwunden ist. Der „totale Krieg", die Mobilisierung aller militärisch verwendbaren und zivilen Kräfte, die materielle und die moralische Mobilisierung ist in der Tat das einzige Mittel, das uns zu diesem Erfolg führen kann. Wir sind ihm durch die neuen Maßnahmen ganz nahe gekommen, wir werden ihm noch näherkommen, der totale Krieg wird ganz verwirklicht werden. So will es die Logik, so will es das Schicksal. Noch ist Spielraum vorhanden in Deutschland und in anderen Ländern; die greifbaren Reserven Europas sind noch groß. Sie müssen und sie werden voll eingesetzt werden. Die geographische Lage, die Geschichte, die Größe Deutschlands, seine Fähigkeiten, seine Energie haben das Deutsche Reich zur führenden Macht unseres Kontinents vorausbestimmt. Es soll eine Führung im gemeinsamen Interesse sein. Europa ist ein Organismus. Ganz sicher aber ist dies: ohne Deutschland kann es niemals ein Europa geben. Man kann es nicht hinwegdenken oder auslöschen, ohne Europa zu zerstören. Deutschland und Italien, die beiden Nationen, die zur Achse Europas geworden sind, haben gewiß nicht das Abendland und seine reiche, durch nichts ersetzbare Kultur allein geschaffen — wir kennen und ehren den Beitrag Frankreichs und der anderen Länder, wir kennen sehr wohl auch den Beitrag Englands, aber es ist unumstößlich wahr: Ohne Italien, in dem die Kultur der Antike ihre staatspolitisch schöpferische Form fand, ohne Italien, das dem Abendland den unvergleichlichen Besitz der antiken Welt vermittelte, ohne Italien, in dem die christliche Kultur des Abendlandes ihren Ausgang nahm, und ohne Deutschland, das in der Epoche des römischen Zerfalls diese ganze ungeheure Erbschaft in seine behütenden Hände genommen hat, um sie zu bewahren und in neuer Form, mit neuen Mitteln und zu neuen Zielen zu steigern, ohne Deutschland also, das jene Gaben und Vermächtnisse des römischen Imperiums durch das Leben und die Arbeit der germanischen Stämme und schließlich des Deutschen Reichs an ganz Europa weiterreichte, ohne diese beiden Mächte hätte es niemals das Abendland, seinen geistigen Führungsanspruch und seinen unermeßlichen Inhalt gegeben, die ewigen Werte, auf die wir nicht verzichten können und zu denen sich Deutschland in der Stunde der Entscheidung erneut und mit leidenschaftlichem Willen bekannt hat, unter der Bereitschaft, unmöglich viel zu opfern, um noch Größeres und Kostbareres dadurch für die Zukunft zu gewinnen. „Für Europa" — dieses Wort ist in dieser Stunde zu einer heiligen Verpflichtung auch für unsere Zukunft geworden. Es ist, wie wenn wir eine neue, noch festere Plattform gewonnen hätten.

Im Feuer gestählt.

Der Tag mag kommen, an dem uns selbst diejenigen, die uns heute am grimmigsten hassen, die Engländer, für unsere Standhaftigkeit danken werden. Der Tag mag kommen, an dem sie uns etwas Aehnliches sagen werden, wie man in vergangenen Jahren oft aus englischem Munde hören konnte: Wir haben auf das falsche Pferd gesetzt, wir hätten mit Deutschland gehen sollen. Doch sie glaubten, uns hassen zu müssen, weil sie meinten, Deutschland strebe nach der Weltherrschaft, nach einer Herrschaft, die ihrem eigenen Imperium gefährlich werden könne, statt einzusehen, daß das Deutsche Reich und das britische Empire sehr wohl nebeneinander hätten bestehen, einander stützen und ergänzen können. Sie haßten uns auch wegen der „Methoden", — sie, die doch erröten müßten, wenn man ihnen die Buren ins Gedächtnis ruft oder die Iren, die Inder, die Iraner oder die Aegypter. Sie glaubten die Idee und die soziale Praxis des Nationalsozialismus hassen zu müssen, weil beide ihre eigene soziale und politische Bequemlichkeit störten. Sie glaubten das, obwohl sie Schritt für Schritt eine Position ihres nationalen Kapitalismus nach der anderen aufgeben und später noch große Sprünge auf diesem Wege werden machen müssen, so verzweifelt sich die führenden Kreise heute auch noch gegen die Bagatelle eines Beveridge-Planes wehren. Wir sagen das nicht, um die Engländer zu belehren, denn sie sind heute unbelehrbar und werden ihren Irrtum noch lange nicht einsehen. Wir wollen sie nur daran erinnern, daß gerade sie zu den Schöpfern der Erscheinungen gehören, über die sie sich so bitter beklagen, denn sie waren es ja, die das Versailler Diktat ersonnen und nicht wieder rückgängig gemacht haben. Sie waren es, die am meisten dazu beitrugen, den Nationalsozialismus, an den vor fünfundzwanzig Jahren noch kaum jemand dachte und der in Versailles eine seiner Wurzeln hat, in den Sattel zu heben, und ihre haßerfüllte Politik das deutsche, nationalsozialistische Eisen zu Stahl gehärtet haben. Im Kriege aber zwangen sie geradezu den nationalsozialistischen Staat, bis zur äußersten Konsequenz der totalen Kriegführung zu schreiten, bis zur vollen Einordnung jedes Einzelnen unter die Gebote der nationalen Abwehr, — während sie den Vorkämpfern der Demokratie, einem Churchill und einem Roosevelt, zu diktatorischen Vollmachten verhalfen, die dem englischen und dem amerikanischen Volk in friedlicher Zeit als völlig unvorstellbar und unerträglich erschienen wären. Sie waren es auch, die uns den Bolschewismus auf den Hals hetzten, der jeden liberalen Gedanken ersticken, Gott verleugnen und die Menschen quälenden Bolschewismus, den niemand mehr zu fürchten hätte als ein Anhänger der demokratischen Doktrin in Politik und Wirtschaft. Indem sie Deutschland und das politische und weltanschauliche System, das Deutschland beherrscht, zu vernichten versuchten, haben sie es nur gestärkt, und für sich selbst haben sie dadurch die größte Gefahr heraufbeschworen.

Die nationalsozialistische Propaganda hatte die Einschließung Stalingrads zwei Monate lang verheimlicht und erst am 16. Januar 1943 im Wehrmachtsbericht durchblicken lassen. Erst in den letzten Tagen wurde sie offen behandelt, aber sogleich auch heroisiert und zu einer großen Propagandaaktion genutzt, um alle Kräfte bis zum Äußersten für den »totalen Krieg« zu mobilisieren. Kircher schrieb in diesen Wochen einige Artikel, die zum Schlimmsten gehören, was in den zehn Jahren in den Bänden der »Frankfurter Zeitung« zu lesen ist: Propaganda ausgerechnet gegen die Westmächte, deren möglichst schnellen Sieg die Redaktion doch gerade wegen ihrer Besorgnisse über die Sowjetunion dringend wünschen mußte. Wenn man die Artikel Starks und des Berliner Korrespondenten Heinrich Scharp als ein Maß dessen nehmen darf,[7] was die »Frankfurter Zeitung« unter dem Druck der Weisungen jetzt als ein Minimum an Durchhaltepropaganda schreiben mußte, dann liegen einige Artikel Kirchers in diesen Wochen weit über dieser Marke. Kircher schrieb scharf antiamerikanisch, wie im Zorn über die überraschende amerikanische Landung in Marokko, die das Sprungbrett für die Landung in Italien abgeben sollte, und scharf antibritisch, im Tonfall von Goebbels' Rede vom 18. Februar nach dem Fall von Stalingrad, mit einer schwer erträglichen Einstreuung vieler »wir« und »uns«.[8] Man kapituliert vor der Vergeblichkeit der Mühe, herauszufinden, ob Kircher hier seiner Anfälligkeit für starke Eindrücke nachgegeben hat, oder ob es sich um spöttische Imitation und höhnische Paraphrase von Goebbels' Propagandarede handelt, wie die in Gänsefüßchen gesetzte Überschrift »Mit ehernen Herzen« (ein Zitat aus Goebbels' Rede) andeuten könnte. Der Leser findet in diesen Artikeln kaum einen Unterschied zu gewöhnlicher nationalsozialistischer Propaganda, weil Kircher auf jede distanzanzeigende Formulierung verzichtete.

Eberhard Schulz hatte die Panzerschlacht mit den Amerikanern am Kasserinepaß am 19. und 20. Februar 1943 als Kriegsberichter in Tunis miterlebt und darüber der Zeitung einen ihrer interessantesten Frontberichte von literarischem Rang geschickt.[9] Bald danach war er in Rom, suchte Kircher auf und berichtete ihm allzu zuversichtlich von diesem (letzten) Erfolg des deutschen Afrika-Korps, in der Stimmung eines Frontsoldaten, der in den überstandenen Gefahren eine »tollkühne Gewißheit« gewonnen hatte. Kircher erwiderte nur: »So rechnet Ihr euch das vor.«[10] Demnach müssen die erwähnten Durchhalteartikel als blanker Zynismus gelten. Ohne das Zeugnis von Eberhard Schulz über Kirchers Reaktion würde man die Artikel für Bekenntnisse eines Fanatikers halten. Nach vierzig Jahren kann niemand mehr sagen, was Kircher dazu bewogen haben könnte.

»Die Orte Gafsa und Sheitla wurden besetzt. Im Laufe der bisherigen Kämpfe wurden fast 3 000 Gefangene, in der Masse Amerikaner, eingebracht, 36 Selbstfahrlafetten und 60 andere Geschütze sowie zahlreiche Kraftfahrzeuge vernichtet oder erbeutet.« Aus dem Wehrmachtsbericht vom 20. Februar 1943 über die Schlacht am Kasserine-Paß (zum Artikel auf der gegenüberliegenden Seite)

Tunesische Panzerschlacht.

IN AFRIKA. (PK.)

Der Funker verließ gegen Mitternacht seinen Sitz. Ich hörte noch das leise Knacken des Kontakts, mit dem er das Empfangsgerät abschaltete. Ich hörte nicht mehr, wie er die Tür öffnete und hinausging. Der Feldwebel neben mir schlief schon auf der langen Bank des Mannschaftstransportwagens. Jetzt schlief ich auch auf der anderen Seite. Rucksäcke baumelten von dem Gestänge, an dem die Zeltbahn festgezurrt war. Die Stahlwände schützten uns vor Nässe und Kälte. Der abgestellte Motor wärmte noch. Es blieben noch vier Stunden Schlaf, die wir mit unruhigem Herzen durchwanderten. Draußen standen andere Wagen mit dem ersten. Draußen standen andere Wagen mit dem halbhüfthohen Panzer wie der unsrige, kleine Volkswagen wie flinke Laufhunde, die jetzt zusammengeduckt rasteten, große Lastautos, deren Fracht für den Morgen fertig geladen war: Gepäck, Menschen, Munition, Gewehre, Leuchtraketen, Karten, Minen, Panzerspähwagen, Pakgeschütze und Flakartillerie am Ausgang des Gehöfts. Der Schritt der Wache kam an uns vorbei. Wir hatten in einem Steinbruch Unterkunft genommen. In den Arbeiterhäusern lagen die Kompanien. Der Mond wollte nicht aufgehen. Aber die Sterne schimmerten hell, verheißungsvoll oder warnend für das, was kommen sollte. Wer wußte es jetzt? Drunten auf der Straße hörte das Röhren, Stoßen und Knirschen auf, so wie wenn Stahl gegen Fels gemahlen würde. Die Panzer marschierten auf, die die Spitze der Kolonne machen sollten.

Anfahrt.

Es hörte die ganze Nacht nicht auf, das dunkle dröhnende Geräusch, das schon der Anfang der Schlacht war. Die Panzer waren die ersten. Dann kamen die Zugmaschinen der Artillerie, dann wir, die ersten Panzergrenadiere, und alle anderen. Es dauerte ganze vier Stunden und ging weiter, bis sich das schwarze Tuch der Nacht blähte und der Morgenwind blies, bis sich die Felsen drüben kalkig weiß und bleich verfärbten und die Sterne starben in der Dämmerung. Gegen halb sieben standen wir in den Passe. Weiße Fähnchen links und rechts zeigten die Minengasse an. Es war sehr hell jetzt, und sehr viele Wagen standen hintereinander. Es war der Augenblick, der gut war für feindliche Flieger — wenn sie gekommen wären, und gut für feindliche Artillerie, wenn sie hinter den Klippen der Berge auf der Lauer gelegen hätte. Aber weder Kanonen noch Bomber belästigten uns. Und langsam rückte der Bandwurm der Gespanne weiter vor, zog sich zusammen, wand und krümmte sich. Einmal war ein Sumpfloch in der Straße, das Pioniere mit Telegraphenstangen und Bäumen gestopft hatten — und es hatte sich doch nicht füllen lassen — einmal lagen die Kadaver zusammengefahrener Wagen hier, um die wir in die Schleife machten, und wären wir selbst beinahe abgerutscht, aber dann war die Ebene erreicht. Eine breite Hochfläche mit Heidekraut und ginsterartigem Gestrüpp bewachsen, so dünn und knapp, wie es die Höhe und die Trockenheit erlaubte, so klein, daß kein Gefährt darin Deckung finden konnte, aber die Welt war jetzt breit, offen, durch keine Felsen versperrt, von dort kein Feuer mehr abzuriegeln, und zu groß, sie mit Bomben zu besäen. Die Fahrzeuge schwärmten aus, und der Ritt über die hohe Steppe begann.

Wer wird diese Fahrt jemals vergessen? Erst wurde in breiter Fläche vorgegangen mit Panzerpulks an den Flügeln und einer harten Spitze in der Mitte. Die kalte Luft schluckte den Staub, die Grasbüschel und putzten die Räder blank, und wenn es neben Buckeln und Senken hinauf und hinab ging, so war es, als höbe uns die Dünung einer unsichtbaren See, über der in den Motoren ihren dumpfen Gesang anstimmten. Gegen halb zehn wurde ein Funkspruch von der anderen Division empfangen; sie machte den Angriff in näherer Entfernung und frontal gegen den Ort, den wir im weiten Nachtmarsch umgehen und umzingeln sollten. Sie waren schon da. Wir wußten, wir kamen zu spät, wir hatten den Kampf, die Beute, die guten Quartiere verpaßt, aber wir spürten nun, wie uns das Gefühl nicht trog. Wir mußten eilen. Es mußte gefahren, gefahren werden, als hoben uns Flügel über diese Steppe. Der Pulk löste sich auf in eine wilde, tanzende, keuchende Herde. Ohne Sicherung mit fauchenden Motoren ging es dahin. Wer genau hinblickte, sah, wie sich das Land in der Ferne hob, so wie sich der Horizont des Meeres abrundet, so wie der Himmel in der Nacht das Land zu sich zieht und die Wüste ihre Enden immer nach obenhin schürzt. Auf diese Kimme am Horizont stürmten wir los. Die Panzer und Kettenfahrzeuge waren die ersten dort. Die Autos schleppten sich nach. Sie weckten die Araber aus ihren Zelten und lehmbeworfenen Hütten. Die Leute standen da in weißen, wehenden Burnus oder in schmutzige Lappen gehüllt. Sie krochen aus Dornenhecken und zwischen den Kakteen hervor mit erhobenen und gefalteten Händen, sie brachten Hühner, Eier, flache Gerstenfladen und Glasperlen und nahmen Zigaretten dafür als gegenseitiges Gastgeschenk. Unser Marsch war wie eine Prozession. Das Land schien aus seinen Nischen und Falten immer neue Menschen zu gebären, die vorliefen, jubelten und sprangen, als wären Sieg und Krieg schon gewonnen. Die Siedlungen verdichteten sich. Die ersten kastenartigen Häuser kamen, die ersten kleinen Gerstenfelder zwischen dem Wüstengestrüpp; die beherztesten Araberjungen sprangen auf die Panzer auf, um schneller in die Dörfer zu kommen, aus denen sie vertrieben worden waren. Wir tasten zwischen Gärten und Mandelbäumen hindurch, deren rosafarbene Blüten uns süßer Betäubung empfingen, dann lag acht oder zehn Kilometer rechts und halb schon im Rücken unserer Front die Stadt vor uns, die wir suchten, und zugleich fielen die ersten Schüsse.

Die ersten Amerikaner.

Wie die Schlacht in Gang kam und ob es eigentlich eine Schlacht zu nennen war, weiß wohl niemand mehr. Später wußten wir, daß die andere Division das Städtchen in der Frühe nicht — wie wir nach dem Funkspruch dachten — genommen, sondern nur berannt und seitlich abgesperrt hatte, daß die Stukas ihre Last abgeladen hatten und wir zur rechten Stunde kamen, den Riegel von hinten her vorzulegen. Wir sperrten die Chaussee, die rückwärts ins amerikanische Gebiet führte. Aber wer übersah den Augenblick … Wir nicht, der Feind nicht. Amerikanische Kolonnen fuhren fröhlich mit Proviant und Truppen aus der hinteren Etappe in das Palmendorf — denn mehr war die Stadt ja nicht — vor, das Dorf, dessen Schicksal entschieden war. Wir nahmen sie mit zwei, drei Schüssen, und stellten eine Kompanie nach Westen und Süden hin, um weiterhin die wertvolle Fracht aufzufangen. Schon fuhren die ersten Unteroffiziere mit erbeuteten Autos dahin. Wir staunten. Sie hatten ein Maschinengewehr auf dem Schutzblech, hinter dem Kühler, und Zwillings-Maschinengewehre auf dem Rücksitz — mehr Waffen, als das Fahrzeug an Bedienung tragen konnte. Ein erstes Zeugnis für den Materialkrieg, zu dem sich die amerikanische Industrienation erklärt hatte. Wir waren nicht böse, wir konnten sie brauchen, Wagen und Maschinengewehre darauf.

Drüben hinter der Chaussee sehen wir die ersten Gefangenen. Es sind für uns die ersten amerikanischen Gefangenen auf freiem Felde. Ein erbeuteter „Jeep", ein Flitzer, wie ihn unsere Landser nennen, jagt vorbei. Wir springen auf. Drüben sind sie, scheu, vorsichtig, stumm wie alle Gefangenen in aller Welt. Die Schädel in melonenartig dicke Stahlhelme gedrückt. Die linke Hand in der Tasche, mit der rechten die letzte Zigarette rauchend, gut gekleidet in ihren Jacken aus Trenchcoatstoff mit vielen Reißverschlüssen, mit Sweatern und guten Schuhen, gut genährt wie die Auslese einer Baseballmannschaft, die zum Endspiel angetreten ist — wenn nur die Benzinflecken auf den Jacken wären, ein Brocken Lehm an der aufgerissenen Hose und jener dunkle Strich zwischen Auge und Stirn, den ihnen der Schreck dieser Sekunden aufgemalt hat.

Feuer der Vernichtung.

Wir fahren weiter mit dem kleinen Wagen, der über die dürren Grasbüschel holpert und sich durch den Sand hindurchmahlt. Die Landschaft ist wellig und zerrupft wie die Düne, hinter der irgendwo fern und rauschend das Meer beginnt. Wir fahren und suchen die Grenze, an der die trockene Stunde des Wartens aufhört und die Schlacht beginnt. Da steht der Wagen des Panzerkommandeurs mit dem bauchig überdicken Turm. „Da ist ein Panzer, ein zweiter Panzer hinter einer olivfarbenen, grauen Düne aufgefahren, da steht die ganze eiserne Kohorte. Es knallt und knackt, wie wenn man den Knall einer Wasserblase tausendfach vergrößerte. Auch wenn der Abschuß vor uns ertönt, drehen wir uns nach dem Schall um, als wäre er gleichzeitig von hinten gekommen. Ab und zu surrt ein Geschoß von da drüben zwischen uns hindurch. Da brennt es. Wie brennende Strohbündel, durch die sich die Flamme hindurchfrißt und nicht hochschlagen kann, so glimmt es drüben dumpf. Es glimmt auf, eine nach dem andern, als wäre hier jemand, der an der Schalttafel diese Leuchtzeichen anstellt, in schnellen Abständen immer ein neues, bis die ganze Galerie des Horizonts in die Illumination eingetreten ist. Hier ist alles fertig. Wir drehen zur Chaussee zurück. Unsere sechs Kilometer bis zu den Häusern sind immer noch sechs Kilometer, obwohl wir doch gewiß eine ebenso große Strecke weitergefahren sind. Vielleicht waren es doch zwanzig. Der Blick über Dünen und Brandung täuscht.

Wieder eine Höhe, von der hinunter die Telegraphenstangen nun präzis in die Straßen des Städtchens wandern. Eine Pappelreihe quer dazu; die Lastwagen der Panzergrenadiere preschen vorbei und sammeln sich neben uns zum Sturm. Die Straße brennt, alle Pappeln stehen mit gesträubtem Laub wie riesige Fackeln zum Himmel, ein Feuerwerk explodierender Geschosse entfaltet sich hinter jedem Gesträuch, in dem ein Geschoß das Dynamit und Nitrogen der lagernden Granaten ansteckt. Wie man wohl sagt, die Hölle ist los unter diesem heitersten aller Himmel mit seinen weißen, kobalthellen Farben in dieser Stunde; aber wir spüren, wie es sich wohl auch bisweilen ereignet, in diesem Augenblick nur die grausige Delikatesse der Farben, den Rauchpilz neben der Straße, der bis an die zweihundert Meter wie ein Turm in die Höhe steigt, die niedrigen Lagerfeuer der Vernichtung, in denen die Kriegskraft ganzer Regimenter abbrennt, die schweigende Reihe der Telegraphenstämme, die perspektivisch stracks in den Hintergrund laufen, als hätten sie dort noch ihren Dienst zu tun und den letzten Befehl der Geschlagenen zu melden. Und schon kommen die Grenadiere vor, schleichend, springend quer über die Straße, die schweren Kästen, Spaten, die eisernen Prügel der Maschinengewehre, die Rohre der Granatwerfer mit sich schleppend, als gälte es, sie nur wie Stöcke und Schläge gegen den Feind zu gebrauchen.

Es ist einer der seltenen Augenblicke des Gefechts, in dem der Schlachtengott Niederlage, Tod und Blut der einen Seite zugeteilt hat; bei uns ist nur Sieg und Raub und Beute. Da kommen sie aus ihren Löchern, auch zwischen ihren eigenen Maschinengewehrsalven hüpfend, die Amerikaner der letzten Linie. Da liegen sie ausgestreckt, blutend, da sammeln sie sich schon, auf einer kleinen Düne weit sichtbar. Da rufen sie auf Anruf: American Soldier ... komm heraus ... sie kommen, sie kommen. Ein einzelner Panzer steht zwischen ihnen, ein Wachtmeister hat sich vom Turm herausgestreckt und dirigiert mit der Pistole in der Faust eigenhändig, so wie man die Schlußstrophe eines Orchesters dirigiert, diesen Abgesang der Schlacht. Der Tag hat seinen Mittag überschritten, er fällt auf den Abend. Die Grenadiere machen ihren Weg nur noch wie ein Aufräumekommando. Wer kann diesen Augenblick vergessen, wie mit gesenktem Oberkörper vom Piedestal seines Panzers dieser Wachtmeister sie zu sich lockt, die Dutzende jener herumkriechenden Khakisoldaten, die mühsam vorstolpern, ihre Waffen beinahe bittend heranreichen, und sich unten an sein Gleiswerk drängen. Dutzende, Hunderte; er lenkt und führt sie mit dem Lauf der Pistole, als hätte er einen Zauberstock in der Hand.

„So geht es doch besser," sagt er, als entschuldige er sich, „warum sollen wir schießen."

Als wahrhaftig Abend ist, als Panzer und Wagen in den Städtchen sind und bei den Bombenkratern der Stuka das Wiedersehen mit den unsichtbaren Helfern dort oben gefeiert haben, als alles in Quartieren liegt, die durch untergelegte Teppiche und glimmende Herdfeuer weicher und traulicher gemacht worden sind, werden die Verluste gezählt: ein Beinbruch bei einem unglücklichen Absprung vom Mannschaftswagen, ein Streifschuß, vielleicht gar nicht aus einem feindlichen Lauf, sondern abgeprallt aus der Detonation abbrennender verlassener Lager. Keine Verwundung eigentlich, mehr ein Verkehrsunfall der Schlacht — wo hat es so etwas vorher gegeben? Zigaretten werden geraucht, die in den heißen Wellblechbaracken Virginias und Carolinas von Negern gepackt worden sind, wollene Schals winden sich um die Hälse der Grenadiere aus der amerikanischen Ausstattung. Man ißt Schokolade, man knackt Beuteböchsen auf und setzt sie auf den rotglühenden Herd, und betäubt taumelnd sinkt alles in den Schlaf. Nach tausend Meilen, die der Rückweg von Aegypten vor den Toren Kairo hierher gekostet hatte, nach Verlust von Kleidung, Hemden, Wäsche, Proviant, Schuhen, nachdem wohl für Monate das Herz den Kleinmut hatte verstecken müssen, nach Nächten und Tagen in Bombenregen und Kanonade war dies die erste Begegnung mit einem neuen Feinde. Und tief gesättigt und den Rausch des Sieges in den Adern wandern die erschöpften Sinne einem neuen Tage zu. Es wartete eine neue Schlacht.

Alarm.

Wie so vieles altmodisch war an dieser Begegnung, der Blick vom Feldherrnhügel zwischen den eilenden Heerhaufen, die gebeugte hinkende Gefangenenschar, das kalte Feuer der Brände, das uns nicht traf, so war auch der Morgen mit der Idylle eines langvergessenen Lagerlebens angefüllt. Wasserträger laufen mit Tonkrügen über den Markt. Da stehen sie im Oelgebrutzel, und Dampf dringt aus den Häusern. Und damit nichts fehle in einem wohlgefegten Zimmer: Der Kommandeur zwischen Telephonleitungen über ein großes Kartenblatt gebeugt.

Wie gut, daß der Soldat nicht weiß, was ihm die nächste Stunde bringt — ob er wohl eine Witterung hat?

Was wird erzählt? Ein Gerücht geht herum: Unten im Süden stehen noch versprengte feindliche Tanks.

Wir fahren zu unsern Panzern. Im Kaktusbusch liegen sie, schläfrig brütend zwischen Stapeln erbeuteter Waffen, die sie nicht brauchen, Stapeln erbeuteter Konserven, die sie nicht aufessen wollen. Ueberall dieselbe schwere, diesige Ruhe, derselbe dumpfe Gewitterdruck der Erwartung.

Die Feldküche kommt. In den Töpfen liegt dampfendes, wunderbares Gemüse. Viele lehnen sich ab und liegen langgestreckt in dieser Trance der Entspannung.

Gegen drei Uhr kommt Alarm.

In die amorphe Ruhe des orientalischen Mittags ist ein elektrischer Schlag gefallen. Der Marktplatz ist leergefegt. Die Zigaretten rauchenden Landser vor der Haustür sind verschwunden. Feilschende Araber sind — wir wissen nicht wie — mit einem Windhauch von den Häusern, an denen sie wie Kletten hefteten, weggepustet, Geschirr, Wasserkanister, ausgebreitete Teppiche, die herausgestellten Primuskocher, die wie Samoware summend das Kaffeewasser wärmten, sind weg, vielleicht schon verstaut, Gewehre, Maschinengewehre kommen wieder zum Vorschein, die ersten Lastwagen mit aufgesetzten Panzergrenadieren jagen auf die Chaussee heraus.

Als wir voranfahren, denke ich: Wie ein Feuerwehralarm. Aber wo brennt es? Als wir auf die Chaussee gelangen, die gleiche, auf der wir vom Rücken her die Stadt gestern nahmen, ist es dieselbe veränderte Stimmung. Alles blank, weggepustet, glatt wie vor einer unheimlichen Macht. Geschosse fegen vor uns her. Wir brausen im Vollgas durch. Hinter einer Kaktushecke sitzen wir ab. Es geht im Sprung auf eine Anhöhe, die etwa vierhundert Meter vor uns liegt. Die weite Plane dazwischen ist kaum bewachsen. Dürres Gestrüpp, das nicht bis zu den Knöcheln reicht. Einzelne Schüsse — wer weiß von wo, — die uns nichts schaden. Oben dicht unter der Kuppe graben wir uns ein.

Duell der grauen Schildkröten.

Wir haben uns, wie wir nun sehen, sehr, sehr überall. Wir stehen nicht hinter den Panzern, sondern weit vor ihnen, genau in der Mitte zwischen ihnen und der feindlichen Funkversammlung, deren einzelne Kolosse wir unter uns im Tal zwischen Kakteen, Araberzelten und den Falten der Erde hin- und herschwärmen sehen. Sie schwärmen tatsächlich in der diesigen Mittagsglut, tauchen auf, feuern und sinken wieder in das fahle Bett von alten Wasserläufen, Dorngestrüpp und Kakteen. Wie können sie unsere Panzer nur sehen, wenn der Hügel sie absperrt. Der gleiche Hügel auf dem wir sitzen — mitten dazwischen, mitten zwischen dem Feuer. Es kommt heran, sausend, pfeifend von der und von jener Seite. Es geschieht uns nichts.

Wir haben Angst vor feindlichen Fliegern, daß sie uns erkennen, vor unsern, daß sie uns nicht richtig erkennen könnten. Sie kommen beide und beide tun uns nichts. Das Panzerduell ist für sie wichtiger. Wir haben einen Verwundeten, wie so oft nicht in der vordersten Stellung, sondern bei einem, der am weitesten rückwärts liegt. Oft ist es schwer, zwischen Abschuß und Einschlag zu unterscheiden, wie oft bei Panzerabschüssen und besonders dann, wenn man in der Mitte zwischen den Parteien liegt. Jetzt kommt sich die Panzer in unserem Rücken und treten zu einer großen Flankenattacke an. Links aus ihrem Kakteen- und Pappelhain heraus, links um unsern Hügel herum, um zu von hinten her in das Tal einzufahren, in dem sich der Feind befindet. Unbegreiflich, weshalb er sich in dem Tal festschrauben läßt. Unbegreiflich, weshalb er nicht zu uns ausbricht. Einmal, etwa ein Viertel vor fünf, erschreckt uns ein mahlendes Geräusch, als ob Buschwerk gebrochen und Kakteen zermahlen würden und ein Motor sich langsam zu uns wälzte; es ebbt wieder ab. Warum sie unten nicht nach rückwärts ausweichen, nicht zur rechten Flanke? Die Welt ist so offen, so groß. Sie ist nicht mehr so offen, wir sehen es jetzt. Wir sehen die krauchenden Punkte jetzt von überall aus der Ebene tauchen, mühselige Schildkröten, als wären sie eben über den Horizont geklettert, als hätte sie eben erst die Erde aus ihren Falten geboren. Wir sehen es durch das Glas — unsere Panzer, die das Tal vor uns umkreist haben. Daher das lange, anscheinend unnütze Duell, in das wir hineingeraten waren. Jetzt hört es auf. Die Umgehung ist vollständig. Nur zu uns herauf war eine Lücke, aber zu uns herauf kamen sie nicht.

Der Nahkampf hatte schon begonnen.

Es geht nun wie mit der Stoppuhr. Ein Wechsel von Schüssen und eine Stichflamme, die folgt, eine andere Serie, eine andere Stichflamme, alle zwei Minuten lodert es hoch, — jetzt wieder und da — es geht so fort in einem unerbittlichen Takt. Die grauen Schildkröten haben sich in gepanzerte Häuser verwandelt, in bleckende riesige Tiere, die ihren Feuerstrahl absenden. Wir sehen die Schüsse abgehen und auftreffen. Manche heben sich schwerfällig in die Luft, es erscheint uns von den Rangplätzen dieses sandigen Amphitheaters, als würde es im Zeitlupentempo vorgeführt — heben sich schwerfällig hoch und fallen platzend in einem Funkenregen wieder zu Boden. Wir fürchten, es möchte hie und da auch einer von uns dabei sein. Wir wissen es nicht, aber im ganzen wissen wir, wer der Angreifer und wer die bedrängte Partei ist.

Unsere Kompanie hat die Spaten umgeschnallt, die Maschinengewehre sind aufgenommen, die Granatwerfer. Wer sie hat, nimmt die Maschinenpistole an die Hüfte. Wir schwärmen aus wie eine große Harke, die ihren Rechen nun durch das Schlachtfeld zieht. Es ist noch etwas Bewegung da unten von rangierenden Tanks. Das meiste ist Brand, Stillstand, Tod.

Wir haben noch fünfhundert Meter. Wir gehen weiter. Die ersten Araberhütten, primitive Verstecke für jene dort unten am Anfang des Nachmittags, sind erreicht. Wenn jetzt feindliche Infanterie hier liegt, muß unsere Arbeit beginnen. Araber kommen flüsternd und winkend herüber. Es geht geduckt zwischen den Hecken weiter. Aber wir finden keine Stellung, nur blutende, krauchende, erschöpfte feindliche Besatzungen. Unsere Sanitätswagen fahren hin und her und bergen, was sie bergen können. Ein Schlachten war's, kaum eine Schlacht... Warum uns solche Worte, so banal in diesem Augenblick, nicht aus dem Sinn wollen. Unsere Panzer haben einen neuen Befehl. Die Kommandanten stehen aufrecht in der Luke, ein letzter Blick der stählernen Ritter auf den gefällten Feind. Dann drehen sie ab. Wir fragen sie — sie wissen nichts von eigenen Verlusten — vielleicht dieser oder jener — viel kann es nicht sein.

Tote Riesen.

Das Schlachtfeld ist sechs Kilometer lang. Die Nacht ist gekommen, und wir ziehen schweigend durch den Fackelwald der Kolosse hindurch. Die Eisenwände glühen. In der letzten Konvulsion trommelt die zerspringende Munition von innen an die Panzerung, sprengt sie, schickt Flammengarben in die Höhe, wirft den Turm steil in die Luft oder versenkt alles in eine Wolke von Pulver und Rauch. Jeder Wagen hat seinen eigenen Tod. Manche liegen schweigend da. Ich weiß nicht, ob dieser Krieg ein wilderes Autodafé auf einem engeren Raum schon hervorgebracht hat. Vor uns liegt der Schatten eines Mannes, ausgestreckt in Starrkrampf. Wir stoßen an mit dem Fuß, wollen ihn zu den Toten tragen. Da hebt er den Kopf, er sieht auf und ist ganz lebendig. Der Schock hat ihn gelähmt. Ein Sherman-Tank ist angeschossen verlassen. Er ist sonst unverletzt, und er hat nicht gebrannt. Ob sie sich Zigaretten und Notproviant herausholen dürfen, fragen sie.

Sie tauchen hinein wie in eine Taucherglocke. Der tote Riese wirkt jetzt schwerfällig, ungeheuerlich im Schatten des Dunkels, die Wälste des Stahlgußmantels liegen jenseits der menschlichen Dimensionen. Als die Männer wieder am Turmluk hervorkommen, erscheinen sie uns klein wie Katzen oder wie jene Affen, die in den Zoologischen Gärten auf dem Rücken eines Elefanten sitzen. Wer solche Panzer zu regieren verstünde, wer das aufgestapelte Dynamit drinnen richtig lenkte, die Kanonen zu ihrem mörderischen Spiel richtig wendete. Aber sie verstehen es wohl nicht oder noch nicht. Für heute, für diese Nacht hilft diesem Koloß niemand mehr. Ein Schuß hat ihn oben getroffen, an den Hals dicht über dem gepanzerten Unterleib, und der Turm ist wunderbar, beinahe ohne Explosion, abgekippt.

Ich frage, ob er die Schlacht von vorn beginnen würde. „Ich denke, wir müßten es wohl."

Es ist ein Mann, der so spricht, der einzige, der jemals nach solchen Stunden dazu bereit war zwischen den Trümmern eines solchen Tages. Die meisten warfen mit den Waffen auch die Sorge, den Mut und — wenn man so will — auch ihr Vaterland ab. Das haben wir in zahllosen Gesprächen mit diesen Leuten gespürt, die merkwürdig sorglos in den Kampf zogen und schnell ihr Mißschick, die Last der Toten und Verwundeten um sie herum wie eine unangenehme Empfindung abschüttelten. Nur hie und da war jemand anders. Der allerdings war dann von Stein.

Wir kamen sehr spät wieder in das Quartier zurück. Der Regimentsstab ist umgezogen. Man hat aus Oel und aufgestöbertem Gerstenmehl kleine Kuchen gebacken. Ueber einen großen Teppich sind Karten gebreitet. Eine Oellampe schafft ihr Licht in den Schimmer der halbdunklen Geheimnisse, die dort auf der Kartenschrift verborgen liegen. Diese Schlacht war eine seltsame Mischung von tastendem Vorfühlen und Ungewißheit, und trotzdem ein voller Erfolg. Jetzt erst stecken wir die Linie ab, auf der sich die Umkreisung der Tanker vollzog, jetzt erst entdecken wir die Schlüsselstellung auf der Höhe, die Lage des Feindes wie in einem Käfig und die Panzermeute zusammentrieb. Genaue Befehle hat es zuerst wenig gegeben. Hernach sind sie nicht mehr nötig gewesen.

Dann sehen wir auf der Karte einen tiefen nach Süden zeigenden Riß im feindlichen Aufmarsch. Es steht noch nicht eingezeichnet, wie eine Schere mit scharfem Schnitt, wie ein Keil mit harter Spitze, mit Sprenggut beladen, sich vorschiebt, um die Lücke dort weiter zu machen. Es geht wieder los.

Kriegsberichter Eberhard Schulz

Die Verschärfung der Rohstofflage war dem Blatte nun deutlich anzusehen. 1942 zählten die Ausgaben während der Woche noch regelmäßig acht Seiten; im ersten Quartal 1943 waren es meist sechs, im zweiten oft nur noch vier Seiten. Die Hälfte der Todesanzeigen galt Gefallenen. Im Zuge des »totalen Krieges« schloß die Regierung Mitte März eine große Anzahl von Zeitungen. Die »Frankfurter« war nicht dabei. Mit Rienhardts Hilfe war sie noch einmal erhalten worden.[11]

Doch ehe der März um war, befand sich die Zeitung in dem Wirbel, der sie schließlich, nach vielen Umdrehungen, im August 1943 verschlang. Die Geschichte des Verbots möchte nicht nur um der Zeitung willen erzählt sein, sondern auch, weil an ihr das Gegeneinander und Durcheinander der Amtsstellen des Dritten Reiches deutlich wird, die Willkür der Machthaber und die Terrorisierung selbst der Funktionäre bis in die obersten Ränge.[12]

Dieser letzte Abschnitt der Geschichte der Zeitung begann mit einem Artikel von Herbert Küsel – jenem Redakteur, dem das Amt des internen Zensors anvertraut war. Er hatte es all die Jahre mit großer Genauigkeit und Sorgfalt ausgeübt. Dabei half ihm ein photographisch-exakt arbeitendes Gedächtnis, das alles zu behalten schien, was er einmal gelesen, gesehen oder gehört hatte: genau bis in die Eigentümlichkeiten der Sprache und des Tonfalls eines andern, den er auf geradezu bestürzende Weise imitieren konnte. Er drang gleichsam in die Mentalität der Nationalsozialisten ein. Er suchte und fand für die Zeitung die Formulierungen, die die Aufpasser der Partei nicht greifen konnten. »In dieser harten Schule wuchs der Ingrimm wie die Geschmeidigkeit auch des Schriftstellers«, schrieb Sternberger über ihn. Doch nie habe er an dem Freunde jemals ein Lachen des Leichtsinns oder auch des Vergnügens über eine gelungene Finte gehört.[13]

Erst im zehnten Jahr der Diktatur, als das Personal knapp wurde, begann der Redakteur Küsel selbst zu schreiben. Im Oktober 1942 würdigte er den Historiker Friedrich Meinecke zu dessen achtzigstem Geburtstag. Die Zeitung druckte den Beitrag auf der ersten Seite des Blattes[14] – keine Kleinigkeit, wenn man bedenkt, daß Meinecke aus Protest gegen die Nationalsozialisten die Redaktion der »Historischen Zeitschrift« niedergelegt hatte. Zum zehnten Jahrestag der Errichtung des Propagandaministeriums schrieb Küsel seinen zweiten Artikel, eine ganze Zeitungsseite füllend, über den Propagandisten Goebbels in den Weimarer Jahren, über den Einfallsreichtum seiner Agitation, seine polemische Geschicklichkeit, den Witz, mit dem er andere lächerlich machen konnte, seinen herausfordernden, aufreizenden Ton, die Respektlosigkeiten gegenüber Gegnern, das rhetorische Genie – alles dies stellte er dar, nur nicht die Dämonie dieses Mannes.[15] Welter war besorgt über die Offenherzigkeit der Schilderung. Denn Küsel hatte Goebbels vom Podest des Reichsministers geholt und statt dessen einen Menschen von witziger Intelligenz beschrieben. Doch Goebbels fühlte sich als Künstler erkannt und geschmeichelt vom Urteil eines klugen Beobachters im anderen Lager. Er ließ in Frankfurt anfragen, wer der Autor sei, er interessiere ihn. Welter war überrascht.

Dieses Kompliment Goebbels' wurde der Grund für Welter, ein paar Tage später Küsel um den Gedenkartikel zum 75. Geburtstag Dietrich Eckarts zu bitten, der den Zeitungen aufgetragen worden war. Die Weisung lautete, den »Dichter der Bewegung« (dem Hitler den zweiten Band von »Mein Kampf« gewidmet hatte) »in besonderer Weise zu würdigen«, auch mit einem Bild und dem Abdruck seines »Sturmliedes« mit dem Vers »Deutschland erwache«.[16]

Küsel zog sich vier Tage zurück, studierte alles, was er über Eckart finden konnte, lieferte schließlich nach einer durchschriebenen Nacht in aller Frühe das Manuskript bei Welter ab und ging erschöpft nach Hause. Welter las es eilig und gab es in Satz. Küsel hatte wiederum einen Helden vom Podest geholt und einen Menschen aus ihm gemacht. Um die Dürftigkeit des dichterischen Werkes nicht würdigen zu müssen, war er in eine Lebensgeschichte Eckarts ausgewichen. Küsel beschrieb Eckart in Selbstzeugnissen oder Beschreibungen seiner Freunde – alles aus gedruckten Quellen. Es waren Szenen aus der Schwabinger Boheme: Eckart erbte in jungen Jahren ein kleines Vermögen, sammelte Künstler um sich und bewirtete sie. »Allerdings, die Leber macht Beschwerden, aber er lebt seinen Neigungen...in niemandes Fron, und irgendwo in dem Winkel eines Zimmers steht eine große Zigarrenkiste – da wirft er die Blätter hinein, auf die er seine Gedichte geschrieben.« 1918/19 lernte Eckart Alfred Rosenberg kennen, durch ihn Hitler, und wurde Herausgeber des »Völkischen Beobachters«; er war derb, deftig und antisemitisch. Beim Hitlerputsch 1923 war er dabei. Die Polizei suchte ihn. Wenige Wochen später starb er in einem Versteck. In Küsels Beschreibung kam das amüsante Bild eines fröhlichen, verlotterten Schriftstellers, politischen Toren und unordentlichen Menschen zum Vorschein.[17]

In dieser Form erschien der Artikel in der ersten Ausgabe des Blattes mit dem Datum des 23. März, die am Nachmittag des 22. gedruckt und wenig später an den Kiosken der Stadt zu haben war. Stark und Trip waren nach dem Umbruch wieder an ihre Schreibtische zurückgekehrt, jeder in sein Zimmer, und begannen bei offenen Türen die neue Zeitung zu lesen. Stark, wie immer, mit den Beinen auf dem Tisch. »Stark rief zu mir herüber. ›Haben Sie das gelesen?‹« Trip wußte sofort, was Stark meinte. »Wenn das nur gut geht!« rief er zurück.

Augenblicke später klingelte das Telefon. Uckermann, der Leiter des Gaupropagandaamts, kündigte in hellem Zorn die Beschlagnahme der Auflage an den Kiosken und Auslieferungsverbot der Auflage an. Stark brachte mit großer Geistesgegenwart Uckermann davon ab und beredete ihn, seine Beanstandungen schriftlich zu übermitteln. Sie wurden alsbald überbracht und sofort für die wenig später andruckende Reichsausgabe berücksichtigt.[18] Uckermann hatte alles angestrichen, was Eckart als Bohemien charakterisierte. Fast die Hälfte des Artikels fiel der Säuberung zum Opfer. Mit seiner diplomatischen Bereitwilligkeit zu Änderungen hatte Stark den Verdacht der Heimtücke und Böswilligkeit der Zeitung entschärft.

Am nächsten Morgen ließ der Gauleiter Küsel und seinen Gegenleser Welter verhaften und ins Untersuchungsgefängnis in der Hammelsgasse bringen. Welter war nach vierundzwanzig Stunden wieder frei. Rienhardt, von Hecht alarmiert, hatte ihn nach mehreren Telefongesprächen mit Gauleiter Sprenger freibekommen.[19] Küsel warnte Welter beim Abschied im Gefängnis: »Ich weiß schon, Herr Welter, daß Sie jetzt als erstes Ihre Verbindungen spielen lassen, um mich hier herauszuholen. Aber ich sage Ihnen, ich brauche noch vierzehn Tage, bis ich die ganze Situation hier studiert habe.«[20]

Das charakterisiert den Beobachter und Journalisten Küsel. Mehrmals wurde er zum Verhör in die Gestapostelle in der Lindenstraße geholt. Der Beamte, der ihn vernahm, hielt ihm entgegen: »Wissen Sie denn nicht, daß Dietrich Eckart der Barde der Bewegung war?« Küsel hat es später erzählt und auch den komischen Umstand nicht vergessen, daß dieser für Literarisches zuständige Polizeibeamte Fritz Reuter hieß.[21] Küsels Verbrechen bestand darin, daß er einen Parteimythos zerstört hatte. Uckermann warf Küsel bei der Eröffnung des Berufungsgerichtsverfahrens vor, Eckart als »Phantast, Morphinist und Säufer« dargestellt zu haben. Küsels Bericht sei »eine mit typisch jüdisch-zersetzender Art durchgeführte Entwürdigung des Dichters«.[22]

Welter verteidigte sich und Küsel mit dem Lob Goebbels' für den Autor und der Tatsache, daß der Aufsatz keine Behauptungen enthalte, die nicht aus nationalsozialistischen Schriften stammten. Er erklärte, es lägen Stellungnahmen und Gutachten »von führenden Persönlichkeiten des Staates und der Partei« über Küsels Aufsatz vor, unter anderem von dem Freunde und Hauptbiographen Eckarts, dem Reichsleiter Alfred Rosenberg.[23]

Küsel setzte im Gefängnis eine geschickte Verteidigungsschrift auf: »... war von der Absicht bestimmt, das Leben eines Mannes zu schildern, der im Wechsel seines menschlichen Schicksals die Wagnisse einer künstlerischen und politischen Laufbahn stets mutig, ohne Befangenheit und ohne Zugeständnisse auf sich genommen hat... der jegliche Not erfahren, sich dieser Not aber niemals gebeugt und vor allem sich ihrer niemals geschämt hat.«[24]

Rienhardt hatte am 25. März, drei Tage nach Erscheinen des Artikels, einen seiner wenigen Freunde in der höchsten Parteihierarchie, Alfred Rosenberg, gebeten, die erste Fassung von Küsels Aufsatz zu beurteilen, da er doch »der engste Kamerad von Dietrich Eckart war«.

> **Feuerjo.**
> Sturm, Sturm, Sturm,
> Läutet die Glocken von Turm zu Turm,
> Läutet die Männer, die Greise, die Buben,
> Läutet die Schläfer aus ihren Stuben,
> Läutet die Mädchen herunter die Stiegen,
> Läutet die Mütter hinweg von den Wiegen,
> Dröhnen soll sie, und gellen die Luft,
> Rasen, rasen im Donner der Rache,
> Läutet die Toten aus ihrer Gruft,
> Deutschland, erwache!
>   Dietrich Eckart.

Rienhardt nannte Rosenberg auch die Beanstandungen der Frankfurter Parteiführung. »Reichsleiter Rosenberg gab mir seine Meinung noch am gleichen Abend in einem Telefongespräch bekannt. Er bezeichnete den Aufsatz als eine journalistisch gute Arbeit.« Gleichwohl enthalte sie einige Stellen, die peinlich zu lesen seien, wie den Morphiumgenuß, die Ehescheidung und den Briefbogen mit dem Aufdruck »Peer Gynt«. Wie aber diese und andere Mängel des Aufsatzes zu beurteilen seien, solle man von den Beweggründen des Verfassers abhängig machen, habe er gemeint. Falls Küsel das Bild Eckarts habe verzerren wollen, müsse er hart angepackt werden – andernfalls solle man die Arbeit mit ihm durchsprechen, aber daraus keine »Lebensaffäre« machen.

Rienhardt bemühte auch Amann. Dieser habe »aus seiner Verbundenheit mit Dietrich Eckart« erwidert, ein Verzicht auf die beanstandeten Stellen komme einem Verzicht auf eine Darstellung der Persönlichkeit Eckarts gleich. Der Aufsatz habe ihn »lebenswahr« geschildert. Und aus dem Propagandaministerium ließ Rienhardt berichten, Reichsminister Dr. Goebbels sei der gleichen Auffassung. Drei Reichsleiter hatte Rienhardt nun als Zeugen aufgeboten, wenn auch mit Aussagen, die er selbst erst in schriftliche Form brachte, in einer für eine

Verteidigung Küsels vor dem Berufsgericht bestimmten Ausdrucksweise.[25] Dies also waren die »Gutachten« und Stellungnahmen, die Welter am 29. März gegenüber dem Landesverband der Presse in Frankfurt geltend gemacht hatte.

Doch so leicht ließen sich der Landesverband und die hinter ihm stehende Frankfurter Parteileitung von Rienhardt nicht verblüffen. Auch Uckermann konnte mit einem »Reichsleiter« für die Anklage aufwarten. Der Reichspressechef Dr. Dietrich habe den Artikel eine »schwere Verunglimpfung des Dichters Dietrich Eckart« genannt. Der amtierende Leiter des Landesverbandes in Frankfurt, Kurt von Auw, schrieb an Rosenberg, um von ihm selbst zu erfahren, was er von dem Artikel halte.[26] Die Antwort des Büros Rosenberg klang nun etwas anders. Küsels Artikel habe Rosenberg vor der Veröffentlichung nicht zur Begutachtung vorgelegen. Man solle den Motiven Küsels auf den Grund gehen, da der Artikel »sich zweifellos als eine Herabsetzung Eckarts auswirken muß«.[27]

Mittlerweile schien sich Küsels Lage bedeutend verschlechtert zu haben. Eine Woche nach Beginn der Schutzhaft in der Hammelsgasse traf ein Befehl ein, Küsel in das Gefängnis des Gestapoamtes nach Berlin zu schaffen. Während Küsel in Begleitung zweier Kriminalbeamter am 29. März in der Dunkelheit des Frankfurter Hauptbahnhofs auf den Nachtschnellzug nach Berlin wartete, kam ein Kriminalbeamter vorbei, erkannte die Kollegen und fing ein Gespräch an, auch mit Küsel, über das Woher und Wohin der Reise. Küsel erzählte ihm, ein Häftling solle heute nach Berlin geschafft werden, wegen eines Artikels in der »Frankfurter Zeitung«. Dann schilderte er ihm den Vorgang, was auf jeden Fall geraume Zeit in Anspruch genommen haben muß. Als Küsel geendet hatte, fragte der Beamte: »Und wo ist der Häftling?« — »Der Häftling«, sagte Küsel, »der bin ich«, und kostete die Wirkung seines schwarzen Humors aus.[28] Küsel hatte die Fähigkeit, von seiner eigenen Person vollkommen Abstand zu nehmen und sich selbst so zu beobachten, als sei er nicht beteiligt. So hatte er auch mindestens vierzehn Tage in der Hammelsgasse bleiben wollen, um das Leben eines Gestapohäftlings zu studieren.

Im Keller der Prinz-Albrecht-Straße wurde Küsel, wie wir ihn selbst noch haben erzählen hören, mit großem Hallo von den anderen Häftlingen empfangen. »Einer von euch hätte längst hier erscheinen müssen«, schallte es ihm entgegen. Küsel spürte in dieser Begrüßung den Stolz der Anwesenden, sich in der besten Gesellschaft Deutschlands zu befinden. Küsel geschah in der Prinz-Albrecht-Straße, einer der schreckenerregendsten Adressen, die es in Deutschland gab, kein körperliches Leid. Er wurde aufs neue vernommen. Es gelang ihm und den

Bemühungen Hechts und Welters, die vernehmenden Beamten von der Harmlosigkeit ihres Häftlings zu überzeugen, und so war er nach ein paar Tagen wieder frei – für die Einberufung zum Heer. Auf Geheiß Rienhardts mußte dessen Mitarbeiter Emil Frotscher Küsel über die Mängel des Artikels belehren (der Frotscher gefallen hatte). Also stammelte er etwas herum. Küsel habe ihm ruhig zugehört. Beide fühlten sich erleichtert – »man sah ihm die Belastung durch die Gestapohaft deutlich an«.[29]

Warum aber war Küsel überhaupt nach Berlin verbracht worden? Es war eine von Rienhardts Aushilfen. Rienhardt hatte einen Kompetenzstreit mit dem Frankfurter Gauleiter angefangen: Er warf Uckermann – eigentlich: dem Gauleiter selbst – vor, seine Befugnisse überschritten zu haben. Die »Frankfurter Zeitung« sei Sache der Reichsbehörden, nicht der Gauleitung. Dann mobilisierte Rienhardt das Reichssicherheitshauptamt für die eine, die staatspolizeiliche Seite der Sache und den »Reichsverband der Deutschen Presse« für die andere, die berufsständische, disziplinarrechtliche. Rienhardts Absicht war, den Fall nach Berlin zu ziehen, weil er da besser auf ihn einwirken konnte.

Was sich nun zwischen Berlin, München und Frankfurt abspielte, war ein Verzögerungsspiel von bürokratischem Raffinement, wobei alle beteiligten Stellen sich scheuten, Verantwortung zugunsten der Beschuldigten zu übernehmen. In Akten des »Reichsverbandes der Deutschen Presse« sind die Winkelzüge des Spiels festgehalten.[30] Daraus geht hervor, daß Hecht alsbald nach der Verhaftung Küsels und Welters nach Berlin zu Rienhardt gereist war und auch Dr. Henningsen aufgesucht hatte, den Leiter der Geschäftsstelle des »Reichsverbandes der Deutschen Presse«.

Das nächste war, daß Henningsen den Leiter des Reichsverbandes, Weiß, in München über die Verhaftung Welters und Küsels unterrichtete und sie als einen »Übergriff« der Frankfurter Parteiführung bezeichnete (31. März). Wilhelm Weiß, Major und SA-Obergruppenführer, »alter Kämpfer« des Putsches an der Feldherrnhalle und Hauptschriftleiter des »Völkischen Beobachters« in München, war kein Unmensch. Einige Tage später berichtete Henningsen an Weiß nach München, daß die Frankfurter Partei schon ein Berufsgerichtsverfahren gegen Küsel beim Landesverband der Presse eröffnet und das Propagandaministerium ein zweites Verfahren beim Reichsverband beantragt habe (5. April). Weiß wies nun seine Berliner Geschäftsstelle an, das Verfahren an sich zu ziehen und den Landesverband lediglich mit der beschleunigten Ermittlung zu beauftragen. Doch Küsel war zu dieser Zeit schon in Berlin, in der Prinz-Albrecht-Straße. Von Auw bemühte

sich in seiner Antwort, die gegen Küsel in Frankfurt »verhängte Haft«
– ein verräterisches Wort für eine Standesorganisation – zu entschuldigen und zugleich Schutz hinter dem Votum Otto Dietrichs zu suchen.
Inzwischen unterrichtete Rienhardt den Landesverband in Frankfurt
mit einem Schreiben von der »Stellungnahme« dreier Reichsleiter und
erwähnte dabei die Belehrung Küsels durch Frotscher; er erinnerte den
Landesverband an die Kompetenz der Berliner Dienststellen
(16. April).

Unterdessen hatte ein Ringen zwischen der Frankfurter Gauleitung
und den Berliner Verbandsstellen darüber begonnen, was Rosenberg
eigentlich über den Artikel Küsels gesagt habe und mit welchem Ziele.
Nach von Auw und Uckermann bat nun auch Henningsen vom

Dietrich Eckart.
Geboren am 23. März 1868.

„Ist es doch mein eigenes Leben, dessen Hauptmomente sich im ‚Peer Gynt' widerspiegeln, für mich zuweilen mit erschreckender Deutlichkeit", — in einem Briefe an den Generalintendanten des Königlichen Schauspielhauses in Berlin, Grafen Hülsen-Haeseler, aus dem Sommer 1911 steht dieses Bekenntnis Dietrich Eckarts. Ein Mann hatte es abgelegt, der, von den Abenteuern der Jahre umhergeworfen, immer wieder von neuem einen Anlauf genommen hatte, seinem Namen die öffentliche Anerkennung zu verschaffen. Eine „romantische Komödie" war bereits Jahre zuvor auf der gleichen Bühne aufgeführt worden, der „Froschkönig", mit Adalbert Matkowsky in der Hauptrolle. Aber schwer, verletzend und mit ausfallendem Wort hatte die Kritik auf ihn eingeschlagen; „eine einzige Phrasengeschwulst, die reichlich Unsinn ausleiert", hatte es da geheißen. Der Mann, dem so grobe Ablehnung widerfuhr, war nicht mutlos geworden; aber Bitterkeit war in ihm. Sehr elend waren seine äußeren Verhältnisse. Irgendwo in einem Hinterhause in Berlin hatte er einen Unterschlupf, und manchmal schlief er des Nachts auch auf einer Bank im Tiergarten. Als er einmal zu dem Herrn Generalintendanten, mit dem Prädikat der Exzellenz, gerufen wurde, um über die Annahme eines von ihm eingereichten Theaterstückes zu verhandeln, da „suchte er vom frühen Morgen an bei allen Bekannten die hierzu erforderlichen Kleidungsstücke zusammen".

In einem kleinen märkischen Dorfe, nahe bei Döberitz, lebte er schließlich, vergrübelte sich in die Suche nach den letzten Dingen, und als er daran war, eine Arbeit zu schreiben über „Sinai und Golgatha" da stieß er auf das Werk Ibsens, auf den „Peer Gynt". Die „Dichtung der Wahrheit" nannte er ihn, und „in freier Uebertragung" wollte er ihn, verständlicher und faßlicher, der deutschen Bühne gewinnen. Er war ganz erfüllt davon. Ein Widerschein seines eigenen Lebens lag über dieser Offenbarung. Auf die Briefbogen, die er in jener Zeit benutzt, ließ er statt des eigenen Namens oben links in die Ecke rücken: Peer Gynt. Er gründet, in der Schloßstraße zu Steglitz, einen eigenen Verlag, den Herold-Verlag, in dem das Werk erscheinen soll. Und wie wenn der Briefkopf, den er sich gewählt hat, zu einem Sinnbild würde: das Geld zu der Gründung dieses Verlages erwirbt er sich als „spiritus rector einer neuen Aeroplanbaugesellschaft", bei der er auch Ueberlandflüge mitmacht, „stets zu meiner eigenen traumhaften Verwunderung: es ist etwas sehr Merkwürdiges um den modernen Pegasus".

Von Christian Morgenstern stammte die vom Dichter (im Jahre 1898) autorisierte Uebersetzung, und als jetzt, im Februar 1914, die neue Fassung (mit Carl Clewing in der Titelrolle) über die Bühne geht, da fällt von neuem alles über den Vermessenen her. Ballhorn, heißt es, habe über den Dichter gesiegt, ein Knirps habe sich an dem Eigentum eines Geistesriesen vergriffen; schon in Wien habe es im Jahre 1802 einen Hoftheatersekretär gegeben, Escherich mit Namen, einen Schiller-Verhunzer, und nun habe also auch das Königliche Schauspielhaus in Berlin seinen Escherich, mit diesem „Märchenvolksstück in Knallbonbonreimen".

Die Welt der Trolle sieht Eckart sich bei solchen Stimmen, und die Erscheinung des „großen Krummen" aus dem Reiche Ibsens wird ihm zu der stellvertretenden Gestalt für alle Widersacher. („Der große Krumme erinnert ungemein an den Dämon auf Sascha Schneiders bekanntem Bild ‚Das Gefühl der Abhängigkeit'", so beschreibt er ihn in einer Bühnenbemerkung.) Er setzt sich zur Wehr, verfaßt eine Streitschrift unter dem Titel: „Ibsen, Peer Gynt, der große Krumme und ich". Im kommenden Jahre, im Januar 1915, wird ein Schauspiel von ihm, „Heinrich der Hohenstaufe", „deutsche Historie in vier Vorgängen", im Königlichen Schauspielhaus aufgeführt. Es erfährt ebenfalls Widerspruch, besonders im Schatten der zeitgeschichtlichen Ereignisse (wegen einer Szene, in der Richard Löwenherz vor dem deutschen Kaiser niederkniet und ihm den Lehnseid schwört). Eckart antwortet mit einer Schrift: „Abermals vor der Höhle des großen Krummen".

Sechs Wiederholungen gibt es nur, dann wird das Staufendrama vom Spielplan abgesetzt. Sein Verfasser lebt inzwischen in Thüringen, in Bad Blankenburg, wohin er im Herbst 1913 übergesiedelt ist. (Dort hat er die Schwester des leitenden Arztes in dem Sanatorium, das er zur Erholung aufgesucht hatte, geheiratet, eine verwitwete Frau mit drei Kindern; im Frühjahr 1921 wird die Ehe wieder geschieden.) Der Krieg liegt über dem Lande. Dietrich Eckart siedelt im Sommer 1915 nach München über, nach Schwabing. Er arbeitet an einem Drama aus der Renaissance. Florenz ist der Schauplatz; aus der Geschichte des Hauses Medici ist der Stoff. Soll der Mensch die Welt bejahen oder soll er sie verneinen, — der Grübler in Eckart ist wieder am Werke. Ahasver und Savonarola treten auf; in Michelangelo liegt dann die Deutung zu Ausgleich und Harmonie, zur Erlösung. „Lorenzaccio" heißt die Tragödie. Als er sie abschließt, Mitte Oktober 1918, schreibt Eckart die Widmungsworte nieder, die wie ein Abschied sind von seinem dichterischen Schaffen: „Was längst ich bangte, oft dir, liebe Frau, indessen ich es vor mir selbst verhehlte, daß unsres Vaterlandes stolzen Bau nicht mehr die alte Opferkraft beseelte, weshalb vielleicht der schwerste Augenblick uns müde finden würde und verzagt, du hattest recht,

»Reichsverband der Deutschen Presse« den Reichsleiter Rosenberg um das von Rienhardt erwähnte Gutachten über den Artikel Küsels (17. April) und erneuerte die Anweisung an den Landesverband in Frankfurt, kein Verfahren gegen den Autor einzuleiten.

Doch Rosenberg drückte sich. Er weigerte sich, ein Gutachten über Küsels Artikel abzugeben, wie Henningsen Weiß berichtete (8. Mai). Eine Woche später erbat sich Henningsen von Weiß eine Instruktion, wie er weiter verfahren solle. Loder, der Leiter des Münchner Landesverbandes und zugleich Weiß' Relaisstation für seinen Verkehr mit der Berliner Geschäftsstelle, teilte Henningsen mit, er solle »wie schon in Berlin besprochen... nach kurzer Rückfrage bei Stabsleiter Rienhardt« dessen Brief mit den Stellungnahmen der Reichsleiter Rosen-

— ein kläglisches Geschick, die Stunde bitterster Beschämung tagt."

Fünfzig Jahre war Dietrich Eckart alt, als das Land im November 1918 zusammenbrach. Er hatte das Leben eines Schriftstellers, eines Dichters geführt, und nach dem Gesetz jenes uns heute so fernen Zeitalters um die Jahrhundertwende hatte ihn das Schicksal gelockt und erhoben, gerüttelt und niedergehalten. In einem kleinen Städtchen der bayrischen Oberpfalz, in Neumarkt, war er zur Welt gekommen, am 23. März 1868, fünfundsiebzig Jahre sind es jetzt her; im Gasthof zum Hechten, wo sein Vater — er hat auch an einem Sommerhäuschen auf dem Weinberg — als Notar lebte. Die Mutter, zweiundzwanzig Jahre jünger als der Vater, starb, als der Bub zehn Jahre alt war. Da geht es auf die Lateinschule nach Schwabach, auf das Gymnasium nach Nürnberg, schließlich nach Regensburg, wo er im Jahre 1888 das Abitur macht. (Zur Schlußfeier schreibt er einen Prolog, und als der alte Kaiser Wilhelm stirbt, da sendet er an die Zeitung ein Gedicht zu diesem Tage.) Auf die Universität Erlangen zieht ein Student der Medizin, und auf einem Kneipabend im Gasthof zum goldenen Mond wird er bei dem Korps aktiv, dessen Band auch sein Vater trägt. Es ist ein Studium ohne Neigung. Mensuren werden geschlagen. Es gibt Händel und Hader, weil er sich schlecht in die Satzungen fügen will. Schließlich wirft ihn eine Krankheit nieder. Zur Betäubung der Schmerzen verschafft er sich Morphium, kommt nicht mehr los davon und beschließt am Ende, sich einer Entziehungskur zu unterwerfen. (Die Eindrücke aus jener Zeit bleiben fest in seiner Erinnerung; er erlebt, wie ein Mann, von der Tobsucht getrieben, kaum bekleidet in den Garten läuft und sich durch eine dichte Dornenhecke zwängt, bis er blutend zusammenbricht. Die Macht des Wahns beschäftigt ihn später lebhaft; er studiert die Schriften Schopenhauers, denkt nach über die Freiheit des Willens und über das Schicksal, das dem Menschen bestimmt ist. „Zufall ist Gotteslästerung", heißt eine seiner Anmerkungen dazu.)

Als er wieder entlassen wird, kehrt er nach Hause zurück. Das Studium hat er aufgegeben, er will schreiben. Erste Versuche führen ihn zum Journalismus. Im „Neumarkter Wochenblatt" stehen sie, und es geht um einen Raubmord in Dietkirchen, um eine Raiffeisenversammlung in Röckersbühl. Es ist die kleine Welt der kleinen Stadt. Wenn das Bamberger Ulanentrompeterkorps ein Konzert gibt, dann berichtet er darüber, und wenn der Gesangverein einen Abend veranstaltet, dann gibt es, als Nachklang zum Referat, Erklärungen und Erwiderungen, abgedruckt im „Tagblatt" und im „Wochenblatt". Auch zu den Theaterabenden im Bürgerverein und im Gesellenhaus schreibt Dietrich Eckart, als Mann vom Fach, die Besprechung. Er hat schon eine Sammlung eigener Gedichte

herausgegeben. „In der Fremde" heißt sie; von Heimat und Liebe wird da gesungen, und auch Trinklieder stehen darin. In den kleinen Weinstuben zecht der Dichter, im Lamm und in der Gans. „Schlurflöcherl" nennt sich der Stammtisch, und wenn der Vater des Abends, um den Herrn Sohn zu Hause zu halten, ihm den Anzug fortnimmt, dann erscheint, auch an einem kalten Wintertage, in Unterhosen und Schlafrock ein Mann in der Runde, von dem alle wissen, warum sie ihn umjubeln.

Im Sommer 1894 ist er zum ersten Male in Bayreuth, und in der „Augsburger Abendzeitung" erscheinen seine Schilderungen aus dem Festspielhaus. Da stirbt der Vater. Mit dem Vermögen, das nun an ihn gefallen, zieht der junge Eckart in die Welt; nach Leipzig, wo er ein großes Haus führt, Künstler um sich schart, Schauspieler, Musiker und Maler. Er geht dann kurze Zeit nach Berlin, sitzt im Deutschen Theater, als die „Versunkene Glocke" von Gerhart Hauptmann ihre Uraufführung erlebt, siedelt dann nach Regensburg über. Er ist ein freier, ungebundener Mann, allerdings, die Leber macht Beschwerden, aber er lebt seinen Neigungen, seinen Stimmungen, in niemandes Fron, und irgendwo in dem Winkel eines Zimmers steht eine große Zigarrenkiste, — da wirft er die Blätter hinein, auf die er seine Gedichte geschrieben.

Dann geht er, im Herbst 1899, abermals nach Berlin. Mit festerem Entschluß; denn er hat kein Geld mehr, muß sich nach Einnahmen umschauen. Er tritt zu einer kleinen neugegründeten Zeitung in Beziehung, wird an ihr ein regelmäßiger Mitarbeiter, veröffentlicht auch politische Gedichte; „Waldersee", „An den Reichskanzler", „Die Zensur" sind sie überschrieben. Später stehen „Premierenglossen" von ihm in einer Zeitschrift. (Und für wenige Monate ist er auch einmal bei Scherl, am „Lokalanzeiger".)

Er macht sich auch an einen Roman. „Der Zeitungskönig" heißt er; aber während er erscheint, geht das Blatt, das ihn veröffentlicht, ein. (So bleibt die Arbeit liegen, denn der Verfasser hatte, vorsorglich, nur immer jeweils die Fortsetzung für die nächste Ausgabe fertiggestellt.) Er hat Hoffnungen, er hat Pläne, für die Bühne zu schreiben. Endlich wird ihm ein Erfolg, als das Münchener Volkstheater eine „tragische Komödie" von ihm annimmt: „Familienväter". Es ist das gleiche Thema wie in dem Roman; das Getriebe auf der „Universalzeitung" wird geschildert. In tausend Abhängigkeiten sind die Menschen, das Geld hat die erpresserische Macht, manche bemerken es nicht, manche beklagen es, aber alle fügen sich drein, alle ducken sich und schweigen, denn sie sind, schließlich, „Familienväter".

Auch nach Neumarkt kommt eine Bühne, eine Gastspieltruppe, um der Stadt das Stück ihres Sohnes vorzuspielen.

berg, Amann und Goebbels an den Landesverband Rhein-Main zur Einstellung des Verfahrens benutzen (31. Mai). Doch Weiß' Name und Person erschienen in dem Brief nicht als Auftraggeber.

Danach geschah wochenlang nichts. Im Juli fragte Landgerichtsdirektor Dr. Wawretzko vom Reichsverband den Landesverband in Frankfurt, was dort veranlaßt worden sei. Von Auw antwortete statt dessen mit einer Bitte um eine Anweisung des Reichsverbandsleiters. Denn man habe nach Rienhardts Brief die Untersuchung nicht weiter fortgesetzt und könne das Verfahren auch nicht eröffnen, da der Reichsverband es an sich gezogen habe (13. Juli). So ging die Sache nun wieder an Weiß zurück, obwohl er doch schon Loder mit dem Auftrag vorgeschickt hatte, das Verfahren einstellen zu lassen. Suchte die Frankfurter Partei ihm ein Bein zu stellen?

„unter gefl. Mitwirkung einiger hiesiger Herren". Er ist in die Welt hinausgegangen, denken sie daheim. Ja, und er ist der gleiche geblieben. Er ist noch so, wie sie ihn selbst kennengelernt haben, so, wie er ihnen daheim gefallen hat mit seinen Schnurren und seinem Übermut. Als er eines Nachts in einem Kellerlokal hockt in Berlin, kommt er mit einem Gast ins Gespräch, dem die Zeche nichts auszumachen scheint. Es ist ein Fabrikant, und irgendein Gichtwasser ist der Born seines Wohlstands. Er hätte gerne ein paar zugkräftige Verse für sein Fabrikat, erklärt er, als er hört, daß er es mit einem Schriftsteller zu tun habe; der geht hinaus, reimt auf der Toilette einen Vierzeiler, kehrt zurück und handelt ihn, in vorgerückter Stunde, für blanke tausend Mark aus. „Das Gichtwasser hat ihm auch später noch manchmal mehr eingetragen als seine Theaterstücke", bezeugt einer seiner Freunde. Immer bleibt ihm ein Blick für das Leben, wie es ihm begegnet ist; und als er einmal in einem Lustspiel („Ein Kerl, der spekuliert") einen Mann schildert, der für den Absatz von irgendwelchen dunklen Heilmitteln auf die Gutgläubigkeit des Publikums baut, des „li-la-lieben Publikums", da gibt er ihm mit starker Kraft einen wahrhaft prächtigen Namen: Lukas Pranke.

Aber alle die Entwürfe, die niedergeschrieben, zum Teil ausgearbeitet, zum Teil wieder beiseite gelegt worden waren, sie hatten jetzt, in den Tagen des Zusammenbruchs von 1918, kein Leben mehr für ihn. Noch zu Anfang des Krieges hatte er sich mit dem Gedanken getragen, eine Trilogie über Friedrich den Großen zu schreiben, über den Kronprinzen, den jungen König und den alten Fritz. Zu einem Drama aus der Inquisitionszeit in Portugal hatte er Vorarbeiten gemacht. „Im Lande der Philister" hieß ein anderer flüchtiger Aufriß. „Paranoia & Co." stand auf Zetteln, für die Szenen und Skizzen vorlagen, — alles das wurde jetzt fortgefegt von den Ereignissen, die über München, über Bayern, über Deutschland hereinbrachen.

„Als Eisner auf den Plan trat, duldete es mich nicht mehr in meiner Dichterstube. Es war mir, als hörte ich unablässig den Notruf: Burschen heraus!" Er wollte sich der „Mobilmachung der Verworfenheit" widersetzen. So gründete er eine „Wochenschrift für Ordnung und Recht"; am 7. Dezember 1918 erschien bereits das erste Heft. „Auf gut deutsch", war ihr Titel. Der Verleger Julius Friedrich Lehmann in München hatte ihn bei der Gründung unterstützt. („Immer nur von weitem", schrieb Eckart ihm zum Danke, „durfte ich mich Ihres Wesens freuen, und auf einmal sind Sie mir so nahe gerückt. Gleich mit der Tat, und mit welcher Tat!") Und einer der ersten, die sich zum Bezuge seiner Zeitschrift bereit erklärten, war der Generallandschaftsdirektor Wolfgang Kapp. „Wer meinem Streben helfen will", schrieb der Herausgeber Dietrich Eckart in dem ersten, programmatischen Aufsatz, „sei willkommen; aber binden kann ich mich nicht an ihn, weder an einen einzelnen noch gar an eine Partei. Nur Echo für meine Stimme brauche ich, ich brauche Leser."

Er bekam nicht nur Leser, er bekam auch Mitarbeiter. Der Ingenieur Gottfried Feder stieß bald zu ihm, und einige Zeit später stand ihm in seinem Arbeitszimmer jemand gegenüber, der ihn fragte, ob er einen „Streiter gegen Jerusalem" brauchen könne? Es war Alfred Rosenberg, der Anfang Dezember 1918 seine baltische Heimat, Reval, verlassen hatte und nach München gegangen war. „Eckart lachte: Sicher." Auf solche Weise, mit so verblüffender Frage und so verdutzter, aufhorchender Antwort, war eine Freundschaft geschlossen, die sehr bald zu einer engen Mitarbeiterschaft führte. „Wenn die alte Schriftstellerfaulheit über ihn kam, dann mußte ich oft mehrere Hefte seiner Wochenschrift allein hintereinander schreiben", berichtet Alfred Rosenberg, der seit jenen Zeiten das Vermächtnis Dietrich Eckarts verwaltet hat.

„An alle Werktätigen!" war ein Flugblatt überschrieben, das Eckart gemeinsam mit Gottfried Feder verfaßt hatte; es wandte sich gegen das Leihkapital. Hunderttausend Stück wurden hergestellt, und auf einer Fahrt mit einem Auto durch die Stadt warfen Dietrich Eckart und Alfred Rosenberg das Flugblatt unter die Menge, „am Stachus kam es zu einem größeren Auflauf, der zu einer kurzen Ansprache benutzt wurde, dann ging es weiter". Zwei Tage darauf, am 7. April 1919, gab es bereits einen „Revolutionären Zentralrat der Räterepublik Baiern". Auf dem Weg zur Thulegesellschaft, deren Gast Eckart häufig war, wurde er verhaftet. Die Matrosen willigten jedoch ein, mit ihm in seine Wohnung zu fahren; dort ließen sie sich einige seiner Flugblätter vorlesen und gaben ihn schließlich, nach einer politischen Debatte, wieder frei. Eckart aber verließ die Stadt und ging aufs Land — es war kurz vor der Erschießung der Geiseln im Hofe des Luitpoldgymnasiums.

Im Mai 1919, nachdem das Freikorps Epp in München eingerückt war, gründete Dietrich Eckart eine „Deutsche Bürgervereinigung". Es war einer jener vielen Versuche, zu neuer Sammlung aufzurufen. Es war die Zeit des allgemeinen Gärens und Brodelns, in der auch der Werkzeugschlosser Anton Drexler eine „Deutsche Arbeiterpartei" gegründet hatte. Aber über einige Versammlungen ist die „Deutsche Bürgervereinigung" nicht hinausgekommen, obwohl sie auch nach breiterer Grundlage strebte, „wie jeder nur Bürger sein kann, der arbeitet, so ist jeder Arbeiter ein Bürger".

Dietrich Eckart wurde bald auch mit Adolf Hitler bekannt. Im März 1920 flog er mit ihm gemeinsam nach Berlin, um die Verbindung aufzunehmen mit Kapp. Aber

Weiß wagte jedenfalls nicht, »wie in Berlin besprochen«, das Verfahren einfach einstellen zu lassen. Am 31. Juli 1943 ordnete er an, das Verfahren gegen Küsel zu eröffnen, bestimmte aber am 8. September, vorerst keinen Termin zur Hauptverhandlung anzuberaumen. Am 23. September teilte Weiß dem Propagandaministerium mit, er beabsichtige das Verfahren gegen Welter einzustellen, weil Welter jetzt, nach dem Ende der »Frankfurter Zeitung«, einer der Hauptschriftleiter beim »Völkischen Beobachter« sei (was Welter freilich abwenden konnte) und das Verfahren gegen Küsel zurückzustellen, solange er eingezogen sei.

Damit war der Angriff der Frankfurter Gauleitung schließlich abgeschlagen. In dem hinhaltenden Spiel hatte jeder der Beteiligten genau beobachtet, wie die anderen sich verhielten. Keiner hatte sich, weder

es war bereits zu spät. Er traf ihn zwar noch im Reichskanzlerpalais an, aber es war schon alles gescheitert: „Meiner Lebtag werde ich diese Augen nicht vergessen. Trauer und Schmerz und Zorn und Hoheit waren darin. Wozu noch reden? Es eilte ja, er war auf der Flucht." Immer enger schloß sich Eckart nun der „Nationalsozialistischen Deutschen Arbeiterpartei" an, deren Führung Adolf Hitler übernahm. Er redete in der ersten großen Versammlung, die im Zirkus Krone abgehalten wurde, im Februar 1921, er nahm an der Fahrt zum „Deutschen Tag" in Koburg teil, Oktober 1922, und sprach auf dem ersten Parteitag im Saal des Hofbräuhauses, im Januar 1923.

Im Dezember 1920 hatte er die Geldmittel besorgt, die es möglich machten, den „Völkischen Beobachter" für die Partei zu erwerben. Adolf Hitler dankte ihm für die „noch in letzter Minute gewährte große Hilfe"; Eckart hatte mit seinem Vermögen gebürgt. Hundertzwanzigtausend Mark waren der Kaufpreis, und die Hälfte davon hatte General von Epp als ein persönliches Darlehen an Eckart gegeben. (Als der „Völkische Beobachter" im August 1923 zu seinem großen Format überging, kostete eine Zeitung beim Händler an der Straßenecke sechzigtausend Mark, — Wirbelrad der Zeitgeschichte.)

Im Sommer 1921 zeichnet Dietrich Eckart als Herausgeber und Hauptschriftleiter des „Völkischen Beobachters". Fast zwei Jahre bleibt er in dieser Stellung; aber Alfred Rosenberg, der ihn im Frühjahr 1923 ablöst, erzählt von ihm: „Eine methodische, auf den Glockenschlag abgestellte Arbeit war ihm ein Greuel, sodaß ich ihn von allem Anfang an oft vertreten mußte". Seine eigene Wochenschrift hatte Eckart eingestellt zugunsten des „Völkischen Beobachters", der die Leser sammeln sollte. (Bis zum Sommer 1922 war er auch, neben Ludwig Thoma, Mitarbeiter am „Miesbacher Anzeiger" gewesen, der es schließlich bis zu einer Auflage von achtzehntausend Stück gebracht hatte, — fast ein Drittel davon, es war deftige Landware, ging nach Berlin.)

Dietrich Eckart schrieb einen scharfen, polemischen Stil. „Dolche müßte man reden können", heißt es einmal bei ihm. Dabei war es eine heimatliche, eine bayrische Sprache; so konnte wie von ungefähr in solch einem Artikel neben Lloyd George oder Northcliffe ein vertrautes Gleichnis treten, „der billige Jakob auf der Auer Dult". Die Ueberschriften der Aufsätze schon deuteten ihre Schärfe an: „Vorsänger der Republik" oder, ein andermal, „Die Nachgeburt des Wechselbalges" las man dort, „auf gut deutsch". (Auch Wortspiele liebte er: „Ubi Pöhner ibi Patria".)

Der Schriftsteller, der einst in der Kolonialgesellschaft, im Flottenverein literarische Vorträge gehalten, war jetzt ganz ein Mann der politischen Arena geworden. Er war einer der erbittertsten Männer: „Wer sich um die Judenfrage drückt, der ist mein Feind, und wenn er in gerader Linie von Hildebrand und Hadubrand abstammt" schalt er gegen jene, die „schamlos das nationale Mäntelchen achselten", ohne hier recht mittun zu wollen. Er wetterte gegen die „Nau- und Laumänner" und bekannte, er habe seine „angeborene Abneigung gegen das Judentum durch den jüdischen Ministerpräsidenten Eisner verhundertfacht gefühlt".

„Genosse Ebert im Jenseits" war ein Bilderbogen, zu dem er die Verse geschrieben hatte. Ein Verfahren wurde eingeleitet nach dem Gesetz zum Schutz der Republik, und am Ende, im April 1923, erließ der Oberreichsanwalt einen Haftbefehl. Dietrich Eckart ging in die Berge. Als Dr. Hofmann hielt er sich dort verborgen; zuweilen sprach er auch unten in einer Versammlung, als Dr. Schütz. Falls Gefahr im Verzuge sein sollte, dann war mit einem Beamten auf dem Telegraphenamt in Berchtesgaden ein Stichwort verabredet. „G'strickte Janker" lautete es und sollte das Zeichen sein, daß Eckart sich von seiner Zufluchtsstätte über die Grenze in Sicherheit bringen müsse.

Auf dem „Platterhof" — voll der Erinnerungen an Richard Voß („Zwei Menschen"), Ludwig Ganghofer, Peter Rosegger und Clara Schumann — besuchte ihn Adolf Hitler, der hier zum erstenmal auf den Obersalzberg kam (und später dann das „Haus Wachenfeld", den heutigen „Berghof", erwarb).

Ende Oktober 1923 kehrte Dietrich Eckart nach München zurück. Am 9. November fährt er gegen Mittag von der Schriftleitung des „Völkischen Beobachters" mit Alfred Rosenberg zum Bürgerbräu, wo sich die Anhänger bereits zum Zuge durch die Stadt aufstellen, — aber das Jahr, das mit dem Einmarsch französischer Truppen in das Ruhrgebiet begonnen, endet mit den Schüssen an der Feldherrnhalle. Der Generalstaatskommissar von Kahr läßt Eckart in Schutzhaft nehmen. Er kommt nach Stadelheim in die Strafvollstreckungsanstalt, dann nach Landsberg am Lech auf die Festung, auf der auch Adolf Hitler ist. Aber Eckart ist ein schwerkranker Mann. Er wird entlassen, geht wieder hinauf in die Berge und stirbt dort, am 26. Dezember 1923, an einer Herzlähmung. Auf dem Friedhof in Berchtesgaden wird er beigesetzt; ein Brief Ludendorffs wird am Sarge verlesen. Der Mann aber, den Dietrich Eckart einst als „Zornesader der Deutschen Arbeiterpartei" bezeichnet hatte, dieser Mann hatte ein Jahr zuvor, im Herbst 1922, beim Entwurf der ersten Standarte das Wort aus dem „Sturmlied" in das Tuch einwirken lassen, als Weckruf des Dichters der nationalsozialistischen Bewegung: „Deutschland, erwache!"

hk.

im Angriff noch bei der Abwehr, weit vorgewagt, alle hatten sich gehütet, etwas Ausschlaggebendes und Endgültiges zu tun, solange sie nicht sahen, welche Seite die stärkere sein würde. Interessant war dabei auch die Vorsicht Rosenbergs. Es ging schließlich um einen von Hitler verehrten und zum Mythos erhobenen »Dichter«. Nachdem Küsel Mitte April aus der Gestapohaft entlassen und in Rienhardts Büro »belehrt« worden war, schien die Affäre Dietrich Eckart für die Zeitung erledigt zu sein.

Doch plötzlich kam sie aufs neue in Bewegung. Etwa an der Monatswende April/Mai[31], fünf Wochen nach Erscheinen des Artikels, spielte sich ab, was Otto Dietrich in seinen Erinnerungen ohne Datum berichtet: Hitler habe dem Leiter der Parteikanzlei, Martin Bormann, beim Mittagessen in München, in der »Osteria Bavaria«, spontan den Befehl erteilt, die »Frankfurter Zeitung« kurzerhand einstellen zu lassen, und zwar »ohne Rücksicht auf entgegenstehende Einwände der Sachbearbeiter«. Bei diesem Essen hatte sich die Witwe von Hitlers Staatsarchitekt Paul Ludwig Troost bei Hitler über ein ihr mißfallendes Feuilleton in der »Frankfurter Zeitung« beschwert.[32] Es war Küsels Aufsatz. Frau Troost konnte die Zeitung nicht ausstehen; ihre Rezensenten hatten in früheren Jahren die Entwürfe ihres Mannes kritisiert. Kritik an den von Hitler geförderten Künstlern gehörte lächerlicherweise zum Gefährlichsten, was man im Dritten Reich versuchen konnte.

Hitler haßte die Zeitung. Noch in seiner letzten öffentlichen Rede, am 8. November 1942 vor seinen »alten Kämpfern« in München, hatte er wieder einmal behauptet, daß die »Frankfurter Zeitung« mit den Juden des In- und Auslandes zu den Feinden des Reiches gehört habe – eine Formulierung, die Goebbels in der gedruckten Fassung ändern ließ: »die ehemalige Frankfurter Zeitung«. Hitler hatte so die alte Gegnerschaft bestätigt, aber Goebbels wollte nicht zulassen, daß der Eindruck entstehe, es gebe noch eine Opposition gegen den nationalsozialistischen Staat.

Noch aus München rief Bormann Rienhardt an und teilte ihm den Befehl Hitlers zur Einstellung der Zeitung mit. Rienhardt berichtete später, er habe Bormann sogleich erklärt, für ein sofortiges Erscheinungsverbot fehle jede Rechtsgrundlage, und auch aus anderen, grundsätzlichen und zeitungspolitischen Gründen müsse er schwerste Bedenken dagegen geltend machen und werde dies sofort schriftlich begründen.[33]

»Der Führer tobt«, so kam Rienhardt in sein Büro und rief Emil Frotscher und Rudolf Sparing, den Chefredakteur des »Reichs«, zu sich. Der eine war seine jetzige, der andere seine frühere rechte Hand.

Er bat sie, sofort Entwürfe für eine Eingabe an Bormann anzufertigen, um die Aufhebung des Befehles zu erwirken. Im Mittelpunkt stand das Argument, mit dem die Zeitung immer wieder herausgepaukt worden war, das einzige, das auf Nationalsozialisten Eindruck machen konnte, die Auslandswirkung. Rienhardt besprach die Sache auch mit Goebbels, was seine Mitarbeiter als ungewöhnlich empfanden, denn zwischen den Häusern Amann und Goebbels gab es eine bewährte Eifersucht und Konkurrenz.

Ebenso bat Rienhardt Hecht und Scharp um Vorschläge für die Denkschrift. »Wir haben in diesen Tagen alles andere liegen gelassen, es gab nur ein Problem: die ›Frankfurter Zeitung‹«, berichtet Frotscher. Rienhardt habe aus den Entwürfen ein Memorandum formuliert, das Amann unterschrieb und an Bormann schickte. Auf die Eingabe kam keine Antwort. Rienhardt wartete Tag für Tag. Solange er keine Antwort erhielt, brauchte er gegen die »Frankfurter Zeitung« nichts zu unternehmen, meinte er. »Vielleicht würde Hitler die ganze Angelegenheit vergessen...«, so deutete Frotscher Rienhardts Verzögerungsspiel.[34]

Margret Boveri hörte in Lissabon etwas über die Bemühungen zur Rettung der Zeitung. Sie war seit Ende 1942 wieder in Europa. Die deutschen Korrespondenten in Amerika waren zusammen mit Angehörigen der deutschen Botschaft beim Eintritt der Vereinigten Staaten in den Krieg zunächst interniert, schließlich über Portugal gegen die in Deutschland internierten amerikanischen Diplomaten ausgetauscht worden. Die Frankfurter Redaktion bat Margret Boveri, in Lissabon zu bleiben und von dort aus die unterbrochene Amerika-Berichterstattung wieder aufzunehmen. Im Mai 1943 las Margret Boveri in der Zeitung einen Bericht ihrer Lissabonner Kollegin Irene Seligo über die »Judenfrage in England«.[35] Sie fand den Bericht »sehr objektiv geschrieben«. Trotzdem, sagte sie sich, »so etwas tue ich nie«.

Wenige Tage später erhielt sie ein Telegramm Starks mit der Bitte, über die Juden in Amerika zu schreiben. Zuerst wollte sie sich weigern. Aber sie entnahm der Formulierung des Telegramms die Dringlichkeit des Verlangens. Sie überlegte sich, daß man in einer Gemeinschaft die »Kloakenarbeit« nicht anderen überlassen dürfe, und schrieb den Artikel so nüchtern wie möglich, und so, daß sie glaubte, ihn auch vor ihren jüdischen Freunden in New York verantworten zu können. Sie telegraphierte das Manuskript nach Frankfurt mit dem Vermerk »Keine Änderung ohne Rückfrage« – »das einzige Mal in meiner ganzen FZ-Praxis, daß ich solches forderte«.

Einige Tage später stand ihr Artikel im Blatt, und, wie sie entsetzt bemerkte, »mit kolossalen Änderungen«, nicht nur Streichungen, die den Sinn verkehrten, sondern auch neu hinzugeschriebenen Stücken samt einem anderen Schluß.»Daraufhin habe ich nächtelang geheult.« Sie war aufgebracht über den Tort. Sie beschloß zu kündigen, wenn man ihr nicht »Satisfaktion« geben könne. Aber von Lissabon aus war eine Auseinandersetzung mit Stark nicht möglich. Die Zensur las mit und hörte auch die Telephongespräche ab. Im Juni war Margret Boveri in Freiburg zu einer schweren Operation, im Juli besuchte Stark sie in der Klinik, und nun gab's Krach. Stark schilderte ihr den Ablauf: Hitlers Verbot sei etwa am 1. Mai ergangen. »Darauf allseits fieberhafte Bemühungen, die Zeitung zu retten: Auswärtiges Amt, Rienhardt, selbst Goebbels taten, was sie konnten, und die Zeitung mußte auch tun, was sie konnte.« Dazu hätten auch die Artikel über die Judenfrage gehört. Scharp in Berlin hatte das Manuskript geändert und Stark hatte es in Satz gegeben. Der Streit am Krankenbett wurde nicht beigelegt. Im Herbst 1943 besuchte Stark Margret Boveri ein zweites Mal, diesmal auf dem Land, in Höfen bei Bamberg, wo sie aufgewachsen war. Neue Auseinandersetzung. »Seitdem ist die Freundschaft zwischen uns, die sich in den Jahren 1938 bis 1940 herausgebildet hatte, zu Ende, und wir haben nur noch als Kollegen miteinander zu tun«, schrieb sie 1947 Paul Scheffer.[36]

Der Artikel selbst, so wie er veröffentlicht wurde, war so übel nicht, wie man nun erwarten könnte. Er beschrieb die Stellung der Juden in Amerika, vor allem in New York und in der Regierung. Er beschrieb auch den verdeckten Antisemitismus in Amerika. Boveris Artikel richtete sich weniger gegen die Juden als gegen Amerika, das gegen den Antisemitismus Hitlers kämpfe und dabei selbst Antisemitismus in der eigenen Gesellschaft dulde.[37] Was Scharp an Margret Boveris Manuskript geändert hatte, ist nicht mehr festzustellen. Der Beitrag blieb jedenfalls auch mit den Änderungen Scharps weit hinter dem zurück, was die Weisungen gefordert hatten, die Margret Boveri nicht kennen konnte. Ihr Brief an Scheffer läßt erkennen, daß sie ihren und Irene Seligos Beitrag für unverlangte Konzessionen der Redaktion zur Rettung des Blattes hielt und Starks Erläuterungen, man habe unter strikten Weisungen so gehandelt, keinen Glauben schenkte. Sie war stets eine mißtrauische Person und überaus dickköpfig.

Tatsächlich war es so, wie Stark gesagt hatte. Seit Mitte April, seit der Aufdeckung der Massengräber über viertausend polnischer Offiziere im Wald von Katyn bei Smolensk, die Stalin 1940 hatte umbringen lassen, führte das Propagandaministerium eine schrille antisemitische Kampagne. Die Zeitungen waren angewiesen, die Morde von Katyn nicht bloß zur Propaganda gegen die Sowjetunion zu benutzen, sondern sie »jüdisch-bolschewistische« Mordtaten zu nennen und als

»jüdisches Weltkomplott« zu beschreiben. Die »dominierende Stellung des Judentums, das sowohl den Bolschewismus wie den Kapitalismus beherrscht«, solle durch dauernde Wiederholungen ins Bewußtsein gehämmert werden. Es sei wichtig zu zeigen, welche Ämter von den Juden in der Welt eingenommen würden. Man möge die »jüdische Mordfratze entlarven«. Die Auslandskorrespondenten seien noch immer zu vornehm und zurückhaltend, so lauteten Weisungen und Tadel.[38] Doch nichts dergleichen war in der »Frankfurter Zeitung« zu lesen, auch nicht in dem Artikel Boveris nach den Änderungen Scharps, eher sogar eine umgekehrte Tendenz: Antisemitismus gebe es auch im kapitalistischen System.

In Goebbels' Tagebuch gibt es unter dem 10. Mai 1943 eine Eintragung über ein Gespräch mit Hitler an diesem Tage: der Fall Katyn (gemeint ist: Goebbels' Kampagne) »hat dem Führer außerordentlich imponiert«. Er habe daran wieder erkannt, welche ungeheuren Möglichkeiten noch in der antibolschewistischen Propaganda lägen. »Er ist außerordentlich zufrieden mit der Verschärfung unserer antisemitischen Propaganda in Presse und Rundfunk...«, und dann weiter: »allerdings, in der Frage der Beibehaltung der ›Frankfurter Zeitung‹ komme ich nicht zum Ziel. Der Führer führt eine ganze Reihe von Gründen an, warum die ›Frankfurter Zeitung‹ beseitigt werden muß. Allerdings glaube ich, daß die Gründe für die Beibehaltung der ›Frankfurter Zeitung‹ doch stärker sind, als der Führer sie ansieht ... ich werde nun seinem Wunsch Rechnung tragen und die ›Frankfurter Zeitung‹ zur Auflösung bringen.«[39]

Goebbels wollte den europäischen Nachbarländern die Zeitung erhalten, wobei er hoffte, mit Kampagnen wie im Falle Katyn »antisemitische Bazillen« virulent machen zu können, wie er sich in derselben Eintragung ausdrückte. Beides hing für ihn zusammen. So war er einerseits nach Hitlers Verbot von Ende April Rienhardt behilflich, die Zeitung nach Möglichkeit zu erhalten, andererseits aber auch entschlossen, die letzten Reste des Judentums aus der »Frankfurter Zeitung« zu entfernen. Er verlangte jetzt, daß die verbliebenen Halbjuden Benno Reifenberg und Erich Lasswitz (der Redakteur der technisch-naturwissenschaftlichen Beilage) sowie die mit Jüdinnen verheirateten Redakteure Dolf Sternberger, Wilhelm Hausenstein und der Berliner Mitarbeiter Otto Suhr entlassen würden. Jahrelang hatte Rienhardt immer wieder geholfen, der Zeitung diese Mitarbeiter zu erhalten.[40] Die »Frankfurter Zeitung« war wohl das einzige Blatt in der deutschen Presse, dem es gelungen war, Halbjuden und »jüdisch Versippten« immer wieder eine Ausnahmegenehmigung für die weitere Arbeit zu beschaffen.[41] Anfang Mai suchten Hecht, Kircher, Scharp und Reifenberg aufs neue dem Propagandaminister den Befehl zur Entlassung der fünf abzuhandeln. Mitten in ihren Arbeiten an einem Memorandum kam ein Anruf aus Goebbels' Ministerium: »Schluß, die fünf müssen ausscheiden.«[42] Am 5. Mai wurden die fünf Mitglieder rückwirkend zum 30. April entlassen, auf Goebbels' Befehl und in deutlichem Zusammenhang mit der »jüdisch-bolschewistischen« Katyn-Kampagne, nicht unmittelbar mit der Sache Eckart/Küsel.[43] Der Aufsatz über Eckart hatte Goebbels eher gefallen.

Die fünf Redakteure verloren dabei nicht nur ihren Arbeitsplatz und ihr Einkommen, sondern auch Schutz vor Verfolgung. Vor allem waren die jüdischen Ehepartner in akute Gefahr geraten. Hecht und Kircher nahmen es auf sich, den Gauleiter Sprenger aufzusuchen mit der Frage, ob er Sicherheit bieten könne, daß die Entlassenen in Ruhe gelassen würden und nichts Weiteres zu befürchten hätten. Sprenger antwortete ausweichend, mit Phrasen, brachte höhere Dienststellen ins Gespräch und ließ sich zu keiner Versicherung herbei. Da, so wird berichtet, habe Kircher auf den Tisch geschlagen und den Gauleiter angeschrien: »Denken Sie, ich mache euch euren Scheiß weiter, wenn Sie nicht einmal das fertigbekommen?«[44] Kircher geschah nichts wegen dieses Ausbruchs.

Mit der Entlassung wurden die fünf »Halbarier« und »jüdisch Versippten« auch von der Liste der Schriftleiter gestrichen. Das war das Berufsverbot, zugleich auch der Verlust eines gewissen Schutzes gegenüber Partei und Gestapo. Nun war ihre Situation in Frankfurt heikel geworden. Sie brauchten rasch neue Stellen. Sternberger und seine Frau sind der Verfolgung, die nun einsetzte, mit dem tatkräftigen Beistand von Freunden in Heidelberg und Baden-Baden schließlich entronnen.

Vier Jahrzehnte später hielt Sternberger vor der »Deutschen Akademie für Sprache und Dichtung« in Darmstadt einen Vortrag über Goethes »Natürliche Tochter«. Er vermittelt eine Ahnung von den Erfahrungen, die er und andere damals machten. Sternberger sprach davon, wie er dies wenig bekannte Drama im Krieg das erste Mal »mit aufgerissenen Augen, mit den aufgerissenen Augen der Epoche« gelesen und als eine Parabel auf das Erlebnis der Deportation von Nachbarn verstanden hatte, die unwissend weggeführt wurden, in einem Güterzug »am Bahnsteig 1 des Frankfurter Hauptbahnhofs«. In der Fabel des Dramas erkannten Sternberger und seine Frau ihre eigene Situation. Das dunkle Geschick war damit zwar nicht von ihnen genommen, aber es war ihnen von Goethe »in die Helligkeit der Sprache gerückt«.[45]

Auch Reifenberg fehlte es nicht an Schutzgeistern. Die Wehrmacht

Frankfurter Juden bei der Deportation nach Theresienstadt, Großmarkthalle, 18. August 1942

konnte Schutz bieten. Reifenberg war Leutnant der Reserve aus dem Ersten Weltkrieg. Er ging zum Meldeamt. Der Major kannte den Namen. Er ließ ihn ein paar Minuten warten und kam zurück: »Wir haben beschlossen, Sie nicht zu melden.«[46] Was nun? Zum Roten Kreuz? Marie-Luise von Kaschnitz riet ihm, Franz Büchner, den Pathologen in Freiburg, aufzusuchen. Der »heilige Franz«, wie er in einer Gruppe kirchlich-oppositioneller Professoren in Freiburg genannt wurde, empfahl Reifenberg weiter an rabiat-antinationalsozialistische Freunde, den Hirnforscher Professor Oskar Vogt und dessen französische Frau Cécile, ebenfalls eine große Gelehrte, in Neustadt im Schwarzwald. Reifenberg fuhr noch am gleichen Tag mit der Höllentalbahn dorthin. »Haben Sie schon naturwissenschaftlich gearbeitet?« fragte Vogt ihn. Reifenberg konnte ihm nichts anderes anbieten als einen »logischen Verstand« und »ein gutes Augengedächtnis«. Vogt stellte ihn als Volontär ein.

Reifenberg wurde Naturforscher. »Reifenberg kam in die Welt der exakten, der atheistischen Naturwissenschaften. Er hat mir, der Biologentochter«, so schrieb Margret Boveri, »sein Erstaunen über diese ihm so fremde Geistesart beschrieben, die vermeinte, die Schöpfungsarbeit Gottes selbst vollziehen oder mindestens steuern zu können.« Reifenberg mikroskopierte nun in Vogts Laboratorium, half mit, das menschliche Gehirn in schmale Stücke zu zerlegen und Schnitt für Schnitt einzufärben, unter dem Mikroskop die Strukturen zu beobachten und abzuzeichnen – Tausende von Blättern, die Grundlage für einen Atlas der Hirnschichten.[47]

Mit Vogts Tochter arbeitete er an genetischen Experimenten. Reifenberg vertiefte sich, als Laie, mit ganzer Wißbegier in diese neue Welt, fragte, las, studierte, sezierte, mikroskopierte, implantierte am klassischen Objekt der Genetik, der Taufliege Drosophila. »Es fiel mir sehr schwer, mich an die Untersuchung der kleinen Lebewesen zu gewöhnen. Wider Erwarten erregte mich der Anblick der kleinen Lebewesen unter dem Mikroskop ungemein, besonders wenn an ihnen Eingriffe vorzunehmen waren.«[48] Durch eine merkwürdige Wendung seines Geschicks war Reifenberg in der Abgeschiedenheit seines Schwarzwälder Exils zum Amateur-Naturforscher geworden und damit Goethe nochmals ein Stück näher gerückt. In Saig fand er eine Wohnung und erlebte da das Ende des Krieges.

Hausensteins Tagebuch verrät in jenen Frühjahrswochen des Jahres 1943 Bedrängnis. Er verzeichnete »große Schwierigkeiten für das Blatt, für Reifenberg, Sternberger und mich ... an meiner Ruhe merke ich nicht nur, daß ich abgehärtet bin, sondern auch, daß mein Gottvertrauen gewachsen ist« (20. April). Am Ostertag liest er Predigten John Henry Newmans – »im rechten Augenblick« kamen sie ihm zur Hand, denn »die Ungewißheit der eigenen Situation machte mich einer solchen Stärkung bedürftig« (25. April). Er erlebt lähmende Tage und fühlt sich nun durch wachsende Existenzsorge »erschöpft« (28. April). »Sehr arge Tage, Verlust meiner Stellung und Tätigkeit bei der Zeitung. Löschung in der Schriftleiterliste am 5. Mai mit Wirkung vom 1. Mai. Jede Art von Besorgnis um die Existenz« (12. Mai). Er arbeitet im Garten, um sich abzulenken, aber er ist unruhig und findet nicht den Rhythmus des Gärtners, die Geduld mit der belebten Materie. Ihn beschäftigt das Böse. Was ist das Böse, befragt er die theologische Literatur und Freunde, die ihn besuchen. Ist das Böse, dessen Zugriff er sich ausgeliefert fühlt, etwas Eigenes oder, wie Augustinus lehrt, nichts als eine privatio boni, ein Fehlen des Guten? So negativ also, daß es nicht einmal eine eigene Existenz besitzt? (12. Mai).

Hausenstein nutzte seine Verbannung aus dem Beruf zu ausgedehnter Lektüre, aber im Bewußtsein einer ständigen Lebensgefahr. Wie er das Kriegsende ohne Einkünfte erreichte, ist nicht beschrieben, aber die Bedrohung der materiellen Existenz und die Sorge um die jüdische Frau sind im Tagebuch ständig gegenwärtig. Seit Sommer 1943 gab es auch in Bayern eine Aktion zur Verfolgung der jüdischen Partner in Mischehen. Davon betroffene Ehepaare flüchteten nicht selten in den Selbstmord. Ehe die Aktion den Starnberger See erreichte, kam sie zum Stillstand, geheimnisvoll. Im Frühjahr 1945 drohte zum zweiten Mal die Gefahr von »Gestellungsbefehlen« für die jüdischen Ehepartner, Deportation zu Erdarbeiten. In Hausensteins Briefkasten aber fiel kein Gestellungsbefehl. Wieder hatte jemand sie verschont.[49]

Unterdessen hatte sich in der Redaktion ein neuer Fall ereignet. Betroffen war eine junge Redakteurin, die erst wenige Monate im Hause war, Dr. Elisabeth Noelle (später verheiratete Neumann). Sie war im November 1942 beim »Reich« hinausgeworfen worden wegen eines Porträts des amerikanischen Präsidenten, in dem sie Franklin D. Roosevelt in Begriffen beschrieb und kritisierte, die den Leser zu Vergleichen mit Hitler anregten.[50] Die Redaktion der »Frankfurter Zeitung« warf ihr sogleich ein Rettungsseil zu. So kam sie 1943 zur Zeitung. Seltsamerweise war es nun ein Porträt von Eleanor Roosevelt, das ihr beinahe wieder zum Verhängnis wurde. Sie beschrieb die Frau des amerikanischen Präsidenten nach ihrem in amerikanischen Zeitungen veröffentlichten Tagebuch. Es zeigte eine sehr geschäftige, etwas oberflächliche, aber energische Frau mit einem eisernen Erfolgswillen. Kein schmeichelhaftes Porträt. Die Autorin verbarg nicht ihre Abneigung, aber sie unterließ es, Eleanor Roosevelt zu beschimpfen,[51] wie es die immer unflätigere Propaganda tat. In der Pressekonferenz wurden die Teilnehmer verwarnt, positive Artikel über Frau Roosevelt zu schreiben.[52] Das Propagandaministerium leitete ein Berufsgerichtsverfahren gegen die Autorin ein, und eine Woche lang kämpften Hecht, Scharp und Welter in Berlin – erfolgreich – um die Einstellung des Verfahrens.

Kehren wir zurück zu den Ereignissen nach Hitlers spontanem Verbot der Zeitung Ende April. Der Tagebucheintrag Goebbels' vom 10. Mai über die Einstellung der Zeitung klingt merkwürdig resigniert. Schließlich hatte er das Blatt zehn Jahre lang immer wieder in internen Kämpfen des Regimes davonkommen lassen. Nun ließ er den Dingen ihren Lauf. Warum wehrte er sich nicht nochmals? Der Grund dürfte vor allem in der Kriegslage zu suchen sein. Die »Frankfurter Zeitung« hatte Goebbels so viel gegolten, wie er glaubte, sie für die Auslandspropaganda nutzen zu können. Im Frühjahr 1943 gab es nur noch wenige neutrale Länder, die als Empfänger deutscher Zeitungen für das nationalsozialistische Regime politisch interessant erscheinen konnten. Nur Rienhardt blieb an der Fortexistenz der Zeitung interessiert. »Ohne Rücksicht auf entgegenstehende Einwände der Sachbearbeiter« sollte die Zeitung eingestellt werden, hatte Hitler befohlen. Trotzdem erschien die Zeitung weiter, als sei nichts geschehen. Rienhardt wartete ab. Von Bormann aber kam keine Antwort. Solange keine Antwort kam, befolgte er den Befehl nicht und ließ die »Frankfurter Zeitung« weiter erscheinen. Sechs oder acht Wochen später, so erinnerte sich Rienhardt, habe Bormann bei ihm angerufen: wie stehe es denn, die »Frankfurter Zeitung« erscheine ja noch immer. Rienhardt erinnerte Bormann an seine Denkschrift, und Bormann nahm hin, daß Rienhardt nicht handelte, solange er nicht neu beschieden sei.[53]

Seltsamerweise scheint in diesen letzten Wochen auch Gauleiter Sprenger in Frankfurt eine Eingabe über Bormann an Hitler zur Erhaltung der »Frankfurter Zeitung« gemacht zu haben, wie der Leiter der Gestapostelle Frankfurt gehört hatte. Der Gauleiter »sei der Auffassung, daß das Eingehen der ›Frankfurter Zeitung‹ infolge ihres Rufes für Frankfurt ein großer Verlust bedeutet«.[54] Im fünften Monat nach Küsels Artikel über Dietrich Eckart erschien die »Frankfurter Zeitung« noch immer. Sollte Hitler in seinem fernen ostpreußischen Hauptquartier seinen Befehl vergessen haben?

Am Vormittag des 10. August um halb elf – Tag und Stunde prägten sich dem Gedächtnis ein – rief Wendelin Hecht die Arbeiter und Angestellten des Hauses im Mettagesaal der Setzerei zusammen. Zwischen Umbruchtischen und Setzkästen stand die ganze Belegschaft dichtgedrängt. Alle ahnten, was Hecht mitzuteilen hatte: das Ende der Zeitung. Hecht war angewiesen worden, von »kriegsbedingten Ursachen« zu sprechen, »doch hier, an dieser Stelle, brach er jäh ab. Man spürte die tiefe Erbitterung, die ihn nicht weitersprechen ließ... in der Öffentlichkeit mochte es gelingen, die wahren Ursachen zu verschleiern, hier war es einfach nicht möglich«, so hat Franz Taucher die Stunde in Erinnerung behalten.[55]

Acht Tage später teilte der Verlag die Nachricht auch den Lesern mit, nüchtern, ohne ein Wort über sich selbst: »Im Zuge der kriegswirtschaftlichen Maßnahmen wird die ›Frankfurter Zeitung‹ am 31. August 1943 ihr Erscheinen einstellen.« Und dann eine Empfehlung an die Abonnenten, künftig den »Völkischen Beobachter«, die »Berliner Börsen-Zeitung« oder die »Deutsche Allgemeine Zeitung« zu beziehen. Die Nennung des »Völkischen Beobachters« an erster Stelle war ein unübersehbarer Hinweis, daß der Zeitung diese Mitteilung in die Feder diktiert worden war.[56]

Die Schließung der »Frankfurter Zeitung« war nochmals eine internationale Nachricht. Der amerikanische Gesandte in Bern meldete sie seiner Regierung.[57] Auswärtige Zeitungen berichteten es. Die Baseler »National-Zeitung« knüpfte Bemerkungen an über den ursprünglichen Kampf und die später zu beobachtende »zunehmende Gleichschaltung, um die Zeitung zu retten«. Obwohl die »Frankfurter Zeitung« politisch entmachtet worden sei, habe sie, sooft es ging, humanitären Regungen Raum gegeben und die Stimme warnender Vernunft durchklingen lassen. Aber mit ihrer Sprache habe sie auch eine werbende Wirkung für die Sache des Nationalsozialismus ausgeübt, die sie vertreten mußte, und damit der Berliner Propaganda genützt, meinte der Verfasser. Deshalb überrasche es, daß die Nationalsozialisten gerade jetzt auf dieses Instrument verzichteten.[58] Die »Neue Zürcher Zeitung« beschrieb den Unterschied der »Frankfurter Zeitung« zur übrigen deutschen Presse und hob den gepflegten Stil des Blattes und eine gewisse Vielseitigkeit der Information hervor, »soweit sie unter den gegebenen Verhältnissen möglich war«. Ihr Ansehen im Ausland sei ein »Aktivposten« für die deutsche Politik in Kreisen gewesen, »die für die nationalsozialistische Parteipresse unzugänglich waren«. Daraus erkläre sich die »gewisse Sonderstellung«, die das Blatt zehn Jahre lang habe behaupten können. Die »Neue Zürcher Zeitung« wußte auch, aus welchem Quartier der Einstellungsbeschluß gekommen war: von Bormann, aber »einflußreiche Instanzen« hätten auf eine Prüfung des Beschlusses hingearbeitet, die nun offenbar erfolglos geblieben sei – eine erstaunlich gut unterrichtete Darstellung.[59]

Was hat das Ende der Zeitung schließlich abrupt herbeigeführt? Margret Boveri erkundigte sich, als sie Material für ihr Buch »Wir lügen alle« sammelte, im Sommer 1961 auch nach den Vorgängen am Ende der »Frankfurter Zeitung«. Es habe da in der Schlußphase »noch ein akutes neues Ereignis gegeben, das den endgültigen Befehl Hitlers ausgelöst hat«, erzählte ihr Rienhardt. Daraufhin habe er eine zweite Denkschrift an Hitler verfaßt, und Amann habe sie wiederum unterschrieben. Aber sie habe nichts genützt, »und nach wenigen Tagen, Anfang August, kam der unwiderruflich letzte Verbotsbefehl«. Rienhardt erinnerte sich aber nicht mehr, was das »akute neue Ereignis« gewesen war.[60]

Margret Boveri fing nun an, nach dem »neuen Ereignis« zu forschen. Fritz Sänger sagte ihr, außer dem Eckart-Artikel habe es nichts gegeben. Andere meinten, der Übertritt Wilhelm Reys zu den Engländern im Sommer 1943 sei das »Ereignis« gewesen. Doch Rey floh im Herbst, nach dem Ende der Zeitung. Paula Oelmaier, Hechts Sekretärin, schrieb Margret Boveri, der »Putsch in Italien« im Juli 1943 sei der Grund gewesen. Hitler solle damals geäußert haben, so etwas drohe auch von der »Frankfurter Zeitung«.[61] Margret Boveri meinte, damit dem »Ereignis« auf der Spur zu sein. Aber Welter widersprach. Auch Rienhardt konnte sich nicht erinnern, daß der »Badoglio-Putsch«, der Sturz Mussolinis, den Ausschlag gegeben habe, und Scharp schrieb, es habe sich eher um eine Vermutung gehandelt. Als sich im Juli 1943 der »Corriere della Sera« beim Sturz Mussolinis sofort vom Faschismus lossagte, fürchtete man im Berliner Büro der »Frankfurter Zeitung«, Hitler werde eine Parallele zur »Frankfurter Zeitung« ziehen.[62]

Zwanzig Jahre nach Margret Boveris Forschungen schien es noch schwieriger, Licht in die Vorgänge zu bringen. Inzwischen waren Stark, Reifenberg, Scharp und Rienhardt gestorben, und unter denen, die 1943 zu den Jüngeren gehört hatten, war keiner an den Verhandlungen beteiligt gewesen. Das »akute neue Ereignis« – was konnte es gewesen sein? Werner Stephan, der ehemalige Ministerialrat in Goebbels' Ministerium, hatte eine Erklärung: Otto Dietrich habe im Frühjahr oder Sommer 1943 zum ersten und einzigen Mal im Krieg einen einzigen Tag Urlaub bei Hitler erbeten, um nach einem schweren Luftangriff auf seine Heimatstadt nachzusehen, was aus seinen Eltern geworden sei. Während dieser Abwesenheit habe einer seiner Vertreter im Hauptquartier bei der Zusammenstellung der täglichen Pressemappe für Hitler die »Frankfurter Zeitung« beigelegt, die Dietrich Hitler schon lange nicht mehr gezeigt habe, da er dessen Wut auf die Zeitung kannte. Bei dieser Gelegenheit habe Hitler einen Wutanfall darüber bekommen, »daß dieses Drecksblatt noch immer erscheint«. Hitler sei der Meinung gewesen, die »Frankfurter Zeitung« sei schon lange eingestellt.[63]

Kann die Darstellung Stephans zutreffen? Sie klingt seltsam, zumal wenn man nicht weiß, wie chaotisch es im Innern des Machtapparats des Dritten Reiches zugehen konnte. Daß Dietrich schon in den dreißiger Jahren Hitler die »Frankfurter Zeitung« nicht zu zeigen pflegte, hat aber auch Karl Silex bezeugt.[64]

Wenn Werner Stephan sich also nicht geirrt hat, dann muß die Abwesenheit Otto Dietrichs vom Hauptquartier zeitlich nahe dem »Badoglio-Putsch« gelegen haben. Dietrich stammte nicht, wie Stephan sich zu erinnern meinte, aus Wuppertal oder Mülheim, sondern aus Essen. Größere britische Luftangriffe auf Essen gab es im Sommer 1943 in den Nächten des 27./28. Mai und des 25./26. Juli. In der Frühe des 27. Juli, dem zweiten Tag nach dem Putsch in Italien, flog Goebbels von Berlin nach Rastenburg zu Beratungen bei Hitler über die neue Lage. Auf dem Flughafen Tempelhof, notierte er, traf er Otto Dietrich, der mit nach Rastenburg zurückflog[65] – einen Tag nach dem Luftangriff auf Essen. Dann ist offensichtlich wahr, daß Dietrichs Gehilfe das auslösende »akute Ereignis« herbeigeführt hat.

In diesen Tagen letzter hektischer Bemühungen Rienhardts, der Zeitung eine neue Frist zu verschaffen, griff Welter zu einem verzweifelten Mittel. Reifenberg, Hecht, Stark und Scharp scheinen nie etwas darüber erfahren zu haben. Welter hat es niemand erzählt. Nur einer der Jüngeren, Eberhard Schulz, war eingeweiht, und er hat das Geheimnis lange gehütet. Welter bat Schulz, der damals gerade auf Fronturlaub in Berlin war, ihm einen Gesprächstermin bei Schwarz van Berk zu besorgen. Margret Boveri nennt ihn den »einzigen wirklich begabten Journalisten«, den die Nationalsozialisten hatten.[66] Dieser war von 1935 bis 1937 Hauptschriftleiter von Goebbels' »Angriff« gewesen und leitete im Krieg eine bei der Auslands-Presseabteilung des Propagandaministeriums eingerichtete »Sonder-Redaktion«, die auch »Büro Schwarz van Berk« genannt wurde und den in Berlin anwesenden ausländischen Korrespondenten Berichte über Themen lieferte, über die sie sich anders nicht informieren konnten. Manche ausländischen Korrespondenten nahmen diese Berichte gern an, zumal da sie das »Büro Schwarz van Berk« nicht als Quelle zu nennen brauchten. Auf diesem Wege gelang es Goebbels, Berichte über Deutschland in Zeitungen neutraler oder auch sogar gegnerischer Länder zu lancieren, ohne daß die betreffenden Redaktionen die zweifelhafte Herkunft erkannten. Schwarz van Berk war einer der Autoren des »Reichs« und Goebbels' Kandidat für den Posten des Hauptschriftleiters gewesen, als ein Nachfolger für Eugen Mündler zu bestellen war. Doch Rienhardt setzte seinen Mann, Rudolf Sparing, durch. Schwarz van Berk war hoch begabt, schrieb gut, ohne die Unflätigkeit seiner Genossen. Wirkung übte er durch eine gewisse Sachlichkeit aus. Er war, daran läßt seine Vertrauensstellung bei Goebbels keinen Zweifel, bis zum Schluß ein überzeugter Nationalsozialist.[67]

Diesem Mann also trug Welter in dem von Eberhard Schulz vermittelten Gespräch die Leitung der »Frankfurter Zeitung« an. Aber Schwarz van Berk war nicht dafür zu interessieren. Schulz sprach nach dem Gespräch mit beiden. Welter war beeindruckt von der Intelligenz Schwarz van Berks, dieser von Welters listenreichem Einfall.[68] Welter muß gedacht haben, das Fortleben der Zeitung sei eine nationalsozialistische Galionsfigur wert. Daß Schwarz van Berk abwinkte, ersparte Welter, den Kollegen zu gestehen, worauf er sich hatte einlassen wollen.

Als das Verbot der Zeitung unwiderruflich war, empfanden einige ein Gefühl der Erleichterung. Hecht, Stark, Scharp, auch Welter waren erschöpft von den Kämpfen mit den Staats- und Parteistellen,[69] erschöpft auch von den Notwendigkeiten der journalistischen Selbstverleugnung. Stark schrieb später, man habe sich die ganze Hitlerzeit »auf dünnem Eise« bewegt, jeden Tag von der Gefahr des Einbruchs bedroht. Nicht alle, aber »wohl die meisten Mitglieder der Redaktion fanden deshalb im August 1943 das Verbot des Blattes durch Hitler als eine Erleichterung, weil die Fesseln, unter denen die Zeitung zu leben hatte, immer drückender wurden«.[70]

Dennoch war die Zeitung auch im Jahre 1943 immer auffallend anders geblieben. Nicht nur enthielt sie mehr und bessere Information, noch immer herrschte in ihren Spalten auch ein spürbar anderer Geist. Die Redaktion tat alles, um die Qualität zu halten. So empfand es auch Friedrich Sieburg, als er, aus den Diensten des Auswärtigen Amtes beurlaubt, seit Februar 1943 wieder in der Redaktion war, »überglücklich, in den Schoß der ›Frankfurter Zeitung‹ zurückgekehrt zu sein, wo er zu mehr Information Zugang hat als im Auswärtigen Amt oder bei der Pariser Botschaft«.[71]

Sieburg erfand in diesen Wochen der Heimkehr die späteste und subtilste Form des Widerspruchs der Zeitung gegen das Regime: Er druckte Gedichte. Jeden Samstag erschien auf der ersten Seite — im politischen Teil! — ein Gedicht unter dem Sammeltitel »Was ewig zu uns spricht«.[72] Ursprünglich sollte die Rubrik heißen »Was nie verstummt«. Als darüber in der Konferenz beraten wurde, hatte Welter Bedenken: »Was nie verstummt« klinge negativ. So meinte es Sieburg auch: Es werde dem Dritten Reich nicht gelingen, die Stimme der Dichter, die Stimme der Menschheit zu unterdrücken. Die vorgeschlagene Überschrift hatte noch einen hintergründigen, zweiten Sinn: Das Dritte Reich werde verstummen. Auf Welters Verlangen wurde die vorgesehene Überschrift abgewandelt in »Was ewig zu uns spricht«. Es klang »positiver«, weniger provokativ, aber auch pathetischer. Auch in dieser Form war noch deutlich, was die Redaktion meinte: ein Bekenntnis zu einem Geist, der dem Nationalsozialismus entgegengesetzt war.

Das erste Gedicht der Reihe war ein Memento mori, Eduard Mörikes »Denk es, o Seele«:

> Ein Tännlein grünet wo,
> Wer weiß, im Walde,
> Ein Rosenstrauch, wer sagt,
> In welchem Garten?
> Sie sind erlesen schon,
> Denk es, o Seele,
> Auf deinem Grab zu wurzeln
> Und zu wachsen.
>
> Zwei schwarze Rößlein weiden
> Auf der Wiese,
> Sie kehren heim zur Stadt
> In muntern Sprüngen.
> Sie werden schrittweis gehen
> Mit deiner Leiche,

> Vielleicht, vielleicht noch eh
> An ihren Hufen
> Das Eisen los wird,
> Das ich blitzen sehe!

Sieburg wählte die Gedichte aus, die ganze Redaktion half mit. In der Samstagsnummer nach der Entlassung Reifenbergs, Hausensteins, Sternbergers, Lasswitz' und Otto Suhrs war, wie wenn es ihnen nachgerufen würde, das Kinderlied »Weißt du, wieviel Sternlein stehen« zu lesen – mit der Botschaft seiner letzten Zeile:

> Kennt auch dich und hat dich lieb.

Nach »Denk es, o Seele« von Mörike folgten »Die zwei Gesellen« von Eichendorff, Clemens Brentanos »Widmung«, »Selige Sehnsucht« von Goethe, »Lebenslauf« von Hölderlin, Schillers »Nänie«, Gottfried Kellers »Abendlied«, »Trost« von Friedrich de la Motte Fouqué, »Wer weiß wo« von Detlev von Liliencron, »Tag-Gesang« von Stefan George, »Im Grase« von Annette von Droste-Hülshoff, »Nun die Schatten dunkeln« von Emanuel Geibel, »Das Ende des Festes« von C. F. Meyer, »Ghasel« von August von Platen, »Nun ruhen alle Wälder« von Paul Gerhardt und »Grodek« von Georg Trakl. Es durfte kein defätistischer Ton anklingen. Es mußte sich um Stücke anerkannter Literatur handeln. Nur so war die Rubrik im Falle eines Einspruchs der Aufpasser zu verteidigen, berichtete Max von Brück.[73]

In diesen letzten Monaten wurde das Gedicht der heimliche Leitartikel der Zeitung. Besser als in diesen Gedichten konnte die Redaktion ihren eigenen Standort, konnte auch Sieburg den seinen nicht mehr öffentlich erklären. Was wie ein Rückzug ins Gedicht aussah, war der lauterste Ausdruck einer Gegen-Botschaft. Der Gegensatz lag, wiewohl er politisch ausgetragen wurde, noch jenseits der Politik und, tiefer begründet, in den entgegengesetzten Vorstellungen vom Menschen. Das Gedicht war die letzte, die unscheinbarste und zugleich die bündigste Form publizistischer Opposition. Für die letzte Samstagsausgabe hatte Sieburg Goethes Gedicht »An den Mond« ausgewählt:

> Füllest wieder Busch und Tal
> Still mit Nebelglanz,
> Lösest endlich auch einmal
> Meine Seele ganz.

Die letzte Ausgabe wurde in der Nacht zum 31. August gedruckt. Die Redaktion hatte beschlossen, die Zeitung auch am letzten Tag so zu redigieren, als ob sie weitererscheine – ohne ein Abschiedswort an die Leser. Man wollte mit keinem Zeichen das Verbot quittieren. Das Ende der Zeitung war nicht freiwillig. Nichts sollte auch nur entfernt als Zustimmung der Redaktion gedeutet werden können. Der wahre Sachverhalt des Verbots konnte nicht genannt werden. Schweigend konnte die Zeitung am besten ihre unversöhnliche Gegnerschaft anzeigen. Dennoch war die Zeitung des letzten Tages eine besondere Ausgabe. In den Stoffen, die die Redaktion dafür ausgesucht hatte, steckte eine Abschiedsbotschaft. Carl Linfert steuerte einen Essay über das Geschichtsbild eines italienischen Philosophen des achtzehnten Jahrhunderts, Giambattista Vico (1668–1744), bei. Die Quintessenz des Aufsatzes besagte, nur ein Teil dessen, was geschieht, liege in der Hand des Menschen, und alle, die sich große Veränderungen vornähmen oder zu herrschen meinten, brächten doch nur ein Stück davon zustande – und gerade darin liege Hoffnung, daß die Geschichte nicht den immanenten Planungen des Menschen folge.

Die Frankfurter Ausgabe enthielt einen Artikel von Karl Färber, dem Korrespondenten in Freiburg, der über die kleine Klosterkirche von Ottmarsheim im Oberelsaß berichtete, eine romanische Nachbildung der Pfalzkapelle in Aachen, wie Jacob Burckhardt entdeckt hatte. Färber schilderte ihre Lage in der gesegneten Landschaft am Oberrhein. Er beschrieb die bescheidenen Maße dieses in sich ruhenden, anmutigen Baues. Er wunderte sich über den Gegensatz zwischen der Idee eines einzelnen Zentralbaus und den zur gleichen Zeit ringsum entstandenen romanischen Basiliken zu Basel, Säckingen, Breisach, Straßburg. Er machte darauf aufmerksam, daß der Stifter, ein habsburgischer Graf Rudolf, sieben Generationen vor dem Aufstieg seines Geschlechtes zur deutschen Königswürde sich mit diesem Bau, wie in einer Vorahnung der kommenden Berufung, voller Absicht in eine Tradition stellte, die über Aachen zurückreichte nach San Vitale in Ravenna und San Costanza in Rom – über Karl den Großen und Theoderich bis zu Kaiser Konstantin. Nach vorn hätte Färber die Linie verlängern können, zum Castel del Monte Friedrichs II. in Apulien und zu dem Achteck der deutschen Kaiserkrone: das Oktogon als eines der Symbole der höchsten, der kaiserlichen Würde. Merkwürdig, fuhr Färber fort, daß solche Einmaligkeiten der Architektur auf solche einmaligen Herrschergestalten hinweisen, die durch sie Adel und »edle, ideale Macht« in diese klare Formensprache übersetzt hätten.

Es mußte eine dringende Bedeutung haben, daß die Redaktion sich gerade diesen Beitrag für die letzte Nummer aufgehoben hatte. Letzte

Nummern sind wie Testamente. Wir konnten den Autor nicht mehr fragen, was er damals gemeint hatte. Doch nur dieses kann gemeint gewesen sein: Das Reich der Deutschen ist von anderer Art und Herkunft als die Ungeheuerlichkeit dieses illegitimen Dritten Reiches und das Verbrechergesindel, aus dem es besteht.

Der Leitartikel des letzten Tages, von Stark, hieß »Das Ganze« und handelte von Individuum und Gemeinschaft. Die Volksgemeinschaft der Nationalsozialisten war damit nicht gemeint, obwohl flüchtige Lektüre diesen Eindruck erwecken konnte. Stark sprach von den Spannungen zwischen dem einzelnen und der Gemeinschaft und von dem Geben und Nehmen in beiden Richtungen »in einer echten, von Überzeugung und gutem Willen getragenen Gemeinschaft genauso wie in jedem wohlfunktionierenden Ensemble«.

»Ensemble« war in der Redaktion ein Schlüsselwort. Die Redaktion begriff sich als ein Ensemble. Der Artikel beschrieb nicht die »Volksgemeinschaft« genannte Untertanengesellschaft des Dritten Reiches, sondern die eigene Redaktion: »*Freiwillige* Disziplin, *vollkommener* Dienst an der *Sache*, Hingabe an die Idee, an das *gemeinsame* Werk ist die *innere* Grundlage für die enge Verbindung der einzelnen untereinander und mit dem Ganzen. Und man braucht das Muster eines solchen *Ensembles* nur auf die umfassende Idee der Nation zu projizieren, um eine Vorstellung zu gewinnen, wie solche Gliederung und Ordnung aus einer amorphen Masse eine *verantwortungsbewußte* Nation macht, die das Volk als Staatsvolk und den Staat als *Volksstaat* konstituiert.« Man muß noch einmal auf die Verstecke der Sprache in diesen Sätzen achten, um den oppositionellen Sinn zu erkennen. Das letzte Substantiv des letzten Leitartikels der Zeitung, der »Volksstaat«, war das zu Beginn der Weimarer Republik gebräuchliche deutsche Wort für die repräsentative Demokratie.

Nachher entdeckte man, daß im Stadtblatt doch einer der Lokalredakteure ein kleines Gedicht aus eigener Feder ins Blatt gesetzt hatte, ein paar sentimentale Verse, die eine Art Abschiedsgruß sein sollten. »Wir haben Schäffer dafür eine gehörige Abreibung erteilt.«[74]

Am späten Abend standen Wendelin Hecht, Maxim Fackler, Helga Hummerich und die jüngste Sekretärin der politischen Redaktion, Emma Abels, an der Rotationsmaschine und warteten auf den Augenblick, in dem das leiernde Tosen der auf Hochtouren laufenden Walzen nachlassen und das geschwinde Geschiebe sauber gefalteter, nach Druckfarbe duftender Zeitungen sich verlangsamen würde. Als die Maschine ausrollte und zum Stillstand gekommen war, nahm sich jeder noch ein Exemplar. Hecht meinte das letzte Stück zu besitzen und ging nach Hause. Aber beim Abschrauben der Druckplatten von den

Zylindern muß die Maschine noch einmal von Hand einige Umdrehungen weitergedreht werden, und so gab sie, wie mit einem letzten Atem, noch einmal zwei, drei Zeitungen her. Das junge Mädchen nahm sich das allerletzte Stück und hütete es wie einen Schatz.

In den letzten Tagen der Zeitung meldeten sich die Leser zu Wort. Hunderte von Briefen trafen ein, auch aus Kreisen, die der Zeitung früher, vor dem Ersten Weltkrieg, spinnefeind gewesen waren wie die ostelbischen Agrarier. Es waren ungefähr fünfzehnhundert Briefe, die Trauer über die Schließung der Zeitung bekundeten und der Redaktion Dank sagten, zum Teil sehr unvorsichtig und mit drastischen Urteilen über die mutwillige Zerstörung eines solchen Kunstwerkes wie dieser Zeitung. Die Briefe bestätigten der Redaktion aufs neue, daß die Leser ihre Sprache, trotz der Verschleierungstechniken, genau verstanden hatten.

Aber irgendeiner im Hause muß unvorsichtig geredet haben. Der SD, der »Sicherheitsdienst« der SS, hörte von den Leserbriefen.[75] Am 20. September standen drei SD- und Gestapo-Leute in der Redaktion, um die Briefe zu beschlagnahmen. Der SD war an der Stimmung der Bevölkerung interessiert, soweit sie sich in solchen Briefen äußerte, die Gestapo an der Entdeckung von Staatsfeinden.

Stark, der »Abwickler« der Redaktion, hatte mit derartigem gerechnet. Um die Absender zu schützen, hatte man die deutlichsten Leserbriefe beiseite geschafft. Stark bat die Sekretärinnen, in größter Eile einen Packen Briefe auszusortieren, die man der Gestapo geben könne. Es waren 184 Stück und ein paar Tage später noch einmal ein Bündel. Die gefährlichsten aber trug eine der Sekretärinnen unter dem Mantel nach Hause und versteckte sie in einem Schrank. Dort sind sie bei einem Luftangriff ein paar Monate später mit der ganzen Wohnung verbrannt.

Aber der SD-Bericht für das Reichssicherheitshauptamt ist erhalten. Die Verfasser der beschlagnahmten Briefe, so hieß es, höben die besondere Qualität der »Frankfurter Zeitung« hervor. Sie beklagten das Ende der »besten Zeitung Deutschlands«, eines »unentbehrlichen Handelsteils«, der wertvollen wissenschaftlichen Aufsätze, besonders über Geschichte, und eines außerordentlichen Literaturblattes. Zahlreiche Soldatenbriefe aus Rußland waren darunter: »Ihre Sonntagsausgaben waren wegen der vielseitigen und hervorragend ausgewählten Feuilletons und der schönen sonstigen Beilagen mit Bildern das beliebteste und meistgelesene Blatt an der Ostfront...« Es sei stets durch viele Hände gewandert. Ein anderer Soldat schrieb, recht deutlich: »Die ›FZ‹ war außer den Briefen von zu Hause noch die einzige Verbindung zu einer geistigen Welt, in der wir früher zu Hause zu sein glaubten.« Anonym schrieb jemand über die Urheber des Verbotes: »Thomas Mann hat schon recht, es sind Barbaren und bleiben es, mögen sie noch soviel Weihrauch um sich streuen und noch soviel Glanz und Geschmeide auf ihre Henkersuniformen häufen.« Manche Briefe verglichen die Schließung der Zeitung durch die Behörden mit der Zerstörung unersetzlicher Bauwerke und Kulturgüter durch feindliche Flieger.

Unglücklicherweise hatte das Sekretariat nicht scharf genug ausgesucht. Gegen sieben Leser eröffnete die Gestapo Untersuchungsverfahren. Ein Leser aus Kreßbronn am Bodensee rühmte den Mut, den die Zeitung ihren Lesern dadurch eingeflößt habe, daß sie »nach dem Umschwung ihre alten Mitarbeiter und ihren früheren Standort beibehielt«. Manche bezweifelten die Begründung für die Schließung »im Zuge der kriegswirtschaftlichen Maßnahmen«. Es handle sich wohl eher um eine »Strafmaßnahme«, vielleicht, weil das Blatt »der heutigen Weltanschauung nicht ausreichend Rechnung trägt. Der Gedanke an eine solche Möglichkeit kam mir, als ich vor etwa zehn Tagen in Ihrer Zeitung das Gedicht ›Nun ruhen alle Wälder‹ las.«[76]

Da der SD eine vollständige Liste der ihm übergebenen 263 Briefe anfertigte, kann man sehen, wo die Zeitung ihre Leser hatte: in Süddeutschland und, nördlich des Mains, in den Gebieten westlich der Elbe von Dresden bis Hamburg sowie in Berlin. Eher schwach verbreitet war sie in den Provinzen, die schon vor dem Wiener Kongreß zu Preußen gehört hatten. Dieser Verteilung der Leser entsprach auch die Herkunft der Redakteure. Die meisten von ihnen kamen aus den Landschaften, die dem Rhein zugewandt waren, von seinem Oberlauf bis in das westfälische Land.

Mit dem Schließungsbefehl waren die Dienstverpflichtungsbefehle für die Redakteure eingetroffen. In der Redaktionskonferenz am 10. August teilte Kircher mit, wohin ein jeder zu gehen habe. »Widerwillig bezeugte Hitler der Redaktion Respekt durch die Anordnung, den Redakteuren dürfe unter keinen Umständen Gelegenheit gegeben werden, in Gruppen zusammenzuarbeiten.«[77] Hitlers Wut auf die Redaktion klingt auch in einem Wort Otto Dietrichs aus diesen Tagen durch. Eigentlich gehöre die ganze Redaktion der »Frankfurter Zeitung« ins Konzentrationslager.[78]

Kircher verlas die Anordnungen Amanns: Zum »Völkischen Beobachter« wurden befohlen: Erich Welter, Robert Haerdter, Paul Sethe, August Dresbach, Franz Taucher. Carl Linfert hatte sich zum »Reich« zu begeben. Stark, Scharp und einige andere wurden zur »Berliner Börsen-Zeitung« kommandiert.

Amann wollte vor allem den »Völkischen Beobachter« personell verbessern. Die absurde Idee, mit Redakteuren der »Frankfurter Zeitung« das Parteiblatt herstellen zu wollen, zeugte davon, wie wenig die derberen Nationalsozialisten geistige Arbeit einzuschätzen und zu würdigen wußten. Sie glaubten, man könne die Redaktion in Stücke zerlegen und ihre Teile weiterverwenden wie die Maschinen einer liquidierten Fabrik. Wie Sklaven, sagte Trip, oder wie Vieh, meinte Margret Boveri, wurde die Redaktion der »Frankfurter Zeitung« verkauft.

Eine Gruppe, zu der Trip, Fackler, Dirks, Knappstein und Gertrud Becker gehörten, durfte in Frankfurt bleiben und wurde zum »Frankfurter Anzeiger« gesteckt, einer Fusion der »Neuesten Zeitung« der Societäts-Druckerei und des »Frankfurter General-Anzeigers«.

Sieburg kehrte ins Auswärtige Amt zurück. In den letzten Monaten des Krieges war er deutscher Ehrenbegleiter des aus Vichy nach Deutschland geflohenen Marschalls Pétain und seiner »Regierung«. Auf der Flucht innerhalb Deutschlands wurde die kleine Gruppe schließlich in Sigmaringen von französischen Truppen eingeholt und gefangengenommen. Kircher nutzte seine Verbindung zum Auswärtigen Amt, um an dem Projekt einer Zeitschrift für Schweden, genannt »Tele«, mitzuarbeiten. Viele der Jüngeren, die nun nicht länger vom Wehrdienst freigestellt waren, wurden sogleich eingezogen.

Am bedrückendsten war der Auftrag für die Gruppe, die zum »Völkischen Beobachter« mußte. Noch am Abend des 10. August hatten sie den Zug nach München zu besteigen. Dort wurden sie weiter verteilt auf die drei Redaktionen des Blattes in München, Berlin und Wien. Welter hatte alle vergattert, ja nicht von den Befehlen abzuweichen. Jeder gefährde sonst alle anderen. Denn Welter war in Berlin, im Büro Rienhardts, von dem hereintretenden Max Amann in drohendstem Tone angefahren worden: Eigentlich sollte man die ganze Redaktion an die Wand stellen und erschießen lassen. Wehe, drohte Amann, wenn auch nur einer bei den Versetzungsbefehlen mit der Wimper zukke. Rienhardt gab Welter den dringenden Rat, die Redaktion möge es ja nicht zu einem »Eklat« kommen lassen. Hitler und Bormann seien »mit Hochspannung« gegen die »Frankfurter Zeitung« geladen. Sei das Gewitter erst einmal vorbei, könne man über Veränderungen der jetzigen Anweisungen nachdenken.[79]

Tatsächlich ließ sich an den Befehlen noch einiges ändern. Welter gelang es, im September einen größeren Gutachterauftrag des Planungsamtes des Rüstungsministers Speer zu erlangen und sich so aus dem »Völkischen Beobachter« wieder zu entfernen, ehe er dort angefangen hatte. Irene Seligo und Margret Boveri, die gleichfalls zum »Völkischen Beobachter« abkommandiert waren, brauchten nie dort anzutreten. Sänger mußte nicht zu Goebbels' »Angriff«, sondern konnte als Korrespondent des »Neuen Wiener Tagblatts« in Berlin bleiben. Doch unwiderruflich war die Redaktion in alle Winde zerstreut. Hecht bat Rienhardt um Entlassung aus dem Verlag. An seiner Stelle kam nun ein scharfer Nationalsozialist namens Georg Ziemba, ein »alter Kämpfer« mit goldenem Parteiabzeichen, als Betriebsführer in die Societäts-Druckerei.

Redakteure der »Frankfurter Zeitung« in Mitarbeiter nationalsozialistischer Blätter zu verwandeln, konnte kaum gelingen. Haerdter und Taucher mußten von Mitte November an für den »Völkischen Beobachter« in Wien arbeiten, dessen dortige Ausgabe eben von sechs auf acht Seiten erweitert wurde. Haerdter hatte die neu eingerichtete Artikel- und Reportagenseite zu redigieren, Taucher die neue Feuilletonseite. Die Vorgesetzten in Wien konnten nichts gegen die Befähigung der beiden einwenden, aber fanden beide störrisch, verschlossen und politisch nicht zu gebrauchen. Haerdter, so schrieb der Wiener Redaktionsleiter Dr. Neuscheler an den Hauptschriftleiter des »VB« in München, Wilhelm Weiß, halte sich sehr zurück, widme sich allein seiner Artikelseite und vermeide es, sich der außenpolitischen Redaktion anzuschließen. Als Schreiber habe er sich »ausschließlich auf feuilletonistische Art betätigt«. Auch Taucher schreibe nur für das Feuilleton. Beide paßten nicht in den »Völkischen Beobachter«.[80] Der Verlagsleiter der Wiener Ausgabe, Schaller, äußerte sich drastisch über ihre Widerspenstigkeit. Beide Schriftleiter seien, »gelinde gesagt, sehr eigenwillig« und fügten sich nicht ein. Er bedaure, daß man wegen der zwei zusätzlichen Seiten auf diese »aufgeblasenen Herren der Frankfurter Zeitung« angewiesen sei. In Schallers Deutsch: »... sehne ich den hoffentlich bald kommenden Augenblick herbei, wo wir wieder auf unsere sechs Seiten zurückgehen können, damit ich von diesen beiden Schriftleitern, an die Erziehungsarbeit zu leisten heute wirklich keine Zeit ist, wieder befreit werde.« Die beiden »lassen sich nur so beschäftigen, wie es ihnen selbst paßt«.[81] Ein paar Tage später meinte Schaller, das Verhältnis zu Taucher werde »vielleicht besser, wenn Dr. Haerdter einberufen würde«.[82] So geschah es. Die »Unabkömmlichkeit« Haerdters wurde aufgehoben, und acht Wochen nach seiner Zwangsversetzung zum »Völkischen Beobachter« war Haerdter Rekrut in Olmütz; nicht lange danach wurde auch Taucher eingezogen. Die Sekretärin Neuschelers, eine »Parteigenossin«, kopierte heimlich diesen Briefwechsel und steckte ihn Haerdter zu.

Im Juli, offensichtlich in Erwartung des endgültigen Verbots der Zeitung, hatte die Frankfurter Gauleitung ihre eigene Verfolgung gegen FZ-Redakteure eröffnet. Endlich war die Redaktion jagdfrei. Ohne besonderen Anlaß leitete Uckermann gegen elf Redakteure der Zeitung ein Sammelverfahren zum Entzug der Berufserlaubnis wegen »politischer Unzuverlässigkeit« ein. »Falls sich das Schicksal der FZ nicht aufhalten lassen sollte«, hatte Uckermann Rienhardt Ende Juli geschrieben, »bittet der Gauleiter, dafür Sorge zu tragen, daß diese Schriftleiter in Zukunft von jeder journalistischen Mitarbeit ausgeschlossen werden.« Das Verfahren wurde beantragt gegen Georg Held, Friedrich Willms, Fritz Kraus, Wilhelm Rey, Walter Müller, Herbert Küsel, Walter Frings, Walter Dirks, Dietrich Dibelius, Herbert Kranz und Max von Brück. Held war aber schon im Jahr zuvor gestorben, Küsel bereits bei der Wehrmacht.

Die Akten des »Reichsverbands der Deutschen Presse«[83] zeigen nun nochmals Versuche gemäßigter Nationalsozialisten, das Vorgehen der Scharfmacher bürokratisch-elastisch abzufangen, ohne sich selbst aus der Deckung zu begeben und offen für die Beschuldigten einzutreten. Der Leiter des Reichsverbandes und Herausgeber des »Völkischen Beobachters«, Major Weiß, suchte die Verfahren zu verzögern und zu behindern. Zunächst bat er den Landesverbandsleiter in Frankfurt und Hauptschriftleiter der Gauzeitung »Frankfurter Volksblatt«, Gustav Staebe, um ein Gutachten über die beschuldigten Redakteure. Staebe widersprach: Stellungnahmen der Gauleitung dürften von keiner Stelle nachgeprüft werden (22. August). Einen Monat später wies Weiß den Landgerichtsrat Wawretzko in Berlin an zu prüfen, gegen welche der elf Redakteure untersucht werden solle und gegen welche nicht (22. September). Dieser gab die Weisung nach Frankfurt an Staebe weiter. Jetzt protestierte Uckermann und berief sich auf einen Führerbefehl, den sich Gauleiter Sprenger bei Bormann offenbar bestellt hatte. Gegen acht der elf (Willms, Kraus, Müller, Dirks, Brück, Dibelius, Kranz und Rey) wurde nun ein Ermittlungsverfahren eingeleitet (27. Oktober). Weiß begann, bei Dietrich nach dem Inhalt des Führerbefehls zu fragen (5. November), auf den Uckermann sich berief, und erbat Dietrichs Weisungen. Die Gauleitung aber sträubte sich, den Wortlaut des Briefwechsels mit Bormann über den Inhalt des Führerbefehls vorzuzeigen, den Weiß zu sehen wünschte und von dem »zwei Reichsleiter« (Dietrich und Amann) nichts wüßten (19. November). Gab es ihn wirklich?

Einige Redakteure begannen sich gegen die Vorwürfe zu wehren. Doch riet man Brück und Dirks, wegen der Aussichtslosigkeit ihrer Fälle auf die Ausübung des Berufs zu verzichten, damit das Verfahren nicht geführt zu werden brauche. Im Januar 1944 bat Weiß Dietrich um Entscheidungen, da pressegerichtlich nichts gegen die Redakteure zu machen sei. Im Februar verfügte Otto Dietrich, daß zunächst

Kraus, Willms und Kranz weiterhin den Beruf ausüben dürften. So ging es allmählich weiter. Im November 1944 waren schließlich alle aus dem Verfahren ungeschoren wieder heraus – bis auf Dirks und Brück.

Im Ablauf der pressegerichtlichen Untersuchung und der Verhandlungen mit den anderen beteiligten Parteistellen zeigte sich noch einmal das Grundmuster der Gegnerschaften im nationalsozialistischen Lager. Die Frankfurter Gauleitung und die Parteikanzlei Bormanns waren die Antreiber, die mit der Presse beauftragten Stellen, vor allem der Verbandsleiter Weiß mit Amann und Dietrich, verzögerten. Mit hinhaltenden Manövern, geschickten Gegenangriffen, mit dem Verlangen nach Vorzeigen des angeblichen Führerbefehls und mit juristischen Einwänden wurde das Sammelverfahren erst zerstückelt, schließlich eingestellt.

Den abenteuerlichsten Abgang hatte Wilhelm Rey. Die Redaktion hatte ihn noch im Juli als Korrespondenten nach Sofia entsandt. Auf dem Weg dorthin machte er in Wien Station auf der Suche nach einer Anstellung für den Fall des Verbots der Zeitung. Beim »Neuen Wiener Tagblatt« hörte er am 10. August von dem neuen Beschluß, die Zeitung zu verbieten. Der Chefredakteur des »Tagblatts«, Otto Häcker, erbot sich, Rey zu übernehmen, und telefonierte im Beisein Reys mit dem Propagandaministerium in Berlin. Dabei erfuhr er, daß die Gestapo jetzt die Personalakten der Redakteure untersuche und daß gegen Rey ein Berufsverbot erlassen sei (was nicht genau stimmte: das Verfahren war erst eingeleitet). Häcker teilte Rey im Vertrauen mit, was er eben gehört hatte. Eine Nacht lang überlegte Rey. 1936 war er mit Hilfe der »Frankfurter Zeitung« einer Gestapo-Untersuchung seiner kommunistischen Lebensphase entgangen. Würden diese Akten jetzt wieder geöffnet werden? Er beschloß, lieber sein Leben und das seiner bulgarischen Frau auf der Flucht zu riskieren, als sich dem Terror der Gestapo auszusetzen. Es gelang seiner Frau, die durch Heirat deutsche Staatsangehörige geworden war, auf dem bulgarischen Konsulat in Wien mit Hilfe von Bekannten einen bulgarischen Paß auf ihren Mädchennamen zu beschaffen. Am 13. August fuhren beide im selben Zuge, aber in verschiedenen Abteilen, unbehelligt nach Sofia. Rey erhielt sofort ein Besuchsvisum für die Türkei. Denn noch galt er als Korrespondent der »Frankfurter Zeitung«. Er reiste sogleich weiter nach Istanbul. Dort wartete er ungeduldig auf seine Frau, die als Bulgarin länger auf ein türkisches Visum warten mußte. Aber die Türkei war kein sicherer Ort für deutsche Flüchtlinge. Manche waren von den türkischen Behörden zurückgeschickt worden. Rey geriet in einen Wettlauf mit der Zeit. Lange konnte er nicht als Korrespondent der

»Frankfurter Zeitung« in der Türkei posieren, zumal nicht nach dem Verbot der Zeitung. Die Rückrufbefehle waren nicht lange zu ignorieren. Und der Arm des Dritten Reichs reichte auch in die neutrale Türkei. Andererseits konnte er den Absprung erst wagen, wenn seine Frau endlich da war und die Zeitung tatsächlich eingestellt, damit er niemand in Gefahr brachte. Anfang September endlich traf seine Frau in Istanbul ein. Nun bat Rey das britische Konsulat um Schutz und erhielt, nach Überprüfung seiner Angaben, eine britische Einreiseerlaubnis für Ägypten.[84] Ende Oktober entdeckten die deutschen Behörden Reys Flucht, die einige Zeit später auch in Sendungen des britischen Rundfunks für Deutschland bekanntgemacht wurde.[85]

Reys Flucht gehörte mit zu den Umständen von Rienhardts Sturz. Dessen Verhältnis zu Amann war nie einfach gewesen. Das konnte es zwischen zwei so ungleichen Männern auch nicht sein, von denen der Untergebene der geistig Überlegene war, der Vorgesetzte aber sein einziger politischer Halt. Rienhardt war längst ein desillusionierter Nationalsozialist. Als er sich im Sommer 1943 – welche Verkennung der Lage – an der Gründung einer »großdeutschen Tageszeitung« versuchte, die das Parallelstück zur Wochenzeitung »Das Reich« werden sollte, sah Amann darin eine Konkurrenz für seinen »Völkischen Beobachter«. Dieses Projekt kostete Rienhardt seinen letzten Rückhalt. Amann fand nun, daß Rienhardt ihn zu oft mit seinen juristischen Methoden in Konflikte mit anderen Parteistellen gebracht habe. Der preußischpuritanische Pastorensohn war ihm ohnehin stets zu streng gewesen. Ein uneingeschränkt mitmachender Nationalsozialist war Rienhardt nie gewesen. Amann fand, daß Rienhardt unbequem sei. Daß er sich so lange für die Erhaltung der »Frankfurter Zeitung« verwendet hatte, wurde ihm nun zum politischen Vorwurf gemacht.[86] Der Fall Rey zeige doch, was für »Verräter« Rienhardt geschützt hatte, hieß es nun. Amann entließ Rienhardt im November 1943 von einem Tag auf den anderen. In dem Konflikt um die »Frankfurter Zeitung« sah Rienhardt »den letzten, ausschlaggebenden« Grund für seine Entlassung.[87] Er wurde alsbald zur Waffen-SS eingezogen. Bei Kriegsende geriet er in amerikanische Gefangenschaft.

Der Rest ist rasch erzählt. Im Januar 1944 wurden bei schweren Fliegerangriffen in zwei aufeinanderfolgenden Nächten das Verlagsgebäude in der Eschenheimer Gasse schwer beschädigt und das Berliner Büro in der Kurfürstenstraße zerstört. Nach dem 20. Juli mußten zwei Mitglieder des Hauses vorsichtshalber »auf Reisen« gehen, um nicht überrascht zu werden, falls man nach ihnen forschen würde: Hecht wegen seiner Beziehungen zu Carl Goerdeler und Kircher wegen seiner

Das bei einem Bombenangriff im Januar 1944 schwer beschädigte Gebäude der »Frankfurter Zeitung«, Eschenheimer Gasse 31. Vom Konferenzzimmer im zweiten Stock blieb nichts übrig

Verbindungen zu einigen Generalen, besonders Beck. Zwischen einigen Angehörigen der Redaktion und einigen Mitgliedern der Verschwörung hatte es lockere Verbindungen gegeben, aber keine Beteiligung an ihren Planungen. Adolf Reichwein hatte einige Monate vor dem 20. Juli Reifenberg aufgesucht und auf einem Spaziergang um eine Liste aller Redakteure der »Frankfurter Zeitung« gebeten – für die Zeit nach Hitlers Tod. Reifenberg lehnte das unter Hinweis auf die

Gestapo ab. Nach einem Umsturz sei immer noch Zeit dafür.[88] Haerdter stand, ohne Sozialist zu sein, über Sänger in Verbindung mit dem sozialdemokratischen Kreis des Widerstandes unter Julius Leber, der ihn als Chefredakteur einer Berliner Zeitung vorgeschlagen hatte, die für die neue Regierung publizistisch wirken sollte.[89]

Einer aus dem Kreis der Redakteure wurde tief in den Strudel hineingezogen. Nikolas Benckiser und seine Frau wurden in Budapest gefaßt und in Sippenhaft genommen, weil Anton Graf Inn- und Knyphausen, ein Bruder seiner Frau, der zum Umkreis des 20. Juli gehörte, nach Schweden hatte entkommen können. Über die Gefangenschaft des Ehepaars im letzten Kriegsjahr in Budapest und in Wien schrieb Benckiser ein ergreifendes Buch: »Tage wie Schwestern«.[90]

Das härteste Schicksal unter denen, die den Krieg überlebten, traf Heinrich Scharp. Er wurde in den ersten Tagen der russischen Besetzung Berlins auf der Straße bei freiwilligen Aufräumungsarbeiten in Zehlendorf von einem russischen Offizier, anscheinend willkürlich und ohne Zusammenhang mit seiner beruflichen Tätigkeit, verhaftet, verschleppt und schließlich zu einer langjährigen Zuchthausstrafe verurteilt. Eine lange Leidenszeit folgte im russischen Konzentrationslager Buchenwald, später im Zuchthaus Waldheim – sieben schwere Jahre. 1952 erbat sich der ehemalige Reichskanzler Wirth die Freilassung Heinrich Scharps als Bedingung seines Besuches bei den um westliche Anerkennung ihrer Diktatur bemühten deutschen Kommunisten in Ost-Berlin.[91]

XVI
Verpaßte Gelegenheiten

Der März 1945 war schön wie selten ein Frühjahr. Woche um Woche wölbte sich ein blauseidener Himmel über dem Oberrheintal. Es war früh warm in diesem Jahr. An Ostern, Ende März, standen Kirsch- und Pfirsichbäume bereits in voller Blüte. Das blaue Firmament über Taunus, Odenwald und Schwarzwald gehörte den amerikanischen Tiefliegern, die jede Maus zu sehen schienen, die sich auf den Landstraßen bewegte. Man hielt sich möglichst unter den Bäumen, die damals noch die Ränder der Landstraßen säumten.

Am 23. März hatten die Amerikaner bei Oppenheim den Rhein überschritten. Am 25. März, am Palmsonntag, sprengten Pioniere um fünf Uhr in der Frühe die Mainbrücken in Frankfurt. Die Wucht der Detonation drang in dem Trümmerfeld, das einmal die Innenstadt gewesen war, bis in die Kellerhöhlen, in denen die Einwohner seit Tagen ohne Wasser und Licht hausten.

Trotzdem waren es Tage, die man heimlich genoß. Noch reagierte zwar das alte Regime auf Zeichen von »Defätismus« mit Standgerichten. Aber das Ende war nahe. Gefahr drohte nochmals für den Augenblick, in dem die Front durch die Stadt wandern würde. Am Dienstag in der Karwoche übernachteten Maxim und Ilse Fackler vorsichtshalber nicht in ihrer von den Bomben verschont gebliebenen Wohnung in der Hammanstraße, sondern im Keller. Am Mittwoch morgen lagen an der Straßenkreuzung vor dem Haus ein paar blutjunge, verzagte Soldaten im Graben, mit dem Gesicht nach Süden und Westen. Ein paar Stunden später waren sie verschwunden. Fackler empfand die Pause trotz völliger Ungewißheit wie eine Verzauberung.[1]

Mit den Soldaten war das Dritte Reich abgezogen, aber das fremde Heer war noch nicht da. Ein Zustand politischer Schwerelosigkeit, ein Zustand ohne Staat, eine Ahnung von Befreiung. Es war der Augenblick, in dem man mit den Sinnen wahrnehmen konnte, wie eine Zeit sich wendet. Noch konnte es örtliche Gegenangriffe geben und die Front wieder zurückkehren, wie damals in Aachen, mit einem furchtbaren Strafgericht der SS für die, die zu früh ihre Tarnungen abgelegt hatten.

Als Fackler am Nachmittag einen Erkundungsspaziergang durch die Trümmerberge der Eschenheimer Gasse zur Hauptwache unternahm, sah er auf der Zeil die ersten Plünderungen. Der staats- und herrschaftsfreie Raum dieser Stunden war nicht nur verzaubernd. Es war auch ein rechtloser Raum. Die elementare Sorge um Lebensmittel für die nächsten Tage machte auch aus anständigen Menschen Diebe und Plünderer.

Wilhelm Hollbach, der Redakteur des »Illustrierten Blattes« und ehemals des »Stadtblattes« der »Frankfurter Zeitung«, hatte sich die letzten Tage versteckt gehalten. Der listenreiche Mann mit seinen vielen Verbindungen – Bütow nannte ihn den »Fädenspinner« – hatte von Gustav Staebe, dem Hauptschriftleiter der Parteizeitung, eine Warnung erhalten: Regimegegner sollten beim Abzug erschossen werden. Staebe hatte die Liste der Gauleitung gesehen. Hollbach warnte Bütow und die anderen, die zurückgeblieben waren.

Kurz vor dem Abzug der Wehrmacht und der Waffen-SS hatte Georg Ziemba, der nationalsozialistische Betriebsführer der Frankfurter Societäts-Druckerei, das im Keller des Verlages eingelagerte Archiv der »Frankfurter Zeitung« mit Benzin übergießen und anzünden lassen. Ein unersetzlicher Wert, die letzte materielle Substanz der alten Zeitung, ging so drei Tage vor Kriegsende unter, sinnlos, aber konsequent in dem fanatischen Sinne der Nationalsozialisten, die wollten, daß es nach dem Untergang des Dritten Reiches auch für das deutsche Volk keine Zeit und kein Leben geben solle.

Am Nachmittag des Niemandstages trommelte Hollbach an Bütows Kellerversteck: »Los«, sagte er fröhlich, »die Amerikaner sind schon in Nauheim, lassen Sie alles stehen und kommen Sie mit.« Hollbach brauchte einen Dolmetscher. Englisch war Bütows Muttersprache. Die beiden radelten zum Main, über eine Behelfsbrücke nach Sachsenhausen und fragten sich zu einer amerikanischen Kommandostelle durch, die sich im Postgebäude am Südbahnhof eingerichtet hatte. Man brachte sie in eine Schule, wo die neue Militärkommandantur sich eben niederließ. Hollbach und Bütow wollten ihre Dienste anbieten, um das Leben in der toten Stadt wieder in Gang zu bringen. Ein hünenhafter Hauptmann fragte sie bei flackerndem Kerzenschein aus. Offiziere kamen und gingen, sie trugen Stahlhelme und Pistolen, studierten Karten, Telefonleitungen wurden durch die mit Pappe verschlossenen Fenster hereingelegt. Der lange Hauptmann fragte sie lange aus, ruhig, distanziert, aber nicht feindselig. Bütow faßte eine Zuneigung zu dem strengen Captain La Fleur. Am Ende der langen Unterhaltung gab er einen überraschenden Befehl an Hollbach: »You are the burgomaster«, und zu Bütow: »And you are the interpreter – okay?« Sogleich mußten beide im flackernden Licht von Kerzen einen endlos langen Fragebogen ausfüllen.[2]

Nicht völlig unvorbereitet war die amerikanische und britische Armee nach Deutschland eingerückt. Seit Anfang Dezember 1944, seit Überschreiten der deutschen Landesgrenze in Aachen besaßen die Heeresgruppenstäbe eine geheime Liste von etwas über hundert Namen von Deutschen, die deutsche Kriegsgefangene in Amerika als zuverlässige Gegner der Nationalsozialisten bezeichnet hatten; darunter waren allein drei Mitarbeiter der »Frankfurter Zeitung«, Theodor Heuss, Otto Suhr und Carl Linfert. Regionale Auszüge der Liste wurden den örtlichen Truppen nach Einstellung der Kampfhandlungen gegeben, sobald keine Gefahr bestand, daß sie deutschen Verbänden in die Hände fallen könnten.³

Die meisten Beamten der Frankfurter Stadtverwaltung waren geflohen, viele waren in der NSDAP gewesen. Der kommissarische Bürgermeister Hollbach berief in die ersten Ämter vor allem die in Frankfurt verbliebenen Kollegen der Zeitung. Dirks und Fackler bezogen Büros der Kommunalverwaltung in der Siesmeyerstraße 12, später in der Lindenstraße 27, in eben jenem Hause, das jahrelang die schreckener-

Die Frankfurter Altstadt nach dem Bombenkrieg: Blick vom Domturm über den Römerberg

regende Adresse der Gestapostelle gewesen war. Bütow richtete zusammen mit einem ehemaligen Offizier der kaiserlichen Marine, dem Baron Otto von Recum, der ebenfalls aus deutsch-englischem Hause stammte, und Helga Hummerich ein Amt für Verbindungen zur Militärregierung ein. Knappstein und später auch Dirks zogen alsbald weiter in das Landesarbeitsamt. Kurze Zeit darauf war Knappstein der leitende deutsche Beamte in Hessen für die »Entnazifizierung«.

Fackler schrieb in Hollbachs Auftrag die täglichen, später wöchentlichen Berichte der Stadtverwaltung an die Militärregierung über ihre Tätigkeit und über die Versorgungsbedürfnisse der Stadt an Brot, Milch, Fett, Kartoffeln, Brennstoff, Strom, Passierscheinen, Ausnahmegenehmigungen für die Sperrstunden der Nacht, über Wasserversorgung und Krankenhäuser, die Entnazifizierung und die Wünsche von Bittstellern. Captain La Fleur, Rechtsanwalt aus Kalifornien, war ihnen ein wortkarger, aber zuverlässiger Helfer. Die Stadt wurde von lauter Amateuren regiert. Sie plagten sich bis zur Erschöpfung, wegen der Not, die in der Stadt herrschte, aber auch wegen ihrer Unerfahrenheit in der Verwaltung.[4]

Und da war auch die Aufgabe, die Zeitung wieder ins Leben zu rufen. La Fleur verwies Bütow und Hollbach an die Offiziere der Pressekontrolle der amerikanischen Armee. Die Presse-Kontroll-Offiziere gehörten 1945 noch nicht zur Militärregierung, sondern zu einer Stabsabteilung der Truppe unter dem Namen: »Psychologische Kriegführung« (PWD, Psychological Warfare Division), die 1944 beim gemeinsamen Oberkommando der britischen und amerikanischen Streitkräfte in Europa (SHAEF, Supreme Headquarters Allied Expeditionary Force) eingerichtet worden war. PWD unterstand Robert McClure (1897–1957), einem amerikanischen Brigadegeneral in Eisenhowers Hauptquartier. Stellvertreter war Richard Crossman, der Oxforder Dozent, Journalist, spätere Herausgeber des »New Statesman and Nation« und Labour-Politiker. PWD unterschied sich von anderen militärischen Stabsabteilungen darin, daß sie nicht nur wie jene plante, sondern auch über einen kleinen, nachgeordneten Exekutivapparat verfügte, der beim Einmarsch in Deutschland den örtlichen Militärregierungen attachiert wurde. Da seine Aufgaben eher ziviler und politischer Natur waren, bestand PWD vor allem aus Zivilisten in zeitweiligen Offiziersrängen. Sie verfügten über Kenntnisse deutscher Verhältnisse, sei es durch Studien, wie die Engländer Richard Crossman und Michael Balfour – ebenfalls Universitätsdozent –, sei es durch Herkunft, wie eine Anzahl nach Amerika emigrierter deutscher Juden. Die meisten Angehörigen von PWD waren Liberale oder standen weiter links. Der seit 1943 in der amerikanischen Regierung geführte Streit, wie das besetzte Deutschland regiert werden solle – hart und mit Strafen, oder verständig und wiederaufbauend – schlug in die tatsächliche Politik der Militärregierung nur zum Teil durch, da die Briten in dem gemeinsamen Oberkommando mitzureden hatten und Gegner der von Roosevelt verlangten Härte waren. Bei PWD herrschte zwar keine Strafgesinnung, aber ihre Angehörigen hatten ihren eigenen Streit, zwischen liberalen Demokraten und linkssozialistisch-kommunistischen Antifaschisten, der sich in der Personalauswahl für die Neugründung einer demokratischen Presse in der amerikanischen Besatzungszone niederschlug.[5]

In der amerikanischen Zone arbeiteten unter der Aufsicht von General McClure im Stabe Eisenhowers zwei »District Information Services Control Commands«. Die »6870th DISCC« war zuständig im Gebiet der 6. Heeresgruppe im südlichen Bayern, die »6871st DISCC« unter Oberst John Stanley, Sitz Wiesbaden, in Hessen, Franken und den nördlichen Teilen von Baden und Württemberg, dem Gebiet der 12. Heeresgruppe.[6]

Am 25. Mai 1945 teilte die amerikanische Militärregierung mit, daß nun an Stelle der amerikanischen Armeezeitungen für die deutsche Bevölkerung Zeitungen unter deutscher Leitung herausgegeben werden sollten. Auf diesen Augenblick hatten die in Frankfurt verbliebenen Redakteure der »Frankfurter Zeitung« gewartet. Jetzt galt es rasch zu handeln. Reifenberg mußte her. Hollbach, der »Acting Burgomaster«, schrieb Reifenberg am 4. Juni einen Brief nach Neustadt im Schwarzwald, er möge eiligst nach Frankfurt kommen, um die Verhandlungen zu führen. Ein höherer amerikanischer Offizier, der sich für die Wiederherstellung der »Frankfurter Zeitung« interessiere, habe seinen Besuch angesagt. Er wolle Reifenberg kennenlernen. Dieser Offizier – Hollbach nannte leider den Namen nicht – sei der Ansicht, Deutschland brauche wieder eine Zeitung vom Ansehen der »Frankfurter Zeitung«.

Hollbach, Knappstein und Bütow hatten zu dieser Zeit schon erste Gespräche mit der »6871st DISCC« geführt: »Die Pläne für die Lokalzeitung mit Provinzgeltung, die die Amerikaner hegen, scheinen eine selbständige geistige Führung durch Deutsche nicht vorzusehen.« Kannte Hollbach Reifenbergs Ansichten schon oder spürte er dessen Zaudern? Falls Reifenberg über eine Neugründung der »Frankfurter Zeitung« anders denke, schrieb Hollbach weiter, »müßte ich Sie beim Portepee packen«. Die Aufgabe einer Wiedergründung der »Frankfurter Zeitung« sei, gerade weil sich die Besatzungspolitik anders entwickele, als er gehofft habe, nur noch dringlicher geworden. »Ich meine, verzeihen Sie, daß ich es ausspreche, daß es Ihre Pflicht ist.«[7]

Reifenberg kam. Am 12. Juni traf er, begleitet von Hollbach und Baron von Recum, in der amerikanischen Militärregierung einen amerikanischen Professor namens Springer. Vermutlich war dies der in Hollbachs Brief erwähnte »höhere Offizier«.

Auch die Leute von der »6871st DISCC« hatten von Reifenbergs Ankunft erfahren und wollten ihn sehen. Einer von ihnen, Ernest W. Adler, hinterließ eine Botschaft in Reifenbergs Hotel mit dem Wunsche, er möge sie in ihrem Büro im Gebäude des Frankfurter »General-Anzeigers« aufsuchen. Reifenberg gab ihnen anscheinend die Antwort, wenn sie etwas von ihm wünschten, stehe es ihnen frei ihn aufzusuchen – »einer der Ruhmestitel des großartigen b. r.«, wie Hans Bütow sich erinnert.[8] Reifenbergs Ehrgefühl, geschärft durch die Situation der nationalen Niederlage, hatte hier mitgesprochen. Aber war es wirklich klug gewesen?

Otto Springer war als junger Universitätsdozent für deutsche Literatur und skandinavische Sprachen 1930 nach Amerika gegangen und hatte in den dreißiger Jahren als Professor an verschiedenen amerikanischen Universitäten gelehrt, zuletzt in Philadelphia. Er war Spezialist für Mittelhochdeutsch, außerdem auch Herausgeber der neuen Auflage des »Muret-Sanders«, des großangelegten deutsch-englischen enzyklopädischen Wörterbuches. Vor allem aber war er ein Freund Ernst Beutlers, des Direktors des Frankfurter Goethe-Museums und des »Freien Deutschen Hochstifts«. Springer war seit 1943 einer der Deutschlandspezialisten des amerikanischen Heeresministeriums. Über das Gespräch Reifenbergs mit Springer gibt es einen Brief Beutlers an Hollbach: Reifenberg habe abgelehnt, jetzt das Neuerscheinen der »Frankfurter Zeitung« zu betreiben. Springer und Beutler waren bestürzt.

Über seine eigene Unterhaltung mit Springer verfaßte Beutler ein Memorandum für Hollbach. Ähnlich dürfte er auch Benno Reifenberg zugeredet haben: Das Bedürfnis nach einer Zeitung, die für Deutschland spreche, sei vorhanden. Wenn es nicht in Frankfurt erfüllt werde, dann werde eine solche Zeitung an einem anderen Ort entstehen. Es sei aber wichtig, daß es in Frankfurt geschehe, aus Gründen der Überlieferung und weil die Stadt Sitz des amerikanischen Hauptquartiers in Deutschland sei. Beutler hielt es für unerläßlich, daß die Zeitung wieder »Frankfurter Zeitung« heiße: »Wir sind uns wohl nicht recht bewußt, wie arm wir an nationalen Symbolen geworden sind. Wir haben kein Wappen, keine Flagge, keinen Kaiser, keinen Präsidenten, keine Regierung, die uns vertritt. Wir haben keine Kirche, die für das ganze Volk sprechen könnte, keine Denkmäler mehr und Erinnerungen, in denen sich die politische oder geistige Geschichte des Landes symbolisiert. Alles ist vergangen oder liegt in Trümmern. Die ›Frankfurter Zeitung‹ aber war ein solches Symbol und eines der wenigen, das wiederbelebt werden kann. Der Name ›Frankfurter Zeitung‹ ist eine Fahne, die einzige vielleicht, die man hissen kann. Deshalb sollte der größte Wert auf die Beibehaltung des Namens gelegt werden, auch gegenüber Widerständen der amerikanischen Regierung.« Springer, fuhr Beutler fort, habe gesagt, ein Wiedererscheinen der »Frankfurter Zeitung« werde in Amerika Aufsehen erregen und begrüßt werden. Die Zeitung werde dort sofort Abonnenten finden. »Warum? Weil jeder schon bei dem Titel der Zeitung das Gefühl haben würde: diese Zeitung ist legitimiert, für Deutschland zu sprechen.« Das Land brauche eine angesehene Zeitung, in der die führenden Gelehrten, Männer wie Karl Jaspers, Willy Hellpach, Max Planck, Karl Voßler, Ernst Robert Curtius, Politiker wie Theodor Heuss, Dichter wie Reinhold Schneider, Hans Carossa und Hermann Hesse zu Wort kommen könnten. Die führerlose Jugend brauche eine Zeitung, die zu antworten wisse auf die Frage: »Was ist recht, was ist schön, was ist gut?« Sie solle in einer Sprache geschrieben werden, die alle verstehen. »Das alte große Geheimnis, das Wesentliche in einfachster Form zu sagen und zu sprechen, ist die Aufgabe, vor die jeder ernste Schriftsteller von neuem gestellt ist.«

Dann machte Beutler dem Freunde einen ernsten Vorwurf: »Herrn Reifenbergs Bedenken, daß er nicht nur für das Dreieck Frankfurt/Stuttgart/Nürnberg schreiben wolle, sondern das ganze Deutschland anzureden habe, ist letzten Endes nicht stichhaltig. Was ihm vorschwebt, ist das Wunschbild, das uns allen vorschwebt. Ist das jetzt nicht zu erreichen, so arbeitet man eben zunächst für den kleineren Kreis und hofft, daß die Wirkungen, die von ihm ausgehen, schließlich sich auch auf andere Gebiete fortpflanzen werden. Die Hauptsache ist, daß man das Wort nicht scheut, so schwer es sein mag, das richtige Wort zu finden. Die eigentliche und größte Gefahr, die sich augenblicklich in Deutschland befindet, ist das Schweigen, das Verstummen derer, die noch etwas zu sagen hätten.«

Beutler und Springer bedauerten, daß Reifenberg sich ablehnend ausgesprochen und politische Einwände erhoben habe. »Ich meine aber, wir müssen heute das politische Ziel auf unpolitischem Wege verfolgen, und dem sollte sich auch Reifenberg nicht verschließen«, schloß Beutler. Hollbach sandte Reifenberg eine Abschrift von Beutlers Memorandum.[9]

Was hielt Reifenberg zurück? Nicht bloßer und dabei vielleicht übertriebener Stolz, sondern vor allem der Gedanke, nach den Erfahrungen des Hitlerstaates nicht noch einmal eine »Frankfurter Zeitung« unter Weisungen einer Diktatur, nun ausgeübt von einer fremden Besatzungsmacht, zu publizieren. Die »Frankfurter Zeitung« sollte eine deutsche Stimme sein oder so lange nicht gehört werden, wie andere über ihren Inhalt mitbestimmen wollten. Das einzige, was Reifenberg zur Vorbereitung der Neugründung jetzt tun wollte, war, den Rechenschaftsbericht über die »Frankfurter Zeitung« in den Jahren der Hitlerherrschaft zu verfassen, den man zu gegebener Zeit der Besatzungsmacht übergeben könnte. Wahrscheinlich hat Reifenberg diesen Bericht den Offizieren der Pressekontrolle nie vorgelegt. 1956 wurde dieser Bericht schließlich im Sonderheft der »Gegenwart« zum 100. Gründungstag der Zeitung veröffentlicht. Es scheint, daß Reifenberg auch die jüngeren Kollegen entmutigte, sich an seiner Stelle um eine Lizenz für eine neue »Frankfurter Zeitung« zu bemühen. Er fühlte sich als Sachwalter des Erbes, als der von Heinrich Simon Eingesetzte, und keiner der anderen war bereit anzuzweifeln, daß Reifenberg als einziger unter ihnen legitimiert sei, für die alte Gemeinschaft zu sprechen. Als Wilhelm Rey 1947 in der »Neuen Zürcher Zeitung« den ersten Bericht über die »Frankfurter Zeitung« unter Hitler veröffentlichte, nahm Reifenberg es recht ungnädig auf. Rey sei dazu »nicht befugt«, meinte er.[10]

Reifenbergs Weigerung sagt freilich nichts über die Aussichten, die

Amerikanische Jeeps vor dem Hotel »Frankfurter Hof«, Ende März 1945

ein Versuch zur Wiedergründung der Zeitung im Jahre 1945 gehabt hätte. Zumal in Frankfurt waren sie nicht günstig. In der »6871st DISCC« bestimmte eine Gruppe, die meinte, sie müsse den Nationalsozialismus und alles, was ihr rabiater Antifaschismus für nationalsozialistisch befleckt hielt, mit Stumpf und Stiel ausrotten. In der ersten gründlichen Befragung Hollbachs durch einen Offizier des Geheimdienstes OSS (Office of Strategic Services) hatte Hollbach versucht, die politischen Lebensbedingungen unter dem Nationalsozialismus und das Verlangen der Deutschen nach Rechtssicherheit und einer freien Presse zu erklären. Ins Protokoll über die Unterhaltung hatte sein Interviewer einen Satz aufgenommen, der aufschlußreich für den Argwohn war, mit dem ein Teil der Besatzungsoffiziere die »Frankfurter Zeitung« unter Hitler betrachtete:

Hollbach habe »zugegeben«, schrieb er, daß ihr journalistischer Widerstandsversuch »unwirksam« gewesen sei. Da sie ihre Artikel sehr fachmännisch, aber innerhalb der NS-Weisungen schrieben, »waren sie in Wirklichkeit viel gefährlicher als die wirkliche Nazi-Presse«; und weil sie am Anfang versäumt hätten, mit den Nationalsozialisten zu brechen, »hauptsächlich weil sie nicht die wirtschaftlichen Konsequenzen ziehen wollten«, seien sie die Gefangenen ihrer ursprünglichen Schwäche geworden und so tiefer und tiefer hineingezogen worden, bis sie am Ende die Schließung der Zeitung begrüßt hätten.[11] In diesen wenigen Sätzen lag die Anklage: Die »Frankfurter Zeitung« war schlimmer als die nationalsozialistische Presse, weil sie die nationalsozialistische Propaganda in akzeptablere Form übersetzt habe. Ihre Redakteure seien bemitleidenswerte, wenn nicht gar verächtliche Schwächlinge gewesen, weil sie 1933 nicht sofort die Zeitung geschlossen und aus Angst um ihre private Existenz weitergemacht hätten.

Jetzt, da das Dritte Reich vorbei war, schaute alles anders aus. Im Licht der Freiheit verblaßte die Geheimschrift der Zeitung. Nun nahm sich die publizistische Opposition ziemlich unscheinbar aus. Nicht einer der Redakteure hatte in einem Konzentrationslager gesessen. Der Gebrauch des Konjunktivs soll eine politische Tat gewesen sein? War es nicht läppisch, was die Redakteure über sich zu berichten hatten? Noch weniger als die geborenen Amerikaner verstanden es viele der Emigranten. Sie standen selbst unter einem Rechtfertigungsbedürfnis. Sie bestanden darauf, daß wirkliche Gegner des Nationalsozialismus sich nur an zwei Orten hätten aufhalten können, im Gefängnis oder im Exil. Alle anderen waren entweder verächtliche Schwächlinge oder Kollaborateure. Wenn die Emigranten mit ihrer Entscheidung auszuwandern richtig gehandelt haben sollten, waren die, die zu Hause geblieben waren, verdächtig. Um so schlimmer, wenn sie noch versuchen wollten, sich mit angeblichen Widerstandsakten herauszureden. Gegen diese Vorverurteilung war schlecht zu argumentieren. Voreingenommenen Anklägern gaben die Verteidigungs- und Erklärungsversuche nur zusätzliche »Beweise« der Treulosigkeit und des Opportunismus.

In diesem Tone wollte Reifenberg nicht mit sich reden lassen müssen. So schwieg er und zog es vor, mit der Wiedergründung der Zeitung zu warten. Sein Sinn für Würde verbot ihm, sich anders zu verhalten. Auch fürchtete er, daß eine Debatte über die »Frankfurter Zeitung« unmittelbar zu einer Debatte über das Verhalten einzelner Personen führen würde. Dann würde man anfangen, zwischen den Redakteuren der Politik und denen des Feuilletons zu unterscheiden; dann würden die einen, die die Schlammarbeit hatten tun müssen, am Pranger stehen und die anderen als die Tapferen gefeiert – während doch die Dreckarbeit der einen die Bedingung für das Schreiben der anderen gewesen war und dieses umgekehrt die Rechtfertigung für die Arbeit jener. Die Zeitung war ein Gemeinschaftswerk gewesen. Wenn die Amerikaner zu unverständig waren, die Situation in der Diktatur zu verstehen, erschien es Reifenberg richtiger, sich jetzt nicht zu äußern.[12]

Reifenberg reiste wieder zurück in den Schwarzwald. Er begann über die Gründung einer Zeitschrift in der französischen Zone nachzudenken, deren Militärbehörden nicht von der amerikanischen Entnazifizierungswut erfaßt waren und sich in dieser Hinsicht als verständiger erwiesen. Die Franzosen hatten selbst erfahren, wie es unter der Herrschaft des Nationalsozialismus gewesen war, überdies bewahrte ihre nationale Geschichte die Erinnerung an eine eigene Schreckensherrschaft.

Bei der »6871st DISCC« hatte man es mit einer besonders rabiaten Gruppe zu tun. Der führende Mann darin war nicht Oberst Stanley, der militärische Vorgesetzte, sondern der Journalist Cedric Belfrage, ein Engländer, der 1937 nach Amerika ausgewandert und nun in amerikanischer Uniform nach Deutschland gekommen war. Belfrage schrieb über seine Erlebnisse als Pressekontrolloffizier in Frankfurt ein Buch in der Form eines Romans, aber unter Verwendung echter Aktenstücke, an denen nichts verändert ist außer den Namen der beteiligten Amerikaner. Die Deutschen erschienen alle unter ihren richtigen Namen.[13]

Belfrage hatte einen großen Feind, den Nationalsozialismus; aber er nahm nirgends eine faßbare menschliche Gestalt an und wurde darum in jedem Deutschen vermutet und erkannt. Die Deutschen waren für ihn bis auf wenige Ausnahmen Opportunisten und Mitläufer. Den

Geist des Faschismus entdeckte Belfrage auch unter vielen amerikanischen Offizieren der Militärregierung, auch in dem »ungarischen Genie«, womit er Hans Habe und auch dessen Zeitungsgründungen meinte, namentlich die ein wenig später entstandene »Neue Zeitung«. Unter den Deutschen waren ihm vor allem die Redakteure der »Frankfurter Zeitung« verdächtig, in denen er Musterfälle eines »krummen Journalismus« (»crooked journalism«), »kleinbürgerliche Intellektuelle«, typische Beispiele menschlicher Schwäche und Selbstgerechtigkeit erblickte: zum Weinen, diese Hollbachs, Hechts, Knappsteins. Ausgerechnet der liebenswürdige Bütow wurde für Belfrage zum Inbegriff der politischen Halbwelt. Mit Ingrimm sah er, wie die Offiziere der Militärregierung auf Bütows bestrickende Bildung hereinfielen und sich von seinem gepflegten Englisch bezaubern ließen.

Belfrage machte sich daran, die Bände des »Frankfurter Anzeigers«, des Lokalblatts nach dem Verbot der »Frankfurter Zeitung«, nach Artikeln Bütows durchzusehen. Aber mehr »nazism« als einige Sätze über Spannungen in dem Kriegsbündnis zwischen Roosevelt, Churchill und Stalin und einige abschätzige Bemerkungen über die Sowjetunion und die Schwäche des britischen Löwen fand er nicht. Die Offiziere der Militärregierung, denen er Übersetzungen schickte, fanden wenig an Bütows Artikeln auszusetzen, weil sie – das war es ja eben, was Belfrage so aufregte – auch nicht besser waren als diese Bütows: bornierte, bürgerliche Handlanger der Diktatur.[14] Dies war für ihn das eigentliche Nazitum, die »Saat der Zerstörung«, wie der Titel des Buches lautete. Schlimmer aber: diese Bütows und Hollbachs saßen schon wieder im Sattel, in der Frankfurter Stadtverwaltung, und waren die Hätschelkinder der Militärregierung. Belfrage und seine Mitarbeiter in der »6871st DISCC« sahen in Frankfurt eine doppelte Aufgabe vor sich: eine deutsche Zeitung in Frankfurt mit »wirklichen NS-Gegnern« zu gründen, die »FZ-Gruppe« davon auszuschließen und ihre Mitglieder in der Stadtverwaltung zu Fall zu bringen.

Die amerikanische Pressepolitik wollte vermeiden, daß die neue deutsche Presse sich alsbald in kleinliche Parteistreitigkeiten verzettele. Zeitungslizenzen sollten deshalb Kollegien von Männern gegeben werden, die verschiedene politische Standpunkte repräsentierten, so daß keine Zeitung die Politik einer einzelnen Partei unter Ausschluß aller anderen vertreten könne. Das hätte, so meinte man auch, den Vorzug, daß die deutschen Leser gezwungen würden, verschiedene Standpunkte kennenzulernen. Mochte das ein Rezept sein, das zwischen Parteien gemäßigter Richtung wie in Amerika hätte funktionieren können – in Deutschland, mit seinen schärfer ausgeprägten Parteien und ihren ideologischen Begründungen bedeutete es die systematische Einpflanzung politischen Streites in jede dieser gegensätzlich zusammengesetzten Redaktionen.

Im Juni 1945 waren Belfrage und seine Gehilfen soweit, der Lizenzierungsbehörde bei PWD unter Luther Conant (in Belfrages Buch »Milton Friend« genannt) eine Gruppe deutscher Herausgeber (»Lizenziaten«) für die neue Zeitung in Frankfurt vorzuschlagen. Zuerst legte er dar, daß die in Frankfurt angetroffenen Journalisten, voran »eine Clique um Burgomaster Hollbach«, und der ehemalige Chefredakteur des ehemaligen »General-Anzeigers«, Erich Dombrowski, zwar darauf warteten, eine Lizenz zu erhalten, aber ungeeignet seien. Die »Frankfurter Zeitung« habe der NSDAP gehört, der politische Unterschied zu den anderen Zeitungen sei gering, der Artikel über Dietrich Eckart ein »langweiliger Tatsachenbericht« gewesen, für den sein Autor Küsel auch nur ein paar Tage im Gefängnis habe zubringen müssen. Hollbach aber habe als Redakteur des »Illustrierten Blattes« nationalsozialistische Propaganda getrieben. Dombrowski habe zwar wegen seiner jüdischen Frau 1936 seine Stellung verloren, aber dennoch opportunistisch weitergeschrieben, solange das Regime ihn habe schreiben lassen.

»Alle Frankfurter Journalisten, die unter den Nazis weiterschrieben und weiterredigierten, sind viel zu sehr kompromittiert, um in verantwortlichen Stellungen der neuen Zeitung akzeptiert werden zu können.« Deshalb habe seine Gruppe »erfahrene« Journalisten gesucht, die nach 1933 nicht mehr geschrieben hätten, nachweisbar vor oder nach 1933 gegen die Nationalsozialisten gearbeitet hätten und »voll die Wünschbarkeit und Notwendigkeit der Zusammenarbeit mit allen anderen aktiven NS-Gegnern akzeptierten«. Dann empfahl er, sechs Männern die Lizenz zu erteilen, von denen nach den beigefügten Biographien drei Sozialdemokraten waren (Wilhelm Knothe, Hans Etzkorn und Paul Rodemann), einer ein Linkskatholik und ehemaliger Zentrums-Mann (Wilhelm Gerst) und zwei Kommunisten (Arno Rudert und Otto Grossmann). Später schob Belfrage einen siebenten Kandidaten nach, einen dreißigjährigen Mann, der sechs Jahre im Konzentrationslager Buchenwald inhaftiert war, Emil Carlebach, ohne dessen politischen Hintergrund zu beschreiben. Aus den Lebensläufen ging indessen hervor, daß Knothe und Rudert Parteifunktionäre gewesen waren, Grossmann ein Graphiker, und außer Gerst und Etzkorn niemand dem Erfordernis journalistischer Erfahrung entsprach. Auch Carlebach war kein Journalist. Bis auf Etzkorn hatten alle kürzere oder längere Zeit in Gefängnissen und Arbeitslagern gesessen, Carlebach am längsten. Die neue Zeitung sollte »Frankfurter Allgemeine Zeitung« heißen und auf den beschlagnahmten Maschinen der

Hans Bütow und Wilhelm Hollbach. Hollbach, der von den Amerikanern zum kommissarischen Bürgermeister ernannt worden war, versuchte vergeblich, eine Neugründung der »Frankfurter Zeitung« zu erreichen

»Frankfurter Zeitung« und des »General-Anzeigers« gedruckt werden.[15] Kurz vor Erscheinen der ersten Nummer erhielt die neue Zeitung den endgültigen Titel »Frankfurter Rundschau«.

Hollbach, Knappstein und Dirks hatten vergeblich versucht, die Beteiligung von Redakteuren der »Frankfurter Zeitung« zu erreichen. Gerst schilderte es in einem Brief an Belfrage und behauptete darin, die »Frankfurter Zeitung« habe seit 1935 ihre Tradition verlassen, »das Nazitum verherrlicht und das Gift seiner Lehren in bis dahin unverseuchte Kreise getragen«. Hollbach trage dabei die Hauptschuld mit dem »Illustrierten Blatt«. Er hätte besser daran getan, »was viele andere auch getan haben, ins Zuchthaus gehen und mit seinem Leben für die Sache des Antinazismus einstehen«.[16]

Als »Intelligence«-Offiziere die Lebensläufe der von Belfrage benannten Kandidaten prüften, erhielten sie, wie Belfrage berichtet,[17] von Insassen des ehemaligen Konzentrationslagers Buchenwald – darunter Eugen Kogon, dem Verfasser des »SS-Staates« – Hinweise, Carlebach habe sich als Mitglied der kommunistischen Gruppe und Blockältester »rücksichtslos und brutal« gegenüber älteren und schwächeren Mitgefangenen verhalten und bei der Aufstellung von Transportlisten Namen seiner »Feinde« eingetragen, wissend, daß sie auf Nimmerwiedersehen deportiert würden. Einer der Zeugen, berichtet Belfrage weiter, habe ihm, als er den Vorwürfen nachging, einen konkreten Fall geschildert. In den Augen der amerikanischen Lizenzierungskommission warfen die zwiespältigen Auskünfte einen langen Schatten auf Carlebach.

Belfrage blieb unbeirrt. Seinem Vorgesetzten Luther Conant erklärte er den Fall Carlebach aus der Notlage einer extremen Situation. Man dürfe da nicht perfektionistisch moralische Maßstäbe anlegen. Carlebach habe ältere Gefangene opfern müssen, um jüngere retten zu können. »Wirkliche NS-Gegner haben zwölf Jahre lang in einem Dschungel und nach dem Gesetz des Dschungels gelebt. Ihnen dafür Vorwürfe zu machen bedeutet, ihnen vorzuwerfen, daß sie überlebten.« Freilich war es eben dies, was Belfrage den »Hollbachs« vorhalten zu dürfen meinte. (Carlebach hat in seinem Buch »Zensur ohne Schere« die Schilderung von Belfrage gelten lassen, Darstellungen anderer über sein Verhalten in Buchenwald aber als Denunziation bezeichnet.)

Belfrage schaffte es im Laufe des Juli, seine sieben Kandidaten, auch Carlebach, bei der Lizenzierungskommission durchzubringen. Am 1. August erschien die erste Ausgabe der »Frankfurter Rundschau«. Doch nun waren Vorwürfe gegen Gerst laut geworden. Belfrage glaubte dahinter die Hand Hollbachs und katholischer, bürgerlicher Kreise in der Stadt zu erkennen. Die Militärregierung hatte entdeckt, daß Gerst 1934 als Verleger in Berlin ein Hitlerjugend-Drama publiziert hatte. Und als Gerst in einer der ersten Nummern der »Frankfurter Rundschau« sich als Katholik bekannte und der katholischen Kirche Vorwürfe machte, den Nationalsozialismus nicht bekämpft zu haben, gab es neue Proteste und neue Vorwürfe: Gerst habe 1933 Reden gehalten, in denen er Hitlers Machtübernahme begrüßt habe.

Auch Belfrage sah ein, daß Gerst nicht der Mann war, »der sofort alles einem moralischen oder politischen Prinzip opferte«. Aber die »Rundschau« brauchte einen verlegerisch erfahrenen Mann.[18] Belfrage verstand, daß man in der nationalsozialistischen Zeit nur mit Kompromissen hatte überleben können, aber es machte für ihn einen großen Unterschied, wer diese Kompromisse geschlossen hatte. Einem »wirklichen NS-Gegner« war zu verzeihen, was bei anderen Beweis ihrer moralischen Nichtswürdigkeit war. »Wirkliche NS-Gegner« waren Kommunisten, Links-Sozialisten und ein »Katholik« wie Gerst, der zum politischen Bündnis mit den Kommunisten bereit war. »Zusammenarbeit aller antinationalsozialistischen Kräfte« war die Formel, mit der die Kommunisten Ähnlichkeiten zwischen ihrem Totalitarismus und dem der Nationalsozialisten bestritten und versuchten, die liberale bürgerliche Demokratie als verborgenen Faschismus zu denunzieren.

Im Frühjahr 1946 trat Rodemann zurück, um Lizenzträger des

»Darmstädter Echos« zu werden. Bald darauf veranlaßte Belfrage die Sozialdemokraten Knothe und Etzkorn wegen mangelnder journalistischer Befähigung zum Rücktritt. Von da an waren die Kommunisten in der »Frankfurter Rundschau« unter sich. Denn auch Gerst, der »Katholik«, zog mit ihnen an einem Strang.[19]

Die in Bayern tätige »6870th DISCC« stand nicht unter kommunistischem Einfluß. Am 21. Juni 1945 fuhren bei Hausenstein in Tutzing vier amerikanische Offiziere vor, »von sehr höflicher, ja verbindlicher Form und – im Verlauf des Gesprächs von einer Stunde – mit einer gewissen unmittelbaren Nähe, ja Wärme, bei aller Sachlichkeit«, wie Hausenstein ins Tagebuch notierte. Sie trugen ihm die Lizenz für eine in München zu gründende große Tageszeitung an. Daß sie gut über ihn informiert waren, empfand Hausenstein als »schöne Bestätigung«. Aber er wollte nicht annehmen; er traute seiner Gesundheit eine Aufgabe dieser Art nicht mehr zu. Überdies hatte er noch literarische Pläne.[20]

Hausenstein empfahl den Offizieren an seiner Stelle Franz-Joseph Schöningh als Chefredakteur. Es wurde die Anfangsstunde der »Süddeutschen Zeitung«. Ein paar Jahre später ließ sich Wilhelm Hausenstein dennoch von seinen Manuskripten wegreißen. Adenauer kam nach München und bat ihn, in Paris als erster Nachkriegsbotschafter die Bundesrepublik Deutschland zu vertreten.

Dolf Sternberger und seine Frau waren alsbald nach dem Einmarsch der Franzosen von Baden-Baden nach Heidelberg zurückgekehrt. Am 10. Mai wurde in der damals noch von Amerikanern besetzten Pfalz eine »Regierung« eingesetzt. Die Amerikaner fragten Karl Jaspers um Rat, und dieser benannte einige seiner Freunde. Sie bildeten unter dem ehemaligen Oberbürgermeister von Mannheim, Dr. Hermann Heimerich, eine »Regierung«, unter anderen Hans Anschütz für Justiz und Polizei, Alexander Mitscherlich für Personal- und Gesundheitswesen, Sternberger für die »Presse« – die es noch nicht gab. Sie amtierten in Neustadt an der Weinstraße drei Monate lang, bis die Potsdamer Konferenz die ganze Pfalz der französischen Besatzungsmacht übergab, die nun das Land Rheinland-Pfalz zusammenfügte.[21]

In Stuttgart war John Boxer, ein jüngerer Emigrant aus Wien, der örtliche amerikanische Presseoffizier. Boxer war im April dorthin als Verbindungsoffizier von PWD ins Hauptquartier der 1. Französischen Armee entsandt worden. Er blieb als Presseoffizier in Stuttgart, als die Stadt in amerikanische Hände überging. Auf der Suche nach geeigneten Zeitungsleuten für eine deutsche Zeitung in Stuttgart hörte er, in Saig im Schwarzwald gebe es eine Gruppe. So lernte er Reifenberg kennen und danach auch die anderen, Haerdter, Sternberger, Heuss.

»Für mich«, berichtete Boxer später, »gab es keinen Zweifel, welche Journalisten in Deutschland am ehesten den Zielen entsprachen, um die wir den Krieg geführt hatten.« Boxer hätte gern gesehen, wenn seine Vorgesetzten in Frankfurt Theodor Heuss und Dolf Sternberger eine Lizenz für eine neue »Frankfurter Zeitung« gegeben hätten. Das sei nicht nur an der Besatzungsbehörde gescheitert, sagte er später, sondern auch an »Hindernissen in der FZ-Gruppe«.[22]

Als die Amerikaner im Juni Herausgeber für eine Zeitung in Heidelberg suchten, sollte Dolf Sternberger in der künftigen »Rhein-Neckar-Zeitung« den liberalen Part spielen, neben einem Sozialdemokraten (Hermann Knorr) und einem Kommunisten (Rudolf Agricola). Sternberger war nicht begeistert von dem Plan. Er wollte nicht in ein solches Blatt, er wollte in eine wiedererstehende »Frankfurter Zeitung« eintreten. Er lehnte die Lizenz ab, als er eine Direktive der amerikanischen Presseoffiziere für das Redigieren von Nachrichten las: »Nachrichten sind von hinten her zu kürzen.« Das war denn doch zu arg. Solche Vorschriften hatte man nicht einmal von Goebbels erhalten. Sternberger empfahl den Amerikanern, Theodor Heuss zu fragen, der es dann, nach vielem Gezerre bei PWD, schließlich wurde, trotz seines Votums für das Ermächtigungsgesetz im Reichstag 1933. Nur mit äußerster Mühe anderer in der amerikanischen Militärregierung, unter anderm der Hilfe von Shepard Stone, gelang es an höchster Stelle, bei Botschafter Murphy, dem politischen Berater des amerikanischen Militärgouverneurs, eine Entscheidung zugunsten Heuss' und gegen die Widerstände der »6871st DISCC« zustande zu bringen.

Da Sternberger dem Projekt einer neuen »Frankfurter Zeitung« nicht vorgreifen wollte, ließ er sich eine Lizenz für eine Zeitschrift geben, um inzwischen »eine gründliche geistige und moralische und politische Revision vorbereiten zu helfen« – gründlicher, als das in einer Tageszeitung möglich wäre.[23] Er gab der Zeitschrift, die er gemeinsam mit Karl Jaspers, Marie-Luise von Kaschnitz und Alfred Weber herausgab, den programmatischen Namen »Die Wandlung«.

In den ersten Frankfurter Kommunalwahlen Anfang 1946 bemerkte die Militärregierung, daß der Kurs der »Frankfurter Rundschau« wenig den Auffassungen der Bevölkerung entsprach. Doch sie zögerte, korrigierend in die Redaktion einzugreifen. Sie zog es vor, in Frankfurt eine zweite Zeitung mit einem Standort in der politischen Mitte ins Leben zu rufen.

Im Februar 1946, berichtet Albert Oeser, verhandelten »Herren um Boxer« von der »6871st DISCC« mit Reifenberg über die Gründung einer zweiten Zeitung in Frankfurt. »Auf Ermunterung [der Amerikaner], der ›Frankfurter Rundschau‹ nun etwas besseres gegenüber zu stellen«, habe Reifenberg die folgenden Bedingungen genannt: »Die ›Frankfurter Zeitung‹, wenn sie den Anfang einer neuen freien Presse-Ära in Deutschland bedeuten solle, dürfe nicht unter Vorzensur stehen. Sie müsse Auslandskorrespondenten bekommen und außerdem die Verbreitung in ganz Deutschland und im Auslande. Diese drei Punkte glaubten die Herren um Boxer nicht zugestehen zu können.«[24]

Reifenberg trat unbeugsam mit dem Anspruch einer Zeitung auf, die sich als Sprachrohr Deutschlands verstand und darauf beharrte, ihre Stellung in uneingeschränkter Souveränität wieder einzunehmen oder, falls ihr das nicht erlaubt werden sollte, lieber zu schweigen. Zwei der drei Bedingungen waren schiere Unmöglichkeiten für die amerikanische Besatzungsmacht. Die Verbreitung der Zeitung in ganz Deutschland konnte die amerikanische Militärregierung nicht zugestehen. Da hatten die anderen Besatzungsmächte, vor allem die Sowjetunion, mitzubestimmen. Auslandskorrespondenten aber erforderten Devisen. Woher sollten sie in dem zerstörten Land ohne Exportwirtschaft kommen? Die Zensur war etwas anderes. Für Reifenberg ging es hier um ein Prinzip. Zensur war, in der Tat, prinzipiell unannehmbar. Aber auch für eine Übergangszeit? Und käme es nicht auch auf die Handhabung an? Die Zensur betraf praktisch nur die Berichterstattung über die Besatzungsmächte; fast alles übrige war frei. Ihrer politischen Qualität nach war diese Zensur etwas ganz anderes als Goebbels' Presselenkung. Übertrieb Reifenberg nicht? Schon 1948 verschwand die Zensur ganz, auch in der französischen Zone. Reifenberg selbst glaubte, daß sie verschwinden werde, sonst wäre es ja sinnlos gewesen, auf einen späteren Zeitpunkt für die Neugründung der »Frankfurter Zeitung« zu warten. Wie dem auch sei: In den Verhandlungen vom Februar 1946 wollte Reifenberg keine halbe Lösung, kein Regionalblatt und auch keine anderen Zeitungsnamen, nicht einmal den einer »Neuen Frankfurter Zeitung«, den die Besatzungsmacht bewilligt hätte.[25] So kam man nicht zusammen. Reifenberg konnte sich zu wenig in die Situation seiner amerikanischen Partner versetzen. Dort war jetzt etwas in Bewegung gekommen. Aber er spürte nicht die Gunst der nicht mehr wiederkehrenden Gelegenheit. So wurde die »Frankfurter Neue Presse« gegründet, abermals ohne Redakteure der »Frankfurter Zeitung« – ausgenommen Bütow.

Die Briefe Albert Oesers aus seinem Refugium in Schramberg im Schwarzwald drückten die Enttäuschung der alten FZ-Redakteure über die Besatzungsmacht aus: »Die amerikanische Pressekontrolle hat die FZ so gründlich mißverstanden«, schrieb Oeser 1946 an einen der emigrierten Kollegen in London, »daß alle Anläufe von Reifenberg und die von Hecht wegen eines Wiederanfangs resultatlos blieben…

Die Sache ist gründlich verfahren, und zwar durch eine uns einfach unverständliche Haltung der Besatzungsmacht.«[26]

Später begriff Sternberger, daß er einen Fehler begangen hatte, als er die Lizenz für die »Rhein-Neckar-Zeitung« ausschlug. »Wir hatten nicht die Phantasie, daß man eben Umwege hätte gehen müssen, sich einen anderen Zeitungstitel hätte geben lassen müssen, um den alten Kreis zu versammeln. Wir hätten aus Heidelberg die neue ›Frankfurter Zeitung‹ hervorgehen lassen können.«[27] Reifenberg blieb mindestens bis zum Sommer 1946 fest davon überzeugt, daß die der »Frankfurter Zeitung« feindselige Richtung der amerikanischen Pressekontrolle stärker sei als die wohlwollende[28], obwohl man schon sehen konnte, daß Belfrages Stern im Sinken war.

Eine Platzhalter-Zeitung in Frankfurt wäre im Frühjahr 1946 wahrscheinlich zu haben gewesen. Ob die verbliebenen Widerstände in der amerikanischen Pressekontrolle mit Hilfe anderer Offiziere und Ratgeber der Militärregierung hätten überwunden werden können, ist ungewiß, aber nicht unwahrscheinlich. Reifenberg wollte es nicht einmal auf den Versuch ankommen lassen. Es ergab sich hier eine merkwürdige Konstellation. Reifenberg und die Belfrage-Gruppe glaubten, aus der Vergangenheit der »Frankfurter Zeitung« unter Hitler gelernt zu haben. Für die Belfrages und Adlers hatte sich die »Frankfurter Zeitung« auf alle Zeit unheilbar kompromittiert. Die Erfahrung der nationalsozialistischen Presselenkung wiederum ließ Reifenberg sagen: nie wieder eine »Frankfurter Zeitung« unter Zensur. Beide Seiten zogen gerade in der Absicht, aus der Vergangenheit zu lernen, eine falsche Lehre aus der Geschichte: Belfrage verkannte die Besonderheit der »Frankfurter Zeitung« im Dritten Reich, Reifenberg die Besonderheit einer Pressezensur in der Hand von Offizieren einer großen, bewährten Demokratie, deren Sinn für Gerechtigkeit, Fairneß und Freiheit sich früher oder später bemerkbar machen mußte. Eine nie wiederkehrende Chance war vertan.

Erich Welter aber hatte die unternehmerische Phantasie. Im Sommer 1945 unternahm er mit dem Fahrrad – alle Reisen im Jahr 1945 waren Abenteuer – aus einem Dorf bei Crailsheim einen Erkundungsvorstoß nach Frankfurt. In einer Anekdote lebt der Augenblick fort, in dem der unverwüstliche Mann die zerstörte Stadt und dahinter die Kammlinie des Gebirges erblickte: »So schlimm kann es nicht sein, der Taunus steht ja noch.« In Frankfurt wurde ihm sogleich das Fahrrad, eine Kostbarkeit, gestohlen. Ausgeschlossen, dafür Ersatz zu beschaffen. Welter ging zum amtierenden Polizeipräsidenten. Dieser hatte in der Hitlerzeit seine Stellung verloren und war in der Anzeigenabteilung der »Frankfurter Zeitung« untergekommen. Welter lehnte sich er-

Erich Welter, »Stellvertretender Hauptschriftleiter« der »Frankfurter Zeitung« in ihren letzten Jahren, gründete 1949 gemeinsam mit alten und neuen Kollegen die »Frankfurter Allgemeine Zeitung«, die er zeitlebens als Nachfolgerin der »alten Frankfurter« verstanden wissen wollte

schöpft in dessen Sofa und stöhnte: »Schrecklich, diese Kette von Demütigungen.« Der Polizeipräsident war ergriffen. Welter schaffte, was keiner geschafft hätte: Er bekam ein anderes Fahrrad.²⁹

Er bekam auch eine Zulassung. Zwar nicht in Frankfurt, nicht bei Cedric Belfrage, aber bei Boxer in Stuttgart. Es habe viel Mühe gekostet, der Widerstand von Belfrage und Adler in Frankfurt sei groß gewesen, sagte Boxer später. Welter gründete so im Frühjahr 1946 die »Wirtschafts-Zeitung« zusammen mit Hans Baumgarten, einem Freund aus gemeinsamen Berliner Jahren und ehemaligen Chefredakteur des »Deutschen Volkswirts«, sowie Helmut Cron, der seit 1939 als Wirtschaftsredakteur am »Stuttgarter Neuen Tagblatt« gearbeitet und 1945 die »Stuttgarter Zeitung« mitgegründet hatte, ferner Otto Hoffmann, dem Nachfolger Oesers in der Leitung des Handelsteils der »Frankfurter Zeitung«, und Jürgen Tern, ehemaligem Handelsredakteur im Berliner Büro der »Frankfurter Zeitung«.

Die ersten Nummern waren kaum erschienen, da wurde Welter die Schreiberlaubnis entzogen. Ein anonymer Denunziant, wie Boxer sich zu erinnern glaubt, oder ein ehemaliger Feuilletonmitarbeiter der »Frankfurter Zeitung« in Düsseldorf, wie Welter zu wissen meinte, hatte ihn bei den Amerikanern als »Nazi« angeschwärzt. Eines der

Beweismittel war ein Artikel Welters in der »Pariser Zeitung«, der Zeitung der deutschen Besatzungsmacht im Jahre 1940, als Welter in der Presseabteilung des Oberkommandos der Wehrmacht arbeitete. Ausgeschlossen ist nicht, daß es sich um zwei verschiedene Denunziationen handelte. Reifenberg und Oeser sprangen Welter sofort mit entlastenden Briefen an Boxer bei und hoben seine tapferen Dienste für die Erhaltung der Zeitung hervor.[30] Welter war ein tätiger, kein nachdenklicher Mann. Was getan werden mußte, mußte getan werden. Basta. Alles kostete seinen Preis. Was im Dritten Reich für die Erhaltung der Zeitung nötig gewesen war, konnte man hinterher nicht für unnötig oder falsch erklären und bereuen. Welter konnte nicht verstehen, daß man hinterher darüber richten wollte. Er verlor die Erlaubnis, aber Boxer ließ ihn an der »Wirtschafts-Zeitung« weiterarbeiten, freilich nicht an sichtbarer Stelle. Erst Monate später wurde Welter rehabilitiert.

Im Winter 1945/46 entstanden noch weitere Blätter unter Leitung von ehemaligen Redakteuren der »Frankfurter Zeitung«. Walter Dirks tat sich mit Eugen Kogon zusammen. Die beiden ließen sich eine Lizenz für eine neue Zeitschrift, die »Frankfurter Hefte«, geben. In der französischen Zone entstanden vier Blätter mit Redakteuren aus dem ehemaligen Stab der »Frankfurter Zeitung«. Im französischen Sektor von Berlin erhielt Paul Bourdin, der ehemalige Pariser Korrespondent (und spätere Regierungssprecher der Bundesrepublik) eine Lizenz für den »Kurier«. Einige der ehemaligen Berliner Redakteure arbeiteten dort in der ersten Zeit mit, unter anderem Eberhard Schulz und Margret Boveri.

Im oberschwäbischen Leutkirch gründete Hecht, den die amerikanische Pressebehörde in Frankfurt besonders feindselig betrachtete, die »Schwäbische Zeitung«. Johannes Schmid, der letzte Leiter des Buchverlags der Frankfurter Societäts-Druckerei, wurde der Chefredakteur in Leutkirch. Als politische Redakteure stießen Ernst Trip und Walter Gerteis zu ihm. Aber eines Tages gab es Ärger mit dem französischen Zensuroffizier, der an einem Artikel Trips über die sowjetische Politik Anstoß nahm und ihn in ein Internierungslager für nationalsozialistische Funktionäre in Balingen einsperren ließ. Es dauerte Monate, bis nachgewiesen war, daß Trip alles andere als ein Nationalsozialist gewesen war und er wieder auf freien Fuß gesetzt wurde.

In Freiburg gründete Hecht zusammen mit dem Verlag Herder und der Druckerei Rombach die »Badische Zeitung«, in deren Redaktion sich eine größere Gruppe ehemaliger Redakteure der »Frankfurter Zeitung« zusammenfand: Oskar Stark, Maxim Fackler, Paul Sethe, Brigitte Beer, Ida Maria Baehrle, Hans Rösel, Nikolas Benckiser, später auch Ernst Kobbert, der Heimkehrer aus russischer Kriegsgefangenschaft. Margret Boveri arbeitete von Berlin, Eberhard Schulz von Stuttgart aus mit, auch für die »Wirtschafts-Zeitung«. Wolf von Dewall berichtete wieder als Korrespondent aus Ankara. Irene Seligo aus Lissabon, Heinrich Scharp aus Frankfurt, dem Sitz des Zwei-Zonen-Wirtschaftsrats. Die »Badische Zeitung«, gemäßigt liberal geführt, war eine der am besten redigierten deutschen Lizenzzeitungen. In den Hungerjahren der ersten Nachkriegszeit hauste die Redaktion in den ausgebrannten, rußgeschwärzten Gewölben des Herder-Verlages.

Fast zur gleichen Zeit gründete Benno Reifenberg in Freiburg eine Halbmonatszeitschrift, »Die Gegenwart«, zusammen mit Ernst Benkard, Bernhard Guttmann, Robert Haerdter und Albert Oeser. Unter allen Nachfolgegründungen war »Die Gegenwart« diejenige, die sich nicht an die Leserschaft einer bestimmten Region, sondern an die ganze Nation wandte. Die Auflage stieg rasch auf weit über 100000 Exemplare. Sie wurde in den drei westlichen Besatzungszonen verbreitet und konnte auch in der Sowjetzone bezogen werden.

In der Frankfurter Militärregierung klärten sich im Laufe des Jahres 1946 die Verhältnisse. Im Sommer verlängerte die Militärregierung nicht mehr die Verträge für Belfrage und Adler. Beide kehrten nach Amerika zurück. Im Herbst entzog die »Information Control Division«, wie die Pressekontrollbehörde jetzt hieß, Wilhelm Gerst die Lizenz als einem der Herausgeber der »Frankfurter Rundschau«, und zwar wegen »despotischen Verhaltens« gegenüber den Verlagsangestellten. Der neue Lizenzträger Karl Gerold, der jüngst aus dem Schweizer Exil zurückgekehrt war, hatte auf Gersts Entlassung gedrängt.[31] Gerst arbeitete später als Bonner Korrespondent der Ost-Berliner Nachrichtenagentur ADN.[32] Im Sommer 1947 entzog die amerikanische Pressekontrolle auch Emil Carlebach die Lizenz.[33]

Belfrage gab nach seiner Rückkehr nach New York eine Zeitschrift, »National Guardian«, heraus. 1953 wurde er vor den McCarthy-Ausschuß des Senats geladen, um Auskunft zu geben, ob er Kommunist sei. Da er die Frage nicht beantworten wollte, wurde er 1955 als »unerwünschter Ausländer« des Landes verwiesen.[34] Ein Säuberungseifer von der gleichen Art, mit der er selbst in Hessen regiert hatte, holte ihn ein. Nach seiner Ausweisung lebte er in Mexiko.

Wendelin Hecht starb im November 1947 voll Gram über die Kurzsichtigkeit der Besatzungsmächte und in bittern Selbstvorwürfen. »Den Untergang der Zeitung verzieh er sich nie. Er empfand das Verbot als ein persönliches Versagen und zerbrach daran.«[35] Nach einem Zusammenstoß mit der französischen Besatzungsmacht hatte er im letzten Jahr seines Lebens zwar nicht den Besitz, aber das Verfügungsrecht über die beiden Verlage in Leutkirch und Freiburg verloren.

In den fünfziger Jahren kam es nochmals zu Versuchen, die »Frankfurter Zeitung« wiederzugründen, besonders nachdem die »Gegenwart« von Freiburg nach Frankfurt umgezogen und in den alten Verlag, die Frankfurter Societäts-Druckerei, zurückgekehrt war. Über die Neugründung der Zeitung wurden zwischen Reifenberg, Stark und Werner Wirthle mehrmals Gespräche geführt. Wirthle war 1945 von der amerikanischen Militärregierung als Treuhänder des – zuletzt im Verlagskonzern Amanns befindlichen – Verlagsvermögens eingesetzt worden. 1949, nach der Freigabe des Unternehmens, wurde Wirthle Geschäftsführer der Frankfurter Societäts-Druckerei, die von Oktober 1949 an auch »Die Gegenwart« verlegte. Doch sogleich nach Aufhebung des Lizenzzwangs 1949 war in Frankfurt eine dritte Tageszeitung gegründet worden: die »Frankfurter Allgemeine Zeitung«, das Werk Erich Welters und eines Kreises alter und neuer Kollegen, die er, inzwischen Professor für Nationalökonomie an der Universität Mainz und Redakteur der »Allgemeinen Zeitung« in Mainz, um sich versammelt hatte. Unter ihnen waren Paul Sethe, Erich Dombrowski (vom Frankfurter »General-Anzeiger«), Karl Korn, ehemals beim »Berliner Tageblatt«, und Hans Baumgarten. Im Herbst 1949 zog ein großer Teil der Redaktion der »Hauptausgabe« der »Allgemeinen Zeitung« von Mainz nach Frankfurt. Es war der Sprung zurück an den alten Ort der »Frankfurter Zeitung« und in die alte Rolle einer überregionalen nationalen Zeitung. Man begann in dem Gebäude Börsenstraße 2–4, in dem bis dahin Ludwig Erhards »Zwei-Zonen-Wirtschaftsrat« gesessen hatte und davor – Gauleiter Sprenger.

Welters Gründung war von großen wirtschaftlichen Risiken begleitet. Denn die neue Zeitung hatte keine Reserven und keinen Abonnentenstamm, wie sie die Lizenzzeitungen in den vergangenen Jahren sich hatten aufbauen können. Die ersten drei Jahre waren eine kritische Zeit. Im Laufe der Jahre stießen immer mehr ehemalige Redakteure der alten Zeitung zur »Frankfurter Allgemeinen Zeitung«: Nikolas Benckiser, Jürgen Tern und Eberhard Schulz von der »Wirtschafts-Zeitung« in Stuttgart, Brigitte Beer und Ernst Kobbert von der »Badischen Zeitung« in Freiburg. Margret Boveri arbeitete aus Berlin mit, Hermann Pörzgen, heimgekehrt aus russischer Kriegsgefangenschaft, berichtete wieder aus Moskau, Lily Abegg war wieder in Fernost, Martin Wiebel Korrespondent in Paris, Friedrich Sieburg leitete das Literaturblatt. Andere aber blieben, wo sie waren, zum Beispiel Ernst Trip bei der »Frankfurter Neuen Presse«, Stark und Rösel bei der »Badischen Zeitung«, Süskind und Fackler bei der »Süddeutschen Zeitung«, Fritz Sänger bei dpa, Carl Linfert beim »Westdeutschen Rundfunk«, Kircher bei der »Wirtschafts-Zeitung«, die inzwischen »Deutsche Zeitung und Wirtschafts-Zeitung« hieß. Knappstein war ins Auswärtige Amt gegangen und wurde Generalkonsul in Chicago, später Botschafter in Washington. Nur wenige der Emigranten kehrten zurück.

1958, als die Auflage der »Gegenwart« an eine kritische Grenze gestoßen war und die Zeitschrift eingestellt wurde, stieß auch diese Gruppe zur »Frankfurter Allgemeinen Zeitung« – alle außer Robert Haerdter. Welter sträubte sich gegen ihn. Noch einmal meldeten sich die politischen Spannungen aus den Kriegsjahren. Haerdter wurde Chefredakteur der »Stuttgarter Zeitung«.

Nicht der nachdenkliche Reifenberg, sondern der energisch-tätige Welter hatte in der veränderten Situation das entscheidende Wort. Es war ein denkwürdiger Augenblick, als an einem der ersten Tage des Jahres 1959 Benno Reifenberg als neuer Herausgeber der »Frankfurter Allgemeinen Zeitung« sowie Fritz Hauenstein, Herbert Küsel und Dolf Sternberger zum ersten Mal in der Konferenz der »Frankfurter Allgemeinen Zeitung« begrüßt wurden. Gleichzeitig brachte die Frankfurter Societäts-Druckerei die Titel der »Frankfurter Zeitung« und der »Gegenwart« ein. Sollte der alte Name noch einmal wiederkehren?

Welter hatte mehr als zwanzig ehemalige Redaktionsmitglieder der alten Zeitung wieder in der »Frankfurter Allgemeinen Zeitung« versammelt. Noch gab es auch eine große Schar anhänglicher Leser des alten Blattes. Doch hatte die neue Zeitung in ihren ersten zehn Jahren auch einen eigenen Leserkreis hinzugewonnen. Sie war, mit Karl Korn, Hans Baumgarten und Erich Dombrowski als weiteren Herausgebern neben Sethe und Welter, nicht allein aus der Wurzel der »Frankfurter Zeitung« gewachsen. Es gab inzwischen sachliche, aber auch persönliche Einwände gegen eine Änderung des Titels der neuen Zeitung. Dombrowski zumal wollte den alten Zeitungsnamen nicht wiederkehren sehen. In seinen Jahren als Chefredakteur des »General-Anzeigers« waren ihm die Herren der »Frankfurter Zeitung« immer etwas hochmütig erschienen. Welter aber hat seine eigene Gründung, die »Frankfurter Allgemeine Zeitung«, immer als Nachfolgerin der alten »Frankfurter Zeitung« verstanden wissen wollen.[36]

Fast überall, so zeigte sich in der Nachkriegszeit, behaupteten sich die neuen Zeitungen und ihre Namen gegen die alten Titel. Schon wenige Jahre nach Kriegsende hatten die Neugründungen ihr eigenes Gewicht und Gesicht. Was 1945 und 1946 entschieden worden war, ließ sich zehn, fünfzehn Jahre später nur noch schwer ändern. Im Rückblick läßt sich sagen, daß es die Besatzungsmacht der ersten Jahre war, die, noch immer im kämpferischen Eifer des Krieges gegen Hitler, unfreiwillig zum Vollstrecker seines Willens wurde, indem sie die »Frankfurter Zeitung« ein zweites Mal, und jetzt endgültig, verbot.

»Die sogenannte gotische Schrift als eine deutsche Schrift anzusehen oder zu bezeichnen ist falsch. In Wirklichkeit besteht die sogenannte gotische Schrift aus Schwabacher-Judenlettern… Die Verwendung der Schwabacher-Judenlettern wird künftig unterbleiben… Im Auftrage des Führers… gez. M. Bormann.« Die Mitteilung der Redaktion widerlegte diese phantastische Behauptung

Antiqua statt Fraktur.

Die „Frankfurter Zeitung" wird mit ihrer ersten Ausgabe nach dem Osterfest sich der Antiqua bedienen. Der Abschied von der Fraktur wird wie von der Schriftleitung so von der Leserschaft nicht leicht genommen werden können. Nicht deshalb, weil etwa hiermit ursprüngliche vaterländische Zeichen gegen zwar bequeme, aber weniger charaktervolle eingetauscht würden. Es ist in den letzten Monaten, in denen alle großen Zeitungen Deutschlands diese Umstellung vollzogen haben, ja oft genug daran erinnert worden, daß die Geschichte der Schrift des Abendlandes mit der römischen beginnt und daß es gerade eine deutsche Leistung, nämlich die Reform Karls des Großen war, die alte römische in eine für das ganze Reich gültige Schrift umgewandelt zu haben; was man „Fraktur" nennt, ist nichts anderes als eine stilistische Abwandlung der „Antiqua". Doch das lesende Gefühl ist unabhängig von historischen Ueberlegungen, es zögert zunächst, wenn ein gewohntes Bild durch ein neues ersetzt wird. Aber das Argument der kosmopolitischen Lesbarkeit der Antiqua hat den Ausschlag gegeben; das Gefühl — das hier sicher mehr bedeutet als träge Gewohnheit — gibt der Vernunft den Vorrang.

Wir möchten in diesem unserm letzten Blatt, das in Fraktur gedruckt ist, den Lesern eines zu bedenken geben: Gottlieb Immanuel Breitkopf in Leipzig hat Ende des achtzehnten Jahrhunderts die Fraktur — gegen die wachsende Begeisterung der Klassizisten — damit verteidigt, daß der „gemeinen Volksklasse" eine Veränderung der Schrift schaden müsse; ihn bewegte die Sorge, es möchte durch einen Wechsel in der Schrift das kaum erwachte Bildungsinteresse des bürgerlichen Lesepublikums leiden. Eine solche Sorge fällt heute fort: Es gibt keine Volksschicht mehr, für die das Instrument der Schrift, sei sie Antiqua oder Fraktur, etwas Schwieriges wäre. Das Mittel ist allen geläufig geworden; es wäre lohnend zu untersuchen, inwieweit die allgemein-verbreitete Kenntnis der Schrift die Kenntnis der Begriffe, des Geistigen überhaupt, vertieft hat. In der Epoche eines weltumfassenden Kampfes kann Wachheit für Weltereignisse vorausgesetzt werden. Es kommt also jetzt für das Interesse der „gemeinen Volksklasse" einzig darauf an, dieses Weltbild unverstellt vor Augen zu führen. Daran gemessen ist die Frage Antiqua oder Fraktur eine Frage zweiter Ordnung.

Epilog

Kampf unter Masken

Dieses Buch wäre mißverstanden, wollte man es als Rechtfertigungsschrift lesen. Es versucht nichts anderes, als eine Redaktion in ihren jahrelangen Auseinandersetzungen mit dem Dritten Reich zu beobachten und zu begreifen; soweit dies überhaupt möglich ist, wurden spätere Erkenntnisse über den Gang der Dinge, die die damals Beteiligten nicht besaßen, außer acht gelassen.

Die erste Aufgabe einer Zeitung ist jedenfalls nicht »Kampf«, sondern Unterrichtung und Hilfe zur Urteilsbildung ihrer Leser. Kann das in der Diktatur grundsätzlich anders sein? Auch in der Diktatur bleibt es erste Pflicht eines Arztes, zu heilen, eines Lehrers, Kinder gewissenhaft zu erziehen, oder eines Priesters, das Wort Gottes zu verkünden. Was bedeutet das für die erste Aufgabe des Journalisten, die Leser möglichst genau zu unterrichten, ihnen, wie die Redaktion der »Frankfurter Zeitung« in der Osterausgabe des Jahres 1942 anläßlich der befohlenen Änderung ihrer Schrift von der deutschen Fraktur zur international verbreiteten Antiqua mit politischer Anzüglichkeit sagte, das »Weltbild unverstellt vor Augen zu führen«?[1]

Berichterstattung bis an die Grenze des Möglichen wird unter den Rahmenbedingungen der totalen Herrschaft sofort zum Konfliktfall. Wie die Kirchen geriet eine solche Zeitung, obwohl sie ihrer Herkunft und Bestimmung nach sich nie als Kampfblatt oder politische Partei verstanden hatte, schon dadurch in eine Kampfsituation, daß sie ihr eigenes Wesen zu bewahren und ihren Dienst am Publikum zu leisten suchte.

Nevile Henderson, der britische Botschafter in Berlin von 1937 bis 1939, berichtete, er habe sich oft gewundert über die »beste und fairste deutsche Zeitung«, wie sie es »angesichts so harter Zensur und Verderbnis zuwege brachte, ihre letzten Reste an Unabhängigkeit zu bewahren«.[2] Das Blatt sei ein »Labsal« für alle gewesen, die sich »im Spiegelverfahren« über die wirkliche Lage hätten unterrichten wollen, sagte Rudolf Diels, der erste Chef der Gestapo.[3] Helmut Thielicke schreibt in seinen Lebenserinnerungen, damals seien die Zeitgenossen »überwach« für versteckte Botschaften gewesen. In seinen Predigten habe die kleinste Andeutung genügt, um sofort bei seinen Hörern Assoziationen zur Realität im Dritten Reich auszulösen. »Liest man heute manche regime- und zeitkritischen Artikel in der alten ›Frankfurter Zeitung‹, so meint man einen etwas peinlichen Zeitkonformismus vor sich zu haben, während sie einem damals das Blut in den Adern erstarren ließen, weil wir die Deutlichkeit zwischen den Zeilen erkannten.«[4] Leo Baeck, bis 1943 Rabbiner in Berlin und geistlicher Führer der deutschen Juden, sagte nach dem Krieg in New York, die »Frankfurter Zeitung« sei ihm bis zu seiner Deportation eine tägliche Hilfe gewesen, die einzige Zeitung, die er ohne physischen Widerwillen habe lesen können.[5]

Von außen gab es harsche Urteile: Wilhelm Röpke (1899–1966), der liberale Nationalökonom, schrieb 1945 in seinem Genfer Exil, die »Frankfurter Zeitung« sei »dazu verurteilt worden, langsam korrumpiert zu werden ... Das Schlimme aber war, daß es sogar die Redaktionsleiter selber waren, die sich in den Dienst der Korrumpierung ihrer Zeitung stellen ließen.«[6] William Shirer urteilte in seinem Buch über das Dritte Reich, die Zeitung »unter der Leitung Kirchers« (wie er meinte) »served the Nazis well«.[7] Ein amerikanischer Historiker, Ernest Bramstedt, ging zwar nicht so weit, meinte aber, das Fortbestehen der Zeitung nach 1933 habe mehr dem Regime genützt als der geschlagenen Sache des deutschen Liberalismus.[8] Modris Eksteins stimmte diesem Urteil zu und fügte lapidar hinzu, die Opposition der Zeitung in der Hitlerzeit sei »ohne Gewicht« gewesen.[9] Auch deutschen Fachwissenschaftlern, die die Diktatur nicht mehr selbst erlebt haben, wie zum Beispiel Norbert Frei[10] und Bernd Sösemann[11], fällt es schwer, das Verhalten der Redakteure der »Frankfurter Zeitung« oder – in einem Parallelfall – von Paul Scheffer, dem Chefredakteur des »Berliner Tageblatts«, zu verstehen oder gar zu billigen.

Abgesehen von Defiziten an Untersuchungsaufwand an der Hauptquelle, den Bänden der Zeitungsjahrgänge, und methodischen Fehlern wie demjenigen, Emigranten als Zeugen für die behauptete Bedeutungs- und Wirkungslosigkeit des getarnten Schreibens aufzurufen, fehlt vielen dieser Untersuchungen eine Vorstellung vom Terror in der totalitären Herrschaft mit ihrer teils banalen Alltäglichkeit, teils dramatisch-absoluten Bösartigkeit. Das Dritte Reich als Gegenwelt kommt zwar als Kulisse und Hintergrund vor, aber eher stumm – nicht als eine tägliche, ja stündlich drohende, persönliche Gefahr. Das Objekt, in diesem Falle die oppositionelle Zeitung, wird wie auf einem Labortisch betrachtet – abgelöst von den grimmigen Bedingungen seiner Existenz. Der Befund der Gegenwehr, der zutage liegt, wird als verfehlt oder als zu matt empfunden. Versuche, dies zu erklären, werden schnell als »Apologetik« abgetan – was umgekehrt den Vorwurf des Rigorismus wenn nicht gar der »Akkusatorik« verdiente.

Die Enge und Härte der Existenzbedingungen des einzelnen unter totalitärer Herrschaft werden von denen, die in Freiheit leben, leicht verkannt. Die Emigranten verloren meist sehr schnell, oft schon nach wenigen Wochen in der Freiheit, ein Gefühl dafür, wieviel Vorsicht und Tarnung in der Unfreiheit nötig sind. Es ist ein großer Irrtum zu meinen, im Dritten Reich hätten nur sehr wenige, nur die intelligentesten Leser bemerkt, welche Botschaften die »Frankfurter Zeitung« in versteckten Formen übermittelte. Das Gegenteil ist der Fall. Alle bemerkten es. In der totalitären Diktatur werden alle Zeichen, gerade die kleinen, mit schärfster Aufmerksamkeit wahrgenommen, nicht nur von den Unterdrückten, auch von den Unterdrückern. Jeder beobachtet, ja belauert jeden. Czeslaw Milosz, der polnische Schriftsteller und Literatur-Nobelpreisträger, hat in seinem Buch »Verführtes Denken« aus der Erfahrung des Lebens in einer kommunistischen Diktatur das ganz verschiedene Wahrnehmungsvermögen und Verhalten der Menschen in Unfreiheit und in Freiheit so beschrieben: »Jedes ausgesprochene Wort muß im voraus schnell auf seine möglichen Folgen hin geprüft werden. Aber nicht allein ein Wort, ein Lächeln am unrechten Ort, ein Blick, der etwas anderes ausdrückt, als er sollte, können gefährliche Verdächtigungen und Vorwürfe nach sich ziehen. Die ganze Art sich zu bewegen, der Tonfall der Stimme, die Wahl einer bestimmten Krawatte, alles wird als Äußerung politischer Neigungen interpretiert. Für den Menschen des Ostens hat eine Reise nach dem Westen daher etwas Erschütterndes: er findet plötzlich im Verkehr mit seinen Mitmenschen – angefangen beim Gepäckträger und Taxichauffeur – keine Gehemmtheit mehr. Sie sind völlig gelockert, es fehlt ihnen jede innere Anspannung, deren Symptome der gesenkte Kopf und die umherschweifenden Augen sind; sie schwatzen lustig drauf los und lachen laut: ja, ist es denn möglich, daß die Beziehungen von Menschen untereinander so einfach und unkompliziert sind?«[12]

An anderer Stelle sagt er noch zugespitzter: »Wie die Theologen zur Zeit der strengen Orthodoxie sich einer rigoros von der Kirche festgelegten Sprache bedienten, so kommt es auch hier nicht darauf an, was einer sagt, sondern was er andeuten wollte, indem er seinen Gedanken hinter einem Komma, einem eingeschobenen ›und‹ oder hinter einer bestimmten Reihenfolge der besprochenen Probleme verbirgt. Wer nicht dort gelebt hat, weiß nicht, wie viele Titanenkämpfe dort ausgefochten werden... und was der Einsatz dieser Kämpfe ist, die an unerhört verwickelte Schachpartien erinnern. Und die in diese Turniere verwickelten Gegner blicken mit Herablassung auf ihre Landsleute in der Emigration. Ein Chirurg kann einen Metzger nicht als Berufskollegen anerkennen, und ein in solchen Florettgefechten geschulter Pole,

Tscheche oder Ungar wird nur darüber lächeln, daß ihn jemand in der Emigration einen Verräter (oder ein Schwein) genannt hat, gerade in dem Augenblick, da dieser Verräter (oder dieses Schwein) in eine Auseinandersetzung verstrickt ist, von deren Ausgang das Schicksal von fünfzehn Laboratorien oder zwölf Ateliers abhängt. Man weiß im Ausland nicht, mit welcher Münze man hier zahlt, noch was man kauft, und um welchen Preis.«[13]

Die erste Kontroverse über das Verhalten der »Frankfurter Zeitung« in der Hitlerzeit wurde in der »Neuen Zürcher Zeitung« ausgetragen. Das Blatt veröffentlichte Anfang 1947 einen Bericht Wilhelm Reys, der die Auseinandersetzung mit dem Regime als ein Ringen im Zwielicht charakterisierte, als Kampf unter Masken, »mit verdeckten Waffen und geschlossenem Visier«, mit allen Mitteln journalistischer Kriegskunst, aber ohne heroische Gesten und dramatische Effekte, unter Krisen in der Redaktion, in ständiger Gefahr und auf immer enger werdendem Platz. Rey stellte dem Bericht die Frage voran, was die Zeitung in diesen zehn Jahren gewesen sei: Nachklang eines »besseren Deutschlands« und Verheißung für die Zukunft – oder, im Gegenteil, ein besonders korruptes Propagandaorgan der Nationalsozialisten?[14]

Eine Woche später antwortete ein Redakteur der »Neuen Zürcher Zeitung«, Reto Caratsch, der ehemalige Korrespondent des Blattes in Berlin, der im Juni 1940, als er über die Trübung des deutsch-sowjetischen Verhältnisses berichtet hatte, ausgewiesen worden war.[15] Caratsch nannte Reys Artikel den Versuch einer Legendenbildung:

»Wir wissen genau, daß die Schriftleiter der ›Frankfurter Zeitung‹ keine überzeugten Nazi waren, daß viele, daß die Besten von ihnen unter der Gleichschaltung litten. Aber nicht darauf kommt es an, was ein Redaktor, der die Faust im Sack macht, für sich denkt oder mit Anspielungen umschreibt, die vielleicht außer ihm und seinen Mit-Auguren in den Redaktionsräumen niemand versteht; nicht ein paar sinnvoll eingesetzte ›Gänsefüßchen‹ mehr oder weniger bestimmen das Gesicht eines Blattes, auch nicht eine unter dem Strich erscheinende Würdigung eines Werkes der sogenannten ›entarteten Kunst‹ oder ein paar Schnippchen, die man den herrschenden Mächten mit der Umgehung des Arier-Paragraphen schlägt. Entscheidend ist die Gesamtwirkung, die eine Zeitung im Inland und im Ausland ausübt... In was bestand der eigentliche Unterschied zwischen der ›Frankfurter Zeitung‹ und den Nazi-Parteiblättern? Vor allem darin, daß die Frankfurterin das, was die Pressemeute Goebbels' rauh hinausklaffte, in gepflegtem Stil, mit der Dialektik geschulter Journalisten ausdrückte. Es war ein Unterschied wie zwischen der routinierten Diplomatie eines Neurath und Weizsäcker und dem blutigen Dilettantismus des parteioffiziellen Außenpolitikers Alfred Rosenberg, die schließlich doch alle zu den gleichen Ergebnissen hinführten. Das Raffinement, mit dem die ›Frankfurter Zeitung‹ Hitlers Politik verteidigte und unterstützte, hat aber viel größere Effekte erzielt als der polternde Chor der Parteipresse.« Die Redakteure dieser Zeitung hätten keinen Grund, sich auf ihre Courage etwas zugute zu halten. Der Redaktion sei eine schwächliche Spekulation zum Verhängnis geworden; »durch Klügeleien und Konzessionen, dem Teufel die Krallen streichelnd, wollte sie sich über Wasser halten, um dann eines schönen Tages, wenn der Spuk verflogen sein würde (daß sie immer an einen vorübergehenden Spuk glaubte, stellt der Einsicht ihrer Lenker ein schlechtes Zeugnis aus), frisch-fröhlich die Flagge eines neuen Regimes hochzuziehen«.[16] Kircher war in dieser zornigen Darstellung der Hauptübeltäter. Noch zitterte die Erbitterung über seine heillosen Schweizer Artikel nach[17] und wohl auch Erschrecken und Wut über die Gefahr, daß die Schweiz von Hitler hätte überfallen werden können wie Österreich.

Benno Reifenberg schrieb ein paar Tage später an Willy Bretscher, den Chefredakteur der »Neuen Zürcher Zeitung«, beide Ansichten, die von Rey und die von Caratsch, schienen ihm zu einfach formuliert. Es sei mißlich, feststellen zu müssen, daß man solche Fragen, die man von Herzen mit klarem »Ja, ja – nein, nein« beantwortet wissen möchte, nur mit sehr genauen Erfahrungen und sorgfältigen Abwägungen beantworten könne. Er bat Bretscher, ihm zu glauben, daß man am Schicksal der »Frankfurter Zeitung« anderes ablesen könne »als ein mehr oder minder raffiniertes Mundtotmachen von mehr oder minder charakterlosen Journalisten«. Es sei anders gewesen: »Vielmehr ist in diesem Fall, ich denke dem einzigen in der deutschen Öffentlichkeit, die Grenze oder doch eine Grenze der Macht des Totalitären sichtbar geworden: es kann sich in einer anderen als seiner eigenen Sprache nicht glaubhaft machen. Darin lag bis zum letzten Tag die Chance der ›Frankfurter Zeitung‹. Man konnte sie schließen, aber so lange man das nicht tat, blieb eine ›Frankfurter Zeitung‹ immer Gegenposition, ich möchte sagen – unabhängig von ihrem Inhalt. Nur wer die Grabesstille des Dritten Reiches am eigenen Leib verspürt hat, wird ermessen können, was eine Gegenposition in der Öffentlichkeit für die geistigen Menschen in Deutschland bedeutet hat. Als die ›Frankfurter Zeitung‹ in Deutschland eingestellt wurde, war es, als würde in einem halbdunklen Raum die letzte Kerze ausgeblasen.«[18]

Es liegt an der Monstrosität der von der Diktatur begangenen Verbrechen, daß diejenigen, die ihr nicht unterworfen waren – sei es, weil sie außerhalb der deutschen Grenzen lebten, sei es, weil sie einer späteren Generation angehörten – von denen, die ihr untertan gewesen waren, vor allem Bekenntnisse des Abscheus und der Entrüstung erwarten, nicht Schilderung, wie es gewesen war. Die Erwartung verlangt gerade wegen der Ungeheuerlichkeit der Verbrechen den Auftritt von Helden, Heiligen, Schurken oder Versagern. Man möchte ein moralisches Urteil hören, nicht ein historisches. Die Außerordentlichkeit der Diktatur spielte sich aber inmitten von Resten der alten Ordnung, überwiegend auch im gewohnheitsmäßigen Ablauf des Alltäglichen ab. Das Abnorme und das Normale lagen vielfach im Gemenge. Menschlichkeit gab es auch auf der Seite des Unmenschen. Aus solcher Erfahrung ergaben sich Schwierigkeiten der Verständigung zwischen denen, die überwiegend als Opfer in der Diktatur lebten, leben mußten, und denen außerhalb, die Rechenschaft verlangten, nicht erhielten, was sie erwarteten, und daraus den im Land Gebliebenen einen heimlichen Vorwurf machten. Widerstand in der modernen Diktatur kann viele Formen haben. Die meisten entsprechen nicht den dramatischen Erwartungen von Akten heroischer Selbstaufopferung. Widerstand, der unter diesem Maß bleibt, ist der »Kollaboration« mit der Diktatur oder des feigen Rückzugs verdächtig.[19]

Thomas Mann korrigierte zwar diese seine Ansicht später, aber im Herbst 1945 schrieb er in einem offenen Brief an Walter von Molo über die zwischen 1933 und 1945 in Deutschland gedruckten Bücher: »Ein Geruch von Blut und Schande haftet ihnen an. Sie sollten alle eingestampft werden. Es war nicht erlaubt, es war unmöglich, Kultur zu machen in Deutschland... Es hieß die Verkommenheit beschönigen, das Verbrechen zu schmücken.« Die Intelligenz des Landes hätte sich 1933 erheben, den Generalstreik erklären und das Land verlassen sollen.[20] Wilhelm Hausenstein widersprach Thomas Mann. Bücher wie die von Theodor Haecker, Josef Pieper, Reinhold Schneider, Karl Voßler, Ernst und Friedrich Georg Jünger oder Stefan Andres könne ein solcher Vorwurf nicht treffen. Hausenstein nannte auch Bücher von Mitarbeitern des Feuilletons der »Frankfurter Zeitung«, Autoren wie Ernst Beutler, Hans Bütow, Max von Brück, Theodor Heuss, Carl Linfert, Dolf Sternberger, Gerhard Storz, W. E. Süskind, denen niemand auch nur das leiseste Alibi zugunsten der Kulturpolitik des Dritten Reiches entnehmen könne. Diese Bücher seien »das durchaus Andere« gewesen. Hätten sie aber vielleicht der Welt vorgespiegelt, das Dritte Reich gewähre Freiheit des Geistes? Hausenstein belehrte Thomas Mann darüber, daß das System Lücken und der totale Staat Schwierigkeiten gehabt habe, sich überall durchzusetzen: »Wollte man nämlich ein gutes Buch ausschließlich deshalb verbieten, weil es, ohne besondere Mißliebigkeit politischer Grund- oder Einzelzüge, im existentiellen Sinne gut war, so müßte man die gesamte gute Literatur verbieten.« Ein weiterer Grund, warum gute Bücher hätten erscheinen können, habe auch darin gelegen, daß die Gestapo und das Propagandaministerium »zwar im Subalternen schlau und in ihrer Technik gerissen gewesen seien, aber im wesentlichen dumm«. Gegen Thomas Manns Ansicht, der Generalstreik der anständigen Schriftsteller wäre das einzig Angemessene gewesen, wandte Hausenstein ein, das sei eine »Abstraktion«, die die menschlichen Realitäten ignoriere. »Denn dies gerade macht das Wesen alles Guten aus, daß es sich in der zwingenden Verfassung der Kontinuität befindet. Wo das Gute wirklich das Gute ist (und so sehen wir immerhin Bücher von der Gattung der aufgeführten), da muß es ohne Unterbrechung geschehen. Das Gute läßt sich nicht willentlich zurückhalten, nicht taktisch sperren und nicht einmal strategisch-spekulativ ausschalten. Das Gute als Continuum bedeutet, daß es immer und überall und ohne Verzug geschehen muß, wo es um seinetwillen oder, was dasselbe ist, um Gottes willen nur irgend geschehen kann. Dies sogar auf die Gefahr, daß sich das Böse vom Guten einen vergänglich-trügerischen, auch dem schlechtesten Verstande leicht zu durchschauenden Anschein borge.«[21]

Alles, was Hausenstein über die Bücher gesagt hatte, traf in gleicher Weise für das Feuilleton der Zeitung zu. Zunächst haben Emigranten und danach unter Berufung auf sie auch andere die Beiträge des Feuilletons als Rückzug in ein Reich der Innerlichkeit und unberührbarer Schönheit gedeutet.[22] In Wirklichkeit war es eine Fortsetzung der Auseinandersetzung mit anderen Mitteln. Auch ein großer Teil Literatur der sogenannten »Inneren Emigration« war fortgesetzte Gegenrede gegen den Nihilismus des Regimes und eine beharrliche Erinnerung an die humanistische Tradition der eigenen Kultur und ihre Grundlagen in der christlichen Religion und der Philosophie der Antike und eben deshalb gerade nicht »Rückzug«.

Gegen diese »kulturelle Dissidenz«, wie Richard Löwenthal diese Haltung nannte, ist auch eingewandt worden, sie habe dem Nationalsozialismus zwar in kritischer Distanz gegenübergestanden und unter ihm gelitten, habe ihm aber weder künstlerisch noch ästhetisch noch politisch konkrete Alternativen anbieten können. Außer der Negation habe sie nichts zur Überwindung des Faschismus beitragen können.[23] Auch ein solches Verdikt ist, um Hausensteins Wort aufzunehmen, eine »Abstraktion«. Sie unterschätzt den Terror der Diktatur. Sie verlangt auch zu viel von kultureller Opposition, denn etwas Konkretes konnte in diesem Falle allein der Sturz der Diktatur sein. Dabei gerät aus dem Blick, was kulturelle Opposition in Büchern, im Feuilleton einer Zeitung oder in Zeitschriften wie Rudolf Pechels »Deutscher Rundschau«, Karl Muths »Hochland« oder den »Stimmen der Zeit«

der deutschen Jesuiten leisten konnte. Sie stärkten geistige Abwehrkräfte des Publikums und versicherten die Leser des eigenen Wegs. Diese Wirkung reichte bis in den Kreis der Verschwörer des 20. Juli 1944.

Widerstand in der Diktatur braucht den Schutz des Geheimnisses. Eine Zeitung aber kann nur öffentlich existieren. Ihre Opposition unterliegt damit anderen taktischen Gesetzen. Wenn aber der Urheber von Akten des Widerstands sich nicht verstecken kann wie ein Verschwörer, muß die Tat verschwinden können. Publizistische Opposition in der Diktatur braucht die verwirrende Fähigkeit, zu sein und zugleich nicht zu sein, wie ein Vexierbild. Publizistische Opposition muß deutlich genug sein, um von den eigenen Anhängern erkannt zu werden, aber sich auch verflüchtigen können, sobald man nach ihr greifen will – wie die Katze in »Alice im Wunderland«, von der nichts zurückbleibt als ein spöttisches Grinsen.

Die Tarnung, die dem Regime das Zufassen erschweren sollte – verwehrt war es ihm nie, und darum war auch getarnte öffentliche Opposition nie ungefährlich –, macht es auch für den Leser einer späteren Zeit und für eine kritische Forschung schwierig, unbezweifelbar die oppositionelle Absicht und Wirkung nachzuweisen. Alles hatte ja gerade im Zweifelhaften gehalten werden müssen. Nur wenn man solche Literatur mit den Augen der Epoche liest, sind die versteckten Schneiden zu merken. Der zeitgenössische Leser in Deutschland spürte das »Andere« dieser Literatur vor allem am Kontrast zur nationalsozialistischen Umgebung. Eine Untersuchung über die Fabel »Der Wolf und das Lamm« war ohne weiteres als Gleichnis auf die tückische Vermengung von Gewalt und Vorwand des Rechts bei der Verfolgung der deutschen Juden zu entschlüsseln. Liest man heute diesen Aufsatz Sternbergers in unverändertem Wortlaut, aber nicht mehr in einer Zeitung des Jahres 1941, sondern als Nachdruck in einem Buch des Jahres 1950, findet man zwar nach wie vor, daß der Autor die Fabel politisch-philosophisch interpretiert, aber die subversive Tendenz, die den Leser von 1941 elektrisierte, teilt sich in dem Buch nicht mehr von selbst mit. Publizistische Opposition braucht die dunkle Unterlage der Diktatur, teils um sich davon abheben, teils um sich darin verstecken zu können.

Wie verstanden die Redakteure ihr Handeln? Rey und Trip nannten es uneingeschränkt einen »Kampf unter Masken«. Sternberger sagte: »Die Fahne wehte nicht, es war eine verbissene, bisweilen auch zweideutige Art des verdeckten Widerstandes, hart an der Grenze der Stummheit«[24], und ein andermal: »Ich will nicht behaupten, daß heldenhafter Widerstand in der ›Frankfurter Zeitung‹ geleistet worden wäre, aber eine stetige Distanzierung.«[25] Ein Ireniker wie Benno Reifenberg vermied in seinem Bericht über die zehn Jahre Vokabeln des Kampfes. Reifenberg kämpfte nicht, er litt. Man habe sich, so schrieb er über die letzten Jahre des Blattes, die Jahre einer »Agonie«, immer weiter ins Finstere getastet. »Am Ende waren es nur noch Klopfzeichen, die man geben konnte, um sich verständlich zu machen.«[26] Theodor Heuss hingegen sagte, diese zehn Jahre des »Schlußkampfes« der Zeitung seien »vielleicht... die großartigste Zeit der ›F. Z.‹, sicher die quälendste gewesen«.[27] Kircher gestand am Ende, 1944, nach dem Zeugnis Reifenbergs, er habe »keine reine Weste mehr«.[28] Walter Dirks sagte: »Wir haben es nicht gut gemacht, aber es hat keinen Sinn zu beckmessern.«[29] Er meinte, man hätte hier und dort sich weiter vorwagen sollen. Dies war Kritik am Detail, nicht mehr. Ernst Trip erklärte vierzig Jahre später auf die Frage, ob es nicht besser gewesen wäre, in solcher Zeit den journalistischen Beruf aufzugeben: »Ich würde es heute nicht anders machen.«[30] Robert Haerdter besteht darauf, daß das Handeln der Redaktion zwar schwierig zu erklären, aber doch nicht nur »verständlich« zu machen sei. Es sei »notwendig« gewesen, einerlei, ob die Nachwelt das begreife oder nicht. Man hätte auch dann nicht aufgeben dürfen, wenn man im voraus gewußt hätte, wie alles kommen würde.[31]

Oskar Stark meinte, man habe unter unwahrscheinlich anmutenden Schwierigkeiten versucht, eine der Wahrheit und der Humanität dienende Zeitung herauszubringen. Mancher in der Redaktion habe sich eine Zeitlang in der Illusion gewiegt, daß in absehbarer Zeit eine moralische Besserung des Systems von innen heraus zu erhoffen sei.[32] Wenn er 1933 in der Redaktion gewesen wäre, wäre er sicher wie die andern zu dem Entschluß gekommen, weiterzuarbeiten. Hinterher aber müsse man sagen, jener Entschluß sei falsch gewesen, weil man in einer sich ständig vervollkommnenden Despotie nicht mehr Herr der Entscheidung sei, aufzuhören. Den Versuch, ein Blatt für eine anständige Minderheit zu konservieren, habe man damit bezahlt, »daß man immer tiefer in die unheilvolle und unmoralische Verstrickung hineingeraten sei und am Ende das Verbot von 1943 wie eine Befreiung dankbar begrüßt habe«. Gleichzeitig habe man aber gegenüber dem Ausland für das verbrecherische System wie ein Wolf im Schafspelz gewirkt, »ob man das gewollt habe oder nicht«. Die Konsequenz, die er daraus gezogen habe, sei die, »daß man den allerersten Anfängen widerstehen müsse«.[33] Stark sagt indessen nichts anderes, als daß man sich gegen die Diktatur nur so lange habe wehren können, wie sie noch nicht etabliert war.

Damit aber ließ er seine eigene Frage, was man nach der Errichtung der Diktatur hätte besser tun sollen, unbeantwortet. Auch Stark sah in

Wirklichkeit keinen anderen Weg. Es gab, letzten Endes, nur eine einzige andere Antwort: die Emigration. Nur so konnte man sich ganz vor Verstrickung bewahren. Wenn solches Wagnis und auch solche Rettung einzelnen möglich war – ein ganzes Volk kann nicht emigrieren. Eine Nation kann sich in der Diktatur auch nicht totstellen. Sie lebt und muß fortfahren dürfen, zu leben. Sie wird auch weiter Zeitungen brauchen und Journalisten.

Emigration bedeutete in der Regel einen prinzipiellen Verzicht, Einfluß auf die Entwicklung in Deutschland zu nehmen. Wenn es überhaupt möglich gewesen sein sollte, die Hitlerherrschaft ohne Krieg oder Kriegsdrohung zum Einsturz zu bringen, oder wenigstens zu schwächen, dann nur innerhalb Deutschlands. Man brauchte dazu Instrumente zur Ausübung von Einfluß und Macht. Um Opposition sein zu können, durfte man die Verstrickung nicht scheuen. Auch die Verschwörer vom 20. Juli 1944 mußten Offiziere in Hitlers Wehrmacht sein, um überhaupt in die Lage zu kommen, einen Umsturz planen und wagen zu können.

Die ethisch-moralische Würdigung des Verhaltens der Zeitung ergibt sich vor allem aus der Antwort auf zwei Fragen: der einen nach dem subjektiven Motiv und der andern nach den objektiven Möglichkeiten der Zeitung, ein gewisses Mindestmaß an Opposition tatsächlich zu verwirklichen. In wessen Dienst stellte und empfand sich die Redaktion, dem der unterdrückten Landsleute oder des Regimes? Und ferner: verfügte sie tatsächlich noch über einen nennenswerten Handlungsspielraum, den sie im Sinne von Opposition nutzen konnte? Nutzte sie ihn dann auch tatsächlich? Es kann weder zweifelhaft sein, auf welcher Seite die Zeitung stand und wo ihre Leser sie stehen sahen, noch daß sie bis zum Schluß als Opposition zu erkennen war. Einer Verschwörung wie der vom 20. Juli 1944 hätte die Zeitung ohne Wenn und Aber sofort publizistischen Beistand geleistet. Dazu bedurfte es nicht einmal einer Verabredung. Jedermann wußte, auch das Regime, was in einem solchen Falle von der Redaktion zu erwarten gewesen wäre.

Was aber ist zu dem Vorwurf zu sagen, die Zeitung habe gerade durch ihr Anderssein das Ansehen des Regimes im Ausland verbessert? Dem Dilemma, durch Zeichen von Opposition im Innern die Öffentlichkeit des Auslands über den kriminellen Charakter des Regimes zu täuschen, war nicht zu entgehen. Hätte die Zeitung deshalb auf Opposition verzichten sollen? Diese Schlußfolgerung wäre absurd. Zu Irrtümern im Ausland über die wahren Ziele von Hitlers Außenpolitik konnte die »Frankfurter Zeitung« überhaupt nur soweit beitragen, wie die auswärtige Leserschaft ohnehin – in aller Freiheit – bereit war, solchen Irrtümern zu verfallen. Der Vorwurf, die »Frankfurter Zeitung« habe ihnen Vorschub geleistet, ist jedenfalls auch daran zu messen, daß ausländische Leser durchaus Zugang auch zu anderen Informationsquellen hatten. In erster Linie wäre hier also zu fragen, wie die Redaktionen und Berliner Korrespondenten ausländischer Zeitungen die Hitlerherrschaft abgebildet haben. Ferner, wie die ausländischen Botschafter in Berlin das Regime beschrieben, welche Schlüsse die leitenden Staatsmänner der Nachbarländer zogen und was sie in ihren öffentlichen Reden verbreiteten. Zeitungen, auch die großen mit internationalem Ansehen, werden vor allem für das inländische Publikum geschrieben. Dies wird man auch zugunsten der »Frankfurter Zeitung« gelten lassen müssen.

Der politisch wertvollste Beitrag des Blattes, so wird man schließlich feststellen dürfen, bestand nicht einmal so sehr darin, dem Regime unter abenteuerlichen Tarnungen Hiebe und Stiche zu versetzen, auch nicht in den vielen Tricks und Kriegslisten, mit denen sich die Zeitung mit dem Regime herumschlug. Der wichtigste Beitrag ist vielmehr darin zu sehen, daß sie im Feuilleton unbeirrt die Werte der Humanität darstellte und im politischen Teil nicht aufhörte, so genau und nüchtern wie nur möglich über die Vorgänge im eigenen Land und in der Welt zu berichten. Die Zeitung bot gute Information bis zum letzten Tag ihrer Existenz. Sie nutzte jede Gelegenheit, Informationen zu erhalten und an ihre Leser weiterzugeben.[34] Nach dem Ende der offeneren, direkteren Formen des Widerspruchs, also etwa von 1936 an, war die Fortsetzung einer möglichst normalen, kompetenten Berichterstattung unter widrigsten und gefährlichen Umständen die eigentliche Leistung des Blattes. Die Redaktion arbeitete gleichsam am Regime vorbei, wenn sie ihre Leser mit aufschlußreichen, zuverlässigen Informationen versorgte, zum Teil mit den Methoden von Schmugglern, ohne das Regime direkt zu kritisieren. War das nun Widerstand? Es entspricht jedenfalls nicht den herkömmlichen Vorstellungen davon.

Die Antwort ergibt sich aus dem Wesen des Regimes. Totalitäre Diktaturen kennen keine politikfreien Räume. In solchen durch und durch politisierten Staaten bedeutet jedes sichtbare Beiseitestehen eine Negation, und jeder in politischer Absicht weniger als vollständig geleistete Gehorsam ist schon Ungehorsam, der Anfang des Widerstands. Darauf hat namentlich Martin Broszat hingewiesen.[35] Nicht umsonst witterte das Regime überall und sofort »Sabotage«.

Die totalitäre Diktatur unterscheidet sich von der herkömmlichen auch darin, daß sie sich nicht mit der Erzwingung ordinären, äußerlichen Gehorsams begnügt. Sie versucht, ihre Unrechts-Herrschaft plebiszitär zu salvieren und zu legitimieren. Sie hat wie Regierungen in freiheitlichen Staaten ein Bedürfnis nach Zustimmung oder wenigstens nach deren Surrogaten. Dafür zu sorgen, ist die Aufgabe der Propaganda, der Desinformation und der Presselenkung.

Widerstand aber ist zu eng verstanden, wenn er nur dort erkannt wird, wo der Gewalt mit Gewalt oder mit Bereitschaft zur absoluten Selbstaufopferung begegnet wird, also vor allem durch Verschwörung und Anschläge. Der beabsichtigten Gleichschaltung der Geister publizistisch entgegenzuarbeiten und Wirkungen der Propaganda zu vereiteln, ist auch eine Form von Widerstand, auch wenn er nur in wenig eindeutigen, sogar mißverständlichen Rollen in Erscheinung treten kann. Bei der Wichtigkeit, die die Nationalsozialisten der Propaganda beimaßen, zielte dieser Widerstand auf einen strategischen Punkt des Systems. Die notwendige Tarnung kann das nicht verdecken. Die äußerliche Anpassung des Blattes täuschte im Grunde niemand, auch wenn es auf allen Seiten klug war, darüber nicht laut zu sprechen. Damals wußten es alle: Wer die »Frankfurter Zeitung« abonnierte, legte ein politisches Bekenntnis ab. Die Blockwarte berichteten der Gestapo, welche Zeitungen in welchen Briefkästen steckten. Freund und Feind erkannten sich an dieser Zeitung. Nicht wenige Leser hielten sich darum als Alibi außerdem das örtliche Parteiblatt. Andere kauften sich die »Frankfurter Zeitung« vorsichtshalber nur am Kiosk.

Als der Nutzen des Blattes für das Regime im vierten Kriegsjahr immer geringer wurde, trat der alte Haß der Nationalsozialisten in unverhüllter Weise wieder hervor und führte zum Verbot und zu den Pressegerichtsverfahren. Regime und Zeitung waren, trotz vorübergehender gegenseitiger Zugeständnisse, wie sie die jeweilige taktische Lage gebot, unbedingte Feinde geblieben. Darüber täuschte sich keiner der Beteiligten, weder auf der Seite des Regimes noch auf der der Redaktion. Und wohl auch niemand in der wachsenden Schar der Leser.

Anmerkungen

I

Dieses Kapitel stützt sich auf schriftliche und mündliche Zeugnisse von Redaktionsmitgliedern; genannt seien namentlich die Aufsätze von Bernhard Guttmann, Fritz Hauenstein und Michael Freund im Sonderheft der »Gegenwart« zur hundertsten Wiederkehr der Gründung der Zeitung (29. Oktober 1956), das Vorwort von Benno Reifenberg zu dem von Ingrid Gräfin Lynar herausgegebenen »Facsimile-Querschnitt durch die Frankfurter Zeitung« (1964), der Vortrag Heinrich Simons über Leopold Sonnemann in Simons Aufsatzsammlung »Arbeit am Tage« (1931), der Aufsatz Dolf Sternbergers zur Fünfundsiebzigjahrfeier des Städelschen Museumsvereins (»Frankfurter Allgemeine Zeitung«, vom 13. Juli 1974), ferner ein Vortrag von Ernst Trip im November 1973 vor dem »Kuratorium Kulturelles Frankfurt e.V. – Polytechnische Gesellschaft«, sowie die von Redaktionsmitgliedern verfaßte »Geschichte der Frankfurter Zeitung« über die ersten fünfzig Jahre (Ausgabe von 1911) und ein Aufsatz von Alfons Paquet »Die Eschenheimer Gaß Nr. 31–37« (Privatdruck der Lehrlingswerkstatt der Frankfurter Societäts-Druckerei, 1943). Dem zeitungswissenschaftlich interessierten Leser ist der Aufsatz über die »Frankfurter Zeitung« von Kurt Paupié zu empfehlen; über die Politik der »Frankfurter Zeitung« in den ersten Jahren der Weimarer Republik gibt eine von Franz Schnabel betreute Dissertation von Werner Becker Aufschluß (vgl. Quellen- und Literaturverzeichnis).

1 Albrecht Goes, Vor zehn Jahren starb die Frankfurter Zeitung, Vortrag im Süddeutschen Rundfunk, 30. August 1953.
2 Helga Hummerich, Wahrheit zwischen den Zeilen, Erinnerungen an Benno Reifenberg und die Frankfurter Zeitung, 1984, S. 35 ff.
3 Helga Hummerich, a.a.O., S. 37.
4 Karl Apfel, In den zwanziger Jahren, Erinnerungen an die Frankfurter Zeitung, Archiv für Frankfurts Geschichte und Kunst, Heft 55 (1976).
5 Albrecht Oeser in einem Privatbrief von 1942, in: Erich Achterberg, Albert Oeser, Studien zur Frankfurter Geschichte, 1978, S. 110.
6 Wilhelm Hausenstein, Tagebuchnotiz vom 1. 11. 1956, in: »Impressionen und Analysen«, 1969.
7 Wilhelm Hausenstein, Tagebuchnotiz vom 1. 7. 1945, in: »Licht unter dem Horizont«, 1967.
8 Joseph Roth, Briefe 1911–1939, herausgegeben von Hermann Kesten, 1970; Margret Boveri, Joseph Roth und die Frankfurter Zeitung, »Merkur« 1971, S. 768 ff.
9 »Verschiedene Protokolle«, Nachlaß Simon.
10 Auskunft Bütow, 17. 10. 1983.
11 Elisabeth Noelle-Neumann: »Die FZ und die innere Pressefreiheit«, in: Oskar Stark zu seinem achtzigsten Geburtstag, Freiburg 1970. S. 56.
12 Auskunft Trip.
13 Auskunft Trip.
14 Auskunft Paula Ölmeier, 28. 2. 1984.
15 Die Darstellung der Konferenz und der Verfassung der Zeitung stützt sich auf schriftliche Erinnerungen und Auskünfte einer großen Zahl von Redaktionsangehörigen, unter anderem von Karl Apfel, Hans Bütow, Wolf von Dewall, Benno Reifenberg, Walter Dirks, Robert Haerdter, Helga Hummerich, Dolf Sternberger, Ernst Trip, Martin Wiebel.

16 Auskunft Dirks, 2.6.1981.
17 Elisabeth Noelle-Neumann, a.a.O., S. 56.
18 Auskunft Dirks, 2.6.1981.
19 Hans Bütow, Deutsches Allgemeines Sonntagsblatt, 5.5.1974.
20 Reifenberg an Karl Apfel, 16.11.1956, Nachlaß Reifenberg.
21 Wolf Dewall, in: Festschrift für Albert Oeser, 1942 (1979), S. 18.
22 Auskunft Dolf Sternberger.

II

1 Karl Apfel, a.a.O., S. 246.
2 Werner Wirthle, Frankfurter Zeitung und Frankfurter Societäts-Druckerei, Die wirtschaftlichen Verhältnisse 1927–1939, Frankfurt/M., 1977.
3 Nachlaß Heinrich Simon.
4 Abbildungen beider Porträts im Katalog der Max-Beckmann-Ausstellung, Frankfurt, 1983, S. 184 u. S. 343.
5 Siehe dazu Werner Becker, Demokratie des sozialen Rechts, Göttingen 1971, S. 71 ff. Dort auch eine Liste von Feilers Veröffentlichungen.
6 Arthur Feiler, Das Experiment des Bolschewismus, Frankfurt, 1929, S. 255 ff.
7 Simon an Feiler, ohne Datum, Feiler an Simon, 5.10.1927, Nachlaß Simon.
8 Simon an Feiler, 23.5.1928, Nachlaß Simon.
9 Guttmann an Simon, 22.5.1928, Nachlaß Simon.
10 Kircher an Simon, 5.6.1928, Nachlaß Simon.
11 Werner Becker, a.a.O., S. 336.
12 Simon an Feiler, 16.11.1928, Nachlaß Simon.
13 Ernst Kahn, The Frankfurter Zeitung, in Yearbook II (1957) des Leo Baeck Institute, S. 231.
14 Benno Reifenberg sagte Margret Boveri, Ernst Kahn habe »die Dinge in bezug auf die I. G.« – gemeint sind vor allem die Personaländerungen 1930 und der Konflikt zwischen Feiler und Simon – »viel zu primitiv gesehen«. Es sei von Bosch her »redaktionell nie ein Einspruch erhoben« worden (Boveri, Aufzeichnung vom 29.6.1961, Schachtel »Wir lügen alle«, Nachlaß Boveri).
15 Zitiert nach Achterberg, Oeser, S. 148.
16 Kurt Koszyk, Deutsche Presse 1914–1945, in: Geschichte der Deutschen Presse, Teil III, Berlin 1972, S. 216–218.
17 Notiz von Dr. Schwander, Anfang Januar 1931 (ohne Datum) im Nachlaß Schwander.
18 Simon an Hummel, 28.12.1930, Nachlaß Simon.
19 Simon an Stark, 16.8.1930, Nachlaß Simon.
20 Ludwig Cohnstaedt an Schwander, 30.1.1932, Nachlaß Schwander.
21 Nach Werner Wirthle, a.a.O., S. 11 f.
22 Friedrich von Payer an Schwander, 14.1.1928, Nachlaß Schwander.
23 Ebd.
24 Anonymer Bericht vom Winter 1946/47, offenkundig von Reifenberg, für den damaligen Treuhänder des von den Alliierten beschlagnahmten Vermögens der Frankfurter Societäts-Druckerei, Werner Wirthle, als Ergänzung zu Reifenbergs 1945 abgefaßtem Bericht über die 10 Jahre der Zeitung unter Hitler. Diese Ergänzungen von 1947 betreffen die Verlags- und Besitzverhältnisse und können nur auf Auskünfte von Wendelin Hecht zurückgegangen sein. Der im Sonderheft der »Gegenwart« von 1956 veröffentlichte Bericht Benno Reifenbergs über die zehn Jahre ist die Fassung von 1945, nicht die von 1947. Siehe auch Fußnote 33 in Kapitel XIII.
25 Heinrich Simon an Sabersky, 8.9.1928, nach Wirthle, a.a.O., S. 24.

26 Schwander an Payer, 11. 10. 1928, Nachlaß Payer, Bd. 17b.
27 Sabersky an Payer, 24. 10. 1928, Nachlaß Payer, Bd. 17b.
28 Ludwig Cohnstaedt an Payer, 15. 11. 1928, Nachlaß Payer, Bd. 17b.
29 Heinrich Simon an Kurt Simon, 27. 11. 1928, Nachlaß Simon, zitiert nach Werner Wirthle, a.a.O., S. 24.
30 Kurt Simon an Payer, 12. 12. 1928, Nachlaß Payer, Bd. 17b.
31 Auf dem Münchner Parteitag vom 21. bis 22. September 1895 gab sich die von J. Jakoby, Leopold Sonnemann und J. Haußmann 1868 gegründete Deutsche Volkspartei, die Partei der süddeutschen Demokraten von 1848, ein neues Parteiprogramm. Sie verzichtete darin auf die Fortsetzung ihres generellen Widerspruchs zu den von Bismarck 1866 und 1871 im preußisch-kleindeutschen Sinne geschaffenen Tatsachen, um sie nun desto eher im Sinne liberaler und demokratischer Reform verändern zu können. Sie bezeichnete sich als eine »Partei des Fortschritts«, der »nationalen Gemeinschaft« und der »bundesstaatlichen Selbstverwaltung«. Das neue Parteiprogramm forderte die Ausdehnung des bei Reichstagswahlen geltenden gleichen Wahlrechts auf die Länder, das Institut des Volksentscheids und den Parlamenten verantwortliche Regierungen. Das Programm verlangte ferner Justizreform, Trennung von Staat und Kirche, Heeresreform, jährliches Militärbudget, Abgeordnetendiäten und Ausbau des Föderalismus. Als sozialpolitische Reformpartei verlangte sie Förderung des Genossenschaftswesens, Kampf gegen die Monopole, Kräftigung des bäuerlichen und gewerblichen Mittelstandes, Fortentwicklung der Arbeiterschutzgesetzgebung und des Sozialversicherungswesens sowie unbeschränkte Koalitionsfreiheit.
32 Hummel an (Kurt?) Simon, 6. 12. 1928, Abschrift im Nachlaß Payer, Bd. 17b.
33 Heinrich Simon an Payer, 5. 7. 1927, Nachlaß Payer, Bd. 17a.
34 Hummel an (Kurt?) Simon, 6. 12. 1928, Abschrift im Nachlaß Payer, Bd. 17b.
35 Kurt Simon an Payer, 12. 12. 1928, Nachlaß Payer, Bd. 17b.
36 Schwander an Payer, 19. 12. 1928, Nachlaß Payer, Bd. 17b.
37 Hummel an (Kurt?) Simon, 14. 1. 1929, Nachlaß Payer, Bd. 17c.
38 Modris Eksteins, The Limits of Reason, S. 175.
39 Hecht an Hummel, 5. 2. 1936, Akten der Militärregierung für Hessen OMGH 8/158-1/6, Hessisches Staatsarchiv Wiesbaden. Werner Wirthle nennt in seiner Untersuchung andere Zahlen, aber mit gleicher Tendenz. Sie beruhen auf anderen Berechnungsunterlagen. Für die Jahre bis 1933 sind es Zahlen aus der Buch- und Betriebsprüfung, die das Finanzamt 1938 bei seiner Prüfung festgestellt hat (S. 45 ff.); die Zahlen für die Jahre nach 1934 sind den »Handelsbilanzen« des Unternehmens entnommen.
40 Benno Reifenberg im Gespräch mit Margret Boveri, 26. 9. 1961, Nachlaß Boveri, Schachtel »Wir lügen alle«, Staatsbibliothek Preußischer Kulturbesitz Berlin.
41 Beispielhaft dafür: Peter de Mendelssohn, Zeitungsstadt Berlin, Berlin 1959, S. 390f. (1982, S. 335f.); Kurt Koszyk, Geschichte der deutschen Presse, Bd. 3, S. 216–218; Modris Eksteins, The Limits of Reason, The German Democratic Press and the Collapse of Weimar Democracy, Oxford 1975, S. 168–179, sowie Wolfgang Schivelbusch, Intellektuellen-Dämmerung, Frankfurt 1982, S. 53 ff., der Werner Wirthles Darstellung referiert und anzweifelt.
Die Studie von Modris Eksteins ist die einzige unter diesen Untersuchungen, die aus primären Quellen schöpft, nämlich der Korrespondenz des Aufsichtsratsvorsitzenden von Payer im Bundesarchiv, deren Inhalt sie aber mißversteht oder mißdeutet. Die wichtigeren kritischen Aussagen Eksteins' über die Zeitung und die Beteiligung Boschs beruhen jedoch auf Mutmaßungen oder berufen sich auf Dritte, die ihrerseits nicht über hinreichende Kenntnisse der Vorgänge im Innern der Zeitung verfügten und deshalb auch nicht als Zeugen in Anspruch genommen werden dürfen, wie zum Beispiel die Redakteure der Wochenschrift »Das Tage-Buch«. Eksteins behauptet,

Bosch habe wegen Schwierigkeiten bei der Kohlehydrierung ein Bedürfnis empfunden, eine Zeitung zu erwerben, die das Klima für den Absatz von IG-Farben-Produkten verbessern könnte (S. 168). Die spürbare Erleichterung Heinrich Simons darüber, daß Bosch und Hummel entgegen seinen Befürchtungen keine wesentliche Änderung der Zeitung forderten, hält Eksteins schon für einen Beleg dafür, daß die Eigentümer der Zeitung zu wesentlich größeren Konzessionen an großindustrielle Interessen bereit gewesen wären, wenn man sie von ihnen gefordert hätte. Der Autor meint ferner, daß die Wirtschaftspolitik der Zeitung traditionell gegen das freie Unternehmertum und die freie Marktwirtschaft eingestellt gewesen sei. Er verkennt, daß der Grund für die kritische Haltung der Redaktion gegenüber Großbanken und Großunternehmen gerade darin lag, daß sie von dieser Seite Anschläge auf die Marktwirtschaft befürchteten, indem ihr Streben nach marktbeherrschender Macht die Grundlagen des freien Wettbewerbs angriff. Der Autor räumt zwar ein, der »Besitzwechsel«, wie er sagt, von 1929 habe zwar nicht zu einem »Salto« in der Linie der Zeitung geführt. Bosch habe es nicht für wünschenswert gehalten, und das Kollegialsystem der Redaktion hätte dies auch nicht erlaubt. Es habe »jedoch allmähliche Veränderungen im Personal« gegeben. Ausdrücklich werden hier Guttmann und Feiler als »Opfer« Hummels und Boschs genannt. In beiden Fällen werden sogar rassistische Motive angedeutet, eine ganz und gar abwegige Unterstellung. Da die neuen Mitbesitzer die Linie der Zeitung nicht offen hätten ändern wollen, so wird weiter argumentiert, auch nicht offen hätten ändern können, so seien eben durch die Personalveränderungen – Kircher, Welter, Schwander, Hummel anstelle von Guttmann, Feiler und Payer – auf diskretere Weise »die allgemeinen Richtlinien Boschs und Hummels umgesetzt worden« (S. 176). Alle diese Behauptungen beruhen, wie der Leser zum Teil schon Eksteins' eigenen Formulierungen entnehmen kann, auf Konjekturen, viele davon nach dem fehlschlüssigen Muster »post hoc, ergo propter hoc«. Es wird dabei übersehen, daß es für die Änderungen in der Redaktion, soweit es überhaupt Änderungen waren, viel einfachere Gründe gab und es dazu keiner auswärtigen Einflußnahme bedurfte. Sollte denn eine Zeitung nicht nach zehn Jahren auf Korrespondentenposten Personalveränderungen beschließen dürfen, ohne sich dem Verdacht auszusetzen, der Entschluß sei ihr von außen aufgedrängt worden? Sollte eine Redaktion, zumal eine so viel Selbständigkeit gewohnte wie die der »Frankfurter Zeitung«, nicht in den dramatischen Jahren der Krise der Weimarer Republik sich von selbst zweifelnd gefragt haben dürfen, ob sie noch auf dem richtigen Wege sei?

Der Vorwurf, die Zeitung habe sich nach 1929 geändert, wirft die Gegenfrage auf, ob ein politisches Prinzip – in diesem Falle das liberale – einen dogmatischen Geltungsanspruch besitze und ohne Rücksicht auf die Folgen zu befolgen sei oder ob es maßvoll, unter Rücksichtnahme auf die besonderen Umstände einer akuten und dabei ungewissen Lage innerhalb gewisser Grenzen jeweils verschieden anzuwenden sei. Der galoppierende Niedergang der liberalen Parteien und die Staats- und Wirtschaftskrise der Weimarer Republik reichen aus zur Begründung, warum sich eine Redaktion von sprichwörtlicher Selbständigkeit im Höhepunkt dieser Krise Gedanken darüber machte, ob jetzt nicht neue Antworten aus alten Prinzipien abgeleitet werden müßten.

42 Werner Wirthle, a.a.O., S. 26.
43 Hummel an Simon, 2.1.1933, Nachlaß Simon.
44 Auskunft Prof. Dr. Bernhard Timm, BASF, 7.6.1984, Siehe auch: Karl Holdermann, Im Bann der Chemie, Carl Bosch, Leben und Werk, Düsseldorf, 1953.
45 Aussage Hermann Hummel, 5.1.1948, Akte Hermann Schmitz, No. 103, Bayer-Archiv Leverkusen. Daß es sich um persönliche Entscheidungen Boschs zur Erhaltung der Zeitung, nicht um Interessen der IG-Farben-AG gehandelt habe, geht auch aus einer Auskunft Hechts hervor, der während des Nürnberger IG-Farben-Prozes-

ses von Verteidigern einiger Vorstandsmitglieder um entlastende Zeugnisse gebeten worden war und dies abgeschlagen hatte: »Außer Geheimrat Dr. Bosch haben wir niemand etwas zu verdanken« (Hecht an Wirthle, 14. 10. 1947, Wirthle a.a.O. S. 29).

46 Heinrich Simon an Kurt Simon, 4. 3. 1929, S. 31 sowie Simon an Kircher, 6. 3. 1929, Nachlaß Simon.

47 Über die Verbindungen des IG-Farben-Konzerns zu dem Basler Bankhaus Greutert und Cie. sowie über die Bemühungen der vormals selbständigen Mitgliedsfirmen der IG-Farben AG, ihre ausländischen Beteiligungen über Schweizer Firmen im Ersten Weltkrieg so umzuorganisieren, daß dieser Besitz dem Zugriff der Alliierten auf deutsches Vermögen entzogen sei, siehe die Auszüge aus der Klageschrift der IG-Farben Aktiengesellschaft in Liquidation gegen die Schweizerische Bankgesellschaft, abgedruckt in dem von der »Frankfurter Allgemeinen Zeitung« herausgegebenen »Blick durch die Wirtschaft«, 4. 2. 1983.

48 Wolfgang Schivelbusch behauptet, mit der Einführung der »Reichsausgabe« am 1. 1. 1930 sei der tägliche Umfang der Zeitung von 6 auf 14 bis 16 Seiten »angeschwollen«. Er führt dies auf die zusätzlichen Mittel durch die Beteiligung von Bosch im Jahre 1929 zurück. Diese und andere Veränderungen, etwa im Umbruch des Feuilletons, deutet er als kräftige Expansion der Zeitung auf Grund der Finanzhilfe. In Wirklichkeit ist sie leicht als eine Sparmaßnahme im Vertriebswesen zu erkennen. Tatsächlich wurden die drei täglichen Ausgaben von je etwa sechs Seiten zusammengelegt. Der Irrtum Schivelbuschs ist so auffallend, daß man sich fragen kann, ob der Autor die Zeitung je in der Hand hatte, über deren »deutlich erkennbare Veränderungen« um 1930 »sowohl in ihrer äußeren Form wie in ihrer weltanschaulichen Orientierung« er zu berichten weiß. Die »deutlich erkennbare Veränderung« bleibt ohne Beleg oder Untersuchung. Schivelbuschs Beitrag ist ein Muster dafür, wie ein Autor mit einem einfachen Links-Rechts- oder Fortschrittlich-Konservativ-Schema im Kopfe sich bei der Wahrnehmung selbst einfacher Tatbestände im Wege stehen kann.

49 Benno Reifenberg im Gespräch mit Margret Boveri, 29. 6. 1961, Schachtel »Wir lügen alle«, Nachlaß Boveri, Staatsbibliothek Preußischer Kulturbesitz, Berlin.

50 Auskunft Paula Ölmeier, 28. 2. 1984.

51 Auskunft Ernst Trip, 13. 6. 1980.

52 Hummel an Simon, 13. 1. 1931, Nachlaß Simon.

53 Joseph Roth, Der Merseburger Zauberspruch, FZ, 25. 12. 1930.

54 Hummel an Simon, 27. 12. 1930, Simon an Hummel, 28. 12. 1930, Sabersky an Hummel, 30. 12. 1930, Hummel an Simon, 2. 1. 1931, Nachlaß Simon.

55 FZ, 13. 11. 1932.

56 Die Kenntnis von Hummels bezeichnendem Brief an Carl Duisberg vom 5. 2. 1930 verdanken wir einer kritisch eingestellten Untersuchung von Helmuth Tammen über Versuche der I. G.-Farbenindustrie in der Weimarer Republik, politischen Einfluß zu gewinnen (S. 152). Auch Tammen hat nichts gefunden, was bewiese oder wenigstens einen Verdacht erhärten könnte, es sei dem Konzern gelungen, Einfluß auf die »Frankfurter Zeitung« auszuüben. Trotzdem traut Tammen seinem negativen Befund nicht und riskiert zu behaupten, wofür er keine Beweise vorzeigt: »War der Einfluß der I. G. auf die FZ anfangs mehr indirekt, wurden Interventionen bald unnötig, denn die wirtschaftlichen Beteiligungen ›bereiteten die Konzessionen der ›Frankfurter Zeitung‹ an die konservativen, autoritären Regierungen der Notstandsära vor‹«, zitiert auch er (S. 153) die Stelle bei Koszyk (a.a.O.S. 219) – ein treffendes Beispiel dafür, wie Vorurteile in der Sekundärliteratur immer wieder abgeschrieben werden und selbst gegen die Evidenz eigener Forschungen aufrechterhalten werden. Man hält es für ausgeschlossen, daß die Zeitung einen uneigennützigen Helfer in der Großindustrie habe finden und trotzdem von ihm habe unabhängig bleiben können.

Man hält sich lieber an Vermutungen von Personen wie Ernst Kahn, Max Hermann Maier oder Margret Boveri, die über keine Kenntnisse aus eigenem Einblick verfügten. – Margret Boveri ist besonders wenig qualifiziert, ein Urteil über Interna des Verlags abzugeben. Sie trat der Redaktion erst 1939 bei und war vom ersten Tage an ausschließlich auf Korrespondentenposten im Ausland. Sie behauptete in einem Brief an Fritz Sänger vom 14. Januar 1975, wie dieser berichtet, es habe Briefe von Carl Bosch gegeben, die »ganz unzweideutige Einflußnahmen« oder doch den Versuch dazu bezeugt hätten. »Frau Boveri vermutete, daß die Briefe, wenn es sie gegeben hat – was so gut wie gewiß ist –, nicht mehr vorhanden seien« (Sänger in »Publizistik« 3/22 [1977] S.282). Eine solche »Beweisführung« spricht gegen sich selbst. – Die einzigen Personen, die außer Simon etwas Genaues wissen konnten, waren Benno Reifenberg, sein engster Vertrauter in der Redaktion, Albert Oeser, Erich Welter und Oskar Stark sowie die Verlagsleiter Wendelin Hecht und Werner Wirthle. Ihre Zeugnisse und die Berichte aus ihrer unmittelbaren Umgebung (Erich Achterberg, Paula Ölmeier) stimmen darin überein, daß Bosch für seine Hilfe von der Zeitung nichts anderes erwartet habe, als daß sie bleibe, was sie war, eine unabhängige und gewissenhafte Berichterstatterin.

57 Reifenberg an Simon, 28. 9. 1929, Nachlaß Simon.
58 Siegfried Kracauer, Idee und Stoffgebiet der Soziologie (1922), in: Werke, Band I, S. 16/17, Frankfurt 1971.
59 Über Geck: Vgl. Erik Graf Wickenburg, im Sonderheft der »Gegenwart« (1956) S. 31 f. und Hans Bütow, Spur von Erdentagen, Frankfurt 1958, s. 39. Über Diebold: Christian Jauslin, Bernhard Diebold, Zum 100. Geburtstag des Theaterkritikers. »Neue Zürcher Zeitung«, 5. 1. 1986.
60 David Bronsen, Joseph Roth, Köln 1974, S. 264.
61 Vgl. dazu Margret Boveri, Joseph Roth und die Frankfurter Zeitung, »Merkur«, Jahrgang 1971, S. 787 ff.
62 Eine Anzahl dieser Aufsätze enthält Bernhard von Brentano, Wo in Europa ist Berlin?, Frankfurt 1981.
63 Brentano an Simon, 3. 10. 1930, Nachlaß Simon.
64 Auskunft Sternberger, 16. 2. 1983.
65 Wilhelm Hausenstein, Impressionen und Analysen, Eintragung vom 25. 10. 1955, München 1969, S. 82.
66 Über Benno Reifenberg gibt es zahlreiche Darstellungen. Hier ist besonders hinzuweisen auf die Erinnerungen seiner langjährigen Mitarbeiterin Helga Hummerich (»Wahrheit zwischen den Zeilen«, Freiburg 1984), einen Aufsatz von Margret Boveri in der Zeitschrift »Merkur«, Jahrgang 1962, S. 789 ff., Franz Taucher, Frankfurter Jahre, Wien 1977, Max von Brück, Benno Reifenberg, in: Hans Jürgen Schultz, Journalisten über Journalisten, München 1980, Gotthard Jedlicka, Brief über Benno Reifenberg, in: Freundesgabe für Friedrich T. Gubler, Winterthur, 1960 sowie die Nachrufe auf Benno Reifenberg unter dem Titel »Benno Reifenberg 1892–1970, Worte des Gedenkens«, Frankfurter Societäts-Druckerei, 1970. Von den Werken Reifenbergs – über Vermeer (1921), Carl Hofer (1924), Max Beckmann (zusammen mit W. Hausenstein, 1949) und andere (»Das Abendland gemalt«, 1950) – sei dem Leser besonders die Auswahl literarischer Aufsätze unter dem Titel »Lichte Schatten« (1953) empfohlen.
67 Boveri an Winfried Martini, 16. 1. 1950, Nachlaß Boveri.
68 Robert Haerdter, Bernhard Guttmann, in: Hans-Jürgen Schultz, Journalisten über Journalisten, München 1980.
69 Guttmann an Simon, 25. 2. 1930, Nachlaß Simon.
70 Guttmann an Reifenberg, 18. 9. 1956, Nachlaß Reifenberg, Mappe Sondernummer FZ.
71 Fritz Sänger, »Zur Geschichte der Frankfurter Zeitung«, in: »Publizistik«, Jahrgang 1977, S. 284, Karl Apfel, a.a.O., S. 248.

72 Nachruf auf Rudolf Kircher, Frankfurter Allgemeine Zeitung, 28. 9. 1954.
73 Wolf von Dewall an Simon, 29. 7. 1929, Simon an Dewall, 1. 8. 1929, Nachlaß Simon.
74 Über Friedrich Sieburg siehe: Joachim Fest, Friedrich Sieburg, in: Hans Jürgen Schultz, Journalisten über Journalisten, München 1980, S. 259 ff.; Klaus Harprecht, in: Friedrich Sieburg, Abmarsch in die Barbarei, Stuttgart 1983 (Politische Aufsätze); Werner Ross, in der Rezension des Buches »Abmarsch in die Barbarei«, Frankfurter Allgemeine Zeitung, 24. Dezember 1983. Unter den Werken Sieburgs sind besonders zu nennen: Gott in Frankreich, 1929; Frankreichs rote Kinder, 1931; Die rote Arktis, 1932; Es werde Deutschland, 1933; Polen, 1934; Robespierre, 1935; Neues Portugal, 1937; Afrikanischer Frühling, 1938; Blick durchs Fenster – Aus zehn Jahren Frankreich und England, 1939; Die stählerne Blume (Japan), 1939; Unsere schönsten Jahre, 1950; Was nie verstummt, 1951; Kleine Geschichte Frankreichs, 1953; Die Lust am Untergang, 1954; Nur für Leser, 1955; Napoleon, Die hundert Tage, 1956; Lauter letzte Tage, 1961; Gemischte Gefühle, 1964; Abmarsch in die Barbarei, 1983 (Politische Schriften).
75 Sieburg an Simon, 21. 11. 1931, Nachlaß Simon.
76 Die Bemerkung bei Koszyk, a.a.O., S. 218, Sieburg habe »im Einverständnis mit Heinrich Simon« engere Beziehungen zur Reichsregierung aufgenommen, im Hinblick auf deren Plan, eine Berliner Zeitung zu erwerben, muß auf einem Mißverständnis beruhen. Simon und Reifenberg versuchten vielmehr, wie der Briefwechsel zeigt, Sieburg der Zeitung zu erhalten. Auch aus dem zitierten Brief, mit dem der Reichspressechef sich im September 1932 bei Sieburg erkundigte, ob er als Mitarbeiter für eine nicht näher genannte Zeitungsarbeit gewonnen werden könne, läßt sich keine Stütze für die These zimmern, die »Frankfurter Zeitung« habe an die »konservativen, autoritären Regierungen der Notstandsära« Konzessionen gemacht. Daß Sieburg politisch schwankte und zeitweilig an einen Abschied von der Zeitung dachte, heißt nicht, daß auch die Zeitung politisch schwankte.
77 Sieburg an Simon, 14. Oktober 1932, Nachlaß Simon.
78 Simon an Sieburg, 22. November 1932, Nachlaß Simon. Simon meinte damit die von Hans Zehrer, Ferdinand Fried und Giselher Wirsing in den letzten Jahren der Republik führende Zeitschrift der Rechten, in der die Ideen der »konservativen Revolution« und eines sozialen, antidemokratischen und antikapitalistischen Nationalismus verfochten wurden.
79 Simon an Sieburg, 3. März 1933, Nachlaß Simon.
80 Sieburg an Simon, 21. November 1931, Nachlaß Simon.
81 Joachim Fest, Friedrich Sieburg, in: Hans Jürgen Schultz, Journalisten über Journalisten, München 1980, S. 264.
82 Akte »Reichssicherheitshauptamt«, R 58/967, Bundesarchiv.

III

Die Dissertation von Michael Krejci »Die Frankfurter Zeitung und der Nationalsozialismus 1923–1933« (Würzburg 1965) zeigt, daß das Urteil der »Frankfurter Zeitung« über Hitler und über die NSDAP von Anfang an sicher war und beständig blieb. Er kam aus dem Chaos und hatte nur dem Chaos etwas zu sagen, wie die Zeitung es ausdrückte (11. November 1925). Die Aufmerksamkeit der Redaktion für Hitler und seine Partei folgte dem Maß der wachsenden Gefahr. Krejci hat mit seiner Arbeit eine Anzahl von Fundstellen über den Nationalsozialismus in den Bänden der »Frankfurter Zeitung« in den zwanziger Jahren erschlossen, die für diese Arbeit nützlich waren.

1 FZ, 10. 2. 1931.
2 FZ, 27. 1. 1923.
3 FZ, 2. 4. 1924.

4 FZ, 3. 3. 1924.
5 FZ, 26. 1. 1928.
6 FZ, 14. 3. 1930.
7 Auskunft Maxim Facklers, 1. 5. 1981.
8 FZ, 14. 7. 1930.
9 FZ, 19. 7. 1930.
10 FZ, 26. 9. 1930.
11 FZ, zwischen 22. 2. und 3. 3. 1931. Die acht Beiträge sind im Anhang von Krejcis Arbeit vollständig abgedruckt. Ein Artikel von Benno Reifenberg schilderte einen Auftritt Hitlers und Görings in Frankfurt während des Reichspräsidenten-Wahlkampfes (FZ vom 8. 3. 1932), vollständig nachgedruckt bei Helga Hummerich, a.a.O., S. 100 ff.
12 FZ, 9. 3. 1932.
13 FZ, 31. 5. 1932.
14 FZ, 21. 7. 1932, siehe auch Reifenbergs Artikel, »Nationalsozialismus« unmittelbar vor der Wahl, FZ, 30. 7. 1932.
15 FZ, 24. 8. 1932.
16 FZ, 1., 9., 11. und 13. 9. 1932.
17 Reifenberg an Picard, 16. 9. 1932, Kopie im Nachlaß Hausenstein.
18 Reifenberg an Hausenstein, 16. 9. 1932, Nachlaß Hausenstein.
19 Picard an Reifenberg, 18. 9. 1932, Kopie im Nachlaß Hausenstein.
20 FZ, 2. 10. 1932.
21 Kircher, FZ, Gesichtspunkte für den 6. November, 3. 11. 1932.
22 FZ, 8. 11. 1932.
23 Kircher, FZ, Regierung und Reichstag, 6. 12. 1932.
24 Kircher, FZ, Guter Fortgang, 8. 12. 1932 und der Leitartikel vom Tage.
25 Kircher, FZ, Ein Jahr deutscher Politik, 1. 1. 1933.
26 Sammlung Sänger, ZSg 102/1, Bundesarchiv, abgedruckt in »Publizistik«, 22. Jahrgang, 1977, S. 291 ff.
27 Fernschreiben Kirchers an Simon, 25. und 26. 1. 1933, Nachlaß Simon.
28 Kircher, FZ, Schleicher vor dem Sturz?, 28. 1. 1933.
29 Reifenberg an Simon, im Herbst 1932, offensichtlich nach den Novemberwahlen.
30 Koszyk, a.a.O., S. 217, und unter Berufung auf ihn u. a. Tammen, a.a.O., S. 153. Ausführlicher Bernd Sösemann in seinem Aufsatz »Voraussetzungen und Wirkungen publizistischer Opposition im Dritten Reich«, in: »Publizistik«, Heft 2–3, 1985, S. 195 ff. In kürzerer Fassung auch in: Jürgen Schmädeke und Peter Steinbach (Hg.) Der Widerstand gegen den Nationalsozialismus (Publikationen der Historischen Kommission zu Berlin) München, 1985, S. 190 ff. Keine dieser Arbeiten beruht auf dem Studium von Artikeln der »Frankfurter Zeitung« der Jahrgänge 1932 und 1933 Im Original. Sösemann glaubt der Zeitung unter anderem einen Mangel an republikanischer Standhaftigkeit vor dem 30. Januar 1933 vorwerfen zu können (S. 199 in »Publizistik« 2–3/1985) und nach den Märzwahlen 1933 Illusionen über eine Kontrollierbarkeit Hitlers durch General von Blomberg (S. 200), »partielle Übereinstimmungen« mit dem Kurs Hitlers und Verzicht auf grundsätzliche Kritik in der Redaktion (S. 203) sowie Bereitwilligkeit zur Übernahme einer Alibirolle für das Regime (S. 206).

IV

1 Kurt Schaumberger, Meine Zeit bei der Frankfurter Zeitung 1. 8. 1932–7. 6. 1933, Privataufzeichnung.
2 Reifenberg, »Der Zweifel«, FZ, 31. Januar 1933, nachgedruckt bei Ingrid Gräfin

Lynar, Facsimile-Querschnitt durch die Frankfurter Zeitung, München 1964, S. 158 f.; auch bei Helga Hummerich, Wahrheit zwischen den Zeilen, Freiburg 1984, S. 105 ff.
3 Reifenberg, in: »Oskar Stark zu seinem achtzigsten Geburtstag«, Freiburg, 1970, S. 25 f.
4 Gestapostelle Frankfurt, Bericht vom 25. 11. 1933.
5 Reifenberg, »Die zehn Jahre«, Sonderheft der »Gegenwart«, 1956, S. 41.
6 NZZ, 31. 1. 1933.
7 Reto Caratsch, NZZ, 19. 1. 1947.
8 Simon an Sieburg, 6. 2. 1933, Nachlaß Simon.
9 Protokoll der Redaktionskonferenz vom 13. 2. 1933, Nachlaß Simon.
10 Fritz Schotthöfer (1871–1951), Veröffentlichungen: Sowjetrußland im Umbau, Frankfurt 1922; Il fascio, Sinn und Wirklichkeit des italienischen Fascismus, Frankfurt 1924; Meine achtzig Jahre, Frankfurter Allgemeine Zeitung 3.–5. 3. 1951; Robert Haerdter: Fritz Schotthöfer, Sonderheft der »Gegenwart«, 1956, S. 32 ff.; Hans Bütow, in: »Spur von Erdentagen«, Frankfurt 1958, S. 31 ff.
11 FZ, 1. 2. 1933.
12 Kircher, FZ, 7. 2. 1933.
13 FZ, 7. 2. 1933.
14 Leitartikel FZ, 21. 2. 1933.
15 Konferenzprotokoll 14. 2. 1933, Nachlaß Simon.
16 Konferenzprotokoll 16. 2. 1933, ebd.
17 Konferenzprotokoll 17. 2. 1933, ebd.
18 Leitartikel, FZ, 18. 2. 1933.
19 Leitartikel, FZ, 25. 2. 1933.
20 Konferenzprotokoll 18. 2. 1933, ebd.
21 Konferenzprotokoll 21. 2. 1933, ebd.
22 Leitartikel, FZ, 2. 3. 1933.
23 Kircher, FZ, 1. 3. 1933.
24 Leitartikel, FZ, 4. 3. 1933.
25 Kircher, Appell an die Wähler, FZ, 5. 3. 1933.
26 Kircher, FZ, 7. 3. 1933.
27 Leitartikel, FZ, 7. 3. 1933.

V

1 Kircher, Die erste Woche, FZ, 12. 3. 1933.
2 Heinrich Simon, Schriftsteller im Exil, FZ, 16. 7 1933.
3 Martin Broszat in: Hans Buchheim, Anatomie des SS-Staates II, S. 25.
4 FZ, 8. 3. 1933.
5 FZ, 9. 3. 1933.
6 FZ, 11. 3. 1933.
7 Kircher, Die erste Woche, FZ, 12. 3. 1933.
8 Reifenberg in: Lynar, Facsimile-Querschnitt Frankfurter Zeitung, S. 7.
9 Reifenberg, Abschied, FZ, 12. 3. 1933, nachgedruckt bei Lynar, Facsimile-Querschnitt Frankfurter Zeitung, S. 168.
10 Auskunft von Paul Schmidt-Carell, 14. 10. 1981.
11 Fernschreiben Kircher an Simon, 30. 3. 1933, Nachlaß Simon.
12 Fernschreiben Kircher an Simon, 31. 3. 1933, Nachlaß Simon.
13 Kurt Schaumberger, Meine Zeit bei der Frankfurter Zeitung, S. 21.
14 Reifenberg, Die zehn Jahre, Sonderheft der »Gegenwart«, 1956, S. 41.
15 Margret Boveri, Wir lügen alle, 1965, S. 79 ff.
16 Reifenberg, Die zehn Jahre, Sonderheft der »Gegenwart«, 1956, S. 41.

17 Kircher, Politik am Wochenende, FZ, 19. 3. 1933.
18 Leitartikel »... uns redlich bemühen...«, FZ, 22. 3. 1933.
19 Siehe dazu Karl Dietrich Bracher, Die Auflösung der Weimarer Republik, Stuttgart 1957, S. 364 ff.
20 Hartmut Jäckel, Brauchte Hitler das Zentrum? in: »Die Zeit«, 18. 3. 1983.
21 FZ, 24. 3. 1933.
22 Leitartikel, FZ, 25. 3. 1933.
23 Leitartikel, FZ, 23. 3. 1933.
24 Konferenzprotokoll 24. 3. 1933, Nachlaß Simon.
25 Simon an Kircher, 25. 3. 1933, Nachlaß Simon.
26 Kircher, Auf falschem Wege, FZ, 28. 3. 1933.
27 Leitartikel, Die Drohung mit dem Boykott, FZ, 30. 3. 1933.
28 Leitartikel (vermutlich von Kircher), Gedanken zum 1. April, FZ, 1. 4. 1933.
29 FZ, 1. 4. 1933.
30 Kircher, Außen und Innen, FZ, 2. 4. 1933.
31 Sieburg, FZ, 4. 4. 1933.
32 FZ, 3. 5. 1933.
33 FZ, 23. 3. 1933.
34 FZ, 12. 4. 1933.
35 FZ, 16. 4. 1933.
36 Kircher, Braucht man sie nicht? FZ, 7. 5. 1933.
37 Geck, Mosaik, Scheiterhaufen, FZ, 20. 5. 1933.
38 Theodor Mommsen, Auch ein Wort über unser Judentum, FZ, 29. 4. 1933.
39 Kokoschka über Max Liebermann, FZ, 8. 6. 1933.
40 Eva von Eckardt, Liebe zum Andersartigen, FZ, 18. 6. 1933.
41 Ernst Benkard, Der Jüngling von Subiaco, FZ, 14. 5. 1933.
42 Johann Armbruster (= Wilhelm Hausenstein), Bayerische Landschaft, FZ, 28. 5. 1933.
43 FZ, 23. 6. 1933.
44 Kircher, Vom Pakt zum Rücktritt, FZ, 29. 6. 1933.
45 Kircher, Das Ende der Parteien, FZ, 6. 7. 1933.
46 Kircher, Der Reichskanzler an die Welt, FZ, 18. 5. 1933.
47 Kircher, An der Schwelle des Aufbaus, FZ, 21. 5. 1933.
48 Reifenberg, Die zehn Jahre, a.a.O., S. 45 f.
49 Kircher, Herz und Verstand, FZ, 9. 7. 1933.
50 Auskunft Eberhard Schulz, 27. 8. 1981.
51 Kircher, Auftakt in Nürnberg, FZ, 30. 8. 1933.
52 Kircher, Der Nürnberger Parteitag, FZ, 3. 9. 1933.
53 Kircher, Das Erlebnis von Nürnberg, FZ, 6. 9. 1933.
54 Gestapostelle Frankfurt an Gestapoamt Berlin, 6. 9. 1933.
55 Simon an Kircher, 9. 3. 1933 und Kircher an Simon, 10. 3. 1933, Nachlaß Simon.
56 Simon an Kircher, 25. 3. 1933, Nachlaß Simon.
57 Kircher, Schicksalsgemeinschaft, FZ, 16. 4. 1933.
58 Simon an Kircher, 19. 4. 1933, Nachlaß Simon.
59 Dewall an H. Simon, 26. 8. 1933, Nachlaß Simon.
60 Reifenberg an Hausenstein, 4. 8. 1933, Nachlaß Hausenstein.
61 Simon an Reifenberg, 3. 6. 1933, Nachlaß Simon.
62 Konferenzprotokoll, 15. 6. 1933, ebd.
63 FZ, 21. 5. 1933.
64 FZ, 6. 4. 1933.
65 Kircher, Kirche und Politik, FZ, 2. 7. 1933.
66 Reifenberg an Simon, 7. 10. 1933, Nachlaß Simon.

VI

1 FZ, 16. 3. 1933.
2 Über Max Amanns Politik der Verlagskonzentration berichtet Oron Hale, Presse in der Zwangsjacke 1933–1945, Düsseldorf 1965.
3 Als Beispiele seien genannt: das »Berliner Tageblatt«, über das Margret Boveri (»Wir lügen alle«, 1965) berichtete, die »Deutsche Allgemeine Zeitung« (Karl Silex, Mit Kommentar, Lebensbericht eines Journalisten, 1968), unter den Zeitschriften vor allem die »Deutsche Rundschau« (Rudolf Pechel, »Zwischen den Zeilen«, 1948). Über die Eroberung und den Widerstand kleiner bayerischer Zeitungen berichtet Norbert Frei (»Nationalsozialistische Eroberung der Provinzpresse«, 1980). Sein Urteil über die »Frankfurter Zeitung« (in: »Das Dritte Reich«, herausgegeben von Martin Broszat und Horst Möller, 1983, S. 168) übernimmt leider die besonders von Emigranten verbreitete Fehleinschätzung eines »Rückzugs in das Reich der reinen Ideen«.
4 Fritz Sänger hat kleine Teile seiner Sammlung veröffentlicht: »Politik der Täuschungen«, 1975; »Marsch in den Krieg« als Beilage zu der Zeitschrift »Das Parlament«, 30. 8. 1968, und »Verborgene Fäden«, 1978. Über das System der Presselenkung durch Zensur und Weisungen unterrichten besonders gut Jürgen Hagemann, Die Presselenkung im Dritten Reich, 1970; Erika Martens, Zum Beispiel Das Reich, 1972; Michael Balfour, Propaganda in War 1939–1943, 1979 und Elke Fröhlich, Die kulturpolitischen Pressekonferenzen, Vierteljahrshefte für Zeitgeschichte, Heft 4/1974.
5 Konferenzprotokoll, 8. 6. 1933, Nachlaß Simon.
6 Konferenzprotokoll, 16. 6. 1933, ebd.
7 Konferenzprotokoll, 27. 7. 1933, ebd.
8 Konferenzprotokoll, 25. 8. 1933, ebd.
9 Reifenberg an Simon, 5. 10. 1933, ebd.
10 Reifenberg an Simon, 14. 10. 1933, ebd.
11 FZ, 17. 10. 1933.
12 Kircher, Das Volk soll entscheiden, FZ, 29. 10. 1933.
13 Deutscher Friede, FZ, 14. 11. 1933.
14 Sammlung Bramme, ZSg 101/3, Bundesarchiv.
15 FZ, 17. und 19. 12. 1933.
16 Gestapoamt, 4. 1. bis 2. 2. 1934.
17 Kamper, Vom Wesen der Politik (Leitartikel), FZ, 10. 9. 1933; zu Kamper siehe auch Reifenberg, »Samaden«, nachgedruckt in: »Lichte Schatten«, 153, S. 403 ff.
18 Kircher, Mensch, nicht Raubtier, FZ, 17. 9. 1933.
19 Reifenberg, Die Symphonie, Leitartikel, 29. 4. 1933.
20 Simon an Kircher, 1. 7. 1933, Nachlaß Simon.
21 Rudolf Diels, Lucifer ante portas, 1950, S. 66 f.
22 Ernest K. Bramsted, Goebbels and National Socialist Propaganda 1925–1945, 1965, S. 126 (Deutsche Ausgabe 1971); ferner: Helmut Diel, Grenzen der Presselenkung und Pressefreiheit, Dissertation, Freiburg 1960, S. 63, sowie Rudolf Werber, Die Frankfurter Zeitung, Dissertation, Bonn 1965, S. 155 ff.
23 Hummel, in einer Niederschrift nach 1945, bei Wirthle, a.a.O., S. 38 ff.
24 Reifenberg an Simon, 27. 9. 1933, Nachlaß Simon.
25 Reifenberg an Simon, 27. 9. 1933, ebd.
26 Reifenberg an Simon, 7. 10. 1933, ebd.
27 Simon an Kircher, 2. 11. 1933, ebd.
28 Simon an Reifenberg, 9. 11. 1933, ebd.
29 Reifenberg an Simon, 11. 12. 1933, ebd.
30 Reifenberg an Simon, 30. 12. 1933, ebd.

31 Reifenberg an Simon, 7. 10. 1933, ebd.
32 Simon an Sabersky, 22. 12. 1933, Nachlaß Schwander.
33 Reifenberg an Simon, 30. 12. 1933, Nachlaß Simon.
34 Konferenzprotokoll, 6. 1. 1934, ebd.
35 Hecht an Hummel, 5. 2. 1936, hessisches Hauptstaatsarchiv, OMGH/8/158-1/6, Anlage 5. Anders Wirthle a.a.O., siehe Fußnote 39 zu Kapitel 2.
36 Kurt Simon an Schwander, 6. 7. 1932, Nachlaß Schwander.
37 Protokoll der Aufsichtsratssitzung der F.S.D., 2. 8. 1932, ebd.
38 Schwander an Bosch, 17. 12. 1932, ebd.
39 Schwander an Hummel, 12. 9. 1933, ebd.
40 Hummel an Simon, 21. 6. 1933, Nachlaß Simon.
41 Wirthle, a.a.O., S. 41.
42 Hummel an Schwander, 25. 1. 1934, Nachlaß Schwander.
43 Protokoll der Aufsichtsratssitzung, 6. 2. 1934, Nachlaß Schwander.
44 Protokoll der Aussprache mit Redakteuren, 7. 2. 1934, ebd.
45 Wirthle, a.a.O., S. 44.
46 Therese Simon an Schwander, 19. 6. 1934, ebd.
47 Heinrich Simon an Schwander, 12. 9. 1934, ebd.
48 Irma Simon an Agnes Küsel-Meise, 29. 4. 1966, Nachlaß Küsel. Schivelbusch behauptet (a.a.O., S. 47), daß Heinrich Simon 1941 »auf ähnliche Weise ermordet wurde, wie 35 Jahre später Pasolini in Rom«. Er insinuiert einen homosexuellen Zusammenhang, ohne ihn zu begründen. Irma Simons Brief spricht von mehreren Tätern. Dies verträgt sich kaum mit der Unterstellung Schivelbuschs.
49 Benno Reifenberg, Abschied, in: Sonderheft der »Gegenwart«, S. 34, auch in: Lichte Schatten, S. 395 ff.
50 Maxim Fackler in der Festschrift für Oskar Stark, S. 78.
51 Auskunft Ernst Trip, 9. 3. 1981.
52 Auskunft Max von Brück, 6. 5. 1981.
53 Oskar Stark in der »Badischen Zeitung« und Johannes Schmid in der »Schwäbischen Zeitung«, beide vom 21. 11. 1947, in Nachrufen auf Wendelin Hecht.
54 Benno Reifenberg, Wendelin Hecht, Sonderheft der »Gegenwart«, 1956, S. 35.
55 Auskunft Paula Ölmeier, 28. 2. 1984.
56 Hecht an Hummel, 5. 2. 1936, Hessisches Hauptstaatsarchiv, OMGH/8/158-1/6, Anlage 5. Siehe auch Wirthle a.a.O., S. 45, der sich auf die vom Finanzamt bei der Buch- und Betriebsprüfung von 1938 festgestellten Zahlen bezieht.
57 Auskunft Reifenberg, 29. 6. 1961, Nachlaß Boveri.
58 Hecht an Schwander, 23. 9. 1934, Nachlaß Schwander.
59 Auskünfte Trip und Bütow. Siehe dazu Werner Wirthle, a.a.O., S. 48 und seinen Bericht als Treuhänder beschlagnahmten Vermögens vom 28. 3. 1946 an die amerikanische Militärregierung für Hessen, OMGH 8/158-1/6, Annex A, Hessisches Hauptstaatsarchiv, sowie die entsprechenden Jahrgänge des von Emil Dovifat herausgegebenen »Handbuches der deutschen Tagespressse«, Berlin.
60 Aufzeichnungen von Dr. Eric Stoetzner »Die erfolgreiche Umstellung des Anzeigenteils der Frankfurter Zeitung«.
61 FZ, 1. 6. 1934.
62 Gestapostelle Frankfurt, Bericht vom 19. 1. 1935.
63 Aufzeichnung Schwander, 30. 5. 1934, Nachlaß Schwander.
64 Aufzeichnung Schwander, 2. 6. 1934, ebd.
65 Schwander an Walther Funk, 18. 4. 1934, ebd.

VII

1 Redaktionsliste im Sonderheft der »Gegenwart«, 1956, S. 56 f.
2 Dieser Teil der Darstellung stützt sich hauptsächlich auf die Erinnerungen in dem

Aufsatz von Ernst Kahn, The Frankfurter Zeitung, in: Leo Baeck Institute, Year Book II, 1957, S. 228 ff.
3   H. Simon an Kracauer, 5. 4. 1933, Nachlaß Simon.
4   Mitteilung von Inka Mülder, Verfasserin einer Berliner Dissertation über Kracauer (1984). Sie meint, Simon habe Kracauers Mitarbeit an Schwarzschilds »Neuem Tage-Buch« zum Vorwand für die Kündigung genommen.
5   Konferenzprotokoll, 26. 6. 1933, ebd.
6   Karl Apfel, In den zwanziger Jahren, a.a.O., S. 253.
7   Oeser an Nikolas Benckiser, 26. 9. 1946, Nachlaß Oeser.
8   Oeser an das Internationale Militärtribunal, 23. 10. 1945, und an Funks Verteidiger, Dr. F. Sauter, 28. 12. 1945, Akten der Verteidigung, IMT-VDB (d), Institut für Zeitgeschichte, München.
9   Lauinger an Reifenberg, 25. 10. 1956, Nachlaß Reifenberg, Mappe »Frankfurter Zeitung«, Literaturarchiv Marbach.
10 Die meisten dieser Angaben bei Erich Achterberg, Albert Oeser, Aus seinem Leben und hinterlassenen Schriften, 1978, S. 113 f.
11 Frieda Wolff an Müller-Jabusch, Herausgeber des Berliner »Abends«, 8. 3. 1958, Durchschlag im Nachlaß Reifenberg, Mappe »Frankfurter Zeitung«, Literaturarchiv Marbach.
12 »Former German Editor, now a Woodworker«, in: »The Berkshire Country Eagle« (Pittsfield, Massachusetts), 29. 10. 1941.
13 Reifenberg, in der Festschrift für Oskar Stark, S. 26.
14 Auskunft Max von Brück, 6. 5. 1981.
15 Reifenberg Nachlaß, Literaturarchiv Marbach.
16 Reifenberg, in: Festschrift für Oskar Stark, S. 23, und Auskunft Helga Hummerich, 20. 6. 1983.
17 Auskunft Ernst Trip, 13. 6. 1980.
18 David Bronsen, Joseph Roth, 1974, S. 425 f.
19 Bernhard Guttmann, zitiert bei Robert Haerdter, in: »Journalisten über Journalisten«, herausgegeben von Jürgen Schultz, 1980, S. 158.
20 Heinrich Simon, Schriftsteller im Exil, FZ, 16. 7. 1933.
21 Deutsche Emigration, FZ, 23. 7. 1933.
22 Joseph Roth in einem Brief vom 27. 9. 1933, zitiert bei David Bronsen, a.a.O., S. 426.
23 Maryla Reifenberg, zitiert bei David Bronsen, a.a.O., S. 427.
24 Benno Reifenberg, Die zehn Jahre, a.a.O., S. 44.
25 Dolf Sternberger, in: »Zeugen des Jahrhunderts«, Zweites Deutsches Fernsehen, 20. 1. 1980.
26 Herbert Küsel, Zeitungs-Artikel, herausgegeben von Dolf Sternberger, Heidelberg 1973 (siehe dazu auch die Besprechungen von Joachim Günther in »Der Tagesspiegel«, 7. 4. 1973, und von Anton Krättli, in »Schweizer Monatshefte«, 4/1974).
27 Siehe dazu Margret Boveri, Wir lügen alle, 1965, S. 40 ff.
28 William Rey, Überstehen ist alles, Roman eines gespaltenen Lebens, (Manuskript), 1984.

VIII

1   Kircher, Sieg und Versöhnung, FZ, 24. 12. 1933.
2   »Unzulässige Anweisung an die Presse«, FZ, 28. 1. 1934.
3   Funk, 16. 5. 1933, Sammlung Brammer.
4   Jürgen Hagemann, Die Presselenkung im Dritten Reich, 1970, S. 297.
5   Gestapostelle Frankfurt an Gestapoamt Berlin, 19. 1. 1935.

6 Kircher, Sind wir langweilig? FZ, 25. 3. 1934.
7 Kircher, Zeitung und Ausland, FZ, 19. 4. 1934.
8 Kircher, Gesprochene Zeitung, FZ, 16. 4. 1935.
9 FZ, 23. 5. 1937.
10 Kircher, FZ, 27. 1. 1938.
11 Abdruck im »Völkischen Beobachter«, 8. 3. 1938.
12 Sammlung Sänger, 29. 1. 1938, ZSg 102/8.
13 Sammlung Traub, 17. 9. 1936.
14 Leitartikel, »Ein Volk hat Vertrauen«, FZ, 30. 1. 1934.
15 Die Behauptung in der Dissertation Diel (S. 284), die in die Dissertation Werber (S. 67) übernommen wurde, die »Frankfurter Zeitung« habe entgegen einem Verbot die Rede Papens abgedruckt, beruht auf Unkenntnis der technischen Abläufe beim Druck und Vertrieb. Es war ausgeschlossen, einem Verbot des Propagandaministeriums offen zuwiderzuhandeln.
16 Sänger, Politik der Täuschungen, 1975, S. 45.
17 Reifenberg, »Die zehn Jahre«, a.a.O. S. 47.
18 Kircher, Die Aktion Hitlers, FZ, 3. 7. 1934.
19 Boveri, Wir lügen alle, 1965, S. 172.
20 Sieburg, FZ, 4. 7. 1934.
21 Sieburg, FZ, 12. 7. 1934; ins Dossier der Gestapostelle Frankfurt aufgenommen.

IX

1 Konferenzprotokolle 10. und 12. 8. 1933, Nachlaß Simon.
2 Auskunft Ernst Trip, 12. 2. 1982.
3 FZ, 3. 2. 1934.
4 FZ, 9. 2. 1934.
5 FZ, 28. 3. 1934.
6 FZ, 22. 8. 1934.
7 FZ, 19. 11. 1935.
8 »Heil Hitler« und »Glück auf«, FZ, 27. 2. 1934.
9 Aus dem Reich, 16. 3. 1935.
10 FZ, 1. 12. 1935.
11 Gestapo-Stelle Frankfurt, FZ, 19. 1. 1935.
12 Auskunft Dolf Sternberger, 25. 8. 1981.
13 Kallmann, Verschiedene Folgen von Druckfehlern, FZ, 4. 5. 1934.
14 Kircher, Kreuzzugsgeist?, FZ, 27. und 28. 11. 1936.
15 Studnitz, Als Berlin brannte, 1963, S. 58.
16 Auskunft des Obermetteurs Näser, Frankfurter Societäts-Druckerei, 26. 11. 1983.
17 Mehr zu diesem Problem bei Hans Buchheim und anderen in: Anatomie des SS-Staates I, 1965, S 14 ff.
18 Sammlung Sänger, 14. 1. 1939, ZSg 102/14.
19 FZ, 3. 4. 1935.
20 FZ, 9. 4. 1935.
21 FZ, 16. 4. 1935.
22 FZ, 19. 9. 1935.
23 Sammlung Sänger, 18. 9. 1935, ZSg 102/1.
24 FZ, 13. 7. 1934.
25 FZ, u. a. am 18. 8. 1933.
26 FZ, 19. 12. 1934.
27 FZ, 17. 1. 1934.
28 FZ, 5. 3. 1937.

29 Sammlung Sänger, 4. 3. 1937, ZSg 102/4.
30 FZ, 26. 11. 1934 (DAZ 25. 11. 1934).
31 Walter Steinhauer, Max Reger und Paul Hindemith, FZ, 27. 11. 1934.
32 Kircher, Musik oder Politik?, FZ, 29. 11. 1934.
33 FZ, 30. 11. 1934.
34 FZ, 12. 12. 1934.
35 Gestapostelle Frankfurt, FZ, 19. 1. 1935.
36 England und Furtwängler, FZ, 1. 2. 1934.
37 Silex, Mit Kommentar, 1968, S. 141/142.
38 Zu Oncken und seinem Fall siehe Helmut Heiber, Walter Frank und sein Reichsinstitut für die Geschichte des neuen Deutschlands, 1966, S. 13 ff. und S. 187 ff.
39 DAZ, 24. 6. 1934; Kircher, FZ, 1. 7. 1934.
40 Auszug von Onckens Vortrag in FZ vom 12. 1. 1935, Kircher »Und die Professoren?«, FZ, 27. 1. 1935.
41 Helmut Heiber, Walter Frank, a.a.O. S. 14.
42 Kircher, Welt und Wissenschaft, FZ, 10. 2. 1935.
43 FZ, 13. 2. 1935.
44 Alte und neue Forschung, FZ, 6. 8. 1936.
45 Miksch, Der künftige Geschichtsunterricht, FZ, 27. 3. 1938.
46 FZ, 29. 3. 1933.
47 FZ, 11. 6. 1933.
48 Christen oder Heiden? FZ, 8. 3. 1934.
49 Berichte aus dem religiösen Leben, FZ, 29. 4. 1934.
50 Religiöse Diskussion, FZ, 20. 4. 1934.
51 Kircher, Staat und Kirche, FZ, 20. 5. 1934.
52 Benckiser, Das faschistische Italien und die Katholische Kirche, FZ, 23. 5. 1934.
53 Gestapostelle Frankfurt, Bericht vom 19. 1. 1935, zu Kircher, Christliche Diskussion, FZ, 4. 12. 1934. Ähnlich auch Kircher, Kampf und Weltanschauung, FZ, 14. 7. 1935.
54 Kircher, Bekenntnis zur christlichen Ethik, FZ, 28. 3. 1935.
55 Partei und Religion, FZ, 17. 3. 1935.
56 »Zwischenreligion«, FZ, 5. 10. 1935.
57 FZ, 24., 25. und 26. 6. 1935.
58 Kircher, Die Grenze des Politischen, FZ, 20. 7. 1935.
59 Sternberger, »Wer Deutschland dient, dient Gott«, FZ, 14. 10. 1935.
60 Kircher, Volksdienst und Gottesdienst, FZ, 15. 10. 1935.
61 Sternberger, Am Altar, 7. 6. 1936.
62 Gestapoamt Berlin, Aufzeichnung vom 10. 6. 1936.
63 Kircher, »In der Annahme...«, FZ, 17. 4. 1935.
64 Gestapoamt Berlin, 17.–29. 4. 1935.
65 FZ, 22. und 23. 5. 1935.
66 FZ, Berichte der Berliner Redaktion über den Prozeß gegen Bischof Legge und Mitarbeiter seines Ordinariats, 15., 16., 20. und 22. 11. 1935.
67 Die Devisenprozesse gegen deutsche Klöster, FZ, 4. 6. 1935.
68 FZ, 8. 6. 1935.
69 FZ, 9. 6. 1935.
70 Walter Kamper, FZ, 3. 6. 1938.
71 Beispielhaft die beiden Weisungen von 28. 4. 1937, Sammlung Sänger, ZSg 102/5.
72 Die Darstellung folgt hier den frühen Berichten von Walter Hagemann, Presselenkung im Dritten Reich, 1970, (S. 343 ff.) und der Untersuchung von Herbert Frei, Nationalsozialistische Eroberung der Provinzpresse (in Bayern), 1980, S. 200 ff. Prozeßberichte erschienen in der FZ unter anderem am 27. und 29. 4. sowie am 4., 9., 14., 21., 24. und 30. 5. 1937.

73 Brief aus Waldbreitbach, FZ, 14. 5. 1937.
74 »Der Stürmer«, in einer der Juni-Ausgaben 1937, zitiert aus dem »Grenz-Echo« (Eupen), im Dossier des Gestapoamtes Berlin über die FZ.
75 Sammlung Sänger, 12. 5. 1937, ZSg 102/5.
76 Das Ärgernis, FZ, 24. 5. 1937.
77 Sammlung Sänger, 22. 3. 1937, ZSg 102/4.
78 Der Weg des Vatikans, FZ, 21. 3. 1937.

X

1 FZ, 17. 9. 1935.
2 Siehe Hans Buchheim und Helmut Krausnick in: Buchheim, »Anatomie des SS-Staates«, Bd. I, S. 20, und Bd. II, 1965, S. 324.
3 FZ, 17. 9. 1935. Die Gesetze wurden am späteren Abend des 15. 9. 1935, einem Sonntag, verkündet, als die Montagausgabe der FZ schon im Druck war. Der Wortlaut und die Reden konnten erst in der Ausgabe vom 17. 9. veröffentlicht werden. Die Verzögerung hatte also einen einfachen technischen, nicht einen politischen Grund, wie Diel und Werber in ihren Dissertationen angenommen haben.
4 Sternberger, Ein merkwürdiges Jubiläum, FZ, 17. 9. 1935.
5 P. S. (Paul Sethe?), Alfred Dreyfus, FZ, 14. 7. 1935.
6 »Die deutsche Revolution« (Prag), 14. 8. 1935, ins FZ-Dossier des Gestapoamtes Berlin aufgenommen.
7 FZ, 16. 11. 1935.
8 W. v. Dewall, FZ, 23. 11. 1935.
9 Die Schichtung der Glaubensjuden in Deutschland, FZ, 4. 12. 1935.
10 FZ, 8. 12. 1935.
11 Flucht in die große Wohnung?, FZ 16. 2. 1936.
12 Jüdische Geschäftsverkäufe, FZ, 3. 11. 1935.
13 Stark, Die Fluchtsteuer, FZ, 9. 12. 1937.
14 Stark, Das Wahlrecht am 29. März, FZ, 10. 3. 1936.
15 Das Schicksal der christlichen Nichtarier, FZ, 9. 1. 1936.
16 Prozeß Oppenheimer, 9. 1. 1936.
17 Kallmann, »Wenn...«, FZ, 17. 10. 1935.
18 Maier, Der Rechtsbegriff ›Mensch‹, FZ, 19. 11. 1935.
19 Analoge Anwendung der Nürnberger Gesetze?, FZ, 22. 11. 1935.
20 Ehegemeinschaft in Mischehen, FZ, 18. 3. 1936.
21 Maier, Die Gegner von gestern, FZ, 25. 12. 1935.
22 Maier, Eltern nur Treuhänder?, FZ, 4. 1. 1936.
23 »Pflicht aller Parteimitglieder«, FZ, 29. 1. 1936.
24 Kallmann, Rechtssicherheit und Instinkt, FZ, 4. 2. 1936, und Maier, Unabhängigkeit – von wem?, FZ, 12. 1. 1936.
25 Maier, Richter und politische Entscheidungen, FZ, 21. 2. 1936.
26 Gestapostelle Frankfurt, Bericht über die FZ, 19. 1. 1935.
27 Gestapostelle Frankfurt, Bericht über die FZ, Mitte Dezember 1935.
28 Frankfurter Zeitung und Mischehe, Der Stürmer, No. 50 (Dezember) 1935, und Die Frankfurter Zeitung, Der Judenkenner, 16. 12. 1935.
29 Literaturblatt der FZ, 8. 12. 1935.
30 Gipfel der Vollkommenheit, Das Schwarze Korps, 19. 12. 1935.
31 Theo Rüsch, Heimliche Dolchstöße, Frankfurter Volksblatt, 6. 1. 1936.
32 Statt einer Antwort, FZ, 9. 1. 1936.
33 Theo Rüsch, Wer könnte es schon sein? und Aufbauende und zersetzende Kritik, Frankfurter Volksblatt, 9. und 10. 1. 1936.

34 Georg Maier, Unabhängig – von wem?, FZ, 12. 1. 1936, und Der Gegner von gestern.
35 Sammlung Sänger, 15. 2. 1936, ZSg 102/2a.
36 Heddy Neumeister, Ein Mann bekommt Arbeit, FZ, 18. 3. 1936, und Da haben wir es, Das Schwarze Korps, 16. 4. 1934.
37 Gestapostelle Frankfurt, 1. und 15. 4. 1936.
38 Fundgrube in Frankfurt, Das Schwarze Korps, 25. 6. 1936.
39 Kircher, Wenn Hämmer klappern, FZ, 28. 6. 1936.
40 Dilemma in Frankfurt, Pariser Tageszeitung, 1. 7. 1936.
41 Briefentwurf des Gestapoamtes Berlin, Abt. II, 2 B, Best an Berndt, 4. 7. 1936.
42 Berndt an Best, Gestapoamt, 9. 7. 1936.
43 Wir folgern und Neue Perspektiven der bildenden Kunst, Das Schwarze Korps, 9. 7. 1936.
44 Der Fall M, Das Schwarze Korps, 24. 9. 1936.
45 Die Antwort auf den Fall M, Das Schwarze Korps, 29. 10. 1936.
46 Silex über Kircher, Deutsche Kommentare, 9. 10. 1954.
47 Kircher, Auslandsecho, FZ, 30. 10. 1936.
48 Vorsicht – Gift! Selbstbekenntnisse einer Frankfurter Hure, Deutsche Volkszeitung (Prag), 8. 11. 1936, Gestapoamt Berlin.
49 Siehe dazu u. a. F. C. Weiskopf über das Literaturblatt der FZ, in: »Der Gegen-Angriff« (Prag), 1. 2. 1936, ferner »Prager Presse«, zitiert im »Grenz-Echo«, (Eupen), 28. 4. 1936, Georg Bernhard, »Der Fall S. Fischer«, Pariser Tageblatt, 19. 1. 1936. Verständiger zeigten sich »Die Deutsche Revolution«, 14. 7. 1935 (in bezug auf den Dreyfus-Artikel, FZ, 14. 7. 1935), der »Prager Mittag«, 28. 12. 1935 (über die Weihnachtsnummer der FZ) und das »Grenz-Echo« (Eupen), 26. 6. 1937, über die Behandlung der Sittlichkeitsprozesse in der FZ, alle in der Akte des Gestapoamtes Berlin.
50 Wolf Heinrichsdorff, Die liberale Opposition in Deutschland seit dem 30. 1. 1933, dargestellt an der Entwicklung der Frankfurter Zeitung, Hamburg 1937.
51 Werner Stephan in der Pressekonferenz, 5. 5. 1937, Sammlung Sänger, ZSg 102/5.
52 Presse-Rundschreiben 99/37, Landesstelle Berlin des Reichsministeriums für Volksaufklärung und Propaganda, 5. 5. 1937, in der Akte des Gestapoamtes Berlin.
53 Auskunft Trip, 13. 6. 1980.
54 Boveri, Wir lügen alle, 1965, S. 593 ff.
55 Neue Zürcher Zeitung, 16. 12. 1936.
56 Neue Zürcher Zeitung, 5. 1. und 6. 1. 1937.
57 Aktennotiz Hechts vom 6. 2. 1937 über die Unterredung mit A. I. Berndt am 5. 2., Nachlaß Schwander.
58 Über diese Vorgänge unterrichten vor allem Oron Hale, Presse in der Zwangsjacke 1933–1945, 1965, und »Presse in Fesseln«, anonym (Dr. Fritz Schmidt), 1947.
59 Siehe dazu Erika Martens, Zum Beispiel Das Reich, zur Phänomenologie der Presse im totalitären Regime, 1972.
60 Mündliche Auskünfte Erich Welters, Aufzeichnungen Margret Boveris vom Juli 1961 unter Materialien für das Buch »Wir lügen alle«, Nachlaß Boveri, darunter auch Briefe von Rolf Rienhardt, sowie Auskunft von Emil Frotscher, einem Mitarbeiter Rienhardts, 13. 10. 1981.
61 Auskunft Paula Ölmeier, 28. 2. 1984.
62 Amann an FSD, Frankfurt, 9. 5. 1935, Kopie im Nachlaß Schwander.
63 Aktennotiz Hechts vom 6. 2. 1937 über die Unterredung mit Berndt am Tag zuvor, Nachlaß Schwander.
64 Berndt an Hecht, 9. 2. 1937, Nachlaß Schwander.
65 Hecht an Berndt sowie Hummel an Funk, 13. 2. 1937, Nachlaß Schwander.
66 Auskunft Walter Trautmann, 26. 4. 1982.

67 Welter an Boveri, 27. 1. 1975, Nachlaß Welter.
68 Welter an Boveri, Nachlaß Boveri, 10. 8. 1961 (Materialien zu »Wir lügen alle«). Ähnlich Welter an Werner Wirthle, 26. 10. 1977, Nachlaß Welter.
69 Auskunft Paula Ölmeier, 28. 2. 1984.
70 Stark, Gesetz und Parteiprogramm, FZ, 16. 2. 1936.
71 Goebbels am 21. 1. 1937, Tagebücher, Bundesarchiv.

XI

1 Reifenberg, Die zehn Jahre, a.a.O., S. 46.
2 Auskünfte Robert Haerdter und Ernst Trip.
3 Reifenberg, Die zehn Jahre, a.a.O., S. 49.
4 Reifenberg, FZ, 25. 11. 1935.
5 Boveri, Wir lügen alle, 1965, S. 192.
6 Die geteilte Arbeitsweise zwischen Frankfurter und Berliner Redaktion und die Sonderstellung Kirchers im Redaktionsverband tritt in Reifenbergs Grabrede auf Kircher, abgedruckt in der Frankfurter Allgemeinen Zeitung vom 9. Oktober 1954, hervor und noch deutlicher in der Ergänzung zu dem Manuskript von 1945 über die zehn Jahre, die nicht in der »Gegenwart« veröffentlicht wurde (siehe Fußnote 33 in Kapitel XIII).
7 Die Darstellung Kirchers gründet sich auf Auskünfte von FZ-Redakteuren, vor allem von Nikolas Benckiser, 1. 7. 1981; Maxim Fackler, 1. 5. 1981; Robert Haerdter, 9. 3. 1981; Eberhard Schulz, 27. 8. 1981; Martin Wiebel, 13. 4. 1982, sowie die Grabrede Benno Reifenbergs auf Kircher, Frankfurter Allgemeine Zeitung, 9. 10. 1954.
8 Reifenberg, Grabrede auf Kircher, Frankfurter Allgemeine Zeitung, 9. 10. 1954.
9 Auskunft Paul Schmidt-Carell (»Presse-Schmidt«) am 14. 10. 1981 (nicht zu verwechseln mit dem gleichnamigen Dolmetscher, dem »Statisten auf diplomatischer Bühne«).
10 FZ, 26. 7. 1934.
11 FZ, 27. 7. 1934.
12 FZ, 28. 7. 1934.
13 FZ, Leitartikel vom 29. 7. 1934.
14 FZ, Leitartikel, 8. 8. 1934. Ähnlich Kircher, Das Ziel, der Friede, FZ, 12. 8. 1934.
15 Sieburg, FZ, 11. 10. 1934.
16 Sethe (se.), FZ, 9. und 13. 12. 1934.
17 Sieburg, FZ, 16. 1. 1935.
18 Gestapostelle Frankfurt an Gestapomt Berlin, Bericht vom 19. 1. 1935.
19 Benckiser, FZ, 7. 1., Sieburg, FZ, 8. 1., Kircher, FZ, 9. 1., sowie Leitartikel vom 9. 1. 1935.
20 Kircher, Europa in neuer Gestalt?, FZ, 13. 1. 1935.
21 Dewall, FZ, 1. 2. 1935.
22 Kircher, FZ, 1. 2. 1935.
23 Sieburg und Kommentar aus Berlin, FZ, 6. 3. 1935.
24 Leitartikel, FZ, 13. 3. 1935.
25 Dewall, FZ, 15. 3. 1935.
26 Kircher, FZ, 17. 3. 1935.
27 Leitartikel, FZ, 19. 4. 1935.
28 Benckiser, FZ, 14. 4. 1935.
29 Kircher, Am Tag danach, FZ, 19. 4. 1935, und ähnlich »Was gibt es zu verhandeln?«, FZ, 27. 4. 1935.
30 Benckiser, FZ, 9. und 25. 6. 1935, Sieburg, FZ, 21. 6. 1935.
31 Dewall, FZ, 30. 6. 1935.

32 Sieburg, FZ, 12. 9. 1935.
33 Kircher, Ihr Schweizer Bürger, FZ, 11. 8. 1935.
34 Der Sonntagsspaziergang, Neue Zürcher Zeitung, 18. 8. 1935.
35 Kircher, FZ, 8. 3. 1936.
36 Dewall, FZ, 9. 3. 1936.
37 Sieburg, FZ, 9. 3. 1936.
38 Sammlung Sänger, 16. 3. 1936, ZSg 102/2b (im Bundesarchiv irrtümlich unter dem 17. 7. 1936 eingeordnet).
39 Sammlung Sänger, 23. 7. 1936, ZSg 102/2b.
40 Zitiert nach der Arbeiter-Zeitung (Basel), 17. 8. 1936, in den Akten des Gestapoamtes Berlin.
41 Auskunft Peter von Haselberg, 21. 10. 1983.
42 Wilhelm Rey, Autobiographischer Bericht, Manuskript 1984, S. 135 f.
43 Ders. a.a.O., S. 147.
44 FZ, 29. 4. 1937.
45 Über den militärischen Sachverhalt Klaus A. Meier, Guernica, Freiburg 1977.
46 Sammlung Sänger, 3. 5. 1937, ZSg 102/5.
47 Der spanische Schrecken, FZ, 5. 5. 1937.
48 FZ, 24. 5. 1937.
49 Sammlung Sänger, Weisungen vom 14., 16., 18., 21., 25. 2. sowie 11. und 13. 3. 1938, ZSg 102/10.
50 Siehe FZ, MNN und VB vom 12. 3. 1938 und den Wortlaut der Weisungen vom 11. 3. 1938, ZSg 102/10.
51 Sieburg, Französische Resignation, FZ, 14. 3. 1938. Zum Verbot der Erörterung der tschechoslowakischen Frage: Sammlung Sänger, 14. 3. 1938, ZSg 102/10.
52 Sammlung Traub, Informationsbericht No. 137, zitiert nach der Dissertation Werber, S. 176.
53 Utho Grieser, Himmlers Mann in Nürnberg, Der Fall Benno Martin, Bd. 13 der Schriftenreihe des Stadtarchivs Nürnberg, 1974.
54 Auskunft Sternberger.

XII

1 Beanstandet wurden, wie die Sammlung Brammer zeigt, Mitteilungen über einen Kredit der englischen Dunlop-Gesellschaft für ihre deutsche Tochterfirma (5. 10. 1934), Untersuchungen über die Öl- und Spinnfaserpflanze Käsepappel (21. 12. 1934), Senkung der Sparzinsen (11. 2. 1935), neue Kohle-Hydrieranlagen (7. 9. 1935), die Gold- und Devisenbestände der Reichsbank (19. 12. 1935) und die Brotgetreide-Versorgung (14. 12. 1936). Die Daten beziehen sich auf die Erörterung in der Pressekonferenz; die kritisierten Veröffentlichungen lagen gewöhnlich einen Tag zurück. Außerdem nahm das Gestapoamt Berlin Anstoß an der Berichterstattung der FZ über die Weizenernte (FZ, 16. 8. 1936) und über Klagen auf der Generalversammlung der Wintershell AG über die staatlich verordnete Senkung der Kali-Preise (FZ, 18. 6. 1937).
2 Benkard, FZ, 19. und 27. 7. 1937.
3 FZ, 28. 11. 1936.
4 Siehe dazu auch Elke Fröhlich, Die Kulturpolitische Pressekonferenz des Reichspropaganda-Ministeriums, in: Vierteljahrshefte für Zeitgeschichte, Oktober 1974, S. 347–381.
5 Siehe dazu Sänger, Kulturpolitische Pressekonferenz vom 3. 12. 1936, ZSg 102/62, Pressekonferenz vom 28. 11. und 3. 12. 1936, ZSg 102/8, sowie Bericht vom 3. 12. 1936, ZSg 102/29.
6 Siehe dazu auch Heinrich Simon, in: Das Kunstblatt 3, 1919, und Siegfried Kracau-

er, in: Rheinland 31, 1921 abgedruckt im Max-Beckmann-Katalog des Städelschen Kunstinstituts Frankfurt, 1983, S. 73.
7 Linfert, Rückblick auf ›Entartete Kunst‹, FZ, 14. 11. 1937.
8 Sternberger, Das sprechende Auge, Carl Linfert 80, Frankfurter Allgemeine Zeitung, 14. 7. 1980.
9 Max Geisenheyner an Oskar Stark, 21. 4. 1939, Sammlung Sänger, ZSg 102/15.
10 Stephan in der Pressekonferenz, 7. 9. 1937, über die Rezension der Oper »Lulu« (FZ, 4. 9. 1937), Sammlung Sänger, ZSg 102/6.
11 Linfert, Josef Thorak fünfzigjährig, FZ, 7. 2. 1939, und Arno Breker, FZ, 19. 7. 1940.
12 Die Weisung in der Kulturpolitischen Pressekonferenz zur Pariser Breker-Ausstellung verlangte »gute Aufmachung«, Sammlung Sänger, 15. 5. 1942, ZSg 102/63.
13 Werner Bökenkamp über Brekers Memoiren, Frankfurter Allgemeine Zeitung, 21. 1. 1971.
14 Linfert, Der Bildhauer Arno Breker, FZ, 4. 8. 1940 (in der Kupfertiefdruckbeilage »Berichte und Bilder«), Arno Breker und die Franzosen, FZ, 29. 5. 1942, Der Weg zur monumentalen Form, Arno Brekers Werke in Paris, FZ, 31. 5. 1942 (in der Kupfertiefdruckbeilage »Berichte und Bilder«).
15 Auskunft Max von Brück, 6. 5. 1981.
16 Hansgeorg Maier, Reichs-Theater-Woche in Hamburg, FZ, 26. 6. 1935.
17 Rudolf Geck, Ur-Aufführungen: Stop, FZ, 19. 5. 1935.
18 Brücks Rezensionen dreier Bethge-Stücke in FZ, 22. 3. 1932, 29. 9. 1940 und 26. 9. 1941. Die Nachricht über die Verleihung des Nationalen Buchpreises in FZ, 3. 5. 1937.
19 M. v. Brück, »Tanais«, FZ, 13. 2. 1943.
20 Nach Akten des »Reichsverbandes der Deutschen Presse«, Bundesarchiv, R 103/65 und R 103/77. Einzelheiten gehen daraus aber nicht hervor.
21 Dirks, Eine liberale Zeitung im System der Diktatur, Südwestfunk, 20. 7. 1980.
22 Willi Alfred Boelcke, Kriegspropaganda 1939–1941, 1966, S. 525, Weisung vom 24. 9. 1940.
23 Linfert, Jud Süß, FZ, 26. 9. 1940.
24 Karl Voßler im Literaturblatt, FZ, 19. 1. 1936.
25 Sethe, Warum unterlag Napoleon?, FZ, 19. 10. 1937.
26 Literaturblatt, FZ, 30. 5. 1937, zitiert nach Dissertation Hepp, S. 121 f.
27 Ernst Beutler, Der Dichter der Trutz-Nachtigall, FZ, 25. 2. 1941.
28 Karl Holl, Die Kluge von Orff, FZ, 23. 2. 1943.
29 Max von Brück, Gefahren einer Traumlandschaft, Literaturblatt, FZ, 26. 11. 1939.
30 Sternberger, Eine Krähe hackt der andern kein Auge aus, FZ, 22. 3. 1936.
31 Sternberger, Wer A sagt, muß auch B sagen, FZ, 28. 4. 1936.
32 Sternberger, Ende gut, alles gut, FZ, 10. 5. 1936.
33 Sternberger, Es ist noch nicht aller Tage Abend, FZ, 7. 6. 1936.
34 Die Aufsätze über die Sprichwörter sind nachgedruckt in: Sternberger, Figuren der Fabel, 1950.
35 Sternberger, Figuren der Fabel, FZ, 25. 12. 1941, ebenfalls in dem Buch gleichen Titels, 1950.
36 Auskunft Sternberger, 24. 7. 1981.
37 Auskunft Trip, 8. 4. 1981.
38 Hausenstein, Vom Fußwandern, FZ, 9. 8. 1934, Benckiser, Das Pantheon, FZ, 25. 3. 1936.
39 Fred Hepp, Der geistige Widerstand im Kulturteil der FZ, unveröffentlichte Dissertation, München 1948, S. 78 f.
40 FZ, 14. 4. 1935.
41 FZ, 28. 7. 1934.

42 FZ, 4.4.1934.
43 Brück, FZ, 14.10.1934.
44 Max Picard, Die Flucht vor Gott, FZ, 18.11.1935. Picard (1888-1965), ursprünglich Arzt, trat als Schriftsteller zunächst mit Kunstkritiken, seit den zwanziger Jahren dann immer mehr mit kulturkritischen und philosophischen Werken hervor. Weite Verbreitung fanden »Die Flucht vor Gott« (1934), »Die Grenzen der Physiognomik« (1937), »Die unerschütterliche Ehe« (1942), »Hitler in uns selbst« (1945) und »Die Welt des Schweigens« (1948). Über Picard siehe u.a. zwei Aufsätze in der Neuen Zürcher Zeitung von Benno Reifenberg (10.3.1958) und Erwin Reisner (29.10.1965) sowie die Festschrift »Max Picard zum 70. Geburtstag«, herausgegeben von W. Hausenstein und B. Reifenberg, Erlenbach-Zürich, 1958.
45 FZ, 10.3.1934.
46 FZ, Januar 1937 (No. 57), zitiert nach Hepp, a.a.O.
47 Hausenstein, Pariser Erinnerungen, München 1961.
48 Hausenstein, Lux perpetua, Summe eines Lebens aus dieser Zeit, 1947. Licht unter dem Horizont, Tagebücher von 1942–1946, 1967. Impressionen und Analysen, letzte Aufzeichnungen (Tagebücher von 1948–1957), 1969. Über Hausenstein: Benno Reifenberg, Die Gegenwart, Jahrgang 1955, S. 155 und Jahrgang 1957, S. 359; Walter Dirks, in: Frankfurter Hefte, Jahrgang 1950, S. 646; W. E. Süskind, in der Einleitung zu Hausenstein, Licht unter dem Horizont, 1967; »Wilhelm Hausenstein – Wege eines Europäers«, Katalog einer Ausstellung im Deutschen Literaturarchiv, Marbach a. N., 1967.
49 Dieser Teil der Darstellung über die Frauenbeilage stützt sich auf die unveröffentlichte Münchner Dissertation von Thea Lethmair, »Die Frauenbeilage der Frankfurter Zeitung«, 1956.
50 Johann Armbruster (Pseudonym), Das Geheimnis der Eleganz, Frauenbeilage, FZ, 24.10.1937.
51 Thea Lethmair, a.a.O., S. 188.
52 Ernst Benkard, Kinder, Frauenbeilage, FZ, 25.10.1936.
53 Johann Armbruster (Pseudonym), Frauen von Olympia, Frauenbeilage, FZ, 19.7.1936.
54 Hausenstein, Von der Kunst des Redigierens, Sonderheft der »Gegenwart«, 29.10.1956, nachgedruckt in Hausenstein, Impressionen und Analysen, letzte Aufzeichnungen, 1969.
55 Brück, Die Bastion der Sprache, Sonderheft der »Gegenwart«, 29.10.1956, S. 29.
56 Sternberger, Menschen als Material, FZ, 21.4.1940.
57 Dolf Sternberger, Gerhard Storz und W. E. Süskind, »Aus dem Wörterbuch des Unmenschen«, 1957.
58 Theodor Heuss, Erinnerungen, Sonderheft der »Gegenwart«, 29.10.1956.
59 Auskunft Ernst Trip, 13.6.1981.
60 Dirks, Eine liberale Zeitung im System der Diktatur, Südwestfunk, 20.7.1980.
61 Sternberger, Ein guter Ausdruck, zitiert nach Dissertation Hepp, FZ, No. 429, 1939 (aber dort nicht aufzufinden).
62 Fritz Kraus, Schlanke Linie in der Sprache, FZ, 28.1.1938. W. E. Süskind, Über das Adjektiv, FZ, 18.8.1940. Ernst Benkard, Gegen das Ausrufezeichen, FZ, 31.8.1940.
63 Walter Dirks, Bekochen und beschirmen, FZ, 25.8.1943.
64 Gerhard Storz im Literaturblatt, FZ, 12.11.1939.

XIII

1 Helga Hummerich, Wahrheit zwischen den Zeilen, S. 70.
2 Reifenberg, Dr. Gachet, FZ, 9.12.1937, nachgedruckt bei Hummerich, a.a.O., S. 110ff.

3 Mitteilung Reifenbergs an M. Boveri, 29. 6. 1961, Nachlaß Boveri. Siehe auch Boveri, Benno Reifenberg, in: Merkur, Jahrgang 1962, S. 793. Reifenberg erzählte M. Boveri im Jahre 1961 den Hergang in einigen Details abweichend von einem Brief an Max Picard im Jahre 1938, aus dem Helga Hummerich, a.a.O., S. 71, zitiert. Hinsichtlich der Daten gaben wir der älteren Darstellung den Vorzug; in bezug auf die Aufdeckung der Informationsquelle ist die spätere schlüssiger.
4 Auskunft Trip, 8. 4. 1981.
5 Reifenberg an Max Picard, 1938, zitiert nach Helga Hummerich, a.a.O., S. 71.
6 Sieburg, FZ, 8. 11. 1938.
7 Ders., FZ, 9. 11. 1938.
8 Sammlung Sänger, 7. 11. 1938, 20.37 Uhr, ähnlich 8. 11. 1938, ZSg 102/13, ferner FZ vom 9. 11. 1938.
9 Rey, autobiographischer Bericht (Manuskript).
10 Beispiele: Ignorierung der Kommentar-Weisungen vom 11., 12., 13., 14. 11. 1938, Sammlung Sänger, ZSg 102/13.
11 Beispiele für erkennbar erzwungene Kommentare: FZ vom 9., 16. und 17. 11. 1938.
12 Sammlung Sänger, 17. 11. 1938, ZSg 102/13.
13 Die Judenfrage vor vierzig Jahren, FZ vom 19. 11. 1938.
14 Sammlung Sänger, 19. 11. 1938, ZSg 102/13.
15 Stark, Ein gerader Weg, Leitartikel FZ, 22. 11. 1938. Ähnlich auch Starks Kommentar Kein Recht zur Bevormundung (über die Goebbelsrede in der Krolloper), FZ, 24. 11. 1938.
16 Nach Auskünften von Erich Welter, Nikolas Benckiser und dem Fernschreibverkehr zwischen Frankfurter Redaktion und Berliner Büro am 22. 11. 1938, Sammlung Sänger, ZSg 102/13. Einiges davon berichtete M. Boveri ungenau, vom Hörensagen, in einem Brief aus Ascona an Paul Scheffer, 25. 1. 1939, Nachlaß Boveri.
17 In den Akten der Gestapostelle Frankfurt ist ein solcher Fall belegt: Die Staatspolizeileitstelle Koblenz fragte in Frankfurt an, weshalb die Zeile im Titel nicht verschwinde, da Sonnemann Jude gewesen sei, »dessen Name nunmehr von Kritikern gern mit der Familie des Preußischen Ministerpräsidenten in Verbindung gebracht werde« (Göring hatte 1935 die Schauspielerin Emmy Sonnemann geheiratet). Die Landesstelle Frankfurt des Propagandaministeriums erwiderte, »daß aus gewissen Gründen eine Beseitigung des Gründervermerks im Kopf der ›Frankfurter Zeitung‹ zur Zeit nicht zweckmäßig ist« (Gestapostelle Frankfurt, 23. 12. 1936 und 8. 1. 1937).
18 Reifenberg, Die zehn Jahre, Sonderheft der »Gegenwart«, 1956, S. 50.
19 Auskunft Trip, 9. 3. 1981.
20 Welter an Margret Boveri, 10. 8. 1961, Nachlaß Boveri, Karton »Wir lügen alle«.
21 Auskunft Werner Stephan, 14. 12. 1981, und Brief vom 10. 3. 1982 an den Verfasser.
22 Erika Martens, Zum Beispiel das Reich, 1972, S. 89 ff., sowie Auskünfte Martin Wiebel, 13. 4. 1982 und Ernst Trip, 13. 6. 1980.
23 Auskunft Frau Scharp, 10. 11. 1982.
24 Stark an Boveri, 29. 4. 1939, Nachlaß Boveri.
25 M. Boveri, Verzweigungen, 1977, Taschenbuchausgabe, 1982, S. 355.
26 Boveri an Armin Mohler, 15. 6. 1950, Nachlaß Boveri.
27 Boveri an Küsel, 31. 12. 1939, Nachlaß Boveri.
28 Paul Scheffer an M. Boveri, 28. 2. 1947, Nachlaß Boveri.
29 Boveri an Küsel, 31. 12. 1939, Nachlaß Boveri.
30 Boveri an Scheffer, 23. 8. 1939, Nachlaß Boveri.
31 Vergleiche dazu Nikolas Benckiser über Margret Boveri in: Hans Jürgen Schultz, Journalisten über Journalisten, 1980, S. 273 ff.; Erika Martens, »Zum Beispiel das Reich«, S. 194 ff., sowie Gerhard Ritter über »Verrat im XX. Jahrhundert« in: »Die

Welt«, 3. 11. 1956, und Michael Freund, Das Märchen vom Dr. Sorge, in: »Die Gegenwart«, 11. 1. 1958.
32 Nach Werner Wirthle, a.a.O., S. 45, und aus einer Aufzeichnung im Nachlaß Erich Welters.
33 Sechsseitiges anonymes Manuskript ohne Überschrift und Datum, nachweislich vom Winter 1946/47, offenkundig von Reifenberg, unter nachgelassenen Papieren von Johannes Schmidt, Leutkirch, und Oskar Stark, Freiburg, vergleiche auch Fußnote 24 in Kapitel II.
34 Nach Auskunft der Registerakten beim Amtsgericht Frankfurt gingen alle Anteile der FSD, außer dem von Frau Lily Stern in St. Gallen, zunächst, 1939, an die »Vera Verlagsanstalt«, danach an die »Herold Verlagsanstalt«, 1940 weiter an die »Rheinische Verlagsanstalt«. Zum Schluß, 1943, befanden sich sämtliche Anteile, auch der von Lily Stern, bei der »Europa Verlags GmbH«. Alles waren Gesellschaften des Eher-Konzerns. Auf einer Kostenberechnung des Notars vom 13. 6. 1939 wird ein geringfügig anderer Verkaufswert genannt: 2,86 Millionen Reichsmark.
35 Kalendereintragung Reifenbergs vom 22. 6. 1938, Nachlaß Reifenberg.
36 Rienhardt an Welter, 28. 11. 1959, Nachlaß Welter.
37 Paula Ölmeier an Boveri, 13. 8. 1961, Nachlaß Boveri.
38 Notizen M. Boveri über ein Gespräch mit Reifenberg, 29. 6. 1961, Nachlaß Boveri.
39 Handschriftliche Notiz M. Boveri über ein Gespräch mit Stark, ohne Datum, vermutlich Juni/Juli 1961, Nachlaß Boveri.
40 Peter de Mendelssohn, Zeitungsstadt Berlin, 1959, S. 390f. (1982: S. 455 f.).
41 Sammlung Brammer, 3. 3. 1939, Bundesarchiv.
42 Sammlung Traub, 8. 3. 1939, Bundesarchiv.
43 Sternberger, Die Zeitgenossen, FZ, 20. 4. 1939.
44 Reifenberg, Die zehn Jahre, Sonderheft der »Gegenwart«, 1956, S. 52.
45 Auskunft Haerdter, 13. 3. 1984.
46 Reifenberg, Die zehn Jahre, Sonderheft der »Gegenwart«, 1956, S. 52.
47 Sammlung Sänger, Weisungen vom 14. 3. 1938, ZSg 102/15.
48 Wilhelm Rey, Überstehen ist alles, Manuskript S. 149; vergleiche auch Weisung für den Tageskommentar, Sammlung Sänger, 15. 3. 1938, ZSg 102/15.
49 Reifenberg, Abende in Caen, FZ, 3., 6., 10., und 13. 8. 1939.
50 Dewall, London: Krieg für Danzig? – die falsche Frage, FZ, 19. 8. 1939.
51 FZ, 23. 8. 1939.
52 Sammlung Sänger, 23. 8. 1939, ZSg 102/18.
53 FZ, 24. 8. 1939.
54 Poerzgen, FZ, 29. 8. 1939.
55 Kircher, FZ, 27. 8. 1939. Ähnlich Kircher, »Sind die Polen blind?«, 13. 8., und »Verpaßte Stunde«, 24. 8. 1939.
56 Reifenberg, Die zehn Jahre, Sonderheft der »Gegenwart«, 1956, S. 52.

XIV

1 Auskunft Emil Frotscher, 13. 10. 1981, Frotscher war Anfang 1939 in Rienhardts »Verwaltungsamt« eingetreten und dessen »rechte Hand«.
2 Anweisung des Propagandaministeriums vom 9. 9. 1939, zitiert nach Dissertation Diel, S. 157.
3 Besprechung 30. 5. 1939, Sammlung Sänger, ZSg 102/16.
4 Max Walter Clauss, Erinnerungen (Manuskript).
5 Reifenberg, Abschied von Friedrich Sieburg, Frankfurter Allgemeine Zeitung, 21. 7. 1964.
6 Horst Bienek, Werkstattgespräche mit Schriftstellern, 1962, S. 183 f.

7 Sieburg in einer Rede vor der »Groupe Collaboration«, Paris, 22. 3. 1941, zitiert bei Joachim Fest, Friedrich Sieburg, in: Schultz, Journalisten über Journalisten, S. 266.
8 Auskunft Paul Schmidt-Carell, 14. 10. 1981.
9 Reifenberg, Abschied von Friedrich Sieburg, Frankfurter Allgemeine Zeitung, 21. 7. 1964.
10 Studnitz, Als Berlin brannte, 1963, S. 63.
11 Siehe Seite 73.
12 Sammlung Sänger, 26., 28. und 30. 8. 1939, ZSg 102/18.
13 Briefwechsel Stark–Boveri, 31. 10., 7. und 19. 11. 1939, Nachlaß Boveri.
14 Sammlung Sänger, Informationsbrief an Stark, 14. 11. 1939, ZSg 102/46–47.
15 Stark an Boveri, 14. 9. 1939, Nachlaß Boveri.
16 J. P. Hebel, Die Bombardierung Kopenhagens, FZ, 5. 9. 1939.
17 Pauls, Neutralität – außen und innen, FZ, 31. 12. 1939.
18 Stark an Boveri, 31. 10. 1939, Nachlaß Boveri.
19 Stark an Boveri, 2. 12. 1939, Nachlaß Boveri.
20 Rey, Bauern im Aufbruch, FZ, 5. 9. 1939. Stadt im Übergang, FZ, 13. 11. 1939. Die Kaserne im Walde, FZ, 20. 11. 1939.
21 Rey, Heimkehr aus Finnland, FZ, 10. 12. 1939.
22 Sammlung Sänger, 30. 11. 1939, ZSg 102/20 über Rey, Fahrt nach Karelien, FZ, 30. 11. 1939.
23 Kircher, Italienische Nachrichten, FZ, 6. 12. 1939.
24 Ders., ebd., FZ, 27. 12. 1939.
25 Ders., ebd., 28. 12. 1939 und ferner dazu 31. 12. 1939.
26 Ders., ebd., 29. 8. 1940.
27 Sammlung Sänger, 16. 4. 1941, ZSg 102/31.
28 Ebd., 6. 1. 1940, ZSg 102/46–47.
29 Ebd., 18. 1. 1940, a.a.O.
30 Auskunft Haerdter, 13. 3. 1984.
31 Auskunft Knappstein, 17. 8. 1981.
32 Sammlung Sänger, 14. 6. 1939, ZSg 102/17.
33 Goebbels, Tagebücher 1942–1943, 1948, Einträge vom 15. und 20. 5. 1942.
34 Auskunft Willy Bretscher, 16. 10. 1984.
35 Sammlung Sänger, 10. 1. 1942, ZSg 102/36.
36 Ebd., 28. 10. 1939, zitiert nach Hagemann, Presselenkung im Dritten Reich, S. 311. Die »Neue Basler Zeitung« war in Deutschland die einzige für den freien Verkauf zugelassene Schweizer Zeitung. Sie wurde am 28. Dezember 1939 in der Schweiz als staatsfeindlich verboten.
37 Schweizer im Dienste Churchills, FZ, 2. 12. 1940.
38 Sammlung Sänger, 2. 12. 1940, ZSg 102/29.
39 Siehe Seite 306.
40 Sammlung Sänger, 30. 11. und 1. 12. 1939, ZSg 102/46–47.
41 Berichte und Bilder, FZ, 10. 5. 1940.
42 Zimmer 51, in: FZ-Briefe (für die eingezogenen Betriebsangehörigen) 4. 1943.
43 Franz Taucher, Frankfurter Jahre, 1977.
44 Auskunft Trip, 12. 2. 1982.
45 Auskünfte Trip und Brück.
46 Dieser Abschnitt stützt sich auf Befragungen mehrerer ehemaliger Redaktionsangehöriger, darunter Brück, Dirks, Fackler, Haerdter, Knappstein, Sternberger, Trip.
47 Haerdter in einer öffentlichen Diskussion im Frankfurter Presseclub am 13. 3. 1984.
48 Auskunft Trip, 13. 6. 1980.
49 Rey, Die Frankfurter Zeitung nach 1933, Neue Zürcher Zeitung, 12. 1. 1947.
50 Sternberger, in: Zeugen des Jahrhunderts, Zweites Deutsches Fernsehen, 20. 1. 1980.

51 Gertrud Siber, geborene Becker, an den Verfasser, 25. 4. 1982.
52 Dirks, Eine liberale Zeitung im System der Diktatur, Südwestfunk, 20. 7. 1980.
53 Rey, Die Frankfurter Zeitung nach 1933, Neue Zürcher Zeitung, 12. 1. 1947.
54 Bütow, Alle Träume dieser Welt, Frankfurt, 1969, S. 259.
55 Auskunft Haerdter, 13. 3. 1984.
56 Hannah Arendt, Elemente und Ursprünge totaler Herrschaft, Frankfurt, 1955, S. 696.
57 Auskunft Helga Hummerich, 20. 6. 1983.
58 Stark, Erläuterungen zu dem Briefwechsel zwischen Theodor Heuss und der Frankfurter Zeitung, Nachlaß Heuss, Literaturarchiv Marbach.
59 Reifenberg, Der Hafer, FZ, 1. 12. 1939.
60 Ders., Auf dem Bahnhof, FZ, 21. 7. 1940.
61 Ders., Abendlied, FZ No. 188, zitiert nach Dissertation Hepp.
62 Schotthöfer, Das Leiden, FZ, 1. 3. 1942, ders., Liebe, FZ, 22. 3. 1942.
63 Der Vorspruch zu dem letzten der »Senilia«-Aufsätze in der vorletzten Nummer der Zeitung, am 30. 8. 1943, erwähnt viele Zuschriften zu diesen Beiträgen.
64 Frauen auf dem Bauernhof, FZ, 6. 10. 1940.
65 Alfons Paquet, Frauen in Uniform, FZ, 5. 3. 1942.
66 Ida-Maria Baehrle, Vor und hinter dem Ladentisch, FZ, 6. 3. 1942.
67 Heddy Neumeister, Fliegergeschädigte auf dem Dorf, FZ, 18. 8. 1943.
68 Sternberger, Der Wert des Menschen, 26. 1. 1941.
69 Heddy Neumeister, Gerechtigkeit und Nutzen, FZ, 13. 2. 1943.
70 Als Beispiel: Sorge, Japans Außenpolitik, FZ, 25. 10. 1935.
71 Stark an Dr. Braun, Auswärtiges Amt, 29. 11. 1941, in: F. W. Deakin und G. R. Storry, Richard Sorge, 1965, S. 227.
72 Sethe, Brief vom 1. 12. 1964, in: Julius Mader u. a. Dr. Sorge funkt aus Tokio, Berlin (DDR), 1966, S. 315 f.
73 Über Einzelheiten des Falles Sorge siehe F. W. Deakin und G. R. Storry, The Case of Richard Sorge, London 1965, dt. Ausgabe München 1965. Zum Vergleich auch Julius Mader u. a. Dr. Sorge funkt aus Tokio, Berlin (DDR), 1966, J. Mader, Dr.-Sorge-Report mit ausgewählten Artikeln von Richard Sorge, Berlin (DDR), 1984, sowie Gordon W. Prange, Target Tokyo, The story of the Sorge spy ring, New York, 1984.
74 Sorge, Die große Wendung, FZ, 13. 11. 1940.
75 Sorge, FZ, 7. u. 25. 7. sowie 4. 9. 1941.
76 Michael Freund, Das Märchen vom Dr. Sorge, in: Die Gegenwart, 11. 1. 1958.
77 Sethe, Der Winter, FZ, 5. 4. 1942.
78 Heizler an die Frankfurter Redaktion, Informationsbriefe, 9. 2. 1940, Sammlung Sänger, ZSg 102/46–47.
79 Knappstein, Pelzmützen, FZ, 16. 4. 1942.
80 Sammlung Sänger, 18. 4. 1942, ZSg 102/37.
81 Auskunft Knappstein, 17. 8. 1981.
82 Haerdter, Im Ukrainerlager, 7. 7. 1942.
83 Auskunft Trip, 12. 2. 1982.
84 Auskunft Knappstein, 17. 8. 1981.
85 Auskunft Welter, 16. 2. 1981.
86 Kennzeichnend für Kobberts Berichterstattung: Nachdenkliches Schweden, FZ, 4. 11. 1940, und: Der deutsche Kamelhöcker, FZ, 22. 11. 1940.
87 Auskunft Brück, 6. 5. 1981.
88 Auskunft Welter, 16. 2. 1981.

XV

1 Rey, Die sterbende Stadt (Stalingrad), FZ, 21. 10. 1942.
2 Rey, Autobiographischer Rückblick 1933–1943 (Manuskript).
3 Rey, Überstehen ist alles, Manuskript S. 296.
4 Heinz Boberach (Herausgeber), Meldungen aus dem Reich, Auswahl aus den geheimen Lageberichten des Sicherheitsdienstes der SS 1939–1944, 1965, S. 337 und S. 344.
5 Stark, Im Blick auf Stalingrad, FZ, 24. 1. 1943, Zehn Wochen Winterschlacht, FZ, 10. 2. 1943, Vom Süden nach Norden, FZ, 24. 2. 1943, Bei Rschew, FZ, 5. 3. 1943, Verkürzte Front im Norden, FZ, 9. 3. 1943.
6 Stark, Das einzige Bollwerk, FZ, 31. 1. 1943.
7 Scharp, Mitten im totalen Krieg, FZ, 20. 2. sowie 13. 6. 1943.
8 Kircher, American Dream, FZ, 3. 1. 1943, sowie Mit ehernen Herzen, FZ, 21. 2. 1943.
9 Eberhard Schulz, Tunesische Panzerschlacht, FZ, 24. 3. 1943. Zu der von Kriegspropaganda freigehaltenen Berichterstattung der eigenen als Kriegsberichter eingezogenen Redaktionsmitglieder siehe auch Karl Zimmermann, Wie die Kampfflieger leben, Aufzeichnungen aus einem Fliegerhorst, FZ, 10. 8. 1943.
10 Auskunft Schulz, 27. 8. 1981.
11 Auskunft Emil Frotscher, Mitarbeiter Rienhardts, 13. 10. 1981. Frotscher meint sich zu erinnern, Bormann habe die FZ auf die Liste der jetzt zu schließenden Blätter gesetzt.
12 Die Darstellung des Verbots der »Frankfurter Zeitung« bei Oron I. Hale, Presse in der Zwangsjacke 1933–1946, 1965, S. 290–292, ist tendenziell richtig, aber viele Details sind unrichtig verstanden oder im chronologischen Ablauf irrtümlich zusammengefügt.
13 Sternberger, in der Einleitung zu Küsel, Zeitungs-Artikel, 1973, S. 15.
14 Küsel, Friedrich Meinecke, FZ, 30. 10. 1942.
15 Küsel, »Von hier aus müssen die großen Impulse kommen« (Zehn Jahre Propagandaministerium), FZ, 13. 3. 1943.
16 Tagesparole des Reichspressechefs Dietrich, 20. und 22. 3. 1943, Sammlung Sänger, ZSg 109/41.
17 Küsel, Dietrich Eckart, FZ, 23. 3. 1943, nachgedruckt im Sonderheft der »Gegenwart«, 1956, sowie in: Küsel, Zeitungs-Artikel, S. 25 ff. Gelegentlich ist vermutet worden, Küsel habe mit dem Artikel die Nationalsozialisten provozieren wollen, zum Beispiel von Peter von Haselberg in einem Nachruf auf Benno Reifenberg im Norddeutschen Rundfunk, abgedruckt in: Benno Reifenberg 1982–1970, Worte des Gedenkens, 1970. Nichts spricht dafür, vieles dagegen, vor allem seine zehnjährige akribische Mühe als »Zensor« der Zeitung.
18 Auskunft Trip, 13. 6. 1980, ähnlich auch gegenüber Fritz Sänger, in: Publizistik, Jahrgang 1977, S. 280 f.
19 Auskunft Frotscher, 13. 10. 1981, und Tagebuchnotiz Studnitz, Als Berlin brannte, 1963, 2. 4. 1943.
20 Auskunft Sternberger, 24. 7. 1981.
21 Sternberger, in der Einleitung zu Küsel, Zeitungs-Artikel, S. 16.
22 Uckermann an den Leiter des Landesverbands der Presse, 24. 3. 1943, Bundesarchiv, R 103/65.
23 Welter an den Landesverbandsleiter der Presse, von Auw, 29. 3. 1943, Bundesarchiv, R 103/65.
24 Küsel, Stellungnahme im Berufsgerichtsverfahren, 25. 3. 1943, Bundesarchiv R 103/65.
25 Rienhardt an von Auw, Landesverband der Presse Frankfurt, 16. 4. 1943, Bundesarchiv R 103/65.

26 von Auw an Rosenberg, 3. 4. 1943, Bundesarchiv R 103/65.
27 Dr. Stellrecht im Auftrage Rosenbergs an Uckermann, Gaupresseamt Frankfurt, 12. 4. 1943, Bundesarchiv R 103/65.
28 Auskunft Trip, 8. 4. 1981.
29 Auskunft Frotscher, 13. 10. 1981.
30 Das Aktenstück im Bundesarchiv trägt den Titel »Reichsverband der dt. Presse«, R 103/65.
31 Auskunft Stark, mitgeteilt von Boveri an Scheffer, 30. 10. 1947, Nachlaß Boveri.
32 Dietrich, Zwölf Jahre mit Hitler, 1955, S. 203.
33 Rienhardt an Welter, 28. 11. 1959, Nachlaß Boveri.
34 Auskunft Frotscher, 13. 10. 1981.
35 Seligo, Vor und hinter den Kulissen, Die Machtstellungen des Judentums in England, FZ, 15. 5. 1943.
36 Boveri an Scheffer, 30. 10. 1947, Nachlaß Boveri.
37 Boveri, Landschaft mit doppeltem Boden, FZ, 28. 5. 1943.
38 Sammlung Sänger, 3. 5. 1943, sowie 16., 17., 28., 29. 4. 1943, ZSg 102/43.
39 Goebbels, Tagebücher 1942–43, 1948, S. 334f.
40 Eidesstattliche Erklärung Welters für Rienhardt, 15. 2. 1948, für dessen Spruchkammerverfahren, Nds. 171 Hildesheim, H-VE/Hi-Ju Nr. 331, Niedersächsisches Hauptstaatsarchiv, Hannover.
41 Auskunft Frotscher vom 13. 10. 1981 über eine Mitteilung von Rudolf Sparing.
42 Aufzeichnung Boveris über ein Gespräch mit Scharp, 29. 6. 1961, Nachlaß Boveri.
43 Die Annahme Reifenbergs in dem Bericht im Sonderheft der »Gegenwart«, das Verbot der FZ habe einen zweiten Anlaß gehabt, nämlich den Widerstand der Redaktion gegen die Entlassung eines jüdisch verheirateten Kollegen (= Sternberger), muß auf einem Irrtum beruhen.
44 Sänger, in: Publizistik, Jahrgang 1977, S. 281, ähnlich Reifenberg gegenüber Margret Boveri, 29. 6. 1961, Nachlaß Boveri.
45 Sternberger, Parabel von der Verfolgung, Gedanken zu Goethes »Natürlicher Tochter«, Frankfurter Allgemeine Zeitung, 4. 12. 1984. Ferner in: »Wahrheit in der Dichtung«, Jahrbuch der Deutschen Akademie für Sprache und Dichtung 1982, 2. Lieferung, Verlag Lambert und Schneider, Heidelberg, S. 9–23.
46 Auskunft Reifenberg, 29. 6. 1961, Nachlaß Boveri.
47 Über Cécile und Oskar Vogt siehe Rolf Hassler, in: »Große Nervenärzte«, Band 2, herausgegeben von Kurt Kolle, 1959.
48 Nacherzählt von Helga Hummerich, Zwischen den Zeilen, 1984, S. 91–96, Boveri, Benno Reifenberg, in: »Merkur«, Jahrgang 1962, S. 795.
49 Hausenstein, Licht unter dem Horizont, Tagebücher von 1942–1946.
50 Erika Martens, Zum Beispiel: Das Reich, 1972, S. 104ff.
51 Elisabeth Noelle(-Neumann), Porträt einer Amerikanerin, FZ, 17. 4. 1943.
52 Sammlung Sänger, 19. 4. 1943, ZSg 102/43.
53 Auskunft Rienhardt, 30. 6. 1961, Nachlaß Boveri.
54 Gestapostelle Frankfurt, 9. 6. 1943.
55 Taucher, Frankfurter Jahre, S. 171.
56 FZ, 19. 8. 1943, in gleicher Form wiederholt in der Ausgabe vom 29. 8. 1943.
57 Harrison, amerikanische Gesandtschaft Bern, an State Department 20. 8. 1943, Record Group 165, 62 Regional File 1933–1944 Germany, 2810–2900, Box 1180, National Archives, Washington.
58 »National-Zeitung«, Basel, 20. 8. 1943.
59 »Neue Zürcher Zeitung«, 13. 8. 1943.
60 Auskunft Rienhardt, 30. 6. 1961, Nachlaß Boveri.
61 Paula Ölmaier an Boveri, 13. 8. 1961, Nachlaß Boveri.
62 Welter am 21. 8. 1961, Rienhardt am 20. 9. 1961, und Scharp am 14. 12. 1961 an Boveri, Nachlaß Boveri.

63 Auskunft Stephan, 14. 1. 1981.
64 Siehe Seite 273.
65 Goebbels' Tagebücher 1942–1944, Eintrag vom 27. 7. 1943.
66 Über Schwarz van Berk: M. Boveri, Wir lügen alle, 1965, S. 9 und 569–570, Erika Martens, Zum Beispiel: Das Reich, 1972, S. 112 ff.
67 Erika Martens, a.a.O., S. 113.
68 Auskunft Eberhard Schulz, 27. 8. 1981.
69 Brief Welters an den Verfasser, 3. 3. 1981.
70 Stark in einer Erläuterung zur Korrespondenz Theodor Heuss–Frankfurter Zeitung, im Nachlaß Heuss, Literaturarchiv Marbach. Ähnlich auch Stark an Boveri, 20. 11. 1965, Nachlaß Boveri.
71 Studnitz, Als Berlin brannte, 1963, Eintragung vom 20. 3. 1943.
72 Die Reihe »Was ewig zu uns spricht« begann am 3. 4. 1943 mit diesem Gedicht Mörikes und wurde jeden Samstag bis zum Ende der »Frankfurter Zeitung« fortgesetzt.
73 Auskunft Brück, 6. 5. 1981.
74 Stark an Boveri, 20. 11. 1965, Nachlaß Boveri.
Louis Edouard Schäffers Gedicht hieß »Letztes Blatt« und lautete:
»Im ewigen Wechsel, Wanderin,
Entschwebt das kleine, leichte Spiel,
Des Beifalls Brandung vergrollte zu deinen Füßen hin,
Der Vorhang fiel.«
75 Gestapostelle Frankfurt, Bericht vom 20. 9. 1943.
76 Eine Kopie des SD-Berichtes vom 8. 10. 1943 befindet sich unter den Akten der Gestapostelle Frankfurt. Zu den Briefen siehe auch die Aufzeichnung im Sonderheft der »Gegenwart«, 1956.
77 Trip in einem Vortrag »Die Frankfurter Zeitung« vor dem Forum Kulturelles Frankfurt (Polytechnische Gesellschaft), November 1973.
78 Boveri, Wir lügen alle, S. 600.
79 Aufzeichnung Welter vom 10. 10. 1947, in: Boveri, Wir lügen alle, S. 621. Ähnlich, aber in einigen Details abweichend, Welter in einer Erklärung vom 15. 2. 1948 zugunsten Rienhardts für dessen Spruchkammer-Verfahren, Nds. 171, Hildesheim H-VE/Hi-Ju Nr. 331, Niedersächsisches Hauptstaatsarchiv, Hannover.
80 Neuscheler an Weiß (Völkischer Beobachter), Ende Dezember 1943, Kopie im Besitz von Robert Haerdter.
81 Schaller an Weiß, 27. 12. 1943, ebd.
82 Schaller an Neuscheler, 10. 1. 1944, ebd.
83 »Reichsverband der Deutschen Presse«, Bundesarchiv R 103/65.
84 Rey an Boveri, 20. 10. 1961, Nachlaß Boveri, sowie in seinen Lebenserinnerungen.
85 von Auw an Weiß, 27. 10. 1943, im Berufsgerichtsverfahren gegen FZ-Redakteure, Reichsverband der Deutschen Presse, Bundesarchiv R 103/65.
86 Auskünfte von Emil Frotscher vom 3. 3.1948 im Spruchkammerverfahren gegen Rienhardt sowie von Rudolf Vincentz vom 26. 9. 1948, Nds. 171 Hildesheim, H-VE/Hi-Ju Nr. 331, Niedersächsisches Hauptstaatsarchiv, Hannover.
87 Aufzeichnung Rienhardts aus dem Jahr 1945 im Besitz Emil Frotschers.
88 Brief Jan Reifenbergs an den Verfasser, 9. 2. 1982.
89 Dorothea Beck, Julius Leber, Sozialdemokrat zwischen Reform und Widerstand, 1983, S. 193.
90 Benckiser, Tage wie Schwestern, 1958.
91 Benckiser, Heinrich Scharp, Frankfurter Allgemeine Zeitung, 15. 2. 1969.

XVI

1 Fackler, Ende und Übergang, in: Oskar Stark zu seinem achtzigsten Geburtstag, 1970, S. 71 ff.
2 Bütow, Soldat mit Herz, in: Spur von Erdentagen, 1958, S. 93 ff. und, ausführlicher, in dem autobiographischen Roman Alle Träume dieser Welt, 1969, S. 312 ff. (»Frank« ist Bütow, »Collbert« ist Hollbach, »Kaebe« ist Staebe, der Hauptschriftleiter der Parteizeitung »Frankfurter Volksblatt«, »Hark« ist Oskar Stark).
3 »White List« vom 5. 12. 1944 in den Akten des »Office of Strategic Services« (»OSS«) der amerikanischen Armee RG 226, XL 20312, Box 239 National Archives, Washington.
4 Protokoll einer Befragung Facklers in den ersten Tagen über das Frankfurter Zeitungswesen und Hollbachs über das Leben unter der NS-Herrschaft, Fackler, 2. 4. 1945, National Archives, RG 226/123861 C, Box 869, Hollbach, 23. 4. 1945, RG 226/XL 9520, Box 98.
5 Unsere Darstellung stützt sich auf die betreffenden Kapitel von Michael Balfour, Four Power Control in Germany and Austria 1945–1946, 1956 und Harold Hurwitz, Die Stunde Null der deutschen Presse 1945–1949, 1972.
6 Im Februar 1946 wurden die »DISCC«-Stäbe aus den Stäben der Heeresgruppen herausgelöst und als »Information Control Divisions« (ICD) den Militärregierungen für die Länder Hessen, Württemberg-Baden, Bayern, Bremen und Berlin eingegliedert.
7 Hollbach an Reifenberg, 4. 6. 1945, Nachlaß Reifenberg, Literaturarchiv Marbach, Schachtel FZ/FAZ.
8 Bütow an den Verfasser, 30. 3. 1982.
9 Beutler an Hollbach, 14. 6. 1945, Abschrift im Nachlaß Reifenberg, Literaturarchiv Marbach, Schachtel FZ/FAZ.
10 Reifenberg in einem Brief an Kurt Simon vom 24. 5. 1947 über Reys Artikel in der NZZ: »... einem der jüngsten der Redaktion, der dazu keineswegs befugt gewesen ist«, Kopie im Nachlaß Welter.
11 Interview Hans Meyerhoff mit Dr. Hollbach, 23. 4. 1945, Office of Strategic Services, RG 226, XL 9520, Box 98, National Archives, Washington.
12 Ein schriftliches Zeugnis für diese Haltung enthält der Brief Reifenbergs an Kurt Simon vom 24. 5. 1947. Da sein Inhalt mit dem Handeln Reifenbergs im Jahr 1945 in Einklang steht, muß unterstellt werden, daß dies auch damals seine Ansicht war.
13 Cedric Belfrage, Seeds of Destruction, 1954, S. 102 f., S. 138–146.
14 Belfrage, a.a.O., S. XVII.
15 Memorandum von Belfrage, 2. 7. 1945, RG 260, OMGUS, Information Control Branch, 5/240-2, Information Services Division, Press Branch, Box 189, National Archives, Washington, sowie Hurwitz, S. 132 und S. 315.
16 Gerst an Belfrage, 23. 6. 1945, OMGH 8/158-1/4, Hessisches Hauptstaatsarchiv, Wiesbaden.
17 Belfrage, 14. 6. 1945, Seeds of destruction, S. 163 ff.
18 Belfrage, 29. 7. 1949, Seeds of destruction, S. 181.
19 Hurwitz, Die Stunde Null der deutschen Presse, S. 318–319.
20 Hausenstein an Werner Richter, 4. 4. 1946, in: Dieter Sulzer, Der Nachlaß Wilhelm Hausenstein. Ähnliche Tagebucheintragung Hausensteins in »Licht unter dem Horizont«, 21. 6. 1945, S. 370.
21 Über die Regierung Heimerich und das Land »Mittelrhein-Saar« siehe u. a. Hans-Jürgen Wünschel, Der Neoseparatismus in der Pfalz nach dem Zweiten Weltkrieg, in: Kriegsende 1945 und demokratischer Neubeginn am Oberrhein, herausgegeben von Hansmartin Schwarzmaier, (Oberrheinische Studien, Band V, im Auftrag der Arbeitsgemeinschaft für geschichtliche Landeskunde am Oberrhein), 1980, S. 249 ff.

22 Auskunft John Boxer, Verleger in Zürich, September 1982.
23 Sternberger, Zeitgenossen, Südwestfunk, 3.7.1977.
24 Oeser an Otto Hoffmann, 23.2.1946, Nachlaß Oeser, Stadtarchiv Frankfurt.
25 Ders. ebd.
26 Oeser an Arthur Lauinger, 25.4.1946, in: Erich Achterberg, Albert Oeser, 1978, S. 117ff. Achterberg war Handelsredakteur im Berliner Büro der FZ und Oesers Schwiegersohn.
27 Auskunft Sternberger, 27.2.1983.
28 Reifenberg an Oeser, 19.7.1946, Nachlaß Oeser, Stadtarchiv Frankfurt.
29 Auskunft Trip, 9.3.1983.
30 Oeser an Otto Hoffmann, 4.6.1946, und Oeser an Boxer, 29.6.1946, Nachlaß Oeser, Stadtarchiv Frankfurt.
31 Karl Gerold, Bericht, 27.9.1946, RG 260, Mappe »Gerst«, OMGUS, Information Services Division, Press Branch, ICD, Box 188, National Archives, Washington.
32 Auch nach dem Ausscheiden Gersts dauerten die Denunziationen der »Frankfurter Zeitung« an. Um ihr Unternehmen in den Besitz der von der Besatzungsmacht beschlagnahmten Rotationsmaschinen zu bringen, versuchten im Frühjahr 1947 die damaligen Lizenzträger der »Frankfurter Rundschau«, die »Frankfurter Zeitung« und ihren Verlagsleiter Hecht bei der amerikanischen Militärregierung als »Nutznießer des Nationalsozialismus« anzuschwärzen, die »den Anschein guter Nazis« hätten erwecken wollen. (Rudert u.a. an Calcins, ICD Frankfurt, 19.3.1947, OMGH 8/158-1/6, Hessisches Hauptstaatsarchiv Wiesbaden.)
33 Belfrage, Seeds of Destruction, S. 227.
34 Frankfurter Allgemeine Zeitung, 16.5.1953 und 17.8.1955.
35 Auskunft Paula Ölmaier, 28.2.1984.
36 Karl Korn, Totenrede auf Welter, 16.6.1982.

Epilog

1 Antiqua statt Fraktur (Kommentar zur von Bormann verfügten Umstellung der Brotschrift), FZ, 5.4.1942.
2 Sir Nevile Henderson, Failure of a Mission, Berlin 1937–1939, 11. Auflage, 1945, S. 66.
3 Rudolf Diels, Lucifer ante portas, 1950, S. 68.
4 Helmuth Thielicke, Zu Gast auf einem schönen Stern, 1984, S. 176.
5 Brief eines Emigranten an Albert Oeser, zitiert in einem Brief Oesers an den amerikanischen Presseoffizier John Boxer, 29.6.1946, Nachlaß Oeser.
6 Wilhelm Röpke, Die deutsche Frage, 1945, zitiert nach der dritten Auflage 1948, S. 94.
7 William Shirer, The Rise and Fall of the Third Reich, A History of Nazi Germany, London 1961, S. 245.
8 Ernest K. Bramstedt, Goebbels and National Socialist Propaganda 1925–1945, 1965, S. 142, Deutsche Ausgabe 1971.
9 Modris Eksteins, The Limits of Reason, S. 286. Was die Zeitung vor und nach dem 30. Januar 1933 gegen Hitler schrieb, beurteilt der Autor so: »Die Bereitschaft, die Nazi-Diktatur ohne Aufruf zu offenem Widerstand oder selbst eine Geste mutigen Trotzes (›defiance‹) zu akzeptieren, war ein natürliches Ergebnis der politischen, wirtschaftlichen und verlegerischen Entwicklungen in der liberal-demokratischen Presse in der Weimarer Republik« (S. 278).
10 Norbert Frei, Nationalsozialistische Presse und Propaganda, in: Das Dritte Reich, herausgegeben von Martin Broszat und Horst Möller, München 1983, S. 168.
11 Bernd Sösemann, Voraussetzungen und Wirkungen publizistischer Opposition im Dritten Reich, in: Publizistik, Heft 2–3, 1985, S. 199ff.

12 Czeslaw Milosz, Verführtes Denken, Köln 1954, S. 63.
13 C. Milosz, a.a.O., S. 86.
14 Wilhelm Rey, Die Frankfurter Zeitung nach 1933, Maske und Gesicht, NZZ, 12.1. 1947.
15 Willi Alfred Boelcke, Kriegspropaganda 1939–1941, 1966, S. 578.
16 Reto Caratsch, Die letzten zehn Jahre der Frankfurter Zeitung, Bemerkungen über die Gefahren des Maskentreibens, NZZ, 19.1.1947.
17 Kircher, Ihr Schweizer Bürger, FZ, 11.8.1935, Schweizer im Dienste Churchills, FZ, 2.12.1940.
18 Reifenberg an Willy Bretscher, 26.1.1947, abgedruckt in: Achterberg, Albert Oeser, Studien zur Frankfurter Geschichte 13, Frankfurt 1978.
19 Beispielhaft für die anklägerische, fast denunziatorische Tendenz der Fragestellung unter jüngeren Wissenschaftlern: Norbert Frei in Das Dritte Reich (Hrsg. Martin Broszat und Horst Möller), 1983, S. 168, sowie Bernd Sösemann, Publizistische Opposition in den Anfängen des nationalsozialistischen Regimes, vorgetragen auf der Internationalen Konferenz der Historischen Kommission zu Berlin, Juli 1984. Es erscheint uns methodisch unzulässig, Urteile von Emigranten als Zeugen für die innenpolitische Wirkung publizistischer Opposition zu beanspruchen, wie Frei es tut, oder aus vereinzelten Fehlurteilen des Augenblicks oder offensichtlich taktisch bestimmten Überlegungen der Redaktion auf mangelnde Entschiedenheit der »Frankfurter Zeitung« in der Ablehnung des Nationalsozialismus vor oder nach der Machtergreifung zu schließen, wie Sösemann es tut, und dabei die Menge des entgegenstehenden Befundes zu ignorieren.
20 Thomas Mann, Offener Brief nach Deutschland, gerichtet an Walter von Molo, im Oktober 1945 in vielen Zeitungen veröffentlicht. Siehe dazu: Die große Kontroverse, ein Briefwechsel um Deutschland, herausgegeben von J. F. Grosser, 1963.
21 Hausenstein, Bücher – frei von Blut und Schande, Süddeutsche Zeitung, 24.12.1945.
22 Ludwig Marcuse in: Mein 20. Jahrhundert, 1960, S. 141 f., sowie Norbert Frei in: Das Dritte Reich (Hrsg. Martin Broszat und Horst Möller), 1983, S. 168.
23 Ralf Schnell, Innere Emigration und kulturelle Dissidenz, 1982, S. 225, in: Widerstand und Verweigerung in Deutschland 1933–1945, herausgegeben von Richard Löwenthal und Patrik von zur Mühlen, Berlin 1982, sowie Löwenthals Widerspruch dazu in der Einleitung desselben Buches, S. 23.
24 Sternberger, zitiert nach Helga Hummerich, Wahrheit zwischen den Zeilen, 1984, S. 52.
25 Sternberger in der ZDF-Sendung »Zeugen des Jahrhunderts«, 20.1.1980.
26 Reifenberg, Grabrede auf Rudolf Kircher, Frankfurter Allgemeine Zeitung, 9.10.1954.
27 Theodor Heuss, im Sonderheft der »Gegenwart«, 1956, S. 19.
28 Reifenberg an Ingrid Gräfin Lynar, 10.6.1964, Privatbesitz.
29 Auskunft Dirks, 2.6.1981.
30 Auskunft Trip, 13.6.1980.
31 Auskunft Haerdter, 7.2.1985.
32 Stark, Erläuterungen zum Briefwechsel zwischen Theodor Heuss und der »Frankfurter Zeitung« von 1936 bis 1943, Literaturarchiv Marbach.
33 Stark an Boveri, 20.11.1965, Briefe zu »Wir lügen alle«, Nachlaß Boveri.
34 Jürgen Hagemann, Presselenkung im Dritten Reich, 1970, S. 304.
35 Martin Broszat, Resistenz und Widerstand, in: Bayern in der NS-Zeit, Band IV, 1981, S. 691 ff.

Quellen- und Literaturverzeichnis

I Archivalien

Bundesarchiv Koblenz
    Sammlung Sänger (ZSg 102)
    Sammlung Brammer (ZSg 101)
    Reichssicherheitshauptamt (R 58/967)
    Gestapoamt Berlin, Frankfurter Zeitung (Kopien im Archiv der Frankfurter Societäts-Druckerei)
    Nachlaß Friedrich von Payer, Bde. 17a, 17b, 17c
    Reichsverband der Deutschen Presse (R 103/65)
Deutsches Literaturarchiv, Schiller-Nationalmuseum Marbach am Neckar
    Nachlaß Benno Reifenberg
    Nachlaß Wilhelm Hausenstein
Frankfurter Societäts-Druckerei, Verlagsarchiv, Frankfurt
    Nachlaß Heinrich Simon
Hessisches Hauptstaatsarchiv, Wiesbaden
    Staatspolizeistelle Frankfurt, »Frankfurter Zeitung« (483/600) (Kopien im Archiv der Frankfurter Societäts-Druckerei)
    Militärregierung Hessen OMGH, Press Branch 649 8/158-1 [Kopien aus Akten der Amerikanischen Militärregierung in Deutschland (Hessen), National Archives Washington, RG 260/OMGUS]
National Archives, Washington
    OMGUS Information Services Division, Press Branch ICD, Record Group 226
Niedersächsisches Hauptstaatsarchiv, Hannover
    Akte Rudolf Rienhardt (Nds. 171 Hild. H-VE/Hi-Ju Nr. 331)
Staatsbibliothek Preußischer Kulturbesitz, Berlin
    Nachlaß Margret Boveri
Stadtarchiv Frankfurt
    Nachlaß Albert Oeser
    Fritz Sänger, Materialien zur Geschichte der Frankfurter Zeitung (S 6a/162)
US Army Intelligence and Security Command, Fort Meade, Maryland
    Akten des Office of Strategic Services (OSS)
    Aktenstück Erich Welter

II Privatnachlässe

Herbert Küsel
Rudolf Schwander
Oskar Stark
Erich Welter

III Privatdrucke, Manuskripte

Clauss, Max Walter, Erinnerungen, August 1939
Dirks, Walter, Eine liberale Zeitung im System der Diktatur, Südwestfunk, 20. Juli 1980
Paquet, Alfons, Die Eschenheimer Gaß Nr. 31–37 (Privatdruck, hergestellt in der Lehrlingswerkstatt der Frankfurter Societäts-Druckerei, 1943).

Rey, Wilhelm, Autobiographischer Rückblick 1933–1943, sowie: Überstehen ist alles, 1984
Rienhardt, Rudolf, Aufzeichnungen, im Besitz von Emil Frotscher
Sternberger, Dolf, in »Zeugen des Jahrhunderts«, Zweites Deutsches Fernsehen, 20. 1. 1980

IV Unveröffentlichte Dissertationen

Diel, Helmut: Grenzen der Presselenkung und Pressefreiheit im Dritten Reich, untersucht am Beispiel der »Frankfurter Zeitung«, Freiburg 1960
Gradl, Bergita: Rudolf Geck. Theaterkritiker der »Frankfurter Zeitung« (1898–1936), Freie Universität Berlin 1967/68
Hepp, Fred: Der geistige Widerstand im Kulturteil der »Frankfurter Zeitung« gegen die Diktatur des totalen Staates 1933–1943, München 1949
Koch, Thomas: Die Haltung der FZ zur NSDAP von 1929–1933, Diplomarbeit, Marburg 1973
Lethmair, Thea: Die Frauenbeilage der »Frankfurter Zeitung«. Ihre Struktur, ihre geistigen Grundlagen, München 1956

V Veröffentlichte Dissertationen

Becker, Werner: Demokratie des sozialen Rechts. Die politische Haltung der Frankfurter Zeitung, der Vossischen Zeitung und des Berliner Tageblattes 1918–1924, Göttingen-Zürich-Frankfurt 1971
Bosch, Michael: Liberale Presse in der Krise. Die Innenpolitik der Jahre 1930 bis 1933 im Spiegel des »Berliner Tageblatts«, der »Frankfurter Zeitung« und der »Vossischen Zeitung«, Bern u. München 1976
Gerteis, Klaus: Leopold Sonnemann. Ein Beitrag zur Geschichte des demokratischen Nationalgedankens in Deutschland, Frankfurt 1968
Heinrichsdorff, Wolf: Die liberale Opposition in Deutschland seit dem 30. Januar 1933, dargestellt an der Entwicklung der Frankfurter Zeitung, Hamburg 1937
Krejci, Michael: Die Frankfurter Zeitung und der Nationalsozialismus 1923–1933, Würzburg 1965
Tammen, Helmuth: Die I.G. Farbenindustrie Aktiengesellschaft (1925–1933). Ein Chemiekonzern in der Weimarer Republik, Berlin 1978
Werber, Rudolf: Die Frankfurter Zeitung und ihr Verhältnis zum Nationalsozialismus, untersucht anhand von Beispielen aus den Jahren 1932 bis 1943. Ein Beitrag zur Methodik der publizistischen Camouflage im Dritten Reich, Bonn 1965

VI Literatur

Achterberg, Erich: Albert Oeser, 1878–1959. Aus seinem Leben und hinterlassenen Schriften, Frankfurt 1978
Apfel, Karl: In den zwanziger Jahren. Erinnerungen an die Frankfurter Zeitung, in: Archiv für Frankfurts Geschichte und Kunst, Heft 55, 1976
Arendt, Hannah: Elemente und Ursprünge totaler Herrschaft, Frankfurt 1955
Balfour, Michael: Four-Power Control in Germany and Austria 1945–1946, London, New York, Toronto 1956
– Propaganda in War 1939–1945, London, Boston, Henley 1979
Beck, Dorothea: Julius Leber. Sozialdemokrat zwischen Reform und Widerstand, Berlin 1983

Belfrage, Cedric: Seeds of Destruction, New York 1954
Benckiser, Nikolas: Tage wie Schwestern, Frankfurt 1958
Bienek, Horst: Werkstattgespräche mit Schriftstellern, München 1962
Boberach, Heinz: Meldungen aus dem Reich. Auswahl aus den geheimen Lageberichten des Sicherheitsdienstes der SS 1939–1944, Neuwied und Berlin 1965
Boelcke, Willi Alfred: Kriegspropaganda 1939–1941. Geheime Ministerkonferenzen im Reichspropagandaministerium, Stuttgart 1966
  – Wollt ihr den totalen Krieg? Über die geheimen Goebbelskonferenzen von 1939 bis 1943, Stuttgart 1967
Boveri, Margret: Joseph Roth und die Frankfurter Zeitung, in: Merkur 1971
  – Verzweigungen. Eine Autobiographie, hrsg. von Uwe Johnson, München 1982
  – Der Verrat im 20. Jahrhundert, Reinbek 1957
  – Wir lügen alle. Eine Hauptstadtzeitung unter Hitler, Olten und Freiburg im Breisgau, 1965
Bracher, Karl Dietrich u. a.: Die nationalsozialistische Machtergreifung, Köln-Opladen 1962
Bracher, Karl Dietrich: Die Auflösung der Weimarer Republik, Stuttgart 1957
Bramstedt, Ernest K.: Goebbels and National Socialist Propaganda 1925–1945, Michigan State University Press 1965
Brentano, Bernhard v.: Wo in Europa ist Berlin?, Frankfurt 1981
Bretscher, Willy: Totalitarismus. Anmerkungen zu einem Buche von Carl J. Burckhardt, in: Freundesgabe für Friedrich T. Gubler zum sechzigsten Geburtstag, Winterthur 1960
Bronsen, David: Joseph Roth. Eine Biographie, Köln 1974
Broszat, Martin, und Horst Möller: Das Dritte Reich. Herrschaftsstruktur und Geschichte, München 1983
Broszat, Martin, u. a.: Bayern in der NS-Zeit, Band I–IV
Brück, Max von: Im Lauf der Zeit. Arbeiten eines Feuilletons, Frankfurt 1940
Buchheim, Hans, Martin Broszat, Hans-Adolf Jacobson, Helmut Krausnick: Anatomie des SS-Staates, Bd. I und II, Olten und Freiburg/Br. 1965
Bütow, Hans: Alle Träume dieser Welt. Roman einer Familie, Frankfurt 1969
  – Spur von Erdentagen, Frankfurt 1958
Deakin, F. W., und G. R. Storry: Richard Sorge. Die Geschichte eines großen Doppelspiels, München 1965
Die Gegenwart, Sonderheft, Ein Jahrhundert Frankfurter Zeitung, 29. 10. 1956.
Diels, Rudolf: Lucifer ante portas... es spricht der erste Chef der GESTAPO..., Stuttgart 1950
Dietrich, Otto: Zwölf Jahre mit Hitler. Erinnerungen des ehemaligen Reichspressechefs, München 1955
Eksteins, Modris: The Limits of Reason. The German Democratic Press and the collapse of Weimar Democracy, Oxford 1975
Feiler, Arthur: Das Experiment des Bolschewismus, Frankfurt 1929
Frei, Norbert: Nationalsozialistische Eroberung der Provinzpresse [in Bayern], Stuttgart 1980
Fröhlich, Elke: Die kulturpolitischen Pressekonferenzen des Reichspropagandaministeriums, in: Vierteljahrshefte für Zeitgeschichte, Heft 4, 1974
Geschichte der Frankfurter Zeitung, hrsg. vom Verlag der Frankfurter Zeitung, Frankfurt 1911
Goebbels' Tagebücher aus den Jahren 1942–43 mit anderen Dokumenten, Hrsg. Louis P. Lochner, Zürich 1948
Grieser, Utho: Himmlers Mann in Nürnberg. Der Fall Benno Martin: Eine Studie zur Struktur des Dritten Reiches in der »Stadt der Reichsparteitage«, in: Schriftenreihe des Stadtarchivs Nürnberg, Bd. 13, 1974

Grosser, J. F.: Die große Kontroverse, 1963
Guttmann, Bernhard: Das alte Ohr, Frankfurt 1955
Hagemann, Jürgen: Die Presselenkung im Dritten Reich, Bonn 1970
Hagemann, Walter: Publizistik im Dritten Reich. Ein Beitrag zur Methodik der Massenführung, Hamburg 1948
Hale, Oron J.: Presse in der Zwangsjacke 1933–1945, Düsseldorf 1965
Hausenstein, Wilhelm: Impressionen und Analysen. Letzte Aufzeichnungen, München 1969
– Licht unter dem Horizont. Tagebücher von 1942 bis 1946, München 1967
– Pariser Erinnerungen, München 1961
Hauser, Heinrich: Time was. Death of a Junker, New York 1942
Heiber, Helmut: Walter Frank und sein Reichsinstitut für Geschichte des neuen Deutschlands, Stuttgart 1966
Henderson, Sir Nevile: Failure of a Mission. Berlin 1937–1949, London 1945
Holdermann, Karl: Im Banne der Chemie, Carl Bosch, Leben und Werk, Düsseldorf 1953
Hummerich, Helga: Wahrheit zwischen den Zeilen. Erinnerungen an Benno Reifenberg und die Frankfurter Zeitung, Freiburg 1984
Hurwitz, Harold: Die Stunde Null der deutschen Presse. Die amerikanische Pressepolitik in Deutschland 1945–1949, Köln 1972
Jedlicka, Gotthard: Brief über Benno Reifenberg, in: Freundesgabe für Friedrich T. Gubler zum sechzigsten Geburtstag, Winterthur 1960
Kahn, Ernst: »The Frankfurter Zeitung«, in: Leo Baeck Institute Yearbook, 1957
Kircher, Rudolf: Engländer. Frankfurt 1926
Kochan, Lionel: Pogrom 10. November 1938, London 1957
Koszyk, Kurt: Deutsche Presse 1914–1945. Geschichte der deutschen Presse, Teil III, in: Abhandlungen und Materialien zur Publizistik, Hrsg. Fritz Eberhard, Institut für Publizistik der Freien Universität Berlin, Bd. 7, Berlin 1972
Kracauer, Siegfried: Schriften, Frankfurt 1971–1976
Küsel, Herbert: Zeitungs-Artikel, hrsg. und eingeleitet von Dolf Sternberger, Heidelberg 1973
Lauinger, Artur: Das öffentliche Gewissen. Erfahrungen und Erlebnisse eines Redakteurs der Frankfurter Zeitung. Frankfurt 1958
Löwenthal, Richard: Widerstand im totalen Staat, Einleitung in: Widerstand und Verweigerung in Deutschland 1933 bis 1945, Hrsg. R. Löwenthal u. Patrik von zur Mühlen, Bonn – Berlin 1982
Lynar, Ingrid Gräfin (Hrsg.): Facsimile-Querschnitt durch die Frankfurter Zeitung, München 1964
Mader, Julius, Gerhard Stuchlik und Horst Pehnert: Dr. Sorge funkt aus Tokio, 1966
Mader, Julius: Dr.-Sorge-Report. Ein Dokumentarbericht über Kundschafter des Friedens, mit ausgewählten Artikeln von Richard Sorge, Berlin (DDR) 1984
Maier, Klaus A.: Guernica 26. 4. 1937, Die deutsche Intervention in Spanien und der »Fall Guernica«, Freiburg 1975
Marcuse, Ludwig: Mein zwanzigstes Jahrhundert, München 1960
Martens, Erika: Zum Beispiel Das Reich. Zur Phänomenologie der Presse im totalitären Regime, Köln 1972
Mendelssohn, Peter de: Zeitungsstadt Berlin, Berlin 1959
Paupié, Kurt: Frankfurter Zeitung (1856–1943), in: Heinz-Dietrich Fischer, Deutsche Zeitungen des 17. bis 20. Jhdts., Bd. 2, Pullach bei München 1972
Pechel, Rudolf: Zwischen den Zeilen. Der Kampf einer Zeitschrift für Freiheit und Recht 1932–1942, mit einer Einführung von Werner Bergengruen, Wiesentheid 1948
Prange, Gordon W., Target Tokyo, The story of the Sorge spy ring, New York 1984

Reifenberg, Benno: Das Abendland gemalt. Schriften zur Kunst, Frankfurt 1950
- Lichte Schatten, Frankfurt 1953
- Landschaften und Gesichter, Wien 1973
- Das Einzigartige von Frankfurt, hrsg. von Helga Hummerich, Frankfurt 1979
Benno Reifenberg 1892–1950. Worte des Gedenkens, Frankfurt 1970
Röpke, Wilhelm: Die deutsche Frage, Zürich 1942
Sänger, Fritz: Marsch in den Krieg (Weisungen 1938/39), Beilage zur Zeitschrift Das Parlament, 30. 8. 1968
- Politik der Täuschungen. Mißbrauch der Presse im Dritten Reich. Weisungen, Informationen, Notizen 1933–1939, Wien 1975
- Zur Geschichte der Frankfurter Zeitung, in: Publizistik, 1977
- Verborgene Fäden. Erinnerungen und Bemerkungen eines Journalisten, Bonn 1978
Scharp, Heinrich: Abschied von Europa?, Frankfurt 1953
Schivelbusch, Wolfgang: Intellektuellendämmerung. Zur Lage der Frankfurter Intelligenz in den zwanziger Jahren, Frankfurt 1982
Schmidt, Fritz: Presse in Fesseln, Berlin 1947
Schnell, Ralf: Innere Emigration und kulturelle Dissidenz, in: Widerstand und Verweigerung in Deutschland 1933 bis 1945, Berlin–Bonn 1982
Schultz, Hans Jürgen (Hrsg.): Journalisten über Journalisten, München 1980
Shirer, William: The Rise and Fall of the Third Reich. A History of Nazi Germany, London 1961
Sieburg, Friedrich: Es werde Deutschland, Frankfurt 1933
Silex, Karl: Mit Kommentar. Lebensbericht eines Journalisten, Frankfurt 1968
Stark, Oskar: Zu seinem 80. Geburtstag, Freiburg 1970
Stephan, Werner: Aufstieg und Verfall des Linksliberalismus 1918–1933. Geschichte der Deutschen Demokratischen Partei, Göttingen 1973
- Joseph Goebbels. Dämon der Diktatur, Stuttgart 1949
Sternberger, Dolf: Nachruf auf Bernhard Guttmann, in: Kriterien. Ein Lesebuch, Frankfurt 1965
- Figuren der Fabel, Frankfurt 1950
Sternberger, Süskind, Storz: Aus dem Wörterbuch des Unmenschen, Hamburg 1957
Studnitz, Hans-Georg von: Als Berlin brannte. Diarium der Jahre 1943–1945, Stuttgart 1963
Sulzer, Dieter, Der Nachlaß Wilhelm Hausenstein, Marbach 1982
Taucher, Franz: Frankfurter Jahre, Wien 1977
Thielicke, Helmuth: Zu Gast auf einem schönen Stern, Hamburg 1984
Welter, Erich (Hrsg.): Albert Oeser und die Frankfurter Zeitung, Frankfurt 1979 (Neudruck der Ausgabe von 1942)
Wirthle, Werner: Frankfurter Zeitung und Frankfurter Societäts-Druckerei. Die wirtschaftlichen Verhältnisse 1927–1939, Frankfurt 1977
Wünschel, Hans-Jürgen: Der Neoseparatismus in der Pfalz nach dem zweiten Weltkrieg, in: Kriegsende 1945 und demokratischer Neubeginn am Oberrhein, Hrsg. Hansmartin Schwarzmaier, Oberrheinische Studien, Bd. V, Karlsruhe 1980
Würmeling, Henric L.: Die weiße Liste. Umbruch der politischen Kultur in Deutschland 1945, Berlin–Frankfurt–Wien 1981
Wulf, Joseph: Presse und Funk im Dritten Reich, Gütersloh 1964

Verzeichnis der als Faksimile wiedergegebenen Artikel der »Frankfurter Zeitung«

Joseph Roth, Merseburger Zauberspruch, 25. 12. 1930	61
Benno Reifenberg, Nationalsozialismus, 30. 7. 1932	83
Benno Reifenberg, Der Zweifel, 31. 1. 1933*	92
Benno Reifenberg, Der Trennungsstrich, 1. 2. 1933	101
Rudolf Kircher, Kampf dem Kampfkabinett, 7. 2. 1933	103
Rudolf Kircher, Die erste Woche, 12. 3. 1933	115
Rudolf Kircher, Die Macht ist etabliert, 25. 3. 1933	120
Friedrich Sieburg, Frankreich versucht Deutschland gerecht zu werden, 4. 4. 1933	127
Eva v. Eckardt, Liebe zum Andersartigen, 18. 6. 1933*	133
Rudolf Kircher, Das Erlebnis von Nürnberg, 6. 9. 1933	141
Rudolf Kircher, Kirche und Politik, 2. 7. 1933	149
(Anonym), Deutscher Friede, 14. 11. 1933*	160
Die »Frankfurter Zeitung«, 1. 6. 1934	179
Rudolf Kircher, Sind wir langweilig?, 25. 3. 1934	205
Rudolf Kircher, Die Aktion Hitlers, 3. 7. 1934	216
Hans Kallmann, Verschiedene Folge von Druckfehlern, 4. 5. 1934*	223
Rudolf Kircher, Staat und Kirche, 20. 5. 1934*	237
P. S. (Paul Sethe?), Alfred Dreyfus, 14. 7. 1935	257
Georg Maier, Der Rechtsbegriff »Mensch«, 19. 11. 1935	263
Georg Maier, Der Gegner von gestern, 25. 12. 1935	263
Hans Kallmann, Rechtssicherheit und Instinkt, 4. 2. 1936	264
Georg Maier, Richter und politische Entscheidungen, 21. 2. 1936	264
Oskar Stark, Gesetz und Parteiprogramm, 16. 2. 1936	286
Rudolf Kircher, Am Tag danach, 19. 4. 1935	301
Nikolas Benckiser, Abessinien im Mittelpunkt, 9. 6. 1935	303
Wolf von Dewall, Was soll jetzt getan werden?, 30. 6. 1935	304
Friedrich Sieburg, Europa von Genf aus, 12. 9. 1935	305
Rudolf Geck, Ur-Aufführungen: stopp!, 19. 5. 1935	342
Carl Linfert, Jud Süß, 26. 9. 1940	345
Walter Dirks, Bekochen und beschirmen, 25. 8. 1943	368
Oskar Stark, Ein gerader Weg, 22. 11. 1938	381
Dolf Sternberger, Die Zeitgenossen, 20. 4. 1939	399
Benno Reifenberg, Abende in Caen, 3. 8. 1939	404
Hans Pauls, Neutralität – außen und innen, 31. 12. 1939	418
Rudolf Kircher, Italienische Nachrichten, 31. 12. 1939*	424
Benno Reifenberg, Auf dem Bahnhof, 21. 7. 1940	438
Richard Sorge, Die große Wendung, 13. 11. 1940	446

Karl Knappstein, Pelzmützen, 16. 4. 1942	453
Wilhelm Rey, Die sterbende Stadt, 21. 10. 1942	459
Rudolf Kircher, Mit ehernen Herzen, 21. 2. 1943*	463
Eberhard Schulz, Tunesische Panzerschlacht, 24. 3. 1943*	465
Herbert Küsel, Dietrich Eckart, 23. 3. 1943	474
Antiqua statt Fraktur, 5. 4. 1942	526

Die Vorlagen stellte zum größten Teil das Landesarchiv Berlin zur Verfügung. Gedankt sei an dieser Stelle ganz besonders dem Direktor des Landesarchivs, Herrn Dr. Hans J. Reichhardt. Mehrere Artikel wurden für die Buchausgabe neu umbrochen. Aus umbruchtechnischen Gründen mußten die mit * bezeichneten Artikel gekürzt werden.

Register

Abegg, Lily 32, 385 f., 444, 524
Abels, Emma 493
Achterberg, Erich 10, 189, 194
Acht-Uhr-Abendblatt 105 f., 181
Adenauer, Konrad 193, 253, 359, 417, 517
Adler, Ernest W. 508, 520 f., 523
Adorno, Theodor W. 64, 312
Agricola, Rudolf 518
Albrecht 64
Alexander der Große 397
Alexander, König von Jugoslawien 293
Allgemeine Zeitung 524
Alquen, Gunter d' 245, 271, 382, 387
Altdorfer, Albrecht 332
Alvens 382
Amann, Max 10, 153, 188, 201, 277 ff., 285, 394 ff., 471, 476, 479, 487, 495 f., 498 ff., 524
Ambach, Georg 172, 277
Andres, Stefan 9, 355, 532
Angriff, Der 201, 228, 230, 489, 497
Anschütz, Gerhard 131
Anschütz, Hans 517
Apfel, Karl 24, 33, 36
Arendt, Hannah 188, 436
Armbruster, Johann s. Hausenstein, Wilhelm
Armin 234
Arnhold, Gebr. 186
Arnim, Achim von 440
Äsop 346
Atlantis 386
Augustinus 484
Auw, Kurt von 472 ff., 476

Baden, Max von 46
Badische Zeitung 10, 386, 522 ff.
Badoglio, Pietro 487 f.
Baeck, Leo 528
Baehrle, Ida-Maria 440 f., 522
Baist, Reinhold 12
Balfour, Michael 506
Bares, Nikolaus 236

Barlach, Ernst 333
Barthou, Louis 293, 297
Basler Zeitung 272
Baudelaire, Charles 359
Bauer, Lothar 186
Baumgarten, Hans 521, 524 f.
Bebel, August 131
Beck, Ludwig 400, 501
Becker, Gertrud 496
Beckmann, Max 37 ff., 333, 337
Beer, Brigitte 522, 524
Beer, Robert Rüdiger 383 f., 410, 430
Beethoven, Ludwig van 230 f.
Belfrage, Cedric 512 ff., 520 f., 523
Belloc, Hilaire 265
Benckiser, Nikolas 9, 194, 239, 290, 292 f., 297, 299, 306, 327 f., 355, 358, 378, 383, 385, 397, 502, 522, 524
Benkard, Ernst 69, 133, 332 ff., 338, 355 f., 360, 362, 368, 371, 523
Berg, Alban 339
Bergengruen, Werner 9, 349, 359
Bergstraesser, Arnold 193
Berliner Börsen-Courier 47, 181
Berliner Börsen-Zeitung 110, 152, 317, 426, 486, 495
Berliner Tageblatt 24, 35 f., 117, 181, 188, 193, 201, 276, 283, 288, 386 ff., 411, 524, 528
Bernays, Jakob 129
Berndt, Alfred-Ingemar 270, 276 f., 281 ff., 286, 310 f., 317, 319, 321, 354, 370, 382 f.
Bertina, Marta 332
Bertram, Adolf 246
Best, Werner 270
Bethge, Friedrich 341
Beutler, Ernst 9, 66, 348 f., 508 f., 532
Bienek, Horst 412
Binding, Rudolf G. 39, 68
Bismarck, Otto von 12, 14 f., 104, 152, 234, 356
Blomberg, Werner von 91, 212
Bockelson, Jan 347 f.

577

Bodelschwingh, Friedrich von 148
Bolivar, Simon 429
Bonn, Moritz Julius 23
Bormann, Martin 396, 478 f., 485 ff., 496, 498 f., 526
Bosch, Carl 44 ff., 48 f., 51 ff., 168 f., 172, 174, 176, 277, 280, 282 f., 389, 393 ff., 400
Bosch, Hieronymus 332
Bosco, Don Giovanni 239
Bose, Herbert von 210 f.
Bourdin, Paul 410, 522
Boveri, Margret 9 f., 32, 58, 66 f., 196, 276, 287, 371, 386 ff., 395, 409 f., 416 f., 420, 430, 447, 455, 479 ff., 483, 487 ff., 496, 522 ff.
Boxer, John 517 ff., 521 f.
Bracher, Karl-Dietrich 119
Brahms, Johannes 230
Bramstedt, Ernest K. 9, 528
Braun, Max 159, 161, 234
Braun, Otto 81
Brecht, Bertolt 68
Bredow, Ferdinand Eduard von 211
Breker, Arno 339 f.
Brentano, Bernard von 26, 65, 69
Brentano, Clemens 440, 491
Brentano, Heinrich von 65
Brentano, Lujo 100, 182, 358 f.
Bretscher, Willy 531
Briand, Aristide 416
Brod, Max 68
Broszat, Martin 537
Brück, Max von 9, 173, 187, 193, 196, 331 f., 340 ff., 350, 356, 430, 491, 498 f., 532
Bruckner, Anton 230
Bruegel, Pieter d. Ä. 358
Brüning, Heinrich 77 f., 80 f., 85, 89, 98, 244
Büchner, Georg 359, 483
Buck, Pearl S. 355, 360
Burckhardt, Jacob 139, 308, 492
Busch, Fritz 110 f., 113, 231
Bütow, Hans 34, 100, 194, 330, 355, 414, 436, 504, 506 ff., 513, 515, 519, 532
BZ am Mittag 181

Caesar, Gaius Iulius 397
Calderón, Pedro 341
Canisius 249 f.
Caratsch, Reto 530 f.
Carlebach, Emil 514 ff., 523

Carossa, Hans 509
Chagall, Marc 333
Chamberlain, Neville 401, 428
Chesterton, Gilbert Keith 67
Churchill, Winston 428, 462, 513
Claudius, Matthias 440
Clauss, Max Walter 411 f.
Cocteau, Jean 340
Cohnstaedt, Ludwig 49, 51 f., 185
Cohnstaedt, Wilhelm 35 f., 42, 88, 114, 184 f., 190
Conant, Luther 514
Conrad, Joseph 67
Corriere della Sera 423, 487
Coudenhove-Kalergi, Richard von 68
Cromwell, Oliver 265, 347
Cron, Helmut 207 f., 521
Crossman, Richard 506
Curti, Theodor 37
Curtius, Ernst Robert 509

Daily Telegraph 405
Darmstädter Echo 517
Darwin, Charles 253
Derain, André 340
Despiau, Charles 340
Dessauer, Friedrich 385
von Detten 210
Deutsche Allgemeine Zeitung 48, 110, 230, 232, 273, 279, 411 f., 486
Deutsche Rundschau 533
Deutsche Volkswirt, Der 521
Deutsche Volkszeitung 268, 274
Deutsche Zeitung und Wirtschafts-Zeitung 207, 524
Dewall, Wolf von 70 ff., 75, 146, 151, 156 f., 163, 171, 258, 282, 292, 297, 302, 306, 309, 314, 403, 405, 410, 523
Dewitz, Hans-Achim von 386
Dibelius, Dietrich 27, 455, 498
Dibelius, Otto 455, 498
Dickens, Charles 360
Diebold, Bernhard 64, 187, 240
Dieckhoff, Hans Heinrich 285
Diels, Rudolf 162 f., 527
Dietrich, Otto 153, 162, 207, 222, 273, 283 f., 338, 437, 472 f., 478, 488, 495, 498 f.
Dirks, Walter 9, 34, 192, 196, 222, 331, 342 f., 356, 367 f., 429 f., 432, 436, 496, 498 f., 505 f., 515, 522, 535
Döblin, Alfred 68

Dollfuß, Engelbert 156, 292, 297
Dombrowski, Erich 514, 524 f.
dpa 524
Dresbach, August 430, 495
Dressel, Bruno 93, 156
Dreyfus, Alfred 256
Drill, Robert 27 f., 96, 98, 100, 106 f., 168, 171, 182, 184, 187, 198, 266, 372
Droste-Hülshoff, Annette von 491
Duisberg, Carl 60, 63
Dürer, Albrecht 360

Eckardt, Eva von 132
Eckart, Dietrich 83, 340 f., 469 ff., 478, 482, 486 f., 514
Eden, Anthony 302, 314
Edschmid, Kasimir 68
Eher, Franz 153, 277 f., 389, 394, 396
Eichendorff, Joseph von 491
Eisenhower, Dwight D. 507
Eksteins, Modris 528
Erhard, Ludwig 524
Essener Volkszeitung 221
Etzkorn, Hans 514, 517
Eucken, Walter 50
Eugen von Savoyen, Prinz 234
Excelsior 214

Fabian, Dora 225
Fackler, Ilse 503
Fackler, Maxim 22, 77, 173, 194, 267, 290 f., 310, 317, 385, 402, 425, 433, 493, 496, 503, 505 f., 522, 524
Färber, Karl 196, 492
Faulhaber, Michael von 218
Feiler, Arthur 18 f., 31, 35, 39 ff., 64, 70, 77, 183 ff.
Feuchtwanger, Lion 131, 144
Figaro, Le 295 f.
Fischer, Edwin 39
Fraenkel, Ernst 132
Franco, Francisco 312
Frank, Walter 232 f., 347
Frankfurter Allgemeine Zeitung 10, 65, 189, 193, 521, 524 f.
Frankfurter Anzeiger 496, 513
Frankfurter General-Anzeiger 196, 496
Frankfurter Geschäftsbericht 12
Frankfurter Hefte 522
Frankfurter Illustrierte 20
Frankfurter Neue Presse 186, 519, 524
Frankfurter Rundschau 515 ff., 523
Frankfurter Volksblatt 265 ff., 272, 312, 498

Fränkischer Kurier 283
Frei, Norbert 528
Freisler, Roland 120
Freitag, Ferdinand 186
Frick, Wilhelm 148, 161, 280
Friedrich der Große 118, 234, 448 f., 492
Friedrich I. Barbarossa 234, 397
Frings, Walter J. 498
Frisch, Max 68
Fritzsche, Hans 354, 383, 414 f., 425, 455
Frotscher, Emil 473 f., 478 f.
Füll, Annie 373
Funk, Walther 152, 162, 166, 170, 172, 180, 186, 202, 244, 267, 276, 281 f., 285
Furtwängler, Wilhelm 39, 130, 230 ff.

Gachet, Paul 370
Gagern, Heinrich von 12
Gainsborough, Thomas 360
Gamelin, Maurice-Gustave 400
Gauguin, Paul 370
Geck, Rudolf 64, 131, 331, 341
Gegenwart, Die 25, 69, 331, 390, 510, 523 ff.
Geibel, Emanuel 491
Geisenheyner, Max 93, 194, 330, 338
General-Anzeiger 176, 514 f., 524 f.
George, Heinrich 39
George, Stefan 491
Gerhardt, Paul 240, 491
Germania 110, 196, 245, 247
Gerold, Karl 523
Gerst, Wilhelm 514 ff., 523
Gerteis, Walter 194, 522
Gide, André 67
Gidon, Frau 191
Giono, Jean 67
Giotto di Bondone 358
Globke, Hans 253
Goebbels, Joseph 10, 23, 105 ff., 116, 118 f., 124, 130, 152 ff., 162 ff., 201 ff., 207, 210, 214 f., 221 f., 229 ff., 236, 240, 268, 270, 273 ff., 279 ff., 283, 285 f., 295, 324, 327, 334, 340 f., 353, 375 f., 378, 380, 382, 384, 396, 409, 411, 426 f., 441, 448, 461 f., 464, 468 ff., 476, 478 ff., 485, 488 f., 497, 518 f., 530
Goerdeler, Carl-Friedrich 174, 392, 394, 500
Goes, Albrecht 20, 355
Goethe, Johann Wolfgang von 66, 348, 372, 482, 484, 491

Gogh, Vincent van 370
Goldmann, Paul 256
Goldschmidt, Salli 35, 42, 185
Göring, Hermann 105 ff., 122, 161, 211 ff., 215, 240 f., 252, 278
Görres, Joseph 240
Gotthard 244
Grassmann, Peter 129
Grebler, Leo 194
Green, Julien 67
Greiser, Arthur 450
Greutert, Bankhaus 57, 174
Grewe, Wilhelm 417
Grigat, Walter 429
Grillparzer, Franz 443
Gröber, Conrad 130
Grossmann, Otto 514
Grynszpan, Herszel 347 f.
Guardini, Romano 196, 356
Gubler, Friedrich T. 59, 68, 331
Güdel, Ariane 10
Gundram 249
Gürtner, Franz 280
Gustloff, Wilhelm 374 f.
Gutmann, Rudolf 180
Guttmann, Bernhard 14, 27, 41, 50, 68 ff., 72, 74, 182, 193, 289, 523

Haase 282
Habe, Hans 513
Habsburg, Zita von 317
Hácha, Emil 402 f.
Häcker, Otto 499
Haecker, Theodor 356, 532
Haerdter, Robert 9 f., 25, 69, 100, 193, 196 f., 222, 229, 290, 330, 355, 384, 429 f., 433 f., 436, 452, 495, 497, 502, 517, 523, 525, 535
Häfner, Philipp 384
Hagemann, Jürgen 9
Halfeld, August 281
Hamburger Fremdenblatt 201, 282
Hamburger Illustrierte 47
Hammarskjöld, Dag 456
Hannoverscher Kurier 383
Harden, Maximilian 378
Harlan, Veit 343, 346
Hartenau, W. s. Rathenau, Walther
Hartmann, Nicolai 332
Hartung, Gustav 112
Haselberg, Peter von 193, 196, 312 f.

Hassell, Ulrich von 291
Hauenstein, Fritz 525
Hauff, Wilhelm 344
Hausenstein, Margot 350
Hausenstein, Wilhelm 9 f., 24, 66, 70, 84, 133, 147, 181, 192, 196, 240, 331 ff., 338, 355 f., 358 ff., 428, 481, 484 f., 491, 517, 532 f.
Haushofer, Karl 385
Hebel, Johann Peter 417
Hecht, Wendelin 29, 33 f., 46, 53, 58, 169 f., 172 ff., 177, 180, 185, 196, 198, 277, 280 ff., 371, 382 f., 386, 389 ff., 409, 420, 470, 473, 479, 481 f., 485 ff., 493, 497, 500, 513, 519, 522 f.
Hedin, Sven 455
Hegel, Georg Wilhelm Friedrich 398, 429
Heiden, Konrad 69
Heimerich, Hermann 517
Heinrich VI. 341
Heinrich der Löwe 234
Heise, Carl Georg 333, 360
Heizler, Rudolf 194, 196, 378, 450
Held, Georg 194, 498
Helldorf, Wolf-Heinrich von 113
Heller, Hermann 132
Hellpach, Willy 35, 48, 509
Hemingway, Ernest 67
Henderson, Nevile 527
Hennigsen, Hans 473 ff.
Henze, Helene 355
Hepp, Fred 9
Herriegel, Hermann 147, 151, 156, 330
Hertling, Georg von 46
Heß, Rudolf 212
Hesse 414
Hesse, Hermann 9, 355, 509
Hesse, Max René 331
Heuss, Theodor 9, 18, 131, 359, 366, 437, 439, 504, 509, 517 f., 532, 535
Heydrich, Reinhard 211, 244, 267, 270, 447
Heymann, Friedrich 194
Himmler, Heinrich 192, 211, 242, 327, 455
Hindemith, Paul 230 ff.
Hindenburg, Paul von 76, 78 ff., 82, 84 ff., 89 f., 98, 103, 107, 210 f., 219, 234
Hinkel, Hans 382
Hirschfeld, Otto 186
Hirschland, S., Bankhaus 186
Historische Zeitschrift 233, 468

Hitler, Adolf 7, 9, 22, 32, 56, 69, 71, 75 ff., 81 ff., 84 f., 87 ff., 91, 93 ff., 98, 100, 103 ff., 107 f., 110 f., 114, 116, 119, 125, 129, 136, 138 ff., 143, 152 f., 155, 157 ff., 161 ff., 170, 182, 186, 188, 190, 193, 209 ff., 215, 220 f., 229, 234 ff., 239 ff., 252 f., 260, 262, 265, 273, 275, 277 ff., 287 ff., 293 f., 296, 298 ff., 302, 308 ff., 316 ff., 324, 332 f., 335, 338, 340, 347, 350, 359, 362, 366, 374, 388 ff., 394 ff., 400 ff., 405 ff., 411, 413, 420 f., 425, 430 ff., 436 f., 444 f., 447, 449, 462, 469, 478 ff., 485 ff., 495 f., 501, 510 f., 520, 525, 531, 536
Hochland 356, 533
Hofer, Karl 333
Hoffmann, E. T. A. 440
Hoffmann, Otto 521
Hofius 245
Hofmann, Johannes 294
Holbein, Hans 360
Hölderlin, Friedrich 360, 491
Holl, Karl 130, 192, 331, 349, 355, 429
Hollbach, Wilhelm 504 ff., 509, 511, 513 ff.
Holz, Karl 382
Hörbiger, Paul 429
Horkheimer, Max 312
Hörth, Dorian 390, 392
Houdon, Jean-Antoine 362
Huffzky, Hans 194
Hugenberg, Alfred 76, 79, 88, 95, 101, 114, 122, 135, 154, 383
Hummel, Hermann 44 f., 48 ff., 58 ff., 63, 163 f., 168 ff., 174, 180, 280, 282, 285, 393
Hummerich, Helga 9, 22, 187, 373, 437, 493, 506
Hürlimann, Martin 386

Illustrierte Blatt, Das 47, 175 f., 193, 504, 514 f.
Inn- und Knyphausen, Anton von 502

Jacob, Berthold 222, 225 f.
Jantschge, Werner 208, 292, 316
Jaspers, Karl 509, 517 f.
Jeidels, Otto 49
Johnson, Elisabeth 387
Johnson, Uwe 387
Jordan, Pascual 330

Joyce, James 67
Jung, Edgar 210 f.
Junge, Karl August 21, 117
Jünger, Ernst 349 f., 388, 532
Jünger, Friedrich Georg 532
Jury, Dr. 317
Just, Artur 385, 400

Kaas, Ludwig 119
Kahn, Ernst 44, 181, 184
Kahr, Gustav von 76, 211
Kallmann, Hans 106, 163, 184, 187, 218, 221, 260, 262, 266, 285
Kallmann, Kurt 343, 354
Kamper, Walter 159, 161, 247, 348
Karl I. 317
Karl IV. 403
Karl der Große 234, 397, 492
Karlauf, Thomas 10
Karrer, Otto 240
Kaschnitz, Marie-Luise von 483, 518
Kästner, Erich 68
Keller, Gottfried 360, 491
Kelsen, Hans 132
Keppler, Wilhelm 170, 172, 180
Kerr, Alfred 378
Keßler, Harry 68
Kierkegaard, Søren 240
Kippenberg, Anton 188
Kircher, Rudolf 34, 42, 70 ff., 82, 85 ff., 100 ff., 108, 110 f., 113 f., 116, 118 f., 122 ff., 126, 130 f., 135 ff., 143 ff., 148, 151, 156 ff., 161, 164, 168, 170 f., 173, 193 f., 198, 200, 204, 207 f., 210, 213, 217, 222, 230, 232 f., 239, 241 ff., 252, 266, 268, 270, 273 ff., 280 ff., 285 ff., 297 ff., 306 ff., 310 ff., 327 f., 425 f., 428, 434 f., 454, 464, 481 f., 495 f., 500, 524, 528, 531, 535
Kisch, Egon Erwin 131
Klausener, Erich 211
Klein, Frau 187
Klein, Pfarrer 187
Kleist, Heinrich von 346, 440
Klemperer, Otto 130, 231 f.
Klenau, Paul von 95
Knappstein, Karl Heinrich 194, 196 f., 451 f., 455, 496, 506 f., 513, 515, 524
Knorr, Hermann 518
Knothe, Wilhelm 514, 517
Kobbert, Ernst 194, 196, 429, 455 f., 522, 524

Koch, Rudolf 32, 222
Koch-Weser, Erich 48
Kogon, Eugen 331, 515, 522
Köhl 244
Kokoschka, Oskar 132, 333
Kolb, Annette 67, 355, 360
Kollwitz, Käthe 333
Kölnische Rundschau 196
Kölnische Volkszeitung 221
Kölnische Zeitung 188, 201, 317
Kolping, Adolf 240
Konstantin 492
Korn, Karl 524 f.
Kracauer, Siegfried 9, 63 ff., 147, 184 f., 187, 190, 192
Krämer, Hans 47 f.
Kranz, Herbert 498 f.
Kraus, Fritz 192, 332, 368, 498 f.
Krauss, Clemens 231
Krauß, Werner 346
Kreuz-Zeitung 383
Kügelgen, Wilhelm von 440
Kurier, Der 332, 522
Küsel, Herbert 9 f., 22, 28, 191 f., 196 f., 218, 313 ff., 343, 371, 375 f., 384, 386, 388, 397, 402 f., 420, 430 ff., 468 ff., 477 f., 482, 486, 498, 514, 525

La Fleur, Captain 504
La Fontaine, Jean de 352 f.
La Guardia, Fiorello Henry 228 f.
Langgässer, Elisabeth 355
Laqueur, Walter 454
Lassalle, Ferdinand 14
Lasswitz, Erich 71, 181, 330, 481, 491
Lauinger, Artur 184, 186
Laval, Pierre 297
Lawrence, D. H. 67
Leber, Julius 120, 502
Le Fort, Gertrud von 356
Legge 245
Leipart, Theodor 129
Lethmair, Thea 9
Ley, Robert 129, 277
Lichnowsky, Karl 69
Liebermann, Max 132, 333
Liebknecht, Karl 113
Liliencron, Detlev von 491
Linfert, Carl 9, 193, 332 ff., 340, 343 ff., 492, 495, 505, 524, 532
Lippert, Peter 356
Literarische Echo, Das 100
Loder, Dietrich 475 f.

Lossow, Otto von 76
Lothar, Hans 180
Löwenherz, Richard 341
Löwenstein, Hubertus zu 294
Löwenthal, Richard 533
Ludendorff, Erich 76
Ludwig XV., 346
Lüer, Carl 281 f.
Luise, Königin von Preußen 234
Luther, Martin 353, 442
Lutze, Viktor 212
Lynar, Ingrid 9

McCarthy, Joseph R. 523
McClure, Robert 506 f.
MacDonald, James Ramsay 298
Mackensen, Hans Georg von 291
Maier, Georg 260 ff., 267, 271 f., 285
Maier, Max Hermann 44
Maillol, Aristide 340
Manchester Guardian 156
Mann, Heinrich 68
Mann, Thomas 131, 495, 532 f.
Mannheim, Karl 132, 194
Marc, Franz 333
Marian, Ferdinand 346
Maria Theresia 234
Martin, Benno 327
Marx, Karl 14, 131
Mehring, Walter 190
Meier-Graefe, Julius 338, 360
Meinecke, Friedrich 191, 233, 432, 468
Meissner, Hans 341
Meißner, Hans Otto 103, 447
Mendelsohn, Peter de 396
Metternich 319
Meyer, Conrad Ferdinand 491
Michels, Robert 64
Miksch, Leonhard 50, 59, 189, 194, 382, 430
Milosz, Czeslaw 529
Mitscherlich, Alexander 517
Mitteldeutsche, Der 284
Mitteldeutsche Nationalzeitung 283
Modersohn-Becker, Paula 333
Mohler, Armin 388
Mola 312, 314
Molière, Jean Baptiste 341
Molo, Walter von 532
Mommsen, Theodor 132
Monroe, James 429
Montesquieu, Charles-Louis de 346 f.
Morgenpost 181

Morgenstern, Soma 190
Mörike, Eduard 490 f.
Morus, Thomas 356
Mosse, Rudolf 181
Motta, Giuseppe 225
Motte Fouqué, Friedrich de la 491
Müller, Hermann 77
Müller, Ludwig 148, 151
Müller, Walter 498
Müller-Scheld, Wilhelm 341
Münchner Neueste Nachrichten 25, 192, 316, 358, 412
Mündler, Eugen 489
Murphy, Robert 518
Musil, Robert 68
Mussolini, Benito 253, 293, 296 ff., 302, 316, 422
Muth, Karl 356, 533

Naphtali, Fritz 183 f.
Napoleon I. 346 f., 397
National Guardian 523
National-Zeitung 181, 486
Naumann, Friedrich 182
Nero 133
Neue Basler Zeitung 427
Neue Frankfurter Zeitung / Frankfurter Handelsblatt 519
Neueste Zeitung 20, 175 f., 282, 496
Neues Wiener Tagblatt 497, 499
Neue Tage-Buch, Das 185
Neue Zeitung, Die 513
Neue Zürcher Zeitung 94, 158, 276, 307, 405, 428, 487, 510, 530 f.
Neumann, Hermann 112
Neumeister, Heddy 32, 267 f., 386, 440 ff.
Neurath, Konstantin von 285, 530
Neuscheler, Karl 497
Newman, John Henry 240, 484
New Statesman and Nation 506
New York Times 319
Nietzsche, Friedrich 253, 256, 443
Noelle-Neumann, Elisabeth 28, 32 f., 485
Nolde, Emil 333, 338
Novalis 37
Nürnberg, Max 184, 186
Nursia, Benedikt von 133

Oelmaier, Paula 29, 58, 174, 280, 295, 487
Oeser, Albert 10, 17, 24 f., 27, 29, 59, 69, 94, 117, 144, 162, 168, 170 f., 185 f., 266, 518 f., 521 ff.

Ohligser Anzeiger 193
Oncken, Hermann 232 ff., 347
Oppenheimer 260
Ordre, L' 296
Orff, Carl 349
Orlik, Emil 26
Ossietzky, Carl von 185
Ott, Eugen 444, 447
Otto, Anja 10

Papen, Franz von 80 ff., 95, 114, 162, 210 f.
Paquet, Alfons 68, 331, 355, 441
Pariser Tageszeitung 270
Pariser Zeitung 284, 522
Paris Soir 215
Partei-Korrespondenz, Nationalsozialistische 299
Pascal, Blaise 356
Pauls, Hans G. 225 f., 410, 417
Pawlowa, Anna 39
Payer, Friedrich von 10, 38, 44, 46 ff., 51 ff.
Pechel, Rudolf 533
Pétain, Philippe 496
Picard, Max 66, 68, 84, 356, 371 f.
Pieper, Josef 356, 532
Piscator, Erwin 65, 68
Pius XII. 423
Planck, Max 56, 509
Platen, August von 491
Platon 337
Pörzgen, Hermann 385, 406, 524
Preetorius, Emil 360
Preuß, Hugo 18, 131
Pribilla, Max 236
Proust, Marcel 67
Pückler 411 f.
Puschkin, Alexander 452

Raffael 360
Ranke, Leopold von 100
Rath, Ernst vom 342, 374 f.
Rathenau, Walther 76, 131, 378
Reck-Malleczewen, Friedrich 347 f.
Recum, Otto von 506, 508
Reger, Max 230
Reich, Das 279, 384 f., 412, 421, 478, 485, 489, 495, 500
Reichwein, Adolf 501
Reifenberg, Benno 9 f., 22, 25 f., 28, 30, 34, 39, 44, 48, 53, 58, 63 ff., 72 f., 82,

84, 88, 90f., 93 f., 96, 98, 100f., 106f., 114, 117, 122, 139, 144f., 147f., 156f., 159, 161f., 168, 171, 173ff., 177, 181f., 184, 187f., 190ff., 194, 198, 212, 217, 265f., 275, 277, 287, 289, 291, 307f., 330ff., 338, 355f., 358, 360, 370ff., 380, 384, 386, 390, 393ff., 400f., 408, 412ff., 436ff., 481ff., 488, 491, 501, 507ff., 512, 517ff., 522ff., 531, 534f.
Reifenberg, Maryla 190
Reimann, Hans 23
Reinhardt, Max 130
Remarque, Erich Maria 67
Rembrandt 358
Renn, Ludwig 68
Reuter, Fritz 470
Rey, Frau 499f.
Rey, Wilhelm 194, 196, 313f., 375f., 402f., 414, 420ff., 433ff., 457f., 487, 498ff., 510, 530f., 534
Reynolds, Joshua 360
Rhein-Mainische Volkszeitung 192, 194, 196, 331, 385
Rhein-Neckar-Zeitung 518, 520
Ribbentrop, Annelies von 412f.
Ribbentrop, Joachim von 10, 231, 376, 396, 411ff.
Rienhardt, Rolf 201, 278ff., 283ff., 371, 384, 394ff., 409, 420, 455, 468, 470ff., 478ff., 485ff., 496ff., 500
Rieth, Kurt 292
Rintelen, Anton 292
Rodemann, Paul 514, 516
Röhm, Ernst 212f., 215, 292
Roosevelt, Eleanor 485
Roosevelt, Franklin Delano 423, 462, 485, 507, 513
Röpke, Wilhelm 528
Rösel, Hans 312, 385, 522, 524
Rosenberg, Alfred 232f., 236, 239, 243, 355, 451, 469ff., 474ff., 478, 531
Rosenstiel, Fritz 186, 189, 194
Roth, Joseph 9, 25ff., 45, 59f., 65, 185, 188, 190f.
Rudert, Arno 514
Rüsch, Theo 265
Rust, Bernhard 239

Saarbrücker Landeszeitung 294
Sabersky, Fritz 47, 49, 60, 171f.
Salin, Edgar 194
Salomon, Berthold 225
Salter, Arthur 314
Sänger, Fritz 10, 155, 194, 196f., 208, 228, 317, 327, 334, 353, 382, 405, 451f., 487, 497, 502, 524
Sarow, Fritz 194
Schacht, Hjalmar 186, 275 f., 280, 285
Schäffer, Louis Edouard 493
Schaller 497
Scharp, Heinrich 194ff., 280, 328, 354, 385, 408, 433, 435, 437, 464, 479ff., 485, 487ff., 495, 502, 523
Schaub, Julius 382
Schaumberger, Karl 91, 93, 117
Scheffer, Paul 276, 283, 288, 386ff., 480, 528
Scheffer, Walter 120
Scheffler, Karl 338
Scheler, Max 332
Schell, Friedrich Ludwig von 429
Scherl, August 412
Schickele, René 67, 108
Schiller, Friedrich 442, 491
Schirach, Baldur von 242
Schivelbusch, Wolfgang 65
Schleicher, Kurt von 80, 84ff., 211, 213, 215
Schleiermacher, Friedrich 240
Schlüter, Andreas 332
Schmid, Johannes 522
Schmidt, Paul 178, 291, 307, 412
Schmitt, Carl 161, 261
Schmitz, Carl 394f.
Schmitz, Hermann 51, 54ff., 169f., 172, 174, 176, 277, 283
Schnabel, Franz 9
Schneider, Reinhold 355, 509, 532
Schnitzler 395
Schnitzler, Arthur 131
Schöningh, Franz-Joseph 517
Schotthöfer, Fritz 27, 98, 100, 106, 171, 221, 265, 287, 401, 439
Schröder, Kurt von 87
Schulz, Eberhard 140, 194, 290, 414, 430, 464, 488f., 522ff.
Schumann, Robert 230
Schuschnigg, Kurt von 316ff., 321, 403
Schwäbische Zeitung 522
Schwaebe, Martin 277, 281, 283f.
Schwander, Rudolf 10, 38, 44, 46, 48f., 51, 53, 57, 169f., 172, 178, 180, 282, 393
Schwarze Korps, Das 265, 267f., 270ff., 276f., 382, 387
Schwarzer, Erich 276
Schwarzschild, Leopold 185

Schwarz van Berk, Hans 488 f.
Seghers, Anna 68
Seldte, Franz 79
Seligo, Irene 32, 385 f., 479 f., 496, 523
Sering, Max 174
Sethe, Paul 9, 22, 193 ff., 196, 294, 347, 389, 394, 430, 444, 448, 495, 522, 524 f.
Seume, Johann Gottfried 359
Severing, Carl 81, 120
Seyß-Inquart, Arthur 316, 319
Shakespeare, William 341
Shirer, William 528
Siber, Gertrud 436
Siebrecht, Valentin 451
Sieburg, Friedrich 9, 20, 28 f., 72 ff., 95, 126, 156 f., 171, 215, 281, 291 ff., 296, 298, 302, 306, 309 f., 324, 347, 374 f., 385, 400, 410 ff., 444, 490 f., 496, 524
Silex, Karl 232, 273, 279, 488
Simmel, Georg 64
Simon, Heinrich 10, 25, 27, 29 f., 33, 35 ff., 41 ff., 47 ff., 49, 55 f., 58 ff., 64 f., 67 ff., 90, 95 f., 98, 100, 106 f., 116 f., 122, 144, 146 f., 156 f., 162 ff., 168, 170 ff., 177 f., 180, 183 ff., 188 ff., 198, 217, 289, 358, 393, 408, 413 f., 510
Simon, Irma 39, 173
Simon, Kurt 37 f., 46, 49 ff., 164, 168 ff., 170
Simon, Therese 49, 168, 170, 172
Sinclair, Upton 131
Sinzheimer, Hugo 132
Soir, Le 374
Solschenizyn, Alexander 8
Sonnemann, Leopold 12 ff., 19, 26, 32, 37 f., 47 f., 50, 52 f., 172, 178, 180, 184, 198, 356, 383, 393
Sophokles 341
Sorge, Richard 385, 444 f.
Sösemann, Bernd 528
Soziale Praxis 100
Spannuth, Margarete 29
Sparing, Rudolf 478, 489
Spee, Friedrich von 348 f.
Speer, Albert 340, 409, 496
Spengler, Oswald 161
Sprenger, Jakob 112, 116, 203, 391, 394 ff., 470, 482, 486, 498, 524
Springer, Otto 508 f.
Staebe, Gustav 267, 498, 504
Stalin, Josef W. 388, 400, 403, 406 f., 420 f., 444 f., 447, 462, 513
Stampfer, Friedrich 378

Stanley, John 507, 512
Stark, Oskar 9 f., 22, 28, 30, 34, 45 f., 69 f., 77, 173, 193 f., 196, 198, 260, 266, 280, 285, 338, 370, 373, 378 ff., 386 f., 396, 416 f., 420 f., 425, 433, 435, 444, 447, 464, 469 f., 479 f., 488 f., 493 ff., 522, 524, 535
Stauffenberg, Berthold Schenk von 417
Stephan, Werner 202, 207 ff., 267, 275, 285, 384, 436, 488
Stern, Josef 15
Stern, Lily 390, 392
Sternberger, Dolf 9, 25, 28, 34, 65, 181, 191 f., 194 f., 221, 242, 253, 290, 330, 332, 338, 350 ff., 367, 397 f., 430 f., 433, 441 f., 449, 468, 481 f., 484, 491, 517 f., 520, 525, 532, 534
Sternberger, Ilse 482
Sternstein 317
Stifter, Adalbert 360, 440
Stimmen der Zeit 236, 533
Stinnes, Hugo 48
Stoetzner, Eric 177, 277
Stone, Shepard 518
Storz, Gerhard 369, 532
Stoß, Veit 360
Strasser, Gregor 139, 211, 213, 278, 283
Strauss, Richard 230 f.
Streicher, Julius 124, 143 f., 249, 265, 327, 382
Stresemann, Gustav 19, 36, 76, 98
Studnitz, Hans-Georg von 412
Stürmer, Der 143, 249 f., 265, 382
Stuttgarter Nachrichten 207
Stuttgarter Neues Tagblatt 521
Stuttgarter Zeitung 521, 525
Süddeutsche Zeitung 331 f., 517, 524
Suhr, Otto 181, 481, 491, 505
Süskind, Wilhelm Emanuel 332, 368, 524, 532
Süß-Oppenheimer, Joseph 344
Suttner, Bertha von 131
Swarzenski, Georg 39
Swift, Jonathan 346 ff., 352

Tat, Die 74, 77
Taucher, Franz 9, 66, 430, 486, 495, 497
Tele 496
Tempo 106
Temps, Le 405
Tern, Jürgen 189, 194, 521, 524
Teufel, Edwin 222
Thielicke, Helmut 527
Thorak, Josef 334, 338, 340

Thurn und Taxis, Karl Anselm von 11
Times, The 156, 214, 313, 315, 423
Tiso, Josef 402
Tizian 265
Toscanini, Arturo 173
Trakl, Georg 491
Trautmann, Walter 261, 283 f.
Treitschke, Heinrich von 132
Treviranus, Gottfried 383
Trip, Ernst 23, 173, 194, 354, 367, 371, 430f., 433, 435, 469, 496, 522, 524, 534f.
Troeltsch, Ernst 64
Troost, Gerdy 478
Troost, Paul Ludwig 478

Uckermann 470, 472 ff., 498
Uhlich, Kriemhild 10
Ullstein, Hermann 56, 95
Ullstein, Rudolf 56, 95, 181, 394
Undset, Sigrid 360
Unold, Max 360
Unruh, Franz von 78
Unruh, Fritz von 39, 68, 78

Verdi, Giuseppe 331
Vereinigte Wirtschaftsdienste (vwd) 284
Versicherungswirtschaft 186
Vico, Giambattista 492
Vlaminck, Maurice de 340
Vogt, Cécile 483
Vogt, Oskar 483 f.
Völkischer Beobachter 89, 153, 199, 212, 232f., 245, 277, 316, 382, 469, 473, 477, 486, 495 ff., 500
Volksstimme 159
Volkswirt, Der 284
Voltaire 348
Vorwärts 105 f.
Vossische Zeitung 35 f., 95, 110, 181, 188, 193, 201, 312, 331
Voßler, Karl 9, 347, 509, 532

Wagner, Richard 230
Wahl, Fritz 385
Waller, Peter 189, 194
Walter, Bruno 118, 120, 130, 231 f.
Wandlung, Die 518
Wawretzko 476, 498
Weber, Alfred 518
Weber, Hildegard 429
Weber, Max 18, 23, 64
Weiß, Wilhelm 204, 473, 475 ff., 497 ff.

Weizsäcker, Ernst von 285, 530
Wels, Otto 119 f.
Weltbühne, Die 25 ff., 222
Welter, Erich 9f., 30f., 97, 193f., 198, 275 ff., 280, 284, 312, 321, 347, 353, 371 ff., 382 f., 384, 386, 394, 396, 414, 430ff., 455 f., 468 ff., 472 f., 477, 485, 487ff., 490, 495 f., 520ff., 524 f.
Wendt, Gustav 358
Werfel, Franz 131
Wesemann, Hans 225
Wessel, Horst 147
Westdeutscher Beobachter 276 f., 281
Westdeutscher Rundfunk 331, 524
Westdeutsches Grenzblatt 282
Weyrauch, Wolfgang 68
Wichern, Johann Heinrich 240
Wickenburg, Erik 330f., 429
Widukind 234
Wiebel, Martin 290, 524
Wiechert, Ernst 355
Wiener Neueste Nachrichten 317
Wilamowitz-Moellendorff, Ulrich von 129
Wilhelm II. 17
Willms, Friedrich 498 f.
Winkelnkemper, Peter 281
Winkler, Max 278, 284 f.
Wintermann, Rudolf 130
Wirsing, Giselher 412
Wirth, Joseph 192, 502
Wirthle, Werner 524
Wirtschaftshefte 175
Wirtschaftskurve, Die 194
Wirtschafts-Zeitung 521 ff.
Wissell, Rudolf 129
Wolf, Franz 186
Wolfe, Thomas 67
Wolff, Bruno 184, 186, 194
Wolff, Frieda 186 f.
Wolff, Theodor 193
Wölfflin, Heinrich 332
Worringer, Wilhelm 332
Wucher, Albert 10
Wurm, Mathilde 225

Zeitschrift für Geopolitik 385
Ziemba, Georg 497, 504
Zimmermann, Karl 414
Zuckmayer, Carl 68
Zweig, Arnold 68
Zweig, Stefan 188

Abbildungsnachweis

Auswärtiges Amt, Bonn: 406/407; Bildarchiv Preußischer Kulturbesitz: 124, 242, 336, 443; Deutsches Literaturarchiv, Schiller-Nationalmuseum, Marbach a. N.: 357 (oben rechts); dpa: 318, 324, 337; Frankfurter Societäts-Druckerei: 57 (rechts); Die Gegenwart, 29.10.1956: 38; Wilhelm Hausenstein, Wege eines Europäers, Marbach a. N. 1967: 67; Hoechst Aktiengesellschaft: 57 (links); Carl von Mengden, Bad Homburg: 26; private Leihgeber: 16, 145, 175, 189, 195, 197, 357(3), 371, 373, 387, 411, 439, 445, 515, 521; Stadtarchiv Frankfurt: 13, 21, 73, 132, 154, 171, 203, 235, 271, 311, 377, 483, 501, 505, 510; Stiftung Deutsche Kinemathek, Berlin: 346; Süddeutscher Verlag: 52, 125, 165, 241, 279, 452; Ullstein Bilderdienst: 128, 243, 325, 335, 339, 458, 461; Rüdiger Volhard, Frankfurt: 214; Wolff & Tritschler, Offenburg: 31, 32, 39, 47, 99, 176, 177, 211, 295, 309, 393, 431; Joseph Wulf, Presse und Funk im Dritten Reich, Gütersloh 1964: 224.
Die Vorlagen für die Faksimiles stellten zur Verfügung: Landesarchiv Berlin, Frankfurter Societäts-Druckerei und Staatsbibliothek Preußischer Kulturbesitz.

Henry A. Turner

Die Großunternehmer und der Aufstieg Hitlers

568 Seiten, Abbildungen, Leinen

Finanzierte das deutsche »Big Business« die Nationalsozialisten? Zerstörte es die Republik von Weimar? Brachte es im Januar 1933 Hitler an die Macht?

Henry A. Turner, Professor an der Yale University in New Haven, breitet die Ergebnisse seiner langjährigen Forschungen zum Verhältnis von Nationalsozialismus und Unternehmertum in einem eindrucksvollen Werk aus.

Auf der Grundlage eines ungewöhnlich breiten Quellenstudiums und unter Hinzuziehung von mehr als dreißig staatlichen und privaten Archiven verfolgt Turner den Weg der NSDAP und die Methoden ihrer Finanzierung.

Mit detektivischer Akribie erbringt Turner hier immer aufs neue den Beweis, daß die Beziehungen zwischen der Wirtschaft und der Hitlerpartei alles andere als eng waren, viel eher von Distanz, gegenseitigem Mißtrauen und Ablehnung geprägt, und über das »Niveau von Flirts« selten hinausgingen. Turner räumt dabei mit einem Bündel von Legenden und Mythen auf.

»Für das Verhältnis von Wirtschaft und Nationalsozialismus vor 1933 setzt Turners Werk zweifellos neue Maßstäbe.« (Das Parlament)

im
Siedler Verlag

DIE DEUTSCHEN UND IHRE NATION

Hans-Ulrich Thamer

Verführung und Gewalt
Deutschland 1933–1945

840 Seiten, 395 Abbildungen und Karten, Leinen

Dieses Buch handelt von Aufstieg und Herrschaft des Nationalsozialismus, mithin von Krisen, Ängsten und Hoffnungen, von politischer Gewalt und Massenmobilisierung, von Führerideologie und Hitler-Mythos, von erzwungener Gefolgschaft und freiwilligem Konsens, von Entrechtung und Verfolgung, von Verweigerung und Widerstand, von ideologisch motivierter Vernichtung und Krieg.

Die Geschichte der nationalsozialistischen Diktatur ist und bleibt eine Herausforderung für Wissenschaft und Öffentlichkeit. Das Ungeheure erklären hieße den historischen Ort des Nationalsozialismus in der europäischen und deutschen Geschichte bestimmen wie die Doppelgesichtigkeit und Mehrdeutigkeit der nationalsozialistischen Ideologie und Politik erfassen. Der Gegensatz von Kontinuität und Bruch mit der Geschichte des deutschen Nationalstaates, die Beschränkung von Tradition und Revolution auf Modernismus und Antimodernismus werden als Charakteristikum des Nationalsozialismus innen-, außen- und gesellschaftspolitisch dargestellt und als Merkmale einer Epoche der Krisen und Revolutionen verstanden, an deren Ende die Zerstörung des deutschen Nationalstaates und des europäischen Staatensystems stand.

im
Siedler Verlag

Klaus Scholder (Hrsg.)

Die Mittwochs-Gesellschaft
Protokolle aus dem
geistigen Deutschland 1932–1944

384 Seiten, Abbildungen, Leinen

Über die Verstrickung der Intellektuellen in das System der Gewaltherrschaft ist in dem letzten Jahrzehnt viel geschrieben worden. Aber noch immer gibt es keinen Versuch, so etwas wie eine Geschichte der Schriftsteller und Künstler in der Epoche des Nationalsozialismus zu schreiben.

Der vorliegende Band gibt so etwas wie eine Geschichte des Geistes unter dem Dritten Reich. Die Mittwochs-Gesellschaft, ein Kreis von Gelehrten und Staatsmännern, war ursprünglich zum geistigen Austausch fern der Tagespolitik gegründet worden, und lange hielt sie sich auch nach der Machtübernahme Hitlers an diese Linie. Aber die totale Herrschaft des Dritten Reiches warf bald auch ihren Schatten auf diese Runde: Am Ende bezahlten vier Mitglieder ihren Widerstand mit dem Leben, so daß die Gestapo fälschlicherweise zu dem Urteil kam, die Mittwochs-Gesellschaft sei eine Keimzelle des 20. Juli gewesen.

So geben die Protokolle von Reden, die der Entstehung der Sterne, den Möglichkeiten der Chirurgie oder dem Wesen der Pflanzen galten, fast wider Willen das Spiegelbild einer totalitären Epoche, die alle in ihren Bann zwingt.

im
Siedler Verlag

Klaus Scholder

Die Kirchen und das Dritte Reich
Band 2
Das Jahr der Ernüchterung · 1934
Barmen und Rom

480 Seiten, Abbildungen, Leinen

Im ersten Band hat Klaus Scholder die innere und äußere Lage der beiden Konfessionen dargestellt, die große Teile von ihnen den »nationalen Aufbruch« lebhaft begrüßen ließ, obwohl es bereits 1933 sowohl in der katholischen als auch in der protestantischen Kirche zu entschiedenem Widerspruch gekommen war. Das Jahr, das dem Sieg der Nationalsozialisten folgte, ließ die Illusionen verfliegen. Den gewaltsamen Gleichschaltungsversuchen des Reichskirchenregiments antwortete in der evangelischen Kirche die erste Opposition, die dann in der Barmer Theologischen Erklärung ihren dramatischen Höhepunkt fand. Die von den vatikanischen Entscheidungen abhängige katholische Kirche hatte 1933 keinen vergleichbaren Einbruch erlebt. Aber sie war mit dem Abschluß des Reichskonkordats zu einem höchst problematischen Arrangement mit dem Regime Hitlers bereit gewesen, dessen Brüchigkeit in der Folgezeit immer deutlicher werden sollte.

im
Siedler Verlag

CIP-Kurztitelaufnahme der Deutschen Bibliothek

Gillessen, Günther:
Auf verlorenem Posten: d. Frankfurter Zeitung im
Dritten Reich/Günther Gillessen. – Berlin:
Siedler, 1986.
 ISBN 3-88680-223-X

Der Siedler Verlag ist ein gemeinsames Unternehmen
der Verlagsgruppe Bertelsmann und von Wolf Jobst Siedler.

© 1986 by Wolf Jobst Siedler Verlag GmbH Berlin

Alle Rechte vorbehalten,
auch das der fotomechanischen Wiedergabe.
Bildauswahl unter Mitarbeit von Stefan von Senger, Berlin
Schutzumschlag: Jürgen Stockmeier, Berlin
Satz: Otto Gutfreund, Darmstadt
Reproduktionen: Rembert Faesser, Berlin
Druck: Gericke, Berlin
Buchbinder: Lüderitz & Bauer, Berlin
Printed in Germany 1987
ISBN 3-88680-223-X

Zweite, überarbeitete Auflage 1987